Leila Akremi | Nina Baur | Hubert Knoblauch | Boris Traue (Hrsg.)
Handbuch Interpretativ forschen

Leila Akremi | Nina Baur |
Hubert Knoblauch | Boris Traue (Hrsg.)

Handbuch
Interpretativ forschen

Das Werk einschließlich aller seiner Teile ist urheberrechtlich geschützt. Jede Verwertung ist ohne Zustimmung des Verlags unzulässig. Das gilt insbesondere für Vervielfältigungen, Übersetzungen, Mikroverfilmungen und die Einspeicherung und Verarbeitung in elektronische Systeme.

Dieses Buch ist erhältlich als:
ISBN 978-3-7799-3126-3 Print
ISBN 978-3-7799-4359-4 E-Book (PDF)

1. Auflage 2018

© 2018 Beltz Juventa
in der Verlagsgruppe Beltz · Weinheim Basel
Werderstraße 10, 69469 Weinheim
Alle Rechte vorbehalten

Herstellung und Satz: Ulrike Poppel
Druck und Bindung: Beltz Grafische Betriebe, Bad Langensalza
Printed in Germany

Weitere Informationen zu unseren Autor_innen und Titeln finden Sie unter: www.beltz.de

Inhalt

Was heißt „Interpretativ forschen"?
Hubert Knoblauch, Nina Baur, Boris Traue und Leila Akremi   9

1 Theorie und Empirie der Interpretativität in der qualitativen Sozialforschung

1.1 Geschichte der qualitativen und interpretativen Forschung
Andrea Ploder   38

1.2 Interpretieren in Interpretationsgruppen
Jo Reichertz   72

1.3 Sekundäranalyse
Irena Medjedović   108

1.4 Was sind wissenschaftliche Eigenleistungen – während des Forschungsprozesses und nach der Publikation der Ergebnisse?
Eva Barlösius, Friederike Knoke und Michaela Pook-Kolb   133

1.5 Partizipative Forschung
Hella von Unger   161

1.6 Gütekriterien
Uwe Flick   183

1.7 Methodologisch kontrolliertes Verstehen als Kernstrategie der qualitativen Forschung
Gesa Lindemann, Jonas Barth und Susanne Tübel   203

1.8 Von der reflexiven Methodologie zur empirischen Wissenschaftstheorie
Hubert Knoblauch   226

2 Theorie und Empirie der Interpretativität in der quantitativen Sozialforschung

2.1 Qualitativ – quantitativ – interpretativ: Zum Verhältnis methodologischer Paradigmen in der empirischen Sozialforschung
Nina Baur, Hubert Knoblauch, Leila Akremi und Boris Traue   246

2.2 Datenerhebung in der quantitativen Forschung
Udo Kelle   285

2.3 Kausalität und Interpretativität
Nina Baur   306

	2.4	Interpretativität quantitativer Auswertung Leila Akremi	361
	2.5	Interpretativität und schließende Statistik Markus Ziegler	409
3	Analyse kultureller und struktureller Ordnungen		
	3.1	Objektive Hermeneutik Kai-Olaf Maiwald	442
	3.2	Dokumentarische Methode Heike Kanter	479
	3.3	Qualitative Inhaltsanalyse Udo Kuckartz	506
	3.4	Neue Synthesen von Handlungs- und Strukturanalyse Rainer Diaz-Bone	535
4	Rekonstruktion von Handlungsprozessen und -produkten		
	4.1	Lebensweltliche Ethnographie Michaela Pfadenhauer	562
	4.2	Praxisethnografie Christian Meyer	580
	4.3	Fokussierte Ethnographie Bernd Rebstein und Bernt Schnettler	612
	4.4	Videographie René Tuma und Hubert Knoblauch	636
	4.5	Hermeneutische Wissenssoziologie (sozialwissenschaftliche Hermeneutik) Regine Herbrik	659
	4.6	Situationsanalyse Jörg Strübing	681
5	Analyse der Medialität und Materialität von Gesellschaften		
	5.1	Visuelle Diskursanalyse Boris Traue und Mathias Blanc	708
	5.2	Film- und Fernsehanalyse Angela Keppler und Anja Peltzer	741
	5.3	Artefaktanalyse Manfred Lueger und Ulrike Froschauer	775

	5.4	Big Data Ramón Reichert	802
6	Methoden zur Erfassung langfristigen sozialen Wandels	
	6.1	Biographieforschung und Narrationsanalyse Gabriele Rosenthal und Arne Worm	828
	6.2	Subjektivierungsanalyse Lisa Pfahl, Lena Schürmann und Boris Traue	858
	6.3	Wissenssoziologische Diskursanalyse Reiner Keller und Saša Bosančić	886
	6.4	Fallstudie Linda Hering	917

Die Autorinnen und Autoren — 952

Was heißt „interpretativ forschen"?

Hubert Knoblauch, Nina Baur,
Boris Traue und Leila Akremi

1   Sinn und Interpretation

Die Vorstellung einer interpretativen Sozialforschung wird in aller Regel auf Max Weber zurückgeführt. Er ist nicht nur einer der Begründer der Soziologie, sondern hat sie auch in einer besonderen Weise als „verstehende Soziologie" definiert:

> „Soziologie [...] soll heißen: eine Wissenschaft, welche soziales Handeln deutend verstehen und dadurch in seinem Ablauf und seinen Wirkungen ursächlich erklären will" (Weber 1921/1980, S. 1).

Trotz aller theoretischen und methodologischen Differenzen können sich – wie Hartmut Esser (2002) in seinem Aufsatz „Wo steht die Soziologie?" unterstreicht – fast alle deutschsprachigen Soziologen auf diese Definition von Soziologie einigen. In dieser Definition verweist dabei das lateinische Wort *„Interpretation"* auf das, was Weber im Deutschen als *„Deuten"* bezeichnet, aber Weber geht bei seiner Begriffsbestimmung noch weiter. Denn der Gegenstand der Deutung bzw. Interpretation, das soziale Handeln, lässt sich – so Weber –, wie alles Handeln, durch ein besonderes Merkmal bestimmen: den Sinn. Auch wenn sich soziales Handeln prinzipiell auf das Verhalten anderer bezieht, so zeichnet sich sein Sinn dadurch aus, dass er subjektiv ist. Soziologen stellen sich die Aufgabe, diesen Sinn nicht nur zu verstehen, sondern auch ihre Erklärungen beruhen auf dem subjektiv gemeinten Sinn.

Weber wendet sich damit ausdrücklich gegen die Unterscheidung von Windelband (1904) und Rickert (1899), die zwischen „nomothetischen" und „idiographischen" Wissenschaften unterscheiden, also Wissenschaften, die durch Gesetze erklären, und solchen, die lediglich beschreibend sind, wie die historischen Wissenschaften. Diese Hervorhebung ist deswegen bedeutsam, weil Weber damit „Sinn" zu einem zentralen Gegenstand der Sozialwissenschaften machte. Besonders für die Soziologie ist dies folgenreich, die ja zuvor stark von positivistischen und evolutionstheoretischen Denktraditionen geprägt gewesen war. Diese Positionen waren schon von Dilthey (1900/2004) scharf kritisiert worden. Bereits Simmel (1908/1992, S. 28) hatte in Abgrenzung sowohl zu Dilthey, als auch früheren soziologischen Ansätzen die Rolle des Sinnhaften in seinem Begriff der Kultur gefasst, den er jedoch als „rein soziologische, von dem speziellen Inhalt abstrahierende Form" konzipierte.

Doch es war erst Weber, der die Sinnhaftigkeit zum konstitutiven Merkmal des Sozialen erklärte. Bekanntlich handelt es sich dabei keineswegs nur um ein Lippenbekenntnis. Vielmehr bemüht sich Weber, in seiner Methodologie mit dem Begriff des „Idealtypus" eine Verbindung zwischen *„Verstehen"* und *„Erklären"* herzustellen (Kalberg 2001), und er löst diesen Versuch auch in seinen historisch-soziologischen Studien ein, in denen er die Kulturbedeutsamkeit des sinnhaften Handelns aufzeigt. So zeigt Weber in der „Religionssoziologie", dass sich buddhistische Kontemplation und rationales ökonomisches Handeln durch ihre besondere Sinnorientierung unterscheiden, die einmal auf „innere", das andere Mal auf „äußere" Objekte bezogen ist (Weber 1920).

Wie allerdings Alfred Schütz (1932) in seinem knapp zehn Jahre nach Webers (1921/1980) „Grundbegriffen" veröffentlichten „sinnhaften Aufbau der sozialen Welt" betont, bleibt „der Begriff der sinnhaften und daher verstehbaren Handlung des Einzelnen, der eigentliche Grundbegriff der verstehenden Soziologie", der „Titel für eine vielverzweigte und der weiteren Durchdringung sehr bedürftige Problematik" (Schütz 1932, S. 12). Zur Lösung dieses Problems greift Schütz auf die Phänomenologie Husserls zurück. Demnach basiert subjektiver Sinn auf den Prozessen des subjektiven Bewusstseins. Aus der phänomenologischen Perspektive zeichnet sich das Bewusstsein zum einen dadurch aus, dass es sich auf etwas bezieht – die Phänomenologie nennt das „Intentionalität" –; zum anderen ist das Bewusstsein durch eine besondere Zeitlichkeit bestimmt, die sich im Erleben zeigt. *Zeitlichkeit* und *Intentionalität* sind denn auch die Grundlage für den Sinn, von dem Schütz spricht: *Sinn* besteht hier in der

> „spezifische[n] Zuwendung zu einem abgelaufenen Erlebnis [...], durch welche dieses aus dem Dauerablauf herausgehoben und zu einem ‚solchen', nämlich einem so-und-nicht-anders-beschaffenen Erlebnis wird" (Schütz 1932, S. 247).

Sobald wir nämlich ein Erlebnis machen, das sich von einem anderen Erlebnis unterscheiden kann und sich – in der Zeit – auf dieses als vergangenes oder künftig entworfenes Erlebnis bezieht, macht das Erlebnis für uns einen Sinn, der in sozialen Zusammenhängen von anderen verstanden werden kann. Der Sinnbegriff wird so zur zentralen Kategorie, die hinter dem Begriff der Interpretation steht (Hitzler 2002). Reichertz (2007, S. 3) weitet die Zentralität des Sinn-Begriffs sogar auf alle qualitativen Ansätze aus, um hinzuzufügen:

> „[D]as Problem ist allerdings, dass die jeweiligen Gebrauchsweisen der Begriffe ‚Sinn' und ‚Rekonstruktion' so stark auseinander laufen (subjektiv, objektiv, sozial, latent etc.),

dass von einem gemeinsamen Nenner ([...] nicht [...]) ernsthaft gesprochen werden kann" (Reichertz 2007, S. 197).

Seit Webers Konzeption der verstehenden Soziologie ist der Begriff des „Sinns" in der Soziologie folglich weitgehend etabliert (Abel 1948). Allerdings weist der Sinn-Begriff eine *Doppelseitigkeit* auf, die mit den Begriffen des *subjektiven Sinns* und des *objektiven Sinns* gefasst werden kann. Eine Objektivität des Sinns ergibt sich für Weber aus der intersubjektiven Übereinstimmung oder der Einseitigkeit des subjektiv gemeinten Sinns. Soziale Institutionen – bei Durkheim (1895/1984, S. 105 ff.) über den bezwingenden, d. h. sanktionsbewehrten oder attraktiven Charakter der überindividuellen „sozialen Tatsachen" („contraintes sociales") erklärt – versteht Weber (1921/1980, S. 14 f.) konsequenterweise als „typisch gleichartig gemeinten Sinn" bzw. über die Orientierung an der „Geltung" einer „Ordnung". Während die französische Soziologie sich künftig stärker an „sozialen Tatsachen" und dem objektiven Sinn orientierte, plädierte Weber für eine Orientierung der Soziologie am subjektiven Sinn und legte in seinem Plädoyer für eine „verstehende Soziologie" den Grundstein hierfür (Smelser 1976).

Weber schließt dabei mit den Begriffen des „Verstehens", des „Deutens" und der „Interpretation" an einer *hermeneutischen Tradition* an, die für ihn noch entscheidend von Dilthey geprägt war. Dilthey (1883/2006, S. 318) verwendet den Begriff der *„Interpretation"* oder auch *„Auslegung"* für das „kunstmäßige Verstehen von dauernd fixierten Lebensäußerungen", zu denen er Begriffe, Handlungen und Texte zählt. *Verstehen* bzw. *Deuten* bezieht sich dabei auf einen „Vorgang, in welchem wir aus sinnlich gegebenen Zeichen ein Psychisches, dessen Äußerung sie sind, erkennen". Diltheys Konzept der Interpretation schließt wiederum an die hermeneutische Tradition an, wie sie im frühen 19. Jahrhundert von Schleiermacher (1838) begründet wurde. Während sich diese Hermeneutik jedoch weitgehend auf Schriftwerke, und zwar zunächst vor allem auf die Auslegung der Bibel konzentrierte, weitet Dilthey (1900/2004) das Konzept auch auf andere Lebensäußerungen aus, wobei er die Meinung vertritt, dass erst die Auslegung von literarischen, philosophischen oder religiösen Texten ein über das Nachvollziehen „psychologisch" spezifischer innerer Vorgänge hinausgehendes hermeneutisches Verstehen der Bedeutung der jeweiligen geistigen Objekte ermöglicht. Mit anderen Worten ist in der hermeneutischen Tradition der *verschriftlichte* Text Grundlage jeder wissenschaftlichen Analyse – auch Interviews, Beobachtungen oder visuelles Material müssen in dieser Tradition erst verschriftlicht werden, bevor sie analysiert werden können. Daher rühren Äußerungen, die sich in gängigen Einführungen in die qualitative Sozialforschung finden lassen, die Soziologie sei eine Textwissenschaft (vgl. z. B. Flick 2007, S. 107; S. 447).

Die Verbindung zwischen Sinn, Verstehen und Deuten bzw. Interpretation als eines methodisch nutzbaren und methodologisch verallgemeinerbaren Zusammenhangs wird erst von Weber hergestellt, und er ist es auch, der sie sehr ausdrücklich in die Soziologie eingebracht und zur Grundlage einer Methodologie machte, die insbesondere über Schütz eine Vielzahl interpretativer Methoden inspiriert.

Auch wenn wir im Folgenden argumentieren werden, dass diese starke Orientierung am verschriftlichten Text nicht erforderlich ist, so kommt der Vorschlag, die Textualität von sozialwissenschaftlichen Daten als Voraussetzung für methodisch kontrollierte Interpretation zu betrachten, Max Webers Forderung entgegen, die Soziologie solle Verstehen *und* Erklären miteinander verbinden. Schütz bringt dieses Desiderat der verstehenden sozialwissenschaftlichen Methodologie mit Erklärungsanspruch auf den folgenden Punkt: Das Hauptproblem der Sozialwissenschaften liege darin, „eine Methode zu entwickeln, um in objektiver Weise den *subjektiven* Sinn menschlichen Handelns *erklären* zu können" (Schütz 1971, S. 49, Hervorhebung durch Autoren).

2 Das interpretative Paradigma

Auch wenn die Forderung nach Interpretation bereits auf Max Webers verstehende Soziologie zurückgeführt werden kann, geriet die Rolle der Interpretation für die Soziologie nach dem 2. Weltkrieg, vermutlich auch aufgrund der Dominanz der amerikanischen Soziologie, weitgehend in Vergessenheit. Sieht man von der überwiegend auf die „Geisteswissenschaften" beschränkten Fortentwicklung der Hermeneutik ab – in Deutschland etwa über Gadamer (1960), in Frankreich über Ricœur (1972) –, ist daher eine eigenständige methodologische Wiederaufnahme und Weiterführung der „Interpretation" in den Sozialwissenschaften vergleichsweise jungen Ursprungs und scheint erst Ende der 1970er Jahre in eine Verbindung mit den Methoden der Sozialforschung gebracht worden zu sein:

Wie Ploder (in diesem Band) rekonstruiert, vollzog sich diese Verbindung von Interpretativität und sozialwissenschaftlichen Methoden im Rahmen der Essener Tagung „Interpretative Verfahren in den Sozial- und Textwissenschaften", an der laut Bericht Georg Soeffners vom 20.1.1978 an den Vorstand der Deutschen Gesellschaft für Soziologie (DGS) insgesamt 170 Personen teilnahmen und die ihren Niederschlag in dem Tagungsband „Interpretative Verfahren in den Sozial- und Textwissenschaften" (Soeffner 1979) fand. Zwar wird auch im selben Jahr im angelsächsischen Sprachraum das Buch von Dallmayr und McCarthy (1977) als eine Initialzündung der „*interpretativen Wende*" („interpretive turn") gedeutet, doch halten beide Autoren an einem – über Habermas' (1970/1985) „Logik der Sozialwissenschaften" vermittelten – Konzept des Verstehens fest, auf das wir unten noch eingehen werden. Erst mit dem Sammelband von Rabinow und Sullivan (1987) wird auch im angelsächsischen Sprachraum die *Verbindung des „verstehenden Ansatzes" mit den „qualitativen Methoden"* vollzogen.

Parallel findet eine *Ausdifferenzierung der hermeneutischen Ansätze* im deutschen Sprachraum in verschiedene Varianten etwa der „sozialwissenschaftlichen Hermeneutik" (Soeffner 1980), der „objektiven Hermeneutik" (Oevermann et al. 1979) oder der „wissenssoziologischen Hermeneutik" (Hitzler/ Reichertz/Schröer 1999) statt.

Freilich geht dieser interpretativen Wende der sozialwissenschaftlichen Methoden ein entsprechender *Wandel in der soziologischen Theorie* voraus: In den 1960ern war der Strukturfunktionalismus – der in der interpretativen Forschung später auch als „normatives Paradigma" (Wilson 1973) bezeichnet wurde – die dominante Sozialtheorie. Mit dem „normativen Paradigma" ist der von Parsons (1937) geprägte theoretische Ansatz gemeint, der Handelnde in festen Strukturen verankert, die ihre Positionen, ihre Rollen, Erwartungen und Handlungen weitgehend festlegen. Der Strukturfunktionalismus war wiederum methodologisch stark von der damaligen französischen Soziologie beeinflusst, bei welcher eine andere Methodenentwicklung vonstattenging als in der deutschsprachigen Soziologie. Wie bereits oben angedeutet, weicht die methodologische Grundlegung der Soziologie in Frankreich (Durkheim 1895/1984) vom Programm der verstehenden Soziologie ab, da sie nicht – wie bei Weber – aus der Auseinandersetzung mit der hermeneutischen Tradition und dem Szientismus vor allem der amtlichen Statistik (vgl. Ziegler in diesem Band), sondern aus einer Auseinandersetzung mit dem Positivismus und dem sozialistischen Denken hervorgegangen ist (Geiger 1981). Entsprechend kam es in Frankreich erst in der Nachkriegszeit zu einer Rezeption der Hermeneutik (Ricœur 1972; vgl. zum Überblick Keller/Poferl 2016). Vor dieser hermeneutischen Wende hatte die französische Methodentradition den Strukturfunktionalismus stark beeinflusst (z. B. Parsons 1937).

Diese strukturfunktionalistischen Deutungen der Durkheimschen Methodologie wurden in den USA bereits in den 1960ern scharf aus dem Lager der interpretativen Soziologie kritisiert. So protestierte etwa Garfinkel (1967), handelnde Akteure seien keine „Kulturtrottel" („cultural dopes"), die außerstande wären, Normen und Zwänge zu interpretieren.

Zu breitenwirksamen Veränderungen der soziologischen Theorie hin zur Interpretativität kam es dann in den 1970ern. So gab Walter Bühl bereits 1972 einen Sammelband „Verstehende Soziologie" heraus, der unter den „Entwicklungstendenzen" auch einen ethnomethodologischen Aufsatz von George Psathas (1972) enthielt, welcher allerdings wenig rezipiert wurde. Viel folgenreicher – vor allem in seiner deutschsprachigen Übersetzung – war Thomas P. Wilsons Aufsatz von 1973, in dem er ein „interpretatives Paradigma" formuliert.

Im selben Jahr erscheint in englischer Sprache auch Geertz' (1973/1987) Aufsatz über die „dichte Beschreibung" und die interpretative Theorie der Kultur. Bezeichnenderweise löste Geertz in den 1980er Jahren deswegen vor allem eine theoretische Wende zur „interpretativen Anthropologie" aus, wofür etwa die Arbeiten von Marcus und Fischer (1986) stehen, die betonen, wie sehr die Ethnologie und ihre Kommunikationsformen an der Konstruktion ihres Gegenstandes beteiligt sind. Geertz' Bezug zu und Einfluss auf die sozialwissenschaftlichen Methoden war daher indirekt.

Auch Wilsons (1973) Aufsatz nimmt keinen direkten Bezug auf die Methoden der qualitativen Sozialforschung, vielmehr zielt er mit seiner Formulierung des „interpretativen Paradigmas" auf eine Kontrastierung mit dem Strukturfunktionalismus. Im Gegensatz zum Strukturfunktionalismus sieht Wilson (1973) Handeln – oder, hier wie häufig in einer ungeklärten Gleichsetzung – „Interaktion als einen interpretativen Prozess". Das „interpretative Paradigma" wird also nicht hauptsächlich auf die Methoden bezogen, sondern gilt als ein theoretisches Programm, wie es seine Ausformulierung etwa durch Reiner Keller (2012) erfährt.

In den letzten Jahren wurde das interpretative Paradigma einer grundlagentheoretischen und methodologischen Revision unterzogen (Keller 2012; Keller/Poferl 2016; Knoblauch 2017). Dabei wurde auch teilweise das Verhältnis zur französischen Tradition – in Gestalt der Durkheimschen sowie machtanalytischen bzw. poststrukturalistischen Methodologie – revidiert. „Soziale Tatsachen" (Durkheim 1895/1984) wurden in der älteren Parsons'schen (1937) Lesart als unentrinnbare *Zwänge* betrachtet, die das Verhalten der Individuen determinieren und dadurch mit einer handlungstheoretischen Denkweise schwer in Einklang zu bringen sind. Vielmehr werden soziale Tatsachen nun als symbolischer und materieller Rahmen verstanden, in den sich handelnde Individuen gestellt sehen. In der deutschsprachigen Methodendebatte der letzten Jahre wurde dagegen hervorgekehrt, dass Strukturen ein symbolischer und materieller Rahmen sind, der das Verhalten nicht *determiniert*, sondern sich Handelnden lediglich als Sinnangebot aufdrängt, mit dem sie umzugehen haben.

Die Verschränkung von Zwang und Ermöglichung bildet auch den Kern des für die deutschsprachige Methodendiskussion bedeutsamen Diskursbegriffs: Michael Foucault (1976) spricht von einer „Produktivität" der diskursiven Macht, die ihre repressive (Bestimmungs-)Macht überwiege. Vor allem aufgrund der Konzeptualisierung dieser doppelten Wirkung bot sich seine Perspektive – mehr noch als die stärker positivistisch geprägte Perspektive Durkheims – für einen Einbau in die interpretative Forschung an (Keller 2005). Im Foucault'schen Diskursbegriff ist auch schon der Umstand berücksichtigt, dass Subjekte in ihren „Äußerungen" diskursive „Aussagen" deutend reproduzieren und schließlich auch transformieren. So gelten *Diskurse* (oder auch „*Deutungsmuster*") als "umstrittene, vorübergehend kristallisierte symbolische Strukturen der Ordnung von Welt, die Handeln zugleich ermöglichen und beschränken. [Die Diskursanalyse] historisiert die soziologische Analyse von Wissen und Praktiken und vermittelt zwischen handlungs- und struktur- bzw. institutionentheoretischen Ansätzen" (Keller 2005, S. 190).

Diese Erweiterung des interpretativen Paradigmas – das nicht auf die wissenssoziologische Diskursanalyse beschränkt bleibt, sondern sich allgemeiner durchgesetzt hat – erlaubt eine genauere Bestimmung der Übergänge vom subjektiven Sinn zum objektiven Sinn und umgekehrt: Diskurse *„subjektivieren"* Handelnde (Bosančić 2012; Pfahl/Schürmann/Traue in diesem Band; Knoblauch 2017, S. 183 ff.), während sich das kommunikative Handeln über mehrere Schritte *„objektiviert"* (Knoblauch 2017).

Diese Präzisierungen der Übergänge von sozialen Ordnungen zum Handeln und umgekehrt versprechen, die Defizite des interpretativen Paradigmas in der *Erklärung* von sozialer Ordnungsbildung weitgehend zu beheben. Dies gelingt nicht zuletzt durch eine Vertiefung des Verständnisses der Verstehensleistungen, die Subjekte aufbringen müssen, um sich in globalisierten, mediatisierten und verwissenschaftlichten Lebenswelten zu orientieren.

In neueren theoretischen Ansätzen mit starken methodologischen Programmen, etwa im kommunikativen Konstruktivismus (Knoblauch 2017) und in anthropologisch geprägten Ansätzen (z. B. Lindemann 2014), werden normative und materielle Aspekte der Sozialität also stärker als bislang in der interpretativen Sozialforschung üblich berücksichtigt und systematisch in den theoretischen Bezugsrahmen und korrespondierenden methodologischen Techniken verankert: als Diskursivierung (Keller 2005), Mediatisierung (Hepp 2013; Traue 2017), Verräumlichung (Berking 1998; Löw 2001), Kommunikativierung und Infrastrukturierung (Knoblauch 2017, S. 355 ff.; vgl. auch Abschnitt 5) usw.

Die Einbeziehung der normativen und materiellen Ordnungen in die interpretative Forschung schlägt sich auch in den Datensorten nieder, die Gegenstand sozialwissenschaftlicher Analysen werden. Im Folgenden möchten wir – wiederum unter knapper Einbeziehung grundlegender Methodendebatten – deshalb darstellen, wie in den Sozialwissenschaften „Daten" konstruiert werden.

3 Was kann interpretiert werden?
Vom Text über die Sprache zur Objektivation
als sozialwissenschaftliche Datengrundlage

Die bei Weber entschieden vollzogene Abgrenzung zum Positivismus ist mit einer methodologischen Position verbunden, die vermutlich Schütz am deutlichsten auf den Punkt bringt: Im Gefolge von Weber schlägt Schütz (1971, S. 3–54) vor, zwischen Konstrukten erster Ordnung und Konstrukten zweiter

Ordnung zu unterscheiden. Gegen Rudolf Carnaps (1928) „logischen Aufbau der Welt" und seinem methodologischen Vorschlag, von „Protokollsätzen" auszugehen (Carnap 1932), betont Schütz (1932) mit seinem „sinnhaften Aufbau der sozialen Welt" ausdrücklich, dass die Wirklichkeit nicht einfach objektiv in Protokollsätzen zu fassen ist. Carnap hatte – in der Absicht einer einheitswissenschaftlichen Grundlegung, die einer weiteren „Zerspaltung der Wissenschaften" (Carnap 1932, S. 423) vorbeugen sollte – vorgeschlagen, als festen Grund der Überprüfbarkeit aller wissenschaftlichen Aussagen eine *Protokollsprache* zu verwenden, die der Protokollierung des Wissenschaftlers bei der empirischen Arbeit entspricht. Idealerweise folge diese Sprache einem „ursprünglichen Protokoll", für das er beispielhaft folgende Form vorschlägt:

> „Versuchsanordnung: an den und den Stellen sind Körper von der und der Beschaffenheit (z. B. ‚Kupferdraht'; vielleicht dürfte statt dessen nur gesagt werden: ‚ein dünner, langer, brauner Körper', während die Bestimmung ‚Kupfer' durch Verarbeitung früherer Protokolle, in denen derselbe Körper auftritt, gewonnen wird); jetzt hier Zeiger auf 5, zugleich dort Funke und Knall, dann Ozongeruch. Ein ursprüngliches Protokoll würde sehr umständlich sein. Daher ist es für die Praxis zweckmäßig, daß die Formulierung des Protokolls schon abgeleitete Bestimmungen verwendet" (Carnap 1932, S. 437 f.).

Diese Auffassung wird innerhalb des Wiener Kreises von Otto Neurath (1932) kritisiert, der einwendet, dass die Subjektivität des Forschers – nicht zuletzt sein Name – in die Protokollsätze eingehe. Dies führt allerdings innerhalb der „*Protokollsatzdebatte*" nicht zu einer prinzipiellen Revision von Carnaps Vorschlag. Es ist Alfred Schütz – der ja selbst zeitweilig den Wiener Kreis frequentierte –, der einige Jahre später Carnaps Vorschlag mit einer noch radikaleren Kritik erwidert:

Die Wirklichkeit werde immer von denjenigen, die in ihr handeln, schon gedeutet, gleichgültig ob es sich um Alltagsmenschen oder Wissenschaftler handle. Diese Deutungen nennt Schütz (1971, S. 11) die „ersten Konstruktionen des alltäglichen Denkens". Diese *Konstrukte erster Ordnung* werden zwar individuell vollzogen, stellen aber bereits ein sozialisiertes Wissen dar, das aus der Reziprozität der Perspektiven (Schütz 1971, S. 12; Schütz 1932, S. 106–155) hervorgeht: Bei der eigenen Deutung der Welt werden die Deutungen der Anderen und die Deutungen des eigenen Handelns durch andere berücksichtigt. Es ist nicht so sehr die Subjektivität, sondern die *Relationalität* der Konstrukte erster Ordnung, die sie von Protokollsätzen unterscheiden. Erst Berger und Luckmann (1966) werden allerdings Jahrzehnte später erläutern, was wir unter der Konstruktion verstehen können.

Der Gegenstand der Sozialwissenschaften verfügt gemäß Schütz immer schon über seine eigenen Deutungen. Ist Forschung schon deswegen immer interpretativ, so zeichnet sie sich darüber hinaus auch dadurch aus, dass sie selbst auch Deutungen produziert – nämlich *Konstrukte zweiter Ordnung*:

> „Die vom Sozialwissenschaftler gebildeten Konstruktionen menschlicher Wirkensmuster sind jedoch von ganz anderer Art [als die der Konstrukte 1. Ordnung]. Der Sozialwissenschaftler hat kein ‚Hier' in der Sozialwelt, genauer gesagt, er betrachtet seine Position in der Sozialwelt und das daran geknüpfte Relevanzsystem für sein wissenschaftliches Unterfangen als irrelevant. Sein verfügbarer Wissensvorrat ist der *corpus* seiner Wissenschaft, und er muß diesen als selbstverständlich hinnehmen – das heißt in diesem Zusammenhang, als wissenschaftlich gesichert hinnehmen – es sei denn, er sagt explizit, warum er das nicht kann. Zu diesem *corpus* der Wissenschaft gehören auch die bisher erfolgreich verwendeten Verfahrensregeln, die Methoden seiner Wissenschaft, zu denen die Methoden wissenschaftlich zuverlässiger Bildung von Konstruktionen zählen" (Schütz 1971, S. 45, Hervorhebungen im Original).

Ihre Erzeugung folgt, wie Schütz betont, ähnlichen Methoden wie die der Naturwissenschaften: Sie müssen auf empirischen Beobachtungen beruhen, sie müssen logisch kohärent und konsistent sein. Deswegen unterscheiden sich Sozial- und Naturwissenschaften in seinen Augen auch nicht grundlegend. Damit wendet sich Schütz gegen die klassische Unterscheidung zwischen Natur- und Geisteswissenschaften, die sowohl in der naturwissenschaftlichen als auch in der geschichtswissenschaftlichen Debatte des 19. Jahrhunderts prominent war (Baur 2005, S. 28 f.). Die Differenz zwischen Natur- und Sozialwissenschaften besteht für Schütz – und hier folgt er Diltheys Argumentation – in eben der besonderen Konstitution ihres *Gegenstandes, die ein Verstehen* erfordert.

Schütz' (1932, S. 23 ff.) Vorstellung des Verstehens unterscheidet sich jedoch nicht nur inhaltlich von den Modellen der Hermeneutik, arbeitete er doch ein *Modell der Intersubjektivität* aus, das dem Gegenstandsbereich der Sozialwissenschaften weit angemessener ist als etwa Diltheys (1900/2004) Vorstellung des „Nachbildens".

Vor allem löste sich Schütz aber von der starken Textzentrierung der Hermeneutik und erweiterte damit die Vorstellung dessen, was als *Datengrundlage der Sozialwissenschaften* gelten kann: Die Kunst der Auslegung bei Dilthey etwa erstreckt sich – wie bereits erwähnt – weitgehend auf Sprachkunstwerke, die als kulturelle Objektivationen eine von den Handelnden unabhängige Eigenständigkeit des Sinnes erzeugen.

Diese *Textzentriertheit* findet sich auch noch in der einflussreichen Hermeneutik Ricœurs (1972). Zwar bezieht Ricœur die Hermeneutik ausdrücklich auch auf das Verstehen von Handlungen. Allerdings müssten dazu alle Handlungen wie Texte behandelt werden. Sie bedürfen also einer vorgängigen Konventionalisierung ihres Sinnes, der als Bedeutung festgelegt ist. Die *Unterscheidung zwischen subjektivem Sinn und konventionalisierter Bedeutung* verläuft dabei parallel zur Unterscheidung zwischen Sinn und Wissen (Knoblauch 2005, S. 341 ff.).

Ricœur umgeht damit die für die Sozialwissenschaft grundlegende Frage, wie denn Sinn zur Bedeutung und wie die Objektivation zum Zeichen oder Symbol wird, auf die schon Mead (1934, S. 122) hingewiesen hatte: Im Unterschied zur Philologie können die Sozialwissenschaften nicht von der Vorgegebenheit von Sprache, Zeichen und Symbolsystemen ausgehen, sondern sie müssen diese aus dem Sozialen erklären. Meads Analyse des Symbols ist dafür ebenso ein Beispiel wie Schütz' (1932, S. 106 ff.) Theorie der Intersubjektivität und Luckmanns (1981) These der alltäglichen Konstitution der Sprache.

Luckmann (1981) war es denn auch, der den Begriff der Hermeneutik auf das Handeln ausweitete, das keineswegs nur textförmig ist. Methodologisch bedeutet dies – auch wenn es bei Luckmann noch implizit bleibt –, dass *Interpretationen nun auch von anderen Datensorten als von verschriftlichten Texten möglich* sind.

Die endgültige Abwendung von der Orientierung am Begriff des Textes vollzieht sich mit Jürgen Habermas' (1970/1985) „Logik der Sozialwissenschaften". Er vollzieht eine linguistische Wende und diskutiert Winchs (1958) Anwendung von Wittgenstein (1953/2001) auf die Soziologie. Habermas geht es dabei nicht um den Text, sondern um die „gesprochene Sprache", die für ihn das einzige Medium ist, „in dem sich die Dialektik des Allgemeinen und Besonderen alltäglich vollzieht" (Habermas 1970/1985, S. 234). Weil ihm aber die Annahme problematisch erscheint, dass sich das Verstehen auf einzelne Sprachspiele beschränkt, wendet er sich der Hermeneutik zu. Er greift Gadamers (1960) Vorstellung auf, dass es beim Verstehen zu einer Verschmelzung von Horizonten kommt, die auch verschieden sein können, und formuliert eine Alternative: Verstehen setzt nicht Gemeinsamkeit voraus, sondern stellt diese erst her.

So sehr Habermas (1970/1985) dabei die Rolle der Lebenswelt als einen unausgesprochenen Hintergrund für die Herstellung dieser Gemeinsamkeit betont, so vollzieht sich jedoch auch bei ihm das hermeneutische Verstehen lediglich in der Sprache; sie bildet für ihn „die Metainstitution", „von der alle gesellschaftlichen Institutionen abhängen; denn soziales Handeln konstituiert sich allein in umgangssprachlicher Kommunikation" (Habermas 1970/1985, S. 234). Diese Beschränkung des Verstehens auf sprachliches Handeln verwundert, zählt Habermas doch schon in diesem frühen Essay als einer der ersten deutschsprachigen Autoren die Ethnomethodologie auf, die zu seinem Begriff der Lebenswelt als dem unausgesprochenen Hintergrund des Verstehens beitragen. Cicourels (1974) Methodenkritik macht in seinen Augen deutlich, dass der Gegenstand der Sozialwissenschaften schon vorgängig strukturiert ist. Dabei wirft er der Ethnomethodologie vor, sie bleibe einem subjektivistischen Modell verhaftet und könne ihre Ergebnisse nicht intersubjektiv testen (Habermas 1970/1985, S. 233).

Diese Strukturierung ist, wie Habermas (1970/1985) selbst in seiner späteren

Theorie des kommunikativen Handelns einräumt, durchaus nicht zu einem unwesentlichen Teil vorsprachlich. Die Lebenswelt bilde vielmehr jenen Horizont, in dem sich das kommunikative Handeln immer schon bewegt; es sei zwar sprachlich überformt und kann durch Sprache rationalisiert werden, weise jedoch wesentliche nichtsprachliche und vorsprachliche Bestandteile auf – auch wenn Habermas diese nicht ausführlich bestimmt. Es wäre jedoch irreführend – so bereits Habermas –, diesen „vorsprachlichen" Aspekten die Sinnhaftigkeit abzusprechen oder sie gar als „Verhalten" abzustempeln, das lediglich biologisch zu verstehen sei. Vielmehr bezieht es sich auf in verschiedenen (visuellen, akustischen, taktilen, olfaktorischen etc.) Wahrnehmungsmodalitäten vollzogenen körperlichen Handlungen, die auch dann einen Sinn annehmen, wenn sie nicht sprachlich festgelegt sind. Mit anderen Worten können auch Gesten, Töne oder visuelle Formen Sinn haben und transportieren. Weil auch Körper und die mit ihnen verbundenen Dinge – also auch Technologien und Medien – am kommunikativen Handeln wesentlich beteiligt sind, darf kommunikatives Handeln nicht auf sprachliches Handeln reduziert werden. Diese Ausweitung des Begriffs „kommunikatives Handeln" wurde von Knoblauch (2017) an anderer Stelle ausführlich erläutert. Hier müssen wir uns deswegen mit den methodologischen Aspekten dieser Ausweitung beschäftigen, die sie mit der Hermeneutik teilt:

Methodologisch bedeutet dies, dass nicht nur verschriftlichte Äußerungen (wie Dokumente oder Interviewtranskripte), sondern auch *Objektivationen aller Art Material für die sozialwissenschaftliche Interpretation* sein können, und entsprechend versammelt dieser Band eine Vielzahl von Beiträgen, die sich auf sehr unterschiedliche Datensorten beziehen: So befassen sich etwa Hering, Keller und Bosančić sowie Pfahl, Schürmann und Traue mit Text-Dokumenten in der Tradition der klassischen Hermeneutik. Herbrik, Kuckartz oder Rosenthal und Worm zeigen, wie man interpretativ mit sprachlichem Material wie Interviews umgehen kann. Pfadenhauer, Meyer sowie Rebstein und Schnettler analysieren beobachtete Interaktionen, Tuma und Knoblauch Videodaten, Kanter Pressebilder, Keppler und Peltzer sowie Maiwald Filme, Traue und Blanc Fotografien und Internet-Visualisierungen, Lueger und Froschauer Artefakte.

4 Konstrukte zweiter Ordnung und die Explikation der Interpretation

Wie die klassische Hermeneutik verweist auch die interpretative Sozialforschung auf den Umstand, dass der Gegenstand ihrer Wissenschaften immer schon sinnhaft und im Falle von Handlungswissenschaften immer schon gedeutet ist. Weil sozialwissenschaftlich Forschende also gedeutete Gegenstände deuten, sind ihre Deutungen Konstrukte zweiter Ordnung (Schütz 1971, S. 45). Diese Unterscheidung zwischen Konstrukten erster und zweiter Ordnung wird auch von der Ethnologie geteilt, die (in Anlehnung an die Linguistik) etwa zwischen „emischen" und „etischen" Kategorien unterscheidet (Pike 1966), und sie ist natürlich auch in der Hermeneutik zu finden, die Interpretation von der Auslegung unterscheidet als dem Verfahren, in dem die Bedeutung des „Gegenstandes" herausgestellt wird.

Während sich die hermeneutische Auslegung aber zumeist auf die Bedeutung der Objektivationen (Texten, Sprachdokumenten oder anderen Daten) stützt, zeichnen sich die meisten interpretativen Verfahren dadurch aus, dass sie den Bezug zu den Konstrukten erster Ordnung herstellen.

Für die spezifische interpretative Methodologie ist dabei durchaus folgenreich, welche *theoretischen Zusammenhänge zwischen diesen Konstruktionsebenen* angenommen werden:

So setzt etwa die *objektive Hermeneutik* sozialtheoretisch (auf der Ebene der Konstrukte erster Ordnung) einen Strukturdeterminismus voraus und kann deshalb (auf der Ebene der Konstrukte zweiter Ordnung) davon ausgehen, dass in Interviewdaten objektive Strukturen zum Ausdruck kommen, die keines Rückbezugs auf die spezifischen Handlungsorientierungen der Akteure bedürfen, denen diese Daten zu verdanken sind. Es existiert letztlich nur eine „richtige" Deutung der Daten, die es in der Interpretation herauszuarbeiten gilt.

Dagegen geht die *sozialwissenschaftliche Hermeneutik* sozialtheoretisch davon aus, dass Akteure (auf der Ebene der Konstrukte erster Ordnung) Strukturen (um)deuten und verändern können. Von diesen Akteuren produzierte Daten können daher auch mehrere „richtige" Interpretationen haben – Daten sind damit prinzipiell mehrdeutig. Auf der Ebene der Konstrukte zweiter Ordnung ist daher eine Berücksichtigung der in Texten „aufscheinenden und sich dem Interpreten aufdrängenden subjektiven Intentionalität, die die Sprecher für sich in Anspruch nehmen und der sie eine subjektive Ausdruckqualität verleihen" (Soeffner 2004, S. 83) erforderlich. Die sozialwissenschaftliche Hermeneutik nimmt dabei ausdrücklich Bezug auf die von Schütz formulierte Forderung der „Adäquanz" zwischen den Handlungsorientierungen und deren Auslegung:

> „Jeder Begriff in einem wissenschaftlichen Modell menschlichen Handelns muss so konstruiert sein, daß eine innerhalb der Lebenswelt durch ein Individuum ausgeführte Handlung, die mit der typischen Konstruktion [d. h. Konstruktion zweiter Ordnung] übereinstimmt, für den Handelnden selbst ebenso verständlich wäre wie für seine Mitmenschen, und das im Rahmen des Alltagsdenkens. Die Erfüllung dieses Postulats verbürgt die Konsistenz der Konstruktionen des Sozialwissenschaftlers mit den Konstruktionen, die von der sozialen Wirklichkeit im Alltagsleben gebildet werden" (Schütz 1971, S. 50).

Während Schütz darüber hinaus davon ausgeht, dass die wissenschaftlichen Auslegungen dem Postulat der *logischen Konsistenz* im Sinne einer dualen Aussagelogik folgen müssen, lassen andere interpretativ Forschende auch „sprungartige" Verfahren zu, wie etwa die Abduktion (Reichertz 2013).

Auch wenn etwa postmoderne Ansätze die „Auslegung" in einem alltäglichen Sinne als „Plausibilisierung" verstehen (Bauman 1978), die systematische Differenz zwischen wissenschaftlichen und alltäglichen Deutungen in Frage gestellt wird – wie etwa in Giddens' (1984) Konzept der doppelten Hermeneutik – und die Konstrukte zweiter Ordnung nicht als übergeordnet, sondern lediglich als beigeordnet angesehen werden, so zeichnen sich die Konstrukte zweiter Ordnung in der interpretativen Sozialforschung doch durch ein Merkmal aus, das sie von den meisten Konstrukten erster Ordnung heraushebt: Es besteht darin, dass die Deutungen nicht einfach stillschweigend vorgenommen, sondern ausdrücklich gemacht werden:

> „[A]nders als der Alltagsmensch versucht der wissenschaftliche Interpret, sich über die Voraussetzungen und die Methoden seines Verstehens Klarheit zu verschaffen. Denn dadurch und nur dadurch wird Verstehen zu einer wissenschaftlichen Methode. Dadurch auch erst wird Verstehen systematisch lehr- und lernbar" (Soeffner 2004, S. 167).

Solche *Explikationen* können in Form von Texten dargestellt werden, die dann typischerweise nicht nur die Daten anführen, sondern auch die Interpretationen von Daten, die als eigene Textteile auftreten. In gründlichen empirischen Untersuchungen werden diese Explikationen vor den kritischen Augen anderer Forschender in sogenannten Interpretationsgruppen bzw. Datensitzungen vorgenommen (Reichertz in diesem Band; Kurt/Herbrik 2014). Durch die Archivierung der Daten (Medjedović/Witzel 2010) werden Re- und Sekundäranalysen möglich (Medjedović in diesem Band). Durch die Dokumentation der Interpretation in wissenschaftlichen Publikationen werden diese Interpretationen nachvollziehbar (Seale 1999, S. 140–158) und damit der Kritik zugänglich gemacht.

Die Explikation von Deutungen ist damit ein wesentliches Kriterium der *Wissenschaftlichkeit der Interpretation*: Erst dadurch, dass Deutungen expliziert und kritisiert werden, können und müssen sie auch begründet werden. Solche Begründungen zielen keineswegs nur auf „psychologische" Besonderheiten (wie Dilthey befürchtete) sondern vermeiden üblicherweise psychologische Deutungen. Vielmehr besteht die Güte der Interpretation darin, besondere Merkmale im empirischen Material zu identifizieren (seien es Interviewtranskripte, Gesprächsprotokolle oder Videoaufzeichnungen), die als Gründe für eine Interpretation genutzt werden können. Vor dem Hintergrund der jeweiligen Sozialtheorie und Methode, auf die sich die Interpretierenden geeinigt haben – wie etwa Konversationsanalyse (Meyer in diesem Band), Gattungsanalyse (Rebstein/Schnettler in diesem Band), Diskursanalyse (Traue/Blanc; Keller/Bosančić in diesem Band), Videoanalyse (Tuma/Knoblauch in diesem Band) etc. – können dann die empirischen Beobachtungen (eine Pause, eine Stimmerhöhung, ein wiederkehrendes Motiv, eine Körperdrehung) als empirische Evidenz für ein Argument genutzt werden.

In diesem Zusammenhang sind entsprechend auch „*Falsifikationen*" von Interpretationen möglich, wenn etwa Beobachtungen einen Sinnzusammenhang nicht stützen. Ein wesentliches Instrument hierzu ist die sogenannte Sequenzanalyse, in der aus dem Material heraus entwickelte Hypothesen und Theorien systematisch getestet werden (Kurt/Herbrik 2014).

Diese Vorgehensweise trifft nicht nur auf prozessproduzierte Daten zu, in denen die Stimmen der untersuchten Handelnden erhalten sind, sondern auch auf Beobachtungsprotokolle und andere forschungsinduzierte Daten, wie sie etwa in der Grounded Theory (Glaser/Strauss 1980; Strauss/Corbin 1996, Strübing 2004) verwendet werden. Denn auch eine interpretativ verstandene

> „Grounded Theory versteht Kodierung nicht als bloße Zuordnung einer Textstelle zu einem Kode, sondern als zentrales Element einer extensiven Interpretation einer Textstelle (oder auch nur eines Wortes) unter Einbezug einer Vielzahl von Kodes, die systematisch im Zuge der Analyse verdichtet werden (und zwar unabhängig von der Häufigkeit ihres Auftretens)" (Lueger 2010).

Wie gerade im Konzept des Theoretical Sampling (Strauss/Corbin 1996) der Grounded Theory deutlich wird, geht es bei der Auslegung nicht nur um ein zweites, der Erhebung nachgeordnetes Verfahren. Wie jede interpretative Sozialforschung setzt sie die von den Forschenden gewonnenen Konstrukte zweiter Ordnung und die Konstrukte erster Ordnung in ein Verhältnis.

Dieses Verhältnis betrifft nicht nur die idealerweise *spiralförmige Organisation des Forschungsprozesses* der Iteration von Erhebung und Analyse, der Generalisierung aus Einzelfällen oder der Verbindung von Theorie und Auslegung.

Vielmehr werden auch die Forschenden selbst als Teil der Relation betrachtet. Damit stellt sich auch die Frage nach ihrem eigenen Standort. Diese Frage nach der *Perspektivität und Standortgebundenheit der Forschenden* wurde unter anderem von Pierre Bourdieu und Norbert Elias ausformuliert (Baur 2017). So hat etwa Bourdieu (1993) mit seinem „Elend der Welt" einen eher dokumentarischen Beitrag zur interpretativen Sozialforschung geleistet (indem er seine Interviews selber sprechen ließ), betont aber auch in seiner „Auto-Socio-Analyse" (Bourdieu 2004) die Notwendigkeit, den sozialen Standort der Forschenden systematisch zu reflektieren. Dies betrifft nicht nur die sozialstrukturelle Herkunft, für die Bourdieu seine eigene Analyse des sozialen Raums vorschlägt, sondern ebenfalls – wie auch für hermeneutische Datensitzungen empfohlen (Reichertz in diesem Band) – die regionale, ethnische bzw. kulturelle Herkunft sowie das Geschlecht der Interpreten.

Eine reflexive Methodologie (Knoblauch 2010 und in diesem Band) darf sich jedoch keineswegs auf die statische Relation beschränken, denn ein weiteres Merkmal der Konstrukte zweiter Ordnung besteht darin, dass sie sich auf *Daten* beziehen. Daten sind keine reinen Materialien, sondern jene Erzeugnisse, die von den Forschenden (etwa als Dokumente) ausgewählt und genutzt, als audiovisuelle Aufzeichnungen in sozialen Situationen technisch konserviert oder etwa in Form von Interviews selbst hergestellt werden. Betrachtet man Daten aus der Perspektive des kommunikativen Konstruktivismus (Knoblauch 2017), dann können sie zwar als Objektivationen angesehen werden, die neben bloß psychischen oder sozialen Konstruktionen ein Drittes darstellen, an dem Aussagen überprüft, gestützt oder revidiert werden können. Zugleich darf jedoch nicht übersehen werden, dass sozialwissenschaftliche Daten nicht nur „epistemische Dinge" (Rheinberger 1997) einer Methodologie sind, sondern in kommunikativen Handlungen erzeugt werden: Sei es durch das Kunstprodukt sozialwissenschaftlicher Interviews – wie etwa Kelle (in diesem Band) zeigt –, sei es durch von Forschenden erstellte Beobachtungsprotokolle oder durch mediale Registrierungstechnologien.

Auch wenn die Analyse und Interpretation von Daten der qualitativen Sozialforschung mittlerweile reflektiert wird, so finden doch die interpretativen Leistungen der Datenerhebung in der qualitativen Sozialforschung immer noch zu wenig und weniger Beachtung als in der Methodologie der quantitativen Forschung oder der sozialwissenschaftlichen Erforschung der Naturwissenschaften. Eine solche reflexive Methodologie zu entwickeln, stellt immer noch ein Desiderat dar, auch wenn Knoblauch (in diesem Band) am Beispiel der qualitativen Sozialforschung einen Vorschlag macht, der auch potenziell auf die quantitative Sozialforschung übertragbar ist: *Reflexive Methodologie* (Knoblauch 2010 und in diesem Band) bedeutet, die gezielte und im besten Fall selbst durch empirische Daten gestützte Beobachtung des eigenen Forschungsprozesses, so dass die methodische Beschreibung selbst nicht nur als mehr oder weniger stilisierte Rekonstruktion erscheint. In diesem Handbuch waren die Autoren aufgefordert, exemplarische Forschungsprozesse darzustellen und sich nicht auf die Darlegung methodologischer Positionen und die Weitergabe methodischer „Rezepte" zu beschränken. Diese Darstellung des Forschungsprozesses macht es auch erforderlich, auf die Erzeugung der Daten (bzw. ihre Bestimmung „als Daten") und den Umgang mit ihrer „Objektivität" im Verhältnis zur (typischen) Subjektivität der Forschenden einzugehen.

5 Interpretation und sozialer Kontext: Interpretative Methoden und gesellschaftlicher Wandel

Interpretative Methoden müssen nicht nur die Standortgebundenheit der Forschenden, sondern den jeweiligen kulturellen und historischen Kontext mitberücksichtigen, da sie darauf reagieren, dass „*Daten*" von den Akteuren selbst erzeugt werden und damit dem sozialen Wandel unterliegen. Ein klassisches Beispiel sind literarische Dokumente (Ernst 2019) und andere natürliche Daten (Salheiser 2019). Ein aktuelles Beispiel hierfür sind Videoaufzeichnungen (etwa bei Youtube) (Traue/Schünzel 2019) sowie Websites (Schünzel/Traue 2019) und Social Media (Schrape/Siri 2019), die aus der Verlinkung und Nutzung solcher Produkte erzeugt werden. Diese Daten können nur sinnvoll interpretiert werden, wenn Entstehungsbedingungen, Nutzungsweisen sowie die technologischen Besonderheiten der jeweiligen spezifischen Zeit bei der Interpretation mit reflektiert werden. So war etwa vor hundert Jahren der klassische Brief ein normales Kommunikationsmittel für Personen, die sich an unterschiedlichen Orten befanden. Da heute E-Mails und soziale Medien weitaus gebräuchlicher sind, gelten Briefe als Statement, das entweder besonders wichtigen Anlässen vorbehalten ist oder mit dem die Sender den Adressaten die Bedeutsamkeit der Kommunikation vermitteln möchten.

Da derzeit im Zuge der Mediatisierung sehr viele neue Technologien in Erscheinung treten und sich damit auch die Kommunikationsformen sowie die dadurch produzierten Daten wandeln, können schon allein diese aktuell beobachtbaren Veränderungen in der modernen Gesellschaft als Grund für die Entstehung und Notwendigkeit der interpretativen Sozialforschung angeführt werden. Darauf weist auch schon Wilson (1973, S. 72) hin, wenn er bemerkt, dass der Übergang vom Strukturfunktionalismus zum interpretativen Paradigma mit der Auflösung eines „kulturell kognitiven Konsens" einhergehe: Auf die Außenorientierung der stark strukturierten Nachkriegs-Gesellschaft folgte eine interpretative Verflüssigung sozialer Normen, eine Schwächung und Neu-Interpretation sozialer Rollen und – damit verbunden – eine wachsende Binnenorientierung und verstärkte Bedeutung der Subjektivität (Schulze 1996; Müller-Schneider 1996; Baur/Akremi 2012). Einschränkend muss bemerkt werden, dass in der rezenten Gegenwart allerdings wieder eine Zunahme der Außenorientierung zu verzeichnen ist, die sich aber nicht mehr nur auf die äußerliche Konformität beschränkt, sondern die Subjektivität selbst ergriffen hat, indem sie sie einem Selbstdarstellungszwang unterwirft.

Mit diesem *sozialen Wandel* ging auch eine wachsende Bedeutung der neuen Methoden einher. Diese wurde jedoch von einem *Wandel theoretischer Paradigmen* vorbereitet: Die Notwendigkeit zur Interpretation ergibt sich fast schon zwangsläufig aus der Auflösung des bereits mehrfach erwähnten sogenannten „normativen Paradigmas", also des Parsons'schen Strukturfunktionalismus: Während in den 1950ern Normen, Werte und Rollen noch festgelegt erschienen, zeigen zum Beispiel die Arbeiten der Ethnomethodologie schon in den 1960er Jahren (z. B. Garfinkel 1967), wie diese Normen, Werte und Rollen selbst einer Interpretation in den Interaktionen der Beteiligten erforderten, und genau diese „Arbeit der Interpretation" ist es denn auch, die die damals neu entstehende „qualitative Forschung" leisten sollte (Ploder in diesem Band). Die „interpretativen" sozialtheoretischen Ansätze verwenden Begriffe wie „Norm" oder „Rolle" deswegen auch kaum mehr als Grundbegriffe.

Seit der interpretativen Wende der Jahrzehnte nach 1960 hat sich der gesellschaftliche Wandel keineswegs verlangsamt: „Postindustrielle Gesellschaft" (Bell 1973), „Weltgesellschaft" (Luhmann 1975), „Risikogesellschaft" (Beck 1986), „Erlebnisgesellschaft" (Schulze 1996), „Kommunikationsgesellschaft" (Knoblauch 2017) sind nur einige Diagnosen, die auf dramatische gesellschaftliche Veränderungen hinweisen. In den letzten beiden Jahrzehnten sind es zudem die schon angedeuteten Formen der digitalen Mediatisierung und der wachsenden Umgestaltung der Ökonomie und Staatlichkeit, die nicht nur die Gesellschaft, sondern auch die Wissenschaft selbst umwälzen. Die zunehmende Verdatung und Mediatisierung der Welt bringt vielfältige kulturelle und soziale Formen wie etwa „Social Software", weltweite Bilderwelten und -ströme sowie Kontexte partizipativer Kulturproduktion und neue Amateurkulturen hervor (Raab 2008; Reichert 2009; Traue 2012).

Um ihnen zu begegnen, haben sich in der interpretativen Forschung etwa (audio-)visuelle Zugänge zu gesellschaftlichen Phänomenbereichen herausgebildet (z. B. Raab 2008; Traue 2013; Schünzel/Traue 2019; Traue/Schünzel 2019; Schrape/Siri 2019), außerdem stärker quantitativ ausgerichtete „digitale Methoden" (Marres 2017; Thimm/Nehls 2019), die zuvor in der bisherigen Methodenliteratur noch nicht ausreichend repräsentiert waren. Des Weiteren hat sich die zunehmende Beschäftigung mit der Materialität bzw. Medialität des Sozialen in den Sozial- und Kulturwissenschaften auch in neuen Zugängen der interpretativen Forschung niedergeschlagen (Traue 2017).

Dieser kulturelle Pluralisierungsschub vollzieht sich gleichzeitig mit einer Krise der Demokratie, einer Zunahme technokratischer Regierungsformen und globalen wie lokalen Disparitäten. Diese miteinander verbundenen technischen und gesellschaftlichen Entwicklungen haben ihren Grund nicht zuletzt darin, dass verstehensähnliche kognitive Leistungen auch algorithmisch und zunehmend unter Beteiligung künstlicher Intelligenz möglich werden. Allerdings sind die digitalen Datenspuren und Datenaggregationen weiterhin interpretationsbedürftig und können nur mit (qualitativen oder quantitativen) interpretativen Methoden angemessen untersucht werden. Auch wenn „Big Data" kein neues Phänomen sind, sondern die Frage des adäquaten methodologischen Umgangs mit „Massendaten" (Baur 2009), wie sie etwa von der amtlichen Statistik produziert werden, neben der Auseinandersetzung mit dem Historismus eines der Begründungsmomente der deutschsprachigen Soziologie war, so ist doch neu, dass diese Massendaten durch die Digitalisierung in Echtzeit erfasst und an den Nutzer rückgespiegelt werden können; dass die Dateneigentümer nicht mehr staatliche Akteure, sondern große multinationale Unternehmen sind; sowie dass Menschen die Daten mit einer größeren Freiwilligkeit produzieren bzw. bereitstellen – während es etwa bei der Volkszählung 1987 noch Boykott-Aufrufe gab, offenbaren viele Menschen auf Facebook selbst die intimsten Geheimnisse.

Inwiefern diese neuen digitalen (Massen-)Daten strukturell anders sind als die klassischen Massendaten und wie diese digitalen Daten angemessen interpretiert werden können und sollen, ist ein weiteres Forschungsdesiderat. Dieses zu lösen, ist allerdings Voraussetzung dafür, dass die „Big Data" überhaupt als Daten im anspruchsvollen sozialwissenschaftlichen Sinn berücksichtigt werden können. Unterbleibt die Erschließung dieser Zugänge, sind Strategien der Auswertung von Massendaten bestenfalls auf die Zufallsfunde von ad-hoc-Hypothesen zurückgeworfen. Schlimmstenfalls werden sie behavioristisch als bloße *Muster im Verhalten* gefasst. In beiden Fällen werden die etablierten methodologischen Standards *jeder* Sozialforschung unterlaufen, die sowohl die Beziehungen zwischen Grundbegriffen und Empirie systematisch handhabt, als auch ein reflektives Verhältnis zur Herstellung von Daten einnimmt.

Da sich Gesellschaft, die von ihr produzierten Daten und soziologische Theorien ständig wandeln, reagieren auch neue Methoden auf diese gesellschaftlichen Entwicklungen und wenden sich den neuen mediatisierten Handlungsweisen und den entsprechenden neuen Datensorten zu. Der Produktivität dieser Ansätze soll mit diesem Handbuch Rechnung getragen werden. So befassen sich in diesem Band etwa Tuma und Knoblauch mit Videodaten, Froschauer und Lueger mit Artefakten, Reichert mit Big Data oder Traue und Blanc mit der Partizipation an der medialen Repräsentation staatlichen Handelns.

6 Interpretativität und quantitative Forschung

Gerade weil die Entwicklung des interpretativen Paradigmas auf breiten gesellschaftlichen Veränderungen beruht, bleibt sie keineswegs auf die qualitative Forschung beschränkt, sondern muss auch auf die quantitative Forschung ausgeweitet werden. Diese setzt sich seit jeher mit den Problemen der Bestimmung, Fixierung und Standardisierung ihrer zu messenden qualitativen Einheiten auseinander – darüber, inwieweit dies möglich und sinnvoll ist, welche Vorzüge dies hat und wo und inwieweit hierbei Interpretativität erforderlich ist bzw. vermieden werden kann, existiert eine lange historische Debatte, die Baur et al. (in diesem Band) rekonstruieren.

Ebenso befasst sich quantitative Sozialforschung seit jeher mit den Veränderungen ihrer Daten wie auch ihrer Gegenstände. So reicht in der quantitativen Sozialforschung die Debatte um die Folgen der Mediatisierung und Digitalisierung bis in die 1960er Jahre zurück (Baur 2009; Baur 2005, S. 42–43): Mit dem Aufkommen der ersten Computer wurden erst klassische Datenquellen digitalisiert, aufbereitet und statistisch ausgewertet, dann wurden zunehmend neue Datenerhebungstechniken entwickelt, die forschungsinduzierte Daten digital erhoben – man denke etwa an CATI („Computer-Assisted Telephone Interview"), CAPI („Computer-Assisted Personal Interview"), Online-Befragungen oder Kundendatenbanken –, und seit Anfang der 2000er werden auch usergenerierte digitale Daten zunehmend quantitativ analysiert, wobei in quantitativen Methodendebatten stets vergleichend diskutiert wird, welche Vor- und Nachteile alte gegenüber neuen Datensorten in Bezug auf deren „Objektivität" haben. Dabei existieren derzeit seitens der quantitativen Sozialforschung starke (und gut begründete) methodologische Vorbehalte gegenüber den Möglichkeiten, diese neueren digitalen Massendaten adäquat interpretieren zu können.

Während in diesen Debatten die Frage, ob und wo quantitative Sozialforschung interpretativ ist meist implizit bleibt, gibt es im deutschsprachigen Raum unter den (auch) quantitativ arbeitenden Forschenden eine Reihe expliziter Vertreter des interpretativen Paradigmas, auch wenn sich ein Großteil dieser Forschung in den letzten Jahren in Richtung Mixed-Methods-Forschung bewegt (vgl. Kelle 2008; Baur/Kelle/Kuckartz 2017).

Schließlich existieren in der quantitativen Sozialforschung eine Reihe von etablierten Forschungspraktiken, die – auch wenn sie von der quantitativen Sozialforschung in der Regel so nicht bezeichnet werden – de facto interpretativ sind, wie die Beiträge von Kelle, Baur, Akremi und Ziegler in diesem Band zeigen. Wir verfechten mit diesem Handbuch daher explizit die Auffassung, dass gute quantitative Sozialforschung immer auch interpretative Forschung ist.

Ungeachtet dessen lehnen viele Vertreter der quantitativen Sozialforschung die interpretative bzw. qualitative Sozialforschung (die zumindest in den quantitativen Methodendebatten fast ausnahmslos gleichgesetzt werden) sowie den Begriff der Interpretation vehement, ja sogar regelrecht emotional ab, weil diese als unwissenschaftlich wahrgenommen werden. Hintergrund dieser Ablehnung sind mehrere seit über hundert Jahren bekannte und viel diskutierte methodologische Probleme der Sozialwissenschaften, die zumindest teilweise unabhängig voneinander sind und in historischen Methodologie-Debatten auch getrennt verhandelt wurden, in den heutigen Debatten aber entweder gar nicht mehr allgemein bekannt sind oder miteinander vermengt werden. Im Zuge dieser aktuellen Debatten werden Extrempositionen gebildet und pauschal der „qualitativen" oder „quantitativen" Sozialforschung zugewiesen, obwohl die diskutierten Probleme zumindest teilweise eigentlich mit der Frage der Möglichkeiten oder Grenzen der Interpretation verbunden sind. Wir plädieren in diesem Zusammenhang für eine Versachlichung der Debatte. Voraussetzung dafür ist allerdings eine sorgfältige Aufarbeitung der nicht immer miteinander kommunizierenden methodologischen Debatten – einen ersten Versuch leisten Baur et al. (in diesem Band). Letzteres nicht mit dem Ziel einer sich selbst genügenden Historisierung der Sozialforschung, sondern um die Langfristigkeit des interparadigmatischen und intergenerationellen Ringens um die epistemologischen und forschungspraktischen Standards empirischer Sozialforschung aufzuweisen.

7 Fazit und Aufbau dieses Bandes

Zusammenfassend lässt sich festhalten, dass sich die interpretative Sozialforschung in der deutschsprachigen Forschungslandschaft fest etabliert hat. Vor allem im Rahmen der qualitativen, aber auch in der quantitativen Sozialforschung hat sich eine Reihe von erprobten Ansätzen entwickelt, die entschieden interpretativ sind. Des Weiteren zeigt sich, dass innerhalb der interpretativen Ansätze, im Zuge interdisziplinären Forschens und in Auseinandersetzung mit nicht-interpretativen Ansätzen Methodendebatten geführt werden, die eine Präzisierung und Ausweitung des in den 1970er Jahren entwickelten interpretativen Paradigmas zur Folge hatten.

Insbesondere in den letzten zwei Jahrzehnten haben sich neue theoretische Perspektiven und entsprechende methodische Ansätze herausgebildet, die auf gesellschaftliche und wissenschaftliche Entwicklungen reagieren: Globalisierung, Wissensgesellschaft, Verdatung, Visualisierung der Kommunikation, Digitalisierung und Netzmedien, Ökonomisierung, Pluralisierung von kulturellen und religiösen Ordnungen, Verflechtung von Sozialität und Kultur. Ältere und neuere Ansätze versuchen, mit diesen Entwicklungen Schritt zu halten. Dabei kommt es – der Sache folgend – zu einer verstärkten Verbindung von sozial- und kulturwissenschaftlichen Perspektiven innerhalb der Sozialwissenschaften.

Die Herausgeber dieses Bandes gehen davon aus, dass sich der interpretativen Forschung insbesondere drei Herausforderungen und Chancen bieten:

1. Die zunehmende Verdatung und Mediatisierung der Welt bringt vielfältige kulturelle und soziale Formen wie etwa „Social Software", globalisierte Bilderwelten und -ströme sowie Kontexte partizipativer Kulturproduktion und neue Amateurkulturen hervor. Um diesen Entwicklungen zu begegnen, haben sich in der interpretativen Forschung etwa (audio-)visuelle Zugänge zu diesen gesellschaftlichen Phänomenbereichen herausgebildet, die in der bisherigen Methodenliteratur noch nicht ausreichend repräsentiert sind.
2. Infolge der Mediatisierung werden in der quantitativen Sozialforschung zunehmend wieder (!) prozessproduzierte Daten erhoben. Insbesondere im Bereich der Big Data-Analysen verschwimmen dabei die Grenzen zwischen qualitativer und quantitativer Sozialforschung. Dies bietet die Möglichkeit, über Jahrzehnte verhärtete Konfliktlinien aufzubrechen und auch das Verhältnis von Interpretativität und quantitativer Sozialforschung verstärkt zu reflektieren.
3. Die zunehmende Beschäftigung mit der Materialität bzw. Medialität des Sozialen hat sich in den Sozial- und Kulturwissenschaften auch in neuen Zugängen der interpretativen Forschung niedergeschlagen. Der Produktivität dieser Ansätze soll mit diesem Handbuch erstmals im Kontext der Methodendiskussion stärker Rechnung getragen werden.

Bislang fehlt allerdings der Versuch, die übergreifenden Gemeinsamkeiten der etablierten und neueren Ansätze darzustellen, sie in ihrer methodischen Vorgehensweise anwendbar und zugänglich zu machen. Genau diese Lücke soll dieses Handbuch schließen und der Diversität innerhalb des Feldes der sozial- und kulturwissenschaftlich orientierten soziologischen Methoden in ihrer Breite Rechnung tragen.

Dieses Vorhaben schließt auch ausdrücklich Ansätze ein, die bislang nicht der „qualitativen Sozialforschung" im engen Sinn zugerechnet wurden, wie etwa Diskursanalysen (Keller/Bosančić; Traue/Blanc, beide in diesem Band), visuelle Analysen (Maiwald; Tuma/Knoblauch; Keppler/Pelzer; Traue/Blanc; Kanter, alle in diesem Band), Artefaktanalysen (Lueger/Froschauer in diesem Band), die Analyse von Big Data (Reichert in diesem Band), Subjektivierungsanalysen (Schürmann/Pfahl/Traue in diesem Band) sowie partizipative Methoden (von Unger in diesem Band). Ihre Darstellung und Diskussion zeigt, dass sie bereits unverzichtbarer Bestandteil interpretativer Sozial- und Kulturforschung sind. Auch im Umgang mit standardisierten Daten sind Interpretationsprozesse am Werke, die in der quantitativen Sozialforschung, allerdings unter anderer Terminologie, explizit reflektiert werden. Diese Thematik wird in fünf Aufsätzen ausführlich erschlossen (Baur et al.; Kelle; Baur; Akremi; Ziegler, alle in diesem Band). Einen besonderen Schwerpunkt legt das Handbuch auf innovative Methoden, die sich in den letzten zwei Jahrzehnten herausgebildet haben.

Es sei dabei ausdrücklich darauf hingewiesen, dass es sich bei diesem Handbuch nicht um eine scholastische Fixierung der Methoden in einen endgültigen Stand handeln soll und kann, weil sich die Methoden wie auch die Gesellschaft, die sie untersuchen helfen, in einem dramatischen Wandel befinden.

Der Abschnitt „*Theorie und Empirie der Interpretativität in der qualitativen Sozialforschung*" widmet sich aktuellen methodenübergreifenden Querschnittsthemen, die alle qualitativen Verfahren (und vielleicht auch die quantitativen Verfahren) betreffen und für ihre allgemeinen und gegenwärtigen Probleme charakteristisch sind. In diesem Rahmen gibt *Andrea Ploder* zunächst einen Überblick über die wechselseitige „Geschichte der qualitativen und interpretativen Forschung". Es folgen drei Beiträge, die sich mit selten reflektieren, aber zentralen Problemen der empirischen Sozialforschung befassen: *Jo Reichertz* geht der Frage nach: „Was ist Interpretation?" und erläutert, wie im Rahmen von „Datensitzungen" in Interpretationsgruppen interpretiert wird. Da gerade die interpretative Sozialforschung betont, dass bereits die Datenerhebung ein Interpretationsprozess ist, stellt *Irena Medjedović* die Frage, wie interpretative „Sekundäranalysen" vollzogen werden können. Hierauf aufbauend, befassen sich *Eva Barlösius*, *Friederike Knoke* und *Michaela Pook-Kolb* mit der Frage: „Was sind wissenschaftliche Eigenleistungen?" und zeigen, dass im Disziplinvergleich sehr unterschiedliche Vorstellungen von wissenschaftlicher Eigenleistung existieren. Während sich die vorherigen drei Beiträge mit der Standortgebundenheit der Person der Forschenden und Fragen der wissenschaftlichen Eigenleistung von miteinander kooperierenden Forschenden befassen, lenkt *Hella von Unger* den Blick auf die Einbeziehung der Standpunkte der Beforschten im Rahmen von „Partizipativer Forschung". Es folgen drei Beiträge, die sich mit Fragen der Qualität qualitativer Forschung befassen: *Uwe Flick* diskutiert „Gütekriterien" interpretativer Forschung. *Gesa Lindemann, Jonas Barth* und *Susanne Tübel* argumentieren, dass die klassischen Gütekriterien nicht weit genug gehen, da sie zwar das Verhältnis von Forschenden und Daten bzw. Methode, nicht aber die Rolle der Sozialtheorie bei der Interpretativität berücksichtigen. Ähnlich wie die in der historischen Sozialforschung vorgeschlagene „Perspektivität" (Baur 2008) sehen sie „Methodologisch kontrolliertes Verstehen als Kernstrategie der qualitativen Forschung" und plädieren für die vermittelte Unmittelbarkeit als Gütekriterium. *Hubert Knoblauch* geht noch einen Schritt weiter und bezieht wissenschaftstheoretische Erwägungen mit ein. Er plädiert für eine „Reflexive Methodologie", d. h. eine Methodologie, die – statt eine einheitswissenschaftliche Wissenschaftstheorie anzunehmen – sozialwissenschaftliche Forschungsprozesse selbst zum Forschungsgegenstand macht.

Der Abschnitt *„Theorie und Empirie der Interpretativität in der quantitativen Sozialforschung"* führt verschiedene, in diesem Beitrag angerissene Interpretationsprobleme im Rahmen der quantitativen Sozialforschung weiter aus. *Nina Baur, Boris Traue, Leila Akremi* und *Hubert Knoblauch* rekonstruieren zunächst die historischen Streitlinien zwischen qualitativer und quantitativer Sozialforschung. Hierauf aufbauend, klopfen die folgenden Beiträge die klassischen Phasen des quantitativen Forschungsprozesses auf die Rolle von Interpretativität ab: *Udo Kelle* nimmt eine interpretative Perspektive auf „Fehlerquellen" im standardisierten Interview ein und zeigt auf, dass „Standardisierte Datenerhebung als sozialer Prozess" begriffen werden muss. *Nina Baur* rekonstruiert in „Kausalität und Interpretativität" den (gescheiterten) Versuch der quantitativen Sozialforschung zu erklären, ohne zu verstehen. *Leila Akremi* zeigt in „Interpretativität quantitativer Auswertung" das Spektrum statistischer Auswertung jenseits der Kausalanalyse auf und geht insbesondere auf multivariate Verfahren zur Erfassung von Sinnstrukturen ein. *Markus Ziegler* diskutiert schließlich in „Interpretativität und schließende Statistik" das Verhältnis von sozialem Kontext und Generalisierungsstrategien der quantitativen Sozialforschung.

Dem Vorschlag von *Gesa Lindemann, Jonas Barth* und *Susanne Tübel* folgend, dass die sozialtheoretische Grundposition die spezifische Perspektivität der Forschenden und damit den Forschungsprozess beeinflusst, ist der Rest des Handbuchs nach theoretischen Interessen gegliedert. Die Autoren zeigen anhand exemplarischer Studien aus ihrer eigenen Forschungspraxis auf, wie exemplarische Methoden ausgeführt werden können und welche Herausforderungen sich dabei stellen. Um ein besseres Verständnis davon zu bekommen, wie Interpretativität in der Forschungspraxis vollzogen wird, sollen die Methoden explizit *nicht* abstrakt dargestellt werden. Vielmehr wurden die Autoren gebeten, die Methode in einer Weise darzustellen, die ihre Anwendung an einem empirischen Fall veranschaulicht und exemplifiziert. In den einzelnen Beiträgen stellen die Autoren daher anhand eines empirischen Anwendungsbeispiels jeweils vor, wie sie im Einzelnen vorgegangen sind und an welchen Zielen und Kriterien sie sich dabei orientiert haben. Dies umfasst die komplexen Aufgaben der Entwicklung einer Fragestellung, der Erstellung eines Datenkorpus bzw. Durchführung einer Datenerhebung und der Interpretation im Rahmen von spezifischen Forschungsfeldern und gesellschaftlichen Handlungsfeldern. Dadurch soll es auch möglich werden, die Situiertheit der Forschung in spannungs- und konfliktreichen, aber auch gestaltungsoffenen gesellschaftlichen Handlungsfeldern darzustellen. Zur Reflexion dieser Situiertheit gehören schließlich auch die unterschiedlichen Möglichkeiten und Strategien, Forschungen außerwissenschaftlich relevant zu machen – eine methodenreflexive Praxis, die in den Natur- und Ingenieurwissenschaften mittlerweile sehr üblich, in den Sozialwissenschaften dagegen bislang wenig verbreitet ist. Wir erhoffen uns dadurch auch, dass die qualitative Forschung perspektivisch stärker die Rolle einer „Public Sociology" wahrnehmen kann, die sie – im Gegensatz zum angelsächsischen und frankophonen Sprachraum – im deutschsprachigen Raum zurzeit eher nicht ausfüllt.

Ein erster Komplex von Verfahren widmet sich der *„Analyse kultureller und struktureller Ordnungen"*. So illustriert etwa *Kai-Olaf Maiwald* am Beispiel einer exemplarischen Sequenzanalyse einer Interaktion in einem Fernsehwerbefilm, wie die „Objektive Hermeneutik" Interpretativität handhabt. *Heike Kanter* erläutert die „Dokumentarische Methode" anhand der Analyse von Pressefotografien in Tageszeitungen. Am Beispiel einer Studie zu Klimabewusstsein und individuellem Verhalten zeigt *Udo Kuckartz*, wie die „Qualitative Inhaltsanalyse" Kodierungen verbessern kann. *Rainer Diaz-Bone* macht schließlich einen Vorschlag zu „Neuen Synthesen von Handlungs- und Strukturanalysen".

Ein zweiter Verfahrenskomplex zielt nicht auf kulturelle und strukturelle Ordnungen, sondern auf die *„Rekonstruktion von Handlungsprozessen und -produkten"* ab. Hierzu gehören vor allem ethnographische Verfahren, wie die „Lebensweltliche Ethnographie" (*Michaela Pfadenhauer*), die „Praxisethnografie" (*Christian Meyer*), die „Fokussierte Ethnographie" (*Bernd Rebstein* und *Bernt Schnettler*) und die „Videographie" (*René Tuma* und *Hubert Knoblauch*). Hierzu gehören aber auch die „Hermeneutische Wissenssoziologie (sozialwissenschaftliche Hermeneutik)" (*Regine Herbrik*) und die „Situationsanalyse" (*Jörg Strübing*), die eine Weiterentwicklung der bereits erwähnten Grounded Theory ist.

Eine ganze Reihe neuerer Verfahren widmet sich der *„Analyse der Medialität und Materialität von Gesellschaften"*, so etwa die von *Boris Traue* und

Matthias Blanc vorgestellte „Visuelle Diskursanalyse", die von *Angela Keppler und Anja Peltzer* diskutierte „Film- und Fernsehanalyse", die von *Manfred Lueger* und *Ulrike Froschauer* erläuterte „Artefaktanalyse", aber auch die qualitative Analyse von „Big Data", die *Ramón Reichert* präsentiert.

Da sich Gesellschaft wandelt, verändern sich nicht nur die Datenbasis der Soziologie sowie die Voraussetzungen des Interpretierens, sondern es ist auch ein Anliegen sozialwissenschaftlicher Analyse, diese Veränderungen selbst sozialwissenschaftlich zu analysieren, weshalb sich der letzte Teil dieses Bandes „*Methoden zur Erfassung langfristigen sozialen Wandels*" widmet. In diesem Rahmen befassen sich *Gabriele Rosenthal* und *Arne Worm* in ihrem Beitrag mit der „Biographieforschung und Narrationsanalyse", *Lisa Pfahl*, *Lena Schürmann* und *Boris Traue* mit der „Subjektivierungsanalyse", *Reiner Keller* und *Saša Bosančić* mit der „Wissenssoziologischen Diskursanalyse" und *Linda Hering* mit der „Fallstudie".

Literatur

Abel, T. (1948): The Operation Called Verstehen. In: American Journal of Sociology 54, 3, S. 211–218.

Bauman, Z. (1978): Hermeneutics and Social Science: Approaches to Understanding. London: Hutchinson.

Baur, N. (2005): Verlaufsmusteranalyse. Methodologische Konsequenzen der Zeitlichkeit sozialen Handelns. Wiesbaden: Springer VS.

Baur, N. (2008): Taking Perspectivity Seriously. A Suggestion of a Conceptual Framework for Linking Theory and Methods in Longitudinal and Comparative Research. In: Historical Social Research 33, 4, S. 191–213.

Baur, N. (2009): Measurement and Selection Bias in Longitudinal Data. A Framework for Re-Opening the Discussion on Data Quality and Generalizability of Social Bookkeeping Data. In: Historical Social Research 34, 3, S. 9–50.

Baur, N. (2017): Process-oriented Micro-Macro-Analysis. Methodological Reflections on Elias and Bourdieu. In: Historical Social Research 42, 4, S. 43–74.

Baur, N./Akremi, L. (2012): Lebensstile und Geschlecht. In: Rössel, J./Otte, G. (Hrsg.) (2012): Lebensstilforschung. Kölner Zeitschrift für Soziologie und Sozialpsychologie. Sonderheft 51. Wiesbaden: VS, S. 269–294.

Baur, N./Kelle, U./Kuckartz, U. (2017): Mixed Methods – Stand der Debatte und aktuelle Problemlagen. In: Kölner Zeitschrift für Soziologie und Sozialpsychologie 69 (Supplement 2), S. 1–37.

Beck, U. (1986): Risikogesellschaft. Frankfurt am Main: Suhrkamp.

Bell, D. (1973): The Coming of Post-Industrial Society: A Venture in Social Forecasting. New York: Basic Books.

Berger, P. L./Luckmann, T. (1966): The Social Construction of Reality. A Treatise in the Sociology of Knowledge. Garden City, New York: Doubleday.

Berking, H. (1998): Global Flows and Local Cultures. Über die Rekonfiguration sozialer Räume im Globalisierungsprozeß. In: Berliner Journal für Soziologie 8, 3, S. 381–392.

Bosančić, S. (2012): Subjektivierungsweisen als diskursive und kommunikative Identitätskonstruktionen. In: Keller, R./Knoblauch, H./Reichertz, J. (Hrsg.) (2012): Kommunikativer Konstruktivismus. Theoretische und empirische Arbeiten zu einem neuen wissenssoziologischen Ansatz. Wiesbaden: VS, S.183–204

Bourdieu, P. (1993): La misère du monde. Paris: Éditions du Seuil.

Bourdieu, P. (2004): Esquisse pour une auto-analyse. Paris: Raisons d'agir.
Bühl, W. L. (Hrsg.) (1972): Verstehende Soziologie. Grundzüge und Entwicklungstendenzen. München: Nymphenburger Verlagshandlung.
Carnap, R. (1928): Der logische Aufbau der Welt. Berlin: Meiner.
Carnap, R. (1932): Die physikalische Sprache als Universalsprache der Wissenschaft. In: Erkenntnis 2, 1, S. 432–465.
Cicourel, A. (1974): Messung und Mathematik. In: Cicourel, A. (1974): Methode und Messung in der Soziologie. Frankfurt am Main: Suhrkamp, S. 18–63.
Dallmayr, F./McCarthy, T. (Hrsg.) (1977): Understanding and Social Inquiry. Notre Dame: University of Notre Dame Press.
Dilthey, W. (1883/2006): Abhandlungen zur Grundlegung der Geisteswissenschaften. In: Dilthey, W. (2006): Gesammelte Schriften, Bd.5. Göttingen: Vandenhoek & Ruprecht.
Dilthey, W. (1900/2004): Die Entstehung der Hermeneutik, In: Strübing, Jörg, Bernt Schnettler (Hrsg.) (2004): Methodologie interpretativer Sozialforschung. Konstanz: UVK, S. 19–43.
Durkheim, É. (1895/1984): Regeln der Soziologischen Methode. Frankfurt am Main: Suhrkamp.
Ernst, S. (2019): Literarische Quellen und persönliche Dokumente. In: Baur, N./Blasius, J. (Hrsg.) (2019): Handbuch Methoden der empirischen Sozialforschung. 2. Auflage. Wiesbaden: Springer VS. (Im Druck).
Esser, H. (2002): Wo steht die Soziologie? In: Soziologie 4, S. 20–32.
Flick, U. (2007): Qualitative Sozialforschung. Eine Einführung. Reinbek bei Hamburg: Rowohlt.
Foucault, M. (1976): La volonté de savoir. Paris: Gallimard.
Gadamer, H.-G. (1960): Wahrheit und Methode. Tübingen: Mohr.
Garfinkel, H. (1967): Studies in Ethnomethodology. Englewood Cliffs: Prentice Hall.
Geertz, C. (1973/1987): Dichte Beschreibung. Bemerkungen zu einer deutenden Theorie der Kultur. In: Geertz, C. (1987): Dichte Beschreibung. Frankfurt am Main: Suhrkamp, S. 7–44.
Geiger, R. L. (1981): Die Institutionalisierung soziologischer Paradigmen: Drei Beispiele aus der Frühzeit der französischen Soziologie. In: Lepenies, W. (Hrsg.) (1981): Geschichte der Soziologie, S. 137–156.
Giddens, A. (1984): The Constitution of Society. Outline of a Theory of Structuration. Berkeley: The University of California Press.
Glaser, B. G./Strauss, A. L. (1980): The Discovery of Grounded Theory: Strategies for Qualitative Research. New Brunswick: Aldine.
Habermas, J. (1970/1985): Zur Logik der Sozialwissenschaften. Frankfurt am Main: Suhrkamp.
Hepp, A. (2013): Cultures of Mediatization. Cambridge: Polity.
Hitzler, R. (2002): Sinnrekonstruktion. Zum Stand der Diskussion (in) der deutschsprachigen interpretativen Soziologie. In: Forum Qualitative Sozialforschung/Forum Qualitative Social Research 3, 2, Art. 7. nbn-resolving.de/urn:nbn:de:0114-fqs020276 (Abruf 27.05.2018).
Hitzler, R./Reichertz, J./Schröer, N. (1999): Das Arbeitsfeld einer hermeneutischen Wissenssoziologie. In: Hitzler, R./Reichertz, J./Schröer, N. (Hrsg.) (1999): Hermeneutische Wissenssoziologie. Standpunkte zur Theorie der Interpretation. Konstanz: UVK, S. 9–14.
Kalberg, S. (2001): Einführung in die historisch-vergleichende Soziologie Max Webers. Wiesbaden: Westdeutscher Verlag.
Kelle, U. (2008): Die Integration qualitativer und quantitativer Methoden in der empirischen Sozialforschung. Wiesbaden: Springer.
Keller, R. (2005): Wissenssoziologische Diskursanalyse. Zur Grundlegung eines Forschungsprogramms. Wiesbaden: VS.
Keller, R. (2012): Das interpretative Paradigma. Eine Einführung. Wiesbaden: VS.
Keller, R./Poferl, A. (2016): Soziologische Wissenskulturen zwischen individualisierter Inspiration und prozeduraler Legitimation. Zur Entwicklung qualitativer und interpretativer Sozialforschung in der deutschen und französischen Soziologie seit den 1960er Jahren. In: Forum Qualitative Sozialforschung/Forum: Qualitative Social Research 17, 1, Art. 14. nbn-resolving.de/urn:nbn:de:0114-fqs1601145 (Abruf 27.05.2018).
Knoblauch, H. (2005): Wissenssoziologie. Konstanz: UVK.

Knoblauch, H. (2010): Subjekt, Interaktion und Institution. Vorschläge zur Triangulation in Theorie und Methodologie. In: Honer, A./Meuser, M./Pfadenhauer, M. (Hrsg.) (2010): Fragile Sozialität. Inszenierungen, Sinnwelten, Existenzbastler. Ronald Hitzler zum 60. Geburtstag. Wiesbaden: VS, S. 115–128.
Knoblauch, H. (2017): Die kommunikative Konstruktion der Wirklichkeit. Wiesbaden: VS.
Kurt, R./Herbrik, R. (2014): Sozialwissenschaftliche Hermeneutik und hermeneutische Wissenssoziologie. In: Baur, N./Blasius, J. (Hrsg.) (2014): Handbuch Methoden der empirischen Sozialforschung. Wiesbaden: Springer VS, S. 473–491.
Lindemann, G. (2014): Weltzugänge: Die mehrdimensionale Ordnung des Sozialen. Weilerswist: Velbrück Wissenschaft.
Löw, M. (2001): Raumsoziologie. Frankfurt am Main: Suhrkamp.
Luckmann, T. (1981): Zum hermeneutischen Problem der Handlungswissenschaften. In: Fuhrmann, H. R./Jauss, W. (Hrsg.) (1981): Text und Applikation. Theologie, Jurisprudenz und Literaturwissenschaft im hermeneutischen Gespräch. Poetik und Hermeneutik, Bd. IX, München: Wilhelm Fink, S. 513–523.
Lueger, Manfred (2010): Interpretative Sozialforschung: Die Methoden. Wien: Facultas WUV/UTB.
Luhmann, N. (1975): Die Weltgesellschaft. In: Luhmann, N. (1975): Soziologische Aufklärung. Bd. 2. Wiesbaden: VS.
Marcus, G. E./Fischer, M. M. I. (1986): Anthropology as Cultural Critique: An Experimental Moment in the Human Sciences. Chicago: University of Chicago Press.
Marres, N. (2017): Digital Sociology: The reinvention of social research. Cambridge: Polity Press.
Medjedović, I./Witzel, A. (2010): Wiederverwendung Qualitativer Daten: Archivierung und Sekundärnutzung Qualitativer Interviewtranskripte. Wiesbaden: Springer VS.
Mead, G. H. (1934): Mind, Self & Society. Chicago: University of Chicago Press.
Müller-Schneider, T. (1996): Wandel der Milieulandschaft in Deutschland. In: Zeitschrift für Soziologie 25, 3, S. 190–206.
Neurath, O. (1932): Protokollsätze. In: Erkenntnis 3, 1, S. 204–214.
Oevermann, U./Allert, T./Konau, E./Krambeck, J. (1979): Die Methodologie einer „objektiven Hermeneutik" und ihre allgemeine forschungslogische Bedeutung in den Sozialwissenschaften. In: Soeffner, H.-G. (Hrsg.) (1979): Interpretative Verfahren in den Sozial- und Textwissenschaften. Stuttgart: Metzler, S. 352–434.
Parsons, T. (1937) The Structure of Social Action. New York: Mc Graw Hill.
Pike, K. L. (1966): Language in relation to a unified theory of the structure of human behavior. La Hague: Mouton and Company.
Psathas, G. (1972): Verstehen, Ethnomethodologie und Phänomenologie. In: Bühl, W. L. (Hrsg.) (1972): Verstehende Soziologie. Grundzüge und Entwicklungstendenzen. München: Nymphenburger Verlagshandlung, S.284–303.
Raab, J. (2008): Visuelle Wissenssoziologie. Theoretische Konzeption und materiale Analysen. Konstanz: UVK.
Rabinow, P./Sullivan, W. (1987): Interpretive Social Science: A Second Look. Berkeley: University of California Press.
Reichert, R. (2009): Amateure im Netz. Bielefeld: transcript.
Reichertz, J. (2007): Qualitative Sozialforschung – Ansprüche, Prämissen, Probleme. In: Erwägen – Wissen – Ethik 18, 2, S. 195–208.
Reichertz, J. (2013). Die Abduktion in der qualitativen Sozialforschung. Über die Entdeckung des Neuen. Wiesbaden: Springer VS.
Rheinberger, H.-J. (1997): Toward a History of Epistemic Things. Stanford: Stanford University Press.
Rickert, H. (1899): Kulturwissenschaft und Naturwissenschaft. Freiburg: Mohr.
Ricœur, P. (1972): Der Text als Modell: Hermeneutisches Verstehen. In: Bühl, W. L. (Hrsg.) (1972): Verstehende Soziologie. München: Nymphenburger Verlagshandlung, S. 253–283.
Salheiser, A. (2019): Natürliche Daten: Dokumente. In: Baur, N./Blasius, J. (Hrsg.) (2019): Handbuch Methoden der empirischen Sozialforschung. 2. Auflage. Wiesbaden: Springer VS. (Im Druck).

Schleiermacher, F. (1838): Hermeneutik und Kritik. Berlin: Reimer.
Schrape, J. F./Siri, J. (2019): Facebook und andere soziale Medien. In: Baur, N./Blasius, J. (Hrsg.) (2019): Handbuch Methoden der empirischen Sozialforschung. 2. Auflage. Wiesbaden: Springer VS. (Im Druck).
Schulze, G. (1996): Die Erlebnisgesellschaft. Frankfurt am Main: Campus.
Schünzel, A./Traue, B. (2019): „Websites". In: Baur, N./Blasius, J. (Hrsg.) (2019): Handbuch Methoden der empirischen Sozialforschung. 2. Auflage. Wiesbaden: Springer VS. (Im Druck).
Schütz, A. (1932): Der sinnhafte Aufbau der sozialen Welt. Wien: Springer.
Schütz, A. (1971): Gesammelte Aufsätze. Bd. 1. Das Problem der sozialen Wirklichkeit. Den Haag: Nijhoff.
Seale, C. (1999): The Quality of Qualitative Research. London/Thousand Oaks/New Delhi: Sage.
Simmel, G. (1908/1992): Soziologie. Untersuchungen über die Formen der Vergesellschaftung. Frankfurt am Main: Suhrkamp.
Smelser, N. J. (1976): Programs for Comparative Sociology: Emile Durkheim and Max Weber. Auszüge aus: Comparative Methods in the Social Sciences (S. 38–71 (Kap. 3) und S. 149–150 aus Kap. 5). Englewood Cliffs/New Jersey: Prentice-Hall. Nachgedruckt in: Borchert, J./Lessenich, S. (Hrsg.) (2012): Der Vergleich in den Sozialwissenschaften. Frankfurt am Main/New York: Campus, S. 125–154.
Soeffner, H.-G. (Hrsg.) (1979): Interpretative Verfahren in der Sozial- und Textwissenschaften. Stuttgart: Metzler.
Soeffner, H.-G. (1980): Überlegungen zu einer sozialwissenschaftlichen Hermeneutik am Beispiel der Interpretation eines Textausschnittes aus einem „freien" Interview. In: Heinze, T./Klusemann, H. W./Soeffner, H.-G. (Hrsg.) (1980): Interpretationen einer Bildgeschichte. Überlegungen zur sozialwissenschaftlichen Hermeneutik. Bensheim: päd. Extra Buchverlag, S. 70–96.
Soeffner, H.-G. (2004) Sozialwissenschaftliche Hermeneutik. In: Flick, U./Kardorff, E. v./Steinke, I. (Hrsg) (2004): Qualitative Forschung. Hamburg: Rowohlt, S. 162–183.
Strauss, A. L./Corbin, J. (1996): Grundlagen qualitativer Sozialforschung. Weinheim: Beltz.
Strübing, J. (2004): Grounded Theory. Zur sozialtheoretischen und epistemologischen Fundierung des Verfahrens der empirisch begründeten Theoriebildung. Wiesbaden: VS.
Thimm, C./Nehls, P. (2019): Digitale Methoden. In: Baur, N./Blasius, J. (Hrsg.) (2019): Handbuch Methoden der empirischen Sozialforschung. 2. Auflage. Wiesbaden: Springer VS. (Im Druck).
Traue, B. (2012): Drei Bauformen audiovisueller Diskurse. Zur Kuratierung und Zirkulation des Amateurvideos. In: Lucht, P./Schmidt, L./Tuma, R. (Hrsg.) (2012): Visualisierung von Wissen und Bilder des Sozialen. Wiesbaden: VS, S. 281–302.
Traue, B. (2013): Visuelle Diskursanalyse. Ein programmatischer Vorschlag zur Untersuchung von Sicht- und Sagbarkeiten im Medienwandel. In: Zeitschrift für Diskursforschung 2, 1, S. 117–136.
Traue, B. (2017): Relationale Sozialtheorie und die Materialität des Sozialen. In: Soziale Welt 68, 4, S. 243–260.
Traue, B./Schünzel, A. (2019): YouTube und andere Webvideos. In: Baur, N./Blasius, J. (Hrsg.) (2019): Handbuch Methoden der empirischen Sozialforschung. 2. Auflage. Wiesbaden: Springer VS. (Im Druck).
Weber, M. (1920): Gesammelte Aufsätze zur Religionssoziologie. Tübingen: Mohr.
Weber, M. (1921/1980): Wirtschaft und Gesellschaft. Tübingen: Mohr.
Wilson, T. P. (1973): Theorien der Interaktion und Modelle soziologischer Erklärung. In: AG Bielefelder Soziologien (Hrsg.) (1978): Alltagswissen, Interaktion und Gesellschaftliche Wirklichkeit 1. Reinbek bei Hamburg: Rowohlt, S. 54–79.
Winch, P. (1958): The Idea of a Social Science and its Relation to Philosophy. London: Routledge.
Windelband, W. (1904): Geschichte und Naturwissenschaft. Straßburg: Heitz.
Wittgenstein, L. (1953/2001): Philosophische Untersuchungen. Kritisch-genetische Edition. Herausgegeben von Joachim Schulte. Frankfurt: Wissenschaftliche Buchgesellschaft.

1 Theorie und Empirie der Interpretativität in der qualitativen Sozialforschung

1.1
Geschichte der qualitativen und interpretativen Forschung

Andrea Ploder

1 Einleitung[1]

Der Begriff der „qualitativen Forschung" umfasst heute ein breites Spektrum an methodischen Zugängen zur Erforschung sozialer und kultureller Wirklichkeit. Er wird als „umbrella term" für unterschiedliche Forschungslogiken und Epistemologien genutzt und steht in einem Spannungsverhältnis zu den verwandten (aber nicht gleichbedeutenden) Begriffen der „interpretativen", „verstehenden" bzw. „rekonstruktiven" Sozialforschung. Vor diesem Hintergrund ist es nicht erstaunlich, dass die Geschichte des Feldes aus der Perspektive verschiedener methodischer Traditionen jeweils unterschiedlich erzählt wird.

Dieser Beitrag stellt die Frage, wie sich das Verhältnis von qualitativer Sozialforschung und interpretativer Soziologie rezeptionsgeschichtlich entwickelt hat, und wie die Begriffe verstehender Soziologie und rekonstruktiver Sozialforschung in dieses Bild passen. Um diese Entwicklungen besser greifbar zu machen, werde ich in weiterer Folge mit historisch präziseren Begriffen arbeiten, als sie im Feld heute üblich sind: Ich werde als *„qualitative Sozialforschung"* jene Zugänge bezeichnen, die Teil des Forschungsprogramms der „Empirical Social Research" (Abschnitt 4) bzw. der empirischen Sozialforschung (Abschnitt 5) sind bzw. waren. Im Zusammenhang mit den Arbeiten der Chicago School und der Ethnomethodologie spreche ich vom *„interpretativen Paradigma"* (Abschnitt 3), seine Verknüpfung mit Soziolinguistik, Hermeneutik und Phänomenologie in den 1970er Jahren nenne ich *„interpretative Sprachsoziologie"* (Abschnitt 6). Von *„qualitativer Forschung"* werde ich immer dann sprechen, wenn die heterogene Gesamtheit jener Zugänge gemeint ist, die seit Ende der 1970er Jahre unter diesem Sammelbegriff zusammengefasst werden (Abschnitte 7-9). Weil sie sich im Vergleich zur qualitativen Sozialforschung durch

---

1 Ich danke Christian Dayé, Thomas S. Eberle, Christian Fleck, Verena Köck, Nicole Holzhauser, Stephan Moebius und Johanna Stadlbauer für wertvolle Anregungen zu einer früheren Fassung dieses Textes. Einzelne Gedanken, Formulierungen und Textpassagen, insbesondere zu den Entwicklungen nach 1945, wurden bereits an anderer Stelle veröffentlicht (Ploder 2017).

eine größere disziplinäre Vielfalt auszeichnen, spreche ich hier nicht mehr von „Sozialforschung", obwohl das vor allem innerhalb der Soziologie auch heute noch ein gängiger Sammelbegriff ist. Als „*interpretative Forschung*" bezeichne ich jene Zugänge, die sich innerhalb der letztgenannten Gruppe durch eine besondere Nähe zum interpretativen Paradigma (Knoblauch et al. in diesem Band) und zur interpretativen Sprachsoziologie auszeichnen. Den Begriff der „*verstehenden Soziologie*" verwende ich im Zusammenhang mit jenen Konzepten, die zwischen 1890 und 1920 von Max Weber und Georg Simmel entwickelt und dort als „verstehend" bezeichnet wurden. Dass diese Begriffe heute oft austauschbar bzw. mit wechselnder Bedeutung verwendet werden, hat Konsequenzen, auf die ich im Fazit zu sprechen kommen werde. Der Beitrag fokussiert auf die Entwicklung im deutschsprachigen Raum, thematisiert aber auch die zentrale Rezeptionsbeziehung zur US-amerikanischen Soziologie und Linguistik.

2 Verstehende Soziologie: Max Weber und Georg Simmel

Der Begriff der „verstehenden Soziologie" ist eng mit *Max Weber* verbunden und steht im Kontext des Methodenstreits der frühen deutschsprachigen Soziologie (vgl. hierzu auch Baur et al. in diesem Band). Quer zu der von Wilhelm Dilthey (1883) und Heinrich Rickert (1899) angestoßene Debatte um die methodologische Trennung von Natur- und Geisteswissenschaften – nach Dilthey haben die Naturwissenschaften die Aufgabe, Vorgänge in der Natur zu erklären, während sich die Geisteswissenschaften mit menschlichen Erzeugnissen beschäftigen, die immer schon interpretiert sind und daher in ihrer Eigenart auch nur interpretierend verstanden werden können – setzte sich Weber (1904/2006; 1913/1968; 1921/1980) für eine eigenständige sozialwissenschaftliche Methode ein und konzipierte die Soziologie als eine Wissenschaft, „welche soziales Handeln deutend verstehen und dadurch in seinem Ablauf und seinen Wirkungen ursächlich erklären will". „Soziales Handeln" definiert er als menschliches Verhalten, das seinem „gemeinten Sinn nach auf das Verhalten anderer bezogen wird und daran in seinem Ablauf orientiert ist" (Weber 1921/1980, S. 1) und das sowohl im Alltag als auch in den Wissenschaften gedeutet wird. Im Alltag wollen wir zumeist den Sinn einer Handlung verstehen (etwa, dass hier jemand eine Tür öffnet), hier spricht Weber von „aktuellem Verstehen". Als SoziologInnen wollen wir soziales Handeln mit Blick auf seine Motive erklärend verstehen und fragen deshalb nicht nur nach dem Sinn der Handlung selbst, sondern auch nach ihren Motiven, ihrem Sinnzusammenhang (etwa warum diese Person diese Tür öffnet). Wenn wir den Sinnzusammenhang einer Handlung verstehend erfassen, so Weber, können wir sie mit Verweis darauf ursächlich erklären (Weber 1921/1980).

Die zeitgenössische deutschsprachige qualitative Forschung stellt sich gern in eine Traditionslinie mit Weber, obwohl sein Werk in diesem Zusammenhang erst ab den 1960er Jahren und vor allem über die Vermittlung von Alfred Schütz rezipiert wurde (siehe Abschnitt 6).

Georg Simmel hat bereits einige Jahre vor Weber eine Theorie des historischen bzw. soziologischen Verstehens entwickelt (Simmel 1892/1905; 1908; 1918; zur Rezeptionsbeziehung zwischen Simmel und Weber siehe Lichtblau 2011). Er geht davon aus, dass Verstehensprozesse immer von einer konstitutiven Wechselbeziehung zwischen Ich und Du getragen und eine Form von Vergesellschaftung sind. Soziologisches Verstehen unterscheidet sich dabei vom Alltagsverstehen vor allem dadurch, dass es einer Vergesellschaftungsform zweiter Ordnung folgt. Wie Weber konzipiert Simmel die Soziologie als Wirklichkeitswissenschaft, ihre Aufgabe sieht er aber vor allem in einer Rekonstruktion der Formen des Sozialen bzw. der Vergesellschaftung. Das Prinzip der Wechselwirkung ist Simmel zufolge der Motor aller sozialer Prozesse, und es tritt in verschiedene Formen auf. Diese Formen des Sozialen sind es, die individuelle Erlebnisse, Motive, Zwecke, etc. überhaupt erst in einen gesellschaftlichen Zusammenhang stellen (Simmel 1908). Die Soziologie muss sich deshalb auf die Rekonstruktion dieser Formen konzentrieren, während die konkreten Inhalte Gegenstand der Geistes- bzw. Kulturwissenschaften sind. Im Gegensatz zu Weber dient Simmels Methode des soziologischen Verstehens also dem Ziel einer formalen Soziologie, und interessiert sich nicht für die Erklärung einzelner Handlungen. Im nächsten Abschnitt wird deutlich werden, dass Simmels Theorie der Wechselwirkung vor allem als Gegenstandstheorie für das interpretative Paradigma bedeutend geworden ist.

3   Chicago School und das interpretative Paradigma

Das Department of Sociology der University of Chicago war bei seiner Gründung 1892 das erste seiner Art in den USA und bis in die 1930er Jahre herauf das führende Soziologie-Institut des Landes. In den frühen soziologisch-ethnographischen Studien der Institutsmitglieder etablierten sich ein Forschungsstil und methodologische Grundüberzeugungen, die heute als Wurzeln des interpretativen Paradigmas gelten. Die Ethnographie der „*Chicago School*" stand in der Tradition der Sozialreportage und fokussierte über weite Strecken auf die Stadt Chicago, was dem Institut auch den Ruf als Wiege der Stadtsoziologie eingebracht hat (Lindner 1990/2008). Die Großstadt wurde als Kristallisationspunkt des Sozialen betrachtet – als Ort, an dem verschiedenste gesellschaftliche Phänomene in einer Art Laborsituation erforscht werden können. Die großangelegte, auf Dokumenten und Lebensgeschichten basierende Studie von William I. Thomas und Florian Znaniecki (1958/1918-20) zur Situation polnischer Einwanderer in Chicago wird oft als Ursprung der Biographieforschung angeführt (Rosenthal/Worms in diesem Band) und war Ausgangspunkt einiger methodologischer Überlegungen, die bis heute zum Kernbestand der qualitativen Forschung und der Soziologie im Allgemeinen gehören. Eine weitere methodologische Frühschrift stammt etwa von William I. und Dorothy S. Thomas (1928), mit der Formulierung des bekannten Thomas-Theorems.

Viele handlungs- und wissenschaftstheoretische Arbeiten der frühen Chicago School speisen sich gleichermaßen aus der Forschungspraxis wie aus Anregungen aus dem Pragmatismus und der deutschsprachigen Philosophie bzw. Soziologie (dieser Rezeptionsprozess kann besonders gut in Park und Burgess (1921) nachvollzogen werden). Vor allem Simmel hatte großen Einfluss auf das interpretative Paradigma (Knoblauch et al. in diesem Band) und hat über diesen Weg auch Spuren in der späteren deutschsprachigen Methodenlandschaft hinterlassen. Es war aber weniger seine Theorie des soziologischen Verstehens als seine Überzeugung, dass Gesellschaft aus der „Wechselwirkung von Individuen" entsteht (Simmel 1908; Keller 2012, S. 64f.), die gemeinsam mit dem Pragmatismus George H. Meads sowie den Arbeiten von Robert E. Park und William I. Thomas eine wichtige Grundlage für Herbert Blumers Theorie des Symbolischen Interaktionismus (Blumer 1969; Low 2008), und für die Arbeiten vieler anderer SoziologInnen der Chicago School bildete (siehe dazu im Einzelnen Keller 2012; Levine 1971; Lindner 1990/2008). Albion Small, der Begründer des Chicagoer Soziologie-Instituts, hatte Simmel während eines Studienaufenthalts in Deutschland kennengelernt. Zwischen 1896 und 1909 erschienen mehrere Aufsätze Simmels zur Soziologie der Gruppe, Konfliktsoziologie und Problemen der Macht in sozialen Gefügen im „American Journal of Sociology" (z. B. Simmel 1896; Simmel 1898; Simmel 1904; Simmel 1909), die sich zum Teil in gekürzter Form in der Textsammlung „Introduction to the Science of Sociology" von Robert E. Park und Ernest Burgess (1921) wiederfinden. Auch Park hatte bei Simmel studiert, er war von 1899 bis 1904 in Berlin, Straßburg und Heidelberg. Im Gegensatz zu Simmel wurde Weber nach bisherigem Forschungsstand in der frühen Chicagoer Soziologie nicht rezipiert (Platt 1985), in der späteren vor allem in Vermittlung durch Alfred Schütz.

Der Begriff des „interpretativen Paradigmas" wurde erst rückblickend mit der Chicagoer Soziologie verbunden und bezieht sich vor allem auf die handlungstheoretischen Arbeiten der *„Zweiten Chicago School"* (Fine 1995). Diese Generation entstand in den 1940er und 1950er Jahren und umfasst unter anderem Anselm L. Strauss, Erving Goffman und Howard S. Becker (zu Strauss vgl. auch Strübing in diesem Band). Wichtige Vermittlungsfiguren zwischen erster und zweiter Chicago School waren Blumer und Everett C. Hughes. Blumer hatte im Lauf der 1930er Jahre die pragmatistische Handlungstheorie zum Symbolischen Interaktionismus weiterentwickelt (1969), und damit wichtige theoretische und methodologische Impulse gesetzt, während Hughes vor allem den Forschungsstil der frühen Chicago School an die nächste Generation weitervermittelte. Auch Harold Garfinkel (1967) gilt als Vertreter des interpretativen Paradigmas, obwohl er nicht in Chicago studiert oder gelehrt hat. In kritischer Auseinandersetzung mit Talcott Parsons, Émile Durkheim und Alfred Schütz entwickelte er ab den späten 1940er Jahren die Ethnomethodologie, die später für die deutschsprachige interpretative Sprachsoziologie besonders bedeutsam werden sollte (siehe Abschnitt 6). Ebenfalls einflussreich war die ethnomethodologisch fundierte Konversationsanalyse, die ab den späten 1960er Jahren von Harvey Sacks, einem Schüler von Garfinkel und Goffman begründet und von Gail Jefferson, Emanuel Schegloff und anderen weiterentwickelt wurde (zur Rezeption von Ethnomethodologie und des Symbolischem Interaktionismus in der deutschsprachigen Soziologie siehe im Detail: Bergmann/Hildenbrand 2017).

Im interpretativen Paradigma wird Interaktion als interpretativer Prozess verstanden, der von der aktiven Deutung eigener und fremder Handlungen *in der Situation* getragen wird. Es hebt sich dadurch von der in den 1950er Jahren dominanten normativen Rollentheorie ab, die Interaktion als Ausdruck passiver Rollenübernahme und -ausführung konzipiert (zu dieser Unterscheidung siehe: Wilson 1970/1973). Anders als die spätere interpretative Sprachsoziologie nutzten die Chicagoer SoziologInnen das interpretative Prinzip aber zunächst nur handlungs- bzw. interaktionstheoretisch (also im Sinne einer Gegenstandstheorie), aber nicht methodologisch. Erst Schütz' Hinweis darauf, dass Alltagsdeutungen und wissenschaftliche Rekonstruktionen dieser Deutungen nicht identisch aber strukturell verwandt sind (er konzipiert sie als Konstruktionen erster und zweiter Ordnung), hat deutlich gemacht, dass auch das Forschungshandeln selbst soziales Handeln ist und daher einer handlungstheoretischen Fundierung bedarf.

Die Chicago School gilt bis heute als Wiege der US-Soziologie und der dortigen sozialwissenschaftlichen Methodenentwicklung. Erst vor wenigen Jahren wurde bekannt, dass sich in Atlanta schon etwa 20 Jahre vor Chicago eine soziologische Schule rund um W. E. B. Du Bois herausgebildet hatte, die umfassende Studien zu Geschichte und Lebensbedingungen der afroamerikanischen Bevölkerung in den USA durchgeführt hatte (Morris 2015; Wright 2016). Die Bedeutung der „*Atlanta School of Sociology*" für die Methodenentwicklung muss erst noch aufgearbeitet werden und könnte auch für die Geschichte der qualitativen bzw. interpretativen Forschung wichtige Einsichten bereithalten.

4 Frühe qualitative Sozialforschung in Österreich und den USA

Weitgehend unabhängig von den Entwicklungen in Chicago entstand in den frühen 1930er Jahren in Wien eine der ersten deutschsprachigen sozialwissenschaftlichen Studien, die systematisch mit unterschiedlichen Daten gearbeitet hat: „Die Arbeitslosen von Marienthal. Ein soziographischer Versuch über langdauernde Arbeitslosigkeit" (Jahoda/Lazarsfeld/Zeisel 1933/1975). Die Untersuchung sieht sich in der Tradition der frühen Soziographien von Frederic Le Play (1855; zur Geschichte der Soziographie siehe Scheu 2015) sowie der Entwicklungspsychologie von Karl und Charlotte Bühler.

Charakteristisch für die *Marienthal-Studie* ist ihr holistischer Zugang – der Versuch, ein Phänomen in seiner Ganzheit zu erfassen. Dabei kommen viele Daten und Analyseverfahren zum Einsatz, die wir heute der qualitativen Forschung zurechnen würden (z. B. teilnehmende Beobachtung und „Aktionsforschung"), sie werden aber immer in einen größeren soziographischen Forschungszusammenhang eingebettet. Die methodische Vielfalt der Studie ist zu großen Teilen Marie Jahoda zuzurechnen, deren Dissertation (Jahoda 1932/2017) erst vor kurzem einem größeren Publikum zugänglich gemacht wurde.

Paul F. Lazarsfeld zufolge ist es in der Soziographie „gleich wichtig, die subjektiven Stellungnahmen der Leute zu kennen […] wie ihre objektiven Verhaltensweisen und Leistungen." (Lazarsfeld 1934/2007, S. 266) Sowohl Einzeldaten als auch Statistiken, gegenwärtige wie vergangene, „natürliche" und experimentell gewonnene Daten wurden erhoben und analysiert, denn „[s]owohl für subjektive als auch für objektive Daten gilt […] die Notwendigkeit, sie sowohl statistisch als auch in sorgfältiger Einzelanalyse zu verwenden" (S. 268). In seinem *Vorspruch zur neuen Auflage* im Jahr 1960 erläutert Lazarsfeld dieses Vorgehen:

> „Wir konnten uns nicht damit begnügen, Verhaltens-Einheiten einfach zu ‚zählen'; unser Ehrgeiz war es, komplexe Erlebnisweisen empirisch zu erfassen. Der oft behauptete Widerspruch zwischen ‚Statistik' und phänomenologischer Reichhaltigkeit war sozusagen von Anbeginn unserer Arbeiten ‚aufgehoben', weil gerade die Synthese der beiden Ansatzpunkte uns als die eigentliche Aufgabe erschien" (Lazarsfeld 1960, S. 14).

„Phänomenologisch" bezieht sich hier nicht auf die phänomenologische Lehre von Edmund Husserl oder Schütz. Es meint hier vielmehr „das Wahrgenommene berichtend" – eine erfahrungsnahe Schilderung dessen, was ForscherInnen im Feld erlebt haben.

Ergebnis dieser verschiedenen Analyserichtungen war eine „Gesamtformulierung" (S. 283) der Ergebnisse, eine Synthetisierung des Materials in „Matrixformeln" (S. 280ff.). Der Wert der „phänomenologischen" Forschungsanteile

– die Unterscheidung qualitativer und quantitativer Daten bzw. Auswertungszugänge findet sich bei Lazarsfeld erst ab Ende der 1930er Jahre – lag dabei einerseits in der Generierung von Ideen und Thesen auf der Basis eines „Sicheinleben[s] in die Situation" (Jahoda/Lazarsfeld/Zeisel 1933/1975, S. 24), und andererseits in der Illustration der mit exaktem Zahlenmaterial belegten Ergebnisse, um auch den LeserInnen – zumindest in eingeschränktem Maß – ein solches „Sicheinleben" zu ermöglichen (ebd.). Was die wissenschaftliche Fundierung der Ergebnisse betrifft, hatte aber am Ende immer der „zahlenmäßige Beleg" das letzte Wort:

> „[D]as subjektive Moment, das jeder Beschreibung eines sozialen Tatbestandes anhaftet, haben wir auf ein Minimum zu reduzieren gesucht, indem wir alle Impressionen wieder verwarfen, für die wir keine zahlenmäßigen Belege finden konnten" (Jahoda/Lazarsfeld/Zeisel 1933/1975, S. 25).

Die Marienthalstudie, die heute oft als Wegmarke in der Geschichte der deutschsprachigen qualitativen Forschung bezeichnet wird, wurde im deutschsprachigen Raum erst durch die Neuausgabe 1960 – in der Reihe „Klassiker der Umfrage-Forschung" des Allensbacher Verlags für Demoskopie – bzw. 1975 (Edition Suhrkamp) einem breiteren Publikum bekannt. 1971 erschien sie erstmals in englischer Sprache und stieg dann mit einer Verzögerung von 40 Jahren zum „Klassiker" der empirischen Sozialforschung auf. Sie wird heute auch oft als frühes Beispiel gelungener Methodentriangulation angeführt (z. B. Flick 2004/2011, S. 51).

Das Forschungsteam verließ kurz nach der Erstveröffentlichung des Buchs Europa. Lazarsfeld und Hans Zeisel emigrierten in die USA, Marie Jahoda zunächst nach Großbritannien und später ebenfalls in die USA. Nach mehreren von der Rockefeller Stiftung finanzierten Stipendienaufenthalten wurde Lazarsfeld Direktor des „Office of Radio Research", das ab 1939 an der Columbia University in New York City angesiedelt war und ab 1944 „Bureau of Applied Social Research" (BASR) hieß (Fleck/Stehr 2007, S. 18ff.). Bis zu seiner Schließung 1977 wurden dort unter der Leitung von ihm und (ab den frühen 1940er Jahren) seinem Ko-Direktor Robert K. Merton zahlreiche Forschungsprojekte realisiert (Barton 1977). In diesen Projekten wurde über viele Jahre hinweg das Programm der *„Empirical Social Research"* entwickelt, das später sowohl in den USA als auch im deutschsprachigen Raum zum Standard der empirischen Forschung in den Sozialwissenschaften werden sollte (Steinmetz 2007; Neurath 1988: 84ff.). Auch wenn sich im Lauf der Jahre einzelne methodische Präferenzen verändert haben, behielt Lazarsfeld sein Grundverständnis von Sozialforschung als vielschichtiges und kreatives Forschungsprogramm bei – eindrucksvoll nachzuvollziehen in „The Academic Mind" (Lazarsfeld/Wagner 1958). Er war kein Anhänger der Prüfung theoriegeleiteter Hypothesen, sondern glaubte an ein entdeckendes Verfahren und nutzte alle Daten und Methoden, die jeweils zur Bearbeitung einer Forschungsfrage geeignet erschienen (Crothers 1998, S. 234ff.).

Der Siegeszug der „Empirical Social Research" im Stil Lazarsfelds und Mertons steht im Kontext einer Hinwendung zum Positivismus und einer ausgeprägten Skepsis gegenüber verstehenden Ansätzen in den US-amerikanischen Sozialwissenschaften der 1940er Jahre (vgl. hierzu auch Baur et al. in diesem Band). Illustrativ dafür ist ein Artikel im „American Journal of Sociology" des Jahres 1948, in dem Theodore Abel festhält, dass im Wege des Verstehens weder neues Wissen hervorgebracht noch bestehende Thesen bestätigt werden können: Verstehen „[is l]acking the fundamental attributes of scientific knowledge" (Abel 1948, S. 211).

Die verstehende Soziologie Webers bzw. Simmels spielte für die Marienthalstudie und die spätere „Empirical Social Research" keine große Rolle (Jahoda/Lazarsfeld/Zeisel 1933/1975, S. 12f., 128ff.). Auch die bekannte Arbeitslosen-Typologie zu Marienthal geht nicht auf eine Idealtypenbildung nach Weber zurück, vielmehr schlug Lazarsfeld (1937) ein paar Jahre später vor, sich an der Typenlehre von Carl G. Hempel und Paul Oppenheim (Baur et al. in diesem Band) zu orientieren. Auch die Arbeiten der frühen Chicago School waren nach bisherigem Forschungsstand keine zentrale Quelle für die „Empirical Social Research". Im Nachwort zur Marienthalstudie wird deutlich, dass die AutorInnen einige Arbeiten der frühen Chicago School kannten (z. B. Thomas/Znaniecki 1918-20/1958), methodologisch war der Einfluss aber marginal. Es ist allenfalls denkbar, dass sich die bei Thomas und Znaniecki repräsentierte Datenvielfalt auf die Konzeption der Studie ausgewirkt hat.

5 Qualitative Sozialforschung im Nachkriegs-Deutschland

Während des Zweiten Weltkriegs gab es auch in Deutschland empirische Sozialforschung, zum Teil in deutlicher Unterstützung des NS-Regimes (Klingemann 2009; Klingemann 2014). Welche Rolle nicht-standardisierte Zugänge dabei spielten, ist für die Soziologie bis dato ungeklärt. In anderen Disziplinen (beispielsweise in der Volkskunde) wurde dieser Teil der Fachgeschichte bereits seit den 1970er Jahren aufgearbeitet, und es ist wahrscheinlich, dass auch die weitere Forschung zur sozialwissenschaftlichen Methodenentwicklung im Nationalsozialismus aufschlussreiche Ergebnisse bringen wird. Die Nachkriegszeit war jedenfalls eine Zeit des Umbruchs bzw. Wiederaufbaus für die deutschsprachige Wissenschaftslandschaft und stand vor allem in der deutschen Soziologie im Zeichen der Rezeption US-amerikanischer Theorien und Methoden (Weischer 2004, S. 44 ff.; Baur et al. in diesem Band). An mehreren Universitäten und Forschungsinstituten wurden Pionierstudien durchgeführt (unter anderem an der „Sozialforschungsstelle

Dortmund", am „UNESCO Institut" in Köln und am „Institut für Sozialforschung" in Frankfurt am Main), oft finanziert und beratend unterstützt durch amerikanische Förderinstitutionen und KollegInnen. In einem Zusammenspiel von Forschungspraxis und methodologischer Reflexion etablierte sich im Lauf der Jahre ein Programm *„empirischer Sozialforschung"*, das rückblickend besonders prominent mit René König und der sogenannten „*Kölner Schule*" in Verbindung gebracht wird.

Das erste wichtige deutschsprachige Methodenwerk dieser Zeit hat den Titel „Praktische Sozialforschung. Das Interview. Formen – Technik – Auswertung" (König 1952) und enthält acht Übersetzungen von Texten amerikanischer KollegInnen – zum Großteil Auszüge aus Lehrunterlagen des BASR – sowie ein „Glossar zur Verdeutschung englischer Fachausdrücke aus der empirischen Sozialforschung", verfasst von Mitgliedern des Instituts für Sozialforschung (IfS) in Frankfurt am Main. Zumindest zwei der BASR-Texte handeln explizit von qualitativen Verfahren: „Das qualitative Interview" (im Original von Herta Herzog) und die „Anleitung zur qualitativen Auswertung von dokumentarischem Material". Die Einleitung Königs zeigt eine große Nähe zur Forschungshaltung der „Empirical Social Research", fokussiert aber deutlicher als jene auf Hypothesenprüfung:

> „Die praktische Sozialforschung bewegt sich ganz und gar im Rahmen [der] verifizierenden Beobachtung und Experimentation, indem die ausgesprochenen Hypothesen an Hand bestimmter Gegebenheiten (Daten) geprüft werden" (König 1952a, S. 24).

Qualitative Daten und Analysen dienen demzufolge vor allem der Exploration, Illustration und Ergänzung hypothesenprüfender Untersuchungen. In der zweiten Auflage (1957) wurden einige Beiträge durch themengleiche Texte anderer (wiederum amerikanischer) AutorInnen ersetzt, einige neue Beiträge kamen dazu. Die Texte zu den qualitativen Anteilen des Forschungsprozesses blieben jedoch unverändert. 1956 erschien ein zweiter Band mit dem Titel „Praktische Sozialforschung. Beobachtung und Experiment in der Sozialforschung". Auch hier finden sich Beiträge zu qualitativen Verfahren, etwa Florence Kluckhohn zur teilnehmenden Beobachtung oder William J. Goode und Paul K. Hatt zur Einzelfallstudie. In der Einleitung unterstreicht König noch einmal (ganz im Sinne Lazarsfelds) die Untrennbarkeit qualitativer und quantitativer Methoden. Ihm zufolge

> „geht es auch nicht mehr an, diese […] Zusammenhänge durch willkürliche Antinomien zu zerschneiden wie die von quantitativ oder qualitativ, reversibel oder irreversibel, kohärent und zufällig. Genau wie Raum und Zeit sich nicht als Gegensätze irgendwelcher Art, sondern als Komplemente erwiesen haben, sind alle diese Begriffspaare nur technische Hilfsmittel des Denkens nach ein und demselben Typus" (König 1956, S. 43).

Im Lauf der Jahre entfernte sich das „Kölner Modell" immer weiter von der „Columbia Tradition". Die methodologische (insb. wissenschaftstheoretische) Begründung des Forschungshandelns gewann einen größeren Stellenwert, Hypothesenprüfung und Stichprobenverfahren wurden wichtiger, der holistische Anspruch trat hinter der Forderung nach methodischer Rigidität zurück. Obwohl König zeitlebens kein Experte für Mathematik und Statistik war und viele seiner eigenen Arbeiten ethnographisch sind (König 1983; Moebius 2015, S. 60 f.), hat er in seiner Lehr- und Publikationstätigkeit szientistischen Idealen den Vorzug gegeben. Dieter Fröhlich zufolge verachtete König das deutsche Bildungsbürgertum

> „wegen seines historischen Versagens angesichts des Nationalsozialismus, was er offensichtlich mit der hermeneutischen Verstehenstradition dieses Bürgertums in Verbindung brachte. […] Wahrscheinlich sah er in der eher positivistischen Wissenschafts- und Denktradition vor allem der angelsächsischen Länder größere Erziehungspotentiale zur Festigung von Zivilgesellschaft und Demokratie, die er über sein Eintreten für Empirie und Objektivität festigen wollte" (Fröhlich 2008, S. 524 f.).

König war von der amerikanischen Nachkriegs-Idee einer „*Re-Education*" der Deutschen nach 1945 überzeugt (Moebius 2015, S. 75), und „Empirical Social Research" hatte in diesem Programm einen zentralen Stellenwert: Sie versprach, eine Art Selbstdiagnose zu ermöglichen und den Weg hin zu einer demokratischen Gesellschaft zu ebnen. Viele der frühen Kölner Publikationsprojekte wurden von US-Einrichtungen – z. B. der „Air University" (dem akademischen Arm der „US Air Force"), der „Rockefeller Foundation" etc. – gefördert, und König sorgte dafür, dass alle seine MitarbeiterInnen zumindest für einige Monate in den USA studierten (finanziert durch „Fulbright", die „Rockefeller Foundation" und andere amerikanische Förderinstitutionen).

Gerade, weil qualitative Sozialforschung nicht mit „Verstehen" in Verbindung gebracht wurde, verhinderte Königs Skepsis gegenüber der Hermeneutik (Herbrik in diesem Band) aber nicht seine Beschäftigung mit qualitativen Daten und Auswertungszugängen. Die von ihm verantworteten auflagenstarken Sammelwerke „Praktische Sozialforschung" (König 1952; König 1956), „Fischer Lexikon der Soziologie" (König 1958) und „Handbuch der Empirischen Sozialforschung" (König 1962) enthalten allesamt Beiträge bzw. Verweise auf qualitative Interviews und qualitative Dokumentenanalyse. Es sind dabei aber mehrere Tendenzen festzustellen:

1. Beiträge zu qualitativen Verfahren kommen in geringerem Umfang vor, und ihr relativer Anteil verringert sich von Auflage zu Auflage (Weischer 2004).
2. Sie sind von geringerer inhaltlicher Präzision und wurden im Lauf der Jahre

kaum überarbeitet. Das lässt die Annahme zu, dass diesem Bereich in der Methodenentwicklung ein geringerer Stellenwert eingeräumt wurde als etwa Fragen der Stichprobenziehung.
3. Qualitative Daten und Analysen werden nicht als alternative Zugänge mit einer eigenständigen Forschungslogik dargestellt (wie es später bei der interpretativen Sprachsoziologie der Fall sein wird), sondern als Element des Forschungsprogramms „empirischer Sozialforschung".
4. Jedes der genannten Werke enthält eine grundsätzliche Kritik an der verstehenden Soziologie. In der Einleitung zum zweiten Band von „Praktische Sozialforschung" etwa bedauert König (1956, S. 20) die „verhängnisvolle Scheidung von Natur- und Kulturwissenschaften" zu Beginn des 20. Jahrhunderts. Das Wiederaufleben von Introspektion und verstehender Soziologie habe damals zu einem Rückschritt hinter Comte geführt, und „das Grundpostulat aller Wissenschaft (und keineswegs nur der Naturwissenschaft), daß Beobachtungen wiederholbar und durch immer neue Beobachter kontrollierbar sein müssen, wurde ersetzt durch den Anspruch auf ‚Tiefe', mit dem die verstehende Soziologie ihre subtile Subjektivität zu verdecken suchte" (S. 21).

Eine wichtige Quelle der Kritik an der Forschungshaltung der Kölner Schule war das Frankfurter „Instituts für Sozialforschung" (IfS) sowie später auch die Aktionsforschung (siehe etwa Fuchs 1970). Insbesondere Theodor W. Adorno hat sich über viele Jahre hinweg mit der grundlegenden Frage des Verhältnisses von Theorie und Empirie beschäftigt und sie zum zentralen Diskussionsthema in der Soziologie gemacht, wie etwa die „Frankfurter Aussprache" von 1957 (Link 2015) bzw. der Positivismusstreit 1961 (Adorno et al. 1969; Dahms 1994; vgl. auch Baur in diesem Band) zeigen. Sowohl in den Exiljahren (1933-1951), als auch nach ihrer Rückkehr nach Deutschland führten die Mitglieder des IfS aber auch eigene empirische Forschungsprojekte durch, die starke qualitative Anteile hatten. Die Gruppendiskussion war die zentrale Methode im sogenannten „Gruppenexperiment" am IfS (Pollock 1955) und wurde später von Werner Mangold (1960) weiterentwickelt. In seiner Arbeit „The Stars Down to Earth" (1952-53/2002) sowie in den Protokollen zu seinem Seminar über „Probleme der qualitativen Analyse" aus 1961 zeigt Adorno außerdem eine Nähe zur Inhaltsanalyse (Kuckartz in diesem Band) nach Siegfried Kracauer (1952). Wie unter anderem Matthias Jung (2013) gezeigt hat, hat sich am IfS aber kein eigenständiges Forschungsprogramm ausgebildet.

Auch an der „Sozialforschungsstelle Dortmund" wurden Studien mit starken qualitativen Anteilen durchgeführt, zum Beispiel eine industriesoziologische Untersuchung von HüttenarbeiterInnen (1953/54) im Ruhrgebiet durch Heinrich Popitz, Hans Paul Bahrdt, Ernst August Jüres und Hanno Kersting (Popitz et al. 1957a; Popitz et al. 1957b). Hauptquelle waren Arbeitsplatzbeschreibungen auf der Basis von Beobachtungen sowie 600 halbstrukturierte Interviews mit ArbeiterInnen, die sowohl quantifizierend als auch „phänomenologisch" – hier mit Bezug auf Georg W. F. Hegel und Arnold Gehlen – ausgewertet wurden. Das Forschungsteam hatte einen philosophischen Background (drei promovierte Philosophen und ein Anglist), und gute Kenntnisse in marxistischer Theorie, aber weder Wissen noch Erfahrung im Bereich der empirischen Sozialforschung (Popitz 1985). Die Studie hat vor allem in der späteren Industriesoziologie ein Echo gefunden (Weischer 2004, S. 66ff.) und wird heute im Zusammenhang mit der Wiederentdeckung von Popitz, Bahrdt und der Philosophischen Anthropologie rezipiert (Popitz/Göttlich/Dreher 2015; Fischer 2016).

Es gab noch einige weitere zentrale Entwicklungsorte empirischer Sozialforschung in der deutschsprachigen Nachkriegssoziologie, vor allem hochschulnahe und außerakademische Forschungsinstitute, Meinungsforschungsinstitute (z. B. das „Institut für Demoskopie in Allensbach"), statistische Ämter, aber auch kommerzielle Marktforschungs- und Webeagenturen (Weischer 2004, S. 58ff.). Gerhard Kleining, der spätere Begründer der *„qualitativen Heuristik"* (Kleining 1994), etwa reiste 1954 im Auftrag einer Werbeagentur für ein halbes Jahr durch die USA, um Forschungsmethoden kennenzulernen. Seine Hauptansprechpartnerinnen waren Herzog und Zeisel, die zu dieser Zeit ebenfalls in der Werbebranche tätig waren und ihm Kontakte zu anderen SozialforscherInnen vermittelten (Witt 2004, Abs. 68ff.). Kleining führte auf dieser Reise Gespräche mit VertreterInnen der „Empirical Social Research", aber auch mit Strauss und Blumer (Witt 2004, Abs. 79).

6 Interpretative Sprachsoziologie: die 1960er und 1970er Jahre

Ab Mitte der 1960er Jahre wurden die Arbeiten von Goffman, Garfinkel, Becker und anderer AutorInnen des interpretativen Paradigmas auch im deutschsprachigen Raum einem breiteren Publikum bekannt. Nach 1970 kam es zu einer regelrechten Rezeptionswelle, die aus heutiger Sicht den Ausgangspunkt für die Entwicklung interpretativer Sprachsoziologie gebildet hat. Die Hintergründe dieser Entwicklung sind vielfältig und nicht nur ideengeschichtlicher, sondern auch institutioneller und politischer Natur.

Die beiden wichtigsten ideengeschichtlichen Faktoren waren die im Zuge des Positivismusstreits und nachfolgender Diskussionen geschärfte Kritik am naturwissenschaftlichen Forschungsideal (Habermas 1967/1982; Adorno et al. 1969; Cicourel 1964/1970; vgl. auch Baur in diesem Band) sowie das wachsende Interesse an Sprache in den deutschsprachigen Sozial- und Geisteswissenschaften (Knoblauch 2000). Motor und Kristallisationspunkt sowohl der Methodenkritik als auch der Sprachthematik war zunächst *Jürgen Habermas'* auflagenstarker Literaturbericht „Zur Logik der Sozialwissenschaften" (1967/1982), der die Idee einer Eigenlogik der Sozial- und Kulturwissenschaften (Dilthey, Rickert) in Erinnerung rief und das geschichtslose, nomologische, positivistische Wissenschaftsverständnis der Mainstream-Soziologie seiner Zeit kritisierte (Habermas 1967/1982, S. 89). Stattdessen forderte er eine auf Sprachanalyse aufbauende Soziologie im Schnittfeld von Sprachphilosophie, Phänomenologie, Hermeneutik, Pragmatismus und der „sprachverstehenden Soziologie" (S. 311) bei Aaron V. Cicourel, Harold Garfinkel, Ervin Goffman und Anselm L. Strauss. Habermas' Literaturbericht war sehr einflussreich und gilt bis heute als Ursprung der Rezeption von Cicourels Methodenkritik und der Ethnomethodologie im deutschsprachigen Raum.

Bereits vor dem Erscheinen von Habermas' Buch wurde Fritz Sack 1965/66 im Rahmen eines Forschungsaufenthalts an der UC Berkeley auf die *Ethnomethodologie* (Meyer in diesem Band) aufmerksam (Sack 2010: 46) und vermittelte entsprechende Texte an seine Studierenden in Köln, unter anderem Elmar Weingarten. Sack war ein enger Mitarbeiter von König und über viele Jahre mitverantwortlich für die Herausgabe der „Kölner Zeitschrift für Soziologie und Sozialpsychologie" (KZfSS). Nicht zuletzt durch seine Unterstützung konnten im Lauf der 1970er und 1980er Jahre vereinzelt Beiträge zur interpretativen Soziologie in der KZfSS publiziert werden. Sack veranstaltete außerdem 1972 einen Workshop zur Sprachsoziologie mit *Ulrich Oevermann* am ZIF Bielefeld und gab 1976 zusammen mit Weingarten und Jim Schenckein einen einflussreichen Sammelband zur Ethnomethodologie mit Übersetzungen von Texten aus dem Amerikanischen heraus (Weingarten/Sack/Schenken 1976).

Ab den späten 1960er Jahren war auch die *Frauenbewegung* ein zentraler Ort der Methodenkritik. Der Befund, dass die bisherige (sozial-)wissenschaftliche Forschung von Männern dominiert und dadurch inhärent androzentrisch sei, führte zu intensiven Auseinandersetzungen mit dem Objektivitätsbegriff und einer Grundsatzkritik am Forschungsmodell der empirischen Sozialforschung (Althoff/Bereswill/Riegraf 2001; Baur et al. in diesem Band). Nicht zufällig war es Frigga Haug (eine zentrale Protagonistin der Frauenbewegung in Deutschland), die Cicourels Methodenkritik (1964/1970) ins Deutsche übersetzt hat.

1969 erschien außerdem das bis heute einflussreiche Buch „Die gesellschaftliche Konstruktion der Wirklichkeit" von *Peter L. Berger und Thomas Luckmann* (1966/1969) in deutscher Übersetzung. Es war ein zentraler Motor für die Rezeption der Phänomenologie und der Entwicklung einer starken wissenssoziologischen Strömung in der deutschsprachigen Soziologie (Tuma/Wilke 2017), die auch in der Entwicklung neuer methodischer Ansätze ab Mitte der 1970er Jahre eine große Rolle gespielt hat.

Institutionell waren die 1960er Jahre durch umfassende Universitätsreformen und einige -neugründungen (u. a. in Bielefeld und Konstanz) gekennzeichnet, die die Sozialwissenschaften und den interdisziplinären Dialog in Deutschland förderten. *Interdisziplinäre Kooperation* – z. B. zwischen VertreterInnen der Soziologie, Psychologie, Pädagogik, Kommunikationswissenschaft, Psychoanalyse, Linguistik oder den Geschichtswissenschaften – war für die Entwicklung vieler interpretativer Zugänge konstitutiv und ist bis heute eines der herausragenden Merkmale der deutschsprachigen interpretativen Forschung.

Sowohl von staatlicher als auch von privater Seite wurde zudem das *Projektförderungs- und Auslandsstipendienwesen* in Deutschland ausgebaut, wodurch es möglich wurde, innovative Projekte über einen längeren Zeitraum hinweg zu verfolgen. Viele methodische Zugänge wurden in langjährigen drittmittelfinanzierten Forschungsprojekten entwickelt. Eine für die spätere qualitative Forschung besonders wichtige außeruniversitäre Forschungsinstitution ist das 1963 in Berlin gegründete „*Max-Planck-Institut für Bildungsforschung*", an dem sowohl Oevermann (vgl. auch Maiwald in diesem Band) als auch Yvonne Schütze, Christel Hopf, Beate Krais sowie Hartmut und Helga Zeiher über viele Jahre hinweg beschäftigt waren (Thoms 2017). Auch die Förderung individueller akademischer Karrieren nahm in dieser Zeit zu. Zu den US-amerikanischen Stipendiengebern wie der „Ford" und der „Rockefeller Foundation" oder dem „Fulbright Program" kamen vermehrt deutsche Förderinstitutionen hinzu, z. B. die „Fritz-Thyssen-Stiftung" (ab 1959) und die „Volkswagen-Stiftung" (ab 1962). Auch die Deutsche Forschungsgemeinschaft startete eine breite Förderinitiative für Auslandsaufenthalte. Durch diese Vielfalt an Förderschienen hatten viele später zentrale Figuren der deutschsprachigen qualitativen Forschung die Gelegenheit, im Rahmen von ein- bis zweijährigen Auslandsaufenthalten mit US-amerikanischen KollegInnen zusammenzuarbeiten und das Gelernte in die Methodenentwicklung in Deutschland einzubringen (z. B. Sack 1966/67, Uta Gerhardt 1973/74, Jörg Bergmann 1976/77, Karin Knorr-Cetina 1976/77, Fritz Schütze 1978/79, Thomas S. Eberle 1980-82, Hans-Georg Soeffner 1984 und Hubert Knoblauch 1990/91). Einzelne Fördergeber unterstützten auch internationale Tagungen und Gastlehrveranstaltungen, wodurch Goffman, Strauss, Garfinkel, Cicourel, Sacks, Jefferson, Schegloff, und andere nach Deutschland eingeladen werden konnten. Vor allem rund um die „*Grounded Theory Methodology*" (Strübing in diesem Band), *Ethnomethodologie* und *Konversationsanalyse* (Meyer in diesem Band) entwickelte sich im Lauf der 1970er Jahre ein aktives deutsch-amerikanisches Forschungsnetzwerk.

Die 1960er Jahre waren auch eine Zeit des politischen Umbruchs und des *Generationenwechsels an den Universitäten*, was sich in den theoretischen und methodologischen Debatten innerhalb der Soziologie bemerkbar machte. Manche Vorbehalte gegenüber hermeneutischen und phänomenologischen Zugängen traten in den Hintergrund, die politische Skepsis richtete sich nunmehr weniger auf die deutschsprachige Soziologie und Philosophie vor dem Zweiten

Weltkrieg, als vielmehr auf das Denken der Aufbaugeneration selbst. Auch hier kam der Frauenbewegung eine bedeutende Rolle zu. Dazu kam ein thematisches Interesse an Devianz und Institutionen, das in entsprechenden Forschungsschwerpunkten in der Kriminal- und Rechtssoziologie (Sack/König 1968; Lautmann 1972) und Medizinsoziologie seinen Ausdruck fand. Beckers Buch „Outsiders" (orig. 1963, dt. 1973), Goffmans „Stigma" (orig. 1963, dt. 1967) und „Asylums" (orig. 1961, dt. 1972), aber auch Garfinkels „Studies in Ethnomethodology" (1967) waren in dem Zusammenhang vielrezipierte Quellen. Ab Mitte der 1970er Jahre kam die „Grounded Theory Methodology" dazu, die ebenfalls einen medizinsoziologischen Schwerpunkt hatte. Ausschlaggebend für diese Rezeptionsbewegung war wohl auch, dass der ansprechende Stil vieler amerikanischer interpretativer ForscherInnen sowie ihr Fokus auf das Alltägliche und die interaktive Herstellung sozialer Normen auf viele Angehörige der Nachkriegsgeneration befreiend und inspirierend wirkte. Insbesondere Autoren wie Goffman waren in den 1960er Jahren auch außerhalb der Soziologie bekannt. Sein Buch „The Presentation of Self in Everyday Life" (orig. 1959, dt. 1969) etwa fand schon vor der Übersetzung ein breites Publikum und einige interpretative ForscherInnen der Nachkriegsgeneration erzählen heute, dass die Goffman-Lektüre sie zum Studium der Soziologie gebracht hat.

Vor diesem Hintergrund entstanden ab 1968 verschiedene Forschungsgruppen, in denen jene methodologischen und forschungspraktischen Ansätze entwickelt wurden, die rückblickend als deutschsprachige *„interpretative Sprachsoziologie"* bezeichnet werden können. Aus heutiger Sicht haben vor allem vier Gruppen das Feld nachhaltig geprägt:

1. die Gruppe um *Ulrich Oevermann* in Frankfurt am Main und am Max-Planck-Institut für Bildungsforschung in Berlin (ab ca. 1968),
2. die „Arbeitsgruppe Bielefelder Soziologen" um *Joachim Matthes* und *Fritz Schütze* (ab ca. 1970),
3. die Gruppe um *Thomas Luckmann* und *Jörg Bergmann* in Konstanz (ab ca. 1973) und
4. die Gruppe um *Hans-Georg Soeffner* in Bonn bzw. Essen (ab ca. 1975).

Diese Gruppen teilten eine Reihe an ideengeschichtlichen Bezugspunkten, und haben im Lauf der Zeit ähnliche Forschungsstile entwickelt: Ansätze aus der US-amerikanischen Linguistik, Soziolinguistik und dem interpretativen Paradigma wurden mit Elementen aus der deutschsprachigen Philosophie verknüpft. Die Gruppen in Konstanz und Essen etwa bezogen sich stark auf die Phänomenologie, in Frankfurt und Essen spielte die Hermeneutik eine zentrale Rolle (für einen Überblick siehe Hitzler/Honer 1997/2002). Die Phänomenologie Husserls hat über die Rezeption von Schütz und Luckmann (Berger/Luckmann 1966/1969; Schütz/Luckmann 1979), die Gestaltphänomenologie von Aaron Gurwitsch, die

Ethnomethodologie Garfinkels (Eberle 1984) und Cicourels Methodenkritik Eingang in die interpretative Sprachsoziologie gefunden (Ploder 2014). Über Schütz wurde auch Webers Konzept des Sinnverstehens wieder relevant. In enger Bezugnahme auf Husserl entwickelte er Webers Ansatz zu einer sozialphänomenologischen Handlungstheorie weiter, welche die Basis vieler heute gängiger Ansätze interpretativer Forschung darstellt.

Allen oben genannten Gruppen gemeinsam war eine starke Orientierung an Sprache und Text sowie ein methodologischer Fokus auf den Auswertungsteil des Forschungsprozesses. Ausgangspunkt waren häufig Ton- bzw. Video-Aufzeichnungen von Alltagsgesprächen, die transkribiert und interpretiert wurden bzw. – bei Fritz Schütze – narrative Interviews (Rosenthal/Worm in diesem Band). Im Zuge der 1970er Jahre entstanden in Bonn, Konstanz und Frankfurt verschiedene Formen der Sequenzanalyse (Herbrik in diesem Band), und auch die Praxis der Gruppeninterpretation (Reichertz in diesem Band) hat sich rasch verbreitet. Heute gilt „gemeinsam zu interpretieren" im deutschsprachigen Raum als Modus der Qualitätssicherung (Reichertz 2013; Reichertz in diesem Band) in qualitativen Forschungsprojekten. Diese vielfältigen Verknüpfungsleistungen auf theoretischer und forschungspraktischer Ebene sind unter anderem deshalb bemerkenswert, weil die rezipierten US-Traditionen untereinander kaum im Austausch standen. VertreterInnen der Ethnomethodologie und „Grounded Theory Methodology" etwa trafen in den USA kaum aufeinander.

Alle vier Gruppen gingen außerdem davon aus, dass interpretative Sprachsoziologie einer eigenen Forschungslogik folgt und – sowohl mit Blick auf die Fragestellungen als auch auf die methodologische Grundüberzeugung – nicht ohne weiteres mit Hypothesenprüfung und Statistik verknüpft werden kann. Eine affirmative Bezugnahme auf qualitative Sozialforschung im Stil der „Empirical Social Research" findet sich in der entsprechenden Literatur der frühen 1970er Jahre nicht, obwohl Oevermanns zentrales Projekt „Elternhaus und Schule", das sich ab 1968 über fast zehn Jahre erstreckte, aus dem explorativen Teil einer empirischen Studie hervorgegangen war (Franzmann 2016).

Eine Schlüsselpublikation dieser Frühphase war das 1973 erschienene zweibändige Sammelwerk „Alltagswissen, Interaktion und gesellschaftliche Wirklichkeit", herausgegeben von der *„Arbeitsgruppe Bielefelder Soziologen"* (1973a; 1973b). Das Buch wurde binnen kurzer Zeit mehrfach wiederaufgelegt und war für auch für die Entwicklung interpretativer Zugänge außerhalb von Bielefeld von großer Bedeutung. Die Mitglieder der Arbeitsgruppe waren Joachim Matthes, Werner Meinefeld, Fritz Schütze, Werner Springer, Ansgar Weymann und Ralf Bohnsack – zu dieser Zeit alle Assistenten oder Studenten von Matthes. Die beiden Bände enthielten Übersetzungen von Texten amerikanischer Kollegen, insbesondere aus dem Feld des Symbolischen Interaktionismus, der Ethnomethodologie, „Ethnography of Communication" und „Ethnoscience". Jeder Text wurde von einem Team aus mindestens zwei Mitgliedern der Arbeitsgruppe übersetzt und ausführlich kommentiert, zum Teil übersteigt der Umfang der Anmerkungen der Übersetzerteams den Umfang des Textes selbst. Hauptverantwortlich für die beiden umfangreichen Rahmentexte (Einleitung und Nachwort) war Fritz Schütze. Der im ersten Band abgedruckte Beitrag von Thomas P. Wilson (1970/1973) ist bis heute ein wichtiger Referenztext für den Begriff des interpretativen Paradigmas (Keller 2012, S. 12ff.). 1976 erschien ein weiterer Band der Arbeitsgruppe („Kommunikative Sozialforschung"), der allerdings in seiner Wirkung hinter den ersten beiden Bänden zurückblieb.

Aus dem unmittelbaren Arbeitszusammenhang der Bielefelder Gruppe entwickelten sich im Lauf der Jahre zwei methodologische Strömungen, die bis heute eine zentrale Stellung in der deutschsprachigen qualitativen Forschung haben: die *Biographieforschung* (Rosenthal/Worm in diesem Band) – beeinflusst unter anderem von Ethnomethodologie und Konversationsanalyse (Meyer in diesem Band), Sprachsoziologie sowie den Arbeiten von Anselm Strauss (Strübing in diesem Band) – und die *dokumentarische Methode* (Kanter in diesem Band) – orientiert an der Wissenssoziologie Karl Mannheims, der Ethnomethodologie (Meyer in diesem Band) und Phänomenologie (Bohnsack 1983; 1991/2007). In Frankfurt am Main entstand in einer Forschungsgruppe um Oevermann die *objektive Hermeneutik* (Franzmann 2016; Maiwald in diesem Band), für die neben Linguistik und Pragmatismus auch eine frühe Kooperation mit einer Gruppe von PsychoanalytikerInnen bedeutsam war. In Konstanz bildete sich um Luckmann und Bergmann ein Forschungsnetzwerk, das über viele Jahre hinweg eine Vielzahl an heute noch gängigen Zugängen hervorgebracht hat: Beispiele sind die *ethnographische Lebensweltanalyse* (Hitzler/Honer 1988; Pfadenhauer in diesem Band), die *Gattungsanalyse* (Günthner/Knoblauch 1994; die fokussierte Ethnografie (Rebstein/Schnettler in diesem Band) und später die *Videographie* (Tuma et al. 2013; Tuma/Knoblauch in diesem Band). Zentrale methodologische Bezugspunkte in Konstanz waren Phänomenologie, Sprachsoziologie, Ethnomethodologie/Konversationsanalyse und Ethnographie. Die Gruppe um Soeffner (später auch Jo Reichertz) in Essen stand in engem Austausch mit Konstanz, teilte aber nicht deren Nähe zur Ethnomethodologie, sondern war bzw. ist stärker hermeneutisch ausgerichtet (zur sozialewissenschaftlichen Hermeneutik vgl. Herbrik in diesem Band).

Im Lauf der 1970er Jahre verstärkte sich der Austausch zwischen den Gruppen um Luckmann, Soeffner, Oevermann und Schütze und fand mit der Gründung der DGS-Sektion „*Sprachsoziologie*" – seit 2000 „*Wissenssoziologie*" (Knoblauch et al. 2001) – auch eine institutionelle Plattform. Ein Ausschuss zur Vorbereitung der Sektionsgründung wurde bereits 1973 auf einer Tagung in Bielefeld eingesetzt, die Gründung erfolgte im Jahr 1977 auf Antrag von Norbert Dittmar, Richard Grathoff und Schütze.

In das Jahr 1979 fällt die Gründung der DGS-Arbeitsgruppe „*Biographieforschung*", die 1986 zur Sektion aufstieg. Schütze war später aktives Mitglied auch dieser Sektion, war aber nicht unmittelbar in die Gründung involviert (Schütze/ Kaźmierska 2014, S. 305). im Lauf der späten 1970er und 80er Jahre entwickelte sich die Biographieforschung (z. B. Schütze 1977; Fischer 1978; Riemann 1987; Gerhardt 1985; Rosenthal 1987; Rosenthal 1995) zu einer starken und eigenständigen Forschungsrichtung, was sich 1988 auch in der Gründung einer eigenen „Zeitschrift für Biographieforschung, Oral History und Lebensverlaufsanalysen" (BIOS) manifestierte.

Zeitgleich waren noch einige weitere Gruppen aktiv, die nicht unmittelbar der interpretativen Sprachsoziologie zuzurechnen sind. Besonders bedeutsam waren die *Tiefenhermeneutik* (Leithäuser/Volmerg 1979) und die bereits seit den 1960er Jahren aktive *Ethnopsychoanalyse* (Parin/Morgenthaler/Parin-Matthèy 1963, im Überblick Reichmayr 2003/1995) sowie die *Aktionsforschung* (Fuchs 1970; Haag et al. 1972), die nach einer Blütezeit in den 1970er Jahren Anfang der 1980er in den Hintergrund trat und heute im Rahmen der Partizipativen Forschung wiederentdeckt und weiterentwickelt wird (von Unger 2014; von Unger in diesem Band). Zeitgleich entwickelten sich auch in der deutschsprachigen Volkskunde und Kulturanthropologie neue Forschungszugänge, z. B. in Tübingen und Frankfurt am Main, die aber mit den hier beschriebenen Entwicklungen kaum in Austausch standen (siehe etwa Greverus 1969 und Brückner 1971; die Hintergründe dieses nicht stattfindenden Dialogs zu beleuchten ist ein offenes Forschungsdesiderat).

7 Verknüpfung qualitativer und interpretativer Zugänge: qualitative Forschung als „umbrella term"

Im Jahr 1977 veranstaltete Hans-Georg Soeffner in Essen eine große Tagung zu „Interpretativen Verfahren in den Sozial- und Textwissenschaften", an der – gemäß seinem Bericht an die DGS-Leitung – 170 Personen teilnahmen. Dem Tagungsband (Soeffner 1979) zufolge war das Ziel der Veranstaltung eine grundlagentheoretische Diskussion zwischen den verschiedenen

> „theoretischen Konzeptionen, methodologischen Überlegungen und Methoden innerhalb des sogenannten ‚interpretativen Paradigmas' in den Sozialwissenschaften" (Soeffner 1979a, S. 4).

Sie sollte

> „auf die umfangreichen und auch effektiven, aber wenig beachteten Forschungsaktivitäten im Bereich ‚interpretativ' arbeitender Sozialwissenschaft aufmerksam [...] machen

und ihnen in der wissenschaftlichen Diskussion eine entsprechende Resonanz [...] verschaffen" (S. 4).

Die Debatten auf dieser Tagung schärften den Blick für Gemeinsames und Trennendes innerhalb des Feldes. Die Idee einer gemeinsamen methodologischen Basis rückte angesichts der Heterogenität der Ansätze in den Hintergrund, aber die geteilte Kritik an einer dem naturwissenschaftlichen Wissenschaftsideal verpflichteten Sozialforschung wurde umso deutlicher.

Möglicherweise war es diese Tagung, auf der die Verknüpfung von interpretativer Sprachsoziologie und qualitativer Sozialforschung im deutschsprachigen Diskurs ihren Anfang nahm. Der Begriff der „*qualitativen (Sozial-)Forschung*" kommt in den Bänden der AG Bielefelder Soziologen (1973a; 1973b) noch nicht vor, genauso wenig wie in Fritz Schützes Bänden zur Sprachsoziologie (1975a; 1975b). Schütze spricht zwar von qualitativer bzw. quantitativer Sprachkompetenz (z. B. Schütze 1975a, S. 246), oder „qualitativem Sprachwandel" (S. 799), adressiert damit aber keine methodologische Unterscheidung. Auch im Tagungsband von Soeffner (1979) ist in den meisten Beiträgen nicht davon die Rede, dafür aber umso prominenter in Soeffners Vorwort (1979a) und einem Beitrag von Oevermann et al. (1979):

Hans-Georg Soeffner stellt die sprachsoziologischen Projekte der frühen 1970er Jahre als Weiterentwicklung und methodologische Begründung der „lange Zeit verpönten oder als ‚unwissenschaftlich' abqualifizierten qualitativen Verfahren der Datenerhebung und Auswertung" (1979a, S. 1) dar und bezeichnet die Arbeiten von Cicourel, Garfinkel, Goffman und Strauss als Basis für „leistungsfähige Verfahren qualitativ-empirischer Feldforschung" (S. 1). Dass es den interpretativen Projekten der frühen 1970er Jahre nicht aktiv um eine Stärkung der qualitativen Elemente positivistischer Forschungslogik ging, hat die obige Darstellung deutlich gemacht. Durch den Hinweis darauf, dass diese Stärkung *de facto* eingetreten ist, adressiert Soeffner aber in diesem Text eine Nähe zwischen diesen beiden Strömungen, die seither aus der qualitativen Forschungslandschaft nicht mehr wegzudenken ist.

Auch Ulrich Oevermann et al. (1979, S. 352) eröffnen ihren Beitrag mit einer Kritik an der Tradition empirischer Sozialforschung, in der qualitative Daten und Methoden nur eine epistemische Nebenrolle spielen. Im Gegensatz dazu plädieren sie für ein Primat hermeneutischer Verfahren als erkenntnissichernde Basis aller sozialwissenschaftlichen Forschung:

> „Während in der üblichen methodologischen Auffassung in den Sozialwissenschaften qualitative Verfahren gerechtfertigt werden als explorative, vorgängige oder vorbereitende Vorgehensweisen, denen die standardisierten Verfahren und Techniken als die eigentlich wissenschaftlichen, Präzision, Gültigkeit und Objektivität sichernden Prozeduren zu folgen haben, gelten die hier in Anspruch genommenen hermeneutischen Verfahren als die fun-

damentalen, die Präzision und Objektivität der Analyse erst sichernden Erkenntnisinstrumente der Sozialwissenschaften." (Oevermann et al. 1979, S. 352)

Im selben Jahr erschien der erste deutschsprachige Band mit dem Titel „Qualitative Sozialforschung", herausgegeben von Christel Hopf und Elmar Weingarten (1979). Auch dieser Band schlägt eine Brücke zwischen interpretativer Sprachsoziologie und qualitativer Sozialforschung, argumentiert aber stärker aus der Perspektive der empirischen Sozialforschung im Stil der Kölner Schule heraus. Beide HerausgeberInnen kommen ihrer akademischen Sozialisation nach aus dieser Tradition – Weingarten hatte bei König und Sack studiert, Hopf promovierte bei Renate Mayntz, einer frühen Mitarbeiterin von René König und Gründerin des Max Planck Instituts für Gesellschaftsforschung im Jahr 1984 –, haben sich aber im Lauf der 1970er Jahre verstärkt für interpretative Zugänge interessiert (Weingarten et al. 1976; Hopf 1978). Ausgangspunkt des Bandes ist die Verortung qualitativer Sozialforschung im Bereich der Deskription, Exploration und Hypothesen- bzw. Theoriebildung (Hopf/Weingarten 1979, S. 16), zu der die neuen, innerhalb des interpretativen Paradigmas entwickelten Verfahren einen wertvollen Beitrag leisten können. Qualitative Sozialforschung sei – so Hopf in der Einleitung – in den 1950er Jahren in Deutschland noch stärker präsent gewesen, dann immer mehr in den Hintergrund getreten und in den frühen 1970er Jahren im Zusammenhang mit der Rezeption der soziologischen Hermeneutik, Phänomenologie, Ethnomethodologie und des Symbolischen Interaktionismus „wiederentdeckt" worden (Hopf/Weingarten 1979, S. 21). Anders als der Band von Soeffner, der ausschließlich Originalbeiträge von deutschsprachigen AutorInnen enthält, präsentiert der Band von Hopf und Weingarten eine Sammlung von übersetzten Auszügen älterer amerikanischer Texte, die zum überwiegenden Teil in der Tradition der „Empirical Social Research" stehen (Merton/Kendall 1946; Barton/Lazarsfeld 1955; Zelditch 1962; Richardson et al. 1965). Dazu kommt ein Text von Barney Glaser und Strauss (1965) zur „Grounded Theory" und einer von Becker und Blanche Geer (1960) zur teilnehmenden Beobachtung, die in der Einleitung in den Kontext der Exploration und Hypothesengenerierung (Glaser/Strauss) bzw. Deskription und Sampling-Strategien (Becker/Geer) eingebettet werden.

Diese beiden Publikationen (für eine Sammelrezension siehe Küchler 1980) können aus heutiger Sicht als Dokumente einer *Verknüpfung von qualitativer Sozialforschung und interpretativer Sprachsoziologie* gelesen werden, eine Einschätzung die sich bereits 1986 in einem Text von Christian Lüders und Reichertz findet. Sie sprechen davon, dass Mitte der 1970er Jahre

> „zwei zunächst weitgehend getrennte, parallele Entwicklungen zusammen[liefen], aus deren Vermengung dann das entstand, was seit Ende der siebziger Jahre als ‚qualitative Sozialforschung' in aller Munde ist" (S. 90).

Der Begriff „qualitative (Sozial-)Forschung" dient seither als Sammelbegriff für die qualitativen Elemente empirischer Sozialforschung in der Tradition des BASR und der Kölner Schule sowie der interpretativen Sprachsoziologie der 1970er Jahre. Oft ist seither auch die Rede von „qualitativ-interpretativer Forschung" – z. B. bei Uwe Flick (1987), der sowohl auf Lazarsfeld wie auch auf Oevermann und Schütze Bezug nimmt.

Diese Verknüpfungsbewegung war wissenschaftspolitisch ein großer Erfolg: Das neue Feld war um einiges größer, fand zunehmend die Unterstützung von GutachterInnen in relevanten Gremien und konnte sich im Kampf um Drittmittel, Lehrstühle und Curricula besser positionieren. Diese Entwicklung ging aber auch mit internen Ausdifferenzierungsbewegungen einher, einige vormals intensive Arbeitszusammenhänge zwischen Gruppen wurden loser. Einige Gruppen konnten sich im neuen Machtgefüge erfolgreicher behaupten als andere, manche Zugänge traten in den Hintergrund. Nach außen hin kam es außerdem zu einer Vertiefung der bereits seit längerer Zeit bestehenden Kluft zwischen qualitativer und quantitativer Forschung (Küchler 1980, S. 278; Wilson 1982). Die Abhaltung einer ZUMA-Arbeitstagung zur Integration von qualitativen und quantitativen Forschungsansätzen im Jahr 1981 zeigt, dass die beiden Ansätze schon länger kein selbstverständliches Paar mehr waren (Wilson 1982); die verstärkte Debatte um eigene Gütekriterien für qualitative Forschung (z. B. Flick 1987) kann als Indiz dafür gelesen werden, dass quantifizierende und hypothesenprüfende Verfahren aus Sicht qualitativ Forschender immer mehr zur Alternative statt zur selbstverständlichen Ergänzung wurden.

Neben der Weiterentwicklung der oben genannten Strömungen wurden in den späten 1970er und 1980er Jahren einige neue Forschungsgruppen gegründet und Ansätze entwickelt. Zu nennen sind hier insbesondere das *problemzentrierte Interview* nach Andreas Witzel (1982, vgl. auch Witzel/Reiter 2012), die *dokumentarische Methode* nach Ralf Bohnsack (1983; 1991/2007; vgl. auch Kanter in diesem Band) sowie die Arbeiten der Gruppe um Karin Knorr-Cetina, die ab 1981 in Bielefeld eine eigene Tradition der *soziologischen Ethnographie* begründet hat. Stefan Hirschauer und Klaus Amann (1997) und andere haben diese Impulse weiterentwickelt, und später eigene einflussreiche Forschungsstile begründet. Auch Bina Elisabeth Mohn, die Begründerin der Kameraethnographie (Mohn 2002), war über mehrere Jahre Mitglied dieser Gruppe. Roland Girtler (z. B. 1983) betreibt seit den 1970er Jahren in Wien soziologische Ethnographie, hat aber (über seine eigenen auflagenstarken Werke hinaus) keine weit verbreitete methodische Tradition qualitativer Forschung begründet. 1979 wurde außerdem die bis heute aktive „Münchner Projektgruppe für Sozialforschung" gegründet, der unter anderem Ernst von Kardorff, Barbara Riedmüller-Seel und Wolfgang Bonß angehörten.

Die ab Mitte der 1970er Jahre entstehende akademische *Frauen- und Geschlechterforschung* war und ist bis heute ein Ort der intensiven Auseinandersetzung mit Methodenfragen und hat maßgeblich zur Etablierung der qualitativen Forschung beigetragen (Althoff/Bereswill/Riegraf 2001; Kink 2017). Maria Mies (1978) formulierte mit Parteilichkeit, Betroffenheit und Offenheit „methodische Postulate der Frauenforschung", die bis heute Referenzpunkt anhaltender und kontroverser Debatten über politische Verantwortung, die Rolle des forschenden Subjekts, die Bedeutung des Geschlechts für die Forschungsbeziehung und die Tauglichkeit quantifizierender Verfahren sind. Im Lauf der 1980er Jahre setzte sich weitgehend die Auffassung durch, dass grundsätzlich alle Methoden für eine kritische Frauen- und Geschlechterforschung geeignet sind, wenn sie mit einer entsprechenden methodischen und methodologischen Reflexion einhergehen (Behnke/Meuser 1999). Nicht zuletzt deshalb ist die qualitative Frauen- und Geschlechterforschung bis heute ein Ort der kontinuierlichen Auseinandersetzung mit Fragen, die in anderen Teilen der qualitativen Forschung zwar in wiederkehrenden Konjunkturen, aber nicht mit anhaltender Intensität verfolgt werden. Besonders kompatibel mit den Anliegen der Frauen- und Geschlechterforschung zeigten sich in den späten 1970er und 1980er Jahren die Aktionsforschung, Biographieforschung und Ethnopsychoanalyse (Nadig 1986).

8 Qualitative und Interpretative Forschung nach 1989

Die *Wiedervereinigung Deutschlands* im Jahr 1989 brachte die deutsche Wissenschaftslandschaft neuerlich in Bewegung und war für die qualitative bzw. interpretative Forschung mit einem weiteren Institutionalisierungsschub verbunden. Bis auf wenige Ausnahmen wurden ProfessorInnen an ehemaligen DDR-Universitäten entlassen und durch KollegInnen aus den westlichen Bundesländern ersetzt. Davon profitierten unter anderem SozialwissenschaftlerInnen, die der qualitativen Forschung nahestanden.

Auch der expandierende *Lehr- und Handbuchmarkt* beschleunigte den Institutionalisierungsprozess: 1991 erschien das erste „Handbuch Qualitative Sozialforschung", herausgegeben von Uwe Flick, Ernst von Kardorff, Heiner Keupp, Lutz von Rosenstiel und Stephan Wolff. Die Auswahl der Beitragenden und Themen spiegelt die große disziplinäre Vielfalt wider, die das Feld zu diesem Zeitpunkt auszeichnete. Im Abschnitt „Disziplinäre Perspektiven" sind Volkskunde, Ethnologie, Psychoanalyse, Pädagogik, Geschichte und Politikwissenschaften genauso vertreten wie Psychologie und Soziologie. Seit den frühen 1990er Jahren wird auch die *„qualitative Inhaltsanalyse"* nach Philipp Mayring (1983/2014) und jüngst nach Udo Kuckartz (in diesem Band) vermehrt rezipiert, die heute eines der meistverwendeten qualitativen Analyseverfahren darstellt.

Im weiteren Verlauf der 1990er und 2000er Jahre stieg die Zahl der einschlägigen Lehr- und Handbücher weiter an, hier finden sich zumindest drei verschiedene Gruppen von Werken:

1. Einführungen in die qualitative Forschung, die eine große Bandbreite von Verfahren darstellen, die zum Teil (aber nicht ausschließlich) in einer interpretativen Tradition stehen (z. B. Flick et al. 1991; Flick 1994);
2. Spezialwerke zu einzelnen Methoden bzw. Methodologien interpretativer bzw. rekonstruktiver Forschung (z. B. Bohnsack 1991/2007; Hitzler/Honer 1997/2002; Rosenthal 1995; Wernet 2000) und
3. Einführungen in die empirische Sozialforschung, die qualitative Daten bzw. Interpretationszugänge als Baustein innerhalb größerer, letztlich oft hypothesenprüfenden Forschungsdesigns präsentieren (z. B. Diekmann 1995; Schnell/Hill/Esser 1998).

Das Volumen und die inhaltliche Breite des Literaturangebots spiegelt sowohl die wachsende Verankerung qualitativer Forschung an den Universitäten wider, als auch die methodologische Heterogenität des Feldes.

1997 wurde die *DGS-Arbeitsgruppe für „Methoden der qualitativen Sozialforschung"* gegründet (vgl. auch Baur et al. in diesem Band). Ihr Aufstieg zur vollwertigen Sektion (die offizielle Gründung erfolgte 2003) wurde vor allem von Christel Hopf vorangetrieben – sie war 1997 bis 2002 Sprecherin der Arbeitsgruppe – und vollzog sich gegen den Widerstand der Sektion „Methoden der empirischen Sozialforschung". Ganz im Geist des inklusiven Konzepts empirischer Sozialforschung, das qualitative und quantitative Daten und Analysemethoden unter einem Dach verbindet, argumentierten einige FachkollegInnen, dass qualitative Forschung in der bestehenden Sektion bereits vertreten sei. Nach erfolgter Gründung bot die neue Sektion vor allem jenen Zugängen eine gemeinsame Plattform, die bisher weder in der Sektion „Wissenssoziologie" noch in der Sektion „Biographieforschung" vertreten waren. Es gibt bis heute zahlreiche Doppelmitgliedschaften, die Sektionen Biographieforschung und Wissenssoziologie verstanden und verstehen sich aber als über das bloß Methodische hinausgehend. Sie knüpfen Methodenfragen eng an theoretische und methodologische Grundüberlegungen und bestimmte Forschungsthemen bzw. -schwerpunkte.

9 Jüngste Entwicklungen

Die letzten 20 Jahre standen im Zeichen einer noch stärkeren institutionellen Verankerung qualitativer bzw. interpretativer Forschung in den deutschsprachigen Sozialwissenschaften. Es gab einige einschlägige Zeitschriftenneugründungen – u. a. „Sozialer Sinn", „Zeitschrift für Qualitative Forschung" und

„Forum Qualitative Sozialforschung" (FQS), alle 2000 gegründet –, zahlreiche Handbuchpublikationen und Tagungsreihen, die methodologischen Grundlagen sind mittlerweile vielerorts fester Bestandteil sozialwissenschaftlicher Curricula.

Dem „Berliner Methodentreffen Qualitative Forschung" (BMT, seit 2005), der Zeitschrift FQS sowie „Qualitative Forschung. Ein Handbuch", herausgegeben von Flick, von Kardorff und Steinke (seit 2000) kommt dabei eine besondere Bedeutung zu, weil sie eine große Bandbreite von Zugängen bündeln. Sie helfen Neulingen im Feld bei der Orientierung und fördern zugleich den Dialog zwischen Ansätzen, die sonst selten miteinander in Berührung kommen. Das BMT hat auch eine wichtige Funktion in der Weiterbildung und Netzwerkbildung im Methodenbereich übernommen, die vor allem für NachwuchsforscherInnen von großer Relevanz sind.

Spätestens seit der Jahrtausendwende gibt es zudem verstärkte Bemühungen zu einer Re-Integration qualitativer und quantitativer Daten und Analyseverfahren. Unter den Schlagworten „Triangulation" oder „Mixed Methods" werden verschiedene Varianten der Kombination von Zugängen diskutiert (Flick 2004/2011; Kelle 2007; Kuckartz 2014; Baur/Kelle/Kuckartz 2017), die über die klassische Arbeitsteilung von Exploration (qualitativ) und Hypothesenprüfung (quantitativ) hinausgehen. Nicht zuletzt in diesem Zusammenhang lohnt sich ein Blick in die Geschichte und methodologischen Grundlagen der jeweiligen Ansätze, um zu sehen, wo es historische Vorbilder für eine Verknüpfung (Baur et al. in diesem Band) gibt und sicherzustellen, dass die kombinierten Zugänge methodologisch kompatibel sind.

Unter dem Eindruck der ständig wachsenden Größe und Heterogenität des Feldes wird auch die Tauglichkeit des Begriffs „*qualitative Forschung*" vermehrt in Frage gestellt. Viele FachvertreterInnen akzeptieren ihn nach wie vor als Sammelkategorie, verwenden aber spezifischere Termini zur Charakterisierung ihres eigenen Zugangs. Der Begriff ist noch immer sehr präsent, wenn es um Tagungs- oder Zeitschriftentitel, Stellenausschreibungen, Curricula und Handbücher geht, identitätsstiftend wirkt er aber vor allem dort, wo eine Abgrenzung gegenüber methodisch anders orientierten FachkollegInnen oder der Appell an eine gemeinsame Basis mit VertreterInnen anderer Fächer (z. B. der Kulturanthropologie) notwendig ist. Der Begriff der „*interpretativen Forschung*" erhält vor diesem Hintergrund eine neue Distinktions-Funktion, sein Verhältnis zur qualitativen Forschung wird neu verhandelt (siehe etwa Flick 2016; Hitzler 2016; Mey 2016; Reichertz 2016). Das Label „*rekonstruktive Sozialforschung*" wurde in den frühen 1990er Jahren von Bohnsack (1991/2007) in die Debatte eingebracht, und umfasst alle Zugänge, die sinnhafte Konstruktionen von Wirklichkeit *re*konstruieren. Das trifft auf die meisten Ansätze in der Tradition der interpretativen Sprachsoziologie zu, schließt aber viele andere „qualitative" Zugänge aus. Ziel dieser Begriffsbildung war, eine methodologisch fundierte

Kategorie zu schaffen, die Ordnung in das unübersichtlich gewordene Feld bringt.

Mit der personellen und disziplinären Erweiterung des Feldes, neuen theoretischen Impulsen, aber auch unter dem Eindruck neuer gesellschaftlicher Phänomene hat sich das Spektrum an Themen, Fragestellungen und Datensorten erweitert. Die 2000er Jahre standen im Zeichen verschiedener Spielarten der Diskursanalyse (Keller 2001/2006; Angermüller et al. 2001) sowie einer Konjunktur visueller Daten (Bild-, Film- und Videomaterial) (Mohn 2002; Marotzki/Niesyto 2006; Bohnsack 2009; Tuma et al. 2013). Unter dem Label des *„Kommunikativen Konstruktivismus"* wird seit einigen Jahren eine methodologische und sozialtheoretische Aktualisierung und Präzisierung des Sozialkonstruktivismus nach Berger und Luckmann (1966/1999) verhandelt (Knoblauch 2017; Keller/Knoblauch/Reichertz 2012). Seit einiger Zeit ist außerdem ein stark zunehmendes Interesse an ethnographischen Zugängen zu beobachten (unter anderem im Kontext der sogenannten Praxistheorien) sowie eine intensive Auseinandersetzung mit Fragen der Subjektivität und Reflexivität (z. B. im Zusammenhang mit Partizipativer Forschung oder Autoethnographie). Dazu kommen vermehrt Projekte zur wissenschaftssoziologischen und -historischen Auseinandersetzung mit qualitativer Forschung, die ebenfalls als Ausdruck einer neuen Reflexivität innerhalb des Feldes gedeutet werden können. Beispiele sind die Projekte von Stefanie Bethmann und Debora Niemann (2015) zum Vergleich qualitativer Forschungsstile in den USA und Deutschland, von Jo Reichertz (2013) zur Soziologie der Gruppeninterpretation, von Reiner Keller und Angelika Poferl (2016) zur Geschichte der qualitativen Forschung in Deutschland und Frankreich, sowie von Christian Meyer und Christian Meier zu Verl (2013), die die Praxis der Sinnrekonstruktion in der qualitativen Forschung zum Gegenstand einer ethnomethodologischen Untersuchung machen. Aus den USA kommen seit einigen Jahren Impulse, die eine Überwindung des interpretativen Paradigmas zugunsten einer *performativen Forschungslogik* nahelegen (Denzin 2008/2001).

10 Fazit

Dieser Beitrag hat gezeigt, wie die methodologische Vielfalt dessen entstanden ist, was heute unter dem „umbrella term" der qualitativen bzw. interpretativen Forschung zusammengefasst wird. Das Feld in seiner heutigen Zusammensetzung ist Produkt der Verknüpfung epistemologisch und methodologisch sehr unterschiedlicher Traditionen: Es umfasst Elemente der Soziographie und empirischen Sozialforschung genauso wie methodologische Überzeugungen aus dem Pragmatismus und Symbolischen Interaktionismus, der verstehenden

Soziologie, Phänomenologie, Hermeneutik, Ethnomethodologie, Psychoanalyse, Sprachsoziologie und Linguistik.

Die verstehende Soziologie Max Webers wird zwar oft als historischer Ausgangspunkt der qualitativen bzw. interpretativen Forschung dargestellt, hat aber rezeptionsgeschichtlich erst spät (vor allem über die Vermittlung von Alfred Schütz) Eingang in das Feld gefunden. Der Begriff der qualitativen Sozialforschung kommt ursprünglich aus der „Columbia-Tradition" der „Empirical Social Research", die in den 1950er und 1960er Jahren in Deutschland zu einem eigenen Programm empirischer Sozialforschung weiterentwickelt wurde. Die deutschsprachige interpretative Sprachsoziologie hat sich ab Ende der 1960er Jahre zunächst weitgehend unabhängig davon entwickelt, spätestens seit Ende der 1970er Jahre präsentiert sich jedoch die gesamte oben dargestellte Vielfalt unter einem begrifflichen Dach. Die Verknüpfungsbewegung hatte verschiedene *Konsequenzen*:

1. Sie hat das Feld insgesamt gestärkt und im Kampf um Drittmittel, Lehrstühle und Curricula wettbewerbsfähiger gemacht.
2. Damit ging eine besondere wissenschaftspolitische und institutionelle Stärkung jener Ansätze einher, die sich im neuen Feld als dominant positionieren konnten (z. B. wissenssoziologische Zugänge aus dem Umfeld von Konstanz und Essen, objektive Hermeneutik und Biographieforschung), aber auch eine Marginalisierung von Zugängen, bei denen das nicht der Fall war (z. B. die Aktionsforschung).
3. Das Wachstum des Feldes wurde begleitet von einer verstärkten Abgrenzung nach außen (vor allem gegenüber quantitativen Verfahren) sowie
4. einer Zunahme von internen Distinktionsbestrebungen, die manche vormals lebhaften Kooperationszusammenhänge zum Erliegen brachten.
5. Die begriffliche Verschränkung methodologisch sehr verschiedener Ansätze hatte inhaltliche Spannungen innerhalb des Feldes zur Folge, die sich zum Teil bis in die Gegenwart fortsetzen.

So wird beispielsweise der qualitativen Inhaltsanalyse (Mayring 1983/2014; Kuckartz in diesem Band) wiederholt vorgeworfen, nicht im engeren Sinn „qualitativ" zu sein, weil sie zum Teil Kategorien an das Material heranträgt, die nicht induktiv aus ihm gewonnen werden. In der Logik empirischer Sozialforschung ist ein solches Vorgehen unproblematisch, mit dem Selbstverständnis interpretativen Paradigmas ist es aber nicht vereinbar.

Ähnliches gilt für die Frage, ob qualitative Forschung einer eigenen Forschungslogik folgt und als eigenständiges Forschungsprogramm betrieben werden kann oder sogar muss: Am Beispiel der Kämpfe im Vorfeld der Gründung der DGS-Sektion „Methoden der qualitativen Sozialforschung" ist deutlich geworden, dass innerhalb des Feldes empirischer Sozialforschung qualitative Zugänge nach wie vor als integraler Bestandteil eines umfassenden Forschungsprogramms verstanden werden, während in großen Teilen der qualitativen Forschung von einer methodologischen Eigenständigkeit ausgegangen wird. Kombinationen mit quantitativen Zugängen sind hier nicht selbstverständlich, sondern müssen – etwa im Rahmen von Triangulation oder „Mixed Methods" – erst verhandelt werden.

Der historische Rückblick hat auch gezeigt, dass die Entwicklung einiger heute zentraler interpretativer bzw. qualitativer Forschungszugänge auf bestimmte *institutionelle Rahmenbedingungen* angewiesen war, die heute nur mehr zum Teil gegeben sind: Lange Förderzeiträume für empirische Projekte, Raum zum Ausprobieren von Neuem, relativ stabile Forschungsgruppen, interdisziplinäre und internationale Forschungszusammenhänge, die Kombination von unterschiedlichen methodologischen und forschungspraktischen Quellen und regelmäßiger Austausch mit anderen Gruppen waren die Basis für den Erfolg jener Gruppen, die das Feld bis heute prägen.

Eine Auseinandersetzung mit der *Geschichte qualitativer bzw. interpretativer Forschung* ist aber nicht nur wissenschaftshistorisch und -soziologisch interessant, sondern auch für die *Zukunft* des Feldes von zentraler Bedeutung. Ein Blick auf die Praxisgeschichte (der hier aus Platzgründen nur angedeutet werden konnte) zeigt etwa, dass die heute gängigen Ansätze nicht jeweils von einer Person am Reißbrett, sondern über viele Jahre hinweg von zahlreichen ForscherInnen, in konkreten Forschungsprojekten und in Kombination vielfältiger theoretischer und forschungspraktischer Quellen entwickelt wurden. Die Zugänge, die wir heute verwenden, sind Produkte sozialer Prozesse und können bzw. sollen auch entsprechend weiterbearbeitet und -entwickelt werden. Die Institutionengeschichte des Feldes macht deutlich, welche institutionellen und personellen Konstellationen in der Vergangenheit Methodenentwicklung ermöglicht bzw. verhindert haben und eine Kenntnis dieser Konstellationen kann für die Entwicklung von „Forschungslaboren" für die Zukunft des Feldes von Vorteil sein. Ein ideengeschichtlicher Rückblick schärft zudem das Verständnis für die methodologische Basis etablierter Zugänge und ermöglicht eine Neuinterpretation methodologischer Primärtexte vor dem Hintergrund aktueller Forschungsthemen und -fragen. Eine Auseinandersetzung mit Zugängen, die aufgrund wissenschaftspolitischer Konstellationen bzw. disziplinärer Grenzziehungen aus dem Gedächtnis des Feldes verschwunden sind, ermöglicht schließlich ein Wiederentdecken und Neu-Interpretieren vergessener Ansätze, die Antworten auf Fragen der Gegenwart und Zukunft der qualitativen und interpretativen Forschung bereithalten können.

Literatur

Abel, T. (1948): The Operation Called Verstehen. In: American Journal of Sociology 54, S. 211–18.
Adorno, T. W. (1952–53/2002): The Stars Down to Earth. The Los Angeles Times Astrology Column. In ders. (Hrsg.): The Stars Down to Earth and Other Essays on the Irrational in Culture. London und New York: Routledge, S. 46–171.
Adorno, T. W./Albert, H./Habermas, J./Pilot, H./Popper, K. (Hrsg.) (1969): Der Positivismusstreit in der deutschen Soziologie. Berlin: Neuwied.
Althoff, M./Bereswill, M./Riegraf, B. (2001): Feministische Methodologien und Methoden. Traditionen, Konzepte, Erörterungen. Wiesbaden: VS.
Angermüller, J./Bunzmann, K./Nonnhof, M. (Hrsg.) (2001): Diskursanalyse: Theorien, Methoden, Anwendungen. Hamburg: Argument.
Arbeitsgruppe Bielefelder Soziologen (Hrsg.) (1973a): Alltagswissen, Interaktion und gesellschaftliche Wirklichkeit. Band 1: Symbolischer Interaktionismus und Ethnomethodologie. Reinbek bei Hamburg: Rowohlt.
Arbeitsgruppe Bielefelder Soziologen (Hrsg.) (1973b): Alltagswissen, Interaktion und gesellschaftliche Wirklichkeit. Band 2: Ethnotheorie und Ethnographie des Sprechens. Reinbek bei Hamburg: Rowohlt.
Arbeitsgruppe Bielefelder Soziologen (1976): Kommunikative Sozialforschung. München: Fink.
Barton, A. H./Lazarsfeld, P. F. (1955): Some Functions of Qualitative Analysis in Social Research. In: Frankfurter Beiträge zur Soziologie 1, S. 321–361.
Baur, N./Kelle, U./Kuckartz, U. (Hrsg.) (2017): Mixed Methods. Sonderheft 57/2017. Kölner Zeitschrift für Soziologie und Sozialpsychologie (KZfSS) 69 (Supplement 2). Wiesbaden: Springer.
Becker, H. S. (1973/1963): Außenseiter. Zur Soziologie abweichenden Verhaltens. Frankfurt am Main: S. Fischer Verlag.
Becker, H. S./Geer, B. (1960): Participant Observation. The Analysis of Qualitative Field Data. In: Adams, R. N./Preiss, J. J. (Hrsg.) (1960): Human Organization Research. Homewood: Dorsey Press, S. 267–289.
Behnke, C./Meuser, M. (1999): Geschlechterforschung und qualitative Methoden. Opladen: Leske + Budrich.
Berger, P. L./Luckmann, T. (1969/1966): Die gesellschaftliche Konstruktion der Wirklichkeit. Eine Theorie der Wissenssoziologie. Frankfurt am Main: Fischer.
Bergmann, J./Hildenbrand, B. (2017): Zur Rezeption des Symbolischen Interaktionismus und der Ethnomethodologie in der deutschsprachigen Soziologie. In: Moebius, S./Ploder, A. (Hrsg.): Handbuch Geschichte der deutschsprachigen Soziologie. Band 1: Geschichte der Soziologie im deutschsprachigen Raum. Wiesbaden: VS, S. 619–635.
Bethmann, S./Niermann, D. (2015). Crossing Boundaries in Qualitative Research – Entwurf einer empirischen Reflexivität der qualitativen Sozialforschung in Deutschland und den USA. In: Forum Qualitative Sozialforschung 16 H. 2, Art. 19 [42 Absätze], URL: http://nbn-resolving.de/urn:nbn:de:0114-fqs1502191 (Abruf 26.10.2016).
Blumer, H. (1969). Symbolic Interactionism. Perspective and Method. Englewood Cliffs: Prentice-Hall.
Bohnsack, R. (1983): Alltagsinterpretation und soziologische Rekonstruktion. Opladen: Westdeutscher Verlag.
Bohnsack, R. (2007/1991): Rekonstruktive Sozialforschung. Opladen: Barbara Budrich und UTB.
Bohnsack, R. (2009): Qualitative Bild- und Videointerpretation. Die dokumentarische Methode. Opladen & Farmington Hills: Verlag Barbara Budrich.
Bonß, W. (1983): Empirie und Dechiffrierung von Wirklichkeit. Zur Methodologie bei Adorno. In: Friedeburg, L. von/Habermas, J. (Hrsg.): Adorno-Konferenz 1983. Frankfurt am Main: Suhrkamp, S. 201–225.
Brückner, W. (Hrsg.) (1971): Falkensteiner Protokolle. Diskussionspapiere und Protokolle der in Falkenstein, Taunus (Heimvolkshochschule der Adolf-Reichwein-Stiftung) vom 21. bis 26. September 1970 abgehaltenen wissenschaftlichen Arbeitstagung des Ständigen Ausschus-

ses für Hochschul- und Studienfragen der Deutschen Gesellschaft für Volkskunde e. V. Frankfurt am Main: Institut für Volkskunde.

Cicourel, A. V. (1970/1964): Methode und Messung in der Soziologie. Frankfurt am Main: Suhrkamp.

Crothers, C. (1998): The Relation between the Logics of Mertons Theory and Lazarsfelds Methodology: Their Intellectual Compatibility and Research Partnership. In: Jacques Lautmann, J./Lécuyer, B. P. (Hrsg.): Paul Lazarsfeld (1901–1976). La sociologie de Vienne à New York. Paris und Montréal: L'Harmattan, S. 213–254.

Dahms, H.-J. (1994): Positivismusstreit. Die Auseinandersetzungen der Frankfurter Schule mit dem logischen Positivismus, dem amerikanischen Pragmatismus und dem kritischen Rationalismus. Frankfurt am Main: Suhrkamp.

Deegan, M. J. (1988): Jane Addams and the Men of the Chicago School, 1892–1913. New Brunswick: Transaction Books.

Denzin, N. K. 2008a [2001]. „Das reflexive Interview und eine performative Sozialwissenschaft". In: Winter & Niederer (Hg.), S. 137–168.

Diekmann, A. (2009): Empirische Sozialforschung. Grundlagen, Methoden, Anwendungen. Reinbek bei Hamburg: Rowohlt.

Dilthey, W. (1883): Einleitung in die Geisteswissenschaften. Versuch einer Grundlegung für das Studium der Gesellschaft und der Geschichte. Bd. 1. Leipzig: Dunker & Humblot.

Dreier, Volker (2016): Geschichte der Kölner Zeitschrift für Soziologie und Sozialpsychologie. In: Stephan Moebius und Andrea Ploder (Hrsg.): Handbuch Geschichte der deutschsprachigen Soziologie, Vol. 1. Wiesbaden: VS.

Eberle, Thomas S. (1984): Sinnkonstitution in Alltag und Wissenschaft: der Beitrag der Phänomenologie an die Methodologie der Sozialwissenschaften. Bern: Haupt.

Fine, G. A. (1995): A Second Chicago School?: The Development of a Postwar American Sociology. Chicago: University of Chicago Press.

Fischer, W. (1978): Struktur und Funktion erzählter Lebensgeschichten. In: Kohli, M. (Hrsg.): Soziologie des Lebenslaufs. Darmstadt/Neuwied: Luchterhand, S. 311–336.

Fischer, J. (2016): Philosophische Anthropologie: Eine Denkrichtung des 20. Jahrhunderts. Freiburg: Karl Alber.

Fleck, C./Stehr, N. (Hrsg.) (2007): Paul F. Lazarsfeld. Empirische Analyse des Handelns. Frankfurt am Main: Suhrkamp.

Flick, U. (1987): Methodenangemessene Gütekriterien in der qualitativ-interpretativen Forschung. In: Bergold, J./Flick, U. (Hrsg.) (1987): Deutsche Gesellschaft für Verhaltenstherapie e.V.: Ein-Sichten: Zugänge zur Sicht des Subjekts mittels qualitativer Forschung. Tübingen: dgvt.

Flick, U. (1994): *Qualitative Forschung*: Eine Einführung. Reinbek bei Hamburg: Rowohlt.

Flick, U. (2011 [2004]): Triangulation – Eine Einführung. Wiesbaden: VS.

Flick, U./von Kardorff, E./Keupp, H./von Rosenstiel, L./Wolff, St. (1991) (Hrsg.): Handbuch Qualitative Sozialforschung. Grundlagen, Methoden, Konzepte und Anwendungen. Weinheim: Beltz.

Flick, U./von Kardorff, E./Steinke, I. (Hrsg.) (2007 [2000]): Qualitative Forschung. Ein Handbuch. Reinbek bei Hamburg: Rowohlt.

Flick, U. (2016): Von den Irritationen in die Peripherie? Anmerkungen zu Ronald Hitzlers Artikel „Zentrale Merkmale und periphere Irritationen interpretativer Sozialforschung". Zeitschrift für Qualitative Forschung 17(1+2), S. 199–206.

Franzmann, A. (2016): Entstehungskontexte und Entwicklungsphasen der Objektiven Hermeneutik als einer Methodenschule. Eine Skizze. In: Becker-Lenz, R./Franzmann, A./Jansen, A./Jung, M. (Hg.): Die Methodenschule der Objektiven Hermeneutik. Eine Bestandsaufnahme. Wiesbaden: VS, S. 1–42.

Fröhlich, Dieter (2008): Nachwort. In ders. (Hrsg) (2008): René König, Schriften zur Kultur- und Sozialanthropologie. Schriften Bd. 17. Wiesbaden: VS, S. 495–526.

Fuchs, W. (1970): Empirische Sozialforschung als politische Aktion. *Soziale Welt*, S. 1-17.

Garfinkel, H. (1967): Studies in Ethnomethodology. Englewood Cliffs: Prentice-Hall.

Gerhardt, U. (1985): Erzähldaten und Hypothesenkonstruktion. Überlegungen zum Gültigkeitsproblem in der biographischen Sozialforschung. Kölner Zeitschrift für Soziologie und Sozialpsychologie 37, S. 230–256.
Girtler, R. (1983): Der Adler und die drei Punkte. Die gescheiterte, kriminelle Karriere des ehemaligen Ganoven Pepi Taschner. Wien: Böhlau.
Glaser, B./Strauss, A. L. (1965): Discovery of Substantive Theory: A Basic Strategy Underlying Qualitative Research. The American Behavioral Scientist 8, S. 5-12.
Goffman, E. (1967 [1963]): Stigma. Über Techniken der Bewältigung beschädigter Identität. Frankfurt am Main: Suhrkamp.
Goffman, E. (1972 [1961]): Asyle. Über die soziale Situation psychiatrischer Patienten und anderer Insassen. Frankfurt am Main: Suhrkamp.
Goffman. E. (1969 [1959]): Wir alle spielen Theater. Die Selbstdarstellung im Alltag. München: Piper.
Greverus, I. M. (1969): Zu einer nostalgisch-retrospektiven Bezugsrichtung der Volkskunde. In Hessische Blätter für Volkskunde 60, S. 11-28.
Günthner, S./Knoblauch, H. (1994): 'Forms are the food of faith'. Gattungen als Muster kommunikativen Handelns. Kölner Zeitschrift für Soziologie und Sozialpsychologie 46 (4), S. 693–723.
Haag, F./Krüger, H./Schwärzel, W./Wildt, J. (Hrsg.) (1972): Aktionsforschung: Forschungsstrategien, Forschungsfelder und Forschungspläne. München: Juventa.
Habermas, J. 1982 [1967]: Ein Literaturbericht: Zur Logik der Sozialwissenschaften. In: ders. (1982): Zur Logik der Sozialwissenschaften. Frankfurt am Main: Suhrkamp, S. 89–366.
Haight, Wendy (2016): What academia owes Jane Addams. In: Oxford University Press's Academic Insights for the Thinking World. URL: http://blog.oup.com/2016/09/academia-jane-addams/ (Abruf 26.10.2016).
Hirschauer, K./Amann, K. (1997): Die Befremdung der eigenen Kultur. Zur ethnographischen Herausforderung soziologischer Empirie. Frankfurt: Suhrkamp.
Hitzler, R./Honer, A. (1988): Der lebensweltliche Forschungsansatz, Neue Praxis 18 (6), S. 496–501.
Hitzler, R./Honer, A. (2002 [1997]) (Hrsg.): Sozialwissenschaftliche Hermeneutik. Opladen: Leske + Budrich/UTB.
Hitzler, R. (2016): Zentrale Merkmale und periphere Irritationen interpretativer Sozialforschung. Zeitschrift für Qualitative Forschung 17(1+2), S. 171–184.
Hopf, Ch./Weingarten, E. (Hrsg.) (1979): Qualitative Sozialforschung. Stuttgart: Klett-Kotta.
Hopf. Ch. (1978): Die Pseudo-Exploration – Überlegungen zur Technik qualitativer Interviews in der Sozialforschung. Zeitschrift für Soziologie 7, S. 97–115.
Jahoda, M./Lazarsfeld, P. F./Zeisel, H. (1960 [1933]): Die Arbeitslosen von Marienthal. Ein soziographischer Versuch über die Wirkungen von langandauernder Arbeitslosigkeit. Allensbach–Bonn: Verlag für Demoskopie.
Jahoda, M./Lazarsfeld, P. F./Zeisel, H. (1975 [1933]): Die Arbeitslosen von Marienthal. Ein soziographischer Versuch über die Wirkungen von langandauernder Arbeitslosigkeit. Frankfurt am Main: Suhrkamp.
Jung, M. (2013): Das „Joch der Methode". Adornos Selbstverständnis als Sozialforscher und sein Beitrag zum Paradigma qualitativer Forschung. Zwei Briefe aus den Anfangstagen des „Princeton Radio Research Project" [64 Absätze]. Forum Qualitative Sozialforschung 14(3), Art. 9. URL: http://nbn-resolving.de/urn:nbn:de:0114-fqs130394 (Abruf 26.10.2016).
Kelle, U. (2007): Die Integration qualitativer und quantitativer Methoden in der empirischen Sozialforschung. Theoretische Grundlagen und methodologische Konzepte. Wiesbaden: VS.
Keller, R. (2006 [2001]): Wissenssoziologische Diskursanalyse. In: ders., Andreas Hierseland, Werner Schneider & Viehöver, Willy (Hrsg.): Handbuch Sozialwissenschaftliche Diskursanalyse. Band I: Theorien und Methoden. Wiesbaden: VS, S. 115–146.
Keller, R. (2012): Das interpretative Paradigma. Wiesbaden: VS.
Keller, R./Knoblauch, H./Reichertz, J. (2012): Kommunikativer Konstruktivismus. Theoretische und empirische Arbeiten zu einem neuen wissenssoziologischen Ansatz. Wiesbaden: VS.

Keller, R./Poferl, A. (2016): Soziologische Wissenskulturen zwischen individualisierter Inspiration und prozeduraler Legitimation. Zur Entwicklung qualitativer und interpretativer Sozialforschung in der deutschen und französischen Soziologie seit den 1960er Jahren [76 Absätze]. Forum Qualitative Sozialforschung 17(1), Art. 14,
   URL: http://nbn-resolving.de/urn:nbn:de:0114-fqs1601145 (Abruf 26.10.2016).
Kink, S. (2017): Queer/Gender Perspektiven auf die Geschichte der Soziologie. In: Moebius, St./ Ploder, A. (Hrsg.): Handbuch Geschichte der deutschsprachigen Soziologie, Bd. 2, Wiesbaden: VS, S. 131–152.
Kjolseth, R./Sack, F. (Hrsg.) (1971): Zur Soziologie der Sprache. Kölner Zeitschrift für Soziologie und Sozialpsychologie 23, Sonderheft 15.
Klingemann, C. (2009): Soziologie und Politik. Sozialwissenschaftliches Expertenwissen im Dritten Reich und in der frühen westdeutschen Nachkriegszeit. Wiesbaden: VS.
Klingemann, Carsten (2014): Die Verweigerung der Analyse des Nationalsozialismus in der westdeutschen Soziologie. Zur Kontinuität empirischer Soziologie vor und nach dem Ende des NS-Regimes. In: Michaela Christ, Maja Suderland (Eds.): Soziologie und Nationalsozialismus. Positionen, Debatten, Perspektiven, Berlin: Suhrkamp, S. 480–510.
Knoblauch, H. (2000): Das *Ende* der *linguistischen Wende*. *Sprache* und *empirische Wissenssoziologie*, in: *Soziologie* 2, S. 16–28.
Knoblauch, H./Hitzler, R./Honer, A./Reichertz, J./Schneider, W. (2001): Neuer Wein in neuen Schläuchen. Zur Umbenennung der Sektion 'Sprachsoziologie' in 'Wissenssoziologie'. Soziologie 1, S. 75–78.
König, R. (1952a): Praktische Sozialforschung. In: ders. (Hrsg.): Praktische Sozialforschung: Das Interview. Formen – Technik – Auswertung. Dortmund/Zürich: Ardey/Regio, S. 15–36.
König, R. (1983): Navajo-Report. Von der Kolonie zur Nation, Berlin: D. Reimer.
König, R. (Hrsg.) (1952): Praktische Sozialforschung: Das Interview. Formen – Technik – Auswertung. Dortmund/Zürich: Ardey/Regio.
König, R. (Hrsg.) (1956): Praktische Sozialforschung II. Beobachtung und Experiment in der Sozialforschung. Dortmund/Zürich: Verlag für Politik und Wirtschaft.
König, R. (Hrsg.) (1958): Das Fischer Lexikon: Soziologie. Frankfurt am Main: Fischer.
König, R. (Hrsg.) (1962): Handbuch der Empirischen Sozialforschung. Stuttgart: Enke.
Kracauer, S. (1952): The Challenge of Qualitative Content Analysis. The Public Opinion Quarterly 16, 4, S. 631–642.
Küchler, M. (1980): Qualitative Sozialforschung: Modetrend oder Neuanfang? Kölner Zeitschrift für Soziologie und Sozialpsychologie 2, 1980, S. 373–386.
Kuckartz, U. (2014): Mixed Methods. Methodologie, Forschungsdesigns und Analyseverfahren. Wiesbaden: VS.
Lautmann, R. (1972): Justiz – die stille Gewalt. Teilnehmende Beobachtung und entscheidungssoziologische Analyse. Frankfurt am Main: Fischer-Athenaeum.
Lazarsfeld, P. F. (1937): Some Remarks on the Typological Procedures in Social Research. Zeitschrift für Sozialforschung 6, S. 119–138.
Lazarsfeld, P. F. (1960): Vorspruch zur neuen Auflage. In: Jahoda, M./Lazarsfeld, P. F./Zeisel, H. (Hg.): Die Arbeitslosen von Marienthal. Ein soziographischer Versuch mit einem Anhang zur Geschichte der Soziographie. Allensbach–Bonn: Verlag für Demoskopie, S. XI–XXVII.
Lazarsfeld, P. F. (2007 [1934]): Prinzipielles zur Soziographie. In: Fleck, Ch./Stehr, N. (Hrsg.) (2007): Paul F. Lazarsfeld. Empirische Analyse des Handelns. Frankfurt am Main: Suhrkamp, S. 264–289.
Lazarsfeld, P. F./Wagner, T. (1958): The Academic Mind. Social Scientists in a Time of Crisis. Glencoe: The Free Press.
Leithäuser, T./Volmerg, B. (1979): Anleitung zur empirischen Hermeneutik. Psychoanalytische Textinterpretation als sozialwissenschaftliches Verfahren. Frankfurt am Main: Suhrkamp.
Levine, D. N. (Hrsg.) (1971): Georg Simmel on Individuality and Social Forms. Chicago: The University of Chicago Press.

Lichtblau, K. (2011): ‚Kausalität' oder ‚Wechselwirkung'? – Simmel, Weber und die ‚verstehende Soziologie'. In: ders. (2011/1993): Die Eigenart der kultur- und sozialwissenschaftlichen Begriffsbildung. Wiesbaden: VS, S. 173–192.

Lindner, R. (2008 [1990]): Die Entdeckung der Stadtkultur. Soziologie aus der Erfahrung der Reportage. Frankfurt/New York: Campus.

Link, F. (2015): Die multiple Epistemologie der Sozialwissenschaften. Anmerkungen zu einer Sitzung über das »Verhältnis von Soziologie und empirischer Sozialforschung« am 1. März 1957. In Endreß, M./Lichtblau, K./Moebius, S. (2015): Zyklos – Jahrbuch für Theorie und Geschichte der Soziologie 2, Wiesbaden: VS, S. 101–130.

Low, J. (2008): Structure, Agency, and Social Reality in Blumerian Symbolic Interactionism: The Influence of Georg Simmel. Symbolic Interaction 31, 3, S. 325–343.

Lüders, Ch./Reichertz, J. (1986): Wissenschaftliche Praxis ist, wenn alles funktioniert und keiner weiß warum – Bemerkungen zur Entwicklung qualitativer Sozialforschung. Sozialwissenschaftliche Literatur Rundschau 12, S. 90–102.

Mangold, Werner (1960): Gegenstand und Methode des Gruppendiskussionsverfahrens. Band 9 der Frankfurter Beiträge zur Soziologie. Frankfurt am Main: Europäische Verlagsanstalt.

Marotzki, W./Niesyto, H. (Hrsg.) (2006): Bildinterpretation und Bildverstehen Methodische Ansätze aus sozialwissenschaftlicher, kunst- und medienpädagogischer Perspektive. Wiesbaden: VS.

Mayring, Philipp (1983/2014). Qualitative Inhaltsanalyse. Grundlagen und Techniken. Weinheim: Beltz.

Merton, R. K./Kendall, P. L. (1946): The Focussed Interview. American Journal of Sociology 51, S. 541–557.

Mey, G. (2016): Qualitative Forschung: Zu einem Über(be)griff und seinen (Ver)Wendungen. Ein Kommentar zu Ronald Hitzler. Zeitschrift für Qualitative Forschung 17(1+2), 185–197.

Meyer, Ch./Meier zu Verl, Ch. (2013): Hermeneutische Praxis. Eine Ethnomethodologische Rekonstruktion Sozialwissenschaftlichen Sinnrekonstruierens. Sozialer Sinn 14, S. 207–234.

Mies, M. (1978): Methodische Postulate zur Frauenforschung: Dargestellt am Beispiel der Gewalt gegen Frauen. In: Beiträge zur feministischen Theorie und Praxis 1 (1), S. 41–63.

Moebius, St. (2015): René König und die "Kölner Schule". Eine soziologiegeschichtliche Annäherung. Wiesbaden: VS.

Mohn, B. E. (2002): Filming Culture. Spielarten des Dokumentierens nach der Repräsentationskrise. Stuttgart: Lucius & Lucius.

Morris, A. (2015): The Scholar Denied. W. E. B. Du Bois and the Birth of Modern Sociology. Oakland: University of California Press.

Nadig, M. (1986): Die verborgene Kultur der Frau. Frankfurt am Main: Fischer.

Neurath, O. (1988): Paul Lazarsfeld und die Institutionalisierung empirischer Sozialforschung: Ausfuhr und Wiedereinfuhr einer Wiener Institution. In: Srubar, I. (Hrsg.) (1988): Exil, Wissenschaft, Identität. Die Emigration deutscher Sozialwissenschaftler 1933-1945. Frankfurt am Main: Suhrkamp, S. 67–105.

Oevermann, U./Allert, T./Konau, E./Krambeck, J. (1979). Die Methodologie einer "objektiven Hermeneutik" und ihre allgemeine forschungslogische Bedeutung in den Sozialwissenschaften. In: Hans-Georg Soeffner (Hrsg.): Interpretative Verfahren in den Sozial- und Textwissenschaften. Stuttgart: Metzler, S. 352–434.

Parin, P./Morgenthaler, F./Parin-Matthéy, G. (1963): Die Weißen denken zuviel: Psychoanalytische Untersuchungen bei den Dogon in Westafrika. Zürich: Atlantis.

Park, R. E./Burgess, E. W. (1921): *Introduction to the Science of Sociology*. Chicago: University of Chicago Press.

Platt, J. (1985): Weber's Verstehen and the History of Qualitative Research: The Missing Link. The British Journal of Sociology, Vol. 36, No. 3, S. 448–466.

Ploder, A. (2014): Qualitative Forschung als strenge Wissenschaft? Zur Rezeption der Phänomenologie Husserls in der Methodenliteratur. Konstanz: UVK.

Ploder, A. (2017): Geschichte Qualitativer und Interpretativer Forschung in der deutschsprachigen Soziologie nach 1945. In: Moebius, St./Ploder, A. (Hrsg.): Handbuch Geschichte der deutschsprachigen Soziologie, Bd. 1, Wiesbaden: VS, S. 735–760.

Pollock, F. (Hrsg.) (1955): Das Gruppenexperiment. Ein Studienbericht. Frankfurter Beiträge zur Soziologie Bd. 2, Frankfurt am Main: Europäische Verlagsanstalt.

Popitz, H. (1985): Das Gesellschaftsbild des Arbeiters. Ein Vortrag zur Entstehung dieser Studie. Zeitschrift für Soziologie 14, 2, S. 152–155.

Popitz, H./Bahrdt, H. P./Jüres, E. A./Kesting, H. (*1957a*): Das Gesellschaftsbild des Arbeiters. Soziologische Untersuchungen in der Hüttenindustrie. Tübingen: Mohr.

Popitz, H./Bahrdt, H. P./Jüres, E. A./Kesting, H. (*1957b*): Technik und Industriearbeit. Soziologische Untersuchungen in der Hüttenindustrie. Tübingen: Mohr.

Popitz, H./Göttlich, A./Dreher, J. (2015): Heinrich Popitz: Gesellschaftliche Strukturen der Sozialisation. In Moebius, S./Endreß, M. (Hrsg.) (2005): Zyklos 1: Jahrbuch für Theorie und Geschichte der Soziologie / Martin Endreß et al. (Hrsg.). – Wiesbaden: VS, S. 431–448.

Reichertz, J. (2013): Gemeinsam interpretieren. Die Gruppeninterpretation als kommunikativer Prozess. Wiesbaden: VS.

Reichertz, J. (2016): Qualitative und Interpretative Forschung. Eine Einladung. Wiesbaden: VS.

Reichmayr, J. (2003 [1995]): Ethnopsychoanalyse. Geschichte, Konzepte, Anwendungen. Gießen: Psychosozial-Verlag.

Richardson, A./Snell Dohrenwend, B./Klein, D. (1965): Interviewing. Its Forms and Functions. New York: Basic Books.

Rickert, H. (1899): Kulturwissenschaft und Naturwissenschaft, Freiburg im Breisgau u. a.: J.C.B. Mohr.

Riemann, Gerhard (1987): Das Fremdwerden der eigenen Biographie. Narrative Interviews mit psychiatrischen Patienten. München: Wilhelm Fink Verlag.

Rosenthal, G. (1987): „Wenn alles in Scherben fällt…" Von Leben und Sinnwelt der Kriegsgeneration. Opladen: Leske + Budrich.

Rosenthal, G. (1995): Erlebte und erzählte Lebensgeschichte. Gestalt und Struktur biographischer Selbstbeschreibungen. Frankfurt am Main: Campus.

Rosenthal, G. (2008 [2005]): Interpretative Sozialforschung. Eine Einführung. Weinheim/ München: Juventa.

Sack, F. (2010): Wie wurde ich Soziologe? In: Jungbauer-Gans, M./Gross, Ch. (Hrsg.) (2010): Soziologische Karrieren in autobiographischer Analyse. Wiesbaden: VS, S. 21–51.

Sack, F./König, R. (1968): Kriminalsoziologie. Frankfurt am Main: Akademische Verlagsgesellschaft.

Scheu, J. (2015): Wider den homme moyen. Zur Soziologie des Einzelfalls. In Berg, G./Török, Z./ Twellmann, M. (Hrsg.) (2015): Berechnen/Beschreiben. Praktiken statistischen (Nicht-)Wissens, 1750-1850, Berlin: Duncker & Humblot, S. 193–-211.

Schnell, R./Hill, P. B./Esser, E. (1998): Methoden der empirischen Sozialforschung. München/Wien: Oldenbourg.

Schütz, A./Luckmann, T. (1979): Strukturen der Lebenswelt. Band 1. Frankfurt am Main: Suhrkamp.

Schütze, F. (1975a): Sprache soziologisch gesehen. Bd. 1, Strategien sprachbezogenen Denkens innerhalb und im Umkreis der Soziologie. München: Fink.

Schütze, F. (1975b): Sprache soziologisch gesehen. Bd. 2, Sprache als Indikator für egalitäre und nicht-egalitäre Sozialbeziehungen. München: Fink.

Schütze, F. (1977): Die Technik des narrativen Interviews in Interaktionsfeldstudien. Arbeitsberichte und Forschungsmaterialien Nr. 1 der Universität Bielefeld, Fakultät für Soziologie.

Schütze, F./Kaźmierska, K. (2014): An Interview with Professor Fritz Schütze: Biography and Contribution to Interpretative Sociology. Qualitative Sociology Review X (1), S. 284–359.

Simmel, G. (1896): Superiority and Subordination as Subject-Matter of Sociology. *American Journal of Sociology* 2, 2, S. 167–189.

Simmel, G. (1898): The Persistence of Social Groups. *American Journal of Sociology* 3, 5, S. 662–698.

Simmel, G. (1904): The Sociology of Conflict I. *American Journal of Sociology* 9, 4, S. 490–525.

Simmel, G. (1905/1892): Die Probleme der Geschichtsphilosophie. Eine erkenntnistheoretische Studie. Leipzig: Duncker & Humblot.

Simmel, G. (1908): Soziologie. Untersuchungen über die Formen der Vergesellschaftung. Berlin: Duncker & Humblot.
Simmel, G. (1909): The Problem of Sociology. American Journal of Sociology 15, 3, S. 289–320.
Simmel, G. (1918): Vom Wesen des historischen Verstehens. Berlin: Mittler und Sohn.
Soeffner, H.-G. (Hrsg.) (1979): Interpretative Verfahren in den Sozial- und Textwissenschaften. Stuttgart: Metzler.
Soeffner, H.-G. (Hrsg.) (1979a): Vorwort. In: ders. (Hrsg.): Interpretative Verfahren in den Sozial- und Textwissenschaften. Stuttgart: Metzler, S. 1–9.
Steinmetz, G. (2007): "American Sociology before and after World War Two: The (Temporary) Settling of a Disciplinary Field." In Craig Calhoun (Hrsg.) (2007): Sociology in America. The ASA Centennial History. Chicago: University of Chicago Press, S. 314–366.
Thomas, W. I./Thomas, D. S. (1928): The Child in America. Behavior Problems and Programs. New York: A. A. Knopf.
Thomas, W. I./Znaniecki, F. (1958 [1918-20]): The Polish Peasant in Europe and America. New York: Dover.
Thoms, U. (2017): Geschichte des Max Planck Instituts für Bildungsforschung in Berlin. In: Moebius, St./Ploder, A. (Hrsg.): Handbuch Geschichte der deutschsprachigen Soziologie, Bd. 1, Wiesbaden: VS, S. 1009–1024.
Tuma, R./Knoblauch, H./Schnettler, B. (2013): Videographie. Einführung in die interpretative Videoanalyse sozialer Situationen. Wiesbaden: VS.
Tuma, R./Wilke, R. (2017): Zur Rezeption des Sozialkonstruktivismus in der deutschsprachigen Soziologie. In: Moebius, St./Ploder, A. (Hrsg.): Handbuch Geschichte der deutschsprachigen Soziologie, Bd. 1, Wiesbaden: VS, S. 589–617.
von Unger, H. (2014): Partizipative Forschung. Einführung in die Forschungspraxis. Wiesbaden: VS.
Weber, M. (1930): The Protestant ethic and the spirit of capitalism. London: George Allen & Unwin Ltd.
Weber, M. (1968 [1913]): Über einige Kategorien der verstehenden Soziologie. In: ders.: Gesammelte Aufsätze zur Wissenschaftslehre. Herausgegeben von Johannes Winckelmann, Tübingen: J.C.B. Mohr (Paul Siebeck), S. 427–474.
Weber, M. (1980 [1921]): Wirtschaft und Gesellschaft. Tübingen: J.C.B. Mohr (Paul Siebeck).
Weber, M. (2006 [1904]): Die ‚Objektivität' sozialwissenschaftlicher und sozialpolitischer Erkenntnis. In ders.: Politik und Gesellschaft. Frankfurt am Main: Zweitausendeins, S. 719–772.
Weingarten, E./Sack, F./Schenkein, J. (1976) (Hrsg.): Ethnomethodologie. Beiträge zu einer Soziologie des Alltagshandelns. Frankfurt am Main: Suhrkamp.
Weischer, C. (2004): Das Unternehmen ‚Empirische Sozialforschung'. Strukturen, Praktiken und Leitbilder der Sozialforschung in der Bundesrepublik Deutschland. München: Oldenbourg.
Wernet, A. (2000): Einführung in die Interpretationspraxis der Objektiven Hermeneutik. Wiesbaden: VS.
Wilson, T. P. (1973 [1970]): Theorien der Interaktion und Modelle soziologischer Erklärung. In Arbeitsgruppe Bielefelder Soziologen (Hrsg.): Alltagswissen, Interaktion und gesellschaftliche Wirklichkeit. Band 1: Symbolischer Interaktionismus und Ethnomethodologie. Reinbek bei Hamburg: Rowohlt, S. 54–79.
Wilson, T. P. (1982): Qualitative ‚oder' Quantitative Methoden in der Sozialforschung. Kölner Zeitschrift für Soziologie und Sozialpsychologie 34, S. 487–508.
Witt, Harald (2004). Von der kommerziellen Marktforschung zur akademischen Lehre – eine ungewöhnliche Karriere. Gerhard Kleining im Interview mit Harald Witt [248 Absätze]. Forum Qualitative Sozialforschung 5(3), Art. 40, http://nbn-resolving.de/urn:nbn:de:0114-fqs0403 404 (Abruf 26.10.2016).
Witzel, A. (1982): *Verfahren der qualitativen Sozialforschung. Überblick und Alternativen*. Frankfurt am Main: Campus Verlag.
Witzel, A./Reiter, H. (2012): *The Problem-Centred Interview*. Los Angeles/London/New Delhi: Sage.
Wright II, Earl (2016): The First American School of Sociology: W. E. B. Du Bois and the Atlanta Sociological Laboratory. Ashgate.
Zelditch, M. (1962): Some Methodological Problems of Field Studies. American Journal of Sociology 67, S. 566–576.

1.2
Interpretieren in Interpretationsgruppen
Versprechungen, Formen, Bedingungen, Probleme

Jo Reichertz

1 Einleitung

Gruppeninterpretationen gehören in der deutschen qualitativen Sozialforschung seit Jahrzehnten zum Alltag der Forschung – ohne dass allerdings kaum etwas Wesentliches über den Alltag der Gruppeninterpretationen bekannt ist. Der vorliegende Beitrag möchte daher einen Einblick in die (deutschsprachige) Praxis des gemeinsamen Interpretierens geben, verschiedene Ansätze benennen und erläutern, das konkrete Vorgehen beschreiben sowie die Besonderheiten und Probleme der kollaborativen Konstruktion von wissenschaftlichem Wissen in Interpretationsgruppen herausarbeiten. Auch und gerade Gruppeninterpretationen sind nämlich kommunikative Konstruktionen von Wirklichkeit (Keller/Knoblauch/Reichertz 2012; Reichertz/Tuma 2017; Knoblauch 2017). Das macht sie nicht unantastbar, sondern das Gegenteil ist der Fall: Wissenschaftliches Arbeiten muss sich immer für alle auslegen (sichtbar machen), damit es auch von den Leserinnen und Lesern ausgelegt (interpretiert) werden kann und diese seine Plausibilität einschätzen können. Bevor dies alles geleistet werden kann, möchte ich vorab erörtern, was die Besonderheiten wissenschaftlichen Interpretieren sind. Vor diesem Hintergrund kann dann bestimmt werden, was die Besonderheiten des Interpretierens in Gruppen sind.

2 Was heißt es eigentlich, Daten zu interpretieren?

2.1 Was ist Interpretation?

Ausgangspunkt der interpretativen Forschung ist die Beobachtung, dass Daten nicht für sich stehen und von den Interpretierenden einfach nur *gelesen* werden müssten, sondern vielmehr ausgelegt werden müssen. Diese Auslegung ist immer eine Art Übersetzung: Die Daten sagen nichts, sie können auch nicht zum Sprechen gebracht werden.

Mit ‚*Interpretieren*' ist der mentale Prozess dieser Übersetzung von Sinn gemeint (zu den Übersetzungsverhältnissen siehe Renn 2006, S. 283 ff. und 455 ff.): Ein im Datenmaterial materialisierter (subjektiver oder objektiver) Sinn wird mittels einer kognitiven Leistung in eine andere Sprache, die meist theoretisch begründet ist, übersetzt. Diese ‚Übersetzung' ergibt sich (wie oben bereits gesagt) nicht von selbst, sondern sie erfordert

a) einen gedanklichen *Sprung* (insbesondere wenn es um neue Deutungen geht) und
b) den *Mut*, die ‚Übersetzung' auszusprechen sowie
c) die Übersetzungsleistung und somit auch sich selbst der Rechtfertigungspflicht auszusetzen. Wer interpretiert, der muss sich rechtfertigen.

‚Interpretieren' heißt zu sagen, dass unter einem bestimmten Blickwinkel X auch ein Fall von U ist. Da es unterschiedliche Abstraktionsstufen gibt, kann eine Deutung mehr oder weniger ‚tief' sein – sie reichen von der ‚vorsichtigen', auf Augenhöhe der gedeuteten Subjekte bleibenden Paraphrase des Geäußerten, bis hin zu der ‚mutigen' Rekonstruktion der Strukturen, die das Handeln der Subjekte steuern und den Subjekten nicht oder doch nur sehr schwer zugänglich sind.

Auch wenn sich Interpretationen manchmal scheinbar spontan einstellen, sind Interpretationen immer das Ergebnis eines komplexen kognitiven, instrumentellen und (indirekten oder direkten) *kommunikativen Prozesses*, bei dem die Interpret/innen aktiv (alleine und gemeinsam) handeln und (alleine und gemeinsam) eine deutende Konstruktion der Wirklichkeit erzeugen. *Indirekt* ist dieser kommunikative Konstruktionsprozess dann, wenn man alleine interpretiert, aber immer wieder über die Interpretation mit anderen (Kolleg/innen) spricht, direkt ist dieser kommunikative Konstruktionsprozess dann, wenn man gemeinsam interpretiert – wenn man also in einer *Interpretationsgruppe* oder einer *Forschungswerkstatt* mitarbeitet.

Im Zuge des Interpretationsprozesses werden dabei verschiedene mentale Operationen durchgeführt, die auf vielfältige Weise miteinander gekoppelt sind, aus denen Interpretationen erwachsen: Zu diesen mentalen Operationen gehören Akte des Abstrahierens – d. h. der Betrachtung eines Datums unter einer meist (theoretischen) Perspektive, der Lösung des Datums aus dem konkreten Kontext sowie der Übertragung auf andere theoretische Kontexte: solche des Typisierens, des Kontrastierens, des Die-Dinge-in-einem-anderen-Licht-Sehens, des Die-Dinge-unter-einer-anderen-Perspektive-Sehens, des Zusammenfassens, des Verdichtens und des Erfindens.

Diese mehr oder weniger bewussten mentalen und willentlich herbeigeführten Akte werden durch *praktische Handlungen der Interpret/innen* vorbereitet und unterstützt. Zu diesen Praktiken gehört einerseits die Technik, die

Daten auf einem Datenträger (z. B. Papier) nach einem bestimmten System zu fixieren und später in einer bestimmten Betonung (laut oder leise) lesend wieder ‚aufzuführen' und damit ‚lebendig' zu machen (Meyer/Meier zu Verl 2013). Zu diesen praktischen Handlungen gehört aber auch, bestimmte, in den Daten erzählte Handlungen in der Interpretationssituation erneut (für sich oder andere) aufzuführen und so deren Bedeutung am eigenen Leibe zu erleben oder aber in den Daten erzählte kommunikative Handlungen in der Interpretationssituation erneut aufzuführen und deren Bedeutung auf andere zu beobachten.

2.2 Varianten der Interpretation und des Interpretationsprozesses

2.2.1 Induktion und Abduktion

Es lassen sich bei der Interpretation (hinsichtlich der logischen Form der gedanklichen Operation) *zwei Fallgruppen* unterscheiden (Reichertz 2013b):

- *Qualitative Induktion:* Das zu interpretierende X ist ein Unterfall eines bereits bekannten U.
- *Abduktion:* Das zu interpretierende X ist überhaupt kein Fall von einem bekannten U, sondern man muss erst eine neue Fallgruppe, nämlich Z annehmen, also (er)schaffen.

Um den Unterschied zwischen diesen beiden Denkformen weiter zu verdeutlichen, möchte ich ein Beispiel heranziehen, anhand dessen der Unterschied sehr gut sichtbar wird. Betrachten Sie bitte die untenstehende Zeichnung und versuchen Sie zu bestimmen, um was es sich handelt.

© Antoine de Saint-Exupéry 1956

Die Sache ist nun nicht so einfach wie sie auf den ersten Blick aussieht. Die meisten Betrachter/innen der Zeichnung werden wohl zum Ergebnis kommen, dass es sich hier um die Darstellung eines ganz normalen Hutes handelt. Manche werden vielleicht auch meinen, dass eine Insel abgebildet ist. Beide Schlüsse sind recht wahrscheinlich und es könnte in der Tat so sein. Und niemand könnte jemanden für verrückt halten, würde er sagen, die Zeichnung würde einen Hut oder eine Insel darstellen.

Beide Schlüsse haben die Form einer qualitativen Induktion. Sie als Betrachter/in haben sich nämlich die Merkmale des Dargestellten angesehen und Typisches (Die Hut- oder Inselform) vom Nicht-Typischen (ungleichmäßige Wellungen, Farbe) getrennt. Dann haben Sie in Ihrem Wissensbestand nach etwas gesucht, das ähnliche typische Merkmale aufweist wie das Dargestellte. Wahrscheinlich ohne lange überlegen zu müssen, haben Sie am meisten Ähnlichkeiten zu den typischen Merkmalen eines Hutes oder einer Insel gefunden und deshalb haben Sie die Darstellung für die Darstellung eines Hutes bzw. einer Insel gehalten.

Nun wird es unter Ihnen welche geben, die in ihrer Kindheit oder der Kindheit ihrer Kinder den *Kleinen Prinz* von Antoine de Saint-Exupéry gelesen haben. Dort wird von einem kleinen Prinzen erzählt, der den Erwachsenen, die ihm begegneten und die den Eindruck machten, helle zu sein, die o.a. Zeichnung vorlegte. Wenn sie antworteten, sie sähen einen Hut, wusste er, dass der Erwachsene nicht wirklich helle war. Denn die Zeichnung stellt nach Auskunft des kleinen Prinzen eine Riesenschlange dar, die unzerkaut einen ganzen Elefanten verschluckt hat (siehe die Zeichnung am Ende des Kapitels).

Wenn Sie nun als Betrachter/in der Zeichnung sich an die Zeichnung im *Kleinen Prinz* erinnern und sie wiedererkannt haben, und wenn Sie deshalb sagen: „Das ist doch klar: Die Zeichnung zeigt eine Schlange, die einen Elefanten unzerkaut gefressen hat.", dann haben Sie ebenfalls eine *qualitative Induktion* vollzogen. Denn Sie haben als Betrachter/in sich die Merkmale des Dargestellten angesehen und Typisches vom Nicht-Typischen getrennt. Dann haben Sie in Ihrem Wissensbestand nach etwas gesucht, das ähnliche typische Merkmale aufweist wie das Dargestellte. Und Sie sind auf die Zeichnung im *Kleinen Prinz* gestoßen und ‚wussten' jetzt, dass es sich um die Abbildung einer Schlange handelt.

© Antoine de Saint-Exupéry 1956

Nur wenn Sie *ohne* Kenntnis des Buches von Antoine de Saint-Exupéry auf die Idee gekommen sein sollten, dass es sich um die Abbildung eines von einer Schlange verschluckten Elefanten handelt, dann hat Sie ein abduktiver Blitz getroffen. Dazu hätten Sie allerdings ihr festes Wissen um die Beschaffenheit der Welt aussetzen müssen, so z. B. das Wissen, dass Schlangen immer kleiner sind als Elefanten. Und Sie hätten eine neue Regel aufstellen müssen, nämlich die, dass es auf der Erde riesige Schlangen gibt, die in der Lage sind, Elefanten unzerkaut zu verschlucken. Das wäre eine neue Idee gewesen – somit eine Abduktion.

2.2.2 Entdeckung und Rechtfertigung von Interpretationen

Quer zu den logischen Operationen sind beim *Prozess des Interpretierens* zwei Teilprozesse und Handlungskomplexe auseinanderzuhalten, die aber meist miteinander verwoben sind und nur analytisch voneinander getrennt werden können:

- *Entdeckung von Interpretationen:* Praktiken, die dazu führen, dass eine Interpretation ihre Gestalt annimmt, dass also der Sinn oder die Bedeutung von Daten für die Interpret/innen begrifflich fassbar wird.
- *Rechtfertigung von Interpretationen:* Praktiken, die dazu führen, dass die Interpretation von den Interpret/innen für vertretbar, für wahrscheinlich oder gültig angesehen wird.

Interpretationen wachsen folglich nicht von selbst aus den Daten heraus, Interpretationen emergieren nicht und Interpretationen kann man nicht induktiv aus den Daten schlussfolgern – so wie das noch in der frühen Fassung der Grounded Theory (Glaser/Strauss 1967) angenommen wurde. Dies gilt zumindest dann, wenn unter ‚Interpretieren' das Finden von Mustern (Sinnfiguren oder Strukturen), das Entwickeln von Konzepten (Verknüpfung von Mustern zu einem größeren Sinnzusammenhang) oder das Entdecken von Theorien (Verknüpfung von Konzepten zu einem größeren Sinnzusammenhang) verstanden wird. Denn die zu interpretierenden Daten sind prinzipiell stumm, sie tun nichts, sie sprechen also auch nicht zu uns und die Daten können nicht, durch welche Taktiken auch immer, von uns zum Sprechen gebracht werden.

Das gilt auch für das (manuelle oder computergestützte) *Kodieren* von Daten (ausführlich Kuckartz in diesem Band): Das Kodieren von Daten führt nämlich gerade nicht dazu, dass Muster, Konzepte oder Theorien entstehen, sondern Kodieren führt nur dazu, dass bestimmte Textstellen bestimmten Kodes zugeordnet werden, und wenn man es datensensibel betreibt, führt es dazu, dass der Kodebaum immer verzweigter wird. Die Konzepte oder Theorien muss man als Interpret/in aber selbst erstellen, das nimmt einem keine Software ab: Natürlich ist auch das Zuordnen von Textstellen zu Kodes eine sinnhafte Deutung. Auch deshalb sind Computerprogramme nicht in der Lage, solche Zuordnungen eigenständig vorzunehmen, sondern sie halten nur die Zuordnungen der Interpret/innen fest und machen sie verfügbar. Deshalb ist es falsch zu sagen, Daten könnten mit Hilfe von Atlas.ti oder MAXQDA oder ähnlichen Programmen analysiert werden. Solche Programme helfen nur bei der Aufbereitung und Verfügbarkeit der Daten – was gerade dann, wenn man viele Daten zu interpretieren hat, sehr nützlich ist (vgl. Kuckartz 2016). Kodieren führt also nicht zu Interpretationen, aber Kodieren ist eine Praktik, die hilfreich ist, zusammen mit anderen Praktiken Interpretationen zustande zu bringen.

Interpretationen sind also immer Versuche, aus wissenschaftlicher Sicht Sinn(re)konstruktionen vorzunehmen, die von den Daten ausgehen, diese transformieren und mit ihnen plausibel begründet werden können. Jeder Interpretation geht ein ‚aktiver Sprung' voraus, der von den Interpret/innen erbracht werden muss. Allerdings variiert der Aktivitätsgrad mit den jeweiligen Verfahren der Interpretation: Bei Paraphrasen ist der Sprung eher gering, bei Inhaltsanalysen (vgl. Kuckartz in diesem Band) schon größer und bei hermeneutischen Interpretationen (vgl. Maibaum und Herbrik in diesem Band) eher sehr groß.

Dabei gilt immer: Hermeneutisches Interpretieren (Herbrik in diesem Band), aber auch jede andere wissenschaftliche Konstruktion, geht – so sie denn empirisch arbeitet – von der Prämisse aus, dass Interpretation und Konstruktionen in gewisser Weise und unter einem bestimmten Gesichtspunkt die untersuchte Wirklichkeit, wenn auch reduziert, repräsentieren. Interpretationen sind also keine Erzählungen (im literaturwissenschaftlichen Sinne). Es handelt sich bei einer Interpretation also nicht um eine fiktionale Erzählung unter vielen anderen Erzählungen, sondern sie sind wesentlich mit der Wirklichkeit verbunden und sagen über diese etwas Wesentliches aus. Nur so rechtfertigt sich der Aufwand für die methodisch reflektierte Datenerhebung und die aufwändige Dateninterpretation (vgl. auch Eberle 2000, S. 252).

2.2.3 Alltags-, wissenschaftliche und sozialwissenschaftliche Interpretation

Die geistige Operation ‚Interpretieren' findet sich überall, wo Menschen zusammenleben und ihr Handeln mit Hilfe von Handlungen und Symbolen koordinieren. Meist interpretiert man *im Alltag* ohne viel zu überlegen und ‚naturwüchsig'. Man verfügt über keine Interpretationstheorie, sondern tut das, was man tut, weil man es schon immer so getan hat.

Die Besonderheit des *wissenschaftlichen* Interpretierens besteht darin, dass man sich im Laufe der letzten Jahrhunderte innerhalb der Geistes- und Sozialwissenschaften Gedanken darüber gemacht hat, weshalb man was wie interpretieren darf (Schütz 1932/2004; Soeffner 2004).

Die so entstandenen, teils sehr differenziert argumentierenden Methodologien haben zu *verschiedenen Techniken und Kunstlehren des Interpretierens* geführt (vgl. Gadamer 1975; Schütz 1932/2004; Strauss 1994; Oevermann et al. 1979; Riemann/Schütze 1987; Lorenzer 1986; Bohnsack 2014; Soeffner 2004; Hitzler/Reichertz/Schröer 1999).

In den Sozialwissenschaften – und das ist für sie kennzeichnend – gibt es entsprechend nicht die eine Übersetzung bzw. Interpretation; schon gar nicht die eine richtige Interpretation von Daten, also von Texten, stehenden und laufenden Bildern sowie Artefakten (also Stühlen, Computersoftware, Brücken oder Parks etc.).

Denn *Interpretationen hängen immer ab*

a) von den Theorien, auf die sich Interpret/innen beziehen,
b) von den Methoden, die sie verwenden,
c) von den Daten, über die sie verfügen und
d) von der Fragestellung, der nachgegangen wird.

Weil das so ist, lassen sich sehr viele Interpretationen, vielleicht sogar beliebig viele Interpretationen erzeugen. Aber es lassen sich in der Regel nur sehr wenige Interpretationen derselben Daten erzeugen, die sich mit *guten Gründen* vertreten lassen. Es gibt sie also, die ‚guten' und ‚nicht-guten' Interpretationen; es gilt: nicht jede Interpretation ist gleich gut. Und: Interpretationen sind gerade nicht beliebig – auch wenn es im Belieben der Interpret/innen steht, welchen Theorien, Methoden und Daten sie sich unter welcher Fragestellung verpflichten.

Sozialwissenschaftlich erhobene Daten zu interpretieren, ist in gewisser Hinsicht mit der Interpretation von Elefanten zu vergleichen. Man kann Elefanten (wie alle anderen Dinge auch) nämlich aus verschiedenen Perspektiven betrachten und deuten, z. B. aus biologischer Sicht, aber auch aus neurologischer, genetischer, physikalischer, kommunikationswissenschaftlicher und nachhaltiger und vielen anderen Sichten. Je nach Perspektive (also Fragestellung), theoretischen Vorlieben und verwendeten Methoden und Daten wird man Unterschiedliches über Elefanten sagen und schreiben können. Die empirisch gesättigte Behauptung ist jedoch, dass Physiker/innen, dass Neurolog/innen, dass Soziobiolog/innen, welche den Elefanten fokussieren und sich derselben Theorien, Methoden und Daten bedienen, im Wesentlichen in ihren Deutungen des Elefanten miteinander übereinstimmen.

Die beobachtbare Vielfalt der Interpretationen ergibt sich also nicht oder nur zu geringem Maße aus der Vielfalt der interpretierenden Forscher*subjekte*, sondern aus der Vielzahl der Fragestellungen, Theorien, Methoden und Daten (vgl. auch Lindemann/Barth/Tübel in diesem Band). Unterschiedliche Interpretationen desselben Phänomens dementieren sich in der Regel nicht gegenseitig, sondern im Gegenteil: sie ergänzen einander. Wer den Elefanten aus unterschiedlichen Perspektiven, Theorien und Daten betrachtet, sieht zwar jeweils etwas anderes, aber zusammengenommen sieht man mit der Synopse der Interpretationen, also der Kenntnisnahme aller Deutungen, mehr. Und wer mehr sieht, hat mehr recht (Soeffner 2018). Synopsen von Interpretationen nennt man im Übrigen in der Sozialwissenschaft ‚Triangulation' oder ‚Herstellung von Perspektivenvielfalt'.

Interpretationen sind, wenn sie im Rahmen von Wissenschaft erfolgen, also gerade nicht subjektiv und damit beliebig. Dies deshalb, weil wissenschaftliche Interpretationen die forschenden Subjekte sozialisieren, indem sie über die Fragestellung, die Theorien, die Methoden und die Daten das Interpretieren in bestimmte, für die Wissenschaften typische und gemeinsame Bahnen lenken und auch dort halten. Interpretationen in den Sozialwissenschaften sind also nicht das Ergebnis eines Geniestreiches Einzelner (obwohl es solche geben kann und immer wieder gegeben hat), sondern das Ergebnis kollektiver Arbeit an der Frage, wie sich Daten (gültig) interpretieren lassen.

2.3 Voraussetzungen und Folgen der Interpretation

Interpretieren zu können, bedeutet, aufgrund der Kenntnis der Regeln der Bedeutungs-Produktion die Bedeutung von Daten reproduzieren zu können. Interpretationen ruhen daher auf bestimmten Voraussetzungen auf und sind auf dieser Basis immer das Ergebnis von mentalen Prozessen und aktiven instrumentellen, praktischen wie kommunikativen Handlungen, die untrennbar miteinander verwobenen sind.

Grundlegende Voraussetzung für jede Art der Interpretation ist, dass die Interpret/innen die jeweilige *Bedeutungskultur* kennen, in der die Daten produziert wurden – also die jeweilige *Sprache*, deren Grammatik, deren Semantik und deren Pragmatik kompetent *beherrschen*. Zudem müssen die Interpretierenden über sehr viel Wissen über die Welt und die jeweiligen sozialen Verhältnisse in ihr und über die situativen Bedeutungen kommunikativer Handlungen verfügen. Je umfassender und differenzierter das vorhandene Wissen ist, desto reichhaltiger, also differenzierter, also besser sind die Interpretationen.

Das gilt auch für die Interpretation *interkultureller* Daten, also Daten die von Wissenschaftler/innen zu Forschungszwecken in interkultureller Kommunikation (Feldforschung, Interview) erhoben wurden: Die Interpretation von interkulturellen Daten unterscheidet sich nämlich *nicht grundsätzlich*, sondern nur *graduell* von der Interpretation intrakultureller Daten. Allerdings ist es sinnvoll, bei der Interpretation interkultureller Daten kulturvertraute Ko-Interpreten miteinzubeziehen (Schröer 2013).

Die Prämisse jeder interpretativen Sozialforschung ist, dass *grundsätzlich* alle sozialisierten Mitglieder einer Sprach- und Interaktionsgemeinschaft über das Vermögen der Interpretation in gleicher Weise verfügen. Die Prämisse gilt jedoch nur grundsätzlich. Empirisch ist dagegen unstrittig, dass sich sehr wohl Unterschiede bei der Verteilung von Interpretationskompetenz beobachten lassen (weshalb sie auch in Kursen geschult wird).

Die Beziehung zwischen Interpretation und Interpretierendem ist dabei nicht einseitig: Jedes Datum fordert die Interpretierenden heraus, die eigene Deutungskompetenz bewusst zu aktivieren und somit auch zu üben, zu verfeinern und somit zu verbessern. Jede Deutung hinterlässt Spuren – auch bei der Fähigkeit der Interpretierenden, Daten auszulegen. Oder anders: Nicht allein die Interpretierenden machen etwas mit den Daten, sondern die Daten machen etwas mit den Interpretierenden. Wer einmal Daten exzessiv interpretiert hat, interpretiert danach nicht nur reichhaltiger, sondern er sieht die Welt auch anders.

3   Interpretationsgruppen als Maßnahme der Qualitätsverbesserung von Verstehenspraktiken

Das Verstehen des Sinns und der Bedeutung von Interaktionen (Pfadenhauer, in diesem Band), Kommunikationen (Maiwald, Rebstein/Schnettler, Tuma/Knoblauch, Keppler/Peltzer, Traue/Blanc, alle in diesem Band), Praktiken (Meyer in diesem Band) und Artefakten bzw. Dingen (Lueger/Froschauer, Keppler/Peltzer, Reichert und Traue/Blanc in diesem Band), also die ‚interessierte kommunikative Konstruktion' von Sinn und Bedeutung, ist grundsätzlich für jede Art von (Sozial-)Forschung sowohl konstitutiv als auch problematisch. Dies gilt allerdings insbesondere für die qualitative Sozialforschung und hier noch einmal mehr für all die Praktiken des Verstehens von Sinn, welche sich explizit auf eine wie auch immer geartete Hermeneutik (Herbrik in diesem Band) berufen. Dies vor allem, weil jeder Verstehensarbeit die jeweils eigene historische wie soziale Bedingtheit vorgehalten und somit deren Validität in Frage gestellt werden kann. Das Validitätsproblem (Flick in diesem Band) ist deshalb für jede Verstehenspraxis konstitutiv, weshalb in den letzten Jahrzehnten auf verschiedene Weise versucht worden ist, diesem Problem mit einer Reihe, teils recht unterschiedlicher Maßnahmen zur Qualitätsverbesserung und Qualitätssicherung zu begegnen.

Ein ganz wesentliches Mittel der Qualitätssicherung ist die allgemein zu beobachtende Kanonisierung der unterschiedlichen Praktiken des Verstehens (Reichertz 2017).

Ein ganz wesentliches Mittel der Qualitätsverbesserung ist die weit verbreitete Praxis, das Verstehen von Sinn nicht einzelnen Interpret/innen zu überantworten, sondern deren ‚Beschränktheiten' durch die Hinzuziehung weiterer Interpret/innen aufzubrechen, um so auch eine ‚*multiperspektivische Interpretation*' der Daten zu ermöglichen (Schröer et al. 2012). Gemeint ist damit, dass mehrere ausgebildete Wissenschaftler/innen gemeinsam das Material miteinander (in einem Kampf um die beste Lesart) interpretieren und ihre Ergebnisse immer wieder einer wissenschaftlichen Kritik aussetzen. Dabei geht es darum, das Interpretationswissen und die Interpretationskompetenz der an der Gruppe beteiligten Interpret/innen durch die Verschränkung ihrer jeweiligen Perspektive zu weiten.

Diese Praxis, nämlich Daten in einer Interpretationsgruppe bzw. Forschungswerkstatt zu interpretieren, ist in Deutschland mittlerweile eine weit verbreitete, wenn auch noch relativ junge Praktik innerhalb der qualitativen Sozialforschung. Das *Ziel dieser Interpretationsgruppen* ist es, über den Weg der intensiven Auslegung von Daten ‚belastbares' Wissen über das Handeln und die alltäglichen Praktiken von Menschen, über deren Werte, Normen und Kultur, über deren Typisierungen und den Prozess des Typisierens, über deren spezifische Typen, Regeln und Gesetze, kurz: über deren kommunikative Konstruktion der sozialen Welt zu generieren. Insofern sind Interpretationsgruppen erst einmal spezifische *Medien* oder *soziale Techniken* der Wissensgenerierung oder genauer: der kommunikativen Generierung sozialwissenschaftlichen Wissens über die soziale Welt, also der kommunikativen Konstruktion von Wirklichkeit (Luckmann 2002; Keller/Knoblauch/Reichertz 2012; Knoblauch 1995; Knoblauch 2017; Reichertz/Tuma 2017).

Darüber hinaus sollen die Gruppeninterpretationen ‚mehr Qualität' aufweisen. Unter diesem ‚Mehr an Qualität' wird (je nach wissenschaftstheoretischer Ausrichtung) ‚kreativer', ‚vielfältiger' und auch ‚valider' verstanden. Immer jedoch soll man mit Gruppen ‚mehr sehen' können als alleine oder wie Rolf Haubl (2013; S. 16) formuliert:

„Die Besprechungen in der Gruppe entwickeln sich zu einem gemeinsamen Lernprozess, der das Verständnis überholt, das die individuelle Bearbeitung eines Transkriptes erreicht hat."

Gerd Riemann (2011, S. 413) fasst die Hoffnungen und Erwartungshaltungen an Gruppeninterpretationen so zusammen:

„Die Wirksamkeit zentraler Aktivitäten der Datenanalyse […] kann dadurch gesteigert werden, dass sie sich in der Interaktion einer Arbeitsgruppe von – natürlich auch studentischen – Forscherinnen und Forschern entfaltet: man entdeckt mehr im gemeinsamen – mündlichen – Beschreiben von Texten, die Darstellung wird facettenreicher und dichter; und das dialogische Argumentieren – das Behaupten, Bestreiten, Bezweifeln, Begründen und Belegen – führt zu einer Differenzierung und Verdichtung von analytischen Abstraktionen, kontrastiven Vergleichen und theoretischen Modellen."

Betont Riemann in seiner Lobrede auf die Interpretationsgruppen vor allem, dass die Arbeitsergebnisse der Gruppen ‚*mehr*' und ‚*differenzierter*' seien als die

Einzelner, so betont Ulrich Oevermann die *Gültigkeit* der auf diese Weise gewonnenen Deutungen. Er vertritt nämlich die Position,

> „[…] daß man im Prinzip, wenn man nur lange genug, mit Rückgriff auf das intuitive Regelwissen, eine entsprechende konkrete Äußerung interpretiert und auslegt, ohne auf irgendwelche technischen Mittel und Analysemethoden zurück zu greifen, auf einen gültigen Begriff […] kommen kann" (Oevermann 1983, S. 246).

Auch wenn sich die hier vorgestellten Rechtfertigungen für die Nutzung von Interpretationsgruppen deutlich voneinander unterscheiden, gehen doch die Autoren davon aus, dass Interpretationsgruppen *bessere* Produkte bzw. Ergebnisse erzeugen können. Insofern werden Gruppeninterpretationen in diesen Forschungstraditionen als ein effektives Mittel der Qualitätsverbesserung eingesetzt.

Gruppeninterpretationen als *Mittel der Qualitätsverbesserung von Verstehenspraktiken* setzen auf die überzeugungsbildende, überzeugungsfestigende und überzeugungsübertragende Kraft einer streitbaren Debatte. Hier ist ausdrücklich *keine* Variante der *Konsensustheorie* (im Sinne von Habermas 1984) gemeint, da es bei Interpretationsgruppen keinesfalls um den sich über Raum und Zeit hinwegsetzenden herrschaftsfreien Diskurs der Wissenschaftler/innen geht, der nur dem besseren Argument verpflichtet ist und langfristig zur Erkenntnis führt, sondern hier ist der konkrete, in bestimmten Situationen verankerte Konsens in einem auch arbeitsrechtlich geregelten Projektteam (bestehend aus Kollegen/innen, Mitarbeiter/innen, Hilfskräften, Studierenden etc.) gemeint.

Man vertraut einerseits voller Demut, andererseits voller Optimismus auf die Intelligenz des konkreten Diskurses, der konkreten Debatte, also der Diskussion. Voller Demut, weil man sich der Gruppe beugt, und voller Optimismus, weil man der Intelligenz der Gruppe (Kurt/Herbrik 2014) vertraut – so zumindest die offizielle und meist implizite Theorie (auch wenn die Wirklichkeit der Interpretation oft anders aussieht und der Weg zur gemeinsamen Lesart komplexer und verschlungener ist). Man rechtfertigt schlussendlich das, was als ‚gültige' Erkenntnis vorgestellt wird, nicht mehr mit dem Verweis auf Verfahren oder eigene Hellsichtigkeit, sondern man tritt bescheiden zurück und sagt:

> „Nicht nur ich habe mit Hilfe der Kenntnis um die Regeln der Bedeutungskonstitution die Bedeutung des zu Interpretierenden rekonstruiert, sondern diese Rekonstruktion geht auf die Arbeit einer Gruppe von Menschen zurück, die über die Regeln der Bedeutungskonstitution ebenfalls verfügen und gemeinsam kommen wir nach einem Austausch und der Diskussion unterschiedlicher Lesarten darin überein, dass die Bedeutung des zu interpretierenden Datums die Lesart ‚X' ist."

Hier zeigt sich sehr deutlich die Abkehr von der (alten) Vorstellung einzelner (genialer) Wissenschaftler/innen, die abgeschieden von der Welt in ihrem privaten Elfenbeinturm nur mit sich selbst sprechen und so das Neue aus sich heraus ‚gebären'. Stattdessen zeigt sich in der Gruppeninterpretation das in diesem Ansatz eingelassene Vertrauen auf die *Intelligenz und auch die soziale Kraft einer konkreten (meist hierarchisch gegliederten) Arbeitsgruppe und in die in ihr eingelassene Perspektivenvielfalt.*

Die Macht, Gültigkeit und theoretische Reichhaltigkeit zu verleihen, wird auf diese Weise nicht mehr an einen Einzelnen, auch nicht an eine objektivierbare, kontrollierbare und intersubjektiv nachvollziehbare Prozedur (also an etwas Nicht-Subjektives) gebunden, sondern ausdrücklich dem Diskurs oder besser: dem gemeinsamen streitbaren Gespräch interessierter Wissenschaftler/innen und damit einem sozialen Prozess überantwortet, in dem auch die konkreten *Macht*unterschiede eine Rolle spielen. Getragen wird die Gruppeninterpretation von dem meist nicht thematisierten Glauben bzw. der Hoffnung, dass es prinzipiell möglich ist, innerhalb einer Gruppe, aber auch innerhalb der Scientific Community, einen *Konsens* über die Bedeutung von Daten zu erlangen – wenn auch nur langfristig.

4 Unterschiedliche Formen von Interpretationsgruppen

Auch wenn Georg Simmel bereits Anfang der 1930er Jahre schon erste Forschungswerkstätten anbot (Honegger 1990), entstanden in Deutschland erst in den späten 1970er Jahren etwa zeitlich in Bielefeld, Frankfurt am Main und in Konstanz die ersten Interpretationsgruppen bzw. Forschungswerkstätten.

In *Bielefeld* waren vor allem Fritz Schütze und Gerhard Riemann für diese Entwicklung verantwortlich (vgl. auch Rosenthal/Worm in diesem Band). Schütze und Riemann, die beide an Anselm Strauss' Forschungskolloquien in San Francisco teilgenommen hatten, importierten die Arbeitsweise des *forschenden Lernens* von Strauss (vgl. auch Strübing in diesem Band). In *Frankfurt am Main* waren es vor allem Alfred Lorenzer und Ulrich Oevermann, welche sich für die Gruppeninterpretation als Mittel der Dateninterpretation stark machten (vgl. auch Maiwald in diesem Band). In *Konstanz* waren es Thomas Luckmann und Jörg Bergmann, welche etwa 1978 die Datenanalyse in Gruppen einführten (vgl. auch Herbrik, Rebstein/Schnettler, Tuma/Knoblauch, alle in diesem Band). Diesen Aufstieg verdanken die Interpretationsgruppen dem Bedeutungszuwachs der qualitativen Methoden (Knoblauch et al. in diesem Band) und hier insbesondere der Neu- bzw. Wiederentdeckung der Fallanalyse (Hering in diesem Band).

Anfang der 1980er Jahre entstanden dann an fast allen Orten, an denen die qualitative Sozialforschung Fuß fasste, auch Interpretationsgruppen. Diese

Gruppen entwickelten je eigene Praktiken der Gruppeninterpretation, orientierten sich jedoch an den bestehenden Vorbildern. Wichtige Vorbilder waren das (teils miterlebte, teils überlieferte) *Forschungskolloquium* von Anselm Strauss, die *Forschungswerkstätten* von Schütze und Riemann und *Gruppeninterpretation* von Oevermann und Lorenzer. Da sich in Frankfurt zwei unterschiedliche Traditionen der Gruppeninterpretation entwickelt haben, nämlich eine mehr *psychoanalytische* und eine mehr *soziologisch* begründete, sollen diese im Folgenden getrennt vorgestellt werden.

4.1 Das Forschungskolloquium von Anselm Strauss

In Amerika finden sich schon Formen des gemeinsamen forschenden Lernens in den frühen Tagen der Chicago-School (Riemann 2005). Der Tradition der Chicago School folgend, arbeitete Anselm Strauss schon sehr früh mit Forschungskolloquien. Bei der Zusammenstellung des Teams vertraute er nicht dem Zufall, sondern wählte bewusst bestimmten Personen aus. Er selbst beschreibt die Arbeit in der Forschungswerkstatt so:

> „Die Kolloquiumsgruppe wird zahlenmäßig begrenzt auf maximal 10-12 Teilnehmer; denn bei einer größeren Teilnehmerzahl ist eine konzentrierte Analysearbeit schwierig, und die Zeitspanne, bis die einzelnen Studenten ihre Daten wieder genauer vorstellen können, wird zu lang. (…) Im Prinzip ist es so, dass die Gruppe zu einer festen Arbeitsgemeinschaft zusammenwachsen muss und diesen Status aufrecht erhält: Man macht Entdeckungen zusammen, unterweist sich gegenseitig, die Teilnehmer lehren und lernen wechselseitig und gemeinsam mit den Dozenten, man arbeitet Dinge durch, wird sich zunehmend der eigenen Denkprozesse bewusst – und auch über einige psychologisch erklärbare Vorgänge, um schließlich die Fähigkeiten zu erreichen, die zur Durchführung einer aussagekräftigen Analyse notwendig sind" (Strauss 1994, S. 338 f.).

Alle arbeiten dann an den Daten. Allerdings ist auch hier nicht nur die Methode des Codierens für das Miteinanderarbeiten bedeutsam, sondern auch gutes Benehmen und der richtige, vom Moderator gesicherte Freiraum für das Erproben von Ideen:

> „Man arbeitet ernsthaft, auch wenn noch genügend Spielraum für weniger ernste Dinge vorhanden ist. Angebereien, Effekthascherei und andere Momente der übertriebenen Selbstdarstellung sind nicht gern gesehen. Abgesehen von solchen unerlaubten Aktionen werden die Teilnehmer ermutigt und aufgefordert, die verschiedensten Dinge auszuprobieren: Sie können sich in hochfliegende Vorstellungswelten versteigen, vorausgesetzt, dass diese einen Bezug zur Wirklichkeit oder zum Datenmaterial haben; sie können über ihre Ideen phantasieren; sie können sogar gewagte Vorstellungen riskie-

ren, ohne Spott fürchten zu müssen oder in einem kompletten Reinfall zu enden" (Strauss 1994, S. 338 f.).

In dieser Konzeption gibt es bei aller Betonung des Egalitären der Forscher eine klare, bewusste und gewollte *Asymmetrie* zwischen Teammitgliedern und der Leitung bzw. Moderation der Gruppe.

4.2 Die Forschungswerkstatt von Schütze und Riemann

Fritz Schütze und Gerd Riemann sind bei ihrer Bielefelder Konzeption der Interpretationsgruppen, die schon früh ‚Forschungswerkstätten' hießen, stark von den Vorstellungen von Strauss beeinflusst worden. Ausgehend von der Beobachtung, dass sozialwissenschaftliches Forschen immer zugleich kommunikative Sozialforschung ist, formulieren Schütze und Riemann (1997, S. 227 f.; Kursivierung von J.R.):

> „Die Idee einer studentischen Forschungswerkstatt zur qualitativen Sozialforschung basiert auf der Einsicht (…), daß die grundlegenden qualitativen Verfahren der Datenerhebung und -analyse einen kommunikativen Charakter haben und die Wirksamkeit der zentralen Aktivitäten der Datenanalyse dadurch *gesteigert* werden kann, daß sie sich in der Interaktion einer Arbeitsgruppe entfalten können: Man entdeckt mehr im gemeinsamen – mündlichen – Beschreiben von Texten und die Darstellung wird facettenreicher. Darüber hinaus führt das dialogische Argumentieren – das Behaupten, Bestreiten, Bezweifeln, Begründen und Belegen – zu einer Differenzierung und Verdichtung von analytischen Abstraktionen, kontrastiven Vergleichen und theoretischen Modellen."

Den beiden geht es also nicht um eine prinzipielle Differenz zwischen Einzel- und Gruppeninterpretation, sondern um eine graduelle. Gruppen können die Interpretationsleistung steigern und leisten ein Mehr an Differenzierung. Allerdings stellt sich diese Leistungssteigerung nicht von selbst ein, sondern bedarf der Intervention einer Leitung. Wichtig aus Sicht der um Leistungssteigerung bemühten Leitung ist es nicht nur, ein gutes Klima für die Interpretationsarbeit zu schaffen, sondern der Gruppenleitung kommt bei der *Artikulationsarbeit* der Gruppenmitglieder eine besondere Bedeutung zu. Um das zu erreichen, geht es bei der Kommunikationsorganisation in einem ersten Schritt um die

> „Schaffung und Sicherung eines sozialen Rahmens, in dem sich solidarische und egalitäre Arbeitsbeziehungen entwickeln können und ein kooperativer Argumentationsstil vorherrscht. Es sollte eine Atmosphäre entstehen und bewahrt werden, in der die Leistungen oder Meinungen anderer nicht ‚heruntergemacht' werden. (…) Um die möglichst gleichmäßige Beteiligung aller an den Arbeitsprozessen zu sichern, muss Tendenzen zur

Ausprägung einer hierarchischen Gruppenstruktur entgegengewirkt werden" (Reim/Riemann 1997, S. 230).

Im zweiten Schritt ist die Gruppenleitung gefordert, den Teilnehmer/innen aktiv bei ihrer Ausdrucksarbeit zu helfen:

„Zweitens muss er seinen Kompetenzbereich bzw. seine Leitungsfunktion deutlich kontrollieren, d. h. er muss – wie eben schon erwähnt – deutlich machen, dass er Verantwortung für das erkenntnisgenerierende Verfahren übernimmt, ohne damit zum Experten für das Untersuchungsgebiet zu werden, dass der studentischen Forscherin ‚gehört'" (Reim/Riemann 1997, S. 230).

Zwei Besonderheiten zeichnen mithin diese Art der Gruppeninterpretation aus:

1. Die Gruppe bewirkt (nur) eine *Leistungssteigerung* (ist also gerade nicht der Garant für die Validität der Ergebnisse),
2. und die Gruppenleitung ist nicht *primus inter pares*, sondern eine Leitung, die aufgrund ihrer Erfahrung und ihrer Expertise die Arbeit der Mitglieder der Interpretationsgruppe *verantwortungsvoll* anleiten und gestalten soll.

4.3 Die Gruppeninterpretation von Oevermann und Lorenzer

4.3.1 Die Nutzung der Subjektivität der Forscher/innen (Lorenzer)

Sind bei Schütze und Riemann die Teilnehmer/innen eher Auszubildende, deren Kompetenz durch Interpretationsgruppen verbessert wird, findet sich in der *Frankfurter* Tradition, die sich vor allem auf die Arbeiten von Alfred Lorenzer beruft, ein völlig anderes Verständnis der ‚Leistungsfähigkeit' der Teilnehmer/innen. Da es nach diesem Verständnis bei der Interpretation um das *Verstehen von Subjektivität* geht, soll ganz gezielt die Subjektivität der Teilnehmer/innen als Interpretationsressource eingesetzt werden. Krüger (2008, S. 130) beschreibt die konkrete Praxis solcher (ethno-)psychoanalytischer Gruppeninterpretationen so:

„Die Teilnehmerinnen der ethnopsychoanalytischen Deutungswerkstatt lesen gemeinsam einen Textauszug und lassen ihren Assoziationen im wahrsten Sinne des Wortes ‚freien Lauf'. Die Zugänge der einzelnen können dabei dem herkömmlichen Verfahren, einem Text zuerst einmal auf einer sachlichen Ebene zu begegnen, entsprechen. Genauso gut kann es aber auch sein, dass der Einstieg in das assoziative Gespräch mit einem chaotisch anmutenden Artikulieren von Irritationen, Gefühlen oder Erinnerungen beginnt."

Jeder kann, darf und soll alles sagen (dürfen). Den Emotionen der Beteiligten und deren Ausdruck kommt dabei eine zentrale Stellung zu. Denn:

> „In vielen Fällen lösen verbalisierte Emotionen weitere Assoziationen bei anderen Gruppenteilnehmer/innen aus, und Stück für Stück erscheint hinter dem gedruckten Text ein Zugang zu möglichen Strategien, Ängsten, Wünschen oder Darstellungsweisen der Interviewpartner/innen" (Krüger 2008, S. 130).

Am Ziel angekommen ist man, wenn nicht nur die untersuchten Menschen in ihrer Subjektivität verstanden sind, sondern auch das Verhältnis von Forscher/in und Beforschten im Forschungsprozess:

> „Mit dieser ‚Kleinstarbeit' lässt sich nach und nach die subjektive Theorie der befragten Person rekonstruieren, aber gleichfalls (…) die Beziehungsdynamik zwischen dem/der ForscherIn und dem/der GesprächspartnerIn betrachten" (Krüger 2008, S. 130).

Die Gruppe dient hier nicht zur Steigerung der interpretativen Leistung, sondern die Gruppe *ermöglicht* die Interpretation erst. Und wenn Interpret/innen ihrer Subjektivität im Interpretationsprozess Raum geben, dann ergibt sich eine stimmige und zutreffende Deutung (zur Aktualität dieser Art der Interpretationsgruppen siehe Bonz et al. 2017).

4.3.2 Die Nutzung der Gruppe als objektiver Interpret (Oevermann)

Für den Frankfurter Soziologen Ulrich Oevermann, der vor allem Wert auf die Austreibung von Subjektivität legt, sieht die Arbeitsweise der Interpretationsgruppe gänzlich anders aus. Die klassische Formulierung Oevermanns hierzu lautet:

> „Praktikabel ist dagegen die Forderung, die einzelnen, individualspezifischen Beschränkungen der Interpreten dadurch auszugleichen, dass die Interpretationen in einer Gruppe ständig kontrolliert werden. Das allein aber reicht nicht aus, wenn nicht zusätzlich die Gruppenmitglieder eine hohe Bereitschaft zeigen, geradezu streitsüchtig ihre Interpretationen möglichst lange mit Argumenten gegen Einwände aufrecht zu erhalten, damit sie, wenn sie scheitern, möglichst informationsreich scheitern" (Oevermann et al. 1979, S. 393 f.).

Vor der Interpretation der Daten sind (laut Oevermann) allerdings noch drei Haupthindernisse auf dem Weg zu einer ungetrübten Sinnauslegung zu überwinden (siehe Oevermann et al. 1979, S. 393):

- Als Erstes gilt es, den im Alltag stets und überall herrschenden und den Prozess der Sinnexplikation stets vorzeitig abschneidenden *Handlungsdruck* aufzulösen, sprich: sich bei der Analyse sehr viel Zeit zu nehmen.

- Dann ist sicherzustellen, dass *neurotische und/oder ideologische Verblendungen* bei den Interpreten nicht vorhanden sind – wie dies allerdings geschehen soll, bleibt bei Oevermann unklar.
- Als Drittes sollte man darauf achten, dass die Interpreten *kompetente Mitglieder der untersuchten Sprach- und Interaktionsgemeinschaft* sind (Kinder sind also in der Regel ausgeschlossen).

Sind diese drei Hindernisse überwunden, dann ist zu erwarten, dass die Bedeutungsrekonstruktion gültig (= objektiv) zu ihrem Ziele kommt.

Sehr klar wird in diesen Bestimmungen, dass erst ein sozialer Raum für eine Debatte geschaffen werden muss, in dem kompetente Mitglieder einer Sprach- und Interaktionsgemeinschaft miteinander um die rechte Deutung nachhaltig streiten können – und zwar ohne ihre Subjektivität zum Sprechen zu bringen, sondern allein dadurch, dass sie ihre Regelkompetenz miteinander abgleichen. Wenn das gewährleistet und gegeben ist, kommen im und mit Streit valide Interpretationen zustande. Dabei geht es nicht um die Herstellung eines *Konsenses*, sondern um die Aufdeckung der richtigen Lesart. Diese wird notwendig sichtbar werden – wendet man das methodische Programm nur strikt genug an (zur Aktualität dieser Art der Gruppeninterpretation siehe Garz/Raven 2015).

4.4 Grundlegende Gemeinsamkeiten der vorgestellten Interpretationsgruppen

Gemeinsam ist allen vorgestellten historischen Varianten von Interpretationsgruppen die besondere Stellung des ‚*Textes*'. Mit ‚Text' sind nicht nur Schriftliches, sondern auch Bilder, Videos und jegliche Art von Artefakten gemeint. Der Textbegriff verweist dabei allein auf den Sachverhalt, dass alle o.a. Gegenstände, also z. B. Brief, Telefonbuch, Transkript, Stuhl, Skulptur, Musik, Film oder Foto innerhalb und mit den Mitteln einer Kultur der Bedeutung produziert wurden, mithin semiotisiert sind, und somit auch mit Hilfe dieser Kultur der Bedeutung verstanden werden können. Ausdrücklich *nicht* gemeint ist, dass Stühle, Popsongs, Fotos oder gar Musik wie ein Text zu interpretieren sind. Stattdessen muss für jede Art von Kulturprodukt eine eigene Methodik der Bedeutungsauslegung entwickelt werden.

Für alle Kulturprodukte gilt allerdings: Der zu interpretierende ‚Text' wird nicht als Beschreibung von Phänomenen behandelt, sondern *als das zu erklärende Phänomen*. Die zu interpretierende soziale Realität ist (zumindest in der konkreten Forschungspraxis) also immer in irgendeiner Weise ‚text'förmig (Reichertz 2016, S. 56 ff.). In diesem ‚Text' ist jedem noch so kleinen Detail Aufmerksamkeit zu schenken. Es gilt der

„Grundsatz, für jedes im Protokoll enthaltene Element des Textes eine Motivierung zu explizieren, Textelemente nie als Produkte des Zufalls anzusehen" (Oevermann et al. 1979, S. 394).

Für alle Interpretationsgruppen gilt auch, dass sie mehr sind als reine Interpretationsgruppen. Viele Interpreten/innen finden dort auch eine *soziale Gruppe*, die sie auch außerhalb der Interpretationssitzungen begleitet. Manche finden dort auch eine „zeitweilige Heimat" (Breuer 2009, S. 135), insbesondere wenn es auch um die Unterstützung bei der Anfertigung von Qualifikationsarbeiten geht. Dann entstehen auch informelle (oft auch eng verbundene) Untergruppen, die sich wechselseitig unterstützen – nicht nur bei der Anfertigung der Arbeiten, sondern auch im weiteren Verlauf des akademischen Lebens. Man hat es als Teilnehmer an einer Interpretationsgruppe also streng genommen immer mit zwei Gruppen zu tun: einmal mit der Interpretationsgruppe und einmal mit der sich davon abhebenden informellen Gruppe, der man sich zurechnet und die einen später auch begleitet.

Gemeinsam ist auch heute noch allen Interpretationsgruppen, dass die Auslegung der Daten in wesentlichen Teilen auf das *kommunikative Mit- und Gegeneinander innerhalb von bestimmten Wissenschaftler/innengemeinschaften* zurückgeht. Nach welchen expliziten und impliziten Regeln dieser soziale Prozess der Wissens(er)schaffung im Einzelnen organisiert ist, liegt weitgehend im Dunklen. Sicher jedoch ist, dass jeder Wissenschaft ein bestimmtes kommunikatives Fundament zueigen ist (z. B. Mulkay 1979), da die Interpretation der erhobenen Daten wesentlich in diskursiver Interaktion stattfindet (z. B. Latour/Woolgar 1986; Knorr-Cetina 1984; Potter/Wetherell 1987/2005; Camic/Gross/Lamont 2011).

Demnach ergeben sich Interpretationen nicht von selbst, sondern werden aktiv in Auseinandersetzung mit den *Team-Kolleg/innen*, mit der *Scientific Community* und der *Gesellschaft* produziert. Welche Deutung der Daten sich (in einer Arbeitsgruppe) schlussendlich durchsetzt, verdankt sich nicht (nur) dem empirisch oder sachlogisch besseren Argument, vielmehr müssen vorgetragene Argumente von den beteiligten Wissenschaftler/innen als logisches und/oder besseres Argument kommunikativ plausibilisiert werden.

Die Formen, Inhalte und Ergebnisse dieser kommunikativen Generierung von Wissen sind dabei – so Karin Knorr-Cetina (1984, S. 154 ff.) – maßgeblich von „transepistemischen" und „transwissenschaftlichen" Faktoren beeinflusst, z. B. von institutionell verankerter Macht, Konkurrenz, Emotionen, kulturellen Erwartungen, Normen und Zuschreibungen der jeweiligen Scientific Community. Dies zeigt, dass die beteiligten Wissenschaftler/innen sich zeitgleich in zwei epistemischen Welten bewegen (Angermüller 2012, S. 716 f., auch Bourdieu 1989):

- einerseits in der „*Welt des Wissens*", in der sie sich als kompetentes Mitglied der Scientific Community erweisen sollen,
- anderseits in der „*Welt der Macht*", in der sie mit anderen konkurrieren, sich vergleichen und sich hierarchisieren müssen.

Die so entstehende Interaktionsdynamik lässt sich in Wissenschaftler/innengruppen weder stillstellen noch eliminieren – sie ist fundamental und maßgeblich verantwortlich für das Ergebnis der gemeinsamen Wissenserzeugung (Knorr-Cetina 1984, S. 290, Camic/Gross/Lamont 2011; Keller/Poferl 2014 und Keller/Poferl 2018).

Über die konkrete Vollzugswirklichkeit von Kommunikationsprozessen beim gemeinsamen Interpretieren im Hinblick auf die Entfaltung von *Kommunikationsmacht* (Reichertz 2009) finden sich in der Fachliteratur nur sehr wenige Aussagen. Da sozialwissenschaftliche Forschungspraxis bislang nur in Ausnahmefällen Gegenstand der (Wissenschafts-)Forschung war (Camic/Gross/Lamont 2011) und der praktische Alltag sozialwissenschaftlicher Gruppeninterpretation lediglich ansatzweise im Rahmen einzelner, kleinerer Analysen betrachtet wurde (z. B. Hoffmann/Pokladek 2010; Pflüger 2013; Reichertz 2013a; Meyer/Meier zur Verl 2013; Engbert/Krey 2013; Bonz et al. 2017; Tuma 2017; Berli 2017), fehlt es bislang an *systematischem* Reflexionswissen über die intersubjektive kommunikative Praxis sozialwissenschaftlichen Interpretierens in Gruppen.

4.5 Grundlegende Unterschiede der vorgestellten Interpretationsgruppen

Trotz vieler Konvergenzen der Praktiken des Interpretierens in Gruppen weisen bereits die vorgestellten historischen Vorbilder von Interpretationsgruppen teils erhebliche Unterschiede auf. So gibt es z. B. im Hinblick auf die Bedeutung des kleinteiligen Schritt-für-Schritt-Interpretierens, also der *Sequenzanalyse* (Kurt/Herbrik 2014) deutliche Unterschiede:

- Der Bielefelder Typ der Interpretationsgruppe kommt praktisch ohne Sequenzanalyse aus. Man sitzt zusammen und interpretiert nach Fragestellung und Relevanz. Man kann vorne anfangen, muss aber nicht, aber vor allem gibt es kein explizites Verbot, im Material beliebig vor- und zurückzugehen.
- Für den anderen Typ, also die Frankfurter Tradition, ist die *strenge* Befolgung der Sequenzanalyse essentiell – und das aufgrund der Bedeutung dieser Art der Analyse für die Schaffung von Gültigkeit. Denn die Interpretation entlang der Entstehung einer Interaktionsstruktur macht diese nicht nur Schritt für Schritt sichtbar, sondern die Sequenzanalyse leistet auch, richtig angewendet, den Hypothesentest.

Vergleichbare Unterschiede gibt es auch Hinblick auf die Beachtung *kleinster Details* in den Daten:

- In der Bielefelder Variante können kleine Details, vor allem, wenn sie nicht ins ‚Bild passen', auch mal übersehen, also nicht interpretiert werden. Es kommt nicht wirklich darauf an, alles und somit also auch die kleinste Kleinigkeit auszulegen.
- Ganz anders ist die Praxis der Frankfurter Tradition. Diese Art der *hermeneutischen* Dateninterpretation geht ganz fest davon aus, dass im Datum ‚order at all points' (um eine Formulierung des Konversationsanalytikers Sacks aufzugreifen) ist und dass gerade an den kleinsten Dingen sich die Ordnung besonders gut zeigt (Reichertz 2016, S. 56 ff.). Für die Frankfurter gibt es keine Versprecher oder Fehler – für sie muss prinzipiell alles gedeutet werden (auch der Nagel in der Wand - Zur Bedeutung des Nagels in der Wand in der Malerei siehe Schneider 2018).

Auch bei der Beschreibung des *Ziels der Deutung und der Begründung* für die Nützlichkeit lassen sich idealtypisch zwei Sichtweisen unterscheiden:

- Aus der Bielefelder Perspektive sichert die Interpretationsgruppe die Präsenz *mehrerer* Perspektiven in der direkten Kommunikation über die Deutung von Daten. Diese *Multiperspektivität* ist nützlich, weil sie die Borniertheit der eigenen Sicht offenlegt und diese um die Sichtweisen von vielen anderen ergänzt, und so einen Freiraum schafft, auch das Neue zu denken. So wird kommunikativ *Reichhaltigkeit* hergestellt und bei der Führung von Interpretationsgruppen würde es sich im Kern um eine Form des *Diversity-Managements* handeln. Es geht also weniger um Gültigkeit als um Reichhaltigkeit.
- Aus der Frankfurter Perspektive soll die Subjektivität der vielen Interpreten, also deren unterschiedliche Sichtweisen, durch die Konfrontation mit den anderen von ihrer Perspektivengefangenheit gereinigt werden. Die gemeinsame Interpretation ermöglicht nach dieser Perspektivenbereinigung einen unverstellten Blick auf die Bedeutung der Daten, der alle zustimmen können. Auf diese Weise sei es möglich, gültige und valide Aussagen über den Fall zu formulieren.

5 Bedingungen für fruchtbare Interpretationsgruppen

Es gibt viele Gelegenheiten und Orte des gemeinsamen Interpretierens in einer Gruppe (was sich wegen des anwesenden ‚Dritten' grundsätzlich vom Interpretieren zu zweit unterscheidet). Obwohl Interpretationsgruppen manchmal nur einmal zusammenkommen und sich wieder auflösen können, ist die Mehrzahl von ihnen meist über eine gewisse Zeit stabil. Im Weiteren wird von diesen vielen Varianten der Interpretationsgruppen nur *eine* Gelegenheit und ein Ort betrachtet: das *längere* und *wiederholte* gemeinsame Interpretieren von sozialwissenschaftlichen Daten im Rahmen von *universitären Forschungsarbeiten* – was zur Folge hat, dass dort Studierende, Mitarbeiter/innen und oft auch die Projektleitung gemeinsam interpretieren und deshalb über eine eigene Bildungsgeschichte und dabei eine gewachsene Kultur des Interpretierens entwickelt haben. Nicht gemeint sind damit ausdrücklich Gruppeninterpretationen auf *Workshops*: Dort kommen Personen aus unterschiedlichen akademischen Kontexten für eine meist sehr begrenzte Zeit zusammen, um unter der Leitung eines Trainers ein bestimmtes Interpretationsverfahren zu lernen bzw. zu üben. Hier kann sich *keine* eigene bzw. nur eine sehr kurze Bildungsgeschichte ausbilden (zur Bedeutung der Bildungsgeschichte von Interpretationsgruppen siehe Reichertz 2013a).

Diese zeitlich stabilen Interpretationsgruppen werden entweder von den jeweiligen (Seminar-)Leiter/innen zusammengerufen oder aber mehrere Studierende tun sich für eine bestimmte Zeit oder ein bestimmtes Projekt zusammen, um gemeinsam zu interpretieren. Oft treffen sie sich regelmäßig, um an dem Material kontinuierlich weiter zu arbeiten. Deshalb bilden sich schnell bestimmte soziale Formen des Umgangs miteinander (lokale Ordnungen), aber auch gemeinsame Sichtweisen, wie man etwas wahrzunehmen und zu deuten hat (Denkstile). Interpretationsgruppen entstehen also niemals aus dem Nichts. Sie haben alle eine Geschichte, die erzählbar ist.

Auch jedes Mitglied einer Interpretationsgruppe ist auf einem eigenen Pfad in die Gruppe gekommen – auch darüber lassen sich Geschichten erzählen, auch wenn es selten die gleichen Geschichten sind. Nicht jeder Beliebige kommt in eine Interpretationsgruppe: Entweder wird man (nach einer meist impliziten Angemessenheitsprüfung) ausgewählt, weil man sich bewährt hat, oder aber man wird nach einer expliziten Überprüfung der Passfähigkeit zur Gruppe aufgenommen. Meist werden neuen Mitgliedern Maximen mit auf den Weg gegeben – wie: „Versuche zu sagen, was das untersuchte Datum in der jeweiligen Sprach- und Interaktionsgemeinschaft bedeutet." „Bleibe beim Datum." „Versuche, den Sachverhalt zu verdichten, also abstrakter zu formulieren." Die Mitglieder erlernen dann die jeweilige Praxis vor allem durch Mitmachen. Ausgefeilte, gar niedergeschriebene Kanonisierungen des gemeinsamen Interpretierens gibt es (noch) nicht.

Die Weitergabe der jeweiligen Gruppeninterpretationspraktiken wird sowohl durch *mündliche Überlieferungen* und durch die *aktive praktische Teilnahme*, also durch die Teilhabe an Ritualen und gemeinsamen Praktiken gewährleistet. Gemeinsame Gruppeninterpretationen sind in gewisser Weise *auch* disziplinierende Sitzungen, über die auch der jeweilige theoretische Diskurs geschult und in die damit verbundene Community ‚erzogen' wird.

Aufgrund dieser *grundsätzlichen Situiertheit (Pfadabhängigkeit) von Interpretationsgruppen* teilen die Mitglieder bestimmte Anschauungen über das, was in solchen Gruppen passieren soll, welche Aufgaben jeder hat und wie man sie erledigen kann: Sie teilen bestimmte Konzepte und Theorien (oder genauer: Bezugstexte), die sagen, was die Daten repräsentieren und was jeweils dort los ist, sie teilen zudem die Erfahrungen, wer jeweils dabei sein darf und wer nicht, was von wem gesagt werden darf und was nicht und sie teilen ganz implizite Vorstellungen davon, wann eine Deutung angemessen ist und wann nicht, wann eine Deutung neu oder absurd ist – kurz: sie teilen auch eine *Lebenswelt*. Vor allem Letzteres wird immer dann ein Problem, wenn (was zunehmend der Fall ist) in der Interpretationsgruppe Teilnehmer/innen aus unterschiedlichen Kulturen zusammenarbeiten.

Die *Normalform wissenschaftlichen Deutens in Gruppen* besteht darin, dass erwachsene, wissenschaftlich ausgebildete Personen sich wiederholt für eine begrenzte Zeit in einem westlich geprägten Kulturraum an einem bestimmten Ort (Universität) treffen und idealerweise dort miteinander unter Einsatz ihrer geistigen Kräfte, ihres Wissens, ihres Kommunikationsvermögens und ihrer Kommunikationsmacht nach einer angemessenen Interpretation der Daten suchen bzw. um diese ringen.

Unabdingbar für Interpretationsgruppen ist, dass eine Person die Rolle der *Moderation* übernimmt. In der Regel sind es die Ranghöchsten oder Erfahrensten in der Gruppe, die diese Aufgabe wahrnehmen. Die Moderation leitet die Deutungsarbeit an, indem sie Textstellen vorschlägt, gezielt Fragen stellt, Lesarten sammelt und durch stellvertretende Deutungen verdichtet und oft auch angibt, wann eine Textstelle hinreichend ausgelegt ist, so dass man zum nächsten Datum weitergehen kann. Ohne eine solche strukturierende Moderation dreht sich die Interpretation oft endlos weiter und verliert sich im Beliebigen. Deshalb kommt dieser Funktion eine besondere Bedeutung zu und es ist m.E. sehr sinnvoll, diese Rolle immer wieder an andere Mitglieder der Gruppe weiter zu geben.

Bei vielen Interpretationsgruppen gibt es die Regel, dass die *Untersuchten* prinzipiell *nicht* an den Interpretationssitzungen teilnehmen. Dies vor allem, weil eine *Partizipation* (vgl. hierzu Unger in diesem Band) der Untersuchten gerade *nicht fruchtbar* für die Auslegung der Daten ist, sondern diese behindert oder schlimmstenfalls eine angemessene Interpretation unmöglich macht. Dies deshalb, weil die Untersuchten durch die Deutungen der Gruppe sehr schnell in Legitimationszwänge gebracht werden, ihr Verhalten zu erläutern und zu rechtfertigen. Falls das passiert, ändert sich der Charakter der Interpretationssitzung grundsätzlich, da in einem solchen Falle nicht mehr über die Lesarten von Daten diskutiert wird, sondern über die Angemessenheit von Handlungen der Untersuchten und damit über deren Identität. In manchen Gruppen trifft diese Enthaltsamkeitsregel auch die *Mitglieder des Forschungsteams, welche die Inter-*

views geführt haben, die gerade interpretiert werden, da auch hier die Interviewer sehr schnell unter Legitimationszwang geraten – ob z. B. die Interviewführung angemessen und die Identitätsdarstellung angemessen war.

Interpretationsgruppen haben, bezogen auf die *Anzahl der Teilnehmer/-innen*, Unter- und Obergrenzen. Zu zweit ist man noch keine Gruppe und auch zu dritt entfaltet sich noch wenig Dynamik. Interpretationen mit zwanzig oder mehr Personen sind sehr schwierig und nur dann halbwegs fruchtbar, wenn alle sich auf das Ziel des gemeinsamen Interpretierens verpflichtet haben und sich daran halten und die Interpretationssitzung nicht zu lange dauert. Wer allerdings in normalen Universitätsseminaren mit 40 oder 60 Teilnehmer/innen Gruppeninterpretationen ernsthaft durchführen will, wird schnell scheitern.

Interpretationsgruppen haben aber auch, bezogen auf die *Dauer,* Unter- und Obergrenzen: Für eine halbe Stunde lohnt es nicht anzufangen. Bei Sitzungen, die *ohne Unterbrechung* länger als vier Stunden dauern, verlieren die meisten Teilnehmer/innen die Konzentration. Deshalb sollte man nach ca. zwei bis drei Stunden eine halbstündige Pause machen. Lohnend ist es, wenn man das Material in längeren Interpretationsblöcken auswertet – also ein Bild, ein Video oder ein Transkript an zwei, drei aufeinander folgenden Tagen jeweils sechs Stunden lang analysiert. Die Gruppe kommt dann in einen Flow, der in der Regel sehr fruchtbar ist. Es gibt dann zwar immer wieder auch Zeiten, an denen die Interpretationen auf der Stelle treten und keine neue Idee für eine Lesart oder Verdichtung auftaucht, aber es gibt auch immer wieder Zeiten, in denen die gesamte Interpretation kippt und eine völlig neue und überzeugendere Lesart entwickelt wird. Vorläufig am Ende der Interpretation ist man, wenn über einige Zeit hinweg keine neue Lesart, kein neuer Aspekt mehr genannt wird.

Das gemeinsame Deuten *selbst ist ein sukzessives Erarbeiten einer oder mehrerer Lesarten von Textstellen oder ganzen Texten (Abstraktion)*. Gemeinsam deuten heißt dabei praktisch:

- Die Beteiligten äußern abwechselnd (ohne feste Ordnung durch Selbstauswahl, angeleitet durch einen/eine Moderator/in mit besonderen Rechten und Pflichten) sukzessiv Lesarten zu einem *Teil* des Gesamtdatums.
- Sie geben Gründe an, weshalb etwas für sie eine Deutung ist und weshalb die Lesart aus ihrer Sicht zutreffend ist; dabei verweisen sie auf Textstellen, appellieren an das, was jeder weiß, inszenieren das zu Interpretierende gestisch, also sichtbar für die anderen, nach und versuchen so zu plausibilisieren.
- Es kommt dann sukzessive zu einer gegenseitigen kommunikative ‚Validierung' (auch: ‚Konstruktion'), ob die Gründe angemessen und hinreichend sind.

- Am Ende dieser ersten Interpretationsrunde steht, wenn alles gut verläuft, eine implizite oder explizite (endgültigen) Ratifizierung einer spezifischen Lesart des interpretierten Teil des Gesamtdatums durch die Gruppe (oder Teile der Gruppe), oder aber es haben sich zwei oder mehrere Lesarten herausgebildet, die nebeneinander stehen.
- Auf der Grundlage dieser Ratifizierung, die oft auch nur vorläufig ist und jederzeit wieder zurückgenommen werden kann, werden weitere Daten des Gesamtdokuments interpretiert. Diese Interpretation kann dazu führen, dass frühere Lesarten nicht mehr plausibel erscheinen und somit (bis auf weiteres) als widerlegt gelten.

Am Ende ist man angekommen, wenn die Interpretation aller oder hinreichend vieler Daten zu einer Sinnfigur führt, mit der alle oder hinreichend viele Daten verstanden (und manchmal auch erklärt) werden können. Allerdings scheiden sich an dem Finden der *einen* Lesart die Geister, weil die Vorstellung, die Interpretation laufe immer auf eine, nämlich die ‚richtige' Deutung hinaus, nur eine Prämisse der Frankfurter Schule ist. Dort hilft die Gruppe nämlich dabei, die eine und wahre Interpretation der Daten zu finden. In anderen Selbstverständnissen (z. B. der Bielefelder Schule) muss es bei der Gruppeninterpretation nicht notwendig auf eine Einigung hinauslaufen, sondern gelungen ist eine Deutung auch dann, wenn mehrere sinnhafte Deutungen nebeneinanderstehen. In dieser Interpretationstradition ist man am Ende der Dateninterpretation angelangt, wenn keine weiteren Deutungen mehr hervorgebracht werden können.

Da solche Interpretationssitzungen oft sehr lange dauern und das Gedächtnis gerne eigenständig vergisst und erfindet, sollte jede Interpretationssitzung protokolliert und mit Tonband aufgezeichnet werden. Das Protokoll, das in Form eines kurzen Ergebnisprotokolls angelegt sein sollte, hält einerseits die vorgebrachten Lesarten fest, sodann die Gründe, die zur Verwerfung bestimmter Lesarten geführt haben und formuliert abschließend die gemeinsame Deutung der jeweiligen Daten. Will man sich später für die Anfertigung eines Berichts oder eines Artikels den Interpretationsgang wieder in Erinnerung rufen, dann sollten allerdings (erst einmal) nur die Protokolle der Interpretationssitzungen genutzt und die jeweiligen Mitschnitte nur im Zweifelsfall hinzugezogen werden.

6 Wessen Interpretation zählt?

Interpretationen sind (wie beschrieben) Ergebnis eines komplexen sozialen Prozesses, in dem die Beteiligten miteinander über sich und die Daten kommunizieren und in dem auch die Daten auf alle Beteiligten wirken, da die Daten auch Stellungnahmen zu der Welt sind, in der die Interpret/innen leben. Das gemeinsam in einer Gruppe Interpretieren ist damit ein paradigmatischer Fall kommunikativer Konstruktion sozialwissenschaftlichen Wissens, der wiederum ein besonderer (weil spezifisch legitimierter) Teil der kommunikativen Konstruktion von Wirklichkeit (Luckmann 2002; Keller/Knoblauch/Reichertz 2012; Knoblauch 1995; Knoblauch 2017; Reichertz/Tuma 2017) ist. Und wie jedes kommunikative Handeln ist das gemeinsame Interpretieren immer zweierlei:

- die kommunikative Bestimmung dessen, was die Daten sind, wie sie auszulegen und die verschiedenen Lesarten zu gewichten bzw. zu integrieren sind, und
- die kommunikative Bestimmung dessen, wer und was wir sind, wer und was die anderen für uns sind, wer und was die anderen sind und wer und was wir für die anderen sind.

Obwohl alle diese Bestimmungen und Deutungen mental und individuell verankert sind, reifen sie bei Gruppeninterpretationen nicht in einem einsamen gedanklichen Prozess, sondern sind immer das Resultat komplexer kommunikativer Prozesse des Mit- und Gegeneinander. Die Daten selbst sind dabei nie ‚neutral' und ‚passiv', sondern immer auch ‚aktiv'. Daten ‚sagen' nicht nur etwas über sich selbst und über die Welt, der sie entstammen, sondern immer auch etwas über die Wirklichkeit der Interpretationsgruppe, da sie sich immer zu dieser in Relation setzen. Daten oder besser: die in sie eingelassen Weltsicht fordern immer auch die Welt der Interpret/innen heraus – sie zwingen zur Stellungnahme.

Die Kommunikation in Interpretationssitzungen setzt deshalb nie voraussetzungslos an, sondern schließt immer an gewachsene gesellschaftliche *Kommunikations- und Symbolordnungen*, zudem an bestehende fachliche, institutionelle und ‚herrschende' *Methoden* und *Fachdiskussionen* an, und schließlich auch an die *Kommunikations- und Interaktionsgeschichte* der Gruppe. Mit der gesellschaftlichen Kommunikationsordnung, mit den Methoden und auch mit der konkreten Kommunikationsgeschichte der jeweiligen Gruppe gehen *Bahnungen* einher, die bestimmtes Handeln und Verhalten der Gruppenmitglieder wahrscheinlicher bzw. unwahrscheinlicher machen, ohne es jedoch restlos zu bestimmen.

Neben dieser ‚großen' Bahnung finden sich bei der Gestaltung kommunikativen Handelns auf einer mittleren Ebene weitere Bahnungen: nämlich die Standards, Normen, Typen und Regeln, welche auf die eingesetzten Methoden und die entsprechenden Fachdiskurse zurückgehen. *Methoden* (also z. B. die Interpretation nach der Grounded Theory oder einer Spielart der Hermeneutik) und *Fachdiskussionen* sind dabei zu verstehen als mehr oder weniger von der jeweiligen wissenschaftlichen Bezugsgruppe kodifizierte *Bahnungen* für Handlungen und Verhaltensweisen. Diese Bahnungen werden geschaffen von den impliziten und expliziten *Regeln*, die angeben, was wann wie innerhalb einer bestimmten Theorie- und/oder Methodenkultur mit den Daten getan werden darf bzw. getan werden soll und muss. Zudem resultieren die Bahnungen aus den theoretischen und vortheoretischen *Annahmen*, was ein Datum ‚ist', also was es jeweils repräsentiert, und letztlich aus *Praktiken*, die angeben, was bei einer Interpretation von den Beteiligten im Rahmen der gewählten Methode zu tun ist, was kommuniziert werden darf und was nicht, was sagbar ist und was unsagbar (siehe dazu Reichertz 2013a, S. 133 ff.).

Mit Leben und Dynamik erfüllt werden die beschriebenen Bahnungen durch die impliziten wie expliziten, in der jeweiligen Interpretationsgruppe historisch gewachsenen Annahmen und Regeln, die aus der gemeinsamen Kommunikationspraxis resultieren und die angeben, was in welchem Ton zu wem kommuniziert werden darf, woran man erkennt, an welcher Stelle sich die Diskussion gerade befindet und wann die Diskussion zu Ende ist und ganz wichtig: Wer mehr *Kommunikationsmacht* hat, wessen Wort wenig Gewicht hat, wie man Konflikte behandelt etc. Deshalb ist m.E. eine der zentralen Frage zum Verständnis der Arbeit von Interpretationsgruppen, wie Kommunikationsmacht entsteht, unter welchen *sozialen, räumlichen und körperlichen Bedingungen* sie sich entwickelt und wer sie wann für sich *beanspruchen* kann. Andererseits ist von Bedeutung, wem sie wann unter welchen situierten Bedingungen von wem *zugesprochen* bzw. *abgesprochen* werden kann.

Kommunikationsmacht (Reichertz 2009) liegt dann vor, wenn die Angesprochene/n nicht nur verstehen, zu was der andere sie bewegen will, sondern wenn sie es auch tun – also sich z. B. im Falle der Lesartendiskussion einer bestimmten, kommunikativ vorgetragenen Interpretation anschließen. Dieser Anschluss resultiert jedoch nicht aus einem Mehr an sozialer Amtsmacht oder Gewaltpotential der Vortragenden, sondern aus der in der Kommunikation entstandenen *Beziehung* zwischen Vortragenden und Angesprochenen.

Diese Kommunikationsmacht ist nicht der Beziehung vorgängig, sondern Beziehung wie Macht werden in und mit der Kommunikation sukzessiv aufgebaut. Diese Macht ergibt sich erst aus der Kommunikation. Denn Kommunikation ist nicht nur ein Wechselspiel der Handlungskoordination, sondern während wir dieses Spiel spielen, lernen wir, was von dem anderen zu halten ist. Und der andere lernt, was von mir zu halten ist. So baut sich eine Beziehung auf und wenn es den Beteiligten gelingt, füreinander wichtig zu werden, dann liegt diese besondere soziale Beziehung vor, die es ermöglicht, eigene Vorstellungen besser durchzusetzen (ausführlich Reichertz 2009).

Eine besondere Ausprägung von Kommunikationsmacht, die sich als Kompetenz zeigt und somit sachlogisch einkleidet, ist die *Interpretationskompetenz*. Denn in Gruppen entsteht schnell, entgegen der idealisierenden Prämisse, dass im Prinzip jedes sozialisierte Mitglied einer Sprach- und Interaktionsgemeinschaft über die gleiche Auslegungskompetenz verfügt (siehe oben), ein Feld, in dem jedes Gruppenmitglied entlang dieser Kompetenz eingefügt ist. Damit stellt sich aus dieser Perspektive auch die Frage, wie *Interpretationskompetenz* kommunikativ generiert, verteilt und anerkannt, also wie eine ‚*soziale Ordnung des Interpretierens*' im Interpretationsprozess erzeugt wird (Reichertz 2013a). Es fragt sich auch, wie durch ‚Doing Competence' ein Feld von Kompetenzen geschaffen wird, in dem alle Interpret/innen ihren Platz haben. Zentral für die Durchsetzung einer Lesart ist diese Verteilung von kommunikativ *geschaffener* und kommunikativ *anerkannter Interpretationskompetenz* in der Gruppe (Reichertz 2013a), also die Positionen der Beteiligten in Bezug auf die Fähigkeit, überzeugende Lesarten zu erschaffen, zu begründen und durchzusetzen.

‚Interpretationskompetenz' wird hier verstanden als die kommunikativ zugeschriebene und geschaffene Fähigkeit, ‚gute' Lesarten zu entwickeln und dann (auf Nachfrage) auch zu begründen und durchzusetzen. Hat ein Interpret eine Deutung ‚in die Welt gesetzt', muss sie von den anderen Interpreten der Gruppe kommunikativ geprüft und anschließend angenommen oder verworfen werden; die Übereinstimmung in der Einschätzung der Angemessenheit von Interpretationen ist Resultat von Aushandlungsprozessen. In diesen Prozessen kommen einerseits *verschiedene Überzeugungspraktiken* (Evidenzaufweis, logische Konsistenz, rhetorische Figuren, ständiges Wiederholen), andererseits verschiedene Praktiken des *Plausibilisierens* (z. B. Demonstrieren, Nachspielen etc.) zum Einsatz.

Weil jedoch Interpretationskompetenz permanent zur Disposition steht, wird in jedem Interaktionszug nicht nur ein inhaltlicher Beitrag zur Interpretation geliefert, sondern zugleich in performativen kommunikativen Akten immer auch aufgeführt, welche Position ein Gruppenmitglied für sich reklamiert, in der Wahrnehmung der anderen Gruppenmitglieder einnimmt, welche Position den anderen zugeschrieben wird und in welcher Beziehung bzw. Relation die jeweiligen Gruppenmitglieder zueinander stehen. Über die Fähigkeit und die Verlässlichkeit, gute Lesarten zu entwickeln, wird von allen Beteiligten „Buch geführt" (Brandom 1994, S. 206 ff.). Als gute Interpret/innen werden die eingeschätzt, die reklamieren bzw. von denen man erfahren hat, dass sie fruchtbare Lesarten hervorbringen und auch gut begründen können. Dieses Vertrauen in die Interpretationsfähigkeit erzeugen Akteure kommunikativ in Bezugnahme auf das in der gemeinsamen Interaktionsgeschichte hergestellte Gruppengedächtnis und bringen es als Kredit in jede neue Gruppensitzung ein (Reichertz 2009, S. 195 ff.).

Gegenstand und (im wahrsten Sinne des Wortes) auch Schauplatz der Auseinandersetzung um die Anerkennung von Interpretationskompetenz sind in der Regel *nicht* die Lesarten selbst, sondern die Handlungen, die zu der Verflechtung kommunikativer Handlungen notwendig sind, also z. B. die Klärung der Fragen, wer wen wann unterbrechen darf, wer wie und mit welcher Kraft für die Aufrechterhaltung der Kommunikation Verantwortung übernimmt, wer

Deutungen wie mit welcher Durchsetzungskraft explizit einführen kann, wer andere und deren Interpretationskompetenz bewerten darf, wer mit welchen Praktiken für die Erreichung des Kommunikationsziels eintritt, wer wie und mit welchem Erfolg sagen darf, dass die Interpretation am Ziel angelangt ist.

Bei Gruppeninterpretationen zeigt sich, wer eine Methode und einen Denkstil (schon) gut beherrscht, wer sich (sozial verträglich) durchsetzen kann, wer Verantwortung übernimmt, wer sich eingliedern kann und wer nicht, wer es wagt, neue Ideen vorzutragen und wer nicht. Hier zeigt jeder, wer er ist (bzw. sein will) und so zeigt sich dort, wer man (für die anderen) ist. Und es zeigt sich so, ob man es wert ist, die nächste freiwerdende Mitarbeiterstelle etc. zu erhalten. Entsprechend scheint *institutionelle Macht* ein wichtiger Faktor für das Erlangen von Kommunikationsmacht zu sein, zumindest in rein wissenschaftlichen Interpretationsgruppen.

Das scheint sich jedoch zu ändern, wenn Wissenschaftler/innen außerhalb der Alma Mater über mehrere Wochen 24 Stunden lang gemeinsam auf engstem Raum auf ungewohntem Gelände (z. B. auf einem Forschungsschiff an fernen Küsten) zusammen (auch mit Nicht-Wissenschaftler/innen) arbeiten und dabei hart körperlich arbeiten müssen, wenn sie sich also in einer *anderen Lebenswelt* befinden (Siriwardane/Hornidge 2016) – und wenn in dieser Lebenswelt neben der institutionellen Macht einerseits auch die physische Kraft und Belastbarkeit der Wissenschaftler/innen wesentlich für die Bewältigung der gemeinsamen Arbeit ist, andererseits die körperliche Attraktivität von Personen für das Zusammenleben von Belang sein kann. In solchen Fällen, wenn also die Beteiligten weit jenseits ihrer Komfortzone über längere Zeit zusammenarbeiten, scheint (manchmal) auch die ‚*Körpermacht*' der Einzelnen auch bei der Auswertung der Daten eine Rolle zu spielen (siehe hierzu die Andeutungen von Hornidge 2017).

Trotz einer solchen Sicht wird man der Wirklichkeit der Interpretationsgruppen nicht gerecht, wenn man nicht auch sieht, dass es in jeder Interpretationsgruppe auch um den *Willen zum Wissen* geht, um den Willen, mit anderen gemeinsam *Neues zu entdecken*, weil man weiß oder zu glauben weiß, dass man sich ohne die Anderen im Dickicht seines Selbst und dessen Phantasien verlieren kann und die Interpretation dann das Postulat der Sinnadäquanz nicht mehr hinreichend erfüllen kann. Kurz: Gemeinsam Interpretieren macht auch Spaß – und zwar viel. Fast immer.

7 Publikation von Ergebnissen gemeinsamer Interpretation

Die Gruppeninterpretation, also die *kollaborative Erzeugung* von Ergebnissen und damit auch von wissenschaftlichen Begriffen, Konzepten Einsichten und Erkenntnissen bringt im Alltag der wissenschaftlichen Qualifikation nicht nur

Gewinne, sondern kann auch Probleme nach sich ziehen – und zwar dann, wenn die Ergebnisse von Autor/innen publiziert werden, die mit der Publikation von Ergebnissen einer Gruppeninterpretation beanspruchen, sich wissenschaftlich zu *qualifizieren* (Bachelor, Master, Promotion, Habilitation). Ähnliches gilt, wenn Autor/innen unter ihrem Namen die Ergebnisse der Gruppeninterpretation in einer Publikation *veröffentlichen* möchten. Dann können sich einige Probleme einstellen. Im Groben lassen sich die Probleme in zwei Sorten unterteilen: Wer muss/will als Autor/in genannt werden? Und hat der/die Autor/in die geforderte Leistung erbracht?

7.1 Wer muss/will als Autor/in genannt werden?

Die erste Sorte von Problemen umfasst die, die entstehen, wenn *jene, die an der Interpretation beteiligt* waren, formell oder informell ihrerseits Widerspruch gegen die Publikation erheben – sei es, dass sie die Ergebnisse in anderer Weise in Erinnerung haben, sei es, dass sie sich nicht hinreichend gewürdigt fühlen. Diese Probleme sind wahrscheinlich relativ leicht, und zwar kommunikativ zu lösen: Es versteht sich von selbst, dass man alle Mitglieder einer Interpretationsgruppe bei einer Publikation in der ersten Fußnote *namentlich* benennt (und nicht nur allgemein) und allen für die Mitarbeit an der Interpretationsgruppe und die Unterstützung dankt. Das ist eine Selbstverständlichkeit oder sollte es zumindest sein.

Schwieriger wird es schon, wenn ein Gruppenmitglied eine bestimmte Idee für sich reklamiert, also darauf besteht, dass sie später in Publikationen nicht von anderen verwendet werden darf oder nur in Verbindung mit dem Hinweis, dass diese besondere Idee bzw. Interpretation auf ihn/sie zurückgeht. Hier ist eine intensivere kommunikative Lösung vonnöten: Man muss ein Vier-Augen-Gespräch suchen und gegebenenfalls auch ein moderiertes Gespräch. Bei diesem Verständigungsprozess ist für alle Beteiligten zu berücksichtigen, dass auch dann, wenn Interpretationssitzungen mit Tonband aufgezeichnet werden, nicht wirklich immer klar identifizierbar ist, wer als erster eine bestimmte Idee ins Spiel gebracht hat bzw. von wem als erster die treffende Formulierung bzw. Lesart stimmt. Denn Interpretationssitzungen kann man in gewisser Hinsicht als eine Art geistiges Billard verstehen: eine durch die Daten angestoßene Kugel (Lesart, Diskussionsbeitrag) kann die Bewegung der anderen Kugel(n), also andere Ideen und Lesarten auslösen, sie in eine oder mehrere Richtungen schlagen, wo sie andere Kugeln treffen, von ihnen abprallen und zugleich diese in Bewegung versetzen. Der oder die, welche/r eine Idee ausspricht, muss nicht ihr Erschaffer sein. Ideen haben in Interpretationsgruppen viele Väter und Mütter - und können im Übrigen auch schon vorher außerhalb der Gruppe geäußert worden sein.

Kurz: Gemeinsames Interpretieren ist gemeinsames gegenseitiges Anstoßen, aus dem dann eine oder mehrere Ideen entspringen, die dann weitere Ideen zur Folge haben. Deshalb sind die Ergebnisse von Gruppeninterpretationen letztlich immer Ergebnisse eines konkreten kommunikativen Prozesses und nicht einer konkreten Person – auch wenn manche Ergebnisse von einer bestimmten Person zum ersten Mal auf den Punkt und in eine griffige Formulierung gebracht wurden. Aber auch dann spricht der eine nur das laut aus, was alle gemeinsam erarbeitet haben – er oder sie ist nicht wirklich der/die alleinige Autor/in. Das muss *vor* der Interpretation allen Beteiligten klar sein bzw. man muss es allen Beteiligten klarmachen, und alle sollten *vorab* damit einverstanden sein.

7.2   Hat der/die Autor/in die geforderte Leistung erbracht?

Die zweite Sorte von Problemen, die sehr viel schwerwiegender sind und die Methode des gemeinsamen Interpretierens innerhalb der interpretativen Sozialforschung grundsätzlich erschüttern können, ergibt sich aus jenen Problemen, die im *Rahmen von Prüfungsleistungen* auftauchen. Prüfungsleistungen sind nämlich in der Regel *Einzelleistungen* – was bedeutet, dass die Einzelnen bezeugen und gegebenenfalls nachweisen müssen, dass bestimmte Ergebnisse, die sie im Rahmen von Qualifikationsarbeiten vorlegen, tatsächlich nur von ihnen erbracht wurden und nicht von anderen, dass sie also die *Urheber/innen* einer Lesart, eines Konzepts oder Theorie sind.

Zwar finden sich in aktuellen deutschen Prüfungsordnungen immer wieder auch Hinweise auf den Umgang mit den Ergebnissen von Gruppenarbeiten, aber auch da ist die Linie klar: Die Einzelleistung muss abgrenzbar, erkennbar und nachweisbar sein. Hier beispielhaft für viele andere eine gängige Formulierung aus einer Prüfungsordnungen der FH Hamburg:

„Arbeiten von Gruppen können für Einzelne nur insoweit als Prüfungsleistung anerkannt werden, als die zu bewertende individuelle Leistung des einzelnen Studenten deutlich unterscheidbar ist. Die Abgrenzung der Leistung des Einzelnen erfolgt auf Grund der Angabe von Abschnitten oder Seitenzahlen oder durch eine von den Mitgliedern der Gruppe vorzulegende zusätzliche Beschreibung, die eine Abgrenzung des Beitrags des Einzelnen ermöglicht." (http://www.landesrecht-hamburg.de/jportal/portal/page/bsha prod. psml;jsessionid=75F4F666C8819CC36053F3E843AD3806.jp25?nid=0&showdoccase= 1&doc.id=jlr-SozPädVorlDiplProHArahmen&st=lr, Abruf 7.5.2018)

Reicht nun jemand eine Qualifikationsarbeit (oder auch einen Artikel) bei der Prüfungskommission (oder einer begutachteten Zeitschrift) ein und schreibt (unter Nennung der Namen aller Beteiligten), dass einige oder wesentliche Ergebnisse der vorgelegten Arbeit in Gruppeninterpretationen erarbeitet wurden, dann besteht durchaus und leider auch zunehmend eine Gefahr, die nicht mehr nur akademisch, sondern real ist. Denn es kommt vor, dass wohlgesonnene, aber auch weniger wohlgesonnene Gutachter/innen oder Vorsitzende von Prüfungskommissionen die Kandidat/innen fragen, wer denn hier welche Leistung erbracht habe, ob die individuelle Leistung klar abgrenzbar sei und ob der/die jeweilige Prüfling/in bzw. Autor/in die Leistung als seine/ihre ausflaggen dürfe.

Dann ist es nicht mehr weit bis zu dem Punkt, den Autor/innen der Prüfungsleistung zu unterstellen, dass die Ergebnisse nicht wirklich von ihnen selbst produziert worden seien, sondern von anderen, bekannten wie unbekannten, genannten wie ungenannten Autor/innen. Verbunden mit diesem Zweifel wird dann gerne die Einschätzung, man könne die eingereichte Schrift nicht als Qualifikationsschrift anerkennen oder aber man könne die Verantwortlichkeit des/r Autors/in für bestimmte Aussagen nicht klar erkennen – weshalb man die Publikation verweigert. Diese Sorte von Problemen ist sehr viel schwieriger zu behandeln und man bewegt sich schnell auf dünnen Eis oder aber man reitet sich selbst weiter in die Probleme hinein. Man reitet sich selbst weiter in die Probleme hinein, wenn man z. B. in einer solchen Situation die Prinzipien und Ansprüche der Gruppeninterpretation stark macht und betont, dass man gemeinsam mehr und anderes sehe als alleine. Wer also argumentiert, man habe gemeinsam interpretiert, weil man alleine nicht so weit kommen könne, der säht Zweifel daran, ob die Einzelleistung auch so ‚gut' hätte sein können wie das Gemeinschaftswerk.

Eine Möglichkeit, diese Probleme zu lösen, besteht aus meiner Sicht darin, eine *grundlegende Unterscheidung* vorzunehmen, nämlich zwischen

- dem *Entwickeln von Lesarten in Gruppen* einerseits und
- der späteren *Tätigkeit des Schreibens* eines Textes durch eine/n Autor/in zu trennen.

Denn das sind zwei Prozesse, die sich räumlich, personell, aber auch logisch und im Hinblick auf die damit verbundene Leistung und Autorschaft deutlich voneinander unterscheiden (vgl. Barlösius/Knoke/Pook-Kolb in diesem Band).

Für den ersten Prozess und dessen Besonderheit, nämlich die gemeinsame kommunikative Konstruktion von Lesarten und Formulierungen gilt das, was ich oben beschrieben habe. In dieser Sicht wird die Interpretationsgruppe als *Medium* begriffen, das methodisch angeleitet und methodisch kontrolliert in einer spezifischen sozialen Situation eine Transformation der Daten vornimmt. Die Interpretationsgruppe ist in diesem Kontext aufzufassen eine Art *menschliches Transformationsprogramm*, das die ursprünglichen Daten, die nach Schütz Konstruktionen von Welt *erster Ordnung* sind (Schütz 1932/2004, S. 397 ff.), umformt und auf diese Weise die Daten im Hinblick auf die Fragestellung anreichert und so neue gehaltvollere *Daten* schafft, somit Daten einer höheren Ordnung, *Daten zweiter Ordnung* herstellt. Diese Daten würden auch im Sinne von Schütz *Konstruktionen zweiter Ordnung* sein.

Interpretationen, die mit Hilfe einer Interpretationsgruppe geschaffen wurden, wären also *nicht* die schlussendliche Transformation der Ursprungsdaten in ein Konzept oder eine Theorie, sondern sie wären ein *Zwischenschritt* zur Erzeugung neuer gehaltvollerer Daten, die für eine spätere Gesamtinterpretation im Hinblick auf die Fragestellung eines Forschungsvorhabens erst neu ausgedeutet und dann auf den theoretisch relevanten Punkt gebracht werden müssen. Interpretationen von Interpretationsgruppen stellen somit erst einmal kein Konzept und keine Theorie zur Verfügung, sondern liefern das Datenmaterial dazu, Konzept wie Theorie, also *Konstruktionen*, und damit auch *Daten dritter Ordnung* erst zu erzeugen. Auch wenn in dieser Sicht die Konstruktionen zweiter und dritter Ordnung wissenschaftliche Konstruktionen sind und sich somit von den alltäglichen prinzipiell unterscheiden, sind sie jedoch nicht identisch, sondern ebenfalls *prinzipiell* verschieden – weil es die Konstruktionen dritter Ordnung sind, welche die Konstruktionen zweiter Ordnung als Daten behandeln und sie damit erneut und eigenständig ausdeuten.

Stellt sich noch die Frage, wem diese, von der Interpretationsgruppe produzierten Daten gehören (Rixen 2018). Aus meiner Sicht ist die Sache dann eindeutig, wenn alle Beteiligten vorab wussten, dass die Interpretation im Rahmen eines Forschungsvorhabens (unabhängig davon, wie groß es ist) gemeinsam erzeugt wurden. Dann nämlich gehören diese Daten denjenigen, die diesen Prozess in Gang gesetzt haben und schlussendlich verantworten, also der Forschungsleitung. Sie entscheiden dann darüber, ob und wie die Daten genutzt werden sollen, ob und wie diese *Daten zweiter Ordnung* neu ausdeutet und welche Daten wie für eine Konzeptionalisierung bzw. eine theoretische Verdichtung genutzt werden. Diese gedankliche Arbeit, welche theoretisches Wissen, methodologische Reflexionen und ein hohes Maß an methodischer Feinfühligkeit voraussetzt, ist eine eigenständige und beachtliche Leistung.

Entscheidend ist aus meiner Sicht (und das macht den wesentlichen Unterschied aus, der auch rechtlich einen Unterschied macht), dass die Autor/innen selbst wieder als Interpret/innen des Interpretationsprozesses der Anderen tätig werden – also dass sie gerade nicht eins zu eins die Ergebnisse der Interpretationsgruppe abschreiben und sie als die Eigenen ausgeben, sondern dass sie diese in einem weiteren gedanklichen Prozess der Reflexion im Hinblick auf die eigene Fragestellung interpretieren und neu gestalten. Das auf diese Weise zustande gekommene neue Produkt unterscheidet sich dann wesentlich von den ursprünglichen Interpretationsergebnissen und geht auch auf andere Autor/innen zurück – weshalb man diese Ergebnisse zu Recht für sich reklamieren kann.

7.3 Zur Notwendigkeit institutioneller Regelung

Wenn Autor/innen sich also entschließen, innerhalb der eigenen Arbeit Teile der Interpretationen der Interpretationsgruppe für ihre Zwecke zu nutzen, dann handelt es sich gerade *nicht* um die Verdopplung der Interpretationsergebnisse anderer, sondern um ein eigenes Produkt. Die Ergebnisse der anderen, also die der Interpretationsgruppe, werden dann als *Quelle* genutzt und in die eigene Argumentation als *Zitat* eingebaut. Dieses Zitat wird also von den Autor/innen der Schrift benutzt, um /ihre Interpretation zu differenzieren und zu plausibilisieren oder zu belegen.

Bei Qualifikationsarbeiten muss also deutlich unterschieden werden zwischen den *Aussagen der Interpretationsgruppe* und deren Ergebnissen auf der einen (Daten zweiter Ordnung) und der *Tätigkeit der Autor/innen*, die die Ergebnis der Interpretationsgruppe erneut interpretieren, neu bewerten und neu anordnen auf der anderen Seite. Insofern können sie immer nur die Interpretationsgruppe als externe Quelle zitieren und nicht als Teil ihres eigenen Tuns, auch wenn sie selbst an der Interpretationsgruppe beteiligt waren und diese sogar moderiert haben. Zitate aus den Ergebnisprotokollen der Interpretationsgruppen sind also zu behandeln wie Zitate aus der wissenschaftlichen Literatur, die man anführt, um zu belegen, von welchen gedanklichen Operationen anderer oder von welchen Daten man sich hat bewegen lassen, eigene Überzeugungen zu entwickeln und zu festigen.

Man muss also meines Erachtens als Autor/in sehr klar herausarbeiten, dass man einerseits als Autor/in eines Textes tätig wird, der zum Zwecke seiner Qualifikation eine Qualifikationsarbeit schreibt und dort andererseits innerhalb dieser Qualifikationsarbeit im empirischen Teil auf (Teil-)Ergebnisse zurückgreift, die mithilfe anderer Kolleg/innen aufgrund der Dateninterpretation erlangt wurden. Autor/innen geben dann mit ihrer Arbeit weder die Ergebnisse dieser Kommunikation in Gänze wieder, noch geben sie diese Ergebnisse als seine eigene Leistung aus, sondern sie interpretieren die Gruppenleistung vor dem Hintergrund als besondere Daten, die sie unter der eigenen Fragestellung neu ausdeuten.

Insofern ist das gemeinsame Interpretieren vergleichbar mit dem gemeinsamen Arbeiten in Laboren, Instituten oder Arbeitsgruppen: Auch dort wird immer wieder am Labortisch und in der Kantine und zwischen Tür und Angel über die laufende Forschung teils formell, teils informell diskutiert. Im Labor oder im Institut entsteht dabei ein gemeinsames Klima und eine gemeinsame gedankliche Orientierung, die durchaus die Überzeugungen aller Beteiligten weiterträgt und die in der Regel auch weiter führt als hätte man alleine gearbeitet. Dennoch sind auch die in Laboren, Instituten und in Arbeitsgruppen erzielten Ergebnisse von dem zu verantworten, der sie vor dem Hintergrund einer eigenen Fragestellung in eigener Verantwortung später auswählt und interpretiert und dann auf eigene Verantwortung (wenn auch unter Nennung der Namen der Beteiligten) dem wissenschaftlichen Diskurs zur Verfügung stellt.

Misslich ist bislang, dass jede/r Autor/in im Falle eines offiziellen Zweifels an seiner vollen Autorschaft dieses Problem *allein* lösen muss – also den prinzipiellen Zweifel für seinen Fall kommunikativ beseitigen muss, was angesichts der ungleichen Machtverhältnisse zwischen Gutachter/innen und Begutachteten nicht immer einfach ist. Hilfreich wäre, wenn die Sektionen der Fachgesellschaften, die von den o.a. Problemen besonders betroffen sind, hierzu verbindliche Klärungen herbeiführen und eine institutionell abgesicherte Sprachregelung schaffen würden, auf die dann im Falle eines Zweifels verwiesen werden kann. Das würde die Position der Betroffenen deutlich verbessern und würde auch der Gruppeninterpretation und somit auch der interpretativen Sozialforschung guttun.

Literatur

Angermüller, J. (2012): Wissenschaft als Wissen/Macht. In: Soeffner, H.-G. (Hrsg.): Transnationale Vergesellschaftungen. Wiesbaden: VS, S. 707–718.
Berli, O. (2017): Diszipliniertes Interpretieren. In: Soziale Welt 4, S. 431–444.
Bohnsack, R. (2014): Rekonstruktive Sozialforschung. Opladen: Leske + Budrich.
Bonz, J./Eisch-Angus, K./Hamm, M./Sülzle, A. (Hrsg.) (2017): Ethnographie und Deutung. Wiesbaden: Springer.
Bourdieu, P. (1989): Satz und Gegensatz. Berlin: Wagenbach.
Brandom, R. (1994): Making It Explicit: Reasoning, Representing, and Discursive Commitment. Cambridge und Mass.: Harvard University Press.
Breuer, F. (2009): Reflexive Grounded Theory. Wiesbaden: VS Verlag.
Camic, C./Gross, N./Lamont, M. (Hrsg.) (2011): Social Knowledge in the Making, Chicago und London: Routledge.
de Saint-Exupèry, A. (1956): Der Kleine Prinz. Düsseldorf: Karl Rauch.
Eberle, T. (2000): Lebensweltanalyse und Handlungstheorie. Beiträge zur verstehenden Soziologie. Konstanz: UVK.
Engbert, K./Krey, B. (2013): Das lesende Schreiben und das schreibende Lesen. In: Zeitschrift für Soziologie 42, S. 366–-384.
Gadamer, H.-G. (1975): Wahrheit und Methode. Tübingen: Mohr.
Garz, D./Raven, U. (2017): Theorie der Lebenspraxis. Wiesbaden: VS Springer.
Glaser, B. G./Strauss, A. L. (1967): The discovery of grounded theory: strategies for qualitative research. New York: de Gruyter.
Habermas, J. (1984): Wahrheitstheorien. In: ders.: Vorstudien und Ergänzungen zur Theorie des kommunikativen Handelns. Frankfurt am Main: Suhrkamp, S. 127–183.
Haubl, R. (2013): Kollegiales Lernen in einer forschenden Interpretationsgruppe. MS. Frankfurt am Main.
Hitzler, R./Reichertz, J./Schröer, N. (1999) (Hrsg.): Hermeneutische Wissenssoziologie. Standpunkte zur Theorie der Interpretation. Konstanz: UVK.
Hoffmann, B./Pokladek, G. (2010): Das spezielle Arbeitsbündnis in qualitativen Forschungswerkstätten. Merkmale und Schwierigkeiten aus der Perspektive der TeilnehmerInnen. In: ZQF 10, S. 197-217.
Honegger, C. (1990): Das Pathos des Konkreten. In: Frankfurter Rundschau vom 14.04. S. 2.
Hornidge, A.-K. (2017): Marine Wissenschaftsforschung: FS Meteor als Ort interdisziplinärer Wis-

sensproduktion. In: Hempel, G./Hempel, I./Hornidge, A.-K. (Hrsg.): Klüger nutzen – besser schützen. Bremer Forschung an tropischen Küsten. Bremen: Edition Falkenberg, S. 25–29.
Keller, R./Knoblauch, H./Reichertz, J. (Hrsg.) (2012): Kommunikativer Konstruktivismus. Wiesbaden: Springer.
Keller, R./Poferl, A. (2014): Soziologische Wissenskulturen. Zur Generierung wissenschaftlichen Wissens durch die Praxis der Auslegung. In: Hitzler, R. (Hrsg.): Hermeneutik als Lebenspraxis. Weinheim: Beltz Juventa, S. 177–191.
Keller, R./Poferl, A. (Hrsg.) (2018): Wissenskulturen der Soziologie. Weinheim: Juventa.
Knoblauch, H. (1995): Kommunikationskultur. Die kommunikative Konstruktion kultureller Kontexte. Berlin: de Gruyter.
Knoblauch, H. (2017): Die Kommunikative Konstruktion der Wirklichkeit. Wiesbaden: Springer VS.
Knorr-Cetina, K. (1984): Die Fabrikation von Erkenntnis. Frankfurt am Main: Suhrkamp.
Krüger, A. (2008): Die ethnographische Deutungswerkstatt. In: Freikamp, U./Leanza, M./Mende, J./Müller, S./Ullrich, P./Voß, H.-J. (Hrsg.): Kritik mit Methode? Forschungsmethoden und Gesellschaftskritik. Berlin: Dietz, S. 127–147.
Kuckartz, U. (2016): Qualitative Inhaltsanalyse. Methoden, Praxis, Computerunterstützung. Wiesbaden: VS Springer.
Kurt, R./Herbrik, R. (2014): Sozialwissenschaftliche Hermeneutik und hermeneutische Wissenssoziologie. In: Baur, N./Blasius, J. (Hrsg.) (2014): Handbuch Methoden der empirischen Sozialforschung. Wiesbaden: Springer Fachmedien, S. 473–491.
Latour, B./Woolgar, S. (1986): Laboratory Life. The construction of scientific facts. Princeton und New York: Princeton University Press.
Lorenzer, A. (1986): Tiefenhermeneutische Kulturanalyse. In: König, H.-D. (Hrsg.) (1986): Kultur-Analysen. Frankfurt am Main: Fischer, S. 11–39.
Luckmann, T. (2002): Der kommunikative Aufbau der sozialen Welt und die Sozialwissenschaften. In: Ders. (Hrsg.): Wissen und Gesellschaft. Ausgewählte Aufsätze 1981-2002. Konstanz: UVK, S. 157–181.
Meyer, C./Meier zu Verl, C. (2013): Hermeneutische Praxis. In: Sozialer Sinn 14, S. 207-234.
Mulkay, M. J. (1979): Science and the Sociology of Knowledge. London: Allen & Unwin.
Oevermann, U. (1983): Zur Sache. Die Bedeutung Adornos methodologischem Selbstverständnis für die Begründung einer materialen soziologischen Strukturanalyse. In: von Friedeburg, L./Habermas, J. (Hrsg.): Adorno-Konferenz 1983. Frankfurt am Main: Suhrkamp, S. 234–292.
Oevermann, U./Allert, T./Konau, E./Krambeck, J. (1979): Die Methodologie einer 'objektiven Hermeneutik' und ihre allgemeine forschungslogische Bedeutung in den Sozialwissenschaften. In: Soeffner, H.-G. (Hrsg.): Interpretative Verfahren in den Sozial- und Textwissenschaften. Stuttgart: Metzler, S. 352–433.
Pflüger, J. (2013): Qualitative Sozialforschung und ihr Kontext: Wissenschaftliche Teamarbeit im internationalen Vergleich. Wiesbaden: Springer VS.
Potter, J./Wetherell, M. (1987/2005): Discourse and Social Psychology: Beyond Attitudes and Behaviour. London: Sage.
Reichertz, J. (2009): Kommunikationsmacht. Wiesbaden: Springer.
Reichertz, J. (2013a): Gemeinsam interpretieren. Wiesbaden: Springer.
Reichertz, J. (2013b): Die Abduktion in der qualitativen Forschung. Wiesbaden: Springer.
Reichertz, J. (2016): Qualitative und interpretative Sozialforschung. Eine Einladung. Wiesbaden: Springer.
Reichertz, J. (2017): Neues in der qualitativen und interpretativen Sozialforschung? In: ZQF 1, S. 71–89.
Reichertz, J. (2018): Wer erbringt hier die Leistung? In: Soziologie 47, S. 176–187.
Reichertz, J./Tuma, R. (Hrsg.) (2017): Der Kommunikative Konstruktivismus bei der Arbeit. Weinheim: Juventa.
Reim, T./Riemann, G. (1997): Die Forschungswerkstatt. In: Jakob, G./von Wensierski, H.-J. (Hrsg.): Rekonstruktive Sozialpädagogik. Konzepte und Methoden sozialpädagogischen Verstehens in Forschung und Praxis. Weinheim: Juventa, S. 223–238.
Renn, J. (2006): Übersetzungsverhältnisse. Weilerswist: Velbrück.

Riemann, Gerhard (2005): Zur Bedeutung von Forschungswerkstätten in der Tradition von Anselm Strauss. Mittagsvorlesung, 1. Berliner Methodentreffen Qualitative Forschung, 24.–25. Juni 2005. Verfügbar über:
http://www.berliner- methoden- treffen.de/material/2005/riemann.pdf (Abruf 1.2.2013).
Riemann, G. (2011): „Grounded theorizing" als Gespräch – Anmerkungen zu Anselm Strauss, der frühen Chicagoer Soziologie und der Arbeit in Forschungswerkstätten. In: Günter Mey & Katja Mruck (Hrsg.): Grounded Theory Reader. Wiesbaden: VS, S. 405–426.
Riemann, G./Schütze, F. (1987): Some Notes on a Student Research Workshop. In: Newsletter No. 8 of the International Sociological Association Research Committee 38.
Rixen, S. (2018): Zukunftsthema. Zum Umgang mit Forschungsdaten. In: Forschung und Lehre 2, S.108–111.
Schneider, P. (2018): Das Kreuz im Glas. In: Stoellger, P./Kumlehn, M. (Hrsg.): Bildmacht. Machtbild. Würzburg: Königshausen & Neumann, S. 263–296.
Schröer, N. (2013): Zur hermeneutisch-wissenssoziologischen Auslegung des Fremden. In: Bettmann, R./Roslon, M. (Hrsg.): Going the Distance. Impulse für die interkulturelle qualitative Sozialforschung. Wiesbaden: Springer, S. 61–77.
Schröer, N./Bettmann, R./Sharma, A./Leifeld, U. (2012): Protointerpretative Horizontverschmelzung: Zur Bildung einer ‚gemeinsamen Mitspielkompetenz' in einer multiperspektivischen Interpretengruppe. In: Schröer, N./Hinnenkamp, V./Kreher, S./Poferl, A. (2012) (Hrsg.): Lebenswelt und Ethnographie. Essen: Oldib, S. 231–242.
Schütz, A. (1932/2004): Der sinnhafte Aufbau der sozialen Welt. Konstanz: UVK.
Siriwardane, R./Hornidge, A.-K. (2016): Putting Lifeworlds at Sea: Studying Meaning-Making in Marine Research. Frontiers in Marine Science.
https://www.frontiersin.org/articles/10.3389/fmars.2016.00197/full (Abruf 08.05.2018).
Soeffner, H.-G. (2004): Auslegung des Alltags – Der Alltag der Auslegung. Konstanz: UVK.
Soeffner, H.-G. (2018): Interviewbeitrag zu: „Wie bitte, denken Sie?" – Das Interviewformat zum Thema Kopfarbeit (www.wie-bitte-denken-sie.de/hans-georg-soeffner, Abruf: 1.4.2018).
Strauss, A. (1994): Grundlagen qualitativer Sozialforschung. Stuttgart: Fink Verlag.
Tuma, R. (2017): Videoprofis im Alltag. Wiesbaden: Springer VS.

1.3
Sekundäranalyse

Irena Medjedović

1 Einleitung

Der Begriff „Sekundäranalyse" beschreibt eine Strategie, bei der zur Beantwortung einer Forschungsfrage auf bereits vorliegende Daten zurückgegriffen wird. Bei der Sekundäranalyse handelt es sich also um keine Methode im engeren Sinne, das heißt, es kann keine spezifische Verfahrensweise beschrieben werden. Stattdessen betrifft sie eine Komponente in der Konstruktion von Untersuchungsplänen, nämlich die Auswahl des empirischen Materials. Alternativ oder komplementär zur Erhebung von Daten wird im Zusammenhang einer anderen Untersuchung bereits erhobenes Datenmaterial genutzt. Klingemann und Mochmann hielten bereits 1975 fest, dass

> „es [...] vor allem dieser Sachverhalt [ist], der Rückgriff des Forschers auf bereits vorliegende Daten, die Abtrennung des Prozesses der Datenerhebung von den Prozessen der Datenverarbeitung und der Dateninterpretation, der mit dem Begriff der Sekundäranalyse gemeint ist" (Klingemann/Mochmann 1975, S. 178).

Und vor allem aufgrund dieses Sachverhalts impliziert die Sekundäranalyse einige methodologische Besonderheiten, die im Forschungsprozess zu berücksichtigen sind. Mit dem Fokus auf der qualitativen Sekundäranalyse sollen diese Prämissen näher erläutert werden (Abschnitte 4 bis 7). Bevor dies geschieht, wird zunächst ein Blick auf die Geschichte der Sekundäranalyse geworfen (Abschnitt 2) sowie im Weiteren die spezifischen Ziele und Varianten dieser Forschungsstrategie (Abschnitt 3) bestimmt. Soll auf bereits vorliegende Daten zurückgegriffen werden, stellt sich nicht zuletzt auch die Frage nach entsprechenden Zugängen für die Sekundäranalyse (Abschnitt 8). Dabei wird sich zeigen, dass die qualitative Sekundäranalyse – wie auch in der quantitativen Forschungstradition – eng verknüpft ist mit der Entwicklung von Dateninfrastrukturen im Form von Forschungsdaten-Archiven und -Serviceeinrichtungen.

2 Entstehungsgeschichte der Sekundäranalyse

Die Sekundäranalyse hat im Bereich quantitativer Methoden bereits eine lange Tradition: Bereits in den Jahren 1957 und 1960 waren die ersten großen Umfragearchive – das US-amerikanische „Roper Center for Public Opinion Research" und das „Zentralarchiv für Empirische Sozialforschung" in Köln (heute: GESIS-Datenarchiv) – gegründet worden (Scheuch 1967); mit der Monografie „Secondary Analysis of Sample Surveys: Principles, Procedures, and Potentialities" hatte Herbert H. Hyman 1972 einen weiteren Meilenstein für den Einzug der Sekundäranalyse in den Forschungs- und Methodenkanon der Sozialwissenschaften gesetzt.

Üblicherweise zitieren Schriften zur Sekundäranalyse zwar beispielhafte Studien schon aus dem 19. Jahrhundert, in denen Forscher (noch relativ mühsam) auf fremde Datenquellen wie amtliche Statistiken (z. B. Volkszählungen) oder auch nichtamtliche periodische Zählungen (z. B. Versicherungs- oder Betriebsstatistiken) für ihre Analyse zurückgriffen. Etablierung fand die Sekundäranalyse aber erst seit Mitte des 20. Jahrhunderts mit der Gründung der genannten Umfragearchive, die eine neue Datenquelle für die Forschung öffneten: Umfragedaten beschrieben eine ganz neue Qualität von zugänglichem Datenmaterial für die Forschung. Zusammen mit dem technischen Fortschritt in der elektronischen Datenverarbeitung und der Gründung der Umfragearchive eröffneten sich ganz neue Möglichkeiten für die Forschung. Die Euphorie über diese Entwicklung ist auch Hymans 1972 publiziertem Pionierwerk zur Sekundäranalyse anzumerken. Hakim (1982, S. 3) spricht bezeichnenderweise von der „social data revolution of the 1970s".

Die Entwicklung der Sekundäranalyse in der quantitativen Forschungstradition ist mittlerweile so weit vorangeschritten, dass standardmäßig und kontinuierlich große Umfragedatensätze auf nationalem oder internationalem Niveau produziert werden, die von vornherein für die multiple Nutzung durch einen möglichst großen Kreis wissenschaftlicher Nutzer und Nutzerinnen konzipiert sind (Mochmann 2014, S. 238 ff.). Hierzu zählen Umfrageserien wie die Allgemeine Bevölkerungsumfrage der Sozialwissenschaften (ALLBUS), das Soziooekonomische Panel (SOEP), Polit- und Eurobarometer, das International Social Survey Programme (ISSP), das World Value Survey etc. Diese „multi-purpose surveys" (Hakim 1982, S. 3) verwischen die Grenzen zwischen Primär- und Sekundäranalyse, da sie keine Originalforscher bzw. -forscherinnen und keinen einzelnen und zentralen thematischen Fokus haben. Sie sind speziell designed, um ein breites Potenzial für Sekundäranalysen zu bieten.

Neben die etablierten zentralen Umfragearchive wie das GESIS-Datenarchiv in Deutschland gesellt sich heute ein Netzwerk von sog. Forschungsdatenzentren (FDZ). Seit der Jahrtausendwende unterstützt der vom BMBF ins Leben gerufene Rat für Sozial- und WirtschaftsDaten (RatSWD, vormals Kommission zur Verbesserung der informationellen Infrastruktur zwischen Wissenschaft und Statistik (KVI)) diese Entwicklung einer dezentral ausgerichteten, d.h. bei den Datenproduzenten selbst angesiedelten Forschungsinfrastruktur (RatSWD 2011). Mit nunmehr aktuell insgesamt 31 vom RatSWD akkreditierten Forschungsdatenzentren (www.ratswd.de/forschungsdaten/fdz) ist der Zugriff auf hochwertige statistische Daten für sozial-, politik-, verhaltens- und wirtschaftswissenschaftliche Forschung selbstverständlich geworden – so selbstverständlich, dass Forscherinnen und Forscher zuweilen scherzen, keinen guten Grund zu entdecken, eigens Daten zu erheben (Donnellan/Trzesniewski/Lucas 2011, S. 3).

Sekundäranalyse war also lange Zeit ein Synonym für die erneute Nutzung statistischer, insbesondere Umfragedaten. Es war Barney Glaser (Glaser 1962; Glaser 1963) – bekannt für seine Arbeiten zusammen mit Anselm Strauss zur Grounded-Theory-Methodologie –, der bereits Anfang der 1960er Jahre propagierte, Sekundäranalysen nicht nur der quantitativen Forschung zu überlassen. Trotzdem wurde die qualitative Sekundäranalyse erst 30 Jahre später systematisch aufgegriffen. Mitte der 1990er Jahre sind vor allem im nordamerikanischen Raum Anfänge einer Auseinandersetzung mit den Potenzialen sowie den methodologischen Aspekten und Problemen der Sekundäranalyse qualitativer Daten durch einzelne sowie Gruppen von Forscherinnen und Forschern zu verzeichnen (Hinds/Vogel/Clark-Steffen 1997; Szabo/Strang 1997; Thorne 1994). Diese ersten Aufsätze reflektieren Erfahrungen mit Sekundäranalysen, die im Kontext der Gesundheits- und Pflegewissenschaften durchgeführt wurden. Auf der Grundlage eines Reviews der englischsprachigen Literatur dieser Disziplin publizierte Janet Heaton (2004) einige Jahre später die erste Monografie zur qualitativen Sekundäranalyse. Darin widmete sie sich den methodologischen Besonderheiten der qualitativen Sekundäranalyse, die sie als eigenständige Forschungsstrategie definierte.

Die Einführung der qualitativen Sekundäranalyse im europäischen Raum ist vor allem mit den Bemühungen verbunden, Infrastrukturen für die Archivierung und Bereitstellung qualitativer Primärdaten zu schaffen. Hauptakteur ist hier das britische Qualidata, mittlerweile Teil des UK Data Service an der University of Essex (www.ukdataservice.ac.uk); für Deutschland das Qualiservice (vormals Archiv für Lebenslaufforschung) an der Universität Bremen (http://www.qualiservice.org/).

Im Umfeld dieser Archive bzw. international zu beobachtender Archivgründungsbemühungen entstanden zahlreiche internationale und interdisziplinäre Veröffentlichungen zur Archivierung und Sekundäranalyse qualitativer Daten. Zu nennen sind hier insbesondere vier Schwerpunktausgaben der Zeitschrift „Forum Qualitative Forschung / Forum: Qualitative Social Research (FQS)" (Corti et al. 2000; Corti/Witzel/Bishop 2005; Bergman/Eberle 2005; Valles et al. 2011), der Focus-Band der Zeitschrift „Historical Social Research / Historische Sozialforschung (HSR)" (Witzel/Medjedović/Kretzer 2008) sowie die bis dato einzige deutschsprachige Monographie zur qualitativen Sekundäranalyse (Medjedović 2014b). In diesen Publikationen finden sich einige exemplarische Sekundäranalysen in unterschiedlichen Anwendungsfeldern (Medjedović 2014b, S. 51–54; Witzel/Medjedović/Kretzer 2008) sowie Aufsätze, die die dieser Forschungsstrategie inhärenten Probleme aufzeigen und diskutieren (siehe hierzu Ausführungen unten).

Mittlerweile hat die qualitative Sekundäranalyse auch in Publikationen Eingang gefunden, die von einem methodenintegrativen Verständnis ausgehen, sprich qualitative und quantitative gleichgewichtig darstellen. Zu nennen sind hier die vierbändige SAGE-Publikation zur Sekundäranalyse (Goodwin 2012) sowie die Beiträge von Medjedović (2014a) und Mochmann (2014) im „Handbuch Methoden der empirischen Sozialforschung" von Baur und Blasius.

Das im Vergleich zur quantitativen Sekundäranalyse späte Aufgreifen der Sekundäranalyse für die qualitativ orientierte Forschung hängt sicherlich zum Teil mit dem Werdegang qualitativer Forschungsmethodik (Ploder in diesem Band) selbst zusammen: Seit ihrer Renaissance (in den 1960er Jahren in den USA, in den 1970er Jahren im deutschen Sprachraum) hatte sie sich gegen den Mainstream der quantitativen Methoden zu behaupten und durchzusetzen (Flick 1999, S. 16–21; Mey/Mruck 2007). Mittlerweile hat die qualitative Forschung an Verbreitung und Bedeutung gewonnen, sodass sie eine Etablierung in den human- und sozialwissenschaftlichen Disziplinen erfahren hat (Hitzler 2007) und auf umfangreich produzierte Daten verweisen kann (bzgl. des Umfangs an Interviewdaten: Opitz/Mauer 2005). Parallel dazu sind auch Möglichkeiten der EDV-gestützten Datenerfassung, -aufbereitung und -archivierung, des Zugriffs auf elektronisch verfügbare qualitative Daten mittels Datenanalyseprogrammen (Kuckartz/Rädiker 2010) sowie Entwicklungen im Bereich der Online-Ressourcen und -Datenbanken (Legewie et al. 2005; Mruck 2005) entstanden. Damit sind wichtige Voraussetzungen für die Anwendung von qualitativen Sekundäranalysen geschaffen worden.

3 Ziele und Varianten der Sekundäranalyse

Vom Standpunkt der jeweiligen Forscher und Forscherinnen unterscheidet sich die allgemeine Zielsetzung der Sekundäranalyse nicht von der der Primäranalyse. Für beide gilt: Neue wissenschaftliche Erkenntnisse über den gewählten Untersuchungsgegenstand sind hervorzubringen! Die Sekundäranalyse fungiert daher nicht mehr, aber auch nicht weniger als ein alternativer oder ergänzender Forschungsansatz auf dem Weg zur wissenschaftlichen Erkenntnis.

Soll die Sekundäranalyse jedoch näher charakterisiert werden, lassen sich durchaus verschiedene Zielsetzungen und damit einhergehende Varianten beschreiben: Zum einen wird sie verwendet, um *neue oder ergänzende Fragen* an bereits vorhandenes Material zu stellen, zum anderen, um Befunde früherer Forschung zu *validieren*. In Abhängigkeit von dem Grad der Nähe zwischen den Fragestellungen von Primär- und Sekundärstudie benennt Heaton (2004; 2008) drei *Varianten* der Sekundäranalyse:

- In der *supra- oder transzendierenden Analyse* (*supra analysis*) werden die Daten unter einer neuen Forschungsperspektive ausgewertet. Sie geht über die im Rahmen der Primärstudie entwickelten Begrifflichkeiten hinaus und verwendet die Daten dieser Studie für neue theoretische, empirische oder methodologische Fragestellungen (exemplarisch Medjedović/Witzel 2005).
- Im Unterschied hierzu geht es bei der *ergänzenden Analyse* (*supplementary analysis*) um eine Ausweitung des ursprünglichen Ansatzes. Der ergänzende Charakter besteht in der Untersuchung einzelner Fragen, die in der Originalstudie gestellt, aber nicht oder nicht erschöpfend bearbeitet wurden. Spezifische Themen, Aspekte oder Teile der Daten (zum Beispiel Subsets des Samples), die erst im Nachhinein Gegenstand des wissenschaftlichen Interesses geworden sind (daher auch *retrospektive Interpretation*, Thorne 1994), werden einer vertiefenden Analyse unterzogen (exemplarisch Notz 2005).
- Die erneute Analyse der Daten unter der gleichen Fragestellung wird als *Reanalyse* (*re-analysis*) bezeichnet und intendiert, die Resultate der ursprünglichen Analyse zu überprüfen bzw. zu verifizieren (exemplarisch Gläser/Laudel 2000).

Diese vermeintliche „Verifizierungsfunktion" der Reanalyse wird besonders unter dem Stichwort Forschungstransparenz und Archivierung von Forschungsdaten verstärkt diskutiert. Im Rahmen der Gründung des britischen Qualidata setzte sich Hammersley bereits 1997 mit der Reanalyse als Instrument zur Prüfung von Forschungsergebnissen durch andere Forschende kritisch auseinander. In Deutschland wird – vor allem infolge eines Aufsehen erregenden Falls der Datenfälschung in der Biomedizin – von Wissenschaftsorganisationen der Rückgriff auf Originaldaten eingefordert und Wissenschaftler und Wissenschaftlerinnen werden dazu angehalten, ihre Daten über einen längeren Zeitraum für Reanalysen zu sichern, um damit wissenschaftlichen Irrtümern und Fälschungen zu begegnen (DFG 1998, 2013; Kaase 1998; RatSWD 2015). Wie dem folgenden Zitat zu entnehmen ist, formuliert die DFG dabei die Nachvollziehbarkeit von Daten und Ergebnissen ausgehend von dem (naturwissenschaftlichen) Ideal der Replizierbarkeit, sprich der exakten Nachbildbarkeit einer Untersuchung:

„Experimente und numerische Rechnungen können nur reproduziert werden, wenn alle wichtigen Schritte nachvollziehbar sind. Dafür müssen sie aufgezeichnet werden. [...] Wiederum gilt Ähnliches in der Sozialforschung [...]." (DFG 1998, S.12).

Auch die Diskussion in der deutschsprachigen qualitativen Forschung greift diesen Punkt auf. Angesichts eines verschärften Wettbewerbs um Forschungsgelder sieht Reichertz (2007) eine neue Notwendigkeit für die qualitative Forschung, ihre Anerkennung und praktische Relevanz im Wissenschaftsbetrieb zu behaupten. Die Archivierung und Bereitstellung für Sekundäranalysen (genauer: Reanalysen) sei in diesem Zusammenhang ein Instrument, um qualitative Forschung der intersubjektiven Nachvollziehbarkeit zugänglich zu machen und darüber wissenschaftliche Gütestandards qualitativer Forschung fest zu etablieren. Als weiteren Bestandteil dieser Nachvollziehbarkeit formuliert Reichertz die Notwendigkeit der Kanonisierung der einzelnen Methoden, sodass diese „von jedem eingesetzt werden können und zu einem vergleichbaren Ergebnis führen" (Reichertz 2007, S. 200). Zwar ist Reichertz sicherlich kein Vertreter naturwissenschaftlich orientierter bzw. positivistischer Forschungsideale, doch ist auch in seiner Definition von intersubjektiver Nachvollziehbarkeit bzw. der diesbezüglichen Leistung von Reanalysen der Gedanke der Replizierbarkeit von (vergleichbaren) Forschungsergebnissen angelegt.

Methodologisch lassen sich allerdings berechtigte Einwände gegen das Validierungspotenzial von Reanalysen vorbringen.

So weist Hammersley (1997, S. 132) darauf hin, dass Replikationen in den Sozialwissenschaften sehr begrenzt möglich sind, da die untersuchten Phänomene zu variabel sind. Aufgrund der Zeitspanne zwischen zwei Untersuchungen und der darin stattgefundenen Veränderungen der Umstände sei eine Nachbildung einer vormaligen Studie durch eine neue daher in entscheidenden Punkten letztlich eine Untersuchung *verschiedener* Phänomene.

Für Reanalysen qualitativer Studien gilt ferner, dass die fehlende Standardisierung qualitativer Verfahren eine Dokumentation erschwert, die als Grundlage für die Wiederholung der angewandten Auswertungs- und Interpretationsschritte en détail dienen könnte. Wie weiter unten in den Ausführungen zur Kontextsensitivität noch deutlich werden wird, geht es bei der Nachvollziehbarkeit des Erhebungskontextes jedoch nicht bloß um eine technische Frage, sondern begründet eine jeweils andere Ausgangssituation für Primär- und Sekundärforschung. So spielen in der qualitativen Erhebungssituation das Erleben der individuellen Interaktion und die Subjektivität der Interagierenden eine große Rolle und fließen als mehr oder weniger „tacit knowledge" in die Interpretation ein. In der Reanalyse fehlt dieser unmittelbare Kontextbezug. Qualitative Auswertungsverfahren sind in der Regel auch nicht in dem Maße operationalisierbar, dass der Versuch, die gleiche Auswertungsmethodik anzuwenden, auch bedeutet, in gleicher Weise vorzugehen.

Darüber hinaus ist die Verifizierungs- bzw. Validierungsfunktion der Reanalyse abhängig von der Frage, wie Forschungsergebnisse überhaupt bewertet werden können bzw. Validität von Forschungsergebnissen „gemessen" werden kann – eine Frage, deren Beantwortung in der qualitativen Forschung keineswegs Einigkeit erreicht hat (vergleiche Flick in diesem Band, außerdem die Diskussion in Erwägen – Wissen – Ethik 18). Entsprechend einer Vielfalt qualitativer Forschungsansätze existieren auch unterschiedliche wissenschaftliche Auffassungen und Lösungsansätze, die sich von Qualitäts*standards* (bestimmter) qualitativer Verfahren über *Kriterien* zur Bewertung qualitativer Forschung bis zu *Strategien* der Geltungsbegründung erstrecken (Medjedović 2014b, S. 191–196, ausführlich von Flick in diesem Band dargestellt).

Auch sind die bisherigen empirischen Beispiele für Reanalysen (zum Beispiel Gläser/Laudel 2000; Fielding/Fielding 2000; König 1997) weniger tatsächliche Überprüfungen im Sinne eines schrittweisen Nachvollzugs des originären Forschungs- und Theoriebildungsprozesses. Sie zeigen, dass Reanalysen zwar wertvolle Hinweise auf methodologische Probleme der Primärstudie sowie auf die Konstruktionsprozesse, die bei jeder Interpretation von Daten am Werk sind, geben können, aber kaum geeignete Mittel zur „echten Falsifizierung" von Forschungsergebnissen darstellen. Vielmehr werden alternative oder neue theoretische Sichtweisen an den Daten entwickelt bzw. aufgedeckt, welche Themen in der Primäranalyse nicht erforscht wurden.

Aus der Reihe von vorgeschlagenen Bewertungsansätzen können schließlich zwei Konzepte für die qualitative Reanalyse angewendet werden:

- Im Sinne einer *erweiterten diskursiven Validierung mit empirischer Überprüfung von Deutungshypothesen am Material* kann sie als Überprüfung der Ergebnisse der Primärstudie durchgeführt werden. Hierbei ist jedoch zu beachten, dass auch bei der als „Hypothesentest" angelegten Reanalyse eine andere Lesart derselben Daten am Werk ist.
- Im Sinne einer *Perspektiven-Triangulation* kann die Reanalyse jeweils andere Daten- und Erkenntnisausschnitte erschließen und ergänzen oder – als methodologisches Instrument eingesetzt (Van den Berg/Wetherell/Houtkoop-Steenstra 2003) – die Methodenentwicklung vorantreiben (Medjedović 2014b, S. 200-213).

4 Beurteilung des Analysepotenzials der Daten

Eine Grundprämisse der Sekundäranalyse ist, dass den im Rahmen eines spezifischen Forschungsprojekts erhobenen Daten genügend Potenzial innewohnt, um weitere Forschungsfragen zu bedienen. Aufgrund der Offenheit (Hoffmann-Riem 1980) ihrer Erhebungsmethoden zeichnen sich qualitative Daten durch einen inhaltlichen Reichtum aus, der in einer ersten Analyse häufig unausgeschöpft bleibt und die Anwendung neuer Perspektiven fördert. Trotz dieser Offenheit sind (auch) qualitative Daten immer auch Produkt der spezifischen Forschungsperspektive (Meinefeld 1995; 2005). Das heißt, grundsätzlich finden auf allen Stationen des Forschungsprozesses Entscheidungen seitens der Forscher bzw. Forscherinnen statt, die Einfluss auf die Daten und somit auch auf das sekundäre Analysepotenzial haben. Diese Konstruktionsprozesse sind entsprechend in der Sekundäranalyse zu reflektieren – für potenzielle Sekundärforscherinnen und -forscher in einem ersten Schritt ganz praktisch auf der Suche nach passenden Daten für ihre Forschungsfrage.

Auf dieser Suche bewegen sich interessierte Forscherinnen und Forscher in der Regel auf der Ebene von Studien. Sie treffen somit zunächst auf entsprechende Studieninformationen, sei es etwa in Form von Publikationen zum Primärforschungsprojekt oder, wenn der Zugriff über Archive bzw. Datenzentren verläuft, auf sog. strukturierte Metadaten zu den archivierten Datensätzen. Kurze Zusammenfassungen der Studie und Angaben zu den wesentlichen Eckdaten vermitteln einen Überblick über die Studie. Sie ermöglichen die Identifikation bzw. das Auffinden potenzieller Studien und erlauben eine erste Entscheidung über die Nützlichkeit für das jeweilige sekundäre Forschungsvorhaben. Zu den ersten Schritten der Sekundäranalyse gehören allerdings eine intensive Auseinandersetzung mit weiteren Kontextdaten (zu Kontext siehe unten), Publikationen und die exemplarische Sichtung und Analyse der Daten selbst.

Im Sinne einer *praktischen Anleitung* wurden in der quantitativen Forschungstradition Fragen formuliert, die im Rahmen einer Sekundäranalyse an die Daten gestellt werden sollten (Dale/Arber/Procter 1988; Stewart/Kamins 1993). In Anlehnung und Ergänzung dieser Fragen können folgende auch für qualitative Sekundäranalysen übernommen werden (vergleiche auch „Assessment Tool" in Hinds/Vogel/Clark-Steffen 1997, S. 420–421 sowie Heaton 2004, S. 93; sowie ausführlich: Medjedović 2014, S. 166–187):

- Was ist die Zielsetzung der Studie und ihr konzeptioneller Rahmen?
- Welche Inhalte werden tatsächlich behandelt?
- Wie wurden die Daten erhoben (Untersuchungsdesign, Methoden, Sampling)?
- Wie wurden die Daten aufgezeichnet und transkribiert?
- Von welcher Qualität sind die Daten? Welches Analyseverfahren wurde eingesetzt?
- Wann wurden die Daten erhoben (Aktualität)?

Die Nutzbarkeit von Daten im konkreten Fall hängt wesentlich mit ihrem Informationsgehalt zusammen. Hierbei geht es um die Beurteilung der *Qualität* der Daten, also zum einen um die methodische Qualität der Datenerhebung bzw. Qualität des Erhebungsinstruments und zum anderen um die inhaltliche Qualität der durch dieses Instrument erhaltenen Daten (Bergman/Coxon 2005, Abs. 17). Für Sekundäranalysen muss also beurteilt werden, ob bei vorliegenden

Daten die dem Gegenstand angemessenen Methoden ausgewählt und diese valide umgesetzt wurden, und ob die auf den Gegenstand bezogenen Sicht- oder Handlungsweisen der Untersuchten in einer angemessenen Tiefe in den Daten repräsentiert sind. Die Qualität der Daten vorausgesetzt, bleibt zu prüfen, ob eine *Passung* der Daten für die konkrete Sekundäranalyse gegeben ist. Hierfür ist entscheidend, dass das Thema der Sekundäranalyse in der Originalstudie abgedeckt ist und deren Methoden die Analyse nicht einschränken.

Vor Beginn der eigentlichen Analyse ist es sinnvoll, exemplarisch die Daten selbst zu sichten. Hinds, Vogel und Clark-Steffen (1997) haben die Erfahrung gemacht, dass – bezogen auf Interviewdaten – eine Pilotstudie mit drei zufällig ausgewählten Interviews (Audio und Transkript) eine gute Hilfe ist, um Natur und Qualität der Daten zu beurteilen (auch: Beckmann et al. 2013, S. 142).

Erfahrungen mit Sekundäranalysen zeigen auf der einen Seite, dass thematische Ausrichtung und Fokussierung der Primäruntersuchung sowie Differenzen in der Methodik der jeweiligen Sekundäranalyse Grenzen setzen können (exemplarisch Hinds/Vogel/Clark-Steffen 1997, Bsp. 1). Auf der anderen Seite existieren spezifische Umgangsweisen mit dem Problem der Datenpassung. Hierbei zeigt sich, dass die Sekundäranalyse einen neuen, und zwar flexiblen und produktiven Umgang mit Forschungsdaten und dem Forschungsprozess eröffnen kann. Die Spezifika der Sekundäranalyse sowohl hinsichtlich der Fallauswahl innerhalb eines Datensatzes als auch in Bezug auf die Erweiterung der Datenbasis über die Grenzen eines Datensatzes hinaus werden im nächsten Abschnitt näher ausgeführt.

5 Fallauswahl in Sekundäranalysen und spezifische Forschungsdesigns

Für einen üblichen qualitativen Forschungsprozess unterscheidet etwa Akremi (2014) drei Ebenen, auf denen jeweils Sampling- bzw. Auswahlentscheidungen zu treffen sind: erstens die Ebene der Datenerhebung, zweitens die der Datenauswertung sowie drittens der Datenpräsentation. Die Auswahlentscheidungen der zweiten und dritten Ebene gelten selbstverständlich auch für Sekundäranalysen (Akremi 2014, S. 274–281).

Geht es beispielsweise darum, ein theoretisches Sampling durchzuführen im Sinne der Grounded Theory, verweisen Strauss und Corbin in ihrem klassischen Werk selbst darauf, dass bei Sekundäranalysen die gleichen Verfahren angewendet werden, wie sie auch sonst üblich sind und Forscher und Forscherinnen auch bei vermeintlich begrenzten Daten ein intensives theoretisches Sampling innerhalb des tatsächlich zugänglichen Datenpools durchführen können und sollten (Strauss/Corbin 1996, S. 160 ff.; exemplarisch Beckmann et al. 2013, S. 145 f.). Für die Fallauswahl bzw. das Sampling im Rahmen von Sekundäranalysen können allerdings einige Besonderheiten herausgestellt werden, die vor allem die sonst übliche erste Ebene des Sampling betreffen bzw. kompensieren und die Frage betreffen: Wie erstelle ich nun einen zu meiner Forschungsfrage passenden Datenkorpus aus den vorliegenden Daten?

So wird typischerweise in Sekundäranalysen ein Verfahren angewendet, das Heaton (2004) mit „Sorting" beschreibt. Dabei wird der Datensatz passend im Sinne eines Sortierens gestaltet, indem gezielt zur Fragestellung geeignete Teile des Datensatzes für die Analyse selektiert und neu zusammengestellt werden, etwa durch die Auswahl eines Sub-Samples, das Fokussieren auf eine bestimmte Gruppe von Befragten oder die Beschränkung der Analyse auf bestimmte Themen und Inhalte (Heaton 2004, S. 59). Ähnlich wie es Klingemann und Mochmann (1975) für die Sekundäranalyse von (quantitativen) Umfragedaten beschreiben, wird hier nicht mehr der einzelne Datensatz, sondern das einzelne Interview als die Einheit der Information angesehen. Diese „quasi-empirische Phase der Sekundäranalyse" ist das Äquivalent zur Phase des klassischen Sampling in der Erhebung, indem die Auswahlentscheidungen innerhalb der gegebenen Daten stattfinden und die ausgewählten Fälle zunächst zu einem neuen, „künstlichen Datenkollektiv" zusammengefasst werden (Klingemann/Mochmann 1975, S. 187). Ein großer und breiter Datensatz gibt entsprechend mehr Möglichkeiten für eine gezielte Auswahl.

Durch die Fortschritte in der Computertechnik und den mittlerweile auch in der qualitativen Forschung üblichen Analyse unterstützenden Programmen und Textdatenbanken werden diese Auswahlprozesse vereinfacht.

Sogenannte QDA-Programme (Kuckartz/Rädiker 2014, S. 386 ff.) werden eingesetzt, um größere Datenmengen im Rahmen der qualitativen Analyse zu verwalten. Eine wesentliche Funktion dieser Programme besteht in den Codierungs- und Retrievaltechniken. Forschende entwickeln im Verlauf des Forschungsprozesses mehr oder weniger theorielastige Kategorien, mit deren Hilfe sie das Datenmaterial sortieren. Textpassagen beispielsweise, in denen bestimmte Phänomene Gegenstand sind, werden diesen analytischen Kategorien zugeordnet (Codieren) und sind darüber für den späteren Zugriff (Text-Retrieval) erschlossen. Wurde in der Primärstudie ein QDA-Programm angewendet, können anhand der Kodierungen aus dem vorliegenden Satz an Interviews diejenigen für die Sekundäranalyse herausgefiltert werden, in denen bestimmte *Themen*komplexe – eben in Form der analytischen Kategorien codiert – vorkommen (Medjedović/Witzel 2005).

Bei der Beschränkung der Analyse des Datensatzes auf eine *bestimmte Gruppe von Befragten* können definierte Fallmerkmale die Auswahl des Sub-Samples unterstützen. Solche Fallmerkmale werden in QDA-Programmen oder auch gesonderten Tabellen häufig in Form von einigen sozio-demographischen Daten (wie Geschlecht, Alter, Ausbildungsberuf, Schulabschluss) zu den einzelnen Dokumenten angelegt (Medjedović/Witzel 2005, Abs. 35; Beckmann et al.

2013, S. 142 ff.). Liegen zu den Interviewten ebenfalls standardisiert erhobene Daten in Statistikprogrammen vor, können – ähnlich wie es auch bei Mixed-Methods-Erhebungen stattfindet – über die Variablen der quantitativen Befragung Fälle gezielt zusammengestellt werden (Laub/Sampson 1998; Laub/Sampson 2003).

Bei der Nutzung derartiger technischer Tools ist jedoch zu berücksichtigen, dass die Definition sowohl von statistischen Variablen als auch von analytischen Kategorien in der qualitativen Analyse ein höchst interpretativer Prozess ist. Daher unterstellt deren Nutzung, dass der Sekundärforscher bzw. die Sekundärforscherin ihre Bedeutung und die Methoden der Kodierung versteht (Dale/Arber/Procter 1988).

Heutige Datenbankentechnologie und -tools ermöglichen zudem weitere Suchoptionen, die weniger von den Kategorien der Primärstudie abhängig sind und zugleich Recherchen *über die Grenzen einer Studie hinweg* erlauben. So beschreiben einige Sekundäranalysen, wie über eine relativ freie Schlagwortsuche in vorliegenden Interviewtranskripten aus mehreren Studien jeweils eine neue studienübergreifende Datengrundlage passend zum neuen, speziellen Forschungsthema geschaffen werden konnte (Dargentas/Le Roux 2005, Bsp. 2; Beckmann et al. 2013, S. 142). Auf diese Weise können Studien und Interviews erfolgreich genutzt werden, auch wenn diese nicht explizit auf die neue Thematik fokussierten. Der Erfolg einer derartigen Suchanfrage hängt allerdings daran, ob präzise Begriffe aus der Forschungsfrage abgeleitet und formuliert werden können, die in den Äußerungen der Interviewten genau in der Weise vorkommen.

Zugleich zeigen diese Beispiele, dass das Sorting sich nicht zwingend innerhalb einer Studie bewegen muss. Die Sekundäranalyse erweist sich somit als eine Forschungsstrategie, die eine gewisse Offenheit und Flexibilität im Umgang mit Daten eröffnet.

Wenn in einer Sekundäranalyse festgestellt wird, dass die Daten nicht ausreichen, bezüglich der eigenen Fragestellung nicht genügend in die Tiefe gehen oder systematisch bestimmte Aspekte ausgeblendet bleiben, können Forscherinnen und Forscher in Betracht ziehen, zusätzliche Daten aus anderen Quellen hinzuzuziehen. Dies kann durch die Nutzung mehrerer vorhandener Datensätze oder aber auch durch die Kombination von Sekundäranalyse und eigener Erhebung von Daten geschehen.

Gezielte Analysen multipler Datensätze werden eingesetzt, um über die Datensätze hinweg gemeinsame (zusätzliche Evidenz, auch: *cross-validation*, Thorne 1994) und/oder divergierende Themen (Ergänzungsfunktion) zu untersuchen. Die Vergrößerung oder Ergänzung spezifischer Untersuchungsgruppen kann dazu beitragen, verallgemeinerbare Theorien zu generieren (*erweitertes Sampling* nach Thorne 1994). Der Vergleich von Datensätzen aus zwei Zeitperioden erlaubt die Untersuchung des Wandels gesellschaftlicher Phänomene.

Der Zugriff auf multiple Datensätze ermöglicht also Vergleichsanalysen in vielerlei Hinsicht, wobei Daten relativ flexibel miteinander kombiniert werden können. So muss sich die Sekundäranalyse auch nicht auf eine Datenform beschränken. In ihrem Review identifiziert Janet Heaton (2004) für diese Formen des Zugriffs auf multiple Datensätze zwei *Forschungsdesigns*:

- In der *erweiterten Analyse* (*amplified analysis*) werden zwei oder mehrere bereits vorhandene Datensätze genutzt (exemplarisch Medjedović/Witzel 2010, Kap. 2).
- Die *kombinierte Analyse* (*assorted analysis*) nutzt verschiedene Daten*quellen*, indem sie die Sekundäranalyse mit der Erhebung neuer Daten verbindet *und/oder* einen Mix verschiedener Daten*typen* verwendet, indem beispielsweise Texte aus unterschiedlichen Erhebungsinstrumenten (wie Interviews, Gruppeninterviews, offene Fragen innerhalb von Fragebögen) oder die Analyse von Forschungsdaten mit der Untersuchung naturalistischer Daten (wie Autobiografien, Bilder usw.) ergänzt wird (exemplarisch Demuth 2011).

6 Das Problem der Kontextsensitivität

Die Sekundäranalyse unterstellt, dass Daten auch außerhalb ihres unmittelbaren Erhebungskontextes ausgewertet und interpretiert werden können. Diese Annahme ist jedoch nicht unumstritten und bietet die Grundlage für eine methodologische Diskussion, die zum Teil stark polarisiert geführt wurde.

Die prominenteste Kritik an der Machbarkeit der Sekundäranalyse stammt von Mauthner/Parry/Backett-Milburn (1998). Gestützt auf eigene sekundäranalytische Versuche stellten sie die (über historische und methodologische Untersuchungen hinausgehende) erneute Nutzung qualitativer Daten prinzipiell in Frage. Da es unmöglich sei, den ursprünglichen Status, den die Primärforscher und Primärforscherinnen hatten, wiederherzustellen, sei die Sekundäranalyse unvereinbar mit einer interpretativen und reflexiven Epistemologie (Mauthner/Parry/Backett-Milburn 1998, S. 742–743). Andere Autoren und Autorinnen sind dagegen der Auffassung, dass der Nachvollzug kontextueller Effekte weniger ein epistemologisches als ein praktisches Problem sei, das sich auch in Primäranalysen stelle. Qualitative Forscher und Forscherinnen hätten häufig mit unvollständigen (Hintergrund-)Informationen umzugehen und abzuwägen, inwieweit ein Aspekt tatsächlich belegt werden könne oder doch verworfen werden müsse (Fielding 2004, S. 99). Eine zweite Form der Replik auf Mauthner/Parry/Backett-Milburn (1998) kritisiert deren Verharren in einem Verständnis von Kontext, der statisch und fix in der Vergangenheit angesiedelt werde. Moore (2006) verweist darauf, dass Forscherinnen und Forscher in der Auseinandersetzung mit den Daten diese immer auch in einen eigenen Kontext *setzen.* Daher sei es nicht das Ziel, das originäre Forschungsprojekt und den ursprünglichen Status, den die Primärforscherinnen und -forscher hatten, vollständig nachzubilden. Vielmehr sei die Sekundäranalyse als neuer Prozess der Rekontextualisierung und Rekonstruktion von Daten zu verstehen. Auf Moores Argumentation beruhende Plädoyers, den Dualismus zwischen Primär- und Sekundäranalyse nun endgültig aufzuheben (Bishop 2012), werden aber immer noch zurückgewiesen mit dem Verweis darauf, dass die begriffliche Trennung benenne, dass es sich bei der Sekundäranalyse nun mal um eine besondere Situation handele (Hammersley 2012).

Diese Diskussion reflektiert darauf, dass die Kontextsensitivität (oder auch Berücksichtigung der „Indexikalität", Garfinkel 1973) einen Grundpfeiler qualitativer Forschung darstellt. Die Einsicht in die Kontextabhängigkeit einer sprachlichen Äußerung oder einer Handlung eint alle qualitativen Forschungsansätze und berührt einen wichtigen Punkt im Selbstverständnis dieser Forschungstradition (historisch als Durchsetzungs-„Kampf" gegenüber dem sogenannten „normativen Paradigma" geführt, Wilson 1973). Hinzu kommt, dass qualitative Forschung häufig damit verbunden wird, sich persönlich ins Feld zu begeben, um mit Kontextwissen aus „erster Hand" die anschließende Analyse und Interpretation der Daten leisten zu können.

In Sekundäranalysen fehlt dem Forscher bzw. der Forscherin dieser unmittelbare Bezug zum Kontext. Alternativ können aber Wege der Kontextualisierung aufgezeigt werden. Für die Sekundäranalyse ist hierbei relevant, welche Art von Kontext überhaupt gemeint ist – denn Kontext wird je nach Forschungsansatz unterschiedlich definiert (Goodwin/Duranti 1992, S. 2) und ist somit auch je nach Auswertungsinteresse unterschiedlich relevant.

Für Daten, die auf geführten Interviews bzw. auf Gesprächen und Interaktionen (z.B. im Kontext ethnografischer Studien) basieren, können Kontextinformationen wie folgt erschlossen werden:

Auf der Ebene der einzelnen Interaktion sollte zuallererst der Zugang zu den „Daten selbst" gegeben sein. In qualitativen Auswertungsverfahren von Interviews wird der Fallanalyse, sprich der intensiven Auswertungsarbeit an der einzelnen Untersuchungseinheit, ein zentraler Stellenwert eingeräumt. Das heißt, auch in Studien, die allgemeine Aussagen auf der Grundlage von vielen Interviews entwickeln, dient die sorgfältige Auswertung und Interpretation des einzelnen Interviews etwa durch eine „Satz-für-Satz-Analyse" des Interviewtranskriptes (Witzel 2000, Abs. 19 f.) in der Regel als Ausgangspunkt. Diese Interpretation setzt den Fokus auf den Kontext, den die Beteiligten durch die wechselseitige Bezugnahme aufeinander in der Interaktion selbst erzeugen *(kommunikativer Kontext der Konversation).* Das heißt, entscheidend ist, wie die Beteiligten das Gespräch führen. Die detaillierte Arbeit am einzelnen Fall erfordert den Zugriff auf Aufnahmen und/oder das Gespräch möglichst präzise erfassende Transkripte; die Einbettung einer einzelnen Sequenz in den Gesamtverlauf der Interaktion oder einer einzelnen Äußerung in den Kontext einer längeren Erzählung erfordert die Vollständigkeit von Aufnahme oder Transkript.

Darüber hinaus werden Metainformationen über das Gespräch als soziale Situation *(situationaler Kontext)* relevant. Eine Interaktion und ihre Akteure sind stets verortet in Raum und Zeit, das heißt, dass das unmittelbare Setting bedeutsam sein kann: Soziale Interaktionen können etwa zu unterschiedlichen Tageszeitpunkten unterschiedlich verlaufen. Ebenso können räumliche Bedingungen das Gespräch beeinflussen oder selbst empirisches Material für die Forschungsfrage liefern (zum Beispiel Wohnsituation der Befragten). Ferner mögen die Beteiligten ein gemeinsames Hintergrundwissen haben, das die Interaktion rahmt und von Bedeutung ist, aber nicht explizit im Gespräch artikuliert wird. Beispiele hierfür wären: Merkmale der Beteiligten wie Alter, Geschlecht, Ethnie, soziale Klasse; Informationen über relevante Dritte oder die Anwesenheit Dritter sowie weitere Informationen über die Beziehung zueinander, die etwa durch die Art der Kontaktaufnahme und die Bedingungen, unter denen das Gespräch zustande gekommen ist, beeinflusst wurde (Van den Berg 2005). Derartige Informationen können über Feld- oder Interviewnotizen (sogenannte „Postskripte", Witzel 1982; Witzel 2000) für die Sekundäranalyse zugänglich sein.

Soziales Handeln – und damit auch die Erhebungssituation – findet immer in einem institutionellen, kulturellen, sozio-politischen und historischen Kontext statt. Dieser *extra-situationale Kontext* (oder auch *„Makro"-Kontext*) meint ein Hintergrundwissen, das über das lokale Gespräch und sein unmittelbares Setting hinausgeht. Doch auch dieser Kontext ist kein objektiver Satz von Umständen, der getrennt von den sozialen Akteuren vorliegt, sondern es geht um diejenigen Bestandteile des äußeren Kontextes, die sich empirisch manifestieren bzw. von den Beteiligten in der Interaktion tatsächlich aufgriffen werden. Wenn eine Studie sich etwa für bestimmte soziale Fragen und politische Debatten interessiert, ist es für die Sekundäranalyse von hohem Wert, diese Verknüpfung auch nachvollziehen zu können (zum Beispiel über „graue Literatur", Bishop 2006).

Nicht selten werden qualitative Daten in Kontexten erhoben, die durch eine *lokale Kultur* (Holstein/Gubrium 2004) charakterisiert sind. Dies kann beispielsweise eine Praxis oder (Fach-) Sprache sein, die innerhalb einer Institution, einer sozialen oder beruflichen Schicht oder eines geografischen Gebiets geteilt werden. Für Sekundäranalysen kann es daher entscheidend sein, den Zugang zu Dokumentationen zu haben, die die Daten in dieser elementaren Weise erst verständlich machen (zum Beispiel Glossar eines Fachvokabulars).

Bishop (2006) ergänzt *„Projekt"* als besonderen Teil der Situation, weil Forschungsprojekte spezifische Kontextmerkmale als eigenes Subset des Gesamtsettings einschließen. Heruntergebrochen auf die einzelne Situation bedeutet dies, dass Forscherinnen bzw. Forscher einen (projekt-)spezifischen Erhebungskontext *produzieren*, vor dessen Hintergrund sich Feldinteraktionen vollziehen. Dies umfasst die methodischen Entscheidungen (wie die Wahl der Erhebungsmethode, des Forschungsdesigns), die theoretischen Vorannahmen, den institutionellen Hintergrund etc. Aufgrund der Kürze und Präzision, die Fachzeitschriften und Verlage erfordern, bieten die in Publikationen üblichen Kapitel zu Methodik und Durchführung einer Untersuchung keine ausreichende Erläuterung der methodischen Details. In Ergänzung sollte auf weitere (meist unveröffentlichte) Projektdokumente zurückgegriffen werden, die die wesentlichen Informationen über das Forschungsprojekt enthalten, wie zum Beispiel Anträge, Berichte, Leitfäden, Arbeitspapiere, Forschungstagebücher, Memos; zu den Bestandteilen einer Dokumentation (Steinke 1999, S. 208-214).

7 Sekundäranalyse und Forschungsethik

Sekundäranalysen unterliegen den *gleichen datenschutzrechtlichen und ethischen Prinzipien*, wie sie allgemein für die Forschung gelten (Friedrichs 2014; RatSWD 2017a; von Unger 2014). Ein verantwortungsbewusster Umgang mit den Daten ist auch deshalb geboten, weil der Aufbau einer Vertrauensbeziehung in der qualitativen Forschung eine grundlegende Rolle spielt, um einen Zugang zur Innenperspektive der Forschungssubjekte zu erlangen.

Werden Angaben zu Personen in Forschungskontexten erhoben, verarbeitet oder genutzt, sieht die *rechtliche* Seite im Wesentlichen zwei Prinzipien vor: die informierte Einwilligung und die Anonymisierung (Bundesdatenschutzgesetz BDSG, § 4a und § 40) – beides Prinzipien, die auch forschungsethisch in den entsprechenden Kodizes der Fachgesellschaften und Berufsverbände aufgegriffen werden (z.B. DGS/BDS 2017).

Für die Forschung bedeutet dies zum einen, dass die Teilnahme an einer Untersuchung generell freiwillig und auf Grundlage einer Information über den Zweck, Ziele und die Nutzung der Erhebung erfolgen sollte. Auch für die Sekundäranalyse steht das Prinzip der *informierten Einwilligung* im Vordergrund, nämlich den „beforschten" Subjekten selbst (im Sinne des Rechts auf *informationelle Selbstbestimmung*) die Entscheidung und die Kontrolle über die Daten, in denen sie repräsentiert sind, zu überlassen. Das heißt, dass die Sekundäranalyse – so wie die Erhebung und Primärauswertung – zuallererst auf der Grundlage der Kenntnis, ausführlichen Information und Freiwilligkeit vonseiten der Forschungssubjekte stattfinden sollte. Bei der Datenerhebung muss also bereits die Möglichkeit der späteren Sekundäranalyse bedacht werden.

Vorschläge, wie diese Einwilligungen um die Einwilligung zur Sekundäranalyse ergänzt werden können, existieren bereits – hierzu weiter unten. Die Diskussion (nicht nur) um die Sekundäranalyse bringt jedoch zu Tage, dass bereits in der Primärforschung die informierte Einwilligung unterschiedlich gehandhabt wird. Denn angesichts der Vielfalt qualitativer Forschungsansätze hat dieses Prinzip unterschiedliche Bedeutung und birgt zum Teil Herausforderungen: Während etwa die Oral History ausdrücklich mit der Offenheit und häufig auch Offenlegung ihrer Interviewpartner bzw. Interviewpartnerinnen arbeitet, ist es für teilnehmende Beobachtungen im Kontext ethnografischer Forschung in der Regel nicht nur schlicht praktisch eine Schwierigkeit, vor bzw. in der Situation Einwilligungen von allen Beteiligten im Feld einzuholen; die zu beobachtende Alltagssituation wäre zudem gestört, wenn jedes Mal bei Eintritt neuer Personen in das Feld die Abläufe und Handlungen unterbrochen werden müssten (von Unger 2014, S. 26). Im Unterschied hierzu dürfte es für klassische interviewbasierte Studien ein Leichtes sein, vor Beginn des jeweiligen Interviews das Forschungsanliegen, die beabsichtigte Verarbeitung und Nutzung der erhobenen Daten ausführlich darzustellen, und sich das Einverständnis des Gegenübers entsprechend einzuholen. Doch auch hier gibt es Praktiken, die eher zum Übergehen ausführlicher Informationen zum Datenschutz und erst recht einer schriftlichen Einwilligung neigen, begründet durch die Vorstellung, solche „Formalia" liefen dem Aufbau einer Vertrauensbeziehung zuwider (Liebig et al 2014, S. 12; RatSWD 2017b, S. 23).

Der aktuelle Stand der Empfehlungen und Regelungen in den Sozialwissenschaften zeigt, dass – trotz dieser Besonderheiten mancher Forschungstraditionen – das *Prinzip* der informierten Einwilligung nicht aufgehoben wird. Wenn etwa die informierte Einwilligung nicht oder nicht zu Beginn der Erhebung stattfinden kann, wird darauf verwiesen, alternative Formen der informierten Einwilligung zu finden (DGS/BDS 2017, § 2, Abs. 3; von Unger 2014, S. 26 f.). Lediglich in Ausnahmefällen ist auf diese zu verzichten, nämlich in denen die Beforschten nicht als einzelne Individuen, sondern als Teil eines Kollektivs an der Forschung (zumeist spezifische Situationen aus der ethnografischen Forschung, z. B. Beobachtung an öffentlichen Plätzen) teilnehmen; soll oder kann keine schriftliche Einwilligung eingeholt werden, können beispielsweise Audio-, Videoaufzeichnungen oder detaillierte Feldnotizen Alternativen sein (RatSWD 2017b, S. 23).

Gegen die Idee oder Befürchtung mancher qualitativer Forscherinnen und Forscher, informierte Einwilligungen störten die beispielsweise im Interview aufzubauende Vertrauensbasis, erzeugten u. U. sogar erst Skepsis, könnte auch umgekehrt argumentiert werden: Spricht nicht gerade eine sorgfältig gestaltete Kontaktaufnahme, die eine ausführliche Darlegung der eigenen Forschungsabsichten und beabsichtigten Datenschutz- und Sorgfaltsmaßnahmen im Umgang mit den gegebenen persönlichen Daten umfasst, *für* eine Vertrauensgrundlage? (Liebig et al. 2014, S. 12)

Die informierte Einwilligung gilt zwar schon länger für die Primärforschung, doch sind die qualitative Sekundäranalyse und die Frage der Archivierung qualitativer Daten ein relatives Novum. Es ergeben sich somit neue Anforderungen für die Erhebung von Daten, sprich für die Primärforschung. Vor diesem Hintergrund hat eine vom RatSWD eingesetzte Arbeitsgruppe (Liebig et al 2014) die datenschutzrechtlichen Fragen für Erhebung und Archivierung zunächst für qualitative Interviewdaten neu geklärt und u.a. Musterformulare für Einwilligungserklärungen entwickelt, die Forscher und Forscherinnen für die Erhebungssituation nutzen können. Der Vorschlag der Arbeitsgruppe, eine mögliche Einwilligung in die Archivierung und Sekundäranalyse erst nach Ende der Untersuchungssituation zu besprechen, berücksichtigt v.a. den Umstand, dass die Beteiligten zu diesem Zeitpunkt besser die von sich preisgegebenen Informationen einschätzen können (Liebig et al. 2014, S. 12 f.).

Zu den zu treffenden Vereinbarungen gehören Vertraulichkeitszusicherungen seitens der Forscher und Forscherinnen, die auch die Anonymisierung beinhalten können.

Die Praxis in der Oral History zeigt, dass die Anonymisierung keine zwingend notwendige Verfahrensweise ist. Aufgrund der Schwierigkeit, Zeitzeugen-Interviews zu anonymisieren (Leh 2000; Leh 2013), sowie des Selbstverständnisses dieser Wissenschaftsdisziplin, „to give empowerment to hidden voices" (Thompson 2003, S. 357), stimmen Interviewte ausdrücklich in die wissenschaftliche Nutzung der unveränderten Originalinterviews ein. Ähnlich kommt es auch bei Experteninterviews oder in der partizipativen Forschung vor, dass die namentliche Nennung autorisiert wird (Liebig et al. 2014, S. 14 f.; von Unger 2014, S. 25).

Um einen größtmöglichen Schutz der Forschungssubjekte zu gewährleisten, liegt es allerdings üblicherweise nahe, in Ergänzung zur informierten Einwilligung eine *Anonymisierung* der erhobenen Daten im Primärforschungsprojekt, insbesondere jedoch vor der Weitergabe der Daten durchzuführen. Für die qualitative Forschung und deren Daten ergibt sich hieraus ein Dilemma: Die Reichhaltigkeit qualitativer Daten an persönlichen Details zu den Lebensgeschichten und dem persönlichen Umfeld der Untersuchungspersonen oder die in vielen Fällen erleichterte Re-Identifizierung aufgrund eng begrenzter Populationen und kleiner Stichproben machen Maßnahmen wie die Anonymisierung notwendig; zugleich erschweren sie sie, weil ein Anonymisierungsgrad gefunden werden muss, der durch die Löschung oder Veränderung von Informationen die Nutzbarkeit der Daten für die wissenschaftliche Analyse nicht zerstört (Thomson et al. 2005).

Während die Anonymisierung daher auf der einen Seite – bzw. von einigen Forscherinnen und Forschern – als unmögliches oder nur unter hohem Aufwand herstellbares Unterfangen kritisiert wird (Hirschauer 2014, S. 309; RatSWD 2017b, S. 20), werden auf der anderen Seite konkrete Konzepte für die Anonymisierung vorgeschlagen, in der die personenbezogenen Daten entfernt und gleichzeitig durch geeignete Pseudonyme die relevanten fallbezogenen Kontextinformationen erhalten bleiben (z.b. Ersatz von „Audi" durch „Automobilhersteller" oder „Klara" durch „Vorname der Ehefrau"); semi-automatische Anonymisierungstools können darüber hinaus helfen, den Aufwand zu reduzieren (Liebig et al. 2014, S. 14; Medjedović/Witzel 2010, S. 149-154 ff.).

Entgegen den Befürchtungen, die immer wieder von qualitativen Forschern und Forscherinnen forschungsethisch geäußert werden, sobald es um ein institutionalisiertes Data Sharing geht (ein informelles wird längst praktiziert und von denselben kritischen Stimmen durchaus gut geheißen), praktizieren Datenarchive bzw. Datenzentren keineswegs eine „unkontrollierbare Öffnung [...] für unbekannte Dritte" (Hirschauer 2014, S. 309 f.). Weitere restriktive Maßnahmen werden unternommen, so z.b. die absolute Anonymisierung bei besonders sensiblen Daten (durch Löschen von kritischen Passagen), das ausschließliche (offline-) Arbeiten vor Ort mit den Daten, die vertragliche Verpflichtung der Sekundärforscherinnen und -forscher auf unterschiedliche forschungsethische Standards im Umgang mit den Daten (z.B. Nicht-Veröffentlichung kompletter Interviews) (Liebig et al. 2014, S. 15), die aber ohnehin im Rahmen guter forschungsethischer Praxis generell für Forschungshandeln gelten.

Forscherinnen und Forscher haben immer – egal ob im Primärprojekt oder bei der Sekundäranalyse – eine Verantwortung gegenüber denjenigen, die sie zum „Objekt" der Forschung erklären. Durch den persönlichen Kontakt fühlen sie sich möglicherweise in einer herausgehobenen Stellung gegenüber ihren „Schützlingen", sodass die (zentrale) Archivierung bzw. Sekundäranalysen durch Dritte als Einfallstor für Missbrauch der zugesagten Vertraulichkeit empfunden werden können (Medjedović 2007; Richardson/Godfrey 2003). Deshalb ist der beschriebene erreichte ethische und datenschutzrechtliche methodologische Qualitätsstandard der Sekundäranalyse so wichtig.

Ob Beforschte tatsächlich die Sorgen einer „Vorratsdatenspeicherung" mit der Archivierung verbinden und in der Folge die qualitative Forschung mit einem allgemeinen Rückgang der Teilnahmebereitschaft rechnen muss (Hirschauer 2014, S. 309), ist vielleicht selbst eine empirische Fragestellung. Der RatSWD (2015, S. 6) sieht hier einen besonderen Forschungsbedarf. Erst einzelne Studien weisen darauf hin, dass Beforschte die Untersuchungssituation – auch bei stärker sensiblen Themen aus der eigenen Lebensgeschichte – als weniger privat und intim betrachten, als Forscherinnen und Forscher dies aus ihrer Perspektive meinen wahrzunehmen. Beforschte scheinen sich des institutionellen Charakters der Untersuchungssituation durchaus bewusst zu sein und erwarteten vielmehr, dass die Wissenschaft die freiwillig und zeitraubend gegebenen Informationen auch nutzt (Kuula 2010/2011, S. 15 f.).

Schließlich tangiert der forschungsethische Aspekt die Wahrung der Interessen derer, die die Daten erhoben haben (Medjedović 2007). Tatsächlich ist für Deutschland die Frage des geistigen Eigentums an Forschungsdaten nicht geklärt (Liebig et al. 2014, S. 18; RatSWD 2015, S. 8). Für die Sekundäranalyse sind damit wichtige Fragen tangiert wie: Wer darf über die Nutzungsrechte entscheiden – die Projektleitung, die im Team beteiligten Forscherinnen und Forscher und/oder sogar die drittmittelgebende Instanz? Haben andere (konkurrierende) Forscherinnen und Forscher womöglich sogar ein Recht auf Nutzung der Daten für Sekundär- oder Reanalysen? Wie sieht eine angemessene Kompensation bzw. Zitation der Primärforscherinnen und -forscher aus (RatSWD 2015, S. 6 f.)? Wie können die in der Untersuchung beteiligten Forscherinnen und Forscher in ihren Persönlichkeitsrechten geschützt werden, da auch diese u. U. in der Feldinteraktion persönliche Informationen preisgeben (Parry/Mauthner 2004)?

Vor dem Hintergrund der bislang geführten Kontroversen und der Sensibilität dieser forschungsethischen Fragen für die Primärforscherinnen und -forscher sollten Sekundäranalysen unter den Bedingungen stattfinden, dass nicht nur die beforschten Subjekte, sondern auch die forschenden einwilligen und ihr „Urheberrecht" an den Daten in angemessener Weise berücksichtigt wird (z.B. Verweis auf die Datenquelle bei Publikationen, Regelungen der Autoren- bzw. Autorinnenschaft).

8 Zugänge zu qualitativen Daten

In den Anfängen der Entwicklung der Sekundäranalyse – sowohl im quantitativen als auch im qualitativen Bereich – reflektieren die Publikationen immer auch empirische Beispiele von Sekundäranalysen auf Basis eigener Daten. So beruhen die ersten methodischen Aufsätze zur qualitativen Sekundäranalyse auf eben solchen „Semi-Sekundäranalysen" (Hyman 1972, S. 35–45), indem sie durch die Primärforscher bzw. Primärforscherinnen selbst, mit deren Beteiligung oder im engen inhaltlichen Austausch mit diesen durchgeführt wurden (Hinds/Vogel/Clark-Steffen 1997; Mauthner/Parry/Backett-Milburn 1998; Szabo/Strang 1997; Thorne 1994; sowie die meisten der 65 Studien im 2004 erschienenen Review von Janet Heaton, Heaton 2008, S. 38; für die deutsche sekundäranalytische Forschungspraxis vergleiche Medjedović 2014b, S. 94–102).

Die Möglichkeiten für Sekundäranalysen sind allerdings beschränkt, solange ein Data Sharing nur auf informellen Wegen zustande kommen kann.

International gibt es mittlerweile entsprechende Initiativen und Datenarchive (für den europäischen Stand vergleiche Neale/Bishop 2010/2011 sowie Valles et al. 2011). Umfangreichere Datensammlungen bieten allerdings nur das Henry A. Murray Research Archive an der Harvard University und das britische Qualidata.

In Deutschland existiert bislang kein zentrales Angebot an qualitativen Daten für die Sozialforschung. Stattdessen findet sich eine Reihe dezentraler Archive für recht unterschiedliche qualitative Daten. Zum großen Teil sind diese Archive auf jeweils spezifische Themenbereiche und entsprechend unterschiedliche qualitative Datenformen spezialisiert.

Neben einigen Archiven zu politischen Bewegungen und Parteiengeschichte (zum Beispiel „Archiv der sozialen Demokratie" der Friedrich-Ebert-Stiftung) können interessierte Forscherinnen und Forscher vor allem auf viele geschichtswissenschaftlich ausgerichtete Archive mit prozessproduzierten Daten, aber auch (auto-)biografischen Dokumenten und Interviews der Oral History (zum Beispiel Archiv „Deutsches Gedächtnis" an der FernUniversität Hagen) sowie auf einige Serviceeinrichtungen mit Daten aus originär sozialwissenschaftlichen Forschungsprojekten (zum Beispiel „Qualiservice", vormals „Archiv für Lebenslaufforschung" an der Universität Bremen; „Forschungsdatenzentrum Betriebs- und Organisationsdaten" (DSZ BO) der Universität Bielefeld; Forschungsdatenzentrum (FDZ) Bildung am Deutschen Institut für Internationale Pädagogische Forschung (DIPF)) zurückgreifen.

In den meisten kleinen Spezialarchiven fehlen internetfähige Datennachweissysteme und es gibt Probleme der Langzeitsicherung des meist nicht digitalisierten Datenbestands. Vor dem Hintergrund dieser defizitären Lage untersuchte das Archiv für Lebenslaufforschung in Kooperation mit dem GESIS-Datenarchiv für Sozialwissenschaften in einer bundesweiten DFG-geförderten Studie erstmals die Machbarkeit einer zentralen Servicestelle für qualitative Daten. Aus den Ergebnissen der Machbarkeitsstudie wurden die Konzeption eines solchen Servicezentrums („Qualiservice") erarbeitet (Medjedović/Witzel 2010) und erste technisch-organisatorische Schritte für ein Datenmanagement als Grundlage für einen Regelbetrieb realisiert (Kretzer 2013).

Die Frage der Schaffung von Infrastrukturen für die qualitative Forschung erhält jüngst eine neue Dynamik. So erkennt auch der Wissenschaftsrat (WR) für Deutschland einen Nachholbedarf im Bereich der Archivierung qualitativer Forschungsdaten und empfiehlt eine verstärkte Förderung von Mixed-Methods-Projekten, die auch der Langzeitverfügbarmachung von qualitativen Forschungsdaten dienen soll (WR 2011; WR 2012). Diesen Empfehlungen folgend rücken vor allem die Aktivitäten des Rat für Sozial- und WirtschaftsDaten (RatSWD) die Entwicklung in eine neue Perspektive: Gingen die bisherigen Bemühungen um den Aufbau von qualitativen Datenarchiven vornehmlich von Akteuren aus der qualitativen Forschungscommunity aus, bietet sich nunmehr die Chance, qualitative und quantitative Forschungs- und Dateninfrastrukturen zu integrieren und damit die Bemühungen auf eine breitere Basis zu stellen (Huschka et al. 2013). Es bleibt abzuwarten, welche Auswirkungen die am 30. Juni 2015 ergangene Stellungnahme des RatSWD zeigt, in der er sich ausdrücklich für eine Kultur der Datenbereitstellung der qualitativen Sozialforschung ausspricht (RatSWD 2015).

Literatur

Akremi, L. (2014): Stichprobenziehung in der qualitativen Sozialforschung. In: Baur, N./Blasius, J. (Hrsg.) (2014): Handbuch Methoden der empirischen Sozialforschung. Wiesbaden: Springer VS, S. 265–282.
Beckmann, S./Ehnis, P./Kühn, T./Mohr, M. (2013): Qualitative Sekundäranalyse – Ein Praxisbericht. In: Huschka, D./Knoblauch, H./Oellers, C./Solga, H. (Hrsg.) (2013): Forschungsinfrastrukturen für die qualitative Sozialforschung. Berlin: Scivero, S. 137–151.
Bergman, M. M./Coxon, A. P. M. (2005): The quality in qualitative methods. In: Forum Qualitative Sozialforschung/Forum: Qualitative Social Research 6, Art. 34.
http://nbn-resolving.de/urn:nbn:de:0114-fqs0502344 (Abruf 13.7.2015).
Bergman, M. M./Eberle, T. S. (Hrsg.) (2005): Qualitative Forschung, Archivierung, Sekundärnutzung: Eine Bestandsaufnahme. In: Forum Qualitative Sozialforschung/Forum: Qualitative Social Research 6.
www.qualitative-research.net/index.php/fqs/issue/view/12. (Abruf 13.7.2015).
Bishop, L. (2006): A proposal for archiving context for secondary analysis. In: Methodological Innovations Online 1, S. 10–20. www.esds.ac.uk/news/publications/MIOBishop-pp10-20.pdf (Abruf 13.7.2015).
Bishop, L. (2012): A reflexive account of reusing qualitative data: Beyond primary/secondary dualism. In: Goodwin, J. (Hrsg.) (2012): SAGE Secondary Data Analysis. Los Angeles: Sage, Vol. III, S. 141–162.
Corti, L./Witzel, A./Bishop, L. (Hrsg.) (2005): Sekundäranalyse qualitativer Daten. In: Forum Qualitative Sozialforschung/Forum: Qualitative Social Research 6.
www.qualitative-research.net/index.php/fqs/issue/view/13 (Abruf 13.7.2015).
Corti, L./Kluge, S./Mruck, K./Opitz, D. (Hrsg.) (2000): Text. Archiv. Re-Analyse. In: Forum Qualitative Sozialforschung/Forum: Qualitative Social Research 1.
www.qualitative-research.net/index.php/fqs/issue/view/27 (Abruf 13.7.2015).
Dale, A./Arber, S./Procter, M. (1988): Doing secondary analysis. London: Unwin Hyman.
Dargentas, M./Le Roux, D. (2005): Potentials and limits of secondary analysis in a specific applied context: The case of EDF-Verbatim. In: Forum Qualitative Sozialforschung/Forum: Qualitative Social Research 6, Art. 40. http://nbn-resolving.de/urn:nbn:de:0114-fqs0501404 (Abruf 18.8.2017).
Demuth, C. (2011): Der „Mainzer Längsschnitt" – Systematische Methodenintegration zum tieferen Verständnis kultureller Entwicklungspfade. In: Zeitschrift für Qualitative Forschung 12, S. 91–109.
Deutsche Forschungsgemeinschaft (DFG) (1998): Vorschläge zur Sicherung guter wissenschaftlicher Praxis. Empfehlungen der Kommission „Selbstkontrolle in der Wissenschaft". Denkschrift der DFG. Weinheim: Wiley-Vch.
Deutsche Forschungsgemeinschaft (DFG) (2013): Sicherung guter wissenschaftlicher Praxis. Denkschrift der DFG. Weinheim: Wiley-Vch.
DGS/BDS (2017): Ethik-Kodex der Deutschen Gesellschaft für Soziologie (DGS) und des Berufsverbands Deutscher Soziologinnen und Soziologen (BDS).
www.soziologie.de/fileadmin/user_upload/DGS_Redaktion_BE_FM/DGSallgemein/Ethik-Kodex_2017-06-10.pdf (Abruf 1.9.2017)
Donnellan, M. B./Trzesniewski, K. H./Lucas, R. E. (2011): Introduction. In: Trzesniewski, K. H./Donnellan, M. B./Lucas, R. E. (Hrsg.): Secondary Data Analysis. An Introduction for Psychologists. Washington, DC: American Psychological Association, S. 3–10.
Fielding, N. (2004): Getting the most from archived qualitative data: Epistemological, practical and professional obstacles. In: International Journal of Social Research Methodology 7, S. 97–104.
Fielding, N. G./Fielding, J. L. (2000): Resistance and adaptation to criminal identity: Using secondary analysis to evaluate classic studies of crime and deviance. In: Sociology 34, S. 671–689.
Flick, U. (1999): Qualitative Forschung. Theorie, Methoden, Anwendung in Psychologie und Sozialwissenschaften. Reinbek: Rowohlt.

Friedrichs, J. (2014): Forschungsethik. In: Baur, N./Blasius, J. (Hrsg.) (2014): Handbuch Methoden der empirischen Sozialforschung. Wiesbaden: Springer VS, S. 81–91.
Garfinkel, H. (1973): Das Alltagswissen über soziale und innerhalb sozialer Strukturen. In: Arbeitsgruppe Bielefelder Soziologen (Hrsg.): Alltagswissen, Interaktion und gesellschaftliche Wirklichkeit. Reinbek: Rowohlt, Bd. 1, S. 189–262.
Gebel, T./Grenzer, M./Kreusch, J./Liebig, S./Schuster, H./Tscherwinka, R./Watteler, O./Witzel, A. (2015): Verboten ist, was nicht ausdrücklich erlaubt ist: Datenschutz in qualitativen Interviews. In: Forum Qualitative Sozialforschung / Forum: Qualitative Social Research 16, Art. 27. http://nbn-resolving.de/urn:nbn:de:0114-fqs1502279 (Abruf 13.7.2105).
Glaser, B. G. (1962): Secondary analysis: A strategy for the use of knowledge from research elsewhere. In: Social problems 10, S. 70–74.
Glaser, B. G. (1963): Rereading research materials: The use of secondary analysis by the independent researcher. In: The American Behavorial Scientist VI, S. 11–14.
Gläser, J./Laudel, G. (2000): Re-Analyse als Vergleich von Konstruktionsleistungen. In: Forum Qualitative Sozialforschung/Forum: Qualitative Social Research 1, Art. 25. http://nbn-resolving.de/urn:nbn:de:0114-fqs0003257 (Abruf 7.3.2006).
Goodwin, J. (Hrsg.) (2012): SAGE Secondary Data Analysis. Los Angeles: Sage.
Goodwin, C./Duranti, A. (1992): Rethinking context: An introduction. In: Duranti, A./Goodwin, C. (Hrsg.): Rethinking context: Language as an interactive phenomenon. Cambridge: Cambridge University Press, S. 1–42.
Hakim, C. (1982): Secondary analysis in social research. A guide to data sources and methods with examples. London: George Allen & Unwin.
Hammersley, M. (1997): Qualitative data archiving: Some reflections on its prospects and problems. In: Sociology 31, S. 131–142.
Hammersley, M. (2012): Can we re-use qualitative data via secondary analysis? Notes on some terminological and substantive issues. In: Goodwin, J. (Hrsg.) (2012): SAGE Secondary Data Analysis. Los Angeles: Sage, Vol. III, S. 107–119.
Heaton, J. (2004): Reworking qualitative data. London: Sage.
Heaton, J. (2008): Secondary analysis of qualitative data. An overview. In: Historical Social Research 33, S. 33–45.
Hinds, P./Vogel, R./Clark-Steffen, L. (1997): The possibilities and pitfalls of doing a secondary analysis of a qualitative data set. In: Qualitative Health Research 7, S. 408–424.
Hirschauer, S. (2014): Sinn im Archiv? Zum Verhältnis von Nutzen, Kosten und Risiken der Datenarchivierung. In: Soziologie 43, S. 300–312.
Hitzler, R. (2007): Wohin des Wegs? Ein Kommentar zu neueren Entwicklungen in der deutschsprachigen „qualitativen" Sozialforschung. In: Forum Qualitative Sozialforschung/Forum: Qualitative Social Research 8, Art. 4. http://nbn-resolving.de/urn:nbn:de:0114-fqs070344 (Abruf 13.7.2015).
Hoffmann-Riem, C. (1980): Die Sozialforschung einer interpretativen Soziologie. Der Datengewinn. In: Kölner Zeitschrift für Soziologie und Sozialpsychologie 32, S. 339–372.
Holstein, J. A./Gubrium, J. F. (2004): Context: Working it up, down, and across. In: Seale, C./Gombo, G./Gubrium, J. F./Silverman, D. (Hrsg.) (2004): Qualitative research practice. London: Sage, S. 297–311.
Huschka, D./Knoblauch, H./Oellers, C./Solga, H. (Hrsg.) (2013): Forschungsinfrastrukturen für die qualitative Sozialforschung. Berlin: Scivero.
Hyman, H. H. (1972): Secondary analysis of sample surveys: Principles, procedures, and potentialities. New York: John Wiley & Sons.
Kaase, M. (1998): Datendokumentation und Datenzugang in bei sozialwissenschaftlichen Fachzeitschriften eingereichten Beiträgen. In: Soziologie 2, S. 95–96.
Klingemann, H. D./Mochmann, E. (1975): Sekundäranalyse. In: Koolwjik, J. v./Wieken-Mayser, M. (Hrsg.) (1975): Techniken der Empirischen Sozialforschung: ein Lehrbuch in 8 Bänden. München: Oldenbourg, Bd. 2, S. 178–194.

König, H.-D. (1997): Berufliche „Normalbiographie" und jugendlicher Rechtsextremismus. Kritik der Heitmeyerschen Desintegrationstheorie aufgrund einer tiefenhermeneutischen Sekundäranalyse. In: Zeitschrift für Politische Psychologie 5, S. 381–402.

Kretzer, S. (2013): Infrastruktur für qualitative Forschungsprimärdaten – Zum Stand des Aufbaus eines Datenmanagementsystems von Qualiservice. In: Huschka, D./Knoblauch, H./Oellers, C./Solga, H. (Hrsg.): Forschungsinfrastrukturen für die qualitative Sozialforschung. Berlin: Scivero, S. 93–110.

Kuckartz, U./Rädiker, S. (2014): Datenaufbereitung und Datenbereinigung in der qualitativen Sozialforschung. In: Baur, N./Blasius, J. (Hrsg.) (2014): Handbuch Methoden der empirischen Sozialforschung. Wiesbaden: Springer VS, S. 383–396.

Kuckartz, U./Rädiker, S. (2010): Computergestützte Analyse (CAQDAS). In: Mey, G./Mruck, K. (Hrsg.) (2010): Handbuch Qualitative Forschung in der Psychologie. Wiesbaden: VS, S. 735–750.

Kuula, A. (2010/2011): Methodological and ethical dilemmas of archiving qualitative data. In: IASSIST Quarterly 34/35, 12–17. www.iassistdata.org/sites/default/files/iqvol34_35_kuula.pdf (Abruf 1.9.2017).

Laub, J. H./Sampson, R. J. (1998): Integrating quantitative and qualitative data. In: Giele, J. Z./ Elder Jr., G. H. (Hrsg.) (1998): Methods of Life Course Research. Thousand Oaks, London, New Delhi: Sage, S. 213–230.

Laub, J. H./Sampson, R. J. (2003): Shared beginnings, divergent lives. Delinquent boys to age 70. Cambridge, Massachusetts, London: Harvard University Press.

Legewie, H./Abreu, N. de/Dienel, H.-L./Münch, D./Muhr, T./Ringmayr, T. (2005): Sekundäranalyse qualitativer Daten aus Datenbanken: QUESSY als Schnittstelle zu QDA-Software-Systemen. In: Forum Qualitative Sozialforschung/Forum: Qualitative Social Research 6, Art. 35. http://nbn-resolving.de/urn:nbn:de:0114-fqs0501350 (Abruf 13.7.2015)

Leh, A. (2000): Probleme der Archivierung von Oral History-Interviews. Das Beispiel des Archivs „Deutsches Gedächtnis". In: Forum Qualitative Sozialforschung/Forum: Qualitative Social Research 1, Art. 8. http://nbn-resolving.de/urn:nbn:de:0114-fqs000384 (Abruf 1.9.2017).

Leh, A. (2013): Das Archiv „Deutsches Gedächtnis" und seine Bestände: Herkunft – Erschließung – Nutzung. In: Huschka, D./Knoblauch, H./Oellers, C./Solga, H. (Hrsg.) (2013): Forschungsinfrastrukturen für die qualitative Sozialforschung. Berlin: Scivero, S. 127–136.

Liebig, S./Gebel, T./Grenzer, M./Kreusch, J./Schuster, H./Tscherwinka, R./Watteler, O./Witzel, A. (2014): Datenschutzrechtliche Anforderungen bei der Generierung und Archivierung qualitativer Interviewdaten. www.ratswd.de/dl/RatSWD_WP_238.pdf (Abruf 13.7.2015). Rat für Sozial- und WirtschaftsDaten. RatSWD Working Paper Series 238.

Mauthner, N. S./Parry, O./Backett-Milburn, K. (1998): The data are out there, or are they? Implications for archiving and revisiting qualitative data. In: Sociology 32, S. 733–745.

Medjedović, I. (2007): Sekundäranalyse qualitativer Interviewdaten. Problemkreise und offene Fragen einer neuen Forschungsstrategie. In: Journal für Psychologie 15. http://www.journal-fuer-psychologie.de/index.php/jfp/article/view/188/251 (Abruf 13.7.2015).

Medjedović, I. (2014a): Qualitative Daten für die Sekundäranalyse. In: Baur, N./ Blasius, J. (Hrsg.) (2014): Handbuch Methoden der empirischen Sozialforschung. Wiesbaden: Springer VS, S. 223–232.

Medjedović, I. (2014b): Qualitative Sekundäranalyse. Zum Potenzial einer neuen Forschungsstrategie in der empirischen Sozialforschung. Wiesbaden: Springer VS.

Medjedović, I./Witzel, A. (2005): Sekundäranalyse qualitativer Interviews. Verwendung von Kodierungen der Primärstudie am Beispiel einer Untersuchung des Arbeitsprozesswissens junger Facharbeiter. In: Forum Qualitative Sozialforschung/Forum: Qualitative Social Research 6, Art. 46. http://nbn-resolving.de/urn:nbn:de:0114-fqs0501462 (Abruf 18.8.2017).

Medjedović, I./Witzel, A. (2010): Wiederverwendung qualitativer Daten. Archivierung und Sekundärnutzung qualitativer Interviewtranskripte. Wiesbaden: VS.

Meinefeld, W. (1995): Realität und Konstruktion. Erkenntnistheoretische Grundlagen einer Methodologie der empirischen Sozialforschung. Opladen: Leske + Budrich.

Meinefeld, W. (2005): Hypothesen und Vorwissen in der qualitativen Sozialforschung. In: Flick, U./ Kardorff, E. v./Steinke, I. (Hrsg.) (2005): Qualitative Forschung. Reinbek bei Hamburg: Rowohlt, S. 265-275.
Mey, G./Mruck, K. (2007): Qualitative research in Germany: A short cartography. In: International Sociology 22, S. 138-154.
Mochmann, E. (2014): Quantitative Daten für die Sekundäranalyse. In: Baur, N./ Blasius, J. (Hrsg.) (2014): Handbuch Methoden der empirischen Sozialforschung. Wiesbaden: Springer VS, S. 233-244.
Moore, N. (2006): The contexts of context: Broadening perspectives in the (re)use of qualitative data. In: Methodological Innovations Online 1, S. 21-32. www.esds.ac.uk/news/publications/MIOMoore-pp21-32.pdf (Abruf 13.7.2015).
Mruck, K. (2005): Providing (online) resources and services for qualitative researchers: Challenges and potentials. In: Forum Qualitative Sozialforschung / Forum: Qualitative Social Research 6, Art. 38. http://nbn-resolving.de/urn:nbn:de:0114-fqs0502388 (Abruf 13.7.2015).
Neale, B./Bishop, L. (2010/2011): Qualitative and qualitative longitudinal resources in Europe: Mapping the field and exploring strategies for Development. In: IASSIST Quaterly 34/35. www.iassistdata.org/sites/default/files/iq/iqvol34_35_neale.pdf (Abruf 13.7.2015).
Notz, P. (2005): Sekundäranalyse von Interviews am Beispiel einer Untersuchung über das Spannungsfeld von Beruf und Familie bei Managern. In: Forum Qualitative Sozialforschung / Forum: Qualitative Social Research 6, Art. 34. http://nbn-resolving.de/urn:nbn:de:0114-fqs0501347 (Abruf 24.8.2017).
Opitz, D./Mauer, R. (2005): Erfahrungen mit der Sekundärnutzung von qualitativem Datenmaterial – Erste Ergebnisse einer schriftlichen Befragung im Rahmen der Machbarkeitsstudie zur Archivierung und Sekundärnutzung qualitativer Interviewdaten. In: Forum Qualitative Sozialforschung / Forum: Qualitative Social Research 6, Art. 43. http://nbn-resolving.de/urn:nbn:de:0114-fqs0501431. (Abruf 13. Juli 2015).
Parry, O./Mauthner, N. S. (2004): Whose Data Are They Anyway? Practical, Legal and Ethical Issues in Archiving Qualitative Research Data. In: Sociology 38, S. 139-152.
Rat für Sozial- und WirtschaftsDaten (RatSWD) (Hrsg.) (2011): Auf Erfolgen aufbauend. Zur Weiterentwicklung der Forschungsinfrastruktur für die Sozial-, Verhaltens- und Wirtschaftswissenschaften. Empfehlungen des Rates für Sozial- und Wirtschaftsdaten (RatSWD). Opladen und Farmington Hills: Budrich UniPress Ltd.
Rat für Sozial- und WirtschaftsDaten (RatSWD) (2015): Stellungnahme des RatSWD zur Archivierung und Sekundärnutzung von Daten der qualitativen Sozialforschung. Berlin: RatSWD. www.ratswd.de/dl/RatSWD_Stellungnahme_QualiDaten.pdf. (Abruf 13.7.2015).
Rat für Sozial- und WirtschaftsDaten (RatSWD) (2017a): Handreichung Datenschutz. In. RatSWD Output 5. Berlin: RatSWD.
www.ratswd.de/dl/RatSWD_Output5_HandreichungDatenschutz.pdf (Abruf 1.9.2017).
Rat für Sozial- und WirtschaftsDaten, RatSWD (2017b): Forschungsethische Grundsätze und Prüfverfahren in den Sozial- und Wirtschaftswissenschaften. In: RatSWD Output 9. Berlin: RatSWD. https://doi.org/10.17620/02671.1 (Abruf 1.9.2017).
Reichertz, J. (2007): Qualitative Sozialforschung – Ansprüche, Prämissen, Probleme. In: Erwägen – Wissen – Ethik 18, S. 195-208.
Richardson, J. C./Godfrey, B. S. (2003): Towards ethical practice in the use of archived trancripted interviews. In: International Journal of Social Research Methodology 6, S. 347-355.
Scheuch, E. K. (1967): Entwicklungsrichtungen bei der Analyse sozialwissenschaftlicher Daten. In: König, R. (Hrsg.) (1967): Handbuch der Empirischen Sozialforschung. Stuttgart: Enke, Bd. I, S. 655-685.
Steinke, I. (1999): Kriterien qualitativer Forschung. Ansätze zur Bewertung qualitativ-empirischer Sozialforschung. Weinheim: Juventa.
Stewart, D. W./Kamins, M. A. (1993): Secondary research: Information sources and methods. 2. Auflage. Newbury Park: Sage.
Strauss, A. L./Corbin, J. (1996): Grounded Theory. Grundlagen Qualitativer Sozialforschung. Weinheim: Beltz: Psychologie Verlags Union.

Szabo, V./Strang, V. R. (1997): Secondary analysis of qualitative data. In: Advances in Nursing Science 20, S. 66–74.
Thompson, P. (2003): Towards ethical practice in the use of archived transcripted interviews: a response. In: International Journal of Social Research Methodology 6, S. 357–360.
Thomson, D./Bzdel, L./Golden-Biddle, K./Reay, T./Estabrooks, C. A. (2005): Central questions of anonymization: A case study of secondary use of qualitative data. In: Forum Qualitative Sozialforschung/Forum: Qualitative Social Research 6, Art. 29. http://nbn-resolving.de/urn:nbn:de:0114-fqs0501297 (Abruf 13.7.2015).
Thorne, S. (1994): Secondary analysis in qualitative research: Issues and implications. In: Morse, J. M. (Hrsg.): Critical issues in qualitative research methods. London: Sage, S. 263–279.
Valles, M./Corti, L./Tamboukou, M./Baer, A. (Hrsg.) (2011): Qualitative archives and biographical research methods. In: Forum Qualitative Sozialforschung / Forum: Qualitative Social Research 12. www.qualitative-research.net/index.php/fqs/issue/view/38 (Abruf 13.7.2015).
Van den Berg, H. (2005): Reanalyzing qualitative interviews from different angles: The risk of decontextualization and other problems of sharing qualitative data. In: Forum Qualitative Sozialforschung / Forum: Qualitative Social Research 6, Art. 30. http://nbn-resolving.de/urn:nbn:de:0114-fqs0501305 (Abruf 13.7.2015).
Van den Berg, H./Wetherell, M./Houtkoop-Steenstra, H. (2003): Analyzing race talk. Multidisciplinary approaches to the interview. Cambridge: Cambridge University Press.
Von Unger, H. (2014): Forschungsethik in der qualitativen Forschung: Grundsätze, Debatten und offene Fragen. In: Von Unger, H./Narimani, P./M'Bayo, R. (Hrsg.) (2014): Forschungsethik in der qualitativen Forschung. Reflexivität, Perspektiven, Positionen. Wiesbaden: Springer VS, S. 15–39.
Wilson, T. P. (1973): Theorien der Interaktion und Modelle soziologischer Erklärung. In: Arbeitsgruppe Bielefelder Soziologen (Hrsg.) (1973): Alltagswissen, Interaktion und gesellschaftliche Wirklichkeit. Reinbek: Rowohlt, Bd. 1, S. 54–79.
Wissenschaftsrat (WR) (2011): Empfehlungen zu Forschungsinfrastrukturen in den Geistes- und Sozialwissenschaften. Wissenschaftsrat 10465-11. www.wissenschaftsrat.de/download/archiv/10465-11.pdf (Abruf 17.7. 2015).
Wissenschaftsrat (WR) (2012): Empfehlungen zur Weiterentwicklung der wissenschaftlichen Informationsinfrastrukturen in Deutschland bis 2020. Wissenschaftsrat 2359-12. www.wissenschaftsrat.de/download/archiv/2359-12.pdf (Abruf 17.7.2015).
Witzel, A. (1982): Verfahren der qualitativen Sozialforschung. Überblick und Alternativen. Frankfurt am Main: Campus.
Witzel, A. (2000): Das problemzentrierte Interview. In: Forum Qualitative Sozialforschung / Forum: Qualitative Social Research 1, Art. 22. http://nbn-resolving.de/urn:nbn:de:0114-fqs0001228 (Abruf 17.7.2015).
Witzel, A./Medjedović, I./Kretzer, S. (Hrsg.) (2008): Sekundäranalyse qualitativer Daten. In: Historical Social Research 33.

1.4
Was sind wissenschaftliche Eigenleistungen – während des Forschungsprozesses und nach der Publikation der Ergebnisse?

Eva Barlösius, Friederike Knoke und Michaela Pook-Kolb

1 Hinführung: Eine diskutable Angelegenheit

Über wissenschaftliche Eigenleistungen, was zu ihnen gehört, wer sie erbringt, wem sie in welcher Weise zuerkannt werden sollten und tatsächlich werden, wird im Forschungsalltag offen wie verdeckt gesprochen und verhandelt. Oftmals wird dabei auf Konventionen, Gewohnheitsrechte und Gepflogenheiten referiert. Besonders gilt dies für Forschungsprozesse, die nicht von einzelnen Forscherinnen oder Forschern bewältigt werden, bei denen also mehrere Personen zusammenwirken, weil Spezialwissen oder -fertigkeiten erforderlich sind oder, wie bei Interpretationsgruppen in der qualitativen Sozialforschung, weil erst durch die gemeinsame Arbeit die Qualität der Ergebnisse gesichert werden kann (Reichertz 2013, S. 15, und in diesem Band). Solche gemeinsamen Forschungen werfen stets die Frage auf, welche Leistungen wem in der Ergebnispräsentation zuzuerkennen sind. Pointiert formuliert: wer in der Publikation an welcher Stelle als Autorin oder Autor steht, wem also eine prominente Autorschaft zugewiesen und damit die Möglichkeit gegeben wird, mit der Veröffentlichung wissenschaftliche Reputation zu sammeln. Da Reputation als Währung für wissenschaftliche Karrieren fungiert (Bourdieu 2001), handelt es sich oft um eine existentielle Frage, zumal um die wenigen attraktiven Stellen in der Wissenschaft ein harter Wettbewerb besteht.

Im Folgenden werden wir zeigen, dass die Erzeugung von wissenschaftlichen Eigenleistungen und deren Zuerkennung in der Regel miteinander verknüpft sind, jedoch nicht immer unmittelbar in dem Sinn, dass jede Leistung mit Autorschaft anerkannt und honoriert wird. Vielmehr besteht die Verschränkung darin, dass der Forschungsprozess maßgeblich dafür ist, wer später als Autorin und Autor genannt wird und in welcher Reihenfolge. Dabei orientieren sich die Wissenschaftlerinnen und Wissenschaftler zumeist an den Konventionen ihrer jeweiligen Disziplinen, die diese Verknüpfung unterschiedlich herstellen.

Für die interpretative Sozialforschung stellt sich die Frage der Verknüpfung von wissenschaftlicher (Eigen-)Leistung und Anerkennung durch Autorschaft besonders deutlich und oftmals diskutabel bei den schon erwähnten Interpretationsgruppen (Reichertz in diesem Band). Hier ist zu fragen, ob die wissenschaftlichen (Eigen-)Leistungen der Interpretationsgruppe einen so essentiellen Arbeitsschritt darstellen, dass sich daraus eine Mitautorschaft begründet. In seinem Aufsatz: „Wer erbringt hier die Leistung?" hat Jo Reichertz anschaulich geschildert, dass die kollaborative Erzeugung von Wissen in Interpretationsgruppen „immer dann *Probleme* mit sich (und das zunehmend) [bringt], wenn die Ergebnisse von einem Autor oder einer Autorin publiziert werden" (Reichertz 2018, S. 178). Sein Lösungsvorschlag lautet im Falle einer unterstützenden Interpretationshilfe bei Qualifikationsarbeiten, alle Mitglieder der Interpretationsgruppe namentlich aufzuführen und ihnen zu danken. Der Dank soll vermutlich in einer Fußnote untergebracht werden, explizit äußert sich Reichertz nicht dazu. Er unterscheidet diesen Fall jedoch von gemeinsamer Arbeit an einem Forschungsprojekt, wo es um „gemeinsame Sinnschließung" geht (Reichertz 2013, S. 82), differenziert also in gewisser Weise nach Qualität der eingebrachten persönlichen Leistung einzelner Wissenschaftlerinnen und Wissenschaftler. Reichertz präzisiert diese Unterscheidung allerdings nicht weiter und sagt auch nicht, inwieweit eine solche Unterscheidung auch auf andere Disziplinen übertragbar sein könnte.

Es gibt gute Argumente für Reichertz' Plädoyer dieser Trennung nach Qualität der eingebrachten Leistung während des Forschungsprozesses, so dass nicht jede Leistung durch Autorschaft honoriert wird. Es gibt vermutlich aber auch gute Gegenargumente und andere Handhabungen der Anerkennung von Leistungen während des Forschungsprozesses, beispielsweise in den Natur-, Lebens- und Technikwissenschaften. In diesen Disziplinen ist es üblich, alle Wissenschaftlerinnen und Wissenschaftler, die während des Forschungsprozesses Leistungen erbracht haben, als Autorinnen und Autoren zu nennen. Durch die Reihenfolge der Namen wird der jeweilige Beitrag gewichtet oder dieser wird am Ende des Aufsatzes explizit ausgewiesen. Dies gilt mittlerweile auch für viele sozialwissenschaftliche Veröffentlichungen, so beispielsweise in der Zeitschrift ‚PLoS ONE'.

Wir möchten mit unserem Aufsatz einen empirischen Beitrag zu dieser diskutablen Angelegenheit leisten, und zwar auf zweifache Weise: erstens, indem wir diese Frage für unseren Aufsatz, der zur interpretativen Sozialforschung gehört, selbst thematisieren. Zu diesem Zweck kennzeichnen wir, wer an welchen Arbeitsschritten mit welchen Leistungen mitgewirkt hat. Darauf werden wir in der zweiten Konklusion selbstreflexiv zurückkommen. Zweitens werden wir anhand von Projekten aus der experimentellen Forschung rekonstruieren, wie Leistungen in der Wissenschaft erzeugt und anerkannt werden. Auf diese Weise soll ein distanzierterer Blick auf diese kontroverse Frage geworfen werden. Die experimentelle Forschung haben wir ausgewählt, weil dort relativ klare

Konventionen und Gepflogenheiten darüber existieren, was als wissenschaftliche Eigenleistung im Forschungsprozess betrachtet wird und wer Anspruch auf Autorschaft hat. Konkret werden wir jeweils für zwei Projekte aus der Biologie und der Psychologie die Arbeitsschritte rekonstruieren, um zu untersuchen, welche Art von Leistungen jeweils vonnöten war und wie diese von den Forschenden beschrieben werden. Im Forschungsalltag wird oftmals mit rechtlichen Formulierungen argumentiert, etwa ob es sich um eine eigenständige Leistung handelt, wem diese „gehört", ob diese von anderen Wissenschaftlerinnen und Wissenschaftlern ohne Nennung des Namens genutzt werden darf, nicht zuletzt um der eigenen Sichtweise mehr Nachdruck und Geltung zu verleihen. Aus diesem Grund enthält unser Aufsatz einen Abschnitt über wissenschaftliche Eigenleistung aus der Sicht der Rechtswissenschaft.

2 Selbstreflexion: Wissenschaftliche (Eigen-)Leistungen während des Forschungsprozesses

Unserem Aufsatz liegt das Forschungsprojekt „Forschungsdaten schützen: disziplinäre Praktiken und ihre Reflexion im Datenschutz- und Immaterialgüterrecht" zugrunde, das am ‚Leibniz Center for Science and Society' (LCSS) der Leibniz Universität Hannover (LUH) durchgeführt wird. Den Projektantrag haben Eva Barlösius aus der Soziologie und Nikolaus Forgó aus der Rechtswissenschaft ausgearbeitet. In vielen Disziplinen ist das eine wissenschaftliche Leistung, die mit Autorschaft für alle Publikationen, die aus dem Projekt entstehen, angezeigt und honoriert wird, in der Regel an den letzten Stellen der Autorenreihenfolge. Die Projektarbeit wird wesentlich von Friederike Knoke, einer Juristin, und Michaela Pook-Kolb, einer Soziologin, erledigt, beide werden aus dem Projekt heraus ihre Dissertationen erarbeiten. Dass sie beide im Projekt wissenschaftliche Eigenleistungen erbringen, ja, zu erbringen haben, steht außer Zweifel, denn die Promotion zertifiziert, dass eine „selbständige vertiefte wissenschaftliche Arbeit" vorliegt, in der eine „eigene Konzeption" entwickelt wurde (Epping/*Epping*, NHG, § 9 Rn. 13). Friederike Knoke wird im nächsten Abschnitt juristisch erläutern, was darunter zu verstehen ist.

Die Erhebungen haben Friederike Knoke und Michaela Pook-Kolb durchgeführt, das ist ihre wissenschaftliche Leistung (wir werden im Folgenden – auf Grundlage der vorliegenden Studie – dazu kommen, eine Unterscheidung zwischen wissenschaftlichen *Arbeits*leistungen, *Leistungen* und *Eigen*leistungen zu treffen). Sie teilen das Material für diesen Aufsatz mit Eva Barlösius unter der Maßgabe, dass ihre wissenschaftliche *Eigen*leistung für ihre Dissertationen geschützt wird, womit wir selbst genau das tun, was Gegenstand des Forschungsprojekts ist: Forschungsdaten schützen. Den Interviewleitfaden haben wir zu dritt erarbeitet und mit Axel Philipps diskutiert; er ist unser Experte für die interpretative Sozialforschung. Die Interpretationsgruppe bestand aus den drei Autorinnen; an zwei Sitzungen hat Saskia-Rabea Schrade mitgewirkt, die „[z]um Zusammenhang von disziplinären Originalitätskonzepten und handlungspraktischen Orientierungen für das Teilen von Daten" forscht (www.lcss.uni-hannover.de/14601.html; Abruf 29.4.2018). Die Mitwirkung am Leitfaden und an der Interpretation der Interviews evoziert die Frage, ob es sich dabei um wissenschaftliche Leistungen handelt, aus denen sich Mitautorschaft begründet. Den Aufsatz ausgearbeitet und verschriftlicht haben die drei Autorinnen. Unserer Meinung nach beinhalten alle diese Arbeitsschritte wissenschaftliche Leistungen, aber wie die Autorschaft ausweist, werten wir nicht alle so, dass sich daraus eine Mitautorschaft herleitet. Darauf gehen wir in der zweiten Konklusion genauer ein.

Im Folgenden gehen wir der Forschungsfrage nach, was Wissenschaftlerinnen und Wissenschaftler als von ihnen erbrachte Leistungen betrachten, wie sie das begründen und wie sie damit umgehen. Wir fragen absichtlich allgemeiner nach selbst erbrachten Leistungen und nicht direkt nach wissenschaftlichen Eigenleistungen, weil Wissenschaftlerinnen und Wissenschaftler auch solche Arbeitsschritte und Produkte als von ihnen erbrachte Leistungen kennzeichnen und hervorheben, die erforderliche Vorstufen umfassen, aber in der Publikation häufig nicht eigens als wissenschaftliche Eigenleistungen ausgewiesen werden. Es handelt sich juristisch gesehen bei der wissenschaftlichen Eigenleistung um ein Randgebiet, das bislang wenig rechtswissenschaftlich erforscht ist. Ganz im Gegensatz dazu argumentieren Wissenschaftlerinnen und Wissenschaftler sehr häufig mit vermeintlichen rechtlichen Vorgaben, mit denen sie unterstreichen, warum ihre Praktiken angemessen, ja geradezu verpflichtend sind. Auch Reichertz hat in seinem Aufsatz auf rechtliche und andere formale Vorgaben aufmerksam gemacht, denen gemäß alle Autorinnen und Autoren ihre Leistungen auszuflaggen haben (Reichertz 2018). Im nächsten Abschnitt wird deshalb untersucht, wie man sich diesem Thema juristisch nähern kann.

3 Wissenschaftliche Eigenleistung – aus der Sicht der Rechtswissenschaft

Die Konzeption unseres Forschungsprojekts über die Praktiken, wie Wissenschaftlerinnen und Wissenschaftler die von ihnen generierten Forschungsdaten schützen, basiert auf der Annahme, dass von den Schutzpraktiken darauf rückgeschlossen werden kann, was Forscherinnen und Forscher als wissenschaftliche Eigenleistung betrachten und wofür sie sicherstellen wollen, dass sie ihnen als solche zuerkannt wird. Zu den Forschungsdaten – das wird im Weiteren deutlich – rechnen sie alles, was sie selbst erarbeitet haben, beispielsweise auch

Literaturrecherchen oder die Ausarbeitung von Versuchsabläufen. Schutzpraktiken werden bis zur erfolgreichen Publikation, Dissertation oder Habilitation angewendet. Denn im Gegensatz zu Mertons Behauptung (1985a, S. 86–99), dass in der Wissenschaft normative Imperative gelten würden, haben viele Wissenschaftlerinnen und Wissenschaftler die Erfahrung gemacht und davon gehört, dass andere Forscherinnen und Forscher sich die von ihnen erbrachten Leistungen aneignen, erfolgreich unter ihrem eigenen Namen publizieren und so für sich als wissenschaftliche Eigenleistung reklamieren.

Nach der Publikation sind die von ihnen erbrachten wissenschaftlichen Eigenleistungen als ihr Werk gesichert, soweit und in der Form, in der sie sich in der Veröffentlichung wiederfinden. Sowohl nach den Regeln der Wissenschaft sind sie geschützt, weil sie nun zu zitieren sind, aber auch rechtlich, weil die Publikation als schöpferisches Werk gilt und damit urheberrechtlich behütet ist. Aber für alle Arbeitsschritte im Forschungsprozess *vor* der wissenschaftlichen Veröffentlichung ist juristisch weniger klar, ob sie schützenswert sind, auf welches Schutzrecht zurückgegriffen werden könnte oder ob neue Rechte zu kreieren wären. Dazu gehören u. a. die Entwicklung einer originellen Forschungsidee, der Aufbau eines Experiments, die Erhebung von Daten, die Aufbereitung der Daten, der Schreibprozess.

Für die Frage, was juristisch unter wissenschaftlicher Eigenleistung zu verstehen ist, wie also der Begriff rechtlich definiert ist, braucht es einen Anknüpfungspunkt. Woher kann ein solcher Anknüpfungspunkt kommen? Eine Möglichkeit ist, dass der Begriff in einem Gesetz vorkommt. Ist das der Fall, dann kommt es darauf an, ob die Formulierung im Gesetz überhaupt auf den konkreten Fall anwendbar ist. Wenn ja, so gilt das, was das Gesetz zum Begriff wissenschaftliche Eigenleistung sagt. Die drei Autorinnen sind an einer niedersächsischen Hochschule beschäftigt, folglich liegt es nahe, im Niedersächsischen Hochschulgesetz (NHG) nachzuschauen. In § 9 NHG über die Promotion und Doktorandinnen und Doktoranden (genauer gesagt: in Absatz 1, Satz 2, 1. Halbsatz) taucht eine unserem gesuchten Begriff sehr ähnliche Formulierung auf: „der Nachweis der Befähigung zu selbständiger vertiefter wissenschaftlicher Arbeit". „Selbständige (vertiefte) wissenschaftliche Arbeit" ist zwar anders formuliert als „wissenschaftliche Eigenleistung" – aber inhaltlich stehen sich beide Formulierungen sehr nah. Was also ist unter „selbständiger […] wissenschaftlicher Arbeit" zu verstehen? Diese Frage lässt sich anhand des Gesetzes selbst beantworten, wenn dort eine Definition des Begriffs vorgenommen wird. Das ist beim NHG nicht der Fall. Hier dient die fragliche Formulierung vielmehr selbst dazu, den Inhalt eines anderen gesetzlichen Begriffs zu bestimmen. Der gesamte Halbsatz lautet nämlich:

„Die Promotion ist der Nachweis der Befähigung zu selbständiger vertiefter wissenschaftlicher Arbeit".

Selbständige wissenschaftliche Arbeit beschreibt hier den Gegenstand einer Promotion. Dies ändert jedoch nichts daran, dass es darauf ankommt zu bestimmen, was unter einer solchen wissenschaftlichen Arbeit zu fassen ist und was eben nicht. Denn es muss ja in einem konkreten Fall entschieden werden können, ob jemand mit der vorliegenden Arbeit promoviert werden kann oder nicht. Wenn die Antwort sich nicht durch schlichtes Lesen des Gesetzes ergibt, sie also nicht selbst im Gesetz ausformuliert ist, muss das Gesetz ausgelegt werden. Wie also wird „selbständige wissenschaftliche Arbeit" ausgelegt? Hierfür kann z. B. auf einen Kommentar zurückgegriffen werden.

Zu vielen Gesetzen gibt es Kommentare, d. h. eine rechtlich tätige Person hat zu einer Regelung ergangene Gerichtsurteile und erschienene Texte zusammengetragen und macht eigene Vorschläge zur Interpretation der einzelnen Regelungen, kommentiert also die gesetzlichen Regelungen aus eigener juristischer Sicht (oft tun sich hierfür auch mehrere Juristen zusammen). Solch einen Kommentar gibt es auch zum NHG (Epping, NHG 2016). In der Kommentierung zu § 9 finden sich allerdings nur wenige nähere Bestimmungen der selbständigen wissenschaftlichen Arbeit. So sei „[e]ntscheidend […] neben der […] Förderung des wissenschaftlichen Fortschritts die Konfrontation mit einer ungelösten Aufgabe und deren wissenschaftliche Bewältigung" (Epping/*Epping*, NHG, § 9 Rn. 7). Beurteilt wird dies durch die Begutachtung der eingereichten Dissertation, auf Basis derer entschieden wird, ob der Doktorgrad verliehen werden kann oder nicht – mit anderen Worten, ob es sich um eine wissenschaftliche Eigenleistung handelt.

Was also muss bei der Begutachtung genau beurteilt werden? „[D]ie Einordnung der Fragestellung und der Ergebnisse hinsichtlich Seriosität, Methodengerechtigkeit und Novität" (Epping/*Epping*, NHG, § 9 Rn. 58). Mithin scheinen Seriosität, Methodengerechtigkeit und Novität Kriterien für die Beurteilung selbständiger wissenschaftlicher Tätigkeit zu sein. Methodengerechtigkeit und Novität, also das Voranbringen der Wissenschaft, tauchen auch an anderer Stelle auf: Die Anforderung der selbständigen vertieften wissenschaftlichen Arbeit bedeute, dass es nicht ausreiche, „bereits geklärte Fragen darzustellen" (Epping/*Epping*, NHG, § 9 Rn. 13). Es müsse vielmehr „eine eigene Konzeption" entwickelt werden, „die sich zur Lösung der erörterten Probleme fachspezifischer Methoden und wissenschaftlicher Erkenntnis lege artis" bediene und „damit zum wissenschaftlichen Fortschritt beiträgt" (ebd.). Gleichzeitig wird zugegeben, dass die Förderung des wissenschaftlichen Fortschritts etwas „freilich schwer einschätzbare[s]" sei (Epping/*Epping*, NHG, § 9 Rn. 7). Heißt das, dass sich der Begriff nicht genauer bestimmen lässt?

Vielleicht hilft ein Blick auf die zweite Möglichkeit, einen juristischen Anknüpfungspunkt zu finden: Haben sich Gerichte bereits mit dem Begriff der wissenschaftlichen Eigenleistung befasst, weil sie darüber zu entscheiden hatten? Mit dem Thema der wissenschaftlichen Eigenleistung haben sich

Gerichte in Fällen beschäftigt, in denen in Zweifel stand, ob eine selbständige wissenschaftliche Tätigkeit bejaht werden kann – oder eben nicht. Dies war z. B. der Fall bei Verfahren über eventuell unredlich erstellte Dissertationen. Hier mussten die Gerichte entscheiden, ob es sich bei den eingereichten Arbeiten (noch) um eine wissenschaftliche Eigenleistung handelte oder nicht (mehr).

In einem Urteil des Bundesverwaltungsgerichts (BVerwG, Urt. v. 21.6.2017, Az. 6 C 3.16, Rn. 43) wird ausgeführt, dass, um eine Eigenständigkeit bejahen zu können, Promovierende „einen eigenen Beitrag zum Wissenschaftsprozess erbringen" müssten und dass sie „nicht fremde Beiträge als eigene ausgeben" dürften. Hier scheint es vor allem darum zu gehen, dass eigene Gedanken entwickelt und Schlussfolgerungen gezogen werden müssen. Zudem muss eindeutig erkennbar sein, welche dies sind und welche Gedanken und Schlussfolgerungen nicht dem eigenen Denken entspringen, sondern von anderen übernommen wurden. Die Kenntlichmachung der eigenen Teile erfolgt methodisch durch eine Negativabgrenzung: Durch Kenntlichmachung aller von anderen stammenden Teile wird für Lesende nachvollziehbar, dass alles, was nicht als von anderen übernommen gekennzeichnet ist, von der schreibenden Person selbst stammt. Hier scheint es am Ende auf eine quantitative Einschätzung anzukommen: Es müssen hinreichend eigene Anteile enthalten sein, um insgesamt von einer Eigenleistung sprechen zu können. Wie bzw. woran ein solcher eigener Beitrag zu erkennen sei, wird dann aber vom Gericht nicht näher ausformuliert. Stattdessen heißt es:

> „Ob die Dissertation noch als Eigenleistung des Promovenden gelten kann, entzieht sich einer allgemeingültigen Bewertung. Maßgebend ist die Würdigung des jeweiligen Sachverhalts" (BVerwG, Urt. v. 21.6.2017, Az. 6 C 3.16, Rn. 44).

Mit anderen Worten: Die Anforderungen an die Eigenleistung werden nicht abstrakt näher bestimmt, sondern diese Bewertung soll nur für jeden Fall einzeln möglich sein.

In qualitativer Hinsicht finden sich Anhaltspunkte in einer anderen Entscheidung eines Gerichts (VG Bremen, B. v. 4.6.2013, Az. 6 V 1056/12). Danach bestehen vor allem die Schlussbemerkungen einer Dissertation aus Eigenleistungen: „Gerade hier" würde „als wissenschaftliche Eigenleistung" erwartet, dass die oder der Forschende „eigene Ideen entwickelt und sich mit dem Ergebnis seiner Untersuchung wertend auseinandersetzt" (VG Bremen, II.3.c.bb). Demnach werden auch hier die Entwicklung eigener Ideen und eine wertende Auseinandersetzung mit dem behandelten Thema als wesentlich beschrieben. Wissenschaftliche Eigenleistung – so die Schlussfolgerung aus dieser rechtswissenschaftlichen Analyse – besteht darin, neue Fragestellungen zu entwickeln, diese auf Basis vorhandenen Gedankenguts und Wissens mittels eigener wertender Auseinandersetzung zu behandeln und zu beantworten und dadurch neue, über bisherige hinausgehende Ergebnisse zu erarbeiten.

Eine andere Frage ist, ob eine wissenschaftliche Arbeit, die eine wissenschaftliche Eigenleistung darstellt, rechtlich geschützt ist. Wie verhält es sich beispielsweise mit einer Publikation? Die Publikation ist rechtlich geschützt, weil sie durch Veröffentlichung zu einem geistigen Werk wird, für das der Schutz des geistigen Eigentums gilt (§ 1 Abs. 1 i.V.m. § 2 Urheberrechtsgesetz). Der Schutz als geistiges Eigentum setzt gerade eine Manifestierung, sprich eine äußere Wahrnehmbarkeit des Werks voraus (Dreier/Schulze/*Schulze*, UrhG, § 2 Rn. 13; Wandtke/Bullinger/*Bullinger*, UrhG, § 2 Rn. 19). Was nicht von anderen wahrgenommen werden kann, ist hingegen nicht urheberrechtlich geschützt. Mit der Veröffentlichung ist diese Anforderung erfüllt. Dabei kommt es nicht darauf an, ob andere das Werk tatsächlich wahrnehmen, z. B. ob die Publikation tatsächlich gelesen wird oder wurde. Entscheidend ist, dass es möglich wäre, das Werk sinnlich zu erfassen.

Sobald dies der Fall ist und die anderen Kriterien des Rechtsbegriffs „Werk" gegeben sind, tritt der rechtliche Schutz nach dem Urheberrecht ein. Rechtswissenschaftlich sind *Eigentums*rechte innerhalb der Wissenschaft bislang nur wenig betrachtet worden, eine rechtliche Systematik, die aus der Forschung heraus entwickelt wurde, existiert nicht. Dass Wissenschaftlerinnen und Wissenschaftler die Produkte und Ergebnisse ihrer wissenschaftlichen Arbeit und Forschung als ihre eigenen wahrnehmen und schützen und sie wie ihr Eigentum behandeln, ist bekannt. In der englischsprachigen Literatur findet sich dafür der Begriff „sense of ownership" (Klump 2012, S. 187; Jackson et al. 2007, S. 4). Ob und wie sich dies rechtlich abbildet bzw. abbilden lässt, ist weiterer (forschender) Auseinandersetzung vorbehalten – für den Bereich der Forschungsdaten wird Friederike Knoke sich damit im Rahmen ihrer Dissertation beschäftigen.

4 Wissenschaftliche Eigenleistung – aus der Sicht der Wissenschaftssoziologie

Ganz allgemein formuliert bildet wissenschaftliche Eigenleistung die Voraussetzung dafür, dass neues Wissen entsteht, und stellt damit die Vorstufe für wissenschaftliche Originalität dar. Originelles wissenschaftliches Wissen zu generieren, gehört zum Kern von Wissenschaft und repräsentiert deshalb für wissenschaftliche Karrierewege wie für die Zuerkennung wissenschaftlicher Reputation die wichtigste Voraussetzung (Kuhn 1962, 1988; Bourdieu 1975, 2001; Foster/Rzhetsky/Evans 2015). Hier – wie grundsätzlich in der Wissenschaftssoziologie – werden die Generierung wissenschaftlicher Eigenleistungen und deren Anerkennung direkt miteinander verknüpft, wobei die Publikation zumeist als „Gelenkstelle" zwischen dem Forschungsprozess und der individuellen Zurechnung der Forschungsergebnisse betrachtet wird.

So hat bereits Robert K. Merton herausgearbeitet, dass die „Anerkennung von Originalität" ein zentrales Anliegen jedes Wissenschaftlers ist (Merton 1985b, S. 267), dem er funktionale Bedeutung attestierte, weil darüber Reputation und Ruhm zugewiesen werden: Voraussetzungen für eine erfolgreiche akademische Karriere. Allerdings bleibt Mertons Kennzeichnung von Originalität spärlich. Es handelt sich um Beiträge, die das „Wissen ein großes Stück" voranbringen, die es erweitern, insbesondere um „originelle Entdeckungen" (ebd., S. 266, 299). Erst durch die Anerkennung als originelles Wissen durch die „scientific community" wird die zuvor erbrachte wissenschaftliche Eigenleistung den Forscherinnen und Forschern zuerkannt – und dies erfolgt im Allgemeinen über die Publikation. Merton spricht davon, dass wissenschaftliche Originalität durch Publikation zu geistigem Eigentum wird, weil nun Zitationspflicht mit Nennung der Autorinnen und Autoren besteht.

Erst durch die Autorschaft wird wissenschaftliche Eigenleistung reputationsfähig und damit nützlich für die akademische Karriere. Alle Arbeitsschritte davor – von der Forschungsidee bis hin zum Schreiben der Publikation – sind mit großen Unsicherheiten behaftet. Wird es überhaupt gelingen, neues Wissen zu generieren, werden die Experimente funktionieren, lassen sich die Ergebnisse gut publizieren? Zu diesen und weiteren Hürden im Forschungsprozess kommt noch das Wagnis hinzu. Investieren Wissenschaftlerinnen und Wissenschaftler besonders viel in wissenschaftliche Eigenleistung, um möglichst originelle Ergebnisse zu erzielen, steigt das Risiko des Scheiterns. Schon Thomas S. Kuhn (1962, 1988) hat dies unterstrichen und seine Analyse wurde durch viele weitere empirische Studien erhärtet (vgl. z. B. Hackett 2005; Laudel 2006; Evans 2010; Menger 2014; Stokes 1997). Für unsere Forschungsfrage ergibt sich daraus, dass die Schutzpraktiken umso umfangreicher sein werden, je mehr wissenschaftliche Eigenleistung für ein Projekt aufgebracht wird. Folglich werden wir bei der Analyse der Interviews besonders auf jene Textpassagen achten, in denen dieser Zusammenhang angesprochen wird.

Zu diesen Hürden und Wagnissen gesellen sich zwei weitere Herausforderungen. Auf die erste Klippe hat Edwin G. Boring bereits 1927 hingewiesen. Er legte dar, dass Entdeckungen oder andere Arten neuen Wissens keineswegs selbstverständlich oder unmittelbar als wissenschaftlich originell anerkannt werden. Vielmehr bedarf es dafür einer Präsentationsweise, die die Forschungsergebnisse als neu und originell vorstellt. Entsprechend definierte er Originalität mit Bezug darauf, wie das neue Wissen dargeboten wird:

> „Originality is [...] a matter of selection, of collocating, of emphasizing relationships, and of clarifying exposition" (Boring 1927, S. 75).

Originalität wird somit durch die Art und Weise der Systematisierung des Wissens bestimmt, sprich durch die Form, in die eine Entdeckung oder Theorie gebracht wird (ebd., S. 89; s. auch Dirk 1999; Blakeslee 1994, S. 88). Für unsere Analyse heißt dies, auf Interviewstellen zu achten, in denen solche Aufbereitungsschritte des neuen Wissens geschildert werden, weil sie ebenfalls wissenschaftliche Eigenleistungen erfordern.

Die zweite Klippe besteht darin, die wissenschaftlichen Eigenleistungen so zu publizieren, dass die Überführung in wissenschaftliche Originalität und Reputation gelingen kann. Wie Merton in seinem Aufsatz über „Prioritätsstreitigkeiten in der Wissenschaft" gezeigt hat, werden die Auseinandersetzungen darüber, wer etwas zuerst erforscht hat, „oft sehr heftig" geführt und fallen in der Regel „unerfreulich" aus (Merton 1985b, S. 261). Bei Merton drehen sich diese Streitigkeiten vor allem um das Problem der zeitgleichen Entdeckungen, die von unabhängig voneinander forschenden Wissenschaftlerinnen und Wissenschaftlern gemacht werden. Der Kampf darum, wem es gelingt, als Erste oder als Erster neues wissenschaftliches Wissen publiziert zu bekommen, hat in den letzten Jahrzehnten an Intensität immens zugenommen. Ein wichtiger Grund dafür ist, dass zunehmend Drittmittel für die Finanzierung der Forschung eingeworben werden müssen (Hackett 2005). Allerdings werden diese Streitigkeiten heutzutage offenbar anders als zu Mertons Zeit geführt.

Beinahe alle Interviewten aus unserem Forschungsprojekt berichten unaufgefordert davon, dass sie fürchten, von anderen Wissenschaftlerinnen und Wissenschaftlern „überholt" zu werden, wenn diese an ihre noch nicht publizierten Ideen, Experimente, Forschungsdaten oder Ergebnisse geraten. So erzählt beispielsweise eine Biologin davon, dass sie sich immer frage, welche nicht publizierten Ergebnisse sie öffentlich präsentieren kann, ohne ein zu großes Risiko einzugehen, „gescoopt" (abgeschöpft) zu werden. Dazu ein Zitat:

> „[W]enn ich zu einer Konferenz gehe, entscheide ich, […] was präsentiere ich von Daten, das überlege ich mir schon vorher. Worüber rede ich, worüber rede ich nicht" (Z. 456–458, Bio02).

Äußerungen der Interviewten, wie und welche Projektschritte vor der Publikation außerhalb der eigenen Arbeitsgruppe präsentiert werden, insbesondere auf öffentlichen Konferenzen, sind deshalb sehr gut geeignet, zu beurteilen, was Wissenschaftlerinnen und Wissenschaftler als wissenschaftliche Eigenleistung betrachten. Aus diesem Grund werden wir solche Schilderungen der Interviewten ebenfalls genau analysieren.

5 Empirisches Material und Auswertungsweise

Im Folgenden werden wir versuchen, die Differenzen im Verständnis wissenschaftlicher Eigenleistungen empirisch zu bestimmen. Das empirische Material für unsere Analyse besteht aus 22 leitfadengestützten Interviews mit Nachwuchswissenschaftlerinnen und -wissenschaftlern aus der Biologie, Linguistik, Psychologie und Medizin. Bei den interviewten Nachwuchswissenschaftlerinnen und -wissenschaftlern handelt es sich beinahe durchgängig um Personen, die promoviert sind und die als wissenschaftliche Mitarbeiterinnen und Mitarbeiter an Projekten mitarbeiten oder die als Juniorprofessorinnen und -professoren bzw. Nachwuchsgruppenleiterinnen und -leiter tätig sind, also eigene Arbeitsgruppen leiten, selbst Forschungsprojekte und Forschungsgruppen eingeworben haben, z. B. Emmy Noether-Nachwuchsgruppen. Diese Gruppe von Wissenschaftlerinnen und Wissenschaftlern wurde für die Befragung ausgewählt, weil sie bereits eigene Forschungserfahrungen gesammelt und sich folglich schon damit beschäftigt hat, welche Arbeitsschritte zur Anerkennung von wissenschaftlichen Eigenleistungen führen, welcher Umgang mit Forschungsdaten in ihrem Fach üblich ist und warum dieser praktiziert wird. Ein weiterer Grund war, dass für diese Gruppe die Anerkennung wissenschaftlicher Eigenleistungen durch die „scientific community" sowie der Schutz der von ihnen erzeugten Forschungsdaten für ihre eigene akademische Karriere von existentieller Bedeutung sein kann. Für die Gruppe der Professorinnen und Professoren gilt dies in dieser Brisanz nicht mehr, weshalb von ihnen nicht so reichhaltige Schilderungen zu erwarten wären.

Die vier Disziplinen wurden ausgewählt, weil sie – wie aus der Literatur bekannt ist – unterschiedliche Bereitschaften zum Teilen von Forschungsdaten und damit indirekt unterschiedliche Schutzpraktiken aufweisen (Tenopir et al. 2015, S. 14 f.; Fecher et al. 2015, S. 12). Während in der Biologie die Bereitschaft, eigene Forschungsdaten mit anderen Wissenschaftlerinnen und Wissenschaftlern zu teilen, mit 85 Prozent eher hoch ist, ist sie in der Medizin mit 65 Prozent deutlich niedriger. Dies wird unter anderem damit begründet, dass es sich in der Medizin oft um personenbezogene Daten handelt, die besonders sensibel sind (Tenopir et al. 2011, S. 11 f., 14; Tenopir et al. 2015, S. 15; Fecher/Friesike/Hebing 2015, S. 13 f.). Aus dem gleichen Grund zeigt sich auch in der Psychologie eine deutlich verringerte Bereitschaft zum Teilen von Forschungsdaten (Tenopir et al. 2015, S. 14 f.). Mit der Linguistik wurde noch eine geisteswissenschaftliche Disziplin ausgewählt, in der – wie in den anderen drei Disziplinen auch – auf der Grundlage experimentell erzeugter Daten geforscht wird. Hier herrscht, ähnlich wie in der Biologie, wieder eine eher höhere Bereitschaft, Forschungsdaten anderen Wissenschaftlerinnen und Wissenschaftler zugänglich zu machen (Fecher et al. 2015, S. 12).

Um eine formale Vergleichbarkeit der Projekte – insbesondere hinsichtlich der formalen Vorgaben und der wissenschaftlichen Reputation – sicherzustellen, wurden DFG-Projekte ausgesucht. Dies hat auch den Vorzug, über Gepris (Geförderte Projekte Informationssystem der DFG) einen Zugriff auf eine vollständige Projektliste zu haben. Weiterhin wurden Projekte ausgesucht, in denen durch Experimente eigene Forschungsdaten gewonnen werden. Auch die Beschränkung auf Experimente dient der besseren Vergleichbarkeit.

Als Erhebungsinstrument wurde das Leitfadeninterview gewählt, das im Sinne von Helfferich durch den Leitfaden die notwendige Strukturiertheit bietet und dabei gleichzeitig dem Prinzip der Offenheit so weit wie möglich Rechnung trägt (Helfferich 2014, S. 559 ff.). Der Leitfaden wurde so gestaltet, dass einerseits die Interviews thematisch fokussiert bleiben, andererseits aber auch ein Erzählfluss entsteht und die Schilderungen durch die Relevanzsetzungen der Wissenschaftlerinnen und Wissenschaftler strukturiert werden können. Konkret bedeutet dies, dass die Interviewten in der Eingangsfrage zunächst aufgefordert werden, ausführlich ihr Projekt und ihre wissenschaftliche Vorgehensweise zu beschreiben. Im weiteren Verlauf des Interviews zielt der Leitfaden darauf ab, etwas über den Umgang der Wissenschaftlerinnen und Wissenschaftler mit den von ihnen im Projekt selbst erzeugten Daten zu erfahren. *Mit wem tauschen sich die Befragten bei welchen Gelegenheiten über welche Inhalte ihrer Forschung aus?* Mit diesen Fragen wollten wir herausfinden, was sie bereits vor der Publikation preisgeben und was sie für sich behalten, wenn sie etwas Neues herausgefunden haben. Daraus lässt sich indirekt erschließen, was sie als wissenschaftliche Eigenleistung schützen und welche Schutzpraktiken sie anwenden. Im ersten Teil des Interviews wird der Begriff Forschungsdaten bewusst vermieden, um keine begrifflichen Festlegungen vorzunehmen. Erst in der zweiten Hälfte wird im Hinblick auf die bisherigen Erzählungen zu den Projekten gefragt, was die Wissenschaftlerinnen und Wissenschaftler als Forschungsdaten bezeichnen. Mithilfe von Vignetten-Szenarien, also „Stellen Sie sich vor …"-Fragen, sollten die Befragten dazu gebracht werden, sich zu ihrer persönlichen Sicht auf und Umgangsweise mit Forschungsdaten zu äußern. Abschließend folgen Fragen zur praktischen Umsetzung der DFG-Richtlinien bezüglich der Veröffentlichung von Forschungsdaten und zu eigenen diesbezüglichen Vorstellungen.

Noch stehen wir am Anfang der Auswertung der Interviews. Die Transkripte sind grob gesichtet und diskutiert. Für die Fragestellung dieses Aufsatzes wurden sie nochmals gelesen und gemeinsam analysiert. Trotz dieser Vorarbeiten sind wir in unserem (sic!) empirischen Material noch immer explorativ unterwegs, weshalb auch dieser Aufsatz einen solchen Charakter aufweist. Die Auswertung von vier ausgewählten Interviews erfolgte in Form einer inhaltlich-strukturierenden qualitativen Inhaltsanalyse (Kuckartz in diesem Band), da hier neben theoretisch hergeleiteten auch induktiv bestimmte Kategorien verwendet werden können (Schreier 2014). Orientiert an der juristischen Formulierung der selbständigen vertieften wissenschaftlichen Arbeit, haben wir uns anhand der Aussagen der Interviewten eine empirische Konzeption des Begriffs der wissenschaftlichen Eigenleistung erarbeitet. Dazu haben wir für diesen Aufsatz einen zweistufigen Auswertungsprozess durchgeführt.

In der ersten Stufe wurden alle Transkripte grob durchgesehen, um jene Passagen zu identifizieren, in denen die Interviewten explizit davon sprechen, was sie generell als Leistung kennzeichnen und was sie in dem von ihnen durchgeführten Forschungsprojekt als ihren Anteil an der Leistung ansehen. Von wessen Leistung sie jeweils sprechen, ist daher weiter zu differenzieren. Sprechen sie von ihren persönlichen, von denen anderer Wissenschaftlerinnen und Wissenschaftler oder von der Gesamtleistung der Arbeitsgruppe oder eines übergeordneten Forschungszusammenhangs, beispielsweise des gesamten Labors oder eines größeren Verbundprojekts? Diesen Aspekt werden wir in unserem Aufsatz leider nicht behandeln können. Aber auch ohne dies können wir sagen, dass alle Interviewten jeweils sehr sorgsam unterscheiden, wer welche der Arbeitsschritte und Leistungen erbracht hat, und darauf achten, dass dies bei der Reihenfolge der Nennung der Autoren und Autorinnen berücksichtigt wird. Der gesamte Forschungsprozess wird daraufhin reflektiert, welche Relevanz die jeweils erbrachten Leistungen für das Gesamtergebnis, sprich die Publikation besitzen, ob sie durch Autorschaft honoriert werden sollte und ob dies für die Veröffentlichung und spätere Kooperation nützlich sein wird. Weiterhin haben wir in den Transkripten markiert, an welchen Stellen die Interviewten von Schutzpraktiken sprechen, also beispielsweise davon berichten, dass sie auf Tagungen nur Grafiken ohne präzise Angaben präsentieren, aber keine Forschungsdaten. Auch von diesen Schilderungen kann hergeleitet werden, was sie als ihre wissenschaftlichen Eigenleistungen begreifen, die sie der wissenschaftlichen Öffentlichkeit nicht vor der Publikation preisgeben.

Nach dieser ersten Durchsicht haben wir ein generelles Schema herausgearbeitet, das Leistungen entlang des Forschungsprozesses – sprich von der Idee bis zur erfolgten Publikation – kennzeichnet. Es tauchen immer wieder vier Phasen des Forschungsprozesses auf: Entwicklung einer *Forschungsidee* bzw. Forschungshypothese und -frage, Aufbau und Durchführung des *Experiments*, Aufbereitung und Analyse von *Forschungsdaten* und Schreiben der *Publikation*. Die interviewten Wissenschaftlerinnen und Wissenschaftler berichten von Leistungen, die sie erbracht haben und die sich je nach Art ihres Projekts den vier Phasen des Forschungsprozesses zuordnen lassen. Auf diese Weise können die Leistungen der Wissenschaftlerinnen und Wissenschaftler systematisch nach diesem Schema kategorisiert und kann eine Differenzierung entlang des Forschungsprozesses vorgenommen werden. Darüber hinaus hilft uns dieses Schema, unterschiedliche Schwerpunkte der erbrachten Leistungen mit unterschiedlichen *Datenschutz*praktiken in Verbindung zu bringen.

In einer zweiten Stufe haben wir eine Feinanalyse vorgenommen und dazu vier Interviews genauer analysiert. Die Auswahl der vier Interviews erfolgte auf der Grundlage des erarbeiteten Schemas. Bei dessen Erarbeitung hatten wir festgestellt, dass sich dieses grosso modo in allen Interviews wiederfindet, mit dem Unterschied, dass entweder vollkommen selbstentwickelte oder weitgehend standardisierte Experimente durchgeführt werden. Um diese Differenz in der Feinanalyse präziser bestimmen zu können, haben wir jeweils zwei Interviews aus jeder Gruppe ausgewählt. Ob es Zufall ist, dass die beiden ersten Interviews zu standardisierten Experimenten aus der Psychologie stammen und es sich bei den selbstentwickelten Experimenten um biologische Projekte handelt, können wir nicht sagen. Anhand dieser vier Interviews wird das erarbeitete Schema ausführlich dargestellt, insbesondere werden die Begründungen der Interviewten, warum es sich jeweils um wissenschaftliche Eigenleistungen handelt, eingehend wiedergegeben.

6 Wissenschaftliche Eigenleistungen – von der Forschungsidee bis zur Publikation

Bereits der erste Auswertungsschritt hat uns gelehrt, dass unsere erste Annahme darüber, was unter wissenschaftlicher Eigenleistung verstanden wird, viel zu schlicht war. Ursprünglich gingen wir davon aus, dass als wissenschaftliche Eigenleistung aufgefasst wird, was nach der Publikation von der „scientific community" als neues wissenschaftliches Wissen anerkannt wird. Diese Annahme fasste den Forschungsprozess mehr oder weniger als geschlossene Einheit auf und die Publikation als Bestätigung dafür, einen originellen Beitrag zur Forschung geleistet zu haben. Die Analyse der Transkripte zeigte dagegen, dass die Interviewten für jede Phase des Forschungsprozesses angeben, worin die von ihnen erbrachten Leistungen jeweils bestehen, ohne damit sogleich einen Anspruch auf wissenschaftliche Originalität zu erheben. Weiterhin hat die Auswertung ergeben, dass die Interviewten ein viel umfassenderes Konzept von den von ihnen erbrachten Leistungen haben und praktizieren. Dieses bezieht sich nicht nur auf jene Schritte der selbständigen wissenschaftlichen Arbeit, die später in der Publikation als neues Wissen präsentiert werden. Es umfasst auch solche Arbeitsschritte, die zur wissenschaftlichen Routine zählen und bereits früher eingeführte Praktiken darstellen.

Die erste eigene Leistung, die die Interviewten benennen, ist die Forschungsidee, die dem gesamten Projekt zugrunde liegt. Anstatt von der Forschungsidee sprechen sie auch von Forschungshypothese, -annahme oder -frage. Aber das Wort „Idee" drückt besonders gut aus, worauf es ihnen ankommt: eine kreative Inspiration, die auf theoretischen Annahmen basiert und einen Gedankensprung repräsentiert. Die Forschungsidee knüpft an der bisherigen Forschung an, führt darüber weit hinaus, und genau darin besteht der eigene Beitrag, der als wissenschaftliche *Eigenleistung* aufgefasst wird. Die nächste Forschungsphase, die eine wissenschaftliche Eigenleistung beinhaltet, ist die Entwicklung und der Aufbau des Experiments. Der Versuchsaufbau, die erforderlichen technischen Lösungen, die Herausbildung von Handhabungen, die Einübung und Standardisierung der Versuchsabläufe etc. – alle diese Tätigkeiten gehören zu den wissenschaftlichen *Leistungen*. Teilweise werden sie als wissenschaftliche Eigenleistungen ausgewiesen, teilweise als technisches Können und Geschick, und immer wieder werden die Tätigkeiten als besonders zeitintensiv dargestellt und damit als geleistete Arbeit eingestuft. Das Experiment dient dabei der Erzeugung von Forschungsdaten im Sinne von Primär- oder Rohdaten.

Die darauf folgende Forschungsphase ist von der Aufbereitung und Verarbeitung der experimentellen Forschungsdaten bestimmt. Jeder Schritt der Erzeugung und Aufbereitung von Daten wird als eigene Leistung qualifiziert, wobei Ideen, die darauf hinzielen, die Daten so aufzubereiten, dass die Forschungsfrage empirisch überprüft werden kann, besonders hoch geschätzt und als wissenschaftliche Eigenleistung eingestuft werden. Dies gilt insbesondere für eine solche Aufbereitung der Forschungsdaten, die wissenschaftlich Interessantes und Spannendes zutage fördert, weil dann gesichert ist, originelle Forschungsergebnisse zu erzielen. Ähnliches trifft auf die Interpretation der Forschungsdaten auf der Grundlage der Forschungsidee und der vorhandenen Theorien zu. Dagegen werden vorbereitende Datenverarbeitungen, die methodisches Können erfordern, aber keine theoretische Verknüpfung hin zur Forschungsidee, eher als wissenschaftliche *Arbeit* beschrieben. Solche Tätigkeiten fallen beim ersten Schritt der Datenaufbereitung an, wenn die Rohdaten in ein Format überführt werden, das sie einer Analyse zugänglich macht. Diese vorbereiteten Daten werden dann wissenschaftlich interpretiert und auf die Forschungsidee rückbezogen.

Hieran schließt sich das Verfassen der Publikation an, was als eine eigene Phase aufgefasst und als wissenschaftliche Eigenleistung begriffen wird. Sie besteht darin, die zur Publikation vorgesehenen Daten so zu präsentieren, dass für die Gutachterinnen und Gutachter sowie die späteren Leserinnen und Leser schnell und überzeugend erkennbar ist, welche wissenschaftliche Eigenleistung für den Beitrag erforderlich war, welches neue Wissen generiert wurde und warum dieses besondere wissenschaftliche Relevanz besitzt.

Der Forschungsprozess besteht für die Wissenschaftlerinnen und Wissenschaftler aus vier Schritten, die jeweils eigene wissenschaftliche Leistungen erfordern. Mehr noch, die interviewten Wissenschaftlerinnen und Wissenschaftler haben den Ablauf des Forschungsprojekts entlang der von ihnen jeweils zu erbringenden Leistungen gegliedert. Die zu erledigenden und zum Erfolg führenden Leistungen strukturieren für sie das Projekt. Weiterhin haben wir gesehen, dass sie ein vielschichtiges Verständnis von Leistungen haben, das von zeitintensiven wissenschaftlichen Arbeitsleistungen bis hin zu wissenschaftlichen Eigenleistungen reicht, wobei Letzteres am höchsten geschätzt wird, weil insbesondere daraus wissenschaftliche Reputation entsteht. Aber auch die anderen Tätigkeiten sind eminent wichtig, was sich insbesondere darin ausdrückt, dass die Forscherinnen und Forscher alle für das Forschungsprojekt erbrachten Leistungen schützen. Dieses Grobschema haben wir – mit geringen Abweichungen – in allen von uns analysierten Interviews gefunden. Ein deutlicher Unterschied ließ sich, wie bereits notiert, hinsichtlich der Kennzeichnung von wissenschaftlichen Eigenleistungen bei den Experimenten identifizieren. Darauf gehen wir in den beiden nächsten Abschnitten ausführlich ein.

7 „Voller Hoffnung, dass da wirklich was Gutes rauskommt" (Z. 355, Bio05)

Für die Feinanalyse von Forschungsprojekten, die gänzlich selbstentwickelte Experimente durchführen, haben wir zwei Transkripte aus der Biologie ausgewählt. Ob die Übereinstimmung der Disziplin ein Zufall ist oder systematische Ursachen hat, können wir nicht sagen. Um die Anonymität der Befragten und ihrer Projekte zu bewahren, werden wir keinerlei inhaltliche Aussagen zu den Forschungsprojekten machen. Eine grobe Kennzeichnung der Forschungsweise genügt, um zu verstehen, was und warum die Interviewten etwas als wissenschaftliche Eigenleistung ansehen. Beide biologischen Projekte sind auf der Ebene von Zellen angesiedelt; sie forschen über das Wachstum bzw. die Regeneration von Zellen in tierischen Organismen. Die selbstentwickelten Experimente dienen dazu, Forschungsdaten zu erzeugen, mit denen sich die Forschungshypothesen überprüfen lassen und die so „viel Neues" generieren, dass, falls die Hypothesen nicht bestätigt werden können, die Forschungsprojekte nicht in dem Sinn scheitern, dass daraus keine „guten" Publikationen entstehen können (Besio 2009; Hackett 2005).

Die erste wissenschaftliche Eigenleistung ist die Forschungsidee; sie treibt das gesamte Projekt an. „Mit Ideen würde ich sagen. Ja.", antwortet eine Biologin auf die Frage, mit was sie arbeitet (Z. 380, Bio02). Wir verwenden hier die weibliche Form, gleich ob die Interviewten weiblich oder männlich waren; bei der Psychologie gebrauchen wir die männliche Form, ebenfalls unabhängig vom Geschlecht der Interviewten.

Forschungsideen werden von beiden interviewten Wissenschaftlerinnen als gedankliche Produkte charakterisiert, die „auf Expertise, auf Erfahrung und so weiter und auch auf Kreativität [basieren] und das hat man oder man hat es nicht, insofern ist es schon was Individuelles oder der Gruppe zuzuordnen" (Z. 709–711, Bio02). Forschungsideen werden Personen bzw. Forschungsgruppen zugeordnet, im Gegensatz zu solchen wissenschaftlichen Arbeitsleistungen, die prinzipiell alle erledigen könnten. So betont eine Biologin, wenn sie über ihr Projekt spricht: „[D]as habe ich mir ganz alleine ausgedacht" (Z. 660–661, Bio05). Die Forschungsidee schätzen beide Biologinnen als wissenschaftliche Eigenleistung sehr hoch ein. So kennzeichnet beispielsweise eine Biologin ihre Position in dem Projekt, indem sie verdeutlicht, dass sie in diesem Projekt „eher Guidance" war, aber nicht diejenige, die „jetzt die zündende Idee in dem Projekt hat" (Z. 852–853, Bio02). Beide Biologinnen begreifen die Forschungsidee als ihre originäre Eigenleistung. Eine Biologin drückt so aus, dass sie ihre Forschungsidee mit „ownership" (Z. 702, 708, Bio02) verbindet, weshalb sie nicht abgekupfert werden dürfe. Auf die Forschungsidee beziehen die Biologinnen alle weiteren Projektschritte, z. B. ob weitere oder andere Versuche zu machen sind, welche Resultate zu verwerfen sind, welche Experimente gescheitert sind, was publikationswürdig ist und was nicht. Folglich ist die Forschungsidee grundlegend für das gesamte Projekt.

Der nächste Schritt umfasst, wie oben dargestellt, die Experimente, die die Interviewten als Produkt verschiedenster Arten von Leistung schildern. Wenn die beiden Biologinnen von den Experimenten erzählen, dann verwenden sie zwei Verben besonders häufig: *haben* und *entwickeln*. *Haben* meint, dass bereits früher in ihren Labors etwas entwickelt wurde, das sie für das Experiment nutzen. *Haben* verwenden sie auch, um aufzuzählen, über welche Ausstattung ihr Forschungslabor verfügt, häufig mit einem vergleichenden Unterton gegenüber anderen Laboren versehen. Mit dem Verb *entwickeln* kennzeichnen sie dagegen die experimentelle Entwicklungsleistung, die eigens für das Projekt vollbracht wurde. Beispiele dafür sind: „Das wurde hier in dem Labor entwickelt" (Z. 514–515, Bio05). „Wir haben eben da so ein Setup entwickelt oder ein Experiment entwickelt, das dann relativ zügig jede Woche neu gemacht werden kann" (Z. 57–58, Bio05). Im Nebensatz steckt eine wichtige Aussage über die Entwicklungsleistung, die flüchtige Leserinnen und Leser möglicherweise übersehen. Denn die Entwicklungsleistung für das Experiment umfasst erstens dessen praktische Realisierung, damit es überhaupt gelingen kann. Sie bezeichnen dies als technische Leistung, die erforderlich ist, um das Experiment „technisch richtig" aufzusetzen (Z. 156, Bio02).

Zweitens muss der Ablauf des Experiments festgelegt werden, sodass es vielfach und immer gleich wiederholt werden kann. Dies stellt die Etablierung der Experimente dar, an deren Ende ein fertiger Assay steht: ein standardisierter Experimentablauf, mit dem sich die Rohdaten erzeugen lassen. Die Idee für das experimentelle Setup repräsentiert eine wissenschaftliche Eigenleistung. Hingegen sehen die beiden Biologinnen solche Tätigkeiten, die das Experiment in einen routinemäßigen Ablauf überführen und sowohl handwerkliches Können als auch methodisches Wissen voraussetzen, als wissenschaftliche Leistung an. Als dritter Aspekt im Rahmen des Experiments wird die Bedeutung des Arbeits- und Zeitaufwands genannt. „Und das ist einfach sehr zeitaufwändig, auch zeitaufwändiger als wir dachten" (Z. 132, Bio05). Nicht nur in diesem Zitat findet sich das Wort „zeitaufwändig", es kommt vielfach vor. Auch die zweite Interviewte akzentuiert den erforderlichen Zeitaufwand für die Entwicklung, Etablierung und Durchführung eigener Experimente. Sie berichtet ausführlich, wie viel Arbeit und Zeit in den Aufbau und die Etablierung, sprich die Technik der Experimente hineingesteckt wurde. „Also wir haben am Anfang [...] sehr viel in Technik investiert [...] Also wir haben technische Sachen etabliert" (Z. 219–222, Bio02). Darauf kommt sie später nochmals zurück, um zu erläutern, warum sie diese Investition getätigt hat. Die etablierten Experimente bilden die Grundlage für zukünftige Kollaborationen und damit für Publikationsmöglichkeiten. „[I]ch habe auch die Experimente etabliert im Labor, weil am Ende, ich glaube, der Hauptpunkt ist [...] Zeit oft und ich kann ja entweder überlegen, etabliere ich das jetzt selber bei mir im Labor oder frage ich einfach ein Labor" (Z. 652–655, Bio02). Etablierte Experimente können somit oftmals wiederholt und verwertet werden, und so kann die darin materialisierte eigene Leistung mehrfach wissenschaftlich anerkannt werden.

Die Aufbereitung und Verarbeitung der Rohdaten umfasst den nächsten Schritt im Forschungsprozess, dem die Interviewten wissenschaftliche (Eigen-) Leistungen zuordnen. In beiden Projekten bestehen die Forschungsdaten aus digital vorliegenden Daten. Die beiden Biologinnen rechnen alles, was im Laufe des Forschungsprozesses produziert wird, den Forschungsdaten zu. „Also ehrlich gesagt würde ich alles [als Forschungsdaten bezeichnen]" (Z. 546, Bio05). „Ja, also ich denke alles, alle Informationen, die ich durch meine Analysen erhalte", sind Forschungsdaten (Z. 560, Bio05). „Alles" meint alle Stadien, in denen Daten vorliegen: als Rohdaten, als aufbereitete Daten und als publizierte Enddaten. Rohdaten sind jene Daten, die unmittelbar durch die Experimente entstehen. Diese Daten sind für beide Wissenschaftlerinnen besonders wichtig: Sie sind das Ergebnis der vielen Anstrengungen und Bemühungen, die Experimente durchzuführen. Die Rohdaten schützen sie deshalb besonders, selbst bei Kollaborationen werden sie nicht zugänglich gemacht: „Die bleiben hier. Ja, klar" (Z. 1080, Bio02). Sie repräsentieren wissenschaftliche Eigenleistung, wissenschaftliche Leistung und wissenschaftliche Arbeitsleistung, weil sie auf der Forschungsidee, der Entwicklung und dem Aufbau des Experiments und dessen routinemäßiger Durchführung basieren.

Die Rohdaten bestehen beispielsweise aus Bildern; es handelt sich folglich um „qualitative Ergebnis[se]", die in Messwerte, sprich „quantitative Unterschiede" überführt werden (Z. 118–122, Bio02). Durch die Übersetzung in Zahlen liegen sie dann in einem anderen Format vor. „Als Rohdaten würde ich jetzt einfach nur das Bild nehmen. Und dann wird es analysiert", das „sind dann die analysierten Daten" (Z. 959–961, Bio05). Auch die zweite Biologin nimmt eine solche Unterscheidung vor: „Wir haben imagebasierte und abstrakte Daten", worunter sie Messwerte fasst (Z. 725, Bio02). Die Messwerte bezeichnen sie als „analysierte" bzw. als „abstrakte Daten". In ihnen steckt eine wissenschaftliche Eigenleistung, weil die analysierten bzw. abstrakten Daten darauf hin durchgesehen werden, ob da „sehr viel Neues dabei" ist (Z. 128–129, Bio05) oder sich etwas aus dem „Datensatz rauslesen" lässt (Z. 1136, Bio02). Die Analyse der Daten umfasst den Schritt der Bewertung der Daten, ob sie spannend und interessant sind, und vor allem die Rückbeziehung auf die Forschungsidee, ob diese durch die Analyse bestätigt wird oder nicht. „Da sind wir auch zurückgegangen, haben die [analysierten Daten] angeschaut, ist es vielleicht was potentiell Interessantes" (Z. 276–277, Bio05). Die Analyse bzw. Interpretation der Daten wird auch dann als wissenschaftliche Eigenleistung betrachtet, wenn dafür spezielle Auswertungsverfahren entwickelt wurden: „Und dann haben wir eben verschiedene Readouts, verschiedene Analysen entwickelt" (Z. 67–68, Bio05). Über ein von ihr durchgeführtes Projekt berichtet sie: „Ich habe ein neues Assay entwickelt für Analyse, also für die Auswertung von Daten" (Z. 682–683, Bio05).

Die nächste Etappe der Datenanalyse besteht darin, diese für die Publikation aufzubereiten. Das obige Zitat: das „sind dann die analysierten Daten" geht direkt folgendermaßen weiter: „und dann die Enddaten ist quasi, wenn man dann einen schönen Graph macht oder dort ein Diagramm oder eine schöne Abbildung" zeichnet (Z. 961–963, Bio05). Ganz ähnlich die andere Biologin: Bei ihr lautet das vollständige obige Zitat: „Wir haben imagebasierte und abstrakte Daten sozusagen, die dann am Ende auch bildlich wiedergegeben werden" (Z. 725–726, Bio02). Dieser Aufbereitungsschritt der Daten zielt bereits auf die Veröffentlichung der Ergebnisse durch einen Vortrag oder in einem Zeitschriftenaufsatz. Dafür ist wichtig, „dass man ein bisschen eine Geschichte schon erzählen kann" (Z. 384, Bio05). Die Daten werden dafür visuell aufbereitet, sodass sie das Ergebnis überzeugend darstellen. Hält man den Vortrag, bevor die Publikation erschienen ist, so präsentiert man „eher so eine schöne Powerpoint-Folie mit einem jpg-Bild, was nicht hochauflösend ist und nur den Graphen, aber ohne die Rohdaten" (Z. 863–865, Bio05). Die bildliche Darstellung in geringer Auflösung wird hier zum Schutz der eigenen Leistungen vor dem „Scoopen" eingesetzt.

Damit sind wir beim letzten Schritt: der Publikation. Dort werden die Enddaten eingebracht. Die Publikation bedeutet, dass alle vorangegangenen wissenschaftlichen Leistungen und Eigenleistungen als solche von der „scientific community" anerkannt werden. Jene Leistungen, die sie nicht als solche begreifen, die aber erforderlich sind, wie zeitaufwändige Tätigkeiten, die kein Spezialwissen oder keine speziellen Fertigkeiten erfordern, werden in den Publikationen nicht dargestellt, finden somit keine wissenschaftliche Anerkennung und begründen auch keine Autorschaft. Aber – wie wir gesehen haben – schützen sie auch diese und verstehen sie als ihre Leistung: als wissenschaftliche *Arbeitsleistung*. In Autorschaft werden in erster Linie wissenschaftliche Leistungen und Eigenleistungen überführt. Besonders deutlich zeigt sich dies bei wissenschaftlichen Leistungen, die Forscherinnen und Forscher in ein Projekt einbringen, in dem sie weder beschäftigt sind noch mit ihm offiziell kooperieren. „Das ist halt ganz oft, dass wir, wenn wir nicht veröffentlichte Reagenzien teilen, […] je nachdem […] wie hoch die Contribution sozusagen war, das wird dann normalerweise, wird ja auch immer angegeben, man muss ja ziemlich genau immer sagen, wer was gemacht hat" (Z. 583–589, Bio02). Hier berichtet die Biologin, dass alle, die einen gewichtigen Beitrag im Forschungsprozess geleistet haben, je nach Bedeutsamkeit ihrer Leistung für das gesamte Vorhaben mit Autorschaft honoriert werden.

8 „Ich würde nicht meine neuesten Ideen denen preisgeben" (Z. 276–277, Psych09)

Für die Feinanalyse von Projekten, in denen weitgehend standardisierte Experimente stattfinden, haben wir zwei Interviews aus der Psychologie ausgewählt. Ob es systematische Gründe hat, dass es sich um zwei Interviews mit Psychologen handelt, oder dies Zufall ist, wissen wir nicht. Auch hier soll nur eine grobe Charakterisierung der Forschungsprojekte erfolgen, um so weit einen Einblick in die Forschungspraxis zu ermöglichen, dass nachvollzogen werden kann, was die Interviewten als wissenschaftliche Eigenleistungen schildern, ohne ihre Anonymität zu gefährden. In beiden Projekte werden Experimente mit Probandinnen und Probanden durchgeführt, bei denen diese auf Impulse reagieren. Ihre Reaktionen auf die Impulse liefern das empirische Material für die Bestätigung oder Neufassung der Forschungsideen, die den Experimenten zugrunde liegen.

Wir werden die Darstellung kürzer fassen und uns auf jene Punkte konzentrieren, die sich deutlich von den beiden ersten Interviews unterscheiden oder zwar ähnlich sind, aber von den beiden Psychologen besonders betont werden. Der letzte Aspekt gilt sogleich für die Akzentuierung der Forschungsidee als zentrale wissenschaftliche Eigenleistung. Wie bereits das Zitat der Zwischenüberschrift ausdrückt, wird die Forschungsidee besonders geschützt, weil die „Ideen ja das [sind], was man als Wissenschaftler" hat (Z. 277–278, Psych09). Forschungsideen stellen die Psychologen als ihre wichtigste wissenschaftliche Eigenleistung dar. Um dies zu unterstreichen, sprechen sie von geistigem Eigentum und Besitz: „[D]as ist […] mein geistiges Eigentum" (Z. 278, Psych09); „[I]ch habe einen Besitz an der Idee" (Z. 689, Psych09). Dass den Ideen eine so große Bedeutsamkeit beigemessen wird, erklärt sich sicher auch daraus, dass das Experiment – es handelt sich in beiden Fällen um Standardversuche – nicht auf wissenschaftlichen Eigenleistungen fußt. So charakterisiert der erste Psychologe das durchgeführte Experiment folgendermaßen: Was „[w]ir machen, also dafür gibt es bestimmte Apparaturen, die kann man kaufen" (Z. 79, Psych09), und fertige Programme, die das, was erfasst werden soll, aufzeichnen (Z. 83, Psych09). Ganz ähnlich schildert der zweite Psychologe das Experiment: „[W]ir können [das] automatisiert erfassen" (Z. 63, Psych01). „[D]a ist eine Hardware dran, die das relativ gut kann automatisch zu detektieren" (Z. 475–476, Psych01). Zusammengefasst sagt er über das Experiment: „Das ist nur ein Standardverfahren, was wir halt haben hier" (Z. 484–485, Psych01). Auch die Durchführung ist einfach: „[Man] kriegt ganz schnell Routine, das geht relativ gut, das zu machen" (Z. 526, Psych01). Für die Experimentphase war somit keine wissenschaftliche Eigenleistung erforderlich. Aber auch die zwei Psychologen machen darauf aufmerksam, dass in den Experimenten „natürlich sehr viel Arbeit" steckt (Z. 651–652, Psych09), also viel wissenschaftliche Arbeitsleistung.

Die Aufbereitung und Auswertung der Forschungsdaten stellen dagegen eine wissenschaftliche Eigenleistung dar, weil die Interpretation der Daten voraussetzt, alle Arbeitsschritte zu verstehen und beurteilen zu können. Prinzipiell schildern sie den Ablauf der Datenauswertung und die Anteile der wissenschaftlichen Eigenleistungen ähnlich wie die beiden Biologinnen. Die Rohdaten werden hinsichtlich der Forschungsidee aufbereitet und in ein Format gebracht, das eine Analyse ermöglicht. „[W]ir fassen die [Daten] sinnvoll zusammen, wir bilden Mittelwerte und solche Sachen […] das ist […] unsere Arbeit dann […] die Daten soweit aufzubereiten, dass wir eine sinnvolle Analyse damit machen können" (Z. 589–592, Psych09). Ziel der Aufbereitung ist es, „eine optimale Datenstruktur" zu erreichen (Z. 399, Psych09), um bestimmte Modelle darauf anwenden zu können. Diese Schritte beurteilen die Interviewten als wissenschaftliche Eigenleistungen, weil sie „jede Menge Arbeit rein investieren, um dann Hypothesen darüber zu generieren, was diese Daten vielleicht bedeuten könnten" (Z. 926–928, Psych01). Ähnlich wie die Biologinnen unterscheiden auch die Psychologen als drittes die veröffentlichten Enddaten, die nur das umfassen, worauf sich die Publikation bezieht.

Die letzte Phase ist die Veröffentlichung. Hier besteht möglicherweise eine Differenz zwischen Biologie und Psychologie: In den Vorträgen werden Ergebnisse präsentiert, die noch nicht publiziert sind, bei denen die Publikation aber schon weit fortgeschritten ist. Wiederum ähnlich wie die Biologinnen beschreiben auch die zwei Psychologen die Verschriftlichung der Ergebnisse als Präsentationsakt: Man muss eine „klare Aussage" machen, weil „man [das] gut publizieren" kann (Z. 717–718, Psych09). Bezüglich der Autorschaft lässt sich Ähnliches feststellen wie in der Biologie. So erzählt ein Psychologe, dass eine externe Wissenschaftlerin, die eine besondere Expertise in der Datenmodellierung hat, dieses Fachwissen in das Projekt eingebracht hat und deshalb Mitautorin geworden ist. „[Der andere Co-Autor], die Kollegin […] ist einfach Expertin auf diesem Gebiet der Datenmodellierung […] und wir haben da von ihrer Expertise profitiert" (Z 403–406, Psych09). Die Festlegung der Reihenfolge der Autorinnen und Autoren schildert er als eine Konvention in seinem Fach. „Der erste ist immer der Wichtigste und dann […] fällt es mit, sozusagen mit fallender Position fällt die Wichtigkeit ab" (Z. 444–445, Psych09).

9 Erste Konklusion: Vielschichtige Leistungen

In diesem Aufsatz geben wir erste Antworten auf die Frage, was Wissenschaftlerinnen und Wissenschaftler als von ihnen erbrachte Leistungen betrachten, wie sie dies begründen und wie sie mit ihnen umgehen. Wie mehrfach betont, handelt es sich um eine allererste Näherung an die Forschungsfrage. In dieser ersten Konklusion behandeln wir hauptsächlich zwei Punkte. Erstens legen wir unsere Ergebnisse nochmals systematisch dar; zweitens diskutieren wir die Reichweite und Eignung unseres empirischen Zugangs. Das erste wichtige Ergebnis unserer explorativen Studie ist, dass die von uns interviewten Wissenschaftlerinnen und Wissenschaftler jeweils für jede Stufe des Forschungsprozesses bestimmen, worin die von ihnen erbrachten Leistungen bestehen. Es reicht deshalb nicht aus, nur die Publikationen zu analysieren, um ausfindig zu machen, was sie als ihre Leistungen begreifen. Dass sie diese entlang des Forschungsprozesses schildern, liegt vor allem darin begründet, dass sie so ihrer vielschichtigen Auffassung von Leistung gerecht werden können.

In unserer Analyse konnten wir drei Auffassungen von Leistungen unterscheiden: erstens *wissenschaftliche Eigenleistung*, die im Wesentlichen auf einer originellen Forschungsidee basiert. Mit einer solchen Forschungsidee soll ein Forschungsrätsel gelöst werden, und zu diesem Zweck werden theoretische Konzepte mit einer innovativen Vorgehensweise verbunden, sodass das Rätsel einer empirischen Überprüfung zugeführt wird. Die Forschungsidee besteht somit aus theoretischen Grundgedanken und empirischer Realisierung, beispielsweise in einem Experiment; sie wird in der späteren Publikation als wissenschaftliche Eigenleistung ausgewiesen. Vor allem hierauf gründet sich der Anspruch auf wissenschaftliche Originalität. Man könnte wissenschaftliche Eigenleistung auch mit wissenschaftlicher Kreativität umschreiben. Diese Kreativität umfasst alle Stufen des Forschungsprozesses: von der Forschungsidee über die Entwicklung eigener Experimente, Ideen zur Aufbereitung und Auswertung der Forschungsdaten, die über die Standardverfahren hinausgehen, bis zur Publikation, in der diese wissenschaftlichen Eigenleistungen dokumentiert werden. Wissenschaftliche Eigenleistungen bauen auf vorhandenen wissenschaftlichen Erkenntnissen auf, reichen aber darüber hinaus und zielen auf die Generierung von neuem wissenschaftlichen Wissen.

Zweitens werden *wissenschaftliche Leistungen* bestimmt, worunter alle Tätigkeiten gefasst werden, die wissenschaftliches Wissen, Können und Geschick erfordern. Dazu gehören Theorie- und Methodenkenntnisse, themenbezogenes Fachwissen, aber auch praktische Fähigkeiten bei der Durchführung von Versuchen, die Beherrschung von Instrumenten und ein geschulter wissenschaftlicher Beobachtungssinn. Als wissenschaftliche Leistungen kennzeichnen die von uns interviewten Wissenschaftlerinnen und Wissenschaftler insbesondere die technische Umsetzung der Experimente sowie die Anwendung von Standardmethoden für die Auswertung und Analyse der Forschungsdaten. Wissenschaftliche Leistungen bilden somit die praktische Grundlage dafür, überhaupt neues Wissen generieren zu können.

Drittens werden *wissenschaftliche Arbeitsleistungen* gekennzeichnet, wenn es sich um Tätigkeiten handelt, die im wissenschaftlichen Kontext ausgeführt werden, die jedoch keiner vertieften wissenschaftlichen Kenntnisse oder Fertigkeiten bedürfen, sondern bereits nach kurzer Anleitung durchgeführt werden können. Besonders charakteristisch für diese Tätigkeiten ist, dass sie sehr zeitintensiv sind, also viel Arbeitskraft erfordern. Zumeist handelt es sich dabei um die repetitive Durchführung der Experimente, also um routinisierte Abläufe.

Die Zuerkennung von während des Forschungsprozesses erbrachten Leistungen spiegelt sich in der Autorschaft wider. Grosso modo können wir festhalten, dass wissenschaftliche Eigenleistungen und wissenschaftliche Leistungen mit Autorschaft honoriert werden. Es scheint, dass der Unterschied zwischen wissenschaftlicher Eigenleistung und wissenschaftlicher Leistung auch durch die Reihenfolge der Autorschaft kenntlich gemacht wird. Diejenigen, die den Hauptanteil der wissenschaftlichen Eigenleistung erbracht haben, stehen im Allgemeinen an erster Stelle.

Unsere Analyse hat gezeigt, dass sich anhand von Schutzpraktiken gut herausarbeiten lässt, welche Produkte ihrer Arbeit Forscherinnen und Forscher als wissenschaftliche (Eigen-)Leistungen qualifizieren. Schutzpraktiken eignen sich deshalb gut, weil durch sie Forschungsdaten von Wissenschaftlerinnen und Wissenschaftlern während des gesamten Forschungsprozesses vor einem Zugriff durch Dritte bewahrt werden. Ob und inwieweit das von uns präsentierte Grobschema auf andere Forschungsabläufe und empirische Vorgehensweisen, z. B. Datenerhebung mittels Befragungen, übertragen werden kann, ist eine offene Frage. Weiterhin ist zu fragen, ob sich bei erhobenen Daten, abhängig davon, ob sie selbst erhoben wurden oder es sich um einen vorhandenen Datensatz handelt, ähnliche Unterschiede finden wie bei selbst entwickelten und weitgehend standardisierten Experimenten. Für beide Fragen werden wir in der zweiten Konklusion erste Vorschläge und Diskussionspunkte für eine solche Übertragung wagen.

10 Zweite Konklusion: Wissenschaftliche Eigenleistungen in der interpretativen Sozialforschung

Wie bereits in der ersten Konklusion angemerkt, können wir hier nur erste Vorschläge und Diskussionspunkte unterbreiten. Dazu wollen wir – wie eingangs angekündigt – unseren Aufsatz auf die Frage hin betrachten, wer welche Leistungen für sein Zustandekommen beigetragen hat und warum nur wir drei Autorinnen ihn als unsere wissenschaftliche Eigenleistung publizieren. Wie ebenfalls bereits angesprochen, gibt es gewiss auch Argumente, die dafür sprechen würden, die Kollegin und den Kollegen, die uns im Forschungsprozess bei der Erstellung des Leitfadens und bei der Interpretation der Interviews unterstützt haben, zur Mitautorin und zum Mitautor zu machen. Gewiss würde eine vergleichbare wissenschaftliche Leistung in der Biologie und der Psychologie den dortigen Konventionen entsprechend mit einer Mitautorschaft an einer hinteren Stelle anerkannt und honoriert werden. Wir haben uns dagegen an den Konventionen der interpretativen Sozialforschung orientiert und hätten unseren Dank an sie in einer Fußnote ausgesprochen.

Im Weiteren möchten wir versuchen, die vier von uns identifizierten Arbeitsschritte auf unseren Forschungsprozess und die drei Auffassungen von Leistungen, soweit dies sinnvoll und instruktiv sein könnte, zu übertragen. Auf dieser Grundlage begründen wir dann, warum wir genau diese Verknüpfung der Generierung von wissenschaftlicher (Eigen-)Leistung und der Anerkennung mittels Autorschaft vorgenommen haben. Der erste Arbeitsschritt für diesen Beitrag bestand in der Generierung einer Forschungsidee, mit der es uns möglich wird, das empirische Material so zu analysieren, dass die Auffassungen der Forschenden darüber, was wissenschaftliche Eigenleistungen sind, rekonstruiert werden können. Der wichtigste Gedankenschritt dafür war, die Praktiken der Wissenschaftlerinnen und Wissenschaftler, mit denen sie ihre Forschungsdaten schützen, als Hinweise darauf zu interpretieren, was sie als wissenschaftliche Eigenleistungen auffassen. Diese Forschungsidee haben wir drei uns überlegt und erarbeitet. Aus unserer Sicht stellt sie in ähnlicher Weise, wie dies für die hier vorgestellten biologischen und psychologischen Forschungen gilt, die wichtigste wissenschaftliche Eigenleistung dar, weil sie den Forschungsprozess überhaupt erst ermöglicht hat.

Der zweite Arbeitsschritt – die Entwicklung und Durchführung des Experiments – kann in etwa mit der Ausarbeitung des Leitfadens, der Bestimmung des Untersuchungssamples, der Durchführung der Interviews und deren Transkription gleichgesetzt werden. Die Erarbeitung des Leitfadens würden wir als wissenschaftliche Eigenleistung auszeichnen, die anschließenden Schritte als wissenschaftliche Leistungen und die Transkriptionen als wissenschaftliche Arbeitsleistung. Die Durchsicht unseres Leitfadens durch Axel Philipps qualifizieren wir als wissenschaftliche Leistung, weshalb sich hier die Frage auftut, ob diese nicht auch durch Autorschaft honoriert werden sollte oder ob eine Anerkennung durch Erwähnung in einer Fußnote angemessener ist, was den bisherigen Konventionen der interpretativen Sozialforschung entspricht.

Die prinzipiell gleiche Frage stellt sich für den dritten Arbeitsschritt, der bei den biologischen und psychologischen Projekten die Aufbereitung und Analyse der Forschungsdaten umfasst. Für die interpretative Sozialforschung besteht diese Phase vorwiegend aus der Auswertung, die oft in Interpretationsgruppen erfolgt. Unsere Auswertungsgruppe bestand aus den drei Autorinnen und Saskia-Rabea Schrade. Betrachtet man die Arbeit der Interpretationsgruppe unter dem Aspekt, welche Art von Leistungen dort erbracht wird, dann kann man diese als wissenschaftliche Leistungen, gewiss teilweise als wissenschaftliche Eigenleistungen einstufen. Sofern es sich um wissenschaftliche Eigenleistungen handelt, wäre selbst nach den Konventionen der interpretativen Sozialforschung diskutabel, ob die Anerkennung der Mitwirkung durch eine Fußnote ausreichend ist oder ob nicht in manchen Fällen eine Autorschaft zu erwarten wäre, vielleicht an einer der letzten Stellen der Reihenfolge.

Allerdings sind Interpretationsgruppen vor allem ein methodologisches Instrument. Reichertz spricht sogar von einer „zentralen Institution der qualitativen Sozialforschung" (Reichertz 2013, S. 25), die dabei hilft, verschiedene Lesarten zu entwickeln und permanente und systematische Vergleiche zu ermöglichen (vgl. Przyborski/Wohlrab-Sahr 2009, S. 200). Die Bedeutung der Interpretationsgruppe in der qualitativen Sozialforschung kann man mit der vergleichen, die die Verfahren der „Verifikation oder Falsifikation" (ebd.) in der quantitativen Sozialforschung besitzen. Stellt man vor diesem Hintergrund abermals die Frage, ob die Arbeit in einer Interpretationsgruppe Autorschaft begründet, dann könnte ein Gegenargument lauten, dass hierbei nicht Spezialwissen oder -fertigkeiten eingebracht werden, die an die Forscherin oder den Forscher gebunden sind, wie dies in den präsentierten biologischen und psychologischen Projekten der Fall ist. Vielmehr handelt es sich um ein etabliertes methodisches Verfahren, das eine methodische Ausbildung voraussetzt, aber keine einmaligen Fähigkeiten oder Kompetenzen verlangt, weshalb man hinsichtlich der Honorierung mit Autorschaft zu einem anderen Ergebnis kommen könnte als in den von uns untersuchten Disziplinen. Auf der anderen Seite sind die kreativen Elemente einer Interpretationsarbeit zu berücksichtigen. So spricht Reichertz, wie oben bereits erwähnt, von Sinnschließung und an anderer Stelle von der Generierung neuen Wissens und dem Einbringen von Ideen (Reichertz 2018, S. 176 f.), was nach unserer Definition mit wissenschaftlicher Eigenleistung gleichzusetzen ist, beispielsweise die Einteilung der im Forschungsprozess erbrachten Leistungen in drei Typen. Insofern hängt es vom Einzelfall ab, ob die erbrachte Leistung einer Wissenschaftlerin oder eines Wissenschaftlers in diesem dritten Arbeitsschritt als wissenschaftliche Leistung oder wissenschaftliche Eigenleistung gewertet wird.

Den vierten Arbeitsschritt – das Schreiben der Veröffentlichung – werten die von uns interviewten Wissenschaftlerinnen und Wissenschaftler als wissenschaftliche Eigenleistung, weil man beispielsweise eine „Geschichte" zu erzählen hat oder, in den Worten der Wissenschaftssoziologie ausgedrückt, die Forschungsergebnisse so zu präsentieren sind, dass diese Neuheit und Originalität überzeugend beanspruchen (siehe Abschnitt 4). Dies würden wir ähnlich für unseren Aufsatz beurteilen und noch hinzufügen, dass die Ergebnisse aus den Interpretationsgruppen während der Verschriftlichung einem gründlichen Prozess des Nachdenkens und Relativierens unterzogen worden sind und sich somit nicht eins zu eins im Text wiederfinden. Reichertz verdeutlicht in ähnlicher Weise, dass zwischen dem *„Entwickeln von Lesarten in Gruppen"* und der „Tätigkeit des Schreibens" zu unterscheiden ist (Reichertz 2018, S. 182). Hinzu kommt, dass im Unterschied zu den Lebens- und Naturwissenschaften in den Sozial- und Geisteswissenschaften die Autorenliste im Allgemeinen eher kurz gehalten wird, weil Publikationen in Alleinautorschaft oder mit wenigen Namen wesentlich mehr geschätzt werden als solche mit vielen Autorinnen und Autoren. Aber auch dabei handelt es sich um eine veränderbare Konvention, wie der Geschichte der Lebens- und Naturwissenschaften entnommen werden kann.

Literatur

Besio, C. (2009): Forschungsprojekte. Zum Organisationswandel in der Wissenschaft. Bielefeld: transcript.
Blakeslee, A. M. (1994): The Rhetorical Construction of Novelty: Presenting Claims in a Letters Forum. In: Science, Technology, & Human Value 19, S. 88–100.
Boring, E. G. (1927): The Problem of Originality in Science. In: The American Journal of Psychology 39, S. 70–90.
Bourdieu, P. (1975): The specifity of the scientific field and the social conditions of the progress of reason. In: Social Science Information 14, H. 6, S. 19–47.
Bourdieu, P. (2001): Science de la science et réflexivité. Paris: editions raison d'agir.
Bundesverwaltungsgericht, Urteil vom 21.6.2017, Az. 6 C 3.16.
    www.bverwg.de/entscheidungen/entscheidung.php?ent=210617U6C3.16.0
    (zitiert als: BVerwG, Urt. v. 21.6.2017, Az. 6 C 3.16) (Abruf 10.10.2017).
Dirk, L. (1999): A Measure of Originality: The Elements of Science. In: Social Studies of Science 29, S. 765–776.
Dreier, T./Schulze, G. (2015): Urheberrechtsgesetz. Urheberrechtswahrnehmungsgesetz. Kunsturhebergesetz. Kommentar (zitiert als: Dreier/Schulze/*Bearb.*, UrhG). 5. Auflage. München: C. H. Beck.
Epping, V. (Hrsg.) (2016): Niedersächsisches Hochschulgesetz mit Hochschulzulassungsgesetz. Handkommentar (zitiert als: Epping/*Bearb.*, NHG). Baden-Baden: Nomos Verlagsgesellschaft.
Evans, J. A. (2010): Industry Induces Academic Science to Know Less about More. In: American Journal of Sociology 116, S. 389–452.
Fecher, B./Friesike, S./Hebing, M. (2015): What Drives Academic Data Sharing? Working Paper Series des Rates für Sozial- und Wirtschaftsdaten, No. 236.
    www.ratswd.de/dl/RatSWD_WP_236.pdf (Abruf 18.2.2017).

Fecher, B./Friesike, S./Hebing, M./Linek, S./Sauermann, A. (2015): A Reputation Economy: Results from an Empirical Survey on Academic Data Sharing. Working Paper Series des Rates für Sozial- und Wirtschaftsdaten, No. 246. www.ratswd.de/dl/RatSWD_WP_246.pdf (Abruf 7.7.2016).

Foster, J. G./Rzhetsky, A./Evans, J. A. (2015): Tradition and Innovation in Scientists' Research Strategies. In: American Sociological Review 80, S. 875–908.

Hackett, E. J. (2005): Essential Tensions: Identity, Control, and Risk in Research. In: Social Studies of Science 35, S. 787–826.

Helfferich, C. (2014): Leitfaden- und Experteninterviews. In: Baur, N./Blasius, J. (Hrsg.): Handbuch Methoden der empirischen Sozialforschung. Wiesbaden: Springer VS, S. 559–574.

Jackson, S. J./Edwards, P. N./Bowker, G. C./Knobel, C. P. (2007): Understanding Infrastructure: History, Heuristics, and Cyberinfrastructure Policy. In: First Monday 12, H. 6. http://firstmonday.org/article/view/1904/1786 (Abruf 7.7.2016).

Klump, J. (2012): Geowissenschaften. In: Neuroth, H./Strathmann, S./Oßwald, A./Scheffel, R./ Klump, J./Ludwig, J. (Hrsg.): Langzeitarchivierung von Forschungsdaten. Eine Bestandsaufnahme. Boizenburg: Werner Hülsbusch, S. 179–194.

Kuhn, T. S. (1962): Historical Structure of Scientific Discovery. In: Science 136, S. 760–764.

Kuhn, T. S. (1988): Die grundlegende Spannung: Tradition und Neuerung in der wissenschaftlichen Forschung. In: Kuhn, T. S.: Die Entstehung des Neuen. Studien zur Struktur der Wissenschaftsgeschichte. Frankfurt am Main: Suhrkamp, S. 308–326.

Laudel, G. (2006): The art of getting funded: how scientists adapt to their funding conditions. In: Science and Public Policy 33, S. 489–504.

Menger, P. M. (2014): La difference la concurrence et la disproportion. Sociologie du travail créateur. Paris: Collège de France/Fayard.

Merton, R. K. (1985a): Die normative Struktur der Wissenschaft. In: Merton, R. K.: Entwicklung und Wandel von Forschungsinteressen. Aufsätze zur Wissenschaftssoziologie. Frankfurt am Main: Suhrkamp, S. 86–99 (zuerst 1942 in Englisch erschienen in: Journal of Legal and Political Sociology 1, S. 115–126).

Merton, R. K. (1985b): Prioritätsstreitigkeiten in der Wissenschaft. In: Merton, R. K.: Entwicklung und Wandel von Forschungsinteressen. Aufsätze zur Wissenschaftssoziologie. Frankfurt am Main: Suhrkamp, S. 258–300 (zuerst 1957 in Englisch erschienen in: American Sociological Review 22, S. 635–659).

Przyborski, A./Wohlrab-Sahr, M. (2009): Qualitative Sozialforschung. Ein Arbeitsbuch. 2. Auflage. München: Oldenbourg.

Reichertz, J. (2013): Gemeinsam interpretieren. Die Gruppeninterpretation als kommunikativer Prozess. Wiesbaden: Springer VS.

Reichertz, J. (2018): Wer erbringt hier die Leistung? Oder: Darf ein/e Autor/in von Qualifikationsarbeiten die Ergebnisse von gemeinsamen Daten-Interpretationen nutzen? In: Soziologie 47, S. 176-186.

Schreier, M. (2014): Varianten qualitativer Inhaltsanalyse: Ein Wegweiser im Dickicht der Begrifflichkeiten. In: Forum Qualitative Sozialforschung 15, H. 1, Art. 18. www.qualitative-research.net/index.php/fqs/article/viewFile/2043/3636 (Abruf 25.9.2017).

Stokes, D. E. (1997): Pasteur's Quadrant. Basic Science and Technological Innovation. Washington, D. C.: Brookings Institution Press pone.0021101&representation=PDF (Abruf 7.7.2016).

Tenopir, C./Allard, S./Douglass, K./Aydinoglu, A. U./Wu, L./Read, E. et al. (2011): Data Sharing by Scientists: Practices and Perceptions. In: PLoS ONE 6, H. 6, S. 1–21. www.plosone.org/article/fetchObject.action?uri=info%3Adoi%2F10.1371%2Fjournal (Abruf 18.2.2017).

Tenopir, C./Dalton, E. D./Allard, S./Frame, M./Pjesivac, I./Birch, B. et al. (2015): Changes in Data Sharing and Data Reuse Practices and Perceptions among Scientists Worldwide. In: PLoS ONE 10, H. 8, S. 1–24. http://journals.plos.org/plosone/article?id=10.1371/journal.pone.0134826 (Abruf 18.2.2017).

Verwaltungsgericht Bremen, Beschluss vom 4.6.2013, 6 V 1056/12, unveröffentlicht (zitiert als: VG Bremen, B. v. 4.6.2013, Az. 6 V 1056/12).

Wandtke, A.-A./Bullinger, W. (Hrsg.) (2014): Praxiskommentar zum Urheberrecht (zitiert als: Wandtke/Bullinger/*Bearb.*, UrhG). 4. Auflage. München: C. H. Beck.

1.5
Partizipative Forschung

Hella von Unger

1 Einleitung[1]

> „Participatory action research (PAR) is like jazz. It is built upon the notion that knowledge generation is a collaborative process in which each participant's diverse experiences and skills are critical to the outcome of the work. PAR combines theory and practice in cycles of action and reflection that are aimed toward solving concrete community problems while deepening understanding of the broader social, economic, and political forces that shape these issues" (Brydon-Miller et al. 2011, S. 387).

Wenn Mary Brydon-Miller und Kolleg/innen *partizipative Forschung* mit Jazz vergleichen, heben sie das dynamische Zusammenspiel unterschiedlicher Akteur/innen hervor, die ihre jeweiligen Fähigkeiten und Erfahrungen in einen gemeinsamen, kreativen Schaffensprozess einfließen lassen. Gerade die verschiedenen Stimmen, Expertisen und Beiträge, die nicht immer harmonisch im Gleichklang sein müssen, machen in ihrem Zusammenspiel den besonderen Reiz aus. Jazz ist unkonventionell, voraussetzungsvoll und ‚cool'. Auch diese Bedeutungen schwingen in dem Vergleich mit. Um guten Jazz zu spielen, müssen die Musiker/innen sich gegenseitig nicht nur aufmerksam zuhören, sondern ihre jeweiligen Instrumente mit einer gewissen Kunstfertigkeit beherrschen. Auch partizipative Forschung beinhaltet Improvisationen, die – um gelingen zu können – bestimmte Fertigkeiten voraussetzen. Allerdings, und das ist ein besonderes Kennzeichen dieses Forschungsstils, ist der Prozess so gestaltet, dass alle Beteiligten in der Zusammenarbeit ihre Kompetenzen erweitern *können* und *müssen*. Denn das Zusammenspiel bricht mit etablierten Routinen und Konventionen des Wissenschaftsbetriebs, der üblicherweise forschende Funktionen allein für Wissenschaftler/innen vorsieht. In der partizipativen Forschung werden nun auch Forschungssubjekte, die üblicherweise ‚Gegenstand' der Forschung sind, in forschender Funktion, d. h. als Co-Forschende und gleichberechtigte Partner/innen, am Forschungsprozess beteiligt.

---

1 Ich danke Angela Kühner und Hans Pongratz für anregende Diskussionen und Feedback zu diesem Text sowie Dimitra Kostimpas und Bianca Jansky für editorische Unterstützung.

Diese unkonventionelle Rollen- und Machtverteilung geht mit einem hohen Aufwand einher und kann nur gelingen, wenn die Beteiligten eine bestimmte Haltung einnehmen, die sich durch Offenheit, gegenseitige Wertschätzung, Lernbereitschaft und kritische Selbstreflexivität auszeichnet. Ebenso zentral ist die Verständigung auf gemeinsame Ziele, die für alle Beteiligten von so hoher Relevanz sind, dass sie gerade dann vermögen, Orientierung für Kompromissfindung zu geben und ein *Zusammen*spiel zu ermöglichen, wenn Differenzen und Herausforderungen möglicherweise besonders deutlich zutage treten.

Partizipative Forschung ist nicht immer möglich und auch nicht in jedem Fall (d. h. nicht bei jeder Forschungsfrage oder in jedem Setting) die angemessene Methodenwahl, sondern vor allem dann angezeigt, wenn in dem jeweiligen Forschungsfeld ein dringender Handlungsbedarf besteht und geeignete Partner/innen gefunden werden können.

Partizipative Forschung ähnelt *anderen Forschungsstilen* innerhalb des interpretativen Paradigmas und unterscheidet sich doch in einigen Punkten wesentlich:

a) in der beschriebenen Beteiligung von Co-Forschenden als gleichberechtigten Partner/innen an allen Phasen des Forschungsprozesses,
b) in den Lernprozessen, die individuelle und kollektive Stärkungs- und Entwicklungsprozesse ermöglichen, und
c) in der klar wertebasierten Grundhaltung, die eine doppelte Zielsetzung der Forschung vorsieht.

Ein zyklisches Vorgehen verbindet Handeln (Aktion, Intervention) und Reflexion in einem iterativen Prozess, der im Unterschied zu anderen, normativ enthaltsameren Varianten der empirischen Sozialforschung grundsätzlich die doppelte Zielsetzung verfolgt, soziale Wirklichkeit nicht nur verstehen, sondern auch verändern zu wollen. Wissenschaftler/innen und ihre Partner/innen arbeiten gleichberechtigt zusammen, um Lösungen für soziale Probleme zu entwickeln und ein tiefergehendes Verständnis der gesellschaftlichen Zusammenhänge zu erreichen, die diese hervorbringen.

Partizipative Forschung ist ein „Forschungsstil" (Bergold/Thomas 2012, Abs. 2), der international weit verbreitet ist und neben ‚Participatory Action Research' weitere *Varianten* umfasst, wie z. B. ‚Action Research', ‚Action Science', ‚Citizen Science', ‚Community-Based Participatory Research', ‚Collaborative Ethnography', ‚Emancipatory Research', ‚inklusive Forschung', ‚Participatory Inquiry', ‚transdisziplinäre Forschung', und viele mehr. Die Varianten des Forschungsstils unterscheiden sich u. a. im Hinblick darauf, in welchen Anwendungskontexten sie mit welchen Partner/innen zu welchem Zweck zusammen arbeiten. Auch die disziplinären Verortungen, theoretischen Bezüge und methodischen Verfahren variieren.

- So ist beispielsweise ‚*Action Research*' eine Variante, die häufig in der Erziehungswissenschaft angewendet wird, auch von einzelnen Lehrer/innen zur Verbesserung ihrer Unterrichtspraxis (Altrichter/Posch 2010; Reason/Bradbury 2001).
- ‚*Participatory Action Research*' geht darüber hinaus und beteiligt vor allem marginalisierte Communities mit einer emanzipatorischen Agenda, um auf mehr soziale Gerechtigkeit hin zu wirken (Fals-Borda 2001; Fine/Torre 2008).
- ‚*Action Science*' ist ein Ansatz, bei dem Wissenschaftler/innen insbesondere mit professionellen Praktiker/innen („communities of practice", z. B. in Organisationen) zusammenarbeiten und einen Fokus auf Theorieentwicklung legen (Argyris/Putnam/Smith 1985; Friedman 2001).
- ‚*Citizen Science*' ist dagegen vor allem in den Naturwissenschaften angesiedelt und bezieht auch individuelle Bürger/innen als Laienforscher/innen mit ein (insbesondere über soziale Netzwerke, wie z. B. bei der Erstellung eines Mückenatlasses) (GEWISS 2016).
- ‚*Community-basierte partizipative Forschung*' ist v.a. im Rahmen der partizipativen Gesundheits- und Public Health-Forschung ein weit verbreiteter Ansatz, der darauf abzielt, gesundheitliche Ungleichheit abzubauen (Israel et al. 2003; Minkler/Wallerstein 2003; Wright et al. 2010).
- ‚*Collaborative Ethnography*' ist eine partizipative Variante der ethnografischen Feldforschung und insbesondere in der Anthropologie angesiedelt (Lassiter 2005; Rappaport 2008).
- ‚*Emancipatory Research*' (Oliver 1997) und ‚*inklusive Forschung*' (Buchner/König/Schuppener 2016) sind Ansätze der Disability Studies, bei denen Menschen mit Behinderungen wie beispielsweise Lernbeeinträchtigungen einbezogen werden, um soziale Inklusion, Lebens- und Versorgungsqualitäten zu verbessern.
- ‚*Participatory Inquiry*' (Thesen/Kuzel 1999) versteht sich stärker als Variante der qualitativen Forschung, und
- ‚*transdisziplinäre Forschung*' (Bergmann/Jahn 2008; Dressel et al. 2014) wird unter anderem im Bereich der Klima- und Nachhaltigkeitsforschung verwendet.

Dieser Beitrag befasst sich schwerpunktmäßig mit solchen Ansätzen der partizipativen Forschung, die dem interpretativen Paradigma der Sozialwissenschaften zugeordnet werden können. Während im angloamerikanischen Sprachraum teilweise auch der Begriff ‚Action Research' als Oberbegriff verwendet wird (Reason/Bradbury 2001; Reason/Bradbury 2008), schließe ich an Ansätze der deutschsprachigen Diskussion in der qualitativen Forschung an, die den Begriff der ‚partizipativen Forschung' als Oberbegriff wählen (Bergold/Thomas 2012; Langer 2009; von Unger 2014). Es werden zunächst wesentliche Merkmale des Forschungsstils erläutert, darunter der Stellenwert von Partizipation und die Form der Beteiligung der gesellschaftlichen Akteur/innen als Co-Forscher/-innen, die Befähigungs- und Ermächtigungsprozesse, die im Verlauf des Forschungsprozesses ermöglicht werden sollen, sowie die bereits erwähnte doppelte Zielsetzung, sowohl zu verstehen, als auch zu intervenieren. Im Anschluss gehe ich etwas ausführlicher auf Prozesse der partizipativen Auswertung und Interpretation ein, diskutiere das Verhältnis von partizipativer und qualitativer Forschung und fasse abschließend noch einmal die Stärken und Grenzen des Forschungsstils zusammen.

2 Zum Stellenwert von Partizipation

Der Begriff der ‚Partizipation' ist in der partizipativen Forschung in zweifacher Hinsicht von zentraler Bedeutung:

Er bezieht sich zum einen auf *gesellschaftliche Teilhabe* und die übergeordnete normative Agenda partizipativer Ansätze, demokratiefördernd zu wirken und die ökonomische, kulturelle und soziale Teilhabe insbesondere von marginalisierten Gruppen zu befördern. Die Grundlegung des ‚Action Research'-Ansatzes bei Kurt Lewin (1946) ist ein Plädoyer für eine Sozialwissenschaft, die sich bemüht, über den wissenschaftlichen Fachdiskurs hinaus in die Gesellschaft hinein zu wirken und Lösungen für drängende soziale Probleme (wie z. B. Rassismus und gruppenbezogene Gewalt) zu finden. Die Haltung Lewins war auch von seiner biographischen Erfahrung mit demokratiefeindlichen Entwicklungen geprägt, hatte doch die Machtübernahme der Nationalsozialisten ihn als deutsch-jüdischen Wissenschaftler in den 1930er Jahren in die Emigration gedrängt (Bargal 2006). Auch heute zeichnet sich partizipative Forschung dadurch aus, dass sie als ein *wertebasiertes Unterfangen mit normativen Setzungen* einhergeht: das Streben nach sozialer Gerechtigkeit, die Wahrung von Menschenrechten, die Förderung von Demokratie und andere Wertorientierungen sind treibende Kräfte. Seit den Arbeiten von Lewin vor rund 70 Jahren haben diverse soziale Bewegungen und machtkritische, emanzipatorische Diskurse (wie z. B. feministische und post-kolonialistische Bewegungen, die Anti-Psychiatrie-Bewegung, der Inklusionsdiskurs, die Umweltbewegung, und viele mehr) entscheidend zu der Weiterentwicklung des Ansatzes und der heutigen Vielfalt der Varianten und Begrifflichkeiten (Dick 2011) beigetragen.

Der Begriff der ‚Partizipation' bezieht sich also zum einen auf die Normativität und reformerische Intention der partizipativen Forschung. Er ist jedoch nicht nur für die übergeordnete politisch-normative Ausrichtung des Forschungsstils von Bedeutung, sondern zum anderen auch für die *Gestaltung der partnerschaftlichen Zusammenarbeit zwischen Wissenschaftler/innen und ihren Partner/innen*, die nun im Folgenden genauer ausgeführt wird.

3 Beteiligung von Co-Forscher/innen

„Partizipative Forschungsmethoden sind auf die Planung und Durchführung eines Untersuchungsprozesses gemeinsam mit jenen Menschen gerichtet, deren soziale Welt und sinnhaftes Handeln als lebensweltlich situierte Lebens- und Arbeitspraxis untersucht wird" (Bergold/Thomas 2012, Abs.1).

In der partizipativen Forschung sind Akteur/innen aus den Lebens- und Arbeitswelten, die erforscht werden, auf besondere Weise beteiligt: Sie werden als *Partner/innen und Co-Forschende an allen Phasen des Forschungsprozesses* von der Zielsetzung über die Wahl des Studiendesigns, die Datenerhebung und Datenauswertung bis zur Verwertung gleichberechtigt beteiligt. Es bestehen verschiedene Modelle, die die Form der Beteiligung am Forschungsprozess genauer detaillierten (Chung/Lounsbury 2006) und verschiedene Stufen und Vorstufen von Partizipation definieren (Wright/von Unger/Block 2010c). Entscheidend ist hierbei, dass die Partner/innen als Co-Forschende über ein *Mitsprache- und ein Mitbestimmungsrecht* verfügen. Beteiligung bedeutet also nicht nur die *Teilnahme* an Forschungsprozessen (in forschender Funktion), sondern vor allem auch die *Teilhabe* an Entscheidungsprozessen, die das Studiendesign und das gemeinsame Vorgehen betreffen.

Die konkrete Ausgestaltung der Beteiligung der Partner/innen an den einzelnen Phasen des Forschungsprozesses kann unterschiedliche Formen annehmen und fluktuieren (von Unger 2012). Andrea Cornwall und Rachel Jewkes (1995, S. 1668) sprechen in dieser Hinsicht von der Möglichkeit eines „zig-zag pathway with greater or less participation at different stages". Das Ausmaß und die genaue Gestalt der Beteiligung werden im Forschungsprozess also flexibel angepasst. Entscheidend ist allerdings, dass bereits zu Beginn, d. h. bei der Planung und Zielsetzung der Forschung, Praxis- oder Community-Partner/innen beteiligt sind, um sicher zu stellen, dass bei der Themenfindung nicht nur wissenschaftliche Interessen, sondern vor allem auch die Anliegen der Praktiker/innen und Lebenswelt-Expert/innen den Ausschlag geben.

Die *Bestimmung der Akteur/innen, die beteiligt werden bzw. sich beteiligen*, gestaltet sich in den Varianten der partizipativen Forschung auf unterschiedliche Weise (von Unger 2014, S. 35 f.). Grundsätzlich gilt, dass selten alle Personen, deren soziale Welt und sinnhaftes Handeln untersucht wird, aktiv in den Forschungsprozess einbezogen werden können. Üblicherweise werden *ausgewählte Vertreter/innen als Co-Forschende* mit Definitions- und Entscheidungsmacht beteiligt, während eine *größere Anzahl von Personen auf den Vorstufen der Partizipation* einbezogen (d. h. informiert, befragt/angehört oder beratend einbezogen) wird. Die Beziehung zwischen den Vertreter/innen und der größeren Einheit (d. h. der Gruppe, Gemeinschaft, Lebens- oder Arbeitswelt) wird im Verlauf der forschenden Zusammenarbeit kontinuierlich reflektiert und bewusst gestaltet. Eine Herausforderung besteht beispielsweise darin, nicht nur solche Personen bzw. Gruppen zu beteiligen, die bereits engagiert und organisiert sind, sondern auch solche, die innerhalb der jeweiligen Gemeinschaft oder untersuchten Lebenswelt eine eher marginalisierte Position innehaben. Eine weitere Herausforderung besteht darin, den Beteiligungsprozess so offen zu gestalten, so dass neue Partner/innen auch zu einem späteren Zeitpunkt einbezogen werden können, wenn sich Schneeballeffekte entfaltet haben, Vertrauen aufgebaut wurde und die Zusammenarbeit eine klarere Form angenommen hat.

Die Beteiligung von nichtwissenschaftlichen Akteur/innen an partizipativer Forschung erfordert *aktive Ermöglichungsstrategien*, nicht nur, aber insbesondere, wenn es sich um marginalisierte Gruppen handelt. Strategien der Ermöglichung umfassen neben finanziellen Ressourcen und Aufwandsentschädigungen auch die Klärung und Bereitstellung von jeweils passenden Konditionen und Rahmenbedingungen der Zusammenarbeit sowie Prozesse der Schulung und Befähigung. Die Voraussetzungen für forschende Tätigkeiten und für eine gleichberechtigte Teilhabe an Projektentscheidungen sind jedoch nicht für alle Personengruppen in gleicher Weise gegeben – im Gegenteil, sie sind notwendigerweise *ungleich* verteilt, da vorgesehen ist, dass akademisch ausgebildete Wissenschaftler/innen mit marginalisierten gesellschaftlichen Gruppen zusammenarbeiten. Dies stellt die Krux der partizipativen Forschung und eine ihrer größten Herausforderungen dar: genau die gesellschaftlichen Bedingungen, die partizipative Forschung erforderlich machen (z. B. soziale Ungleichheit, Benachteiligung und Exklusion), sind dafür verantwortlich, dass denkbar schlechte Voraussetzungen für eine gleichberechtigte Teilhabe der Projektpartner/-innen bestehen (vgl. Kelly/van Vlaenderen 1996). So können soziale, ökonomische und rechtliche Benachteiligungen, sehr junges oder sehr hohes Alter oder bestimmte körperlich-geistige Verfassungen (wie Krankheit oder Behinderung) die Teilhabechancen von bestimmten Gruppen einschränken und besondere Strategien der Ermöglichung erfordern (Nind 2011).

4 Befähigungs- und Ermächtigungsprozesse

Um eine Beteiligung an den Forschungsprozessen zu ermöglichen und forschungspraktisch umzusetzen, werden die Bedingungen der Zusammenarbeit von Beginn an möglichst gleichberechtigt ausgehandelt und Partner/innen zu Co-Forschenden geschult. *Co-Forschende* (im Englischen auch ‚*Co-Researcher*', ‚*Lay Researcher*' oder ‚*Peer Researcher*') sind Mitglieder der Gruppe, des institutionellen Settings oder der lebensweltlichen Gemeinschaft, die als Partner/innen beteiligt, geschult und begleitet werden, um Aufgaben der Studienplanung, Datenerhebung und Auswertung in ihren Settings oder Communities umzusetzen.

Diese Personen verfügen über lebensweltliches Wissen, sprachliche Kompetenzen und soziale Kontakte, die ihnen als ‚*Insider*' und ‚*Gleichgestellte*' (‚*Peers*') einen besonderen Zugang zum Forschungsfeld und den darin verorteten Akteur/innen verschaffen (Roche et al. 2010, S. 3). Allerdings sei kritisch angemerkt, dass die Zuordnung eines ‚Insider'- oder ‚Outsider'-Status und die Frage der *Mitgliedschaft in einer Gemeinschaft* (‚*Community Membership*') oder des *Gleichgestellt-Seins* (‚*Peer*') sich nicht in jedem Fall eindeutig beantworten lässt. Insider- und Outsider-Positionierungen sind situativ und mehrdimensional, und der mögliche Insider-Status von Co-Forschenden sollte weder essentialisiert, noch überhöht oder erkenntnistheoretisch romantisiert werden (Smyth 2005, S. 13). Zum Beispiel kann die Erfahrung der Migration aus ein- und demselben Herkunftsland nach Deutschland Grund für empfundene Gemeinsamkeiten und geteilte Identitäten geben, oder aber auch Anlass für scharfe Differenzierungen und Distanzierungen sein, je nachdem welche Bedeutung dieser Erfahrung in der Situation (und in der Verschränkung mit anderen Merkmalen wie Geschlecht, Alter, Religion, etc.) zukommt.

Außerdem bringt ein ‚Insider'-Status in forschungspraktischer und erkenntnistheoretischer Hinsicht grundsätzlich *sowohl Vor-, als auch Nachteile* mit sich (Davies 1997, Smyth 2005):

- Auf der einen Seite können die Identität/en, sozialen Kontakte, sprachlichen Kompetenzen, praktischen Erfahrungen und lebensweltlich-kulturellen Wissensbestände der Co-Forschenden Zugänge zum Forschungsfeld eröffnen und ein kontext- und kultursensibles Vorgehen und Verstehen ermöglichen.
- Auf der anderen Seite erzeugen ihre Vorannahmen, soziale Positionierungen und Beziehungen gleichzeitig auch Einschränkungen und blinde Flecken.

Vor diesem Hintergrund ist die Verschränkung der Perspektiven von Co-Forschenden und akademischen Wissenschaftler/innen mit ihren jeweiligen Insider- und Outsider-Positionierungen für den Erkenntnisgewinn zentral.

Partizipative Forschung basiert auf einer Grundhaltung, die sich durch eine *Wertschätzung der Wissensbestände und Kompetenzen von alltagsweltlichen Akteur/innen* auszeichnet. Zwar gilt dies auch für andere Formen der qualitativen Forschung, aber ein wesentlicher Unterschied besteht darin, dass die partizipative Forschung auch zu der *Weiterentwicklung* dieser Wissensbestände und Kompetenzen beitragen will. Schulungen, Trainings, Fort- und Weiterbildungen sind daher ein integraler Bestandteil der partizipativen Forschungs- und Entwicklungsprozesse. Die Lern- und Befähigungsprozesse vollziehen sich auf Seiten aller Beteiligten und finden nicht nur in den Schulungen statt, sondern vor allem in der iterativen Verknüpfung von Handeln und Reflexion sowie durch die Perspektivverschränkungen in der partizipativen Zusammenarbeit und empirischen Forschung. In der englischsprachigen Diskussion beschreiben die Begriffe ‚*Co-Learning*', ‚*Capacity-Building*' und ‚*Empowerment*' die Prozesse, die in der partizipativen Forschung zu der individuellen und kollektiven (Selbst-)Befähigung und Ermächtigung der Beteiligten beitragen (sollen).

Eine Beteiligung ohne diese Formen des gemeinsamen Voneinander-Lernens, der Kompetenzentwicklung und (Selbst-)Ermächtigung läuft Gefahr, der Instrumentalisierung und Manipulation Vorschub zu leisten (Wallerstein 2006, S. 9). Der Begriff des ‚Empowerment', der ursprünglich aus der Gemeindepsychologie stammt, bezeichnet einen Prozess, infolgedessen Personen, Organisationen und Gemeinschaften mehr Kontrolle über ihr Leben erlangen (Rappaport 1981). Erst durch Prozesse des ‚Empowerment' können Beteiligungschancen so genutzt werden, dass sie langfristig zu mehr gesellschaftlicher Teilhabe führen (Wallerstein 2006, S. 19).

Nicht zu unterschätzen sind übrigens auch die Lernprozesse, die akademisch gebildete Wissenschaftler/innen durchlaufen müssen, um zu einer partizipativen Zusammenarbeit befähigt zu werden. Hier spielt oft die kritische Reflexion wissenschaftlicher Vorannahmen und Privilegien eine zentrale Rolle.

5 Doppelte Zielsetzung: Verstehen *und* Verändern

Partizipative Forschung zeichnet sich, wie eingangs erwähnt, durch eine doppelte Zielsetzung aus: soziale Wirklichkeit nicht nur zu verstehen, sondern auch zu verändern. Die Hervorbringung von Wissen, das Zusammenhänge deutend versteht, ist ein wesentlicher Bestandteil der partizipativen Forschung, aber nicht ihr einziges Ziel. Im Kern geht es darum, durch die Generierung neuer Perspektiven und Wissensbestände, bestehende Handlungsspielräume zu erweitern, Handlungsalternativen zu erschließen und gesellschaftliche Praxis zu verändern. Im Unterschied zu anderen Formen der akademischen Forschung ist also nicht nur vorgesehen, „*knowledge for understanding*" zu generieren, sondern auch „*knowledge for action*" (Cornwall/Jewkes 1995, S. 1667).

Alltagsweltliche Theorien und Wissensbestände der Akteur/innen werden expliziert und in Auseinandersetzung mit empirischen Daten weiterentwickelt und revidiert. Eine „gute Theorie", die partizipativ entwickelt wurde, zeichnet sich nach Victor Friedman und Tim Rogers (2009, S. 35 ff.) dadurch aus, dass sie sensibel an die Deutungen der beteiligten Akteur/innen anschließt, aber gleichzeitig über diese hinausgeht und Aspekte einschließt, die für die Akteur/innen zuvor nicht erkennbar waren. Die gemeinsam entwickelte Theorie *transformiert* also die bisherigen Sichtweisen der Akteur/innen auf ihr Verhalten und ihre Umwelt. Verfahren zur Entwicklung einer ‚lokalen Theorie' legen den Fokus stärker auf die Explikation von implizitem Wissen und auf die Beschreibung vermuteter Wirkungswege, die anschließend überprüft werden (Wright/von Unger/Block

2010a). In beiden Fällen werden die impliziten Wissensbestände nicht einfach abgebildet und versprachlicht, sondern im Prozess der Explikation und in der Auseinandersetzung mit empirischem Material ko-konstruiert.

Dies geschieht mit der Zielsetzung, den Status Quo zu verändern, wobei die Reichweite der angestrebten Veränderungen variiert (Reason/Bradbury 2008, S. 7). Im Hinblick auf die Konzeptualisierung von Veränderung und Transformation stellt sich die Frage nach den akteurs- und handlungstheoretischen Grundlagen der partizipativen Forschung. Hilary Bradbury und Peter Reason (2001) verweisen in diesem Zusammenhang auf die struktur- und praxistheoretischen Überlegungen von Pierre Bourdieu und Anthony Giddens. Das von Giddens (1984/1988) formulierte Konzept der ‚Dualität von Struktur' beschreibt eine rekursive Wechselbeziehung zwischen gesellschaftlichen Strukturen und sozialen Akteur/innen. Soziale Wirklichkeit wird nicht als direkte, unabänderliche Folge zugrundeliegender Strukturen verstanden, sondern als ein Produkt, das durch den interpretierenden Umgang sozialer Akteur/innen mit den Strukturmustern kontinuierlich hervorgebracht wird und von diesen auch verändert werden kann. Bradbury und Reason (2001, S. 449) warnen jedoch vor einer naiven Vorstellung der unmittelbaren Veränderung der sozialen Welt durch partizipative Forschung. Handlungsmuster und gesellschaftliche Strukturen reproduzieren sich (unabhängig von den Intentionen einzelner Akteur/innen) in vielfältiger Art und Weise – auch die partizipative Forschung ist davon nicht ausgenommen.

Wenn soziale Akteur/innen allerdings einerseits von gesellschaftlichen Strukturen geprägt sind und diese bewusst oder unbewusst (re)produzieren (können), und andererseits gleichzeitig über einen gewissen Handlungsspielraum verfügen und gesellschaftliche Strukturen reflexiv (neu) hervorbringen können, folgt daraus, dass sie nicht nur in der Lage sind, ihre Sichtweisen und Bedürfnisse zu artikulieren, sondern auch Lösungsansätze zu entwickeln und in der praktischen Umsetzung der Maßnahmen als ‚Change Agents' eine entscheidende Rolle einzunehmen (Wang/Burris 1997, S. 375). Eine solche Perspektive eröffnet damit den Blick auch auf die Möglichkeiten, Veränderungsprozesse durch Erkenntnisprozesse und kollektives Handeln der Akteur/innen (insbesondere über längere Zeiträume) anzuregen. Im Folgenden wird nun genauer ausgeführt, wie sich Erkenntnisprozesse in der partizipativen Forschung vollziehen.

6 Interpretationen von Interpretationen

„Within an action research project, communities of inquiry and action evolve and address questions and issues that are significant for those who participate as co-researchers. Typically such communities engage in more or less systematic cycles of action and reflection: in action phases co-researchers test practices and gather evidence; in reflection stages they make sense together and plan further actions" (Reason/ Bradbury 2008, S. 1).

Die partizipative Zusammenarbeit beinhaltet eine *zyklische Abfolge von gemeinsamem Handeln (Aktion) und Auswerten (Reflexion).*

Die *Aktionen* umfassen dabei zum einen Forschungshandlungen (d. h. Datenerhebungen in Form von Interviews, teilnehmender Beobachtung, Gruppengesprächen, Fokusgruppen, Weltcafés, Photovoice, Mapping-Verfahren und anderen Methoden) und zum anderen Interventionen im Forschungs- und Handlungsfeld, wie zum Beispiel Maßnahmen zur Stärkung von Gemeinschaften (Community Building, Community Development). Die Aktionen werden audio-visuell oder schriftlich dokumentiert und als empirische Daten ausgewertet. Dabei werden implizite Wissensbestände expliziert, gemeinsam interpretiert und transformiert. Durch die iterative Verknüpfung von Datenerhebung und Auswertung, von Aktion und Reflexion werden sukzessive ein neues, vertieftes Verständnis der Zusammenhänge erreicht und neue Handlungsansätze generiert.

Ein Charakteristikum von *Auswertungsverfahren* in der partizipativen Forschung liegt in der Beteiligung von Community- und Praxispartner/innen auch an dieser Phase des Forschungsprozesses. Grundsätzlich sind der Wahl der Auswertungsverfahren keine Grenzen gesetzt, sofern sie unter Beteiligung der Partner/innen durchgeführt werden können. Melanie Nind (2011) unterscheidet Ansätze der partizipativen Auswertung in formale und weniger formale, strukturierte und unstrukturierte, solche, bei denen die Co-Forschenden besonders geschult werden, und solche, bei denen das nicht der Fall ist, sowie explizite und implizite Ansätze. Sie plädiert dafür, Verfahren zu entwickeln, die dem jeweiligen Projektkontext und den Beteiligten angemessen sind. Auch wenn manche Gruppen in ihren Partizipationsmöglichkeiten eingeschränkt sind (wie Kinder oder Menschen mit Lernbehinderung), sollte das analytische Vermögen der Mitglieder dieser Gruppen nicht unterschätzt werden. Im Kern geht es in der partizipativen Forschung nicht darum, ein vorgegebenes, methodisches Verfahren lehrbuchmäßig umzusetzen, sondern darum, *Reflexion* zu ermöglichen – und zwar eine gemeinsame Reflexion der beteiligten Partner/innen, die durchaus unterschiedliche Perspektiven vertreten können. Im Idealfall verstehen sich die Partner/innen als Teil einer gemischten Forschungsgemeinschaft, in der *unterschiedliche Lesarten ('Wahrheiten') von komplexen sozialen Wirklichkeiten* bestehen:

„If the research has been designed as participatory (...) there will already be a sense of a mixed community working with multiple truths that reflect complex, contextual social realities." (Nind 2011, S. 359)

Der *Reflexions- und Auswertungsprozess ist ein co-konstruktiver Prozess*, der nicht darauf abzielt, einzelne Stimmen (z. B. die Stimmen der beteiligten Community-Partner/innen) als besonders „authentisch" darzustellen, oder ein Verfahren zu suchen, das eine „reine oder unbefleckte" Analyse ermöglichen würde (Nind 2011, S. 359). Vielmehr handelt es sich bei den Auswertungsprozessen um kollektive Deutungsprozesse, um „Interpretationen von Interpretationen" (Gregg et al. 2010, S. 150), die erkenntnistheoretisch auf der Annahme basieren, dass grundsätzlich verschiedene Deutungen möglich und Wissensbestände in ihrer jeweiligen Situiertheit keinen Anspruch auf objektive Wahrheit stellen können.

Im praktischen Vorgehen besteht die Aufgabe darin, herauszufinden, wie viel und vor allem wie Partizipation jeweils in der Analyse ermöglicht werden kann, wie also die beteiligten Wissenschaftler/innen, Community- und Praxispartner/innen zusammenarbeiten können (Nind 2011, S. 359). Werden etablierte Methoden der empirischen Sozialforschung benutzt, gelten zunächst die für sie entwickelten Verfahrensregeln. Bei der Gestaltung und *Adaption der Auswertungsmethoden im Kontext partizipativer Studien* sind allerdings verschiedene Aspekte zu berücksichtigen:

So müssen die Verfahren einer partizipativen Zusammenarbeit zuträglich, umsetzbar und nachvollziehbar sein. Es können begründete Abweichungen von akademischen Maximalforderungen an methodische Genauigkeit und Vollständigkeit vorgenommen werden. Dazu gehören zum Beispiel Entscheidungen für weniger aufwendige Dokumentationsverfahren (z. B. die Entscheidung, detaillierte Zusammenfassungen, Notizen und Protokolle zu verfassen, anstatt Gesprächsaufzeichnungen im Wortlaut aufwendig zu transkribieren). Auswertungsverfahren, die schwer nachvollziehbar sind und ein spezielles Fachwissen oder ein bestimmtes theoretisch-begriffliches Vorwissen voraussetzen, das nur mit einem unverhältnismäßig hohen Zeitaufwand vermittelt werden kann, sind weniger geeignet. Auch ein arbeitsteiliges Vorgehen ist in diesem Fall wenig zielführend, wenn das Vorgehen von den Partner/innen nicht nachvollzogen werden kann. Häufig wenden partizipative Analysen eher pragmatische Verfahren der Sichtung und Kategorisierung von Material an, wobei die entscheidenden Interpretationen grundsätzlich in kollektiven Reflexionsprozessen in Gruppengesprächen vorgenommen werden. Die zyklische Verschränkung von Aktions- und Reflexionsprozessen in der partizipativen Forschung wird auch als besonders kompatibel mit den Prinzipien und dem Vorgehen der Grounded Theory-Methodologie diskutiert (Dick 2007); wobei aufwendige Kodier- und Schreibprozesse teilweise von den akademischen Wissenschaftler/innen übernommen werden (Lopéz et al. 2005).

Grundsätzlich kann in partizipativ gestalteten Auswertungsprozessen arbeitsteilig vorgegangen werden – nicht alle beteiligten Partner/innen (ob Co-Forschende oder akademische Forscher/innen) müssen alle Schritte der Aufbereitung und Auswertung der Daten persönlich durchführen. Dabei ist allerdings darauf zu achten, dass bei einem arbeitsteiligen Vorgehen die Verfahren transparent kommuniziert und verständlich erklärt werden, so dass sie für die gesamte Gruppe, das heißt für *alle* Partner/innen im partizipativen Projekt, nachvollziehbar sind. Außerdem sollten die von kleineren Arbeitsgruppen oder Einzelpersonen erarbeiteten Ergebnisse mit der Gruppe diskutiert und kommunikativ validiert werden. Es ist darauf zu achten, dass nicht nur die akademischen Partner/innen Auswertungsarbeiten übernehmen, sondern insbesondere auch die Co-Forscher/innen. Ein eher klassisch-qualitatives Vorgehen, in dem die akademischen Forscher/innen die Auswertung übernehmen und möglicherweise im Rahmen einer kommunikativen Validierung ihre Ergebnisse zur Diskussion stellen, läuft Gefahr, die Auswertung zu einseitig an ihrer Perspektive auszurichten (Nind 2011, S. 359). Um diese Gefahr zu vermeiden, schlägt Suzanne Jackson (2008) ein gruppenbasiertes partizipatives Auswertungsverfahren vor, mit dem Community- und Praxispartner/innen die Analyse weitgehend selbstständig durchführen können (von Unger 2014, S. 63 f.). Andere, stärker kooperativ ausgerichtete partizipative Auswertungsverfahren, beziehen die beteiligten Wissenschaftler/innen über eine anleitende, moderierende Rolle hinaus auch in deutender Funktion mit ein, da die Verschränkung der verschiedenen Perspektiven und Wissensbestände (lebensweltlich, professionell, wissenschaftlich) in den Reflexions-, Lern- und Auswertungsprozessen ein zentrales, transformatives Moment darstellt, mithilfe dessen neue Erkenntnisse hervorgebracht werden können. Die Bereitschaft, die eigene Perspektive infrage zu stellen und sich mit anderen Perspektiven auseinanderzusetzen, ist vor diesem Hintergrund eine Grundvoraussetzung der partizipativen Forschung, die für alle Beteiligten gilt.

7 Partizipative und qualitative Forschung

Angesichts der Diversität sowohl der Varianten der partizipativen Forschung als auch insgesamt der methodologischen Ansätze, die der qualitativen Forschung im interpretativen Paradigma zugeordnet werden können, kann man im Grunde weder von ‚der' partizipativen Forschung, noch von ‚der' qualitativen Forschung sprechen. Nichtsdestotrotz möchte ich versuchen, Ähnlichkeiten und Unterschiede zu skizzieren, die zwischen bestimmten Ansätzen bestehen. Damit soll nachvollziehbar werden, inwiefern partizipative Forschung der qualitativen Forschung im interpretativen Paradigma zugerechnet werden kann – allerdings nicht umfassend oder ausschließlich, denn die partizipative Forschung bleibt eine unkonventionelle Grenzgängerin, die sich rein wissenschaftlichen Standards und Gütekriterien verwehrt (und damit bestimmte methodologische Anforderungen der interpretativen Forschung vernachlässigt), die eine methodenplurale Strategie verfolgt (und damit auch Mixed-Method-Designs und quantitative Methoden beinhalten kann), und sich durch ihre partnerschaftliche, normative und intendiert-intervenierende Ausrichtung von anderen akademischen (politisch enthaltsameren) Positionen deutlich unterscheidet. Während das Gros der akademischen qualitativen Forschung (im deutschsprachigen Raum) darauf abzielt, *Repräsentationen* der sozialen Wirklichkeit hervorzubringen, betont die partizipative Forschung stärker das *Handeln* in der sozialen Wirklichkeit.

Ähnlichkeiten zu verschiedenen Ansätzen der qualitativen Forschung bestehen beispielsweise im Hinblick auf *erkenntnistheoretische Annahmen und interpretative Zugänge zum Verständnis der sozialen Wirklichkeit*. Das methodologische Prinzip der Offenheit hat hier wie da eine hohe Relevanz. und damit zusammenhängend werden Verfahren entwickelt, die es den teilnehmenden Personen und Partner/innen ermöglichen, ihre Relevanzstrukturen möglichst frei zu entfalten.

Im Hinblick auf erkenntnistheoretische Annahmen hinsichtlich der Verwicklung der erkennenden Subjekte in den Erkenntnisprozess und die Notwendigkeit reflektierter Subjektivität besteht eine ausgesprochene Nähe zu solchen Varianten der qualitativen Forschung, wie beispielsweise die ‚*Reflexive Grounded Theory*' und andere, die diese als Erkenntnisfenster begreifen (Breuer/ Muckel/ Dieris 2018; Mruck/Roth/Breuer 2002; Kühner/Ploder/Langer 2016).

Eine große Nähe besteht auch zu der methodenpluralen Strategie der *ethnografischen Feldforschung* (Pfadenhauer; Meyer, beide in diesem Band). Allerdings gilt das Prinzip der Teilhabe im partizipativen Forschungsprozess in zweifacher Hinsicht: Zum einen nehmen die akademischen Forscher/innen (wie in der teilnehmenden Beobachtung der ethnografischen Feldforschung) über längere Zeiträume an den Prozessen und sozialen Bezügen des untersuchten Settings teil und dokumentieren und reflektieren ihre Erfahrungen. In der partizipativen Forschung wirken jedoch auch die ‚Teilnehmer/innen' explizit als Co-Forschende am Forschungsprozess mit und übernehmen bestimmte Forschungstätigkeiten relativ eigenverantwortlich. Während also auch die ethnografische Feldforschung bewusst keine neutrale Perspektive ‚von außen' einnimmt, sondern eine involvierte Perspektive ‚von innen' (die systematisch befremdet wird), ist das erkennende Subjekt, das forschungspraktisch tätig ist und Wissen generiert, jedoch in der Regel allein die/der Forschende, die/der sich nach Phasen der Kopräsenz immer wieder aus dem Forschungsfeld zurückzieht. Schlüsselpersonen haben beratende Funktion, sind jedoch i.d.R. nicht explizit als gleichberechtigte Co-Forscher/innen an Forschungs- und Auswertungsaufgaben beteiligt.

Mit der aktiven Teilhabe der Co-Forschenden an den verschiedenen Phasen des Forschungsprozesses geht der Begriff der Partizipation in der partizipativen Forschung damit über Konzepte der Partizipation in anderen Formen der qualitativen Forschung hinaus. Zwar begreifen auch viele Ethnograf/innen ihre

Schlüsselpersonen dezidiert nicht als „passive Informant/innen", sondern als aktive „Mitarbeiter/innen" (Whyte 1996, S. 302) oder sogar als „Ko-Forschende" (Greschke 2007, Abs. 37). Allerdings bleibt die Forschung das primäre Anliegen und Eigentum der Forschenden – z. B. William Foote Whyte (1996, S. 302): „so daß Doc im ganz buchstäblichen Sinne ein Mitarbeiter bei meinen (sic) Forschungen wurde" – und wird nicht zum kollektiven Gemeinschaftseigentum.

Allerdings werden im angloamerikanischen Raum auch partizipative Ansätze der Ethnografie (,*Collaborative Ethnography*') vertreten (Lassiter 2005; Rappaport 2008), die explizit eine partnerschaftliche Zusammenarbeit in allen Phasen des ethnografischen Forschungsprozesses anstreben. Ganz ähnlich verfolgt die ,*Activist Anthropology*' (Hale 2007) eine politisch engagierte Kultur- und Sozialwissenschaft. Auch in der internationalen Entwicklungszusammenarbeit und Ethnologie haben partizipative Verfahren eine lange Tradition (Schönhuth 2002).

Diese Ansätze stellen klare Schnittmengen zwischen ethnografisch-qualitativer und partizipativer Forschung dar. Erweitert man in diesem Sinne den Blick um internationale methodologische Debatten, so treten neue Ähnlichkeiten, Grenzziehungen, Grenzüberschreitungen hervor (Bethmann/Niermann 2015).

In der *angloamerikanischen methodologischen Diskussion* gehört die partizipative Forschung nicht nur zum Spektrum der qualitativen Forschung dazu, sondern sie verkörpert einige ihrer aktuellen Hauptanliegen. So beschreiben Norman Denzin und Yvonna Lincoln die Hinwendung zu „*social justice methodologies*" (2011, S. ix) als die zeitgemäße und konsequente Weiterentwicklung qualitativer Methoden insgesamt:

> „So at the beginning of the second decade of the 21st century, it is time to move forward. [...] A critical framework is central to this project. [...] It speaks for and with those who are on the margins. As a liberationist philosophy it is committed to examining the consequences of racism, poverty, and sexism on the lives of interacting individuals. [...] There is a pressing need to show how the practices of qualitative research can help change the world in positive ways. It is necessary to continue to engage the pedagogical, theoretical and practical promise of qualitative research as a form of radical democratic practice" (Denzin/Lincoln 2011, S. ix-x).

In diesem Verständnis von qualitativer Forschung kommt der partizipativen Forschung also ein zentraler Stellenwert zu. Auch qualitative Soziolog/innen (Abraham/Purkayastha 2012) und Psycholog/innen (Gergen/Gergen 2008) im englischsprachigen Raum fordern eine politisch und gesellschaftlich engagierte Forschung, die die politisch-normative Enthaltsamkeit und Restriktionen der klassisch akademischen Forschung überwindet.

Im *deutschsprachigen Raum* werden die normative, intervenierende Ausrichtung und die Beteiligung von gesellschaftlichen Akteur/innen an allen Phasen des Forschungsprozesses (inklusive der Auswertung und Verwertung der Forschungsergebnisse) nach wie vor oft kritisch beäugt. Bereits in den 1970er und 1980er Jahre wurden entsprechende Einwände gegen die Aktionsforschung vorgebracht: Das Primat der diskursiven Verständigung der am Forschungsprozess Beteiligten erlaube „keine eigenständige, vom Alltagswissen der handelnden Individuen sich strukturell unterscheidende theoretische Orientierung von Forschung" (Nagel 1983, S. 285). Damit werde gesellschaftliche Praxis auf unmittelbares soziales Handeln verkürzt und gesellschaftliche Wirklichkeit gehe in den Wahrnehmungen und Deutungen der interagierenden Individuen auf. Dieser Einwand kann durch den Hinweis auf die oben erläuterte Perspektiv-Verschränkung und die zentrale Rolle von Lern-, Befähigungs- und Transformationsprozessen in der partizipativen Forschung entkräftet werden. Es geht nicht darum, deskriptiv wiederzugeben, wie gesellschaftliche Akteur/innen die Wirklichkeit in ihrer Alltagswelt wahrnehmen, sondern darum, an diese Perspektiven anzuknüpfen und sie in partizipativen Prozessen gemeinsam zu hinterfragen, zu erweitern und zu vertiefen. So beschreibt Victor Friedman (2001) das Ziel der ‚Action Science', implizite Theorien zu explizieren, um sie zu verändern:

> „Action science assumes that human beings are theory-builders who mentally ‚construct' theories of reality, which they continually test through action (…). The difference between researchers and practitioners is that the former are 'explicit' theoreticians whereas the latter are 'tacit' theoreticians. The objective of action science is to make these tacit theories explicit so that they can be critically examined and changed" (Friedman 2001, S. 161).

Ein weiterer Kritikpunkt, der gegen die partizipative Forschung vorgebracht wurde und wird, betrifft Probleme in der praktischen Umsetzung des Ansatzes. Im Gegensatz zu manchen Formen der Handlungsforschung der 1970er Jahre verstehen sich aktuelle Ansätze der partizipativen Forschung heute eindeutiger als Forschung und explizieren ihr Vorgehen auch im Hinblick auf Ansprüche an die Gestaltung der Zusammenarbeit der Partner/innen und den Stellenwert kritischer Selbstreflexivität (von Unger 2014, S. 85 ff.). Es treten auch heute noch Probleme und Herausforderungen in der Umsetzung auf, aber das praktische ‚Wie' der partizipativen Forschung, insbesondere das empirische Vorgehen, ist klarer formuliert als in den 1970er-Jahren und mit vielfältigen Beispielen belegt, in denen auch problematische Erfahrungen des Scheiterns selbstreflexiv und gewinnbringend aufgearbeitet werden (Wallerstein 1999, Flicker et al. 2007). Auch für den deutschen Sprachraum wird festgestellt, dass die heutige partizipative Forschung (hier in Bezug auf die schulische Praxisforschung) „in den Ambitionen begrenzter, in den Methoden besser begründet und im wissenschaftlichen Anspruch auch außerhalb des eigenen Reviers anerkannt" sei (Terhart/Tillmann 2007, S. 142). Eine differenzierte Aufarbeitung der vergleichsweise kurzen Blüte der Aktions- und Handlungsforschung im deutschsprachigen Raum in den 1970er Jahren findet sich bei Altrichter und Gstettner (1993).

8 Schlussbemerkung: Stärken und Limitationen

Wie jeder methodische Ansatz hat auch die partizipative Forschung Stärken und Schwächen. Die *Stärken* umfassen zum einen forschungsethische Aspekte (Brydon-Miller 2008; von Unger 2014, S. 85 f.) und zum anderen einen Erkenntniszugewinn durch die beschriebene Perspektiv-Verschränkung und die Verkopplung von Aktion und Reflexion. Forschungspraktisch bestehen aus wissenschaftlicher Perspektive Vorteile darin, dass es im Rahmen einer partizipativen Zusammenarbeit möglich ist, einen Zugang zu Gruppen, Lebens- und Erfahrungswelten zu bekommen, die für andere Formen der Forschung schwerer erreichbar sind.

Die Qualität der Daten wird erhöht, weil Co-Forscher/innen ihre sozialen Kontakte, ihr sprachliches und lebensweltliches Wissen und ihre Fähigkeiten bei der Konzeption der Studie, der Datenerhebung und der Interpretation der Daten einfließen lassen: Auf diese Weise können Daten kontext- und kultursensibel erhoben und aus verschiedenen Perspektiven gedeutet werden (Minkler 2005, S. ii5 ff.). Die Unterbrechung und Durchkreuzung der in der akademischen Forschung üblichen Konstruktion von Teilnehmenden als ‚Andere' stellt insbesondere in der Forschung mit marginalisierten Gruppen eine entscheidende Bereicherung dar (Fine 1994).

Da die partizipative Forschung in ihrem Vorgehen berücksichtigt, dass alle beteiligten Partner/innen von der Zusammenarbeit profitieren, ist diese Form der Zusammenarbeit auch für Praxis- und Community-Partner/innen interessant, für die das Wissen, das gemeinsam generiert wird, direkte, praktische Effekte in ihren Lebens- und Arbeitssituationen entfalten kann. Das kann auch aus wissenschaftlicher Perspektive als Vorteil gedeutet werden: Die Forschung hat über die Grenzen des Wissenschaftssystems hinaus Relevanz, indem sie eine sozial-gesellschaftliche Praxiswirkung entfaltet und die Dissemination und Verwertung von Projektergebnissen bereits in den Forschungsprozess integriert.

Auch die *Limitationen* der partizipativen Forschung werden in der partizipativen Literatur vielfältig besprochen. Zum Beispiel wird darauf hingewiesen, dass partizipative Forschung voraussetzungsvoll und zeitaufwendig ist und in der Umsetzung i.d.R. große Herausforderungen beinhaltet – sowohl im Hinblick auf die Gestaltung einer gleichberechtigten Zusammenarbeit der Partner/innen, als auch im Hinblick auf Ressourcen und Zeit, die notwendig sind, um Partnerschaften und Kompetenzen zu entwickeln und Vertrauen und Verständigung zu ermöglichen, um gemeinsam zu forschen und zu handeln (Flicker et al. 2007; Israel et al. 2003; Minkler 2005).

Auch in methodischer und forschungspraktischer Hinsicht kann es neben dem oben beschriebenen Zugewinn Einschränkungen geben. Durch die Wahl der Partner/innen, die jeweils spezifisch im Feld verortet sind, werden Weichenstellungen vorgenommen, die den weiteren Projektverlauf entscheidend beeinflussen (von Unger 2012). Bestimmte Zugänge werden eröffnet und andere verschlossen. Es werden Einblicke in die Lebenswelten und Deutungen der Akteur/innen eröffnet, die nur auf diese Weise möglich sind, aber es entstehen auch blinde Flecken. Auch hinsichtlich der Methodenwahl und -entwicklung zeigt sich einerseits ein besonders kreatives Entwicklungspotential, andererseits gibt es Einschränkungen, und nicht alle akademischen Verfahren der empirischen Sozialforschung sind gleich gut geeignet. Insbesondere Verfahren, die technisches und/oder theoretisches Spezialwissen voraussetzen, einen hohen Schulungsaufwand benötigen, schwer nachvollziehbar und besonders aufwendig sind, eignen sich weniger gut für eine partizipative Zusammenarbeit.

Eine weitere Grenze für die teilnehmenden Wissenschaftler/innen kann in einer eingeschränkten Möglichkeit zur disziplinären Theoriebildung bestehen. Theoriebildung hat in der partizipativen Forschung grundsätzlich einen anderen Stellenwert (Dick et al. 2009, Friedman/Rogers 2009):

Zum einen wird der Begriff der Theorie stärker auf Alltagstheorien bezogen, die in der partizipativen Zusammenarbeit expliziert und transformiert werden. Angesichts der oben ausgeführten doppelten Zielsetzung ist das anvisierte Verstehen insbesondere auf die Erweiterung von Handlungsoptionen und eine Beeinflussung der gesellschaftlichen Praxis ausgerichtet. Der Weiter-/Entwicklung akademischer Theorietraditionen kommt in den meisten Ansätzen der partizipativen Forschung – mit Ausnahme von ‚Action Science' – nicht die gleiche Priorität wie in klassisch akademischen Forschungsansätzen zu.

Zum anderen müssen verschiedene Diskurse und Anwendungsfelder ‚bedient' werden: Anschlüsse an disziplinäre Theorien werden hauptsächlich von der Wissenschaft eingefordert und diese ist nicht der einzige Hauptadressat, sondern beispielsweise die jeweilige professionelle Praxis, die Politik und/oder die Community (von Unger 2012, Abs. 56). Indem sich Forschende auf das soziale Feld einlassen, sind sie den dort waltenden Zwängen ausgesetzt. So fehlt oft für abstrahierende Theoriediskussionen die Zeit, wenn praktische Entscheidungen getroffen und Handlungen vorgenommen werden müssen. Weiterhin kann das Interesse bei den Praxis- und Community-Partner/innen, sich auf akademische Theoriediskussionen einzulassen, eingeschränkt sein, insbesondere wenn die Anschlüsse an wissenschaftliche Theorien durch einen ausgrenzenden akademischen Sprachgebrauch erschwert werden. Ein weiteres Hemmnis kann darin bestehen, dass vor dem Hintergrund einer wissenschaftskritischen Haltung, Anschlüsse an bestehende wissenschaftliche und theoretische Diskurse (die nicht partizipativ entwickelt wurden) als unpassend abgelehnt und nicht oder nur eingeschränkt vorgenommen werden. In dieser Hinsicht sind der gemeinsamen Theoriebildung von Wissenschaftler/innen und Praktiker/innen nach dem akademischen Verständnis Grenzen gesetzt.

In der Erwägung der Vor- und Nachteile der partizipativen Forschung sei hier noch einmal kurz zusammengefasst, bei welchen Vorhaben eine partizipative Forschungsstrategie angezeigt ist:

Insbesondere im Hinblick auf anwendungsorientierte Vorhaben, die einen praktischen Nutzen hervorbringen sollen, überwiegen die Vorteile eines partizipativen Designs. Dies trifft vor allem auf Forschungsfelder zu, in denen ein dringender Handlungsbedarf besteht und ethische Gründe dafürsprechen, eine Forschungsstrategie zu wählen, bei dem auch die Beteiligten von der Forschungszusammenarbeit profitieren. Das gleiche gilt für Forschungsfelder, in denen konventionellere Formen der akademischen Forschung an ihre Grenzen stoßen und bestimmte Gruppen als ‚schwer erreichbar' gelten. Partizipative Forschung macht deutlich, dass keine Gruppe per se ‚schwer erreichbar' ist, sondern dass die Erreichbarkeit eine Frage der Perspektive, der sozialen Nähe und der Bereitschaft ist, sich auf die Anliegen der Gruppen und eine partnerschaftliche Zusammenarbeit einzulassen.

Partizipative Zugänge sollten von Wissenschaftler/innen allerdings nicht aus rein forschungspraktisch-strategischen Gründen gewählt werden, ohne die emanzipatorischen Prämissen zu beachten und die Partner/innen gleichberechtigt an der Zielsetzung zu beteiligen. Dies käme einer Form der Manipulation und Scheinpartizipation gleich, die dem Grundanliegen der partizipativen Forschung zuwiderläuft. Auf Seiten der Wissenschaftler/innen muss also eine gewisse Flexibilität in der Themen- und Zielsetzung gegeben sein. Außerdem ist zu beachten, dass der Aufbau von gleichberechtigten Partnerschaften Zeit benötigt und vorbereitet werden muss. Bestehen noch keine Partnerschaften zu Akteur/innen im Feld, sind Wissenschaftler/innen gut beraten, zunächst einmal Kenntnisse, Vertrauen und Beziehungen zum Feld aufzubauen, in dem sie partizipative Komponenten in ihre Forschungspraxis einbauen, z. B. in Form der Beratung durch einen Projektbeirat, oder durch die Anwendung klassischer qualitativer Verfahren, die einen verstehenden Zugang zu den Anliegen und Perspektiven der Teilnehmenden ermöglichen und einen ersten Schritt hin zu einer stärker partizipativen Zusammenarbeit darstellen können.

Literatur

Abraham, M./Purkayastha, B. (2012): Making a difference: Linking research and action in practice, pedagogy, and policy for social justice: Introduction. In: Current Sociology 60, H. 2, S. 123–141.
Altrichter, H./Gstettner, P. (1993): Aktionsforschung – ein abgeschlossenes Kapitel in der Geschichte der deutschen Sozialwissenschaft? In: Sozialwissenschaftliche Literatur-Rundschau 16, H. 26, S. 67–83.
Altrichter, H./Posch, P. (2010): Reflective development and developmental research: Is there a future for action research as a research strategy in German speaking countries? In: Educational Action Research 18, H. 1, S. 57–71.
Argyris, C./Putnam, R./Smith, D. M. (1985): Action science: Concepts, methods, and skills for research and intervention. San Francisco CA: Jossey-Bass.
Bargal, D. (2006): Personal and intellectual influences leading to Lewin's paradigm of action research: Towards the 60th anniversary of Lewin's 'Action research and minority problems' (1946). In: Action Research 4, H. 4, S. 367–388.
Bergmann, M./Jahn, T. (2008): Intendierte Lerneffekte: Formative Evaluation inter- und transdisziplinärer Forschung. In: Matthies, H./Simon, D. (Hrsg.) (2008): Wissenschaft unter Beobachtung. Wiesbaden: VS, S. 222–247.
Bergold, J./Thomas, S. (2012): Partizipative Forschungsmethoden: Ein methodischer Ansatz in Bewegung. In: Forum Qualitative Sozialforschung 13, H. 1. Art. 30.
nbn-resolving.de/urn:nbn:de:0114-fqs1201302 (Abruf 30.10.2017).
Bethmann, S./Niermann, D. (2015): Crossing Boundaries in Qualitative Research – Entwurf einer empirischen Reflexivität der qualitativen Sozialforschung in Deutschland und den USA. Forum Qualitative Sozialforschung 16, H. 2, Art. 19. nbn-resolving.de/urn:nbn:de:0114-fqs1502191 (Abruf 31.5.2016).
Bradbury, H./Reason P. (2001): Conclusion: Broadening the Bandwidth of Validity: Issues and Choice-points for Improving the Quality of Action Research. In: Reason, P./Bradbury, H. (Hrsg.) (2001): Handbook of Action Research. London u. a.: Sage, S. 447–455.
Breuer, F./Muckel, P./Dieris, B. (2018): Reflexive Grounded Theory. Eine Einführung für die Forschungspraxis, 3. überarb. Auflage, Wiesbaden: VS Verlag für Sozialwissenschaften.
Brydon-Miller, M. (2008): Ethics and Action Research: Deepening our Commitment to Principles of Social Justice and Redefining Systems of Democratic Practice. In: Reason, P./Bradbury, H. (Hrsg.) (2008): The Sage Handbook of Action Research. 2. Auflage. Los Angeles CA u. a.: Sage, S. 199–210.
Brydon-Miller, M./Kral, M./Maguire, P./Noffke, S./Sabhlok, A. (2011): Jazz and the Banyan Tree: Roots and Riffs on Participatory Action Research. In: Denzin, N. K./Lincoln, Y. S. (Hrsg.) (2011): The SAGE Handbook of Qualitative Research. 4. Auflage. Thousand Oaks u. a.: Sage, S. 387–400.
Buchner, T./Koenig, O./Schuppener, S. (Hrsg.) (2016): Inklusive Forschung. Gemeinsam mit Menschen mit Lernschwierigkeiten forschen. Bad Heilbrunn: Klinkhardt.
Chung, K./Lounsbury, D.W. (2006): The role of power, process, and relationships in participatory research for statewide HIV/AIDS programming. In: Social Science & Medicine 63, H. 8, S. 2129–2140.
Cornwall, A./Jewkes, R. (1995): What is participatory research? In: Social Science & Medicine 41, H. 12, S. 1667–1676.
Davies, L. (1997) Interviews and the study of school management: An international perspective. In: Crossley, M./Vulliamy, G. (Hrsg.) (1997): Qualitative educational research in developing countries. New York: Garland Pub., S. 133–159.
Denzin, N. K./Lincoln, Y. S. (2011): Preface. In: Denzin, N. K./Lincoln, Y. S. (Hrsg.) (2011) The Sage handbook of qualitative research. 4. Auflage. Thousand Oaks CA Sage, S. ix–xvi.
Dick, B. (2007): What Can Grounded Theorists and Action Researchers Learn from Each Other? In: Bryant, A./Charmaz, K./Clarke, E. A./Covan, E. K./Creswell, J. W./Dey, I. (Hrsg.) (2007): The Sage handbook of grounded theory. Thousand Oaks CA: Sage, S. 398–416.

Dick, B. (2011): Action research literature 2008–2010: Themes and trends. In: Action Research 9, 2, S. 122–143.
Dick, B./Stringer, E./Huxham, C. (2009): Theory in action research. In: Action Research 7, H. 1, S. 5–12.
Dressel, G./Berger, W./Heimerl,K./Winiwarter,V. (Hrsg.) (2014): Interdisziplinär und transdisziplinär forschen: Praktiken und Methoden. Bielefeld: Transcript.
Fals Borda, O. (2001): Participatory (Action) Research in Social Theory: Origins and Challenges. In: Reason, P./Bradbury, H. (Hrsg.) (2001): Handbook of Action Research. London u. a.: Sage, S. 27–37.
Fine, M. (1994): Working the hyphens: Reinventing self and other in qualitative research. In: Denzin, N.K./Lincoln, Y.S. (Hrsg.) (1994): Handbook of qualitative research. Thousand Oaks CA: Sage, S. 70–82.
Fine, M./Torre, M. E. (2008): Theorizing Audience, Products and Provocation. In: Reason, P./Bradbury, H. (Hrsg.) (2008): The Sage Handbook of Action Research. 2. Auflage. Los Angeles CA u. a.: Sage, S. 407–419.
Flicker, S./Savan, B./McGrath, M./ Kolenda, B./Mildenberger, M. (2007): 'If you could change one thing…' What community-based researchers wish they could have done differently. In: Community Development Journal 43, H. 2, S. 239–253.
Friedmann, V. J. (2001): Action Science: Creating Communities of Inquiry in Communities of Practice. In: Reason, P./Bradbury, H. (Hrsg.) (2001): Handbook of Action Research. London u. a.: Sage, S. 159–170.
Friedmann, V. J./Rogers, T. (2009): There is nothing so theoretical as good action research. In: Action Research 7, H. 1, S. 31–47.
Gergen, K. J./Gergen, M. M. (2008): Social Construction and Research as Action. In: Reason, P./Bradbury, H. (Hrsg.) (2008): The Sage Handbook of Action Research. 2. Auflage. Los Angeles CA u. a.: Sage, S. 161–171.
GEWISS (2016). Grünbuch für eine Citizen Science Strategie 2020 für Deutschland. www.buergerschaffenwissen.de (Abruf 31.5.2016).
Giddens, A. (1984/1988): Die Konstitution der Gesellschaft: Grundzüge einer Theorie der Strukturierung. Frankfurt am Main u. a.: Campus.
Gregg, J./Centurion, L./Maldonado, J./Aguillon, R./Celaya-Alston, R./Farquhar, S. (2010): Interpretations of Interpretations: Combining Community-Based Participatory Research and Interpretive Inquiry to Improve Health. In: Progress in Community Health Partnerships: Research, Education, and Action 4, H. 2, S. 149–154.
Greschke, H. M. (2007): Bin ich drin? – Methodologische Reflektionen zur ethnografischen Forschung in einem plurilokalen, computervermittelten Feld. Forum Qualitative Sozialforschung 8, H.3, Art. 32. nbn-resolving.de/urn:nbn:de:0114-fqs0703321 (Abruf 28.6.2016).
Hale, C. R. (2007): In Praise of "Reckless Minds": Making a Case for Activist Anthropology. In: Field, L. W./Fox, R. (Hrsg.) (2007): Anthropology Put to Work. Oxford: Berg, S. 103–127.
Israel, B. A./Schultz, A. J./ Parker, E. E./Adam, B. B./Allen, A. J./Guzman, R. (2003): Critical Issues in Developing and Following Community Based Participatory Research Principles. In: Minkler, M./Wallerstein, N. (Hrsg.) (2003): Community Based Participatory Research for Health. San Francisco CA: Jossey-Bass, S. 53–76.
Jackson, S. F. (2008): A Participatory Group Process to Analyze Qualitative Data. In: Progress in Community Health Partnerships: Research, Education, and Action 2, H. 2, S. 161–170.
Kelly, K. J./van Vlaenderen, H. (1996): Dynamics of participation in a community health project. In: Social Science and Medicine, 42, H. 9, S. 1235–1246.
Kuehner, A./Ploder, A./Langer P. (2016): Introduction to the Special Issue: European Contributions to Strong Reflexivity. In: Qualitative Inquiry 22, H. 9, S. 699–704.
Langer, P. (2009): Ein Beitrag zur partizipativen Forschung. In: Beschädigte Identität. Wiesbaden: VS Verlag für Sozialwissenschaften, S. 55–84.
Lassiter, L. E. (2005): Collaborative Ethnography and Public Anthropology. In: Current Anthropology 46, H. 1, S. 83–106.

Lewin, K. (1946): Action research and minority problems. In: Lewin, K./Lewin, G. W. (Hrsg.) (1946): Resolving social conflicts. New York NY: Harper & Brothers, S. 201–216.

López, E. D. S./Eng, E./Randall-David, E./Robinson, N. (2005): Quality-of-life concerns of African American breast cancer survivors within rural North Carolina: blending the techniques of photovoice and grounded theory. In: Qualitative Health Research 15, H. 1, S. 99–115.

Minkler, M./Wallerstein, N. (2003): Introduction to Community Based Participatory Research. In: Minkler, M./Wallerstein, N. (Hrsg.) (2003): Community Based Participatory Research for Health. San Francisco CA: Jossey-Bass, S. 3–26.

Minkler, M. (2005): Community-Based Research Partnerships: Challenges and Opportunities. In: Journal of Urban Health: Bulletin of the New York Academy of Medicine 82, H. 2, Supplement 2, S ii3–ii12.

Mruck, K./Roth, W./Breuer, F. (Hrsg.) (2002): Subjektivität und Selbstreflexivität im qualitativen Forschungsprozess I. In: Forum Qualitative Sozialforschung 3, H. 3, Art. 9. nbn-resolving.de/urn:nbn:de:0114-fqs020393. (Abruf 30.10.2017).

Nagel, A. (1983): Aktionsforschung, Gesellschaftsstrukturen und soziale Wirklichkeit: Zum Problem der Vermittlung von Theorie und Praxis im sozialwissenschaftlichen Forschungsprozess. Frankfurt am Main u. a.: Lang.

Nind, M. (2011): Participatory data analysis: a step too far? In: Qualitative Research 11, H. 4, S. 349–363.

Oliver, M. (1997): Emancipatory Research: Realistic goal or impossible dream? In: Barnes, C./Mercer, G. (Hrsg.) (1997): Doing Disability Research. Leeds: The Disability Press, S. 15–31.

Rappaport, J. (1981): In praise of paradox: A social policy of empowerment over prevention. In: American Journal of Community Psychology 9, S. 1–25.

Rappaport, J. (2008): Beyond Participant Observations: Collaborative Ethnography as Theoretical Innovation. In: Collaborative Anthropologies 1, S. 1–31.

Reason, P./Bradbury, H. (2008): Introduction. In: Reason, P./Bradbury, H. (Hrsg.) (2008): The Sage Handbook of Action Research. 2. Auflage. Los Angeles CA u. a.: Sage, S. 1–10.

Reason, P./Bradbury, H. (2001): Introduction: Inquiry and Participation in Search of a World Worthy of Human Aspiration. In: Reason, P./Bradbury, H. (Hrsg.) (2001): Handbook of Action Research. London u. a.: Sage, S. 1–14.

Roche, B./Guta, A./Flicker, S. (2010): Peer research in action I: Models of practice. www.wellesleyinstitute.com/publication/peer-research-in-action (Abruf 28.6.2016).

Schönhuth, M. (2002): Entwicklung, Partizipation und Ethnologie. Implikationen der Begegnung von ethnologischen und partizipativen Forschungsansätzen. Habilitationsschrift. Universität Trier. ubt.opus.hbz-nrw.de/volltexte/2005/300/ (Abruf 29.6.2016).

Smyth, M. (2005): Insider-outsider issues in researching violent and divided societies. In: Porter, E.J./Robinson, G./Smyth, M./Schnabel, A./Osaghae, E. (Hrsg.) (2005): Researching conflict in Africa. Tokyo u. a.: United Nations University Press, S. 9–23.

Terhart, E./Tillmann, K. (2007): Schulentwicklung und Lehrerbildung: Das Lehrer-Forscher-Modell der Laborschule auf dem Prüfstand. Bad Heilbrunn: Klinkhardt.

Thesen, J./Kuzel, A. J. (1999): Participatory Inquiry. In: Crabtree, B. F./Miller, W. L. (Hrsg.) (1999): Doing qualitative research. Thousand Oaks CA u. a.: Sage, S 269–292.

Unger, H. von (2012): Partizipative Gesundheitsforschung: Wer partizipiert woran?. In: Forum Qualitative Sozialforschung 13, H. 1, Art. 7. nbn-resolving.de/urn:nbn:de:0114-fqs120176 (Abruf 30.10.2017).

Unger, H. von (2014): Partizipative Forschung. Einführung in die Forschungspraxis. Wiesbaden: Springer VS.

Wallerstein, N. (1999): Power between evaluator and community: research relationships within New Mexico's healthier communities. In: Social Science & Medicine 49, H. 1, S. 39–53.

Wallerstein, N. (2006): What is the evidence on effectiveness of empowerment to improve health? WHO Regional Office for Europe's Health Evidence Network (HEN), Copenhagen. www.euro.who.int/__data/assets/pdf_file/0010/74656/E88086.pdf (Abruf 29.6.2016).

Wang, C./Burris, M. A. (1997): Photovoice: Concept, Methodology, and Use for Participatory Needs Assessment. In: Health Education & Behavior 24, H. 3, S. 369–387.

Whyte, W. F. (1996): Die Street Corner Society. Die Sozialstruktur eines Italienerviertels. Berlin: Walter de Gruyter [engl. Original: 1943].

Wright, M. T./Gardner, B./Roche, B./von Unger, H./Ainlay, C. (2010): Building an International Collaboration on Participatory Health Research. In: Progress in Community Health Partnerships 4 (1), S. 31–36.

Wright, M.T./von Unger, H./Block, M. (2010a): Lokales Wissen, lokale Theorie und lokale Evidenz für die Gesundheitsförderung und Prävention. In: Wright, M.T. (Hrsg.) (2010): Partizipative Qualitätsentwicklung in der Gesundheitsförderung und Prävention. Bern: Huber, S. 53–74.

Wright, M. T./von Unger, H./Block, M. (2010b): Partizipation der Zielgruppe in der Gesundheitsförderung und Prävention. In: Wright, M.T. (Hrsg.) (2010): Partizipative Qualitätsentwicklung in der Gesundheitsförderung und Prävention. Bern: Huber, S. 35–52.

1.6
Gütekriterien

Uwe Flick

1 Einleitung

Gütekriterien sind ein zentrales Thema für die Sozialforschung insgesamt. Intern wird damit die Erkenntnisleistung bestimmter Teildisziplinen bzw. -bereiche bewertet. Extern dienen sie der Legitimation von Erkenntnissen und Vorgehensweisen. Wenn bspw. die Vorhersagen der Wahlforschung nicht den dann zustande gekommenen Wahlergebnissen entsprechen, wird relativ schnell die Frage nach der Güte der Instrumente, der Erhebung, der Auswahl der Teilnehmenden und der Interpretation der erzielten Antworten aufgeworfen. In Kontexten wie der Wahlforschung, bzw. allgemeiner quantitativ-standardisierter Forschung, geht es in der Regel um die Produktion von eindeutigen Ergebnissen ('Fakten'), Interpretation von Daten und Antworten ist dabei eher Mittel zum Zweck der Absicherung von Ergebnissen als eindeutig und klar. In der qualitativen Forschung spielt die Interpretation dagegen eine wesentlich stärkere Rolle. Daten beziehen sich häufig auf die Interpretationen der Teilnehmenden an einer Studie – bspw. in Bezug auf ihre Lebensgeschichte bzw. -umstände. Die Analyse der Daten bezieht sich auf die Interpretation von Aussagen (bei Interviews), Feldnotizen (bei Ethnographie und Beobachtungen) oder Dokumenten. Die Gewichtung der Interpretativität von Forschung ist dabei innerhalb der qualitativen Forschung unterschiedlich. Sind mit der Unterscheidung von qualitativer und interpretativer Sozialforschung unvereinbar unterschiedliche Verständnisweisen von Forschung verbunden – wie etwa Rosenthal (2015) und Hitzler (2016) wieder verstärkt postulieren? Oder sind es unterschiedliche Varianten des Forschens, die je nach Fragestellung und zu erreichender Audience (Adressaten, Abnehmer, Öffentlichkeiten) angemessener (oder auch nicht) erscheinen? Im Zusammenhang mit der Weiterentwicklung der qualitativen Forschung lässt sich auch die Hoffnung äußern, dass sich im Rahmen der Konsolidierung qualitativer Forschung solche monokulturellen Streitereien überholt haben (Flick 2014a; Flick 2015a). Im Folgenden wird qualitative Forschung als der generische (Über-)Begriff verwendet, der Ansätze interpretativer Forschung als Teilmenge einschließt. Von interpretativer Forschung wird dort gesprochen, wo sich die Diskussion explizit auf diese Form von Forschung bezieht. Das hat auch damit zu tun, dass die Unterscheidung zwischen qualitativer und interpretativer Forschung in der aktuellen Diskussion (z. B. Hitzler 2016) eher ex negativo geführt wird. Darin wird bestimmten Ansätzen qualitativer Forschung unterstellt, nicht ‚interpretativ' vorzugehen, ohne allerdings klar zu benennen, welche Ansätze gemeint sind (Flick 2016). Der Bezug auf das interpretative Paradigma (Keller 2012) hilft hier auch nicht weiter, da (mir zumindest) keine qualitativen Forschungsansätze bekannt sind, die dieses explizit als Bezugspunkt zurückweisen und reklamieren, qualitative, aber nicht interpretative Forschung zu betreiben. Anders herum betrachtet: Bestimmten (nicht benannten) Ansätzen qualitativer Forschung eine Logik quantitativer Forschung zu unterstellen (Hitzler 2016), führt auch nicht zur Klärung der Begriffe qualitativ vs. interpretativ. Von daher lässt sich interpretative Forschung als Subkategorie qualitativer Forschung vor allem daran festmachen, dass Forschende diese als Selbstverständnis ihres Forschens reklamieren. Welche Rolle spielen Gütekriterien qualitativer bzw. interpretativer Forschung in diesem Zusammenhang, und welchen aktuellen Beitrag leistet die (deutschsprachige) Soziologie zu ihrer Formulierung bzw. Weiterentwicklung? Diesen Fragen soll im Folgenden nachgegangen werden. Dazu wird zunächst auf die Funktion von Gütekriterien generell eingegangen, bevor die Problematik der Übertragung der allgemein akzeptierten Gütekriterien in der empirischen (quantitativen) Sozialforschung auf die qualitative Forschung behandelt wird. Nach einer eher knappen Auseinandersetzung mit Reliabilität und Objektivität werden ausführlicher die Thematisierung von Validität in der qualitativen Forschung dargestellt und speziell für qualitative Forschung entwickelte Vorschläge für Validitätsformen diskutiert. Dabei sind auch Ansätze zu nennen, die den Akzent von Validität als Kriterium zu Validierung als Strategie verschieben. Daran anschließend werden ausgewählte Vorschläge für alternative Kriterien in der qualitativen Forschung und Kriterien speziell für interpretative Forschung diskutiert. Zum Abschluss werden einige aktuelle Vorschläge zur Bündelung der Diskussion um Gütekriterien in der qualitativen Forschung behandelt, und es wird ein Fazit gezogen.

2 Funktion von Gütekriterien

Was sind die Funktionen von Gütekriterien in der sozialwissenschaftlichen Methodendiskussion? Sie sollen die Bewertung von Forschung ermöglichen, dabei auch Nicht-Fachleuten (für den jeweiligen Ansatz, für den jeweiligen Inhaltsbereich) Anhaltspunkte dafür liefern, ob eine konkrete Forschung, ihre Vorgehensweisen und Ergebnisse allgemeinen wissenschaftlichen Ansprüchen genügen können oder nicht. Zur Erreichung dieses Ziels sind allgemein akzeptierte Kriterien einerseits hilfreich oder notwendig – etwa Reliabilität, Validität und Objektivität als Kriterien für die gesamte empirische Sozialforschung in unterschiedlichen wissenschaftlichen Disziplinen und inhaltlichen Feldern. Andererseits werden Kriterien diese Funktion am ehesten dann erfüllen können, wenn sie mit einer Benchmark, einem Grenzwert verknüpft sind, ab wann das jeweilige Kriterium erfüllt bzw. nicht mehr erfüllt ist – wie viel Übereinstimmung zwischen verschiedenen Kodierenden muss beispielsweise gegeben sein, damit das Kriterium der Interkoder-Reliabilität erfüllt ist? Damit ist gemeint, dass zwei (oder mehr) Personen unabhängig voneinander den zu analysierenden Text kodieren und der Grad an Übereinstimmung zwischen den Kodierungen berechnet wird als Maß der Güte der Analyse. Vorschläge für die Übertragung dieses Kriteriums auf die qualitative (Gesundheits-)Forschung finden sich bei Morse (1997) und MacPhail et al. (2016). Die skizzierten Erwartungen an Gütekriterien stellen sich in verschiedenen Kontexten, in denen Forschungsbewertung stattfindet:

- *Forschungspraxis*: ganz generell in der Durchführung und abschließenden Einschätzung durch die Forschenden selbst: Was ist gute Forschung? Welche expliziten und impliziten Gütekriterien werden in der Qualitätssicherung in Colloquien, in der Betreuung von Qualifikationsarbeiten, aber auch allgemeiner in bestimmten scientific communities (Erziehungswissenschaft oder Soziologie bspw.) angewandt?
- *Antragstellung und Förderung*: bei der Beantragung im Rahmen von allgemeiner Forschungsförderung (bspw. DFG) bzw. von speziellen Ausschreibungen (bspw. Ressortforschung der Ministerien): Was ist ein guter Antrag?
- *Forschungsbewertung*: beim Abschluss und bei der Evaluation durchgeführter Forschung: Was ist ein gutes Projekt?
- *Publikation*: im Rahmen von Peer Review-Verfahren von Zeitschriften, Buchbeiträgen, Buchpublikationen, die auf Forschung basieren: Was ist ein guter Artikel?
- *Lehre*: Was ist ein gutes Beispiel?

In diesen Kontexten sind häufig Kriterien für Bewertungen notwendig, die auch Nicht-Insider (z. B. Forschende mit anderen inhaltlichen bzw. methodischen Schwerpunkten) vornehmen können.

Diese Funktionen und Kontexte lassen sich für die Diskussion um Gütekriterien empirischer Sozialforschung generell ausmachen. Inwieweit sie auch den spezifischen Anforderungen, die sich an die Diskussion von Gütekriterien qualitativer Forschung stellen, gerecht werden, ist zumindest umstritten. Diese Funktionen und Kontexte sind allerdings kennzeichnend für den Rahmen von Erwartungen, in den hinein Überlegungen und Vorschläge für Gütekriterien qualitativer Forschung formuliert werden.

3 Übertragung der Diskussion um Gütekriterien auf qualitative Forschung

Bei der Übertragung der Diskussion um Gütekriterien auf die qualitative Forschung lassen sich verschiedene Diskussionsstränge unterscheiden (Flick 2014b), die sich zum Teil an der Diskussion in der quantitativen Forschung orientieren, zum Teil aber eigenständige Ansätze und Auseinandersetzungen in der qualitativen Forschung etablieren (wollen):

Entweder wird ein eher eng *fokussiertes, gleichzeitig aber generalistisches Konzept* verfolgt: Es ist eng fokussiert, weil die (weiter gefasste) Frage nach der Qualität reduziert wird auf die Formulierung und Anwendung von Kriterien (bspw. für die Validität von Interviewaussagen). Generalistisch ist es, weil dahinter – häufig zumindest – die Hoffnung steht, dass die Kriterien dieselben oder ähnliche sind wie in der quantitativen Forschung und dass sie zumindest dieselbe Funktion hier wie dort erfüllen.

Oder es wird ein eher *weit gefasstes, gleichzeitig aber spezifisches Konzept* verfolgt: weit gefasst, weil darin die Qualitätsfrage nicht auf die Erfüllung methodischer Kriterien reduziert wird, spezifisch, weil dabei davon ausgegangen wird, dass für qualitative Forschung andere Wege der Qualitätsbestimmung verfolgt werden müssen als in der quantitativen Forschung und ggf. ansatzspezifische Wege eingeschlagen werden sollten.

4 Allgemeine oder disziplinspezifische Gütekriterien qualitativer Forschung?

Insbesondere in Hinblick auf den Anspruch dieses Handbuchs, interpretative Forschung allgemeiner zu umreißen, wird eine weitere Dimension der Diskussion um Gütekriterien in der qualitativen Forschung relevant: Geht es um allgemein formulierte und akzeptierte Kriterien über die verschiedenen Disziplinen hinweg, in denen qualitative Forschung betrieben wird? Oder geht es um disziplinspezifische Diskussionen über Kriterien, etwa in der qualitativen Forschung in der Psychologie (Flick 2015b) oder den Ingenieurwissenschaften (Walther/Sochacka/Kellam 2013)? Für unseren Kontext ergeben sich daraus wiederum zwei Fragen: was aus solchen Diskussionen auf die soziologische Forschung mit qualitativen Methoden übertragen werden kann und welche Beiträge aus einer disziplininternen Diskussion in der Soziologie dazu vorliegen.

5 Klassische Gütekriterien – in der qualitativen Forschung?

Gegenstand qualitativer Forschung sind unter anderem subjektive Sichtweisen, Alltagswissen, Praktiken und latente Sinnstrukturen. Wie lassen sich diese (oder andere Gegenstände) verlässlich ermitteln? Und wie lassen sich darüber Aussagen mit einer ausreichenden Gültigkeit zum Untersuchungsthema treffen? Sind erhobene Daten und gezogene Schlussfolgerungen ausreichend unabhängig von der konkreten Person, die sie erhoben bzw. gezogen hat? Sind Daten und Schlüsse ausreichend unabhängig von den theoretischen Paradigmen oder Theoriegebäuden, mit denen die Forschung betrieben wurde, bzw. wie sehr sind sie von solchen Vorannahmen bestimmt?

Solche Fragen umschreiben die Grundbedeutungen von Reliabilität, Validität und Objektivität. Sie stellen sich für jede Untersuchung. Generelle Ansprüche hinter diesen Fragen sollte auch qualitative Forschung erfüllen. Inwieweit die Kriterien der Reliabilität, Validität und Objektivität („klassische Gütekriterien"), die in der quantitativen Forschung zur Bestimmung der Gültigkeit verwendet werden, sich mit den Besonderheiten bzw. Eigenschaften qualitativer Forschung vereinbaren bzw. sich auf diese anwenden lassen, ist nicht leicht zu beantworten (Steinke 1999).

5.1 Reliabilität

Reliabilität wird allgemein als Gütekriterium verstanden, das angibt, wie stark die Messwerte durch Störeinflüsse oder Fehler belastet sind, und bspw. die Stabilität von Daten und Ergebnissen bei mehreren Erhebungen bezeichnet. Kirk und Miller (1986) und Steinke (1999) haben gezeigt, dass die „Reliabilität" von Daten und Verfahren im traditionellen Sinne – als die Zuverlässigkeit bzw. Stabilität von Daten und Ergebnissen bei mehreren Erhebungen – für die Bewertung qualitativer Daten eher kontraindiziert ist: Die identische Wiederholung einer Erzählung bei wiederholten narrativen Interviews – im Sinne von Replikationsstudien und des Kriteriums der Reliabilität – liefert eher Hinweise auf eine „zurechtgelegte" Version als auf die Verlässlichkeit des Erzählten.

5.2 Objektivität

„Objektivität" bezeichnet im Kontext quantitativer Forschung, inwieweit ein Messwert unabhängig ist von der Person, die den Messvorgang durchführt. Dabei wird unterschieden zwischen der Durchführungsobjektivität (etwa in der Erhebung von Daten wird eine standardisierte Untersuchungssituation geschaffen, die unabhängig von den jeweiligen Forschenden ist), der Auswertungsobjektivität (Antworten auf eine Frage werden unabhängig von den jeweils Auswertenden klassifiziert) und der Interpretationsobjektivität (Unabhängigkeit von der Person des Interpretierenden). Bei qualitativer Forschung wird Objektivität in zwei Hinsichten zum Thema.

Einerseits wird sie zur Charakterisierung von bestimmten Analyseverfahren verwendet. Objektive oder sozialwissenschaftliche Hermeneutik (Maiwald bzw. Herbrik in diesem Band) sind in Abgrenzung zu Verfahren, die auf die Analyse subjektiven Sinns abzielen, an objektivierbarem Sinn aufgrund der Analyse von Texten interessiert. Es wird davon ausgegangen, dass Sinn auch von strukturellen Gegebenheiten jenseits der subjektiven Wahrnehmung und Reflexion konstituiert wird und sich in einem mehrstufigen Verfahren auch auf diesen Ebenen rekonstruieren lässt. Dabei wird „Objektivität" allerdings nicht zu einem Überprüfungskriterium vorgenommener Analysen, sondern zu einem Wesensmerkmal der konzipierten und angewendeten Methode.

Als Gütekriterium für qualitative Forschung wird andererseits Objektivität insgesamt seltener (als bspw. Validität) diskutiert. Eine Ausnahme liefern Madill, Jordan und Shirley (2000), die Objektivität qualitativer Forschung an der Analyse qualitativer Daten festmachen. Zentral ist für sie die Frage, ob zwei Forscher zu gleichen Ergebnissen bei der Analyse vorliegender qualitativer Daten kommen. Objektivität bezeichnet dabei die „Konsistenz der Bedeutung" durch die Verknüpfung und Gegenüberstellung der „Ergebnisse zweier unabhängiger Forscher" (Madill/Jordan/Shirley 2000, S. 17). Damit unterscheidet sich dieses Verständnis von Objektivität von dem Verständnis in der quantitativen Forschung: Es geht eher um Inhalte und Übereinstimmung als um Verfahrensfragen und Unabhängigkeit von den Forschenden.

5.3 Validität

Interne Validität wird in der quantitativen Forschung erhöht bzw. sichergestellt, indem ausgeschlossen werden soll, dass andere als die in der Untersuchungshypothese enthaltenen Variablen den beobachteten Zusammenhang bestimmen (Bortz/Döring 2006, S. 53). Bei der Übertragung auf qualitative Forschung liegen die Probleme bereits in diesem Verständnis begründet: Interne Validität meint in der quantitativen Forschung, wie eindeutig ein gemessener Zusammenhang bestimmt werden kann, das heißt, wieweit Störeinflüsse externer Variablen ausgeschlossen werden können. Sie soll durch eine möglichst umfassende Kontrolle der Kontextbedingungen in der Untersuchung erhöht werden. Zu diesem Zweck wird in der quantitativen Forschung die weitgehende Standardisierung der Erhebungs- bzw. Auswertungssituation angestrebt. Eine solche Standardisierung des Vorgehens ist jedoch mit dem größten Teil der qualitativen Methoden nicht kompatibel bzw. stellt ihre eigentlichen

Stärken in Frage. Jedoch ist das Kriterium der Validität in der Diskussion um qualitative Gütekriterien dasjenige, das am meisten Aufmerksamkeit erfährt.

Für die qualitative Forschung fassen Kirk und Miller (1986, S. 21) die Frage der Validität darin zusammen, ob „der Forscher sieht, was er [...] zu sehen meint". Hier ergeben sich ebenfalls Probleme bei der unmittelbaren Anwendung klassischer Validitätskonzeptionen. Maxwell (1992) hat eine Typologie aus fünf Formen der Validität für qualitative Forschung entwickelt:

1. *Deskriptive Validität* bezieht sich auf die Korrektheit der Fakten („factual accuracy" – S. 285) in den Berichten der Forschenden über das, was sie im untersuchten Feld gehört oder beobachtet haben – dass sie sich nicht verhört oder Aussagen von Interviewten falsch transkribiert haben.
2. *Interpretative Validität* baut darauf auf, aber ist mehr darauf fokussiert, inwieweit die Bedeutung einer Aussage (oder Beobachtung) der Sicht der Teilnehmenden angemessen herausgearbeitet, verwendet und präsentiert wird. Dies bezieht sich darauf, inwieweit Begriffe aus der Sprache der Teilnehmenden für die Interpretation oder sofort theoretische Abstraktionen verwendet werden (S. 289).
3. *Theoretische Validität* geht einen Schritt weiter und bezieht sich auf die Gültigkeit einer Darstellung als Theorie bzgl. eines Phänomens (S. 291). Dabei geht es um zwei Formen der Validität: die Validität der Begriffe, die aus dem Feld abgeleitet oder zu seiner Analyse verwendet wurden, und die Validität von Beziehungen zwischen Begriffen, die zur Erklärung der Phänomene verwendet wurden.

Diese drei Validitätsformen beziehen sich auf die Analyse und Darstellung (bzw. Erklärung), die Forschende liefern, und damit hauptsächlich auf die Situation (bzw. das Material), die analysiert wurde und wie sie analysiert wurde. Die verbleibenden beiden Formen gehen über diese enge Verknüpfung mit dem Material hinaus.

1. *Generalisierbarkeit* bezieht sich auf die Schlüsse, die auf der Basis der Analyse des Materials für andere Felder oder Teile des Materials gezogen werden. Dabei unterscheidet Maxwell (2012, S. 137–138; Maxwell/Chmiel 2014) zwischen interner und externer Generalisierung:

„Internal generalizability refers to the generalizability of a conclusion *within* the case, setting, or group studied, to persons, events, times, and settings that were not directly observed, interviewed, or otherwise represented in the data collected" (Maxwell 2012, S. 137).

Mit anderen Worten geht es darum, inwieweit die Ergebnisse den untersuchten Fall in einer konsistenten Weise beschreiben, die auch auf die Aspekte zutrifft, die nicht Teil des analysierten empirischen Material(-ausschnitt)s waren.

„External generalizability, in contrast, refers to its generalizability *beyond* that case, setting, or group, to other persons, times, and settings" (Maxwell 2012, S. 137).

Maxwell verweist in diesem Zusammenhang darauf, dass die Grenzen zwischen dem Fall und dem, was über den Fall hinausgeht, von der Definition des Falls durch den Forschenden abhängen.

2. *Evaluative Validität* bezieht sich auf die Angemessenheit des Bewertungsrahmens, der bei der Analyse oder Kategorisierung einer Aussage (oder Handlung) in einer bestimmten Kategorie (oder bspw. als typisch oder untypisch für eine bestimmte Gruppe) verwendet wird.
Maxwells Vorschläge basieren auf unterschiedlichen Formen des Verstehens in der Datenanalyse. Er betont, dass der erste Typ die entscheidende Validitätsform darstellt, auf der die anderen Formen aufbauen. Maxwells Ansatz sind verschiedene Validitätsformen, die im Prozess an verschiedenen Stellen relevant werden; er hält jedoch am Konzept „Gütekriterium" fest.
Altheide und Johnson (1998, S. 291–292) gehen einen Schritt weiter und diskutieren „*Validität-als-reflexive-Erklärung*", die Forschende, den Gegenstand und den Prozess der Sinnfindung in Beziehung setzt und Validität am Prozess der Forschung und den verschiedenen Beziehungen darin festmacht: die Beziehung zwischen dem Beobachteten (Verhaltensweisen, Rituale, Bedeutungen) und größeren (kulturellen, historischen und organisatorischen) Kontexten, in denen Beobachtungen durchgeführt werden (die Materie); Beziehungen zwischen den Beobachtenden und den Beobachteten bzw. dem Setting (der Beobachtenden); der Perspektive, die bei der Interpretation verwendet wurde (die der Beobachtenden oder der Beobachteten – die Interpretation); der Zielgruppe des Berichts und der Art der Darstellung (der Stil). Das Verständnis von Validität als methodisches Kriterium rückt dabei in den Hintergrund gegenüber einer Validitätsbestimmung über die Analyse von Beziehungen im Feld bzw. Material.
Validität ist auch dasjenige Kriterium, das am stärksten Gegenstand von Versuchen einer Reformulierung im Sinne der Angemessenheit für qualitative Forschung ist. Dabei spielt eine Rolle, dass sich die Gültigkeit von Ergebnissen bspw. stärker auf Inhalte und weniger auf Verfahrensfragen (wie bei der Reliabilität oder der Objektivität) bezieht. Cho und Trent (2006) fassen die Vorschläge in zwei Formen zusammen: Transaktionale Validität („*transactional validity*") und transformationale Validität („*transformational validity*"). Die *transaktionale Validität* zielt bspw. auf die Einholung von Zustimmung der Teilnehmenden ab:

„We define transactional validity in qualitative research as an interactive process between the researcher, the researched, and the collected data that is aimed at achieving a relatively higher level of accuracy and consensus by means of revisiting facts, feelings, experiences, and values or beliefs collected and interpreted. The role and use of transactional validity in qualitative research varies to the extent the researcher believes it achieves a level of certainty" (Cho/Trent 2006, S. 321).

Hierzu gehören Techniken und Ansätze wie *kommunikative Validierung* (Flick 2015b), die sich darauf bezieht, dass die Zustimmung von Interviewten zur Wiedergabe ihrer Aussagen und ggf. auch zu darauf bezogenen Interpretationen eingeholt wird. Im englischen Sprachraum wird dies als ‚*Member check*' diskutiert, wobei die Zustimmung zu Ergebnissen im Vordergrund steht. *Triangulation* bezieht sich auf die Verwendung mehrerer Methoden oder mehrerer Forschender in einer Studie etwa bei der Datenerhebung. Cho und Trent (2006) nennen hier auch die beiden Formen der deskriptiven und interpretationalen Validität nach Maxwell (1992). Von solchen Ansätzen unterschieden wird die transformationale Validität:

„we define transformational validity in qualitative research as a progressive, emancipatory process leading toward social change that is to be achieved by the research endeavor itself. Such a process in qualitative research, as a critical element in changing the existing social condition of the researched, involves a deeper, self-reflective, empathetic understanding of the researcher while working with the researched" (Cho/Trent 2006, S. 321–322).

Hierzu zählen die Vorschläge von Lather (1993) wie die „*Katalytische Validität*" als „das Ausmaß, in dem die Forschung die Forschungssubjekte mit neuen Möglichkeiten versieht und emanzipiert" („the degree to which the research empowers and emancipates the research subjects"), oder die *pragmatische Validität*, die Kvale (1995) vorschlägt. Dabei wird zum Maß für die Gültigkeit von Forschungsergebnissen jeweils, inwieweit die Forschung zu Veränderung beiträgt – von Praktiken, Lebensumständen, sozialer Ungleichheit oder Ähnlichem, abhängig von der jeweiligen Fragestellung.
In den bislang behandelten Ansätzen wird am Kriterium der Validität festgehalten, auch wenn die ursprüngliche Konzeption von Validität dabei verändert wird. Diese Vorschläge haben aber jeweils das Problem, dass sie keine Angaben ‚mitliefern', wie sich die Grenze zwischen valider und nichtvalider Forschung ziehen lässt.

6 Validität oder Validierung?

Ein größerer Teil der Arbeiten, die sich der Frage widmen, wie sich bestimmen lässt, wie valide qualitative bzw. interpretative Forschung ist, beschäftigt sich weniger mit *Validität als Kriterium*. Es geht dabei weniger um die Bestimmung von Grenzen, um festzulegen: Bestimmte Ergebnisse sind valide oder nicht. Vielmehr diskutieren sie *Strategien der Validierung* bei qualitativer Forschung, bei denen es mehr darum geht, die Aussagekraft und Gültigkeit einer Studie zu erhöhen, und weniger darum, die Gültigkeit zu prüfen. Solche Vorgehensweisen können wesentliche Aufschlüsse über die Einschätzung von Aussagen, Ergebnissen und Erkenntnissen liefern, entsprechend der Feststellung von Brinkmann und Kvale (2018, S. 143–144), dass Validieren zu kommunizieren heißt („To validate is to communicate"). Sie liefern aber gleichzeitig Hinweise darauf, dass auch ihre anderen Feststellungen in diesem Zusammenhang – Validieren heißt zu theoretisieren („to validate is to theorize") und in Frage zu stellen („to validate is to question") – zutreffen. Damit auf diesen Wegen eine Validitätsprüfung im klassischen Sinne realisiert und die Gültigkeit von Ergebnissen bestätigt oder zurückgewiesen werden kann, müsste zunächst das „Benchmarkproblem" in diesem Zusammenhang gelöst werden: Wie viel Zustimmung bzw. Zustimmung von wie vielen Beteiligten ist notwendig, um sagen zu können: „Eine Aussage ist valide" (oder nicht)?

Im Kontext einer „Interpretive Engineering Education Research" haben Walther, Sochacka und Kellam (2013, S. 639) eine „Typologie von Validierungskonstrukten und Prozessreliabilität" entwickelt („Typology of Validation Constructs and Process Reliability"), die sie in ein „Quality Management Process Model" (Flick 2018) eingebettet sehen, das zwischen Datenerhebung („making the data") und Datenanalyse („Handling the Data") unterscheidet. Es umfasst folgende „Quality Strategies":

- „Theoretical validation focuses on the fit between the social reality under investigation and the theory produced.
- Procedural validation suggests incorporating features into the research design to improve this fit.
- Communicative validation accounts for co-construction of knowledge in the social context under investigation as well as within the research community.
- Pragmatic validation examines the extent to which theories and concepts are compatible with the empirical reality.
- Process reliability provides the necessary conditions for developing overall validation through strategies aimed at making the research process as independent from random influences as possible" (Walther/Sochacka/Kellam 2013, S. 641).

Damit verknüpft diese Typologie verschiedene Versuche, die Sicherung von Validität (und in gewissem Maße auch von Reliabilität) als Strategien für die Qualitätssicherung in der qualitativen Forschung nutzbar zu machen.

7 Alternative Kriterien für qualitative Forschung

Ein wesentlicher Strang der Diskussion um Güte und Kriterien qualitativer Forschung ist dadurch gekennzeichnet, dass herkömmliche Kriterien wie die Validität grundsätzlich abgelehnt und durch alternative Kriterien ersetzt werden. Lincoln und Guba (1985) propagieren *Vertrauenswürdigkeit, Glaubwürdigkeit, Übertragbarkeit, Zuverlässigkeit* und *Bestätigbarkeit* als Kriterien qualitativer Forschung, wobei Glaubwürdigkeit zum zentralen Kriterium wird.

Um die *Glaubwürdigkeit* qualitativer Forschung, Daten und Ergebnisse zu erhöhen, skizzieren sie verschiedene Strategien. Dazu zählen neben einem „*verlängerten Engagement*" im Feld und „*ausdauernden Beobachtungen*" (S. 303) die „Triangulation verschiedener Methoden, Forscher und Datensorten" (S. 306), das *Peer Debriefing* (regelmäßige Besprechungen mit anderen Forschenden zur Aufdeckung „blinder Flecke") sowie die *Analyse abweichender Fälle* und die Überprüfung der Angemessenheit von Interpretationen und *Member Checks* im Sinne der kommunikativen Validierung von Daten und Interpretationen.

Lincoln (1995) hat daran anschließend einen Überblick über zum Vorschein kommende Kriterien für qualitative und interpretative Forschung („Emerging Criteria for Qualitative and Interpretive Research") gegeben. Darin behandelt sie Kriterien wie den Untersuchten eine Stimme zu geben („voice"), kritische Subjektivität („critical subjectivity") und Wechselseitigkeit („reciprocity" – S. 281–283) und kommt generell zu dem Schluss, dass die neuen Kriterienvorschläge einerseits als „relational" zu bezeichnen sind – da sie die Beziehung der Forschenden zum untersuchten Feld, ihr Engagement darin bzw. in Bezug auf den Gegenstand und nicht die Art und Weise der Verwendung von Methoden zum Gegenstand haben. Andererseits verwischen die von ihr behandelten Kriterien die Grenze zwischen Qualität und Stringenz (rigor) in der Anwendung von Methoden und Forschungsethik zunehmend (S. 275). Gerade die zuletzt genannte Entwicklung unterstreicht das generelle Problem der Formulierung neuer Kriterien: Sie geben keine Hinweise darauf, wann sie erfüllt sind bzw. woran man festmachen kann, dass ausreichende Vertrauenswürdigkeit bei einer Studie gegeben ist.

8 Methoden- oder impactorientierte Kriterien der Güte qualitativer Forschung?

Eine weitere Unterscheidung wird insbesondere im Kontext der Bewertung qualitativer Forschung relevant. Während sich die weiter oben kurz skizzierten „klassischen Gütekriterien" auf (die korrekte Anwendung von) Methoden beziehen, geht es etwa in der Forschung zur Entwicklung von gegenstandsbezogenen Theorien („Grounded Theory") bei der Bewertung um mehr. Charmaz (2014, S. 337–338) diskutiert vier wesentliche Kriterien für die Bewertung solcher Studien:

- *Glaubwürdigkeit*: festgemacht an ausreichender Vertrautheit mit dem untersuchten Setting, ausreichend Daten für die gezogenen Schlüsse, genügend Evidenz für die Schlüsse, systematische Vergleiche etc.
- *Originalität*: neue Einsichten, neue Begrifflichkeiten, soziale und theoretische Bedeutung der Forschung, Herausforderung existierender Wissensbestände und Praktiken
- *Resonanz*: Zusammenhänge zwischen größeren Zusammenhängen und individuellen Lebensweisen, Relevanz und weiterführende Einsichten für die Teilnehmenden
- *Nutzen*: für die Beteiligten, für die Veränderung bestehenden Wissens und sozialer Gerechtigkeit

Mit Kriterien wie „Nutzen" und „Resonanz" wird die Bewertung qualitativer Forschung von der Methodik auf die Verwertung und Verwendbarkeit der Ergebnisse hin erweitert.

9 Kriterien für interpretative Forschung

Die bislang zusammengefassten Diskussionen beziehen sich auf Kriterien und Qualität für qualitative Forschung generell. Im Kontext der Politikwissenschaft haben sich Yanow (2006) und Schwartz-Shea (2006) den speziellen Fragen von Gütekriterien interpretativer Forschung gewidmet. Yanow setzt sich dabei mit Stringenz („rigor") und „Objektivität" auseinander, indem sie die Begriffe aus ihrer herkömmlichen Verwendung in der standardisierten Forschung löst und gleichzeitig verdeutlicht, dass diese Konzepte Verständnisweisen von Reliabilität und Validität vorgeordnet sind. In Bezug auf Stringenz hält Yanow (2006, S. 71) fest:

> „In this sense, then, research is rigorous, definitionally, to the extent that its arguments are constructed logically – that is, where conclusions are adequately supported by the

evidence that is presented, such that the reader is persuaded of the cogency of the argument. There is nothing inherent in the character of interpretive research that would prevent it from being rigorous in this sense. Indeed the rigorousness of the presentation of the argument – its analytic rigor – is one of the criteria against which interpretive research is judged within its own epistemic communities."

Objektivität wird in diesem Zusammenhang eher einer kritischen Analyse daraufhin unterzogen, ob eines ihrer wesentlichen Kennzeichen – die Distanz der Forschenden zu dem, was erforscht wird – im Kontext interpretativer Forschung überhaupt angemessen ist. Stattdessen wird auf Konzepte wie ein *Genaues Lesen* („*faithful reading*" – S. 80), *Intertextualität, d. h. die implizite Verknüpfung bestimmter Texte* und das *Aufeinanderprallen der Vorstellungen* (faiths) der Teilnehmenden und der Forschenden verwiesen. Objektivität wird auch mit Verweis auf das freizulegende implizite Wissen („*Tacit knowledge)*" im Sinne von Polanyi (1966) als Ziel interpretativer Forschung konstatiert und weniger die Identifikation von Fakten und Zusammenhängen als Kriterium interpretativer Forschung in Frage gestellt. Als Fazit wird festgehalten:

„It is, in the end, interpretive science's insistence on reflexivity, in the spirit of the testability that is a hallmark of scientific work, with the context of a community of practitioners, that enables researchers to maintain a check on idiosyncratic, biased, erroneous interpretation" (Yanow 2006, S. 83).

Damit wird Stringenz als ein Ansatz der Bewertung von Forschung dem interpretativen Vorgehen angepasst, während Objektivität eher grundsätzlich in Frage gestellt und durch das ersetzt wird, was Lincoln und Guba (1985) im Zusammenhang mit dem von ihnen vorgeschlagenen Kriterium „Glaubwürdigkeit" als „peer debriefing" und „member check" formuliert haben.

Diese Diskussion wird im selben Sammelband im zweiten Artikel, der sich mit Gütekriterien interpretativer Forschung beschäftigt, von Schwartz-Shea (2006) unter dem Titel „Judging Quality" fortgesetzt. Festgemacht an den zwei Kerncharakteristika interpretativer Forschung –

„First, central goal of interpretive techniques is understanding human meaning making [...]. Second interpretive researchers maintain a sensitivity to the ‚form' of the data" (Schwartz-Shea 2006, S. 92) –

stellt die Autorin vorliegende Kriterienvorschläge in Listen zusammen. Dabei verweist sie darauf, dass in den Vorschlägen die Begriffe „Kriterium" und „Technik" unterschiedlich und inkonsistent genutzt werden. Ausgehend von der Annahme, dass ein definitiver (allgemein geteilter, eindeutig definierter) Satz von Kriterien nicht zu erwarten ist, versucht Schwartz-Shea, das Feld zu ordnen, indem sie die vorliegenden Kriterienvorschläge in Begriffe erster Ordnung („First-Order Terms") und Begriffe zweiter Ordnung („Second-Order Terms") unterscheidet (S. 101). Als Anhaltspunkt dient ihr dabei die Analyse der Stichwortverzeichnisse von 25 Lehrbüchern.

In die erste Kategorie fallen Kriterien, die sie überall und in eindeutiger Form verwendet gefunden hat: Dichte Beschreibung, Vertrauenswürdigkeit, Reflexivität und Triangulation.

In der zweiten Kategorie finden sich Kommunikative Validierung (Informant Feedback/Member Checks), Analysen des Forschungsprozesses (Audits) und von abweichenden Fällen (Negative Case Analysis, S. 103), die die Autorin eher als Techniken denn als Kriterien versteht.

Die Idee, die vorliegende Vielfalt durch die hier gewählte Unterscheidung zu strukturieren, hat einen gewissen Reiz, obwohl der Weg, auf dem die Zuordnung erfolgt, sich etwas holzschnittartig gestaltet. Gleichzeitig wird die Diversifität der zusammengeführten Kriterienlisten (in ihren epistemologischen Hintergründen) ebenso vernachlässigt wie die Frage, was eigentlich davon zu Recht als Kriterien bezeichnet werden kann (Lüders 2015). Schließlich stellt sich bei der Bandbreite der zusammengeführten Ansätze die Frage, inwieweit damit spezifische Kriterien für interpretative Forschung oder eher allgemeine Kriterien für sehr unterschiedliche Ansätze qualitativer Forschung zusammengetragen wurden.

Die Autorin kommt zu folgendem Fazit ihrer Ordnungsbemühungen, das ein Dilemma der Diskussion um Gütekriterien recht gut auf den Punkt bringt und die Orientierung an der eigenen Community als Ausweg benennt:

> „If, on the one hand, developing a single set of evaluative criteria is inconsistent with interpretive methodology's context specificity and commitment to historically grounded understanding of the world, and yet, on the other hand, one accepts the necessity of evaluative judgment, how is one to proceed? This chapter offers a list of criteria developed inductively, of value for its brevity, for its historical specificity, and for its connections to interpretive research practices and purposes. As a suggested set of common criteria it offers those working within an interpretive gestalt a starting point for discussion of research quality that should be tied, ultimately, to the specifics of the research question under consideration. Giving reasons for our judgments to the members of our epistemic communities *is* the best that we can do" (Schwartz-Shea 2006, S. 110).

Damit wird die Frage der Gültigkeit von Forschung in die eigene Scientific Community zurückverlagert und der Anspruch aufgegeben, sich etwa bei peer reviews oder der Begutachtung von Anträgen allgemeinen Ansprüchen an wissenschaftliche Qualität zu stellen. Dies kann die Förderungschancen qualitativer Forschung ggf. reduzieren.

10 Neuere Vorschläge für Kriterien in der qualitativen Forschung

Im Folgenden werden abschließend einige aktuelle allgemeine und übergreifende Vorschläge für die Bewertung qualitativer Forschung behandelt.

10.1 Big Tent Kriterien

Weder auf bestimmte disziplinäre Kontexte bezogen noch auf interpretative Ansätze begrenzt, schlägt Tracy (2010) acht übergreifende („Big Tent") Kriterien vor. Mit diesem Begriff bezeichnet sie, dass die Kriterien sich nicht auf einen einzelnen Schritt im Forschungsprozess beziehen, sondern auf den gesamten Forschungsprozess. In einer Validitätsprüfung in der quantitativen Forschung wird die Gültigkeit der Messung geprüft. Andere Aspekte werden eher außer Acht gelassen, etwa ob in der jeweiligen Studie überhaupt ein relevantes Problem untersucht wird. Tracy (2010, S. 839) bezieht solche Aspekte ebenfalls mit ein und definiert ihre Kriterien wie folgt:

> „[…] high quality qualitative methodological research is marked by (a) worthy topic, (b) rich rigor, (c) sincerity, (d) credibility, (e) resonance, (f) significant contribution, (g) ethics, and (h) meaningful coherence".

Dabei beschreibt sie alle Kriterien detaillierter. Beispielsweise bezeichnet ein „relevantes Thema" („worthy topic"):

> „The topic of the research is relevant; timely; significant; interesting".

Umfassende Strigenz („Rich rigor") bezieht sich auf Folgendes:

> „The study uses sufficient, abundant, appropriate, and complex theoretical constructs; data and time in the field; sample(s); context(s); data collection and analysis processes" (Tracy 2010, S. 840 f.).

Im Kriterium „credibility" sind Strategien wie Triangulation, Member Checks und der Umgang mit abweichenden Fällen, was hier unter dem Stichwort der Mehrperspektivität (‚multivocality') diskutiert wird, zusammengefasst (Tracy 2010, S. 844). Auch Tracys Vorschläge sind aber mit dem Problem konfrontiert, das den Ansatz von Lincoln und Guba (1985) betrifft: Es lassen sich keine Grenzen (oder Grenzwerte) definieren, wieviel Relevanz („worth"), Stringenz („rigor"), Glaubwürdigkeit („credibility") oder Ernsthaftigkeit („sincerity") gegeben sein sollten, damit eine Studie diese Kriterien erfüllt.

10.2 Checklisten als Bewertungsansatz qualitativer Forschung

In den Gesundheitswissenschaften wird seit einiger Zeit versucht, die Frage nach der Güte qualitativer Forschung anhand von Checklisten zu beantworten (Barbour 2001), insbesondere im Zusammenhang mit Peer Review-Verfahren für Zeitschriften und Forschungsanträgen. Bei einer relativ großzügigen Auslegung des Begriffs „Checkliste" haben Santiago Delefosse et al. (2015) 133 solcher Checklisten identifiziert und einer vergleichenden Analyse unterzogen. Erkenntnisse sind dabei, neben der Fülle an identifizierten Vorschlägen, einerseits:

> „it is hard to group together ‚essential and consensual' quality criteria allowing for the *in abstracto* evaluation of qualitative research" (Santiago Delefosse et al. 2015, S. 39).

Andererseits ließen sich zwei zentrale Schwerpunkte in den Checklisten („grids") ausmachen:

> „we first notice the grids whose essential quality criteria focus on the ‚technical and methodological procedures' (monitoring of the quantitative type experimental plan, the predominance of the evidence and contributions to the models, and lack of criteria focused on the researcher and meaning), and second the grids whose essential quality criteria are more focused on the ‚meaning production conditions' (researchers and their position, values, epistemology and practical contributions)" (Santiago Delefosse et al. 2015, S. 39).

Damit bestätigen die Autorinnen eine der Grundlinien der Diskussion über Gütekriterien in der qualitativen Forschung – forschungsinterne, abstraktere Ansätze, die sich auf Methoden, Techniken, ggf. noch die Planung der Untersuchung beziehen, stehen konkreter fokussierten Ansätzen gegenüber, die sich (auch oder vordringlich) den Kontexten der Forschung, insbesondere der Haltung der Forschenden widmen. Auch eher systematisierende Herangehensweisen führen nicht zu einem Konsens über allgemein verbindliche Kriterien, sondern dokumentieren eher die Diversität der vorliegenden Vorschläge.

10.3 Eine Agenda zur Bewertung qualitativer Forschung

Ebenfalls im Bereich der qualitativen Gesundheitsforschung haben Stige, Malterud und Midtgarden (2009) eine Agenda für die Bewertung qualitativer Forschung formuliert. Darin grenzen sie sich gegen vorliegende Ansätze für Checklisten ab. Die existierenden Vorschläge für Kriterien differenzieren sie in lokale und Metakriterien („local criteria" und „metacriteria") (ähnlich den bereits genannten „Big tent criteria"). Erstere bezeichnen Kriterien, die für einen bestimmten Forschungsansatz oder im Kontext eines Projektes entwickelt wurden, während letztere für ein breiteres Feld von Studien und Forschungstraditionen relevant sein sollen:

> „We therefore propose an evaluation agenda which – if used with reflexivity – could bypass the rigidity of checklists, the isolationism of local criteria, and the vagueness of general standards or metacriteria" (Stige/Malterud/Midtgarden 2009, S. 1506).

Ihr eigener Ansatz einer Bewertungsagenda („evaluation agenda") verfolgt dagegen als Ziel:

> „In proposing an evaluation agenda, we argue that attention should be drawn to the situated processes of developing rich and interpreted accounts or stories and to the capacity of these stories to facilitate change" (S. 1507).

Ihre Agenda fassen sie in einem Akronym („EPICURE") zusammen, das folgende Bestandteile repräsentiert (S. 1508–1512):

- **E**ngagement (im Feld)
- methodisches Vorgehen (**P**rocessing)
- **I**nterpretation (von Phänomenen bzw. Daten)
- Kritik (**C**ritique) (der Erkenntnisse und Grenzen der jeweiligen Forschung)
- Nützlichkeit (**U**sefulness) (der Ergebnisse in praktischen Zusammenhängen)
- **R**elevanz (für die Weiterentwicklung des Forschungsfeldes) und
- **E**thik (in der Durchführung der Forschung)

Dieser Ansatz erscheint für die allgemeinere Diskussion um Qualität(-skriterien) qualitativer Forschung in zweifacher Hinsicht interessant: Einerseits wird darin das Spannungsverhältnis der Formulierung von Kriterien (bzw. der Probleme dabei) und Strategien der Geltungsbegründung deutlich (Flick 2014b). Andererseits bringen Stige et al. das Spannungsverhältnis zwischen (rein) methodisch orientierter Qualitätsbewertung und der Orientierung an Relevanz und praktischem Impact der jeweiligen Forschung als Qualitätskennzeichen auf den Punkt – eine Diskussion, die sich auch in den Vorschlägen von Charmaz (2014) zur Bewertung von Grounded Theory-Studien widerspiegelt.

11 Fazit: Qualitätsdiskussionen in der qualitativen Forschung – Kriterien oder Strategien?

Was ergibt sich aus diesem kurzen, nicht-vollständigen Überblick über die Diskussion zu Gütekriterien in der qualitativen bzw. interpretativen Forschung?

Erstens sollte deutlich geworden sein, dass es eine Vielzahl von Vorschlägen für Kriterien, Typologien von (oder für bestimmte) Kriterien und Ordnungsversuchen der Vielfalt gibt.

Zweitens sollte sich gezeigt haben, dass durch die wachsende Vielfalt von Kriterien das Ziel eines überschaubaren, einheitlichen und allgemein akzeptierten Kriteriensatzes eher in weitere Ferne rückt als dass es schon (fast) erreicht ist. Es ist auch nach wie vor umstritten, ob das überhaupt das Ziel sein kann und sollte, aber damit wird auch deutlich, dass die eingangs vorgeschlagene Funktionsbestimmung von Kriterien in der qualitativen Forschung ebenfalls nicht in absehbarer Zeit erfüllt werden dürfte.

Es sollte drittens deutlich geworden sein, dass eine simple Übertragung bzw. Anwendung der klassischen Kriterien in der qualitativen Forschung schon aufgrund der dafür notwendigen Standardisierung von Vorgehensweisen nicht die Lösung ist.

Viertens stellt vieles von dem als Kriterien Diskutierten (etwa in Bezug auf Validität, aber auch bei den übergreifenden Big Tent oder Meta-Kriterien) Beschreibungen von Strategien (Validierung, Herstellung von Glaubwürdigkeit durch Member Checks und Triangulation, aber auch über die Anlage von Checklisten) dar. Ansätze des Qualitätsmanagements, der Triangulation, des Dialogs über Vorgehensweisen mit Teilnehmenden und anderen Forschenden sind langfristig wohl der eher zielführende Weg als weiter zu versuchen, ‚die' Kriterien zu definieren (Flick 2018; 2014b; 2015b).

Dieser kurze Überblick über die Diskussion zu Qualität und Güte qualitativer Forschung hat fünftens aber auch gezeigt, dass die aktuelleren und interessanteren Vorschläge weniger aus der Soziologie als aus den Disziplinen kommen, in denen (qualitative) Forschung in Praxisbereiche eingebunden ist (von den Gesundheitswissenschaften bis zu den Ingenieurwissenschaften) und Ergebnisse und insbesondere ihre Gültigkeit eine ganz andere Relevanz haben als in den sich im Wesentlichen auf Beschreibungen und Erklärungen von Sachverhalten fokussierenden Sozialwissenschaften. Auf dem Weg zu einer qualitativen Forschung in der Soziologie, die für andere Anwendungsfelder qualitativer Methoden tonangebend bleiben will, erscheint es notwendig, dass sich die deutschsprachige qualitative Forschung in der Soziologie den Themen Gütekriterien und Bewertung von (qualitativer) Forschung verstärkt annimmt.

Siebtens sollte sich gezeigt haben, dass die etwas künstliche (strikte) Trennung zwischen „qualitativer" und „interpretativer" Forschung im Bereich der Diskussion um Gütekriterien noch weniger zielführend ist als allgemein, da sich hier zeigt, dass die Vorschläge für qualitative und interpretative Forschung nicht nur sehr ähnlich sind, sondern auch vor den gleichen Problemen stehen.

Literatur

Altheide, D. L./Johnson, J. M. (1998): Criteria for Assessing Interpretive Validity in Qualitative Research. In: Denzin, N./Lincoln, Y. S. (Hrsg.) (1998): Collecting and Interpreting Qualitative Materials. London: SAGE, S. 293–312.

Barbour, R. S. (2001): Checklists for improving rigour in qualitative research: a case of the tail wagging the dog? In: British Medical Journal 322(7294), S. 1115–1117.

Bortz, J./Döring, N. (2006): Forschungsmethoden und Evaluation für Sozialwissenschaftler. 3. Auflage. Berlin: Springer.

Brinkmann, S./Kvale, S. (2018): Doing Interviews. (Book 2 of the SAGE Qualitative Research Kit, 2nd edition). London: Sage.

Charmaz, K. (2014): Constructing Grounded Theory. 2nd edition. London: Sage.

Cho, J./Trent, A. (2006): Validity in qualitative research revisited. In: Qualitative Research 6, S. 319–340.

Flick, U. (2014a): Qualitative Forschung 2.0: Zwischen Konsolidierung und Internationalisierung. 10. Berliner Methodentreffen – Mittagsvorlesung. Berlin. www.qualitative-forschung.de/methodentreffen/archiv/video/mittagsvorlesung_2014/index.html (Abruf 19.08.2015).

Flick, U. (2014b): Gütekriterien qualitativer Sozialforschung. In: Baur, N./Blasius, J. (Hrsg.) (2014): Handbuch Methoden der empirischen Sozialforschung. Wiesbaden: Springer VS, S. 411–423.

Flick, U. (2015a): Qualitative Inquiry – 2.0 at 20?: Developments, Trends, and Challenges for the Politics of Research. In: Qualitative Inquiry 21, S. 599–608.

Flick, U. (2015b): Gütekriterien. In: Mey, G./Mruck, K. (Hrsg.) (2015): Handbuch Qualitative Forschung in der Psychologie. 2.Auflage. Berlin: Springer.

Flick, U. (2016): Von den Irritationen in die Peripherie? – Anmerkungen zu Ronald Hitzlers Artikel „Zentrale Merkmale und periphere Irritationen interpretativer Sozialforschung". Zeitschrift für Qualitative Forschung 17, S. 199–204

Flick, U. (2018): Managing the Quality of Qualitative Research (Book 10 of the SAGE Qualitative Research Kit, 2nd edition). London: Sage.

Hitzler, R. (2016): Zentrale Merkmale und periphere Irritationen interpretativer Sozialforschung. In: Zeitschrift für Qualitative Forschung 17, S. 171–184

Keller, R. (2012): Das interpretative Paradigma. Eine Einführung. Wiesbaden: Springer VS.

Kirk, J./Miller, M. L. (1986): Reliability and Validity in Qualitative Research. Beverley Hills: Sage.

Kvale, S. (1995): Validierung: Von der Beobachtung zu Kommunikation und Handeln. In: Flick, U./Kardorff, E. von/Keupp, H./Rosenstiel, L. von/Wolff, S. (Hrsg.) (1995): Handbuch Qualitative Sozialforschung. 2. Auflage. München: Beltz/PVU, S. 427–432.

Lather, P. (1993): Fertile Obsession: Validity after Poststructuralism. In: The Sociological Quarterly 34, S. 673–693.

Lincoln, Y. S. (1995): Emerging Criteria for Quality in Qualitative Research and Interpretive Research. In: Qualitative Inquiry 1, S. 275–289.

Lincoln, Y. S./Guba, E. G. (1985): Naturalistic Inquiry. London: Sage.

Lüders, C. (2015): Herausforderungen qualitativer Forschung. In: Flick, U./Kardorff, E. von/Steinke, I. (Hrsg.) (2015): Qualitative Forschung – Ein Handbuch. 11. Auflage. Reinbek: Rowohlt, S. 632–643.

MacPhail, C./Khoza, N./Abler, L./Ranganathan, M. (2016): Process guidelines for establishing Intercoder Reliability in qualitative studies. In: Qualitative Research 16, S. 198–212.

Madill, A./Jordan, A./Shirley, C. (2000): Objectivity and reliability in qualitative analysis: Realist, contextualist and radical constructionist epistemologies. In: British Journal of Psychology 91, S. 1–20.

Maxwell, J. A. (1992): Understanding and Validity in Qualitative Research. In: Harvard Educational Review 62, S. 279–300.

Maxwell, J. A. (2012): Qualitative Research Design – An Interactive Approach. 3rd edition. Thousand Oaks, CA: SAGE.

Maxwell, J. A./Chmiel, M. (2014): Generalizing in and from qualitative analysis. In: Flick, U. (Hrsg.) (2014): The SAGE Handbook of Qualitative Data Analysis. London: Sage, S. 540–553.

Morse, J. M. (1997): Perfectly Healthy, But Dead: The Myth of Inter-Rater Reliability. In: Qualitative Health Research 7, S. 445–447.

Polanyi, M. (1966): The Tacit Dimension. New York: Doubleday.

Rosenthal, G. (2015): Die Erforschung kollektiver und individueller Dynamik. Zu einer historisch, prozess-soziologisch orientierten interpretativen Sozialforschung. 11. Berliner Methodentreffen – Mittagsvorlesung. Berlin.

Santiago Delefosse, M./Bruchez, C./Gavin, A./Stephen, S. L. (2015): Diversity of the Quality Criteria in Qualitative Research in the Health Sciences: Lessons From a Lexicometric Analysis Composed of 133 Guidelines [40 paragraphs]. In: Forum Qualitative Sozialforschung / Forum Qualitative Social Research 16, H. 2, Art. 11. nbn-resolving.de/urn:nbn:de:0114-fqs1502110 (Abruf 05.08.2015).

Schwartz-Shea, P. (2006): Judging Quality: Evaluative Criteria and Epistemic Communities. In: Yanow, D./Schwartz-Shea, P. (Hrsg.) (2006): Interpretation and Method – Empirical Research Methods and the Interpretive Turn. Armonk, NY: M. E. Sharpe, S. 89–112.

Steinke, I. (1999): Kriterien qualitativer Forschung. Ansätze zur Bewertung qualitativ-empirischer Sozialforschung. München: Juventa.

Stige, B./Malterud, K./Midtgarden, T. (2009): Toward an Agenda for Evaluation of Qualitative Research. In: Qualitative Health Research 19, S. 1504–1516.

Tracy, S. J. (2010): Qualitative Quality: Eight „Big-Tent" Criteria for Excellent Qualitative Research. In: Qualitative Inquiry 16, S. 837–851.

Walther, J./Sochacka, N. W./Kellam, N. N. (2013): Quality in interpretive engineering education research – reflections on an example study. In: Journal of Engineering Education 102, S. 626–659.

Yanow, D. (2006): Neither Rigorous Nor Objective? Interrogating Criteria for Knowledge Claims in Interpretive Science. In: Yanow, D./Schwartz-Shea, P. (Hrsg.) (2006): Interpretation and Method – Empirical Research Methods and the Interpretive Turn. Armonk, NY: M. E. Sharpe, S. 67–88.

1.7
Methodologisch kontrolliertes Verstehen als Kernstrategie der qualitativen Forschung
Vermittelte Unmittelbarkeit als Gütekriterium

Gesa Lindemann, Jonas Barth und Susanne Tübel

1   Einleitung

Dass empirische Forschung methodologisch kontrolliert erfolgen soll, betrachten wir als Konsens innerhalb des gesamten Feldes der empirischen Sozialforschung. Wir gehen für unsere Darstellung auf eine klassische Kontroverse zum Problem methodologisch kontrollierten Verstehens zurück: die *Erklären-Verstehen-Kontroverse* (Apel 1979). Denn diese hat in der Soziologie den Status eines Dauerbrenners (Greshoff/Kneer/Schneider 2008).

Für die Sozialwissenschaften geht es dabei zentral um die Frage, welche methodologischen Konsequenzen sich aus den Annahmen über die besondere Beschaffenheit ihres Gegenstandes ergeben. Die Gegenstandsauffassung, die sich in der Soziologie durchgesetzt hat, besteht darin, dass soziologische Forschung ihre *Objekte als Subjekte* untersucht. Simmel (1908/1992) hatte diese Besonderheit prägnant zum Ausdruck gebracht: Die Soziologie untersuche nicht Objekte, die durch die wissenschaftliche Beobachtung in eine sinnvolle Ordnung gebracht würden. Vielmehr habe sie es mit Objekten zu tun, die selbstständig ihre Lebenswelt interpretierend ordnen, d. h. mit Subjekten. Die Physik erforscht z. B. atomare Teilchen, ohne die Komplikation zu berücksichtigen, dass diese das Experiment ihrerseits deuten könnten. Auch die neurobiologische Hirnforschung basiert auf der Annahme, dass ihre Versuchsobjekte zu dem Experiment, an dem sie aktiv teilnehmen, nicht von sich aus interpretierend Stellung nehmen (Lindemann 2005). Eine Forschung, die ihre Objekte als Subjekte begreift, die die Forschung, an der sie teilnehmen, ihrerseits interpretieren und sich entsprechend reflektiert zu dieser Forschung und ihren Ergebnissen verhalten können, steht vor andersartigen methodologischen Problemen (Hacking 1999).

Daraus ergeben sich für die verstehende Forschung *besondere methodologische Anforderungen*. Um das Spezifische der methodologischen Kontrolle verstehender Ansätze zu benennen, beziehen wir uns auf Helmuth Plessners Analyse der Differenz von Erklären und Verstehen (Plessner 1931/1981; Lindemann 2008; Lindemann 2014, Kap. 1 und 2). Demnach ist „*Erklären*" am Prinzip geschlossenen Fragens orientiert, während methodologisch kontrolliertes „*Verstehen*" auf dem Prinzip der offenen Frage basiert. Der Bezug auf die *Unterscheidung zwischen geschlossener und offener Frage* erlaubt es, ohne vorherige Festlegung auf eine bestimmte Richtung der quantitativen bzw. qualitativen Forschung die jeweils charakteristischen Merkmale methodologischer Kontrolle zu benennen. Die Unterschiede zwischen interpretierender und standardisierter Forschung beziehen sich auf drei Aspekte: Durch die jeweilige Art des Fragens wird festgelegt,

1. wie das Verhältnis von Erkenntnissubjekt und Erkenntnisobjekt beschaffen ist,
2. was in dieser Erkenntnisrelation überhaupt als ein Gegenstand mit bestimmten Eigenschaften erkannt werden kann und
3. ob im Rahmen dieser Erkenntnisrelation ein erklärender oder verstehender Zugang zum Gegenstand angemessen ist.

Um genauer zu verstehen, wie diese Festlegungen im Rahmen eines methodologisch kontrollierten *Verstehens* zustande kommen, werden wir zunächst die Prinzipien geschlossenen und offenen Fragens skizzieren. Auf dieser Grundlage explizieren wir ein implizit wirksames, aber bislang noch nicht als solches benanntes Prinzip der methodologischen Kontrolle, das wir – ebenfalls im Anschluss an Plessner – als „*vermittelte Unmittelbarkeit*" (Plessner 1928/1975) bezeichnen. Anhand dieses Prinzips erschließt sich der sachliche Gehalt zentraler methodologischer Kontroversen in der qualitativen Forschung. Zugleich wird sichtbar, dass in diesen Debatten das Prinzip der vermittelten Unmittelbarkeit als Gütekriterium wirksam ist. Dies werden wir abschließend anhand klassischer bzw. aktueller Kontroversen im Rahmen der Grounded Theory (vgl. auch Strübing in diesem Band) und der Diskursanalyse (vgl. auch Keller/Bosančić in diesem Band) zeigen.

2 Das Prinzip der geschlossenen und der offenen Frage

Methodologische Kontrolle ist als reflexive Explikation des verfahrensmäßig gestalteten Zugangs zu sozialen Phänomenen zu begreifen. Mit der Unterscheidung der Prinzipien des offenen und geschlossenen Fragens beschreibt Plessner (1931/1981) in allgemeiner Weise Unterschiede im Zugang zum Forschungsgegenstand, anhand derer die Besonderheit der methodologischen Kontrolle des Verstehens entfaltet werden kann. Wir skizzieren zunächst das Prinzip der geschlossenen Frage, um dann ausführlicher das Prinzip offenen Fragens zu entfalten.

2.1 Das Prinzip der geschlossenen Frage

Wenn die Konstruktion der Erkenntnisrelation am Prinzip der geschlossenen Frage orientiert wird, gestaltet sich der Zugang zum Gegenstand folgendermaßen: Die Frage enthält einen Vorentwurf des Gegenstandes, durch den konstitutiv festgelegt wird, als was ein zu untersuchender Gegenstand erscheinen und wie er auf die Forschungsfrage antworten kann. Licht kann etwa im Rahmen einer physikalischen Forschung entweder als messbares Quantum oder als messbare Lichtwelle erscheinen. Da durch die Frage festgelegt ist, wie etwas erscheinen kann, spricht Plessner – in Anlehnung an Kant – von einem in die Dinge gelegten Apriori. Eine Frage, die einen geschlossenen Problementwurf enthält, ist durch dreierlei gekennzeichnet:

- Die Frage enthält einen *Vorentwurf,* wie die Sache beschaffen ist.
- Der Vorentwurf ist derart, dass in der Frage die *Garantie der Beantwortbarkeit* enthalten ist, d. h., durch die Frage ist festgelegt, dass die Sache auf die Frage antworten kann.
- Der Vorentwurf ist derart, dass in der Frage die *Garantie der Beantwortung* enthalten ist, d. h., die Frage legt fest, wie die Frage beantwortet werden kann – genauer: durch welche Erscheinung, durch welches in der Fragekonstruktion angegebene Datum, die Sache auf die Frage antworten kann.

Eine Forschung gemäß dem Prinzip der geschlossenen Frage erfordert eine maximale *Kontrolle des Erkenntnissubjekts über das Erkenntnisobjekt.* Die praktisch wirksame Entfaltung einer solchen Kontrolle vollzieht sich Plessner (1931/1981, S. 180 f.) zufolge auf zwei Ebenen:

1. durch Eingliederung des Erkenntnisgegenstandes in Formen *standardisierter Datenerhebung und -auswertung;*
2. durch die *Reduktion von möglichen Daten auf solche, die mathematisierbar sind.*

2.2 Das Prinzip der offenen Frage

Die interpretierende Sozialforschung stellt den Sachverhalt zentral, dass ihre *Forschungsobjekte Subjekte* sind, die ihre Lebenswelt interpretieren und ihren sinnhaften Bezug auf Dinge und andere Subjekte eigenständig gestalten. Deshalb sei das Prinzip des geschlossenen Fragens für sie unangemessen. Dennoch lässt sich zeigen, dass auch in diesem Fall der Grundsatz methodologisch kontrollierten Forschens nicht aufgegeben wird. Das Prinzip der offenen Frage, welches das Verstehen begründet, ähnelt dem Prinzip der geschlossenen Frage darin, dass es sich um eine Frage im Rahmen eines theoretisch konstruierten Problementwurfs handelt. Der Unterschied besteht darin, dass nicht festgelegt ist, wie der Gegenstand auf die Frage antworten kann. Auch die offene Frage enthält einen Vorentwurf ihres Gegenstandes, nur so erreicht sie die Garantie ihrer Beantwortbarkeit, aber sie erreicht nicht die Garantie der Beantwortung. Bezogen auf die drei genannten Punkte ergibt sich Folgendes an Gleichheit und Unterschieden:

- Die Frage enthält einen *Vorentwurf*, wie die Sache beschaffen ist. Hierunter fällt bereits die Annahme der qualitativen Forschung, es unmittelbar mit Subjekten zu tun zu haben, die ihre Lebenswelt sinnhaft deuten, sinnhaft handeln bzw. kommunizieren. Das Handeln menschlicher Individuen kann auch so erforscht werden, dass deren Subjektivität keine Rolle spielt. Man könnte das Handeln z. B. auf Faktoren zurückführen wie Einkommen, genetische Disposition, Bildungsniveau, Alter, Beruf oder Geschlecht. In diesem Fall wäre die Subjektivität der Beforschten irrelevant. Wenn die verstehende Forschung ihre Objekte als solche begreift, die als Subjekte etwas zu verstehen geben, ist dies eine Annahme, die an das Feld herangetragen wird. Es geht auch in der qualitativen Forschung nicht darum, dem Gegenstand vollständig die Führung zu überlassen, vielmehr wird auch hier die Forschung durch einen Vorentwurf des Gegenstandes geleitet (Plessner 1931/1981, S. 181).
- Der Vorentwurf ist derart, dass die Frage die *Garantie der Beantwortbarkeit* beinhaltet, d. h., durch die Frage ist festgelegt, dass die Sache auf die Frage antworten kann. Wenn vorausgesetzt ist, dass Akteure sinnhaft handeln, ist garantiert, dass der Gegenstand etwa auf die Frage antworten kann, wie Partner in einer Paarbeziehung sinnhaft aufeinander bezogen handeln, welche Regeln sie bilden für die Verteilung von Hausarbeit, Geld und Berufsarbeit.
- Der Vorentwurf ist aber *nicht* derart, dass in der Frage schon die *Garantie der Beantwortung* festgelegt ist, d. h., durch die Frage wird z. B. nicht festgelegt, welche Form sinnhaften Handelns als Antwort auf die Forschungsfrage zu verstehen ist. An dieser Stelle liegt die *Relevanz der Deutung*. Dem Gegenstand wird die Möglichkeit zugestanden, sich von sich aus zu zeigen und es ist Aufgabe des Erkenntnissubjekts zu sehen, wie sich der Gegenstand im beobachteten Phänomen zeigt. Die Forscherin ist zur Interpretation der Beforschten herausgefordert. Dies beinhaltet auch, dass sich eine Forschung, die am Prinzip der offenen Frage orientiert ist, auf ein interaktives oder

kommunikatives Verhältnis zu ihrem Gegenstand einlassen muss, das methodisch durch das Forschungssubjekt nicht mehr vollständig zu kontrollieren ist.

Das Prinzip der offenen Frage ist also an einem entscheidenden Punkt durch eine *andere Konstruktion der Erkenntnisrelation* gekennzeichnet:

1. Die Kontrolle, die eine standardisierte Forschung und vor allem das Experiment ermöglicht, wird bewusst aufgegeben.
2. Zugleich wird die Reduktion von Erscheinungen auf mathematisierbare und damit messbare Daten zurückgenommen.

In die Erkenntnisrelation wird dadurch ein Freiraum für das Objekt eingebaut. Es erhält die *Möglichkeit der Expressivität*, d. h. die Möglichkeit, sein Erscheinen zu gestalten. Dadurch kommt ein neues Moment ins Spiel, denn das beobachtete Phänomen ist jetzt nicht mehr nur ein Datum, das in den Rahmen eines theoretischen Vorentwurfs integriert werden kann, sondern es ist ein Datum, das auf etwas verweist, das selbst nicht direkt erscheint, das sich aber durch dieses Datum selbst zeigt. Das sich im Phänomen von sich aus Zeigende kann nicht mehr beobachtet, es muss verstanden werden (Plessner 1931/1981, S. 181 f.). So ist beispielsweise die ungleiche Verteilung der Hausarbeit in Paarbeziehungen ein beobachtbares Phänomen und kann auf unterschiedliche Faktoren kausal zurückgeführt werden. Die ebenso beobachtbare ungleiche Verteilung des Haushaltseinkommens oder der Berufstätigkeit dienen dann etwa als *Erklärung*. Die impliziten Regeln, denen die Verteilung der Hausarbeit in einer Paarbeziehung praktisch gehorcht, sind hingegen nur mittels qualitativer Methoden *verstehbar*. Als latent wirksame Normen lassen sie sich nur aus Ereignissen in den Daten rekonstruieren, ohne dass sie selbst jedoch direkt in Erscheinung treten – indem sie etwa offen vom Paar benannt oder in Form eines Vertrags explizit fixiert werden.

Damit lässt sich mit Bezug auf die in der Einleitung genannten drei Punkte Folgendes feststellen:

1. Offene und geschlossene Frage unterscheiden sich hinsichtlich der Struktur der Erkenntnisbeziehung.
2. Aufgrund der bewusst aufgegebenen Kontrolle im Rahmen der offenen Frage ergeben sich grundlegende Unterschiede hinsichtlich dessen, als was der Gegenstand erscheinen kann und wie er auf die Frage antwortet.
3. Vor diesem Hintergrund lässt sich begreifen, warum im Fall der geschlossenen Frage ein erklärender und im Fall der offenen Frage ein verstehender Zugang angemessen ist.

2.3 Das Prinzip der offenen Frage in der interpretativen Sozialforschung

Die in der qualitativen Forschung verwendeten Konzepte sehen in der Regel vor, dass sie es nicht mit einzelnen Handelnden zu tun haben, sondern mit Akteuren, die einander verstehen. Es geht in der Forschung also darum, zu verstehen, wie sinnhaft orientierte Subjekte sich gegenseitig verstehen und aufeinander bezogen handeln. Um dies zu leisten, wird eine weitestgehende Annäherung an die alltägliche Lebenswelt – die *„Nähe zum Gegenstand"* (Mayring 2016) – zum methodologischen Grundprinzip der Forschung gemacht. Dies gilt insbesondere für die ethnographische Forschung (Amann/Hirschauer 1997, S. 16 ff.; Pfadenhauer; Meyer; Rebstein/Schnettler; alle in diesem Band), die programmatisch fordert, sich auf die eigene „Methodizität" der sozialen Praxis (Amann/Hirschauer 1997, S. 19) einzulassen. Gleichzeitig erfordern die Kriterien der *intersubjektiven Nachvollziehbarkeit* (Przyborski/Wohlrab-Sahr 2009) sowie der *Systematizität, Kohärenz* und *Reflexion der Analyse* (Steinke 2008) die Offenlegung theoretischer und methodologischer Vorannahmen. Im Sinne des offenen Fragens wird anerkannt, dass der Zugang zur empirischen Wirklichkeit stets ein vermittelter ist.

Schütz (2004) macht deutlich, dass wir es bereits in der Common-Sense Perspektive des Alltags mit *Konstruktionen ersten Grades* zu tun haben, die auf dem sinnhaften Erfassen, Schließen, Typisieren und Generalisieren von Phänomenen aufgrund der Relevanzstrukturen der Akteure der sozialen Wirklichkeit basieren. Sozialwissenschaftliche Konstruktionen sind daher *Konstruktionen zweiten Grades*, welche sich auf die bereits vorhandene Sinnstruktur der Alltagswelt beziehen (ausführlich: Knoblauch et al. in diesem Band). Anders formuliert: Gemäß dem Prinzip offenen Fragens ist ein Beobachter notwendigerweise ein Beobachter zweiter Ordnung mit einer konstruktiv gestalteten theoretischen Schwerpunktstellung. Hierin liegt eine Nähe zur von Luhmann (1984) formulierten Differenz von Beobachtung erster und zweiter Ordnung. Die so vorgenommenen *Re*-Konstruktionen müssen laut Schütz den Kriterien der *Adäquanz, Relevanz* und *Kohärenz* genügen.

Erst die *Transparenz im Hinblick auf den Beobachterstandpunkt und darin eingelassene theoretische Vorannahmen* ermöglicht es jedoch, diesen Ansprüchen an die methodologische Kontrolle des Verstehens gerecht zu werden.

3 Das Prinzip der vermittelten Unmittelbarkeit

Die Anwendung des Prinzips der offenen Frage führt für die Gestaltung der Forschungsbeziehung bzw. für die Durchführung der Forschung auf das Prinzip der „vermittelten Unmittelbarkeit": Wenn das Prinzip des offenen Fragens gilt, hat soziologische Forschung ihren Gegenstand nicht unmittelbar, sondern nur vermittelt:

1. zum einen vermittelt über einen *theoretischen Vorentwurf ihres Gegenstandes* und
2. zum anderen vermittelt über die *interaktiv bzw. kommunikativ gestaltete Forschungsbeziehung*.

Zwischen beiden Vermittlungsformen scheint eine *Präferenz für Konsistenz* zu bestehen. Diese liegt darin, dass für die Konstruktion des Gegenstandes und die Reflexion der Forschungsbeziehung stets derselbe Vorentwurf verwendet wird. Wenn etwa der Gegenstand im Sinne von Kommunikation erscheint, wird die Forschungsbeziehung ebenfalls als Kommunikation begriffen. Das Gleiche gilt entsprechend für sinnhaftes Handeln, Praxis, Diskurs oder symbolvermittelte Interaktion. Die Forschungsbeziehung wird reflektiert, indem sie gemäß derselben Begriffe verstanden wird wie der Gegenstand. Im obigen Beispiel zur Verteilung der Hausarbeit in Paarbeziehungen wurde beispielsweise angenommen, dass die beteiligten Akteure sinnhaft aufeinander bezogen handeln. So ließe sich aus dem empirischen Material etwa eine paarspezifische Handlungsordnung der Haushaltsführung rekonstruieren. Wenn nun zusätzlich auch die Forschungsbeziehung unter Nutzung des gleichen theoretischen Vorentwurfs reflektiert wird, zeigt sich, dass auch die Forscherin und die bei der Erhebung beteiligten Akteure sinnhaft aufeinander bezogen handeln und dies wiederum den Untersuchungsgegenstand selbst beeinflusst.

Das Prinzip der vermittelten Unmittelbarkeit differenziert das Prinzip der offenen Frage vor allem auf den Ebenen zwei und drei der *Konstruktion der Erkenntnisrelation*:

- Die Beziehung der Forscherin zum Gegenstand ist vermittelt über einen *Vorentwurf*, demzufolge es die Subjektivität der Beforschten zu berücksichtigen gilt. Gemäß dem Vorentwurf erscheint der Gegenstand in je spezifischer Weise: Für die soziologische Forschung besonders relevant ist die sozialtheoretische Konzeption des Gegenstandes als Abfolge von Kommunikationen (Systemtheorie), als aufeinander bezogenes sinnhaftes Handeln (Handlungstheorie), als Praxis (Praxistheorie) oder als Diskurs (Diskurstheorie) usw.
- *Der Vorentwurf enthält Annahmen darüber, dass der Gegenstand auf die Frage antworten kann und auf welche Weise der Gegenstand für die soziologische Beobachtung erscheint.* Das hat Auswirkungen darauf, wie das Prinzip der vermittelten Unmittelbarkeit auf der Ebene der Feldbeziehungen wiederauftaucht. Auf dieser geht es darum, dass und wie die zu untersuchenden Phänomene von sich aus in Erscheinung treten. Wurden im Vorentwurf

Diskurse zentral gestellt, so wird automatisch mit der Annahme gearbeitet, dass es Diskurse gibt. Entsprechend bestehen die an dieser Stelle in Erscheinung tretenden sozialen Phänomene aus Diskursen, als deren Elemente Aussagen identifiziert werden. Wenn Diskurse zentral gestellt werden, steht der Aspekt der symbolisch-diskursiven Vermitteltheit sozialer Phänomene im Mittelpunkt. Wurden im Vorentwurf hingegen handelnde Akteure zentral gestellt, so wird automatisch mit der Annahme gearbeitet, dass es handelnde Akteure gibt. Entsprechend bestehen die an dieser Stelle in Erscheinung tretenden Elemente aus Akteuren und Handlungen bzw. Praktiken. In diesem Fall wird der Aspekt des unmittelbaren Vollzugs von Handlungen bzw. Praktiken in den Mittelpunkt gestellt. Auf der Ebene der sozialen Wirklichkeit spielt daher je nach Vorentwurf die Vermitteltheit oder die Unmittelbarkeit eine größere Rolle. Wenn es um die Frage geht, ob das eine oder andere im Vordergrund steht, findet ein Wechsel von der Ebene des sozialtheoretischen Konzepts auf die Ebene der Methodologie insofern statt, als hier die Eigenart der Daten und Angemessenheit der Datenerhebungsmethode zum Tragen kommen. Ein Beispiel für einen Ansatz, der im Feld eher vermittelnde Strukturen als relevant ansieht, wäre etwa die Diskursanalyse Foucaults. Umgekehrt wäre die Ethnographie ein Beispiel dafür, dass der Aspekt der Unmittelbarkeit stark gemacht wird. Entsprechend bilden eher Formen der symbolischen Vermittlung (Diskursanalyse) den Gegenstand der Forschung oder die unmittelbare raumzeitlich situierte Praxis (Ethnographie).

- *Als Konsequenz aus der methodologischen Positionierung ist die Antwort der Beforschten im Sinne der Offenheit der Beantwortung nicht festgelegt.* Gemäß dem Prinzip der offenen Frage ist daher zu erwarten, dass sich in der Forschungsbeziehung eine Eigendynamik entwickelt, die ihrerseits reflexiv in den Blick zu nehmen ist. Hierbei kommt das Prinzip der vermittelten Unmittelbarkeit insofern zur Geltung, als die Forschungsbeziehung vermittelt über den Vorentwurf des Gegenstandes reflektiert wird. Daraus resultieren unterschiedliche Strategien der reflexiven Kontrolle der eigenen Forschung. Wenn im Selbstverständnis der Erkenntnissubjekte die raumzeitlich situierte Forschungspraxis im Mittelpunkt steht, werden eher unmittelbar empirische Bedingungen der Forschung als dasjenige begriffen, wodurch die Forschung strukturiert wird. Folglich bildet es eine methodologische Kernforderung, sich auf die Methodizität des Feldes einzulassen (Ethnographie). Wenn der Gegenstand dagegen durch Symbole bzw. Diskurse gebildet wird, werden ihrerseits Diskurse als dasjenige verstanden, wodurch die eigene Forschung bestimmt wird (Diskursanalyse).

Die explizite Einführung des Prinzips der vermittelten Unmittelbarkeit als methodologisches Prinzip führt darauf, dass es keinen Ansatz der qualitativen

Sozialforschung gibt, der rein und ausschließlich entweder die raumzeitliche Unmittelbarkeit der Praxis oder deren Vermitteltheit z. B. durch Symbole oder durch Technik untersucht.

Wenn man sich auf die drei Ebenen bezieht, lässt sich die Bedeutung des Prinzips der vermittelten Unmittelbarkeit für das Problem der methodologischen Kontrolle folgendermaßen differenzieren.

3.1 Vorentwurf: Die theoretische Vermittlung des Gegenstandes

Jede von Soziologinnen angefertigte Beschreibung, die unmittelbar das empirisch Gegebene erfasst, ist theoretisch vermittelt. Bereits die Datenerhebung und nicht erst deren Auswertung ist daher als vermittelt zu begreifen. Wenn auf bereits bestehende Daten zurückgegriffen wird, werden diese aus der Perspektive der jeweiligen theoretischen Konzepte in den Blick genommen. Je nach theoretischem Hintergrund werden einige in einem Datenstück – wie beispielsweise den Darstellungen zur Verteilung von Hausarbeit in einem Paarinterview – sinnhaftes Handeln sehen, während andere darin die Beschreibung einer Praxis oder symbolvermittelte Interaktion entdecken. Entscheidend für die Auswertung ist, dass der Sachverhalt der theoretischen Vermitteltheit für die Zwecke der Analyse in den Hintergrund tritt. Im Rahmen der Auswertung erscheint die Beschreibung, d. h. die erhobenen Daten, als unmittelbare Grundlage. Die Anwendung des methodologischen Prinzips der vermittelten Unmittelbarkeit ermöglicht es, die Unmittelbarkeit der Daten ernst zu nehmen, ohne deren Vermitteltheit (praktisch, technisch, symbolisch) aus dem Blick zu verlieren.

3.2 Beantwortbarkeit der Frage: Vermittelte Unmittelbarkeit als Strukturmerkmal des Gegenstandes

Für dasjenige, was unmittelbar als Gegenstand erscheint, gilt seinerseits wieder das Prinzip der vermittelten Unmittelbarkeit. In der Konzeptualisierung des Gegenstandes nach dem Prinzip der vermittelten Unmittelbarkeit kann dabei entweder der Aspekt der Unmittelbarkeit oder derjenige der Vermitteltheit in den Vordergrund treten. Die Gültigkeit des Prinzips der vermittelten Unmittelbarkeit zeigt sich nicht zuletzt darin, dass in verschiedenen theoretisch-methodologischen Schulen Kontroversen darüber entstehen, wie es zu handhaben ist. In der gegenwärtigen Sozialforschung hat sich die Diskursanalyse z. B. als Teil des Mainstreams der qualitativen Forschung etabliert. Im Rahmen dieses Forschungsprogramms wird es nun zunehmend strittig, ob es ausreiche, die Erhebung und Auswertung von Daten auf Diskurse zu beschränken, d. h. auf die diskursive Vermitteltheit sozialer Praxis, oder ob es nicht erforderlich sei, die Datenerhebung bzw. -analyse auszuweiten, um auch die Unmittelbarkeit der Praxis in Bezug auf Diskurse zu untersuchen. Die Gültigkeit des Prinzips der vermittelten Unmittelbarkeit scheint im Rahmen unterschiedlicher Schulen immer wieder zu Selbstkorrekturen zu führen, wenn einer der beiden Aspekte verabsolutiert wird. Die Anerkennung des Prinzips der vermittelten Unmittelbarkeit ermöglicht es, solche methodologischen Selbstkorrekturen zu reflektieren und zu systematisieren.

3.3 Beantwortung durch die Beforschten: Vermittelte Unmittelbarkeit in der Forschungsbeziehung

Aus dem Prinzip offenen Fragens folgt, dass in der verstehenden Sozialforschung eine starke Tendenz dazu besteht, die Forschungsbeziehung selbst zum Gegenstand zu machen. Dabei gilt eine Präferenz für Konsistenz. Die Forschungsbeziehung wird gemäß demselben theoretischen Konstrukt begriffen, welches den Vorentwurf des Gegenstandes kennzeichnet. Es wird die praktische Durchführung der Forschung theoretisch vermittelt zum Gegenstand gemacht. Damit wird ein wichtiger Schritt des Prinzips offenen Fragens methodologisch kontrolliert umgesetzt. Die Produktion und Auswertung von Daten erfolgt nicht nur orientiert an einem theoretischen Konzept, vielmehr handelt es sich selbst um ein Verfahren, das seinerseits reflexiv in den Blick zu nehmen und etwa in seiner Praktizität bzw. Diskursivität zu kontrollieren ist.

4 Die Prinzipien des offenen Fragens und der vermittelten Unmittelbarkeit in der qualitativen Sozialforschung

Im Folgenden soll anhand zweier Ansätze qualitativer Sozialforschung aufgezeigt werden, inwiefern sie dem Prinzip der offenen Frage verpflichtet sind und wie sie das Prinzip der vermittelten Unmittelbarkeit handhaben. Entsprechend den drei Hinsichten der Wirksamkeit des Prinzips der vermittelten Unmittelbarkeit wird untersucht,

1. inwiefern die empirische Forschung im Rahmen offenen Fragens theoretisch vermittelt ist,
2. wie in der Antwort des Gegenstandes die Spannung zwischen Unmittelbarkeit und Vermitteltheit bearbeitet wird,
3. wie ausgehend von der Konzeptualisierung des Forschungsgegenstandes die Forschungsbeziehung reflektiert wird.

Zunächst wird mit Blick auf die Grounded Theory eine Studie zur *Mikroebene* der sozialen Wirklichkeit in den Mittelpunkt gestellt. Dies erfolgt anhand des Beispiels der Untersuchung zur „Betreuung von Sterbenden" („Awareness of Dying") von Glaser und Strauss (1965), die zugleich Grundlage für die Entwicklung ihrer Methodologie geworden ist. Danach folgt eine entsprechende methodologische Aufarbeitung auf der *Makroebene* am Beispiel der Diskursanalyse, indem „Das unternehmerische Selbst" von Ulrich Bröckling (2007) beispielhaft beleuchtet wird. Beide methodologischen Ansätze verschreiben sich klar dem Prinzip der offenen Frage. Allerdings wird die vermittelte Unmittelbarkeit des Forschungsprozesses unterschiedlich reflektiert. Die methodologischen Kontroversen über das Verständnis des Prinzips der vermittelten Unmittelbarkeit beziehen sich zum einen auf die Strukturmerkmale des Gegenstandes (Diskursanalyse) bzw. zum anderen auf die Reflexion der Forschungsbeziehung (Grounded Theory).

5 Beispiel 1: Grounded Theory

Die Grounded Theory orientiert sich methodologisch am Prinzip der offenen Frage. Die theoretische Vermittlung des Untersuchungsgegenstandes (1) veranschaulichen wir für die Grounded Theory Methodologie, indem ihre Ursprünge im symbolischen Interaktionismus erläutert und die Art der Vermittlung am Beispiel einer klassischen Grounded Theory-Studie aufgezeigt werden. Von hier ausgehend kann dargestellt werden, wie die vermittelte Unmittelbarkeit der Beziehungen im Feld (2) nach Maßgabe der Grounded Theory konzipiert wird und zugleich herausgestellt werden, dass der Aspekt der *Unmittelbarkeit* von den Vertreterinnen dieser Methodologie eine stärkere Gewichtung erfährt. Schließlich lässt sich verdeutlichen, dass auch die Reflexion auf die Forschungsbeziehung (3) am Prinzip der vermittelten Unmittelbarkeit orientiert ist, die wissenschaftliche Beobachtung und Analyse ihren Vertretern jedoch in der Regel ebenfalls als *unmittelbare* Beziehung zu ihren Gegenständen erscheint. Dies ist in den letzten Jahrzehnten Anlass für intensive methodische Debatten gewesen und führte letztendlich zu einer Spaltung in zwei Strömungen der Grounded Theory.

5.1 Die theoretische Vermittlung des Gegenstandes

Die Grounded Theory wurde von Anselm Strauss und Barney Glaser Ende der 1960er Jahre im Umfeld der Chicago School entwickelt (Glaser/Strauss 1967/2010). Auf der Ebene der Beziehung der Forschenden (1) zu ihrem Gegenstand ist bis heute das soziologische Denken des symbolischen Interaktionismus sowie des handlungstheoretisch geprägten amerikanischen Pragmatismus maßgeblich (Przyborski/Wohlrab-Sahr 2009, S. 192). Durch die in diesen Traditionen gründenden theoretischen Konzepte werden die Daten beim Durchgang durch die Grounded Theory *vermittelt*, um von den Forschenden überhaupt erst unmittelbar erfasst werden zu können. In besonders eindringlicher Form zeigt sich dies am klassischen „Kodierparadigma" (Strauss 1998, S. 56 f.) der Grounded Theory, das festlegt, dass die Daten nach Bedingungen, Interaktionen, Strategien und Taktiken sowie Konsequenzen für die jeweiligen Akteure zu interpretieren seien. Erst durch diese theoretische „Brille" vermittelt gelinge es, wiederum induktiv – also *unmittelbar* aus den Daten heraus – Kategorien und theoretische Konzepte zu entwickeln. Die Vertreter der Grounded Theory zeigen dabei eindrücklich, dass es nicht einfach um eine Übersetzung von Phänomenen in ein bestimmtes theoretisches Vokabular geht, sondern dieses nur dazu dient, Zusammenhänge im Material selbst überhaupt erst unmittelbar analytisch in den Blick nehmen zu können. Diese Funktion der Theorie wird auch bei Glaser (1978) deutlich, der in seiner Schrift „Theoretical Sensitivity" auf die Diversität möglicher theoretischer Hintergründe für die Analyse nach der Grounded Theory hinweist und das oben beschriebene Kodierparadigma als nur *eine* Form unter vielen Möglichkeiten behandelt, die Daten analytisch aufzubrechen.

Die Methodologie der Grounded Theory wurde im Zusammenhang einer Studie zur Interaktion mit Sterbenden (Glaser/Strauss 1965/1974) entwickelt, an der das Wirken des Prinzips der offenen Frage sowie der vermittelten Unmittelbarkeit auf der Ebene der Beziehung der Forschenden zu ihrem Untersuchungsgegenstand nun kurz veranschaulicht werden soll. Im Gegensatz zum bis dato vorherrschenden quantitativen Paradigma empirischer Forschung distanzierten sich die Autoren hier nachdrücklich von dem Anspruch einer ausschließlichen Theorieprüfung und traten stattdessen dafür ein, aus dem Datenmaterial selbst eine Theorie zu generieren. Die Fragestellung der Studie ist entsprechend offen formuliert: „Recognizing that most Americans are now dying inside hospitals, we have focused upon what happens when people die there" (ebd., S. viii). Im Gegensatz zur geschlossenen Frage werden die Untersuchungsgegenstände in den Möglichkeiten ihrer Selbstexpressivität nicht determiniert. Es werden keine Antwortmöglichkeiten in Bezug auf die Forschungsfrage vorgegeben, sodass letztlich auf die Garantie ihrer Beantwortung verzichtet werden muss.

Dennoch entfällt nicht die Garantie der Beantwortbarkeit, denn diese ist über den theoretischen Vorentwurf des Gegenstands gewährleistet. Im Fall der genannten Studie fokussieren die Autoren nach Maßgabe ihrer theoretischen Ausrichtung insbesondere die Interaktionsbeziehungen im Feld und stellen die entsprechenden Handlungskontexte sowie die Prozesshaftigkeit des Sterbens in den Mittelpunkt, um daraus eine abstrakte Theorie in Bezug auf die Kategorie des „Bewusstseinskontexts" („awareness context") zu erarbeiten (ebd., S. ix). Die Voraussetzung von Interaktionsbeziehungen zwischen in ihrem jeweiligen situationalen Kontext handelnden Akteuren und der Prozesshaftigkeit des Sozialen sind dabei sozialtheoretische Annahmen, die ihren Ursprung im symbolischen Interaktionismus sowie Pragmatismus der Chicago School im Anschluss an Erving Goffman und George Herbert Mead haben. Eine solche theoretische Fundierung leitet denn auch die Analyse im Sinne beobachtungsleitender Annahmen und führt letztlich dazu, dass Kategorien wie die unterschiedlichen Kontexte des Wahrnehmens und der Bewusstheit mit ihren jeweiligen interaktionalen Bedingungen und Konsequenzen herausgearbeitet werden können (ebd., S. 29 ff.). Es wird also gleichsam festgelegt, als *was* die soziale Wirklichkeit überhaupt in Erscheinung treten kann – im Fall der genannten Studie ganz wesentlich als Geflecht von Interaktionsbeziehungen handelnder Akteure in ihrem jeweiligen Bedingungskontext.

Das Prinzip der offenen Frage sowie der vermittelten Unmittelbarkeit der Forschungsbeziehung schaffen also die Grundlage für die Entwicklung einer Theorie, die über die alltagsweltliche Beschreibung dessen, was man in den Daten auf den ersten Blick „sieht", hinausgeht. Die Distanzierung von einer qualitativen Tradition, die an einer reinen *Deskription* von Phänomenen im Feld interessiert ist, wurde damit zu einem zentralen Anliegen der sich entwickelnden Methodologie.

5.2 Vermittelte Unmittelbarkeit als Strukturmerkmal des Gegenstandes

Auch wenn die Forschungsbeziehung stets eine theoretisch vermittelte ist, folgt der Vorentwurf des Gegenstandes selbst (2) im Rahmen der Grounded Theory eher einem Primat der *Unmittelbarkeit*. Akteure im Feld werden als direkt miteinander interagierend konzipiert. Sie führen in unmittelbar von ihnen erfassbaren Kontexten bestimmte Handlungen aus und nehmen sich wechselseitig als unmittelbare Wirklichkeit wahr. Dies hat ganz bestimmte methodische Konsequenzen zur Folge: Zentrales methodisches Prinzip, das aus der stärkeren Gewichtung des Aspekts der Unmittelbarkeit im Vorentwurf des Gegenstandes folgt, ist die Nutzung möglichst „natürlicher" Daten zur Generierung einer Theorie. Es ist also notwendig, ins Feld zu gehen, um an Ort und Stelle zu beobachten, wie sich wer wo und wann in Bezug auf wen oder was verhält. In der Studie „Awareness of Dying" wird deshalb die Vermitteltheit der Beziehungen der Untersuchungsgegenstände untereinander nicht zum Problem gemacht, sondern im Gegenteil ihr Erleben des Krankenhauskontextes, seiner Apparaturen und Gerätschaften, seiner Routinen und Abläufe sowie die Interaktion mit Ärzten, Schwestern und Angehörigen als unmittelbare Wirklichkeit in den Vordergrund gestellt.

5.3 Vermittelte Unmittelbarkeit in der Forschungsbeziehung

Eng damit verbunden ist schließlich die Vorstellung, dass der Forschende in seiner praktischen Beziehung zu den Akteuren im Feld ebenfalls *unmittelbar* erfassen kann, was dort vor sich geht. Die Reflexion dieser Art der Forschungsbeziehung (3) ist zwar ebenfalls dem Prinzip vermittelter Unmittelbarkeit nach den theoretischen Grundsätzen der Chicago School, des Pragmatismus und symbolischen Interaktionismus verpflichtet, sie neigt aber dennoch dazu, den Aspekt der Unmittelbarkeit zu betonen. Dies hat im Rahmen der Grounded Theory heftige innermethodische Debatten ausgelöst, die bis zu einer Spaltung in verschiedene Grundströmungen geführt haben.

Noch einmal soll zur Veranschaulichung auf die Studie zur Interaktion mit Sterbenden verwiesen werden, anhand derer die methodologischen Grundprinzipien des Verfahrens entwickelt wurden. An der Stelle, an der hier die Reflexion der Forschungsbeziehung ansetzt und die schließlich zur Entwicklung einer eigenen Methodologie geführt hat, wird von den Autoren betont, dass die *Gründung* ihrer Theorie in den Daten der empirischen Wirklichkeit ihr zentrales Anliegen ist. Diese soll aus Konzepten bestehen, die unmittelbar aus dem Material generiert und nicht etwa im Vorfeld als fertige Kategorien an dieses herangetragen und nur noch zugeordnet werden müssen. Der Aspekt der Unmittelbarkeit stand bei der Entwicklung dieses Paradigmas also auch auf der Ebene der Reflexion der Forschungsbeziehung im Vordergrund, denn dieses war ein wichtiges Abgrenzungskriterium zu den bis dato vorherrschenden theorieprüfenden Verfahren. Entsprechend galt es, sich im Sinne einer Ethnographie ganz auf das Feld und die Eigendynamik der dortigen Interaktionszusammenhänge einzulassen. Dies schließt explizit auch die Eigendynamik in der Beziehung zwischen Forschenden und Feldakteuren ein. Auch heute wird die Grounded Theory bisweilen noch als Methode verstanden, bei der Kategorien im Material einfach nur „entdeckt" werden müssen (Strauss 1998, S. 56). Eine solche Wortwahl suggeriert, dass man ohne jede theoretische Vermittlung rein induktiv an die Daten herangehen kann und theoretische Kategorien damit *unmittelbar* aus dem Material hervorgehen. Wie bereits gezeigt wurde, sind auch im Fall der Grounded Theory ganz bestimmte theoretische Konzepte zur Herstellung des Vorentwurfs des Untersuchungsgegenstands wirksam. Das gleiche theoretische Vokabular dient nun auch zur Reflexion der Forschungsbeziehung: Gerade im Lichte eines solchen theoretischen Gerüsts erscheint die Forschungsbeziehung allerdings als unmittelbar, sodass die konkreten empirischen Bedingungen als die wesentlichen Bestimmungsfaktoren der wissenschaftlichen Analyse betrachtet werden.

Im Laufe der letzten 25 Jahre haben sich zwischen unterschiedlichen Vertretern der Grounded Theory heftige Debatten entwickelt, die zur methodischen Trennung der Schulen nach Strauss und Glaser geführt haben (Mey/

Mruck 2011). Während Barney Glaser für ein eher offenes induktives Vorgehen plädiert, das so wenig theoretische Vorannahmen wie möglich enthält, und damit den Aspekt der Unmittelbarkeit stark macht, gehört für Anselm Strauss – vor allem in späterer Zusammenarbeit mit Juliet Corbin – der eher werkzeugmäßige Gebrauch des Kodierparadigmas, aber auch die Verifikation und Nutzung bestehender Theorien zum Forschungsprozess dazu. Das analytische Vorgehen wird mit seiner lehrbuchartigen Explikation zugleich stärker reflektiert, wodurch der Aspekt der Vermitteltheit nun etwas stärker in den Vordergrund tritt. Die teils erbittert geführten innermethodischen Debatten, die die unterschiedlichen Auslegungen und Weiterentwicklungen der Grounded Theory hervorgebracht haben – etwa in Form einer konstruktivistischen Grounded Theory (Charmaz 2006) – machen insgesamt das unauflösbare Spannungsverhältnis zwischen Unmittelbarkeit und Vermitteltheit offenbar, welche sich aus der Gültigkeit des Prinzips der vermittelten Unmittelbarkeit ergeben. Sie sind ein Indiz dafür, dass sich die Adäquanz der empirischen Analyse nur im *Zusammenspiel* beider Elemente – eben *als vermittelte Unmittelbarkeit* – gewährleisten lässt. Gemäß Glasers Vorwürfen an Strauss und seine Schüler ab den 1990er Jahren „verflacht" empirische Forschung bei einer rein schematischen Anwendung des Kodierparadigmas und seiner Verfahrensregeln (Glaser 2004). Andererseits können „echte" theoretische Konzepte nie rein induktiv entstehen – sie sind bereits in ihrer Entstehung theoretisch vermittelt und machen erst so die scheinbare Unmittelbarkeit der Analyse des Materials möglich.

6 Beispiel 2: Diskursanalyse

Die Diskursanalyse und ihre Kontroversen bestellen ein weites Feld. Für unsere exemplarische Darstellung beschränken wir uns daher auf Diskursanalysen im Anschluss an Michel Foucault. Wir werden zunächst herausarbeiten, wie der theoretische Vorentwurf beschaffen ist, den die Diskursanalyse für sich in Anspruch nimmt. Anhand einer aktuellen Studie soll illustriert werden,

1. in welcher Weise das Prinzip der offenen Frage und die theoretische Vermittlung in der Diskursanalyse wirksam sind.
2. In einem zweiten Schritt soll gezeigt werden, in welcher Weise Gegenstände im Feld erscheinen bzw. wie sie auf die Frage antworten können. Hier zeigt sich, dass die Diskursanalyse dazu neigt, den Aspekt der *Vermitteltheit* stärker zu betonen. Dies hat zu einer Kontroverse geführt, die die Methode(n) der Diskursanalyse verändert hat.
3. Schließlich lässt sich zeigen, dass auch die Reflexion auf die Forschungsbeziehung dem Prinzip der vermittelten Unmittelbarkeit folgt. Allerdings

scheint es hier einen Konsens darüber zu geben, in der Reflexion eher einem Primat der *Vermittlung* zu folgen.

6.1 Die theoretische Vermittlung des Gegenstandes

Die an Foucault orientierte Diskursanalyse geht davon aus, dass die Welt vor allem diskursiv strukturiert ist. Ein Diskurs kann als „symbolische […] Darstellung, Vermittlung und Konstitution von Gegenständen in kommunikativen Prozessen" (Traue/Pfahl/Schürmann 2014, S. 493) verstanden werden. Solche kommunikativen Prozesse werden selbst schon als Teil des Diskurses behandelt. Diskurse sind demnach „Praktiken […], die systematisch die Gegenstände bilden, von denen sie sprechen" (Foucault 1981, S. 74).

Diskurse werden also als Welt und weltstrukturierend verstanden. Sie bilden nicht einfach eine Ansammlung von Informationen, sondern sie legen fest, was wie ausgesagt werden kann. Begriffe oder Gegenstände kommen daher nicht als fertige Grundbausteine eines Diskurses vor, vielmehr wird es bereits als durch den Diskurs hervorgebrachte Wirkung behandelt, dass es sich in dem einen Fall um Begriffe, in dem anderen um Gegenstände handelt. Der theoretische Vorentwurf legt also fest, in welcher Weise ein Phänomen zu behandeln ist: Die Bedeutung von Phänomenen kann nicht als selbstevident aufgefasst werden. Gemäß dem Prinzip der offenen Frage interessiert sich die Diskursanalyse für die Frage, nach welchen Regelstrukturen ein bestimmter Diskurs funktioniert und begrenzt wird, nach welchen Regeln also etwas an einem Ort und zu einer Zeit beispielsweise als Begriff und nicht als Gegenstand erscheint (Foucault 1981, S. 58).

Eine bedeutende Strömung der Diskursanalyse nimmt eine genealogische Perspektive ein (Foucault 2009b; Foucault 1994, S. 41). Sie interessiert sich dabei vor allem für die diskursanalytische Erforschung von Subjektivität. Dabei wird die Frage fokussiert, in welcher Weise Menschen sich als Menschen verstehen können. In genealogischer Perspektive wird davon ausgegangen, dass Subjektivität eine diskursive Wirkung darstellt. Um die Weise dieser Wirkung zu bezeichnen, entwickelt Foucault einen neuartigen Begriff von Macht. Diese „produziert Gegenstandsbereiche und Wahrheitsrituale: das Individuum und seine Erkenntnis sind Ergebnisse dieser Produktion" (Foucault 1994, S. 249 f.).

Die Wirkungsweise des Prinzips der offenen Frage und der vermittelten Unmittelbarkeit lässt sich gut an der genealogisch orientierten Studie von Bröckling (2007) illustrieren, die im Feld der Gouvernementalitätsstudien (Bröckling/Krasmann/Lemke 2000) angesiedelt ist. Sie fragt nach den Regelstrukturen der Bildung gegenwärtiger unternehmerischer Subjektivität. In gewisser Weise ähnlich wie die Grounded Theory soll in dieser Studie ausgehend von der Analyse des Materials die Theorie des unternehmerischen Selbst erst gebildet werden. Hierzu nimmt Bröckling, Foucault folgend, an, dass Menschen erst zu Subjekten werden müssen und dass auf der Ebene des theoretischen Vorentwurfs nicht festgelegt werden kann, welche Formen von Subjektivität möglich sind. Ganz im Sinne der Annahme Foucaults zur autogenetischen Konstitution von Diskursen konstatiert Bröckling: Das Subjekt

> „bezieht seine Handlungsfähigkeit aber von ebenjenen Instanzen, gegen die es seine Autonomie behauptet. Seine Hervorbringung und seine Unterwerfung fallen zusammen" (Bröckling 2007, S. 19).

Entsprechend stellt er in dieser Studie die Frage, in welcher Weise jene Instanzen festlegen, was als unternehmerische Subjektivität zu verstehen ist. So wird nicht vorgegeben, wie diese Frage im Material beantwortet wird, nur, dass sie beantwortet werden kann. Außerdem wird auch deutlich, dass er – obwohl er ebenso wie nach der Grounded Theory die Theorie des unternehmerischen Selbst aus dem Material entwickeln will – das Material nicht nur anders interpretiert, sondern sich Auswahl und „Sein" des Materials qua theoretischer Vermittlung gänzlich anders darstellen müssen (Diaz-Bone 2006). Bröckling (2007, S. 21) verweist darauf, dass die die Subjektivität erzeugenden Machtverhältnisse ihrerseits als durch Subjekte erzeugte angenommen werden müssen, womit er eine Einsicht aus Foucaults (1987; 2005) Spätwerk aufnimmt. Bröckling bleibt jedoch dabei:

> „Untersucht wird also ein Regime der Subjektivierung, nicht was die diesem Regime unterworfenen und in dieser Unterwerfung sich selbst als Subjekte konstituierenden Menschen tatsächlich sagen oder tun" (Bröckling 2007, S. 10).

Zu diesem Zweck analysiert er volkswirtschaftliche, psychologische und soziologische Theorien, Managementprogramme und Kreativitätsratgeber.

6.2 Vermittelte Unmittelbarkeit als Strukturmerkmal des Gegenstandes

Die Konsequenz auf der zweiten Ebene der vermittelten Unmittelbarkeit besteht darin, jeden Gegenstand als denjenigen zu behandeln, als der er im und durch den Diskurs ausgesagt wird. Die Wirklichkeit der untersuchten Gegenstände besteht in dieser Perspektive in der Weise ihres Ausgesagtseins. Foucault sieht es aber nicht als Entscheidung der Forscherin an, auszuwählen, was zum Diskurs gehört und was nicht, sondern beansprucht, dass der Diskurs eine eigene Wirklichkeit ist, deren Zustandekommen (und deren Grenzen) die Forscherin staunend beobachten kann. „[E]s sind die Dinge selbst und die Ereignisse, die sich unmerklich zu Diskursen machen" (Foucault 1991/2012, S. 32). In dieser Weise wird der Diskurs als etwas behandelt, das sich selbst *unmittelbar* konstituiert und insofern von sich aus auf die Frage des Forschers antworten kann. Mit dem Diskurs des unternehmerischen Selbst beschreibt Bröckling ein „Kraftfeld" und

> „die widersprüchlichen Richtungen, in die es die Einzelnen zieht, und nicht zuletzt [...] die Verfahren, mit denen sie ihre eigenen Bewegungen auf den Sog einstellen" (Bröckling 2007, S. 8).

Gegenstand der Diskursanalyse sind also nicht das Subjekt und seine (unmittelbaren) Handlungen selbst. Subjekte erscheinen hier nur als diskursiv *vermittelte* Sachverhalte. Unmittelbar handelnde Subjekte kommen nicht im möglichen Auswahlbereich des Materials vor.

Diese Betonung der diskursiven *Vermitteltheit* hat deutliche Kritik ausgelöst. In direkter Konfrontationsstellung zu den vorher von Bröckling dazu publizierten Aufsätzen versucht Andrea Bührmann die Diskursanalyse weiterzuentwickeln. Sie wendet kritisch ein, Bröckling verfalle „einem linguistischen Idealismus, indem er auf einer bloß diskursiven Ebene verbleibt" (Bührmann 2005, o. S.). Sie kritisiert, dass Bröckling es versäume, die „konkrete lokale Praxis" (ebd.) zu erkunden. Auf der Ebene der *Feldbeziehungen* fordert Bührmann also eine empirische Einlösung des Postulats der Freiheit des Subjekts – die bereits von Foucault und Bröckling betont wurde – derart ein, dass der *unmittelbare* Gebrauch seiner Freiheit analysiert werden sollte. Dass auf der Ebene des Feldes der Aspekt der Unmittelbarkeit subjektiver Handlungsweise stärkere Beachtung finden sollte, haben auch andere Vertreter der Diskursanalyse im deutschsprachigen Raum gefordert (Keller 2005; Jäger 2006). Diese Forderung versucht Bührmann dann zusammen mit Schneider im Konzept der Dispositivanalyse umzusetzen (Bührmann/Schneider 2007).

6.3 Vermittelte Unmittelbarkeit in der Forschungsbeziehung

Bei der Reflexion auf die Forschungsbeziehung zwischen Beobachter und Feldteilnehmer thematisiert Foucault durchaus, dass auch die diskursanalytische Untersuchung unmittelbare Dynamiken entwickelt, die qua theoretischem Vorentwurf nicht kontrolliert werden können. Einerseits ist es programmatisches Ziel der Diskursanalyse, „die vertrauten Landschaften zu verlassen und fern von den gewohnten Garantien auf ein neues Gebiet vorzustoßen" (Foucault 1981, S. 59), andererseits werden die Überraschungen in der unmittelbaren Praxis diskursanalytischer Forschung nicht systematisch mit den vorher in Anschlag gebrachten theoretischen Vorannahmen in Beziehung gebracht. Vorrangig wird die Forschungsbeziehung unter dem Gesichtspunkt der Vermitteltheit ausgeleuchtet.

Die historisch-diskursive Situation, die den Vermittlungszusammenhang der Feldteilnehmer konstituiert, umgreift sowohl die Forscherin als auch die Art und Weise der Beziehung, die sie zu den Feldteilnehmern unterhält. Deshalb muss Foucault sich auch zurückhalten in den Geltungsansprüchen, die er in Bezug auf seine Diskursanalysen erhebt, weil er nur vordergründig ihr Autor ist:

> „Mein Buch [gemeint ist *Die Ordnung der Dinge*, Foucault 1974] ist eine einfache, reine Fiktion: ein Roman, aber nicht ich habe ihn erfunden, sondern das Verhältnis zwischen unserer Zeit samt ihrer epistemologischen Konfiguration und dieser ganzen Masse von Äußerungen" (Foucault 2009a, S. 31).

Diskursiv vermittelt ist also nicht nur die untersuchte Subjektivität, sondern auch die Forschungsbeziehung bzw. die Forschungspraxis. Kein unmittelbar handelndes oder interagierendes Erkenntnissubjekt, sondern eher ein durch die diskursive Situation hervorgebrachter Automat, der nur das aufschreibt, was sie erlaubt. Bei Bröckling findet sich ein solcher Reflexionsschritt nicht in gleicher Weise.

Bührmann scheint ebenso wie Foucault dafür zu werben, auf der Ebene der Reflexion der Forschungsbeziehung deren diskursive Vermittlung, d. h. den Aspekt der Vermitteltheit, zu betonen und einer empirischen Analyse zugänglich zu machen, wenn sie fordert, die „ganz realen Bedingungen zu berücksichtigen, unter denen spezifische Subjektivierungsweisen sich historisch konkret formieren" (Bührmann 2005, o. S.). Hierbei lässt sie es freilich offen, inwiefern die soziologische Beobachterin noch Gegenstand dieser Analyse sein sollte. Auch andere Vertreter der Diskursanalyse betonen, wenn sie für eine solche Reflexion werben, den Aspekt der Vermitteltheit (Diaz-Bone 2006; Jäger 2006).

Das Postulat menschlicher Freiheit bei Foucault und Bröckling sowie die kritisch daran anschließende Forderung Bührmanns, die unmittelbare menschliche Praxis in die diskursanalytische Forschung aufzunehmen, dokumentieren eine bedeutende Kontroverse innerhalb des Feldes der Diskursanalyse, die Eingang in mehrere Methodenvorschläge gefunden hat. In dieser Kontroverse kommt zum Ausdruck, dass und wie die Diskursanalyse am Prinzip der vermittelten Unmittelbarkeit orientiert ist.

7 Prinzipien methodologisch kontrollierten Verstehens

Ausgehend von dem allgemeinen Verfahrensprinzip der offenen Frage haben wir die in der qualitativen Forschung verwendeten Formen methodologisch kontrollierten Verstehens rekonstruiert. Dieses Prinzip führt auf ein weiteres allgemeines methodologisches Prinzip, dasjenige der vermittelten Unmittelbarkeit. Unser Vorgehen orientierte sich an einer exemplarischen Analyse, indem die praktische Gültigkeit dieser Prinzipien anhand einzelner Ansätze erläutert wurde: der eher mikrosoziologisch orientierten Grounded Theory und der eher makrosoziologisch orientierten Diskursanalyse. Das Ergebnis lässt sich sinnentsprechend auf andere Ansätze der qualitativen Forschung übertragen.

Beide Prinzipien verweisen auf einen bislang kaum explizierten methodologischen Konsens. Ihre Bedeutung für dessen Rekonstruktion ist aber jeweils anders gelagert. Das Prinzip der offenen Frage beschreibt einen unstrittigen Grundsatz:

1. Der Bezug zum Gegenstand ist durch einen *theoretischen Vorentwurf*, d. h. durch Konzepte, vermittelt.
2. Durch den theoretischen Vorentwurf wird festgelegt, dass der Gegenstand auf die Forschungsfrage *antworten* kann und wie er sich dabei zum Ausdruck bringt, als Diskurs, als Praxis usw.
3. Das Prinzip der offenen Frage erfordert es, dass die *Forschungssubjekte* sich auf ein offenes Verhältnis zum Forschungsgegenstand einlassen, in dem eine nicht-kontrollierbare Eigendynamik entsteht.

Das Prinzip der vermittelten Unmittelbarkeit differenziert das Prinzip der offenen Frage vor allem auf den Ebenen zwei und drei. Dadurch lässt sich der genannte methodologische Konsens in anderer Weise explizieren, nämlich als ein solcher, der zentralen methodologischen Kontroversen zugrunde liegt und diese strukturiert. In diesen fungiert das Prinzip der vermittelten Unmittelbarkeit insofern als Maßstab, als die Protagonistinnen die jeweils andere Position dafür kritisieren, entweder den Aspekt der Unmittelbarkeit oder denjenigen der Vermitteltheit zu stark zu machen bzw. absolut zu setzen. Daraus ergibt sich als implizit wirksamer Maßstab der Kritik, dass der Sachverhalt der vermittelten Unmittelbarkeit jeweils insgesamt zu berücksichtigen sei. Ein allgemein anerkanntes Maß, wann vermittelte Unmittelbarkeit in angemessener Weise erreicht ist, ist bislang nicht formuliert worden. Es wird jedoch akzeptiert, dass eine vollständige Vereinseitigung im Sinne reiner Unmittelbarkeit oder reiner Vermitteltheit methodologisch in die Irre führen würde.

Macht man das Prinzip der offenen Frage und dasjenige der vermittelten Unmittelbarkeit zum *expliziten* Gütekriterium, das neben anderen Gütekriterien steht (Flick in diesem Band), führt dies auf die Möglichkeit, methodologische Kontrolle und eine entsprechende Kritik der Verfahrensweisen qualitativer Sozialforschung systematisch auszuarbeiten:

1. Es ist methodologisch bedeutsam, wie im Rahmen des theoretischen Vorentwurfs festgelegt wird, *wie der Gegenstand auf die Frage antworten kann*. Dies enthält Aussagen darüber, wie die Akteure bzw. Strukturen des Feldes

selbst begriffen werden. Enthält der Vorentwurf überhaupt Kategorien, um etwa unmittelbare Umweltbezüge von Akteuren als relevante Beobachtungsgegenstände zu erfassen? Ein Beispiel hierfür wäre etwa, dass und wie in der Wissenssoziologie auf die Selbstverständlichkeit der Alltagswelt abgehoben wird, wodurch diese nach dem Prinzip der vermittelten Unmittelbarkeit einen eigenen Wirklichkeitswert bekommt. Dieser wird aber gleichzeitig wieder relativiert, denn das Signum der soziologisch verstehenden Beobachtung besteht gerade in dem analytischen Aufweis des Sachverhalts, dass die Unmittelbarkeit des Lebenszusammenhangs nur durch einen Vermittlungszusammenhang (etwa Verteilung gesellschaftlichen Wissens) hindurch zustande kommt und erkennbar ist. Damit enthält der Vorentwurf zugleich Kategorien, die es ermöglichen, den Sachverhalt symbolischer Strukturierung einzubeziehen.

2. Mit dem Vorentwurf sind methodologische Implikationen verbunden, die die *Gestaltung der Beziehung zwischen Forschenden und Gegenstand der Forschung* betreffen. Gemäß dem Prinzip der offenen Frage ist zu erwarten, dass diese Beziehung nicht vollständig durch den verwendeten Vorentwurf bestimmt wird. Vielmehr wird sich in der unmittelbaren Forschungspraxis eine Eigendynamik entfalten. Dies verlangt vom Beobachter, dass er sich von dem unmittelbaren Lebenszusammenhang, den er beobachtet, distanziert, um dessen Unmittelbarkeit nicht einfach im Sinne eines „going native" zu wiederholen. Damit wendet sich die Anwendung des Prinzips der vermittelten Unmittelbarkeit gegen eine rein deskriptive Forschung, die, weil sie keine ausreichenden distanzierenden Schritte unternimmt, um den Vermittlungszusammenhang ihrer Beschreibungen nicht weiß. Sie wendet sich aber auch gegen einen Theoretizismus, der ausschließlich den Vermittlungszusammenhang fokussiert und dem unmittelbaren Lebenszusammenhang jeden Wirklichkeitswert nimmt.

Das Prinzip der offenen Frage und dasjenige der vermittelten Unmittelbarkeit als *explizite Maßstäbe* zu verwenden, erfordert es, sowohl die Praxis als auch die Methodologie eines jeweiligen Ansatzes rational zu gestalten und für eine Kritik zu öffnen, die sich an diesen Prinzipien orientiert. Auf diese Weise wird das Geschäft der Kritik und die Weiterentwicklung bestehender Methoden rationalisiert und systematisiert.

Literatur

Amann, K./Hirschauer, S. (1997): Die Befremdung der eigenen Kultur: zur ethnographischen Herausforderung soziologischer Empirie. Frankfurt am Main: Suhrkamp.
Apel, K.-O. (1979): Die Erklären-Verstehen-Kontroverse in transzendentalpragmatischer Sicht. Frankfurt am Main: Suhrkamp.

Bröckling, U./Krasmann, S./Lemke, T. (Hrsg.) (2000): Gouvernementalität der Gegenwart. Studien zur Ökonomisierung des Sozialen. Frankfurt am Main: Suhrkamp.
Bröckling, U. (2007): Das unternehmerische Selbst. Frankfurt am Main: Suhrkamp.
Bührmann, A. D. (2005): Das Auftauchen des unternehmerischen Selbst und seine gegenwärtige Hegemonialität. Einige grundlegende Anmerkungen zur Analyse des (Trans-) Formierungsgeschehens moderner Subjektivierungsweisen. In: Forum Qualitative Sozialforschung / Forum: Qualitative Social Research 6(1).
www.qualitative-research.net/index.php/fqs/article/view/518/1121 (Abruf 28.08.2015).
Bührmann, A. D./Schneider, W. (2007): Mehr als nur diskursive Praxis? – Konzeptionelle Grundlagen und methodische Aspekte der Dispositivanalyse. In: Forum Qualitative Sozialforschung / Forum: Qualitative Social Research 8(2).
www.qualitative-research.net/index.php/fqs/article/view/237/526 (Abruf 28.08.2015).
Charmaz, K. (2006): Constructing grounded theory: A practical guide to qualitative analysis. London: Sage.
Diaz-Bone, R. (2006): Zur Methodologisierung der Foucaultschen Diskursanalyse. In: Forum Qualitative Sozialforschung / Forum: Qualitative Social Research 7(1).
www.qualitative-research.net/index.php/fqs/article/view/71/146 (Abruf 28.08.2015).
Foucault, M. (1974): Die Ordnung der Dinge. Frankfurt am Main: Suhrkamp.
Foucault, M. (1981): Die Archäologie des Wissens. Frankfurt am Main: Suhrkamp.
Foucault, M. (2005): Subjekt und Macht. In: Foucault, M. (2005): Dits et Ecrits 4, S. 269–293.
Foucault, M. (1987): Das Subjekt und die Macht. In: Dreyfus, H. L./Rabinow, P. (Hrsg.) (1987): Michel Foucault. Jenseits von Strukturalismus und Hermeneutik. Frankfurt am Main: athenäum, S. 243–264.
Foucault, M. (1991/2012): Die Ordnung des Diskurses. Frankfurt am Main: Fischer.
Foucault, M. (1994): Überwachen und Strafen. Frankfurt am Main: Suhrkamp.
Foucault, M. (2009a): Über verschiedene Arten, Geschichte zu schreiben. Gespräch mit R. Bellour. In: Foucault, M. (2009): Geometrie des Verfahrens. Frankfurt am Main: Suhrkamp, S. 23–41.
Foucault, M. (2009b): Nietzsche, die Genealogie, die Historie. In: Foucault, M. (2009): Geometrie des Verfahrens. Frankfurt am Main: Suhrkamp, S. 181–205.
Glaser, B. G. (1978): Theoretical Sensitivity. Advances in the Methodology of Grounded Theory. Mill Valley: Sociology Press.
Glaser, B. G. (2004): Naturalist Inquiry and Grounded Theory. In: Forum Qualitative Sozialforschung / Forum: Qualitative Social Research 5(1).
www.qualitative-research.net/index.php/fqs/article/view/652/1413 (Abruf 17.6.2015).
Glaser, B. G./Strauss, Anselm L. (1974/1965): Awareness of Dying. Chicago: Aldine.
Glaser, B. G./Strauss, Anselm L. (2010/1967): Grounded Theory. Strategien qualitativer Forschung. 3., unveränderte Auflage. Bern: Huber.
Greshoff, R./Kneer, G./Schneider, W. L. (Hrsg.) (2008): Verstehen und Erklären. Sozial- und Kulturwissenschaftliche Perspektiven. München: Fink.
Hacking, I. (1999): Was heißt „soziale Konstruktion"? Zur Konjunktur einer Kampfvokabel in den Wissenschaften. Frankfurt am Main: Fischer.
Jäger, S. (2006): Diskurs und Wissen. Theoretische und methodische Aspekte einer Kritischen Diskurs- und Dispositivanalyse. In: Keller, R./Hirseland, A./Schneider, W./Viehöver, W. (Hrsg.) (2006): Handbuch sozialwissenschaftliche Diskursanalyse. Band 1: Theorien und Methoden. Wiesbaden: VS, S. 83–114.
Keller, R. (2005): Wissenssoziologische Diskursanalyse. Wiesbaden: VS.
Lindemann, G. (2005): Beobachtung der Hirnforschung. In: Deutsche Zeitschrift für Philosophie 53 (5), S. 761–781.
Lindemann, G. (2008): Verstehen und Erklären bei Helmuth Plessner. In: Greshoff, R./Kneer, G./Schneider, W. L. (Hrsg.) (2008): Verstehen und Erklären. Sozial- und Kulturwissenschaftliche Perspektiven. München: Fink, S. 117–142.
Lindemann, G. (2014): Weltzugänge. Die mehrdimensionale Ordnung des Sozialen. Weilerswist: Velbrück Wissenschaft.
Luhmann, N. (1984): Soziale Systeme. Frankfurt am Main: Suhrkamp.

Mayring, P. (2016): Einführung in die qualitative Sozialforschung: Eine Anleitung zu qualitativem Denken. 6., überarbeitete Auflage. Weinheim, Basel: Beltz.
Mey, G./Mruck, K. (2011): Grounded-Theory-Methodologie: Entwicklung, Stand, Perspektiven. In: Mey, G./Mruck, K. (Hrsg.) (2011): Grounded Theory Reader. 2., aktualisierte und erweiterte Auflage. Wiesbaden: VS, S. 11–48.
Pfahl, L./Schürmann, L./Traue, B. (2014): Diskursanalyse. In: Baur, N./Blasius, J. (Hrsg.) (2014): Handbuch Methoden der empirischen Sozialforschung. Wiesbaden: VS, S. 493–508.
Plessner, H. (1928/1975): Die Stufen des Organischen und der Mensch. Berlin, New York: de Gruyter.
Plessner, H. (1931/1981): Macht und menschliche Natur. Frankfurt am Main: Suhrkamp.
Przyborski, A./Wohlrab-Sahr, M. (2009): Qualitative Sozialforschung: Ein Arbeitsbuch. 2., korrigierte Auflage. München: Oldenbourg.
Schütz, Alfred (2004): Common Sense und wissenschaftliche Interpretation menschlicher Handlung. In: Schnettler, B./Strübing, J. (Hrsg.) (2004): Methodologie interpretativer Sozialforschung. Klassische Grundlagentexte. Konstanz: UVK, S. 155–197.
Simmel G. (1906/1992): Soziologie. Frankfurt am Main: Suhrkamp.
Steinke, I. (2008): Gütekriterien qualitativer Forschung. In: Flick, U./von Kardorff, E./Steinke, I. (Hrsg.) (2008): Qualitative Forschung. Ein Handbuch. 6., durchgesehene und aktualisierte Auflage. Reinbek bei Hamburg: Rowohlt Taschenbuch Verlag. S. 319-331.
Strauss, A. L. (1998): Grundlagen qualitativer Sozialforschung: Datenanalyse und Theoriebildung in der empirischen soziologischen Forschung. 2. Auflage. Paderborn: Fink.
Strauss, A. L./Corbin, J. M. (1996): Grounded Theory. Grundlagen Qualitativer Forschung. Weinheim: Beltz.

1.8
Von der reflexiven Methodologie zur empirischen Wissenschaftstheorie

Hubert Knoblauch

1 Einleitung[1]

Der interpretative Charakter qualitativer Methoden ist keineswegs eine ihrer untergeordneten Eigenschaften, sondern eine methodologische Haltung, die sich auf die verstehende Tradition stützt, wie sie in der Einleitung dieses Bandes skizziert wurde. Indem die verstehende Soziologie betont, dass die Gegenstände der Sozialwissenschaften immer schon gedeutete Gegenstände sind, hebt sie nicht nur auf diese Deutungsprozesse ab. Sie wendet sich auch immer der Frage zu, wie die Wissenschaft selbst dieses Verstehen leisten kann. Diese Frage wurde anfangs – von Weber (1921/1980) bis Schütz (1932/1974) – theoretisch-methodologisch behandelt. In der jüngeren Zeit wird sie aber auch zunehmend selbst empirisch angegangen. Diese empirische Zuwendung zur eigenen Vorgehensweise kann man als „reflexive Methodologie" bezeichnen. Den Begriff habe ich selbst vor zwanzig Jahren als ein zukünftiges Entwicklungsfeld der qualitativen Methoden vorgeschlagen (Knoblauch 2000; Knoblauch 2004), und tatsächlich hat sich in der jüngeren Zeit eine reflexive Methodologie entwickelt – zum Teil, wie wir sehen werden, ausdrücklich unter diesem Titel. Wie in diesem Beitrag argumentiert werden soll, kann die reflexive Methodologie als eine der Weisen angesehen werden, wie die Sozialwissenschaft ihre Methoden und damit auch ihre Befunde begründen kann, ohne auf absolute Prinzipien der Letztbegründung, substantielle oder naive unausgesprochene Wahrheitsbegriffe zurückgreifen zu müssen. Sie wendet sich vielmehr reflexiv ihren eigenen Praktiken so zu, dass sie ihr eigenes Handeln daran ausrichten kann.

Dazu möchte ich im Folgenden zunächst das Konzept der reflexiven Methodologie im Zusammenhang mit der reflexiven Soziologie skizzieren und beides voneinander abgrenzen. In einem zweiten Teil sollen dann Aspekte der reflexiven Methodologie aufgeführt werden, wobei vor allem die bislang verkürzten epistemologisch-subjektivistischen Vorstellungen durch das Konzept der kommunikativen Reflexivität ergänzt werden. Dieses abstrakte Konzept soll

---

1 Dank an Nina Baur und Michaela Pfadenhauer für ihre enorm hilfreichen Hinweise und Kommentare.

an einem kurzen Beispiel veranschaulicht werden. Zwar gibt es schon zahllose Fälle reflexiver Methodenforschung, doch soll das Beispiel hier dazu dienen, das Spezifikum dieses Konzepts der Reflexivität herauszustellen, nämlich die Videoanalyse der Videoanalyse. Der Fall soll dazu beitragen, die reflexive Methodologie von der Wissenschaftsforschung durch ihre andersgelagerte Handlungsorientierung abzugrenzen. Sie zielt darauf, wie Forschung angemessen durchgeführt werden soll, hat also einen normativen Bezug. Die damit verbundenen Fragen sollen abschließend angesprochen werden.

2 Reflexive Soziologie und reflexive Methodologie

Der Begriff der *reflexiven Methodologie* bezeichnet in einem ersten Vorgriff eine Methodologie, die „die faktischen Prozesse der qualitativen Forschung selbst zum Gegenstand der Analyse und zugleich zur Ressource der Forschung" macht (Knoblauch 2000, S. 629). Während die Definition vor allem mit Blick auf den „Ressourcen-Charakter" von Forschung noch sehr offen bleiben musste, da eine solche Methodologie noch in den Kinderschuhen steckte, konnte sich ihre Verwendung des Attributs „reflexiv" an die Ethnomethodologie anlehnen, wie sie von Harold Garfinkel (1967) entwickelt wurde. Deren Vorstellung der Reflexivität bildet den Hintergrund der sozialwissenschaftlichen Erforschung der (zunächst: Natur-)Wissenschaften, für die Ausbildung der Laborforschung und damit für die ethnomethodologische Ausprägung der Science Studies, die sich zunächst auf die Naturwissenschaften gestützt haben: Autorinnen wie Knorr-Cetina (1984), Latour und Woolgar (1979) haben aufgezeigt, dass die Wissenschaften nicht einfach Natur erforschen, sondern die Natur in ihren „Ethnomethoden", Praktiken und kommunikativen Handlungen so konstruiert wird, dass sie nicht nur von anderen Naturwissenschaftlerinnen verstanden, sondern auch von Sozialwissenschaftlerinnen beobachtet werden können. Diese ethnomethodologische Wissenschaftsforschung wurde zwar von einer diskurstheoretischen Wissenschaftskritik begleitet, die jedoch, soweit ich sehe, keinen Raum für die Beobachtung einer solchen Reflexivität eröffnet.

So erfolgreich die ethnomethodologisch inspirierte Wissenschaftsforschung war, so führte ihre situationalistische Beschränktheit (dass also Reflexivität lediglich von den je situativ interagierenden Handelnden erzeugt werde) zu einer umfänglichen Kritik von Seiten institutionalistischer wissenschaftssoziologischer Theorien und in der Folge zu eigenwilligen, aber nicht minder erfolgreichen Gegenreaktionen, wie etwa Latours (2007) Einforderung der Objektivität des Sozialen.

Eine – durchaus programmatisch vertretene – Verbindung zwischen beiden Positionen deutet sich erst im Spätwerk Bourdieus an, der sich nicht zufällig wieder des Begriffes der Reflexivität bedient. Hatte Bourdieu schon in einem

Interviewband mit Wacquant (1992) eine „reflexive Soziologie" gefordert, so formulierte er in „Science de la science et réflexivité" von 2001 das Programm einer reflexiven Soziologie so aus, dass sie sowohl die klassische institutionalistische Wissenschaftsforschung Mertonscher (Merton 1936) und Kuhnscher (Kuhn 1967) Prägung wie auch das „Strong Programme" (Mulkay 1979) und die ethnomethodologisch inspirierte *Wissenschafts*forschung, die „microsociologie constructiviste" (Bourdieu 2001, S. 114), einschließen sollte. Das Handeln in der Wissenschaft wird einerseits von der Position der Wissenschaftlerinnen im Feld geprägt, andererseits von ihrem verkörperten situativen Handeln, wobei das im Körper eingelagerte Wissen als Habitus eine vermittelnde Rolle einnimmt. *Reflexivität* heißt:

> „La science sociale est une construction sociale d'une construction sociale" (Bourdieu 2001, S. 172).

Diese Formulierung macht jenes Verhältnis einer „*Soziologie der Soziologie*" deutlich, die man in einem formalen Sinne als reflexiv bezeichnen könnte: eine Soziologie, die sich auf die Soziologie selbst bezieht und sie zum Gegenstand der Untersuchung macht. Im angelsächsischen Sprachraum wird dieser Ansatz von Camic, Gross und Lamont (2011) verfolgt, und auch im deutschsprachigen Raum wurde er u. a. von Keller und Poferl (2018) aufgenommen.

Im Unterschied zu Camic, Gross und Lamont (2011) haben sich Keller und Poferl (2018) nicht dem sozialwissenschaftlichen Wissen allgemein, sondern besonders den sozialwissenschaftlichen Methoden zugewandt, insbesondere der Entwicklung der *qualitativen Methoden in Frankreich und Deutschland*. Wie sie zeigen, neigt die qualitative Forschung nicht erst seit der Ethnomethodologie ausdrücklich – und man möchte sagen: bewusst – zu einer besonderen Art der Reflexivität. Diese Reflexivität war zunächst von der kritischen Theorie motiviert, die sich eben kritisch zur Mainstreamwissenschaft, ihrer (wie Horkheimer (1970) es nannte) „traditionellen Theorie" und (wie der Methodenstreit der 1950er und 1960er Jahre argumentierte) ihrer „verdinglichenden" Methodologie verhielt.

Ihren für die Ausweitung der qualitativen Methode prägenden Charakter erhielt diese Form der Reflexivität aber durch Alfred Schütz und seine Ausarbeitung der verstehenden Methodologie. Alle Sozialwissenschaften hätten es mit schon gedeuteten Phänomenen zu tun, sie seien Interpretationen von Interpretationen. Deswegen sei nicht nur das alltägliche Interpretieren ein Gegenstand der (im Falle von Schütz: theoretischen) Forschung, sondern gleichermaßen auch das Interpretieren der Sozialwissenschaften selbst. Dieses Reflexivitätsmodell brachte Schütz (2004) schon in den 1950er Jahren bekanntlich auf den Begriff der Konstruktionen erster, also alltäglicher, und zweiter, also wissenschaftlicher Ordnung. Er elaborierte die dazugehörige Methodologie auf eine sehr fruchtbare Weise, so dass daran nicht nur die Ethnomethodologie, sondern auch ein großer Teil der sich ausbildenden qualitativen Methoden anschließen konnten, der dem „*interpretativen Paradigma*" zugerechnet werden kann. Man könnte mit einigem (wenn auch nicht mit allem) Recht behaupten, dass diese breite Vorstellung des Reflexivitätsmodells seither zum Grundverständnis der interpretativen Sozialforschung gehört und vor allem mithilfe der *Hermeneutik* eine ausgebaute methodologische Basis erhalten hat (Soeffner 1989).

3 Subjektive Reflexivität

Auch wenn man die Zuwendung der Soziologie zur Soziologie und der Interpretation zur Interpretation als reflexiv bezeichnen möchte, so ist mit dem oben genannten Konzept der reflexiven Methodologie doch etwas Spezifischeres gemeint, das, wie gesagt, mittlerweile auch in den qualitativen Methoden ausdrücklich so genannt wird. Im deutschen Sprachraum ist etwa Franz Breuers Monographie „Reflexive Grounded Theory" von 2009 zu nennen, im angelsächsischen Sprachraum der Band „Reflexive Methodology" von Alvesson und Skjoldberg (2017). Beide Bände bieten ausdrückliche Beispiele für die reflexive Methodologie. Allerdings beschränken sie sich, wie ich meine, auf besondere Arten der Reflexivität, die ich hier herausstellen möchte.

3.1 Selbstreflexivität der forschenden Person

Breuer versteht unter Reflexivität eigentlich und genauer: Selbstreflexivität der forschenden Person. Ihm geht es um die „Subjekt/ivitäts-Charakteristik der/des Forschenden", die „sowohl hinsichtlich ihrer lebensweltlichen Einbettung als private Person wie hinsichtlich der Bedeutung für die Forschungsinteraktion Beachtung finden soll" (Breuer 2009, S. 9). Breuer formuliert damit das vermutlich dem Alltagsverständnis am nächsten liegende Konzept der Reflexivität: Das Subjekt richtet sich auf sich selbst. In seiner radikalsten Form ist dieses Verständnis philosophisch von Edmund Husserl (1928) formuliert worden, dessen phänomenologische Methode alle Wahrnehmungen, Handlungen und Urteile auf eine rein selbstbezogene Weise betrachtet und die Fähigkeit des Bewusstseins zum „reflexiven" Selbstbezug auch als die wesentliche Quelle dieser Methode herausstellte.

Dass allerdings das Selbst der Reflexion ein unbedingter Ausgangspunkt für das Soziale und nicht sehr viel mehr ein Ergebnis sozialer Prozesse darstellt, muss gerade bei der Anwendung eines so hochgradig spezialisierten Wissens wie dem um sozialwissenschaftliche Methoden bezweifelt werden. Denn diese

Methoden haben wir ja nicht nur theoretisch und diskursiv, sondern auch unter Anwendung einer Reihe von recht asketischen Selbsttechniken etwa beim Lesen von Transkripten oder sequentiellen Anschauen von Videos von Methoden erworben. Methoden sind in dieser Hinsicht nicht nur Mittel zur Ordnung von Intersubjektivität, sondern immer auch zur Subjektivierung und Herstellung besonderer Arten von Subjekten mit ihrem Wissen, ihren verkörperten Fähigkeiten des sinnlichen Erfahrens und Handelns.

3.2 Reflexion der gesellschaftlichen Bedingungen des wissenschaftlichen Habitus

Auf einen anderen Aspekt der Reflexivität weist Bourdieu (2001, S. 178) mit seinem Vorschlag der „auto-socioanalyse" hin. Auch wenn sie an die „Autoethnographie" erinnert, wird sie von Bourdieu entschieden von der „réflexivité narcissique" unterschieden. Bourdieu hat nicht die Selbstreflexion des Subjekts im Sinne, sondern die Reflexion auf die gesellschaftlichen Bedingungen des eigenen Habitus der Wissenschaftlerinnen. Hier geht es also weniger um die eigenen Erfahrungen als um das Kapital und die Positionen im sozialen Raum. Bourdieu wirft hier die Frage auf, wie sehr sich im Subjekt die sozialen Strukturen und die kulturellen Inhalte „homologisch" reflektieren. Damit formuliert er eine Form der Reflexivität, die zwar für die subjektive Reflexion relevant ist, von ihr aber nicht notwendig benannt wird.

3.3 Reflexion der theoretischen Grundannahmen

Allerdings setzt Bourdieu voraus, dass seine soziologische Begrifflichkeit für das, was reflektiert wird, unbezweifelt akzeptiert und als gültig angesetzt wird. Gegen diese Verabsolutierung einer besonderen Theorieperspektive richtet sich die reflexive Methodologie von Alvesson und Skjoldberg (2017). Sie betonen zwar auch die Rolle kognitiver, sprachlicher, politischer und kultureller Bedingungen für die Durchführung qualitativer Methoden. Ähnlich wie bei Lindemann et al. (in diesem Band) richtet sich ihre Reflexivität aber auf die *Abhängigkeit der methodischen Vorgehensweise, der Dateninterpretationen oder des Forschungsdesigns von den sozialtheoretischen Annahmen*, die sie als (Post-)Positivismus, Sozialkonstruktionismus (!) und Neorealismus bezeichnen.

So sehr die Abhängigkeit der methodisch erzeugten Erkenntnisse von den Theorien und ihren epistemologischen Positionen einleuchtet, zeichnen sich Alvesson und Skjoldberg ebenso wie Bourdieu und Breuer doch dadurch aus, dass sie eine gemeinsame Vorstellung der Reflexion teilen. Zwar unterscheiden sie *verschiedene Gegenstände dessen, was reflektiert werden soll (Subjekte, Theorien, Sozialstrukturen); in allen Fällen aber ist es das denkende (oder „fühlende") Subjekt, das die Reflexion im eigenen Bewusstsein durchführen soll. Diese Annahme wird auch nicht geändert, wenn affektive Aspekte miteinbezogen werden und die Evidenz des Interpretierens auf das „Fühlen" und die therapeutische Pflege der Forschenden ausgeweitet wird. Die Reflexion erscheint als ein klassisch „erkenntnistheoretischer" Prozess, der sich weitgehend als Denkprozess ebenso in der forschenden Person abspielt. Das mag für das alltägliche Denken eine naheliegende Annahme sein, spätestens aber seit Meads Arbeiten zum Denken als „inneren Dialog" ist sie in der Wissenssoziologie keineswegs mehr selbstverständlich. In der Philosophie wird diese Position als „Social Epistemology" bezeichnet (Schmitt 1994). Sie bildet davor eine der grundlegenden Einsichten der Wissenssoziologie (vgl. dazu Knoblauch 2012, S. 379 ff.).

4 Kommunikative Reflexivität

Im Unterschied zu dieser immer im Selbst verankerten Reflexivität möchte ich den Begriff der *kommunikativen Reflexivität* vorschlagen. Der Begriff der kommunikativen Reflexivität setzt eine Sozialtheorie voraus, die soziales Handeln als wesentlich relational versteht, das sich körperlich vollzieht, deswegen grundsätzlich mit Objektivierungen verbunden, also kommunikatives Handeln ist. Ohne diese Theorie hier ausführen zu können, möchte ich den im Rahmen dieser Sozialtheorie skizzierten Begriff der kommunikativen Reflexivität (Knoblauch 2017, S. 199 ff.) kurz anreißen. Reflexivität wird hier nicht als eine Form des „inneren Selbstbezuges" gesehen, der sich unbemerkt im Bewusstsein abspielt; dieser Bewusstseinsvorgang wird vielmehr als *Internalisierung kommunikativer Handlungssequenzen* verstanden, die sich ihrer wesentlichen Reziprozität verdanken, etwa wenn der Handlungsvollzug im „Wahrnehmungsverhalten" der Anderen gespiegelt wird.

Reziprozität bildet die Grundlage der Reflexivität kommunikativen Handelns, die sich vorsprachlich etwa in der seit langem bekannten „*Spiegelung*" äußert: So bleibt unser Gesichtsausdruck ja für uns selbst zumeist unsichtbar und wird erst durch das verstehbar, was andere beobachtbar darauf als Reaktion anzeigen. Cooley (1902) sprach deswegen treffend vom „Spiegelungseffekt", der besagt, dass sich das eigene Verhalten in dem Verhalten der anderen reflektiert. In ihrem performativen Vollzug haben sie einen deutlich zeitlichen Bezug: Denn sie zeigen im Vollzug nicht nur an, was die Handlung erreichen will (etwa eine Frage stellen); sie zeigen auch Anderen an, wie die Handlung verstanden werden soll; dieses Verständnis bleibt nicht „innerlich", sondern kommt wiederum in der Folgehandlung zum objektivierten Ausdruck (und zwar auch und gerade, wie wir sehen werden, wenn die Folgehandlung ausbleibt). Der nächste

Zug ist immer auch eine Deutung des vorangegangenen Zuges, der eben nicht nur Sinn schafft, sondern auf Andere einwirkt.

Diese Vorstellung der Reflexivität ist etwa in der Konversationsanalyse zu einer analytischen Ressource gemacht worden. Sie tritt aber durchaus auch außerhalb der Ethnomethodologie auf. So definiert Turner (1986, S. 74) im Rahmen seiner Theorie der Performanz, dass Handelnde nicht nur etwas machen, sondern anderen auch anzeigen, was sie machen oder gemacht haben („not only do things, they try to show others what they are doing or have done"). Auch Goffman geht grundsätzlich davon aus, dass wir in der Kommunikation

> „unser Verhalten für Andere so verstehbar und relevant […] machen, dass sie beobachten können, was vor sich geht. Was immer wir sonst tun: Wir müssen unsere Aktivitäten an das Bewusstsein der Anderen richten, d. h. an ihr Vermögen, unsere Worte als Hinweis auf unsere Gefühle, Gedanken und Absichten zu lesen" (Goffman 2005, S. 264).

So sehr Reflexivität kommunikativ ist, darf sie keineswegs als bloße kybernetische Rückkopplung verstanden werden, wie sie in einfachen technischen Systemen auftritt. Es geht nicht nur um das „Feedback" der Wirkhandlung, sondern um einen *Mitvollzug des mit ihr verbundenen Sinns*. Der Sinn ist nicht nur „Information", er muss auch verstanden werden. Auf dieses Merkmal macht Archer aufmerksam, die den Begriff der „kommunikativen Reflexivität" einführte. Kommunikative Reflexivität erlaubt es, dass die Sprechenden ihre Äußerungen fortsetzen können. Sie erfordert

> „people who can understand and enter into the subject's concern and preoccupations to such an extent that they can complete and confirm their friends' tentative thoughts by their talk together" (Archer 2012, S. 147).

Reflexivität darf auch nicht mit „Metakommunikation" verwechselt werden (Watzlawick/Bavelas/Jackson 1967). Denn als „Kommunikation über Kommunikation" unterscheidet sich Metakommunikation schon sequenziell von dem, worüber sie kommuniziert: Wie ein Kommentar bildet sie eine gesonderte Sequenz, die sich auf eine andere Sequenz bezieht und sie kommentiert. Kommunikative Reflexivität ist dagegen immer ein *Teil der fortlaufenden Kommunikation*. Als sichtbare Seite des kommunikativen Handelns ist sie die Voraussetzung dafür, dass es überhaupt Metakommunikation gibt und dass sie einen Bezug zur Kommunikation herstellen kann: Sie zeigt an, wenn man über etwas kommuniziert, was gerade kommuniziert wurde oder wird. Kommunikative Reflexivität ist aber auch am Werk, wenn wir eine Frage als ernst gemeinte oder als rhetorische Frage aussprechen (und auch, wenn die Alternative nicht eindeutig gehalten wird). Außerdem bildet sie die Grundlage für die Beobachtung der Kommunikation, wie sie von der Konversationsanalyse systematisch (und, wie sie angibt, auch im Alltag) genutzt wird: Sofern wir mit den Objektivationen kulturell vertraut sind, können wir verstehen, was angezeigt wird; und da wir nicht in die Handlungszusammenhänge, die verstanden werden, eingebettet sind, können wir dieses Verständnis auch explizieren.

5   Die Videoanalyse der Videoanalyse

Kommunikative Reflexivität bedeutet, dass die Reflexion eben keineswegs auf einen subjektiven Denkvorgang reduziert werden kann; vielmehr verdankt sich dieser in der Regel selbst dem *Umgang vor allem mit objektivierten Zeichen*. Die Rolle der Objektivationen ist natürlich gerade im Falle der Wissenschaft von besonderer Bedeutung, wo es „*Daten*" sind, denen diese Rolle zukommt.

Der Begriff „*reflexive Methodologie*" bezeichnet dann die reflexive Anwendung der Methoden auf die Methoden selbst, und zwar so, dass die *Sozialität auf beiden Ebenen* beachtet wird:

- auf der Ebene des Beobachteten und
- auf der Ebene der Beobachtenden.

Indem sie die Reflexivität des kommunikativen Handelns nutzt, entkommt sie dem unendlichen Regress, und dadurch, dass sie sie anhand von Daten objektiviert und empirisch beobachtbar macht, dem Zirkel, dass jede Interpretation wieder auf die andere Ebene verweist. Die reflexive Zuwendung auf die Methoden bezieht sich also nicht nur auf die „Deutungen", sondern auf die objektivierten Daten, die intersubjektiv beobachtbar sind und als Evidenz dienen, wie etwa die auf Tonband aufgezeichneten und dann auf Papier getippten Gespräche oder Interviews.

Gerade für eine interpretative Wissenschaft von der sozialen Wirklichkeit ist es entscheidend, ob die Situationen, in denen Daten erzeugt werden, von den Wissenschaften mit Macht selbst, also „*forschungsinduziert*" hergestellt werden (Interviews, Experimente, „Videotagebücher" etc.) oder ob die von den Wissenschaften beobachteten Situationen in eigenem Recht unabhängig von der Wissenschaft „*prozessgeneriert*" werden und – mehr oder weniger „*nichtreaktiv*" – beobachtet, aufgezeichnet oder anderswie protokolliert wurden, wie etwa audiovisuelle Aufzeichnungen von Gesprächen, aber auch Chats im Internet.

Während im ersten „*rekonstruierenden Fall*" die Wissenschaftlerin nicht nur die Daten erzeugt, sondern auch „reaktiv" die Situation, die in den Daten abgebildet ist (und damit eine in der subjektiven Reflexion nicht mehr einholbare objektivierte Reaktivität erzeugt), kann im zweiten „*registrierenden Fall*" zwar ein bestimmter Fokus gewählt werden, doch bleibt das, was in den Daten repräsentiert wird, (möglichst) weitgehend unbeeinflusst („nicht-reaktiv") von den Forschenden. Die Reaktivität kann durch die Objektivierung auch Gegenstand der Reflexion werden (vgl. Tuma/Knoblauch/Schnettler 2013; zur Unterscheidung zwischen Rekonstruktion und Registrierung vgl. Bergmann 1985).

Die Anwendung dieses Konzepts der methodischen Reflexivität auf den sozialwissenschaftlichen Datenerhebungsprozess selbst hört sich abstrakt an, doch gibt es berühmte Vorläufer und neuerdings auch zahlreiche Anwendungsbeispiele, auch wenn sie zumeist unter anderen Titeln laufen. Zu nennen ist etwa die „Natural History of an Interview" und „First five minutes", in denen ein psychiatrisches Interview zum Gegenstand einer von einer Gruppe durchgeführten Filmanalyse wurde (Pittenger et al. 1960). Ein schon deutlich stärker an den sozialwissenschaftlichen Methoden ausgerichtetes Projekt wurde von Luckmann geleitet, der Ende der 1970er Jahre die Konstitution von Interviewdaten zum Gegenstand der empirischen Forschung machte (Luckmann/Gross 1977). Hier wurden Interviews per Video aufgezeichnet und zum Gegenstand einer Art der Analyse gemacht, die später als „multimodal" bezeichnet wurde.

Ein Beispiel aus unserer eigenen Forschung ist die *Videoanalyse der Videoanalyse*.[2] Im Unterschied zu den „vernakularen Videoanalysen" (Tuma 2017), die sich mit der Analyse von Videos durch verschiedene andere Professionelle (Polizei, Fußballtrainerinnen, Marktforscherinnen) beschäftigen (Broth/Laurier/Mondada 2014), geht es uns hier darum, *unsere eigenen wissenschaftlichen Analysen von Videos anhand von Videoaufzeichnungen unserer Analysen (also reflexiv) zu untersuchen.* Wir haben uns also selbst beim Interpretieren aufgenommen und danach unser Interpretieren interpretiert.

Das folgende Standbild (Abbildung 1) etwa zeigt eine Datensitzung, in der die Interpretationsgruppe sich an einem Tisch gegenübersitzt. Auf den Tischen liegen Papier mit Transkripten der im Video gesprochenen Texte sowie Abbildungen aus den Bilderbüchern, über die der Interviewer im Video mit dem abgebildeten Jungen spricht.

---

2   Dieses Beispiel wird breiter ausgeführt in Knoblauch und Schnettler (2012). Die Videoanalyse der Videoanalyse ist stark inspiriert von der Londoner WIT-Gruppe mit Christian Heath, Jon Hindmarsh, Paul Luff und Dirk vom Lehn, in der ich schon in den 1990er Jahren die Analyse von Videodaten durch die Polizei videoanalytisch untersuchen konnte. Hier reifte auch die Idee eines von der Analyse der Analyse geleiteten Methodenbuches. Zusammen mit René Tuma haben wir Aufzeichnungen vieler unserer eigenen Datenanalysen von Videodaten angefertigt und zuweilen auch Teile der Sitzungen zur Selbstanalyse verwendet. Das ursprüngliche Ziel bestand darin, unser Lehrbuch zur Videographie nicht vom Lehnstuhl aus zu schreiben, sondern auf diesen Analysen aufzubauen. Das endgültige Lehrbuch (Tuma/Knoblauch/Schnettler 2013) ist dann allerdings doch in sehr viel konventionellerer Form verfasst worden, u. a. weil wir keine passende Form für eine reflexive Fassung gefunden und zu wenig Zeit dafür hatten (für eine systematische Betrachtung verschiedener Formate vgl. Reichertz 2013).

Abbildung 1

Stellen die Transkripte und Bilder schon eine Verbindung zwischen dem repräsentierten Video und der Interpretationssituation her, so erfordert die Analyse des Interpretationsprozesses natürlich das Betrachten des Videos. Dazu werden Segmente der aufgezeichneten Interaktion (A) abgespielt, deren Auswahl aus dem Sample zuvor ausführlich begründet worden war. Das folgende Transkript, das in der Situation verwendet wurde, gibt den gesprochenen Teil des gezeigten Videofragments (eigene Auzeichnung) wieder.

1 I: Ähä und?

2 B: (1.0) En Mariechäfer.

3 (5.0) Eh gester hämmer en ÄCHTE Mariechäfer gha. Ich uf em

4 Finger.

Abbildung 2: Datensitzung

Die reflexive Methodologie interessiert sich nicht allein für diese transkribierte Szene zwischen dem Interviewer und dem Jungen, sondern für die Interpretation dieser Szene (B) durch die Beteiligten an der Datenanalysesitzung:

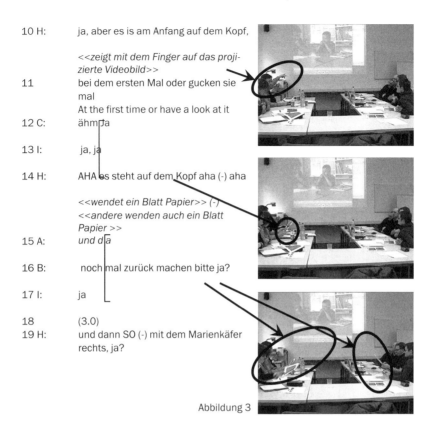

```
10 H:      ja, aber es is am Anfang auf dem Kopf,

           <<zeigt mit dem Finger auf das proji-
           zierte Videobild>>
11         bei dem ersten Mal oder gucken sie
           mal
           At the first time or have a look at it
12 C:      ähm ja

13 I:      ja, ja

14 H:      AHA es steht auf dem Kopf aha (-) aha

           <<wendet ein Blatt Papier>> (-)
           <<andere wenden auch ein Blatt
           Papier >>
15 A:      und d a

16 B:      noch mal zurück machen bitte ja?

17 I:      ja

18         (3.0)
19 H:      und dann SO (-) mit dem Marienkäfer
           rechts, ja?
```

Abbildung 3

H verweist nicht nur mit dem Finger fragend auf das Bild, auf das der Junge blickt, während er spricht; er wendet gleich auch demonstrativ das Blatt, auf dem das Bild abgebildet ist, damit es so vor ihm liegt, wie es auch vor dem Jungen und dem Interviewer liegt. An diesen Ablauf knüpfen sich leicht Beobachtungen über das Analysieren, wie etwa, dass zwischen beiden Situationen Dinge und Zeichen vermitteln, dass diese Verbindung ebenso performativ hergestellt wird wie in der untersuchten Situation und dass hier eine Rekontextualisierung stattfindet, in der das Blicken im Video mit dem Blick in der Analysesituation nicht nur zeitlich, sondern auch räumlich koordiniert wird. Das Video wird auf diese Weise ebenso in die Analysesituation übersetzt.

Wir können hier weder auf die weiteren Aspekte der Analyse der Analyse hinweisen (wie das mit den häufigen „Re-enactments" geschieht, die auch in Analysesituationen auftreten; vgl. Reichertz' Diskussion der Inszenierung in Interpretationsgruppen in diesem Band), noch auf die Aspekte dessen, was analysiert wurde (etwa die Arten des Einsatzes von visuellen Vorlagen für die Förderung der Sprachkompetenz bei Kindern), sondern nur einige allgemeine *Merkmale der reflexiven Methodologie* benennen:

1. Das Beispiel macht recht offensichtlich, wie *Analysen in ihrer Performanz beobachtbar sind*;
2. Es zeigt, wie wir die *performativen Metho*den analysieren können, und
3. es deutet sich an, dass diese Analysen nicht in einen Regress münden, sondern *zwischen beiden Ebenen vermitteln, also der Routinen des forschenden Handelns und der Beobachtung dieses Handelns anhand von Daten,* d. h. Objektivationen der Prozesse oder ihrer nachträglichen Rekonstruktionen.

Zentrales Merkmal der reflexiven Methodologie ist also die auf Daten gestützte *empirische Beobachtung der realzeitlichen Anwendung einer Forschungsmethode, die ihrerseits mit empirischen Daten arbeitet.* Dabei muss es sich nicht notwendig um dieselben Methoden handeln, also, wie hier, Videoanalyse der Videoanalyse oder Ethnographie der Ethnographie (Schindler 2017). Wesentlich dafür ist

a) *dass nicht nur die untersuchten Daten objektiviert sind, sondern auch die Performanz des Untersuchens in seinen verschiedenen Phasen*, wie (hier) der Interpretation oder aber auch der Datenerhebung.
b) *dass die Reflexivität kein bloß subjektiver Vorgang ist, sondern die empirische Untersuchung der Methoden der empirischen Untersuchung umfasst*; der Blick zielt also nicht auf die Befunde der untersuchten Untersuchung, sondern auf die Weisen, in denen die Untersuchung verfährt. Weil und sofern diese Methoden herausgestellt werden können, überwindet die reflexive Methodologie die Gefahr des indefiniten Regresses (eine Untersuchung der Untersuchung der Untersuchung…), vermutlich deswegen, weil die Subjektivität der Beteiligten eine als Tertius comparationis dienende Vergleichsgröße bildet. Für die Frage, ob und welche Konstanz sie aufweist, erscheinen mir neben der auto-socioanalyse auch autoethnographische (Zifonun 2012) und vor allem phänomenologische Methoden geeignet (Eberle/Hitzler 2000).

Die reflexive Methodologie beruht dabei auf der oben erläuterten allgemeinen kommunikativen Reflexivität, die in der reziproken Erzeugung, sinnlichen Wahrnehmung und zeichenhaften Behandlung nicht in einzelnen Subjekten, sondern wirkhandelnd zwischen ihnen erfolgt. Weil kommunikatives Handeln nicht nur die situative Performanz und ihre Wirkungen, sondern die leibkörperlichen Räume, die dinglichen und technischen Objektivationen sowie zeichenhafte Referenzen und Zeichen enthält, bezieht sich die Reflexivität auch auf den *Kontext der performativen Abläufe*, und zwar

- sowohl auf die *„sozialen Räume"*, aus denen die Akteure mit ihrem Wissen, ihrer Sprache und ihrem Habitus kommen,

- als auch auf die *sozialen Felder*, wie sie von Bourdieu zurecht herausgestellt werden, also die groß- und kleinteiligen institutionellen sozialen Welten (Disziplinen, soziale Gruppen, Milieus etc.), die sie in ihrer Performanz reproduzieren oder verändern.

Die fachgebietsinterne Video-Datensitzung, die im eigenen Institut angesiedelt ist und einen binnenfachlichen Diskurs einsetzt (und diesen, je nachdem, korrigiert und innoviert), ist ein deutlich anderer Kontext als die interdisziplinäre Sitzung, in der zwischen verschiedenen (theoretisch mehr oder weniger eindeutigen) Diskursen („kommunikatives Handeln", „Praxis", „Ethnomethode") oder disziplinär gängigen Diskursen („multimodal", „prosodisch", „sozialstrukturell") Grenzen gezogen werden oder aber auch eine deutliche Grenzarbeit (etwa zwischen den Vorgaben der „Auftraggeber" und den „wissenschaftlichen Fragestellungen") erfolgt. Mit den Diskursen und Begriffen verändern sich auch nicht nur die disziplinären Rahmungen, damit sind auch Wertungen verbunden, die unterschiedlichen Vorstellungen von Wissenschaft folgen können („nützliche", „gut belegte", „systematisch begründete" Beobachtung).

Diese *institutionellen Kontexte* sind sicherlich auch in die *Situation* durch besondere (etwa lexikalische) Markierungen oder eingespielte Praktiken („Sequenzanalyse") eingelassen, die Goffman (1994) als „institutionelle Reflexivität" bezeichnet hat: Etwa die geschlechtliche Kleider- oder Raumordnung (z. B. Toiletten). Hier wird systematisch durch Fallvergleich das alltäglich Selbstverständliche zutage getragen; man kann es ja nicht nur durch Videoanalysen herausbekommen, sondern indem man unterschiedliche Erzählungen bzw. Interviews von Wissenschaftspraxis vergleicht und sich systematisch Konflikte anschaut. Dann kann man auch mit Interviews und Prozessdaten arbeiten, was ich deshalb wichtig finde, weil man nicht alle Forschungssituationen filmen kann und manchmal Forschungspraktiken sich über viele Jahre hinziehen. So sind z. B. in der quantitativen Sozialforschung bestimmte Praktiken über die Ausbildung institutionalisiert – selbst die meisten Methodiker sind sich dessen nicht bewusst, das wird aber klar, wenn man Interviews mit verschiedenen Personen vergleicht. Schon der Umstand, dass Hdie Szene initiiert, hat etwa damit zu tun, dass es sich nicht um eine reine Datensitzung, sondern zugleich um eine Lehrveranstaltung mit einer gewissen Asymmetrie handelt (die sich in kommunikativen Rollen verfestigen kann; vgl. zum Thema der institutionalisierten Asymmetrie außerdem Reichertz in diesem Band). Da wir es mit hochkomplexen Organisationen und sehr spezialisierten Handelnden zu tun haben, muss die reflexive Methodologie hier auch klassische Methoden der soziologischen Analyse einsetzen – von der Rollenanalyse bis hin zur Sozialstrukturanalyse. Allerdings sollte sie es vermeiden, die spezifischen Annahmen dieser soziologischen Analysen – etwa über die spezifische Klassenstruktur oder die besondere Ordnung sozialer Felder oder Subsysteme – schlicht zu übernehmen, sondern durch die Evidenzen aus dem eigenen empirischen Material zu überprüfen und gegebenenfalls zu korrigieren. Die Betrachtung des institutionellen Kontextes bedeutet, dass wir die Interpretationen und Analysen nicht ausschließlich aus situativen Abläufen ableiten können.

Ein Beispiel für die *reflexive Methodologie, die über situative Abläufe hinausgeht*, ist etwa die „Projektnomadin", die von der Deutschen Forschungsgemeinschaft für den Sonderforschungsbereich „Affective Societies" an der FU Berlin bewilligt wurde. Sie hat zur Aufgabe, die Unterschiedlichkeiten der methodischen Vorgehensweisen zu erforschen, wie sie sich in den sozial- und kulturwissenschaftlichen Projekten ergeben. Ihre Erhebung bezieht sich also nicht auf eine einzige „Wissenschaftskultur", sondern auf das Aufeinandertreffen so verschiedener Wissenschaftskulturen (Lepenies 1985) hinsichtlich ihrer methodischen Vorgehensweisen, dass nicht einmal die Annahme der Verwendung von Methoden oder Daten von allen geteilt wird. Gegenstand sind hier aber nicht nur Situationen des wissenschaftlichen Arbeitens am Material, sondern auch die institutionelle Ordnung, wie sie von der Forschungsorganisation (hier also der DFG und ihrem SFB-Format) vorgegeben, von der besonderen Projektgruppe (in ihrem umfänglichen Antragstext) formuliert und durch die verschiedensten Situationen, Formate und Querverbindungen empirisch realisiert wird. Durch Fallvergleich wird dabei das alltäglich Selbstverständliche in dieser Forschung zutage gelegt.

Die Projektnomadin hat aber keineswegs nur analytisch-deskriptive Aufgaben, die man als wissenschaftsethnographisch bezeichnen könnte. Es geht ihr nicht nur darum, Methoden zu beschreiben; vielmehr geht es darum, aus der Beschreibung eine eigene, möglicherweise interdisziplinäre *Methodik zu entwickeln*. ‚Entwickeln' ist ein unschuldiger Begriff für die normative Bedeutung der Methoden, die auch in Methodenbüchern selten erörtert wird: Einmal entwickelt, sind Methoden keineswegs neutrale Hinweise, sondern Anleitungen zum Handeln, die häufig mehr als eine Kann-Norm sind, vielmehr – gerade unter neuen Evaluationsbedingungen – sogar einer „Muss-Norm" gleichen: Wir müssen uns also klarmachen, was häufig übersehen wird: Gerade die Methoden der Forschung sind entschieden normativ.

6 Schluss: Methodologie und kommunikatives Handeln

Reflexive Methodologie bedeutet, die Vorgehensweise des Forschens auf eine Weise zu beschreiben, die nicht nur Erkenntnisinteressen dient. Vielmehr soll sie zur Beschreibung dessen dienen, wie die Forschung tatsächlich gemacht wird. Diese Methoden werden bislang weitgehend aus der distanzierten Lehnstuhl-Perspektive nachträglich rekonstruiert. Erst in der jüngeren Zeit wendet sich die Forschung ihrer eigenen realzeitlichen Praxis zu. Der Begriff der Praxis deutet schon darauf hin, dass es sich hier vielfach um Ansätze handelt, die mit der Praxistheorie verbunden sind. Schon Hitzler und Honer (1989) haben früh darauf hingewiesen, dass die ethnomethodologische, heute eher praxistheoretische Wissenschaftsforschung zwar die sozialen Verstrickungen der Wissenschaft und damit ihre Abweichung von ihren selbstgesteckten eigenen Zielen aufzeige, nicht aber, was sie dagegen tun könne.

In der Tat geht es ja auch bei der reflexiven Methodologie um eine Rekonstruktion typischer, rekurrenter Handlungsmuster, die man durchaus als Praxis der Forschung beschreiben kann. Praxistheoretische Betrachtungen unterstellen allerdings, dass die Wissenschaftstheorie nur „Praktiken" folgt, die ohne subjektive Reflexion rekonstruiert werden können, und zwar auch wenn es sich um die herausragenden Vertreter der Wissenschaftstheorie selbst handelt (Daston/Galison 2010). Dagegen räumt die handlungstheoretische Perspektive zwar die Existenz eingeschliffener unausgesprochener Praktiken ein, lässt aber die Möglichkeit der Differenz zu, die aus der Subjektivität des Handelns entspringt (Knoblauch 2017). (Aus dieser Quelle zehrt auch die Möglichkeit der Täuschung, aber auch die Forderung nach Wahrhaftigkeit und Redlichkeit).

Wie gesehen, spielt aber auch die organisationale Machtstruktur mit ihren besonderen Rollen, Disziplinen und Technologien hinein; daneben sollte auch der für die Wissenschaft durchaus sehr relevante Legitimationsapparat mit seinem hehren Anspruch auf Wahrheit nicht vergessen werden. Haben wir es deswegen schon mit einer sehr beredten Praxis zu tun, die man wohl eher als Kommunikation bezeichnen sollte, so gibt es einen ganz entscheidenden Grund, dass wir diese reflexive Methodologie nicht auf eine Praxis in dem entsubjektivierten Sinne reduzieren dürfen, den die gegenwärtigen Praxistheorien vorschlagen: Denn wie der Hinweis auf die Normativität deutlich macht, geht es nicht nur darum, welche Normen in der Wissenschaft erfüllt werden; auch wenn die Reflexivität kommunikativ (etwa im Diskurs der Beobachtungen) erfolgt, so geht es der Methodologie immer auch um die Frage, wie wir die Beobachtung im eigenen Handeln umsetzen wollen. Weil wir nicht nur als vollständig in die Wissenschaft (tertiär) hineinsozialisierte Identitäten handeln, findet die Reflexion keineswegs nur in einem vom Subjekt abgekoppelten Raum der Kommunikation statt; vielmehr müssen die Subjekte die Reflexion mindestens so durchführen, dass sie sie verstehen und in ihren Handlungen so umsetzen, dass sie eben nicht einfach reproduziert, sondern auf neue Gegenstände angewandt werden. Auch wenn man bezweifeln will, dass gerade die Differenz des Subjekts zu den gesellschaftlichen Vorgaben an Methoden, wissenschaftlichem Wissen und Praktiken die Hauptquelle von Innovationen darstellt, so ist ihre Bedeutung doch so groß, dass es selbst in den standardisierten Wissenschaften fast immer einen Unterschied macht, wer die „Praktiken" durchführt. (Die Bedeutung der Subjektivität zur Erklärung der empirischen Heterogenität von „Qualia" ist genauer ausgeführt in Knoblauch 2008).

Die Subjektivität ist entscheidend dafür, dass wir beim wissenschaftlichen Forschen nicht auf eine Praxis reduzieren dürfen. Dass es dabei um Handeln geht, hat seinen Grund aber nicht nur in der notwendig subjektivierten Denkarbeit, die selbst in formalisierten Disziplinen wie der Mathematik große Unterschiede aufweist (Kiesow 2016).

Vielmehr geht es auch um Unterschiede der Orientierungen, an denen sich die Normen des Handelns ausrichten können. Zwar ist die Legitimation der Wissenschaft (bzw. ihr „Code") an der „Wahrheit" ausgerichtet, doch weisen auch andere Stimmen als die der kritischen Theorie darauf hin, dass die Nützlichkeit und Instrumentalität der wissenschaftlichen Forschung eine mindestens ebenso große Rolle spielen kann (Habermas 1985). Nützlichkeit muss keineswegs nur technologisch oder ökonomisch gemünzt sein; auch der wissenschaftliche Auftrag von Ministerien, Parteien oder der allgemeinen Öffentlichkeit fordert eine Orientierung ein, die als Nützlichkeit in einem eher politischen oder bürokratischen Sinne verstanden werden kann; er kann sich aber auch an der (öffentlichen) Verständlichkeit, ethischen Verantwortlichkeit oder an partizipativen Anschlussmöglichkeiten außerhalb der Wissenschaft orientieren.

Neben den von außerhalb des „wissenschaftlichen Systems" herangetragenen Werten werden aber auch die Entscheidungen für in der Methode angelegte normative Orientierungen durchaus folgenreich für die daraus folgende Praxis: Soll die Forschung den strengen Kriterien der intersubjektiven Überprüfbarkeit folgen, was durchaus eine Forderung der (methodisch kontrollierten) interpretativen Ansätze sein kann? Soll sie systematische und generalisierbare Aussagen ermöglichen – was durchaus eine strenge Methodologie erfordert, wie sie bei den interpretativen Methoden etwa in Form der analytischen Induktion bereitsteht (Katz 2001)? Geht es vor allem um eine psychologische und affektive Resonanz, wie sie etwa von Breuer (2009) vorgeschlagen wird, oder um eine Form der Plausibilisierung, wie sie für die postmoderne Wissenschaftstheorie tragend ist?

Wie sehr die unterschiedlichen Orientierungen auf die Art der Forschung zurückwirken, hat Tuma (2017) gerade am Beispiel der Videoanalyse deutlich gemacht: Die anwendungsbezogene ökonomische Analyse der Marktforschung weist eine signifikant andere Vorgehensweise auf als die der Polizei oder der Fußball-Videoanalysten, die sich wiederum deutlich von denen der sozialwissenschaftlichen Forschung unterscheiden.

Welche dieser Orientierungen als wissenschaftlich angesehen werden dürfen, können oder sollen, ist sicherlich Gegenstand einer empirischen Wissenschaftstheorie, die nicht nur deren Praxis kritisch reflektiert, sondern den Handelnden in der Wissenschaft auch Maximen, Empfehlungen und Ratschläge geben kann. Diese neu zu entwickelnde Wissenschaftstheorie muss neben den Praktiken vor allem auf das achten, was den Kern der Wissenschaft ausmacht: das, was als

Daten bezeichnet wird. Sie bilden nicht *nur* die Bezugspunkte der empirischen Aussagen, die Wissenschaft auszeichnen (und zwar wiederum keineswegs nur durch ihre Praktiken oder Ethnomethoden), sondern vielmehr eigenständige Objektivationen, die selbst einen Korpus bilden. Das soll keineswegs bedeuten, dass Daten verdinglicht werden sollten, ganz im Gegenteil: Weil sie selbst Erzeugnisse kommunikativer Handlungen sind, ist es ja gerade eine Aufgabe der reflexiven Methodologie, diese Erzeugung möglichst nachvollziehbar zu gestalten und ihren Bezug auf das, was als (soziale) Wirklichkeit bezeichnet wird, zu klären. Wie das Beispiel der Videoanalyse, aber auch etwa Big Data (vgl. Reichert in diesem Band) deutlich machen, sollte vor allem die zunehmende digitale Mediatisierung der interpretativen Datenerhebung, -analyse und -archivierung unterstreichen, wie sehr wir es bei der Forschung mit einem kommunikativen Handeln zu tun haben, dessen Reflexion keineswegs nur die Daten und unsere Vorgehensweise betrifft, sondern auch den eigentlichen Gegenstand unserer Forschung. So sehr die Wissenschaft damit selbst immer auch als gesellschaftlich anerkannt wird, erlaubt es die Reflexion aber auch, die Verwechslung zwischen den Methoden der Herstellung der Daten, den Daten und den durch sie auf der Grundlage von Theorie konstituierten Gegenstand zu vermeiden.

Literatur

Alvesson, M./Skjoldberg, K. (2017): Reflexive Methodology: New Vistas for Qualitative Research. London: Sage.
Archer, M. (2012): The Reflexive Imperative in Late Modernity. Cambridge: Cambridge University Press.
Bergmann, J. (1985): Flüchtigkeit und methodische Fixierung sozialer Wirklichkeit. In: Bonß, W./Hartmann, H. (Hrsg.) (1985): Entzauberte Wissenschaft. Sonderband der Sozialen Welt. Göttingen: Schwartz., S. 299–320.
Bourdieu, P./Wacquant, L. J. D. (1992): An Invitation to Reflexive Sociology. Chicago: Polity Press.
Bourdieu, P. (2001): Science de la science et réflexivité. Paris: Raisons d'Agir.
Breuer, F. (2009): Reflexive Grounded Theory. Wiesbaden: Springer.
Broth, M./Laurier, E./Mondada, L. (Hrsg.) (2014): Studies of Video Practices. New York und London: Routledge.
Camic, C./Gross, N./Lamont, M. (2011): Introduction: The Study of Social Knowledge Making. In: dies. (Hrsg.) (2011): Social Knowledge in the Making. Chicago und London: University of Chicago Press, S. 1–43.
Cooley, C. H. (1902): Human Nature and the Social Order. New York, Chicago und Boston: C. Scribner's sons.
Daston, L. J./Galison, P. (2010): Objectivity. New York: Zone.
Eberle, T. S./Hitzler, R. (2000): *Phänomenologische Lebensweltanalyse*. In: Flick, U. (Hrsg.) (2000): Qualitative Forschung: ein Handbuch. Reinbek bei Hamburg: Rowohlt, S. 109–118.
Garfinkel, H. (1967): Studies in Ethnomethodology. Englewood Cliffs: Prentice Hall.
Goffman, E. (1994): Geschlecht und Interaktion. Frankfurt am Main: Campus.
Goffman, E. (2005): Redeweisen. Konstanz: UVK.
Habermas, J. (1985): Zur Logik der Sozialwissenschaften. Frankfurt am Main: Suhrkamp, S. 203–306.
Hitzler, R./*Honer*, A. (1989): Vom Alltag der Forschung. Bemerkungen zu *Knorr* Cetinas wissen-

schaftssoziologischem Ansatz. In: Österreichische Zeitschrift für Soziologie 14, H. 4, S. 26–33.
Horkheimer, M. (1970): Traditionelle und kritische Theorie. Vier Aufsätze. Frankfurt am Main: Fischer.
Husserl, E. (1928): Vorlesungen zur Phänomenologie des inneren Zeitbewusstseins. Halle: Niemeyer.
Katz, J. (2001): Analytic Induction. In: Smelser, N. J./Baltes, P. B. (Hrsg.) (2001): International Encyclopedia of the Social & Behavioral Sciences. New York: Elsevier, S. 480–484.
Keller, R./Poferl A. (Hrsg.) (2018): Wissenskulturen der Soziologie. Weinheim und Basel: Beltz Juventa.
Kiesow, C. (2016): Die Mathematik als Denkwerk: Eine Studie zur kommunikativen und visuellen Performanz mathematischen Wissens. Wiesbaden: Springer VS.
Knoblauch, H. (2000): Zukunft und Perspektiven qualitativer Forschung. In: Flick. U./Kardoff, E.v./Steinke, I. (Hrsg.) (2000): Qualitative Forschung: Ein Handbuch. Hamburg: Rowohlt, S. 623–631.
Knoblauch, H. (2004): The Future Prospects of Qualitative Research. In: Flick, U./Kardoff, E. v./Steinke, I. (Hrsg.) (2014): A Companion to Qualitative Research. London: Sage, S. 354–358.
Knoblauch, H. (2008): Sinn und Subjektivität in der qualitativen Forschung. In: Kalthoff, H./Hirschauer, S./Lindemann, G. (Hrsg.) (2008): Theoretische Empirie. Zur Relevanz qualitativer Forschung. Frankfurt am Main: Suhrkamp, S. 210–233.
Knoblauch, H. (2012): Wissenssoziologie. Konstanz: UVK.
Knoblauch, H. (2017): Die kommunikative Konstruktion der Wirklichkeit. Wiesbaden: Springer VS.
Knoblauch, H./Schnettler, B. (2012): Videography: analysing video data as ‚focused' ethnographic and hermeneutical exercise. In: Qualitative Research 12, S. 334–356.
Knorr Cetina, K. (1984): Die Fabrikation von Erkenntnis. Zur Anthropologie der Naturwissenschaft. Frankfurt am Main: Suhrkamp.
Kuhn, T. (1967): Die Struktur wissenschaftlicher Revolutionen. Frankfurt am Main: Suhrkamp.
Latour, B./Woolgar, S. (1979): Laboratory Life: The Social Construction of Scientific Facts. Beverly Hills: Sage.
Latour, B. (2007): Eine neue Soziologie für eine neue Gesellschaft. Frankfurt am Main: Suhrkamp.
Lepenies, W. (1985): Die drei Kulturen. Soziologie zwischen Literatur und Wissenschaft. Reinbek bei Hamburg: Rowohlt.
Luckmann, T./Gross, P. (1977): Analyse unmittelbarer Kommunikation und Interaktion als Zugang zum Problem der Entstehung sozialwissenschaftlicher Daten. In: Bielefeld, H. I./Hess-Lüttich, E. (Hrsg.) (1977): Soziolinguistik und Empirie. Wiesbaden: Athenaion, S. 198–207.
Merton, R. K. (1936): Puritanism, pietism, and science. In: The Sociological Review 28, S. 1–30.
Mulkay, M. (1979): Science and the Sociology of Knowledge. London: UCP.
Pittenger, R. E./Hockett, C. H./Danehy, J. J.(1960): The First Five Minutes. A sample for microscopic interview analysis. Ithaca: CUP.
Reichertz, J. (2013): Gemeinsam Interpretieren. Über den Alltag der Gruppeninterpretation. Wiesbaden: Springer VS.
Schindler, L. (2017): The ethnomethods of ethnography. A trans-situational approach to the epistemology of qualitative research. In: Human Studies 41, S. 103–120.
Schmitt, F. F. (Hrsg.) (1994): Socializing Epistemology. The Social Dimension of Knowledge. Boston und London: Rowman and Littlefield.
Schütz, A. (1932/1974): Der sinnhafte Aufbau der sozialen Welt: Eine Einleitung in die verstehende Soziologie. Frankfurt am Main: Suhrkamp.
Schütz, A. (1953/2004): Common-Sense und wissenschaftliche Interpretation menschlichen Handelns. In: Strübing, J./Schnettler, B. (Hrsg.) (2004): Methodologie interpretativer Sozialforschung. Klassische Grundlagentexte. Konstanz: UVK/UTB, S. 155–197.
Soeffner, H.-G. (1989): Auslegung des Alltags – Der Alltag der Auslegung. Frankfurt am Main: Suhrkamp.
Tuma, R. (2017): Videoprofis im Alltag. Die kommunikative Vielfalt der Videoanalyse. Wiesbaden: Springer VS.

Tuma, R./Knoblauch, H./Schnettler, B. (2013): Videographie. Einführung in die interpretative Videoanalyse sozialer Situationen. Wiesbaden: VS.

Turner, Victor (1986): The Anthropology of Performance. New York: PAJ.

Watzlawick, P./Bavelas, J. B./Jackson, D. D. (1967): Pragmatics of Human Communication: A Study of Interactional Patterns, Pathologies, and Paradoxes. New York: Norton.

Weber, M. (1921/1980): Wirtschaft und Gesellschaft. Grundriss der verstehenden Soziologie. Tübingen: Mohr Siebeck.

Zifonun, D. (2012): Autoethnographie als Alternative? Der Fall einer gescheiterten Seminarteilnahme. In: Schröer, N./Hinnenkamp, V./Kreher, S./Poferl, A. (Hrsg.) (2012): Lebenswelt und Ethnographie. Essen, S. 195–202.

2 Theorie und Empirie der Interpretativität in der quantitativen Sozialforschung

2.1
Qualitativ – quantitativ – interpretativ: Zum Verhältnis methodologischer Paradigmen in der empirischen Sozialforschung

Nina Baur, Hubert Knoblauch, Leila Akremi und Boris Traue

1 Der Paradigmenstreit in der Soziologie

Nicht nur, aber auch im deutschsprachigen Raum werden heute ‚interpretative' und ‚qualitative' Forschung oft gleichgesetzt, und im selben Zuge wird eine starke Differenz zwischen ‚qualitativer' und ‚quantitativer' Sozialforschung aufgemacht. Während die ‚Paradigmendebatte' zwischen qualitativer und quantitativer Sozialforschung international erst in den 1980ern auflebte und in den 2000ern in die Etablierung einer Mixed-Methods-Community mündete (Baur/Kelle/Kuckartz 2017, S. 4-6), tobt sie in Deutschland seit der Zuspitzung des ‚Werturteilsstreits' und des ‚(Ersten) Methodenstreits' der 1920er Jahre zum ‚Positivismusstreit' bzw. ‚Zweiten Methodenstreit' in den 1960er Jahren (Adorno et al. 1969). Diese Debatte hält nicht nur bis heute an, sondern äußerte sich jüngst in der Ausgründung der ‚Akademie für Soziologie' (AS) aus der ‚Deutschen Gesellschaft für Soziologie' (DGS).

Dieser ‚Paradigmenstreit' wird dabei hochemotional geführt – die Positionen des jeweiligen ‚anderen' Lagers werden oft rhetorisch überspitzt und abgewertet. Dabei werden – so unsere These – verschiedene methodologische Probleme vermengt, die in der Geschichte der Theorie- und Methodologie-Debatten separat behandelt wurden und entweder gar nichts oder nur bedingt etwas mit der Unterscheidung zwischen qualitativer und quantitativer Forschung zu tun haben. Im Zuge dieser stark vereinfachenden Debatte werden ‚der' qualitativen und ‚der' quantitativen Tradition oft Extrempositionen zugeordnet, so dass beide Traditionen als monolithische Einheit erscheinen; sodann werden Forschende gezwungen, sich möglichst eindeutig dem einen oder anderen ‚Lager' zuzuordnen.

Diese Vermengung von Problembereichen einerseits und die Gleichsetzung von ‚qualitativer' und ‚interpretativer Forschung' andererseits erscheint uns allerdings in mehrerlei Hinsicht nicht angemessen:

Erstens ist nicht in allen Ländern die Interpretativität der Forschung gleichermaßen umstritten. So kann in Frankreich die Rede von ‚qualitativen Methoden' durchaus auf Unverständnis stoßen. Dies liegt darin begründet, dass dort bis heute tendenziell alle Methoden ‚Mixed Methods' und gleichzeitig interpretativ sind; zugleich ist die ‚interpretative Wende' und die damit verbundene methodologische Diskussion dort weitgehend ausgeblieben bzw. ein marginales Phänomen geblieben (Angermüller 2005).

Zweitens ist – wie Knoblauch et al. (in diesem Band) zeigen – zumindest im deutschsprachigen Raum die interpretative Tradition um siebzig bis hundert Jahre älter als die Tradition der qualitativen Methoden: Eine eigenständige, als ‚qualitativ' etikettierte Forschung entwickelte sich hier erst ab den 1970er Jahren (Ploder in diesem Band). Obwohl zweifellos schon vor den 1970ern auch im deutschsprachigen Raum sehr viele hervorragende Untersuchungen durchgeführt worden waren, die man heute als ‚qualitativ' bezeichnen würde, kann man erst seit den 1970ern von einer ‚Bewegung' sprechen, die zunächst in einer Reihe von Texten ihren Ausdruck findet: Die Übersetzung etwa von Cicourels (1967/1974) massiver Kritik der standardisierten Methoden sowie die Übersetzungen symbolisch-interaktionistischer, ethnomethodologischer und ethnographischer Arbeiten (Arbeitsgruppe Bielefelder Soziologen 1973) motivierte eine wachsende Zahl deutschsprachiger Sozialwissenschaftler, die damit verbundenen Methoden aufzunehmen bzw. eigene Methoden zu entwickeln (Arbeitsgruppe Bielefelder Soziologen 1973; Schütze 1983; Kallmeyer/Schütze 1976; Soeffner 1979). Dabei sollte beachtet werden, dass diese ‚qualitative' Bewegung keineswegs nur methodologisch orientiert war. Sie war vielmehr verbunden mit einem Wechsel sowohl der theoretischen Forschungsinteressen, als auch der sozialtheoretischen Perspektiven der Sozialwissenschaften, den manche als regelrechten Paradigmenwechsel vom ‚normativen Paradigma' des Strukturfunktionalismus zum ‚interpretativen Paradigma' beschreiben (Knoblauch 2013). Bezeichnenderweise war der diesen Paradigmenwechsel adressierende Aufsatz von Wilson (1973) auch schon im ersten der Bielefelder Sammelbände enthalten, die zwischen empirisch-methodischen Beiträgen (etwa zur Ethnographie der Kommunikation, Ethnosemantik) und theoretisch-analytischen Beiträgen keinen Unterschied machten. Die Abgrenzung der ‚qualitativen' den ‚standardisierten' Methoden war also zumindest teilweise von einer – in Deutschland im Vergleich zu den USA spät einsetzenden – grundlagentheoretischen Absetzbewegung von der funktionalistischen Gesellschaftstheorie (Parsons 1951) geprägt, welche die Handlungsfähigkeit der Akteure – so der Vorwurf der Kritiker des Strukturfunktionalismus – nicht ausreichend würdige. Dabei sollte nicht übersehen werden, dass in dieser gleichzeitigen Ablehnung des Strukturfunktionalismus und der standardisierten Methoden zwei Dinge vermischt werden, die nicht unmittelbar miteinander verbunden sind. Ganz im Gegenteil, entwickelte Parsons den Strukturfunktionalismus nicht nur in Abgrenzung zum Empirismus der angelsächsischen Soziologie des frühen 20. Jahrhunderts – er ist auch nicht gerade für eine ausgeprägte, quantitativ orientierte empirische Sozialforschung bekannt.

Die bis heute in Deutschland bestehende enge Beziehung zwischen Interpretativität und qualitativer Sozialforschung war zwar von Anfang an in diesen Debatten offensichtlich, dennoch lassen sich, drittens, bestimmte qualitative Methoden nicht eindeutig der interpretativen bzw. nichtinterpretativen Tradition zuordnen – man denke etwa an die strukturalistische Sozialtheorie und den Falsifikationismus der frühen objektiven Hermeneutik (Oevermann et al. 1979) oder die nichtinterpretative qualitative Inhaltsanalyse in der Tradition von Mayring (2003). Kuckartz (2016 und in diesem Band) vertritt dagegen eine interpretative Variante der qualitativen Inhaltsanalyse. Maiwald (in diesem Band) stellt eine interpretative Variante der objektiven Hermeneutik vor, wohingegen wiederum beispielsweise Wernet (2006) eine nichtinterpretative Variante der objektiven Hermeneutik verficht, die konsequent an einem tiefengrammatischen, d. h. strukturalistischen Regelbegriff festhält.

Viertens sind im deutschsprachigen Raum eine ganze Reihe von (auch) quantitativ arbeitenden Forschenden explizite Vertreter des interpretativen Paradigmas, auch wenn sich ein Großteil dieser Forschung in den letzten Jahren in Richtung Mixed Methods bewegt hat (Kelle 2008; Baur/Kelle/Kuckartz 2017).

Fünftens existieren in der quantitativen Sozialforschung eine Reihe von etablierten Forschungspraktiken, die – auch wenn sie von der quantitativen Sozialforschung in der Regel so nicht bezeichnet werden – de facto interpretativ sind, wie die Beiträge von Kelle (in diesem Band), Akremi (in diesem Band) und Ziegler (in diesem Band) zeigen. Wir verfechten deswegen hier auch explizit die Auffassung, dass gute quantitative Sozialforschung *immer* interpretative Forschung ist. Dabei sollte auch Beachtung finden, dass in den Debatten der quantitativen Sozialforschung sehr wohl eine Auseinandersetzung mit Interpretativität im Forschungsprozess praktiziert wird, die aber nicht unter diesem Titel geführt wird, sondern tief in der Forschungspraxis verwurzelt ist. Deshalb nehmen zum einen qualitativ Forschende diese Auseinandersetzung mit Interpretativität nicht als solche wahr, und zum anderen verbuchen quantitativ Forschende sie nicht als Teil einer fortgesetzten Befassung mit dem klassischen Methodenproblem der Soziologie, die soziales Handeln „deutend verstehen" will (Weber 1921/1980, S. 1), um es zu erklären (Baur in diesem Band). Zu dieser Auseinandersetzung zählt die Befassung mit der Subjektivität von Protokollsätzen (Neurath 1932; Adorno et al. 1969), dem Messfehler, z. B. ‚Total Survey Error' (TSE) (Groves et al. 2009; Baur 2014), der Datenqualität (Baur 2009a; Blasius/Thiessen 2012; Salais 2016; Kelle in diesem Band), der Erfassung von Sinnstrukturen (Penissat et al. 2016; Akremi in diesem Band), sowie mit Generalisierungsstrategien (Ziegler in diesem Band) – um nur einige wichtige zu nennen. Quantitative Sozialforschung, die ihre eigenen Qualitätskriterien nicht unterläuft, ist damit immer zugleich interpretative Forschung – so die in hier vertretene These.

Ungeachtet dieser durchaus komplexen und eben auch über Generationen von Forschenden hinweg debattierten methodischen Probleme setzen heute nicht nur die meisten deutschsprachigen Sozialforschenden ‚qualitative' und ‚interpretative' Sozialforschung gleich, sondern viele quantitativ arbeitende Sozialforschende lehnen die ‚interpretative Sozialforschung' bzw. ‚qualitative Sozialforschung' (die zumindest in quantitativen Methodendebatten fast ausnahmslos gleichgesetzt werden) sowie den Begriff der ‚Interpretation' vehement, ja sogar regelrecht emotional ab, weil diese als ‚unwissenschaftlich' wahrgenommen werden. Insbesondere der Begriff der ‚Interpretation' wird von vielen Vertretern quantitativer Sozialforschung deshalb abgelehnt, weil sie damit zweifelhafte methodologische Prämissen verbinden, die die Wissenschaftlichkeit von Forschung gefährden.

Hintergrund dieser Ablehnung sind mehrere, teils seit über hundert Jahren geführte und weiterentwickelte methodologische Streitigkeiten, die allerdings in den heutigen Debatten oft nicht mehr oder nur grob vereinfacht dargestellt werden. Vom ‚Ersten Methodenstreit' im Zusammenhang mit der Begründung der Geisteswissenschaften (Knoblauch et al. in diesem Band) über den Streit zwischen Durkheim und Tarde (Durkheim 1895/1984), den ‚Werturteilsstreit', den sogenannten ‚Zweiten Methodenstreit' bzw. ‚Positivismusstreit' (Adorno et al. 1969) bis hin zum Streit zwischen Vertretern strukturtheoretischer und praxistheoretischer Ansätze (Latour 2004) – ohne eindeutige Sieger hervorzubringen, haben diese Debatten zu einer Reflexivierung des Verhältnisses zur Forschungspraxis (Knoblauch in diesem Band) geführt.

Ungeachtet dessen sind viele der klassischen Problemlagen und Konfliktlinien ungelöst, und im Zuge des aktuellen Lagerstreits werden – wie bereits erwähnt – oft Extrempositionen gebildet und pauschal der ‚qualitativen' oder ‚quantitativen' Sozialforschung zugewiesen – eine Vereinfachung, die der Komplexität der Sache nicht gerecht wird. Dabei sind – so das Argument, das wir in diesem Beitrag vertreten – die diskutierten Probleme zumindest teilweise mit der Frage der Möglichkeiten oder Grenzen der Interpretation verbunden. Auch wenn diese methodologischen Probleme im Rahmen dieses Handbuchs nicht gelöst werden können, sondern eine Aufgabe für künftig anzustrengende Debatten sind, so möchten wir doch zumindest im Folgenden Grundzüge der neueren Problemgeschichte explizieren, um sie der jüngeren Methodendebatte wieder zugänglich zu machen.

Wir beginnen mit einem geschichtlichen Abriss des Prozesses, dessen Ergebnis die Ersetzung des Begriffs der ‚interpretativen' durch die ‚qualitative' Sozialforschung sowie die Gleichsetzung dieser beiden Begriffe war. Dann zeichnen wir die vier Hauptstreitpunkte zwischen interpretativer, qualitativer und quantitativer Sozialforschung nach, wobei wir bewusst offenhalten, was ‚interpretative' und was ‚qualitative' Positionen sind, weil diese Ambiguität dem aktuellen Stand der Debatte entspricht. Konkret handelt es sich bei den Problemkomplexen um:

1. die Frage nach einem den Sozialwissenschaften angemessenen Modell für die Verknüpfung von theoretischen Sachverhalten und empirischen Daten sowie die daraus resultierende Forschungslogik;
2. die Diskussion um Kriterien der wissenschaftlichen Objektivität und – damit verbunden – dem Umgang mit der Subjektivität der Forschenden;
3. die Debatte um das Verhältnis von Generalisier- bzw. Übertragbarkeit und Interpretation;
4. die Frage des Verhältnisses von Verstehen und Erklären.

2 Die Gleichsetzung von interpretativer und qualitativer Sozialforschung

Die Frage, wie ‚interpretativ' Sozialforschung sein kann, muss und soll, entbrannte erstmals im 19. Jahrhundert im Zuge der Debatte des Verhältnisses um Natur- und Geisteswissenschaften (vgl. Knoblauch et al. in diesem Band), im Zusammenhang mit dem Problem, wie sich die Soziologie als Wissenschaft etablieren und positionieren könne und solle. Dabei finden sich unterschiedliche Antworten auf diese Frage, die – je nach Verlauf der nationalspezifischen Debatte – zu unterschiedlichen nationalen Entwicklungslinien der Soziologie führte. Für die internationale Methodenentwicklung und die Frage der Interpretativität von Sozialforschung besonders folgenschwer waren dabei die französische und die deutsche Debatte.

2.1 Die französische Debatte zur Interpretativität von Sozialforschung

Die französische Debatte wurde maßgeblich durch Émile Durkheim (1895/1984) geprägt, der die Soziologie am naturwissenschaftlichen Modell orientieren wollte (Smelser 1976/2012), was wiederum bedeutete, dass Sozialforschung möglichst *nicht* interpretativ sein sollte, sondern sich vor allem auf die Identifikation und Erklärung von Ursachen und Folgen ‚sozialer Tatsachen' (also Strukturen) fokussieren solle. Neben der Statistik sollte gemäß Durkheim vor allem die Methode der kulturvergleichenden Sozialforschung das für sozialwissenschaftliche Fragen wenig geeignetes Experiment ersetzen – wobei beides zur Aufklärung von Kausalbeziehungen dienen sollte (Smelser 1976/2012).

Dieses positivistische Verständnis von empirischer Sozialforschung fand einerseits (über die Parsons'sche Durkheim-Rezeption) Eingang in die amerikanische Methoden-Debatte und später (aufgrund der Dominanz des amerikanischen Wissenschaftssystems in der Nachkriegszeit) in die internationale Methoden-Debatte. Infolgedessen ist bis heute ein großer Teil der internationalen quantitativen und kulturvergleichenden Sozialforschung sowie der politikwissenschaftlichen Forschung am naturwissenschaftlichen Modell orientiert (vgl. hierzu z. B. Krause 2016) und als ‚variablenorientierte Soziologie' (Abbott 2001; Ragin 2000; Ragin 2008) bis heute ausgesprochen nicht-interpretativ.

Andererseits dominierte in Frankreich selbst der Strukturalismus und war in der Nachkriegszeit Auslöser für die postmoderne und poststrukturalistische Kritik. In jüngerer Zeit wird im Rahmen dieser Debatte auch angemerkt, dass Daten konstruiert sind und ‚Zahlen' und ‚Fakten' als Herrschaftsinstrumente verwendet werden können und werden, weshalb ihre Dekonstruktion gefordert wird (z. B. Desrosières 2005; Desrosières 2011; Diaz-Bone/Didier 2016; Diaz-Bone 2016; Salais 2012; Behrisch 2016; Whiteside 2015; Thévenot 2011; Thévenot 2016; Amossé 2016; Speich Chassé 2016).

Für die deutschsprachige Debatte ist hierbei vor allem relevant, dass sich die jüngere qualitative und interpretative Sozialforschung vor allem auf diese französische Debatte beziehen und die dort praktizierte quantitative Sozialforschung kritisieren, die als ‚die' quantitative Sozialforschung gerahmt wird.

2.2 Die deutsche Debatte zur Interpretativität von Sozialforschung

Die deutsche Debatte des 19. und frühen 20. Jahrhunderts um das Verhältnis von Natur- und Geisteswissenschaften entsprang dagegen einer doppelten Kritik sowohl an den Naturwissenschaften, als auch an den Geisteswissenschaften. Versinnbildlicht wurde dies durch die Abgrenzung von der amtlichen Statistik bzw. Nationalökonomie einerseits, dem Historismus andererseits: Die damalige amtliche Statistik ging davon aus, dass ihre Kategorien und Daten für sich selbst sprechen und Tatsachen produzieren würden (z. B. Desrosières 2005; Ziegler in diesem Band). Der Historismus betrieb vor allem Ereignisgeschichte und ging ebenfalls davon aus, dass die Fälle für sich selbst sprechen, d. h. nicht interpretiert werden müssten (Ariès 1988, S. 24; Rüsen 1993, S. 95–113; Simon 1996, S. 69–79; Ziemann 2000, S. 53–55).

Die Kritik der frühen deutschsprachigen Soziologen war in diesem Rahmen, dass, erstens, sowohl statistische Daten als auch historische Quellen konstruiert und deshalb interpretationsbedürftig seien und dass man, zweitens, durch eine Nicht-Reflexion der verwendeten Kategorien implizit Herrschaftsgeschichte betreibe. Im Zuge dieser Kritik wurde die Soziologie als Komplementärwissenschaft zu Geschichtswissenschaft und Statistik bzw. Nationalökonomie platziert, die durch theoretische und methodologische Reflexion Interpretationen verbessern sollte (Kruse 1990), d. h. das primäre Ziel der ‚Methoden der empirischen Sozialforschung' ist nicht etwa, einzelne Verfahren und Techniken zu entwickeln, sondern Interpretativität methodologisch zu reflektieren und zu handhaben (Baur 2008).

Hinsichtlich der Frage, was nun adäquate Methodologien und Methoden für die Sozialwissenschaften seien, wurde die deutschsprachige Debatte maßgeblich von Max Weber geprägt, der im Rahmen der Diskussion des Verhältnisses von Natur- und Geisteswissenschaften vorschlug, die Soziologie als Kulturwissenschaft zu etablieren (Smelser 1976/2012), also gewissermaßen einen ‚dritten Weg' jenseits Natur- und Geisteswissenschaften einzuschlagen. Demgemäß war Webers Soziologie im Gegensatz zu Durkheim von Anfang an fallorientiert (Abbott 2001; Ragin 2000; Ragin 2008) und vor allem von Anfang an explizit *interpretativ*. Verstehen und Erklären waren bei Weber eng aufeinander bezogen (Baur in diesem Band), er führte den Idealtypus als methodologisches Instrument ein (Balog 2008), und der Vergleich diente primär der Verbesserung von Interpretationen des Gegenstandsbereichs (Smelser 1976/2012).

Dass *alle* Sozialforschung grundsätzlich interpretativ ist und dass das ‚Verstehen' ein wichtiger Bestandteil der Sozialforschung ist, gilt bis heute bei fast allen deutschsprachigen *quantitativen* Sozialforschenden als selbstverständlich. So betont etwa Hartmut Esser, dass sich Verstehen und Erklären nicht grundsätzlich trennen lassen (Greshoff 2008, S. 413), sondern vielmehr aufeinander bezogen sind:

> „‚Verstehen' zielt [bei Esser] darauf ab, anzugeben, *was ist,* somit auf eine Beschreibung sozialer Phänomene; ‚Erklären' zielt darauf ab anzugeben, *warum etwas ist*" (Greshoff 2008, S. 415; Hervorhebungen im Original).

Umstritten ist vielmehr, wie weit es möglich ist, Verstehen und Erklären im Forschungsprozess voneinander zu trennen (Baur in diesem Band). Weiterhin wird – wie wir unten noch ausführlich darstellen werden – in der quantitativen Sozialforschung die Notwendigkeit, interpretieren zu müssen, oft als großes Problem gesehen. Da sich Interpretativität trotz aller Vorbehalte aber nicht vermeiden lässt, hat die deutschsprachige quantitative Sozialforschung weiterhin ein ausgeprägtes Forschungsprogramm entwickelt, dessen Ziel es ist, die Interpretativität quantitativer Daten methodologisch zu kontrollieren (auch wenn die quantitative Sozialforschung andere Begrifflichkeiten als ‚Interpretativität' verwendet). Diese ständige Reflexion der Datenqualität ist zutiefst in der Forschungspraxis fest verankert und als wissenschaftlicher Diskurs mit eigener Methoden-Forschung, Tagungen und Publikationen organisiert, der jüngst etwa zur Etablierung der ‚Survey Methodology' als eigener Subdisziplin geführt hat. Diese reflexive Haltung zu quantitativen Daten hat über die entsprechenden Scientific Communities spätestens seit den 1970ern Eingang in die internationale Methoden-Community gefunden. So dominieren in den entsprechenden Methoden-Sektionen der ‚International Sociology Association' (ISA), der ‚European Sociology Association' (ESA) und in anderen quantitativ orientierten Fachverbänden deutschsprachige und niederländische (und eben nicht französische oder amerikanische) Wissenschaftler die Debatte. Auch wenn man sich darüber streiten kann, ob dieser Versuch, quantitative Datenqualität und Interpretationsprozesse methodologisch zu reflektieren, gelingt, so ist doch festzuhalten, dass zumindest die meisten deutschsprachigen quantitativ Sozialforschenden dem ‚Verstehen' eine wichtige Rolle in der Sozialforschung einräumen und sich auch der Konstruiertheit ihrer Daten wohlbewusst sind, auch wenn sie den Begriff der ‚Interpretativität' in der Regel nicht verwenden. Dies drückt sich unter anderem auch in der Betonung des ‚methodologischen Individualismus' aus, der als Kritik an Durkheims strukturalistischer, nichtinterpretativer Perspektive gemeint ist und nicht unbedingt bedeuten muss, dass eine handlungstheoretische Perspektive eingenommen wird.

‚Interpretative' Sozialforschung und ‚qualitative Sozialforschung' sind folglich ganz offensichtlich nicht dasselbe, und die deutschsprachige Soziologie war in ihrer Konstitutionsphase – egal ob sie qualitativ, quantitativ oder historisch arbeitete – immer ‚interpretative Sozialforschung'. Ungeachtet dessen sprach man im deutschsprachigen Raum doch spätestens seit den 1980ern nur noch von ‚*qualitativer Sozialforschung*' und nicht mehr vom ‚interpretativen Paradigma'.

Einer der Gründe dafür bestand darin, dass in Deutschland im Zuge der akademischen Institutionalisierung der Soziologie nach dem 2. Weltkrieg Theorie- und Methodenausbildung getrennt, jeweils unterschiedlichen Lehrstühlen zugewiesen und fortan separat gelehrt wurden. Dies entsprach dem sozialtheoretischen Verständnis von Leopold von Wiese (1924-29/1933; 1933/1946), der seit 1919 Direktor am ‚Forschungsinstitut für Sozialwissenschaften' in Köln war und 1921 die ‚Kölner Vierteljahreshefte für Sozialwissenschaften' (den Vorläufer der ‚Kölner Zeitschrift für Soziologie und Sozialpsychologie') gründete. In der Zeit des Nationalsozialismus nutzte von Wiese den Mangel an Gegenpositionen (der durch die Vertreibung vieler interpretativ Forschenden aus der Tradition der historischen Soziologie, Wissenssoziologie und Frankfurter Schule entstanden war), um sein Verständnis von Soziologie zu institutionalisieren – ein Programm, das er als Vorsitzender der Deutschen Gesellschaft für Soziologie zwischen 1946 bis 1955 weiterbetrieb. Dies hatte nachhaltige Folgen für die deutsche Soziologie: In den sozialtheoretischen Positionen der frühen deutschsprachigen Soziologie, und insbesondere vieler der vertriebenen Sozialwissenschaftler, sind Theorie, Methodologie und Methoden rekursiv aufeinander bezogen. Dabei beinhalteten die ‚Methoden der empirischen Sozialforschung' zu Anfang noch die Wissenschaftstheorie und Methodologie. Seit den 1930er

Jahren und insbesondere nach dem Zweiten Weltkrieg wurden durch die Trennung von Theorie- und Methodenausbildung und im Zuge der weiteren Entwicklung der Forschungs- und Lehrpraxis in Deutschland die ‚Methoden der empirischen Sozialforschung' dann aber immer stärker auf (quantitative) Methoden reduziert.

Gleichzeitig ergab es sich, dass seit den 1980ern die meisten Inhaber von Theorie-Lehrstühlen theoretischen Ansätzen wie der Meso- und Makro-Soziologie oder Wissenssoziologie anhingen, die der Methoden-Lehrstühle dagegen quantitativ leichter zu ‚operationalisierende' Ansätze wie die Rational-Choice-Theorie oder Lebenslauf-Theorien präferierten. An vielen Soziologie-Instituten entfachte dadurch ein Streit zwischen sozialtheoretischen Ansätzen, der aber als solcher nicht offen ausgetragen wurde, sondern als Streit zwischen ‚Theorie' und ‚Methoden' daherkam. Die Folge war und ist, dass in den Köpfen der meisten jüngeren Sozialwissenschaftler ‚Theorie' und ‚Methoden' getrennte Sphären sind, die nur sehr vermittelt miteinander zu tun haben, dass dementsprechend kaum akademischer Austausch zwischen ‚Theoretikern' und ‚Methodikern' stattfindet und dass die ‚Methodiker' mittlerweile eigene Diskussionskreise (mit entsprechenden Forschungsnetzwerken, Tagungen und Zeitschriften) ausgebildet haben, deren Problematisierungen vom Rest der Soziologie kaum rezipiert werden.

Während in den Methodendebatten der Umgang mit Interpretativität zwar in der Forschungs*praxis* fest verwurzelt war, aber kaum noch explizit diskutiert wurde, blieb in der Debatte um die soziologische Theorie das interpretative Paradigma fest verankert, erwies sich dort aber als sehr vielfältig: Nicht nur die ‚amerikanischen' Richtungen der Ethnomethodologie, der Ethnographie der Kommunikation und der kognitiven Anthropologie (die ohnehin nur bedingt als interpretativ zu bezeichnen ist) wurden dazu gerechnet, sondern auch die verschiedenen phänomenologischen Ansätze der neueren Wissenssoziologie, die aufkommende Hermeneutik oder die verstehende Soziologie in der Tradition Max Webers. Dass sich Theorie und Methoden dennoch nie komplett trennen ließen, zeigt sich im Impetus, den das interpretative Paradigma etwa auf die methodische Entwicklung z. B. der Narrationsanalyse, der Konversationsanalyse, der objektiven und strukturellen Hermeneutik, der Gattungsanalyse usw. hatte (Knoblauch 2000a; Knoblauch 2000b).

Durch die mangelnde explizite Diskussion geriet dagegen in Methoden-Debatten der Begriff der ‚interpretativen Forschung' in Vergessenheit, während sich indessen der Begriff der ‚qualitativen Methoden' etablierte: Nach der institutionellen Trennung in Theorie- und Methoden-Lehrstühle hatte sich – an amerikanische Vorbilder der empirischen Sozialforschung angelehnt, die jedoch ihrerseits zuvor europäisch beeinflusst worden waren – in der deutschsprachigen Soziologie eine standardisierte empirische Sozialforschung ausgebildet, die auch entsprechend standardisiert gelehrt werden konnte (Baur 2005,

S. 39–46). Wissenschaftstheoretisches Fundament dieser Ausbildung war das sogenannte hypothetisch-deduktive Modell des kritischen Rationalismus (siehe unten). Auch wenn im Rahmen der Ausbildung in ‚Methoden der empirischen Sozialforschung' am Rande auch ‚qualitative Methoden' berücksichtigt wurden, so hatten und haben doch viele Vertreter der quantitativen Sozialforschung aus im Folgenden noch anzuführenden Gründen starke Vorbehalte gegen qualitative Sozialforschung. Alsbald reduzierten sich daher ‚Methoden der empirischen Sozialforschung' auf ‚Methoden der quantitativen Sozialforschung' und wurden mit ihnen gleichgesetzt. Eine daraus folgende Konsequenz ist, dass es an vielen Universitäten nicht möglich war und ist, eine qualitative Forschungsarbeit zu erstellen oder eine auf qualitativen Methoden basierende Abschlussarbeit durchzuführen. Die Verfechter der qualitativen Methoden wandten sich entsprechend seit den 1970ern gegen diesen Mono-Methodismus und forderten eine plurale Methodenausbildung.

Während also das interpretative Paradigma in der soziologischen Theorie aufgenommen wurde, stieß sein empirischer Zweig auf einen starken Widerstand, der den damit verbundenen Methoden in den 1980ern und an vielen Orten noch bis tief in die 1990er Jahre hinein den Anstrich des Oppositionellen gab. Legitimatorisch wurde diese Differenz zum einen an der wissenschaftstheoretischen Fundierung festgemacht, als deren Feindbild das ‚hypothetisch-deduktive Modell' galt. Vor diesem Hintergrund ist auch die Attraktivität der Grounded Theory (Glaser/Strauss 1980; Strauss/Corbin 1996) für die Identität vieler ‚Qualitativer' zu verstehen, weil sie gleichsam ein Gegenmodell dazu entwirft (auch wenn dieses Gegenmodell die meisten Richtungen der qualitativen Methoden im Einzelnen keineswegs zufriedenstellt und für seinen Induktivismus immer wieder heftig kritisiert wurde und wird). Zum anderen konnte – obwohl ein großer Teil der Kritik an der damaligen Mainstream-Forschung sozialtheoretischer Natur war – diese Opposition am leichtesten und offensichtlichsten an den quantitativen Methoden ansetzen, die als einfach identifizierbares Merkmal schon vielen Studierenden des Grundstudiums aufstieß: Selbst Erstsemester ohne weitere methodologische Vorkenntnisse konnten leicht die Erstellung von standardisierten Fragebögen, das Erlernen von SPSS und den Erwerb statistischer Kenntnisse von der teilnehmenden Beobachtung, der Durchführung von offenen, narrativen, ‚qualitativen' Interviews und den damit verbundenen ‚Interpretationen' unterscheiden.

Weil im Bereich der Methoden die Stigmatisierung – und damit auch die Etikettierung – des interpretativen Paradigmas am schärfsten war, konstituierte sich hier auch am klarsten, was als ‚interpretatives Paradigma' bezeichnet wurde, und der Widerstand seitens des ‚methodischen Establishments' begründete durchaus eine Art ‚qualitativer Bewegung' und bildete daneben eigene ‚Bewegungsorganisationen', deren soziologische Rekonstruktion ebenfalls noch völlig aussteht. Darunter können die sehr engagierten Internetzeitschriften ‚Forum

Qualitative Sozialforschung' (FQS), ,Sociological Research Online' oder ,Qualitative Sociology Review' gezählt werden, die neben den etablierteren Zeitschriften als Zeitschriften für qualitative Methoden entstanden und bis heute bestehen. Der ,Soziale Sinn' nimmt hier vermutlich eine ,mittlere' Position ein, auch wenn man eine genaue Beurteilung der historischen Rekonstruktion überlassen sollte. Auch die ,Berliner Methodentage' sind Bestandteil dieser Bewegung.

Ihren institutionellen Ausdruck fand diese Bewegung in der Gründung der Sektion ,Methoden der qualitativen Sozialforschung' im Jahr 2003, die aus der 1997 gegründeten gleichnamigen DGS-Arbeitsgruppe hervorging. Bezeichnend ist, dass die Etablierung einer eigenständigen Sektion hauptsächlich darauf zurückzuführen ist, dass einige quantitative Vertreter gegen den Ruf nach Gleichberechtigung qualitativer Methoden vehementen Widerstand leisteten. Ebenfalls denkwürdig ist, dass im Zuge dieser Institutionalisierung der qualitativen Methoden die Sektion ,Methoden der empirischen Sozialforschung' ihren Namen *nicht* in ,Methoden der quantitativen Sozialforschung' ändern musste. Trotz dieser Widerstände schritt die Etablierung der qualitativen Methoden in der deutschsprachigen Soziologie weiter voran: Schon zuvor hatte die ,Deutsche Gesellschaft für Soziologie' (DGS) bundeseinheitliche Richtlinien zur universitären soziologischen Methodenausbildung verabschiedet, in denen die qualitativen Methoden als gleichberechtigt neben den quantitativen Methoden anerkannt werden (Rehberg 2003; DGS 2006). Damit hat die DGS als Standesorganisation der Soziologie die qualitativen Methoden zu einem Ausbildungsziel erklärt, das mit dem der standardisierten Methoden gleichwertig ist. Qualitative Forschungsprojekte werden mittlerweile von allen großen Fördereinrichtungen gefördert – in beträchtlichem Umfang auch von der ,Deutschen Forschungsgemeinschaft' (DFG). Auf europäischer Ebene sind ähnliche Entwicklungen zu beobachten (ausführlich siehe Knoblauch/Flick/Maeder 2005). So gehört die Sektion für qualitative Methoden zu den drei größten und aktivsten Sektionen der ,European Sociological Association' (ESA), und die ,European Science Foundation' (ESF) widmet den qualitativen Methoden ein eigenes Programm, das zuvor die quantitativen Methoden unterstützte.

Parallel zur Institutionalisierung zeichnet sich eine ansehnliche Professionalisierung der qualitativen Methoden ab: Seit den 1990er Jahren werden universitäre Stellen explizit auch für qualitative Methoden ausgewiesen, in manchen Fällen sogar exklusiv. Darüber hinaus wird bei neuen Ausschreibungen von Positionen für ,empirische Sozialforschung' auch verstärkt auf Kenntnisse in der qualitativen Forschung geachtet. Auch in der Forschung spielen heute die qualitativen Methoden eine große Rolle. So wird in einem nennenswerten Anteil der von der DFG bewilligten Forschungsprojekte mit qualitativen Methoden gearbeitet, und das gilt nicht nur für die Soziologie, sondern auch – um nur einige sozialwissenschaftliche Disziplinen zu nennen – für die Kommunikationswissenschaft, die Erziehungswissenschaft, die Religionswissenschaft, die

Linguistik sowie selbstverständlich die Ethnologie und die Europäische Ethnologie. Dabei sollte man betonen, dass die Entwicklungen außerhalb der Soziologie durchaus anders verlaufen sind. So tritt in der Ethnologie der interpretative Ansatz erst mit Geertz (1973/2003) ausdrücklich in Erscheinung, während qualitative Methoden dort schon seit langem zuhause sind. Deshalb gibt es dort auch keine ernsthafte Frontstellung zwischen qualitativen und quantitativen bzw. formalen Methoden etwa der Analyse der Verwandtschaftsstrukturen. In der Linguistik gibt es diese Differenz dagegen durchaus, und sie hängt auch mit den – allerdings eher methodisch als methodologisch und theoretisch – diskutierten interpretativen Ansätzen zusammen. Freilich sind die qualitativen Methoden keineswegs in allen Disziplinen gleichermaßen etabliert. So leiden sie insbesondere in der Psychologie seit dem Niedergang des phänomenologischen Ansatzes und der kritischen Psychologie unter dem Problem der „Irrelevanz" (Groeben 2006).

3 Interpretativität und das Verhältnis von Theorie und Empirie im Rahmen der Forschungslogik

Ungeachtet dessen, dass heute die Differenz zwischen qualitativer und quantitativer Sozialforschung vorwiegend als reines *Methoden*-Problem diskutiert wird, hallen doch in den derzeitigen Auseinandersetzungen um Methoden die älteren Debatten nach, die vor allem um *wissenschaftstheoretische* und *methodologische* Probleme kreisen und unter anderem der Frage nachgingen, wie interpretativ Sozialforschung sein darf und muss.

Ein erstes Problemfeld adressiert dabei das *Verhältnis von (Sozial-)Theorie und Empirie*: Damit empirische Sozialforschung überhaupt möglich ist, können Theorie und Empirie nicht getrennt gedacht werden, denn weil Sozialforschung immer nur Ausschnitte der Wirklichkeit untersucht und untersuchen kann, über die Analyse dieser Wirklichkeitsausschnitte allerdings intersubjektiv überprüfbare Aussagen formulieren soll, muss die Frage beantwortet werden, wie der Erklärungsanspruch, der Gegenstandsbereich und empirische Daten miteinander verknüpft werden können.

3.1 Deduktiv-nomologischer Syllogismus (Hempel-Oppenheim-Schema)

Hierzu schlugen Hempel und Oppenheim (1948) den sogenannten ‚deduktiv-nomologischen Syllogismus' bzw. das ‚Hempel-Oppenheim-Schema' vor (Diaz-Bone 2019): Im Fall von deterministischen Gesetzesaussagen gehen Hempel und Oppenheim davon aus, dass – sollte diese Gesetzesaussage zutreffen – eine bestimmte Ursache immer eine bestimmte Wirkung hervorbringt, dass Gesetzesaussagen sowohl eine Wenn-, als auch eine Dann-Komponente beinhalten und dass die Ursachen unter die Wenn-, die Wirkungen unter die Dann-Komponenten fallen. Die hypothetisch-deduktive Vorgehensweise geht damit von der wissenschaftstheoretischen Annahme aus, dass empirische Erkenntnisse nur vor dem Hintergrund einer Theorie gemacht werden könnten. Die Theorie dient zur Ableitung bzw. Deduktion empirischer Annahmen bzw. ‚Hypothesen‘, die in Erhebungsmethoden (z. B. Interviews) umgesetzt bzw. ‚operationalisiert‘ und dann mit Hilfe der gewonnenen Daten überprüft werden sollen. Empirische Beobachtungen dienen in diesem Modell lediglich dazu, zwischen verschiedenen theoretisch abgeleiteten Hypothesen zu entscheiden, die wiederum weitergehende Theorieentscheidungen lenken. Das Hempel-Oppenheim-Schema entspricht der wissenschaftstheoretischen Position des kritischen Rationalismus (Popper 1935), nach dem Erkenntnis lediglich durch Falsifikation von Thesen möglich ist. Theorien dienen im kritischen Rationalismus dazu, allgemeine Gesetze zu formulieren.

3.2 Induktiv-statistischer Syllogismus

Eine erste Kritik am einheitswissenschaftlichen Hempel-Oppenheim-Schema kam von den Verfechtern des kritischen Rationalismus und der hypothetisch-deduktiven Vorgehensweise selbst: Aufgrund der Wandelbarkeit und Kontextabhängigkeit des Gegenstandsbereichs der Sozialwissenschaften sowie aufgrund der Fähigkeit von Menschen, mit Hilfe ihres eigenen Handelns soziale Strukturen zu verändern (Knoblauch et al. in diesem Band), existieren zumindest in den Sozialwissenschaften keine allgemeinen Prozessgesetze mit universellem Gültigkeitsbereich (wohl aber Regelmäßigkeiten sozialen Handelns) (Schulze 2002, S. 1). Entsprechend ist die Aussagenstruktur sozialwissenschaftlicher Theorien in der Regel nicht deterministisch, sondern probabilistisch, und sozialwissenschaftliche Gesetze gelten daher auch nur mit gewissen Wahrscheinlichkeiten. Der deduktiv-nomologische Syllogismus setzt aber deterministische Aussagen voraus, weshalb er schon früh durch den sogenannten ‚induktiv-statistischen Syllogismus‘ ersetzt wurde, in dem die Theorien, aus denen die Aussagen abgeleitet werden, probabilistisch sind.

Daraus folgt, dass Theorien nicht mehr durch ein einziges Gegenbeispiel und eindeutig falsifiziert werden können, sondern dass zur Widerlegung von Theorien Mengen von Fällen erforderlich sind und sich Aussagen nur mit einer gewissen Wahrscheinlichkeit bestätigen oder widerlegen lassen (Schulze 2003, S. 31–32; S. 66–70). Damit war nicht nur eine erste Einschränkung der einheitswissenschaftlichen Position formuliert, sondern der induktiv-statistische Syllogismus begründet auch die *Rolle der induktiven Statistik in der quantitati-*

ven Sozialforschung, durch die das einheitswissenschaftliche Modell weiter infrage gestellt wird, da bis heute – wie Ziegler (2017, S. 10–120 und in diesem Band) sowie Behnke und Behnke (2006) zeigen – keine einzige, sondern unterschiedliche statistische Theorien nebeneinander bestehen, die unterschiedliche Vorstellungen davon haben, was ‚Wahrscheinlichkeit' bedeutet. Die Ergebnisse der induktiven Statistik sind also selbst interpretationsbedürftig.

Die hypothetisch-deduktive Vorgehensweise allgemein – egal ob in ihrer deduktiv-nomologischen oder induktiv-statistischen Variante – ist wiederum das Vorbild für die Art und Weise, wie *standardisierte Forschungsprozesse* idealtypisch organisiert sind. Versinnbildlicht ist dies in der Survey-Forschung (Schnell/Hill/Esser 1999; Kromrey 2002; Diekmann 2004; Behnke/Baur/Behnke 2010, S. 211–243; 312–320; 327–334; Baur/Fromm 2011; Stein 2019; Baur 2009b; Baur 2014), die mit dem induktiv-statistischen Syllogismus arbeitet und in linearer Abfolge eine Reihe von Arbeitsschritten abhandelt, die systematisch aufeinander bezogen sind:

1. Im idealtypischen Survey-Forschungsprozess werden erst eine oder mehrere *Theorien* aufgestellt, aus der deduktiv Hypothesen abgeleitet werden.
2. Dann wird eine ‚*Population*' (auch: ‚*Grundgesamtheit*') definiert, für die die Theorie gelten soll und die sachlich, zeitlich und räumlich abgegrenzt wird.
3. Aus dieser Population wird eine ‚*Zufallsstichprobe*' von Fällen gezogen, wobei ‚Fälle' in der Survey-Forschung ‚Personen' sind (zu anderen Arten von sozialwissenschaftlichen Fällen vgl. Baur/Lamnek 2017). Diese Zufallsstichprobe darf, nachdem sie gezogen wurde, nicht mehr verändert werden und muss in der Regel mindestens 30 Fälle umfassen, weil sonst spätere Verfahren der induktiven Statistik nicht mehr funktionieren. Für viele Fragestellungen mit differenzierteren Auswertungen sind allerdings deutlich mehr Fälle notwendig.
4. Dann wird das ‚*Erhebungsinstrument*' konstruiert, d. h., der Forschungsstand wird aufgearbeitet, und mit Hilfe von ‚Brückenhypothesen' werden Aussagen abgeleitet, denen wiederum sogenannte ‚Indikatoren' zugeordnet werden. Mit Hilfe der Indikatoren wird eine Liste von Fragen erarbeitet, die im Fragebogen zu stellen sind. Die Fragen werden formuliert, dann wird der Gesamtfragebogen entwickelt und im Rahmen des Pretests überprüft sowie danach noch einmal überarbeitet.
5. In der ‚*Feldphase*' werden anschließend alle Personen aus der Zufallsstichprobe befragt – damit die induktive Statistik Ergebnisse generiert, dürfen bei der Erhebung keine Fehler auftreten, und niemand darf ‚ausfallen' (‚unit nonresponse') oder einzelne Fragen nicht beantworten (‚item nonresponse').
6. Nach der Datenerhebung werden die Daten aufbereitet, um einen basalen ‚*Protokollsatz*' (Carnap 1932) zu erstellen. Untersucht ein Forscher z.B. das politische Interesse von Personen (‚Tatsache'), so kann er im Fragebogen einen Indikator zur politischen Informationshäufigkeit formulieren. Ein

entsprechender Protokollsatz könnte dann lauten: „Bei Befragung durch den Forscher B am Ort O zum Zeitpunkt Z antwortete die Person X auf die Frage nach der politischen Informationshäufigkeit: ziemlich selten" (Schulze 2006, S. 52 f.). Während Carnap (1932) die Form eines Protokollsatzes nach dem Vorbild der Protokollierung von naturwissenschaftlichen Experimenten bestimmt, sind in sozialwissenschaftlichen Protokollsätzen also Abstraktionen in Form von Items und aus ihnen zusammengesetzten Indikatoren enthalten. Dass diese Indikatoren Ergebnis von Interpretationen von Wirklichkeit sind, schmälert die Validität sozialwissenschaftlicher Protokollsätze nicht, führt in sie allerdings die Perspektivität der Forschenden konstitutiv ein – die wiederum innerhalb der jeweiligen Wissenschaftsgemeinschaft intersubjektiv nachvollzogen wird und deshalb von deren Zusammensetzung abhängig ist.

7. Die Menge der im Zuge der Datenerhebung erstellten Protokollsätze werden mit Hilfe der ‚*deskriptiven Statistik*' (auch: ‚*beschreibenden Statistik*') verdichtet.
8. Letztlich erfolgt mit Hilfe der ‚*induktiven Statistik*' (auch: ‚*schließenden Statistik*') eine Aussage darüber, welche der zu Beginn des Forschungsprozesses aufgestellten aus der Theorie abgeleiteten Hypothesen mit welcher Wahrscheinlichkeit zutrifft. Ausgedrückt werden diese Wahrscheinlichkeiten über das ‚Signifikanzniveau' (in ‚statistischen Tests') oder das ‚Konfidenzniveau' (in ‚Konfidenzintervallen').
9. Die Forschungsergebnisse sind zu *dokumentieren*, um Nachvollziehbarkeit zu gewährleisten. Dies erfolgt durch Publikation der Ergebnisse, das Verfassen von Dokumentationen des Erhebungs- und Auswertungsprozesses sowie der Archivierung der Daten, damit diese prinzipiell Re-Analysen zugänglich sind.

3.3 Praktischer Syllogismus

Auch wenn die hypothetisch-deduktive Vorgehensweise selbst bereits mit einer Reihe von Interpretationsproblemen zu kämpfen hat, so dient sie doch vor allem als negativer Referenzpunkt für die interpretative Sozialforschung. So hatte bereits Weber angemerkt, dass diese spezifische Verknüpfung von theoretischen Sachverhalten, theoretischen Gesetzesaussagen und empirischen Daten zwar zur Aufklärung von Kausalaussagen, nicht aber für Verstehensprozesse geeignet sei und schlug für letztere den ‚Praktischen Syllogismus' vor (Schulze 2003, S. 33–34):

(1) Ausgangspunkt der Interpretation ist hier das Handlungsprodukt, also etwa eine verbale Äußerung einer Person (‚*Handlungsaussage*').

(2) Man geht dabei in der Interpretation davon aus, dass Menschen nichts unabsichtlich tun, sondern mit ihrem Tun immer bestimmte Ziele erreichen wollen (‚*Wollensaussage*') sowie, dass Alles, was Menschen tun, für sie selbst insofern Sinn ergibt bzw. rational ist, als dass sie selbst fest überzeugt sind, dass ihr Tun auch zum Ziel führt.
(3) Wenn dieses Handeln dem Interpreten auf den ersten Blick nicht zielführend erscheint, liegt dies daran, dass sich die Wissensbestände der Handelnden (‚*Wissensaussage*') und der Interpreten unterscheiden.

Der praktische Syllogismus wurde später von Schütz (1932) insofern erweitert, als dass er die Elemente der Wissensaussagen weiter differenzierte.

In den Folgejahrzehnten verbesserte die sozialwissenschaftliche Hermeneutik außerdem die methodologische Umsetzung des praktischen Syllogismus: Um das Handeln der untersuchten Personen zu verstehen, entwickelt man im Zuge der Interpretation verschiedene ‚*Lesarten*' der Daten, also Hypothesen zu verschiedenen Wissens- und Wollensaussagen, unter denen die Handlungsaussage Sinn ergeben würde – solche Lesarten zu entwickeln ist eine zentrale Funktion von ‚*Datensitzungen*' in der qualitativen Sozialforschung (Reichertz in diesem Band). Diese Lesarten werden dann im Zuge der ‚*Sequenzanalyse*' anhand von weiterem Datenmaterial überprüft (Kurt/Herbrik 2019; Herbrik in diesem Band), d. h. die Sequenzanalyse stellt gewissermaßen das Äquivalent der sozialwissenschaftlichen Hermeneutik zum statistischen Test in der Statistik dar.

Dennoch geriet außerhalb der Hermeneutik der praktische Syllogismus weitgehend in Vergessenheit – die Methodendebatte kreiste allein um den deduktiv-nomologischen oder induktiv-statistischen Syllogismus. Erst im Zuge des ‚Positivismusstreits' (Adorno et al. 1969) war die hypothetisch-deduktive Vorgehensweise erneut Gegenstand scharfer Kritik: Vor allem die kritische Theorie warf der hypothetisch-deduktiven Vorgehensweise vor, Theorie und Empirie, mithin auch Praxis künstlich zu trennen und damit einen unreflektierten Instrumentalismus in die Sozialwissenschaften einzuführen (Ritsert 2010). Die kritische Theorie beschränkte sich dabei keineswegs auf eine bloß methodologische Kritik. Wie Keller und Poferl (2016) zeigen, trägt sie schon in den 1950er Jahren zur Entwicklung besonderer neuer Methoden bei, die erst im Laufe der 1970er Jahre ‚interpretativ' genannt werden und, wie es scheint, erst danach, zur Institutionalisierung der ‚qualitativen Methoden' beitrugen.

3.4 Systematischer Induktivismus

Ungeachtet dieser Debatten galt in den 1970er Jahren die hypothetisch-deduktive Vorgehensweise nach wie vor als wissenschaftlich legitim und diente erneut als negativer Referenzpunkt, als Wilson (1973) erstmals eine Reihe methodologischer Merkmale hervorhob, die konstitutiv für die interpretative Sozialforschung sind und sich in diesem Rahmen insbesondere entschieden negativ von der hypothetisch-deduktiven Vorgehensweise abgrenzte. Die Ablehnung der vom hypothetisch-deduktiven Modell gemachten Theorievorgaben könnte die Vermutung stärken (und hat dies im Zuge der Debatte auch oft getan), es handele sich bei den interpretativen Verfahren um eine der Deduktion gegenüberstehende ‚induktive Methode', die auf empirischen Beschreibungen aufbaut, während das hypothetisch-deduktive Modell ohne eine – wissenschaftstheoretisch prekäre – Induktion auskomme. Dem widersprechen drei Argumente:

Erstens entsprachen *standardisierte Forschungsprozesse* noch nie der rein hypothetisch-deduktiven Vorgehensweise. In der Forschungspraxis treten in nahezu jedem empirischen standardisierten Forschungsprozess entweder *nicht die aus der Theorie vorhergesagten Ereignisse* oder *weitere, unerwartete Ergebnisse* hervor. Dennoch liest man fast keine Aufsätze, in denen steht: ‚Es kam nicht heraus, was wir erwartet hatten'. Vielmehr wird in der Forschungspraxis standardisierter Sozialforschung in solchen Fällen der deduktiven Phase eine zweite, induktive Phase angeschlossen, in der von den Daten selbst auf die Theorie geschlossen wird. Der – aus der wissenschaftstheoretischen Perspektive des kritischen Rationalismus und der hypothetisch-deduktiven Vorgehensweise zunächst als vorteilhaft erscheinende – linear organisierte Forschungsprozess wird hier zum Nachteil: (a) Aufgrund der Logik der Verknüpfung von Zufallsstichprobe und induktiver Statistik sowie theoretischer Vorhersage und (b) aufgrund der Messung über standardisierte Fragen dürfen – sobald die Datenerhebung einmal begonnen hat – weder die Stichprobe noch der Fragebogen verändert werden. Damit können erst im Zuge der Datenerhebung und Auswertung entdeckte Fehler und Probleme nicht korrigiert werden, und Forschende können auch nicht auf unerwartete Ergebnisse reagieren, die zusätzliche Fälle bzw. Fragen erforderlich machen würden, ohne eine komplett neue Erhebung zu starten. Die standardisierte Forschung hat auf dieses Problem insofern reagiert, als dass sie seit Mitte der 1990er versucht, soweit es geht, von der linearen Forschungslogik abzuweichen. Versinnbildlicht wird dies durch das Konzept des ‚Survey Life Cycle' (Groves et al. 2009): Stichprobenziehung und Konstruktion der Erhebungsinstrumente erfolgen nicht mehr hintereinander, sondern parallel und werden systematisch zusammengedacht. Außerdem wird die ‚Voruntersuchung' (‚Pretest') durch Evaluations- und Revisions-Schleifen ersetzt, so dass es Monate oder sogar Jahre dauern kann, bis ein Fragebogen tatsächlich ins Feld geht. Allerdings löst auch der ‚Survey Life Cycle' das grundsätzliche Problem nicht, dass – sobald die Feldphase begonnen hat – weder Fehler korrigiert noch auf unerwartete Ergebnisse reagiert werden kann.

Die qualitative Sozialforschung – allen voran die *Grounded Theory* – geht daher, zweitens, schon in den 1960ern sehr viel weiter, indem sie empfiehlt, den

Forschungsprozess spiralförmig zu organisieren (Strübing 2004). Die Grounded Theory empfiehlt mit dem Konzept des ‚*Theoretical Sampling*', Fallauswahl, Wahl der Datenerhebungsmethode, Datenerhebung, Auswertung und Theoriebildung systematisch abzuwechseln, um maximal flexibel auf unvorhergesehene Ergebnisse reagieren zu können (Strauss/Corbin 1996). Damit verfocht die Grounded Theory als Reaktion auf die hypothetisch-deduktiven Vorgehensweise einen sogenannten ‚systematischen Induktivismus' (Glaser/Strauss 1995; Strauss/ Corbin 1996), der aber weder mit Theorielosigkeit gleichzusetzen ist noch eine komplette Ablehnung der Deduktion darstellt – vielmehr geht es um die *Logik des Anfangens*: Während die quantitative Forschung in der Regel deduktiv anfängt und dann induktiv weiterarbeitet, beginnt die Grounded Theory bewusst induktiv, um dann in der weiteren Analyse Theorien mit Hilfe der Daten deduktiv zu überprüfen. In beiden Fällen wechseln sich dann im weiteren Forschungsprozess Deduktion und Induktion gegenseitig ab, bis das Ergebnis theoretisch gesättigt ist.

Ungeachtet dessen, dass diese Konzepte schon sehr lange existieren, haben wir den Eindruck, dass eine wissenschaftstheoretische Reflexion der ‚*Logik interpretativer Forschung*' noch entwicklungsfähig ist: So sehr die qualitativen und interpretativen Methoden den konstitutiven Beitrag von empirischen Daten zur Theoriebildung unterstreichen, so deutlich wenden sie sich, drittens, gegen eine wissenschaftstheoretische Vorstellung, dass sich Verallgemeinerungen aus der Beobachtung der empirischen Daten einfach induzieren ließen. *Dabei lehnt das interpretative Paradigma vor allem die Vorstellung ab, dass Daten, Beschreibungen oder basale Protokollsätze ausreichen, um auf die soziale Wirklichkeit zu schließen*, wie dies etwa Carnap (1928) in seiner Wissenschaftstheorie vertritt. Ähnlich wie Carnap (1928) kritisiert Abel (1948) an der „operation called Verstehen", dass Verstehen kein neues Wissen erzeugen und deswegen einer hypothetisch-deduktiven Wissenschaft nicht zur Verifikation oder Falsifikation dienen könne. Abel (1948) folgert weiter, dass Verstehen keine Grundlage für die Annahme einer „Dichotomie der Wissenschaften" sei. Die Ablehnung solcher Wissenschaftsverständnisse seitens des interpretativen Paradigmas wird exemplarisch an der Kritik am Behaviorismus deutlich, dem schon Schütz (1932) vorwirft, die Deutungen des Verhaltens, die von den Forschenden vorgenommen werden, zu übersehen. Diese Kritik wird sehr ausführlich von Cicourel (1967/1974) formuliert, der auch den experimentellen, quantitativen und standardisierten Methoden vorwirft, die von ihnen konstruierten Kategorien mit denen des untersuchten Gegenstandes zu verwechseln.

3.5 Abduktion

Sowohl Induktion als auch Deduktion verknüpfen bekannte Theorien mit Daten. Es kann aber durchaus sein, dass keine bekannte Theorie zu den Daten passt – in diesem Fall müssen Forschende eine eigene, neue Theorie entwickeln, was Peirce (1867/1931) bereits 1867 im von ihm wenn auch nicht entdeckten, so doch erstmals ausführlich dargestellten Schlussmodus der ‚Abduktion' ausdrückt, der als dritte Möglichkeit syllogistischen Schließens neben Deduktion und Induktion tritt (vgl. für eine ausführliche Darstellung der Geschichte des Konzepts: Richter 1995; Reichertz 2013). Diese neuen Theorien können dann im Folgenden wiederum mit zusätzlichen Daten deduktiv überprüft und damit in die spiralförmige Forschungsschleife eingeführt werden (Flick 1995; Bohnsack 1999).

Der deduktive Syllogismus schließt von der Regel und dem Fall (den Randbedingungen) auf das Resultat; der systematische Induktivismus vom Fall und dem Ergebnis auf die Regel; die Abduktion schließt von einer hypothetischen Regel und dem Phänomen auf den Fall. Sie folgt dem Schema (ausführlich Reichertz in diesem Band):

1. Es wird ein Phänomen B beobachtet.
2. Falls die allgemeine Prämisse A → B gilt, lässt sich B erklären.
3. Also vermutlich liegt der Fall A vor.

Die Schlussverfahren der Induktion und Abduktion gehören zunächst zu einem – systematischen und eben nicht zufälligen – ‚*Entdeckungszusammenhang*' (‚*logic of discovery*') und unterscheiden sich voneinander dadurch, dass induktiv „vom Partikulären auf das allgemeine Gesetz" bzw. „von einer Reihe Tatsachen auf eine andere Reihe ähnlicher Tatsachen" geschlossen wird – was freilich ein unsicheres Unterfangen bleibt, abduktiv dagegen „von der Wirkung auf die Ursache", „von Tatsachen einer Art auf Tatsachen anderer Art" (Peirce 1878/1931, S. 636 ff.), weshalb Kelle (2008, S. 90) auch von einer „riskante[n] Schlussfolgerung" spricht. Peirce ist der Auffassung, die Abduktion werde bei jeder wissenschaftlichen Hypothesenbildung *de facto* angewandt, und Kelle (2008, S. 90) argumentiert, dass fast alle sozialwissenschaftlichen Beispiele, die zur Erläuterung des Hempel-Oppenheim-Schemas herangezogen werden, eigentlich hypothetische, d. h. abduktive Schlussfolgerungen auf die ‚beste' Erklärung darstellen.

Erst mit der verstärkten Pragmatismus-Rezeption seit den 1960er Jahren wird jedoch die Abduktion als Schlussform auch in der sozialwissenschaftlichen Forschung bekannt. Ihre Attraktivität für die interpretative und insbesondere hermeneutische Forschung gewinnt sie dadurch, dass sie methodologisch rechtfertigt, dass der „Zirkel des Verstehens" kein „circulus vitiosus", sondern ein „circulus fructuosus" (Apel 1967) sei. Der Zirkelschluss vom Phänomen auf ein hypothetisches Gesetz lässt sich am Auftreten von unterschiedlichen Fällen unter unterschiedlichen Bedingungen überprüfen.

In der Wissenschaftstheorie der standardisierten Sozialforschung ist die

Abduktion allerdings nicht gleichermaßen rezipiert worden. Wäre dies der Fall, und wäre die Abduktion allgemein als Prinzip jeder Form interpretativer Forschung explizit anerkannt – obwohl sie faktisch (vielleicht auch unwissentlich) zur Anwendung kommt –, könnten viele Missverständnisse z. B. zwischen der kritisch-rationalistischen Position und der interpretativen Position leichter ausgeräumt werden.

Diese Debatte um die Verknüpfung von Theorie und Daten und die Rolle, die Interpretativität dabei spielt, wiederaufzunehmen, ist eine längst überfällige Aufgabe für die künftige Forschung. Dasselbe gilt für den zweiten großen Streitpunkt, namentlich die Frage nach den Kriterien der Wissenschaftlichkeit und dem damit verbundenen Problem, dass die Subjektivität gleichzeitig eine wichtige Ressource für Forschung ist (Knoblauch in diesem Band) und deren Qualität gefährden kann.

4 Kriterien der Wissenschaftlichkeit: Die Subjektivität der Forschenden als Problem und als Ressource

4.1 Möglichkeit einer objektiven Messbarkeit von Wirklichkeit

Ausgangspunkt vieler Vorbehalte quantitativer Sozialforschung gegen Interpretativität ist die Frage, was eigentlich Wissenschaftlichkeit ausmacht – die Verfechter der quantitativen Sozialforschung vertreten auch heute noch fast ausnahmslos die Perspektive der Notwendigkeit eines starken Wissenschafts-Begriffs mit eindeutigen Kriterien der Wissenschaftlichkeit, um ‚Alternative Facts' und ‚Fake News' von belegten Tatsachen unterscheiden zu können, weshalb auch postmoderne und verwandte Positionen in der Regel grundsätzlich als relativistisch abgelehnt werden. Hierzu sind aber innerhalb der quantitativen Sozialforschung unterschiedliche Positionen zu finden:

Eine Gruppe von quantitativ Forschenden (z.B. Schnell/Hill/Esser 1999) glaubt bis heute fest daran, dass *objektive Erkenntnis* in dem Sinne möglich ist, *dass Forschungsergebnisse unabhängig von der Person der Forschenden bei konstanten Tatsachen repliziert werden können.*

Viele quantitativ Forschenden haben dagegen diesen starken Objektivitäts-Begriff schon längst aufgegeben. Sie gehen vielmehr davon aus, dass es immer eine *Differenz zwischen Daten und sozialer Wirklichkeit* geben wird, die in der quantitativen Tradition unter dem Begriff des ‚Fehlers' gefasst wird, den Forschende begehen, wenn sie versuchen, die Wirklichkeit ‚objektiv' zu erfassen. Der Begriff des ‚Fehlers' soll ausdrücken, dass der Mangel auf Seiten der Forschenden und nicht des Gegenstandsbereichs liegt, was sich auch darin widerspiegelt, dass bei prozessproduzierten Daten nicht – wie bei forschungsinduzierten Daten – von ‚Fehlern', sondern von einer ‚Datenkunde' gesprochen wird (Bick/Müller

1984; Baur 2009a). Bei forschungsinduzierten Daten können im Verständnis der quantitativen Forschung in verschiedenen Stadien des Forschungsprozesses auch verschiedene Fehler auftreten: Bei der Datenerhebung können etwa ‚Messfehler' auftreten, bei der Stichprobenziehung ‚Stichprobenfehler' – und ganz in der Logik der quantitativen Sozialforschung wird stets versucht, diese Fehler selbst zu quantifizieren, also mit Hilfe von verschiedenen Maßzahlen auszudrücken (ausführlich Groves et al. 2009; Blasius/Thiessen 2012; Baur 2014).

Wie diese Fehler entdeckt, gemessen, beseitigt oder zumindest minimiert werden können, wurde über fast hundert Jahre in jeweils distinkten quantitativen Methodendebatten (die allerdings jeweils viel interdisziplinärer sind als die qualitativen Methodendebatten) jeweils gesondert diskutiert. Etwa um die Jahrtausendwende vollzog sich dann eine Umkehr, insofern erkannt wurde, dass diese verschiedenen ‚Fehler' – also Interpretationsprobleme – aufeinander bezogen sind. Will man etwa in standardisierten Befragungen Wissen, Handlungsziele oder die Lebenssituation einer Person möglichst genau erfassen, muss man auch möglichst viele Fragen stellen, um einen möglichst kleinen Messfehler zu erhalten – dies erhöht aber wiederum den Stichprobenfehler (genauer: ‚Nonresponse-Fehler'), weil, je länger der Fragebogen ist, desto mehr Personen eine Befragung abbrechen oder ganz verweigern. Um diesem Problem zu begegnen, werden im Zuge der Etablierung des Modells des bereits erwähnten ‚Survey Life Cycles' diese verschiedenen Fehler systematisch zusammengedacht und mit dem ‚*Total Survey Error*' *(TSE)* zu einem Gesamtfehler verrechnet (Groves et al. 2009). Für die Debatte um Interpretativität ist dabei zentral, dass die jüngere quantitative Sozialforschung davon ausgeht, dass der TSE nie den Wert ‚0' annehmen, sondern nur minimiert werden kann, d.h. *dass eine – im Sinne der quantitativen Methodologie – eindeutige, fehlerfreie Messung (bzw. Abbildung) der Wirklichkeit grundsätzlich nicht möglich ist.*

Dadurch wird deutlich, dass das sozialwissenschaftliche Konzept der Messung nur als Analogie zur klassischen naturwissenschaftlichen Messung (etwa der Temperatur) verstanden werden kann – oder dass die sozialwissenschaftliche Messung eben einer ähnlichen Beobachterabhängigkeit unterliegt wie die Messung in der Quantenphysik (Heisenberg 1927; vgl. auch Barad 1996). Auch wenn der Bezug zum interpretativen Paradigma erst noch hergestellt werden muss, ist hiermit doch die Differenz zwischen den Positionen kaum mehr existent, sondern vollzieht sich nur noch auf rein rhetorischer Ebene.

4.2 Gütekriterien

Ungeachtet dessen ist es quantitativ Sozialforschenden wichtig, an Kriterien der Wissenschaftlichkeit festzuhalten. Dies hat mehrere methodologische Konsequenzen:

Hält man an der Idee der ‚Wahrheit' fest und definiert ‚*Wissenschaft*' als ‚Prozess der Wahrheitsannäherung', benötigt man erstens Kriterien, um wissenschaftliche Aussagen miteinander vergleichen und gute von schlechter Forschung unterscheiden zu können. Entsprechend hat die quantitative Sozialforschung schon seit Jahrzehnten *Gütekriterien* entwickelt, die nicht nur fest etabliert sind, sondern auch ständig weiterentwickelt werden.

Dass diese Güte nicht absolut gesehen wird, ist allein schon daran zu erkennen, dass man etwa in der Survey-Forschung seit Mitte der 1990er von der ‚Evaluation von Survey-Fragen' spricht (Prüfer/Rexroth 1996; Esposito/Rothgeb 2010) und dass sich die Survey-Forschung selbst mittlerweile zu einem eigenen Forschungsfeld ausdifferenziert hat, deren einziges Ziel es ist, die Datenqualität von Umfragen kontinuierlich neu zu bestimmen und zu verbessern (Baur 2014).

Es ist zwar nicht sinnvoll, die für die quantitative Sozialforschung entwickelten Gütekriterien auf qualitative und vor allem interpretative Verfahren zu übertragen, allein schon, weil Kriterien wie ‚Objektivität' und ‚Reliabilität' sowohl voraussetzen, dass sich der Gegenstandsbereich nicht wandelt, als auch, dass Interpretationen eindeutig sind. Ungeachtet dessen wirft die quantitative der qualitativen Sozialforschung vor, es über Jahrzehnte hinweg versäumt zu haben, *eigene* Gütekriterien nicht nur zu entwickeln – zu den wenigen Ausnahmen gehören Seale (1999) und Flick (in diesem Band) –, sondern auch fest im Methodenkanon zu verankern und etwa bei der Durchführung von wissenschaftlichen Arbeiten durchzusetzen. Auch wenn etwa die sozialwissenschaftliche Hermeneutik über sehr rigide Gütekriterien verfügt (Kurt/Herbrik 2019), so haben diese doch nach wie vor den Charakter von Spezialwissen, da die hermeneutische Wissenssoziologie es versäumt hat, diese allgemeinverständlich zu explizieren. Ähnliches gilt für die Gütekriterien vieler anderer qualitativer Traditionen. Diese Debatte um qualitative Gütekriterien lebt allerdings jüngst wieder auf. Beispiele sind der Beitrag von Flick (in diesem Band) oder der Vorschlag von Strübing et al. (2018), Gegenstandsangemessenheit, empirische Sättigung, theoretische Durchdringung, textuelle Performanz und Originalität als Gütekriterien qualitativer Forschung zu etablieren.

4.3 Interpretativität und Subjektivität der Forschenden als Problem

Zweitens hat das Festhalten der quantitativen Sozialforschung an ‚harten' Wissenschaftskriterien zur Folge, dass die Subjektivität der Forschenden und damit Interpretativität zum Problem wird:

Die interpretative und quantitative (!) Sozialforschung sind sich einig darin, dass alle Sozialforschenden standortgebunden und deshalb die Welt perspektivisch, selektiv und relational auffassen; ihre Theorien sind zudem an Wünsche und Befürchtungen gebunden. Diese Selektivität der Wahrnehmung entspringt – in der Sprache der quantitativen Sozialforschung – unter anderem dem anthropologisch verankerten Wunsch von Menschen bzw. der Suche nach Regelmäßigkeiten und Mustern; der durch soziale Achtung, Normen, Konformitätsdruck erwartungsabhängigen Beobachtung; dem Hang zu Self-Fulfilling Prophecies; Alltagshypothesen, die Menschen zur Aufrechterhaltung von Interaktionen aufstellen; der intuitiven Wahrnehmung von Wahrscheinlichkeiten im Alltag, die zur Überschätzung kleiner und Unterschätzung großer Risiken führt; oder Deduktionsfehlern (Diekmann 2004, S. 40–52; 69–73). Diese Perspektivität der Beobachterposition (vgl. Knoblauch in diesem Band) führt zu einer Wahrnehmungs-, Erinnerungs- und Stichprobenselektion, die wiederum Forschungsergebnisse verzerrt und damit Objektivität verhindert (Diekmann 2004, S. 40–52; 69–73).

Dass die Subjektivität der Forschenden ein methodologisches Problem darstellt, ist – wie bereits erwähnt – bereits seit dem 19. Jahrhundert bekannt und war einer der Gründe für die Ausdifferenzierung der (deutschsprachigen) Soziologie als Wissenschaft (von der Geschichtswissenschaft und Statistik bzw. Nationalökonomie), die mit Hilfe von Theorie und Methoden helfen sollte, die Standortgebundenheit der Forschenden zu reflektieren und kontrollieren (Baur 2005, S. 25–37), und in der Tat ist aus der Perspektive der quantitativen Sozialforschung das primäre Ziel der ‚Methoden der empirischen Sozialforschung' nicht etwa, einzelne Verfahren und Techniken zu entwickeln, sondern genau diese Subjektivität der Forschenden methodologisch zu reflektieren und zu handhaben (Baur 2008, S. 193). In der Frühzeit der Soziologie wurde die Subjektivität der Forschenden in drei Komponenten aufgeteilt, die allerdings nur analytisch, nicht aber forschungspraktisch voneinander getrennt werden können: Parteilichkeit, Perspektivität und Verstehen (Baur 2008, S. 192–193). Aus dieser Differenzierung entstanden drei Debattenstränge, die heute nahezu unverbunden sind.

4.3.1 Parteilichkeit

Die Debatte um Parteilichkeit entbrannte in der deutschen Soziologie und Nationalökonomie erstmals im ‚Werturteilsstreit' in den 1920ern. Kernstreitpunkt war das Verhältnis von Wissenschaft zur Politik und die Frage, ob die Sozialwissenschaften praktische Forderungen oder Normen aufstellen und normativ verbindliche Aussagen über politische Maßnahmen machen können und dürfen. Im Zuge dieser Debatte unterschied Max Weber zwischen Seins- und Sollensaussagen und wies die Ermittlung der Seinsaussagen der Wissenschaft, die Erstellung von Sollensaussagen der Politik zu.

Aufbauend auf Webers Überlegungen, unterscheidet die moderne quantitative Sozialforschung in Bezug auf die Frage, welche Rolle Werte in sozialwissenschaftlichen Untersuchungen spielen können und sollen, verschiedene Formen von Werten. Drei Formen von *Werten* sieht sie in sozialwissenschaftlichen Untersuchungen als vollkommen *legitim* an (Diekmann 2004, S. 40–52; 69–73):

1. Sozialwissenschaftler können die Werte von Menschen – etwa die Haltung der deutschen Bevölkerung zur AfD – selbst zum *Untersuchungsgegenstand* machen. Da sich im Sinne der deduktiv-hypothetischen Vorgehensweise Forschende vom Untersuchungsgegenstand distanzieren, erscheint dies der quantitativen Sozialforschung vollkommen unproblematisch, da hier Werte etwa im Rahmen einer standardisierten Befragung und statistischen Verfahren zur Analyse von Sinnstrukturen (Akremi in diesem Band) mit den Regeln der empirischen Sozialforschung untersucht werden.
2. Das ‚*Relevanzproblem*' befasst sich mit der Frage, was eigentlich interessante und legitime Forschungsfragen sind, die einer wissenschaftlichen Untersuchung würdig sind. Dies ist insofern eine normative Setzung, als dass das, was für relevant gehalten wird, sehr stark vom ‚Zeitgeist' bzw. den in einer bestimmten Gesellschaft zu einer bestimmten Zeit vorhandenen Problemen abhängt. So waren etwa die Bildungssoziologie bis zum ‚Pisa-Schock' oder die Migrationsforschung bis zur ‚Flüchtlingskrise' Randgebiete der Soziologie, für die kaum Forschungsgelder oder interessierte Publika gefunden werden konnten. Nach diesen gesellschaftlichen Ereignissen wurden sie dagegen wieder zu zentralen Forschungsthemen. Auch dies wird von der quantitativen Sozialforschung als unproblematisch gesehen, solange – im Sinne der Trennung von Seins- und Sollensaussagen – die Untersuchungsziele sowie die Auftraggeber einer Studie zu Beginn der Untersuchung und in Publikationen *explizit gemacht* werden und solange sich der Forscher dessen verwahrt, vom Auftraggeber einer Studie *beeinflusst* zu werden.
3. Die Forschungsethik bzw. ‚Wertbasis der Wissenschaft', befasst sich mit den *Regeln der guten wissenschaftlichen Praxis*. Auch wenn es hier durchaus zu Konflikten zwischen Wissenschaftlichkeit und Forschungsethik kommen kann, da wissenschaftlich hochwertige Forschung nicht notwendig ethisch ist, wird hier spätestens nach dem 2. Weltkrieg unhinterfragt der Forschungsethik den Vorrang gegeben, so dass diese im Zweifelsfall beschränkt, was überhaupt erforscht werden darf (z.B. RatSWD 2017a). Institutionell zeigt sich dies etwa in den langen Debatten über Datenschutz (Häder 2009; Schar 2016; RatSWD 2017b) und informationelle Selbstbestimmung (Mühlichen 2019), die nicht nur juristisch verankert sind, sondern sich auch in ausgeklügelten und in der quantitativen Sozialforschung seit den 1970ern fest etablierten Standardprozeduren etwa zur Archivierung (RatSWD 2016) und Publikation von wissenschaftlichen Ergebnissen niederschlagen, die stets darauf ausgerichtet sind, die Forschungssubjekte zu schützen. Ebenso schlägt sich dies darin nieder, dass Standesorganisationen wie die ‚Arbeits-

gemeinschaft Sozialwissenschaftlicher Institute e.V.' (ASI), der ‚Arbeitskreis Deutscher Markt- und Sozialforschungsinstitute e.V.' (ADM), die ‚European Society for Opinion and Market Research' (ESOMAR) sich regelmäßig national und international untereinander abstimmen, um gemeinsame Ethikrichtlinien für verschiedene Datensorten (weiter) zu entwickeln – durchgesetzt werden diese über Selbstverpflichtungen und in Deutschland über einen ‚Beschwerderat'.

Grundsätzlich *abgelehnt* werden dagegen die Werturteile in engerem Sinn: die ‚Parteilichkeit'. In der Tradition von Weber sollen Seins- und Sollensaussagen sauber getrennt werden, und Werturteile in wissenschaftlichen Aussagen absolut vermieden werden, da diese den Forschungsprozess verzerren können.

Damit wird jede Art von Forschung, bei der sich die Forschenden aktiv in den Gegenstandsbereich einbinden oder auch nur eingebunden sehen, als grundsätzlich problematisch betrachtet. Verfahren wie die partizipative Forschung (von Unger in diesem Band), die Aktionsforschung oder die Evaluationsforschung werden daher zumindest in der deutschsprachigen quantitativen Forschung als ‚angewandte Forschung' scharf von der ‚wissenschaftlichen Forschung' unterschieden und wegen des grundsätzlichen Normativitätsverdachts bestenfalls kritisch beäugt, wenn nicht gar komplett abgelehnt.

Auch bei der wissenschaftlichen Forschung (im Sinne von ‚Grundlagenforschung') wird die unreflektierte *Standortgebundenheit der Forschenden* als Grundsatzproblem betrachtet, die durch entsprechende Maßnahmen wie Theorieorientierung, Methodenausbildung und wechselseitige Kontrolle durch die Arbeit im Team sowie wechselseitige Kritik von Forschungsteams, mittels Debatten auf wissenschaftlichen Tagungen, Kritik an Publikationen und Re-Analysen *methodologisch kontrolliert* werden soll. Eine *Archivierung von Daten* sowie eine *nachvollziehbare Dokumentation des Forschungsprozesses* werden daher in der quantitativen Sozialforschung als zentrale Kriterien der Wissenschaftlichkeit gesehen.

Als problematisch wird auch gesehen, dass Forschende unbewusst beeinflusst werden können – wenn etwa im Rahmen von *Auftragsforschung* bestimmte Themen gesetzt oder Forschungsergebnisse im Sinne des Auftraggebers geschönt werden. Daher zieht sich die quantitative Forschung historisch bewusst in den ‚Elfenbeinturm' zurück, um einen möglichst distanzierten, nichtnormativen Blick auf den Gegenstandsbereich zu erhalten.

4.3.2 Perspektivität

Ungeachtet dessen ist sich die quantitative Forschung durchaus bewusst, dass sich die Subjektivität der Forschenden und damit das Problem der Parteilichkeit niemals vollkommen beheben lassen – Forschende stehen daher unter

Generalverdacht, dass sie grundsätzlich Wissenschaft gefährden. Daher wurden *Gegenmaßnahmen* entwickelt.

Als erste Gegenmaßnahme hat die *soziologische Theorie* die Funktion, Standortgebundenheit in Perspektivität umzuwandeln, die wiederum diskutierbar wird, vor allem, weil verschiedene Theorien im Zuge der empirischen Sozialforschung gegeneinander getestet werden können. Die theoretische Perspektive muss daher zu Beginn jeden Forschungsprozesses explizit gemacht werden, um die Forschungsfrage sachlich, zeitlich, räumlich und hinsichtlich der Handlungsebene zu verankern und die Methodenwahl, Datenerhebung und Stichprobenstrategie zu lenken (Baur 2005; Baur 2008, S. 197–208) bzw. ‚vermittelte Unmittelbarkeit' (Lindemann/Barth/Tübel in diesem Band) herzustellen.

Auch wenn dies für qualitative und quantitative Sozialforschung gleichermaßen gilt, so missversteht die quantitative Sozialforschung doch gerne die ‚Offenheit' der qualitativen Sozialforschung als ‚Theorielosigkeit'. Eine ebensolche Theorielosigkeit wirft die qualitative Sozialforschung der quantitativen Sozialforschung vor, wenn sie etwa der Methodologie der Rational-Choice-Theorie ein subsumptionslogisches Vorgehen und ein abstrakt-unhistorisches Akteursmodell unterstellt, dessen Defizienz durch Einbeziehung konstruktivistischer Ergänzungen lediglich verdeckt werde.

Beides ist ein Missverständnis, das – und das sei an dieser Stelle ausdrücklich gesagt – durch wechselseitige Unkenntnis der Details der jeweils anderen theoretischen und methodologischen Debatten und Forschungspraxis entsteht:

- Qualitative Sozialforschung geht explizit davon aus – wie etwa Lindemann, Barth und Tübel (in diesem Band) ausführen –, dass die sozialtheoretischen Grundannahmen expliziert sein müssen. Mit ‚Offenheit' ist vielmehr gemeint, dass Sozialforschung so angelegt sein soll, dass – innerhalb des sozialtheoretischen Rahmens – neues Wissen generiert werden kann.
- Auch quantitative Sozialforschung setzt nicht nur einen sozialtheoretischen Rahmen, sondern arbeitet, um die Forschungsfragen ‚operationalisieren' zu können, systematisch mit Brückentheorien. Weiterhin werden im Zuge der Datenerhebung, -aufbereitung und -analyse sehr viele theoretische Annahmen getroffen, die nicht nur sorgfältig reflektiert und mittels der ‚Evaluation' von Survey-Fragen interpretativ abgesichert, sondern auf eigenen Tagungen und in eigenen Publikationen (die selten von Personen außerhalb der entsprechenden Teil-Community gelesen werden) diskutiert und reflektiert werden.

Ungeachtet dessen, dass sich qualitative und quantitative Sozialforschung gleichermaßen bewusst sind, wie wichtig Theorie zur Anleitung der Forschungspraxis ist und dass sie beide versuchen, Theorie angemessen zu verwenden, stellt sich insgesamt das Problem, dass der Theoriebegriff untertheoretisiert ist und es nach wie vor (in qualitativer und quantitativer Forschung gleichermaßen) an praktischen Anleitungen fehlt, wie diese Theorie-Empirie-Verbindung forschungspraktisch zu erfolgen hat.

4.3.3 Verstehen

Wegen ihres grundsätzlichen Misstrauens gegenüber der Subjektivität der Forschenden versucht die *quantitative Sozialforschung*, zweitens, diese *Subjektivität durch Standardisierung möglichst komplett auszuschalten*: Um möglichst die Notwendigkeit jeglicher Interpretation zu vermeiden, wird wirklich Alles standardisiert, was sich standardisisieren lässt: die Fallauswahl (‚Zufallsstichprobe'), die Erhebungsinstrumente (‚Fragebogen'), die Erhebungssituation (‚Interviewerschulung'), die Auswertung (‚deskriptive Statistik') und die Generalisierung (‚induktive Statistik').

Dieser Versuch, die Notwendigkeit zu interpretieren komplett auszuschalten, ist bislang gescheitert und muss vermutlich aufgrund der von Knoblauch et al. (in diesem Band) diskutierten Eigenschaften des Gegenstandsbereichs der Sozialwissenschaften prinzipiell scheitern, da – wie die Survey-Forschung (Groves et al. 2009; Blasius/Thiessen 2012; Baur 2009b; Baur 2014) selbst gezeigt hat – an allen möglichen Stellen Interpretationsprobleme einsickern und vor allem an kritischen Stellen des Forschungsprozesses Interpretationsbedarf besteht, der nicht standardisiert gehandhabt werden kann. Die betrifft sowohl die Datenerhebung (Kelle in diesem Band), als auch die Auswertung (Akremi und Baur, beide in diesem Band), als auch die Generalisierung (Ziegler in diesem Band).

Die *qualitative Forschung* hat daher nicht ohne Grund von Anfang an die Haltung eingenommen, dass eine Standardisierung der Forschung grundsätzlich zum Scheitern verurteilt ist und dass es vielversprechender ist, die Forschenden methodologisch zu schulen. Insbesondere sieht sie aber die *Subjektivität* nicht nur als Problem, sondern auch *als eine wertvolle Ressource für das Verstehen* (vgl. Knoblauch et al. in diesem Band), eine Perspektive, mit der sich die meisten quantitativ Forschenden schwertun: Ohne die alltagsweltliche Verankerung der Forschenden sei – so die Perspektive der qualitativen Forschung – Sozialforschung und vor allem Interpretation nicht möglich, da nur diese die Rekonstruktion von sinnhaftem Handeln ermöglicht. Dies ist insbesondere bei unvorhergesehenen Forschungsergebnissen (bei denen die deduktive Strategie nicht mehr greift) und bei den Forschenden unvertrauten sozialen Kontexten zentral (Kelle 2017).

Interpretativität drückt sich dabei z. B. im abduktiven Schließen in der Subjektivität bzw. Positionalität der Forschenden aus: Auf welche hypothetische Regel (A) Forschende daraus schließen können, dass der ‚Fall' Bedingungen enthält, die mit der Beobachtung (B) zusammenfallen, ergibt sich aus dem

Standpunkt der Forschenden gegenüber der Gruppe von Beobachtungen und ihrem Verständnis des ‚Falles', also den Brückenhypothesen bzw. dem Zuschnitt dessen, was sie unter einem Fall verstehen (z. B. die Biographie eines Individuums, einer Geste, einer bestimmten Äußerung, einer visuellen Darstellungsform oder einer Organisation). Die Subjektivität der Forschenden ist hier eben kein Erkenntnishindernis, sondern eine Ressource, weil sich ihnen durch verstehende Kenntnis des Forschungsfeldes die Wirkungen erschließen, von denen auf Ursachen gefolgert werden kann. Außerdem wird in den Sozialwissenschaften der Fall (da sie es mit ihrerseits selbst schließenden Subjekten zu tun haben) nicht nur von den Forschenden bestimmt, sondern auch von den beforschten Subjekten. Schließlich hängt die abduktiv, d. h. sprunghaft gewonnene, hypothetische Regel auch davon ab, wie andere forschende Subjekte den Fall interpretieren. Dies geschieht im Rahmen der Forschung in Interpretationsgruppen (Reichertz in diesem Band) bereits während der Forschung, und selbstverständlich durch eine Überprüfung von Hypothesen durch die Scientific Community. Reichertz weist darauf hin, dass bei der Abduktion drei Teilprozesse zu unterscheiden seien: Erfassen, Verfestigen und Bewerten. Die Hypothese sei dabei das „Bindeglied zwischen der Phase der Entdeckung und der der Überprüfung" (Reichertz 2013, S. 129). Durch den Schritt der Bewertung werden abduktiv gewonnene Hypothesen einer Überprüfung unterworfen. Beispielsweise kann durch Fallvergleiche schließlich deduktiv überprüft werden, ob die hypothetische Regel tatsächlich gilt.

Während das Verstehen sehr explizit Teil qualitativer Forschung ist, existieren – und dies wird nur selten diskutiert – auch in der quantitativen Sozialforschung zahlreiche Verfahren, die einen verstehenden Zugang zu standardisierten Daten ermöglichen und sogar erfordern, etwa die Faktoren- und Clusteranalyse (Akremi in diesem Band; Baur 2017) oder die Korrespondenzanalyse (Bourdieu 1982; Robson/Sanders 2009; Lebaron 2009; Lebaron 2012; Mejstrik 2012; Blasius/Schmitz 2013, Blasius/Schmitz 2014; Baur 2017; Blasius et al. 2019).

5 Generalisier- und Übertragbarkeit vs. Detailanalysen

Quer zu den Fragen der Verknüpfung von theoretischen Sachverhalten und empirischen Daten sowie nach den Kriterien der Wissenschaftlichkeit und dem Umgang mit der Subjektivität der Forschenden stehen empirisch Sozialforschende vor einem Problem, das vor allem forschungspragmatischer Natur ist: Jede Forschung ist zeitlich und ressourcenabhängig begrenzt. Selbst wenn Forschende in Teams arbeiten, können sie soziale Wirklichkeit nie in ihrer Ganzheit, sondern nur ausschnittsweise untersuchen. Damit stellt sich die Frage, ob man eher einen kleinen Ausschnitt auswählt, den man vertieften Detailanalysen unterzieht, oder ob man eher viele Fälle oberflächlich analysiert, dafür aber die identifizierten Muster besser generalisieren kann. Sofern sie methodologisch sachgemäß durchgeführt werden, erhöhen *vertiefte Detailanalysen* – versinnbildlicht etwa in der Hermeneutik (Maiwald; Kanter; Herbrik, alle in diesem Band) – tendenziell die *interpretative Genauigkeit*, während *mehr oder großflächigere Fälle* – versinnbildlicht etwa in der qualitativen Inhaltsanalyse (Kuckartz in diesem Band), der standardisierten Befragung (Kelle in diesem Band) oder der Diskursanalyse (Keller/Bosančić in diesem Band) – die *Generalisierbarkeit bzw. Übertragbarkeit der Ergebnisse auf andere Kontexte* verbessern.

Da aber interpretative Genauigkeit und Generalisierbarkeit gleichermaßen wichtig sind, besteht ein grundsätzlicher Trade-Off zwischen diesen beiden Strategien, was wiederum einer der Gründe für den verstärkten Trend zu Mixed Methods in den letzten zwei Jahrzehnten ist (Baur/Kelle/Kuckartz 2017). Kelle (2017) zeigt in diesem Rahmen, dass qualitative Forschung bei unvertrauten oder sich stark wandelnden Gegenstandbereichen zu bevorzugen ist, da hier die interpretative Genauigkeit nicht gesetzt werden kann. Bei wohl beforschten Gegenstandbereichen mit relativ stabilen Handlungsstrukturen ist dagegen die quantitative Forschung im Vorteil.

Unabhängig davon, wie man sich bei diesem Trade-Off entscheidet, stellt sich die Frage, *ob und wie Forschungsergebnisse generalisiert werden können*, und hier hat die Sozialforschung verschiedene Verfahren entwickelt:

Zu nennen ist zunächst die von Geertz (1973/2003) vorgeschlagene *dichte Beschreibung*, die – wenn sachgemäß durchgeführt – den Lesern den Eindruck vermittelt, selbst im Feld gewesen zu sein. Es bleibt dann dem Leser überlassen, ob und auf welche Kontexte er die Forschungsergebnisse übertragen möchte (Seale 1999, S. 106–108).

Die Kontrastposition ist die der quantitativen Sozialforschung, die – gemäß der Logik der kompletten Durchstandardisierung des Forschungsprozesses – eine Grundgesamtheit definiert, aus der sie eine vorab berechnete ideale Anzahl von Untersuchungsfällen zufällig auswählt. Ist dies geschehen, können die Ergebnisse der deskriptiven statistischen Analyse mit Hilfe der *induktiven Statistik* auf die Grundgesamtheit verallgemeinert werden (Seale 1999, S. 113–118). Ausgedrückt wird der Grad der Verallgemeinerbarkeit in Maßzahlen wie ‚Signifikanzniveaus' (in ‚statistischen Tests') oder ‚Konfidenzniveaus' (in ‚Konfidenzintervallen'). Wie bereits erwähnt, ist die schließende Statistik keineswegs ‚objektiv' in dem Sinne, dass ihre Ergebnisse nicht interpretationsbedürftig sind. Vielmehr existieren verschiedene statistische Theorien dazu, was ‚Wahrscheinlichkeit' bedeutet und wie die Ergebnisse der induktiven Statistik zu deuten sind (Behnke/Behnke 2006; Ziegler 2017, S. 10–120; Ziegler in diesem Band).

Schließlich hat die qualitative Sozialforschung selbst eine Reihe von Vorschlägen zur *theoriegeleiteten Fallauswahl* (Seale 1999, S. 108–113) gemacht, damit auch Forschungsergebnisse bei geringer Fallauswahl oder sogar bei Einzelfallanalysen generalisiert werden können. Zu nennen sind etwa die verschiedenen Varianten der Fallauswahl bei Einzelfallstudien (Baur/Lamnek 2017; Hering/Jungmann 2019; Hering in diesem Band), das ‚Theoretical Sampling' der Grounded Theory (Strauss/Corbin 1996; Strübing 2004) oder die ‚Fuzzy-Set-Analysen' der ‚Qualitative Comparative Analysis' (Ragin 2000). Verbunden wird diese Fallauswahl in der Regel mit einer vergleichenden Analysestrategie: Bei seltenen, komplexen sozialen Phänomenen auf höherer Skalierungsebene (z. B. nationale oder globale Prozesse) können etwa naturgemäß oft keine großen Mengen von Fällen analysiert werden. Wenn zum Beispiel die Demokratisierungsprozesse im Arabischen Frühling oder der Fall der Berliner Mauer erklärt werden sollen, ist naturgemäß die Fallzahl so gering, dass man nicht statistisch arbeiten kann – oft handelt es sich sogar um Einzelfallanalysen. Um trotzdem generalisierbare Aussagen über die interessierenden Phänomene generieren zu können, wird etwa in der Tradition der Fallstudien (aber auch ähnlich in den anderen genannten Traditionen) die Variation systematisch durch *interne und externe Fallvergleiche* erzeugt. Mit anderen Worten:

- Es werden auf der einen Seite innerhalb der Fallgeschichte strukturähnliche Situationen identifiziert und systematisch variiert (‚*interne Variation*'; ‚*within-case-variation*'), um notwendige und hinreichende Bedingungen herauszuarbeiten.
- Auf der anderen Seite werden – in Form einer ‚*externen Variation*' (‚*between-case-variation*') – entweder andere strukturähnliche empirische Fälle (etwa aus eigenen Daten oder der Literatur) betrachtet, oder die soziologische Theorie wird als in Theorie gegossene, frühere Fallstudie betrachtet und so ‚empiriefähig' gemacht, indem empirische Beobachtungen mit Vorhersagen der soziologischen Theorie verglichen werden.

Ungeachtet dessen lässt sich hier festhalten, dass die interpretative Forschung das Problem der Fallauswahl und Generalisierbarkeit von Forschungsergebnissen bislang noch nicht befriedigend lösen konnte, bzw. sich dabei weitgehend auf theoriegeleitete Generalisierungen und auf die Korrektur unangemessener Verallgemeinerungen durch die Scientific Community verlässt.

6 Verstehen und Erklären

Eine letzte zentrale Konfliktlinie zwischen qualitativen und quantitativen Methoden, die für das interpretative Paradigma relevant ist, ist das Verhältnis von Interpretativität und Kausalität, wobei dies bei Weber (1921/1980, S. 1) zumindest konzeptuell unmissverständlich geklärt ist.

> „Soziologie [...] soll heißen: eine Wissenschaft, welche soziales Handeln deutend verstehen und dadurch in seinem Ablauf und seinen Wirkungen ursächlich erklären will".

Soziologie ist gemäß dieser Definition eine Wissenschaft, die gleichzeitig verstehen *und* erklären will. Die Erklären-Verstehen-Differenz bildet letztlich den Kern der Methodenstreite des 19. und 20. Jahrhunderts. Ein Streitpunkt der Debatte ist bis heute, ob man sich methodologisch entscheiden muss, ob man erklärt *oder* versteht – die beiden Zugänge zu sozialer Wirklichkeit sich also wechselseitig ausschließen – oder ob man zugleich verstehen *und* erklären *kann* oder sogar *muss* sowie, welcher dieser beiden Zugänge für die Sozialforschung *wichtiger* ist (Greshoff/Kneer/Schneider 2008, S. 7). Im Zuge dieser nun seit fast 200 Jahren schwelenden Debatte haben sich praktisch alle Sozialtheoretiker mit diesem Problem befasst und dabei recht unterschiedliche Erklärens- und Verstehens-Begriffe entwickelt. So ist etwa bis heute unklar, ob mit ‚Erklären' die Typenbildung oder das Aufdecken von Kausalzusammenhängen gemeint ist (Greshoff/Kneer/Schneider 2008, S. 9). So versteht etwa Alfred Schütz das ‚Verstehen' als eine spezifische Variante des ‚Erklärens' (Endreß 2008).

Versteht man ‚Erklären' als ‚Aufdecken von Kausalzusammenhängen' (ausführlich Baur in diesem Band) und begreift die Erklären-Verstehen-Kontroverse als Schauplatz einer Debatte um den Status von Kausalerklärungen in den Sozialwissenschaften, muss daran erinnert werden, dass diese Problematik bereits ausführlich unter dem Titel der ‚*Erkenntnisinteressen*' bzw. ‚*erkenntnisleitenden Interessen*' (Habermas 1968/1973) verhandelt worden ist. Dem Anspruch, die Sozialwissenschaften mögen sich auf Kausalerklärungen konzentrieren, setzt Habermas die Auffassung entgegen, die Sozial- und Geisteswissenschaften verfolgen – zumindest sofern sie im hier vertretenen Sinn interpretativ verfahren – prinzipiell ein „emanzipatorisches Erkenntnisinteresse", das einen Rahmen für Kausalerklärung *und* praktische Deutung bilden kann:

> „Technisches und praktisches Erkenntnisinteresse können erst aus dem Zusammenhang mit dem emanzipatorischen Erkenntnisinteresse der vernünftigen Reflexion als erkenntnisleitende Interessen unmißverständlich, d.h. ohne der Psychologisierung oder einem neuen Objektivismus zu verfallen, begriffen werden" (Habermas 1968/1973, S. 244).

Diese Reflexion entstand im Zusammenhang mit dem Positivismusstreit und wendet sich gegen die dem kritischen Rationalismus (möglicherweise fälschlich) zugeschriebene Annahme, es sei möglich, Kausalerklärung und Hermeneutik voneinander zu trennen. Im Nachwort von 1973 räumt Habermas dann auch ein, dass „technisches Erkenntnisinteresse" (Kausalerklärung) und „praktisches Erkenntnisinteresse" (Verstehen) beide in „tiefsitzenden (invarianten?)

Handlungs- und Erfahrungsstrukturen begründet" (Habermas 1968/1973, S. 400) seien und damit ihre Berechtigung haben. Beide Aussageformen müssen allerdings – dies sei die Aufgabe des emanzipatorischen Erkenntnisinteresses – durch die reflexive Aufrechterhaltung des „Zusammenhang[s] des theoretischen Wissens mit einer Lebenspraxis" daraufhin überprüft werden, ob sie nicht unreflektiert zur Reproduktion vermachteter Sozialbeziehungen und „scheinhaft legitimierter Repression" (ebd.) beitragen. Das Problem ist also nicht, dass ‚erklärende' Kausalmodelle ihren Gegenstand prinzipiell verfehlen, solange Verstehensprozesse methodisch berücksichtigt werden, sondern dass die Einheit der Argumentation mit der Einheit der Theorien verwechselt wird (Habermas 1968/1973, S. 393). Dies geschieht etwa, wenn ein kausalanalytisch gewonnener Befund (ein ‚Modell') umstandslos in den theoretischen Bestand eingegliedert wird, d. h. als Theorie verstanden wird. Die dadurch gewonnene kausallogische Präzision wird mit einer methodisch nicht mehr kontrollierbaren kurzschlüssigen Erhebung zum Theoriestatus erkauft. Befunde müssen immer in Theorie übersetzt werden, sie sind nicht selbst Theorie. Primär ‚erklärende' Forschungsstrategien können also zur interpretativ fundierten Sozialwissenschaft beitragen, müssen aber Vorkehrungen treffen, mit denen die Differenz zwischen auf Beobachtungen beruhenden Befunden und der Theoriesprache aufrechterhalten wird.

Im Zuge dieser Methoden-Debatte wird üblicherweise die Aufgabe des *Verstehens* der *qualitativen Forschung*, die des *Erklärens* der *quantitativen* Forschung zugewiesen. Dies ist in doppelter Hinsicht falsch:

Einerseits beschränkt sich quantitative Sozialforschung – wie etwa Blasius und Baur (2019) oder Akremi (in diesem Band) zeigen – nicht nur auf ‚Erklären' im Sinne des Aufklärens von Kausalbeziehungen, sondern kann sehr viele andere Analyseziele verfolgen und tut dies in der Praxis auch.

Andererseits ist es entgegen einem weitläufigen Vorurteil mitnichten so, dass sich qualitative Methoden *nicht* für die Aufklärung von Kausalverhältnissen eignen. Vielmehr existiert eine ganze Reihe von qualitativen Ansätzen, die explizit zum Ziel haben, soziale Phänomene zu erklären, und entsprechend haben auch die qualitativen Methoden Verfahren entwickelt, um Kausalität zu identifizieren, einschließlich zirkulärer Kausalität, wie z.B. Wechselwirkung, Feedback usw. (ausführlich Baur in diesem Band).

7 Zusammenfassung und Ausblick

Zusammenfassend existieren seit der Gründung der Soziologie vier methodologische Probleme, die gewissermaßen als Differenzen zwischen qualitativer und quantitativer Sozialforschung gerahmt werden, aber faktisch die Frage adressieren, wie interpretativ Sozialforschung sein kann und muss, namentlich:

- die Frage von einem den Sozialwissenschaften angemessenen Modell für die Verknüpfung von theoretischen Sachverhalten und empirischen Daten sowie die daraus resultierende Forschungslogik;
- die Frage nach den Kriterien der Wissenschaftlichkeit und dem Umgang mit der Subjektivität der Forschenden;
- die Frage nach dem Verhältnis von Generalisier- und Übertragbarkeit und detaillierter Interpretation;
- das Verhältnis von Verstehen und Erklären.

Wir haben versucht, in diesem Beitrag die Debatten zu benennen und zu zeigen, dass nicht in allen Punkten qualitative und interpretative Positionen deckungsgleich sind, sondern die ‚Allianzen' zwischen interpretativer, qualitativer und quantitativer Forschung wechseln. Weiterhin zeigt die Betrachtung der historischen Entwicklungslinien, dass es in Bezug auf diese Probleme teilweise erstaunlich wenig Erkenntnisfortschritt gibt und sie – obwohl seit langem bekannt – nach wie vor ungelöst sind. Es wäre deshalb dringend erforderlich, diese Herausforderung an die Sozialforschung endlich anzugehen. Ein Teil des Problems scheinen uns die verhärteten Fronten zwischen qualitativer und quantitativer Sozialforschung zu sein.

Diese jüngere Debatte wieder auf das ältere Problem der Interpretativität zurückzuverlagern, stellt sich unseres Erachtens deshalb als eine Chance dar, die Debatte sowohl zu versachlichen, als auch die Probleme mit neuen alten Augen zu sehen. In diesem Sinne erscheint uns eine erneute – interpretativ inspirierte – wissenschaftstheoretische und methodologische Debatte in den Sozialwissenschaften als wünschenswert.

Literatur

Abbott, A. (2001): Time Matters. On Theory and Method. Chicago und London: The University of Chicago Press.

Abel, T. (1948): The Operation Called „Verstehen". In: The American Journal of Sociology 54, H. 3, S. 211–218.

Adorno, T. W./Albert, H./Dahrendorf, R./Habermas, J./Pilot, H./Popper, K. R. (1969): Der Positivismusstreit in der deutschen Soziologie. Darmstadt: Luchterhand.

Amossé, T. (2016): The Centre d'Etudes de l'Emploi (1970-2015): Statistics – On the Cusp of Social Sciences and the State. In: Historical Social Research (HSR) 41, H. 2, S. 72–95. doi.org/10.12759/hsr.41.2016.2.72-95 (Abruf 01.07.2018).

Angermüller, J. (2005): „Qualitative" Methods of Social Research in France: Reconstructing the Actor, Deconstructing the Subject. In: Forum Qualitative Sozialforschung (FQS) 6, H. 3, Art. 19 [41 Absätze]. nbn-resolving.de/urn:nbn:de:0114-fqs0503194 (Abruf 16.06.2018).

Apel, K.-O. (1967): Einleitung. In: Peirce, C. (Hrsg.) (1967): Schriften 1. Zur Entstehung des Pragmatismus. Frankfurt am Main: Suhrkamp, S. 9–93.

Arbeitsgruppe Bielefelder Soziologen (Hrsg.) (1973): Alltagswissen, Interaktion und gesellschaftliche Wirklichkeit. 2 Bände. Reinbek bei Hamburg: Rororo Studium.

Ariès, P. (1988): Zeit und Geschichte. Frankfurt am Main: Athenäum.

Balog, A. (2008): Verstehen und Erklären bei Max Weber. In: Greshoff, R./Kneer, G./Schneider, W. L. (Hrsg.) (2008): Verstehen und Erklären. München: Wilhelm Finz, S. 73–94.
Barad, K. (1996): Meeting the Universe Halfway: Realism and Social Constructivism Without Contradiction. In: Nelson, L. H./Nelson, J. (Hrsg.) (1986): Feminism, Science, and the Philosophy of Science. Dordrecht, Boston, London: Kluwer Academic Publishers, S. 161–194.
Baur, N. (2005): Verlaufsmusteranalyse. Methodologische Konsequenzen der Zeitlichkeit sozialen Handelns. Wiesbaden: VS.
Baur, N. (2008): Taking Perspectivity Seriously. A Suggestion of a Conceptual Framework for Linking Theory and Methods in Longitudinal and Comparative Research. In: Historical Social Research (HSR) 33, H. 4, S. 191–213.
Baur, N. (2009a): Measurement and Selection Bias in Longitudinal Data. A Framework for Re-Opening the Discussion on Data Quality and Generalizability of Social Bookkeeping Data. In: Historical Social Research (HSR) 34, H. 3, S. 9–50.
Baur, N. (2009b): Memory and Data. Methodological Implications of Ignoring Narratives in Survey Research. In: Packard, N. (Hrsg.) (2009): Sociology of memory. Papers from the spectrum. Newcastle: Cambridge Scholars Publishing, S. 289–312.
Baur, N. (2014): Comparing Societies and Cultures. Challenges of Cross-Cultural Survey Research as an Approach to Spatial Analysis. In: Historical Social Research (HSR) 39, H. 2, S. 257–291.
Baur, N./Fromm, S. (2011): Die Rolle von SPSS im Forschungsprozess. In: Akremi, L./Baur, N./Fromm, S. (Hrsg.) (2011): Datenanalyse mit SPSS für Fortgeschrittene 1: Datenaufbereitung und uni- und bivariate Statistik. 3., überarbeitete und erweiterte Auflage. Wiesbaden: VS, S. 14–19.
Baur, N. (2017): Process-Oriented Micro-Macro-Analysis: Methodological Reflections on Elias and Bourdieu. In: Historical Social Research (HSR) 42, H. 4, S. 43–74. doi.org/10.12759/hsr.42.2017.4.43-74 (Abruf 01.07.2018).
Baur, N./Kelle, U./Kuckartz, U. (2017): Mixed Methods – Stand der Debatte und aktuelle Problemlagen. In: Baur, N./Kelle, U./Kuckartz, U. (Hrsg.) (2017): Mixed Methods. Kölner Zeitschrift für Soziologie und Sozialpsychologie 69 (Supplement 2). Wiesbaden: Springer VS, S. 1–37.
Baur, N./Lamnek, S. (2017): Einzelfallanalyse. In: Mikos, L./Wegener, C. (Hrsg.) (2017): Qualitative Medienforschung. Ein Handbuch. 2., völlig überarbeitete und erweiterte Auflage. Konstanz, München: UVK, S. 274–284.
Behnke, J./Baur, N./Behnke, N. (2010): Empirische Methoden der Politikwissenschaft. Paderborn u.a.: Schöningh.
Behnke, J./Behnke, N. (2006): Grundlagen der statistischen Datenanalyse. Wiesbaden: Springer VS.
Behrisch, L. (2016): Statistics and Politics in the 18th Century. In: Historical Social Research (HSR) 41, H. 2, S. 238–257. doi.org/10.12759/hsr.41.2016.2.238-257 (Abruf 01.07.2018).
Bick, W./Müller, P. J. (1984): Sozialwissenschaftliche Datenkunde für prozeßproduzierte Daten: Entstehungsbedingungen und Indikatorenqualität. In: Bick, W./Mann, R./Müller, P. (Hrsg.) (1984): Sozialforschung und Verwaltungsdaten. Stuttgart: Klett-Cotta, S. 123–159. nbn-resolving.de/urn:nbn:de:0168-ssoar-330744 (Abruf 27.6.2018).
Blasius, J./Baur, N. (2019): Multivariate Datenanalyse. In: Baur, N./Blasius, J. (Hrsg.): Handbuch Methoden der empirischen Sozialforschung. Wiesbaden: Springer VS (Im Druck).
Blasius, J./Lebaron, F./Le Roux, B./Schmitz, A. (Hrsg.) (2019): Investigations of Social Space. In Vorbereitung.
Blasius, J./Schmitz, A. (2013): Sozialraum- und Habituskonstruktion. Die Korrespondenzanalyse in Pierre Bourdieus Forschungsprogramm. In: Lenger, A./Schneickert, C./Schumacher, F. (Hrsg.) (2013): Pierre Bourdieus Konzeption des Habitus. Grundlagen, Zugänge, Forschungsperspektiven. Wiesbaden: VS, S. 201–218.
Blasius, J./Schmitz, A. (2014): The Empirical Construction of Bourdieu's Social Space. In: Greenacre, M./Blasius, J. (Hrsg.) (2014): The Visualization and Verbalization of Data. London: Chapman & Hall, S. 205–222.
Blasius, J./Thiessen, V. (2012): Assessing the Quality of Survey Data. London: Sage.
Bohnsack, R. (1999): Rekonstruktive Sozialforschung. Einführung in Methodologie und Praxis qualitativer Forschung. 3., überarbeitete und erweiterte Auflage. Opladen: Leske + Budrich.

Bourdieu, P. (1982): Die feinen Unterschiede. Kritik der gesellschaftlichen Urteilskraft. Frankfurt am Main: Suhrkamp.

Carnap, R. (1928): Der logische Aufbau der Welt. Berlin: Meiner.

Carnap, R. (1932): Die physikalische Sprache als Universalsprache der Wissenschaft. In: Erkenntnis 2, H. 1, S. 432–465.

Cicourel, A. V. (1967/1974): Methode und Messung in der Soziologie. Frankfurt am Main: Suhrkamp.

Desrosières, A. (2005): Die Politik der großen Zahlen. Eine Geschichte der statistischen Denkweise. Berlin: Springer.

Desrosières, A. (2011): The Economics of Convention and Statistics: The Paradox of Origins. In: Historical Social Research (HSR) 36, H. 4, S. 64–81. doi.org/10.12759/hsr.36.2011.4.64-81 (Abruf 01.07.2018).

DGS (Deutsche Gesellschaft für Soziologie) (2006): Empfehlungen der DGS zur Ausgestaltung soziologischer Bachelor- und Master-Studiengänge. In: Soziologie 35, H. 1, S. 80–84.

Diaz-Bone, R. (2016): Convention Theory, Classification and Quantification. In: Historical Social Research (HSR) 41, H. 2, S. 48–71. doi.org/10.12759/hsr.41.2016.2.48-71 (Abruf 01.07.2018).

Diaz-Bone, R. (2019): Formen des Schließens und Erklärens. In: Baur, N./Blasius, J. (Hrsg.) (2019): Handbuch Methoden der empirischen Sozialforschung. 2. Auflage. Wiesbaden: Springer VS (Im Druck).

Diaz-Bone, R./Didier, E. (2016): The Sociology of Quantification – Perspectives on an Emerging Field in the Social Sciences. In: Historical Social Research (HSR) 41, H. 2, S. 7–26. doi.org/10.12759/hsr.41.2016.2.7-26 (Abruf 01.07.2018).

Diekmann, A. (2004): Empirische Sozialforschung. Grundlagen, Methoden, Anwendungen. Reinbek bei Hamburg: Rowohlt.

Durkheim, É. (1895/1984): Regeln der Soziologischen Methode. Frankfurt am Main: Suhrkamp.

Endreß, M. (2008): Verstehen und Erklären bei Alfred Schütz. In: Greshoff, R./Kneer, G./Schneider, W.L. (Hrsg.) (2008): Verstehen und Erklären. München: Wilhelm Fink, S. 95–116.

Esposito, J. L./Rothgeb, J. M. (2010): Evaluating Survey Data: Making the Transition from Pretesting to Quality Assessment. In: Lyberg, L. (Hrsg.) (2010): Survey Measurement and Process Quality. New York u.a.: Wiley, S. 541–572.

Flick, U. (1995): Stationen des qualitativen Forschungsprozesses. In: Flick, U./Kardorff, E. v./Keupp, H./Rosenstiel, L. v./Wolff, S. (Hrsg.) (1995): Handbuch qualitative Sozialforschung. Grundlagen, Konzepte, Methoden und Anwendungen. Weinheim: Beltz, S. 148–176.

Geertz, C. (1973/2003): Dichte Beschreibung. Beiträge zum Verstehen kultureller Systeme. Frankfurt am Main: Suhrkamp.

Glaser, B. G./Strauss, A. L. (1995): Betreuung von Sterbenden. 2., überarbeitete Auflage. Göttingen, Zürich: Vandenhoeck & Ruprecht.

Glaser, B. G./Strauss, A. L. (1980): The Discovery of Grounded Theory: Strategies for Qualitative Research. New Brunswick: Aldine.

Gläser, J./Laudel, G. (2013): Life With and Without Coding: Two Methods for Early-Stage Data Analysis in Qualitative Research Aiming at Causal Explanations. In: Forum Qualitative Sozialforschung (FQS) 14, H. 2, Art. 5 [96 Absätze]. nbn-resolving.de/urn:nbn:de:0114-fqs130254 (Abruf 16.06.2018).

Greshoff, R./Kneer, G./Schneider, W. L. (2008): Die „Verstehens-Erklären-Kontroverse" als Debatte um die methodischen Grundlagen der Sozial- und Kulturwissenschaften. In: Greshoff, R./Kneer, G./Schneider, W. L. (Hrsg.) (2008): Verstehen und Erklären. München: Wilhelm Fink, S. 7–12.

Greshoff, R. (2008): Verstehen und Erklären bei Hartmut Esser. In: Greshoff, R./Kneer, G./Schneider, W.L. (Hrsg.): Verstehen und Erklären. München: Wilhelm Fink, S. 413–445.

Groeben, N. (2006): Gibt es Wege aus der selbstverschuldeten Irrelevanz des qualitativen Offstreams? In: Forum Qualitative Sozialforschung (FQS) 7, H. 4, Art. 34 [20 Absätze] nbn-resolving.de/urn:nbn:de:0114-fqs0604347 (Abruf 01.07.2018).

Groves, R. M./Fowler, F. J./Couper, M./Lepkowski, J. M./Singer, E./Tourangeau, R. (2009): Survey Methodology. Hoboken: Wiley.

Habermas, J. (1968/1973): Erkenntnis und Interesse. Frankfurt am Main: Suhrkamp.
Häder, M. (2009): Der Datenschutz in den Sozialwissenschaften. Anmerkungen zur Praxis sozialwissenschaftlicher Erhebungen und Datenverarbeitung in Deutschland. RatSWD Working Paper 90. www.ratswd.de/download/RatSWD_WP_2009/RatSWD_WP_90.pdf (Abruf 1.7.2018).
Heisenberg, W. (1927): Über den anschaulichen Inhalt der quantentheoretischen Kinematik und Mechanik. In: Zeitschrift für Physik 43, H. 3–4, S. 172–198.
Hempel, C. G./Oppenheim, P. (1948): Studies in the Logic of Explanation. In: Philosophy of Science 15, S. 135–175.
Hering, L./Jungmann, R. J. (2019): Einzelfallanalyse. In: Baur, N./Blasius, J. (Hrsg.) (2019): Handbuch Methoden der empirischen Sozialforschung. 2. Auflage. Wiesbaden: Springer VS (Im Druck).
Kallmeyer, W./Schütze, F. (1976): Konversationsanalyse. In: Studium Linguistik 1, S. 1–28.
Kelle, U. (2008): Die Integration qualitativer und quantitativer Methoden in der empirischen Sozialforschung. Wiesbaden: Springer VS.
Kelle, U. (2017): Die Integration qualitativer und quantitativer Forschung – theoretische Grundlagen von „Mixed Methods". In: Baur, N./Kelle, U./Kuckartz, U. (Hrsg.) (2017): Mixed Methods. Kölner Zeitschrift für Soziologie und Sozialpsychologie 69 (Supplement 2). Wiesbaden: Springer VS, S. 39–61.
Keller, R./Poferl, A. (2016): Soziologische Wissenskulturen zwischen individualisierter Inspiration und prozeduraler Legitimation. Zur Entwicklung qualitativer und interpretativer Sozialforschung in der deutschen und französischen Soziologie seit den 1960er Jahren. In: Forum Qualitative Sozialforschung (FQS) 17, H. 1, Art. 14 [76 Absätze]. nbn-resolving.de/urn:nbn:de:0114-fqs1601145 (Abruf 16.06.2018).
Knoblauch, H. (2000a): Zukunft und Perspektiven qualitativer Forschung. In: Flick, U./Kardorff, E. v./Steinke, I. (Hrsg.) (2000): Qualitative Forschung. Ein Handbuch. Reinbek bei Hamburg: Rowohlt, S. 623–631.
Knoblauch, H. (2000b): Das Ende der linguistischen Wende. Sprache und empirische Wissenssoziologie. In: Soziologie 29, H. 2, S. 46–58.
Knoblauch, H. (2013): Qualitative Methoden am Scheideweg: jüngere Entwicklungen der interpretativen Sozialforschung. In: Historical Social Research (HRS) 38, H. 4, S. 257–270. doi.org/10.12759/hsr.38.2013.4.257-270 (Abruf 16.06.2018).
Knoblauch, H./Flick, U./Maeder, C. (2005): Qualitative Methods in Europe: The Variety of Social Research. In: Forum Qualitative Sozialforschung (FQS) 6, H. 3, Art. 34 [10 Absätze]. nbn-resolving.de/urn:nbn:de:0114-fqs0503342 (Abruf 16.06.2018).
Krause, M. (2016): Comparative Research: Beyond Linear-Causal Explanation. In: Deville, J./Guggenheim, M./Hrdlicková, Z. (Hrsg.) (2016): Practising Comparison. Logics, Relations, Collaborations. Manchester: Mattering Press, S. 45–67.
Kromrey, H. (2002): Empirische Sozialforschung. Opladen: Leske + Budrich.
Kruse, V. (1990): Von der historischen Nationalökonomie zur historischen Soziologie. Ein Paradigmenwechsel in den deutschen Sozialwissenschaften um 1900. In: Zeitschrift für Soziologie 19, H. 3, S. 149–165.
Kuckartz, U. (2016): Qualitative Inhaltsanalyse. Methoden, Praxis, Computerunterstützung. Weinheim, München: Beltz Juventa.
Kurt, R./Herbrik, R. (2019): Sozialwissenschaftliche Hermeneutik und hermeneutische Wissenssoziologie. In: Baur, N./Blasius, J. (Hrsg.) (2019): Handbuch Methoden der empirischen Sozialforschung. 2. Auflage. Wiesbaden: Springer VS (Im Druck).
Latour, B. (2004): Why Has Critique Run out of Steam? From Matters of Fact to Matters of Concern. In: Critical Inquiry 30, S. 225–248.
Lebaron, F. (2009): How Bourdieu „Quantified" Bourdieu: The Geometric Modelling of Data. In: Robson, K./Sanders, C. (Hrsg.) (2009): Quantifying Theory: Pierre Bourdieu. Wiesbaden: Springer, S. 11–30.
Lebaron, F. (2012): Grundzüge einer geometrischen Formalisierung des Feldkonzepts. In: Bernhard, S./Schmidt-Wellenburg, C. (Hrsg.) (2012): Feldanalyse als Forschungsprogramm 1: Der programmatische Kern. Wiesbaden: Springer, S. 123–150.

Mayring, P. (2003): Qualitative Inhaltsanalyse. Grundlagen und Techniken. Weinheim, Basel: Beltz.
Mejstrik, A. (2012): Felder und Korrespondenzanalysen. Erfahrungen mit einer „Wahlverwandtschaft". In: Bernhard, S./Schmidt-Wellenburg, C. (Hrsg.) (2012): Feldanalyse als Forschungsprogramm 1: Der programmatische Kern. Wiesbaden: Springer, S. 151–189.
Mühlichen, A. (2019): Informationelle Selbstbestimmung. In: Baur, N./Blasius, J. (Hrsg.) (2019): Handbuch Methoden der empirischen Sozialforschung. 2. Auflage. Wiesbaden: Springer VS (Im Druck).
Neurath, O. (1932): Protokollsätze. In: Erkenntnis 3, S. 204–214.
Oevermann, U./Allert, T./Konau, E./Krambeck, J. (1979): Die Methodologie einer „objektiven Hermeneutik" und ihre allgemeine forschungslogische Bedeutung in den Sozialwissenschaften. In: Soeffner, H.-G. (Hrsg.) (1979): Interpretative Verfahren in den Sozial- und Textwissenschaften. Stuttgart: Metzler, S. 352–434.
Parsons, T. (1951): The Social System. New York: The Free Press.
Peirce, C. S. (1867/1931): On the Natural Classification of Arguments. In: Peirce, C. S./Hartshorne, C./Weiss, P. (Hrsg.) (1931): Collected Papers of Charles Sanders Peirce. Band 2. Cambridge: Belknap Press of Harvard University Press.
Peirce, C. S. (1878/1931): Deduction, Induction, and Hypothesis. In: Peirce, C. S./Hartshorne, C./Weiss, P. (Hrsg.) (1931): Collected Papers of Charles Sanders Peirce. Band 2. Cambridge: Belknap Press of Harvard University Press, S. 619–644, S. 461–516.
Penissat, E./Brousse, C./Deauvieau, J./Chevillard, J./Barozet, E./Mac-Clure, O. (2016): From Statistical Categorizations to Ordinary Categorizations of Social Space: History and Legacy of an Original Study Based on a Card Game. In: Historical Social Research (HSR) 41, H. 2, S. 135–154. doi.org/10.12759/hsr.41.2016.2.135-154 (Abruf 01.07.2018).
Popper, K. R. (1935): Logik der Forschung. Zur Erkenntnistheorie der modernen Naturwissenschaft. Wien: Springer.
Prüfer, P./Rexroth, M. (1996): Verfahren zur Evaluation von Survey-Fragen. Ein Überblick. In: ZUMA-Nachrichten 20, H. 39, S. 95–116. nbn-resolving.de/urn:nbn:de:0168-ssoar-200204 (Abruf 16.06.2018).
Ragin, C. (2000): Fuzzy-Set Social Science. Chicago, London: The University of Chicago Press.
Ragin, C. (2008): Redesigning Social Inquiry. Fuzzy Sets and Beyond. Chicago, London: The University of Chicago Press.
RatSWD (Rat für Sozial- und Wirtschaftsdaten) (2016): Forschungsdatenmanagement in den Sozial-, Verhaltens- und Wirtschaftswissenschaften. Output Nr. 3 in Berufungsperiode 5. www.ratswd.de/dl/RatSWD_Output3_Forschungsdatenmanagement.pdf (Abruf 20.6.2018).
RatSWD (Rat für Sozial- und Wirtschaftsdaten) (2017a): Forschungsethische Grundsätze und Prüfverfahren in den Sozial- und Wirtschaftswissenschaften. Output Nr. 9 in Berufungsperiode 5. www.ratswd.de/dl/RatSWD_Output9_Forschungsethik.pdf (Abruf 20.6.2018).
RatSWD (Rat für Sozial- und Wirtschaftsdaten) (2017b): Handreichung Datenschutz. Output Nr. 5 in Berufungsperiode 5. www.ratswd.de/dl/RatSWD_Output5_HandreichungDatenschutz.pdf (Abruf 20.6.2018).
Rehberg, K.-S. (2003): DGS-Empfehlung zur Methodenausbildung. In: Soziologie 32, H. 4, S. 69–76.
Reichertz, J. (2013): Die Abduktion in der qualitativen Sozialforschung. Über die Entdeckung des Neuen. Wiesbaden: Springer VS.
Richter, A. (1995): Der Begriff der Abduktion bei Charles Sanders Peirce. Frankfurt am Main: Suhrkamp.
Ritsert, J. (2010): Der Positivismusstreit. In: Kneer, G./Moebius, S. (Hrsg.) (2010): Soziologische Kontroversen. Beiträge zu einer anderen Geschichte der Wissenschaft vom Sozialen. Berlin: Suhrkamp, S. 102–130.
Robson, K./Sanders, C. (2009): Quantifying Theory: Pierre Bourdieu. Springer: Wiesbaden.
Rüsen, J. (1993): Konfigurationen des Historismus. Frankfurt am Main: Suhrkamp.
Salais, R. (2012): Quantification and the Economics of Convention. In: Historical Social Research (HSR) 37, H. 4, S. 55–63. doi.org/10.12759/hsr.37.2012.4.55-63 (Abruf 01.07.2018).

Salais, R. (2016): Quantification and Objectivity: From Statistical Conventions to Social Conventions. In: Historical Social Research (HSR) 41, H. 2, S. 118–134. doi.org/10.12759/hsr.41.2016.2.118-134 (Abruf 01.07.2018).

Schar, K. (2016): Was hat die Wissenschaft beim Datenschutz künftig zu beachten? Allgemeine und spezifische Änderungen beim Datenschutz im Wissenschaftsbereich durch die neue Europäische Datenschutzgrundverordnung. RatSWD Working Paper 257. www.ratswd.de/dl/RatSWD_WP_257.pdf (Abruf 20.6.2018).

Schnell, R./Hill, P. B./Esser, E. (1999): Methoden der empirischen Sozialforschung. München: Oldenbourg.

Schulze, G. (2002): Kausalität. Paper 6 zum Hauptseminar „Wissenschaftstheorie für Sozialwissenschaftler" im Wintersemester 2002/2003 an der Otto-Friedrich-Universität Bamberg.

Schulze, G. (2003): Einführung in die Methoden der empirischen Sozialforschung. Reihe: Bamberger Beiträge zur empirischen Sozialforschung. Bamberg: Otto-Friedrich-Universität Bamberg.

Schulze, G. (2006): Einführung in die Methoden der empirischen Sozialforschung. Reihe: Bamberger Beiträge zur empirischen Sozialforschung. Bamberg: Otto-Friedrich-Universität Bamberg.

Schütz, A. (1932): Der sinnhafte Aufbau der sozialen Welt. Wien: Springer.

Schütze, F. (1983): Biographieforschung und narratives Interview. In: Neue Praxis 13, H. 3, S. 283–293.

Seale, C. (1999): The Quality of Qualitative Research. London et al.: Sage.

Simon, C. (1996): Historiographie. Stuttgart: Ulmer.

Smelser, N. J. (1976/2012): Comparative Methods in the Social Sciences. Englewood Cliffs, N.J.: Prentice-Hall.

Soeffner, H.-G. (Hrsg.) (1979): Interpretative Verfahren in den Sozial- und Textwissenschaften. Stuttgart: Metzler.

Speich Chassé, D. (2016): The Roots of the Millennium Development Goals: A Framework for Studying the History of Global Statistics. In: Historical Social Research (HSR) 41, H. 2, S. 218–237. doi.org/10.12759/hsr.41.2016.2.218-237 (Abruf 01.07.2018).

Stein, P. (2019): Forschungsdesigns für die quantitative Sozialforschung. In: Baur, N./Blasius, J. (Hrsg.) (2019): Handbuch Methoden der empirischen Sozialforschung. 2. Auflage. Wiesbaden: Springer VS (Im Druck).

Strauss, A. L./Corbin, J. M. (1996): Grounded Theory. Grundlagen qualitativer Sozialforschung. Weinheim: Beltz.

Strübing, J. (2004): Grounded Theory. Zur sozialtheoretischen und epistemologischen Fundierung des Verfahrens der empirisch begründeten Theoriebildung. Wiesbaden: VS.

Strübing, J./Hirschauer, S./Ayaß, R./Krähnke, U./Scheffer, T. (2018): Gütekriterien qualitativer Sozialforschung. Ein Diskussionsanstoß. In: Zeitschrift für Soziologie 47, H. 2, S. 83–100.

Thévenot, L. (2011): Conventions for Measuring and Questioning Policies: The Case of 50 Years of Policy Evaluations Through a Statistical Survey. In: Historical Social Research (HSR) 36, H. 4, S. 192–217. doi.org/10.12759/hsr.36.2011.4.192-217 (Abruf 01.07.2018).

Thévenot, L. (2016): From Social Coding to Economics of Convention: a Thirty-Year Perspective on the Analysis of Qualification and Quantification Investments. In: Historical Social Research (HSR) 41, H. 2, S. 96–117. doi.org/10.12759/hsr.41.2016.2.96-117 (Abruf 01.07.2018).

von Wiese, L. (1924-29/1933): System der Allgemeinen Soziologie als Lehre von den sozialen Prozessen und den sozialen Gebilden der Menschen (Beziehungslehre). 2., neubearbeitete Auflage. 1. Auflage unter dem Titel „Allgemeine Soziologie als Lehre von den Beziehungsbedingungen der Menschen". München: Duncker & Humblodt.

von Wiese, L. (1933/1946): Soziologie. Geschichte und Hauptprobleme. 3. Auflage. Berlin: Walter de Gruyter.

Weber, M. (1921/1980): Wirtschaft und Gesellschaft. 5., revidierte Auflage. Tübingen: J.C.B. Mohr.

Wernet, A. (2006): Hermeneutik – Kasuistik – Fallverstehen. Stuttgart: Kohlhammer.

Whiteside, N. (2015): Who Were the Unemployed? Conventions, Classifications and Social Security Law in Britain (1911-1934). In: Historical Social Research (HSR) 40, H. 1, S. 150–169. doi.org/10.12759/hsr.40.2015.1.150-169 (Abruf 01.07.2018).

Wilson, T. P. (1973): Theorien der Interaktion und Modelle soziologischer Erklärung. In: Arbeitsgruppe Bielefelder Soziologen (Hrsg.) (1973): Alltagswissen, Interaktion und gesellschaftliche Wirklichkeit. 2 Bände. Reinbek bei Hamburg: Rororo Studium, S. 54–79.

Ziegler, M. (2017): Induktive Statistik und soziologische Theorie. Eine Analyse des theoretischen Potenzials der Bayes-Statistik. Weinheim: Beltz Juventa.

Ziemann, A. (2000): Die Brücke zur Gesellschaft. Erkenntniskritische und topographische Implikationen innerhalb der Soziologie Georg Simmels. Konstanz: UVK.

2.2
Datenerhebung in der quantitativen Forschung
Eine interpretative Perspektive auf „Fehlerquellen" im standardisierten Interview

Udo Kelle

1 Einleitung

Viele klassische Methodenprobleme der quantitativen und der qualitativen empirischen Sozialforschung lassen sich nur unter einer sozialtheoretischen Perspektive adäquat untersuchen und bearbeiten. Sozialforschung ist nämlich immer notwendigerweise mit solchen Ereignissen, Vorgängen und Prozessen verbunden, die selber den Gegenstand sozialwissenschaftlicher Reflexion und Theoriebildung bilden, weil die Erhebung und Generierung sozialwissenschaftlicher Daten stets in Prozessen sozialer Interaktion und in jeweils besonderen institutionellen Kontexten stattfindet. Die Bedeutung und die Validität der Daten (und auch die hierbei möglicherweise auftretenden Missverständnisse und „Validitätsbedrohungen") lassen sich nur dann angemessen verstehen und einschätzen, wenn diese Prozesse und Kontexte mit einem angemessenen kategorialen Werkzeug untersucht werden können. Methodentheorie ohne Gegenstandstheorie greift dabei zu kurz.

Im Folgenden möchte ich zuerst Herangehensweisen an Methodenprobleme der Umfrageforschung behandeln, die im Kontext quantitativer Methodologie entwickelt wurden und die sich auf allgemeinpsychologische Konzepte stützen und an Theorien rationaler Wahl orientieren. Ich werde darlegen, warum solche Ansätze – obwohl sie zum Verständnis bestimmter Methodenprobleme (wie etwa Frage- und Interviewereffekte, sozialer Erwünschtheit usw.) viel beitragen können und eine wertvolle Heuristik für eine empirische Untersuchung dieser Probleme darstellen – bald an ihre Grenzen stoßen. Im Weiteren werde ich zeigen, in welcher Weise Konzepte aus der interpretativen Theorietradition der Soziologie zu einer intensiveren Analyse der diskutierten Methodenprobleme führen können. Ich werde diese Position nicht nur theoretisch und methodologisch zu begründen versuchen, sondern auch in unterschiedlichen Settings gesammeltes empirisches Material präsentieren, um zu zeigen, wie sich durch die Verbindung qualitativer und quantitativer Daten soziale Prozesse rekonstruieren lassen, die typische Validitätsbedrohungen für die quantitative Survey-Forschung darstellen. Im Verlauf der Argumentation und vor allem im letzten Abschnitt des Kapitels werde ich einige theoretische Anschlussstellen nicht nur aus dem Kontext der interpretativen Soziologie, sondern auch in Anknüpfung an Arbeiten Michel Foucaults, Richard Sennetts und Axel Honneths benennen, um zu verdeutlichen, wie eine sozialtheoretisch umfassend informierte Methodologie helfen kann, klassische Validitätsbedrohungen der empirischen Sozialforschung tiefergehend zu verstehen.

2 Psychologische und soziologische Zugänge zu Methodenproblemen sozialwissenschaftlicher Befragung

Seit den frühen Anfängen der quantitativen Umfrageforschung wird das Problem diskutiert, dass Merkmale der Interviewsituation oder die Interaktion zwischen Interviewer und Interviewten die Qualität von Umfragedaten negativ beeinflussen und möglicherweise zu „*Fehlern*" und „*Verzerrungen*" führen könnten (Rice 1929; Haunberger 2006; Faulbaum/Prüfer/Rexroth 2009). Bis heute gängige Systematisierungen solcher Fehler als Folge von „Intervieweffekten", „Frageeffekten", „Interviewereffekten", „Non-response-bias", „Fragereiheneffekten", „Effekten sozialer Erwünschtheit" u.v.a.m. orientieren sich dabei zumeist an technischen und methodischen Fragen (für einen guten Überblick siehe: Diekmann 2010, S. 446 ff.). Zur Bearbeitung dieser Probleme wurde eine Reihe von unterschiedlichen Modellen vorgeschlagen, um das Verhalten von Befragten und die Interaktion zwischen Interviewer und Interviewten theoretisch zu beschreiben und zu erklären.

Allerdings erfolgt die Konstruktion von Fragebögen oft eher auf der Grundlage einer vorwissenschaftlichen und naiven *Theorie des Befragtenverhaltens*: Die Rolle des Interviewten wird hierbei analog zu einem passiven „Datenabfrageautomaten" verstanden, der die Forschenden mit brauchbaren Informationen versorgt, ohne dabei großen Aufwand zu verursachen. Betrachtet man demgegenüber reflektierte theoretische Modelle des Befragtenverhaltens und der Interviewsituation, wie sie in der Literatur zu finden sind, so dominieren zwei Herangehensweisen:

Dies sind erstens *allgemeinpsychologische Ansätze*, die psychologische Merkmale der Befragten oder ihre innerpsychischen bzw. kognitiven Prozesse in den Blick nehmen. Auf solcher Grundlage wurden beispielsweise die klassischen älteren Untersuchungen zu „Akquieszenz" (das ist die Tendenz mancher Befragter, Fragen in standardisierten Fragebögen unabhängig von deren Inhalt zuzustimmen), wobei diese „Ja-Sage-Tendenz", ebenso wie die Neigung zu "sozial erwünschten Antworten", als Folge unterschiedlich stark ausgeprägter Persönlichkeitsmerkmale wie beispielsweise „Ich-Stärke", einem personenspezifisch besonders ausgeprägten Bedürfnis nach sozialer Anerkennung o.ä. erklärt werden (Couch/Kensiston 1960; Hare 1960, Crowne/Marlowe 1964).

Ein weiterer, heute weitaus bedeutenderer Strang der Forschung konzentriert sich auf *kognitive Prozesse die Befragten*. Hier sind vor allem die Arbeiten von Sudman, Bradburn und Schwarz zu nennen, die seit den 1980er und 1990ern eine Bewegung zur Untersuchung kognitiver Aspekte der sozialwissenschaftlichen Befragung inspiriert haben – „CASM" bzw. „Cognitive Aspects of Survey Measurement" (siehe Sudman/Bradburn/Schwarz 1996; Tourangeau 2003; Prüfer/Rexroth 2005) –, in der man Erkenntnisse aus der Allgemeinen Psychologie und verwandten Fächern nutzen will, um „Messfehler zu reduzieren" (Tourangeau 2003, S. 4). Denn Umfragedaten können aufgrund von Missverständnissen, Fehlinformationen, begrenztem Wissen und beschränkter kognitiver Verarbeitungsfähigkeiten der Befragten fehlerhaft sein:

> „The basic insight of the CASM Movement is that respondents give inaccurate or unreliable answers because they don't really understand the questions, can't remember the relevant information, used (sic) flawed judgment or estimation strategies, have trouble mapping their internal judgments onto one of the response options, or edit their answers in a misleading way before they report them" (ebd., S.5).

Es geht hierbei also letztendlich um die Qualität und *Inhaltsvalidität* von standardisierten Fragebogen und ihrer Bestandteile, also der einzelnen Fragen (bzw. „Items"), bei denen der Befragte sich üblicherweise zwischen einer begrenzten Anzahl von Antwortalternativen entscheiden soll. In der quantitativen Messtheorie wird unter „Inhaltvalidität" das Ausmaß verstanden, mit dem ein bestimmtes Item das misst, was es messen soll.

Eine zentrale Voraussetzung für Inhaltsvalidität ist natürlich, dass die Befragten in der Lage sind, die Fragen adäquat zu beantworten. Hierzu müssen Sie den Fragetext so verstehen, wie dies von den Entwicklern des Fragebogens beabsichtigt wurde, sie müssen über Informationen, nach denen sie gefragt werden, auch verfügen und sie müssen ihre persönliche Antwort mit einer der vorgegebenen Antwortalternativen verbinden können. Vertreter der CASM-Bewegung betonen, dass hierbei die kognitiven Ressourcen und Grenzen der Befragten beachtet und ggfs. die Denkvorgänge, die bei der Beantwortung von Fragen ablaufen, genauer untersucht werden. Dies geschieht mit Hilfe sog. *„kognitiver Interviews"*. Hierbei handelt es sich um ausführliche qualitative Interviews, mit deren Hilfe untersucht werden soll, wie die Befragten bestimmte Begriffe oder Items verstehen, wie es ihnen gelingt, für sich eine Antwort zu finden und wie sie diese persönliche Antwort in das vorgegebene Antwortformat übersetzen. Bei kognitiven Interviews sollen durch systematisches Nachfragen und Techniken des „lauten Denkens" gedankliche Prozesse, die die Befragten bei der Beantwortung von Items durchlaufen, rekonstruiert werden (Prüfer/Rexroth 2005).

Im Unterschied zu solchen allgemeinpsychologischen Ansätzen kann man die Aufmerksamkeit aber auch auf situative und vor allem soziale Aspekte der Befragungssituation richten. Die „Tendenz zu sozialer Erwünschtheit" (das heißt, der Wunsch der Befragten, gesellschaftlichen Normen zu entsprechen, bzw. ein Bild von sich zu erzeugen, dass ihnen die soziale Anerkennung ihrer Gesprächspartner sichert) würde dann weniger als ein Persönlichkeitsmerkmal einzelner Befragter verstanden, die vielleicht ein stärkeres Bedürfnis nach sozialer Anerkennung als andere Menschen haben, sondern eher als eine Größe, die abhängig ist von der Art und dem Inhalt der Frage, dem besonderen Verhältnis zwischen Interviewer und Interviewtem und der Bedeutung sozialer Normen.

Auch diese soziologischen Aspekte der Befragung wurden bereits von der klassischen Methodenforschung in den 1950er und 1960er Jahren thematisiert: *Eine Befragung stellt demzufolge eine soziale Interaktion dar, für die dieselben allgemeinen Regeln gelten wie für andere Interaktionen auch* (vgl. hierzu etwa Kahn/Cannell 1957; Phillips 1971, Hoag/Allerbeck 1981, S. 424). Unter dieser Perspektive wäre für die Durchführung eines Interviews eine Beherrschung jener Regeln erforderlich, die in einer gegebenen Gesellschaft die Interaktion zwischen den Gesellschaftsmitgliedern strukturieren.

Insbesondere Vertreter des interpretativen Paradigmas bzw. der interpretativen Soziologie haben argumentiert, dass diese Regeln in kaum einer Gesellschaft universell und einheitlich gehandhabt werden, sondern vielfach (sub)kulturell spezifische Regeln existieren und diese zudem situativ interpretiert, modifiziert und übertreten werden können (Cicourel 1974, Wilson 1981). Zudem kann man nicht selbstverständlich davon ausgehen, dass sozialwissenschaftlich Forschende immer Zugang zu jenen Regeln des Handelns und Verstehens haben, die für ihre Interviewpartner relevant sind.

In Anknüpfung an diese Kritik an standardisierten Befragungsmethoden hat Hartmut Esser (1985, 1986) ein *handlungstheoretisches Modell des Befragtenverhaltens* entwickelt, bei dem die jeweils besonderen Motivlagen und Interessen, mit denen Personen an einer sozialwissenschaftlichen Umfrage teilnehmen, Berücksichtigung finden sollen. In Orientierung an ein liberalisiertes Rational-Choice-Modell menschlichen Handelns wird das Befragtenverhalten als Folge von auf Kosten-Nutzen-Erwägungen beruhenden Entscheidungen konzipiert. Der Befragte gibt dabei dann valide Antworten, wenn der von ihm subjektiv erwartete Nutzen dafür hinreichend hoch ist. Maßgeblich für die Kalkulation dieses Nutzens sind dabei nicht nur die Präferenzen der Befragten, sondern auch soziale Normen (die beispielsweise Regeln betreffen, für welche Antwort man soziale Anerkennung erhält) und situative Aspekte (Merkmale des Interviewers, die Anwesenheit Dritter o. ä.).

Diese rationale Theorie des Befragtenverhaltens liefert eine Heuristik, um die Antwortbereitschaft der Befragten abzuschätzen – hierzu müsste man allerdings feststellen können, worin der Nutzen für den Befragten besteht, falsch oder richtig zu antworten oder die Antwort zu verweigern. Dies im Einzelfall festzustellen, kann allerdings sehr schwierig werden. Zwar finden sich in der Literatur eine Reihe von allgemeinen Überlegungen und Befunden dazu, warum Menschen an Surveys teilnehmen oder die Teilnahme verweigern: Befragungen können aus unterschiedlichen Gründen (etwa wegen der Verletzung der Privatsphäre oder aufgrund von Viktimisierungs-Befürchtungen) als so belastend erlebt werden, dass eine Beteiligung abgelehnt wird. Eine Einsicht in den Sinn und die Ziele der Untersuchung, ein generalisierter Wunsch, anderen zu helfen, oder das Bedürfnis, Reziprozitätsnormen zu erfüllen (wenn etwa bei schriftlichen Befragungen kleine Geschenke mitgeschickt werden) u. a. m. kann die Befragungsbereitschaft erhöhen (für einen Überblick siehe: Schnell 1997).

Da aber die Bereitschaft, zutreffende Antworten zu geben, auch stark vom Inhalt der Frage, von situativen Variablen (also etwa von Merkmalen des Interviewers oder der Interviewsituation) und von kulturspezifischen Normen beeinflusst wird, helfen solche allgemeinen Befunde und Erkenntnisse meist nicht weiter, wenn man wissen möchte, ob die Anwendung eines konkreten Fragebogens mit Hilfe eines konkreten Befragungsdesigns (schriftlich, telefonisch, mündlich oder online), einem konkreten Interviewerstab bei einer konkreten Zielpopulation valide und unverzerrte Antworten erwarten lässt.

Hier stoßen wir auf ein allgemeines und vieldiskutiertes Problem von Rational-Choice-Ansätzen (Kelle/Lüdemann 1995; Kelle 2008, S. 101 ff.): Aus dem *theoretischen Kern solcher Theorien* (etwa: „Personen wählen aus einem Set überhaupt verfügbarer oder möglicher Handlungsalternativen diejenige, die am ehesten angesichts der vorgefundenen Situationsumstände bestimmte Ziele zu realisieren verspricht", Esser 1991, S. 4) lassen sich keine direkten *Prognosen* (und damit: echte *Erklärungen*) menschlichen Verhaltens ableiten, weil man hierzu *Wissen* über die konkreten Präferenzen der Akteure und über die von ihnen wahrgenommenen Handlungsmöglichkeiten und Situationsumstände bräuchte. Denn auch wenn man die grundlegenden Annahmen einer rationalen Theorie des Befragtenverhaltens akzeptiert, so sind damit etliche, für die Beurteilung der Validität von Daten aus standardisierten Befragungen eigentlich bedeutsame Fragen noch gar nicht beantwortet:

- Welche Ziele haben die Akteure,
- wie schätzen sie die Situation ein, und
- welche subjektiven Erwartungen hegen sie hinsichtlich eines persönlichen „Nutzens" oder der persönlichen „Kosten" einer Antwort?

Wissen darüber muss man in Form sog. *„Brückenannahmen"* oder *„Brücken-*

hypothesen" (Lindenberg 1991; Kelle/Lüdemann 1995) zum Kern einer rationalen Handlungstheorie hinzufügen, wenn eine empirisch gehaltvolle, informationshaltige Rational-Choice-Erklärung des Befragtenverhaltens formuliert werden soll.

Eine allgemeine Aussage in der Art, dass Menschen beispielsweise allgemein nach „physischem Wohlbefinden" oder „sozialer Wertschätzung" (Lindenberg 1991) streben, ist hierfür nicht ausreichend, denn um eine begründete Vermutung darüber aufzustellen, ob eine bestimmte Frage zutreffend beantwortet wird, müsste dann zusätzlich bekannt sein, wodurch die Befragten denn meinen, soziale Anerkennung gewinnen zu können: bei einer Frage zu ihrem Sexualverhalten beispielsweise eher durch Übertreibung oder aber durch Verschweigen sexueller Aktivitäten? Das hängt ganz offensichtlich von der Art der erfragten sexuellen Aktivität und dem kulturellen und sozialen Kontext ab, in dem die Frage gestellt wird.

„Subjektiv erwarteter Nutzen" ist eine Variable, die sich in einer konkreten Handlungserklärung durch alle möglichen anderen soziologischen Konzepte ersetzen lässt: Man könnte zum Beispiel argumentieren, dass sozial gut angepasste Befragte einen subjektiven Nutzen darin erblicken, normenkonform zu handeln. Hierdurch würde aber im Einzelfall noch gar nichts erklärt, solange nicht bekannt ist, *welche* sozialen Normen in der entsprechenden Situation gelten bzw. von den Befragten als geltend angenommen werden.

Oder man könnte unterstellen, dass Akteure einen subjektiven Nutzen daraus ziehen, ihre soziale und personale Identität zu verteidigen. Hier müsste sich bei einer Betrachtung konkreter Fälle die Frage anschließen: *Was* genau sehen die Akteure als schützenswerte Elemente ihrer Identität an, und *wie* werden diese in ihren Augen durch die Beantwortung der betreffenden Frage beeinflusst?

Anders, als es Essers theoretisches Modell des Befragtenverhaltens nahezulegen scheint, lassen sich Konzepte, mit denen das Handeln von Akteuren (also hier: die Reaktionen in einer sozialwissenschaftlichen Befragung) erklärt werden können, nicht deduktiv aus einem universellen Handlungsmodell (etwa: einer Rational-Choice-Theorie) ableiten, sondern müssen empirisch ermittelt werden. Dies geht aber nur mit „offenen" (qualitativen) Verfahren der Datenerhebung, wie sie im Kontext der interpretativen Soziologie und Sozialforschung entwickelt wurden. In diesem Zusammenhang sind drei klassische Postulate der interpretativen Sozialforschung theoretisch und methodologisch bedeutsam:

1. Befragte handeln als soziale Akteure nach kontextgebundenen Regeln und greifen auf (sub)kulturell fragmentierte Wissensbestände zu.
2. Es kann nicht unterstellt werden, dass Forschende prima facie diese Regeln kennen und Zugang zu diesen Wissensbeständen haben

3. Die Situationsdefinitionen der Befragten (d. h. ihre Wahrnehmungen und die Interpretationen ihres jeweiligen situativen Kontextes) müssen mit Hilfe qualitativer Methoden rekonstruiert werden.

Diese drei Postulate erlauben uns, einen Brücke zu schlagen von einer rein theoretischen, abstrakten Erklärung von Befragtenverhalten zum Problem der empirischen Untersuchung dieses Befragtenverhaltens.

3 Empirische Beispiele

Die Notwendigkeit, spezifische kontextgebundene Regeln und Wissensbestände zu erschließen, erfordert einerseits, wie oben erläutert wurde, forschungsstrategisch den Einsatz qualitativer Methoden. Nun lässt sich aber andererseits die Thematik „Methodenprobleme der standardisierten Umfrageforschung" kaum sinnvoll ohne den Einbezug quantitativer Verfahren bearbeiten, denn dann würde man auf eine große Menge von in langen Jahren quantitativer Methodenforschung angesammeltem empirischem und technischem Wissen über die Probleme standardisierter Befragungen verzichten – schließlich werden bestimmte Probleme oft bereits bei einer sorgfältigen statistischen Analyse entsprechender Items sichtbar.

In der aktuellen und internationalen Methodendiskussion bezeichnet man eine solche Kombination qualitativer und quantitativer Methoden in einem einzigen Untersuchungsdesign auch als „Mixed-Methods-Forschung" (Kuckartz 2014; Baur/Kelle/Kuckartz 2017), als „methodenintegrative Forschung" (Kelle 2008) oder „methodenplurale Forschung" (Burzan 2016). Methodenintegrative „Mixed-Methods-Designs" sind zur Untersuchung von Problemen standardisierter Befragung besonders gut geeignet: Das wesentliche Prinzip methodenintegrativer Forschung besteht nämlich darin, qualitative und quantitative Methoden so zu kombinieren, dass sich ihre spezifischen Stärken und Schwächen jeweils ausgleichen (Johnson/Turner 2003, S. 299). Eine klassische Begrenzung standardisierter Verfahren besteht nun darin, dass bei einem strikt hypothetiko-deduktivem Vorgehen kognitiv oder kulturell bedingte Verständnisschwierigkeiten, Wissenslücken und Gründe für die Antwortverweigerung auf Seiten der Befragten sowie deren sozial erwünschtes Antwortverhalten oft gar nicht in den Blick geraten können.

Im Folgenden möchte ich anhand zweier empirischer Beispiele zeigen, *wie qualitative Methoden genutzt werden können, um solche Validitätsprobleme standardisierter Befragung aufzudecken und zu bearbeiten.*

3.1 Methodenprobleme von Instrumenten zur Befragung dauerhaft institutionalisierter älterer Menschen

Pflegebedürftige ältere Menschen sind oftmals angewiesen auf Hilfe in stationären Einrichtungen. Die Versorgung dort gibt allerdings, nicht zuletzt bedingt durch einen wachsenden Fachkräftemangel, immer wieder Anlass zu öffentlicher Aufmerksamkeit und Kritik – mit großer Regelmäßigkeit wird von Medien und Politik der „Pflegenotstand" beklagt. Staatliche und öffentlich-rechtliche Sanktions- und Kontrollinstanzen (wie der „Medizinische Dienst der Krankenversicherung" – MDK – oder die „Heimaufsicht"), die die Einhaltung von Qualitätsstandards in der Altenpflege sichern sollen, sind deshalb gesetzlich gehalten, die Lebensqualität und Zufriedenheit von Heimbewohnern regelmäßig u. a. durch entsprechende Befragungen zu überprüfen; auch viele große Träger der Altenhilfe initiieren selbständig solche Befragungen zur Evaluation der Pflegequalität in ihren Einrichtungen. Mittlerweile existiert eine große Menge entsprechender Fragebögen (Hasseler et al. 2010, S. 311 ff.), deren Qualität in der Literatur allerdings oft kritisch beurteilt wird, etwa, weil statistische Reliabilitätsprüfungen fehlen (Castle 2007, S. 31 ff.).

Ein besonders kritischer Punkt aber stellen die bei der Befragung von Krankenhauspatienten und Heimbewohnern immer wieder gefundenen *Tendenzen zu teilweise extrem positiven Bewertungen* dar (Hasseler et al. 2010, S. 320), zumal manchmal starke Diskrepanzen zu externen Qualitätsprüfungen (wie sie etwa der MDK durchführt) auffallen. In den letzten Jahren wird deshalb zunehmend Skepsis gegenüber hohen Zufriedenheitswerten bei der Befragung von Pflegeheimbewohnern laut (ausführlich hierzu Kelle/Metje/Niggemann 2014, S. 182 ff.).

In einem methodenintegrativen Forschungsprojekt haben wir deshalb die Qualität der bei Untersuchungen zur Pflegequalität eingesetzten Instrumente analysiert, mit deren Hilfe die Zufriedenheit von Heimbewohnern mit ihrer Versorgung erfasst werden sollen (Kelle/Niggemann 2002, 2003). In unserem *Mixed-Methods-Design* wurden qualitative und quantitative Datenerhebung und -auswertung an mehreren Stellen miteinander verknüpft:

- Es wurden qualitative Leitfadeninterviews mit Bewohnern verschiedener Pflegeheime über ihre Zufriedenheit mit der Pflege und Versorgung geführt und gleichzeitig detaillierte Feldprotokolle über den Prozess des Feldzugangs in die entsprechenden Einrichtungen verfertigt.
- In einer anschließenden Projektphase wurde ein standardisierter Fragebogen zur Messung der Zufriedenheit von Heimbewohnern eingesetzt, wobei Daten in 15 Heimen unterschiedlicher Größe und Trägerschaft (n = 128) sowohl mit Stichproben von Heimbewohnern, als auch in einem Fall in Form einer Vollerhebung (n = 116), gesammelt wurden.

- Bei der Vollerhebung wurde etwa die Hälfte der Interviews (n = 60) vollständig auf Tonträger aufgezeichnet und transkribiert und auf diese Weise wiederum qualitatives Datenmaterial gesammelt.

Auf diese Weise konnten verschiedene Datenquellen miteinander in Verbindung gebracht bzw. „trianguliert" (Kelle/Erzberger 2013; Flick 2012) werden: Daten aus standardisierten Befragungen, wörtliche Interaktionsprotokolle aus einer standardisierten Befragung, qualitative Daten aus qualitativen Leitfadeninterviews und qualitative Feldprotokolle.

Die quantitativen Daten zeigen nun das Bild, was man auch aus anderen Befragungen zur Zufriedenheit von Krankenhauspatienten und Heimbewohnern kennt (Krentz/Olandt 1999; Hasseler et al. 2010, S. 216 ff.): Die meisten Befragten äußern sich mehr oder weniger zufrieden. In unserer Befragung antworten etwa 80 % aller Interviewpartner, dass sie „mit dem Leben in der Pflegeeinrichtung" „völlig" oder wenigstens „ziemlich zufrieden" seien (siehe Abb. 1).

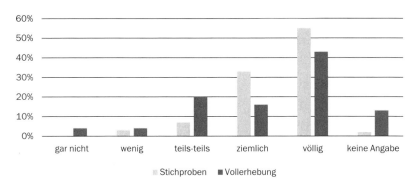

Abb. 1: „Zufriedenheit mit dem Leben in der Pflegeeinrichtung"

Hierbei zeigten sich allerdings bedeutsame *Unterschiede* zwischen den Antworten aus der Vollerhebung in einer einzelnen Einrichtung und von Stichproben in 15 anderen *Einrichtungen* (siehe oben), bei der die Interviewer, wie dies bei Befragungen im Pflegeheim üblich ist, Heimleitungen bzw. Pflegepersonal gebeten hatte, Kontakte zu befragungsfähigen und -willigen Bewohnern herzustellen – in den Stichproben stimmte insgesamt 55 % der Befragten der Aussage „Mit dem Leben in der Pflegeeinrichtung bin ich rundum zufrieden" „völlig" zu, während zusammen genommen ca. 10 % nur „teils-teils", „wenig" oder „gar nicht" zustimmten, in der Vollerhebung bejahten etwa 42 % die Aussage „völlig" und mehr als ein Viertel (28 %) wählten die Antwortalternativen „teils-teils", „wenig" oder „gar nicht".

Nun handelte es sich bei der Einrichtung, in der die Vollerhebung durchgeführt wurde, um ein Heim in kirchlicher Trägerschaft, das hinsichtlich der Qualität von Pflege und Versorgung einen exzellenten Ruf genoss.

Des Weiteren ergaben sich aus den qualitativen Feldprotokollen mehr als deutliche Hinweise darauf, dass es bei einer durch das *Pflegepersonal als Gatekeeper* gesteuerten Auswahl von Interviewpartnern zu teilweise erheblichen Selektionseffekten kommen kann: So ergab sich nach der Auswertung einiger leitfadengestützter qualitativer Interviews mit Bewohnern einer mittelgroßen Einrichtung (ebenfalls in kirchlicher Trägerschaft) ein Gespräch mit dem Heimleiter über die Tatsache, dass die Interviewpartner sich nahezu uneingeschränkt positiv über das Haus und die Mitarbeiter geäußert hatten. Auf die (eher scherzhaft gemeinte) Frage, ob nur die *„freundlichsten und nettesten Bewohner"* für ein Interview ausgewählt worden waren, wurde die Möglichkeit für einen zweiten Besuch angeboten, bei dem *„kritischere Bewohner"* interviewt werden könnten. Für den ersten Termin hatte der Heimleiter nach eigener Aussage „erst einmal die netten und gut gestellten Bewohner" vorgeschlagen:

> „Man weiß ja schließlich als Einrichtungsleiter, welche Bewohner eher kritisch eingestellt sind, und welche Bewohner das Haus ausschließlich positiv sehen und darstellen."

Für einen zweiten Termin könnte er „einige der Herren zur Verfügung stellen, die wären hier in der Einrichtung wesentlich kritischer...". Auch wenn der ersten Auswahl „netter" Bewohner keine Täuschungsabsicht zugrunde lag (was sich ja daran zeigte, dass der Heimleiter bereit war, auch Gespräche mit „kritischen" Bewohnern zu vermitteln), wird hier doch deutlich, wie stark Leitung oder Mitarbeiter selbst gegenüber Sozialforschern (auch wenn diese gar nicht die eigene Einrichtung evaluieren wollen, sondern nur Daten zur Methodenentwicklung benötigen), dazu neigen, die Einrichtung positiv zu präsentieren.

Die Vermutung, dass die Auswahl der Interviewpartner durch das Heimpersonal zu deutlichen Verzerrungen führen kann, wird zudem durch die Tatsache gestützt, dass der Anteil der *Antwortverweigerer* in der Vollerhebung mit fast 15 % deutlich höher lag als bei den durch Heimpersonal ausgewählten Befragten (wo er 2 % betrug).

Betrachtet man schließlich die transkribierten Interaktionsprotokolle, so zeigt sich, dass viele Interviewpartner schon während der Befragung *Unzufriedenheiten* äußern, *die durch das quantitative Datenmaterial gar nicht abgebildet werden*. So sagte etwa eine 94-jährige Bewohnerin, die zuvor angegeben hat, sie sei „völlig zufrieden" mit dem Leben in der Pflegeeinrichtung: „ich kann nicht immer jemanden rufen zum Waschen, da mach ich halt so gut wie's geht" und auf eine andere Frage hin „die haben halt immer wenig Zeit ...". Derartige Reaktionen fanden sich recht häufig im qualitativen Datenmaterial. Auf die standardisierten Fragen im Fragebogen hin wurden sehr gute globale Zufriedenheitseinschätzungen geäußert, aber en passant wurde teilweise heftige Kritik geäußert.

Des Weiteren haben wir versucht, den Anteil negativer Antworten mit Hilfe *überzogen formulierter Items* zu steigern wie: „Die Pflege ist tadellos und die Schwestern sind stets ausgesprochen freundlich zu mir". Hier wurde zudem bewusst gegen eine wichtige Regel der Fragebogenkonstruktion verstoßen, niemals nach zwei Dingen gleichzeitig zu fragen. Aber auch hier stimmte mehr als die Hälfte sowohl der ausgewählten Befragten als auch der Teilnehmer der Vollerhebung zu (siehe Abb. 2). Auszüge aus den Interaktionsprotokollen können allerdings die *persönliche Abhängigkeit zwischen Bewohnern und Pflegenden* und *Furcht vor Sanktionen* verdeutlichen, die viele Interviewpartner empfanden. So setzte eine 88-jährige Bewohnerin, die dieser Aussage zuerst „völlig" zustimmte, dann hinzu: „Die Frage ist riskant, darüber spricht man nicht gern. Die Leute werden doch bestraft, die hier die Wahrheit sagen", um anschließend das Interview abzubrechen. Eine andere 89-jährige Befragte stimmte der Aussage zwar „völlig" zu, ergänzte aber dann: „… Am Anfang war es besser, aber jetzt herrscht Personalmangel", wobei sie den Interviewer dringend bat, diese Aussage nicht an die Heimleitung weiterzugeben.

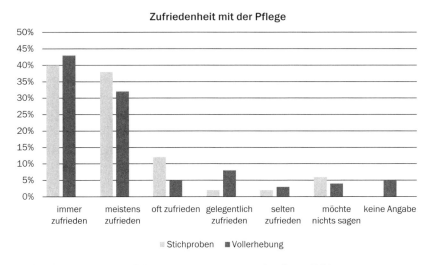

Abb. 2: „Pflege tadellos und Schwestern stets ausgesprochen freundlich"

Für viele der Befragten war es offensichtlich sehr schwierig, innerhalb der institutionellen Bezüge Dritten gegenüber negative Situationsbeurteilungen zu äußern. Auch wenn im Interview Dritte nicht anwesend sind, äußerten Interviewpartner häufig *Befürchtungen eine mögliche Weitergabe von Daten betreffend*. So bemerkte eine Bewohnerin, die gleichzeitig Mitglied des Heimbeirats war, dass allein die technische Aufzeichnung des Interviews das Vertrauen anderer Heimbewohner reduzieren würde:

> „Gibt es hier auch einige, die haben kein Vertrauen, überhaupt wo Sie jetzt das Dingen (gemeint ist das Aufzeichnungsgerät) dahaben, nech. Was könnte passieren? Vielleicht

wird es dem Chef wieder vorgespielt, dann weiß der ganz genau was die gesagt haben, und so denken die".

Die Furcht vor Strafen und Sanktionen bei einer offenen Äußerung von Kritik zeigt zum einen das geringe Vertrauen, welches Interviewern bezüglich der Weitergabe der Daten entgegengebracht wurde und zum anderen die starken Abhängigkeitsgefühle der Befragten der Einrichtung und dem Personal gegenüber.

Viele Antworten waren offensichtlich stark von einer *Tendenz zu sozialer Erwünschtheit* beeinflusst. Hat man nur die standardisierten Daten vorliegen, ist es schwer, solche Tendenzen zu identifizieren; liegen jedoch transkribierte Interaktionsprotokolle vor, können sie an manchen Stellen sehr deutlich werden, wie etwa in dem folgenden Interviewausschnitt

> „I: (…) So, eine Frage hab ich noch. *"Was denken Sie, woran hapert es in der Pflege"*?
> B: Was ich denke?
> I: Ja, woran hapert es? Hapert es *"an der Zeit"* in der Pflege?
> B: Müßte ich eigentlich sagen, nich.
> I: Meinen Sie, daran haperts?
> B: Das wollte ich nicht sagen.
> […]
> I: Ob es in der Pflege an etwas hapert. Oder hapert es *"an gar nichts"*?
> B: Manchmal ist alles zu laut, mal, ja was soll ich denn noch sagen?
> […]
> I: Gut. Oder hapert es daran, dass *"die Pflegekräfte so oft wechseln"*?
> B: Gedeckt?
> I: Nein, wechseln. Dass die *"so oft wechseln"*? Oder eher nicht?
> B: Könnte man halb ja und halb nein sagen?
> I: Halb ja, halb nein?
> B: Ja, ich weiß auch nicht. (lacht) Wie die das sehen wollen, nich. Wie man das sagen soll." (Standardisiertes Interview 234, Transkript 320 – 353)

Dieser Befragte ist offensichtlich verunsichert durch die klassische Technik standardisierter Befragung, bei der Interviewer einzelne Antwortalternativen in neutraler Weise nacheinander präsentieren und jede Form direktiver Hilfe und Unterstützung vermeiden, um die Objektivität der Ergebnisse nicht zu gefährden.

Der Befragte dahingegen macht zahlreiche Andeutungen, dass er konkrete Hilfestellungen erwartet, welches denn nun die „angemessenen" und „richtigen" Antworten sind („…ja was soll ich denn noch sagen" … „könnte man halb ja und halb nein sagen?") und bringt am Ende dieses Segments offen seinen Wunsch zum Ausdruck, dass sein Interaktionspartner genaue Rollenerwartungen konkretisiert, die sich mit dieser Situation verbinden, und deren Befolgung ihn als guten, kooperationswilligen Interviewten ausweisen würde. Explizit macht er deutlich, dass er unbedingt im Sinne sozialer Erwünschtheit antworten möchte: „Wie die das sehen wollen, nich. Wie man das sagen soll."

Das vorliegende qualitative Material kann für die *Besonderheiten des sozialen Kontextes* sensibilisieren, *in welchem diese standardisierten Interviews stattfinden*:

Es handelt sich bei stationären Pflegeeinrichtungen schließlich um „totale Institutionen" (Goffman 1973; Heinzelmann 2004), in denen soziales Handeln durch ausgeprägte *Status- und Machtasymmetrien zwischen den Akteuren* geprägt ist. Unsere Befragten gehören in diesem Kontext zu den am wenigsten mit Macht ausgestatteten Akteursgruppen und sind in besonderer Weise vulnerabel und abhängig von anderen Akteuren, insbesondere vom Pflegepersonal. So wird das Antwortverhalten von der (verständlichen) Motivation bestimmt, die Beziehung zu den Pflegenden nicht durch negative Äußerungen unbekannten Dritten gegenüber zu belasten, die nur mal eben kurz vorbeischauen, um schwierige Fragen zu stellen.

Zudem ähneln Forschungsinterviews unbeabsichtigt in mancherlei Hinsicht in totalen Institutionen oft eingesetzten Befragungspraktiken zur *Generierung von Machtwissen*, die mit einem von Michel Foucault geprägten Begriff als „Technologien der Wahrheit" (Foucault 1980, S. 64) bezeichnet werden können. Verfolgt man hier die Foucaultsche Perspektive weiter, wonach Macht ein gleichermaßen makro- wie mikrosoziales Phänomen darstellt, welches alle Arten sozialen Handelns und sozialer Interaktion beeinflusst, so ist evident, dass auch wissenschaftliche Befragungssituationen von Machtstrukturen geprägt werden. Unter einer genealogischen Perspektive lässt sich ein Bezug zwischen dem Forschungsinterview und anderen diskursiven Praktiken herstellen, die durch historisch gewachsene und kulturspezifische Regeln zur Organisation und Produktion von Machtwissen geprägt sind. Der „Social Survey" ist ein Werkzeug des sich im 18. Jahrhundert langsam herausbildenden und im 19. Jahrhundert konsolidierenden modernen Verwaltungsstaates (ausführlich hierzu: Bulmer/Bales/Kish Sklar 1991). Dabei war die Sammlung statistischer Informationen eingebettet in die Entstehung und Weiterentwicklung von „Biopolitik" (Foucault 2006), also von Sozialtechnologien zur politischen Steuerung von Bevölkerungen. Die früheste Form und quasi das Paradigma für die Generierung von Sozialforschungsdaten ist die Befragung des Bürgers durch Verwaltungsbeamte mit dem Ziel der Produktion von Verwaltungsstatistiken. Dies ist eine klassische Wahrheitstechnologie im Sinne Foucaults, eine Technik der Disziplinarmacht, mit der Momente von „Wahrheit" produziert werden, eng verwandt mit sozialen Praktiken wie Bekenntnis, Beichte oder Verhör.

Gerade ältere Befragte haben oft ein erstaunliches Gespür für diesen Aspekt, auch wenn sie (etwa durch Demenz) kognitiv eingeschränkt sind und Schwierigkeiten haben, den genauen *Sinn eines Forschungsinterviews* einzuschätzen:

Bei dem Pretest eines Fragebogens zur Erfassung des Wohlbefindens Hochaltriger in einer ambulanten Betreuungseinrichtung (Kelle/Kluge 2001, S. 154 f.) wurden, nachdem das betont distanzierte und vorsichtige Verhalten mehrerer der Besucher bei einem mit ihnen durchgeführten standardisierten Interview deutlich geworden war, in umfangreicheren qualitativen Interviews Gründe für diese Reaktionen exploriert. Hier äußerten viele der Interviewpartner Befürchtungen, Anforderungen des Interviews nicht zu erfüllen und dann als „dumm" oder inkompetent zu gelten. Der Situationsdefinition der Forschenden, die lediglich Unterstützung für eine Verbesserung eines Befragungsinstruments haben wollten, kontrastierten mit Situationsdefinitionen der Befragten, die sich einer *Prüfungssituation* ausgesetzt und in der Situation sahen, ihre kognitiven Fähigkeiten unter Beweis zu stellen. Gleichzeitig wurde aber positiv hervorgehoben, dass durch die Befragung *Abwechslung in einen ansonsten eintönigen Alltag* gebracht wurde und die Befragten Gelegenheit erhielten, über die Beantwortung der standardisierten Items hinaus über ihr Leben zu sprechen. Eine Frau verknüpfte in ihrer Aussage, sie fühle sich nach dem Pretest „erleichtert, wie nach einer Beichte", die beiden Definitionsoptionen der „Prüfung" und der „*Selbstoffenbarung*".

Aber eine sozialwissenschaftliche Befragung kann auch andere, bedrohlichere Assoziationen wecken. „Gestern wurde ich noch mal darauf hingewiesen, dass ich heute Damenbesuch kriege", sagte ein hochaltriger Heimbewohner und fügte hinzu: „und da habe ich gesagt, lass sie bleiben, wo sie ist." Und auf eine Nachfrage hin erläuterte er: „Weil ich doch vor zwei Jahren schon einmal verhört ... mit meinem Arzt verhört worden bin. Unter denselben Bedingungen wie heute". Der Situationsdefinition der Forschenden „wissenschaftliches Interview zur Informationssammlung" setzte dieser Befragte seine eigene Definition entgegen: An einem *Verhör* nimmt man nicht freiwillig teil, und alles, was man sagt, kann gegen einen verwendet werden. Im schlimmsten Fall wird man nach dem Verhör bestraft, im besten Fall danach wieder in Ruhe gelassen.

Wie lassen sich solche Befunde nutzen zur Lösung der zu Beginn aufgeworfenen Frage nach angemessenen theoretischen Erklärungen für Befragungsverhalten? Aus der Perspektive der interpretativen Soziologie kann es hier nicht darum gehen, nun eine weitere, deduktiv geschlossene, umfassende und möglicherweise bessere soziologische Theorie des Befragtenverhaltens beispielsweise als Alternative zu Rational-Choice-Erklärungen zu formulieren. *Die Stärken der interpretativen Ansätze bestehen vielmehr darin, dass sie im Feld bei der Erhebung und bei der Auswertung qualitativer Daten theoretisch sensibilisieren können für Prozesse, die sich mit unterschiedlichen soziologischen Kategorien angemessen erfassen, beschreiben und verstehen lassen.* Solche Kategorien liefern also nicht die Grundlage für *ex ante* (vor der Datenerhebung) zu formulierende Hypothesen, sondern stellen allenfalls einen „heuristisch-analytischen Rahmen" dar (vgl. Kelle/Kluge 2010, S. 28 ff.) – das heißt, sie werden ggfs. erst *post hoc*, während der Analyse der qualitativen Daten, eingeführt, wenn sie zu den beobachteten sozialen Phänomenen passen, so, wie dies weiter oben mit dem theoretischen Begriff der „totalen Institution" von Goffmann oder dem der „Wahrheitstechnologien" von Foucault gezeigt wurde.

Forschende müssen sich also nicht auf eine bestimmte Theorieschule oder auf einen bestimmten (handlungs- oder strukturtheoretischen) Ansatz festlegen, sondern können den Umstand flexibel nutzen, dass Sozialwissenschaften und Soziologie multiparadigmatische Disziplinen darstellen, in denen eben nicht immer und überall Einigkeit darüber herrscht, welches die besten übergreifenden Kategorien zur Analyse sozialer Prozesse sind.

Ein Begriff, der sich dabei als heuristisch besonders fruchtbar erweisen kann, weil er (im Unterschied etwa zu rein psychologischen Kategorien und Rational-Choice-Erklärungen) eine genuin soziologische Perspektive eröffnet, ist das Konzept „*soziale Ungleichheit*". Im Gegensatz zu abstrakteren Begriffen der allgemeinen Sozialtheorie wie „Handeln", „Struktur" oder „System" bringt dieser Begriff den Vorteil mit sich, dass der Hiatus zwischen mikrosoziologischer und makrosoziologischer Begriffsbildung hier von Anfang an überbrückt werden kann:

Mikrosoziologisch hilft die Kategorie „soziale Ungleichheit" den Forschenden, ihre Aufmerksamkeit auf den Umstand zu richten, dass das sozialwissenschaftlich Forschungsinterview eine konkrete *soziale Interaktion zwischen Interviewer und Interviewtem* darstellt, bei der die Interaktionspartner unterschiedliche Ressourcen nutzen können, wobei diese Ressourcen makrosozial ungleich (beispielsweise anhand askriptiver Merkmale wie sozialer Herkunft, ethnischem Hintergrund oder Geschlecht) verteilt sind.

Gesellschaftliche Ungleichheitsstrukturen bestimmen auch die mikrosoziale Situation im Forschungsinterview, wobei eine interpretative Perspektive unsere Aufmerksamkeit darauf lenkt, dass für das Verhalten der Interaktionspartner nicht allein oder primär deren „objektive" soziale Situation maßgeblich ist, sondern der Umstand, wie die Beteiligten ihre Situation jeweils subjektiv wahrnehmen und definieren: Die Interagierenden sind über ihre jeweiligen Ressourcen nämlich in unterschiedlichem Ausmaß orientiert bzw. hegen spezifische Erwartungen hinsichtlich ihrer eigenen Ressourcen und der Ressourcen der anderen, sie entwickeln Erwartungen über die Erwartungen der anderen usw.

3.2 Methodenprobleme von Instrumenten zur Erfassung und Beschreibung sozialer Netzwerke

Zur Illustration solcher Zusammenhänge kann ein weiteres empirisches Beispiel herangezogen werden. Es handelt sich dabei um ein Projekt, bei dem die Einbindung von Jugendlichen mit Migrationshintergrund in mono- oder multiethnische Netzwerke untersucht wurde (Zakikhany 2014). Dieses Forschungsvorhaben sollte dabei die Frage bearbeiten, inwieweit eine solche Einbindung die sozialkulturelle Integration der Betroffenen insgesamt beeinflusst.

Zentrale theoretische und methodologische Grundlage für diese Studie bildete die soziologische Netzwerkanalyse. Bei der empirischen Untersuchung wurden im Sinne eines Mixed-Methods-Ansatzes verschiedene Datenquellen, insbesondere standardisierte Fragebögen und qualitative Leitfadeninterviews mit Betroffenen und Experten, miteinander verbunden. Die im Folgenden präsentierten methodischen Befunde wurden während des Pretests des quantitativen Erhebungsinstruments (Zakikhany 2014, S. 82 ff.) gewonnen, wobei die individuellen Antworten in halbstandardisierten Interviews ergänzt wurden durch Interaktions- und Feldprotokolle.

An dem Pretest waren Jugendliche und junge Erwachsene mit (zumeist türkischem) Migrationshintergrund beteiligt, die die Einrichtungen einer gemeinnützigen Berufsbildungsgesellschaft besuchten, in der soziale benachteiligte Jugendliche die Möglichkeit haben, ihren Schulabschluss nachzuholen. In einem halbstrukturierten Fragebogen zur Erfassung egozentrierter Netzwerke wurden jene „Namensgeneratoren" genutzt, welche Claude Fischer in ihrer häufig rezipierten Arbeit über Netzwerkanalysen in den frühen 1980ern vorgeschlagen hatte und die bis heute das klassische Frageformat zur Erfassung egozentrierter Netzwerke liefern, das in zaleichen Surveys eingesetzt wird: Die Befragten sollen dabei signifikante Andere benennen, mit denen sie persönliche Angelegenheiten und Sorgen besprechen, mit denen sie gern zusammen sind usw. (Fischer 1982).

Nach einer anfangs problemlosen Kontaktaufnahme (der Feldkontakt wurde hergestellt durch Sozialarbeiter der Berufsausbildungsgesellschaft, wobei rasch eine hinreichende Anzahl von Teilnehmern rekrutiert werden konnte) gestaltete sich der Pretest unerwartet schwierig:

> „Die Darstellung des Forschungsvorhabens wurde mit großem Unbehagen aufgenommen und die Jugendlichen hatten wenig Interesse und Lust, ihre Beziehungskonstellationen offenzulegen" (Zakikhany 2014. S. 84).

Dabei fragten die Interviewpartner die Forscherin häufig nach Begründungen für die Wahl des Forschungsthemas, reagierten mit Unverständnis auf Erklärungen zum Untersuchungsziel und machten deutlich, dass sie das Forschungsthema als unangenehm und „uncool" empfanden, ohne dass aber die Forscherin den Eindruck hatte, dass „das Interviewvorhaben (…) für die Befragten selbst uninteressant wäre" (Zakikhany 2014, S. 85).

Anhand von dichten Fallbeschreibungen verdeutlicht die Forscherin eingängig *Irritationen*, das „Genervt"-sein, das Unverständnis und „Unbehagen" der Befragten angesichts der Interviewerfragen, welches in wiederholten Fragen danach zum Ausdruck kommt, was für die Forschenden „denn jetzt so interessant" (Zakikhany 2014, S. 88) an persönlichen Netzwerken und Freundschaften sei. Antworten im Interview fielen oft sehr kurz und manchmal geradezu patzig aus.

Die Thematik trug offensichtlich ein nicht unerhebliches *Potenzial zu Beschämungen und sozialen Ansehensverlusten* in sich, was sich etwa daran zeigte, dass die Wahl der Netzwerkpartner häufig begründet und gerechtfertigt wurde, sei es, weil Befragte nur wenige oder keine Freunde hatten (weil sie, wie sie sagen, „niemanden brauchen" und alles „mit sich selber ausmachen"), sei es, weil die meisten Freunde Migrationshintergrund oder die Befragten keinen festen Partner haben (weil das angeblich „aber auch zu anstrengend" sei) oder weil enge Familienangehörige die engsten Vertrauenspersonen sind, was von einem Interviewpartner selbstironisch dahingehend kommentiert wurde, er sei eben ein „Mamakind".

Fragen nach der Anzahl der Freunde und nach Familienbeziehungen, nach dem Vertrauen in der Familie und nach Personen, denen man persönliche Anliegen offenbart, berühren offensichtlich sensible Lebensbereiche und können zu „Statusangst" (de Botton 2006) führen, das heißt, sie bringen ein *Risiko an Gesichtsverlust in einer konkreten Interaktionssituation* mit sich. Schließlich wurden durch die Fragebogenitems auch sensible Fragen nach der sexuellen Identität thematisiert, wenn junge Männer aus Arbeiterfamilien mit Migrationshintergrund in der Adoleszenz einer nur wenige Jahre älteren Frau aus der Mittelschicht erzählen sollen, ob sie eine Freundin haben und wie eng die Beziehung zur eigenen Mutter ist. Die einfache Anwendung eines Standardinstruments der Sozialforschung, eines Namensgenerators zur Abbildung egozentrierter sozialer Netzwerke, wirft also Fragen nach *sozialer Identität und Anerkennung*, nach sozialem Erfolg und damit verbundener (Selbst)Achtung auf.

4 Theoretische und methodologische Konsequenzen und Desiderata

Ein umfassendes und hochgradig abstraktes handlungstheoretisches Modell des Befragtenverhaltens, wie es bspw. Hartmut Esser formuliert hat, mag viel zur Reflektion und Systematisierung sozialwissenschaftlicher Erklärungen beitragen, zum konkreten Verständnis der in den oben beschriebenen Forschungssituationen auftretenden Verwicklungen trägt es allerdings weniger bei als ein Rückgriff auf informationshaltigere soziologische Kategorien wie soziale Identität, soziale Anerkennung oder soziale Ungleichheit, die auf der Grundlage der hier gemachten empirischen Beobachtungen zueinander in Beziehung gesetzt werden können: *Die Interaktion zwischen Forschenden und Befragten im For-*

schungsinterview stellt eine Situation dar, in der soziale Identität präsentiert, verteidigt, geformt und verändert wird. Die Beteiligten geraten in diese Situation mit einem bestimmten Bild von sich selber, sowie mit Erwartungen und auch Stereotypen darüber, was oder wer ihre Interviewpartner sind und was diese von ihnen wollen. Sie reagieren möglicherweise verwirrt oder irritiert, wenn Erwartungen enttäuscht und Stereotype herausgefordert werden und versuchen, ein bestimmtes Selbstbild angesichts wahrgenommener Herausforderungen aufrechtzuerhalten und ggfs. zu verteidigen.

Soziale Interaktion im Interview ist auf den ersten Blick eine mikrosoziale Situation, bei einer theoretischen Bezugnahme zum Begriff „soziale Identität" (eine Kategorie, deren Bedeutung vor allem im Kontext mikrosoziologisch-interaktionistischer Theorietradition betont wurde) darf allerdings nie übersehen werden, dass die Herausbildung sozialer Identität(en) stark beeinflusst wird durch die den Akteuren zugänglichen, gesellschaftlich ungleich verteilten ökonomischen, sozialen, kulturellen und symbolischen Ressourcen (Vogt 2000). Makrosoziologische Fragen nach *sozialer Ungleichheit* sind hochgradig relevant für die mikrosoziale Situation des Forschungsinterviews, weil die Validität der hierbei entstehenden Daten offensichtlich von „hidden injuries of class" (Sennett/Cobb 1972) stark beeinflusst werden können.

Schließlich kann man im Rahmen einer genuin soziologischen Analyse der hier beschriebenen Interaktionsprozesse und -probleme im Interview auch auf Arbeiten von Axel Honneth (1992) zurückgreifen, der argumentiert hat, dass soziale Konflikte nicht nur um den Zugang zu ökonomischen, sozialen, kulturellen oder symbolischen Ressourcen, sondern auch um *soziale Anerkennung* geführt werden. Auch ein solcher Ansatz verbindet die gesellschaftliche Mikro- und Makroebene miteinander: Soziale Anerkennung ist schließlich ebenso eine Voraussetzung interpersonaler Beziehungen auf der Mikroebene individueller Interaktion, wie sie die Basis für gesellschaftliche Integration auf der Makroebene darstellt.

Interviewpartner bringen ein Bedürfnis nach sozialer Anerkennung mit in die Interviewsituation und ebenso Erfahrungen aus vergangenen Interaktionen, die von makrosozietären Strukturen sozialer Ungleichheit beeinflusst waren und in denen andere Gesellschaftsmitglieder ihnen Anerkennung gewährt oder verweigert haben. Insbesondere Menschen, die aufgrund ihrer sozialen Lage tendenziell von sozialer Exklusion bedroht sind und häufig die Erfahrung sozialer Abwertung machen, suchen oft aufmerksam nach Hinweisen in der Interviewsituation, die ihnen zeigen, ob sie soziale Anerkennung erlangen können oder ob sich möglicherweise bisherige Erfahrungen von Ausschluss und Abwertung wiederholen.

Zum Abschluss sollen kurz einige *methodologische und theoretische Schlussfolgerungen* skizziert werden:

Die sozialwissenschaftliche Befragung stellt eine *soziale Interaktion* dar, bei der Interviewer und Befragte jeweils aufgrund eigener Motivlagen und Interessen handeln und dabei das Handeln des jeweils anderen einschätzen und ihre Handlungen aufeinander abstimmen müssen. Dabei kann es nicht nur leicht zu (kognitiv bedingten) *Missverständnissen und Koordinationsproblemen* kommen – die Akteure können ihre Interaktionspartner über ihre Absichten auch im Unklaren halten, bestimmte Sachverhalte verschleiern oder verschweigen, Informationen zurückhalten usw. Nicht nur die im sozialen Alltagsleben häufigen (unbeabsichtigten und häufig kognitiv bedingten) Missverständnisse, auch *bewusste Täuschungen und Auslassungen* stellen natürlich bedeutsame Bedrohungen der Zuverlässigkeit und Validität sozialwissenschaftlicher Umfragedaten dar.

Eine angemessene Untersuchung dieser Validitätsbedrohungen erfordert, dass die Sozialforschung ihre eigene „Rekursivität" in reflexiver Weise thematisiert: Empirische Sozialforschung soll strukturierte Beziehungen zwischen Akteuren auf der Mikro- und Makroebene untersuchen und beruht dabei gleichzeitig, beginnend mit der Mikrosituation des Forschungsinterviews, selber auf solchen strukturierten Beziehungen. Will die Sozialforschung ihren wissenschaftlichen Auftrag ernst nehmen, muss sie als erstes sich selber in den Blick nehmen und soziologische Kategorien und Theorien auf den Forschungsprozess selber anwenden; sie muss, mit anderen Worten, systematisch eine *methodisch kontrollierte Reflexivität* entwickeln. Hierzu müssen die mit dem Forschungsprozess verbundenen sozialen Situationen aus der Sicht der unterschiedlichen Akteure („*Situationsdefinitionen*") systematisch anhand empirischen Materials rekonstruiert werden („*Fremdverstehen*") und dabei muss die sozial strukturierte (d. h. ungleiche) Verteilung von Ressourcen nach Maßgabe von Merkmalen wie Geschlecht, Alter, Bildungshintergrund, sozialer Schicht und Klasse, Ethnizität u. a. m. Beachtung finden.

Literatur

Baur, N./Kelle, U./Kuckartz, U. (Hrsg.) (2017): Mixed Methods. Sonderband der „Kölner Zeitschrift für Soziologie und Sozialpsychologie" 57. Wiesbaden: Springer Fachmedien.
Bulmer, M./Bales, K./Kish S. K. (Hrsg.) (1991): The social survey in historical perspective 1880–1940. Cambridge: Cambridge University Press.
Burzan, N. (2016): Methodenplurale Forschung. Chancen und Probleme von Mixed Methods: Weinheim und Basel: Beltz Juventa.
Castle, N. G. (2007): A Review of Satisfaction Instruments Used in Long-Term Care Settings. In: Journal of Aging and Social Policy, 19, S. 9–41.
Cicourel, A. (1974): Methode und Messung in der Soziologie. Frankfurt am Main: Suhrkamp.
Couch, A./Keniston, K. (1960). Yeasayers and naysayers: Agreeing response set as a personality variable. In: The Journal of Abnormal and Social Psychology, 60, S. 151–174.
Crowne, D./Marlowe, D. (1964): The Approval Motive. New York-London-Sydney 1964.
De Botton, A. (2006): Statusangst. Frankfurt am Main: Fischer.

Diekmann, A. (2010): Empirische Sozialforschung. Grundlagen, Methoden, Anwendungen. Reinbek: rowohlt.
Esser, H. (1985): Zentrum für Umfragen, Methoden und Analysen -ZUMA- (Hrsg.): Befragtenverhalten als „rationales Handeln" – zur Erklärung von Antwortverzerrungen in Interviews. Mannheim (ZUMA-Arbeitsbericht 1985/01). [www.nbn-resolving.de/urn:nbn:de:0168-ssoar-70425 (Abruf 18.2.2018)]
Esser, H. (1986): Können Befragte lügen? Zum Konzept des "wahren" Wertes im Rahmen der handlungstheoretischen Interpretation des Befragtenverhaltens. In: Kölner Zeitschrift für Soziologie und Sozialpsychologie, 38, S. 314–336.
Esser, H. (1991): Alltagshandeln und Verstehen. Zum Verhältnis von erklärender und verstehender Soziologie am Beispiel von Alfred Schütz und „Rational Choice". Tübingen: J.C.B. Mohr.
Faulbaum, F./Prüfer, P./Rexroth, M. (2009): Was ist eine gute Frage? Die systematische Evaluation der Fragenqualität. Wiesbaden: Springer VS.
Fischer, C. (1982): To dwell among friends. Personal networks in town and city. Chicago: University of Chicago Press.
Flick, U. (2012): Triangulation. Eine Einführung (3. Auflage). Wiesbaden: VS.
Foucault, M. (1980): Macht-Wissen. In: Basagla, F./Basaglia-O./Franca (Hrsg.): Befriedigungsverbrechen: Über die Dienstbarkeit der Intellektuellen. Frankfurt am Main.: EVA
Foucault, M. (2006): Die Geburt der Biopolitik. Geschichte der Gouvernementalität 2. Frankfurt am Main: stw.
Goffman, E. (1973): Asyle: Über die soziale Situation psychiatrischer Patienten und anderer Insassen. Frankfurt am Main: Suhrkamp.
Hare, A. P. (1960): Interview responses: Personality or conformity? In: The Public Opinion Quarterly, 24, S. 679–685.
Hasseler, M./Wolf-Ostermann, K./Nagel, M./Indefrey, S. (2010). Wissenschaftliche Evaluation zur Beurteilung der Pflege-Transparenzvereinbarungen für den ambulanten (PTVA) und stationären (PTVS) Bereich. [www.bagues.de/spur-download/sht/48_10an1.pdf (Abruf 20.4.2018)]
Haunberger, S. (2006): Das standardisierte Interview als soziale Interaktion : Interviewereffekte in der Umfrageforschung. In: ZA-Information / Zentralarchiv für Empirische Sozialforschung, 58, S. 23–46. [www.nbn-resolving.de/urn:nbn:de:0168-ssoar-198456 (Abruf 16.2.2018)]
Heinzelmann, M. (2004): Das Altenheim – immer noch eine "totale Institution"? Eine Untersuchung des Binnenlebens zweier Altenheime. Göttingen: Cuvillier.
Hoag, W. J/Allerbeck, K. R. (1981): Interviewer- und Situationseffekte in Umfragen: Eine log-lineare Analyse. In: Zeitschrift für Soziologie, 10 (4), S. 413–426.
Honneth, A. (1992): Kampf um Anerkennung. Zur moralischen Grammatik sozialer Konflikte. Frankfurt am Main: Suhrkamp
Johnson, B./Turner, L. (2003): Data Collection Strategies in Mixed Methods Research. In: Tashakkori, Abbas; Teddlie, Charles (Hrsg.): Handbook of Mixed Methods in Social & Behavioral Research. Thousand Oaks: Sage, S. 297–319.
Kahn, R. L./Cannell, C. F. (1957): The dynamics of interviewing; theory, technique, and cases. Oxford, England: John Wiley.
Kelle, U. (2008): Die Integration qualitativer und quantitativer Methoden in der empirischen Sozialforschung. Theoretische Grundlagen und methodologische Konzepte. Wiesbaden: VS.
Kelle, U./Erzberger, C. (2013): Qualitative und quantitative Methoden: kein Gegensatz. In: Flick, U./Kardorff, E. von/Steinke, I. (Hrsg.): Qualitative Forschung. Ein Handbuch. Reinbek bei Hamburg: rowohlts enzyklopädie. S. 299–308.
Kelle, U./Kluge, S. (2001): Validitätskonzepte und Validierungsstrategien bei der Integration qualitativer und quantitativer Forschungsmethoden. In: Kluge, S./Kelle, U. (Hrsg.), Methodeninnovation in der Lebenslaufforschung: Integration qualitativer und quantitativer Verfahren in der Lebenslauf- und Biographieforschung. Weinheim und München: Juventa. S. 135–166
Kelle, U./Kluge, S. (2010): Vom Einzelfall zum Typus. Fallvergleich und Fallkontrastierung in der qualitativen Sozialforschung (2. Überarbeitete Auflage).
Kelle, U./Lüdemann, C. (1995): „Grau, teurer Freund ist alle Theorie…" Rational Choice und das

Problem der Brückenannahmen. In: Kölner Zeitschrift für Soziologie und Sozialpsychologie, 47, S. 249-267

Kelle, U./Niggemann, C. (2003): Datenerhebung als sozialer Prozess in der Evaluations- und Wirkungsforschung – das Beispiel »Pflegequalität«. In: Hallesche Beiträge zu den Gesundheits- und Pflegewissenschaften, 2 [www.medizin.uni-halle.de/pflegewissenschaft/journal/download.html]

Kelle, U./Niggemann, C. (2002): „Wo ich doch schon einmal vor zwei Jahren verhört worden bin..." Methodische Probleme bei der Befragung von Heimbewohnern. In: Motel-Klingebiel, A./Kelle, U. (Hrsg.): Perspektiven der empirischen Alternssoziologie. Opladen: Leske+Budrich, S. 99–132.

Kelle, U./Metje, B./Niggemann, C. (2014): Datenerhebung in totalen Institutionen als Forschungsgegenstand einer kritischen gerontologischen Sozialforschung In: Amann, A. Kolland, F. (Hrsg.): Das erzwungene Paradies des Alters? Weitere Fragen an eine Kritische Gerontologie (2. überarbeitete Auflage). Wiesbaden: VS Verlag für Sozialwissenschaften. S. 175–206.

Krentz, H./Olandt, H. (1999) Zufriedenheit mit der Klinik steigt im Alter. Gesundheit und Gesellschaft 2, S. 20-21.

Kuckartz, U. (2014): Mixed Methods. Methodologie, Forschungsdesigns und Analyseverfahren. Wiesbaden: Springer VS.

Lindenberg, S. (1991): Die Methode der abnehmenden Abstraktion: Theoriegesteuerte Analyse und empirischer Gehalt. In: Esser, H./Troitzsch, K.G. (Hrsg.): Modellierung sozialer Prozesse. Bonn: Informationszentrum Sozialwissenschaften. S. 29-78.

Phillips, D. L. (1971): Knowledge from what? Theories and methods in social research. Oxford, England: Rand Mcnally.

Prüfer, P./Rexroth, M. (2005): Zentrum für Umfragen, Methoden und Analysen -ZUMA- (Hrsg.): Kognitive Interviews. Mannheim (GESIS-How-to 15). [www.nbn-resolving.de/urn:nbn:de:0168-ssoar-20147 (Abruf 16.2.2018)]

Schnell, R. (1997): Non response in Bevölkerungsumfragen. Opladen: Leske und Budrich.

Sennett, R./Cobb, J. (1972): The hidden injuries of class. New York: Norton.

Rice, St. A. (1929): Contagious Bias in the Interview: A Methodological Note. In: American Journal of Sociology 35, S. 420-423.

Sudman, S./Bradburn, N. M./Schwarz, N. (1996): Thinking about answers: the application of cognitive processes to survey methodology. San Francisco: Jossey-Bass.

Tourangeau, R. (2003): Cognitive Aspects of Survey Measurement and Mismeasurement. In: International Journal of Public Opinion Research, Volume 15, Issue 1, 1 March 2003, S. 3-7 [www.org/10.1093/ijpor/15.1.3. (Abruf 16.2.2018)]

Vogt, L. (2000): Identität und Kapital. Über den Zusammenhang von Identitätsoptionen und sozialer Ungleichheit. In: Hettlage, R./Vogt, L. (Hrsg): Identitäten in der modernen Welt. Wiesbaden: VS Verlag für Sozialwissenschaften.

Wilson, T. (1981): Theorien der Interaktion und Modelle soziologischer Erklärung. In: Arbeitsgruppe Bielefelder Soziologen (Hrsg.): Alltagswissen, Interaktion und gesellschaftliche Wirklichkeit. Opladen: Westdeutscher Verlag (5. Auflage). S. 54-79.

Zakikhany, C. (2014): Ethnische Netzwerke, soziale Integration und soziale Ungleichheit: Bedingungen und Auswirkungen der Einbindung von Migranten in ethnische Netzwerke; eine Netzwerkanalyse. Justus-von-Liebig Universität Gießen: Dissertation [www.geb.uni-giessen.de/geb/volltexte/2014/10968.html (Abruf 12.2.2018)]

2.3
Kausalität und Interpretativität
Über den Versuch der quantitativen Sozialforschung, zu erklären, ohne zu verstehen

Nina Baur

1 Kausalität und Theorie-Empirie-Verhältnisse in der empirischen Sozialforschung[1]

Ungeachtet aller theoretischen und methodologischen Differenzen können sich – wie Hartmut Esser (2002) in seinem Aufsatz „Wo steht die Soziologie?" unterstreicht – fast alle (deutschsprachigen) Soziologen auf Max Webers (1921, S. 1) klassische Definition von Soziologie einigen:

> „Soziologie (...) soll heißen: eine Wissenschaft, welche soziales Handeln deutend verstehen und dadurch in seinem Ablauf und seinen Wirkungen ursächlich erklären will."

Soziologie ist gemäß dieser Definition eine Wissenschaft, die gleichzeitig verstehen *und* erklären will. Dabei lassen sich – wie etwa Hartmut Esser ebenfalls betont – Verstehen und Erklären nicht grundsätzlich trennen (Greshoff 2008, S. 413), sondern sind vielmehr aufeinander bezogen:

> „‚Verstehen' zielt [bei Esser] darauf ab, anzugeben, *was ist*, somit auf eine Beschreibung sozialer Phänomene; ‚Erklären' zielt darauf ab anzugeben, *warum etwas ist*" (Greshoff 2008 S. 415, Betonung wie im Original).

Ungeachtet dieser grundsätzlichen Feststellung wird in der Soziologie seit etwa zweihundert Jahren vehement über das Verhältnis von Verstehen und Erklären gestritten, namentlich, ob man entweder nur erklären *oder* nur verstehen kann oder ob man zugleich verstehen und erklären kann oder sogar muss sowie welcher dieser beiden Zugänge für die Sozialforschung wichtiger ist (Greshoff/Kneer/Schneider 2008a, S. 7; siehe auch Baur et al. in diesem Band). Die Ant-

---

[1] Ich danke Leila Akremi, Lilli Braunisch, Jannis Hergesell, Maria Norkus und Theresa Vollmer für das ausführliche und konstruktive Feedback zur Verbesserung dieses Textes sowie Jannis Hergesell und Arnold Windeler für die Unterstützung bei der Übersetzung der Abb. 6.

wort auf diese Frage wird dadurch erschwert, dass je nach soziologischer Theorie die Begriffe des „Erklärens" und des „Verstehens" ganz Unterschiedliches bedeuten können (Greshoff/Kneer/Schneider 2008a; Baur et al. in diesem Band). Da aber Verstehen und Erklären schon bei Weber systematisch aufeinander bezogen sind, kann die Spezifik des interpretativen Paradigmas nicht verstanden werden, solange unbestimmt bleibt, was „Erklären" eigentlich ist und *wie* man sozialwissenschaftlich erklärt.

Da Greshoff, Kneer und Schneider (2008b) ausführlich die Erklärens- und Verstehens-Modelle verschiedener soziologischer Theorien darstellen und diskutieren, konzentriere ich mich im Folgenden auf die Frage, wie empirische Forschungsprozesse methodologisch und methodisch gestaltet werden müssen, um zu erklären. Dabei verwende ich im Folgenden den Erklärens-Begriff in dem Sinne, wie er im Forschungsalltag am häufigsten verstanden wird, nämlich als „*Aufdecken von Kausalzusammenhängen*", also im Sinne des Aufstellens und der Überprüfung von „Vermutungen darüber, welche Wirkungen oder welche Effekte eine Ursache hat" (Kühnel/Dingelstedt 2015, S. 1017).

Weiterhin fokussiere ich im Folgenden nicht auf die Datenerhebung, sondern auf Auswertungsverfahren. Ich werde daher erstens unterschiedliche Kausalitätsbegriffe bzw. die Probleme, die bei soziologischen Erklärungen auftauchen können, reflektieren. Zweitens werde ich zeigen, dass – entgegen einem gängigen Vorurteil gegen qualitative Forschung – sowohl qualitative als auch quantitative Forschung erklären können. Drittens werde ich darlegen, dass sich die Geschichte der quantitativen Auswertungsverfahren durch den Versuch erklären lässt, zunächst zu erklären, ohne zu verstehen, sowie durch methodologische Weiterentwicklungen von Auswertungsverfahren sukzessive Probleme von Kausalerklärungen zu lösen.

Wissenschafts- und sozialtheoretisch ist dabei zunächst festzuhalten, dass *Kausalität* insofern nicht verallgemeinerbar ist, als dass es keine allgemeinen Prozessgesetze mit universellem Gültigkeitsbereich (wohl aber Regelmäßigkeiten sozialen Handelns) geben kann (Schulze 2002, S. 1) und dass in empirischen Wissenschaften (zu denen die Soziologie gehört) kausales Denken immer mindestens die folgenden Komponenten aufweist (Schulze 2002, S. 3): Forschende müssen bei Erklärungen erstens einen Bezug zwischen zumindest zwei singulären Ereignissen herstellen, die zweitens in einer zeitlichen Sukzession von Ursachen und Wirkungen stehen. Hierbei spielt im Kausaldenken, drittens, die Vorstellung mit, dass das spätere Ereignis ohne das frühere nicht oder nur abgeschwächt wahrscheinlich eingetreten wäre. Daraus ergibt sich, viertens, die Vorstellung eines irgendwie energie- und/oder informationsübertragenden Zusammenhangs, das heißt, dass das Ereignis zum früheren Zeitpunkt („Ursache") zur Folge hatte, dass das spätere Ereignis überhaupt erst auftritt („Wirkung"), wobei Zwischenglieder möglich sind. Die letzten beiden Positionen – die Vorstellung, dass das frühere Ereignis ohne das spätere nicht möglich wäre und dass energie- oder informationsübertragende Prozesse stattfinden – basieren auf *Gesetzesvorstellungen*, die sowohl deterministischer als auch probabilistischer Natur sein können. Dies impliziert, dass die Ursache auch in anderen, strukturähnlichen Zusammenhängen die Wirklichkeit hervorbringt (Kühnel/Dingelstedt 2015, S. 1018).

Aus diesen sehr allgemeinen Vorstellungen folgt die Frage nach der Operationalisierung von Kausalmodellen, also danach, wie denn in empirischer Forschung Kausalität identifiziert werden könnte. Auch wenn bis heute umstritten ist, welche Syllogismen für die *Verknüpfung von theoretischen Sachverhalten, Gesetzesaussagen und empirischen Daten* am besten geeignet sind (Greshoff/Kneer/Schneider 2008a, S. 9; ausführlich Diaz-Bone 2019; Baur et al. in diesem Band), ist für die Aufklärung von Kausalbeziehungen bis heute die von Hempel und Oppenheim (1948) vorgeschlagene Logik der wissenschaftlichen Erklärung, der sogenannte *deduktiv-nomologische Syllogismus* bzw. das *Hempel-Oppenheim-Schema*, leitgebend (Maurer/Schmid 2010, S. 28-40; Diaz-Bone 2019): Im Fall von deterministischen Gesetzesaussagen gehen Hempel und Oppenheim davon aus, dass – sollte diese Gesetzesaussage zutreffen – eine bestimmte Ursache immer eine bestimmte Wirkung hervorbringt, dass Gesetzesaussagen sowohl eine Wenn-, als auch eine Dann-Komponente beinhalten und dass die Ursachen unter die Wenn-, die Wirkungen unter die Dann-Komponenten fallen. Mit anderen Worten: Es handelt sich hier um einen raumzeitlichen Zusammenhang (Opp 2010, S. 14-15).

Opp (2010, S. 14-15) weist darauf hin, dass hierbei der Ursachen-Begriff doppeldeutig ist: Mit „*Ursachen*" können einerseits Ausgangsbedingungen von Kausalbeziehungen gemeint sein. Dann wäre das Gesetz bzw. Explanans die Ursache für das Explanandum. Dieser Ursachen-Begriff ist vor allem bei der Verknüpfung von Theorie und Empirie im Rahmen von Syllogismen sinnvoll (vgl. hierzu Baur et al. in diesem Band). Zum anderen können in einem konkreten empirischen Verhältnis die Faktoren oder Variablen der Wenn-Komponente als Ursache bezeichnet werden – „Ursache" meint hier also „wenn die Ursache wirkt". Für die Frage der Kausalität ist der Ursachen-Begriff im letzteren Sinn angemessener (Opp 2010, S. 14-15), weshalb ich ihn im Folgenden auch so verwende.

2 Kausalität, Forschungsdesign und Sampling

2.1 John Stuart Mills „System der deduktiven Logik"

In Bezug auf das Explanandum stellt sich neben diesen allgemeinen Gesetzesvorstellungen und der Frage, wie man Theorie und Daten verknüpft, weiterhin die Frage, welche Arten von Fällen bzw. Daten man nun eigentlich auswählen und analysieren muss, um Ursache-Wirkungs-Beziehungen in der Auswertung aufklären zu können. Für die Fallauswahl bzw. das Sampling ist zunächst bemerkenswert, dass diesbezüglich ausnahmslos *alle* empirischen Wissenschaften – seien es Naturwissenschaften oder Sozialwissenschaften, seien es quantitativ oder qualitativ Sozialforschende – in ihrer Argumentation auf die von John Stuart Mill in seinem 1843 erschienen und 1862 erweiterten Buch „System der deduktiven Logik" vorgeschlagene Vorgehensweise rekurrieren. Vor allem im 3. Buch („Von der Induction"), im 4. Buch („Von den Hülfsoperationen der Induction") und im 5. Buch („Von den Fehlschlüssen") erläutert Mill (1843/1862), wie in empirischen Prozessen die *Fallauswahl bzw. die Auswahl der Daten* zu erfolgen hat, um Hinweise auf Kausalitäten zu bekommen und mögliche Erklärungen, die im konkreten Fall *nicht* relevant sind, auszuschließen. Mill betont dabei, dass eine *Kombination aus Streuung und Konzentration*, also aus dem Vergleich zwischen Gruppen und dem Vergleich innerhalb von größeren Gruppen erforderlich sei. Weiterhin unterscheidet Mill zwischen *notwendigen Bedingungen*, also Ursachen, die vorliegen müssen, damit die Wirkung überhaupt auftreten kann, und *hinreichenden Bedingungen*, also solchen Ursachen, die – sofern sie eintreffen – immer notwendig zur Wirkung führen. Dabei ist zu beachten, dass eine Bedingung gleichzeitig notwendig und hinreichend sein kann und es auch mehrere notwendige und hinreichende Bedingungen geben kann. Auf dieser Basis entwickelt Mill die Idee der sogenannten „Methode der Übereinstimmung" und „Methode der Differenz" als Sampling-Strategien:

Die *Methode der Übereinstimmung* geht davon aus, dass man in empirischen Fällen zwar die eingetretene Wirkung beobachten kann, es aber unklar ist, was die potenziellen Ursachen sind. Deshalb werden beim Sampling – daher der Name „Übereinstimmung" – Fälle ausgewählt, in denen jeweils übereinstimmend die Wirkung eingetreten ist. Nun werden während der Datenerhebung verschiedene Beobachtungssituationen systematisch variiert, und innerhalb der Beobachtungen wird überprüft, welche möglichen Ereignisse welche vermuteten Wirkungen auslösen (könnten). Diese Sampling-Strategie eignet sich dazu, mittels Fallvergleich nach dem Ausschlussprinzip *notwendige Bedingungen* zu identifizieren, weil eine Bedingung nur notwendig sein kann, wenn sie in *allen* Fällen, in denen die Wirkung eingetreten ist, als mögliche Ursache vorangetreten ist (Mills 1843/1862, 3. Buch).

Während die Methode der Übereinstimmung mögliche notwendige Bedingungen auszumachen vermag, eignet sich die *Methode der Differenz*, um mögliche *hinreichende Bedingungen* zu ermitteln. In diesem Fall werden – daher der Name „Differenz" – beim Sampling sowohl Fälle ausgesucht, in denen die Wirkung eingetreten ist, als auch Fälle, in denen die Wirkung *nicht* eingetreten ist. Die hinreichenden Bedingungen werden ebenfalls mittels Fallvergleich nach dem Ausschlussprinzip bestimmt: Eine hinreichende Bedingung kann nur eine solche Bedingung sein, die in allen Fällen, in denen die Wirkung eingetreten ist, der Wirkung vorausgegangen ist, aber niemals in Fällen aufgetreten ist, in denen die Wirkung nicht aufgetreten ist. Dies begründet sich durch die Logik, dass die hinreichenden Bedingungen – sofern die notwendigen erfüllt sind – immer zur Wirkung führen (Mill 1843/1862, 3. Buch).

Die Methode der Übereinstimmung und der Differenz haben somit gemeinsam, dass in der empirischen Realität sehr viele möglichst unterschiedliche empirische Situationen systematisch beobachtet und miteinander verglichen werden. Beide Verfahren eignen sich aber nur dafür, *Hinweise* über *mögliche* notwendige und hinreichende Bedingungen zu erhalten – sicher beweisen, dass es sich bei den konkreten möglichen notwendigen und hinreichenden Bedingungen auch tatsächlich um Ursachen handelt, kann man nicht. Die Daten haben lediglich – um es in den Worten von Marc Bloch (2002) auszudrücken – ein Veto-Recht, das heißt, empirische Daten können nur Bedingungen ausschließen, aber nichts beweisen.

Für die weitere Methoden-Forschung ist an Mills Überlegungen die Erkenntnis wichtig, dass mögliche kausale Effekte über den systematischen Fallvergleich erkannt werden können (Kühnel/Dingelstedt 2015, S. 1023-1024). Vor allem sind die Schlussfolgerungen relevant, die sich für die Anlage von Untersuchungsdesigns und insbesondere für die Fallauswahl ergeben – und zwar sowohl in der qualitativen, als auch in der quantitativen Forschung.

2.2 Qualitative Sozialforschung

Entgegen einem weitläufigen Vorurteil ist es nämlich mitnichten so, dass sich qualitative Methoden nicht für die Aufklärung von Kausalverhältnissen eignen. Vielmehr existiert eine ganze Reihe von qualitativen Ansätzen, die explizit zum Ziel haben, soziale Phänomene zu erklären (Gläser/Laudel 2013). Entsprechend haben sie Verfahren entwickelt, um Kausalität zu ergründen. Die qualitativen Forschungstraditionen, die am explizitesten Erklärungen zum Teil ihres Forschungsprogramms machen und hierzu auch explizite methodologische Empfehlungen ausgearbeitet haben, sind die Fallstudienanalyse (die vor allem in der historischen Soziologie, der politikwissenschaftlichen Forschung und den Wirtschaftswissenschaften ein prominenter Ansatz ist); die Qualitative Comparative Analysis (QCA) sowie die Grounded Theory (die beide vor allem in der angelsächsischen sozialwissenschaftlichen Forschung eine wichtige Rolle spielen).

Der früheste qualitative Ansatz, der explizit die Frage der Entdeckung von Kausalbeziehungen adressiert, sind *Fallstudien* (Yin 1994; Peters 1998; Abbott 2001; Baur/Lamnek 2005; Muno 2009; Hering/Schmidt 2015; Hering in diesem Band), die – ebenso wie die quantitative Forschung – auf Mill aufbauen. Ausgangspunkt der Auseinandersetzung der qualitativen Forschung mit der Frage nach Kausalität ist das Problem, dass aufgrund der Komplexität sozialer Phänomene, ihrer teilweisen Seltenheit sowie dem Interesse an realgesellschaftlichen Makro-Phänomenen oft keine großen Mengen von Fällen analysiert werden können. Wenn zum Beispiel die Demokratisierungsprozesse im Arabischen Frühling oder der Fall der Berliner Mauer erklärt werden sollen, ist naturgemäß die Fallzahl so gering, dass man nicht statistisch arbeiten kann – oft handelt es sich sogar um Einzelfallanalysen. Um trotzdem erklären zu können, wie die interessierenden Phänomene zustande kamen, wird die von Mill vorgeschlagene Variation systematisch durch *interne und externe Fallvergleiche* erzeugt. Mit anderen Worten: Es werden auf der einen Seite innerhalb der Fallgeschichte strukturähnliche Situationen gesucht und systematisch variiert („interne Variation"; „within-case-variation"), um notwendige und hinreichende Bedingungen zu lokalisieren. Auf der anderen Seite werden – in Form einer „externen Variation" („between-case-variation") – entweder andere strukturähnliche empirische Fälle (etwa aus eigenen Daten oder der Literatur) betrachtet, oder die soziologische Theorie wird als in Theorie gegossene, frühere Fallstudien betrachtet und so „empiriefähig" gemacht, indem empirische Beobachtungen mit Vorhersagen der soziologischen Theorie verglichen werden.

Die *Qualitative Comparative Analysis (QCA)* (Ragin 2000; Thiem/Baumgartner 2006; Thiem 2016; Thiem 2017; Legewie 2019) wurde in den USA von Charles Ragin (2000) entwickelt und in den letzten Jahren zur „Fuzzy Set-Analyse" weiterentwickelt. Tatsächlich ist die QCA eine Methodenkombination aus qualitativen und quantitativen Methoden, bei denen einerseits (bei wenigen empirischen Fällen) qualitative Daten verwendet werden, die aber – soweit möglich – mit quantitativen Daten kombiniert werden. Auch bei geringen Fallzahlen wird mit Hilfe der Aussagenlogik die gerade beschriebene interne und externe Variation systematisch variiert.

Die *Grounded Theory* (Glaser/Strauss 1980; Strauss/Corbin 1996) wurde von Glaser und Strauss in den 1970ern am Beispiel der Studie der „Interaktion mit Sterbenden" (Glaser/Strauss 1995) explizit als Alternative sowohl zum Parsons'schen Strukturfunktionalismus, als auch zur quantitativen Sozialforschung insbesondere für soziale Phänomene entwickelt, bei deren Analyse quantitative Verfahren aufgrund der Eigentümlichkeit des Gegenstandsbereichs nicht greifen können.

Auch die Grounded Theory arbeitet bewusst mit wenigen empirischen Fällen und wendet über das sogenannte „*Theoretical Sampling*" systematisch das Prinzip der Variation an. Dabei wird (anders als bei vielen anderen, auch qualitativen Verfahren) *nicht* bereits *zu Beginn* des Sampling-Prozesses festgelegt, welche Fälle adäquate Vergleichsfälle sind, sondern die Analyse beginnt mit einem einzigen Fall – möglichst dem theoretisch am stärksten interessierenden Fall. Es werden zunächst nur Daten für diesen Fall erhoben und ausgewertet. Im Zuge der Analyse werden dann zunächst mögliche notwendige und hinreichende Bedingungen identifiziert. Um anschließend nach dem von Mills vorgeschlagenen Ausschlussprinzip mögliche Erklärungen aussondern zu können, wird erst nach dieser ersten Schlaufe festgelegt, was ein geeigneter zweiter Kontrastfall wäre.

Das Sampling für diesen Kontrastfall erfolgt also auf Basis der empirischen Ergebnisse, das heißt, der Kontrastfall wird so ausgewählt, dass er das maximale zusätzliche Informationspotenzial bietet. Bezogen auf Kausalitäten heißt dies: Wenn man den Verdacht hat, dass eine mögliche Ursache A eine notwendige Bedingung wäre, dann wären weitere Fälle auszuwählen, in denen auch die Wirkung eingetreten ist, um zu überprüfen, ob diese Bedingung auch eingetreten ist. Sofern man sich nicht sicher ist, ob drei mögliche Ursachen A, B, C mögliche notwendige Bedingungen seien, sind Fälle auszuwählen, in denen alle drei von diesen möglichen Ursachen auftreten. Wenn man hingegen den Verdacht hat, dass drei mögliche Ursachen D, E, F hinreichende Bedingungen sind, aber unklar ist, welche dies sind, wären Fälle, in denen die Wirkung eingetreten ist, systematisch mit Fällen zu vergleichen, in denen die Wirkung nicht eingetreten ist.

Man sieht an diesen Ausführungen, dass das Auswahlprinzip bei der Grounded Theory dasselbe ist, wie bei Mill. Der Unterschied ist, dass auf Basis der Überlegung, dass man zu Beginn der Analyse (gerade bei Fallstudien oder kleineren Fallzahlen) möglicherweise noch gar nicht alle möglichen notwendigen und hinreichenden Bedingungen kennt, die spätere Fallauswahl bewusst erst trifft, nachdem die früheren Daten analysiert worden sind, um den Sampling Prozess zu optimieren. Nach der Mill'schen Logik genügt etwa eine einzige Situation, in der eine mögliche Ursache nicht mit der Wirkung einhergeht, um diese mögliche Ursache als notwendige Bedingung auszuschließen. Das Prinzip der Grounded Theory ist folglich, immer sogenannte kritische Fälle im Sinne der Theorie auszuwählen und Datenerhebung und Datenauswahl systematisch zu variieren.

Bei der Datenauswertung unterscheidet die Grounded Theory drei Varianten des Kodierens: das sogenannte offene, axiale und selektive Kodieren. Für die Aufklärung von Kausalverhältnissen ist vor allem das *axiale Kodieren* relevant. Beim axialen Kodieren setzt man empirische Phänomene mit Hilfe eines sogenannten „*Kodier-Paradigmas*" (vgl. Abb. 1) im Hinblick auf Kausalbeziehungen in Verbindung, das heißt, man analysiert die Daten systematisch hinsichtlich ihres Beitrags zur Aufklärung von Kausalprozessen und fragt, wer wann was warum und wie gemacht hat. Um Konzepte auszudifferenzieren, unterscheidet man systematisch zwischen notwendigen, kontextuellen, intervenierenden und ursächlichen Bedingungen. Handlungen werden dahingehend untersucht, ob diese durch bewusstes, strategisches Handeln oder Routinen veranlasst wurden und worauf sich die Konsequenzen beziehen, also ob es sich hier um bloße Eigenschaften, tatsächliche substanzielle Unterschiede oder eine neue soziale Situation handelt. Insgesamt versucht die Grounded Theory also, Kausalphänomene nach ursächlichen Bedingungen, Kontextdaten, Phänomenen, intervenie-

Abb. 1: Kodier-Paradigma der Grounded Theory

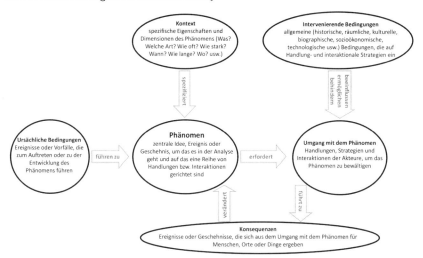

Quelle: Eigene Darstellung, angelehnt an Strauss und Corbin 1996, S. 75–93; Strübing 2008, S. 28; Mühlmeyer-Mentzel und Schürmann 2011

renden Bedingungen, den Handlungen, Strategien, Interaktionen zum Umgang mit den Phänomenen und deren Konsequenzen zu differenzieren und zu spezifizieren und dann mit Inhalt zu füllen.

Zusammenfassend lässt sich damit für die qualitative Forschung festhalten, dass diese – sofern mehr als ein Fall analysiert wird – systematisch mit einer Kombination aus Konzentrationsprinzip (interne Variation) und Streuungsprinzip (externe Variation) arbeitet, um Kausalprozesse aufzufinden. Dabei sind die Interpretation der Daten und die Aufklärung von Kausalbeziehungen im Forschungsprozess eng miteinander verwoben und wechseln sich iterativ ab.

2.3 Quantitative Sozialforschung

Auch die quantitative Sozialforschung setzt methodologisch an der Mill'schen Vorstellung einer systematischen Kombination der Varianten des Vergleichs an. Dabei werden einerseits Gemeinsamkeiten und Unterschiede bei den Mitgliedern der sogenannten Experimentalgruppe gesucht, bei denen die Wirkung eingetreten ist (Konzentrationsprinzip bzw. Methode der Übereinstimmung). Andererseits werden die Mitglieder der sogenannten Experimentalgruppe mit denen einer sogenannten Kontrollgruppe verglichen, bei denen die Wirkung *nicht* eingetreten ist (Streuungsprinzip bzw. Methode der Differenz). Im Gegensatz zur qualitativen Forschung kann die quantitative Forschung dabei ausschließlich soziale Phänomene analysieren, die empirisch häufig genug auftreten, dass große Fallzahlen analysiert werden können.

Für solche empirischen Phänomene halten bis heute nicht nur die quantitative Sozialforschung, sondern ausnahmslos alle quantitativ orientierten Wissenschaften am Ideal des *Experiments* als demjenigen Forschungsdesign fest, das Kausalbeziehungen am eindeutigsten aufklären kann, weil dort die Ursachen bewusst manipuliert und alle anderen möglichen Ursachen kontrolliert werden, so dass nach dem Ausschlussprinzip Ursachen ausgemacht werden können (Opp 2010, S. 11). Hierzu müssen Experimente allerdings folgende Eigenschaften aufweisen (Behnke/Baur/Behnke 2010, S. 49-68): Die Fälle müssen in Kontroll- und Experimentalgruppen aufgeteilt werden. Dann muss die Variable, die sich verändern soll, gemessen werden, um sicherzustellen, dass die Wirkung nicht schon eingetreten ist. Als nächstes erfolgt das sogenannte Treatment. Das heißt, die mögliche Ursache wird vom Forscher bewusst insofern variiert, als dass sie bei der Experimentalgruppe erzeugt wird und bei der Kontrollgruppe nicht. Dann erfolgt eine Nachher-Messung der möglichen Wirkung, um sicherzustellen, dass keine anderen, möglichen Ursachen die Wirkung hervorgerufen haben. Dafür ist eine sogenannte Drittvariablenkontrolle erforderlich. Gelingt die Umsetzung dieser Maßnahmen und tritt die Wirkung ein, kann tatsächlich die Ursache im Sinne von hinreichenden Bedingungen eindeutig bestimmt werden (Kühnel/Dingelstedt 2015, S. 1017; Eifler 2015).

Damit ist das Kausalproblem aber nicht gelöst, weil sich hieraus eine Reihe von Problemen ergeben. So hängt die Leistungsfähigkeit von Experimenten (und anderen Forschungsdesigns) in Bezug auf die Aufklärung von Kausalverhältnissen insofern auch von der Datenqualität ab, als dass Experimente von einer fehlerfreien Messung der Daten ausgehen. Nun ist es aber eine Binsenweisheit der empirischen Sozialforschung, dass in jedem empirischen Forschungsprozess *Messfehler* und andere methodologische Probleme auftreten (vgl. Baur et al. in diesem Band), das heißt, Experimente lassen sich niemals vollkommen kontrollieren. Solange aber nur ein Teilausschnitt der Wirklichkeit betrachtet werden kann und Messfehler auftreten, lassen sich Kausalbeziehungen nie vollkommen aufklären, sondern man kann sich ihnen nur behelfsweise nähern. Hierzu müssen allerdings Forschungsdesign und Sampling, Datenerhebung und Auswertung immer zusammengedacht werden – ein Argument, das die qualitative Sozialforschung etwa mit der Strategie des „spiralförmigen Forschungsprozesses" (Strübing 2015) oder neueren Diskussionen um das Kodieren (Gläser/Laudel 2013) sehr explizit macht.

In der quantitativen Sozialforschung bleibt dies aber meist implizit, nämlich hinsichtlich der Relevanz, die der Survey-Forschung (Groves et al. 2009; Blasius/Thiessen 2012; Baur 2009a; Baur 2014; vgl. auch Baur et al. und Kelle in diesem Band) zugemessen wird. Das ultimative Ziel der Survey-Forschung ist es, *Qualitätsprobleme in den Daten* zu diagnostizieren, um diese entweder minimieren oder wenigstens deren Ausmaß etwa mit Hilfe von Konzepten wie dem „Total Survey Error" (Groves et al. 2009) beziffern zu können sowie Konsequenzen im Sinne der interpretativen Sozialforschung (Knoblauch et al. in diesem Band) etwa für die Ermittlung von Kausalität diskutierbar zu machen.

Während die Frage, inwieweit ein „objektiver" und „fehlerfreier" Zugriff auf die Wirklichkeit überhaupt möglich ist, potenziell alle Wissenschaften betrifft, existieren in den Sozialwissenschaften eine Reihe von zusätzlichen Problemen in Bezug auf die Aufklärung von Kausalbeziehungen, die durch die *spezifischen Eigenschaften des Gegenstandsbereichs* begründet sind. Hierzu gehören u. a. die Zeitlichkeit, Räumlichkeit und Kontextabhängigkeit sozialer Phänomene (Knoblauch et al. in diesem Band). Ebenso gehört hierzu, dass nur selten eine bewusste Manipulation der möglichen Ursache durch den Forscher überhaupt möglich ist, weil Experimente „aus technischen, aber aus ethischen Gründen" (Kühnel/Dingelstedt 2015, S. 1018) häufig nicht praktisch umgesetzt werden können. Wenn ein realweltliches Ereignis mit echten sozialen Folgen untersucht wird, kann es zudem schwer sein, Untersuchungsteilnehmer zu finden. Beispielsweise wäre in der Bildungssoziologie eine typische Fragestellung, wie sich die Schulform langfristig auf den Bildungserfolg eines Kindes auswirkt. Um dies experimentell überprüfen zu können, müssten Kinder, unabhängig von ihrer sozialen Herkunft und individuellen Leistung Schulformen zugelost werden und ihre gesamte Schullaufbahn nach diesem Losprinzip durchlaufen. Dies wäre in einer demokratischen Gesellschaft, die nach dem Leistungsprinzip organisiert ist, hochgradig unethisch, da ja die Bildungsform die künftigen Lebenschancen beeinflusst, weshalb ein solches Experiment auch mit hoher Wahrscheinlichkeit am Widerstand der Eltern scheitern würde, die vermutlich nicht bereit wären, ihre Kinder an einem solchen Experiment teilnehmen zu lassen.

Da der Gegenstandsbereich der Sozialwissenschaften selbst die Anwendungsmöglichkeiten von Experimenten begrenzt, hat die Soziologie bereits früh nach *alternativen Forschungsdesigns* gesucht und von der Erfindung von Querschnittsstudien über Trend- und Panel-Designs systematisch weiterentwickelt (Behnke/Baur/Behnke 2010, S. 68-95). Hierzu gehört auch die Verwendung von prozessproduzierten Massendaten („Big Data") wie Verwaltungsdaten (Baur 2009b) oder digitalen Daten (Thimm/Nehls 2019).

Gleichzeitig hat sie systematisch *Auswertungsverfahren* entwickelt, die aufbauend auf den bereits gemachten Überlegungen versuchen, das Problem der Identifikation von Kausalität auf die Auswertung zu verlagern: Wie ich im Folgenden zeigen werde, kann die Geschichte der quantitativen Auswertungsverfahren als Versuch gelesen werden, zu erklären ohne zu verstehen, was aber – wie ich unten ebenfalls darlegen werde – nicht funktioniert. Anders ausgedrückt, ist zwar Interpretativität ohne Kausalität, aber nicht Kausalität ohne Interpretativität möglich, weshalb beide Konzepte in Zukunft wieder stärker zusammen diskutiert werden sollten. Hierbei ist, wie ich ebenfalls ausführen werde – und hier komme ich auf den Anfang des vorliegenden Beitrags zurück – Webers Ansatz einer verstehenden Soziologie ein sinnvoller Ansatzpunkt.

3 Kausalität und Statistik: Das Allgemeine Lineare Modell

Ebenso wie für die Debatte um Forschungsdesigns sind auch für die Debatte um (quantitative) Auswertungsverfahren die Erläusterungen von Mill (1843/1862) zur Fallauswahl sowie von Hempel und Oppenheim (1948) zum deduktiv-nomologischen Syllogismus Ausgangspunkt der weiterführenden Überlegungen. Sowohl Mill (1843/1862), als auch Hempel und Oppenheim (1948) bauen ihre Argumentation auf Gesetzesaussagen auf. Nun gehen aber fast alle sozialwissenschaftlichen Theorien davon aus, dass aufgrund der spezifischen Eigenschaften des Gegenstandsbereichs keine deterministischen, sondern „nur" probabilistische Aussagen möglich sind: Konkret gehen fast alle soziologischen Theorien davon aus, dass es zwar durchaus soziale Zwänge gibt, aber Menschen dennoch einen freien Willen haben, ihr eigenes Tun reflektieren und sich damit entscheiden können, ihr Handlungsrepertoire zu ändern (Münch 1994). Hinzu kommt „reale Unschärfe" (Schulze 1996, S. 378-393), das heißt, dass Menschen, selbst wenn sie sich an Regeln halten und routinisiert handeln, dies meistens nur ungefähr tun.

Diese sozialtheoretischen Grundannahmen haben wiederum methodologische Konsequenzen für die Kausalanalyse: Lässt nämlich die Sozialtheorie explizit Ausnahmen zu, sind mögliche Ursachen nicht automatisch ausgeschlossen, wenn bei einem einzigen Mitglied der Experimentalgruppe die Ursache *nicht* eintritt oder bei einem einzigen Mitglied der Kontrollgruppe die Ursache eintritt. Vielmehr lassen sich Ursachen nur noch über Wahrscheinlichkeiten ausschließen. Hierzu wird methodologisch der deduktiv-nomologische Syllogismus in einen sogenannten *induktiv-statistischen Syllogismus* umgewandelt (Baur et al. in diesem Band). Dies bedeutet, dass nicht mehr (wie bei Gesetzesaussagen) nur ein einziger Fall genügt, der den theoretischen Voraussagen widerspricht, um eine Kausalaussage zu widerlegen, sondern dass eine große Zahl von empirischen Fällen mit statistischen Verfahren ausgewertet werden muss. Dabei wird – gemäß der Logik von Mill – systematisch mit Varianzen gearbeitet: Wenn mögliche Ursachen tatsächlich auch hinreichende Bedingungen sind, muss die *Streuung* innerhalb der Experimentalgruppe sehr gering sein, aber zwischen Experimental- und Kontrollgruppe groß sein. Wurden die Fälle nach dem Zufallsprinzip ausgewählt, kann mit Hilfe der *Inferenzstatistik* (Ziegler in diesem Band) generalisiert werden. Dies ist die forschungslogische Begründung für die große Rolle, die die quantitative Forschung der Statistik zumisst.

Zu den einfachsten und ältesten Formen der quantitativen Auswertungsverfahren gehören Varianzanalysen (Baur 2010) und lineare Regressionsanalysen (auch: OLS-Regressionen) (Lewis-Beck 1980, S. 9-74; Bleymüller/Gehlert/Gülicher 1998, S. 139-162; Ohr 2010; Wolf/Best 2010), die beide vereinfachte Formen des sogenannten Allgemeinen Linearen Modells (LIMO, auch „General

Linear Model", GLM) (Abbott 2001) sind und auf einer einfachen Linearkombination aufbauen. Das heißt, sie gehen davon aus, dass eine mögliche Wirkung von einer sogenannten Konstante geprägt ist und dann von unterschiedlichen Ursachen beeinflusst wird, die unabhängig voneinander wirken und jeweils zu einem bestimmten Maße die Wirkung beeinflussen, was über die beta-Koeffizienten ausgedrückt wird. Es gibt weiterhin eine Fehlerkomponente, die statistisch gesehen zufällige Einflüsse und soziologisch gesehen nicht im Modell berücksichtigte Variablen (also weitere mögliche Ursachen) beinhaltet.

Ein Beispiel für eine einfache lineare Regressionsanalyse findet sich etwa in Steffen Kühnels (2001) Beitrag „Kommt es auf die Stimme an?", in dem er versucht zu erklären, warum Personen nicht wählen. Dabei steht Kühnel zunächst vor dem Problem, dass – und in diesem Punkt sind sich alle qualitativen und quantitativen Kausalanalytiker einig –, in den Sozialwissenschaften die Aufklärung von Kausalbeziehungen nur möglich ist, wenn sozialtheoretische Grundannahmen gemacht werden (Baur et al. in diesem Band). Nur wenn Hypothesen über mögliche Kausalbeziehungen aufgestellt werden, können diese mit Hilfe der Daten überprüft werden. Solche Hypothesen können entweder induktiv aus dem Datenmaterial gewonnen, oder sie müssen deduktiv aus der früheren Forschung oder aus der Sozialtheorie abgeleitet werden (Diaz-Bone 2019; Baur et al. in diesem Band). So arbeitet die hier vorgestellte Studie von Kühnel (2001) mit dem Rational-Choice-Ansatz und baut auf einer früheren Untersuchung von Kühnel und Fuchs (1998) auf, die zu dem Schluss kam, dass der Rational-Choice-Ansatz verschiedene Erklärungen für Nicht-Wählerschaft bietet. Mögliche Erklärungen sind etwa, dass das Wählen für Nichtwähler zu aufwendig ist; dass Personen umgekehrt wählen, weil sie sich unter einem Teilnahmedruck fühlen; oder dass sie eigene, politische Interessen verfolgen und diese durch die Wahl verwirklichen wollen.

Um diese Hypothesen zu überprüfen, betrachtet Kühnel (2001) in einem ersten Analyse-Schritt auf Basis der „Allgemeinen Bevölkerungsumfrage für die Sozialwissenschaften" (ALLBUS 1998) die Differenz zwischen der Wahlabsicht und der tatsächlichen Wahlbeteiligung. Wie Abb. 2 zu entnehmen ist, zeigt Kühnel mit Hilfe einer einfachen linearen Regressionsanalyse, dass tendenziell Personen, die beabsichtigen zu wählen (unabhängige Variable), auch tendenziell tatsächlich zur Wahl gehen (abhängige Variable). Kühnels (2001) Daten sprechen folglich für einen kausalen Zusammenhang zwischen Wahlabsicht und Wahlgang. Abb. 2 ist weiterhin zu entnehmen, dass es sich hierbei um einen probabilistischen und keinen deterministischen Zusammenhang handelt: Tatsächlich haben einige Personen vor zu wählen, tun es dann aber nicht; andere Personen sind wählen gegangen, obwohl sie dies nicht vorhatten.

Wie bereits erwähnt, ist mit einer solchen Analyse das Kausalproblem noch nicht eindeutig geklärt, das heißt, man kann nicht eindeutig sagen, dass die Wahlabsicht den Wahlgang erklärt. Vielmehr gibt es bei solchen Kausalanalysen

Abb. 2: Beispiel einfache lineare Regressionsanalyse:
Der Einfluss der berichteten auf die tatsächliche Wahlbeteiligung (1984–1998)

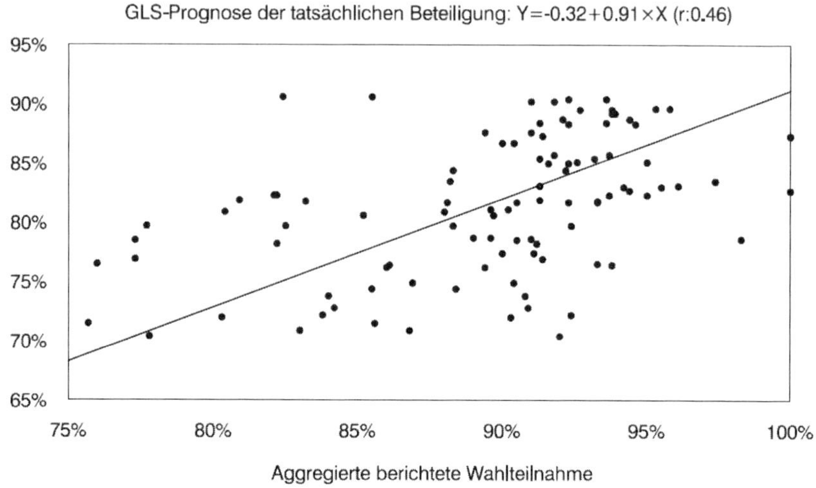

GLS-Prognose der tatsächlichen Beteiligung: Y=-0.32+0.91×X (r:0.46)

Aggregierte berichtete Wahlteilnahme

Hinweise: Die Fälle sind Bundesländer und Wahlen. Datenbasis für die tatsächliche Wahlbeteiligung: Statistisches Bundesamt; für die berichtete Wahlbeteiligung: ALLBUS 1984, 1986, 1990, 1991, 1994, 1998. Quelle: Kühnel 2001, S. 18

eine ganze Reihe von Problemen, die in der soziologischen Forschung seit langem bekannt sind und die in der Geschichte der quantitativen Auswertungsverfahren stückchenweise abgebaut werden.

4 Das Drittvariablen-Problem: Multiple lineare Regressionsanalyse

Das erste Problem, das sich bei bivariaten Kausalanalysen stellt, ist das sogenannte *Drittvariablenproblem* (Baur 2011) bzw. Problem der *Multikausalität* (Mayntz 2009, S. 88). Die obige Beispielanalyse geht etwa davon aus, dass nur *eine einzige* unabhängige Variable (Wahlabsicht) die abhängige Variable (Wahlgang) hervorruft. Nun ist es aber in der sozialen Wirklichkeit oft so, dass *verschiedene* mögliche Ursachen hinreichende Bedingungen für eine Wirkung sein können. Das Problem der Multikausalität wurde in der Geschichte der quantitativen Auswertungsverfahren zunächst so gelöst, dass bivariate Verfahren multivariat erweitert (Blasius/Baur 2015; Baur/Lamnek 2016) und etwa die einfache lineare Regression zur multiplen linearen Regression weiterentwickelt, indem das oben vorgestellte statistische Modell additiv erweitert wurde (Fromm 2008; Ohr 2010; Wolf/Best 2010; Lohmann 2010). Inhaltlich bedeutet dies, dass davon ausgegangen wird, dass jede Ursache unabhängig von den anderen Ursachen wirkt und deren Effekte damit einfach aufaddiert werden können (Baur 2011).

Ein Beispiel findet sich etwa in Volker Kunz' und Oscar W. Gabriels (2000) Beitrag „Zur sozialen Integration und politischer Partizipation". Ausgehend von der Debatte, wie sich die deutsche Zivilgesellschaft entwickelt, gehen Kunz und Gabriel (2000) der Frage nach, wie wichtig soziale Netzwerke als Grundlage der Zivilgesellschaft und zur Förderung politischer Beteiligung sind. Dabei bestätigt sich zunächst die oben gemachte Beobachtung, dass sehr stark mit Theorie gearbeitet werden muss, um Kausalbeziehungen aufzuklären. So arbeiten Kunz und Gabriel (2000) nicht – wie Kühnel (2001) – mit der Rational-Choice-Theorie, sondern mit Putnams (1995) Sozialkapital-Ansatz. Auch sie bauen auf einer früheren Studie auf, deren Datenbasis eine repräsentative Bevölkerungsumfrage der Konrad-Adenauer-Stiftung zu verschiedenen Aspekten des Sozialengagements war, die im Herbst 1997 in der Bundesrepublik Deutschland durchgeführt wurde (n=3.533). Ergebnis dieser früheren Analysen war genau das oben erläuterte Problem, dass eine einfache lineare Regressionsanalyse nicht ausreicht. Putnams (1995) Sozialkapitalansatz unterstellt nämlich ein komplexes Beziehungsgefüge zwischen organisationalen und kulturellen Aspekten des Sozialkapitals sowie der politischen Beteiligung, weshalb eine Drittvariablenkontrolle derjenigen Variablen erfolgen muss, die soziales Engagement anderweitig erklären könnten. Folglich führen Kunz und Gabriel (2000) in ihrer tiefergehenden Analyse nun multiple lineare Regressionsanalysen durch.

Wie Tab. 1 zeigt, überprüfen Kunz und Gabriel (2000) mit Hilfe einer Serie von mehreren multiplen linearen Regressionsanalysen, welche möglichen Ursachen die Wahrscheinlichkeit erhöhen, dass sich eine Person themenorientiert zivilgesellschaftlich beteiligt (linke Spalte) oder parteibezogen beteiligt (rechte Spalte). In jeweils fünf Modellen werden zunächst in allen Modellen mögliche Drittvariablen kontrolliert, namentlich sozialstrukturelle Faktoren (Bildung, soziale Schicht, Geschlecht, regionale Herkunft), aber auch, wie stark sich jemand politisch interessiert, wie politisch kompetent jemand ist oder wie stark jemand typischerweise wertrational handelt.

Dann werden die von der Sozialtheorie vorhergesagten möglichen organisationalen und motivationalen Ursachen analysiert. So wird in Modell 1 die Aktivität in Freiwilligenorganisationen, in Modell 2 die Mitgliedschaft in Freiwilligenorganisationen, in Modell 3 die Mitgliedschaft in Freizeitorganisationen, in Modell 4 das soziale Vertrauen und in Modell 5 verschiedene andere Motivationen wie die pro-soziale Motivation, Eigeninteresse, Effizienz-Motivation und Spar-Motivation überprüft.

Tab. 1: Beispiel Multiple lineare Regressionsanalyse: Bestimmungsfaktoren politischer Partizipation in der Bundesrepublik (1997)

	Themenorientierte Partizipation					Parteiorientierte Partizipation				
	Modell 1	Modell 2	Modell 3	Modell 4	Modell 5	Modell 1	Modell 2	Modell 3	Modell 4	Modell 5
Aktivität in Freiwilligenorganisation	0,22**					0,23**				
Mitgliedschaft in Freiwilligenorganisation		0,08**					0,09**			
Mitgliedschaft in Freizeitorganisationen			0,12**					0,13**		
soziales Vertrauen				0,04**					(n.s.)	
prosoziale Motivation					0,08**					0,11**
eigeninteressierte Motivation					(n.s.)					(n.s.)
Effizienzmotivation					(n.s.)					0,05*
Sparmotivation					(n.s.)					(n.s.)
soziale Norm					−0,08**					(n.s.)
Bildung	0,14**	0,16**	0,15**	0,16**	0,15**	0,05**	0,07**	0,06**	0,07**	0,07**
soziale Schicht	0,06*	0,05*	0,05*	0,05*	0,08**	0,06*	(n.s.)	0,06**	0,07**	0,08**
Geschlecht	(n.s.)	(n.s.)	(n.s.)	(n.s.)	(n.s.)	(n.s.)	(n.s.)	(n.s.)	−0,05*	−0,05*
alte/neue Länder	(n.s.)	(n.s.)	(n.s.)	(n.s.)	(n.s.)	(n.s.)	(n.s.)	(n.s.)	(n.s.)	(n.s.)
politisches Interesse	0,14**	0,16**	0,16**	0,16**	0,15**	0,18**	0,19**	0,20**	0,19**	0,18**
politische Kompetenz	0,18**	0,20**	0,19**	0,21**	0,20**	0,19**	0,21**	0,21**	0,22**	0,21**
Wertorientierungen	0,11**	0,11**	0,11**	0,10**	0,09**	0,05*	0,05*	0,06**	0,05*	(n.s.)
Erklärungskraft (R²)	26%**	22%**	23%**	22%**	23%**	24%**	20%**	21%**	19%**	21%**

Hinweise: Datenbasis sind Berechnungen der Autoren auf Basis der Daten der Konrad-Adenauer-Stiftung 1997. n = 1.811–1.993, n.s. = nicht signifikant, * signifikant auf α = 0,05, ** signifikant auf α = 0,01, dargestellt sind die standardisierte Regressionskoeffizienten, standardisierte Regressionskoeffizienten die den Betrag von 0,09 übertreffen, sind hervorgehoben. Quelle: leicht angepasste Darstellung aus Kunz und Gabriel (2000, S. 69–70)

Der letzten Zeile der Tabelle ist zu entnehmen, dass die verschiedenen Modelle jeweils zwischen 20% und 26% der Varianz der abhängigen Variable aufklären, das heißt, in der Unterschiedlichkeit der Themenorientiertheit bzw. parteibezogenen Partizipation der Befragten.

Die fünf berechneten Modelle zeigen, dass – selbst, wenn die Drittvariablen kontrolliert werden – organisationale Aspekte immer noch einen wichtigen Einfluss haben, wobei aktives Engagement wichtiger ist als bloße Mitgliedschaft. Von den verschiedenen individuellen Motivationen spielt alleine die prosoziale Motivation eine Rolle – weder Eigeninteresse, noch Effizienz-Motivation, noch Spar-Motivation sind relevant. Insgesamt lässt sich aus dieser Analyse schließen, dass das Sozialkapital durchaus geeignet ist, um politische Beteiligung zu erklären.

5 Unrealistische Modellannahmen: Alternative multivariate Verfahren

In Bezug auf das Problem der Kausalanalyse lässt sich festhalten, dass multiple Regressionsanalysen dazu beitragen können, manche Variablen als mögliche Ursachen auszuschließen und den relativen Einfluss verschiedener möglicher Ursachen aufzuklären. Dennoch bleiben Restunsicherheiten, die neben den oben bereits genannten Problemen in Bezug auf die Daten und das Sampling auch darin begründet sind, dass das lineare Modell eine Reihe von sehr unrealistischen Modellannahmen macht und damit Voraussetzungen etwa an die Struktur der Daten stellt, die in der sozialwissenschaftlichen Forschungspraxis fast nie erfüllt sind. Dies macht in letzter Konsequenz den Nachweis von Kausalität problematisch: Ob eine Verletzung der Anwendungsvoraussetzungen vorliegt, kann oft mit Hilfe einer statistischen Analyse der Daten überprüft werden, manchmal aber auch nur, wenn man den Datenerhebungs- und Stichprobenziehungsprozess mit reflektiert (vgl. hierzu Akremi und Kelle, beide in diesem Band).

Die Methodenforschung begegnete unrealistischen Modellannahmen dadurch, dass in der Geschichte der quantitativen Sozialforschung hieraus entstehende Probleme sukzessive benannt und gelöst wurden und werden.

Zu diesen unrealistischen Modellannahmen der OLS-Regression gehört etwa, dass sowohl die abhängige als auch die unabhängige Variable metrisch skaliert oder Dummy-Variablen (also eine binäre Variable mit einer Ausprägung von „0" und „1") sind. Eine erste Erweiterung der Kausalanalyse war daher, quantitative multivariate Verfahren zu entwickeln, die andere *Skalenniveaus* verarbeiten können: Sind alle Variablen nominalskaliert, sind Korrespondenzanalysen (Blasius 2001), log-lineare Modelle (Hamerle/Tutz 1996), Pfadanalysen (Reinecke 2005) sowie – im bivariaten Fall – Kontingenztabellen Alternativen zu OLS-Regressionen. Sind die unabhängigen Variablen metrisch und die abhängige Variable nominalskaliert, eignen sich etwa die Diskriminanzanalyse (Fahrmeir/Häußler/Tutz 1996; Decker/Rašković/Brunsiek 2010) oder die logistische Regressionsanalyse (Best/Wolf 2010). Im umgekehrten Fall von nominalskalierten unabhängigen Variablen und einer metrischen abhängigen Variable, kann man etwa auf die Varianzanalyse (ANOVA und MANOVA) (Baur 2010) zugreifen. Sind beide Variablen metrisch, können bei unrealistischen Modellannahmen oder verletzten Anwendungsvoraussetzungen statt multiplen linearen Regressionsanalysen etwa partielle und multiple Korrelationsanalysen (Hartung/Elpelt 2006 S. 143-220) verwendet werden. Auch wenn diese Liste von Verfahren trotz ihrer Unvollständigkeit sehr beeindruckend ist, gibt es nach wie vor viel zu tun. So existieren noch immer zu wenig leistungsfähige multivariate Verfahren für ordinalskalierte oder gemischte Variablen, was insofern ein besonderes Problem ist, weil diese in den Sozialwissenschaften sehr häufig vorkommen.

6 Zeitlichkeit sozialer Phänomene

Ein weiterer Problemkomplex bei der Identifikation von Kausalität mit Hilfe von multivariaten Modellen folgt aus der Zeitlichkeit sozialer Phänomene. Gleichzeitig ist Zeitlichkeit insofern eine Voraussetzung für Kausalität, als dass Kausalität nicht ohne Zeitlichkeit gedacht werden kann, da Kausalität einen sogenannten „inneren Zusammenhang der Ereignisse" voraussetzt. So ist ein gängiges Argument bei der Frage, was denn Kausalität ist, dass ein Ereignis X dann eine Ursache eines anderen Ereignis Y ist, wenn das Ereignis X das Ereignis Y „hervorbringt". Ein solcher innerer Zusammenhang impliziert mehr als eine reine raumzeitliche Beziehung (Opp 2010, S. 11), weshalb für die empirische Forschung häufig gefordert wird, dass für den Nachweis von Kausalität der *Mechanismus*, einschließlich aller intervenierenden Variablen, identifiziert werden müsse. Allerdings ist – wie Opp (2010, S. 12) argumentiert – diese Rekonstruktion nicht zwingend erforderlich, um das Vorliegen von Kausalität aufzuzeigen.

6.1 Zeitliche Sukzession

Was allerdings modelllogisch unbedingt erforderlich und damit eine Mindestbedingung von Kausalität ist, ist der Nachweis der *zeitlichen Sukzession*, das heißt, dass die Ursache der Wirkung vorangeht. Hierzu müssen Ursache und Wirkung *unabhängig voneinander* gemessen werden und die Ursache sollte *vor* der Wirkung gemessen werden, weil sozialtheoretisch häufig gar nicht klar ist, was eigentlich Ursache und was Wirkung sein könnte. So lässt sich etwa in der vergleichenden Wohlfahrtsstaatsforschung aufzeigen, dass die Bevölkerung in Sozialstaaten, in denen der Sozialstaat stark ausgebaut ist und aus Marktbeziehungen erzielte Einkommen stark umverteilt werden, Umverteilungen stärker befürwortet, als die Bevölkerung von Sozialstaaten, in denen soziale Ungleichheit durch den Sozialstaat erhalten wird. So ist etwa in Schweden – einem Vertreter des sogenannten „sozialdemokratischen Modells", in dem stärker umverteilt wird – die Zustimmung für eine Umverteilung größer als in den USA – einem sogenannten „minimalistischen Sozialstaat", in dem kaum umverteilt wird (Baur 2009a). Aus kausalanalytischer Perspektive stellt sich das klassische Sukzessionsproblem, weil erklärungslogisch beide Wirkungsrichtungen zwischen Normen und Handeln möglich wären: Es ist vorstellbar, dass den Schweden ein umverteilender Sozialstaat wichtiger ist als den Amerikanern und sie deshalb politisch bewirkt haben, dass die Institutionen ihres Sozialstaats so gestaltet werden, dass in der Praxis tatsächlich auch stärker umverteilt wird. Es ist aber genauso vorstellbar, dass Menschen durch die Sozialisation bestimmte Kontexte gewöhnt sind und das befürworten, was sie kennen, das heißt: Weil der schwedische Sozialstaat stärker umverteilt, wird diese Umverteilung in Schweden auch stärker befürwortet. Ohne eine nicht nur unabhängige Messung von Ursache und Wirkung – also der Einstellung zum und der tatsächlichen Ausgestaltung des Sozialstaats –, sondern auch eine Klärung der zeitlichen Reihenfolge, ist es nicht möglich, eindeutig festzustellen, in welche Richtung die Kausalbeziehung geht.

Ist eine unabhängige Messung der Ursache vor der Wirkung nicht möglich, bleibt – etwa bei Querschnittstudien – nur die Möglichkeit, theoretisch zu argumentieren: Bei vielen sozialen Sachverhalten ist es inhaltlich durchaus plausibel, dass eine Variable der anderen vorausgegangen ist. So wissen wir etwa aus der Bildungs- und Hochschulforschung, dass Frauen eher Geisteswissenschaften, Männer eher Ingenieurwissenschaften studieren und dass das wiederum die künftigen Berufschancen beeinflusst. Auch wenn einige dekonstruktivistischen Theorien möglicherweise widersprechen würden (Norkus/Baur 2018), so kann man doch auf Basis sowohl der meisten sozialtheoretischen Ansätze, als auch der Ergebnisse früherer empirischer Studien argumentieren, dass bei Erwachsenen infolge der geschlechtsspezifischen Sozialisation die Festlegung des sozialen Geschlechts (Variable „Geschlecht") dem Erwerb eines Hochschulabschlusses (Variable „Bildungsgrad") und dieser wiederum dem Eintritt ins Berufsleben (Variable „beruflicher Status") vorangegangen sind. Dies bedeutet, dass eine zeitliche Sukzession besteht, auch wenn alle Variablen gleichzeitig erhoben werden. Wenn diese Variablen also in einem Datensatz miteinander korrelieren, kann durchaus angenommen werden, dass das Geschlecht den Bildungsabschluss und beruflichen Status (mit)erklärt und nicht umgekehrt. In der Terminologie der quantitativen Sozialforschung dient hier die Variable „Geschlecht" als „Proxy" für die gesammelten geschlechtsspezifischen biographischen Erfahrungen zum Zeitpunkt der Datenerhebung.

Bei vielen sozialen Phänomenen – etwa dem oben genannten Wechselverhältnis von Einstellung zum und Ausgestaltung des Sozialstaats – ist es dagegen nicht so leicht, die zeitliche Sukzession von Ereignissen theoretisch zu klären. Um auszudrücken, dass hier die Kausalbeziehung unklar ist, sprach Max Weber von „Wahlverwandtschaften" statt von „Kausalitäten" (Kalberg 2001), und genau deshalb bleibt es wichtig, die zeitliche Sukzession von Ereignissen *empirisch* aufzuklären (Opp 2010, S. 11).

Die obigen Beispiele zeigen auch, dass diese empirische Klärung der zeitlichen Sukzession eine Eigenschaft des *Forschungsdesigns* und der *Daten* und *nicht* der Auswertung ist: Wurde die Ursache nicht vor der Wirkung gemessen, hilft auch die Statistik hierbei nicht weiter. Genau deshalb wurden in der Geschichte der quantitativen Sozialwissenschaften sukzessive verbesserte Forschungsdesigns entwickelt (Baur 2004; Baur 2005): Während bei Querschnitts-Befragungen (seit den 1940ern) die kausale Reihenfolge nur durch die Interpretation der Forschenden bestimmt werden kann, kann bei Trend-Designs (seit Mitte der 1970er) immerhin auf der Aggregatebene eine zeitliche Sukzession festgestellt werden, wobei die Gefahr ökologischer Fehlschlüsse bleibt. Panaldesigns (seit Mitte der 1980er) sowie die verstärkte Verwendung von staatlich-administrativen und anderen prozessproduzierten Massendaten (seit den 2000ern) ermöglichen die Klärung der zeitlichen Sukzession auf der Individualebene.

Ungelöst ist aber nach wie vor das Problem, dass gerade die aus kausalanalytischer Perspektive leistungsfähigeren Designs eine sehr *langfristige Anlage der Untersuchung* erfordern. Wenn aber neue Themen (Beispiel „Digitalisierung") oder kurzfristige unvorhergesehene Ereignisse („Flüchtlingskrise 2015") auftreten, dauert es möglicherweise Jahrzehnte, bevor etwa ein Panel aufgebaut ist. So wurde in den 2000ern das „Nationale Bildungspanel" (NEPS) als Folge des Pisa-Schocks eingerichtet, um Bildungsverläufe im Lebenslauf untersuchen zu können. Dies bedeutet aber, dass dieses Panel seine volle Wirkmächtigkeit erst in etwa dreißig bis vierzig Jahren entwickeln wird, wenn die ersten Panelteilnehmer den Großteil ihrer Bildungskarriere tatsächlich auch abgeschlossen haben. Es gibt außerdem Fälle – etwa bei sozialen *Makro-Phänomenen* –, in denen es sehr schwer ist, ein sinnvolles Panel aufzubauen. Gerade die Nicht-Verfügbarkeit einer geeigneten quantitativen Datenbasis ist ein Hauptgrund für die Verwendung von qualitativen Ansätzen wie Fallstudien, historischen Methoden oder der Biographieforschung (Baur 2004; Baur 2005).

Liegen dagegen geeignete Daten vor, bei denen die zeitliche Sukzession von möglichen Ursachen und Wirkungen geklärt ist, dann kann versucht werden, Ursache-Wirkungs-Beziehungen mit Hilfe von geeigneten statistischen Verfahren zu klären. Dabei zeigen sich zunächst einige weitere *unrealistische Modellannahmen von Regressionsmodellen*, die nicht unbedingt immer wegen mangelnder Datenqualität verletzt werden. Oft sind es Eigenschaften der sozialen Wirklichkeit, die deren Verletzung hervorrufen. In Bezug auf die Frage der Zeitlichkeit betrifft dies insbesondere eine Reihe von Annahmen hinsichtlich der Residuen, etwa die einer Normalverteilung der Residuen, der Homoskedastizität – das heißt, dass die Streuung der Residuen im gesamten Wertebereich der abhängigen Variablen gleich ist – oder dass keine Autokorrelation der Residuen vorliegt. Folglich hängen bei zwei zeitlich aufeinanderfolgenden Beobachtungen die Differenz zwischen beobachteten und prognostizierten Werten nicht systematisch zusammen (Lewis-Beck 1980, S. 9-74; Bleymüller/Gehlert/Gülicher 1998, S. 139-162). So tritt eine Autokorrelation der Residuen etwa sehr oft ein, wenn soziale Phänomene räumlich oder zeitlich strukturiert sind (Abbott 2001).

Sofern geeignete Daten vorliegen, können diese Probleme – ähnlich wie die Probleme in Bezug auf das Skalenniveau oder das Drittvariablen-Problem – durch eine bessere Modellspezifikation und damit verbunden – eine Verwendung von alternativen statistischen Verfahren – gelöst werden (Baur 2005). So sollten bei zeitlich strukturierten Daten statt OLS-Regressionen *Längsschnittverfahren*, wie etwa Kohortenanalysen (Glenn 1977), Zeitreihenanalysen (Metz/Thome 2015), Ereignisanalysen (Pötter/Prein 2015) oder Sequenzmusteranalysen (Mika/Stegemann 2015) verwendet werden. Diese Verfahren eignen sich, um in den Daten bestimmte Muster in der Zeit zu entdecken und zu analysieren, welche Wirkungszusammenhänge es gibt (Baur 2005).

Ein Beispiel für den Versuch, das Problem der zeitlichen Sukzession in Kausalketten mit Hilfe einer Zeitreihenanalyse zu lösen, ist Kühnels und Mays' (2010) Studie „Lässt sich in der Langzeitbeobachtung ehemaliger Gymnasiasten eine protestantische Ethik finden?": Kühnel und Mays (2010) argumentieren, dass laut Webers (1904-05/2004) protestantischer Ethik leistungsorientierte Elternhäuser diese Leistungsorientierung auf ihre Kinder übertragen – eine Hypothese, die Kühnel und Mays (2010) mit Hilfe der Kölner Gymnasiastenstudie überprüfen wollen. Bei der Studie handelt es sich um ein Paneldesign mit drei Wellen. In der Ausgangsstichprobe der 1. Welle wurden zufällig ausgewählte 3.385 Zehntklässler aus nordrhein-westfälischen Gymnasien und deren Eltern befragt. Kühnel und Mays (2010) werten diese Daten mit Hilfe einer Zeitreihenanalyse aus – konkret einem Cross-Level-Panel-Modell, das lineare Strukturmodelle mit latenten Variablen (Akremi in diesem Band) kombiniert.

Kühnel und Mays (2010) interpretieren die Protestantismus-These so, dass auch noch heute Protestanten ein höheres Berufsethos aufweisen sollten als Nicht-Protestanten und damit auch beruflich erfolgreicher sein sollten. Diese Hypothese lässt sich auf Basis der Kölner Gymnasiastenstudie falsifizieren: Wie Abb. 3 zeigt, übertragen nur die Eltern der 1. Welle ihre Leistungsorientierung auf die Kinder, nicht die der 2. und 3. Welle. Weiterhin lässt sich auf Basis der Daten kein langfristiger Einfluss des Berufsethos der Eltern auf den Schulerfolg der Kinder nachweisen. Dies bedeutet inhaltlich, dass zumindest für die Individualebene die Interpretation der Protestantismus-These der Autoren im Sinne eines positiven Zusammenhangs zwischen Protestantismus und Berufsethos sowie Leistungsorientierung nicht zutrifft.

Abb. 3: Zeitreihenanalyse: Einfluss auf Konfession und Berufsethos auf den Berufserfolg

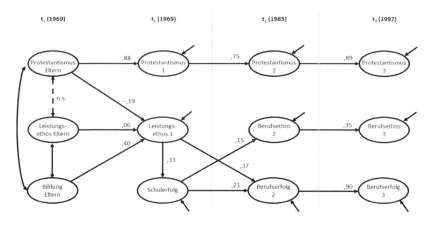

Hinweise: Datenbasis sind Berechnungen der Autoren auf Basis der Kölner Gymnasiastenstudie. n = 949; X^2=155,926, df= 138, α = 0,141, RMSEA = 0,0117. Quelle: leicht angepasste Darstellung aus Kühnel und Mays (2010, S. 99)

6.2 Die kausale Wirkung von Timing, Rhythmus und Verlaufsform

Ungeachtet der Fortschritte, die die Kausalanalyse in den letzten Jahrzehnten in Bezug auf die Berücksichtigung der Zeitlichkeit sozialer Phänomene vor allem in Bezug auf die Klärung der zeitlichen Sukzession gemacht hat, sind die meisten Probleme, die hierbei eine Rolle spielen, nach wie vor ungelöst. So können für die Frage, ob, wie und wie stark eine Ursache wirkt, neben der bloßen Reihenfolge der Ereignisse u. a. das Timing (Zeitpunkt, Abstand, Treffpunkt usw.) von Schlüsselereignissen bzw. Wendepunkten („turning points"), der Rhythmus und die Verlaufsform von sozialen Prozessen selbst kausale Wirkung entfalten (Pierson 2004, S. 54–78). Auch die Abfolge von verschiedenen Sequenzen (Pierson 2004, S. 54–78) kann kausalanalytisch relevant sein, insofern, dass es bei fallvergleichenden Analysen wichtig ist, dass Fälle im historischen Prozess systematisch miteinander verbunden sind – dies nennt man „Galtons Problem" (Borchert/Lessenich 2012b, S. 22):

> „Der historisch zweite und jeder weitere Fall, in dem ein bestimmtes Phänomen vorkommt, ist unweigerlich durch die Einflüsse und die Kenntnis des ersten Falls bzw. aller vorangegangenen Fälle ‚kontaminiert'. […] Damit sind Fälle in der Geschichte praktisch nie wirklich voneinander unabhängige Fälle, die man als völlig getrennte Entitäten miteinander vergleichen könnte."

Um dies in der quantitativen Forschung überhaupt methodologisch handhaben zu können, müssen sehr spezifische Hypothesen aufgestellt werden, welche

Eigenschaften von sozialen Prozessen nun genau welche Wirkung entfalten. Ebenso muss festgelegt werden, was denn nun genau kausal geklärt werden soll: bestimmte Regelmäßigkeiten von Handlungen, Brüche oder bestimmte Verlaufsformen (ausführlich: Baur 2005).

6.3 Kausalitätsbeziehungen zwischen unterschiedlichen Zeitschichten

Weiterhin muss die Zeitschicht (Koselleck 2000), also die Wandlungsgeschwindigkeit bzw. Dauer sozialer Phänomene (Tilly 1984) berücksichtigt werden: Die experimentelle Forschung kann in den Sozialwissenschaften praktisch nur sogenannte „*Quick-Quick-Cases*" (Pierson 2004) – wie etwa Markow-Ketten – untersuchen, also solche sozialen Phänomene, in denen Ursache und Wirkung beide von kurzer Dauer sind und sich schnell und in schneller zeitlicher Sukzession entfalten.

Problematischer sind bereits sogenannte „*Slow-Slow-Cases*", also soziale Phänomene, in denen sich Ursache und Wirkung auf der Ebene der mittleren oder sogar langen Dauer entfalten, wie etwa bei der Erderwärmung, die über kumulierte Ursachen langfristige Folgen hat (Pierson 2004). In diesen Fällen sind in der Regel keine experimentellen Designs, sondern nur die oben genannten Forschungsdesigns wie Fallstudien-, Trend- oder Paneldesigns möglich, weil bei so langen Zeitspannen praktisch immer zwischenzeitliches Geschehen (Behnke/Baur/Behnke 2010, S. 49–68) auftritt. Demnach ist es praktisch unmöglich, alle Drittvariablen zu kontrollieren. Gerade viele sozialwissenschaftlich interessante Phänomene entfalten sich aber erst über viele Jahre, Jahrzehnte oder gar Jahrhunderte hinweg, also auf der Ebene der mittleren und langen Dauer (Koselleck 2000; Pierson 2004). Gelingt es allerdings, mit Hilfe von alternativen Forschungsdesigns geeignete Längsschnittdaten zu erheben, sind die genannten Verfahren der Längsschnittanalyse – Kohorten-, Zeitreihen-, Ereignis- und Sequenzmusteranalyse – durchaus geeignet, um den kausalen Einfluss spezifischer Prozesseigenschaften (wie dem Timing, Rhythmus und der Verlaufsform) zu klären (Baur 2005).

Die statistische Kausalanalyse versagt dagegen, wenn sich Ursache und Wirkung auf unterschiedlichen Zeitschichten bewegen, wenn also etwa die Ursache ein sehr kurzfristiges Phänomen ist (wie etwa der Fall der Berliner Mauer, 9/11 oder das Öffnen der deutschen Grenze für Geflohene im Jahr 2015), das aber sehr langfristige Folgen hat und gegebenenfalls sogar erst mehrere Jahre oder gar Jahrzehnte später wirkt („*Quick-Slow-Cases*"). Beispiele aus sozialwissenschaftlichen Debatten sind sogenannte kumulierte Folgen, aber auch Pfadabhängigkeiten (Sydow et al. 2012). Umgekehrt ist es möglich, dass Phänomene der langen Dauer – einem Erdbeben gleich – eine sehr plötzliche

Folge haben, das heißt, das aufgrund von Historizität vergangene Ereignisse bis in die Gegenwart hineinwirken (Mayntz 2009, S. 90). Beispiele für sogenannte „*Slow-Quick-Cases*" sind, wenn bestimmte Schwellenwerte erreicht werden oder sehr lange und komplexe Kausalketten oder Mechanismen wirken (Pierson 2004). Dies ist etwa bei vielen sozialen Institutionen der Fall (Mayntz 2009). Wie solche kausalen Prozesse adäquat untersucht werden können, ist eine Frage für die künftige Forschung (Kaven 2015).

6.4 Gleichzeitigkeit sozialer Prozesse

Berücksichtigt man die Zeitschicht sozialer Phänomene, stellt sich außerdem ein weiteres Problem der Kausalanalyse in Bezug auf die Frage der zeitlichen Sukzession – das Problem der Gleichzeitigkeit sozialer Prozesse: Kausaldenken impliziert die Vorstellung einer zeitlichen Aufeinanderfolge von Ursache und Wirkung. Die Vorstellung lässt sich durchhalten, wenn Ursache oder Wirkungen einen Ereignischarakter haben, weil Ereignisse eindeutig zeitlich lokalisierbar sind. Problematisch wird dies dagegen bei sozialen Prozessen, insbesondere bei komplexen sozialen Prozessen von mittlerer oder langer Dauer (Tilly 1984), wie etwa sozialen Institutionen oder Strukturen. In solchen Fällen existieren verschiedene Möglichkeiten, hiermit analytisch umzugehen:

In vielen quantitativen Längsschnittverfahren, wie etwa der Zeitreihenanalyse, existiert, erstens, die Möglichkeit, die Vorstellung der zeitlichen Sukzession durch die Vorstellung der *kausalen Priorität* zu ersetzen, das heißt, man setzt von zwei simultanen zeitlichen extensiven Phänomenen das eine analytisch als permanente Ursache, das andere als permanente Wirkung (Schulze 2002, S. 11). Denkt man etwa an das oben erwähnte Beispiel des Verhältnisses zur Einstellung zum Sozialstaat und dessen institutioneller Ausgestaltung, würde man eine der beiden einfach als Ursache festsetzen. Dies ist aber insofern problematisch, als damit die Festsetzung der kausalen Richtung nicht mehr empirisch ermittelt, sondern theoretisch gesetzt wird.

Eine zweite Möglichkeit besteht darin, die Vorstellung der zeitlichen Sukzession durch die Vorstellung einer *Rückkopplung* zu ersetzen, also dass sich Phänomene wechselseitig beeinflussen, stabilisieren und sich dabei in Ko-Evolution befinden (Schulze 2002, S. 11). Diese Idee einer dynamischen Wechselwirkung findet sich schon bei Max Weber (Kalberg 2001, S. 237). Zahleiche jüngere Prozesstheorien haben diesen Gedanken differenziert, indem sie argumentieren, dass unter anderem Feedbackschleifen, Vorwärtspaniken, Drifts, Konversionen, revolutionäre Trajektorien usw. ebenfalls kausale Wirkungen entfalten können (Aljets/Hoebel 2017). In Bezug auf das Verhältnis von Ursache und Wirkung kann dies ebenfalls etwa mit Hilfe der Zeitreihenanalyse bearbeitet werden.

Gleichzeitigkeit betrifft dies aber nicht nur das Verhältnis von Ursache und

Wirkung, sondern bei mehreren Ursachen auch deren dynamische Wechselwirkung – und dies verschärft das Drittvariablenproblem. Es sei daran erinnert, dass eine wichtige Modellannahme von Regressionsmodellen die Additivität der unabhängigen Variablen ist. Gerade in den Sozialwissenschaften sind soziale Phänomene miteinander verwoben (Abbott 2001) und verlaufen gleichzeitig, so dass es schwer ist, sie in einzelne mögliche Ursachen aufzuspalten. So ist es eben extrem unwahrscheinlich, empirisch eine achtzehnjährige promovierte Frau zu finden, die einen Vorstandsposten in einem DAX-Unternehmen besetzt, vier Kinder hat, in ihrer Freizeit auf Punk-Konzerte geht und die AfD wählt. Vielmehr basieren ja gerade die Sozialwissenschaften auf der Annahme, dass es typisches menschliches Verhalten gibt (Akremi in diesem Band) – weshalb dann eben auch Variablen nicht einzeln und unabhängig voneinander, sondern in ihrer Gesamtheit als komplexe Bedingungsgefüge wirken. Statistisch drückt sich dies in Multikollinearität aus, das heißt, einer Korrelation der unabhängigen Variablen untereinander. Gelöst kann dies werden, indem etwa *Verfahren der Typenbildung* – wie etwa die Clusteranalyse (Aldenderfer/Blashfield 1984; Fromm 2010a; Akremi in diesem Band) – oder der *Dimensionsreduktion* (Blasius 2015) – wie etwa die Korrespondenzanalyse (Blasius 2001) oder Faktorenanalyse (Fromm 2010b; Akremi in diesem Band) – der Kausalanalyse vorgeschaltet werden; *nicht-additive Verfahren der Kausalanalyse* verwendet werden (Lohmann 2010) oder – falls dies nicht möglich ist – auf *qualitative Verfahren* ausgewichen wird.

Eine vierte Möglichkeit, mit dem Problem der Gleichzeitigkeit umzugehen, ist, überhaupt *auf die kausale Betrachtungsweise zu verzichten* und Sachverhalte phänomenologisch zu analysieren – Schulze (2002, S. 11) nennt dies eine „*Morphologie des Simultanen*".

7 Raum- und Kontextabhängigkeit sozialer Phänomene

Eng verwoben mit dem Problem der Gleichzeitigkeit von sozialen Prozessen ist die Beobachtung, dass Fälle in raumzeitliche soziale Kontexte eingebettet sind und dass Fälle desselben sozialen Kontextes oft systematisch miteinander zusammenhängen, das heißt, Fälle etwa derselben Familie, Organisation, Stadt oder Nation sind sich oft sehr ähnlich (Abbott 2001). Die Raum- und Kontextabhängigkeit sozialer Phänomene hat eine Reihe von methodologischen Konsequenzen für die Kausalanalyse:

7.1 Definition von Kontexten und Fällen

Zunächst muss der Kontext definiert und abgegrenzt werden. Methodologisch drückt sich dies in der qualitativen Forschung in der Forderung nach der *Feld-*

abgrenzung bzw. in der quantitativen Forschung in der Forderung nach der *Definition der Grundgesamtheit* aus: In jeder Methoden- und Statistik-Einführung steht, dass vor einer Untersuchung diejenige Menge von Fällen festgelegt werden *muss*, über die eine Aussage getroffen werden soll. Das heißt, dass Fälle Populationen eindeutig zugeordnet und dass Populationen *sachlich*, *räumlich* und *zeitlich* abgegrenzt werden *müssen*, weil sonst keine (inferenzstatistischen) Schlüsse von den Daten auf die Gesamtheit möglich sind (Baur/Kelle/Kuckartz 2017, S. 24–25).

Dabei geht das Allgemeine Lineare Modell davon aus, dass sowohl die Kontexte, als auch die ihnen zugehörigen Fälle *miteinander vergleichbare, stabile, unveränderliche Eigenschaften* haben (Abbott 2001) – eine Annahme, die sich bei vielen empirischen Phänomenen nicht halten lässt. Aufgrund von realer Unschärfe (Schulze 1996, S. 378-393) kann je nach soziohistorischem Kontext die semantische Bedeutung von Eigenschaften variieren (Koselleck 1979). So kann sowohl dasselbe Phänomen mit unterschiedlichen Begriffen bezeichnet werden, als auch ein einziger Begriff mehrdeutig sein und sehr unterschiedliche Phänomene bezeichnen, und die Bedeutung von Begriffen kann sich wandeln (Baur 2009a). Solange aber nicht klar ist, dass mit demselben Begriff immer auch dasselbe Eigenschaftsbündel bezeichnet wird, können Phänomene auch nicht kausalanalytisch verbunden werden – weshalb eine semantische und dimensionale Analyse (Kromrey 2009, S. 115-174; Bachleitner et al. 2014) selbstverständlicher Bestandteil der Konstruktion von standardisierten Erhebungsinstrumenten ist. Weiterhin weist etwa die biografische Forschung (Fuchs-Heinritz 2000) darauf hin, dass Fälle ihre Eigenschaften ändern können. So verändern Menschen im Laufe ihrer persönlichen Lebensgeschichte u.a. ihre Selbstdefinition, ihre Gruppenzugehörigkeiten, aber auch auf den ersten Blick unveränderliche Eigenschaften (wie zum Beispiel den beruflichen Status und das Bildungsniveau) können sich ändern – ein Problem, das sich zumindest teilweise über eine zeitbezogene Betrachtungsweise mit Hilfe von Verfahren wie der Ereignisanalyse oder Sequenzmusteranalyse (Abbott 2001) bearbeiten lässt.

Eine Herausforderung, die quantitative Auswertungsverfahren aber schlecht lösen können, ist, dass *Fall- und Kontextgrenzen* oft unklar sind und sich wandeln können. So werden etwa auf der Mikroebene alle Personen irgendwann geboren und werden irgendwann sterben, sie beginnen und enden also irgendwann. Bei Kollektivphänomenen auf der Meso- und Makroebene (etwa Organisationen oder Staaten) können diese nicht nur irgendwann gegründet werden und sich wieder auflösen, sondern auch ihre Zusammensetzung kann sich ändern (etwa durch den Ein- und Austritt von Mitgliedern). Darüber hinaus lassen sie sich oft auch in Subgruppen aufteilen. So haben Firmen oft Tochterunternehmen, Ausgründungen, Niederlassungen, Zulieferer oder Abteilungen, sie können ausgründen oder fusionieren – welche dieser Lösungen gewählt wird, hängt oft von spezifischen soziohistorischen Konstellationen ab (Abbott 2001).

Für die Kausalanalyse ist dies relevant, weil dadurch oft unklar ist, was zu einem Fall oder spezifischen Kontext gehört – was aber wiederum eine wesentliche Voraussetzung für die quantitative Kausalanalyse ist. Ebenso ist oft unklar, welche Fälle welchem Kontext zugeordnet werden sollen (Abbott 2001). So ist etwa bei Universitäten häufig völlig unklar, ob und welche Lehrbeauftragten, externe Doktoranden, Gastwissenschaftler usw. überhaupt und zu einem spezifischen Zeitpunkt zu ihnen gehören. Bei Firmen ist oft ungeklärt, ob etwa Scheinbeschäftigte, Werkbeauftragte, Praktikanten, externe Berater usw. dazuzuzählen sind. Auch bei räumlich strukturierten Phänomenen wie Staaten können sich die Grenzen verschieben. Ein gutes Beispiel dafür ist Deutschland, dessen Grenzen sich im Lauf der letzten hundert Jahre mehrfach verschoben haben (Baur 2014). Schließlich lassen sich Fälle wie Organisationen oder Staaten oft auch nicht eindeutig hinsichtlich ihrer räumlichen Skalierung abtrennen (Abell 2001, S. 59).

Ist nicht klar, wo die Grenzen eines Kontexts sind, welche Fälle zu einem Kontext gehören oder welche Eigenschaften ein Kontext aufweist, eignen sich innerhalb des quantitativen Paradigmas Verfahren wie die Netzwerkanalyse (Baur 2015) oder die Clusteranalyse (Aldenderfer/Blashfield 1984; Fromm 2010a), um diesen Fragen nachzugehen. Alternativ kann auf qualitative Forschung wie die Ethnographie (Pfadenhauer; Meyer; Rebstein/Schnettler; Tuma/Knoblauch, alle in diesem Band) zurückgegriffen werden.

7.2 Mehrebenen-Phänomene

Die Diskussion um die Kontextabgrenzung zeigt, dass es sich bei sozialen Phänomenen oft um Mehrebenen-Phänomene (Maurer/Schmid 2010, S. 57–89) handelt. Wie bereits angedeutet, sind zum Beispiel Arbeitende in Abteilungen, in Firmen, in Märkten eingebettet; Kinder lernen in Schulklassen, in Schulen, in sozialräumlichen Kontexten; Menschen leben in Stadtteilen, in Städten, in Regionen und Ländern usw. Auch wenn die Unterscheidung in eine Mikro-, Meso- und Makroebene nur eine heuristische ist, so ist sie doch von methodologischer Relevanz, denn ähnlich, wie sich Ursache und Wirkung auf verschiedenen Zeitschichten entfalten können, ist es auch möglich, dass sich Ursache und Wirkung auf verschiedenen Handlungsebenen vollziehen. So verfolgen zahlreiche soziologische Theorien das Ziel, genau diese Mikro-Makro-Beziehungen aufzuklären, also zu untersuchen wie soziale Kontexte auf der Meso- und Makroebene (zum Beispiel Organisationen, Städte oder Nationen) auf Individuen (zum Beispiel Personen, Situationen oder Interaktionen) wirken und umgekehrt von diesen verändert werden.

Um Beziehungen zwischen sozialen Phänomenen auf unterschiedlichen Handlungsebenen empirisch aufzuklären, hat sich in der quantitativen Forschung in den letzten zwei Jahrzehnten die sogenannte *hierarchische lineare Mehrebenenanalyse (Hierarchical Linear Modeling, HLM)* (Pötschke 2015) als Standardmethode etabliert. Dieses Verfahren ist eine Erweiterung der Regressionsanalyse und setzt zusätzlich zu den dort üblichen Voraussetzungen an die Daten voraus, dass nicht nur Informationen auf der Mikro-Ebene, sondern auch auf der Makro-Ebene vorliegen. Ist dies der Fall, kann die Mehrebenenanalyse die Wirkung von möglichen Ursachen verschiedener Ordnungen auf ein Phänomen der Mikroebene gleichzeitig überprüfen und so – ähnlich wie bei der Regressionsanalyse – die relativen Einflüsse dieser unabhängigen Variablen auf die abhängige Variable bestimmen. Konkret können neben der Wirkung von Variablen auf der Mikroebene (sogenannte Individualeffekte) auch die Wirkung von Variablen auf verschiedenen höheren Ebenen (sogenannte Kontexteffekte) berechnet werden. Weiterhin ist es möglich, sogenannte Interaktionseffekte („Cross-Level Interaction") zu berechnen, das heißt, zu analysieren, ob möglicherweise Ursachen und Wirkungen auf der Individual- und Kontextebene zusammenwirken oder ob sie ihre Wirkung erst in der Wechselwirkung entfalten.

Ein Beispiel für eine hierarchische lineare Mehrebenenanalyse ist Franzens und Meiers (2004) Analyse, welche Individual- und Kollektivmerkmale beeinflussen, wie umweltbewusst eine Person ist. Die Autoren leiten (wie auch die anderen bislang vorgestellten Beispielstudien) aus dem bisherigen Forschungsstand Hypothesen ab und untersuchen auf dieser Basis auf der Individualebene, inwiefern etwa das Einkommen, Geschlecht, Alter, der Bildungsgrad, der Zivilstand und die Erwerbstätigkeit von Personen, deren individuelle Haltung zum Postmaterialismus sowie die Größe ihres Haushalts ihr Umweltbewusstsein beeinflussen. Weiterhin werden in der Literatur immer kulturelle Unterschiede im Umweltbewusstsein diskutiert, die u. a. durch das Bruttosozialprodukt pro Kopf, die Ungleichheit in einem Land (gemessen am Gini-Koeffizienten), das durchschnittliche Bildungsniveau, den durchschnittlichen Postmaterialismus und die allgemeinen Umweltbedingungen in einer Gesellschaft, den Anteil der Stadtbevölkerung sowie die Bevölkerungsdichte verursacht werden sollen. Welche dieser möglichen Ursachen nun tatsächlich wirken, überprüfen Franzen und Meier (2004) auf Basis von ISSP-Daten. Mit Hilfe einer Mehrebenenanalyse können sie zeigen, dass im Ländervergleich vor allem das Bruttosozialprodukt pro Kopf eine Rolle spielt (Kontexteffekt), während gebildete jüngere unverheiratete Frauen mit einem hohen Einkommen und postmaterialistischen Grundwerten unabhängig vom Land, aus dem sie kommen, eher dazu neigen, umweltbewusst zu sein (Individualeffekt). Weiterhin sind in Ländern mit hohem Pro-Kopf-Einkommen Personen, die postmaterialistische Grundwerte vertreten, eher umweltbewusst (Interaktionseffekt).

Wie dieses Beispiel zeigt, liegt mit der hierarchischen linearen Mehrebenenanalyse ein leistungsfähiges Verfahren zur Überprüfung von Ursache-Wirkung-

Beziehungen über verschiedene Handlungsebenen hinweg vor. Allerdings geht die Mehrebenenanalyse von einem sogenannten *Makrodeterminismus* aus, das heißt, die möglichen Ursachen (abhängige Variablen) können sowohl auf der Kontext- als auch auf der Individualebene angesiedelt sein, erklärt werden können aber nur abhängige Variablen auf der Individualebene.

Es ist aber durchaus möglich, wie etwa Elias (1969/1994) in „Die höfische Gesellschaft" zeigt, dass einzelne Personen den sozialen Kontext verändern (*Mikrodeterminismus*). Solche Kausalbeziehungen können allerdings nicht quantitativ, sondern nur mittels qualitativer und historischer Methoden der Sozialforschung überprüft werden. Auch wenn im Hinblick einer Methodologie zur Erklärung der Veränderung und Stabilität von sozialen Makro-Phänomenen noch sehr viel Forschungsbedarf besteht, so hat der akteurzentrierte Institutionalismus doch vier *Grundformen von struktureller Komplexität* identifiziert, die eine solche kausalanalytische Methodologie anleiten könnten (Mayntz 2009):

- *Aggregateffekte:* Das massenhafte unkoordinierte, aber möglicherweise interdependente soziale Handeln bzw. soziale Interaktionen auf der Mikroebene können in ihrer Summe eine Wirkung auf der Makroebene auslösen (Mayntz 2009, S. 91).
- *Konstellationseffekte:* Äquivalent können korporative und kollektive Akteure auf der Mesoebene durch strategisches Handeln und Interaktion gemeinsam einen Makroeffekt erzeugen (Mayntz 2009, S. 91-92).
- *Systemische Interdependenzen:* „Systemische Interdependenzen sind ein besonderer Typus von komplexen Wirkungszusammenhängen [auf der Makroebene]: Es sind Beziehungen wechselseitiger Abhängigkeit und Beeinflussung zwischen verschiedenen Institutionen beziehungsweise zwischen verschiedenen, gleichzeitig ablaufenden Prozessen. Die einzelnen Institutionen beziehungsweise Prozesse sind parametrisch miteinander verknüpft, das heißt, sie können wechselseitig wichtige Randbedingungen füreinander verändern. Systemische Interdependenzen lassen sich innerhalb gesellschaftlicher Teilbereiche (zum Beispiel der Wirtschaft), innerhalb eines Nationalstaats (zum Beispiel zwischen politischer Verfassung und Verbändestruktur) oder auf der internationalen Ebene beobachten. Systemische Interdependenzen können für eine Institution wie zum Beispiel ein gegebenes Rentensystem stabilisierend sein oder sie zur Veränderung drängen" (Mayntz 2009, S. 92).
- *Funktionale Zusammenhänge:* Durch systemische Interdependenzen entsteht die Möglichkeit, dass Institutionen funktional oder dysfunktional in dem Sinne sind, dass sie für andere Institutionen förderlich beziehungsweise schädlich sind (Mayntz 2009, S. 93).

7.3 Verallgemeinerung und Übertragbarkeit von Ergebnissen auf andere Kontexte

Als Zwischenfazit lässt sich festhalten, dass die quantitative Sozialforschung – vor allem lineare Modelle – den Kontext analytisch über die Definition der Grundgesamtheit und der ihr zugehörigen Fälle handhaben, deren Beziehung zueinander dann statistisch analysiert wird. Dies hat nun wiederum Konsequenzen dafür, ob und wie Ergebnisse der statistischen Kausalanalyse verallgemeinert bzw. auf andere Kontexte übertragen werden können, wobei es wichtig ist, ob sich das Untersuchungsinteresse der Forschenden auf die Mikroebene oder auf die Makroebene bezieht oder Mikro-Makro-Probleme adressiert.

Vor allem in der Stadt- und Raumforschung, Organisations- und Wirtschaftssoziologie und in der politischen Soziologie interessieren sich Analysen oft für soziale *Makro-Phänomene, die sehr selten auftreten oder gar singuläre Ereignisse sind* – weshalb durch die geringe Fallzahl die quantitative Sozialforschung oft an ihre Grenzen stößt, weil alle statistischen Verfahren eine *genügend große Fallzahl n* benötigen. Wie groß die Fallzahl konkret sein muss, hängt zwar vom spezifischen Verfahren ab, aber als Faustregel für die Auswertung gilt, dass die Zahl der Fälle immer größer sein muss als die Zahl der möglichen unabhängigen Variablen. Das heißt, je mehr mögliche unabhängige Variablen in Kausalmodellen gleichzeitig betrachtet werden, desto größer muss auch die Fallzahl sein. Als Faustregel für die Inferenzstatistik gilt weiterhin, dass mindestens 30 Fälle benötigt werden – ansonsten müssen Korrekturverfahren für kleine Stichproben verwendet werden. Dies verweist auf der einen Seite darauf, dass die Fallzahlen gar nicht so groß sein müssen, wie in Zeiten von „Big Data" oft suggeriert wird – selbst in der qualitativen Forschung erreichen heute viele Stichproben eine Fallzahl von mehr als 30 (Akremi 2015). Auf der anderen Seite ist gerade bei sozialen Makro-Phänomenen in vielen realen Anwendungsbeispielen die Fallzahl schlicht nicht groß genug, um inferenzstatistisch vernünftig arbeiten zu können – etwa bei Ländervergleichen innerhalb der EU –, oder es kann sich sogar – wie bei dem bereits erwähnten Fall der Berliner Mauer – um eine einzige Ursache-Wirkungs-Beziehung bei einem einzigen Fall (n = 1) handeln. In diesen Fällen ist häufig das Phänomen so komplex, dass überhaupt nicht klar ist, welche einzelne Situation experimentell kontrolliert werden müsste. Selbst, wenn dies gelänge, wäre es aufgrund der geringen Auftretenswahrscheinlichkeit schwer, eine genügend große Fallzahl zu generieren – und es ist fraglich, ob solche sozialen Phänomene überhaupt experimentell kontrollierbar sind.

Ist die Fallzahl dagegen groß genug – was zumindest bei *Mikro-Phänomenen* in der Regel der Fall ist –, gibt es zwei Probleme der Verallgemeinerbarkeit von Ergebnissen der Kausalanalyse, die wiederum in der quantitativen Forschung auf jeweils unterschiedliche Weise behandelt werden:

Erstens stellt sich die Frage der *Verallgemeinerbarkeit der Ergebnisse der konkreten Stichprobe auf die anderen Fälle im jeweiligen Kontext (Grundgesamtheit).* Dies wird in der quantitativen Forschung über die Inferenzstatistik gehandhabt: Zieht man aus der Grundgesamtheit eine *Zufallsstichprobe,* dann, und nur dann kann mit Hilfe der *Inferenzstatistik* auf die Grundgesamtheit verallgemeinert werden. So leistungsfähig die Inferenzstatistik ist, wird doch selten beachtet, dass sie in den Sozialwissenschaften in den vergangenen zwei Jahrzehnten aufgrund von Eigenschaften des Gegenstandsbereichs zunehmend bedroht wird. Konkret nimmt Nonresponse (Engel et al. 2004) immer mehr zu, und es wird immer schwerer, Populationen abzugrenzen (Baur/Kelle/Kuckartz 2017, S. 24-25). Damit steigt aber die Gefahr von systematischen Verzerrungen der Ergebnisse, was in letzter Konsequenz die Verallgemeinerbarkeit von Ergebnissen der statistischen Kausalanalyse zunehmend in Frage stellt.

Zweitens stellt sich die Frage der *Übertragbarkeit der Ergebnisse auf andere Kontexte als die Untersuchungspopulation.* In der Experimentalforschung wird dieses Dilemma seit langem als Trade-Off zwischen „*interner Validität*" und „*externer Validität*" diskutiert (Behnke/Baur/Behnke 2010, S. 49-68): In Experimenten werden in der Regel sehr viele Variablen im Sinne einer Drittvariablenkontrolle konstant gehalten, um sie experimentell zu kontrollieren und damit die Kausalbeziehungen möglichst genau aufzuklären – genau das ist ja die spezifische Leistungsfähigkeit des Experiments. Genau dies ist aber auch das Problem, denn man gestaltet Experimental- und Kontrollgruppe bewusst so, dass sie sich in ihrer sozialen Zusammensetzung möglichst ähnlich sind (also zu einem spezifischen Kontext gehören). So erfolgt etwa ein großer Teil der psychologischen Experimental-Forschung an Samples aus jungen erwachsenen Männern aus der oberen Mittelschicht des globalen Nordens. Dadurch wird zwar die interne Validität von Experimenten maximiert, was aber zu Lasten der externen Validität geht, also der Generalisierbarkeit der Ergebnisse auf andere Kontexte. Nun ist es aber gerade eine zentrale Erkenntnis der soziologischen Ungleichheitsforschung, dass sich Menschen verschiedener sozialer Gruppen und Kontexte etwa hinsichtlich regionaler und nationaler Herkunft, Migrationshintergrund und Ethnizität, Geschlecht, Alter, Bildungsgrad usw. systematisch unterscheiden – wodurch die Übertragbarkeit der Ergebnisse fraglich bis unwahrscheinlich wird und damit die in solchen Experimenten getroffenen Aussagen hochgradig punktuell sind. Ein Beispiel für dieses Dilemma liefert die oben bereits erwähnte Studie von Kühnel und Mays (2010), die Webers Protestantismus-These am Beispiel des Kölner Gymnasiasten-Panels überprüfte. Wie erwähnt, zeigen die Daten – anders als von Weber postuliert – keinen Zusammenhang zwischen Berufsethos der Eltern auf den Schulerfolg der Kinder. Kühnel und Mays (2010) weisen darauf hin, dass damit Webers Protestantismus-These aber nicht widerlegt ist, denn es könnte sein, dass sich Unterschiede zwischen Protestanten und Katholiken historisch auf die Zeit der beginnenden Industrialisierung bezogen (also einen anderen Kontext) und heute keine Unterschiede mehr bestehen. In diesem Fall wäre es so, dass die Daten eher darauf hindeuten, dass für das heutige Köln die religiöse Sphäre und die Arbeitssphäre weitgehend unabhängig sind: 1969 (Welle 1) führt eine protestantische Sozialisation im Elternhaus zu einer größeren eigenen Religiosität, wirkt sich aber eher negativ auf den Leistungsethos und damit auf den Schulerfolg aus. Bei Erwachsenen (1985 und 1997, Wellen 2 und 3) wirkt sich dagegen die eigene Religiosität weder auf den Arbeitsethos noch auf den beruflichen Erfolg aus. Vielmehr hallt die protestantische Sozialisation im Elternhaus indirekt über den (geringeren) Schulerfolg nach, da ein geringerer schulischer auch zu einem geringeren beruflichen Erfolg führt. Weiterhin ist – so Kühnel und Mays (2010) – die Population (Kölner Gymnasiasten) sehr spezifisch, und es könnte sein, dass die Operationalisierung für die These unzureichend ist.

7.4 Kontextabgrenzung und Identifikation von notwendigen Bedingungen

Insgesamt verweist die Debatte um die Verallgemeinerbarkeit und Übertragbarkeit von Forschungsergebnissen darauf, dass Forschungsdesign, Populationsabgrenzung und Sampling zusammengedacht werden müssen, weil sich diese wechselseitig beeinflussen: Regressionsanalytische Ansätze setzen die Unabhängigkeit der Fälle und Variablen voraus. Da dies, wie die obige Debatte zeigt, empirisch nicht immer ganz klar ist, muss für statistische Analysen analytisch gesetzt werden, was Population, was Fall und was Variable ist. Gleichzeitig beschränkt aber genau diese Populationsabgrenzung die Fähigkeit, in experimentellen Settings Kausalverhältnisse aufzuklären, weil – wie Ragin (2000, S. 3–119) unterstreicht – alle Variablen, die zur Definition der Grundgesamtheit herangezogen werden, automatisch konstant gehalten werden und daher nicht mehr auf ihr explanatives Potenzial hin untersucht werden können.

So lässt sich etwa in Bezug auf Kühnels und Mays' (2010) Analyse der Protestantismus-These ein weiteres Argument dafür anführen, dass die Daten *nicht* Webers Protestantismus-These eindeutig widerlegen: Webers Argument bezieht sich nicht auf Individuen, sondern vielmehr auf soziokulturelle historische Kontexte – im konkreten Fall ist also der protestantische Berufsethos eine Eigenschaft des Kontexts „Deutschland", der allen Mitgliedern der deutschen Gesellschaft (auch des katholischen Glaubens) im Zuge ihrer Sozialisation als kulturelle Selbstverständlichkeit vermittelt wird und den sie teilen. Da die protestantische Ethik damit schon Teil der Grundgesamtheit ist, weil sie die Gesamtkultur prägt, kann die Hypothese also gar nicht mittels einer Stichprobe aus dieser Population überprüft werden. Hierzu muss Köln (Deutschland) mit anderen Kulturkreisen verglichen werden – genau deshalb verglich Weber selbst auch den protestantischen Kulturkreis mit anderen Kulturkreisen.

Für die Kausalanalyse folgt daraus: Eine Variable, die zur *Definition der Grundgesamtheit* verwendet wird, wird als mögliche notwendige Bedingung *gesetzt* und kann damit im experimentellen Rahmen nicht mehr als mögliche hinreichende Bedingung betrachtet werden. Allgemeiner gesprochen, bedeutet dies, dass sich Experimente nur eignen, um mögliche hinreichende Bedingungen zu prüfen – so, wie sie derzeit praktiziert wird, kann die experimentelle Forschung damit aber keine *notwendigen Bedingungen* erfassen. Statistisch formuliert, wird durch die Verwendung der Variablen für die Definition der Population diese Variable konstant gehalten, was zu einer Verletzung einer zentralen Voraussetzung für alle statistischen Verfahren führt: Statistische Verfahren können nur angewendet werden, wenn abhängige und unabhängige Variablen jeweils ein *Mindestmaß an Streuung* aufweisen. Wie oben ausgeführt wurde, ist dies gemäß Mill gerade bei notwendigen Bedingungen nicht der Fall – liegt also die erforderliche Streuung nicht vor, können auch keine statistischen Verfahren angewandt werden.

Eine Lösungsmöglichkeit für dieses Problem, die in den letzten Jahren viel diskutiert wurde, ist das sogenannte *kontrafaktische Denken* („Counterfactuals") (Winship/Morgan 1999; Roese/Morrison 2009; Wenzlhuemer 2009; Gangl 2010). Vertreter des kontrafaktischen Ansatzes schlagen vor, dass man – wenn eine statistische Analyse nicht möglich ist, weil keine Gegenfälle (also Fälle, in denen die Wirkung nicht eintritt) vorliegen, stattdessen das Beispiel analytisch durchspielt.

Die Grundstruktur der Argumentation verläuft so (Gangl 2010; Opp 2010, S. 12-13): Wenn die Ursache aufgetreten wäre, dann wäre die Wirkung aufgetreten, oder: Wenn die Ursache nicht aufgetreten wäre, wäre die Wirkung auch nicht aufgetreten. Wenn also etwa die Strafe fürs Schwarzfahren erhöht wird und sich später die Zahl der Schwarzfahrer verringert, dann geht man davon aus, dass – wenn sich die Strafe nicht erhöht hätte, sich auch die Zahl der Schwarzfahrer nicht verringert hätte.

Diese Denkweise löst aber – wie Opp (2010, S. 12-13) unterstreicht – das kausalanalytische Problem des Nicht-Vorhandenseins von Gegenbeispielen nicht, weil ja nicht nur die Straferhöhung, sondern auch andere Faktoren – etwa verbesserte Kontrollen, eine erhöhtes moralisches Gewissen, höheres Einkommen und damit geringerer Geldmangel etc. – eine Verringerung der Zahl der Schwarzfahrer hätten bewirken können. Mit anderen Worten: Kontrafaktisches Denken macht nur bei unikausalen Zusammenhängen Sinn, wenn Drittvariablen von vornherein ausgeschlossen sind, was in der sozialen Wirklichkeit fast nie vorkommt. Löst man sich dagegen von diesem unrealistischen sogenannten „Modell der strikten Kausalität", besteht kein Unterschied mehr zwischen kontrafaktischem Denken und den Überlegungen von Mills. Das kontrafaktische Denken löst damit weder das Drittvariablenproblem noch das Problem der nichtvorhandenen Streuung von Variablen – die Frage, wie man notwendige Bedingungen identifiziert, ist nicht gelöst. Ein vielversprechenderer Ansatz ist das Denken in komplexen Kausalbedingungen.

8 Komplexe Kausalbedingungen (INUS-Bedingungen)

8.1 Das INUS-Schema nach John Mackie

Eine Basisannahme der bislang dargelegten Debatten ist, dass jede Ursache getrennt auf die Wirkung wirkt und notwendige und hinreichende Bedingungen auch getrennt (analysiert) werden (können). Nun liegt aber gerade das Problem der obigen Diskussion um notwendige und hinreichende Bedingungen sowie Kontextabgrenzung darin, dass in der sozialen Wirklichkeit oft komplexe Beziehungsgefüge existieren, die erst in ihrer Gesamtheit ihre Wirkung entfalten (Mayntz 2009, S. 88). Um dieses Phänomen methodologisch zu fassen, führte John Leslie Mackie (1965) das sogenannte INUS-Schema ein.

Mackie (1965) argumentiert, dass in der empirischen Wirklichkeit Ursachen meist nicht separat und einzeln wirken, sondern als komplexe Bedingungsgefüge, die aus einer oder mehreren notwendigen und einer oder mehreren zwar unnötigen, aber hinreichenden Bedingungen bestehen. Weiterhin gibt es oft viele Wege zum Ziel, das heißt, es existieren oft mehrere Bedingungsgefüge, die alle dieselbe Wirkung entfalten können (Mayntz 2009, S. 88).

Berücksichtigt man dies nicht in Kausalanalysen, sondern führt alle Variablen gleichzeitig in dasselbe Regressionsmodell ein, können sich diese wechselseitig Varianz nehmen und aufheben, das heißt, eine real existierende Kausalbeziehung wird empirisch nicht erkannt.

Um für Sozialwissenschaften angemessene Kausalerklärungen zu machen, ist es deshalb – so Mackie (1965) und Schulze (2002) – wichtig, (a) alle Bedingungsgefüge, die eine Wirkung hervorbringen können, sowie (b) innerhalb eines jeden Bedingungsgefüges alle notwendigen und hinreichenden Bedingungen zu identifizieren. Für Mackie (1965) gilt damit als „*Ursache*" jedes Ereignis, welches unzureichende (**I**nsufficient), aber notwendige (**N**ecessary) Komponente eines einzelnen Bedingungsgefüges ist. Dieses Bedingungsgefüge ist seinerseits nicht unbedingt notwendig (**U**nnecessary), aber hinreichend (**S**ufficient), um eine Wirkung hervorzubringen (**INUS**).

Damit muss für jede einzelne mögliche Ursache (Variable) geklärt werden, (a) zu welchem Bedingungskomplex sie gehört und (b) ob sie innerhalb dieses Bedingungskomplexes nicht redundant, nicht hinreichend, aber notwendig ist für den gesamten Bedingungskomplex.

Für jeden Bedingungskomplex als Ganzes muss geklärt werden, ob er hinreichend ist, um die Wirkung hervorzubringen, sowie, ob es alternative Erklärungsmöglichkeiten gibt.

Nimmt man dieses Modell von Kausalität, das für Kausalbeziehungen in der sozialen Wirklichkeit wesentlich angemessener ist als die bislang vorgestellten Kausalmodelle, ernst, stellt sich die Frage, welche Folgen dies für die sozialwissenschaftliche Methodologie der Kausalanalyse hat.

Eine erste Implikation ist, so Schulze (2002), dass Ursachen nicht als erschöpfende Aufzählung der Bedingungen eines Ereignisses vorgestellt werden können. Vielmehr muss ein sehr großes Spektrum an Zusatzbedingungen der Ursache mitbedacht werden (Schulze 2002). Weiterhin kann ein und dasselbe Ereignis auf ganz verschiedene Weisen zustande kommen. Dieser Ursachenbegriff ist komplexer, aber realitätsgerechter als die häufig anzutreffende Vorstellung von Ursachen im Sinne von Weltformeln, die eine erschöpfende Bedingungsliste haben, und hat einen veränderten Umgang mit bereits vorgestellten Basiskonzepten der (quantitativen) Sozialforschung zur Folge:

1. Überträgt man das INUS-Schema nun auf Kausalmodelle, muss man klären, welche Aussage sich auf welche Bedingungskonstellation zur Hervorbringung der Ausprägung einer Variable bezieht, und sich bewusst sein, dass alle sozialwissenschaftlichen Erklärungen nur eine von vielen möglichen Erklärungen sind (Schulze 2002). Statistisch kommt dies dadurch zum Ausdruck, dass in der Regel immer unerklärte Varianz existiert.
2. Bestimmte Ursachen werden in empirischen Kausalanalysen konstant gesetzt, und zwar genau diejenigen, die diesen häufigen Randbedingungen entsprechen. Hierzu gehören häufig die Dauer, der Raum, die Kultur und sonstigen Rahmenbedingungen eines sozialen Phänomens (Schulze 2002), die, worauf auch die QCA (Ragin 2000, S. 3–119) hinweist, in der Regel für die Definition der Population vorausgesetzt werden. Das bedeutet aber wiederum, dass ein Kausalmodell, wenn es bestimmt wird, dann nur für diese spezifische Population gilt und eben nicht unbedingt übertragbar ist. Mit anderen Worten: Alles, was als konstant gesetzt wird, definiert den Geltungsbereich des Modells. Sobald man diese Bedingungen im Modell variieren lässt, bewegt man sich in einem Geltungsbereich höherer Ordnung.
3. Innerhalb der Analyse werden die unabhängigen Variablen, die zur Gesamtkonstellation beitragen, nur zu einem Bruchteil des Modells spezifiziert. Das heißt, es gibt immer Erklärungsfaktoren, die nicht berücksichtigt werden – das ist einer der Gründe dafür, dass man, wenn man versucht, das Modell auf einen strukturähnlichen Kontext zu übertragen, oft eine Nichtübertragbarkeit feststellt. Bei den *nicht spezifizierten Erklärungsvariablen* – also denjenigen Variablen, die im Modell nicht berücksichtigt wurden – gibt es einerseits solche Variablen, die einen eigenen kausalen Beitrag leisten und deren Nicht-Beachtung unerklärte Varianz verursacht (Schulze 2002). Man denke hier etwa daran, dass die meisten quantitativen Modelle maximal Erklärungspotenziale von 10 bis 30% aufweisen, was im Umkehrschluss

bedeutet, dass etwa 70 bis 90% der Unterschiedlichkeit der Fälle eben *nicht* durch das Kausalmodell erklärt werden kann. Andererseits existieren nicht spezifizierte Variablen, also solche, die in großer zeitlicher Distanz zur abhängigen Variable liegen, was wiederum in der Regel bedeutet, dass man pragmatisch entscheiden muss, wo man die Analyse beginnen lässt (Schulze 2002).

8.2 INUS-Bedingungen in der quantitativen Forschung: Strukturgleichungsmodelle

Eine Schlussfolgerung aus Mackies (1965) Analyse deckt sich mit Abbotts (2001) Beobachtung einer typischen Annahme von regressionsanalytischen Ansätzen, dass jede Ursache eindeutig eine Folge hat, aber soziale Realität mehrdeutig ist („ambiguity"). Daraus folgt, *dass dieselbe Ursache in unterschiedlichen Bedingungsgefügen auch unterschiedlich wirken kann.* Um solche Kausalzusammenhänge in INUS-Bedingungen zu ergründen, sind die meisten multivariaten Verfahren (Blasius/Baur 2015; Baur/Lamnek 2016) nicht geeignet, da sich in ihnen die verschiedenen Einflussfaktoren wechselseitig Varianz nehmen. Das heißt, die meisten multivariaten Verfahren sind nur dafür geeignet, innerhalb eines Bedingungsgefüges verschiedene hinreichende Bedingungen auszuschließen, aber weder das Bedingungsgefüge als Ganzes zu überprüfen, noch vergleichbare Bedingungsgefüge zu finden. Eine Ausnahme und Möglichkeit, mit der Ambiguität von Ursache-Wirkungs-Beziehungen in komplexen Bedingungsgefügen im Rahmen der quantitativen Auswertung umzugehen, sind sogenannte Strukturgleichungsmodelle (Reinecke 2005).

Ein Beispiel ist etwa Leibold und Kühnels (2012) Analyse, wie religiöser Fundamentalismus und Homophobie zusammenhängen. Der Aufsatz zielt darauf ab, die Theorien von McFarland (1989) und Heitmeyer (2008) auf Basis der Daten einer Telefonumfrage der deutschen Wohnbevölkerung aus den Jahren 2002, 2006 und 2010 zu überprüfen. Auf Basis dieser Daten führen Leibold und Kühnel (2012) eine Pfadanalyse von linearen Strukturgleichungsmodellen durch. Wie Abb. 4 zeigt, wirkt religiöser Fundamentalismus zunächst direkt: Je fundamentalistischer eine Person, desto homophober ist sie auch. Gleichzeitig lässt sich aber auch eine indirekte Wirkung beobachten, indem religiöser Fundamentalismus über die Orientierung an sozialen Autoritäten und die autoritäre Aggression vermittelt wirkt. Insgesamt handelt es sich also um ein komplexes Bedingungsgefüge, das in seiner Gesamtheit ein Drittel der Varianz erklärt. Die Analyse bestätigt damit das Konzept von Heitmeyer (2008) insofern, dass eine Kombination aus fundamentalistischem Gedankengut mit bestimmten Einstellungsmustern einen großen Teil homophober Einstellungen erklären kann.

Allerdings handelt es sich eben nur um ein Bedingungsgefüge unter mehreren möglichen: Wie Leibold und Kühnel (2012) betonen, können diese Ergeb-

Abb. 4: Aufklärung von INUS-Bedingungen mit Strukturgleichungsmodellen: Einflussfaktoren auf die Einstellung zu Homosexualität (2002, 2006, 2010)

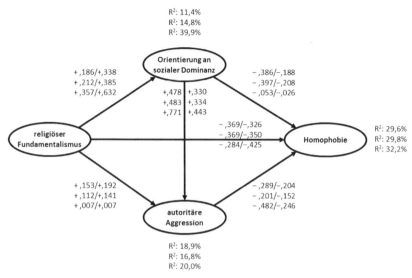

Hinweise: Dargestellt sind die standardisierten und nicht standardisierten Koeffizienten für direkte und indirekte (d.h. durch Orientierung an sozialer Dominanz und autoritärer Aggression) vermittelte Einflüsse des religiösen Fundamentalismus auf die Einstellung zur Homosexualität. Datenbasis sind repräsentative Umfragen der deutschen Bevölkerung aus den Jahren 2002, 2006 und 2010. n = 2.722, 1.740 und 843, X^2 = 92,676, df = 38, α < 0,001, RMSEA = 0,029. Quelle: leicht angepasste Darstellung aus Leibold und Kühnel (2012, S. 206)

nisse eben wegen ihrer Kontextbedingungen nicht über verschiedene Nationen, historischen Zeiten, institutionelle Kontexte und Ideologien analysiert werden. Für eine Generalisierung der Ergebnisse wäre vielmehr kulturvergleichende Forschung erforderlich. So untersucht etwa Kühnel (2001) in der bereits in Abschnitt 3 erwähnten Studie „Kommt es auf die Stimme an?", welche Faktoren beeinflussen, ob eine Person wählen geht. Wie ebenfalls bereits in Abschnitt 3 erwähnt, argumentiert die Rational Choice-Theorie, dass Menschen nicht wählen, wenn etwa der Aufwand der Befragten, wählen zu gehen, zu groß ist. Dagegen gehen laut der Theorie Menschen wählen, weil ein sozialer Teilnahmedruck besteht, um eine intrinsische Befriedigung bei der Erfüllung der Wahlnorm zu erreichen bzw. Gewissensbisse zu vermeiden; um die eigenen politischen Interessen durchzusetzen; oder wegen der Möglichkeit, Einfluss auf politische Entscheidungen zu nehmen. Eine frühere Untersuchung von Kühnel und Fuchs (1998) ergab allerdings auch, dass es vermutlich sehr starke Kontextunterschiede zwischen Ost- und West-Deutschland in den Motiven für die Wahlbeteiligung gibt, das heißt, dass in der Terminologie Mackies (1965) vermutlich für Ost- und Westdeutschland unterschiedliche Bedingungsgefüge gelten, was für Kühnel (2001) Anlass zu differenzierteren Analysen ist.

Abb. 5: Aufklärung von INUS-Bedingungen mit Strukturgleichungsmodellen: Erklärungsfaktoren für die berichtete Wahlteilnahme (1998)

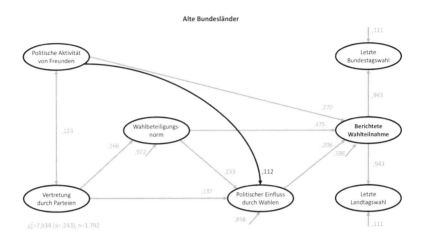

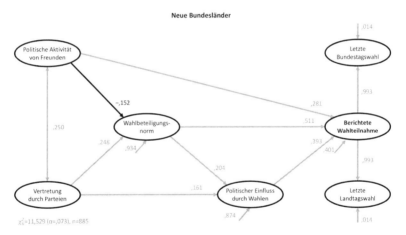

Hinweise: Datenbasis sind eigene Berechnungen des Autors auf Basis des ALLBUS 1998, Quelle: angepasste Darstellung aus Kühnel (2001, S. 37 und 39).

Abb. 5 stellt auf Basis der Daten des ALLBUS 1998 die Ergebnisse von Kühnels (2001) Modellrechnungen dar. Wie der Vergleich der beiden Modelle zeigt, sind die Bedingungsgefüge für die Wahlteilnahme in West- und in Ostdeutschland durchaus unterschiedlich:

In beiden Bundesgebieten gibt es zunächst eine Affinität zwischen der politischen Aktivität der Freunde und dem Gefühl, durch eine Partei vertreten zu werden, wobei dieser Effekt in Ostdeutschland stärker ist als in Westdeutschland. Ebenso führt das Gefühl, durch eine Partei vertreten zu werden, dazu, sich normativ stärker verpflichtet zu fühlen, sich an der Wahl zu beteiligen – und erhöht gleichzeitig das Gefühl, durch Wahlen einen politischen Einfluss nehmen zu können. Weiterhin beeinflusst die Wahlbeteiligungsnorm den Glauben der Wirksamkeit der politischen Einflussnahme durch die Wahl und auch die berichtete Wahlteilnahme.

Gleichzeitig zeigen sich aber deutliche Ost-West-Unterschiede. So führt im Westen die politische Aktivität von Freunden ebenfalls dazu, dass Befragte an politischen Einfluss durch Wahlen glauben, im Osten aber nicht. Allgemein lässt sich sagen, dass im Osten der wichtigste Faktor zur Wahlteilnahme die Wahlbeteiligungsnorm ist, also das Gefühl, dass es zur Bürgerpflicht gehört, zur Wahl zu gehen. Dagegen spielt in Westdeutschland diese Norm zwar auch eine Rolle, aber gleichzeitig verändert die politische Aktivität der Freunde nicht die Wahlbeteiligungsnorm, sondern es herrscht das Gefühl vor, dass die Teilnahme an Wahlen eine persönliche Entscheidung ist. Dafür hat aber im Westen die Frage, ob Freunde an Wahlen teilnehmen, einen direkten Einfluss darauf, ob man (unabhängig von der Wahlabsicht) tatsächlich auch wählen geht.

8.3 INUS-Bedingungen in der qualitativen Forschung: historische Fallstudien

Diese Beispielanalysen zeigen, dass vergleichende Strukturgleichungsmodelle methodologisch durchaus geeignet sein können, erste Anzeichen von INUS-Bedingungen zu klären. Allerdings ist dies nur möglich, wenn erstens geeignete Daten vorliegen, und löst zweitens die grundsätzlichen Probleme nicht, die entstehen, wenn Ursache-Wirkung-Beziehungen auf der Ebene der langen Dauer oder auf unterschiedlichen Zeitschichten verarbeitet werden. Hier stößt die quantitative Sozialforschung nicht nur wegen der Daten grundsätzlich an ihre Grenzen, sondern auch, weil die Kausalkette nicht vollkommen geschlossen werden kann.

Gleichzeitig sind sehr viele sozialwissenschaftlich interessante Phänomene von dieser Problematik betroffen, weshalb es keine Lösung sein kann, solche Fälle *nicht* kausalanalytisch zu bearbeiten. Und dies ist auch durchaus möglich, allerdings in der Regel nicht quantitativ, sondern mit Hilfe von qualitativen Verfahren. Wie in Abschnitt 2.2 erläutert, existieren in der qualitativen Sozialforschung durchaus einige Vorschläge, wie man mit Hilfe von qualitativen Methoden empirisch Kausalverhältnisse aufklären kann.

Einer der diesbezüglich bis heute weitreichendsten Ansätze ist zugleich einer der ältesten: das historische Fallstudiendesign in der Tradition von Max Weber. Tatsächlich ist Weber einer derjenigen Sozialwissenschaftler, der – auch wenn er damals noch eine andere Terminologie angewandt hätte – in seiner Forschungspraxis aufgezeigt hat, wie man komplexe INUS-Bedingungen empirisch aufklären kann. Wie Collins (2001) zusammenfasst, war Webers Hauptanliegen zu erklären, wie der moderne Kapitalismus entstand – und Webers gesamtes Schaffen, einschließlich seiner methodologischen Schriften, zielte darauf ab, dieses Ziel zu erreichen.

Das Ausgangsproblem, vor dem Weber stand, ist, dass der moderne Kapitalismus sich erst in der *longue durée* entfaltet – weshalb quantitative Verfahren an ihre Grenzen stoßen – und ein gesamtgesellschaftliches Phänomen (Makro-Ebene) ist, das deshalb auf der Ebene eines Staates oder Kulturraumes erklärt werden muss. Zu Webers Zeiten hatte nur eine einzige Weltregion – nämlich der „Westen" – den okzidentalen Kapitalismus hervorgebracht, die anderen Weltregionen noch nicht. Dabei behauptete Weber nie, dass in anderen Weltregionen die Entwicklung des Kapitalismus nicht möglich sei – ihm ging es lediglich um die Erklärung eines einzigen Bedingungsgefüges im Sinne Mackies: die Erklärung des *westlichen* Pfads zum Kapitalismus (spätere Gefüge wären gesondert zu ergründen und sind in der historischen Soziologie auch untersucht worden).

Um dieses eine Bedingungsgefüge aufzuklären, entwickelte Weber seine Methode der historischen Kausalanalyse, die von Kalberg (2001) rekonstruiert worden ist: Methodologisch gesehen handelt es sich bei Webers Analysen um ein komplexes Kausalstudiendesign, bei dem der Fall (die Analyseeinheit) ein Kulturkreis ist. Die protestantische Ethik (Weber 1904-05/2004) ist eine hypothesengenerierende Studie, die Analyse der anderen Weltregionen diente zur Hypothesenprüfung. Weber prüfte auf dieser Basis nach dem von Mills vorgeschlagenen Ausschlussprinzip verschiedene historische Erklärungen und versuchte systematisch, mögliche hinreichende und notwendige Bedingungen zu finden.

Dabei arbeitete Weber mit komplexen theoretischen Modellen, bei denen er auf der einen Seite strukturelle Bedingungen auf der Makroebene, wie etwa die Religionsethik, aber auch zentrale Strukturen und Institutionen in den Blick nahm. Auf der anderen Seite bestimmte er kollektive Akteure (Trägerschichten, Organisationen, Städte usw.), die er dann in ihrem tatsächlichen Handeln untersuchte.

Mit dem Problem der *Gleichzeitigkeit* ging Weber um, indem er *synchrone Wechselwirkungen* (also die, die innerhalb einer Zeitschicht stattfanden) von *diachronen Wechselwirkungen* (die zwischen Vergangenheit und Gegenwart als Hinterlassenschaften oder Vorbedingungen von regelmäßigem Wandel zu betrachten sind) unterschied. Zu den synchronen Wechselwirkungen gehören zum Beispiel die Entwicklungsdynamik der Religionstypen, der gesellschaftlichen Stellung der Trägerschichten und der Art der Verkündung der religiösen Lehre. Zu den diachronen Wechselwirkungen gehörten etwa die Herausbildung der mittelalterlichen Gewerbestadt, die Vernichtung der Haushalte und Sittenwirtschaft im Mittelalter, die notwendig für die Entwicklung der künftigen

Produktion war oder die Rationalisierung anderer gesellschaftlicher Sphären, wie das Recht der Bürokratie. Schließlich analysierte Weber *dynamische Wechselwirkungen* von Handlungsmustern, die in einem Kontext regelmäßige Handlungsorientierungen auftreten ließen (Kalberg 2001, S. 230).

Abb. 6 fasst das Ergebnis von Webers empirischer Analyse zusammen: Sie zeigt, welche ursächlichen und intervenierenden Bedingungen im konkreten Bedingungsgefüge laut Weber erforderlich waren, um im Westen den rationalen Kapitalismus hervorzubringen. Im Sinne von Mackie (1965) ist jede dieser einzelnen Bedingungen zwar nicht hinreichend, aber auch nicht redundant, weil sie erst in ihrer Gesamtheit ihre Wirkung entfalten konnten. Weiterhin ist wichtig, dass es sich hierbei um nur einen einzigen Bedingungskomplex handelt, der eben nicht notwendig, aber hinreichend war, um den modernen Kapitalismus zu entwickeln. Dies wiederum bedeutet, dass eben auch andere Pfade zum Kapitalismus möglich sind, und tatsächlich haben spätere historisch-soziologische Arbeiten etwa Chinas Weg zum Kapitalismus mit ähnlicher Methodologie beschrieben.

Webers Analyse zeigt erstens, dass durchaus auch Bedingungsgefüge mit Hilfe von qualitativen Methoden untersucht werden können, und zweitens, dass zumindest mit historischen Methoden auch Kausalbeziehungen auf der Ebene der langen Dauer und über verschiedene Handlungsebenen hinweg bestimmt werden können. Allerdings gibt es hier eine Reihe von methodologisch ungelösten Problemen:

Zunächst gelang es auch Weber nicht, *notwendige Bedingungen* eindeutig zu identifizieren, weshalb er stattdessen von *ermöglichenden,* also *begünstigenden Orientierungen* regelmäßigen Handelns sprach, das heißt, er schloss vor allem das aus, was *nicht* notwendig ist (Zdrojewski 2004; Kalberg 2001).

Ein zweites Problem, das sich bei solchen Analysen der langen Dauer über verschiedene Zeitschichten hinweg stellt, ist, dass der kausale Mechanismus nie restlich geklärt werden kann, weil man die Handlungskette fast nie vollständig rekonstruieren kann. Um dies zum Ausdruck zu bringen, sprach Weber fast nie von „*Kausalbeziehungen*", sondern von „*Wahlverwandtschaften*".

Ein drittes Problem, das eng mit der Frage des kausalen Mechanismus verwandt ist, ist das der *Handlungsträgerschaft*, und dies verweist gleichzeitig nicht nur auf eine grundsätzliche Grenze der quantitativen Sozialforschung sondern auf das zu Eingang dieses Beitrags erwähnte Verhältnis von Kausalität und Interpretativität bzw. von Erklären und Verstehen, auf das ich abschließend eingehen möchte.

Abb. 6: Aufklärung von INUS-Bedingungen mit Fallstudien:
Die Entwicklung des modernen Kapitalismus nach Max Weber

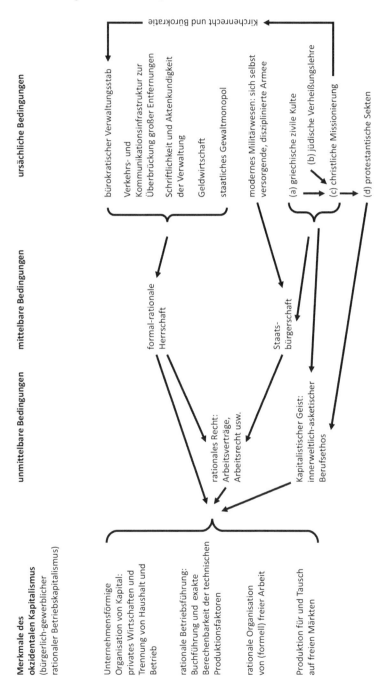

Quelle: Eigene Übersetzung von Collins (1980)

9 Problem der Handlungsträgerschaft: Erklären und Verstehen

Die meisten quantitativen Analysen reduzieren Kausalität auf Beziehungen zwischen Variablen (Kühnel/Dingelstedt 2015, S. 1018–1020), das heißt, sie zeigen, dass zwei Variablen sich typischerweise auf eine bestimmte Art und Weise ändern, und leiten daraus die Kausalbeziehung ab. Gerade im Sinne des methodologischen Individualismus sind es aber Menschen (und nicht Variablen), die in Situationen handeln, die also diese Veränderungen bewirken. Reduziert man die Kausalität auf Beziehungen zwischen Variablen, schaltet man genau die Möglichkeit menschlichen Handelns – hier verstanden als kommunikatives Handeln im Sinne von Knoblauch (2017) – aus dem Erklärungsmodell aus (Abbott 2001) oder, anders formuliert: Mit Hilfe einer *variablenorientierten Betrachtungsweise* können zwar Prozesse nachgezeichnet werden, aber die Analyse verharrt auf der deskriptiven Ebene, weil man dann zwar weiß, *wie sich diese Prozesse vollzogen haben*, aber nicht, *warum* sie so und nicht anders verlaufen sind.

Innerhalb der *quantitativen Sozialforschung* war eine Reaktion auf dieses Problem die Weiterentwicklung zu den in Abschnitt 6.1 beschriebenen Längsschnittanalysen mit Paneldaten. Dies löst das grundsätzliche Problem der Handlungsträgerschaft aber nur bedingt: Mit Hilfe von quantitativen Längsschnittanalysen kann in der Regel zwar nachgezeichnet werden, *wie Menschen handeln*, welche *typischen Handlungsmuster* sich beobachten lassen und *welche Folgen dieses Handeln* hat, aber damit hat man das Handeln bzw. die Interaktion immer noch *nicht erklärt* – man weiß nämlich eben immer noch nicht, *warum* Menschen so handeln, wie sie handeln, und kann damit auch nicht erklären, warum sie in spezifischen Situationen ihr Handeln verändern und in anderen nicht.

Um wirklich zu *erklären*, warum Menschen handeln, ist es daher – wie bereits Weber betonte – erforderlich, ihre Handlungsintentionen zu *verstehen* (Balog 2008, S. 73-75), also zu rekonstruieren, welche Ziele Handelnde erreichen wollen („Wollensaussage") und warum sie glauben („Wissensaussage"), dass das gewählte Mittel („Handlungsaussage") dazu geeignet ist, dieses Ziel zu erreichen. Das Verstehen ist also die Voraussetzung für jedes Erklären. Genau deshalb definierte Max Weber (1921, S. 1) die Soziologie nicht nur als erklärende, sondern auch als verstehende Wissenschaft.

Dabei genügt es nicht, Handlungsintentionen zu benennen, sondern für eine soziologische Erklärung muss auch geklärt werden, wie diese Intentionen zustande kamen (Schulze 2002, S. 6-7), und hierzu sind Interpretationen erforderlich: Da Menschen eben nicht rein reflexhaft handeln, unterscheiden sie sich systematisch in ihren Wissensbeständen bzw. Dispositionen (Akremi in diesem Band), und auf Basis dieser Wissensbestände reflektieren sie ihr Handeln. Für eine soziologische Kausalanalyse heißt das: Auch, wenn Menschen unterschiedliche Handlungsziele haben, kann dies in derselben Situation zum selben Handeln führen. Und da Menschen über unterschiedliche Wissensbestände verfügen und ihr Handeln auch unterschiedlich reflektieren, kann es sein, dass Menschen – obwohl sie dasselbe Handlungsziel haben – in identischen Situationen unterschiedlich handeln. Daraus können sich wiederum unterschiedliche Handlungsergebnisse ergeben. Will man diese unterschiedlichen Handlungsergebnisse erklären, können sich Kausalanalysen daher nicht auf eine reine Rekonstruktion des Handelns beschränken, sondern müssen auch das Wissen und Wollen von Menschen im Sinne einer verstehenden Soziologie rekonstruieren (vgl. hierzu die Ausführungen zum praktischen Syllogismus in Baur et al. in diesem Band). Dabei ist zu beachten, dass Menschen im sozialen Handeln auf kollektive Wissensbestände und Dispositionen zurückgreifen. Im Handeln reflektieren sie ihre biografischen Erfahrungen vor dem Hintergrund dieser Wissensbestände und agieren auf dieser Basis (Schulze 2002, S. 8).

Insgesamt folgt hieraus für das Verhältnis von Kausalität und Interpretativität, dass man zwar durchaus verstehen kann, ohne zu erklären. Umgekehrt kann man in den Sozialwissenschaften aber nicht erklären, ohne zu verstehen. Das heißt wiederum, dass keine soziologischen Erklärungen möglich sind, ohne die bewährten Verfahren der qualitativen und quantitativen Kausalanalyse mit interpretativen Verfahren (Knoblauch et al. in diesem Band) zu verbinden. Da – wie in Abschnitt 2.2 erläutert – auch qualitative Verfahren der Kausalanalyse existieren, bedeutet dies wiederum, dass zwar durchaus die qualitative ohne die quantitative Forschung auskommen kann (wenn sie verstehende mit kausalanalytischen Analysen verbindet), aber eine kausalanalytische quantitative Forschung nicht ohne eine verstehende qualitative Forschung auskommen kann – und genau dies verweist darauf, wie wichtig es ist, die Mixed-Methods-Forschung (Baur/Kelle/Kuckartz 2017) voranzutreiben. Während sowohl qualitativ-verstehende, als auch quantitativ-kausalanalytische Ansätze in den letzten hundert Jahren große Entwicklungen durchlaufen haben und viel differenziertere Analysen ermöglichen, als dies zu Webers Zeiten möglich war, so ist es doch eine Aufgabe der zukünftigen Methodenforschung, diese erklärenden und verstehenden Ansätze zu einer Methodologie zusammenzuführen, um soziologische Erklärungen zu erläutern.

Mit dieser Zusammenführung von verstehenden und kausalanalytischen Ansätzen ist das Problem allerdings noch nicht erledigt, da sich die gerade gemachten Aussagen auf die Folgen des Wissens und Wollens von *einzelnen* Handelnden beschränken, denn bei vielen sozialen Phänomenen sind es nicht einzelne Personen, sondern – wie bereits in Abschnitt 7.2 angedeutet – *soziale Gruppen und kollektive Akteure* (wie etwa soziale Milieus, ethnische Gruppen, Organisationen, Städte oder Nationen), deren gemeinsames Handeln die Wirkung hervorbringt. Die Frage, wie man adäquat das Handeln von kollektiven

Akteuren versteht und seine Ursachen und Folgen erklärt, ist nach wie vor eine große Forschungslücke, und die Methodenforschung steht hier auch hundert Jahre nach Weber noch ganz am Anfang.

Ein sinnvoller Ansatzpunkt sowohl für die *Re-Integration von Verstehen und Erklären*, als auch zur *Integration von Perspektiven auf das kommunikative Handeln von einzelnen und kollektiven Akteuren* erscheint mir Webers Methodologie (Kalberg 2001; Zdrojewski 2004), die auch heute noch der am weitesten entwickelte Ansatz der soziologischen Kausalanalyse ist, die eine sehr komplexe logische Beweisführung in mehreren Schritten unternahm und in diesem Zuge Verstehen und Erklären verband. Für Webers substanzielle Forschungsfragen bedeutete dies konkret, dass er zeigen wollte, dass eine spezifische wirtschaftsethische Gesinnung in Kombination mit anderen Faktoren den okzidentalen Kapitalismus hervorgebracht hat. Für eine solche komplexe Kausalanalyse vollzog Weber folgende methodologische Schritte (Karlberg 2001; Zdrojewski 2004; Balog 2008; Lepsius 1990/2012):

1. *Identifikation und Beschreibung des sozialen Phänomens:* Im ersten Analyseschritt ist gemäß Weber aus der Gesamtheit sozialer Prozesse das soziale Phänomen herauszugreifen und zu beschreiben, das erklärt werden soll (Zdrojewski 2004). Dies entspricht der in Abschnitt 7.1 beschriebenen Definition von Fällen und Gesamtheiten sowie der Fokussierung der Fragestellung. Man kann dabei das Phänomen einfach setzen, Weber schlug aber vor, dieses Phänomen entweder mittels Gedankenexperimenten kognitiv zu isolieren (Lepsius 1990/2012, S. 79-80) oder aus dem Feld heraus zu rekonstruieren, das heißt, das Phänomen so zu definieren, wie Akteure, die das Phänomen konstituieren, es definieren (Balog 2008, S. 90) – was wiederum nur verstehenden Ansätzen möglich ist.
2. *Identifikation von sozialen Trägerschichten:* Im nächsten Schritt müssen die Handlungsträger bestimmt werden, die den Prozessverlauf überhaupt beeinflussen konnten. Im Sinne des methodologischen Individualismus wäre es ideal, die einzelnen Personen auszumachen, die durch ihr Handeln die Veränderung tatsächlich bewirkt haben. Dies ist aber aus zwei Gründen selten möglich: Erstens sind es – wie bereits erwähnt – bei vielen sozialen Phänomenen nicht individuelle, sondern kollektive Akteure (soziale Milieus, Organisationen oder Nationen usw.), die die Veränderung als Ganzes hervorgebracht haben oder deren kumuliertes Handeln die Wirkung verursacht haben. Zweitens ist es bei Phänomenen von langer Dauer (wie der Entwicklung des Kapitalismus) oft nicht mehr möglich, Daten zum Handeln von einzelnen Personen zu finden, das vor dreißig, fünfzig oder hundert Jahren stattgefunden hat. Aus diesem Grund greift Weber zu einem methodologischen Kniff: Wenn kein individueller Akteur fixiert werden kann, beobachtet er stattdessen sogenannte soziale Trägerschichten (Lepsius 1990/2012,

S. 80; Balog 2008, S. 84, S. 90) – also solche Personenkreise, die durch ihr Handeln etwa die Entwicklung des Kapitalismus bewirkt haben. Zu den idealtypischen Trägerschichten, die Weber für seine Fragestellung als empirisch relevant ermittelte, gehörten Stände, Klassen, Verbände, Städte und Staaten, aber auch Institutionen, wie etwa Betriebe, Recht, Bürokratie und Herrschaft (Kalberg 2001; Zdrojewski 2004). Nachdem Weber die Trägerschichten aufgefunden hat, analysiert er im Folgenden sowohl die kollektiven Wissensbestände und Handlungsintentionen dieser Trägerschichten, als auch deren Wirken durch ihr Handeln (siehe nächste Schritte). Dabei betont er, dass die Wirksamkeit der Wissensbestände stark von der sozialen Position ihrer Trägerschichten abhängig ist, das heißt, er denkt Wissen und Macht systematisch zusammen. Da er aber durch diesen methodologischen Kniff nicht mehr die Beziehung zwischen Wissen, Wollen und Handeln auf der individuellen Ebene, sondern nur auf der Ebene der Trägerschicht untersuchen kann und da bei kollektiven Akteuren die Zurechnung von Ursachen und Wirkungen nie eindeutig geklärt werden kann (Lepsius 1990/2012, S. 77), spricht Weber bewusst nicht von „Kausalität", sondern von „Wahlverwandtschaft".

3. *Motivationale Analyse von sozialen Sinnzusammenhängen:* Im nächsten Schritt muss eine motivationale Analyse durchgeführt werden, das heißt, es müssen die Handlungsorientierungen (der subjektiv gemeinte Sinn, das Wissen und Wollen) der sozialen Träger sowie ihre Wertvorstellungen, Selbstverständnisse, Motive und Interessen ergründet werden (Balog 2008, S. 84, S. 90) – dies ist es, was Weber als „Verstehen" bezeichnet. Dabei unterscheidet Weber zwischen zweckrationalem, wertrationalem, affektualem und traditionalem Handeln in konkreten Situationen. Im Sinne einer soziologischen Erklärung geht es nicht darum, alle individuellen Motive zu finden, sondern aus der großen Menge von Motiven analytisch und empirisch diejenigen herauszufiltern, die für die Handelnden soziologisch bedeutsam sind (Kalberg 2001, S. 49): Bislang wurden Wirkung (= Identifikation und Beschreibung des interessierenden Phänomens in Schritt 1) und Ursache (= motivationale Analyse der sozialen Trägerschichten in Schritt 2 und 3) gesondert behandelt. In den nächsten Analyseschritten verknüpft Weber diese mit Hilfe der Herstellung von Sinn- und Kausaladäquanz.

4. *Sinnadäquanz (sinnhafte Entsprechung):* Zwischen dem Handeln von sozialen Akteuren und einem Phänomen können nur Ursache-Wirkung-Beziehungen bestehen, wenn, erstens, Handlungsmotiv (Ziele) und Handlung (Mittel) entsprechend den Standards der Handlungsgemeinschaft nachvollziehbar verknüpfbar werden können (Balog 2008, S. 77), das heißt, es muss die Frage geklärt werden, warum und wie die Handlungsorientierungen der Trägerschichten sich tatsächlich in Handeln manifestieren, das heißt, warum das Handeln für die sozialen Träger Sinn ergibt. „Das Verstehen sozia-

ler Phänomene bedeutet die Absichten, die Glaubensannahmen und die Mittel der Beteiligten zu rekonstruieren. In der Praxis läuft dieses Postulat darauf hinaus, die typischen Handlungen von Gruppen oder wichtiger Einzelner, ihre Interessen und Wertvorstellungen aufzuzeigen, in deren Handlungen das Phänomen realisiert wird" (Balog 2008, S. 79). Über ihr Handeln bilden die sozialen Träger laut Weber bestimmte Handlungstypen heraus, also regelmäßige und sinnhafte Handlungsorientierungen, wobei Weber drei Hauptformen unterscheidet: Ordnungen (Brauch, Sitte, zweckrationale Interessenlagen), legitime Ordnungen (Konventionen und Recht) sowie soziologische Orte, wobei er von einer Wahlverwandtschaft der Handlungsorientierungen mit sozialen Lebensbedingungen ausging. Zusammengenommen bilden diese sinnhaften Handlungsorientierungen die sozialen Strukturen für die Trägerschichten (Zdrojewski 2004). Um diese sogenannte Sinnadäquanz herzustellen, bediente sich Weber des Mittels der analytischen Induktion (Seale 1999, S. 73–86): Jede einzelne Handlungskomponente wird gedanklich isoliert und danach befragt, welchen möglichen Beitrag sie für den Gesamthergang leistete, das heißt, ob man auch auf sie hätte verzichten können. Ziel dieses Analyseschritts ist es, diejenigen Komponenten herauszuheben, die für das Gesamtergebnis (die Entwicklung des Kapitalismus) zentral waren – die Herstellung von Sinnadäquanz ist dabei eine wichtige Vorarbeit für Kausaladäquanz (Zdrojewski 2004). In diesem Rahmen zeigt Pohlmann (2015), dass und wie die Webersche Methodologie in Bezug auf die motivationale Analyse und die Herstellung von Sinnadäquanz stark an analytischer Schärfe gewinnen würde, wenn man sie mit der „Ökonomie der Konventionen" verbinden würde.

5. *Kausaladäquanz:* Zwischen dem Handeln von sozialen Akteuren und einem Phänomen können nur Ursache-Wirkung-Beziehungen bestehen, wenn, zweitens, das Ziel auch die Handlung motiviert hat (Balog 2008, S. 77). Für diese Art der Erklärungen ist es aber weniger wichtig, die genauen Mechanismen und Abläufe zu beschreiben, sondern vielmehr zu erklären, aufgrund welcher Art von Wissen welches Handeln erfolgt, das heißt, die kausale Adäquanz hängt von den möglichen Formen des Wissens um Regelhaftigkeiten ab (Balog 2008, S. 81). Hat man die für den Prozessverlauf möglicherweise zentralen Komponenten erkannt, muss man nun empirisch überprüfen, ob sie tatsächlich innerhalb eines INUS-Gefüges (Abschnitt 8) Bedingungskomponenten sind und ob sie notwendige oder hinreichende Bedingungen sind. Dabei bedient sich Weber des von Mills' vorgeschlagenen Instrumentariums aus Methode der Übereinstimmung und Methode der Differenz (Abschnitt 2.1): Um den Prozessverlauf erklären zu können, sucht er nach geeigneten Kontrastfällen. Da es sich etwa bei der Entwicklung des okzidentalen Kapitalismus („Protestantische Ethik") um einen kompletten Kulturraum handelt, sucht Weber in allen Zeiten und in allen

Kulturen nach kontrastierenden empirischen Prozessen, die sich in Bezug auf die (im Schritt der Sinnadäquanz diagnostizierte) Entwicklung des westlichen Kapitalismus zentralen Komponenten vergleichen lassen (Methode der Übereinstimmung), allerdings keinen modernen Kapitalismus hervorgebracht haben (Methode der Differenz). Der ideale Vergleichsfall wäre ein sozialer Prozess, der sich mit der Entwicklung zum modernen Kapitalismus in Bezug auf alle ökonomisch relevanten Komponenten mit einer Ausnahme deckt: der spezifischen Wirtschaftsgesinnung des Rationalismus. Da ein solcher Vergleichsfall empirisch nicht auffindbar war, suchte Weber stattdessen nach möglichst ähnlichen Prozessverläufen und parallelisierte die Prozessverläufe soweit wie möglich, indem er empirisch überprüfte, inwiefern dieser Prozess analog in Hinsicht auf eine oder einige Komponenten verlief und inwiefern nicht. Auf dieser Basis lokalisierte er förderliche Bedingungen (positive Analogie) und hinderliche Bedingungen (negative Analogie) (Zdrojewski 2004).
6. *Zusammenspiel von Handlungen:* Die Herstellung von Sinn- und Kausaladäquanz erklärt zunächst nur einmal, warum Akteure handeln, wie sie handeln. „Damit wird aber nicht behauptet, dass die Resultate des Handelns der handelnden Personen, also ihren Absichten und Wünschen zuzurechnen sind" (Balog 2008, S. 78). Vielmehr muss im Folgenden – um wirklich soziale Prozesse zu erklären – das Zusammenspiel der Handlungen relevanter Akteure und dessen Konsequenzen analysiert werden (Balog 2008, S. 90). Zu fragen ist etwa, wie der Kontext die Handlungsmöglichkeiten und Wirkmächtigkeit der Akteure beeinflusst; welche unbeabsichtigte Folgen das Handeln hat; wie Handlungen nach innen und außen legitimiert werden, diffundieren und institutionalisiert werden; wie aus dem Zusammenspiel der Akteure Innovationen entstehen und welche weiteren Entwicklungsmöglichkeiten sich hieraus ergeben (Lepsius 1990/2012). Die soziologische Erklärung ergibt sich dann aus der Synopse dieses Zusammenspiels.

10   Fazit

Ich habe in diesem Beitrag nachgezeichnet, wie in der Geschichte der Soziologie methodologisch versucht wurde, soziale Phänomene zu erklären, wobei hier „Erklären" als Aufklären von Kausalverhältnissen, also von Ursache-Wirkungs-Beziehungen, verstanden wurde, und nicht im Sinne des Schlusses zwischen Daten und Theorie (vgl. hierzu Baur et al. in diesem Band). Dabei lässt sich zunächst festhalten, dass es sowohl qualitative als auch quantitative Ansätze des Erklärens gibt, sich die quantitative Sozialforschung aber weitaus intensiver mit diesem Problem befasst hat.

Weiterhin lässt sich festhalten, dass die quantitative Sozialforschung zwar typischerweise den Forschungsprozess in verschiedene linear aufeinander folgende Phasen unterteilt und für jede dieser Phasen – von der Formulierung der Fragestellung über das Sampling (vgl. hierzu Baur et al. in diesem Band), die Datenerhebung (Kelle in diesem Band), Auswertung (Akremi in diesem Band) und Generalisierung (Ziegler in diesem Band) – spezifische methodologische Probleme benennt, die dann jeweils gesondert diskutiert werden (Baur et al. in diesem Band). Die Möglichkeiten und Grenzen der Kausalanalyse werden dabei – so die Vorannahme – maßgeblich durch das Forschungsdesign vorbestimmt, können dann aber auf die (statistische) Auswertung verlagert werden. Statistische Auswertungsverfahren treffen dabei eine Reihe von Modellannahmen, die – wie das Nachzeichnen der historischen Debatte um Auswertungsverfahren gezeigt hat – in vielen Punkten viel zu stark vereinfachen und daher unrealistisch, das heißt, nicht dem Gegenstand angemessen sind.

Die quantitative Sozialforschung hat hierauf reagiert, dass sie in den vergangenen hundert Jahren sukzessive komplexere Verfahren mit realistischeren Modellannahmen entwickelt hat. Dabei zeigt sich allerdings, dass diese Trennung und separate Behandlung von verschiedenen Forschungsphasen in der Praxis der Kausalanalyse nicht funktioniert, weil etwa die im Rahmen der Datenauswahl und Generalisierung vollzogene Definition der Population beeinflusst, welche Faktoren überhaupt für Generalisierungen herangezogen werden können (vgl. Abschnitt 8). Vielmehr müssen in der sozialwissenschaftlichen Kausalanalyse alle Phasen des Forschungsprozesses systematisch zusammengedacht werden. Damit ergibt sich aber das Problem, dass sich etwaige Interpretationsentscheidungen etwa beim Sampling und der Datenerhebung auch auf die Auswertung niederschlagen.

Fragt man nun nach der Beziehung von Kausalität und Interpretativität, so bedingen folglich sowohl das Erfordernis der Modellannahmen, als auch die Notwendigkeit der Berücksichtigung (der Interpretationsprobleme) der anderen Forschungsphasen die Unvermeidlichkeit – je nachdem, wie man den Begriff der „Interpretation" definiert – „zu interpretieren" oder „theoretische Annahmen zu treffen". Konkret können Forschende versuchen, mit Hilfe von sogenannten Brückenhypothesen (Maurer/Schmid 2010, S. 100-105) die Lücken in der Kausalkette zu schließen. Alternativ kann versucht werden, mit Hilfe von zusätzlicher, in der Regel qualitativ-interpretativer Forschung, diese Lücken zu schließen. Kelle (2017) zeigt dabei, dass das Verwenden von Brückenhypothesen nur bei Gegenstandsbereichen funktioniert, die sich nur sehr langsam wandeln und die relativ gut erforscht sind. Bei komplexen sozialen Prozessen, die sich schnell wandeln; bei unvertrauten sozialen Kontexten; bei neuartigen sozialen Phänomenen und bei Gegenstandsbereichen, die nur schwach theoretisiert sind, ist es dagegen erforderlich, qualitativ-interpretativ zu arbeiten (Kelle 2017) – genau deshalb haben qualitative Studien im Sinne von „Voruntersuchungen" auch in der quantitativen Sozialforschung eine lange

Tradition. Allerdings bleibt man bei einem solchen Vorgehen der Annahme verhaftet, dass sich Verstehen und Erklären trennen und hintereinander abarbeiten lassen, und das Verstehen gerät zu einer bloßen Vorarbeit für das Erklären.

Wie die obige Diskussion gezeigt hat, ist tatsächlich aber das Verhältnis von Verstehen und Erklären weitaus komplexer, und hier gelangen wir zum Kern des Verhältnisses von Kausalität und Interpretativität: Verstehen und Erklären sind nicht nur – wie der Rückgriff auf Weber gezeigt hat – untrennbar miteinander verwoben und lassen sich daher allenfalls analytisch trennen, sondern um wirklich sozialwissenschaftlich zu erklären, müssen die Handlungsmotive und -ziele und deren intendierte und nicht intendierte Folgen rekonstruiert werden. Genau dies können aber die derzeitig gängigen Verfahren der quantitativen Kausalanalyse gar nicht leisten – man könnte fast behaupten, dass sich die quantitative Sozialforschung so sehr in Nebenschauplätze der Kausalanalyse vertieft hat, dass sie den Hauptschauplatz vergessen hat.

Um die „eigentlichen" Fragen zu behandeln, wäre es – wie ich in Abschnitt 9 dargelegt habe – sinnvoll, zurück zu dem von Max Weber vorgeschlagenen kausalanalytischen Programm zu kehren und dieses – in einer aktualisierten Variante – systematisch weiterzuverfolgen. Nimmt man dies ernst, so ergeben sich – und auch das habe ich versucht zu zeigen – eine ganze Reihe von offenen Fragen für die künftige Forschung im Hinblick auf methodologische und methodische Weiterentwicklungen, aber an teilweise anderen Stellen, als dies derzeit diskutiert wird. Hierzu gehören unter anderem (und ohne Anspruch auf Vollständigkeit):

Ein in der soziologischen Kausalanalyse von Anfang an virulentes und bis heute allenfalls unbefriedigend gelöstes Problem ist, dass in empirischer Forschung nie alle sozialen Situationen erfasst werden können, sondern eine Stichprobe gezogen werden muss, und dass bei der Messung Fehler auftreten können, weshalb für Kausalmodelle die Datenqualität wichtig ist. Vieles deutet darauf hin, dass diese Probleme zumindest teilweise durch Spezifika des sozialwissenschaftlichen Gegenstands verursacht werden und daher bestenfalls methodologisch gehandhabt, aber niemals vollständig beseitigt werden können. Daher wäre es erforderlich, das *Verhältnis von Interpretativität und quantitativer Sozialforschung systematischer zu reflektieren*, um Lösungsmöglichkeiten zu finden (Baur et al. in diesem Band).

Zweitens hängen Erklärungen hochgradig vom *sozialen Kontext* ab, und es sind in verschiedenen sozialen Kontexten unterschiedliche Bedingungskomplexe möglich. Damit ist es nicht nur sehr wichtig zu wissen, (a) welche Erklärungen für welchen Kontext gelten, sondern auch, (b) wie man Kontexte vergleichen und (c) Ergebnisse von einem Kontext in andere Kontexte übertragen bzw. generalisieren kann – eine bis heute nur unzureichend gelöste Frage. In diesem Rahmen ist auch die Frage der (d) Fall- und Populationsabgrenzung eine lange vernachlässigte

Herausforderung, die umso wichtiger ist, da – methodologisch gesehen – Variablen, die für die Populationsabgrenzung verwendet werden, automatisch analytisch als notwendige Bedingungen gesetzt werden und damit nicht mehr für eine Kausalanalyse verwendet werden können. Hinzu kommt eine empirisch beobachtbare Veränderung der sozialen Wirklichkeit: Die gängigste Population in sozialwissenschaftlichen Analysen war der Nationalstaat, bei dem eine Einheit aus Territorium, Institutionen und Menschen (Wohnbevölkerung) stillschweigend vorausgesetzt wurde – durch zunehmende Deterritorialisierung, Migration, Mediatisierung und Digitalisierung („Big Data") re-figurieren sich aber spätestens seit den 1970ern Räume (Knoblauch/Löw 2017), weshalb diese Annahme immer weniger der sozialen Wirklichkeit entspricht und im Rahmen von soziologischen Kausalerklärungen in Zukunft wieder mehr über Populationen und Kontexte nachgedacht werden sollte.

In Bezug auf die *Zeitlichkeit sozialer Phänomene* bleibt es eine Aufgabe für die künftige Forschung, Verfahren zu entwickeln, mit denen die (a) Phasen der Gültigkeit (also Beginn und Ende) von bestimmten Kausalzusammenhängen bestimmt werden können. Ebenso mangelt es an Verfahren, bei denen nicht nur die zeitliche Sukzession von Ursache und Wirkung, sondern auch die Wirkung von (b) Abfolge, (c) Timing, (d) Rhythmus und (e) Verlaufsform von Prozessen gehandhabt werden können. Weiterhin eignen sich die herkömmlichen quantitativen Analysestrategien vor allem für die Analyse von Individualdaten und Phänomene von kurzer Dauer („Quick-Quick-Cases"). Viele sozialwissenschaftliche Fragestellungen beziehen sich aber auf (f) Kollektivphänomene von langer Dauer. Ein besonderes Problem ist es dabei, wie (g) kausale Wirkungen über verschiedene Zeitschichten hinweg analysiert werden können (ausführlich: Baur 2005), wie also eine prozessorientierte Mikro-Makro-Analyse möglich ist (Baur 2017). Für diesen Fragekomplex bietet Max Webers Methodologie und insbesondere das Konzept der „Trägerschichten" einen wichtigen Ansatzpunkt.

Schließlich ist es erforderlich, die Methodologie der empirischen Identifikation von *sozialen Gruppen und kollektiven Akteure* (wie etwa sozialen Milieus, ethnischen Gruppen, Organisationen, Städte oder Nationen) sowie die Bestimmung ihrer Handlungsmotive voranzutreiben, wobei hierfür für qualitative Verfahren von Weber der „Idealtypus", von der quantitativen Sozialforschung dimensionsanalytische und typenbildende Verfahren vorgeschlagen wurden (Akremi in diesem Band). Weiterhin sind in diesem Rahmen Methodologien zu entwickeln, die geeignet sind, Handlungsursachen und -folgen von kollektiven Akteuren systematisch zu analysieren, wobei hier der akteurzentrierte Institutionalismus (Mayntz 2009) oder die Organisationssoziologie durchaus Ansätze entwickelt haben, auf die man zurückgreifen könnte, deren Integration in die Mainstream-Methodendebatte und mit den anderen Ansätzen der Kausalanalyse aber erst noch aussteht.

Wenn man aber auch nur ansatzweise beginnt, diese Fragen ernsthaft zu adressieren, dann wird Kausalanalyse weiteraus interpretativer, als es in vielen aktuellen Debatten erscheint. Anders formuliert, kann man die Ausgangsfrage dieses Beitrags, in welchem Verhältnis Verstehen und Erklären in den Sozialwissenschaften stehen, ganz eindeutig beantworten: Man kann zwar durchaus verstehen, ohne zu erklären, aber man kann nicht erklären, ohne zu verstehen! Kausalität ist damit ohne Interpretativität nicht denkbar.

Literatur

Abbott, A. (2001): Time Matters. Chicago: University of Chicago Press.
Abell, P. (2001): Causality and Low-Frequency Complex Events. In: Sociological Methods & Research 30, H. 1, S. 57–80.
Akremi, L. (2015): Stichprobenziehung in der qualitativen Sozialforschung. In: Baur, N./Blasius, J. (Hrsg.): Handbuch Methoden der empirischen Sozialforschung. Wiesbaden: Springer, S. 265–282.
Aldenderfer, M. S./Blashfield, R. K. (1984): Cluster Analysis. Iowa: Sage.
Aljets, E./Hoebel, T. (2017): Prozessuales Erklären. In: Zeitschrift für Soziologie 46, H. 1, S. 4–21.
Bachleitner, R./ Weichbold, M./Aschauer, W./Pausch, M. (2014): Methodik und Methodologie interkultureller Umfrageforschung. Wiesbaden: Springer. Kapitel 4: Äquivalenz der Inhalte: Konstruktäquivalenz und Inhaltsvalidität. doi.org/10.1007/978-3-658-04199-1_4 (Abruf 26.06.2017).
Balog, A. (2008): Verstehen und Erklären bei Max Weber. In: Greshoff, R./Kneer, G./Schneider, W. L. (Hrsg.): Verstehen und Erklären. München: Wilhelm Fink, S. 73–94.
Baur, N. (2004): Wo liegen die Grenzen quantitativer Längsschnittsanalysen? Bamberg: Bamberger Beiträge zur empirischen Sozialforschung 23. doi.org/10.13140/RG.2.1.5113.3608 (Abruf 26.06.2017).
Baur, N. (2005): Verlaufsmusteranalyse. Wiesbaden: VS Verlag für Sozialwissenschaften.
Baur, N. (2009a): Memory and Data. In: Packard, Noel (Hrsg.): Sociology of Memory. Newcastle: Cambridge Scholars Publishing, S. 289–312.
Baur, N. (2009b): Measurement and Selection Bias in Longitudinal Data. In: Historical Social Research 34, H. 3, S. 9–50.
Baur, N. (2010): Mittelwertvergleiche und Varianzanalyse. In: Fromm S. (Hrsg.): Datenanalyse mit SPSS für Fortgeschrittene 2. Wiesbaden: VS Verlag für Sozialwissenschaften, S. 12–52.
Baur, N. (2011): Kontrolle von Drittvariablen für bivariate Beziehungen. In: Akremi, L./Baur, N./Fromm, S. (Hrsg.): Datenanalyse mit SPSS für Fortgeschrittene 1. Wiesbaden: VS Verlag für Sozialwissenschaften, S. 223–243.
Baur, N. (2014): Comparing Societies and Cultures. In: Historical Social Research 39, H. 2, S. 257–291.
Baur, N. (2015): Netzwerkdaten. In: Baur, N./Blasius, J. (Hrsg.): Handbuch Methoden der empirischen Sozialforschung. Wiesbaden: Springer, S. 941–958.
Baur, N. (2017): Process-Oriented Micro-Macro-Analysis. In: Historical Social Research 42, H. 4, S. 43–74. doi.org/10.12759/hsr.42.2017.4.43-74 (Abruf 01.07.2018).
Baur, N./Kelle, U./Kuckartz, U. (2017): Mixed Methods – Stand der Debatte und aktuelle Problemlagen. In: Kölner Zeitschrift für Soziologie und Sozialpsychologie 69 (Supplement 2), S. 1–37.
Baur, N./Lamnek, S. (2005): Einzelfallanalyse. In: Mikos, L./Wegener, C. (Hrsg.): Qualitative Medienforschung. Konstanz: UVK, S. 241–252.
Baur, N./Lamnek, S. (2016): Multivariate Analysis. In: Ritzer, G. (Hrsg.): The Blackwell Encyclopedia of Sociology. 2. Auflage. Oxford: Blackwell Publishing Ltd.

Behnke, J./Baur, N./Behnke, N. (2010): Empirische Methoden der Politikwissenschaft. Paderborn et al.: Schöningh.
Best, H./Wolf, C. (2010): Logistische Regression. In: Wolf, C./Best, H. (Hrsg.): Handbuch der sozialwissenschaftlichen Datenanalyse. Wiesbaden: Springer VS, S. 827–854.
Blasius, J. (2001): Korrespondenzanalyse. München: Oldenbourg.
Blasius, J./Baur, N. (2015): Multivariate Datenanalyse. In: Baur, N./Blasius, J. (Hrsg.): Handbuch Methoden der empirischen Sozialforschung. Wiesbaden: Springer, S. 997–1016.
Blasius, J./Thiessen, V. (2012): Assessing the Quality of Survey Data. London: Sage.
Bleymüller, J./Gehlert, G./Gülicher, H. (1998): Statistik für Wirtschaftswissenschaftler. München: Franz Vahlen.
Bloch, M. (2002): Apologie der Geschichtswissenschaft. Stuttgart: Klett-Cotta.
Borchert, J./Lessenich, S. (2012a): Der Vergleich in den Sozialwissenschaften. In: Borchert, J./Lessenich, S. (Hrsg.): Der Vergleich in den Sozialwissenschaften. Frankfurt am Main und New York: Campus, S. 9–16.
Borchert, J./Lessenich, S. (2012b): Kategorien und Methoden vergleichender Gesellschaftsanalyse. In: Borchert, J./Lessenich, S. (Hrsg.): Der Vergleich in den Sozialwissenschaften. Frankfurt am Main und New York: Campus, S. 21–35.
Collins, R. (2001): Weber's Last Theory of Capitalism. In: Granovetter, M./Swedberg, R. (Hrsg.): The Sociology of Economic Life. Cambridge (MA): Westview, S. 379–400.
Decker, R./Rašković, S./Brunsiek, K. (2010): Diskriminanzanalyse. In: Wolf, C./Best, H. (Hrsg.): Handbuch der sozialwissenschaftlichen Datenanalyse. Wiesbaden: Springer VS, S. 495–524.
Diaz-Bone, R. (2019): Formen des Schließens und Erklärens. In: Baur, N./Blasius, J. (Hrsg.): Handbuch Methoden der empirischen Sozialforschung. 2. Auflage. Wiesbaden: Springer (im Druck).
Eifler, S. (2015): Experiment. In: Baur, N./Blasius, J. (Hrsg.): Handbuch Methoden der empirischen Sozialforschung. Wiesbaden: Springer, S. 195–209.
Elias, N. (1969/1994): Die höfische Gesellschaft. Frankfurt am Main: Suhrkamp.
Engel, U./Pötschke, M./Schnabel, C./Simonson, J. (2004): Nonresponse und Stichprobenqualität. Frankfurt am Main: Deutscher Fachverlag.
Esser, H. (2002): Wo steht die Soziologie? In: Soziologie, H. 4/2002, S. 20–32.
Fahrmeir, L./Häußler, W./Tutz, G. (1996): Diskriminanzanalyse. In: Fahrmeir, L./Hamerle, A./Tutz, G. (Hrsg.): Multivariate statistische Verfahren. Berlin und New York: Gruyter, S. 357–436.
Franzen, A./Meyer, R. (2004): Klimawandel des Umweltbewusstseins? In: Zeitschrift für Soziologie 33, H. 2, S. 119–137.
Fromm, S. (2008): Multiple lineare Regressionsanalyse. In: Baur, N./Fromm, S. (Hrsg.): Datenanalyse mit SPSS für Fortgeschrittene. Wiesbaden: Springer VS, S. 356–381.
Fromm, S. (2010a): Clusteranalyse. In: Fromm, S. (Hrsg.): Datenanalyse mit SPSS für Fortgeschrittene 2. Wiesbaden: VS Verlag für Sozialwissenschaften, S. 191–222.
Fromm, S. (2010b): Faktoren- und Reliabilitätsanalyse. In: Fromm, S. (Hrsg.): Datenanalyse mit SPSS für Fortgeschrittene 2. Wiesbaden: VS Verlag für Sozialwissenschaften, S. 53–82.
Fuchs-Heinritz, W. (2000): Biographische Forschung. Wiesbaden: Westdeutscher Verlag.
Gangl, M. (2010): Causal Inference in Sociological Research. In: Annual Review of Sociology 36, H. 1, S. 21–47.
Glaser, B. G./Strauss, A. L. (1980): The Discovery of Grounded Theory. 11. Auflage. New Brunswick: Aldine.
Glaser, B. G./Strauss, A. L. (1995): Betreuung von Sterbenden. 2., überarbeitete Auflage. Göttingen und Zürich: Vandenhoeck & Ruprecht.
Gläser, J./Laudel, G. (2013): Life With and Without Coding. In: Forum Qualitative Sozialforschung 14, H. 2. doi.org/10.17169/fqs-14.2.1886 (Abruf 26.6.2018).
Glenn, N. D. (1977): Cohort Analysis. Newbury Park, London und New Delhi: Sage.
Greshoff, R./Kneer, G./Schneider, W. L. (2008a): Die „Verstehens-Erklären-Kontroverse" als Debatte um die methodischen Grundlagen der Sozial- und Kulturwissenschaften. In: Greshoff, R./Kneer, G./Schneider, W. L. (Hrsg.): Verstehen und Erklären. München: Wilhelm Fink, S. 7–12.

Greshoff, R./Kneer, G./Schneider, W. L. (Hrsg.) (2008b): Verstehen und Erklären. München: Wilhelm Fink.
Greshoff, R. (2008): Verstehen und Erklären bei Hartmut Esser. In: Greshoff, R./Kneer, G./Schneider, W. L. (Hrsg.): Verstehen und Erklären. München: Wilhelm Fink, S. 413–445.
Groves, R. M./Fowler, F. J./Couper, M. P./Lepkowski, J. M./Singer, E./Tourangeau, R. (2009): Survey Methodology. Hoboken: John Wiley & Sons.
Hamerle, A./Tutz, G. (1996): Zusammenhangsanalysen in mehrdimensionalen Kontingenztabellen. In: Fahrmeir, L./Hamerle, A./Tutz, G. (Hrsg.): Multivariate statistische Verfahren. Berlin und New York: Gruyter, S. 537–636.
Hartung, J./Elpelt, B. (2006): Multivariate Statistik. München: Oldenbourg.
Heitmeyer, W. (2008): Die Ideologie der Ungleichwertigkeit. In: Heitmeyer, W. (Hrsg.): Deutsche Zustände 6. Frankfurt am Main: Suhrkamp, S. 135–155.
Hempel, C. G./Oppenheim, P. (1948): Studies in the Logic of Explanation. In: Philosophy of Science 15, H. 2, S. 135–175.
Hering, L./Schmidt, R. J. (2015): Einzelfallanalyse. In: Baur, N./Blasius, J. (Hrsg.): Handbuch Methoden der empirischen Sozialforschung. Wiesbaden: Springer, S. 529–542.
Kalberg, S. (2001): Einführung in die historisch-vergleichende Soziologie Max Webers. Wiesbaden: Westdeutscher Verlag.
Kaven, C. (2015): Langfristige soziale Prozesse. In: Schützeichel, R./Jordan, S. (Hrsg.): Prozesse. Wiesbaden: Springer, S. 233–247.
Kelle, U. (2017): Die Integration qualitativer und quantitativer Forschung – theoretische Grundlagen von „Mixed Methods". In: Baur, N./Kelle, U./Kuckartz, U. (Hrsg.): Mixed Methods. Kölner Zeitschrift für Soziologie und Sozialpsychologie 69 (Supplement 2). Wiesbaden: Springer VS, S. 39–61.
Knoblauch, H. (2017): Die kommunikative Konstruktion der Wirklichkeit. Wiesbaden: VS.
Knoblauch, H./Löw, M. (2017): On the Spatial Re-Figuration of the Social World. In: Sociologica 2/2017. doi.org/10.2383/88197 (Abruf 15.4.2018).
Koselleck, R. (1979): Historische Semantik und Begriffsgeschichte. Stuttgart: Klett-Cotta.
Koselleck, R. (2000): Zeitschichten. Frankfurt am Main: Suhrkamp.
Krause, M. (2016): Comparative Research: Beyond Linear-Causal Explanation. In: Deville, J./Guggenheim, M./Hrdlicková, Z. (Hrsg.): Practising Comparison. Manchester: Mattering Press, S. 45–67.
Kromrey, H. (2009): Empirische Sozialforschung. Stuttgart: UTB.
Kühnel, S. (2001): Kommt es auf die Stimme an? In: Koch, A./Wasmer, M./Schmidt, P. (Hrsg.): Politische Partizipation in der Bundesrepublik Deutschland. Wiesbaden: VS Verlag für Sozialwissenschaften, S. 11–42.
Kühnel, S./Dingelstedt, A. (2015): Kausalität. In: Baur, N./Blasius, J. (Hrsg.): Handbuch Methoden der empirischen Sozialforschung. Wiesbaden: Springer, S. 1017–1028.
Kühnel, S./Fuchs, D. (1998): Nichtwählen als rationales Handeln. In: Kaase, M./Klingemann, H.-D. (Hrsg.): Wahlen und Wähler. Wiesbaden: VS Verlag für Sozialwissenschaften, S. 317–356.
Kühnel, S./Mays, A. (2010): Lässt sich in der Langzeitbeobachtung ehemaliger Gymnasiasten eine protestantische Ethik finden? In: Beckers, T./Birkelbach, K./Hagenah; U./Rosar, U. (Hrsg.) Komparative empirische Sozialforschung. Wiesbaden: VS Verlag für Sozialwissenschaften, S. 93–112.
Kunz, V./Gabriel, O. W. (2000): Soziale Integration und politische Partizipation. In: Druwe, U./Kühnel, S./Kunz, V. (Hrsg.): Kontext, Akteur und strategische Interaktion. Wiesbaden: VS Verlag für Sozialwissenschaften, S. 47–74.
Legewie, N. (2019): Qualitative Comparative Analysis (QCA). In: Baur, N./Blasius, J. (Hrsg.): Handbuch Methoden der empirischen Sozialforschung. 2. Auflage. Wiesbaden: Springer (im Druck).
Leibold, J./Kühnel, S. (2012): The Relationship of Religious Fundamentalism, Right-Wing Authoritarianism, Social Dominance Orientation, and Prejudice Against Homosexuals. In: Salzborn, S./Davidov, E./Reinecke, J. (Hrsg.): Methods, Theories, and Empirical Applications in the Social Sciences. Wiesbaden: VS Verlag für Sozialwissenschaften, S. 203–209.

Lepsius, R. M. (1990/2012): Interessen und Ideen: Die Zurechnungsproblematik bei Max Weber. Auszüge aus: Interessen, Ideen und Institutionen. Opladen: Westdeutscher Verlag, S. 31–43, nachgedruckt in: Borchert, J./Lessenich, S. (Hrsg.) (2012): Der Vergleich in den Sozialwissenschaften. Frankfurt am Main und New York: Campus, S. 75–89.

Lewis-Beck, M. S. (1980): Applied Regression. Beverly Hills: Sage.

Lohmann, H. (2010): Nicht-Linearität und Nicht-Additivität in der multiplen Regression. In: Wolf, C./Best, H. (Hrsg.): Handbuch der sozialwissenschaftlichen Datenanalyse. Wiesbaden: Springer VS, S. 677–706.

Mackie, J. L. (1965): Causes and Conditions. In: American Philosophical Quarterly 2, H. 4, S. 245–264.

Maurer, A./Schmid, M. (2010): Erklärende Soziologie. Wiesbaden: VS Verlag für Sozialwissenschaften.

Mayntz, R. (2009): Sozialwissenschaftliches Erklären. Frankfurt am Main und New York: Campus.

McFarland, S. G. (1989): Religious Orientations and the Targets of Discrimination. In: Journal for the Scientific Study of Religion 28, H. 3, S. 324–336.

Metz, R./Thome, H. (2015): Zeitreihenanalyse. In: Baur, N./Blasius, J. (Hrsg.): Handbuch Methoden der empirischen Sozialforschung. Wiesbaden: Springer, S. 1063–1076.

Mika, T./Stegmann, M. (2015): Längsschnittanalyse In: Baur, N./Blasius, J. (Hrsg.): Handbuch Methoden der empirischen Sozialforschung. Wiesbaden: Springer, S. 1077–1089.

Mill, J. S. (1843/1862): System der deduktiven und induktiven Logik. www.zeno.org/nid/20009226567 (Abruf 26.6.2018).

Mühlmeyer-Mentzel, A./Schürmann, I. (2011): Softwareintegrierte Lehre der Grounded-Theory-Methodologie. In: Forum Qualitative Sozialforschung 12, H. 3. doi.org/10.17169/fqs-12.3.1654 (Abruf 26.6.2018).

Münch, R. (1994): Sociological Theory. 3 Bände. Chicago: Nelson-Hall Publishers.

Muno, W. (2009): Fallstudien und die vergleichende Methode. In: Pickel, S./Pickel, G./Lauth, H.-J./Jahn, D. (Hrsg.): Methoden der vergleichenden Politik- und Sozialwissenschaft. Wiesbaden: Springer VS, S. 113–132.

Norkus, M./Baur, N. (2018): Feministische Wissenschafts- und Methodenkritik In: Kortendiek, B./Riegraf, B./Sabisch, K. (Hrsg.): Handbuch Interdisziplinäre Geschlechterforschung. Wiesbaden: Springer VS. doi.org/10.1007/978-3-658-12500-4_44-1 (Abruf 26.6.2018)

Ohr, D. (2010): Lineare Regression. In: Wolf, C./Best, H. (Hrsg.): Handbuch der sozialwissenschaftlichen Datenanalyse. Wiesbaden: Springer VS, S. 639–675.

Opp, K.-D. (2010): Kausalität als Gegenstand der Sozialwissenschaften und der multivariaten Statistik. In: Wolf, C./Best, H. (Hrsg.): Handbuch der sozialwissenschaftlichen Datenanalyse. Wiesbaden: Springer VS, S. 9–38.

Peters, B. G. (1998): Comparative Politics. Houndmills: Macmillan.

Pierson, P. (2004): Big, Slow-Moving, and … Invisible. In: Mahoney, J./Rueschemeyer, D. (Hrsg.): Comparative Historical Analysis in the Social Sciences. Cambridge: Cambridge University Press, S. 177–207.

Pierson, P. (2004): Politics in Time. Princeton and Oxford: Princeton University Press.

Pohlmann, M. (2015): Der „Geist" des Kapitalismus und seine Trägerschichten. In: Hessinger, P./Pohlmann, M. (Hrsg.): Globalisierung als Auto-Kapitalismus. Springer: Wiesbaden, S. 115–138.

Pötschke, M. (2015): Mehrebenenanalyse. In: Baur, N./Blasius, J. (Hrsg.): Handbuch Methoden der empirischen Sozialforschung. Wiesbaden: Springer, S. 1101–1016.

Pötter, U./Prein, G. (2015): Verlaufsdatenanalyse In: Baur, N./Blasius, J. (Hrsg.): Handbuch Methoden der empirischen Sozialforschung. Wiesbaden: Springer, S. 1089–1100.

Putnam, R. D. (1995): Bowling Alone. In: Journal of Democracy 6, H. 1, S. 65–78.

Ragin, C. (2000): Fuzzy-Set Social Science. Chicago: University of Chicago Press.

Reinecke, J. (2005): Strukturgleichungsmodelle in den Sozialwissenschaften. München: Oldenbourg.

Roese, N. J./Morrison, M. (2009): The Psychology of Counterfactual Thinking. In: Historical Social Research 34, H. 2, S. 16–26.

Schulze, G. (1996): Die Erlebnisgesellschaft. Frankfurt am Main und New York: Campus.
Schulze, G. (2002): Kausalität. Paper 6 zum Hauptseminar Wissenschaftstheorie für Sozialwissenschaftler im WS 2002/2003 an der Otto-Friedrich-Universität Bamberg.
Seale, C. (1999): The Quality of Qualitative Research. London, Thousand Oaks und New Delhi: Sage.
Strauss, A. L./Corbin, J. (1996): Grundlagen qualitativer Sozialforschung. Weinheim: Beltz.
Strübing, J. (2008): Grounded Theory. Wiesbaden: Springer VS.
Strübing, J. (2015): Grounded Theory. In: Baur, N./Blasius, J. (Hrsg.): Handbuch Methoden der empirischen Sozialforschung. Wiesbaden: Springer, S. 457–472.
Sydow, J./Windeler, A./Müller-Seitz, G./Lange, K. (2012): Path constitution analysis. In: Business Research 5, H. 2, S. 1–22.
Thiem, A. (2016): Standards of Good Practice and the Methodology of Necessary Conditions in Qualitative Comparative Analysis. In: Political Analysis 24, H. 4, S. 478–484.
Thiem, A. (2017): Conducting Configurational Comparative Research With Qualitative Comparative Analysis. In: American Journal of Evaluation 38, H. 3, S. 420–433.
Thiem, A./Baumgartner, M. (2016): Modeling Causal Irrelevance in Evaluations of Configurational Comparative Methods. In: Sociological Methodology 46, H. 1, S. 345–357.
Thimm, C./Nehls, P. (2019): Digitale Methoden. In: Baur, N./Blasius, J. (Hrsg.): Handbuch Methoden der empirischen Sozialforschung. 2. Auflage. Wiesbaden: Springer, im Druck.
Tilly, C. (1984): Big Structures, Large Processes, Huge Comparisons. New York: Russel Sage Foundation.
Weber, M. (1904–05/2004): Die protestantische Ethik und der Geist des Kapitalismus. München: C.H. Beck.
Weber, M. (1921/1980): Wirtschaft und Gesellschaft. 5., revidierte Auflage. Tübingen: J.C.B. Mohr.
Wenzlhuemer, R. (2009): Counterfactual Thinking as a Scientific Method. In: Historical Social Research 34, H. 2, S. 27–56.
Winship, C./Morgan, S. L. (1999): The Estimation of Causal Effects from Observational Data. In: Annual Review of Sociology 25, H. 1, S. 659–706.
Wolf, C./Best, H. (2010): Lineare Regressionsanalyse. In: Wolf, C./Best, H. (Hrsg.): Handbuch der sozialwissenschaftlichen Datenanalyse. Wiesbaden: Springer VS, S. 607–638.
Yin, R. K. (1994): Case Study Research. 2. Auflage Thousand Oaks, London und New Delhi: Sage.
Zdrojewski, S. (2004): Die historisch-vergleichende Methode Max Webers. Unveröffentlichtes Thesenpapier zur mündlichen Prüfung bei Richard Münch an der Otto-Friedrich-Universität Bamberg.

2.4
Interpretativität quantitativer Auswertung
Über multivariate Verfahren zur Erfassung von Sinnstrukturen

Leila Akremi

1 Einleitung

Quantitative Sozialforschung wird häufig so verstanden, dass sie davon ausgeht, dass der jeweilige Gegenstandsbereich ‚objektive Tatsachen' bereithält, die mittels theoretischer Konzepte abstrahiert werden können und empirisch über die Transformation bzw. Operationalisierung der theoretischen Konzepte mit Hilfe von Brückenhypothesen z. B. durch Fragebogenitems in Zahlen gemessen werden können. Ein gängiger Vorwurf ist dabei, dass die Indikatoren fern von jeglicher sozialen Wirklichkeit ‚theoriegeleitet' entwickelt werden (siehe hierzu auch Baur et al., Reichert, beide in diesem Band; Kelle 2008). Weiter wird oft unterstellt, dass statistische Auswertungsverfahren Rezepte bereitstellen, wie diese ‚objektiven Tatsachen' in den Daten – unabhängig vom konkreten Forscher – eindeutig identifiziert und dargelegt werden können (siehe Ziegler in diesem Band). Als Konsequenz würde dies Interpretativität überflüssig machen. Dass in der quantitativen Datenerhebung und bei der Generalisierung der Ergebnisse Forschende sehr wohl zahlreiche Interpretationsentscheidungen treffen müssen, zeigen die Beiträge von Kelle und Ziegler (in diesem Band). Der vorliegende Beitrag reiht sich in diese Diskussion ein und fokussiert die Datenauswertung im Rahmen multivariater Verfahren zur Erfassung von Sinnstrukturen.

Entgegen einem weiteren gängigen Vorurteil kann quantitative Sozialforschung nicht nur Kausalverhältnisse (Baur in diesem Band) aufklären, sondern auch Wissensbestände und Sinnstrukturen analysieren, und zwar mit den sogenannten strukturentdeckenden quantitativen Auswertungsverfahren, wie etwa Faktoren-, Cluster- oder Korrespondenzanalysen. Diese zeichnen sich dadurch aus, dass sie kein rein schematisches Abarbeiten vorgegebener Schritte zulassen und auch nicht die eine eindeutige Lösung liefern, die jeder Forscher, der mit denselben Daten arbeitet auf die exakt gleiche Weise identifizieren kann.

Am Beispiel des Konzepts der kollektiven Dispositionen und Typen sowie den zu deren Identifikation geeigneten multivariaten statistischen Verfahren der Faktoren- und Clusteranalyse werde ich daher im Folgenden aufzeigen, welche Rolle Interpretativität und damit auch Subjektivität bei der quantitativen Auswertung spielt und in welcher Form sie zum Tragen kommt. Dabei wird auch deutlich werden, dass es trotz aller Unterschiedlichkeit in der Anlage des Forschungsprozesses, der Datenerhebung, Auswertung, des Datenmaterials usw. zwischen qualitativer und quantitativer Forschung auch Gemeinsamkeiten im Interpretationsprozess gibt. Der Beitrag verfolgt damit das Ziel, anhand eines konkreten Forschungsbeispiels dafür zu sensibilisieren, dass die Analyse numerischer Daten ebenso wie die Auswertung textbasierter oder visueller Daten einen interpretativen Zugang und damit auch einen interpretativen Forscher benötigt.

Hierzu werden im folgenden Abschnitt die Rahmendaten der Beispielstudie ‚Anforderungen von Lehrenden und Forschenden an eine moderne Universitätsbibliothek' kurz skizziert, um im Anschluss daran in Abschnitt 3 das soziologische Konzept der kollektiven Dispositionen und der Typenbildung zu erläutern und auf akademische Fach- bzw. Wissenskulturen anzuwenden. Abschnitt 4 widmet sich dem exemplarischen Verlauf des Interpretationsprozesses bei den multivariaten Auswertungsverfahren der Faktoren- und Clusteranalyse. Insbesondere sollen hier die Überlegungen und subjektiven Entscheidungen des Forschers, die während der Analyse erfolgen müssen, offengelegt werden. Nach meinem Kenntnisstand gibt es bisher (leider) keine systematische soziologische Erforschung des quantitativen Auswertungsprozesses, weshalb sich diese Ausführungen einerseits auf die allgemeine Methoden- und Statistikliteratur zur Durchführung dieser Verfahren stützen, andererseits im Detail auf den eigenen langjährigen Erfahrungen in unterschiedlichen Forschungsteams basieren. Da es in diesem Beitrag nicht um die Beurteilung oder Angemessenheit statistischer Berechnungen geht, wird die dahinterliegende Statistik nur soweit erläutert, wie es für das Verständnis zwingend erforderlich ist (ausführliche Informationen zum Hintergrund und zum statistischen Modell der Faktorenanalyse finden sich z. B. bei Überla 1971, zur Clusteranalyse bei Vogel 1975; zur Umsetzung von Faktoren- und Clusteranalysen siehe Fromm 2012 oder Field 2009). Der Beitrag schließt mit einem Fazit zur Interpretativität quantitativer Auswertung.

2 Anwendungsbeispiel: Anforderungen von Lehrenden und Forschenden an eine moderne Universitätsbibliothek

2.1 Rahmeninformationen zur Beispielstudie

Ausgangspunkt der Studie ‚Anforderungen von Lehrenden und Forschenden an eine moderne Universitätsbibliothek' war die Beobachtung, dass sich Universitätsbibliotheken durch Veränderungen im Wissenschaftsbetrieb und die zunehmende Digitalisierung vor viele Herausforderungen gestellt sehen. Sie müssen daher auf die sich wandelnden Anforderungen und Bedürfnisse von Nutzern zahlreicher, ganz verschiedener Fachdisziplinen und Statusgruppen reagieren. Im Zentrum der Studie stand deshalb die Erfassung des konkreten Informationsverhaltens der Lehrenden und Forschenden, um so deren Anforderungsprofile zu identifizieren. Eine These war dabei, dass neben anderen Kriterien insbesondere die Wissens- bzw. Fachkultur der jeweiligen Lehrenden und Forschenden herangezogen werden kann, um die Anforderungsprofile zu systematisieren. Deswegen war die Messung von Wissens- oder Fachkulturen ebenfalls wesentlicher Bestandteil der Studie. Zur breiten und tiefergehenden Beantwortung des Forschungsinteresses wählte das Forscherteam ein paralleles Mixed-Methods-Design (Kuckartz 2014), das eine standardisierte Online-Befragung (Wagner/Hering 2014) mit Gruppendiskussionen (Lamnek 2005; Kühn/Koschel 2011) kombinierte, welche wir einerseits statistisch und andererseits mittels qualitativer Inhaltsanalyse (Kuckartz in diesem Band) auswerteten. Innerhalb des Forschungsdesigns kam keiner der beiden Erhebungsmethoden eine Vorrangstellung zu, sie sollten sich vielmehr ebenbürtig ergänzen – in der Notation der Mixed-Methods-Forschung Designtypen ist dies ein sogenanntes QUAL + QUAN Design (Schoonenboom/Johnson 2017).

Durchgeführt wurde das Projekt im Rahmen der universitären Lehre im Wintersemester 2012/13 am Fachgebiet Methoden der empirischen Sozialforschung an der Technischen Universität Berlin unter Mithilfe von Soziologiestudierenden. Es unterlag deshalb spezifischen zeitlichen, personellen und finanziellen Restriktionen. So mussten z. B. die Konzeption in der vorlesungsfreien Zeit begonnen und die Datenerhebung während des Semesters abgeschlossen werden. Daher konnte auch kein sequenzielles Mixed-Methods-Design (z. B. QUAL → QUAN) angelegt werden, wie es für diese Fragestellung vielleicht besser geeignet gewesen wäre.

Die standardisierte Online-Befragung war als Vollerhebung der Grundgesamtheit des wissenschaftlichen Personals an der Technischen Universität Berlin angelegt und ab Ende Januar 2013 für mehrere Wochen allen kontaktierten Lehrenden und Forschenden mittels eines personalisierten Links zugänglich. Der Umfang der Grundgesamtheit war nicht exakt bestimmbar und wurde anhand der vorhandenen Informationen (unvollständige Adresslisten, Auflistung der Mitarbeiter auf den Internetseiten) – vermutlich etwas zu hoch – auf ca. 3.300 festgelegt. Insgesamt haben 1.653 Personen die Startseite des Fragebogens angeklickt (ca. 50%). Nach der Datenbereinigung verblieben 1.058 Fälle im Datensatz (ca. 32%), von denen 865 den Fragebogen komplett ausgefüllt haben (26%). Zur Annahme möglicher Stichprobenverzerrungen gibt es wenig Anhaltspunkte. Die Überprüfung der Verteilung von Fakultätszugehörigkeiten, Statusgruppen sowie der Geschlechter im Datensatz ergab zumindest keine gravierenden Abweichungen gegenüber den Beschäftigungsstatistiken der Universitätsverwaltung (siehe hierzu die Erläuterungen in Akremi 2013).

Nichtsdestotrotz müsste eine statistische Verallgemeinerung von der Stichprobe auf die Grundgesamtheit mit Hilfe von induktiver Statistik (Ziegler in diesem Band), soweit sie überhaupt erfolgt – und das ist kein Spezifikum dieser Stichprobe, sondern aller quantitativen Stichproben, die von Ausfällen (,Nonresponse') betroffen sind (weil durch Nonresponse das Zufallsprinzip außer Kraft gesetzt werden kann) –, äußerst reflektiert stattfinden und die daraus resultierenden Interpretationen müssen vorsichtig formuliert werden. In diesem Beitrag findet die schließende Statistik aber keine Anwendung, vielmehr sollen die Daten in der Stichprobe mittels Faktoren- und Clusteranalysen verdichtet werden.

Bei der Konzeption der Gruppendiskussionen mit Lehrenden und Forschenden wurde eine kriteriengeleitete Stichprobenstrategie verfolgt. Über alle sechs Gruppendiskussionen sollte nach dem Kontrastprinzip eine möglichst große Variation in den Fachdisziplinen erzielt werden; gleichzeitig galt es, unterschiedliche Statusgruppen und Geschlechter zu berücksichtigen. Insgesamt wurden über 700 Personen aus allen Fakultäten kontaktiert. Aufgrund des engen Zeitfensters von zwei Wochen für das Abhalten der Gruppendiskussionen im Rahmen einer Lehrveranstaltung und auch der relativ kurzen Rekrutierungsphase war es schwierig, genügend Teilnehmer zu gewinnen. Des Weiteren gab es etliche fehlerhafte Kontaktdaten und Rekrutierungsfehler der Studierenden. Ein häufiger Absagegrund war außerdem, dass man die Bibliothek überhaupt nicht nutze und daher keinen Beitrag zur Diskussion leisten könne. Insgesamt sammelten wir 39 Zusagen und rekrutierten letztlich 26 Teilnehmer.

2.2 Themenkomplexe der Erhebung

Da die Anforderungen an eine moderne Universitätsbibliothek und das Informationsverhalten von Wissenschaftlern keine isolierten Aspekte der wissenschaftlichen Arbeit betreffen, sondern eingebettet sind in den kompletten Arbeitskontext, war die Studie wesentlich breiter angelegt als z. B. gängige Nutzerbefragungen. Im Wesentlichen beinhaltete sie drei Themenblöcke, die in Tab. 1 ausführlicher untergliedert sind: die Besonderheit der eigenen Forschung,

Tab. 1: Themenübersicht der standardisierten Online-Befragung und leitfaden-gestützten Gruppendiskussionen

Themenblöcke standardisierte Online-Befragung	Themenblöcke leitfaden-gestützte Gruppendiskussionen
Besonderheit der eigenen Forschung • Eckdaten zur universitären Verortung (Fachdisziplin, Fakultätszugehörigkeit, Statusgruppe usw.) • Erkenntnisziele und -weise • Arbeitsorganisation • Bedeutung von Drittmitteln • Wichtigkeit verschiedener Publikationsformate	*Besonderheit der eigenen Forschung* • Beschreibung der spezifischen Disziplin bzw. des speziellen Fachgebiets • Wissenschaftliches Arbeiten und Arbeitsalltag • Bewertungskriterien der wissenschaftlichen Leistung in der jeweiligen Fachdisziplin • Erfolgskriterien in der jeweiligen Fachdisziplin
Informationssuche, -beschaffung und -verwaltung • Häufigkeit der Nutzung verschiedener Recherchemöglichkeiten • Strukturierung und Verwaltung von Rechercheergebnissen • Wege der Beschaffung von Informationen • Austausch von Medien/Literatur in der Arbeitsgruppe • Nutzung von Literaturverwaltungsprogrammen • Interesse an der Unterstützung bei der wissenschaftlichen Tätigkeit durch Universitätsbibliothek • Delegation von Informationssuche und -beschaffung • Präferenzen für gedruckt oder digital verfügbare Informationen	*Informationssuche, -beschaffung und -verwaltung* • Wie hält man sich über den aktuellen Stand der Forschung auf dem Laufenden, wie kommt man an Fachinformationen und welche Informationsquellen sind dafür besonders wertvoll? • Beschreibung des letzten Prozesses der Literatur- oder Informationsrecherche Schritt für Schritt und Einschätzung, was eine gute Recherche ausmacht • Relevanzkriterien für Rechercheergebnisse • Datenbanknutzung • Gestaltung des Prozesses der Informationsbeschaffung • Bedeutung von Lesen und Lesekultur • Festhalten von Rechercheergebnissen • Wichtigkeit von Publikationsformaten
Beurteilung der Dienstleistungen der Universitätsbibliothek • Bibliotheksbesuch • Zufriedenheit mit organisatorischen Aspekten, Bibliotheksbestand und Personal (inkl. Verbesserungsvorschläge) • Zufriedenheit mit Orientierung und Ausleihe, Arbeitsausstattung und Arbeitsatmosphäre vor Ort (inkl. Verbesserungsvorschläge) • Zufriedenheit mit Webauftritt Quelle: eigene Darstellung	*Beurteilung der Dienstleistungen der Universitätsbibliothek* • Spontane Assoziationen mit der Bibliothek, persönliche Nutzung der Bibliothek • Allgemeine Äußerungen zu den Serviceangeboten • Beurteilung Literatur- und Medienbestand • Beurteilung Recherchewerkzeuge • Beurteilung Ausleihe und Rückgabe • Beurteilung Webangebot • Bibliothek vor Ort: Beschreibung der Abläufe eines typischen Bibliotheksbesuchs (Prozesse, Gebäude, Orientierung) • Bewertung von Veränderungen der letzten 10 bis 20 Jahre und Ausblick auf zukünftige Entwicklungen

schung, die Informationssuche, -beschaffung und -verwaltung sowie die Beurteilung der Dienstleistungen der Universitätsbibliothek. Für die folgenden Ausführungen zur Bildung von Dispositionen und Typen ist nur der erste Themenkomplex ‚Besonderheit der eigenen Forschung' von Bedeutung.

3 Die soziologischen Konzepte der Dispositionen und Typen

3.1 Syndrombegriffe

Schulze (2006b, S. 1; 2007a, S. 5) fasst die komplexen soziologischen Konzepte der ‚Dispositionen' (Synonym: ‚Dimension') und ‚Typen' unter den Begriff des *‚Syndroms'* zusammen, welcher – einfach formuliert – Sinnstrukturen durch eine „multivariate Konstellation von Eigenschaften" charakterisiert und „in der multivariaten Zusammenhangsanalyse die Abweichung von Indifferenz kennzeichnet". In Syndrombegriffen können z. B. „Typen, Klassen, […], kulturelle Muster, subjektive Sinnkosmen, institutionelle Landschaften" zusammengefasst werden. Sie sollen weiter eine „besondere Nähe zum soziologischen Denken" herstellen und „anschließen an die von den Menschen selbst wahrgenommene soziale Wirklichkeit" (Schulze 2006b, S. 1).

Bestimmte soziologische Erkenntnisinteressen erfordern nach Schulze (2006b, S. 3 f.) multivariate *Syndromanalysen*, in denen Syndrome zu Syndrommodellen zusammengefasst werden. Als wesentliche führt er folgende drei Erkenntnisinteressen an:

1. *dimensionale Interpretation* (z. B. kollektive Dispositionen),
2. *typenbildende Interpretation* (z. B. Situations-, Kognitions-, Handlungs- und Organisationstypen),
3. *kausale Interpretation* (monokausale Multieffektanalyse, multikausale Monoeffektanalyse, multikausale Multieffektanalyse).

Der vorliegende Beitrag beschränkt sich dabei auf dimensionsanalytische und typologische Erkenntnisinteressen (zum kausalanalytischen Erkenntnisinteresse siehe den Beitrag von Baur in diesem Band).

3.2 Dispositionen bzw. Dimensionen

Das Konzept der ‚*Dispositionen*' bzw. ‚*Dimensionen*' ist im Wesentlichen deckungsgleich mit dem, was die Wissenssoziologie als ‚Wissensbestände' und Praxistheorien als ‚soziale Praktiken' bezeichnen und geht davon aus, dass es bestimmte Sachverhalte gibt, die Menschen als ähnlich wahrnehmen und für die sie aufgrund von Erfahrungen, Wissen, Einstellungen usw. über die Zeit eine spezifische Weise ausgeprägt haben, darauf zu reagieren. Voraussetzung für eine situationsübergreifende Handlungstendenz ist also, dass ich mich in unterschiedlichen Situationen befinde, die ich aber als ähnlich wahrnehme. Folglich handle ich auch ähnlich, nicht zwingend genau gleich. Diese verschiedenen Situationen, denen allen etwas gemeinsam ist, können als „Situationsklasse" zusammengefasst werden (Schulze 2004, S. 3). In Dispositionsvariablen wird dann ‚ein situationsübergreifendes Handlungsprogramm' gefasst, das ‚aktiviert' wird, sobald man sich in einer zugehörigen Situation befindet. Wir erkennen dies an verschiedenen Merkmalen, sogenannten ‚Schlüsselreizen' oder ‚Indikatoren', die zur Identifikation der Situationsklasse herangezogen werden können. Anders formuliert, internalisieren wir in Sozialisationsprozessen für spezifische Handlungsprobleme Handlungsschemata, die mit Berger und Luckmann (1969/2000) auch als ‚Habitualisierungen' bezeichnet werden können:

> „Habitualisierung in diesem Sinne bedeutet, dass die betreffende Handlung auch in Zukunft ebenso und mit eben der Einsparung von Kraft ausgeführt werden kann" (Berger/Luckmann 1969/2000, S. 56).

Die Bezeichnung „mit eben der Einsparung von Kraft" im obigen Zitat verweist darauf, dass wir mit solchen Habitualisierungen Komplexität reduzieren und unseren Aufwand minimieren, da wir nicht in jeder Situation wieder neu überlegen müssen, wie wir uns verhalten. Dispositionen können damit als ‚*Handlungskontinuum*' verstanden werden. Sie weisen unterschiedliche Ausprägungsgrade und Pole auf, weshalb es auch verschiedene ‚Handlungsmodalitäten' gibt: Je nachdem, wie bedeutsam eine konkrete Situation im Rahmen der Disposition und wie stark meine Ausprägung auf der Dimension ist, reagiere ich entsprechend. In der statistischen Analyse wird daher zwischen ‚*Itemparametern*', als dem Verhältnis eines Merkmals zur Dimension und ‚*Personenparametern*', dem Verhältnis eines Befragten zur Dimension unterschieden. Wenn ich z. B. zur Beschreibung von akademischen Fachkulturen eine Dimension verwende, die zum Ausdruck bringt, wie stark oder schwach der Praxisbezug in der jeweiligen Wissenschaft ist, dann sind Fragen, die gezielt die Anwendungsorientierung, Industrienähe, die Lösung gesellschaftlicher Probleme als Aufgabe der Wissenschaft usw. fokussieren, sicherlich bedeutsamer als die bloße Feststellung, dass Wissenschaft sowohl grundlagen- als auch anwendungsorientiert sein kann (= Itemparameter). Je nachdem wie nun die Forschung der Befragten konkret ausgerichtet ist, werden diese Fragen auf eine bestimmte Weise beantwortet, so dass jede Person auf dem Kontinuum zwischen Grundlagen- und Anwendungsorientierung eingeordnet werden kann (= Personenparameter).

Da wir uns nie in exakt denselben Situationen befinden, müssen wir im Alltag *interpretieren*, um Merkmale bestimmten Situationsklassen zuzuordnen:

> „In der Regel ist die konkrete Manifestation des Schlüsselreizes von Situation zu Situation unterschiedlich. Erst durch Interpretation werden singuläre Konkretisierungen in eine verallgemeinernde Wahrnehmung als *Zeichen X für die klassendefinierende Situationsbedeutung Y* umgeformt" (Schulze 2004, S. 4 f., Hervorhebungen im Original).

Dasselbe gilt auch für den Forscher, der sich in die Perspektive der erforschten Individuen hineinversetzen muss und mittels Interpretationsschemata versucht herauszufinden, welche Situationen zu einer Situationsklasse gefasst werden können, welche Merkmale dafür konstitutiv sein und welche Handlungsmodalitäten schließlich zum Tragen kommen können – sprich welche Sinnstrukturen sich hinter dem Handeln der Personen verbergen.

Das Konzept der Dispositionen ist aber nicht auf Individuen beschränkt, sondern von besonderem Interesse ist das Vorhandensein von *Dispositionen in Kollektiven*, bei welchen jedes Individuum eine bestimmte Ausprägung erhält.

> „Von *kollektiven* Dispositionen soll [...] dann gesprochen werden, wenn ein Komplex von Situationsklassen, Schlüsselreizen, klassendefinierender Situationsbedeutung und Handlungsmodalität zur gemeinsamen Subjektivität einer Mehrzahl von Individuen gehört" (Schulze 2004, S. 5 f., Hervorhebungen im Original).

Die Untersuchung von situationsübergreifenden Handlungsprogrammen impliziert wiederholte Beobachtungen, die in der Regel auch in verschiedenen Zeiträumen stattfinden. Unabhängig davon, dass stets geklärt werden muss, ob es überhaupt angemessen ist, eine solche Disposition zu unterstellen, können sich sowohl die Ausprägungen des Individuums auf einer Dimension über die Zeit hinweg verändern (= *„individuelle Variation der Ausprägung"*), als auch die kollektiven Dispositionen bis hin zur Auflösung (= *„kollektive Variation der Existenz"*) (Schulze 2004, S. 4).

3.3 Typen

Verschiedene Dimensionen können dann z. B. dafür genutzt werden, um Typisierungen vorzunehmen. In ‚*Typenbegriffen*' wird eine spezifische Ausprägungskombination mehrerer Variablen oder Dimensionen gefasst, die in einem Kollektiv überzufällig häufig auftritt. Schulze spricht daher auch von „*Kombinationsbegriffen*" (Schulze 2006a, S. 22 f.). Ein Typus wird also weder nur durch eine Variable bestimmt noch lässt sich beim einmaligen Auftreten einer spezifischen Merkmalskombination schon von einem Typus sprechen. Daher wird in der quantitativen Forschung auch ein multivariates Verfahren mit einer Vielzahl von Fällen benötigt, um Typen identifizieren zu können. Als Musterbeispiele für die qualitative Typenbildung können die Handlungs- oder Herrschaftstypen von Max Weber (1922/2002) angeführt werden. In der quantitativen Forschung sind Typen z. B. zur Unterscheidung von Lebensstilen (z. B. Otte 2008) oder Milieus (z. B. Schulze 1992) von besonderer Bedeutung.

3.4 Die empirische Rekonstruktion von Dimensionen und Typen am Beispiel von Fach- bzw. Wissenskulturen

Wie auch bei der Dimensionsanalyse handelt es sich bei der Typenbildung nicht um ein Verfahren, bei welchem rezeptmäßig rein schematisch gearbeitet werden kann. Die Beantwortung der Fragen, welche Merkmale konstitutiv für die Typen sein könnten, welche alternativen Modelle denkbar wären usw. hängt maßgeblich vom konkreten Forscher(team) und dessen Entscheidungen während des Forschungsprozesses ab. Ergebnisse unterschiedlicher Forscher können bestenfalls ähnlich sein, aber es geht nicht darum, dass die Daten die eine Struktur aufweisen, die auf exakt dieselbe Weise mit exakt demselben Ergebnis zu Tage gefördert werden kann. Anhand des Konzepts der akademischen Fachkulturen soll der Prozess der dimensionsanalytischen und typologischen quantitativen Datenauswertung aufgezeigt werden. Dazu ist zunächst zu klären, welches Verständnis von Fachkulturen dem Projekt zugrunde lag.

Wenn ich als Forscher eine bestimmte Wissenschaftssozialisation durchlaufen habe, dann prägt dies mein Forschungshandeln, und es führt auch dazu, dass ich bestimmte Vorstellungen darüber entwickle, was Wissenschaft ist und wie wissenschaftliche Erkenntnis möglich ist, welche Methoden geeignet sind, um wissenschaftliche Erkenntnisse zu erzielen, was wissenschaftliche Daten sind und wie mit ihnen umgegangen wird. Gleichzeitig erfahre ich auch, wie in meinem wissenschaftlichen Kontext – sei es die Disziplin, das spezielle Forschungsgebiet usw. – Wissenschaft organisiert ist, also z. B. welche Bedeutung Lehre und Forschung haben, welche Qualifikationen und Voraussetzungen für wissenschaftliche Positionen erforderlich sind, wie wissenschaftliche Reputation aufgebaut wird und welche Publikationsorgane hierfür relevant sind, welche Gremien es gibt und wie wichtig sie sind und vieles mehr.

Das ist aber keine reine individuelle Angelegenheit, sondern wird interaktiv im wissenschaftlichen Handeln von den Mitgliedern der Wissenschafts-Community produziert, reproduziert und auch modifiziert. Es besteht in der Wissenschaftswelt wenig Dissens darüber, dass es über die Gesamtheit der institutionalisierten akademischen Disziplinen hinweg unterschiedliche Konzeptionen und Ausprägungen von Wissenschaft gibt. Daher ist auch nicht von einer ‚Einheit der Wissenschaft' zu sprechen. Der Begriff der ‚*Fachkultur*' ist eine Möglichkeit,

(Ideal-)Typen von Wissenschaftskontexten herauszuarbeiten. Dabei wird die Vielfalt der akademischen Disziplinen auf wenige aussagekräftige Kategorien reduziert. Was auch immer darunter gefasst und wie dies empirisch untersucht wird, so geht dieses Konzept jedenfalls davon aus, dass Individuen schon *vor* Beginn eines Hochschulstudiums Affinitäten zu bestimmten Fachkulturen aufweisen, in ihrer wissenschaftlichen Ausbildung in diese hineinsozialisiert oder bei Nichtpassung ausselektiert werden und schließlich im Rahmen ihrer Laufbahn die Fachkultur reproduzieren und weiterentwickeln (Baur et al. 2008).

Zur Erfassung von Gemeinsamkeiten und Unterschieden akademischer Disziplinen hat die Fachkulturforschung viele Dimensionen konstruiert, die sich im Wesentlichen auf zwei Betrachtungsebenen verorten lassen: Einerseits sollen die Dimensionen sowohl den spezifischen Gegenstandsbereich als auch die sozialen Strukturen der jeweiligen Disziplinen beleuchten. Andererseits unterscheiden sie zwischen den Analyseebenen Individuum/Arbeitsgruppe (Mikroebene), Institut/Fakultät (Mesoebene), Universität, Disziplin und Gesellschaft (Makroebene) (Braxton/Hargens 1996; Becher 1994). Ob das Fachkulturkonzept die adäquate Herangehensweise für eine Systematisierung der akademischen Disziplinen ist, ob besser von ‚epistemischen Kulturen' (Reichmann/ Knorr Cetina 2016) oder einfach nur von ‚heterogener Wissenschaft' (Galison 2004) gesprochen werden sollte, möchte ich an dieser Stelle unbeantwortet lassen. Unser Forschungsteam ging vielmehr der Frage, ob Fachkulturen existieren und wie sie konkret ausgestaltet sein könnten, *empirisch* nach, d. h. die Typisierung nach empirisch ermittelten Fachkulturen diente einerseits als Stütze zur Systematisierung der Anforderungen der Lehrenden und Forschenden an die Bibliothek, denn ‚akademische Disziplinen' waren hierfür zu kleinteilig; die ‚Fakultäten der Technischen Universität Berlin' als Zusammenfassung verschiedener Disziplinen waren dagegen zu heterogen. Andererseits verwendeten wir das Fachkulturkonzept als heuristisches Hilfsmittel für die kriteriengeleitete Stichprobenstrategie bei den Gruppendiskussionen. Daher werde ich im Folgenden weder den gesamten Forschungsstand zu Fachkulturen rekapitulieren, noch auf die Kritik an einzelnen Konzepten eingehen, sondern kurz die Grundlage für die Beispielstudie sowie den Bezug zu den empirisch ermittelten ‚Fachkulturen' erläutern.

Aus Gründen der relativ einfachen Operationalisierbarkeit und weil dieses Konzept bereits im Rahmen einer Studie an der Technischen Universität Berlin verwendet wurde, griffen wir die von Baur et al. (2008) vorgelegte Synthese verschiedener Ansätze zur Beschreibung von Fachkulturen auf. Die Fachkulturen zeichnen sich demnach durch ihre äußerst langsame Wandlungsgeschwindigkeit (‚Stabilität') aus, sie sind als Orientierungsrahmen bedeutsamer als der konkrete Arbeitsort von Wissenschaftlern und zeitigen ein fachspezifisches Wissenschaftsverständnis (Baur et al. 2008). Die institutionalisierten Disziplinen sortieren sich diesem Konzept zufolge insbesondere entlang zweier *Dimen-*

sionen, nach denen sich das fachspezifische Wissenschaftsverständnis charakterisieren lässt:

1. Eine erste Dimension bezieht sich auf die *Formalisierbarkeit* des produzierten Wissens, die vorherrschenden Forschungsmethoden und theoretischen Modelle des jeweiligen Gegenstandsbereichs. Das Kontinuum dieser Dimension lässt sich dabei von ‚stark formallogisch' bis ‚schwach formallogisch' oder ‚mathematisch orientiert' vs. ‚sprachlich orientiert' aufspannen. Diese Dimension, die in der Literatur bisweilen auch mit den Attributen ‚harte' und ‚weiche Wissenschaften' versehen wird, findet sich in vielen Ausarbeitungen zu Fachkulturen, allerdings mit unterschiedlichen Bezeichnungen und Schwerpunktsetzungen (siehe hierzu z. B. Braxton/Hargens 1996).
2. Mit der zweiten Dimension wird der *Gegensatz zwischen grundlagen- bzw. reinen und anwendungsorientierten Wissenschaften* zum Ausdruck gebracht. Becher (1994) ergänzt diese Dimension noch um die Unterscheidung zwischen Disziplinen, die grundlagenorientiert und damit ‚reine' Wissenschaften sind und Professionen, die aufgrund ihrer Anwendungsorientierung stärkere Arbeitskontakte außerhalb der Universität, z. B. mit der Industrie oder Politik, aufweisen.

Mit diesem Schema lässt sich folglich ein zweidimensionaler Raum aufspannen, in den dann jede akademische Disziplin nach ihren Ausprägungen auf den beiden Dimensionen einsortiert wird, so dass sich fachkulturell ähnliche Disziplinen im Raum zusammengruppieren und von unähnlichen abgrenzen. Aus der Kombination der Extrempole der beiden Dimensionen lassen sich wiederum vier idealtypische Vertreter konstruieren, die Becher (1994) als „intellektuelle Cluster" bezeichnet. Baur et al. (2008) liefern hierfür je eine Beispiel-Disziplin und beschreiben die Idealtypen anhand des spezifischen Erkenntnisziels und der Erkenntnisweise, der Arbeitsorganisation, der Publikationskultur und der Bedeutung von Drittmitteln. Für ein besseres Hintergrundverständnis der nachfolgenden Argumentation werden die Ausführungen zu diesen vier *Typen* hier kurz zusammengefasst (siehe Baur et al. 2008, insbesondere Tab. 9 auf S. 53):

Mathematisch orientierte reine Naturwissenschaften (Typus 1) verfolgen das Erkenntnisziel, Entdeckungen zu machen und (kausale) Erklärungen zu liefern. Erreicht wird das Ziel über ein kumulatives Verständnis von Wissensfortschritt, d. h. viele teilweise kurze Publikationen einzelner Forscher in renommierten begutachteten Journals sorgen für einen kontinuierlichen linearen Wissenszuwachs. Im Bereich der Drittmittel sind wissenschaftsspezifische bzw. staatliche Mittelgeber von großer Bedeutung.

Bei *mathematisch orientierten angewandten Wissenschaften (Typus 2)* wie den Ingenieurwissenschaften geht es primär um die Entwicklung von Produkten und Techniken. Dazu wird experimentell mit Trial-and-Error-Verfahren pragmatisch nach Lösungen für praktische Probleme gesucht. Im Gegensatz zu den reinen Naturwissenschaften können hier auch qualitative Verfahren nützlich sein. Wenn publiziert wird, dann ebenfalls in Form vieler eher kürzerer Texte. Alternativ spielen Patente und Drittmittel, egal von welchem Mittelgeber, eine große Rolle.

Die Arbeitsorganisation beider Typen wird als stark arbeitsteilig beschrieben, was bedeutet, dass große Forscherteams gemeinsam eine Forschungsfrage untersuchen und der Einzelne jeweils einen kleinen Beitrag dazu leistet. Wissenschaftlich betrachtet, besteht dabei eine wechselseitige Abhängigkeit zwischen den Betreuern und ihren vielen Doktoranden.

Gegenstück zu den reinen Naturwissenschaften sind die *sprachlich orientierten reinen Geisteswissenschaften (Typus 3)*. Sie bevorzugen qualitativ-interpretative Verfahren, um das Wissen in der Disziplin voranzutreiben. Dabei folgen sie aber nicht einer linearen Fortschrittsvorstellung, sondern neues Wissen kann auch über Umwege entstehen. Publiziert werden vorzugsweise Bücher oder längere Artikel von einzelnen oder Gruppen von wenigen Autoren. Letztere sind nicht nur wissenschaftlich bedeutsam, wenn sie in Fachzeitschriften veröffentlicht werden, sondern auch Sammelbände sind wesentlich. Wie in den reinen Naturwissenschaften sind auch hier wissenschaftsspezifische und staatliche Mittelgeber für Drittmittel relevant, allerdings zählen Publikationen noch mehr.

Die *sprachlich orientierten angewandten Wissenschaften (Typus 4)* wie die Planungswissenschaften haben das Ziel, über Berichte und Verfahrenspläne praktische Probleme zu lösen. Dazu nutzen sie aber im Gegensatz zu den Ingenieurwissenschaften weniger mathematische Modelle oder quantitative Verfahren, sondern eher nicht-standardisierte qualitative Methoden. Wissenschaftlichen Veröffentlichungen wird weniger Bedeutung beigemessen, wichtiger sind gesellschaftliche Relevanz und Sichtbarkeit. In diesem Zusammenhang spielen auch Drittmittel jeglicher Art eine große Rolle.

Die sprachlich orientierten Wissenschaften sind wenig arbeitsteilig organisiert. Einzelne Forscher arbeiten jeweils an ihren eigenen Themen. Für die Betreuer von Dissertationen entsteht dadurch ein hoher Betreuungsaufwand, weshalb nur wenige Arbeiten parallel betreut werden können.

Bei diesen zwei Dimensionen und vier Typen handelt es sich um Rekonstruktionen aus der Literatur, d. h. es ist eine reine theoretische (wohl aber aus zahlreichen früheren qualitativen Studien durchaus gesättigte) Annahme, dass sie so existieren. Was nun die quantitative Sozialforschung leisten kann, ist, diese theoretischen Annahmen der Forschenden empirisch zu überprüfen, d. h. zu überprüfen, ob sich diese Dimensionen und Typen auch im Feld – hier also bei Wissenschaftlern – als implizite Wissensbestände finden lassen.

Um eine solche empirische Überprüfung zu ermöglichen und mit dieser idealtypischen Konzeption arbeiten zu können, müssen zunächst die Besonderheiten der betrachteten Grundgesamtheit berücksichtigt werden: An einer

Technischen Universität sind die Disziplinen anders verteilt und formal zugeordnet als an anderen Universitäten. So gibt es an der Technischen Universität Berlin insgesamt sieben Fakultäten mit über 40 Instituten (sowie weiteren Zentralinstituten, die im Folgenden jedoch ausgeklammert werden). Die naturwissenschaftlichen und technischen Disziplinen sind zwangsläufig stark ausdifferenziert, während Geistes-, Sozial- und Wirtschaftswissenschaften eher randständig und weitere Fächer (wie Rechtswissenschaften oder Medizin) überhaupt nicht vertreten sind. Des Weiteren ist davon auszugehen, dass die ‚nichttechnischen' Disziplinen nur in jenen Teilen vertreten sind, die möglichst ins Gesamtkonzept einer Technischen Universität passen. So finden sich am ‚Institut für Soziologie' Schwerpunkte auf Technik und Innovation, Organisation, Stadt, Raum und Architektur. Andere, weniger passgenaue spezielle Soziologien bleiben weitestgehend unberücksichtigt. Ein zweites Beispiel stellt die Psychologie dar. Während die Deutsche Gesellschaft für Psychologie aus 15 verschiedenen Fachgruppen besteht, sind an der Technischen Universität Berlin ‚Psychologie und Arbeitswissenschaft' in einem Institut mit insgesamt sieben Fachgebieten in einer ganz spezifischen Zusammenstellung zusammengefasst.

Tab. 2: Zuordnung der Fächer der Technischen Universität Berlin zu akademischen Fachkulturen

		Reine Wissenschaften	Angewandte Wissenschaften
Mathematisch orientierte Wissenschaften		Mathematik und Naturwissenschaften (Fak. II)	Prozesswissenschaften (Fak. III)
			Elektrotechnik und Informatik (Fak. IV)
			Verkehrs- und Maschinensysteme (Teile Fak. V)
			Umweltwissenschaften (Teile Fak. VI)
			Bauingenieurwesen (Teile Fak. VI)
Sprachlich orientierte Wissenschaften		Philosophie (Teile Fak. I)	Planungswissenschaften (Teile Fak. VI)
		Geisteswissenschaften (Teile Fak. I)	Erziehungswissenschaften (Teile Fak. I)
		Sprach- und Literaturwissenschaften (Teile Fak. I)	Betriebswirtschaftslehre (Teile Fak. VII)
		Psychologie (Teile Fak. V)	
		Sozialwissenschaften (Teile Fak. VI)	
		Volkswirtschaftslehre (Teile Fak. VII)	
Künstlerische Fächer			Architektur (Teile Fak. VI)

Quelle: Baur et al. 2008, S. 52

Um einen Eindruck über die spezifische Fächerstruktur der untersuchten Universität zu bekommen, haben Baur et al. (2008) exemplarisch verschiedene Fächer den vier idealtypischen Fachkulturen zugeordnet (siehe Tab. 2), wobei die künstlerischen Fächer hier eine Sonderstellung einnehmen. Bei näherer Betrachtung von Tab. 2 fallen drei Aspekte auf:

1. Wie Baur et al. (2008, S. 52) anmerken, gibt es Fakultäten, deren Institute und Disziplinen (fast) ausschließlich in einem Feld liegen und bei denen daher davon auszugehen ist, dass sie fachkulturell betrachtet sehr homogen sind, so etwa die ‚Fakultät II: Mathematik und Naturwissenschaften' oder die ‚Fakultät III: Prozesswissenschaften'. Andere Fakultäten wie die ‚Fakultät VI: Planen – Bauen – Umwelt', zu der auch das ‚Institut für Soziologie' gehört, beherbergen vermutlich ganz unterschiedliche Disziplinen und Fachkulturen.
2. Während die meisten Fächer einem einzigen Institut zugeordnet sind, verteilen sich einzelne auf mehrere Institute. Am ‚Institut für Soziologie' sind etwa klassisch die Fachgebiete ‚Allgemeine soziologische Theorie', ‚Methoden der empirischen Sozialforschung' und die Speziellen Soziologien zusammengefasst, während sich die Informatik an der ‚Fakultät IV' oder auch die Physik an der ‚Fakultät II' auf mehrere Institute verteilen.
3. Sowohl Becher (1994) als auch Baur et al. (2008) führen aus, dass ebenso innerhalb der Disziplinen mehr oder weniger große Unterschiede zwischen den Subdisziplinen bestehen, letztlich aber die idealtypische Einteilung der vier intellektuellen Cluster auf Basis der übergeordneten Fächer geeignet sei, um Gemeinsamkeiten und Unterschiede aufzuzeigen. Dagegen zeigt z. B. Galison (2004) gerade für die Physik, dass es dort mindestens drei Fachkulturen gibt, die ihre je eigene Vorstellung von der Beschaffenheit ihres Gegenstandsbereichs haben, ihre eigene Sprache, eigene Tagungen und Publikationsorgane usw. besitzen. Ebenso hat Kaatz (2010) in einer auf der Konzeption von Baur et al. (2008) aufbauenden qualitativen Studie den Arbeitsalltag von Chemikern, Biologen und Physikern an der Technischen Universität untersucht und gezeigt, dass sich die untersuchten Wissenschaftler hinsichtlich ihres Arbeitsalltags weniger nach Fächern unterscheiden, sondern dass es in jedem der Fächer drei grundlegende Typen von Wissenschaftlern gibt: den ‚Theoretiker', den ‚Laboranten' und den ‚Großtechniker', die sich dahingehend unterscheiden, „wie wichtig die Verfügbarkeit und das fehlerfreie Funktionieren von Arbeitsgeräten und Laboren für die Gestaltung alltäglicher bzw. regelmäßiger Tätigkeiten ist; (2) wie stark die Forschenden abhängig von direkten Vor- und Zuarbeiten durch Dritte sind; (3) wie strikt die Zeitordnung ist, also wie stark der Arbeitsalltag durch Termine, Nutzungszeiten, Deadlines und ähnliche zeitliche Regelungen geregelt ist; sowie (4) das Ausmaß der Interdisziplinarität des Arbeitens" (Ametowobla/Baur/Norkus 2017, S. 785).

Dies bedeutet nicht, dass das Fachkulturmodell überhaupt nicht trägt, sondern dass es überlegenswert wäre, Idealtypen oder Mischtypen auch innerhalb von Disziplinen zu suchen. Ich werde im vierten Abschnitt darauf zurückkommen.

Die von Baur et al. (2008) eingeführte Fachkulturdifferenzierung für die Technische Universität Berlin basiert, wie bereits erwähnt, auf theoretischen Überlegungen und qualitativen Daten. Wir haben in der standardisierten Online-Befragung versucht, die wesentlichen Bausteine zur Charakterisierung zu operationalisieren und haben sie auch für die Stichprobenziehung der Gruppendiskussionsteilnehmer als Heuristik verwendet. Im nächsten Abschnitt wird aufgezeigt, wie eine mögliche quantitative Operationalisierung aussehen könnte, und ob sich sowohl die Fachkulturen als auch die Dimensionen zu ihrer Messung quantitativ erfassen lassen.

4 Interpretative statistische Auswertung zur Messung von Fach- bzw. Wissenskulturen

Wie bereits erwähnt, wird der quantitativen Forschung oft vorgeworfen, dass sie ohne jegliche Berührung zum Untersuchungsfeld ‚theoriegeleitet' Indikatoren konzipiert. Dadurch stülpe sie einerseits dem Forschungsgegenstand möglicherweise unangemessene Konzepte über, andererseits sei sie nicht offen für die Innenperspektive des Feldes, dessen Deutungen der sozialen Wirklichkeit, und es lasse sich so auch nichts Neues entdecken. Oder wie Kelle (2008, S. 34) es formuliert:

> „Weil kollektive soziale Wissensbestände keinen Fundus von endgültig festgelegten Bedeutungen und Interpretationsmustern darstellen, sondern in der alltäglichen Handlungspraxis dauernd reproduziert und verändert werden, stehen Sozialforscher ständig in der Gefahr, bei der Konstruktion von Hypothesen und Forschungsinstrumenten ins Leere zu greifen, wenn sie nicht einen Zugang zu den relevanten Wissensbeständen ihres Untersuchungsfeldes besitzen."

In Bezug auf das vorliegende Projekt können diese berechtigten Einwände teilweise relativiert werden. Alle am Projekt beteiligten Forscher hatten erstens eigene und unterschiedliche Erfahrungen des Hineinsozialisierens in eine wissenschaftliche Fachkultur gemacht und kennen prinzipiell unterschiedliche ‚Wissenskulturen' oder Denktraditionen im eigenen Fach. Zweitens hatten bereits vor des hier vorgestellten Projekts Mitglieder des Forschungsteams ethnographische Beobachtungen verschiedener naturwissenschaftlicher Disziplinen durchgeführt und konnten diese Erfahrungen bei der Konstruktion des Erhebungsinstruments einbringen. Drittens existieren einige qualitative Studien, die zwar von den Ergebnissen abstrahieren und eine theoretische Rahmung liefern, nichtsdestotrotz aber mit ihrem Datenmaterial Einblicke in verschiedenste Aspekte des Untersuchungsfelds liefern. So diente die oben vorgestellte Studie von Baur et al. (2008) als Orientierung zur Entwicklung eines quantitativen Messinstruments.

Ungeachtet dessen ist klar herauszustellen, dass im Rahmen des hier vorgestellten Projekts vor der Konzipierung des Fragebogens zur Fachkulturmessung keine Möglichkeit bestand, unterschiedlichste disziplinäre Kontexte umfassend kennenzulernen sowie die Pretests und Evaluationen mit allen relevanten Gruppen durchzuführen. Dies muss ohne Frage bei der Beurteilung des Erhebungsinstruments und der Ergebnisse berücksichtigt werden. Weil extensive Feldaufenthalte bei diesem konkreten Projekt nicht möglich waren, bedeutet dies keineswegs, dass zur Konzipierung quantitativer Studien generell keine Kontakte zum Gegenstandsbereich gesucht werden. In diesem Zusammenhang lässt sich auf Studien verweisen, in denen explizit qualitative Komponenten für eine Dimensions- und Clusterbildung vorgeschaltet werden, z. B. in sequenziellen QUAL → QUAN Mixed-Methods-Designs (Schoonenboom/Johnson 2017). Im Übrigen resümiert Schulze (2004, S. 2) hierzu:

> „Auch wenn man sich noch so sehr bemüht, diese Begriffe in engem Wirklichkeitskontakt mit Hilfe dimensionsanalytischer Verfahren aufzubauen, sind sie in der konkreten Gestalt, in der sie schließlich durch Itempools und Skalen operationalisiert werden, untrennbar mit Entscheidungen des Forschers verbunden, die auch anders hätten ausfallen können und sich nur im Rahmen bestimmter Fragestellungen durch Zweckmäßigkeitserwägungen rechtfertigen lassen. Dies bedeutet jedoch nicht, dass Dispositionsbegriffe etwa völlig freihändig, ohne Wirklichkeitsbezug und ohne empirische Falsifikationsmöglichkeit konstruiert werden müssten."

4.1 Indikatoren

Der Ausgangspunkt für die Dimensionsanalyse ist, dass Menschen in verschiedenen Situationen, die sie als ähnlich wahrnehmen, spezifische Handlungsprogramme bzw. Habitualisierungen ausgebildet haben, die es ermöglichen, ‚tendenziell' für ähnliche Handlungsprobleme ähnliche Lösungen zu finden. Der Zusammenhang zwischen diesen Situationen müsste dann auch von Forschern registrierbar sein. Nun ist es bei einem einzelnen standardisierten Fragebogen nicht möglich, Menschen in verschiedenen Handlungsepisoden tatsächlich zu beobachten. Behelfsweise werden stattdessen verschiedene Handlungsepisoden durch die Formulierung verschiedener Indikatoren simuliert, die als Schlüsselreize jeweils andere, aber spezifische Merkmale der Disposition aufweisen. So können z. B. für die Dimension ‚anwendungsorientierte Wissenschaft' einzelne Aspekte wie die ‚Fokussierung auf gesellschaftlich relevante Probleme', ‚die Entwicklung von Produkten', ‚die Nähe zu Industrie oder Politik' oder ‚die direkte Verwertbarkeit wissenschaftlicher Erkenntnisse' als einzelne Indikatoren aufgefasst werden.

Des Weiteren zeichnen sich Dispositionen gerade dadurch aus, dass sie komplexe Sachverhalte auf den Begriff bringen, weshalb sie ohnehin nicht direkt mit einer einzigen Frage gemessen werden können. Sie werden deshalb in der quantitativen Sozialforschung auch als ‚latente Variablen' bezeichnet. Bei der Beantwortung der Fragen – so die theoretische Vorannahme – bringen die Befragten mit ihrem Kreuz ihre ‚gewohnte' Reaktion auf diese Situationen zum Ausdruck. Lässt sich dann in den Antwortmustern zu verschiedenen Variablen über alle Befragten hinweg eine gewisse Systematik erkennen, dann ist dies ein Hinweis auf deren Zusammengehörigkeit und möglicherweise auf die Existenz einer Hintergrunddimension. Statistisch drückt sich dies in einem Zusammenhang der Items aus. Da die Faktorenanalyse ein metrisches Skalenniveau voraussetzt, wird hier der Korrelationskoeffizient ‚Pearsons r' gebildet und die Korrelationsmatrix zwischen allen Variablen bildet die Grundlage für das Verfahren. Der Korrelationskoeffizient ‚r' misst dabei die Stärke des linearen Zusammenhangs zwischen zwei Variablen und kann Werte von ‚-1' bis ‚+1' annehmen. ‚+1' bedeutet, dass in den Daten ein vollständig positiver linearer Zusammenhang existiert, d.h. dass ausnahmslos alle Befragten, die die erste Frage bejaht haben, auch die zweite bejaht haben. ‚-1' bedeutet, dass in den Daten ein vollständig negativer linearer Zusammenhang existiert, d. h. dass ausnahmslos alle Befragten, die die erste Frage verneint haben, die zweite bejaht haben. ‚0' bedeutet, dass kein linearer Zusammenhang zwischen zwei Variablen existiert.

Starke Korrelationen zwischen Items können ein Hinweis auf die Existenz einer Dimension sein, aber auch etwa auf die Existenz von Kausalitäten (Baur in diesem Band). Zusammenhänge lassen sich außerdem in Daten auch blind suchen und finden. Ob ein solcher Zusammenhang bedeutet, dass es die Dimension tatsächlich gibt und ob die Items geeignet sind, die Dimension zu repräsentieren oder vielleicht ganz etwas anderes zum Ausdruck bringen, ist daher noch in keinster Weise entschieden: Ohne das Wissen und die Interpretationen des jeweiligen Forschers bei der Konstruktion des Erhebungsinstruments und bei der Auswertung machen die Daten für sich genommen keinen ‚Sinn'.

Dieser Notwendigkeit zur Interpretation sind wir im Forscherteam insofern begegnet, als dass wir in Anlehnung an das in Abschnitt 3.4 vorgestellte Fachkulturkonzept Statements entwickelt haben, die sich auf die Erkenntnisziele und -weise (Tab. 3), auf die Arbeitsorganisation (Tab. 4) und die Bedeutung von Drittmitteln (Tab. 5) in den jeweiligen Forschungskontexten der Lehrenden und Forschenden beziehen. Alle Items konnten auf einer fünfstufigen Skala von „trifft voll und ganz zu" (5) bis „trifft überhaupt nicht zu" (1) beantwortet werden.

Bisher gab es kein quantitatives Erhebungsinstrument zur Messung von Fachkulturen, weshalb wir ein eigenes entwickeln mussten, das zwar im kleinen

Maßstab, aber nicht umfänglich einem Pretest unterzogen werden konnte. Es war deshalb davon auszugehen, dass deutlich mehr Variablen formuliert werden mussten, als tatsächlich zur Skala- und Clusterbildung brauchbar sein würden. Insgesamt handelte es sich um 37 Variablen, die für die Dimensions- und Clusteranalyse potentiell relevant sein könnten.

Tab. 3: Variablen zur Erfassung der Erkenntnisziele und -weise

v22	Meine Forschung konzentriert sich auf die Entdeckung und Erklärung von Gesetzmäßigkeiten.
v23	Produkte zu entwickeln bzw. die Optimierung von Arbeitsprozessen sind ein Ziel meiner Forschung.
v24	Bei Forschungsergebnissen handelt es sich niemals um gesichertes Wissen.
v25	Für meine Forschung ist es wichtig, dass man zu Beginn des Forschungsprozesses klare Hypothesen formuliert.
v26	Daten müssen interpretiert werden.
v27	Gesicherte Erkenntnisse lassen sich in meinem Forschungsgebiet nur experimentell ermitteln.
v28	Man kann heute nur noch in sehr großen Teams forschen.
v29	Empirische Forschung setzt theoretische Modelle voraus.
v30	Die Beiträge einzelner Forscher ergänzen sich und treiben so das Wissen in meinem Fach voran.
v31	Wissenschaft soll vor allem gesellschaftliche Probleme lösen.
v32	Um gute Forschungsergebnisse zu erhalten, muss man nicht unbedingt vorher genau wissen, wo die Forschungsreise hingehen soll.
v33	Meine Forschung kann nur durch mathematische oder statistische Modelle erfolgen.
v34	Durch mathematische und statistische Methoden lassen sich objektive Fakten gewinnen.
v35	Erkenntnis ist ein Wert an sich und bedarf keiner konkreten Verwertbarkeit.
v36	In meiner wissenschaftlichen Arbeit greife ich auf qualitative Forschungsmethoden zurück.
v37	Manchmal muss Forschungsarbeit pragmatisch sein.
v38	Forschung muss auf die Lösung eines konkreten Problems abzielen.
v39	Erkenntnisfortschritt ist eine auf dem aktuellen Wissensstand aufbauende lineare Entwicklung.
v40	Forschung soll zur Verbesserung der professionellen Praxis beitragen.
v41	Wissen wächst nicht notwendig linear, sondern auch spiralförmig oder auf Umwegen.

Antwortskala: trifft voll und ganz zu (5), trifft eher zu (4) teils teils (3), trifft eher nicht zu (2), trifft überhaupt nicht zu (1)
Quelle: Akremi 2013, S. 160–161

Tab. 4: Variablen zur Erfassung der Arbeitsorganisation

v42	Meine Kollegen und ich sind arbeitsteilig mit derselben Forschungsfrage befasst.
v43	Interdisziplinäre Kooperationen liefern keinen Mehrwert für meine eigene Forschung.
v44	In meinem Fach ist es normal, dass eine Publikation mehr als drei Autoren hat.
v45	Auch Post-Docs betreuen bei uns Promotionen.
v46	Meine Promovierenden bearbeiten Themen, die für meine eigene Forschung wichtig sind.
v47	Ich schaffe es nicht, mehr als fünf Dissertationen parallel zu betreuen.
v48	Wenn ich mehr als fünf Dissertationen gleichzeitig betreue, leidet zwangsläufig die Betreuungsqualität.
v49	Komplexe Probleme lassen sich nur interdisziplinär bearbeiten.

Antwortskala: trifft voll und ganz zu (5), trifft eher zu (4) teils teils (3), trifft eher nicht zu (2), trifft überhaupt nicht zu (1)
Quelle: Akremi 2013, S. 161

Tab. 5: Variablen zur Erfassung der Bedeutung von Drittmitteln

v50	Drittmittel sind für wissenschaftliche Reputation in meinem Fach höchst bedeutsam.
v51	Drittmittel sind wichtig, aber Publikationen zählen für meine wissenschaftliche Reputation mehr.
v52	Ohne Habilitation hat man in meinem Fach praktisch keine Chance auf eine Professur.
v53	Nur DFG- oder EU-Drittmittel sind bei uns Ausdruck wissenschaftlicher Exzellenz.
v54	Meine Forschung wäre ohne Finanzierung durch Drittmittel nicht möglich.
v55	Industrieerfahrung ist eine wichtige Voraussetzung für eine Professur.
v56	Ich pflege Kontakte zu Vertretern aus Industrie und Forschung.
v57	Ich halte Ausgründungen für sehr wichtig.
v58	Drittmittel allein sind noch kein Beleg für Exzellenz.

Antwortskala: trifft voll und ganz zu (5), trifft eher zu (4) teils teils (3), trifft eher nicht zu (2), trifft überhaupt nicht zu (1)
Quelle: Akremi 2013, S. 161–162

Nach der Datenerhebung müssen die Daten grundsätzlich aufwendig für die bevorstehenden Analysen aufbereitet, und für jedes gewählte Verfahren muss geprüft werden, ob die statistischen Voraussetzungen zur Durchführung erfüllt sind. Da diese Schritte für das Anliegen des Beitrags nicht von zentraler Bedeutung sind, werden sie an dieser Stelle ausgespart. Anzumerken ist aber in diesem Zusammenhang, dass die Datenaufbereitung kein einmaliger Schritt ist, der nach der Erhebung gestartet und vor den Analysen abgeschlossen ist. Für jedes einzelne multivariate Verfahren sind in der Regel weitere spezifische Datenaufbereitungen und -modifikationen auch während der Analyse notwendig.

Nachdem die Daten erhoben und aufbereitet worden waren, ließen wir uns bei der Auswertung von folgender Annahme leiten: Wenn Erkenntnisziele und -weise, die Arbeitsorganisation und die Bedeutung von Drittmitteln bedeutsame Bereiche sind, anhand derer sich Fachkulturen sortieren lassen, dann müsste sich dies aus der Kombination von *Faktorenanalysen* (= *Dimensionsbildung*) und *Clusteranalysen* (= *Typenbildung*) herauskristallisieren. Dem Schema von Baur et al. (2008) entsprechend, sollten sich dabei in der Faktorenanalyse die zahlreichen Items zu Erkenntniszielen und -weisen, Arbeitsorganisation und der Bedeutung von Drittmitteln zu zwei Dimensionen verdichten: die Formalisierbarkeit der Theorien und Modelle sowie dem Praxisbezug, d. h. die Anwendungsorientierung.

4.2 Vorbereitende Analyseschritte: Inspektion der Häufigkeitsverteilungen

Für die Interpretation der Daten ist es sehr wichtig, vor der eigentlichen Faktorenanalyse die *Häufigkeitsverteilungen* der Variablen zu betrachten. Einerseits lässt sich so prüfen, ob etwa einzelne Items extrem schief verteilt sind. Dies ist dann der Fall, wenn eine Variable von sehr vielen Befragten gleich beantwortet wurde. Dafür kann es mehrere Ursachen geben: Entweder entspricht dies auch den Tatsachen, oder es ist ein Hinweis auf Probleme der Datenqualität, oder aber die Formulierung der Items hat dies provoziert.

Aus mindestens zwei Gründen ist das aber für die Durchführung einer Dimensionsanalyse nicht wünschenswert:

1. Die Dimensionsanalyse geht davon aus, dass es auf der Dimension unterschiedliche Handlungsmodalitäten gibt, also *verschiedene* Menschen auch *verschiedene* Ausprägungen auf der Dimension ausweisen, d.h. zur Bildung von Dimensionen ist ein gewisses Maß an Varianz erforderlich.
2. Zusammengehörige Variablen sollen über alle Befragten hinweg spezifische Antwortmuster aufweisen, die sich von Variablen anderer Dimensionen deutlich unterscheiden und so eine *Trennschärfe* zwischen Dimensionen erzeugen. Wenn nun eine Frage von allen gleich beantwortet wurde, gibt es keine Differenzierung auf der Dimension, und das Item könnte partiell mit jeder anderen Situation in Verbindung gebracht werden.

Beide Aspekte sind nicht erfüllt, wenn sich die Häufigkeitsverteilung einer Konstante nähert, da daraus weder die Zugehörigkeit eines Items zu einer Dimension plausibel gemacht werden kann, noch Unabhängigkeit zwischen verschiedenen Dimensionen gegeben ist.

Zusätzlich ist die Betrachtung der Häufigkeitsverteilungen wichtig, um zu prüfen, ob auffällig viele *fehlende Werte* auftreten, d. h. z. B. aufgrund einer starken Besetzung von Residualkategorien wie ‚weiß nicht', Antwortverweigerungen, Datenfehlern, Filterführung usw., die die Analyse beeinträchtigen können. Es gibt zwar die Möglichkeit, Befragte, die nur vereinzelt fehlende Werte aufweisen, zumindest für das Grobmodell einzubeziehen (= paarweiser Fallausschluss), aber für bestimmte Statistiken und auch für die Dimensionsbildung ist dies insgesamt ungünstig.

Bei der Beispielstudie können exemplarisch drei Variablen herausgegriffen werden, die *schiefe Verteilungen* aufweisen. Es handelt sich zwar nicht um Ein-

Tab. 6: Beispiel für schief verteilte Variablen

Variable		trifft überhaupt nicht zu	trifft eher nicht zu	teils teils	trifft eher zu	trifft voll und ganz zu
Daten müssen interpretiert werden (v26).	absolute Häufigkeiten	17	40	93	305	565
	relative Häufigkeiten	1,7%	3,9%	9,1%	29,9%	55,4%
Die Beiträge einzelner Forscher ergänzen sich und treiben so das Wissen in meinem Fach voran (v30).	absolute Häufigkeiten	4	21	149	439	392
	relative Häufigkeiten	0,4%	2,1%	14,8%	43,7%	39,0%
Wissen wächst nicht notwendig linear, sondern auch spiralförmig oder auf Umwegen (v41).	absolute Häufigkeiten	7	13	131	428	397
	relative Häufigkeiten	0,7%	1,3%	13,4%	43,9%	40,7%

Quelle: Datensatz zur Studie ‚Anforderungen von Lehrenden und Forschenden an eine moderne Universitätsbibliothek' (2013); n = 1 058

Punkt-Verteilungen, aber es ist schon auffällig, dass die Positivkategorien zusammengenommen jeweils mit über 80 % Zustimmung – bezogen auf die gültigen Angaben – besetzt sind (siehe Tab. 6).

Die Variable „*Daten müssen interpretiert werden*" zielte neben anderen Variablen darauf ab, zwischen einer ‚(sozial-)konstruktivistischen' und einer ‚positivistischen' Perspektive bzw. einer ‚naiven Erkenntnistheorie' (Schulze 2007b) zu unterscheiden. Wenn sich nun fast 85 % der Angaben darauf konzentrieren, dass diese Aussage „eher" oder „voll und ganz" zutrifft, dann kann diese Unterscheidung nur bedingt getroffen werden. Entweder liegt dies an der Formulierung des Items, oder diese Unterscheidung gibt es so nicht. Mit „Interpretation" waren im Verständnis des Forscherteams nicht primär einfache Aussagesätze gemeint wie „Pearsons r weist einen Wert von 0,5 auf, was auf einen mittleren linearen Zusammenhang zwischen den zwei untersuchten Variablen hindeutet". Möglicherweise könnte aber eine solche Assoziation einige Befragte dazu veranlasst haben, das Item zu bejahen, denn zweifelsohne lässt sich dieser Satz als „Interpretation" bezeichnen.

Das Statement *„Die Beiträge einzelner Forscher ergänzen sich und treiben so das Wissen in meinem Fach voran"* sollte ein kumulatives Wissenschaftsverständnis und eine starke Arbeitsteilung in der Forschungs-Community zum Ausdruck bringen. Dass auch dieses Item so viel Zustimmung bekommt, lässt vermuten, dass es nicht präzise genug formuliert ist. Prinzipiell lässt sich die Feststellung, dass, wenn Viele im Fach Erkenntnisse liefern, die Wissenschaft insgesamt davon profitiert und mehr Wissen als vorher vorhanden ist, nicht bestreiten. Worum es uns aber hauptsächlich bei der Formulierung ging, war die arbeitsteilige Organisation und Spezialisierung, d. h. dass z. B. in den Naturwissenschaften unterschiedliche Forscher(gruppen) jeweils Bausteine liefern, um das Wissen im Fach voran zu treiben. Zusätzlich zur zweideutigen Formulierung könnte ein weiterer Grund für die hohen Zustimmungsraten sein, dass die unterstellte Art der Wissensorganisation gar nicht unbedingt für alle reinen und angewandten Naturwissenschaften so zwingend angenommen werden kann. So äußerte z. B. ein Gruppendiskussionsteilnehmer aus den Werkstoffwissenschaften auf die Frage, wie man sich organisiert, um auf dem aktuellen Stand der Forschung zu bleiben, Folgendes:

> „Ansonsten muss ich auch sagen, […] dass man ja schon eine konkrete Fragestellung für sein Problem hat, d. h. man ist ja sowieso dabei, so seinen eigenen Weg zu gehen und kann dann die Arbeit, die andere gemacht haben und publizieren, vielleicht als Hilfestellung verwenden […]. Man kann also oftmals nur so eine Idee vielleicht herauskriegen oder gucken eben, welche Möglichkeiten andere zur Verfügung haben, um irgendwas herauszufinden. […] So dass es bei uns – auch bei den Kollegen – eher so der Fall ist, dass man sich seinen eigenen Weg überlegt. […] Wir müssen es auch nicht einarbeiten, und es ist auch eigentlich unmöglich, immer den ganz aktuellsten Stand mit abzudecken, vor allen Dingen, weil die Leute dann auch meistens natürlich das veröffentlichen, was nach deren apparativer Ausstattung zur Verfügung steht, und da läuft man dann schon also so ein bisschen parallel. Man kann mal rechts, kann mal links gucken und sich irgendwelche Ideen holen, aber wir sind also jetzt nicht an den aktuellsten Entscheidungen oder Entwicklungen darauf angewiesen, weil die einfach auch dann meistens so viel Vorlauf haben in diesen Fachgebieten oder Fachgruppen […], dass man das gar nicht abdecken kann, weil man ja selbst schon seinen Vorlauf hat …" (Werkstoffwissenschaften und -technologien, Gd2, Abs. 75).

Die Aussage, dass hier viel parallel und unabhängig voneinander geforscht wird, impliziert auch die Möglichkeit, dass dadurch das Wissen im Fach nur wenig bis gar nicht vorangetrieben werden kann.

Ein Stück weit leitet dies über zum dritten Item *„Wissen wächst nicht notwendig linear, sondern auch spiralförmig oder auf Umwegen"*, das uns bereits bei der Operationalisierung große Probleme bereitet hatte. Es sollte die Unterscheidung zwischen ‚(deduktiv-)linearen' und ‚induktiven' bzw. ‚abduktiven', d.h. ‚schleifenartigen' oder ‚iterativen' Forschungsprozessen (Baur et al. in diesem Band) eingefangen werden. Baur et al. (2008, S. 53) verwendeten hierfür die Umschreibung „mäanderndes Wachstum des Wissens" als Kennzeichen für sprachlich orientierte Grundlagenwissenschaften. Das erschien uns zu schwer verständlich. Letztlich war die von uns für die Befragung gewählte, alternative Formulierung auch nicht eindeutig verstehbar, wie mir eine befragte Person explizit per E-Mail mitteilte:

> „Das Wachstum von Wissen zu beschreiben, ist […] sehr kompliziert und nicht ad hoc in einem solchen Test zu beantworten. Es wäre, […], ein enormer Zufall, würde das Wissen bei einem Individuum gerade linear wachsen. Als allgemeingültige Aussage würde ich das lineare Wachstum von Wissen deshalb ausschließen. Unter einem spiralförmigen Wachstum kann ich mir hingegen nun gar nichts mehr vorstellen" (Kommentar einer befragten Person per E-Mail, 2013).

Einer der Gründe für die hohe Zustimmung zu diesem Item kann daher eine eindeutige Positionierung gegen eine strikt lineare Vorstellung von Wissensvermehrung sein. Darauf deutet hin, dass bei der Variable *„Erkenntnisfortschritt ist eine auf dem aktuellen Wissensstand aufbauende lineare Entwicklung"* (v39) nur etwa ein Viertel der Befragten angibt, dass dies „eher" oder „voll und ganz" zutrifft. Ob dies dann im Gegenzug automatisch so interpretiert werden kann, dass die Erfahrung und die Einstellung der Befragten tatsächlich in hohem Maße mit dem Positivpol der Variable „Wissen wächst nicht notwendig linear, sondern auch spiralförmig oder auf Umwegen" korrespondiert, darf bezweifelt werden.

Als Zwischenfazit lässt sich festhalten, dass quantitative Sozialforschung mitnichten dem Gegenstandsbereich theoretische Vorstellungen aufoktroyieren muss, sondern dass es durchaus möglich ist, selbst durch einfache statistische Analysen wie die von Häufigkeitsverteilungen Hinweise darauf zu bekommen, wo möglicherweise fehlerhafte Vorannahmen getroffen wurden, Probleme bei der Datenerhebung aufgetreten sind oder Interpretationsprobleme vorliegen. Die genauen Ursachen und Gründe für diese Probleme aufzuklären, kann man teilweise – wie im Beispiel der Variable „Wissen wächst nicht notwendig linear, sondern auch spiralförmig oder auf Umwegen" gezeigt – mit detaillierteren Analysen des Datensatzes überprüfen. Oft ist dies aber nur durch qualitative

Vorstudien (Kelle in diesem Band) oder Methodenkombinationen – wie hier mit der Gruppendiskussion – möglich. Schließlich bleibt die Möglichkeit zur theoretischen Reflexion oder des Hinzuziehens von Vorerfahrungen und Alltagswissen. Als Ergebnis dieser Reflexion lässt sich für alle drei der hier angeführten Beispielvariablen zeigen, dass sie sowohl statistische als auch inhaltliche Interpretationsprobleme aufweisen.

Für diese Interpretationsprobleme gibt es in der quantitativen Sozialforschung zwei typische Umgangsweisen: Man kann die Variablen, erstens, aus der Analyse ausschließen, also nicht weiterverwenden. Damit ergibt sich aber das Problem, dass man ggf. zentrale Aspekte des Gegenstandsbereichs ausblendet. Deshalb hat man, zweitens, die Möglichkeit, bewusst mit den problematischen (weil interpretativ nicht eindeutigen) Variablen weiterzuarbeiten, dies aber bei der weiteren Analyse zu berücksichtigen. Diesen Weg haben wir gewählt: Wir haben die Variablen beibehalten, sie müssen aber bei der Durchführung der Faktorenanalyse noch einmal gesondert betrachtet werden.

Neben den schiefen Verteilungen gibt es auch Variablen mit sehr vielen *fehlenden Werten*. Die Analyse der fehlenden Werte ergab aber, dass dies in unserer Beispielstudie nicht an Verweigerungen oder ungültigen Antworten, sondern an der Filterführung lag. Die Items „Meine Promovierenden bearbeiten Themen, die für meine eigene Forschung wichtig sind" (v46), „Ich schaffe es nicht, mehr als fünf Dissertationen parallel zu betreuen" (v47) und „Wenn ich mehr als fünf Dissertationen gleichzeitig betreue, leidet zwangsläufig die Betreuungsqualität" (v48) richteten sich nur an Professoren, die in der Gesamtstichprobe mit einem Anteil von nur etwa 13% vertreten sind. Da die Aufnahme dieser Variablen sehr viele fehlende Werte produzieren würde und die Antwortmuster nur für eine ganz spezifische Teilgruppe der Befragten gelten, haben wir diese Variablen bei der Faktorenanalyse nicht berücksichtigt.

4.3 Vorbereitende Analyseschritte: Inspektion der Korrelationsmatrix

Wie bereits erläutert, basieren statistische Verfahren der Dimensionsanalyse auf zusammenhangsanalytischen Überlegungen, und es wird etwa in der Faktorenanalyse ein metrisches Skalenniveau vorausgesetzt. Obwohl die angeführten Beispielvariablen strenggenommen ordinalskaliert sind, werden solche Ratingskalen in der wissenschaftlichen Praxis mehr oder weniger unhinterfragt für Faktorenanalysen verwendet (ausführlicher zum Ordinalskalenproblem siehe Baur 2011).

Zur Beurteilung der Zusammenhänge dient die sogenannte ‚*Korrelationsmatrix*'. Die Korrelationsmatrix ist so aufgebaut, dass jede Variable mit sich selbst und mit allen anderen Variablen korreliert wird. Die Korrelation einer

Variablen mit sich selbst hat den Korrelationskoeffizienten ‚1'. Diese Korrelationen finden sich in der Diagonalen der Matrix. Die Diagonale teilt die Matrix in zwei symmetrische Hälften. Es reicht deshalb, sich nur eine der Hälften anzusehen, um die Korrelationen zu beurteilen. Dabei lassen sich theoretische Vorüberlegungen anstellen, wie die Korrelationsmatrix aussehen müsste, wenn bestimmte Arten von dimensionaler Struktur vorlägen:

- Wenn nur niedrige Korrelationen nahe Null vorliegen, dann lässt sich in den Variablen *keine dimensionale Struktur* erkennen (Tab. 7).

Tab. 7: Idealtypische Korrelationen zwischen den Variablen: Keine dimensionale Struktur

	v1	v2	v3	v4	v5	v6	v7	v8	v9
v1	1	0	0	0	0	0	0	0	0
v2	0	1	0	0	0	0	0	0	0
v3	0	0	1	0	0	0	0	0	0
v4	0	0	0	1	0	0	0	0	0
v5	0	0	0	0	1	0	0	0	0
v6	0	0	0	0	0	1	0	0	0
v7	0	0	0	0	0	0	1	0	0
v8	0	0	0	0	0	0	0	1	0
v9	0	0	0	0	0	0	0	0	1

Anmerkung: ‚0' bedeutet kein Zusammenhang. ‚++' bedeutet einen starken Zusammenhang. ‚1' bedeutet einen vollständigen Zusammenhang. Variablen hängen immer vollständig mit sich selbst zusammen.
Quelle: Eigene Darstellung

- Bei *Eindimensionalität* müssten in der Korrelationsmatrix durchweg für alle Variablenpaare hohe, von Null verschiedene Korrelationen bestehen (Tab. 8).

Tab. 8: Idealtypische Korrelationen zwischen den Variablen: Eindimensionalität

	v1	v2	v3	v4	v5	v6	v7	v8	v9
v1	1	++	++	++	++	++	++	++	++
v2	++	1	++	++	++	++	++	++	++
v3	++	++	1	++	++	++	++	++	++
v4	++	++	++	1	++	++	++	++	++
v5	++	++	++	++	1	++	++	++	++
v6	++	++	++	++	++	1	++	++	++
v7	++	++	++	++	++	++	1	++	++
v8	++	++	++	++	++	++	++	1	++
v9	++	++	++	++	++	++	++	++	1

Anmerkung: ‚0' bedeutet kein Zusammenhang. ‚++' bedeutet einen starken Zusammenhang. ‚1' bedeutet einen vollständigen Zusammenhang. Variablen hängen immer vollständig mit sich selbst zusammen.
Quelle: Eigene Darstellung

- Gibt es *mehrere Dimensionen*, dann lassen sich Gruppen von Variablen erkennen, die miteinander hoch und mit anderen Variablen niedrig korrelieren. In Tab. 9 sind es z. B. drei Variablengruppen. Dies entspricht der Voraussetzung und Idealvorstellung der sogenannten ‚Einfachstruktur' (siehe Fromm 2012, S. 59–77) bei der Faktorenanalyse, d. h. wenn Dimensionen, die in der Terminologie der Faktorenanalyse ‚Faktoren' heißen, existieren, dann lassen sich die Variablen eindeutig zu einem Faktor zuordnen. In der Forschungspraxis finden sich aber selten so eindeutige Ergebnisse, was im Übrigen auch nur in Ausnahmefällen der Realität entspricht.

Tab. 9: Idealtypische Korrelationen zwischen den Variablen: Mehrdimensionalität

	v1	v2	v3	v4	v5	v6	v7	v8	v9
v1	1	++	++	0	0	0	0	0	0
v2	++	1	++	0	0	0	0	0	0
v3	++	++	1	0	0	0	0	0	0
v4	0	0	0	1	++	++	0	0	0
v5	0	0	0	++	1	++	0	0	0
v6	0	0	0	++	++	1	0	0	0
v7	0	0	0	0	0	0	1	++	++
v8	0	0	0	0	0	0	++	1	++
v9	0	0	0	0	0	0	++	++	1

Anmerkung: ‚0' bedeutet kein Zusammenhang. ‚++' bedeutet einen starken Zusammenhang. ‚1' bedeutet einen vollständigen Zusammenhang. Variablen hängen immer vollständig mit sich selbst zusammen.
Quelle: Eigene Darstellung

Um die im konkreten Datensatz existierende dimensionale Struktur empirisch zu identifizieren, gleicht der Forscher im Zuge der Datenanalyse die empirisch ermittelte dimensionale Struktur mit den theoretischen Vorüberlegungen ab. Bei kleinen Korrelationsmatrizen ist es möglich, die Gruppen mit bloßem Auge zu identifizieren. Ab einer gewissen Anzahl von Items (z. B. bei 20 Variablen), werden die Matrizen allerdings sehr unübersichtlich. Dann kann ein multivariates Verfahren der Dimensionsanalyse wie die ‚Faktorenanalyse' als Hilfsmittel der Interpretation hinzugezogen werden. Diese Verfahren der Dimensionsanalyse existieren sowohl in einer deduktiven bzw. ‚strukturprüfenden' Variante (‚konfirmatorische Faktorenanalyse'), als auch in einer induktiv-abduktiven bzw. ‚strukturentdeckenden' Variante (‚explorative Faktorenanalyse').

Tab. 10: Korrelationsmatrix ausgewählter Variablen

	Produkte zu entwickeln/Optimierung von Arbeitsprozessen als Ziel der Forschung	Industrieerfahrung ist wichtige Voraussetzung für Professur.	Kontakte zu Industrie und Forschung.	Ausgründungen sind sehr wichtig.	Meine Forschung nur durch mathematische oder statistische Modelle.	Objektive Fakten durch mathematische/statistische Modelle	Forschung muss auf Lösung eines konkreten Problems abzielen.	Erkenntnisfortschritt als lineare Entwicklung.	Forschung soll zur Verbesserung der professionellen Praxis beitragen.
Produkte zu entwickeln/Optimierung von Arbeitsprozessen als Ziel der Forschung	1,00	0,50	0,45	0,36	0,05	0,18	0,27	0,20	0,33
Industrieerfahrung ist wichtige Voraussetzung für Professur.	0,50	1,00	0,52	0,46	0,12	0,21	0,27	0,21	0,30
Kontakte zu Industrie und Forschung.	0,45	0,52	1,00	0,44	0,06	0,17	0,21	0,16	0,25
Ausgründungen sind sehr wichtig.	0,36	0,46	0,44	1,00	0,05	0,17	0,24	0,19	0,23
Meine Forschung nur durch mathematische oder statistische Modelle.	0,05	0,12	0,06	0,05	1,00	0,58	0,06	0,11	0,00
Objektive Fakten durch mathematische/statistische Modelle	0,18	0,21	0,17	0,17	0,58	1,00	0,14	0,21	0,17
Forschung muss auf Lösung eines konkreten Problems abzielen.	0,27	0,27	0,21	0,24	0,06	0,14	1,00	0,32	0,37
Erkenntnisfortschritt als lineare Entwicklung.	0,20	0,21	0,16	0,19	0,11	0,21	0,32	1,00	0,31
Forschung soll zur Verbesserung der professionellen Praxis beitragen.	0,33	0,30	0,25	0,23	0,00	0,17	0,37	0,31	1,00

Anmerkung: Aus Platzgründen habe ich für die Statements etwas gekürzt (vollständiger Wortlaut siehe Tab. 3–5). Der Korrelationskoeffizient Pearsons r kann Werte von ‚–1' bis ‚+1' annehmen. ‚–1' bedeutet, dass ein vollständig negativer linearer Zusammenhang existiert. ‚+1' bedeutet, dass ein vollständig positiver linearer Zusammenhang existiert. Variablen hängen immer vollständig mit sich selbst zusammen. ‚0' bedeutet, dass kein linearer Zusammenhang zwischen zwei Variablen existiert. Quelle: Datensatz zur Studie ‚Anforderungen von Lehrenden und Forschenden an eine moderne Universitätsbibliothek' (2013); n = 1 058

Auch wenn man ein Verfahren der Dimensionsanalyse anwendet, ist der vorherige Blick in die Korrelationsmatrix insofern sinnvoll und notwendig, um festzustellen, ob überhaupt Korrelationen vorliegen. Wenn dem nicht so ist, erübrigt sich die Durchführung einer Faktorenanalyse. Klare Aussagen zu möglichen Dimensionen sind aber mit solch komplexen Korrelationsmatrixen schwer bis gar nicht mehr zu machen. So auch im vorliegenden Beispiel mit einer Variablenanzahl von über 30.

Tab. 10 liefert einen gruppierten Ausschnitt aus der Korrelationsmatrix. Bei der Grobbetrachtung dieser Korrelationsmatrix lassen sich sowohl schwache Korrelationen nahe Null, als auch leichte bis mittlere Werte ausmachen. Die dunkelgrauen Markierungen kennzeichnen die zusammengehörigen Variablen, die untereinander deutlich, aber mit anderen Variablenblöcken möglichst gar nicht bis niedrig korrelieren sollen. Dies ist im vorliegenden Beispiel teilweise erfüllt. So zeigen sich im ersten Variablenblock positive Zusammenhänge, die deutlich von Null verschieden sind. Außerdem sind die Korrelationskoeffizienten mit Variablen der zweiten Gruppe sehr niedrig. Andererseits gibt es deutliche Korrelationen zwischen den Variablen des ersten und dritten Blocks, die alle einen Bezug zur anwendungsorientierten Forschung bzw. Industrienähe haben. Insgesamt spricht die Korrelationsmatrix aller Variablen für eine mehrdimensionale Datenstruktur. Wie viele Dimensionen idealerweise gebildet werden können, welche Variablen wo dazugehören und wie sich die Ergebnisse inhaltlich interpretieren lassen, erläutere ich im nächsten Abschnitt.

4.4 Faktoren- und Reliabilitätsanalyse zur Generierung der Dimensionen für die Typisierung von Fachkulturen

Die multivariate Dimensionsanalyse gliedert sich in zwei Teilschritte auf, die meist mehrfach durchlaufen werden (müssen):

1. In der *Faktorenanalyse* werden mit Hilfe von mathematischen Modellen (regressionsanalytische Schätzung) stark zusammenhängende Variablengruppen identifiziert und Faktoren (= Dimensionen) extrahiert, die die jeweiligen zusammenhängenden Variablen möglichst gut erfassen. Im vorliegenden Beispiel wurde aus einer Gruppe von verschiedenen faktorenanalytischen Verfahren die sogenannte ‚Hauptkomponentenanalyse' gewählt (Fromm 2012, S. 53–82; Field 2009, S. 627–685). Geometrisch betrachtet, werden die Variablen im Raum positioniert und die Faktoren werden wie Geraden so eingezogen, dass sie möglichst viel Varianz der Variablen erfassen. Der erste Faktor ist dabei frei wählbar und bezieht sich auf die Variablengruppe mit dem größten Zusammenhang. Die zweite Dimension muss, da das Modell unabhängige Faktoren voraussetzt, orthogonal zur ersten lie-

Tab. 11: Auszug aus der rotierten Komponentenmatrix

	Faktor 1	Faktor 2	Faktor 3
Industrieerfahrung ist eine wichtige Voraussetzung für eine Professur (v55).	0,76	0,10	0,03
Ich pflege Kontakte zu Vertretern aus Industrie und Forschung (v56).	0,72	0,08	0,07
Ich halte Ausgründungen für sehr wichtig (v57).	0,68	0,03	0,06
Produkte zu entwickeln bzw. die Optimierung von Arbeitsprozessen sind ein Ziel meiner Forschung (v23).	0,68	-0,01	0,15
Gesicherte Erkenntnisse lassen sich in meinem Forschungsgebiet nur experimentell ermitteln (v27).	0,47	0,02	0,39
Meine Forschung kann nur durch mathematische oder statistische Modelle erfolgen (v33).	0,05	0,82	0,12
Durch mathematische und statistische Methoden lassen sich objektive Fakten gewinnen (v34).	0,20	0,72	0,10
Meine Forschung konzentriert sich auf die Entdeckung und Erklärung von Gesetzmäßigkeiten (v22).	-0,28	0,47	0,07
In meinem Fach ist es normal, dass eine Publikation mehr als drei Autoren hat (v44).	0,24	0,06	0,72
Meine Kollegen und ich sind arbeitsteilig mit derselben Forschungsfrage befasst (v42).	-0,12	0,05	0,57
Man kann heute nur noch in sehr großen Teams forschen (v28).	0,24	-0,03	0,56
Auch Post-Docs betreuen bei uns Promotionen (v45).	0,03	0,26	0,54

Anmerkung: Extraktionsmethode: Hauptkomponentenanalyse. Rotationsmethode: Varimax mit Kaiser-Normalisierung. Die Werte in der Tabelle geben an, wie stark der lineare Zusammenhang der Variablen mit den jeweiligen Faktoren ist. Diese ‚Faktorladungen' können wie Pearsons r Werte von ‚–1' bis ‚+1' annehmen. ‚–1' bedeutet, dass ein vollständig negativer linearer Zusammenhang zwischen einer Variable und einem Faktor besteht. ‚+1' bedeutet, dass ein vollständig positiver linearer Zusammenhang existiert. ‚0' bedeutet, dass kein linearer Zusammenhang zwischen Variable und Faktor existiert.
Quelle: Datensatz zur Studie ‚Anforderungen von Lehrenden und Forschenden an eine moderne Universitätsbibliothek' (2013); n = 1 058

gen. Wenn alle ‚Faktoren' extrahiert sind, kann noch eine sogenannte ‚Rotation' der Komponenten (= Faktoren) stattfinden, um eine bessere Aufteilung der Variablen und auch eine bessere Interpretierbarkeit zu erzielen.
2. Da die Faktorenanalyse die multivariate Datenstruktur optimiert, bedeutet dies nicht automatisch, dass der einzelne Faktor für sich genommen sehr homogen ist und alle einem Faktor zugeordneten Variablen auch gleich gut

zum Faktor passen. Deshalb werden die potentiellen Faktoren in einer sogenannten ‚*Reliabilitätsanalyse*' (Cronbach 1951) auf Eindimensionalität geprüft.

Im Anwendungsbeispiel liefert eine erste *Faktorenanalyse* mit 34 Variablen zehn Dimensionen (Tab. 11). Dieses statistische Ergebnis nimmt man nun als Grundlage der Analyse, indem man Dimension für Dimension durchgeht und überprüft, ob und wie diese sich inhaltlich interpretieren lässt, sowie, indem man diese benennt – lässt sich eine Dimension nicht inhaltlich interpretieren, geht man davon aus, dass man ein sogenanntes ‚Datenartefakt' gebildet hat, d. h. seine Theorie den Daten aufgedrückt hat – und man verwirft diese statistische Lösung. Lässt sich dagegen eine statistische Lösung inhaltlich sinnvoll interpretieren, verwendet man zusätzliche statistische Indikatoren, um die Interpretation abzusichern und so die Subjektivität der Forschenden zu kontrollieren.

Im Anwendungsbeispiel ‚laden' in der ersten Analyse (Tab. 11) auf den ersten der zehn Faktoren vier Items sehr hoch (d. h. die vier Fragen korrelieren stark mit der Dimension), ein weiteres nicht ganz so hoch, aber noch deutlich. Die hochkorrelierenden Variablen werden auch ‚*Markierungsitems*' genannt und liefern Hinweise auf die Art, wie die Dimension inhaltlich zu interpretieren ist. So geht es bei diesen vier Variablen um *anwendungsorientierte Forschung mit starkem Bezug zur Industrie*.

Dimensionsanalytische Verfahren sind dabei darauf angelegt, dass sich der Forscher vom Gegenstandsbereich überraschen lassen kann – und diese Überraschungsmomente werden bewusst dazu genutzt, die statistische Auswertung interpretativ zu wenden. So hatten wir nicht erwartet, dass die Variable „Gesicherte Erkenntnisse lassen sich in meinem Forschungsgebiet nur experimentell ermitteln (v27)" diesem Faktor zugeordnet wird. Wir hätten sie zwar in Verbindung mit naturwissenschaftlichen Fächern gebracht, aber nicht so eindeutig auf anwendungsorientierte Disziplinen beschränkt (siehe Abschnitt 3.4). Trotzdem ist die Korrelation inhaltlich plausibel. Einen weiteren Hinweis zur interpretativen Absicherung des statistischen Ergebnisses lieferten die Gruppendiskussionen, z. B. erläuterte ein Teilnehmer in der Beschreibung seines wissenschaftlichen Alltags explizit den Zusammenhang zwischen Industrieaufträgen und experimenteller Forschung (Akremi/Wagner 2016, S. 410):

> „Also, bei uns ist der Auslöser für irgendwelche Arbeiten meistens ein Industrieauftrag, und ich würde sagen, 90% der Fälle. Dann geht es natürlich erstmal darum, das Problem zu erfassen und zu formulieren, dass man sich mit denen auch einig ist, dass man über dasselbe Problem spricht. […] Und dann geht es darum, das Problem in erfassbare Größen zu zerlegen und durch eine erkennbare Methodik dann das Problem zu lösen. Das kann in die unterschiedlichsten Richtungen gehen. Also wir haben eine relativ große

Versuchshalle, müssen viele Experimente machen. Wir machen aber auch sehr viel bei den Firmen selber [...], teilweise modellieren wir, rechnen Sachen und dann vergleichen wir natürlich die experimentellen Ergebnisse mit den Messergebnissen" (Strömungsmechanik und technische Akustik, Gd1, Abs.93).

Auf den zweiten Faktor laden drei Variablen. Einen starken Zusammenhang gibt es zwischen den Statements „Meine Forschung kann nur durch mathematische und statistische Modelle erfolgen" (v33) und „Durch mathematische und statistische Methoden lassen sich objektive Fakten gewinnen" (v34). Etwas abgeschwächt zählt zu diesem Faktor auch die Variable „Meine Forschung konzentriert sich auf die Entdeckung und Erklärung von Gesetzmäßigkeiten" (v22). Auch diese Zusammenstellung ist erst einmal plausibel, da es hier um die *Unterscheidung zwischen stark und schwach formallogischen Wissenschaften mit oder ohne erklärendem Anspruch* geht.

Im dritten Faktor kommen schließlich Variablen zusammen, die etwas über die stark oder wenig *arbeitsteilige Arbeitsorganisation* der Wissenschaftler zum Ausdruck bringen.

Dieser erste Durchgang durch die Daten wird fortgesetzt, bis alle zehn Dimensionen das erste Mal betrachtet wurden und Überlegungen dazu angestellt sind, inwiefern die Zuordnungen plausibel erscheinen und ‚Sinn' machen.

Außerdem werden die Faktoren durch die *Reliabilitätsanalyse* auf Eindimensionalität geprüft. Als Maß für den Zusammenhang der Variablen untereinander wird ‚Cronbachs α' (nicht zu verwechseln mit dem ‚Signifikanzniveau α') verwendet. α schwankt zwischen ‚0' und ‚1' und sollte bei guter ‚*Skalenhomogenität*' nicht unter ‚0,6' liegen. In der Reliabilitätsanalyse (Tab. 12) zeigt sich z.B. für den zweiten Faktor, dass zwar der Alphawert bei α = 0,6 liegt, aber auf α > 0,7 deutlich verbessert werden kann, wenn das Item „Meine Forschung konzentriert sich auf die Entdeckung und Erklärung von Gesetzmäßigkeiten" (v22) weggelassen wird. Dies führt dazu, dass eine weitere Interpretationsentscheidung zu treffen ist: Eigentlich passt dieses Item ganz gut zu den anderen beiden, und selbst drei Variablen sind schon recht wenig, um von einer Dimension zu sprechen. Andererseits geht es bei den ersten beiden Variablen stärker um die Erkenntnisweise, während das dritte Erkenntnisziele der Forschung benennt. Ob das Item zugunsten einer homogeneren Skala und inhaltlichen Fokussierung der Dimension auf die Erkenntnisweise eliminiert oder aufgrund der Zugehörigkeit und des passablen Alphawerts beibehalten wird, hängt von den Abwägungen des Forschers ab. Wir haben uns in diesem Fall für ersteres entschieden, aber auch für die zweite Option gibt es Argumente.

Tab. 12: Auszug aus einer Reliabilitätsanalyse

Cronbachs Alpha	Cronbachs Alpha für standardisierte Items	Anzahl der Items
0,60	0,60	3

Item-Skala-Statistiken

	Cronbachs Alpha, wenn Item weggelassen
v33 Meine Forschung kann nur durch mathematische oder statistische Modelle erfolgen.	0,26
v34 Durch mathematische und statistische Methoden lassen sich objektive Fakten gewinnen.	0,42
v22 Meine Forschung konzentriert sich auf die Entdeckung und Erklärung von Gesetzmäßigkeiten.	0,73

Anmerkung: Cronbachs α nimmt Werte von ‚0' bis ‚1' an und ist ein Maß für den Zusammenhang allen Variablen einer Dimension. Ab einem Wert von 0,6 wird im Allgemeinen von ausreichender Skalenhomogenität gesprochen. Die Werte in der Spalte ‚Cronbachs Alpha, wenn Item weggelassen' geben an, wie sich der Zusammenhang der restlichen Variablen der Dimension verändert, wenn die entsprechende Variable aus der Dimension entfernt wird. Quelle: Datensatz zur Studie ‚Anforderungen von Lehrenden und Forschenden an eine moderne Universitätsbibliothek' (2013); n = 1 058

Nach der Prüfung auf Eindimensionalität und der Eliminierung unpassender Variablen gibt es mehrere *Möglichkeiten, weiter zu verfahren*. Einige der zehn Dimensionen waren entweder inhaltlich und/oder statistisch nicht passend. Zudem sind bei den Reliabilitätsanalysen einige Variablen herausgefallen. Es kann nun mit den verbleibenden Variablen eine erneute Faktorenanalyse durchgeführt werden, um herauszufinden, ob die Reduzierung der Variablen vielleicht eine sinnvolle alternative Zuordnung bietet. Bei so vielen Items kann es aber auch sein, dass sich insgesamt keine ‚gute' im Sinne von ‚interpretativ eindeutige' Lösung einstellt. Es können deshalb auch kleinere Variablenblöcke nach inhaltlichen Aspekten in separaten Analysen verwendet werden. Klare Strukturen müssten dabei in verschiedenen Varianten erhalten bleiben. Wenn Variablen nicht eindeutig zugeordnet werden können, dann liefern verschiedene Vorgehensweisen auch unterschiedliche Interpretationsangebote.

Aufgrund der zahlreichen Interpretationsentscheidungen, die bei der Analyse getroffen werden müssen, sollte die Interpretation interpretativ abgesichert werden, um Intersubjektivität herzustellen. In der Regel vollzieht deshalb kein Forscher diese Analysen komplett für sich alleine, sondern es gibt – wie Datensitzungen in der qualitativen Forschung (Reichertz in diesem Band) – auch in der quantitativen Sozialforschung *Datensitzungen*, in denen das Forscherteam entweder direkt am Computer oder am zusammengestellten ausgedruckten Material gemeinsam diskutiert und interpretiert.

‚Explorativ' ist die Dimensionsanalyse in dem Sinne, dass zwar Items ganz bewusst anhand von Vorüberlegungen formuliert wurden, aber die Antwortmuster der Befragten, d. h. die Datenstruktur, letztlich nicht bekannt ist. Man lässt sich also zunächst ‚unvoreingenommen' auf die Daten ein und ist – wie bereits erwähnt – offen für Überraschungen. Andererseits sind gerade die Abweichungen der empirischen Daten von den theoretischen Vorüberlegungen spannend: Warum passt eine bestimmte Variable nicht zu den anderen? Welche Assoziationen, Überlegungen, Einstellungen usw. der Befragten könnten damit zusammenhängen?

An dieser Stelle kommen die interpretativen Komponenten der quantitativen Auswertung deutlich zum Tragen: Man will ‚verstehen', wie diese Struktur zustande kommen kann und welcher ‚gemeinsame' subjektive Sinn sich hinter den Antworten der einzelnen Befragten verbirgt. Die Mitglieder des Forscherteams können in der gemeinsamen Datensitzung ihre Erfahrungen einbringen, indem sie erläutern, wie sich ihrer Meinung nach die jeweilige Konstellation verstehen lässt. Um die Analogie zur interpretativen Forschung weiterzuführen, ist dies vergleichbar mit dem Generieren von ‚Lesarten' z. B. in der sozialwissenschaftlichen Hermeneutik (Herbrik in diesem Band).

Wie die obigen Beispiele zeigen, kann auch *zusätzliches Material* hinzugezogen werden, z. B. ähnliche Studien, andere theoretische Ausführungen oder qualitative Daten. Letztlich ist es nicht die Statistik, die die (maßgebliche) Entscheidungsgrundlage liefert, sondern eine Abwägung zwischen statistischen Kriterien und der Plausibilität der vorgebrachten Ansätze.

Bei aufwendigen Analysen ist es daher auch zwingend erforderlich, diesen Interpretationsprozess zu *dokumentieren*. Dies ist einerseits wichtig für die Nachvollziehbarkeit des Vorgehens, und andererseits lässt sich an Teilergebnisse und Überlegungen anknüpfen. Neben schriftlich ausformulierten Dokumentationen spielt dabei auch die Kommentierung der im Rahmen des Statistikprogramms verwendeten ‚Syntaxen' eine entscheidende Rolle, was vergleichbar ist mit Memos (Kuckartz in diesem Band) bei qualitativen Auswertungen. Tab. 13 stellt exemplarisch einen kommentierten Syntaxausschnitt für die Begutachtung der Häufigkeitsverteilungen, die Korrelationsmatrix sowie zur Faktorenanalyse dar.

Tab. 13: Kommentierung von Syntaxen zu Zwecken der Dokumentation und Nachvollziehbarkeit

```
*****************************************************************
*****************FAKTORENANALYSEN BIBLIOTHEKS-DATENSATZ******************
*****************************************************************

*1. Häufigkeiten und Korrelationen.
FREQUENCIES v22 TO v58.
CORRELATIONS v22 TO v58.
****Anmerkungen:
*Die Variablen v46, v47 und v48 wurden nur an Professoren gestellt. Sie werden daher zu-
nächst nicht mit in die Gesamtanalyse aufgenommen, da sich daraus zu viele fehlende Werte
und auch eine selektive Auswertung ergeben würde => paarweiser Fallausschluss zur Überprü-
fung der Zuordnung aber möglich.
**Korrelationsmatrix: die Variable „Empirische Forschung setzt theoretische Modelle voraus"
(v29) korreliert mit keiner der anderen Variablen über 0,2. Möglicherweise muss sie ausge-
schlossen werden.
*1. Faktorenanalyse mit allen Variablen zur Fachkulturmessung (außer v46, v47 und v48).
FACTOR ...
RELIABILITY ...
(...)
****Anmerkungen:
*Die 3 Faktoren Industrienähe (v23, v55, v56, v57), Formalisierbarkeit (v33, v34) und Anwen-
dungsorientierung (v38, v39, v40) sind nach Ausschluss der Variablen v22 und v27 in Ordnung.
**Kein zufriedenstellendes Ergebnis beim Faktor (experimentelle) Großprojektforschung ==>
v45 passt nicht so gut; Probleme mit VAP und Alpha. Dieser Faktor wird neu gebildet mit den
Variablen v27, v28, v44 (a), eine zweite Variante enthält zusätzlich v42, v45, v46, v54 (b).
***2 alternative Faktoren mit „schlechtem" Alphawert von 0,5 werden nach inhaltlichen Ge-
sichtspunkten gebildet:
==> Faktor 5 „Erkenntnisprozess (linear verwertbar vs. mäandernd-Wissen als Wert an sich)" –
v32, v35, v41
==> Faktor 6 „Exzellenzkriterien (Drittmittel vs. Publikation)" – v51, v52, v53.
```

Anmerkung: Aus Platzgründen wurden die Syntaxbefehle zu Faktoren- und Reliabilitätsanalysen weggelassen. Quelle: Datensatz zur Studie ‚Anforderungen von Lehrenden und Forschenden an eine moderne
Universitätsbibliothek' (2013); n = 1 058

Der gesamte Analyseprozess kann im Rahmen dieses Beitrags nur angedeutet werden, da in der Regel nicht nur die erste statistische Analyse interpretiert wird, sondern über Wochen und Monate hinweg sehr viele Analysen durchgeführt und jeweils einzeln interpretiert werden, bevor eine Synthese erstellt wird. Je nachdem, wie genau die Dimensionsbildung erfolgt, liefern etwa im vorgestellten Beispiel mehrere Faktorenanalysen vier bis sechs Dimensionen aus maximal 22 von insgesamt 37 Variablen (siehe Tab. 14), die ich nun zusammenfassend vorstelle (die Reihenfolge der präsentierten Faktoren entspricht dabei nicht der oben erwähnten Reihenfolge der Faktorenextraktion):

Tab. 14: Dimensionsvariablen und korrespondierende Einzelitems

Faktor 1: Formalisierbarkeit (n=989; VAP=79%; α=0,7)	
Skala: 0 = nicht/schwach formalisierbar; 100 = stark formalisierbar	
Meine Forschung kann nur durch mathematische oder statistische Modelle erfolgen.	
Durch mathematische und statistische Methoden lassen sich objektive Fakten gewinnen.	
Faktor 2: Industrienähe (n=963; VAP=59%; α=0,8)	
Skala: 0 = nicht/wenig industrienah; 100 = sehr industrienah	
Produkte zu entwickeln bzw. die Optimierung von Arbeitsprozessen sind ein Ziel meiner Forschung.	
Industrieerfahrung ist eine wichtige Voraussetzung für eine Professur.	
Ich pflege Kontakte zu Vertretern aus Industrie und Forschung.	
Ich halte Ausgründungen für sehr wichtig.	
Faktor 3: Anwendungsorientierung (n=987; VAP=56%; α=0,6)	
Skala: 0 = keine/wenig Anwendungsorientierung; 100=starke Anwendungsorientierung	
Forschung soll zur Verbesserung der professionellen Praxis beitragen.	
Forschung muss auf die Lösung eines konkreten Problems abzielen.	
Erkenntnisfortschritt ist eine auf dem aktuellen Wissensstand aufbauende lineare Entwicklung.	
Faktor 4a: (experimentelle) Großprojektforschung (n=1013; VAP=58%; α=0,6)	
Skala: 0 = Einzelforschung; 100 = stark arbeitsteilige Großprojekte	
Gesicherte Erkenntnisse lassen sich in meinem Forschungsgebiet nur experimentell ermitteln.	
Man kann heute nur noch in sehr großen Teams forschen.	
In meinem Fach ist es normal, dass eine Publikation mehr als drei Autoren hat.	
Faktor 4b: (experimentelle) Großprojektforschung (n=995; VAP=36%; α=0,6)	
Skala: 0 = Einzelforschung; 100 = stark arbeitsteilige Großprojekte	
Items von Faktor 4a und zusätzlich:	
Meine Kollegen und ich sind arbeitsteilig mit derselben Forschungsfrage befasst.	
Auch Post-Docs betreuen bei uns Promotionen.	
Meine Promovierenden bearbeiten Themen, die für meine eigene Forschung wichtig sind.	
Meine Forschung wäre ohne Finanzierung durch Drittmittel nicht möglich.	
Faktor 5: Erkenntnisprozess: Wissen wächst linear und muss verwertbar sein vs. Wissen wächst mäandernd als Wert an sich (n=1002; VAP=48%; α=0,5)	
Skala: 0 = linear-verwertbar 100 = mäandernd-Wert an sich	
Um gute Forschungsergebnisse zu erhalten, muss man nicht unbedingt vorher genau wissen, wo die Forschungsreise hingehen soll.	
Erkenntnis ist ein Wert an sich und bedarf keiner konkreten Verwertbarkeit.	
Wissen wächst nicht notwendig linear, sondern auch spiralförmig oder auf Umwegen.	
Faktor 6: Exzellenzkriterien: angewandte Profession vs. Grundlagenwissenschaft (n=950; VAP=49%; α=0,5)	
Skala: 0 = angewandte Profession 100 = Grundlagenwissenschaft (Habilitation, Publikationen, Nur DFG-/EU-Drittmittel)	
Drittmittel sind wichtig, aber Publikationen zählen für meine wissenschaftliche Reputation mehr.	
Ohne Habilitation hat man in meinem Fach praktisch keine Chance auf eine Professur.	
Nur DFG- oder EU-Drittmittel sind bei uns Ausdruck wissenschaftlicher Exzellenz.	

Anmerkung: n = gültige Fälle der jeweiligen Faktorvariablen; VAP = Varianzaufklärungspotenzial; α = Cronbachs α zur Beurteilung der Güte der Eindimensionalität. Quelle: Datensatz zur Studie ‚Anforderungen von Lehrenden und Forschenden an eine moderne Universitätsbibliothek' (2013); n = 1 058

1. Der erste Faktor lässt sich als „*Formalisierbarkeit*" bezeichnen und bezieht sich auf die Unterscheidung von mathematisch orientierten und sprachlich orientierten Wissenschaften. Interessanterweise gehört für die Befragten zur Forschung mithilfe mathematischer und statistischer Modelle auch die Auffassung, dass sich daraus ‚objektive Fakten' gewinnen lassen. Dies deutet darauf hin, dass das von Baur et al. (2008) beschriebene Verhältnis zum ‚positivistischen' Wissenschaftsverständnis hier zum Vorschein kommt. Der positive Zusammenhang von 0,5 (τb) bzw. 0,6 (r, γ) fällt für sozialwissenschaftliche Sachverhalte stark aus.
2. Die Faktoren „*Industrienähe*" und ...
3. ... „*Anwendungsorientierung*" trennen zwischen Grundlagenwissenschaft und angewandten Disziplinen. Allerdings zielt „Industrienähe" speziell auf das Verhältnis zur Industrie ab, was dazu führen kann, dass vermeintlich gleichermaßen anwendungsorientierte Fächer, wie z. B. Stadt- und Regionalplanung oder Bauingenieurwesen, ganz unterschiedliche Werte aufweisen können. Dies spricht auch für zwei getrennte Faktoren.
4. Der vierte Faktor, „*(experimentelle) Großprojektforschung*", erfasst die Arbeitsorganisation und schwankt zwischen „Einzelforschung" und „stark arbeitsteiligen Forschungskontexten mit großen Forscherteams". Wir haben diesen Faktor in zwei Varianten gebildet, da erstens die Einbeziehung nur weniger prägnanter Variablen für mehr Varianzaufklärungspotenzial sorgt und sich daher für anschließende Analysen besser eignet, aber zweitens die Berücksichtigung aller wichtigen Variablen insgesamt inhaltlich mehr Facetten der Dimension aufzeigt. So war es auch möglich, in der zweiten Variante die Variable „Meine Promovierenden bearbeiten Themen, die für meine eigene Forschung wichtig sind" (v46) trotz vieler fehlender Werte miteinzubeziehen, da sie inhaltlich zur Dimension passt (und es auch Möglichkeiten gibt, bei der Skalenbildung fehlende Werte zu reduzieren).
5. Die beiden letzten Faktoren, „*Erkenntnisprozess*" und „*Exzellenzkriterien*", wurden trotz der schlechten Werte bei der Skalenhomogenität (α = 0,5) gebildet, da sie noch genug Varianz erfassen und zudem inhaltlich relevant sind. Zum einen wird bei der Erkenntnisweise der Gegensatz zwischen linearem, auf Verwertbarkeit ausgerichtetem Wissensfortschritt und mäanderndem, möglicherweise auch auf Umwegen erweitertem Wissen als Wert an sich zum Ausdruck gebracht.
6. Zum anderen bezieht sich der Faktor „*Exzellenzkriterien*" auf die Bedeutung unterschiedlicher Arten von Drittmitteln sowie die Voraussetzung der Habilitation für Professuren.

4.5 Hierarchisch-agglomerative Clusteranalyse zur Identifizierung von Fachkulturtypen

Die oben vorgestellten sechs Dimensionsvariablen bilden die Grundlage dafür, verschiedene Fachkulturtypen in den Daten zu identifizieren. Dazu sind zwei Überlegungen hilfreich:

1. Die Ausprägungen, die die Befragten auf den jeweiligen Faktoren besitzen, streuen breit im Kollektiv – dies ist eine Voraussetzung dafür, dass es überhaupt unterschiedliche Subgruppen von Befragten geben kann.
2. Bei Subgruppen von Befragten, sogenannten ‚Typen‘, sollten bestimmte Werte auf den Dimensionen öfter als andere auftreten und gleichzeitig über alle relevanten Typisierungsmerkmale bestimmte Ausprägungskombinationen vorhanden sein, die sich von anderen spezifischen Ausprägungskombinationen deutlich unterscheiden und nicht einfach zufällig existieren.

Am Beispiel der Streuung auf der Dimension „*Formalisierbarkeit*" möchte ich veranschaulichen, was damit genau gemeint ist. Zur Vereinfachung werden die Verteilungen ausgewählter Disziplinen verwendet. Für einen Vergleich der Streuung sind sogenannte ‚Boxplots‘ (Abb. 1) gut geeignet, da Unterschiede sofort ins Auge springen. Die ‚Box‘ kennzeichnet den Wertebereich, in dem sich die mittleren 50% der Verteilung befinden, die Linie in der Box repräsentiert den Median und die ‚Fühler‘ geben Auskunft über den Minimal- und Maximalwert. Extremwerte werden darüber hinaus gesondert gekennzeichnet (in Abb. 1 weggelassen). Allein über die Positionierung und Länge der Boxen sowie der Fühler lassen sich bereits Unterschiede erkennen. So bilden die Verteilungen von Mathematik und Soziologie in diesem Beispiel einen Maximalkontrast bezüglich der Formalisierbarkeit der Theorien und Modelle: Während die Mathematik das Idealbeispiel für eine formale Wissenschaft darstellt – der Median liegt zwischen 70 und 80 –, weisen die Berliner Soziologen auf dieser Skala durchweg niedrige Werte auf. Auch die Geisteswissenschaften und die Stadt- und Regionalplanung befinden sich wie die Soziologie mehrheitlich im unteren Skalenbereich.

Es würde sich also vermutlich durchaus lohnen, ein typenbildendes Verfahren wie etwa die ‚Clusteranalyse‘ anzuwenden, um etwaige Subgruppen identifizieren zu können. In der *Clusteranalyse* geht es dabei nicht darum zu untersuchen, wie sich vordefinierte Gruppen auf Typenmerkmale verteilen, sondern umgekehrt sollen Typenmerkmale definiert werden, um induktiv-abduktiv Typen empirisch aus dem Material heraus identifizieren zu können. Erst nach der statistischen Analyse (‚Clusterbildung‘) wird geprüft, ob z. B. Vertreter spezieller Disziplinen auch zum selben Typus gehören. Dies entspricht dem Konzept der ‚Fachkulturtypen‘. Gleichzeitig ermöglicht dieses Vorgehen aber auch das Auffinden verschiedener Typen innerhalb von Disziplinen.

Abb. 1: Streuung auf der Dimension „Formallogische Wissenschaft" –
Boxplots für ausgewählte Disziplinen

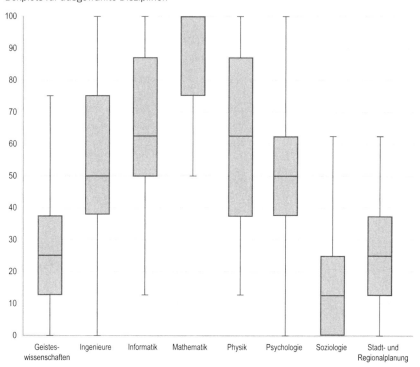

Anmerkung: Die Skala der Dimension „formallogische Wissenschaft" ist auf einen Wertebereich von „0 = nicht/schwach formalisierbar bis 100 = stark formalisierbar" standardisiert. In die Darstellung der acht Disziplinen sind 588 Fälle eingegangen. Die Boxplots fassen die Häufigkeitsverteilungen von Variablen mit wichtigen Kennwerten zusammen. Die ‚Box' kennzeichnet den Wertebereich der Variablen, in dem sich die mittleren 50% der Befragten befinden. Der ‚Strich' innerhalb der Box kennzeichnet den Wert des Medians. Die ‚Fühler' markieren den Minimal- und Maximalwert der Verteilung. Quelle: Datensatz zur Studie ‚Anforderungen von Lehrenden und Forschenden an eine moderne Universitätsbibliothek' (2013); n = 1 058

Die von uns durchgeführten Clusteranalysen sollen im Folgenden nicht mehr so ausführlich behandelt werden, wie die Faktorenanalyse. Der Fokus der Darstellung liegt stattdessen auf den Ergebnissen. Anzumerken ist aber, dass die Clusteranalyse noch wesentlich weniger statistische Orientierungspunkte liefert als die Faktorenanalyse:

- Die von uns durchgeführte sogenannte ‚hierarchische Clusteranalyse' startet etwa mit allen Befragten, die jeweils ihr eigenes Cluster bilden. Im ersten Schritt werden die beiden Befragten zusammengeführt, die nach dem gewählten Fusionsalgorithmus und Ähnlichkeitsmaß die größte Nähe zueinander aufweisen. Dies wird so lange weitergeführt, bis sich am Ende alle Befragten in einem Cluster befinden. Wo wird nun dieser Prozess am besten gestoppt, um nach statistischen und inhaltlichen Kriterien ein zufriedenstellendes Ergebnis zu erhalten? Dazu existiert kein statistisches Maß wie z. B.

Cronbachs α bei der Beurteilung der Eindimensionalität. Es lassen sich wohl Statistiken heranziehen, z. B. die Betrachtung der Mittelwerte und Standardabweichungen der Clustervariablen bei verschiedenen Clusterlösungen. Aber ein eindeutiges Votum ist dies nicht.
- Des Weiteren verschieben sich Fallzuordnungen je nach verwendeten Clustervariablen, Fusionsalgorithmen, fehlenden Werten oder ausgeschlossenen Ausreißern im Detail, auch wenn möglicherweise die Grobstruktur weitestgehend dieselbe ist.

Letztendlich überwiegt daher bei Clusteranalysen noch mehr als bei Faktorenanalysen die subjektive inhaltliche Interpretation des Forschers.

Im konkreten Fallbeispiel wurden zur Bildung von Fachkulturclustern auf Basis der vorgestellten Faktoren sogenannte ‚hierarchisch-agglomerative Clusteranalysen' mit dem ‚Single Linkage Fusionsalgorithmus' zur Ausreißeridentifizierung und dem ‚Ward-Verfahren' (Fromm 2012, S. 191–222) zur eigentlichen Klassifizierung in verschiedensten Varianten durchgerechnet und ausgewertet. Nach eingehender statistischer Überprüfung und Abwägung mit einer sinnvollen inhaltlichen Interpretierbarkeit stellte sich schließlich heraus, dass die vier Faktoren „Formalisierbarkeit", „Industrienähe" „Großprojekt (4a)" und „Exzellenzkriterien" (Tab. 14) am besten geeignet sind, in sich relativ homogene Gruppen zu bilden, die sich wiederum voneinander gut abgrenzen lassen. Des Weiteren legten die jeweiligen ‚Dendrogramme' und ‚Fusionierungsübersichten' ideale Clusterzahlen bis maximal zehn und minimal drei Cluster nahe, wobei wir uns aus dem Vergleich von statistischen und inhaltlichen Kriterien für sieben Fachkulturcluster entschieden haben (Tab. 15), die abschließend kurz vorgestellt werden. Zur Charakterisierung werden zusätzlich zu den Clustervariablen zwei weitere Variablen hinzugezogen:

- Da die Faktorvariable „Anwendungsorientierung" nicht geeignet war, für trennscharfe Cluster zu sorgen, musste stattdessen die Variable „Industrienähe" zur Clusterung verwendet werden. Weil aber diese Dimension in der Fachkulturkonzeption so wichtig ist und Industrienähe nicht exakt dasselbe ist, betrachten wir ergänzend die Verteilung einer einfachen Variable, bei der direkt nach der Art der Forschung gefragt wurde. Die fünf Ausprägungen dieser Variable „hauptsächlich Grundlagenforschung", „eher Grundlagenforschung", „teils teils", „eher anwendungsorientiert", „hauptsächlich anwendungsorientiert" haben wir zur Vereinfachung in die drei Kategorien „Grundlagenforschung", „sowohl Grundlagen- als auch angewandte Forschung" und „angewandte Forschung" transformiert.
- Aus den offenen Angaben zur eigenen Fachdisziplin haben wir eine Fächervariable mit insgesamt 22 Disziplinen bzw. Fächergruppen gebildet, die ebenfalls wichtige Aspekte zur Beschreibung der Fachkulturcluster liefert.

Tab. 15: Charakterisierung der sieben Fachkulturtypen

Fachkulturtyp	größte Fächergruppen innerhalb der Cluster		Formalisierbarkeit	Industrienähe	Forschung in großen Teams	Exzellenzkriterien
sprachlich orientierte Grundlagenwissenschaft (n=184)	27% Sozialwissenschaften; 25% Geschichte, Philosophie, Sprachwissenschaften; 9% Stadt- und Regionalplanung	$\bar{x}$	20	20	24	62
		s	16	14	16	19
naturwissenschaftliche Großprojektforschung (n=124)	34% Chemie; 19% Physik; 11% Biologie	$\bar{x}$	36	42	73	67
		s	15	14	12	15
stark mathematisch orientierte, angewandte und Grundlagenforschung (n=156)	20% Informatik; 15% Maschinenbau; 11% Physik; 10% Verwaltungs- und Wirtschaftswissenschaften	$\bar{x}$	75	51	51	59
		s	15	15	13	11
teils mathematisch orientierte, industrienahe Wissenschaft (n=189)	22% Maschinenbau; 8% Bauingenieurwesen; 8% Stadt- und Regionalplanung; 7% Energie, Prozess- und Verfahrenstechnik; 7% Informatik	$\bar{x}$	42	69	43	33
		s	21	16	16	13
mathematisch orientierte, industrienahe Großprojektforschung (n=122)	16% Maschinenbau; 14% Informatik; 13% Elektrotechnik; 8% Energie, Prozess- und Verfahrenstechnik; 8% Bauingenieurwesen	$\bar{x}$	64	71	67	47
		s	14	13	13	14
wenig mathematisch orientierte, sehr industrienahe Wissenschaft (n=96)	11% Energie, Prozess- und Verfahrenstechnik; 11% Informatik; 10% Maschinenbau; 10% Chemie; 9% Biologie; 9% Bauingenieurwesen	$\bar{x}$	38	75	57	65
		s	14	11	16	13
stark mathematisch orientierte Grundlagenwissenschaft (n=111)	25% Physik; 22% Mathematik; 22% Informatik; 10% Verwaltungs- und Wirtschaftswissenschaften	$\bar{x}$	84	24	37	68
		s	14	14	19	16
insgesamt (n=982)		$\bar{x}$	49	50	48	56
		s	27	25	22	19

Anmerkung: $\bar{x}$ = Mittelwert; s=Standardabweichung; zur besseren Übersichtlichkeit auf ganze Zahlen gerundet. Quelle: Datensatz zur Studie ‚Anforderungen von Lehrenden und Forschenden an eine moderne Universitätsbibliothek' (2013); n = 1 058

Auf dieser Basis lassen sich die sieben Fachkulturcluster (Tab. 15) wie folgt beschreiben:

1. Im ersten Fachkulturtypus befinden sich überwiegend *sprachlich orientierte Grundlagenwissenschaften*. Ihr Forschungsgegenstand ist nur wenig über mathematische oder statistische Modelle formalisierbar, sie besitzen wenig Industrienähe, und wissenschaftliches Arbeiten erfolgt v.a. in Einzelforschung oder kleineren Teams. 61% der entsprechend klassifizierten Befragten bezeichnen ihre Forschung als grundlagenorientiert. Betrachtet man die Disziplinen, die innerhalb dieses Clusters die größten Gruppen darstellen, so handelt es sich um Sozialwissenschaften (27%), Geschichte/Philosophie/Sprachwissenschaften (25%) und Stadt- und Regionalplanung (9%), Verwaltungs- und Wirtschaftswissenschaften (8%), Architektur (7%) und Psychologie (7%). Diese sechs Fächergruppen umfassen bereits 82% der zugeordneten Fälle in diesem Fachkulturtyp.
2. Dagegen lässt sich der zweite Fachkulturtyp als *naturwissenschaftliche Großprojektforschung* bezeichnen. Interessanterweise weist dieses Cluster im Mittel einen überraschend niedrigen Wert bei der Formalisierbarkeit auf. Auf der Dimension des Praxisbezugs ordnen sich die Befragten eher in der Mitte ein. Teilweise besteht hier Industrienähe, aber 50% der diesem Typus zugeordneten Befragten bezeichnen sich auch als Grundlagenforscher. Auffällig ist aber der höchste Wert von allen Clustern bei der (experimentellen) Großprojektforschung. Die wichtigsten Fächergruppen sind Chemie (34%), Physik (19%) und Biologie (11%), die zusammen fast zwei Drittel aller Fälle im Cluster umfassen.
3. Der dritte Fachkulturtyp, *stark mathematisch orientierte, angewandte und Grundlagenforschung*, ist dem zweiten teilweise ähnlich, unterscheidet sich aber in zwei wesentlichen Punkten: Der Gegenstandsbereich ist nach Angaben der so eingeordneten Lehrenden und Forschenden viel stärker durch mathematische und statistische Modelle formalisierbar, und es wird nur teilweise in großen Forscherteams gearbeitet. Es besteht ein erkennbarer Praxisbezug mit gewisser Industrienähe, allerdings bezeichnen sich immer noch 40% als Grundlagenforscher. Als größte Fächergruppen sind Informatik (20%), Maschinenbau (15%), Physik (11%), Verwaltungs- und Wirtschaftswissenschaften (10%) und Psychologie (7%) zu nennen.
4. Bei den *teilweise mathematisch orientierten, industrienahen Wissenschaften* ist besonders auffällig, dass sie mit Abstand den niedrigsten Wert bei der Faktorvariable „Exzellenzkriterien" aufweisen, die ansonsten über alle Cluster hinweg im Vergleich zu den anderen drei Faktoren die geringste Streuung zwischen den Gruppen besitzt. Auf die Aspekte dieser Dimensionsvariablen bezogen, bedeutet dies, dass Publikationen eher nicht bedeutsamer sind als Drittmittel, dass bei Drittmitteln eher keine qualitative Unterscheidung zwi-

schen Mittelgebern getroffen wird – es gibt ja auch eine starke Industrienähe in diesem Cluster – und schließlich ist eine Habilitation keine zwingende Voraussetzung für eine Professur. Verstärkt wird dies noch durch die Verteilung der Einzelvariable „Forschungsart", da sich nur noch 10% als Grundlagenforscher betrachten. Zu den größten Fächergruppen zählen hier Maschinenbau (22%), Bauingenieurwesen (8%), Stadt- und Regionalplanung (8%), Energie-, Prozess- und Verfahrenstechnik (7%) und Informatik (7%).

5. Der fünfte Fachkulturtyp beherbergt *mathematisch orientierte Großprojektforschung*, für die Grundlagenforschung fast entbehrlich ist. Die Grundlagenforscher machen nur noch 8% aus. Die Fächerzusammensetzung ist dabei ähnlich wie im vierten und im nachfolgenden sechsten Cluster: Maschinenbau (16%), Informatik (14%), Elektrotechnik (13%), Energie-, Prozess- und Verfahrenstechnik (8%) und Bauingenieurwesen (8%) umfassen zusammen fast 60% der Fälle. Durch die stärkere mathematische Orientierung und die Arbeitsorganisation in großen Forscherteams bilden aber Fächer wie Stadt- und Regionalplanung im Gegensatz zu Cluster 4 hier keine größere Gruppe aus.

6. *Wenig mathematisch orientierte, industrienahe Wissenschaften* finden sich im sechsten Cluster. Wie auch schon bei Cluster 2 verwundert die Angabe der Lehrenden und Forschenden, dass ihr Forschungsgegenstand eher weniger durch mathematische und statistische Modelle formalisierbar ist, wenn man auf die Fächerverteilung blickt: Energie-, Prozess- und Verfahrenstechnik (11%), Informatik (11%), Maschinenbau (10%), Chemie (10%), Biologie (9%), Bauingenieurwesen (9%). Möglicherweise ist die Formulierung des Statements nicht präzise genug gewesen, oder aber ein stärkerer Formalisierungsgrad als z. B. bei geistes- und sozialwissenschaftlichen Fächern wird hier anders hergestellt. Der Anteil der Grundlagenforscher ist mit 17% gegenüber den Clustern 4 und 5 wieder etwas höher, aber insgesamt noch weit unter den Werten in den restlichen Clustern. Obwohl sich die Cluster drei bis sechs nur in Nuancen unterscheiden, haben sie doch ihre Berechtigung. Die starke Ausdifferenzierung bestimmter Fächer auf unterschiedliche Cluster wie z. B. Maschinenbau oder auch Informatik unterstützt die Vermutung, dass nicht nur zwischen, sondern auch innerhalb von Disziplinen nach Fachkulturen gesucht werden kann.

7. Mit dem siebten und letzten Fachkulturtypen schließt sich nun der Kreis. Es handelt sich um *stark mathematisch orientierte Grundlagenwissenschaften*, die das Gegenstück zu den sprachlich orientierten Grundlagenwissenschaften in Cluster 1 bilden. Forschung lässt sich hier so gut wie gar nicht ohne mathematische oder statistische Modelle bewerkstelligen. Die starke Grundlagenorientierung zeigt sich einerseits in der relativ geringen Industrienähe, aber auch in der Tatsache, dass 62% bei der Einzelvariable zur Forschungsart hauptsächlich Grundlagenorientierung angaben. Zu den wichtigsten Fä-

chern zählen Physik (25%), Mathematik (22%), Informatik (22%), aber auch Verwaltungs- und Wirtschaftswissenschaften (10%), die zusammengenommen fast 80% aller Fälle innerhalb des Clusters stellen.

4.6 Synopse: Zusammenfassende Interpretation der statistischen Ergebnisse

Aus dieser Fachkulturclusterung, die durch Dimensionsanalysen unterstützt wurde, lassen sich verschiedene Einsichten herausziehen. Ich habe dies an anderer Stelle zusammen mit Pia Wagner (2016) bereits formuliert, möchte es aber an dieser Stelle noch einmal anführen. Zur genauen Verortung der einzelnen untersuchten Disziplinen im zweidimensionalen Fachkulturraum eignet sich eine einfache korrespondenzanalytische Betrachtung des Zusammenhangs zwischen Clusterzuteilung und Fachgruppen – ein weiteres interpretatives statistisches Verfahren. Die statistischen Einzelheiten sind in diesem Zusammenhang nicht von Bedeutung und können an anderer Stelle nachgelesen werden (Blasius 2001). Stattdessen soll die Visualisierungsmöglichkeit der Korrespondenzanalyse genutzt werden, um die geschilderten Auffälligkeiten durch eine graphische Darstellung zu veranschaulichen. Für eine bessere Übersichtlichkeit und zur Fokussierung sind nur die Fachdisziplinen (Zeilenpunkte) ohne Clusterzuordnung eingetragen.

Die fachkulturelle Unterscheidungsdimension zwischen *mathematisch und sprachlich orientierten Wissenschaften* tritt klar hervor, insbesondere in der Kontrastierung zwischen Cluster 1 mit allen anderen Clustern. Im Plot der einfachen Korrespondenzanalyse betrifft dies die eingezeichnete horizontale Achse des Koordinatensystems. Am sprachlichen Pol im negativen Wertebereich dieser Achse finden sich daher Geschichte, Philosophie, Sprachwissenschaften und die Sozialwissenschaften, die den Hauptanteil an Cluster 1 ausmachen. Sie sind auf dieser Dimension maximal weit entfernt von den mathematisch orientierten Fächern. Zwischen den Extremen finden sich künstlerische und planerische Fächer und schon etwas näher zum mathematischen Pol die Psychologie sowie Verwaltungs- und Wirtschaftswissenschaften.

Auch die *Unterscheidung zwischen Grundlagen- und Anwendungsorientierung* ist durch die Betrachtung der vertikalen Achse ersichtlich. Demnach sind die Vertreter des zweiten und siebten Fachkulturtyps besonders grundlagenorientiert. In Fachdisziplinen bedeutet dies spezifische Ausprägungen von Mathematik, Physik und Chemie. Demgegenüber stehen die Vertreter der Geistes- und Sozialwissenschaften auf dieser Dimension eher in der Mitte. Für die Sozialwissenschaften ist das durchaus erwartbar gewesen, allerdings hätte man die Geisteswissenschaften noch weiter in Richtung Grundlagenorientierung vermutet. Dies kann als Bestätigung der zuvor formulierten These gedeutet werden,

Abb. 2: Verortung der Fachdisziplinen im zweidimensionalen Raum der Fachkulturen

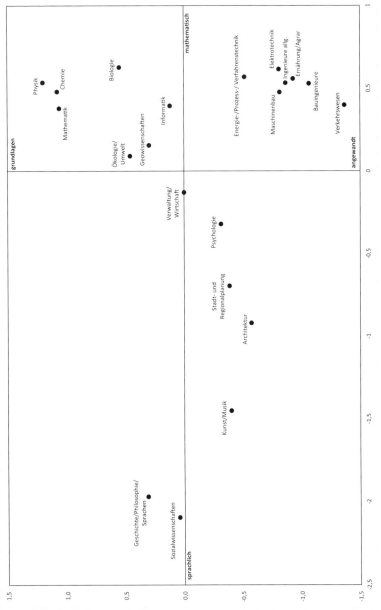

Anmerkung: Grundlage dieses Korrespondenzanalyseplots ist der Zusammenhang zwischen Clusterzugehörigkeit (nicht eingezeichnet) und Fachdisziplin. Die Fächer mit ähnlichen Clusterzuordnungen gruppieren sich zusammen. Aus den Charakterisierungen der Cluster und den Positionierungen der Fächer im Raum lassen sich die Achsen mit den Unterscheidungen ‚mathematisch–sprachlich' (horizontale Achse) und ‚grundlagenorientiert–angewandt' (senkrechte Achse) benennen. n=1 058; 970 gültige Fälle sind in die Korrespondenzanalyse eingegangen. Symmetrische Normalisierung; zwei Dimensionen erfassen 70% der Streuung (Inertia). Quelle: Akremi/Wagner 2016, S. 406; Datensatz zur Studie ‚Anforderungen von Lehrenden und Forschenden an eine moderne Universitätsbibliothek' (2013).

dass sich diese Fächer in das Gesamtkonzept einer Technischen Universität einfügen müssen. Deutlich anwendungsorientierter sind die unterschiedlichen ingenieurwissenschaftlichen Disziplinen, wobei noch einmal auf die genannten Unschärfen bzw. weniger klaren Trennungen hingewiesen sei. In den naturwissenschaftlich-technischen oder Ingenieurwissenschaften gibt es verschiedenste Variationen der Formalisierbarkeit, Industrienähe und Großprojektforschung, was sich in der Zuordnung zu verschiedenen Clustern und auch sehr schön an der breiten Differenzierung auf der zweiten Achse im Korrespondenzanalyseplot herauskristallisiert. Die eher randständigen oder nicht-technischen Fächer können sich demgegenüber nicht in derselben Weise ausdifferenzieren, so dass die beiden linken Quadranten der sprachlich orientierten Wissenschaften relativ schwach besetzt sind.

5   Fazit: Zur Interpretativität von multivariaten Verfahren

Das Ziel der durchgeführten Studie und auch der vorgestellten Analysen war es weder, ein spezifisches Phänomen zu erklären, wie dies häufig bei quantitativer Forschung der Fall ist. Noch wollten wir etwas völlig Neues in einem bisher eher unerforschten Bereich entdecken. Stattdessen haben wir ein Konzept operationalisiert, das vielfach auf unterschiedlichste Weise in qualitativen Studien beschrieben wurde, um eine Systematisierung und Verdichtung vorzunehmen. Weitere Studien könnten daran anknüpfen, um z. B. zu prüfen, ob sich die Ergebnisse auch auf andere Fallbeispiele übertragen lassen oder weitere Disziplinen miteinschließen.

Im vorliegenden Beitrag sollte anhand dieser Beispielstudie aufgezeigt werden, dass die Durchführung multivariater strukturentdeckender Analysen in hohem Maße mit den individuellen Entscheidungen des Forschers im Interpretationsprozess verbunden ist. Im Gegenzug besitzen die statistischen Vorgaben eher unterstützende Funktion, als dass sie eindeutige Richtlinien darstellen.

Die Operationalisierung der Erhebungsinstrumente ist dabei untrennbar mit dem jeweiligen Forscherteam, das sie konzipiert hat und deren Perspektive sowie deren „Verständnis" des Gegenstandsbereichs verbunden. Bei der Auswertung der erhobenen Daten muss das Forscherteam in einer Abwägung zwischen den Vorüberlegungen bei der Entwicklung des Projekts und den gegebenen Datenstrukturen entscheiden, welches Modell letztlich am besten geeignet erscheint. Dies ist primär keine Frage von statistischen Maßzahlen, sondern es handelt sich um eine plausible Darlegung der subjektiven Einschätzung und Argumentation. Dabei werden sowohl Übereinstimmungen als auch Abweichungen zwischen Vorüberlegungen und tatsächlichen Datenstrukturen berücksichtigt. In der ersten durchgeführten Faktorenanalyse wurden z. B. die Variablen „Meine Forschung kann nur durch mathematische oder statistische

Modelle erfolgen" (v33) und „Durch mathematische und statistische Methoden lassen sich objektive Fakten gewinnen" (v34) in *Übereinstimmung* mit den Vorüberlegungen einem Faktor zugeordnet. Damit wurde eine Beziehung zwischen formallogischer Wissenschaft und positivistischem Wissenschaftsverständnis hergestellt. Einerseits werden die Modelle und Methoden zur Gewinnung von Erkenntnissen im jeweiligen Forschungsbereich abgefragt und andererseits die Einstellung zum Verhältnis von Forschung und Wirklichkeit. Es gibt zwar zweifelsohne Wahlverwandtschaften zwischen präferierten Methoden und erkenntnistheoretischen Positionen, doch handelt es sich dabei nicht um ein Naturgesetz in der Form einer deterministischen ‚Wenn-Dann-Beziehung'. Da sich die Wahlverwandtschaft tendenziell in den Daten widerspiegelte, wurde sie beibehalten, trotzdem handelt es sich dabei um eine interpretative Entscheidung des Forschers, die auch anders getroffen werden kann. Beim fünften Faktor ‚Erkenntnisprozess' (siehe Tab. 14) lag hingegen eine *Abweichung* vor. Die Variablen „Um gute Forschungsergebnisse zu erhalten, muss man nicht unbedingt vorher genau wissen, wo die Forschungsreise hingehen soll" (v32), „Erkenntnis ist ein Wert an sich und bedarf keiner konkreten Verwertbarkeit" und „Wissen wächst nicht notwendig linear, sondern auch spiralförmig oder auf Umwegen" (v41) zielten auf die Unterscheidung zwischen grundlagen- und anwendungsorientierten Wissenschaften ab, in denen sich auch eine spezifische Haltung zur Verwertbarkeitslogik herausgebildet hat. In der ersten Faktorenanalyse gesellten sich zu diesem Faktor noch andere Variablen, z. B. „In meiner wissenschaftlichen Arbeit greife ich auf qualitative Forschungsmethoden zurück" (v36). In weiteren Faktoren- und Reliabilitätsanalysen mit unterschiedlichen Variablenkombinationen ließ sich aber keine Lösung finden, die die statistische Richtlinie für die Skalenhomogenität erfüllt hätte. Trotzdem wurde diese Dimension inhaltlich als wichtig betrachtet und der Faktor in der statistisch bestmöglichen Zusammenstellung gebildet.

Diese Beispiele mögen genügen, um aufzuzeigen, wo die eigentlichen Herausforderungen bei der multivariaten Auswertung liegen. Dazu finden sich in den zahlreichen Methoden- und Statistikbüchern wenig ausführliche Beschreibungen. Dies ist eine Aufgabe für die Methodenausbildung und die Einführung von Nachwuchswissenschaftlern durch erfahrene Forscher. Auch hier bietet es sich wieder an, die Parallele zu Datensitzungen in der interpretativen Forschung (Reichertz in diesem Band) zu ziehen. Man wird sozusagen in diesen Datensitzungen in den Umgang mit den Daten, die Art und Weise, Fragen an das Datenmaterial zu stellen und den Interpretationsprozess hineinsozialisiert. Diese komplexen statistischen Verfahren lassen sich daher genauso wenig wie z. B. die hermeneutische Sequenzanalyse (Herbrik in diesem Band) allein aus dem Studieren von Verfahrensbeschreibungen erlernen. Es wäre trotzdem hilfreich, wenn in der quantitativen Forschung diese interpretativen Prozesse stärker reflektiert und offengelegt würden, um die Entscheidungen des Forschers besser nachvollziehen zu können. Wenn ich z. B. davon ausgehe, dass die befragten Lehrenden und Forschenden beim Lesen der einzelnen Fragen ihren wissenschaftlichen Alltag, ihre Erfahrungen mit Wissenschaft und ihre persönliche Haltung dazu reflektieren und dementsprechende Antworten liefern, dann muss ich auch bei der Analyse versuchen, mich ein Stück weit in die Lebenswelt der Befragten hineinzuversetzen, um zu verstehen, welche Sinnstrukturen in den Antwortmustern zum Ausdruck kommen könnten.

Ohne direkte oder indirekte Berührung mit dem Untersuchungsgegenstand bzw. Forschungsfeld wird es aber schwer möglich sein, wirklich zu ‚verstehen', was genau vor sich geht. Ergänzendes Informations- und Datenmaterial unterstützt den Verstehensprozess. So haben sich während der multivariaten Analyse in Verbindung mit dem qualitativen Datenmaterial viele spannende Aspekte ergeben (siehe hierzu auch Akremi/Wagner 2016). Ich möchte mich in diesem Zusammenhang daher auch für ein Mixed-Methods-Forschungsdesign aussprechen, bei welchem zusätzlich zur standardisierten Befragung unterschiedliche nicht-numerische Daten erhoben bzw. gesammelt und mit den quantitativen Daten interpretativ kombiniert werden können. Im erwähnten Beispiel haben wir unterstützend Gruppendiskussionen geführt, es könnten aber auch ethnographische Beobachtungsdaten, prozessgenerierte Daten wie wissenschaftliche Publikationen oder weitere Befragungsdaten durch Expertengespräche usw. ergänzend hinzugezogen werden. Ganz im Sinne der breiten Zustimmung der befragten Wissenschaftler zu Variable v26 (siehe Abschnitt 4.2) bleibt nur noch einmal zu wiederholen, dass nichtsdestotrotz auch *quantitative Daten interpretiert* werden *müssen*, und der Analyseprozess ist dementsprechend ebenfalls wie die qualitative Forschung interpretativ.

Literatur

Akremi, L.: Anforderungen an eine moderne Universitätsbibliothek. www.ub.tu-berlin.de/file admin/pdf/OEA_Umfrage_2013_Langfassung.pdf (Abruf 20.5.2016).

Akremi, L./Wagner, P. (2016): Informationspraktiken. In: Baur, N./Besio, C./Norkus, M./Petschick, G. (Hrsg.) (2016): Wissen – Organisation – Forschungspraxis. Der Makro-Meso-Mikro-Link in der Wissenschaft. Weinheim: Beltz Juventa, S. 402–446.

Ametowobla, D./Baur, N./Norkus, M. (2017): Analyseverfahren in der empirischen Organisationsforschung. In: Liebig, S./Matiaske, W./Rosenbohm, S. (Hrsg.) (2017): Handbuch empirische Organisationsforschung. Wiesbaden: Springer, S. 749–796.

Baur, N. (2011): Das Ordinalskalenproblem. In: Akremi, L./Baur, N./Fromm, S. (Hrsg.) (2011): Datenanalyse mit SPSS für Fortgeschrittene 1: Datenaufbereitung und uni- und bivariate Statistik. 3., völlig überarbeitete und erweiterte Auflage. Wiesbaden: VS, S. 211–221.

Baur, N./Bretzger, R./Buxhoeveden, J. v./Schmidt, R. J. (2008): HL-Befragung 2007. Berlin: Technische Universität Berlin. doi.org/10.13140/RG.2.1.4982.2886 (Abruf 5.7.2018).

Becher, T. (1994): The Significance of Disciplinary Differences. In: Studies in Higher Education 19, H. 2, S. 151–160.

Berger, P. L./Luckmann, T. (1969/2000): Die gesellschaftliche Konstruktion der Wirklichkeit. Eine Theorie der Wissenssoziologie. Frankfurt am Main: Fischer Taschenbuch Verlag.

Blasius, J. (2001): Korrespondenzanalyse. München, Wien: Oldenbourg.
Braxton, J. M./Hargens, L. L. (1996): Variation Among Academic Disciplines. In: Smart, J. C. (Hrsg.) (1996): Higher Education. New York: Agathon, S. 1–46.
Cronbach, L. J. (1951): Coefficient Alpha and the Internal Structure of Tests. In: Psychometrika. A Journal of Quantitative Psychology 16, S. 297–334.
Field, A. (2009): Discovering Statistics Using SPSS. 3. Auflage. London: Sage.
Fromm, S. (2012): Datenanalyse mit SPSS für Fortgeschrittene 2: Multivariate Verfahren für Querschnittsdaten. 2. Auflage. Wiesbaden: Springer VS.
Galison, P. (2004): Heterogene Wissenschaft. In: Strübing, J./Schulz-Schaeffer, I./Meister, M./Gläser, J. (Hrsg.) (2004): Kooperation im Niemandsland. Opladen: Leske + Budrich.
Kaatz, S. (2010): Der Arbeitsalltag im Cluster: 3 Idealtypen. Aufgabe zur typisierenden Inhaltsanalyse im Seminar „Qualitative Inhaltsanalyse (nach Mayring)" im Wintersemester 2010/2011. Technische Universität Berlin: Unveröffentlichtes Manuskript.
Kelle, U. (2008): Die Integration qualitativer und quantitativer Methoden in der empirischen Sozialforschung. Theoretische Grundlagen und methodologische Konzepte. 2. Auflage. Wiesbaden: VS.
Kuckartz, U. (2014): Mixed Methods. Wiesbaden: Springer VS.
Kühn, T./Koschel, K.-V. (2011): Gruppendiskussionen. Wiesbaden: VS.
Lamnek, S. (2005): Gruppendiskussion. Weinheim: Beltz.
Otte, G. (2008): Sozialstrukturanalysen mit Lebensstilen. Eine Studie zur theoretischen und methodischen Neuorientierung der Lebensstilforschung. Wiesbaden: VS.
Reichmann, W./Knorr Cetina, K. (2016): Wissenskulturen. Wissenschaftliche Praxis und gesellschaftliche Ordnung. In: Baur, N./Besio, C./Norkus, M./Petschick, G. (Hrsg.) (2016): Wissen – Organisation – Forschungspraxis. Der Makro-Meso-Mikro-Link in der Wissenschaft. 1. Auflage. Weinheim: Beltz Juventa, S. 46–70.
Schoonenboom, J./Johnson, R. B. (2017): How to Construct a Mixed Methods Research Design. In: Baur, N./Kelle, U./Kuckartz, U. (Hrsg.) (2017): Mixed Methods. Kölner Zeitschrift für Soziologie und Sozialpsychologie 69 (Supplement 2). Wiesbaden: Springer VS, S. 107–132.
Schulze, G. (1992): Die Erlebnisgesellschaft. Kultursoziologie der Gegenwart. Frankfurt am Main, New York: Campus.
Schulze, G. (2004): Kollektive Dispositionen. Paper 3 zum Hauptseminar „Daten und Theorie. Teil 1: Grundlagen" im Wintersemester 2003/2004 an der Otto-Friedrich-Universität Bamberg. Bamberg.
Schulze, G. (2006a): Einführung in die Methoden der empirischen Sozialforschung. Reihe: Bamberger Beiträge zur empirischen Sozialforschung. Bamberg: Otto-Friedrich-Universität Bamberg.
Schulze, G. (2006b): Einführung in die Multivariate Analyse. Paper 3 zum Hauptseminar „Daten und Theorie II" im Sommersemester 2006 an der Otto-Friedrich-Universität Bamberg. Bamberg.
Schulze, G. (2007a): Forschungsgegenstand Gesellschaft. Paper 3 zum Hauptseminar „Wissenschaftstheorie für Sozialwissenschaftler" im Wintersemester 2006/2007 an der Otto-Friedrich-Universität Bamberg. Bamberg.
Schulze, G. (2007b): Objektive Wirklichkeit – ein sinnvoller Begriff? Über Realismus, Relativismus und Falsifikationismus. Paper 4 zum Hauptseminar „Wissenschaftstheorie für Sozialwissenschaftler" im Wintersemester 2006/2007 an der Otto-Friedrich-Universität Bamberg. Bamberg.
Überla, K. (1971): Faktorenanalyse. Eine systematische Einführung für Psychologen, Mediziner, Wirtschafts- und Sozialwissenschaftler. 2. Auflage. Berlin, Heidelberg: Springer.
Vogel, F. (1975): Probleme und Verfahren der Numerischen Klassifikation unter besonderer Berücksichtigung von Alternativmerkmalen. Göttingen: Vandenhoeck und Rupprecht.
Wagner, P./Hering, L. (2014): Online-Befragung. In: Baur, N./Blasius, J. (Hrsg.) (2014): Handbuch Methoden der empirischen Sozialforschung. Wiesbaden: Springer VS, S. 661–673.
Weber, M. (1922/2002): Wirtschaft und Gesellschaft. Grundriss der verstehenden Soziologie. 5., revidierte Auflage. Tübingen: Mohr.

2.5
Interpretativität und schließende Statistik

Das Verhältnis von sozialem Kontext
und Generalisierungsstrategien der
quantitativen Sozialforschung

Markus Ziegler

1 Soziologische Theorie und Inferenzstatistik[1]

In den Sozialwissenschaften sind deskriptive Statistik und inferenzstatistische Schlüsse als Teil quantitativ orientierter Forschung fest etabliert. Sowohl in Ausbildung als auch in der empirischen Forschung stößt man unweigerlich auf sie. Statistik ist in jedem universitären Curriculum präsent, die einschlägigen Lehrbücher kommen ohne ein oder mehrere Kapitel darüber nicht aus. Im Verhältnis zu soziologischer Theorie oder auch zu den qualitativen Methoden treten dabei aber grundsätzliche Unterschiede in ihrer Anwendung zutage. Während bei soziologischer Theorie und qualitativen Methoden stets Mannigfaltigkeit und Diversität vermittelt und verschiedene Denkansätze und Vorgehensweisen vorgestellt werden, so ist das vor allem bei der Inferenzstatistik anders: Sie wird als einheitlich, in sich geschlossene Denkschule präsentiert, die klaren und eindeutig festgelegten Regeln folgt.

Als Sozialwissenschaftler sind wir es gewohnt, dass die soziologische Theorie stets eine historische Komponente besitzt, Schulen und Entwicklungspfade aufgezeichnet werden und durchaus die eine oder andere Kontroverse dargelegt wird. Die Vielzahl theoretischer Ansätze und Erklärungsmuster sozialer Phänomene hat zur Unterscheidung verschiedener Kategorien bzw. Ebenen soziologischer Theorie geführt, etwa in Ad-hoc-Theorien, Theorien mittlerer Reichweite und Theorien höherer Komplexität (König 1973, S. 4) oder in Sozialtheorien, Theorien begrenzter Reichweite und Gesellschaftstheorien (Lindemann 2008). Diese Vielfalt der Theorieansätze wird weder bestritten noch in der Regel als ein wissenschaftliches Problem angesehen.

Bei der Auswertung standardisierter Daten sieht das anders aus und dies beginnt normalerweise schon direkt bei der universitären Ausbildung, indem

---

[1] Bei diesem Text handelt es sich um eine Kurzfassung von Ziegler (2017).

etwas gelehrt und gelernt wird, was es eigentlich gar nicht gibt: eine einzige Art und Weise, statistische Modelle aufzustellen, zu analysieren und inferenzstatistische Schlüsse zu ziehen. Inferenzstatistik scheint geradezu der Gegenentwurf zur Vielfalt der Theorie zu sein, nämlich ein in sich geschlossenes Konstrukt der objektiven Bewertung von quantitativen Daten, das kumulativ über die Jahre gewachsen ist. Etwas verkürzt könnte man damit sagen: Viele verschiedene Theorien hier und nur eine einzige Inferenzstatistik dort.

Diese Sicht von Inferenzstatistik ignoriert allerdings zwei sehr wichtige Sachverhalte:

1. Die Geschichte des *statistischen Denkens* seit den ersten ernstzunehmenden Anfängen im 17. Jahrhundert ist weit weniger kumulativ und linear, als die aktuelle Anwendungspraxis glauben lassen mag. Sie ist vielmehr das Ergebnis von Entwicklungen auf den unterschiedlichsten Feldern und speist sich aus *zahlreichen Denktraditionen* (Efron 1986; Stigler 2000).
2. Zudem – und das soll im Folgenden im Zentrum stehen – sind *(soziologische) Theorie und Mathematik viel stärker miteinander verbunden, als das den meisten Forschenden heute bewusst ist.* Erst ab dem 20. Jahrhundert wurden all diese Entwicklungspfade Teil einer einzigen statistischen Disziplin und damit auch die Vorstellung verankert, sie hätte sich geradezu logisch zu dem entwickelt, was wir heute für die eine Statistik halten.

Es hat sich damit ein Muster verfestigt, das für die Verwendung statistischer Modelle Wissenschaftlichkeit und Objektivität durch den vollständigen Rückzug auf Daten und mathematische Formeln annimmt. Jede Form der Subjektivität, etwa die konkrete Interpretationsleistung des Forschers, wird zunächst als nichtwissenschaftlich angesehen. Diese Fehleinschätzung hängt stark damit zusammen, dass die Pfeiler inferenzstatistischer Methoden in der sogenannten *klassischen frequentistischen Tradition* der Schule von Ronald Fisher auf der einen sowie der Schule Jerzy Neymans und Egon Pearsons auf der anderen Seite liegen. Auf die Begründer dieser Schulen wird in diesem Zusammenhang höchst selten hingewiesen, gelehrt werden sie unter dem Label der ‚*schließenden Statistik*‘ bzw. ‚*Inferenzstatistik*‘, akzeptiert als eine einzige gängige mathematische Methodik zur Generalisierung von aus empirischen Daten gewonnenen Ergebnissen.

Weitgehend unbekannt bleibt dabei, dass es auch *andere Möglichkeiten inferenzstatistischen Denkens* gibt, etwa die in den Sozialwissenschaften praktisch nicht verwendete *Bayes- oder Bayesianische Statistik* (Jackman 2009; Gelman 2000; Gill 2002). Eines der wesentlichen Kennzeichen der Bayes-Statistik ist die Verwendung eines anderen Wahrscheinlichkeitsbegriffs. ‚Wahrscheinlichkeit‘ wird nicht wie in der klassischen frequentistischen Tradition üblich im Sinn einer relativen Häufigkeit und als eine objektive Eigenschaft des Gegenstands angesehen, sondern als ein Vertrauens- oder Glaubensgrad. Diese *subjektive Sicht von Wahrscheinlichkeit* beschreibt, wie groß der Glaube eines einzelnen Forschers an einen bestimmten Sachverhalt ist, ist aber gleichzeitig integraler Bestandteil mathematischer Operationen.

Auf den ersten Blick erscheint es nur zu verständlich, dass dieses Vorgehen bei den Anwendern statistischer Methoden seit jeher mit großer Skepsis betrachtet wird: Subjektives Wissen als Teil eines objektiven und auf Neutralität ausgerichteten wissenschaftlichen Vorgehens? Doch auch in der quantitativen Sozialforschung sind Entscheidungen zu treffen, Annahmen zu prüfen und eine enge Verzahnung von Modell und Theorie sicherzustellen.

An dieser Stelle setzt dieser Beitrag an, mit dem Ziel zu zeigen, dass *Interpretativität* vor *inferenzstatistischen Analysen* in der Soziologie nicht Halt macht, ja im Gegenteil notwendiger Bestandteil sein muss. Dies soll in drei Schritten erfolgen:

1. Zunächst soll die Ahistorizität der Statistik aufgebrochen werden, um zu zeigen, dass *soziologische Theorie und schließende Statistik viel enger miteinander verbunden sind, als dies häufig angenommen wird*. Lehre und Praxis der schließenden Statistik werden im Gegensatz zur soziologischen Theorie geprägt von Ahistorizität und der alleinigen Fokussierung auf die sogenannte klassische Schule der Statistik. Dies hat zu einem tief verwurzelten Glauben an das Objektivitätsversprechen der klassischen Statistik geführt, welches jegliche Verbindung zur Person des Forschers oder zur soziologischen Theorie leugnet. Historische Entwicklungen und ihre Einflüsse bei der Entstehung empirischer Werkzeuge und Vorgehensweisen bleiben dabei quasi völlig unberücksichtigt. Dies begünstigt Fehlentwicklungen in der Praxis, weil Regeln der mathematischen Anwendung nicht mehr auf Brauchbarkeit und Gültigkeit hin überprüft, sondern stattdessen mechanisch („machen doch alle so") umgesetzt werden.

2. Entsprechend gilt es in einem zweiten Schritt, die *Vorstellung der Wissenschaftlichkeit in der Statistik kritisch zu prüfen*. Das etablierte Denken und die Forschungspraxis der statistischen Analyse in der Soziologie sind auf ein Paradigma ausgerichtet, welches das forschende Subjekt soweit wie nur immer möglich aus dem Forschungsprozess ausschließen möchte, um die Objektivität des Vorgehens sicherstellen zu können. Diese aus den Naturwissenschaften stammende Sichtweise der Entsubjektivierung der Forschung gerät aber leicht in einen Konflikt mit dem Gegenstand der Soziologie, welcher eine Interpretationsleistung des Forschers voraussetzt.

3. Abschließend soll an einem konkreten Beispiel gezeigt werden, wie statistische Analysen in allen Phasen theoretische Annahmen mit sich tragen und eine konkrete Interpretation verlangen. Dabei geht es weniger darum zu zeigen, dass quantitative statistische Analysen „falsch" durchgeführt wer-

den. Es geht vielmehr darum, sich zu verdeutlichen, *welche impliziten Annahmen und Schlüsse ein Forscher stets zu treffen hat*, die in der Praxis allerdings oftmals weder explizit gemacht, noch diskutiert werden.

2 Subjektive und objektive Wahrscheinlichkeit: ein Blick in die Geschichte der Wahrscheinlichkeitstheorie

Dass wir uns im Zusammenspiel von Inferenzstatistik und Interpretativität recht schwertun, erscheint uns heute nicht selten völlig natürlich. Mathematik und Statistik werden oft mit der Erzeugung ‚harten', ‚objektiven' Wissens gleichgesetzt, das gerade deshalb besonders gehaltvoll ist, weil es unabhängig ist von der Subjektivität und der Einflussnahme des Forschers. Es impliziert geradezu das Versprechen, auf jede Interpretation verzichten zu können, weil Daten und Berechnungen ‚für sich sprechen'. Historisch betrachtet ist dies allerdings eine Entwicklung, die erst im 19. Jahrhundert einsetzte und sich im 20. Jahrhundert beschleunigte.

Die moderne Statistik entwickelte sich als Ergebnis der Verbindung von Werkzeugen und Fragestellungen der englischen politischen Arithmetik und der deutschen Statistik, von Astronomie und Physik und eben der Wahrscheinlichkeitstheorie. Die Überschneidungen und der wechselseitige Austausch von Techniken der Verwaltung, der Natur- und der Humanwissenschaften brachten zu Beginn des 20. Jahrhunderts die wissenschaftliche Disziplin der Statistik hervor (Desrosières 2005, S. 19). Für die Soziologie besonders relevant ist die Tatsache, dass dieser Prozess begleitet wurde von einer zunehmenden *Verfestigung einer naturwissenschaftlich geprägten Perspektive von Wissenschaftlichkeit als Nicht-Subjektivität* (Gigerenzer/Krüger 1999). Dies war aber das Ergebnis eines historischen sozialen Prozesses und keine wissenschaftliche Gesetzmäßigkeit. Zudem sind *Inferenzstatistik und eine inhaltlich-theoretische Betrachtung stets eng miteinander verwoben*, auch wenn uns das heute kaum bewusst ist.

Beim Begriff der ‚*Wahrscheinlichkeit*' zeigt sich das bereits sehr deutlich: Wahrscheinlichkeit erscheint uns heute als ein recht eindeutiges Konzept. Ein Blick in gängige sozialwissenschaftliche Lehrbücher zeigt das: Wahrscheinlichkeit wird definiert im Sinn einer relativen Häufigkeit und bezeichnet die Anzahl des Auftretens eines Ereignisses A dividiert durch das Auftreten aller Ereignisse (Atteslander/Cromm 2006, S. 249; Kromrey 2006, S. 294 f.). Der Wahrscheinlichkeitsbegriff ist damit eng an das Ergebnis einer abzählbar häufigen Kette von Ereignissen des gleichen Typs und der Vorstellung einer wiederholten Ziehung geknüpft. Zudem – und das ist besonders wichtig – ist Wahrscheinlichkeit damit ein Charakteristikum der Natur, das sich berechnen lässt (Jackman 2009, S. 5). Aus diesem Grund wird dieser Wahrscheinlichkeitsbegriff auch als ‚*frequentistische*' oder ‚*objektive*' *Wahrscheinlichkeit* bezeichnet.

Daneben gibt es aber auch noch weitere Vorstellungen von Wahrscheinlichkeit, z. B. Wahrscheinlichkeit als Eigenschaft eines denkenden Subjekts im Sinn eines Glaubens- oder Vertrauensgrads (Jackman 2009, S. 7; Hacking 1984, S. 12). Sie bezeichnet keinen Zustand der Natur, sondern bildet die individuelle Einschätzung über einen bestimmten Sachverhalt ab. Dieser Typus der Wahrscheinlichkeit wird als ‚subjektive' oder auch ‚epistemische' Wahrscheinlichkeit bezeichnet.

Eine solche Vorstellung von Wahrscheinlichkeit mag zunächst suspekt aussehen, vor allem im Kontext mathematischer Statistik. Allerdings sollten wir uns vor Augen führen, dass uns diese grundsätzliche Vorstellung von Wahrscheinlichkeit als Glaubensgrad näher ist, als wir meinen: Wir sind in unserem Alltag mit vielerlei Aussagen konfrontiert, die genau diesen abbilden, etwa, dass es morgen wahrscheinlich regnet, ein Bekannter höchstwahrscheinlich nicht mehr am Abendessen teilnehmen werde oder wir mit ziemlicher Sicherheit zu spät ins Theater kommen. Hier wird mit dem Begriff der Wahrscheinlichkeit operiert, und man kann auch erkennen, dass es um individuelle, persönliche Einschätzungen einer bestimmten Situation geht.

Deutlich wird damit aber auch, dass die Schwierigkeit der epistemischen Sicht auf Wahrscheinlichkeit in ihrem *Begründungszusammenhang* liegt (Jackman 2009, S. xxxiv). Bei der objektiven Wahrscheinlichkeit ist dieser eindeutig: Indem etwas bestimmt wird, was unabhängig ist vom Individuum und eine Eigenschaft eines Objekts darstellt, steht es prinzipiell jedem Forscher offen. Es muss gemessen oder gerechnet werden, alles andere lässt sich dann aus den Zahlen ablesen, über welche es seine Legitimation erhält. Bei der subjektiven Wahrscheinlichkeit ist dies entsprechend schwerer.

Interessant ist aber nun, dass zu Beginn der Wahrscheinlichkeitstheorie im 17. Jahrhundert beide Vorstellungen von Wahrscheinlichkeit alles andere als Gegensätze darstellten, sondern einen gemeinsamen Rahmen für die Analyse rationaler Schlussfolgerungen bildeten. Denn ob man Wahrscheinlichkeit objektiv oder subjektiv denkt: Beides verbindet das Motiv der Erklärung von Unsicherheit und die Notwendigkeit der Herstellung eines geeigneten Argumentationsrahmens (Gigerenzer/Krüger 1999, S. 15 ff.). Heute trennt die objektive und die subjektive Wahrscheinlichkeit, vor allem in der Inferenzstatistik, ein großer inhaltlicher Graben. Doch gerade zu Beginn der Wahrscheinlichkeitstheorie bezogen sie sich aufeinander. Was die ersten Wahrscheinlichkeitstheoretiker antrieb, war der Versuch, Rationalität und gesunden Menschenverstand mathematisch fassbar zu machen (Gigerenzer/Krüger 1999, S. 24, 37 ff.). Sie entwarfen ein mathematisch fundiertes Theoriegebäude, wie rationale Entscheidungen getroffen werden konnten. Damit rückten auch Felder in die Betrachtung, die wir heute gar nicht mit statistischer Analyse verbinden, wie etwa Jura bzw. die Entscheidungsfindung eines Richters. Zur *Messung von Wahrscheinlichkeit* versuchten die frühen Wahrscheinlichkeitstheoretiker im Wesentlichen drei verschiedene Methoden (Desrosières 2005, S. 60 f.):

1. *die Verwendung eines konkreten Gegenstands, der es erlaubt, gleich wahrscheinliche Ereignisse zu erzeugen*. Dabei geht es im Kern darum, dass ein Objekt als eines seiner Kerneigenschaften das Zustandekommen gleich wahrscheinlicher Ergebnisse besitzt (z. B. ein Münzwurf oder ein Würfel).
2. *die beobachtete Häufigkeit von Ereignissen*, bei der man in aller Regel auf eine Sammlung an Statistiken zurückgriff. Sterbetafeln sind ein Beispiel für diese Messmethode, ermöglichen sie vor allem eine ausreichende zeitliche Historie, um Regelmäßigkeiten in den Zahlen erkennen zu können.
3. *der Grad subjektiver Überzeugung oder Gewissheit*, vor allem im Zusammenhang mit juristischen Praktiken und dem Verhalten eines rationalen Richters. Hier ging es im Kern um das individuelle Fürwahrhalten eines Sachverhalts, einer Zeugenaussage oder auch einer Erwartung über die Zukunft: Wird sich eine Investition lohnen? Wird das Wetter günstig für die Aussaat? etc.

Beschreiben die ersten beiden Messmethoden Eigenschaften und Zustände der Natur, bezieht sich die dritte Methode auf den individuellen Überzeugungsgrad als Zustand des Verstands. Was heute stark in Statistik und Interpretativität differenziert wird, steht hier offensichtlich problemlos innerhalb der Statistik nebeneinander. Dass dem so war, lag am Verständnis des 17. Jahrhunderts, dass Zustände des Verstands und Zustände der Natur in einer wechselseitigen Beziehung stehen. Es war völlig plausibel, dass das Urteil, das sich der rational denkende Mensch bildet, abhängig ist vom Informationsmaterial, das ihm zur Verfügung steht (Gigerenzer/Krüger 1999, S. 29; Desrosières 2005, S. 61).

Vieles von dieser Sichtweise kommt uns intuitiv vertraut vor und lässt sich auf die moderne Wissenschaftspraxis beziehen. So ist etwa die Entwicklung soziologischer Theorie in aller Regel das Ergebnis einer mehr oder weniger starken Auseinandersetzung des Forschers mit der empirischen Realität. Je nach den Erfahrungen, die sich in diesem Prozess ableiten, wird diese angepasst werden. Sprechen zunehmend empirische Erkenntnisse gegen ein Element der Theorie, so wird diese an Vertrauen verlieren und eventuell sogar ganz verworfen werden. Es gilt, ihre stetige Bewährung in der Auseinandersetzung mit der empirischen Wirklichkeit. Gleichzeitig gilt es, nicht von einer beliebigen Form der Wahrnehmung und anschließenden Bewertung der Welt auszugehen. Bestimmte Regeln und Wahrnehmungskonzepte sind nötig, um zu einem Urteil zu gelangen, das den Vorstellungen einer rationalen Herangehensweise entspricht. Letzteres traf auf die mathematische Wahrscheinlichkeitstheorie des 17. und 18. Jahrhunderts gerade nicht zu. Sie war keine eigenständige Mathematik im modernen Sinn, sondern ganz stark mit dem konkreten Anwendungsfeld verbunden.

Demgegenüber ist die *moderne Wahrscheinlichkeitstheorie*, die in den 1930er Jahren vor allem durch die Werke Kolmogorows entstand, ein eigenes

Feld der Mathematik. Es geht davon aus, dass ihre Axiome und mathematischen Konzepte universelle Gesetzmäßigkeiten sind und völlig unabhängig vom analysierten Gegenstandsbereich gelten (Gigerenzer/Krüger 1999, S. 15; Cramer 1976). Steht die mathematische Modellierung im Widerspruch zu den Daten in praktischen Anwendungsfeldern, so wird in der modernen Wahrscheinlichkeitstheorie nicht die Mathematik an sich verworfen, sondern zunächst einmal die Eignung des Problems für die mathematische Theorie geprüft. So sind wir das heute gewohnt und kennen es auch von anderen Anwendungen der Statistik in den Sozialwissenschaften, sei es beispielsweise eine Regressions- oder Faktorenanalyse: *Die Mathematik stellt ihren eigenen Kosmos dar, der dann in anderen Feldern zum Einsatz kommt.*

Dies war zu Beginn der Wahrscheinlichkeitsrechnung nicht so: Sie gehörte zum Feld der sogenannten „*gemischten Mathematik*" (Gigerenzer/Krüger 1999, S. 33). Nach diesem auf Aristoteles zurückgehenden Konzept setzt die Mathematik *keine von der Anwendung und Interpretation unabhängige Theorie* voraus. Vielmehr besteht der Zweck der Mathematik ganz explizit in seiner Anwendung. Sie stellt daher kein eigenes wissenschaftliches Feld dar, sondern vielmehr ein Werkzeug, das seine Nützlichkeit in Bezug auf die konkrete Anwendung beweist und beweisen muss (Dieudonné 1992, S. 25). Die frühen Wahrscheinlichkeitstheoretiker fokussierten dabei auf die Beschreibung von Denk- und Handlungsweisen rationaler Menschen. Laplace, dessen Arbeiten zu Beginn des 19. Jahrhunderts als Abschluss der klassischen Wahrscheinlichkeitstheorie gelten, formulierte es so, „dass die Wahrscheinlichkeitstheorie nichts Anderes ist, als der in Rechnung gebrachte Menschenverstand" (de Laplace et al. 1819, S. 206). Für die klassische Wahrscheinlichkeitstheorie galt aber somit: Schafft sie es nicht, die Rationalität vernünftiger Menschen adäquat abzubilden, so muss das gesamte Theoriegebäude als Ganzes auf den Prüfstand und überarbeitet werden (Desrosières 2005, S. 62). Im Zuge der Auseinandersetzung mit Rationalität stellten die Wissenschaftler aber fest, dass diese durchaus unterschiedlich betrachtet werden kann, nämlich als Beschreibung aber auch als Norm. Ein Richter, der einen Dieb zu einer Haftstrafe verurteilt, handelt aus Sicht eines Kollektivs bzw. Staates genauso rational wie eben dieser Dieb, der Lebensmittel stiehlt, um den Hungertod seines Kindes abzuwenden. Einmal wird die Rationalität aus der Sicht des Kollektivs betrachtet, einmal die individuelle Situation einer handelnden Person, die für sich Risiken abwägen und tragen muss (Ullmann 2008: 134 f.).

Diesen Widerspruch einer einheitlichen Beschreibung von Rationalität konnte die klassische Wahrscheinlichkeitstheorie nicht auflösen. Im Kern bedeutete das aber nicht das Ende aller mathematischen Theorie, sie wurde vielmehr neu interpretiert (Daston 1994, S. 339 f.): *Unsicherheit über einen Sachverhalt* wurde aus dem Kopf geholt und in die Natur gesetzt. Die Gelehrten des 19. Jahrhunderts machten diese Unsicherheit, die individuelle Entscheidung und Interpretationsnotwendigkeit zu einem Teil der Welt, zu einer Art Unwissen. Sie argumentierten, dass sich die wahren Zusammenhänge der Natur dann offenbaren würden, wenn man sie nur lange genug und mit genügenden Wiederholungen studieren würde. Die Regelmäßigkeiten der natürlichen Gesetze könnten auf längere Sicht gar nicht verborgen bleiben. Damit aber wurde die nötige Einheit von subjektiver und objektiver Sichtweise der klassischen Wahrscheinlichkeitstheorie, die eine Beobachtung der Natur und einen Vorgang des Verstands zusammenbrachte, nicht mehr benötigt, *Mathematik und ihre Interpretation voneinander getrennt* und ganze Anwendungsfelder, wie Jura, aus der weiteren Betrachtung ausgeschlossen (Daston 1988, S. 224).

Zudem wandelte sich auch die psychologische Assoziationstheorie und man begann subjektive Wahrnehmung und Glauben mit Illusion und Täuschung in Verbindung zu bringen (Gigerenzer/Krüger 1999, S. 56 f.). Damit wandte man sich aber auch immer mehr ab von der Analyse der Rationalität, des Denkens eines Individuums. *Gegenstand der Analyse* wurden stattdessen zunehmend (Massen-)Daten, die über alle möglichen Aspekte des sozialen Lebens gesammelt wurden (Gigerenzer/Krüger 1999, S. 59 f.). Diese Statistiken und ihre Bereitstellungen wurden somit zum Startpunkt eines Prozesses, der auch als die „*Verwissenschaftlichung des Sozialen*" (Raphael 1996) bezeichnet wird.

Darüber hinaus wurde *Wissenschaft zunehmend zu einem Gruppenprojekt*, bei dem eine gewisse Form der *Arbeitsteilung* nötig wurde (Gigerenzer/Krüger 1999, S. 103 ff.). Im Zuge dieses Prozesses war es nötig, Möglichkeiten zu schaffen, *Erhebung und Auswertung von Daten voneinander zu trennen*. Bis heute hält sich ein Denkmuster, nach dem angewandte Wissenschaften wie die Soziologie Daten erheben, dann aber die Statistik die Auswertung und damit auch die Hoheit über die Sicht auf diese Daten an sich reißt. Eine solche Arbeitsteilung fördert jedoch ein Vorgehen, bei dem Prozesse der Transparenz über etwa die Modifikation der Daten möglichst mechanisch ablaufen. Wenn es z. B. möglich ist, eine Fehlerwahrscheinlichkeit mathematisch zu bestimmen, die dem Forscher einen Orientierungspunkt dafür bietet, welche empirischen Messungen in die Analyse einbezogen werden sollen und welche nicht, dann entfällt eine ‚interpretative' Diskussion über die Gültigkeit eines spezifischen Messpunktes. Ebenso muss dafür keine intersubjektive Nachvollziehbarkeit mehr hergestellt werden. Die Fehlerwahrscheinlichkeit kann – unabhängig vom konkreten Forscher – ohne weiteres in einer Tabelle nachgeschlagen oder berechnet werden. Dieser Effizienzgewinn im Prozess der Datenanalyse wurde nachhaltig genutzt, etablierte sich als Standard und wurde zur gelebten Praxis (Rider 1933).

Entsprechend begann im 19. Jahrhundert ein Prozess, durch den alles Subjektive aus der mathematischen Betrachtung ausgeschlossen wurde. Diese *Objektivierung der Subjektivität* (Swijtink 1990) ist ein Vorgang, der zumindest im Bereich der Statistik bis heute zu spüren ist. Verbunden damit war und ist die

Hoffnung, objektives, also nicht-subjektives Wissen erzeugen zu können, indem jegliche persönliche Einschätzung aus diesem Prozess ausgemerzt wird. Damit ergeben sich aber *Konsequenzen*:

1. *Der Gegenstand wird von der Methode getrennt.* Während die klassische Wahrscheinlichkeitstheorie stets einen gemeinsamen Rahmen für Fragestellung, Datenanalyse und Interpretation bot, so kann bei der rein beschreibenden, entsubjektivierten Sicht beides getrennt werden.
2. Diese objektive Sicht verlangt das implizite Eingeständnis, dass mein Gegenstand auch als solcher erkennbar und beschreibbar ist, also ein *unverzerrtes Abbild der Realität* davon möglich ist.

Diese Fragen wurden zur damaligen Zeit noch nicht diskutiert, sie sollen aber bereits verdeutlichen, dass im Zuge der Entwicklung der Statistik die Verneinung von Subjektivität nicht zwangsweise unproblematisch war und ist.

Mit der *Trennung von*

a) *Methode* und *Gegenstand*,
b) (standardisierter) *Datenerhebung* und (statistischer) Auswertung und
c) *Verdichtung* der Daten in Form der deskriptiven Statistik und *Generalisierung* in Form der Inferenzstatistik

kam es allerdings zu einem *grundsätzlichen Wandel*, der bis heute spürbar ist: Aus Modellen, die inhaltliche Fragen beantworten sollten, wurden damit Werkzeuge zur Beantwortung strukturgleicher Fragen in anderen Feldern (Desrosières 2005, S. 149). Korrelation und Kausalität (Baur in diesem Band) konnten problemlos separiert werden. Formeln und Modelle enthielten Raum für einen Fehlerterm, der all das umfasste, was das Modell nicht erfassen konnte.

Vor diesem Hintergrund entwickelte sich die Statistik im 20. Jahrhundert zu einer eigenständigen Disziplin (Desrosières 2005, S. 149), die Bedeutung statistischer Verfahren und Methoden stieg deutlich, was sich vor allem an einem enormen Anstieg der Publikationstätigkeit zu statistischen Themen in der ersten Hälfte des 20. Jahrhunderts ablesen lässt (Kendall/Doig 1968), und es in den Sozialwissenschaften (aber nicht nur dort) zur sogenannten „*Inferenzrevolution*" (Gigerenzer/Murray 1987, S. 27) kam. Dieser Ausdruck bezieht sich auf die Tatsache, dass sich die Verwendung der Inferenzstatistik, also vor allem Parameterschätzung und Hypothesentests, stetig ausbreitete.

Fast noch wichtiger ist in diesem Zusammenhang – auch in der quantitativen Sozialforschung – die *Tendenz, mit der Verwendung statistischer Verfahren einen impliziten Anspruch auf Objektivität der Erkenntnis zu verbinden*. Die Wissenschaftlichkeit und die Akzeptanz gewonnener Ergebnisse hängen nicht von einem Diskurs ab, sondern allein die Berufung auf scheinbar eindeutige und etablierte Regeln der Statistik verleiht ihnen die nötige Autorität. In Praxis und Lehre scheint es heute einen gewissen Grundkonsens darüber zu geben, wie man ‚Statistik anzuwenden' hätte. Dadurch rückt wissenschaftliches Vorgehen in die Nähe eines Kochrezepts. Wenn alle Regeln erfüllt sind, kann auch niemand etwas gegen das Ergebnis sagen, denn die objektive Statistik hat gesprochen, nicht der subjektive Wissenschaftler, der empirische Ergebnisse und theoretisches Wissen miteinander verbindet.

In der Forschungspraxis findet man immer wieder die implizite Annahme, durch die Anwendung eines scheinbar einheitlichen Konzepts der schließenden Statistik mit klaren und eindeutig formulierten Regeln die Erzeugung ‚harten', ‚objektiven' Wissens erreichen zu können. So versuchten zwischen 2011 und 2014 etwa 270 Psychologen insgesamt 100 Versuche, die zuvor in qualitativ hochwertigen Zeitschriften veröffentlicht worden waren, zu replizieren (Open Science Collaboration 2015). 97 dieser 100 Versuche hatten in den ursprünglichen Publikationen auf einem Niveau von $\alpha = 0{,}05$ zu statistisch signifikanten Ergebnissen geführt. In den Replikationen war dagegen nur noch etwa ein Drittel statistisch signifikant. Sofern man Nachlässigkeiten in der Testreplikation oder auch ein hohes Maß an Veränderungen des Gegenstands über die Zeit ausschließen kann, liegt die Vermutung nahe, dass in nicht wenigen Fällen die Jagd nach signifikanten Ergebnissen und ihre ‚Belabelung' als ‚relevant' einem strikt wissenschaftlichen Vorgehen vorgezogen wurde. Zudem lässt das Ergebnis daran zweifeln, ob die vielen großen und kleinen Entscheidungen und Annahmen des analytischen Prozesses, die Forscher im Forschungsprozess treffen müssen, auch in genügendem Maße in den Publikationen abgebildet werden, so dass Replikationen wirklich in möglichst jedem Punkt des Forschungshandelns auch durchführbar werden. Schließlich mag man auch die Rolle der Herausgeber wissenschaftlicher Zeitschriften kritisch beleuchten und sich fragen, ob nicht Zahlen und statistische Verfahren in einem Maße als Autoritäten wahrgenommen werden, dass nur noch ‚statistisch signifikante' Ergebnisse als theoretisch wertvoll und relevant dargestellt werden. Diese Problematiken sollen nicht als generelle Verdammung des Umgangs mit Statistik in- und außerhalb der Sozialwissenschaften missverstanden werden. Es soll vielmehr zeigen, dass die ganz bewusste Interpretation des Forschers ein wesentlicher Teil des Forschungsprozesses sein muss, weil er ohne diese gar nicht auskommen kann.

3 Wissenschaftlichkeit und Objektivität

Um diese Negierung subjektiver Elemente in der Analyse statistischer Praxis zu verstehen, muss man sich mit dem Verständnis sowie dem Verhältnis von Wissenschaftlichkeit und Objektivität in der quantitativen empirischen Sozialforschung auseinandersetzen, die folgendes Beispiel illustrieren soll:

Für eine Analyse des statistischen Vorgehens rekrutierten Silberzahn und Uhlmann (2015) im Jahr 2014 insgesamt 29 Forscherteams, denen der exakt gleiche Datensatz mit identischer Fragestellung vorgelegt wurde. Auf der Basis von Statistiken von vier großen europäischen Fußballligen sollte der Frage nachgegangen werden, ob Schiedsrichter Spieler mit dunkler Hautfarbe eher des Feldes verweisen („rote Karte zeigen') als Spieler mit hellerer Hautfarbe. Mit Hilfe verschiedenster statistischer Verfahren vom Clustering bis zu regressionsanalytischen Verfahren kamen die Teams zu ebenso unterschiedlichen Ergebnissen: Etwa die Hälfte kam zum Schluss, dass die Wahrscheinlichkeit einer roten Karte für einen dunkelhäutigen Spieler etwa den Faktor 1,2 bis 1,5 eines hellhäutigen ausmache. Neun Forscherteams sahen im Gegensatz dazu in ihrer Interpretation keinen statistisch nachweisbaren Effekt. In ihrer Erläuterung kamen Silberzahn und Uhlmann (2015, S. 191, Ü.d.A.) zum Schluss, dass

> „die Resultate jedes einzelnen Forscherteams stark von den subjektiven Entscheidungen während der Analysephase beeinflusst werden. […] Es kann ein Fehler sein, eine einzelne Analyse zu ernst zu nehmen, jedoch wird genau das durch das aktuelle System wissenschaftlicher Veröffentlichung und ihrer Darstellung in den Medien gefördert."

Es ist offensichtlich, dass nicht zuletzt die Ergebnisse dieser Studie die Frage aufwerfen, wie die Subjektivität des Forschers, die notwendige Interpretation von Vorgehen und Ergebnissen und die Wissenschaftlichkeit eines Prozesses zusammen gedacht werden können.

3.1 Objektivität und Subjektivität

Der Aufstieg des statistischen Denkens in der Wissenschaft ist in seinem Kern eng mit dem Gegensatz von Objektivität und Subjektivität verbunden. Das Konzept der ‚*Objektivität*' ist jedoch weit weniger stabil, als man zunächst annehmen könnte. Im Laufe der Wissenschaftsgeschichte erfuhr es immer wieder Bedeutungsänderungen und -verschiebungen (Dear 1992). Die Diskussion um die Verwendung einer subjektiven und objektiven Wahrscheinlichkeit in der Wahrscheinlichkeitstheorie im 18. und 19. Jahrhundert war dabei nur Teil einer größeren Debatte, die sich um die Schaffung von – in erster Linie ‚wissenschaftlichem' – ‚*Wissen*' drehte. Im Zentrum stand dabei vor allem der Aspekt der ‚*Wahrheit*' unter Herausarbeitung der eigentlichen Natur der Dinge als Kernstück von Objektivität. Als dieses Ziel zunehmend als unrealistisch angesehen wurde, veränderte sich die Debatte und führte dazu, dass man sich auf den kleinsten gemeinsamen Nenner einigte. Wenn Objektivität weder Wahrheit noch wissenschaftliches Wissen per se beschreiben konnte, so definiert man bis heute Objektivität als reinen Gegenbegriff zu Subjektivität. Eine Aussage oder eine Vorgehensweise wird dann als objektiv bezeichnet, wenn sie keinerlei Anzeichen von Subjektivität mehr aufweist:

> „Die objektive Realität ist [...] das, was jeglichen individuellen Einfluss ausschließt" (Daston 1992, S. 607, Ü.d.A).

Damit kann man Objektivität heute im Wesentlichen mit ‚*Nicht-Subjektivität*' übersetzen, wobei man sich vor Augen führen muss, dass damit keinerlei Bezug zu einem – wie auch immer gearteten – ‚Objekt' mehr gedacht werden muss. Das Ziel ist es nicht, etwas so zu beschreiben wie es ist. Es geht stattdessen darum, sicherzustellen, dass wissenschaftliche Ergebnisse unabhängig sind von subjektiven Einflüssen, also unabhängig von der Person und dem Einfluss des Forschers. Dies hat zur Folge, dass Objektivität in seinem Kern nicht darüber definiert ist, was es ist, sondern nur darüber, was es nicht ist. Dear (1992, S. 627) fasst diese negative Definition aus historischer Perspektive zusammen, wenn er schreibt:

> „Das ‚Objektive' als eine Dimension des Wissens über die Dinge [...] wurde im 17. Jahrhundert durch eine negative Kategorie ersetzt, die sich durch die Abwesenheit von Faktoren, welche für valides Wissen unangebracht sind, auszeichnete."

Für die Wissenschaftsgeschichte im Allgemeinen und die Entwicklung der Statistik im Besonderen hat dieser *fehlende Objektbezug* allerdings einen entscheidenden Vorteil. Der Gegenstand der jeweiligen Wissenschaft tritt ebenso in den Hintergrund wie die Frage, ob und wie dieser Gegenstand überaus zugänglich gemacht werden kann. Die besondere Erfolgsgeschichte der klassischen Inferenzstatistik liegt gerade in ihrem Anspruch begründet, universelle Hilfsmittel der Datenanalyse bereitzustellen. Der Durchbruch erfolgte dann, als das Band zwischen Inhalt und Modell, zwischen Welt und Mathematik aufgegeben wurde (Gigerenzer/Krüger 1999, S. 130 f.).

Auch auf der Ebene der Erkenntnistheorie lässt sich diese Sichtweise erkennen und zwar anhand dessen, was Neurath für die Sozialwissenschaften als das Konzept der „*Einheitswissenschaft*" (Neurath 1979, S. 146) bezeichnet hat. Im Laufe des 19. Jahrhunderts stellte sich zunehmend die Frage, ob die empirische Erfassung von Natur und Mensch, also Natur- und Geisteswissenschaften, gleichen Regeln unterworfen sein sollte. Als Vertreter des logischen Empirismus des Wiener Kreises trat Neurath in den 1930er Jahren vehement gegen jegliche Bestrebung ein, die beiden Bereiche als unterschiedliche wissenschaftliche Gegenstände anzusehen. Stattdessen orientierte er die Erkenntnistheorie der Soziologie kompromisslos an der Physik, der zur damaligen Zeit ‚wissenschaftlichsten' aller Disziplinen. Neuraths (1979, S. 145 ff.) zentrales Argument zielte darauf ab, dass er das Verhalten der Menschen als Gegenstand der Soziologie definierte, welches man in seiner wissenschaftlichen Beobachtung lediglich wie eine Fotografie anschauen und in seinem Raum-Zeit-Bezug analysieren kann. Zwar wurde in der Soziologie dieser sehr *strenge Positivismus* in der Folge weitgehend abgelehnt, bis heute hat sich aber in der quantitativen Sozialforschung in Übereinstimmung mit der Statistik, aber auch den Naturwissenschaften, eine erkenntnistheoretische Sichtweise gefestigt, welche davon ausgeht, dass die Art und Weise, wie man zu wissenschaftlicher, objektiver Erkenntnis gelangt, in allen Disziplinen gleich ist (Mittelstraß 1991). Auf die Ebene der Methodologie bezogen, bedeutet das, dass die quantitative Sozialforschung den Gegenstand der Soziologie nicht als etwas ansieht, was eine im Vergleich zu den Naturwissenschaften andere methodische Herangehensweise rechtfertigt.

Der wohl einflussreichste Verfechter dieser einheitswissenschaftlichen Methodologie ist Karl Popper, dessen *kritischer Rationalismus* dieser Programmatik einen Rahmen gegeben hat. Eines der zentralen Leitmotive seiner Arbeit ist das ausdrückliche Festhalten an einer grundsätzlichen Gleichheit wissenschaftlicher Methodik in allen Wissenschaften. Die wissenschaftliche Methode besteht „immer in der Aufstellung einer Kausalerklärung und ihrer Überprüfung [, also einem] hypothetisch-deduktive[n]" Vorgehen (Popper 1965, S. 103). Popper (1965, S. 106 ff.) gestand zwar den Sozialwissenschaften eine „intuitive Vertrautheit" mit ihrem Gegenstand im Gegensatz zu den Naturwissenschaften zu, bezeichnete diese gleichzeitig aber als „irrelevant". Denn die wissenschaftliche Methodik bezieht sich laut Popper einzig und allein auf die *Phase der Prüfung von Hypothesen*, nicht aber auf ihre Gewinnung. Die Phase der Prüfung laufe aber in jeder Wissenschaft nach den gleichen Regeln ab. Damit vollzieht Popper auf der Ebene der Erkenntnistheorie die gleiche Trennung, wie wir sie bereits bei der statistischen Inferenzrevolution gesehen haben: Indem der Bezug zum konkreten Forschungsgegenstand aufgelöst wird, bleiben für den wissenschaftlich relevanten Bereich nur noch die puren Methoden, die empirischen Werkzeuge, übrig. Das Konzept der ‚Objektivität' beschränkt sich damit auf einen im Grunde theoriefreien Raum ohne Gegenstandsbezug, in dessen Zentrum einzig und allein die Frage nach der Unabhängigkeit der Forschungsergebnisse von der Individualität eines Forschers steht. Es geht nicht darum, worauf Methoden angewandt werden, sondern nur noch wie, nämlich unbeeinflusst durch Verzerrungen des Forschers.

Allerdings ist *Nicht-Subjektivität* keine unmittelbar beobachtbare oder bewertbare Eigenschaft von Forschungshandeln und verlangt daher nach einer Operationalisierung. Diese erfährt sie in der modernen Wissenschaft im Konzept der Intersubjektivität: Eine Aussage wird dann als ‚objektiv' eingestuft, wenn sie durch andere Wissenschaftler prinzipiell nachprüfbar ist, also ein intersubjektiver Konsens erzielt werden kann (Popper 1934, S. 18 ff.; Diekmann

2004, S. 216 f.). Wichtig ist, dass man sich verdeutlicht, dass es nicht darum geht, dass eine Aussage auch überprüft und bestätigt wurde, sondern dass es nur um eine prinzipielle Nachprüfbarkeit geht. Denn Objektivität stellt eben keinen Bezug zwischen einer Aussage und einem Objekt her, sondern bezieht sich ausschließlich auf die Beziehung zwischen einer Aussage und dem Forschungsprozedere. Man kann es daher auch als Ausmaß interpretieren, in dem eine intersubjektive Überprüfung zu gleichen Ergebnissen gelangt (Lamnek 2010, S. 154 ff.).

3.2 Intersubjektivität

Mit dem Schwenk zur Intersubjektivität gelangt man allerdings sogleich zum nächsten überaus abstrakten Konzept in der Wissenschaft. Schulze (2004c, S. 2 f.) beschreibt Intersubjektivität mit drei zentralen Merkmalen:

- Sie bezieht sich zunächst auf die *Nachvollziehbarkeit* der Handlungen und Forschungsschritte, die zu bestimmten empirischen Aussagen geführt haben. Wissenschaftliche Behauptungen und das, worauf sie basieren, sind so zu begründen und das Vorgehen so zu dokumentieren, dass andere Forscher den Weg des Erkenntnishandelns ebenfalls gehen können.
- Damit eng verbunden ist die Tatsache, dass für eine Disziplin auch *anerkannte Regeln des wissenschaftlichen Handelns* existieren müssen, um bei der Nachvollziehbarkeit nicht direkt am Anfang des Prozesses stehenbleiben zu müssen.
- Schließlich muss als drittes Merkmal geklärt sein, was wir unter einem Forscher verstehen, also was jemanden dazu befähigt, mit der nötigen *Kompetenz* die Handlungen anderer nachzuvollziehen.

Intersubjektive Überprüfung enthält damit eine Reihe von *Implikationen und Voraussetzungen*, die alles andere als trivial sind und enorme Auswirkungen auf die Forschungspraxis haben (Schulze 2004c, S. 3): Es müssen zunächst

1. *Regeln des Erkenntnishandelns* existieren,
2. welche *allgemein geteilt und akzeptiert* werden müssen.
3. Schließlich muss es auch einen *Konsens* darüber geben, was man unter einer *wissenschaftlich kompetenten Person* versteht.

Während man davon ausgehen kann, dass in den Sozialwissenschaften der erste Punkt – die Existenz von Regeln des Erkenntnishandelns – erfüllt ist, kann man feststellen, dass der Konsens über solche Regeln und die Bestimmung von Kompetenz weit weniger eindeutig bestimmt ist. Alleine die Auseinandersetzung zwischen quantitativen und qualitativen Methoden und ihren Schulen zeigt, dass wir nicht von einer übergreifenden einheitlichen Kultur der intersubjektiven Überprüfung in der empirischen Sozialforschung sprechen können (Reichertz 2015). Allenfalls in bestimmten Bereichen – wie etwa die quantitative Sozialforschung einen darstellt – lässt sich Intersubjektivität aktuell umsetzen. Dabei spielt eine gemeinsam geteilte Routine der Verwendung von statistischen Methoden eine große Rolle. Intersubjektivität lässt sich daher vor allem für solche Zirkel methodisch ähnlich denkender Soziologen erkennen.

Damit soll allerdings nicht der Eindruck vermittelt werden, dass dies in der Forschungspraxis problemfrei umgesetzt wird. Macht- und Abhängigkeitsstrukturen oder andere Bereiche des sozialen Systems der Wissenschaft (Baur et al. 2016) haben selbstverständlich – nicht nur in der quantitativen Sozialforschung – Einfluss auf die Art und Weise, wie Intersubjektivität gelebt wird. Das Sprichwort der Krähe, die der anderen kein Auge aushackt, mag diesen Sachverhalt metaphorisch umschreiben.

3.3 Nachvollziehbarkeit von Forschungshandeln und Grade der intersubjektiven Überprüfbarkeit

Die Nachvollziehbarkeit von Forschungshandeln und damit die intersubjektive Überprüfbarkeit werden aber auch durch die Art des Vorgehens oder den Gegenstand limitiert. Im Wesentlichen kann man vier *Grade der Überprüfbarkeit* unterscheiden (Schulze 2004c, S. 4 f.):

- Nachvollziehbarkeit jeder einzelnen Phase des Forschungshandelns unter äquivalenten Bedingungen. Dies trifft im Grunde nur auf Experimente zu.
- Parallele Durchführung empirischer Forschung durch verschiedene, unabhängig voneinander arbeitende Forscher, die im Anschluss die Ergebnisse ihrer Arbeit vergleichen.
- Retrospektive Rekonstruierbarkeit von Forschungshandeln, z. B. durch die Dokumentation des Vorgehens.
- Keine Möglichkeit der Nachvollziehbarkeit (z. B. aufgrund fehlender und mangelhafter Dokumentation).

Der Vergleich dieser Aufzählung mit den Erfahrungen der Forschungspraxis muss zwangsläufig zu einer gewissen Ernüchterung führen. Die oberste Stufe der Nachvollziehbarkeit ist in den Sozialwissenschaften bestenfalls in sehr kleinen Teildisziplinen wie der experimentellen Sozialpsychologie zu erreichen.

Selbst die zweite Stufe ist nur schwer zu erreichen (Schulze 2004c, S. 6). Neben dem impliziten Anspruch und dem Streben nach wissenschaftlicher Einzigartigkeit, welche der Durchführung von parallelen Forschungsprojekten entgegenstehen, limitieren auch forschungspraktische Kosten- und Ressourcenknappheit solche wissenschaftlichen Vorgehensweisen. Forschungsanträge, die die Durchführung einer empirischen Analyse gänzlich unabhängig durch zwei separate Forscher oder Forschergruppen vorsehen, werden mit hoher Wahrscheinlichkeit wenig Aussicht auf Erfolg haben.

Damit schrumpft eine realistische Forderung nach Intersubjektivität auf den Minimalkonsens der *Rekonstruierbarkeit des Forschungshandelns* zusammen (Schulze 2004c, S. 7; Lamnek 2010, S. 12 f.). Diese Tatsache mag auch zum Image der Sozialwissenschaft als weniger ,harter' Wissenschaft beitragen, als einer Disziplin, die geringere Ansprüche an Wissenschaftlichkeit erhebt. Aber selbst in den Naturwissenschaften wäre es illusorisch, die oberste Stufe der Nachvollziehbarkeit als verbindliche Norm wissenschaftlichen Handelns zu begreifen, wenn man sie nicht zu einer einzigen großen Experimentiermaschinerie umwidmen möchte.

Sprechen tendenziell forschungspraktische Gründe gegen die Erreichung der zweiten Stufe der Nachvollziehbarkeit – und das eher in den Sozial- als in den Naturwissenschaften –, so bleibt also festzuhalten, dass die Nachprüfbarkeit unter äquivalenten Bedingungen als Idealpunkt von Intersubjektivität ein unerfüllbares Ziel bleiben muss. Dies heißt nicht, dass man die retrospektive Dokumentation des Vorgehens als einzigen Standard setzen muss; diese als unwissenschaftlich zu deklarieren, würde allerdings bedeuten, einen Großteil des sozialwissenschaftlichen Gegenstands und des Erkenntnisinteresses wissenschaftlich nicht mehr weiter betrachten zu können.

Darüber hinaus stehen spezifische Kennzeichen des sozialwissenschaftlichen Gegenstands dem Erreichen eines höheren Niveaus der Intersubjektivität von vornherein im Weg (Schulze 2004a). Es ergeben sich fundamentale Herausforderungen, nicht nur für die intersubjektive Überprüfbarkeit. So unterliegen Gesellschaften und soziale Gruppen dem zeitlichen Wandel (vgl. auch Knoblauch et al. in diesem Band). Selbst wenn man hier in der Regel von langsamen Prozessen ausgeht, so ist sofort ersichtlich, dass eine direkte Nachprüfbarkeit unter äquivalenten Bedingungen aufgrund des Wandels nicht mehr möglich sein kann. Dazu kommt die generelle Schwierigkeit der Durchführung von Experimenten in den Sozialwissenschaften (vgl. auch Baur in diesem Band). Die Tatsache, dass diese Methode in den Sozialwissenschaften bestenfalls ein Nischendasein fristet, hat viel damit zu tun, dass relevante Variablen gar nicht experimentell kontrolliert bzw. manipuliert werden können. Auch grundsätzliche methodische Schwierigkeiten der Datenerhebung (vgl. Kelle in diesem Band) werfen Probleme auf, etwa bei der Stichprobenerhebung (vgl. auch Baur in diesem Band). Durch Verweigerung, fehlender Erreichbarkeit oder auch der individuellen Wahrnehmungsänderung von Fragen ergeben sich Limitationen bei der Rekonstruktion von Forschungshandeln unter exakt gleichen Bedingungen. Jeder, der einen identischen Fragebogen einem Befragten zu zwei unterschiedlichen Zeitpunkten vorgelegt hat, kennt die Unwägbarkeiten, die in den Antworten einzelner Befragten (und ihrer Tagesform) liegen können.

Insgesamt muss man die direkte Verknüpfung von Objektivität und Wissenschaftlichkeit in Frage stellen. Dies wird umso deutlicher, wenn man sich das Ziel des Prozesses vor Augen führt. Geht man davon aus, dass Forschung in der Lage ist, objektive Wirklichkeit zumindest ansatzweise zu erfassen (eine keineswegs unproblematische Annahme), und man auf der Suche nach wahrheitsähnlichen Aussagen (Popper 1973, S. 47 ff.) über diese ist, so ist die Maximierung von Objektivität (im Sinne von Intersubjektivität) weder eine hinreichende noch eine notwendige Forderung für die Erzielung von maximaler Wahrheitsähnlichkeit (Schulze 2004c, S. 4). Denn auch prinzipiell nachvollziehbares oder sogar tatsächlich nachvollzogenes Forschungshandeln kann zu falschen Ergebnissen führen, ebenso ist der umgekehrte Fall denkbar. Die Wissenschaftsgeschichte wimmelt geradezu von ‚zufälligen' Entdeckungen, denke man etwa an das Penicillin oder die Teflon-Beschichtung (Roberts 1989).

Dies soll nicht bedeuten, dass der Anspruch auf Objektivität bzw. Intersubjektivität bei der Suche nach wahrheitsähnlichen empirischen Aussagen aufgegeben werden soll. Wir müssen uns allerdings vor Augen führen, dass diese Konzepte und die Vollständigkeit ihrer Erfüllung kein ausreichendes Maß sind, Wissenschaftlichkeit zweifelsfrei festzustellen.

Es lässt sich also festhalten, dass Wissenschaftlichkeit und Objektivität keine direkte Verbindungslinie aufweisen, sondern durch das Konstrukt der Intersubjektivität verbunden werden. Dabei gilt es aber speziell in den Sozialwissenschaften, eine realistische Erwartung an das Maß an intersubjektiver Überprüfung zu richten. Es ist schlicht illusorisch, stets Nachvollziehbarkeit unter genau gleichen Bedingungen zum Maßstab wissenschaftlichen Handelns zu machen. Letztlich scheint es sinnvoll, Wissenschaftlichkeit auch einer Prüfung auf Basis einer sauberen Rekonstruktion des konkreten Forschungshandelns zuzubilligen.

3.4 Methodologische Zerschneidung des wissenschaftlichen Erkenntnisprozesses in Entdeckungszusammenhang und Begründungszusammenhang

Ein wesentliches Problem der quantitativen empirischen Sozialforschung ist somit die Tatsache, dass die *subjektive Natur des Forschers* sowie *das bereits existierende theoretische Wissen* kaum zur Kenntnis genommen werden, obwohl der Konstruktionscharakter der Erkenntnis und die Notwendigkeit bereits existierender Erkenntniskategorien für die empirische Analyse nicht ignoriert werden können (Meinefeld 1995, S. 287 ff.). Dass dem so ist, liegt nicht zuletzt an der konkreten Erkenntnistheorie der einheitswissenschaftlichen Position und der u. a. von Popper vertretenen Trennung von Entdeckungszusammenhang („context of discovery") und Begründungszusammenhang („context of justification") bei der Prüfung einer wissenschaftlichen Hypothese (Popper 1934, S. 1 ff.). Der Kern dieser Idee liegt in der Spaltung des Prüfprozesses wissenschaftlicher Hypothesen in eine vorwissenschaftliche Phase der Hypothesengewinnung und eine methodisch kontrollierte und wissenschaftlich relevante Phase der Hypothesenprüfung. Ihr Ursprung wird in der Regel in einem Werk von Hans Reichenbach (1983, S. 2) gesehen, der sich mit dem Aufgabenbereich der Erkenntnistheorie und dem, was sie zu leisten im Stande sein sollte, beschäftigte. Dabei stellte er heraus, dass sich die Erkenntnistheorie nicht am tatsächlichen Ablauf von Erkenntnis orientieren könne, weil sich dieser „fast nie an die Logik" halte. Stattdessen müsse sie sich vielmehr mit der „Konstruktion des Rechtfertigungszusammenhangs" (Reichenbach 1983, S. 2) beschäftigen, indem der Forscher das Ergebnis seines Handelns präsentiert. Wissenschaftliche Erkenntnis setzt folglich nicht an der Person des Forschers an, sondern eher an der Person des Rezipienten des Forschungshandelns.

Jedoch hat sich im kritischen Rationalismus eine ganz wesentliche Bedeutungsverschiebung des Begriffspaares von Entdeckungs- und Begründungszusammenhang ergeben. Während Reichenbach den Begründungszusammenhang erst dann beginnen lässt, wenn der Forscher im Entdeckungszusammenhang zu einem konkreten Forschungsergebnis gekommen ist (Reichenbach 1983, S. 2), so hat sich in der Methodenliteratur eine andere Einteilung durchgesetzt. Der Entdeckungszusammenhang, bei Reichenbach den kompletten wissenschaftlichen Erkenntnisprozess umfassend, bezieht sich nun nur noch auf die Aufstellung der Forschungsfrage, während mit der Definition eines Forschungsdesigns bereits die Phase des Begründungszusammenhangs beginnt. Beispielhaft lässt sich dies am Lehrbuch von Friedrichs (1990) erkennen. Dieser definiert den Entdeckungszusammenhang als den „Anlass, der zu einem Forschungsprojekt geführt hat" (Friedrichs 1990, S. 50) und unterstreicht die Trennung von Entdeckungs- und Begründungszusammenhang im Anschluss auch graphisch (Friedrichs 1990, S. 52).

Was Reichenbach also als Begründung der Darstellung der Ergebnisse für den wissenschaftlichen Konsumenten konzipierte, ist in der Folge zu einem Element methodischer Kontrolle der Ergebnisgewinnung geworden. Aus der logischen Begründung der Ergebnisse wurde die methodische Begründung des Forschungshandelns. Bedenkt man, dass man die wissenschaftliche Qualität einer Aussage nicht durch den direkten Rückgriff auf die Realität prüfen kann (was die Analyse des Erkenntnisprozesses ja darlegt), und berücksichtigt man weiterhin die Tatsache, dass das Grundkonzept der Einheitswissenschaft eine für alle Disziplinen gleichermaßen gültige wissenschaftliche Vorgehensweise propagiert, so ist diese Sichtweise durchaus nachzuvollziehen. Indem man jegliche inhaltlich-theoretische Komponente in eine vorwissenschaftliche Phase der Hypothesengewinnung verbannt, entledigt man sich des Problems unterschiedlicher Gegenstandsbezüge der verschiedenen Disziplinen. Zudem schafft man es, zumindest einen Teil des Erkenntnisprozesses methodisch zu domestizieren (Meinefeld 1995, S. 277 ff.).

Die scheinbare Plausibilität dieses Arguments verkehrt sich allerdings sehr schnell ins Gegenteil, wenn man die *Konsequenzen eines Zerschneidens des Erkenntnisprozesses* kritisch betrachtet.

Zunächst kann jeder empirisch arbeitende Forscher aus eigener Erfahrung bestätigen, dass die beschriebene Trennung des Forschungshandelns in eine Phase der Hypothesengenerierung und eine strikt davon getrennte Phase der Prüfung bestenfalls ein nettes Gedankenexperiment ist, mit der realen Praxis aber wenig zu tun hat. Sahner konnte in einer Analyse verschiedener sozialwissenschaftlicher Zeitschriften zeigen, dass drei Viertel der ex ante formulierten und gerichteten Hypothesen dann auch bestätigt wurden (Sahner 1979, S. 277). Man muss sicherlich Selektionseffekte bei der Veröffentlichung wissenschaftlicher Artikel berücksichtigen, aber es ist wohl kein Zufall, dass Forscher tendenziell Hypothesen vorab aufstellen, die sich im Laufe des Forschungsprozesses als richtig erweisen.

Doch bei aller durchaus verbreiteten Hybris verfügen Wissenschaftler nicht über geheime Fähigkeiten, vielmehr muss man davon ausgehen, dass Hypothesen eben nicht strikt ex ante theoretisch fundiert aufgestellt und erst im Anschluss empirisch geprüft werden. Stattdessen erscheint es realistisch, von einem dem menschlichen und wissenschaftlichen Erkenntnisprozess angemesseneren Modell des Wechsels von Erwartung und Realitätsprüfung als vom Modell des Hypothesentests auszugehen. Dies scheint auch umso mehr geboten, als deren innere Logik selbst keine Konsequenzen aus anderen Bausteinen Popperscher Theorie, wie etwa seiner These der Theoriebeladenheit aller Beobachtung, zieht. Jegliche Form des Kontakts mit der Realität – ob nun realistisch oder konstruktivistisch gedacht – wird damit systematisch aus der wissenschaftlichen Betrachtung und der methodologischen Reflexion ausgeschlossen (Meinefeld 1995, S. 279 f.). Eine wissenschaftliche Hypothese scheint in dieser Sicht aus dem Nichts aufzutauchen. Dass dies nichts mit der Forschungswirklichkeit zu tun hat, in der Hypothesen ganz dezidiert auf Wissen und Informationen des Forschers und der ganzen Disziplin basieren, bedarf keiner weiteren Erläuterung.

Besonders augenfällig wird die Vernachlässigung der individuellen Konstitutionsleistung des Forschers bei der Beschäftigung mit jeglicher Form von fremdkulturellen Fragestellungen. Der Konstruktionscharakter der Wirklichkeit wird dann weniger problematisch, wenn – wie in den Naturwissenschaften – kulturelle Homogenität aller am Forschungsprozess Beteiligter, also Forschungssubjekte und -objekte, bzw. gar keine eigene kulturelle Komponente des

Gegenstands postuliert werden kann. Gerade in den Sozialwissenschaften kann aber diese Prämisse nicht immer erhoben werden. Soziale Realität zeichnet sich vor allem dadurch aus, dass Kollektive Symbole erzeugen, die zur Kommunikation von Bedeutungen dienen (Schulze 2004a, S. 5). Tritt der Forscher an diesen Gegenstand heran, so beginnt er stets diesen mit Hilfe seiner eigenen Erkenntniskategorien zu erfassen. Nehmen die Handelnden allerdings eine andere Perspektive ein und arbeiten mit anderen Kategorien, so kann es – bewusst oder unbewusst – zu Fehldeutungen eben dieser Bedeutungen kommen. Erst wenn sich der Forscher der eigenen Subjektivität und ihrer Auswirkungen auf den Erkenntnisprozess bewusst ist und diese ernst nimmt, kann er erkennen, dass seine eigenen Erkenntniskategorien nicht der Maßstab der Bedeutungskonstruktion sein müssen. Unterbleibt dies, so wird eine Untersuchung in einem dem Forscher nicht vertrauten Umfeld quasi zwangsläufig zu einer „Nostrifizierung" des kulturell Fremden führen (Matthes 1985, 1987).

Auch die häufig beschriebene und nicht minder häufig kritisierte starke *Trennung von Theorie und Methode* lässt sich vor dem Hintergrund einer methodologischen Zerschneidung des wissenschaftlichen Erkenntnisprozesses recht leicht erklären. Wenn die methodologische Reflexion der quantitativen Sozialforschung nur den technischen Aspekt der Aufstellung und Berechnung eines statistischen Modells umfasst, jegliche theoretischen Überlegungen aber in eine vorgelagerte Forschungsphase auslagert, so ist die Separierung eines theoretischen von einem methodischen Diskurs nur die logische Konsequenz oder anders ausrückt:

„Theoretiker sprechen üblicherweise über Theorie, Methodiker über Daten" (Baur 2009, S. 8; Ü.d.A).

Das übliche Vorgehen wissenschaftlicher Überprüfung in der quantitativen Sozialforschung erscheint vor dem Hintergrund einer einheitswissenschaftlichen Erkenntnistheorie daher zwar durchaus plausibel, es weist allerdings unübersehbare Defizite bei der Berücksichtigung des Prozesses wissenschaftlicher Erkenntnis auf. Die fehlende Berücksichtigung der Konstitutionsleistung des Forschers und seines stets vorhandenen Wissens im Rahmen des Forschungsprozesses sind dabei offensichtlich und zentral. Damit ist nicht das Anerkennen von Beliebigkeit verbunden, vielmehr gilt es durch einen realistischen Intersubjektivitätsbegriff Interpretativität deutlich zu machen, zu kennzeichnen. Ein subjektives Element ist – soweit bewusstgemacht und transparent für alle am Prozess Beteiligten – kein Eingeständnis von Nicht-Wissenschaftlichkeit, sondern vielmehr die logische Konsequenz von menschlichen Erkenntnisprozessen.

4 Interpretativität in der inferenzstatistischen Forschungspraxis: ein Beispiel

Um diese theoretische Begründung der Notwendigkeit von subjektiven Elementen und einer Interpretationsleistung des Forschers auch praktisch zu begleiten, soll abschließend anhand eines konkreten Beispiels gezeigt werden, wie stark jede einzelne empirische Betrachtung theoretisch unterfüttert und von Annahmen und Entscheidungen beeinflusst wird. Um zu zeigen, dass auch die Statistik theoretische Diskurse aufbaute, soll dazu die Position von R. A. Fisher, einem der Väter der Inferenzstatistik, als Basis dienen. Gleichzeitig soll gezeigt werden, dass Fisher die Notwendigkeit von Interpretation durch den Forscher an vielen Stellen explizit einfordert, ein Aspekt, der bei der Anwendung seiner mathematischen Konzepte kaum eine Rolle spielt.

Das konkrete Beispiel soll von einer hypothetischen Situation ausgehen, bei der für einen Arbeitsamtsbezirk der Einfluss von Weiterbildungsmaßnahmen auf das Wiedereinstiegseinkommen bei Erwerbslosen bestimmt werden soll. Aus vorherigen Untersuchungen ist bekannt, dass normalerweise Erwerbslose bei einer Neuanstellung in etwa wieder mit dem gleichen Gehalt rechnen können wie vor ihrer Arbeitslosigkeit. Nun besteht die Hoffnung, dass Weiterbildung ein möglicher Schlüssel ist, um diesen einen direkten finanziellen Vorteil bei einer Wiedereingliederung in den Arbeitsmarkt zu verschaffen.

Es wird daher aus allen Teilnehmern, die eine Trainingsmaßnahme absolvieren, eine Zufallsstichprobe gezogen und um Informationen zu ihrem Nettogehalt direkt vor Beginn und direkt nach dem Ende der Arbeitslosigkeit gebeten. Diese Gruppe ist in Bezug auf wichtige Faktoren, wie Länge der Arbeitslosigkeit, Beruf, Alter oder Geschlecht in seiner Struktur repräsentativ für die Grundgesamtheit. Wir wollen zudem davon ausgehen, dass der Bezirk, für den eine Aussage getroffen werden soll, sozial und ökonomisch relativ homogen ist, man also annehmen kann, dass die Einkommensverteilung in etwa normalverteilt ist.

Tabelle 1 zeigt das Ergebnis dieser Erhebung.

Als Indikator für den Erfolg der Maßnahme soll die Einkommensdifferenz vor und nach der Arbeitslosigkeit herangezogen werden. Daher ist auch diese in den Beispieldaten enthalten. In einem ersten Schritt ist es notwendig, die zu testende Hypothese, die sog. Nullhypothese (H_0), zu bestimmen. Diese wird so formuliert, dass sie das inhaltliche Konstrukt darstellt, das es zu widerlegen gilt, nicht aber das, welches der Forscher für plausibel hält. Fisher (1974) war in seinem Vorgehen überaus bestimmt in seiner Feststellung, dass eine Nullhypothese immer nur als unplausibel, niemals aber als plausibel nachgewiesen werden kann. Darin stimmte er mit Karl Poppers „Logik der Forschung" überein, der ebenso argumentierte:

„Theorien sind […] niemals empirisch verifizierbar. […] Ein empirisch-wissenschaftliches System muss immer an der Erfahrung scheitern können" (Popper 1934, S. 14 f.).

Tabelle 1: Beispieldaten zur Wirksamkeit von Trainingsmaßnahmen bei Erwerbslosen

Person	Nettogehalt/Monat vor der Arbeitslosigkeit (in Euro)	Nettogehalt/Monat nach der Arbeitslosigkeit (in Euro)	Differenz (in Euro)
1	1200	1300	100
2	1500	1700	200
3	2000	1900	-100
4	1800	1700	-100
5	2500	2600	100
6	1100	1250	150
7	1900	1950	50
8	2000	2100	100
9	2100	NA	NA
10	1000	1200	200

Gleichzeitig kann diese Art von Prüfung nur so gut sein, wie das Modell, das es definiert. Im vorliegenden Fall ist die wissenschaftliche Hypothese, die getestet werden soll, die Frage, inwieweit Erwerbslose ein höheres Einkommen erzielen, wenn sie bei der Wiederaufnahme einer Beschäftigung eine Trainingsmaßnahme absolviert haben. Das Vehikel dafür soll der Vergleich des Einkommens vor und nach der Erwerbslosigkeit sein. Inhaltlich lassen sich sicherlich mehrere Szenarien betrachten, hier soll ganz bewusst lediglich die Beurteilung der Frage im Mittelpunkt stehen, ob das Wiedereinstiegseinkommen Arbeitsloser höher ist als das Einkommen vor Beginn der Erwerbslosigkeit.

Mit diesem Test verbinden sich natürlich auch Annahmen, die hier getroffen werden (müssen):

- Weiterbildungsmaßnahmen weisen einen *additiven* Effekt auf (und etwa keinen multiplikativen). Man kann folglich die Differenz zwischen den beiden Einkommen direkt als Effekt der Weiterbildungsmaßnahme interpretieren und die Differenzen für einen konkreten Test verwenden.
- Jede Messung stammt aus einer Normalverteilung mit unbekannter Varianz, damit sind auch die Differenzen wieder normalverteilt.
- Mögliche Drittvariablen haben keinen Einfluss auf konkrete Messungen, so dass die Verwendung der Differenzen direkt als kausaler Effekt der Trainingsmaßnahme interpretiert werden kann.

- Person 9 hat offensichtlich keine Rückmeldung bezüglich ihres neuen Einkommens abgegeben. Da bekannt ist, dass sich ihre Art der Beschäftigung nicht von den anderer Befragter unterscheidet, wird sie aus der Stichprobe entfernt und lediglich mit einem Sample von neun Befragten gearbeitet. Damit erweitert sich die Annahme auf die Tatsache, dass die Analyse in einer Art und Weise durchgeführt wird, als wäre von Anfang an nur eine Stichprobengröße von n = 9 geplant gewesen.

Genau an dieser Stelle setzt nun bereits der offensichtliche Einfluss des Forschers ein. Denn um die Analyse durchführen zu können, muss dieser sicher sein oder zumindest schlüssig begründen können, dass diese Annahmen für die vorliegende Datenkonstellation auch zutreffen. Wird dies heute eher stiefmütterlich behandelt, so betonte Fisher etwa, wie wichtig die Erfahrung ist, die jeder einzelne Forscher mitbringt und in diesen Prozess einbringen muss (Fisher 1974, S. 68 ff.). Es ist eine weitgehend ausgeblendete Frage in der Praxis von Lehre und Forschung, sich klar zu machen, wie Modellannahmen plausibilisiert werden können. Die Frage, ob es plausibel ist, den Erfolg einer Trainingsmaßnahme am Einkommen festzumachen oder einen additiven Effekt anzunehmen, kann und muss in erster Linie durch die Person des Forschers und dessen Wissen und Erfahrung bestimmt werden.

Nach Bestimmung und Prüfung all dieser Annahmen wird nun ein mathematischer Mechanismus benötigt, der angibt, wie gut oder auch nicht die Daten zu diesen Annahmen bzw. der formulierten Nullhypothese passen. Dazu übernahm Fisher von Gosset die von diesem entwickelte t-Statistik und definierte somit das Modell, das es zu testen gibt (Fienberg 2006). Im konkreten Fall gehen wir davon aus, dass die Trainingsmaßnahmen dazu geführt haben, dass die Teilnehmer nach der Arbeitslosigkeit ein höheres Einkommen aufweisen als zuvor, also im Mittel die Differenz der Gehälter eine positive Abweichung aufweist. Die Hypothese H_0, die man zu testen und abzulehnen versucht, ist diejenige, nach der die Maßnahme *keinen* Erfolg hat, also der Unterschied im Gehalt vor und nach der Erwerbslosigkeit vernachlässigbar ist, entsprechend im Mittel recht nahe an Null liegt. Übertragen auf die mathematische Modellebene wird also ein Modell in Form einer t-Verteilung geprüft. Dabei wird der Frage nachgegangen, wie gut die Daten zu H_0 passen, dass diese aus einer zufälligen, normalverteilten Stichprobe mit Mittelwert 0 und unbekannter Varianz stammen. Je geringer die Wahrscheinlichkeit ist, dass die Daten auch zu dem in der Hypothese definierten Modell passen, desto eher können wir diese Hypothese verwerfen.

Um nun genau diese Frage zu beantworten, gilt es, den t-Wert der Daten zu berechnen, der sich auf folgende Elemente stützt (Rasch 2010: 43 ff.):

$$t(\text{Daten}) = \frac{\bar{z}}{s/\sqrt{n}}$$

mit

$$s = \sqrt{\frac{\sum(z_i - \bar{z})^2}{n-1}}$$

Dabei steht z_i für die neun Differenzen, die wir zur Beobachtung heranziehen, sowie s für die aus den Daten abgeleitete Standardabweichung, die benötigt wird, da das Modell keine Aussage über die Varianz der Grundgesamtheit macht. In unserem Beispiel gelangen wir dabei zu einem Wert von 2,08.

Die Bausteine des statistischen Testens nach Fisher sind eine Verbindung aus inhaltlichen und mathematischen Überlegungen und basieren auf einer bestimmten Perspektive. Die wichtigsten sind dabei (Welsh 1996, S. 112 ff.):

- *Nullhypothese:* Die mathematische Formulierung der Nullhypothese ist eine Folge der inhaltlichen Überlegungen des Forschers in Verbindung mit dem konkreten Modell, das bestimmt wurde. Um sie testen zu können, muss ihre Verteilung wiederum einwandfrei bestimmbar sein. Im Beispiel ist jedes Einkommenspaar eine Beobachtung aus ein und derselben Grundgesamtheit, und die interessierende Größe (also das Einkommen) folgt einer Normalverteilung mit unbekannter Varianz, die aber für alle Paare gleich ist. Diese formale Beschreibung erlaubt uns dann die t-Statistik auf Basis einer bekannten Verteilungsform zu berechnen. Man muss sich dabei klarmachen, dass Fisher nicht annahm, dass die Grundgesamtheit oder Population, wie er es nannte, auch wirklich existieren muss und aus der real wiederholt Stichproben gezogen werden können. Dabei kann es sich letztlich auch um ein reines Gedankenkonstrukt handeln. Dies ist etwa dann der Fall, wenn die Grundgesamtheit an eine feste zeitliche Abgrenzung gebunden ist. Untersucht man etwa die bundesdeutsche Bevölkerung zum 01.10.2010 und hat an genau diesem Tag Daten erhoben, so ist bereits einen Tag später keine wiederholte Ziehung mehr möglich, ohne die Voraussetzungen der definierten Grundgesamtheit zu verletzen.
- *Prinzip der Abweichung von der Nullhypothese (Teststatistik):* Im Beispiel stellen wir den Mittelwert der Differenzen der Einkommenspaare einer Verteilung mit Mittelwert null gegenüber, also der Nullhypothese, dass die Einkommenspaare kleiner oder gleich null sind. Die Auswahl des Tests ist hier relativ eindeutig, aber das Abweichungsprinzip kann auch völlig anders aussehen. Welche Verteilungsstatistik und welche Nullhypothese geprüft wer-

den sollen, ist damit nach Fisher (1939, S. 6) ein überaus komplexer Prozess, der sorgfältige Abwägungen von Seiten des Forschers verlangt und in nicht geringem Maß von Wissen und Erfahrung im Umgang mit den Daten abhängt.

- *Entscheidungskriterium:* Wenn man ein mathematisches Modell bestimmt hat, auf dessen Basis die Wahrscheinlichkeit der Daten errechnet werden soll, so ist es natürlich nötig, eine konkrete Regel zu formulieren, die über Beibehalten oder Verwerfen der Nullhypothese entscheidet. Für Fisher war dies die Bestimmung, ob der konkret errechnete Wert der Teststatistik, im Beispiel also die t-Statistik der Stichprobe mit einem Wert von 2,08, den Schluss nahelegt, dass die konkrete Stichprobe nicht aus einer Population stammen kann, wie sie von der Nullhypothese postuliert wird. Mit Hilfe dieser Berechnungsvorschrift muss also die Wahrscheinlichkeit der Daten berechnet werden, sofern die Nullhypothese wahr ist.

Fishers Antwort darauf war das, was wir heute als *p-Wert* kennen (Welsh 1996, S. 112 ff.). Formal können wir auch schreiben:

$$p(t \geq t(\text{Daten}) | H_0)$$

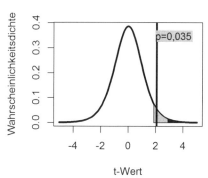

Abbildung 1: t-Wert der Beispieldaten (senkrechter Strich), Ablehnungsbereiche p=0,05 (grau) und 0,01 (schwarz)

In Worten ausgedrückt bestimmt er also die Wahrscheinlichkeit dafür, dass die Population der Nullhypothese eine Stichprobe produziert, die wie die konkret beobachtete oder aber sogar noch extremer ist. Das Ergebnis für das beschriebene Datenbeispiel findet sich in Abbildung 1. Der vertikale Strich markiert den aus den Beispieldaten berechneten Wert der t-Statistik von 2,08, aus dem sich ein p-Wert der Daten von 0,035 ableitet. Die Wahrscheinlichkeit, dass die vorliegenden Daten oder eine Stichprobe mit einem höheren Mittelwert aus einer Population stammen können, in der der Mittelwert null oder kleiner ist

(= Nullhypothese), liegt damit bei etwa 3,5 %. Nun stellt sich logischerweise die Frage, ob eine Wahrscheinlichkeit der Daten von 3,5 % ausreicht, um die Nullhypothese zu verwerfen. Die Abbildung zeigt in grau und schwarz die üblichen Vergleichsbereiche, die zur Beantwortung dieser Frage herangezogen werden. Gängig sind die Verwendung der 5 %- bzw. 1 %-Grenze als Grenzwerte. Diese Grenzen werden üblicherweise als Signifikanzniveau α bezeichnet.

Die Entscheidungsfindung sieht damit wie folgt aus: Der Bereich p = 0,05 (hier der graue und schwarze Bereich zusammen) umfasst 5 % aller Stichprobenergebnisse, die sich ergeben können, wenn die Nullhypothese und das spezifizierte Modell zutreffen. Nun kann sich der Forscher auf den Standpunkt stellen, dass diese Wahrscheinlichkeit schon recht gering ist. Er geht damit das Risiko ein, dass er zwar die Nullhypothese verwirft, diese aber trotzdem richtig ist, also die gezogene Stichprobe doch aus einer Population stammt, die den Spezifikationen der Nullhypothese entspricht. Dieses Risiko ist allerdings durch den p-Wert quantifizierbar. In unserem Beispiel liegt es bei 3,5 %. Beim vorliegenden Test können wir folglich die Nullhypothese verwerfen, wenn wir bereit sind eine Fehlerwahrscheinlichkeit (= Risiko) von fünf Prozent zu akzeptieren. Wenn man konservativer herangeht und nur ein einprozentiges Risiko eingehen möchte, dann ist eine Ablehnung der Nullhypothese nicht möglich.

Ein Punkt, der häufig übersehen wird, ist dabei: Der Wert 3,5 % beschreibt die Wahrscheinlichkeit dieser *oder noch extremerer* Daten. Er berücksichtigt nicht nur die konkrete Stichprobe, sondern implizit auch weitere Stichproben, die eine größere positive Abweichung der Mittelwerte von Null aufweisen.

Trotz der Kritik haben sich in vielen Disziplinen diese Signifikanzniveaus zu wahren Goldenen Kälbern entwickelt, deren Erreichen automatisch und damit unabhängig von der Einschätzung des Forschers das Verwerfen eine Nullhypothese nach sich ziehen, ja sogar die Publikation von wissenschaftlichen Ergebnissen davon abhängt (Hogben 1957). Das Streben nach signifikanten Ergebnissen ist geradezu ein Zeichen der modernen Wissenschaft geworden. Dass gerade die Fehlerwahrscheinlichkeit von p = 0,05 eine derart große Wichtigkeit erlangte, hat viel mit einem überaus eingeschränkten Verständnis und einer selektiven Kenntnisnahme von Fishers Werken zu tun. Vor Fisher war es üblich (etwa bei Gosset), dem Leser die Werte der t-Verteilungen für alle möglichen p-Werte und Stichprobengrößen zu liefern, damit dieser dann mit seinen eigenen Daten bzw. auch in Bezug auf die publizierten Werte der Teststatistiken seine eigene Entscheidung über Annahme oder Ablehnung der Nullhypothese treffen konnte. Der Forscher berechnet in dieser Sicht – wie oben beispielhaft gezeigt – den p-Wert und trifft dann eine eigene Entscheidung darüber, welches Risiko er bereit ist einzugehen. Dieses Vorgehen hatte allerdings einen ungemeinen Aufwand an Platz und Ressourcen bei der Erzeugung von Anhängen zur Folge. Um diesen zu verringern, reduzierte Fisher in seinem Standardwerk „Statistical Methods for Research Workers" die Tabellen nur noch auf bestimmte Wahrscheinlichkeitswerte (z. B. 0,2, 0,1, 0,05, 0,02 oder 0,1) (Klein 2004, S. 7). Zudem hielt er an einer Stelle fest:

> „Der Wert, für den p = 0,05 oder 1 zu 20 ist, beträgt 1,96 oder etwa 2; es ist angebracht, diesen Wert als Grenzwert anzusehen, wenn man darüber entscheidet, eine Abweichung als signifikant oder nicht anzusehen." (Fisher 1925, S. 44) [Ü.d.A]

Gelesen wurde dieser Satz wie eine konkrete Anweisung, folgt man aber Fisher weiter, so stellt man fest, dass er großen Wert auf wissenschaftlichen Diskurs und Kommunikation legt. Dies kommt mehrfach zum Ausdruck, wenn er anmerkt:

> „Kein Wissenschaftler hat stets ein einziges fixes Signifikanzniveau, bei dem er unter allen Umständen die Hypothese verwirft; er betrachtet vielmehr jeden einzelnen Fall im Licht der Erkenntnisse." (Fisher 1956, S. 41)

Auch wenn Fisher durchaus zur Kenntnis nahm, dass gewisse Richtlinien bei der Entscheidungsfindung über die Ablehnung der Nullhypothese auf einem bestimmten Signifikanzniveau nötig seien, so lehnte er aber die Verwendung *fixer* Niveaus stets ab. Er stellte sich damit gegen jeden Automatismus und forderte geradezu den aktiven Beitrag des Forschers im Prozess des statistischen Testens ein. Dies führte er noch weiter aus, indem er deutlich machte, dass es einen klaren Unterschied gibt zwischen dem Ergebnis *eines bestimmten* Tests und dem definitiven Nach- und Beweis eines Naturgesetzes:

> „Kein isoliertes Experiment, wie signifikant auch immer es sein mag, kann ausreichen, um experimentell irgendein Naturphänomen zu demonstrieren; [...] Wir können davon ausgehen, dass ein Phänomen dann experimentell demonstrierbar ist, wenn wir wissen, wie wir ein Experiment durchführen, das uns nur selten ein statistisch signifikantes Ergebnis verweigert." (Fisher 1974, S. 14) [Ü.d.A]

Diese Passagen sind essentiell für das Verständnis von Fisher und stehen doch gleichzeitig im Widerspruch zu dem, was heute die Praxis der Inferenzstatistik daraus macht. Für Fisher bestand das Entstehen von Wissen über einen bestimmten Sachverhalt darin, die Ergebnisse verschiedener Tests und Experimente miteinander zu kombinieren. Dies setzt voraus, dass alle Testergebnisse, ob nun signifikant oder nicht, veröffentlicht werden und die Wissenschaftsgemeinschaft sich dann ein Bild davon machen kann, welche Daten und welche Hypothesen in Bezug auf den gleichen Sachverhalt zu einem bestimmten Ergebnis gekommen sind. Damit wird aber auch eine einmal getroffene Testentscheidung nicht zu einer kategorischen Entscheidung für oder gegen eine formulierte Nullhypothese, sondern belegt die Entscheidung eines Forschers auf der Basis der Ergebnisse eines bestimmten Tests. Zudem – und dies ist ebenfalls ein häufig vernachlässigter Punkt – sagt ein signifikanter Test noch nichts über die Größe des Zusammenhangs aus, der getestet wurde. Wenn der Standardfehler sehr klein wird, weil auf Basis einer großen Stichprobe getestet wird, so kann sich fast jede Differenz, und sei sie noch so gering, als „signifikant" erweisen. Wenn wir im Beispiel die vorhandenen Daten verzehnfachen, also das vorhandene Stichprobenergebnis neun Mal duplizieren, so erhalten wir eine Stichprobengröße von 90 statt neun, ohne allerdings dabei den Mittelwert der Einkommensdifferenz zu verändern. Auf Basis dieser vergrößerten Datenbasis erhält man einen t-Wert von 6,94 und einen p-Wert, der praktisch nicht mehr bestimmbar klein ist. Umso deutlicher zeigt sich, dass die Entscheidung des Forschers eine ganz wichtige Bedeutung hat, die sich nicht durch das mechanische Festhalten an scheinbaren Lehrbuchregeln ersetzen lässt. Ein signifikantes Ergebnis wird erst durch die Beurteilung des Forschers zu einem praktisch relevanten und nicht durch das Über- oder Unterschreiten eines bestimmten Signifikanzniveaus. Entsprechend pochte Fisher darauf, die Vorläufigkeit wissenschaftlicher Erkenntnis anzuerkennen:

> „Wir lernen aus der Erfahrung oder einer geplanten Folge an Experimenten; die Schlussfolgerungen daraus sind aber stets vorläufig [und] dabei wird die bislang angefallene Erkenntnis ebenfalls eingeschlossen und interpretiert." (Fisher 1974, S. 25)[Ü.d.A.]

Diese Interpretation wurde in der (sozial-)wissenschaftlichen Forschungspraxis entweder gar nicht erst wahrgenommen oder verlor sich mit der Zeit bei der Anwendung des statistischen Schließens.

5 Fazit

Wir können sehen, dass Theorie und Empirie viel enger miteinander verzahnt sind, als sich das die Praxis quantitativer empirischer Sozialforschung in aller Regel eingestehen will. Sie ist vielmehr geprägt durch eine Sichtweise, die explizit jegliche Subjektivität im Forschungsprozess negiert und damit auch jegliche Form der Interpretativität ablehnt. Schlüsse werden vielmehr häufig formalisiert, d. h. dass man sich auf scheinbar geteilte Regeln einigt, wie bestimmte Kennziffern zu bewerten sind. Diese Sichtweise wird weder der historischen Entwicklung der Statistik gerecht, noch dem Erkenntnisprozess der dem Forschungsprozess zugrunde liegt.

Interpretation wird – nicht nur in der Soziologie – vom Forscher in jedem Fall verlangt. Sie verschwindet auch nicht, wenn sie nicht thematisiert wird. Selbst die Gründungsväter der Inferenzstatistik – wie etwa R. A. Fisher – waren sich der Tatsache bewusst, dass jegliche Datenanalyse immer auch die Notwendigkeit mit sich bringt, Annahmen und Entscheidungen zu treffen, Erfahrung in den Prozess einfließen zu lassen und selbst statistische Kennwerte zu bewerten. Eine fehlende Berücksichtigung dieser Komponenten des Forschungsprozesses ist kein Kennzeichen von Wissenschaftlichkeit und guter Forschung, sie stehen vielmehr für Intransparenz und Ignoranz. Sie verneinen nämlich eine Selbstverständlichkeit, nach der Kenntnis nie aus sich selbst heraus gewonnen, sondern immer auch ein Stück weit konstruiert wird.

Soziologische Theorie als aktiven und zentralen Bestandteil statistischer Analyse zu begreifen, ist sicherlich vor dem Hintergrund dessen, was uns Forschungs- und häufig auch Lehrpraxis vermittelt, sicher nicht einfach. Machen wir uns aber die wesentlichen Schritte eines jeden Analyseprozesses, die Art und Weise, wie Objektivität definiert werden kann, und auch die historische Entwicklung der Statistik klar, so wird deutlich, dass eine enge Verzahnung vorliegt, die es anzuerkennen und auch entsprechend umzusetzen gilt.

Literatur

Atteslander, P./Cromm, J. (2006): Methoden der empirischen Sozialforschung. Berlin: Schmidt.
Baur, N. (2009): Problems of linking theory and data in historical sociology and longitudinal research. In: Historical Social Research 34, S. 7–21.
Baur, N./Besio, C./Norkus, M./Petschick, G. (Hrsg.) (2016): Wissen – Organisation –Forschungspraxis. Der Makro-Meso-Mikro-Link in der Wissenschaft. Weinheim: Juventa.
Berger, J. O./Sellke, T. (1987): Testing a Point Null Hypothesis: The Irreconcilability of P Values and Evidence. In: Journal of the American Statistical Association 82, S. 112–122.
Bradley, J. V. (1968): Distribution-free statistical tests: Prentice-Hall.
Coumet, E. (1970): La théorie du hasard est-elle née par hasard ? In: Annales. Histoire, Sciences Sociales 25, S. 574–598.
Daston, L. (1988): Classical probability in the Enlightenment. Princeton, N.J: Princeton University Press.
Daston, L. (1992): Objectivity and the Escape from Perspective. In: Social Studies of Science 22, S. 597–618.
Daston, L. (1994): How probabilities came to be objective and subjective. In: Historia Mathematica 21, S. 330–344.
de Laplace, P. S./Tonnies, F. W./von Langsdorf, K. C. (1819): Des Grafen Laplace Philosophischer Versuch über Wahrscheinlichkeiten. Heidelberg: Groos.
Dear, P. (1992): From Truth to Disinterestedness in the Seventeenth Century. In: Social Studies of Science 22, S. 619–631.
Desrosières, A. (2005): Die Politik der großen Zahlen. Eine Geschichte der statistischen Denkweise. Berlin: Springer.
Dieudonné, J. (1992): Mathematics – the music of reason. Berlin, New York: Springer.
Efron, B. (1986): Why Isn't Everyone a Bayesian? In: The American Statistician 40, S. 1–5.
Fienberg, S. E. (2006): When Did Bayesian Inference Become "Bayesian". In: Bayesian Analysis 1, S. 1–40.
Fisher, R. A. (1925): Statistical methods for research workers. Edinburgh: Oliver and Boyd.
Fisher, R. A. (1956): Statistical Methods and Scientific Inference. Edinburgh: Oliver and Boyd.
Fisher, R. A. (1974): The design of experiments. New York: Hafner Press.
Friedrichs, J. (1990): Methoden empirischer Sozialforschung. Opladen: Westdeutscher Verlag.

Gigerenzer, G./Krüger, C. (1999): Das Reich des Zufalls. Wissen zwischen Wahrscheinlichkeiten, Häufigkeiten und Unschärfen. Heidelberg: Spektrum.
Gigerenzer, G./Murray, D. J. (1987): Cognition as intuitive statistics. Hillsdale: L. Erlbaum Associates.
Hogben, L. (1957): Statistical Theory. The Relationship of Probability Credibility and Error. London: George Allen & Unwin.
Jackman, S. (2009): Bayesian analysis for the social sciences. Chichester: Wiley.
Kendall, M. G./Doig, A. G. (1968): Bibliography of statistical literature, Pre-1940. With Supplements to the Volumes for 1940–1949 and 1950–1958. London: Oliver and Boyd.
Klein, I. (2004): Grundlagenstreit in der Statistik. Diskussionspapier 60. Lehrstuhl für Ökonometrie und Statistik, Universität Erlangen-Nürnberg.
Kolmogorov, A. N. (1933): Grundbegriffe der Wahrscheinlichkeitsrechnung. Berlin: J. Springer.
König, R. (1973): Handbuch der empirischen Sozialforschung: Grundlegende Methoden und Techniken der empirischen Sozialforschung. Stuttgart: Enke.
Lamnek, S. (2010): Qualitative Sozialforschung. Lehrbuch. Weinheim, Basel: Beltz.
Lindemann, G. (2008): Theoriekonstruktion und empirische Forschung. In: Kalthoff, H. (Hrsg.) (2008): Theoretische Empirie. Zur Relevanz qualitativer Forschung. Frankfurt am Main: Suhrkamp, S. 107–128.
MacCoun, R./Perlmutter, S. (2015): Blind analysis: Hide results to seek the truth. In: Nature 526, S. 187–189.
Matthes, J. (1985): Die Soziologen und ihre Wirklichkeit. In: Soziale Welt 36, S. 49–64.
Meinefeld, W. (1995): Realität und Konstruktion. Erkenntnistheoretische Grundlagen einer Methodologie der empirischen Sozialforschung. Opladen: Leske + Budrich.
Mittelstraß, J. (Hrsg.) (1991): Einheit der Wissenschaften. Internationales Kolloquium der Akademie der Wissenschaften zu Berlin, Bonn, 25.-27. Juni 1990. Berlin, New York: W. de Gruyter.
Neurath, O. (1979): Wissenschaftliche Weltauffassung, Sozialismus und logischer Empirismus. Herausgegeben von Rainer Hegselmann. Frankfurt am Main: Suhrkamp.
Open Science Collaboration (2015): Estimating the reproducibility of psychological science. Science 349, S. aac4716-1–aac4716-8.
Popper, K. (1934): Logik der Forschung. Wien: Springer.
Popper, K. R. (1965): Das Elend des Historizismus. Tübingen: Mohr.
Popper, K. R. (1973): Objektive Erkenntnis. Ein evolutionärer Entwurf. Hamburg: Hoffmann, Campe.
Raphael, L. (1996): Die Verwissenschaftlichung des Sozialen als methodische und konzeptionelle Herausforderung für eine Sozialgeschichte des 20. Jahrhunderts. In: Geschichte und Gesellschaft 22, S. 165–193.
Rasch, B. (2010): Quantitative Methoden. Einführung in die Statistik für Psychologen und Sozialwissenschaftler. Berlin: Springer.
Reichenbach, H. (1983): Erfahrung und Prognose: Eine Analyse der Grundlagen und der Struktur der Erkenntnis. Braunschweig: Vieweg.
Reichertz, J. (2015): Empirische Sozialforschung und soziologische Theorie. In: Baur, N./Blasius, J. (Hrsg.) (2015): Handbuch Methoden der empirischen Sozialforschung. Wiesbaden: Springer Fachmedien, S.65–80.
Rider, P. (1933): Criteria for rejection of observations. St. Louis: Washington University Press.
Roberts, R. M. (1989): Serendipity. Accidental discoveries in science. New York: Wiley.
Sahner, H. (1979): Veröffentlichte empirische Sozialforschung: Eine Kumulation von Artefakten? Eine Analyse von Periodika. In: Zeitschrift für Soziologie 8, S. 267–278.
Schulze, G. (2004a): Forschungsgegenstand Gesellschaft. Paper 3 zum Hauptseminar „Wissenschaftstheorie für Sozialwissenschaftler" an der Otto-Friedrich-Universität Bamberg im WS 2004/2005.
Schulze, G. (2004b): Kausalität, Intentionalität, Zeit. Paper 6 zum Hauptseminar „Wissenschaftstheorie für Sozialwissenschaftler" an der Otto-Friedrich-Universität Bamberg im WS 2004/2005.

Schulze, G. (2004c): Mythos Wissenschaftlichkeit? Zur methodologischen Begründung kognitiver Überlegenheitsansprüche. Paper 10 zum Hauptseminar „Wissenschaftstheorie für Sozialwissenschaftler" an der Otto-Friedrich-Universität Bamberg im WS 2004/2005.

Silberzahn, R./Uhlmann, E. L. (2015): Crowdsourced research. Many hands make tight work. In: Nature 526, S. 189–191.

Swijtink, Z. (1990): The Objectification of Observation: Measurement and Statistical Methods in the Nineteenth Century. S. 261–286. In: Kruger, L./Daston, L. J./Heidelberger, M. (Hrsg.) (1990): The Probabilistic Revolution. Cambridge: MIT Press.

Ullmann, P. (2008): Mathematik, Moderne, Ideologie. Eine kritische Studie zur Legitimität und Praxis der modernen Mathematik. Konstanz: UVK.

Welsh, A. H. (1996): Aspects of statistical inference. New York: Wiley.

Ziegler, M (2017): Induktive Statistik und soziologische Theorie. Eine Analyse des theoretischen Potenzials der Bayes-Statistik. Weinheim: Juventa-Beltz

3 Analyse kultureller und struktureller Ordnungen

3.1

Objektive Hermeneutik

Von Keksen, inzestuöser Verführung und
dem Problem, die Generationendifferenz zu denken –
exemplarische Sequenzanalyse einer Interaktion
in einem Fernsehwerbefilm

Kai-Olaf Maiwald

1   Einleitung[1]

Die Methode der Objektiven Hermeneutik wurde in den 1970er Jahren von der Forschungsgruppe um Ulrich Oevermann entwickelt, um verschriftete Tonbandaufzeichnungen von Eltern-Kind-Interaktionen angemessen zu interpretieren (Oevermann et al. 1976; Oevermann et al. 1979; zur Entstehungsgeschichte der Objektiven Hermeneutik vgl. Garz/Raven 2015). Das Kernstück dieser Methode ist die sogenannte Sequenzanalyse. Seit ihren Anfängen wurde sie an einer Fülle von weiteren Datentypen und Fragestellungen empirisch erprobt und theoretisch weiterentwickelt (Oevermann 1981, 1991, 1994, 2000, 2002; Wernet 2009; Maiwald 2005). Mittlerweile wird sie – mit unterschiedlichen Modifikationen – auch im Kontext anderer methodischer Ansätze verwendet, unter anderem in der wissenssoziologischen Hermeneutik (Herbrik in diesem Band), in der dokumentarischen Methode (Kanter in diesem Band) und in der Biografieanalyse (Rosenthal/Worm in diesem Band).

Die Objektive Hermeneutik verfügt als Rekonstruktionsmethodologie (Maiwald 2013) über eine Theorie der Konstitution des Gegenstandsbereichs der sozialen Welt und eine mikrosoziologische Theorie der Strukturbildung. Die Methode der Sequenzanalyse ist mit anderen Worten rückgebunden an ein theoretisch begründetes Verständnis von der Verfasstheit der sozialen Welt (mehr dazu sowie zum Folgenden in Abschnitt 4). Daraus ergibt sich ein umfassender Anwendungsanspruch. Die Objektive Hermeneutik ist keine Methode, die auf bestimmte Gegenstände (z. B. Biografie, Diskurs) oder bestimmte Datentypen (z. B. Experteninterview, Gruppendiskussion, Video) bezogen und begrenzt ist. Vielmehr reklamiert sie eine grundsätzliche Eignung für die me-

---

1   Ich danke Inken Sürig für viele wertvolle Anregungen.

thodische Untersuchung aller erdenklichen Gegenstände und Datenmaterialien der sozialen Welt, einschließlich zum Beispiel musikalischer Werke (Wicke 2003; Zehentreiter 2006), Werke der bildenden Kunst (Loer 1994, 1996; Ritter 2011) oder anderer Artefakte (Wernet 2003; Jung 2006; Maiwald 2016). Wie sonst in der qualitativen Sozialforschung wird aber auch in der Objektiven Hermeneutik das „Hauptgeschäft" der Forschung mit der Analyse von Interaktionstranskripten und Interviews bestritten. Die Anwendungsbereiche erstrecken sich schon längst nicht mehr auf die Familiensoziologie oder die Sozialisationsforschung; vielmehr wird die Methode in allen „Bindestrichsoziologien" wie auch in vielen sozialwissenschaftlichen Nachbardisziplinen eingesetzt. Die Stärke dieses paradigmatischen Ansatzes liegt in einer exemplarischen, auf wenige Fälle und begrenzte Datenmengen bezogenen Datenanalyse, mit der im Hinblick auf die verfolgten Fragestellungen strukturelle Zusammenhänge herausgearbeitet werden. Das methodische Instrumentarium der Sequenzanalyse und ihr Fokus auf latente, d. h. den Akteuren selbst nicht bewusst verfügbaren Sinnstrukturen macht sie dabei in besonderer Weise geeignet für die von vielen qualitativen Ansätzen angestrebte Bildung von Hypothesen im Ausgang vom Datenmaterial. Sie kann nachgerade als „Maschinerie" zur Erzeugung (und Überprüfung!) neuer Ideen gelten.

Die folgende Darstellung dieser Art von qualitativer Datenanalyse knüpft insofern an ihren Entstehungskontext an, als dass hier ebenfalls eine Eltern-Kind-Interaktion interpretiert wird. Allerdings handelt es sich nicht um eine „echte" Interaktion, sondern um eine „gespielte": Sie ist der Fernsehwerbung für eine Keksmarke entnommen. Die Wahl gerade dieses Materials hat weniger den Zweck zu verdeutlichen, dass das Verfahren auch bei anderen Datentypen funktioniert. Es soll also nicht darum gehen, eine Filmanalyse zu präsentieren. Tatsächlich wird auch nicht der Film als Film interpretiert, sondern primär die darin enthaltene verbale Interaktion zwischen einer etwa vierjährigen Tochter und ihrem Vater. Das visuelle Material wird nur als faktischer Kontext der Interaktion berücksichtigt, um daran am sprachlichen Text entwickelte Lesarten abzugleichen. Dieses Vorgehen bietet die Möglichkeit, eine gewissermaßen „klassische" Analyse einer Interaktionssequenz vorzustellen, die zur Einführung in die Methode besonders geeignet ist.

Gleichwohl werden auch Besonderheiten des Datentyps „Werbefilm" sowie Struktureigenschaften des konkreten Werbefilms für Kekse der Marke „Oreo" in der Analyse eine Rolle spielen. Gerade dieser Umstand macht das Material in einer weiteren Hinsicht interessant für einen Einführungsbeitrag, denn die Erfahrung zeigt, dass insbesondere Studierende sich – auch für ihre Qualifikationsarbeiten – sehr für mediale Daten interessieren. Die Interpretation des „Oreo"-Werbefilms bietet die Gelegenheit, eine besondere Struktur zu untersuchen, mit der man bei sequenzanalytischen Interpretationen von medialen Daten häufig konfrontiert wird. Der klassische Begriff für diese Struktur ist

„Kulturindustrie". Es geht dabei um eine bestimmte Ausdrucksgestalt, die manche (nicht alle) dieser Produkte aufweisen können. Diese Ausdrucksgestalt ist methodisch relevant. Denn vermeintlich stößt in der Analyse kulturindustrieller Produkte ein Grundsatz der Objektiven Hermeneutik an seine Grenzen, den sie mit allen interpretativen Verfahren teilt: der Grundsatz des Primats der Alltagssprache in der Interpretation. Gemeint ist damit, dass auch die Interpretation von Daten aus vermittelter oder medialer Kommunikation, die durch eine mutmaßlich eigene und artifizielle Sprache gekennzeichnet sind (z. B. Social-Media-Kommunikation, Gesetzestexte, Romane, Pop-Songs), ihren Ausgang von den Regeln und Strukturen der Alltagssprache nehmen muss, weil dies die Sprache ist, die wir als Muttersprache in Face-to-Face-Interaktionen erworben haben, und daher alle anderen Spielarten von Kommunikation als darauf bezogene Modifikationen zu verstehen sind (Maiwald/Sürig 2017). Im Fall der im Folgenden zu analysierenden „gespielten" Interaktion zwischen Tochter und Vater scheint der Rekurs auf allgemein geteilte Regeln der Alltagssprache nicht zu greifen; elementare Analyseoperationen lassen sich nicht durchführen. Ich möchte zeigen, dass dieses vermeintliche Problem der Methode im Gegenteil auf einen Aspekt der Fallstruktur verweist und dass gerade das Festhalten am Primat der Alltagssprache geeignet ist, diesen Aspekt zu rekonstruieren.

2 Forschungszusammenhang

Den Hintergrund für das folgende Interpretationsbeispiel bilden eine Reihe von Analysen medialer bzw. medial vermittelter Daten zu Paar- und Familienbeziehungen, die ich insbesondere im Zusammenhang mit studentischen Forschungspraktika („Lehrforschungen") durchgeführt habe. Analysiert wurden unter anderem Porträtfotografien, Sitcoms, populäre Liebeslieder und eben Werbefilme. In diesen Analysen bündeln sich neben methodischen zwei inhaltliche Interessen:

- in paar- und familiensoziologischer Hinsicht zielen sie darauf, exemplarisch Struktureigenschaften dieses besonderen Beziehungstyps herauszuarbeiten (Maiwald 2012),
- in gegenwartsdiagnostischer Hinsicht zielen sie darauf, zum Verständnis der aktuellen Verfasstheit dieses Beziehungstyps (Selbstverständnis, gesellschaftliche Deutungen und Problemwahrnehmungen) beizutragen.

Der hier interessierende Film wurde im Rahmen einer Veranstaltung untersucht, die sich der Frage widmete, wie Familienbeziehungen in der zeitgenössischen Werbung dargestellt werden. Egal, ob im Rahmen von Lehrforschungen oder konzentrierten Forschungsprojekten – wenn man derartige Analysen unternimmt, wird es schnell sehr komplex, und das bleibt es auch. Die Interpretation muss viele unterschiedliche Fragen berücksichtigen (Was ist Interaktion? Was ist ein Film? Was ist Werbung? Was ist eine Familie?), und sie bewegt sich auf verschiedenen Ebenen gleichzeitig, denn mit diesem Datenmaterial nimmt man stets nicht nur einen Fall, sondern gleich mehrere in den Blick (Was sagt es über die dargestellte Familienbeziehung aus? Was sagt es über Werbung aus? Was sagt es über aktuelle Deutungen von Familienbeziehungen aus?). Man ist also mit einer Komplexität konfrontiert, die eine echte Herausforderung an die Methode darstellt.

Eine weitere Aufgabe dieses Beitrags besteht also darin zu zeigen, wie man mit dieser Komplexität im Kontext der Objektiven Hermeneutik umgehen kann – wie man sortiert und wie man die verschiedenen Aspekte berücksichtigen kann, ohne sich in ihnen zu verlieren, das heißt, ohne erst ein langwieriges Studium der immer weitverzweigten Literatur zu den jeweiligen Themen zu absolvieren.

3 Fragestellung, Auswahl des Materials und Bestimmung des Datentyps

Die Fragestellung war im vorliegenden Fall recht allgemein. Es ging, wie schon ausgeführt, um die Art und Weise der Darstellung von Familienbeziehungen in zeitgenössischen Werbefilmen. Das muss nicht so sein. Anders als bei manchen anderen qualitativen Ansätzen sind in der Objektiven Hermeneutik auch spezifische, theoretisch voraussetzungsvolle und elaborierte Fragestellungen möglich. Sie vertraut darauf, dass das methodische Vorgehen garantiert, den Gegenstand nicht zu sehr im Hinblick auf die theoretischen Vorannahmen einzuschränken. Das ist im Übrigen ein Vorteil im Zusammenhang studentischer Qualifikationsarbeiten, die allein vom gesetzten Zeitrahmen her eine ganz „offene" Analyse auch im Hinblick darauf, die Fragestellungen über aufwendige Fallvergleiche oder langwierige Feldaufenthalte selbst zu entwickeln, nicht ermöglichen. Wenn die Methode Offenheit garantiert, kann die Fragestellung auch sehr voraussetzungsvoll sein.

Das war im vorliegenden Fall jedoch nicht so; die Fragestellung war relativ offen. Sie knüpft an einschlägige Diagnosen zur Entwicklung der Eltern-Kind-Beziehungen in den letzten Jahrzehnten an: Die Familiensoziologie und die Erziehungswissenschaften zeichnen ein weitgehend einheitlich positives Bild dieser Entwicklung. Der Erziehungsstil habe sich „von einem Befehls- zu einem Verhandlungshaushalt" gewandelt, körperliche Züchtigungen sind mittlerweile geächtet und auch selten geworden, der Umgang miteinander sei „demokratischer" geworden (Bois-Reymond et al. 1994; Schneewind/Ruppert 1995). Die

Eltern seien orientiert an einer „verantworteten Elternschaft" (Kaufmann 1995) und rechneten sich die Entwicklung der kindlichen Persönlichkeit als Erziehungserfolge bzw. -misserfolge zu. Entsprechend gestalte sich das Familienleben „kindzentriert", d. h. Eltern verbringen mehr Zeit mit ihren Kindern und sind dabei orientiert an der Förderung der individuellen Eigenschaften des Kindes. Auch die Väter beteiligen sich mehr an der Kinderfürsorge, wenn auch nicht so sehr an den alltagspraktischen Dingen. Dafür wenden sie sich den Kindern deutlich emotionaler zu als noch vor Jahrzehnten (Maiwald 2010). Kein Wunder also, wenn der deutlich überwiegende Teil der Kinder und Jugendlichen ihre Beziehung zu den Eltern als sehr positiv einschätzt (Dornes 2012, S. 75 f.).

Diese Einschätzungen sagen jedoch recht wenig darüber aus, wie sich Eltern-Kind-Interaktionen konkret gestalten. Das liegt insbesondere daran, dass vorwiegend Erziehungsvorstellungen und -ideale untersucht wurden und eben nicht die faktischen Eltern-Kind-Beziehungen; die Ebene der bewussten Orientierungen und Deutungen stand im Vordergrund, nicht die latenten Strukturen der alltäglichen Interaktionen; es ging eher um Erziehung, weniger um Sozialisation. Nun sind Werbefilme, in denen familiale Interaktionen zur Darstellung kommen, sicherlich auch kein Datenmaterial, das Auskunft über wirkliche, konkrete Eltern-Kind-Beziehungen gibt. Jedoch bietet es die Möglichkeit, gesellschaftliche Normalitätsvorstellungen oder Deutungsmuster dieser Beziehungen zu rekonstruieren, die über die expliziten Erziehungsvorstellungen und -ziele der Eltern hinausgehen und möglicherweise komplexer und in sich auch widersprüchlicher als diese sind. Die Frage des methodologischen Status des Datenmaterials wird im Verlauf der Analyse aber noch ausführlich behandelt werden.

Die Datenerhebung gestaltete sich im vorliegenden Fall einfach und pragmatisch. Werbefilme sind über Internetplattformen wie „YouTube" leicht zu finden. Man muss dann nur solche Filme finden, in denen familiale Interaktionen eine Rolle spielen. Die Wahl fiel unter anderem auf die Werbung für die Keksmarke „Oreo" (https://www.youtube.com/watch?v=3qOqyscfoNI (Abruf 21.5.2017)).

4 Zur Methode

Eine umfassende Darstellung und Begründung der theoretischen Überlegungen, die hinter der Sequenzanalyse stehen, kann an dieser Stelle nicht erfolgen. Ich beschränke mich auf einen Überblick über die wesentlichen Grundannahmen. Wie für die meisten qualitativen Ansätze ist auch für die Objektive Hermeneutik die Kategorie des *Sinns* bzw. der *Bedeutung* zentral. Die soziale Welt gilt ihr als „sinnstrukturierte Welt". Mit Bezug auf die herausgehobene Rolle der Sprache bei der Konstitution von Sinn (Searle 2012) wird auch davon gesprochen, dass soziale Realität an sich „textförmig" ist. Daraus folgt, dass wir nicht, wie in den Naturwissenschaften, eigene Kategorien für die Beschreibung dieser Realität erst entwickeln müssen. Die soziale Welt hat sich immer schon selbst beschrieben; wir sind in der Lage, sie alltagspraktisch zu verstehen und in einer sozialwissenschaftlichen Beobachterperspektive zu interpretieren. Um letzteres methodisch kontrolliert (Lindemann et al. in diesem Band) zu betreiben, ist man auf Daten angewiesen, also auf Objektivationen sozialer Praxis, die sich selbst gleichbleiben und die man immer wieder konsultieren kann, um die Schlüsse, die man aus ihnen gezogen hat, zu überprüfen – und um sie intersubjektiv überprüfbar zu machen. Mit dem deutlichen Bezug der Objektiven Hermeneutik auf Daten und ihre Analyse soll nicht der Wert geleugnet werden, den der Erwerb expliziten Wissens über den zu untersuchenden Gegenstand, persönliche Erfahrungen und das Erleben in teilnehmender Beobachtung für die soziologische Analyse haben kann. Einen methodisch kontrollierten Zugriff ermöglicht jedoch nur eine Datenanalyse; sie erst ermöglicht es auch, den Gegenstand methodisch kontrolliert auf Distanz zu bringen und bislang verborgene Sinnstrukturen zu erschließen.

Entsprechend der Textförmigkeitshypothese gelten für die Objektive Hermeneutik alle Daten sozialer Realität als *Texte* bzw. *Protokolle*, und Daten sind nicht nur (schrift-)sprachliche Texte, sondern im Prinzip alles, was als Objektivation sozialer Praxis gelten kann (also auch Kunstwerke, Gebrauchsgegenstände, Straßen, Häuser, Städte, Kulturlandschaften usw.). Der Textbegriff ist also denkbar weit gefasst. Obwohl Interviews (in der Regel offen geführt) auch hier sozusagen die „Butter-und-Brot"-Datenmaterialien bilden, gibt es eine gewisse Präferenz für „natürliche" Daten (Bergmann 1985), insbesondere technische Aufzeichnungen sozialer Interaktionen (Audio, Video), die sich auch unabhängig von der Aufzeichnung so ereignet hätten. Dies deshalb, weil die zu untersuchende Praxis mit den ihr je eigenen Relevanzstrukturen sich darin am direktesten ausdrückt. Als „natürliche" Daten gelten aber auch „gemachte" oder „edierte" Texte (wie Gesetzestexte, Tagebücher, Zeitschriften, Fernsehsendungen, Fotoalben, Artefakte usw.), die integraler Bestandteil der untersuchten Praxis selbst sind. Von „Protokollen" spricht man in diesem Zusammenhang, wenn man das Moment der Objektivierung in einer materialen Ausdrucksgestalt in den Blick nimmt. Das, was in Daten festgehalten oder „protokolliert" ist, ist immer eine soziale Praxis. Vor allem im Fall von „gemachten" Texten muss bei der Analyse immer auch die „Protokollierungshandlung" berücksichtigt werden, die dafür verantwortlich ist, dass der Text in seiner besonderen Ausdrucksgestalt erzeugt wurde (Maiwald 2018). Das ist in methodischer Hinsicht wichtig: Wenn man beispielsweise in einer familiensoziologischen Perspektive Gemälde, historische Romane oder Gesetzestexte analysiert, kann man nicht davon ausgehen, dass die in diesen Daten dargestellten, be- und verhandelten

Aspekte des Familienlebens direkter Ausdruck einer familialen Praxis sind, sondern man muss die Besonderheiten des jeweiligen Datentyps in Rechnung stellen. Für eine entsprechende Bestimmung des Datentyps hält die Objektive Hermeneutik die Begriffspaare Protokoll/Protokolliertes und Protokoll/Protokollierungshandlung bereit. Da auch Werbefilme „gemachte" Texte in diesem Sinne sind, werden wir uns im Folgenden damit noch ausführlich befassen.

Hinsichtlich der theoretischen Konzeption der Konstitution von „Sinn" bestehen deutliche Unterschiede insbesondere zu handlungstheoretischen und wissenssoziologischen Konzeptionen, die in der programmatischen Benennung *Objektive* Hermeneutik zum Ausdruck kommen. Grundlegend ist für die Objektive Hermeneutik nämlich nicht der subjektive Sinn, den Akteure mit ihren Handlungen verbinden (Erlebnisgehalte, Handlungsentwürfe, Um-zu-Motive des Handelns), sondern qua *allgemein geltender Regeln* erzeugte Bedeutungsgehalte. Die Idee ist, dass wir, indem wir interagieren, auf eine Vielzahl dieser Regeln (z. B. der Mimik und Gestik, der Rahmung von Situationen, der Organisation von Kommunikation und Kooperation, insbesondere der Sprache) rekurrieren (vgl. auch Maiwald/Sürig 2017). Sie sind es, die unserem Handeln zuallererst Sinn verleihen. Als sozialisierte Gesellschaftsmitglieder verfügen wir über ein implizites Regelwissen, das nicht nur das alltagspraktische Handeln und Verstehen anleitet, sondern auf das sich auch die methodische Analyse stützen kann. So, wie wir „wissen", ob ein Satz unserer Muttersprache grammatisch oder ungrammatisch ist und welche Implikationen mit ihm verbunden sind, so verfügen wir auch im Hinblick auf alle anderen Regelkomplexe über die Fähigkeit, ein intuitives Angemessenheitsurteil zu fällen, mit dem wir in der Datenanalyse arbeiten können. Entsprechend geht die Objektive Hermeneutik davon aus, dass es für jedes Sinnelement eines Protokolls eine *„objektive Bedeutungsstruktur"* gibt, die ihm nach geltenden Regeln grammatische Verwendungskontexte zuweist.

Diese Regeln determinieren das Handeln jedoch nicht. Sie sind auch nicht das, was uns als SozialwissenschaftlerInnen allein interessiert. Wir wollen nicht nur verstehen, nach welchen Regeln etwa der öffentliche Austausch (Goffman), die Organisation von Konversation oder kommunikative Gattungen funktionieren, sondern wir wollen auch wissen, welche Strukturen beispielsweise Beziehungen in Familien oder Organisationen aufweisen. In Begriffen der Objektiven Hermeneutik handelt es sich dabei um *Fallstrukturen*, d. h. Strukturen, die die Praxis konkreter Handlungsinstanzen kennzeichnen, wobei es sich um Individuen, Paare, Familien, Organisationen oder sogar Nationalstaaten handeln kann. Wie man sich allgemein Fallstrukturen und ihre Genese vorzustellen hat, erschließt sich am besten, wenn man sich eine idealtypische Face-to-Face-Interaktion zwischen zwei Akteuren vergegenwärtigt. Ob am Frühstückstisch, im Büro, an einer Ladentheke oder in einem sozialwissenschaftlichen Interview – in jedem Fall hat man es mit einer sequentiellen Abfolge einzelner Interaktionszüge zu tun. Und an jeder einzelnen Sequenzstelle geben allgemeine bedeutungsgenerierende Regeln den Möglichkeitsraum dessen vor, wie gehandelt werden kann, wie etwa eine Begrüßung und Adressierung eines Lebenspartners, einer Kollegin oder eines Verkäufers erfolgen kann. Bezogen auf diesen Möglichkeitsraum handeln die Akteure auf eine spezifische Weise, die den Handlungsvorgaben entspricht oder die von ihnen auf jeweils bestimmte Weise abweicht. Entscheidend ist nun, dass die einzelnen Interaktionszüge als miteinander verknüpft betrachtet werden müssen, d. h. es sind nicht nur die objektiven Bedeutungsstrukturen, die an jeder Sequenzstelle relevant sind, sondern auch die konkreten Entscheidungen, die die Akteure an jeder Sequenzstelle treffen, denn diese legen wiederum den Möglichkeitsraum für die Anschlusshandlungen fest. Die Art der Entscheidungen und die Art ihrer Verknüpfung variieren nicht beliebig; sie sind nicht zufällig, sondern folgen einem Muster. Und aus diesem Muster der selektiven Verknüpfung von Interaktionszügen besteht abstrakt gesehen eine Fallstruktur.

Der Strukturbegriff der Objektiven Hermeneutik ist also ein *sequentieller*. Er ist auch *dynamisch*. Zwar entsteht aller Wahrscheinlichkeit nach die Struktur einer Paar-, Eltern-Kind-, Kollegen- oder Kundenbeziehung nicht ursprünglich in den Interaktionsprotokollen, die wir zur Verfügung haben. Dauerhafte Beziehungen jedenfalls verfügen über eine lange Interaktionsgeschichte, in der sich ihre Strukturen bilden und verfestigen konnten. Aber sie sind in ihrem Bestand daran gebunden, dass sie auch in jeder Interaktion, an jeder Sequenzstelle in ihrer Selektivität von den Akteuren realisiert (*reproduziert*) werden müssen. Umgekehrt heißt das aber auch, dass sich die Strukturen an jeder Sequenzstelle im Prinzip verändern (*transformieren*) können, nämlich dann, wenn die Akteure nicht mehr dem bislang vollzogenen Muster ihrer Wahlentscheidungen folgen. Methodisch folgt daraus, dass wir nicht unbedingt an den Anfang der Beziehungsentwicklung zurückgehen müssen, um Fallstrukturen zu rekonstruieren. Wir können sie im Prinzip anhand jeder beliebigen Interaktionssequenz in ihrer dynamischen Entstehung nachzeichnen.

Das, was in Interaktionen faktisch an Strukturbildung geschieht, geht immer über das hinaus, was den beteiligten Akteuren bewusst ist. Unsere Intentionen, Reflexionen und Versuche rationaler Kontrolle unserer Handlungen sind das eine. Aber wir können damit immer nur einen Teil der Strukturen, an deren Aufrechterhaltung wir de facto mit beteiligt sind, bewusst erfassen. Die Art, wie wir an jeder Sequenzstelle unseres Lebens auf eine Vielzahl von Handlungsvorgaben in einer jeweils bestimmten Weise reagieren, entzieht sich unserem unmittelbaren Verständnis. Fallstrukturen sind zu einem erheblichen Teil *latente Strukturen*. Objektiv-hermeneutische Analysen sind soziologische Aufklärung über die latenten Strukturen; sie überführen sie – natürlich immer in Form von kritisierbaren Hypothesen – in manifestes Wissen.

Objektiv-hermeneutische Sequenzanalyse zielt also auf die Rekonstruktion latenter Fallstrukturen, wie sie sich im sequentiellen Verlauf der Interaktion bilden. Sie rekurriert dabei auf objektive Bedeutungsstrukturen, um die Selektivität der einzelnen Interaktionszüge herauszuarbeiten. Es versteht sich von selbst, dass ein solches methodisches Vorgehen immer an den jeweiligen Gegenstand und Datentyp angepasst werden muss. Die Analyse einer Fotografie oder eines Gesetzestextes kann nicht auf die gleiche Weise erfolgen wie die eines Interaktionstranskripts. Tatsächlich lässt sich die Sequenzanalyse auch nicht als ein starres Gerüst von methodischen, in immer der gleichen Abfolge durchzuführenden Schritten beschreiben, sondern sie bildet ein Ensemble von regulativen Maximen und methodischen Operationen, die allerdings ausreichend konkret sind, um intersubjektive Nachvollziehbarkeit und Überprüfbarkeit zu gewährleisten (Wernet 2009). Ich werde diese Maximen und Operationen im Folgenden im Zusammenhang der Fallrekonstruktion selbst begleitend erläutern.

5 Die Fallrekonstruktion

5.1 Lesarten entwickeln

Die verbale Interaktion aus dem Werbefilm, die nun analysiert werden soll, beginnt mit der Äußerung:

„Pass auf, Papa"

Insbesondere zu Beginn jeder Sequenzanalyse spielt die *Maxime der Kontextfreiheit* eine zentrale Rolle. Damit ist nicht gemeint, dass der Kontext, in dem eine Äußerung fällt, keine Rolle spielen soll. Selbstverständlich werden sowohl äußerer wie innerer Kontext (die Vorgeschichte der Interaktion, ihre Rahmung usw.; die Stelle im Verlauf der Interaktion, an der die Äußerung fällt, die Tatsache, dass sie eine Reaktion auf etwas Vorhergehendes ist) im Verlauf der Analyse berücksichtigt. Nur nicht gleich von Anfang an. Die Analyse beginnt so, als wüsste man gar nichts über den Fall. Allgemeiner betrachtet markiert die Maxime der Kontextfreiheit eine Bewegungsrichtung der Interpretation. Während klassisch-hermeneutische, wissenssoziologische oder ethnografische Ansätze soziale Realität „von innen" zu erschließen suchen und Handlungen über Kontextwissen zu verstehen suchen, geht die Objektive Hermeneutik umgekehrt vor und versucht, die Besonderheit eines Falles gleichsam „von außen nach innen" zu erschließen. Nur ist dieses „Außen" keine externe Beobachterperspektive, sondern es bezieht sich auf die allgemeinen Bedeutungsstrukturen, die an einer konkreten Sequenzstelle relevant sind. Wenn man, wie die Objektive Hermeneutik, herausfinden will, in welcher Weise eine konkrete Lebenspraxis selektiv mit allgemein geltenden Vorgaben der Interaktion umgeht, muss man immer zunächst diese allgemeinen Bedeutungsstrukturen explizieren. Dieses Vorgehen bedeutet einen „Bruch" mit der Alltagserfahrung, dem alltäglichen Verstehen, bei dem abkürzende Gestaltschließungen und Motivzuschreibungen eine zentrale Rolle spielen. In der Objektiven Hermeneutik geht es primär um das, was faktisch und am Datenmaterial erkennbar geschieht. Und insbesondere die Maxime der Kontextfreiheit erzeugt methodisch Distanz zum Bekannten, erzeugt „künstliche Naivität".

Die konkrete methodische Operation zur Explikation der objektiven Bedeutungsstruktur einer Äußerung besteht darin, den Raum der möglichen Kontexte zu entwerfen, in denen diese Äußerung fallen könnte. Und zwar nicht in einem weiteren Sinne „empirisch"; es geht also nicht darum, sich zu überlegen, welche konkreten Personen wo und unter welchen Bedingungen wahrscheinlich so reden könnten, sondern es geht darum, Kontexte zu entwickeln, in denen man so sprechen kann, dass die Äußerung auch „passt", d. h. als nach geltenden Regeln der Sprachverwendung wohlgeformt erscheint. Forschungspraktisch geschieht dies, indem man möglichst konkrete Geschichten für die Verwendung der fokalen Äußerung (die, die man in der Interpretation jeweils im Blick hat) entwirft. Möglichst konkret sollten sie deshalb sein, weil erst dann unser intuitives Angemessenheitsurteil greifen kann und wir entscheiden können, ob die Äußerung in dem genannten Kontext wirklich passt oder nicht.

AnfängerInnen der objektiv-hermeneutischen Methode neigen dazu, schon gleich mit allgemeinen Umschreibungen zu beginnen (im Stil von Aussagen wie „Das sagt man dann, wenn X vorliegt, Y vorherging oder Z ausgedrückt werden soll"). Das sind aber schon „Theorien", die wahr oder falsch sein können – und wir benötigen in der Interpretation erst eine Grundlage, auf der wir dies entscheiden können. Diese Grundlage sind die konkreten Geschichten der Äußerungsverwendung. Sie zu entwickeln erfordert eine gewisse Übung und auch eine gewisse Anstrengung, denn in unseren Alltagsinteraktionen haben wir es natürlich immer mit „kontextuierten" Äußerungen zu tun und mit solchen Kontexten, die wir im Modus der Alltäglichkeit (vorreflexiv) mit unseren Interaktionspartnern teilen. Die Differenz „passt/passt nicht" kommt nur in den vergleichsweise seltenen Fällen zu Bewusstsein, in denen uns eine Äußerung oder Handlung als unangemessen (übertrieben, merkwürdig, unmöglich, unverschämt etc.) auffällt. Das ist wahrscheinlich nur ein Bruchteil derjenigen von uns erlebten Äußerungen, die bei distanzierter Betrachtung als nicht passend beurteilt würden. Und ganz sicher können wir uns bei derartigen situativen, interaktions*praktischen* Einschätzungen auch nicht sein. Denn möglicherweise sind sie selbst nicht passend, oder unsere eigenen vorhergehenden Äußerungen waren es nicht. Von derartigen Problemen ist unser Urteil in der sequenzanalytischen Interpretation jedoch entlastet, schließlich sind wir nicht praktisch involviert und haben genügend Zeit, unsere Urteile zu bilden.

Die Geschichten sollten nicht nur möglichst konkret sein, sondern auch möglichst kurz. Dies nicht etwa deshalb, um potentielle LeserInnen nicht zu langweilen, sondern weil eine kurze Geschichte auch eine weniger voraussetzungsvolle ist. Das ist ein Kriterium der Güte. Je weniger voraussetzungsvoll eine Geschichte ist, desto besser ist sie geeignet, um einen passenden Verwendungskontext zu bezeichnen. Umgekehrt gilt: Je mehr Informationen ich in der Geschichte unterbringen muss, damit sie „passt", desto weniger geeignet ist sie. Dies ist die *Maxime der Sparsamkeit*.

Im vorliegenden Fall wäre eine solche konkrete und knappe Geschichte:

> Beim Überqueren einer Straße warnt die Tochter ihren Vater vor einem herannahenden Auto mit der Äußerung „Pass auf, Papa".

In dieser Konkretion können wir unser Angemessenheitsurteil in Anschlag bringen und die Äußerung prüfen. Tatsächlich sagt uns unser Regelwissen, dass man in diesem Kontext auf diese Weise sprechen kann. Die Verbindung von Äußerung und Äußerungskontext erscheint angemessen, erscheint grammatisch wohlgeformt.

Jetzt könnte es „empirisch" aber auch ganz anders sein. Mit etwas Phantasie könnte man sagen, dass Papa gar nicht der Vater des Sprechers/der Sprecherin ist, sondern ein Freund, der diesen Spitznamen bekam, weil er ein großer Fan von Ernest Hemingway ist. Oder es ist doch der Vater, aber der Sohn warnt ihn vor einem herannahenden kleinen Hund, und das Ganze ist eine Anspielung auf den letzten Urlaub, wo ihm ein Hund gleicher Rasse ans Bein gepinkelt hat. Möglich ist das alles. Man kann nur in der Analyse nicht davon ausgehen, sonst wird eine Datenanalyse unmöglich. Zur Maxime der Sparsamkeit kommt die *Maxime der Wörtlichkeit* hinzu: Man geht grundsätzlich davon aus, dass die Äußerung auch so gemeint ist, wie sie gesagt ist. Dies jedenfalls solange, bis man gegebenenfalls vom Material gezwungen wird, die Interpretation zu revidieren. „Uneigentliche Rede" (wie Ironie, Anspielung, Metaphorik, Sarkasmus) wird also nicht grundsätzlich, sondern nur methodisch („bis auf Weiteres") ausgeschlossen. Ein weiterer Aspekt der Maxime der Wörtlichkeit betrifft den Umstand, dass wir den Text immer auch in der Gestalt analysieren müssen, in der er erscheint, auch wenn wir vielleicht denken mögen, dass die Äußerung anders gemeint war. Satzabbrüche, Versprecher, syntaktische und semantische Anomalien – all das muss „wörtlich" genommen und in seiner konkreten Gestalt interpretiert werden.

Im Anschluss an die entwickelte Geschichte lassen sich nun ähnliche Geschichten formulieren:

> Vater und Sohn kochen zusammen. Der Sohn warnt den Vater davor, dass die Milch gleich überkocht: „Pass auf, Papa."

Vater und Tochter tragen Umzugskisten. Die Tochter warnt den Vater vor dem Stuhl, der in seinem Weg steht: „Pass auf, Papa."

Diese Geschichten sind der ersten sehr ähnlich. Man erkennt ein Muster. Es dabei bewenden zu lassen, wäre aber voreilig, schließlich geht es bei einer solchen kontextfreien Explikation der objektiven Bedeutungsstruktur einer Äußerung darum, den *kompletten* Raum möglicher Verwendungsweisen zu erfassen. Dies genau besagt eine weitere Maxime der Objektiven Hermeneutik, die *Maxime der Extensivität*. Methodisch heißt das, möglichst kontrastierende Geschichten zu finden, und zwar auch solche, die empirisch als eher unwahrscheinlich, gleichwohl dem impliziten Angemessenheitsurteil als grammatisch wohlgeformt erscheinen. Ein weiterer Aspekt der Maxime der Extensivität betrifft den zu untersuchenden Text selbst: Es darf nichts am Text vorab als irrelevant ausgeschlossen werden. Da nichts an unseren Handlungen zufällig, sondern alles sinnstrukturiert ist, muss auch alles, was protokolliert ist, in die Analyse mit einbezogen werden. Jedes „äh", jede Pause, jede Wortwiederholung ist potentiell signifikant für die Fallstruktur. AnfängerInnen der Sequenzanalyse neigen dazu, immer wieder „Füllwörter" im Text auszumachen, die eigentlich nichts besagen würden. Füllwörter gibt es aber nicht.

Wir haben in unserer Analyse der fokalen Äußerung vier Muster von Geschichten („*Lesarten*") gefunden, die von den folgenden Geschichten repräsentiert werden:

a) Beim Überqueren einer Straße warnt die Tochter ihren Vater vor einem herannahenden Auto mit der Äußerung „Pass auf, Papa".
b) Beim gemeinsamen Fernsehen oder auf dem Spielplatz fordert die Tochter den Vater, der in einer Zeitung blättert oder telefoniert, mit „Pass auf, Papa" auf, sich nicht der gemeinsamen Praxis zu entziehen.
c) Die Tochter unterweist ihren Vater in der Benutzung seines neuen Tablets und beginnt dies mit „Pass auf, Papa".
d) Der Sohn wendet sich in einem ernsten Streit mit seinem Vater an ihn mit den Worten „Pass auf, Papa".

5.2 Allgemeine Eigenschaften der Lesarten ausbuchstabieren

Der nächste Analyseschritt besteht darin, die allgemeinen Eigenschaften der Lesarten auszubuchstabieren, die als pragmatische Erfüllungsbedingungen für die Verwendung der Äußerung gelten können. In den ersten drei Fällen geht es um eine Aufmerksamkeitsfokussierung, und die Äußerung ist Ausdruck einer ausdrücklichen Perspektivenübernahme. Aber die Relation zwischen Sprecher und Adressat ist in den Lesarten sehr unterschiedlich. Dabei sind die ersten beiden Lesarten eher „unproblematisch"; es geht um Akte der Fürsorge (a) oder der Inanspruchnahme gemeinsamer Praxis (b), die in jedem Alter stattfinden können.

Das ist in der Lesart (c) anders, denn eine derartige Ermahnung, dem Folgenden Gehör zu schenken, hat die Struktur einer Belehrung, was nicht allein auf einen Wissensvorsprung des Sprechers/der Sprecherin verweist. Natürlich kann auch ein älteres Kind, ein Jugendlicher/eine Jugendliche über einen spezifischen Wissensvorsprung verfügen und dem Vater entsprechende Dinge erklären. Durch die performative Inanspruchnahme einer Belehrung wird jedoch zudem die grundlegende Asymmetrie Eltern – Kind umgekehrt. Entweder liegt ein Autonomieverlust vor (ein dementer Vater und ein erwachsenes Kind zum Beispiel), der tatsächlich eine Umkehrung der Asymmetrie impliziert. Oder es handelt sich – aus der Sicht des Vaters – um einen Übergriff, um eine Anmaßung, die entsprechend kommentiert werden müsste, es sei denn – darauf wird man hier von der Interpretation geführt –, die Rede ist nicht ganz wörtlich gemeint, d. h. die Umkehrung der Rollen hat etwas Spielerisches.

Lesart (d) schließlich hat einen besonderen Status, denn hier geht es nicht um eine Aufmerksamkeitsfokussierung. „Pass auf" wird hier vielmehr als eine gängige Redewiese verwendet, mit der man zum Beispiel eine autoritative Stellungnahme oder eine Androhung von Sanktionen einleitet. Es geht damit um eine bestimmte Art der Positionierung in einem Konflikt. Dies impliziert eine Umkehrung oder zumindest eine Nivellierung der Asymmetrie. Als Konfliktpartner in diesem Sinne müsste der Sprecher erwachsen sein oder dies als Adoleszente/Adoleszenter in Anspruch nehmen.

5.3 Den äußeren Kontext einbeziehen: pragmatische Erfüllungsbedingungen überprüfen und Lesarten ausschließen

Bislang hat die Interpretation noch nichts zum Verständnis des konkreten Falles (der Interaktion, der Sozialbeziehung) beigetragen, einfach weil sie sich mit der Explikation objektiver Bedeutungsstrukturen noch im Bereich des Allgemeinen bewegte. Manchmal jedoch kann die Explikation objektiver Bedeutungsstrukturen schon instruktiv für den zu untersuchenden Beziehungstyp sein. Wenn sich z. B. ergibt, dass „Wie haben Sie sich kennengelernt?" schon von vornherein auf den Kontext einer Paarbeziehung verweist, sagt dies etwas über die Struktur dieses Beziehungstyps aus (Maiwald 2009, S. 289). Wie kommt aber nun das Besondere des Falles in den Blick? Wenn – und das ist üblicherweise so – etwas über den faktischen Kontext der fokalen Äußerung bekannt ist, besteht die Standardoperation an dieser Stelle darin, die gefundenen denkbaren Kontexte mit dem tatsächlich gegebenen Kontext zu vergleichen. Ziel ist es dabei zu sehen, ob und inwieweit die pragmatischen Erfüllungsbedingungen der Lesarten im faktischen Kontext erfüllt werden, und gegebenenfalls Lesarten als unzutreffend auszuschließen.

Wer sagt also im vorliegenden Fall in welchem Kontext zu wem „Pass auf, Papa"? Greifen wir an dieser Stelle auf das audiovisuelle Material zurück und blenden dabei aus, dass es sich nicht um eine „wirkliche", sondern eine „gespielte" Interaktion handelt: Tatsächlich ist die Sprecherin im Film ein etwa vierjähriges Mädchen, das in einem zeltartigen Unterschlupf in einem geräumigen Wohn-/Essbereich einer Wohnung sitzt und den dazukommenden, zwischen 30- und 40-jährigen Mann im Business-Outfit mit erhobenem Zeigefinger adressiert.

Daraus folgt zunächst, dass die Lesarten (a) und (b) ausgeschlossen werden müssen: Es liegt keine erkennbare Gefahrensituation vor und keine Unaufmerksamkeit des Vaters, der sich der Tochter direkt nach Eintreten in den Raum ja bereits zugewandt hat. Dementsprechend haben wir es tatsächlich mit einer Umkehrung der Asymmetrie im Sinne der Lesarten (c) und (d) zu tun. Hier lässt sich keine von beiden eindeutig ausschließen; der erhobene Zeigefinger kann eine Aufmerksamkeitsgeste, aber auch eine Drohgebärde sein. Dabei ist es wichtig, im Auge zu behalten, dass beide Lesarten nur unter der Bedingung funktionieren, dass die Person, die „Papa" sagt, eigentlich schon älter ist. Sie muss entweder über einen speziellen Wissensvorsprung verfügen, wie ein älteres Schulkind oder eine Jugendliche, oder sie wäre eine schon erwachsene bzw. eine entsprechende Autonomie beanspruchende Konfliktpartnerin. Beides ist nicht der Fall. Ein tatsächlicher Wissensvorsprung ist bei einem etwa vierjährigen Kind nicht denkbar. Zwar kann auch ein vierjähriges Kind Dinge wissen, die sein Vater nicht weiß, etwa die Namen von Kindern in seiner Kindergartengruppe oder wie sein neues Spielzeug funktioniert. Aber diese Dinge betreffen seine Welt, die nur vermittelt die Welt des Vaters ist.

5.4 Strukturhypothesen aufstellen

Wir müssen also feststellen, dass der faktische Kontext den pragmatischen Erfüllungsbedingungen der Lesarten nicht gänzlich entspricht. Ein solcher Befund ist für AnfängerInnen der objektiv-hermeneutischen Sequenzanalyse typischerweise Anlass, die bisherigen Interpretationen fallenzulassen oder die Äußerung mit etlichen Motivunterstellungen und Zusatzannahmen anzureichern, um sie „passend zu machen". Abgesehen davon, dass derartige Operationen die Maxime der Sparsamkeit verletzen und der grundsätzlichen Ausrichtung der objektiv-hermeneutischen Interpretation zuwiderlaufen, die ja gerade nicht auf ein „motivationales" Verstehen zielt – es sind genau diese „Brüche" zwischen gedankenexperimentell entwickeltem und faktischem Kontext, die für die Interpretation interessant sind. Denn darin wird deutlich, dass der untersuchte Fall nicht einfach im Allgemeinen aufgeht. Dann gilt es, ausgehend von dem jeweiligen Befund Strukturhypothesen aufzustellen, die den „Bruch" zwischen Möglichkeitsraum und faktischem Handeln in der fokalen Äußerung erklären können. Das ist nicht möglich, wenn man versucht, den herausgearbeiteten „Bruch" verschwinden zu lassen.

Beim Aufstellen von Strukturhypothesen sind drei Dinge zu berücksichtigen: Erstens muss man im Blick haben, dass es eben *Hypothesen* sind, die entwickelt werden. Die Aufgabe der Sequenzanalyse besteht darin, im systematischen Durchgang durch das Material sukzessive Hypothesen zu entwickeln, zu differenzieren und gegebenenfalls zu revidieren; man rechnet also nicht damit, dass die ersten Hypothesen im Interpretationsprozess unangetastet bleiben. Zweitens sollten aus genau diesem Grund die Hypothesen immer möglichst prägnant und deutlich formuliert werden. Eine uneindeutige Formulierung führt nur dazu, dass die folgenden Sequenzstellen immer irgendwie passen, aber das führt die Interpretation nicht weiter. Drittens muss man leider feststellen, dass dieser wichtige Schritt der Interpretation nur begrenzt methodisierbar ist. Die zu findende Hypothese muss zu dem je besonderen Fall passen und ihn in seiner Besonderheit kennzeichnen können; das heißt aber auch, dass es hier keine allgemeinen Muster gibt. Und ob die Formulierung der Hypothese prägnant gelingt, hängt auch von der Erfahrung und der Kreativität der ForscherIn ab. Wenn die Lesartenbildung regelrecht eine Abwesenheit von Kreativität erfordert – man darf nichts „gestalten", sondern muss sich seinem Angemessenheitsurteil überlassen –, so ist sie bei der Formulierung von Strukturhypothesen gefragt.

Aber wäre der Befund im vorliegenden Fall nicht doch ein Anlass, die Festlegung auf wörtliche Bedeutung aufzugeben? Es wäre doch denkbar, dass der Sprechakt Teil des Auslebens einer Phantasie oder eines (Rollen-)Spiels ist. Im Prinzip wäre das möglich, und wir hatten diese Möglichkeit in Lesart (c) schon in Betracht gezogen. Die Frage ist im konkreten Fall jedoch, ob ein Kind in diesem Alter dazu in der Lage ist. Das betrifft natürlich nicht das Rollenspiel als solches; Kinder dieses Alters agieren im Symbolspiel mit Puppen oder mit Spielgefährten durchaus die komplementären Rollen aus, die sie internalisiert haben, und in einem solchen Spiel wird das andere Komplement symbolisch durchgespielt. Darauf hat schon George Herbert Mead in seiner Theorie des „Play" hingewiesen (Mead 1932/1992, S. 152 ff.). Aber unser Alltagswissen sagt uns, dass man gerade nicht mit den eigenen Eltern Vater-Mutter-Kind spielt, würde dies doch eine Distanzierung von der tatsächlichen Sozialbeziehung erfordern, zu der ein Kind in diesem Alter nicht fähig ist.

Was folgt aus all dem für die Interpretation? Wir wissen ja, dass es sich nicht um eine reale Eltern-Kind-Interaktion handelt, sondern um eine im Werbefilm entworfene. In dieser Hinsicht kann man feststellen, dass der Sprechakt insofern nicht authentisch ist, als er erstens eine nicht natürliche Umkehrung der Eltern-Kind-Asymmetrie auf der Wissens- und Autoritätsebene anzeigt und zweitens eine beim kleinen Kind noch nicht vorhandene Fähigkeit zur Distanzierung von der tatsächlichen Rollenkonstellation auf der Interaktionsebene unterstellt. Eine erste Strukturhypothese lässt sich vor diesem Hintergrund so formulieren: Das Kind wird kontrafaktisch zu einer erwachsenen Person gemacht.

5.5 Sequenzanalyse: Den inneren Kontext weiterentwickeln

Wie geht die Sequenzanalyse nun weiter vor? Beim nächsten Schritt kommt insbesondere die fünfte Maxime der Objektiven Hermeneutik zum Tragen, die *Maxime der Sequentialität*. Diese Maxime verpflichtet die Analyse darauf, dem Verlauf des Textes bzw. der Interaktion minutiös zu folgen, in der Analyse nicht zu „springen" und etwa die fokale Äußerung mit Verweis auf spätere Textstellen zu verstehen. Das ist aber nicht alles. Sequentialität meint nicht einfach nur, „eines nach dem anderen" zu betrachten. Schließlich geht es ja darum, sukzessive die selektive Verknüpfung von Interaktionszügen zu rekonstruieren. Daraus folgt methodisch, dass im Anschluss an jede interpretierte Sequenzstelle – wiederum nach allgemein geltenden Regeln – die *möglichen* Anschlussoptionen ausbuchstabiert werden, um daraufhin die *faktisch* gewählten Anschlüsse zu betrachten. Die Operation des Kontrastes zwischen Möglichkeitsraum und Faktizität wird also fortgeführt, jedoch interpretiert man jetzt nicht mehr kontextfrei, sondern unter Berücksichtigung des sukzessive entfalteten *inneren Kontextes* der Interaktionssequenz. Es geht mit anderen Worten darum, die jeweiligen Folgeäußerungen als Reaktionen auf die schon interpretierten vorhergehenden Äußerungen zu analysieren.

Diese Operation stellt sich im vorliegenden Fall jedoch als schwierig dar, denn eigentlich gibt es bei einer nicht-authentischen Redeweise keine möglichen Anschlussoptionen. Wir müssen an dieser Stelle so vorgehen, dass wir uns überlegen, was unter Bedingungen eines älteren oder gar schon erwachsenen Kindes mögliche Anschlussoptionen für die Lesarten (c) und (d) wären. Naheliegend wäre, dass im Folgenden das Thema der Unterweisung oder die Position in der Auseinandersetzung benannt würde, konkret also Äußerungen wie „Pass auf, Papa. Zunächst schaltest du das Tablet hier ein." oder „Pass auf, Papa. Es kommt nicht in Frage, dass Du mich weiterhin so behandelst." Im Text schließt sich folgende Äußerung an:

> Tochter: „Ich zeig dir, wie du das machst […]"

Mit diesem Sprechakt kann man die Lesart (d) ausschließen: Es handelt sich nicht um einen Streit, sondern um eine Unterweisung des Vaters. Das Mädchen tritt also als Lehrerin auf. Tatsächlich geht der Sprechakt noch weiter. Es folgt noch eine Ergänzung, die sich darauf bezieht, was von dem Vater auf eine bestimmte Weise gemacht wird beziehungsweise gemacht werden soll. Aber es ist sinnvoll, sich zunächst auf den Beginn der Äußerung zu beschränken, denn sie ist schwieriger, als es auf den ersten Blick erscheinen mag. Gleichzeitig ist sie wichtig, weil man sich darüber die Art und Weise der Unterweisung erschließen kann. Bemerkenswert ist, dass die Unterweisung nicht einfach beginnt, sondern zu Beginn von der Tochter gleichsam metasprachlich gerahmt wird. Aus diesem Grund empfiehlt sich wiederum eine kontextfreie Interpretation. Wie oben ausgeführt, ist das keine Standardoperation für eine schon fortgeschrittene Sequenzanalyse, da die Folgeäußerungen mit Bezug auf den jeweils schon eingeführten äußeren und den jeweils schon entfalteten inneren Kontext betrachtet werden müssen. AnfängerInnen neigen dazu, an jeder Sequenzstelle kontextfrei zu interpretieren. Das bedeutet aber eine Verletzung der Maxime der Sequentialität. Konkret führt dieses Vorgehen dazu, dass eine sukzessive Entwicklung und Überprüfung von Strukturhypothesen unterbleibt. Eine kontextfreie Interpretation empfiehlt sich jedoch immer dann als ein Zwischenschritt, wenn die fokale Äußerung aus sich heraus schwer verständlich ist.

Im vorliegenden Fall ist es nicht einfach, mögliche Verwendungskontexte zu finden. Eine Geschichte könnte so aussehen:

> Die Trainerin arbeitet mit einem Schüler, der sich verzweifelt mit einer Dribbeltechnik abmüht und nicht versteht, was er falsch macht. Die Trainerin führt die richtige Technik vor, und der Schüler erwidert: „So hab ich's doch gemacht!" Daraufhin wechselt die Trainerin ihren Erklärungsmodus; statt die richtige Technik vorzuführen, zeigt sie dem Schüler, was er falsch macht: „Ich zeig dir, wie du das machst." (Die Betonung würde dabei auf dem „du" liegen.)

An diesem Beispiel sieht man, dass „Ich zeig dir, wie du das machst" wörtlich genommen eine Spiegelung ist, wie sie auch von einem Psychologen in einer Therapiesituation durchgeführt werden könnte („*so* gehen sie auf Ihre Frau zu, *so* stellen Sie sich hin"). Dies ist sprachlich eigentümlich und passt nicht zum Kontext, denn die Tochter ist selbstverständlich keine Trainerin oder Therapeutin, die die Eigenschaften eines Patienten spiegelt. Hält man sich an die Maxime der Wörtlichkeit, so ergibt sich nur eine einzige sequentiell plausible Anschlussmöglichkeit: Das Kind demonstriert nun, wie es der Vater bisher immer macht, und erzielt einen therapeutischen Effekt dadurch, dass diese Vorgehensweise durch die Demonstration als suboptimal/defizitär markiert wird; durch die Spiegelung damit konfrontiert, kann der Vater selbst sein Defizit besser erkennen.

5.6 Erste Einbeziehung des Datentypus „Werbefilm" und darauf bezogene Strukturhypothesen

Vor dem Hintergrund dieser Lesart – unter der Bedingung der Wörtlichkeit der Rede – setzt sich das Nicht-Authentische der medialen Inszenierung einer Eltern-Kind-Interaktion nicht nur fort, es steigert sich sogar. Nicht nur wird die Tochter zur erwachsenen Person gemacht, sie erscheint sogar als Therapeutin eines irgendwie defizitären Verhaltens des Vaters.

Andere Lesarten funktionieren nur, wenn man „sinngemäß", also im Hinblick auf das mutmaßlich Gemeinte argumentiert und das Wörtliche ignoriert („ich zeig dir, wie du das besser machen kannst", „wie du das machen solltest/musst", „wie du das besser hinkriegst"). Die empirisch naheliegenden Formulierungen „wie man das macht" beziehungsweise „wie das geht" würden eine noch größere Verletzung der Wörtlichkeitsmaxime darstellen.

Nun könnte man argumentieren, dass hier das „man" durch das „du" ausgetauscht wurde, was in der Alltagssprache mittlerweile vielleicht üblich und wahrscheinlich ein Anglizismus ist, da im Englischen „you" nicht nur in der Bedeutung von „du", sondern auch im Sinne des verallgemeinernden „man" verwendet werden kann („Once you've won the championship, there is not much else to achieve"). Aber auch in diesem Fall wäre die wohlgeformte englische Formulierung „I'll show you how *to* do it", nicht „I'll show you how *you* do it"; die Ersetzbarkeit von „man" durch „du" ist also auch im Englischen nicht global. Tatsächlich ist der Film erkennbar synchronisiert, aber vermutlich aus dem Französischen, denn in der in Frankreich gelaufenen Fassung passen Lippenbewegungen und Ton besser zusammen.

Was passiert nun wirklich im Film? Demonstriert die Tochter dem Vater gestisch oder szenisch in irgendeiner Weise, was er (falsch) macht? Das ist nicht der Fall. Es gibt keine Spiegelung. Vielmehr zeigt die Tochter dem Vater in der Folge, wie man einen Oreo-Keks isst. Im Film wird die Äußerung also behandelt, als würde sie lauten „Ich zeig dir, wie man das macht".

Wir stehen damit schon nach zwei Sprechakten vor zwei Rätseln: Das eine ist die erklärungsbedürftige Umkehrung der Asymmetrie von Vater und Tochter, das zweite die erklärungsbedürftig nicht-authentische Darstellung der Interaktion. Während das erste Rätsel im Hinblick auf die anvisierte Fallstruktur (Deutungsmuster von Eltern-Kind-Beziehungen) instruktiv zu sein verspricht, hat das zweite offenkundig mehr mit dem Datentyp „Werbefilm" zu tun. Wir haben bislang so getan, als handelte es sich bei der Interaktionssequenz um ein „natürliches" Protokoll einer Vater-Tochter-Interaktion. Das Datenmaterial selbst zwingt uns nun dazu, diese Annahme aufzugeben. Jetzt könnte man sagen, dass dies ja auch eine naive Annahme war, denn schließlich handelt es sich um ein „gemachtes" Protokoll einer bestimmten Art, und das muss sich in der Analyse auch mitteilen. Bei einer Spielfilm-Sequenz einer Vater-Tochter-Interaktion oder einer entsprechenden Szene in einem Theaterstück würde man die Besonderheiten des Datentyps auch am Material bemerken. In der Tat, selbst wenn man nur die sprachliche Interaktion betrachten würde, würde man sicher – z. B. anhand einer „Gewähltheit" der Sprache, einer besonderen Selektivität der Protokollierung, der Szenenwechsel oder Schnitte – zumindest bemerken, dass es sich nicht um eine „natürliche" Interaktion handelt. Dennoch wäre durchaus denkbar, dass wir mit unserer „Als-ob-Einstellung" dem Material gegenüber hätten problemlos weiter verfahren können; der Film oder das Theaterstück hätten eine hypothetische Interaktion als empirisch mögliche entworfen, und wir hätten sequenzanalytisch Beziehungsstrukturen rekonstruiert, wie wir das auch im Fall eines „natürlichen" Protokolls hätten tun können. Ein Beispiel für eine solche Sequenzanalyse eines Theaterstücks gibt Oevermann 1997.

Gleichwohl kann man aus der Erfahrung mit Sequenzanalysen sagen, dass eine sprachliche Anomalie wie die vorliegende nicht untypisch für mediale Daten ist. In Werbefilmen, Pop-Songs, Sitcoms usw. finden sich häufig derartige „Verwerfungen" in der Ausdrucksgestalt, in Alltagsinteraktionen hingegen nicht. Der Punkt ist dabei weniger, dass Äußerungen und Äußerungskontexte nicht zueinander passen, sondern die Äußerungen selbst sind in sich schon so un-authentisch, dass es kaum gelingt, mögliche Äußerungskontexte zu entwerfen. Man kann diesen Befund, wie eingangs erwähnt, in Zusammenhang mit einem Strukturkomplex bringen, für den Theodor W. Adorno den Begriff „Kulturindustrie" geprägt hat. Gemeint sind damit Auswirkungen der kapitalistischen Verwertungslogik auf die Ausdrucksgestalt von Kulturprodukten, die Adorno insbesondere am Fall von Film- und Fernsehproduktionen beschrieben hat (Horkheimer/Adorno 1944/1984, S. 108 ff.; Adorno 1963). In seiner anspruchsvollen Lesart geht es bei dem Begriff darum, dass eine ästhetisch stimmige Gestaltung folgenreich kapitalistischen Verwertungsinteressen geopfert wird. Adorno hat vielfach versucht, die Struktur der Kulturindustrie in kritischen Paradoxieformeln aufzufangen, wie in denen, Kulturindustrie sei „stumpfsinnig ausgeklügelte Überraschung" (Horkheimer/Adorno 1944/1984, S. 123) oder „pornographisch und prüde" (ebd., S. 126).

Die Struktur, die wir in der Ausdrucksgestalt des Oreo-Werbefilms finden und die wir etwas euphemistisch mit „un-authentisch" und „Verwerfung" umschrieben haben, lässt sich diesem Zusammenhang zuordnen. Dabei folgt sie nicht unmittelbar aus den kapitalistischen Produktionsbedingungen, ist also nicht an die Verwertungslogik selbst gebunden; kommerziell produzierte Filme, Musikstücke und Werbefilme müssen nicht eine kulturindustrielle Struktur im kritisierten Sinne aufweisen. Das ist jedoch nicht unwahrscheinlich. Sequenzanalysen wie die vorliegende können beides zeigen. So lassen sich empirisch auch Beispiele in sich durchaus stimmiger Gestaltung finden. Zudem kann man auch dort, wo, wie im vorliegenden Fall, der Authentizität der dargestellten Lebenspraxis in der Gestaltung gleichsam Gewalt angetan wurde, zeigen, dass dies nicht zwingend so sein muss; es hätte alternative Äußerungsmöglichkeiten gegeben. Für die Frage, warum dann das „Kaputte" der verwendeten Sprache nicht bemerkt wurde, liegt die Antwort nahe, dass dabei eben der genannte Verwertungszusammenhang eine Rolle spielt – geht es doch primär nicht darum, eine gelungene Geschichte darzustellen, sondern einen positiven Effekt für die Sichtbarkeit der Marke zu erzielen.

Nun ist „Kulturindustrie" zweifellos ein interessanter Gegenstand für die soziologische Forschung, dem auch objektiv-hermeneutische Sequenzanalysen Impulse verleihen können (zur „Kulturindustrie" in der Fernsehkommunikation vgl. Oevermann 1986; Oevermann/Tykwer 1991; Maiwald 2008). Das Erkenntnisinteresse der vorliegenden Analyse ist jedoch ein anderes. Es geht um soziale Deutungsmuster von Eltern-Kind-Beziehungen, und die Frage, die in diesem Zusammenhang im vorliegenden Fall interessiert, lautet: „Was hat es mit dieser eigentümlichen Verkehrung der Asymmetrie der Eltern-Kind-Beziehung auf sich?" Wenn man derartige Fragen am Beispiel von Werbefilmen, Pop-Songs, Sitcoms usw. verfolgt, kann es sein, dass sich, wie im vorliegenden Fall, kulturindustrielle Strukturen gleichsam vor die eigentlich anvisierte Fallstruktur schieben. Auch wenn sie nicht im Vordergrund der Analyse stehen sollen, kann man sie nicht einfach ausblenden. Man muss sie mit berücksichtigen. Und genau das werden wir im Folgenden auch tun.

Kommen wir zurück zum Text:

Tochter: „[Ich zeig dir, wie du das machst] mit dem Oreo."

Um überhaupt weiter interpretieren zu können, müssen wir die Äußerung in nichtwörtlichem Sinne verstehen als „Ich zeig dir, wie man das macht mit dem Oreo". So verstanden handelt es sich um eine abkürzende Redeweise, die nur Sinn ergibt, wenn die schiere Beschaffenheit des Objekts schon suggeriert, dass eine konkrete Technik der Handhabung erforderlich ist („wie man das macht mit dem Jo-Jo/der Auster/dem Tablet"). Gleichzeitig impliziert die Formulierung, dass es nur einen einzigen adäquaten Umgang damit gibt. Und die Sprecherin nimmt in Anspruch, dieses „comme il faut" zu kennen.

So wird ein „Oreo" als ein Objekt vorgestellt, dessen Handhabung erst erlernt werden muss. Das ist rätselhaft, wenn man einbezieht, dass es sich dabei um einen Keks handelt, denn ein Keks ist im Unterschied etwa zu Meeresfrüchten (wenn man bei Nahrungsmitteln bleibt) kein erst durch technische Handhabung zu meisterndes Objekt. Und schaut man sich an, um was für ein Produkt es sich konkret handelt, kann man sagen, dass dieser Keks auch ganz eindeutig als ein solcher zu erkennen ist. Man käme also auch gar nicht auf die Idee, dass es besondere Vorkehrungen oder Techniken erfordert, ihn zu essen. Noch rätselhafter wird es, wenn man berücksichtigt, dass die Äußerung des Weiteren impliziert, dass sich der Vater in irgendeiner Weise als unfähig zu erkennen gegeben hat, mit dem Keks adäquat umzugehen. Betrachtet man die Filmsequenz, so zeigt sich, dass ein fehlgeschlagener Versuch nicht gezeigt wird. Das verwundert von der bisherigen Interpretation her nicht, denn man kann schließlich nicht am Keksessen scheitern. Aber interaktionspragmatisch ist dieser Umstand folgenreich, denn die Unterweisung tritt damit „ohne Not" auf. Es gibt keine darauf hindeutende Vorgeschichte; die gezeigte „Vorgeschichte" ist schlicht, dass der Vater das Zimmer betritt und zu dem Mädchen in ihrem Zelt geht. Weder Keks noch Unterweisungssituation werden eingeführt, obwohl das von der Äußerung her so sein müsste.

Wiederum findet sich eine Reihe von Regelverletzungen, welche die dargestellte Interaktion als un-authentisch ausweisen. Es liegt nahe, sie zum Teil mit einer Werbestrategie zu verbinden, denn schließlich wird hier der Produktname eingeführt, und dies in einer spezifischen, individualisierenden Weise („mit *dem* Oreo" im Unterschied zu „mit einem Oreo-Keks"). Das Produkt wird nicht nur als bekannt unterstellt, sondern Keks und Produktname erscheinen als identisch. Vor allem die Stilisierung des Kekses als – kontrafaktisch – technisch schwierig zu meisterndes Objekt lässt sich einer Strategie des „Branding" zuordnen, einer Strategie, das Produkt als „Marke" zu identifizieren. Es kann jetzt schon vermutet werden, dass es im Folgenden unter Werbeaspekten nicht darum gehen wird, Sichtbarkeit über die Hervorhebung bestimmter Produkteigenschaften (knusprig, cremig, wohlschmeckend etc.) zu erzeugen, sondern darum, eine Besonderung im Feld konkurrierender Produkte sozusagen zu fingieren: Oreo ist der Keks, mit dem man auf eine bestimmte Art umzugehen hat. Die Frage ist, wie das im Folgenden ausgestaltet wird. Worin kann die besondere technische Handhabung eines Kekses bestehen?

Im vorliegenden Zusammenhang ist weniger die Fortführung der Marketingstrategie von Interesse als vielmehr die weitere Entwicklung der Vater-Tochter-Interaktion. Als Folge der Verwerfungen in der Ausdrucksgestalt kann man nicht wirklich bestimmen, wie der Vater auf diese Äußerung der Tochter reagieren kann. Wenn die Darstellung „unmöglich" ist, ist es entsprechend unmöglich, mögliche Anschlussoptionen zu benennen. In der realen Welt müsste der Vater fragen „Was soll das?" oder „Was ist denn ein „Oreo"?" oder „Das ist doch nichts, was man können muss." Es ist aber schwer vorstellbar, dass im Werbefilm selbst Strukturprobleme des Films adressiert werden. Lässt man die Ungereimtheiten des Textes außer Acht und konzentriert sich auf das mutmaßlich intendierte „Thema" der Interaktion (die spielerische Umkehrung der Asymmetrie zwischen Vater und Tochter), dann müsste sich im Folgenden der Vater in irgendeiner Weise darauf beziehen. Er könnte zum Beispiel sagen „Na, spielst du Lehrerin?" oder – sich auf das Spiel einlassend – „Wie? Mache ich das nicht richtig?" Tatsächlich sagt er:

Vater: „Hö?"

Hätte der Vater „Häh?" gesagt, dann hätte er – wenn auch auf nicht gerade artikulierte Art – sein Unverständnis angesichts der Äußerung seiner Tochter zum Ausdruck gebracht. Man wüsste dann zwar nicht, worauf er sich konkret bezieht, aber das Unverständnis wäre vom inneren Kontext her einigermaßen stimmig. Der Bedeutungsgehalt der tatsächlich gewählten Partikel „Hö?" (mit wenig betontem Umlaut) ist jedoch ein anderer. Mit der Partikel wird Überraschung und Verwunderung ausgedrückt: Man hat etwas anderes erwartet als das, womit man konfrontiert wird („Was ist das?"). Eine Variante davon bezieht sich auf das Adressiertwerden als solches, etwa wenn man aus seinen Gedanken der Lektüre der Zeitung aufgeschreckt wird.

An dieser Sequenzstelle könnte Vaters „Hö?" entsprechend die Überraschung über das Angesprochenwerden selbst ausdrücken oder darüber, dass der Keks überhaupt thematisch wird – und vielleicht sogar auch Verwunderung oder gar Erschrecken des Vaters darüber markieren, dass er den Keks bisher offenbar immer falsch gegessen hat. Im Abgleich mit dem Film ist das „Hö?" allerdings nicht plausibel. Tonfall und Gesichtsausdruck des Vaters deuten zwar darauf hin, dass er tatsächlich aus seinen Gedanken aufgeschreckt wurde und nicht mit einer Adressierung gerechnet hat. Jedoch hat er sich schon zur Tochter gesetzt und sich ihr zugewendet.

Abermals zeigt sich hier das Nicht-Authentische der Interaktion. Dabei erscheint der Vater nicht als Dialogpartner, sondern lediglich als Figur mit einem Redeanteil, der sie als bloß physisch anwesend markiert. Weiter geht es mit:

Tochter: „Es ist sehr kompliziert."

Die Tochter geht damit nicht auf die Überraschung des Vaters ein, sondern fährt in ihrer Rede fort, indem sie einen Grund für den erhöhten Aufmerksamkeitsbedarf („Pass auf, Papa") anführt. Das „sehr kompliziert" markiert die Steigerung der Herausforderung der Problembewältigung: Etwas ist schwer zu lernen; man muss sich anstrengen, um es zu meistern. Die Frage, worin diese Herausforderung beim Keksessen bestehen soll, stellt sich damit noch dringlicher. Das Wort „kompliziert" ist zudem auffallend unüblich im Sprachgebrauch einer Vierjährigen und im Dialog eher der Erwachsenen/dem Lehrer zuzurechnen, was im Film durch den weiterhin erhobenen Zeigefinger unterstrichen wird. Selbst im Kontext des Themas „Rollenspiel" wird das Mädchen damit älter gemacht als es ist. Auch diese Struktur reproduziert sich.

Vater: „Aham?"

Mit der selbst für eine Ausdruckspartikel wenig artikulierten und zwischen Frage („aha?") und Bestätigung („mhm") changierenden Äußerung zeigt der Vater zwar an, dass er nun im Thema ist und sich auf die Rede der Tochter einlässt. Da aber von ihm nicht mehr als dies kommt, ist seine Einbindung in das Geschehen weiterhin nur passiv. Er positioniert sich damit gerade nicht als Dialogpartner für seine Tochter, sondern als ihr Publikum. Vom Gestus her ist dies zwar typisch für das Sprechen mit Kindern als übertriebene Aufmerksamkeit/Zuwendung, aber vom Sprechakt her bleibt der Vater unbeteiligt.

Tochter: „Erst dreeehen."

Die Tochter beginnt nun mit der eigentlichen Unterweisung. Hier kommen alle Lesarten in Frage, die auf die Beschreibung einer Reihenfolge abzielen, von der hier der erste Schritt beschrieben wird und die weiteren Schritte im Folgenden beschrieben werden. Die Dehnung zeigt dabei an, dass die Tätigkeit selbst während der Beschreibung ausgeführt wird (dies ist auch im Film sichtbar), für die Handlung aber mehr Zeit benötigt wird als für ihre Beschreibung. Auf diese Weise ist die Äußerung der Begleittext zur Handlung. Das gibt es zum Beispiel im Tanzkurs oder bei Parademärschen in der Armee, wo es um eine Synchronisierung der Bewegungsabläufe geht (mehrere Personen müssen ihre Bewegungen aufeinander abstimmen). Es gehört nicht nur die Präsenz von jemand anderem dazu, sondern auch, dass diese Person mitmacht oder es nachmacht und das Demonstrierte zuvor schon gezeigt wurde, da man in einen Bewegungszusammenhang hinein animiert wird, dessen weiterer Ablauf schon bekannt, wenn auch nicht internalisiert sein muss („Ich mache Ihnen das einmal vor, und danach üben wir es gemeinsam noch einmal langsam und Schritt für Schritt.").

Im Abgleich mit dem Film stellt sich heraus, dass der Vater zwar interessiert zuschaut, als Kooperationspartner aber ausfällt, denn er macht nicht mit und bringt sich auch nicht anderweitig ein. Dies unterstreicht den Vater in der Zuschauerrolle; die Erzeugung einer Illusion von Kooperation verläuft einseitig seitens der Tochter, die alles allein macht und dem Vater ein mögliches Engagement abnimmt. So wird mit dem Keks aber gerade keine lebendige, prägnante Interaktion verknüpft, weil der Vater als Akteur unwichtig ist, und dies ist, bezogen auf familiale Alltagspraktiken, wiederum nicht authentisch.

Bezogen auf die Handhabungstechnik lässt sich festhalten, dass das Mädchen mit einer drehenden Bewegung die beiden Kekshälften trennt. Die begleitende Formulierung erscheint demgegenüber ungenau. Weder wird der Bewegungsablauf in Gänze benannt („Erst drehen und abheben") noch das Ergebnis/Ziel des Verfahrens („Erst die Hälften trennen"). Diese elementare Beschränkung auf den einen Vorgang des „Drehens" lässt sich vermutlich damit erklären, dass es vergleichsweise „technisch" wirkt. Man kann von hier aus annehmen, dass es nun so weitergeht (zum Beispiel „dann brechen, danach stapeln").

Vater: „Zeig mal."

Mit dieser Äußerung bringt sich der Vater nun aktiv ein. Aber die Aufforderung ist erklärungsbedürftig. Es kann schwerlich darum gehen, etwas gezeigt zu bekommen, was für ihn nicht einsehbar ist (wie zum Beispiel, wenn die Tochter jammernd über ihrer Hausaufgabe sitzt und der Vater sagt „Zeig mal"), weil die Tochter ja gerade dabei ist, es ihm zu zeigen. Es kann sich also nur um den Keks als solchen handeln. Tatsächlich greift der Vater im Film in Richtung Keks. Das ist nun ein bemerkenswerter Interaktionszug, und das nicht nur deshalb, weil der Vater damit seine Zuschauerrolle bei der Aufführung der Tochter aufgibt. Die Frage ist vielmehr, als was, das heißt, in welcher Rolle er hier nun agiert. Zunächst einmal interveniert er in die Demonstration, die die Tochter entsprechend unterbrechen müsste. Vor dem Hintergrund der Umkehrung der Asymmetrie der Rollenbeziehung, mit der die Tochter sich als Lehrerin des Vaters gebärdet, könnte man also sagen, dass er nicht als gehorsamer, sondern als ungehorsamer Schüler agiert. Aber dann muss man sich fragen, worin denn – im Rahmen der Schülerrolle – sein Interesse am Keks bestehen kann. Schließlich ist der Keks faktisch nicht das mysteriöse Objekt, das eine technisch anspruchsvolle Handhabung erfordert und das man sich deshalb erst einmal genauer anschauen muss, sondern einfach ein Keks. Es ist also naheliegend, dass die Demonstration seine Lust auf den Keks geweckt hat und er ihn haben will, um ihn zu verspeisen.

Das heißt, der Vater agiert hier nicht als Erwachsener, der sich auf die Logik des Rollenspiels einlässt, sondern als Kind, das ungeduldig das Objekt haben will, das ihm vorgeführt wird – als wäre es ihm nicht möglich, sich auf die komplizierte Technik der Verspeisung einzulassen, weil die unmittelbare Bedürfnisbefriedigung dringender ist. Komplementär zum Älter-Machen des Mädchens findet damit eine Regression des Erwachsenen auf die Stufe eines Kindes statt. Dagegen könnte man einwenden, dass es zum Spiel mit kleinen Kindern gehört, sich auch auf das kindliche Spiel einzulassen, also ein Stück weit die Position des Kindes einzunehmen. Dazu gehört aber immer auch die gleichzeitige Wahrung der Generationendifferenz. Das heißt, die erwachsene Person wird nicht wirklich zum gleichaltrigen Kind, das sich beispielsweise um die Spielfiguren streitet oder sich bemüht, schneller und besser mit den Bausteinen zu bauen. Im Film wird jedoch genau das vorgeführt.

Tochter: „A: ph ph ph ph. [in absteigender Tonhöhe]"

Die Tochter reagiert darauf wie eine Großmutter, die dem Enkel, der vom Kuchenteig naschen will, die Schüssel wegnimmt und dabei sagt „A: ph ph ph ph." Wie auch in anderen Variationen der Lesart handelt es sich um eine ermahnende Äußerung, die deutlich macht, dass etwas nicht erlaubt ist. Konkret dient sie dazu, die angesprochene Person in einem voreiligen Verhalten zu bremsen. Dabei muss die Äußerung durch eine korrigierende nonverbale Handlung begleitet sein, um sie sinnvoll zu machen (im Film hält die Tochter entsprechend den Keks außerhalb der Reichweite des Vaters). Zudem ist unterstellt, dass die adressierte Person darum weiß, dass ihr Verhalten inadäquat ist, eben deshalb handelt es sich um eine Ermahnung. Eine normative Belehrung („Das macht man nicht") muss nicht erfolgen.

Im Rahmen der verkehrten Asymmetrie wird der Vater also für den Versuch der unmittelbaren Bedürfnisbefriedigung gemaßregelt. Kehrseitig tritt die Tochter als die Lehrerin der Genusssteigerung auf. Denn klar ist nun, dass der Keks nicht gegessen werden darf, bevor alle Schritte der Verspeisungstechnik nachvollzogen wurden. Damit ist sie weniger als Technik des Objektgebrauchs denn als Technik der Genusssteigerung markiert: Es geht nicht um die schnelle Befriedigung, sondern man muss sich zügeln und kontrollieren.

> Tochter: „Dann lecken."

Die Unterweisung geht tatsächlich so elementar weiter, wie sie mit dem „erst drehen" begann. Auch jetzt bezeichnet die Verbalisierung nicht genau, was das Mädchen gestisch tut. Im Film sieht man anschließend (Verbalisierung und Handlung können bei der fokalen Äußerung nicht gleichzeitig erfolgen), dass sie den Keks durch die Drehung der beiden Kekshälften geteilt hat, so dass die Cremefüllung freiliegt, an der sie genüsslich mit geschlossenen Augen leckt, was der Vater aufmerksam und mit gespitzten Lippen verfolgt. Im Vergleich mit einer denkbaren Formulierung wie „dann probiert man erst einmal die Cremefüllung" wird deutlich, dass wiederum eine elementare Tätigkeit für die Gesamthandlung steht. Aber diesmal ist es eindeutig keine technische, sondern eine sinnliche Tätigkeit.

Der Keks wird in seine Bestandteile zerlegt, um den Genuss zu verstärken/zu verlängern. Dies ist der Sinn der besonderen Handhabung „des Oreo". Es geht also nicht um Techniken im engeren Sinne, sondern es werden Spielereien mit Essen, die per se kindlich-regressiv, aber auch sinnlich sind, zur Technik stilisiert. Es ist wie eine Unterweisung in der „Technik", mit der ein Gourmet einen guten Wein genießt („Erst schwenken, dann riechen, dann einen kleinen Schluck nehmen…"). Damit erscheint die Tochter nun eindeutig als Lehrmeisterin ihres Vaters in Sachen Genusssteigerung. Das muss man sich deutlich vor Augen führen: Der Wissensvorsprung der Tochter besteht nicht einfach darin, dass sie über die adäquate Technik der Verspeisung von Oreo-Keksen verfügt. Es geht nicht nur um ein „comme il faut". Sondern die Unterweisung zielt auf die Steigerung des Lustgewinns durch bestimmte „Techniken". Voraussetzung dafür ist die Versagung unmittelbarer Bedürfnisbefriedigung, als deren Vertreter in der Interaktion der Vater erscheint.

Die erotische Komponente, die ohnehin mit jeder kulinarischen Raffinesse (wegen ihrer betont sinnlichen Ausrichtung) einhergeht, wird hier durch die

Verwendung von „dann lecken" noch gesteigert. Der Ausdruck ist deutlich sexuell (oder obszön) konnotiert, was man daran sieht, dass man kaum andere Verwendungskontexte findet (Ausnahme: „sich die Lippen lecken"). Das liegt nicht an der Semantik des Wortes, sondern an der Pragmatik seiner Verwendung. So würde man – zumindest als Erwachsener – kaum sagen „Darf ich mal lecken?", wenn man vom Eis des Begleiters/der Begleiterin probieren möchte, sondern eben „Darf ich mal probieren?" – obwohl man dann faktisch am Eis leckt.

> Tochter und Vater: „Mhhhm."

Die Partikel „Mhhhm" drückt Wonne, Genuss und Wohlbefinden aus. Im untersuchten Text ist die Äußerung für die Tochter plausibel, da sie das Genusserlebnis hat, an der Cremefüllung zu lecken. Erklärungsbedürftig ist, warum der Vater gleichzeitig ebenfalls „mhhhm" macht. Offenkundig handelt es sich dabei um einen Akt der Perspektivenübernahme. Schon die sinnlich gespitzten Lippen in der vorhergehenden Sequenzstelle deuteten darauf hin, dass der Vater dermaßen in den Bann der Unterweisung seiner Tochter geschlagen ist, dass er den von ihr vorgeführten sinnlichen Genuss gleichsam miterlebt. Bemerkenswert ist aber, dass er ihn auch artikuliert. Von der Grundstruktur sind derartige Phänomene der Perspektivenübernahme nicht untypisch für die Interaktion von Eltern mit kleinen Kindern. Sie werden in der psychologischen Literatur unter dem Titel „affect attunement" verhandelt (Dornes 1993, S. 152 ff.). Ein konkret auf diese Ausdruckspartikel bezogenes Beispiel wäre: Das Kind wird mit Brei gefüttert, und der Vater begleitet das mit der Äußerung „Mhhhm, das ist lecker." Mit derartigen Formen des Teilens eines Gefühls wird dem (tatsächlichen) Gefühl des Kindes gleichsam eine „Richtung" gegeben. Das affect attunement erfolgt im vorliegenden Fall aber genau umgekehrt: Nicht der Vater „setzt" in der Perspektivenübernahme den Affekt für das Kind, sondern es ist die Tochter – als Lehrmeisterin in Sachen Genusssteigerung –, die den Vater in ihren Bann zieht.

> Tochter: „Das kannst du lassen mit dem mhhhm."

Die Tochter reagiert auf das „mhhhm" ihres Vaters so, als würde er es als Teil der „Genusstechnik" verstehen. Sie belehrt ihn, dass dies nicht dazugehört. Von der gewählten Formulierung her wäre es bestenfalls optional („kannst"). Diese Äußerung ist nur scheinbar konsistent mit der Lehrer-Schüler-Asymmetrie, denn tatsächlich macht er es ihr ja nicht nach, sondern sein „mhhhm" ist Ausdruck gleichzeitiger affektueller Teilhabe. Man fragt sich entsprechend, wie er es denn „lassen" könne; allenfalls kann er es sich „verkneifen". (Im Folgenden wird deutlich werden, dass das „mhhhm" nicht wirklich optional, sondern eigentlich zu unterlassen wäre. Entsprechend hätte es hier tatsächlich heißen müssen „Das kannst du dir verkneifen" oder „Das solltest du lassen".) Im vorliegenden artifiziellen Szenario dient das Verhalten des Vaters also als weitere un-authentische Gelegenheit für die Tochter, ihn zu maßregeln und zu korrigieren. Die Frage ist, warum sie sich selbst an dieser Stelle nicht einbezieht. Darauf kommt sogleich die Antwort:

> Tochter: „Aber ich kann nicht anders."

„Ich kann nicht anders" beschreibt genau das Element des Affektiven, das zuvor mit dem „mhhhm" zum Ausdruck gebracht wurde: Man hat keine Kontrolle über seine Handlungen, kann sich nicht beherrschen und folgt einem Impuls. Dabei ist impliziert, dass die entsprechenden Handlungen eigentlich legitimierungsbedürftig – weil objektiv nicht rational – sind. „Ich kann nicht anders" enthebt die Sprecherin aber gleichzeitig der Verantwortung für die irrationale Handlung. Das ist im vorliegenden Zusammenhang natürlich völlig unsinnig, nicht zuletzt deshalb, weil nicht erkennbar ist, warum die Genussartikulierung illegitim sein sollte. Was aber bleibt, ist, dass der Film die Tochter mit der gewählten Formulierung auf stilisierte Weise als jemanden darstellt, der wider besseren Wissens von seinem Genussgefühl so hingerissen wird, dass er es auch artikulieren muss – und dies auch noch weiß und für sich legitimiert. Die strenge Lehrmeisterin der Genusssteigerung ist damit gleichzeitig ein triebhaftes Wesen, das sich dem Genuss auch dann hingibt, wenn er illegitim ist. Mit anderen Worten: Die Tochter erscheint wie eine erwachsene „Sünderin".

> Tochter: „Dann legst du sie aufeinander wie ein Kuuuss."

Spätestens an dieser Stelle wird die latente sexuelle Aufladung der Interaktion offenkundig. Es handelt sich wieder um eine unnatürliche Redeweise, die keine Entsprechung in der alltäglichen Praxis hat. Man kann Dinge aufeinanderlegen (Steine, Brotscheiben, Bücher), und etwas kann metaphorisch als „wie ein Kuss" beschrieben werden (ein Blick, die Morgensonne auf dem Gesicht), aber beides geht nicht zusammen. Um nur einen Aspekt herauszuheben: Ein Kuss ist immer etwas vergleichsweise Flüchtiges. Das ist nicht der Fall, wenn man etwas aufeinanderlegt. Gerade weil der Kuss hier nicht als Metapher taugen kann, wird damit die Interaktion sexuell aufgeladen – über das explizit erotische Thema des Kusses hinaus. Bemerkenswert ist dabei, dass im Text diese konkrete Sexualisierung als von der Tochter initiiert erscheint. Hat sie sich zuvor als subtile Verführerin gegeben, wird von ihr jetzt im Sinne einer Steigerung eine konkrete erotische Praktik angesprochen.

Im Abgleich mit dem Film zeigt sich eine weitere Eigentümlichkeit. Denn faktisch legt die Tochter die beiden Hälften gar nicht *auf*einander, sondern hält sie senkrecht, während sie sie zusammenfügt. Warum wird das nicht präziser benannt? Warum sagt sie nicht „Dann tut man das wieder zusammen" (in der kindlichen Variante) oder „Dann fügt man die (beiden Hälften) wieder zusammen" (in der hier präferierten Variante der erwachsenen Lehrerin)? Tatsächlich wäre dann die Metapher auch wenigstens etwas plausibler: „Dann fügt man die wieder zusammen, wie bei 'nem Kuss". Faktisch wird mit der gewählten Formulierung ein noch deutlicher sexualisierter Assoziationsraum eröffnet, in dem Aufeinanderlegen, Küssen und die Vereinigung von zwei getrennten Hälften einen Zusammenhang bilden.

Tochter: „Dann eintauchen in die Miiilch. Und jetzt essen."

Die Genusssteigerungstechnik wird komplettiert und führt schließlich zu dem erwartbaren Ergebnis, dass der Keks endlich gegessen wird. Vergegenwärtigt man sich das gesamte Procedere noch einmal, so ist das einzig Auffällige daran, dass es höchst unspektakulär ist: Man nimmt den Keks auseinander, leckt an der Füllung, fügt den Keks wieder zusammen und tunkt ihn in Milch. Die Genusssteigerung liegt daher tatsächlich nicht in der geschmacklich-kompositorischen Würdigung der einzelnen Bestandteile des Kekses, sondern in der Spielerei mit dem Keks selbst.

Vater: „Darf ich?"

Der Vater bittet nun höflich um Erlaubnis, es der Tochter entweder nachzumachen und selbst die Technik anzuwenden oder den von der Tochter vorbereiteten Keks selbst zu verspeisen. Als Sprechakt des Vaters ist „Darf ich?" besonders interessant im Vergleich zu seiner letzten regelrechten Äußerung „Zeig mal", die auf ein kindliches, ungeduldiges Verhalten verwies. Dagegen zeigt „Darf ich?" nun an, dass der Vater sich in seine Rolle des gehorsamen Schülers gefügt hat. Die Tochter hat ihren Vater also in dieser Hinsicht „erzogen".

Tochter: „Nö."

Die Tochter reagiert auf die höflich-unterwürfige Bitte des Vaters mit einer Verneinung besonderer Art. Die gewählte Partikel ist eine umgangssprachliche Variante von „nein", die schon deshalb nicht zu formellen Kontexten wie dem einer Lehrerin-Schüler-Interaktion passt (man stelle sich vor, ein Richter würde auf einen Antrag zur Haftverschonung mit „nö" reagieren). Das würde aber auch für eine weitere umgangssprachliche Form gelten, das „Nee". Im Vergleich dazu sieht man, dass bei der gewählten Formulierung noch ein anderer Aspekt eine Rolle spielt. Denn man kann durchaus – im Übrigen auch in Lehrer-Schüler-Interaktionen – sagen „Nee, das kannst du so nicht sagen" oder

„Nee, das geht nicht", aber nicht „Nö, das kannst du so nicht sagen". Ein „Nö" ist immer definitiv und begründungslos, ist mit anderen Worten Ausdruck von Willkür. Die Tochter verlässt damit die Lehrerinnenrolle und agiert als willkürlicher, aber auch kindlicher Despot. Ihre Verneinung der väterlichen Bitte bleibt dabei erklärungsbedürftig, zumindest im Hinblick auf die Option, es jetzt selbst machen zu dürfen. Denn darauf zielte ja die ganze Unterweisung.

> Vater: „Nein? Warum?"

Der Vater akzeptiert den Willkürakt nicht, reduziert in der erstaunten Wiederholung die Äußerung auf die Verneinung und fragt naheliegenderweise nach einer Begründung.

> Tochter: „Du bist noch nicht soweit." [lacht]

Die Tochter sagt nun nicht – wie es dem willkürlichen „Nö" eigentlich entsprechen würde – „deshalb" oder „weil ich so will". Vielmehr gibt sie eine Begründung, mit der noch einmal direkt auf das Spiel der Verkehrung der Asymmetrie abgehoben wird: Es ist der noch nicht ausreichende Entwicklungsstand des Vaters, der die Verneinung begründet. Mit diesem Urteil wird die verkehrte Asymmetrie noch einmal explizit benannt, dem Vater wird bescheinigt, noch nicht die nötige Reife zu besitzen. Das anschließende Lachen der Tochter wird dabei abschließend die Komik der Rollenverkehrung andeuten sollen.

Die Äußerung ist aber in gleich zweifacher Hinsicht nicht stimmig. Zum einen unterläuft sie die Pragmatik der Unterweisung – wie kann jemand in etwas unterwiesen werden, für das er „noch nicht soweit" ist? Zum anderen beziehen sich die typischen Verwendungskontexte von „Du bist noch nicht soweit" gerade nicht auf die ontogenetische Entwicklung (Alter, Reife), sondern auf den Stand erlernter Fähigkeiten, wie etwa in diesem Beispiel:

> Die Fahrschülerin fragt den Fahrlehrer, ob sie in der nächsten Woche die Fahrprüfung machen kann. Der Fahrlehrer sagt: „Nein. Du bist noch nicht soweit."

Und um etwas erlernen zu können, muss man es auch üben können. Genau das wird dem Vater aber verwehrt.

Hier endet die Tochter-Vater-Interaktion. Der Werbespot selbst endet mit einer Einstellung, in der Produkt, Verpackung und ein Glas Milch gezeigt werden. Darunter steht der Schriftzug „Knuspriger Kakaokeks mit Vanillecreme." Dies trägt gleichzeitig eine männliche Stimme aus dem „Off" vor und ergänzt „Oreo. Einzigartig." Da hier nicht auf die Vater-Kind-Interaktion Bezug genommen wird, kann auf die Interpretation dieser Schlusssequenz verzichtet werden. Sie wäre nur für den Fall „Werbefilm" relevant.

6 Synopse der Interpretation

Es ist ein generelles Kennzeichen rekonstruktiver Analysen, dass in ihnen Explanandum und Explanans in einem dynamischen Prozess in der Auseinandersetzung mit dem Datenmaterial selbst herausgearbeitet und in der dabei gewonnen Fallstrukturhypothese synthetisiert oder aufgehoben werden. Dabei entstehen weitere, nunmehr materialgesättigte Explananda. Im vorliegenden Fall ist der Erklärungsbedarf, der aus der Fallrekonstruktion folgt, allerdings erheblich. Oberflächlich betrachtet haben wir es hier mit einer Interaktion zu tun, in der eine Tochter ihren Vater zu einem Rollenspiel einlädt, in dem die Asymmetrie der Eltern-Kind-Beziehung verkehrt wird. Der Vater lässt sich darauf ein und erweist sich so als ein engagierter, dem Kind zugewandter Vater. Das Rollenspiel besteht darin, dass die Tochter als Lehrerin und Expertin für den Umgang mit einer bestimmten Keksmarke auftritt, und der Vater lässt sich geduldig und interessiert unterweisen. Mit einer objektiv-hermeneutischen Sequenzanalyse lässt sich nun jedoch zeigen, dass faktisch etwas ganz anderes passiert. Schon dabei wird offenkundig, dass es sich nicht um eine reale, sondern um eine fiktive Interaktion handelt. In ihr wird das Spiel nicht *als Spiel* gestaltet. Es wird nicht dargestellt, wie eine Tochter, die das von ihrem Entwicklungsstand her auch könnte, eine Lehrerin spielt. Tatsächlich gelingt dies in anderen Oreo-Werbespots, z. B. in dem für den thailändischen Markt produzierten, besser. Im vorliegenden Fall *wird* vielmehr in der fiktiven Darstellung durch die gewählten Formulierungen ein kleines Kind zur Erwachsenen. Kehrseitig dazu regrediert der Vater im Laufe der Interaktion und *wird* zu einem Kind. Im Rahmen der Fiktion des Werbefilms wird eine verkehrte Welt real. Und das ist nicht alles. Denn auf der Ebene latenter Sinnstrukturen entpuppt sich die vordergründige Unterweisung in die markenspezifische Verzehrtechnik als inzestuöse Verführungsszene. Dazu gehört, dass die Tochter nicht allein Expertin für das Produkt ist, sondern als Lehrmeisterin in Sachen Genusssteigerung und Sinnlichkeit agiert. In dieser Hinsicht schlägt sie den Vater in ihren Bann. Das konkrete „Objekt der Begierde" ist dabei zwar immer der Keks. Aber es geht gleichzeitig auch um den Genuss als solchen, um seine Steigerung durch Raffinesse und durch die Versagung unmittelbarer Bedürfnisbefriedigung. Und die dabei schon mitschwingende erotische Komponente steigert sich in der Darstellung zu einer eindeutig sexuellen Aufladung der Interaktion, die vom Kind – eigentlich müsste man im Sinne der Fallstruktur sagen: von der Frau, die das Kind ist – ausgeht.

Die tendenziell inzestuöse Verkehrung der Asymmetrie in der Eltern-Kind-Beziehung ist nicht die einzige verkehrte Welt, mit der man es hier zu tun hat. Die Rekonstruktion der Interaktionssequenz führte erst einmal zur Rekonstruktion einer Brüchigkeit in ihrer Darstellung, und diese Brüchigkeit zeigte sich zunächst als ein methodisches Problem. Grundoperationen der Objektiven

Hermeneutik (wie die kontextfreie Bestimmung der objektiven Bedeutungsstruktur einer Äußerung durch das Entwerfen möglicher Kontexte ihrer Verwendung, der gehaltvolle Kontrast mit dem faktischen Kontext der Äußerung oder das Entwerfen möglicher Anschlüsse an die fokale Äußerung) ließen sich nicht oder nur begrenzt durchführen. Zu manchen Äußerungen gab es einfach keine möglichen Verwendungskontexte; entworfene Kontexte passten zum Teil nicht zum faktischen Kontext der Interaktion (der hier natürlich ein fiktiver ist), und dies auf eine Weise, die man nicht als Besonderheit der dargestellten Lebenspraxis ausweisen konnte; mögliche Anschlussoptionen an Äußerungen ließen sich nicht bestimmen, weil dazu die Äußerungen in sich zu ungrammatisch waren. Dabei ist wichtig festzuhalten, dass dies nichts mit dem Umstand zu tun hat, dass die analysierte Interaktion keine „wirkliche", sondern eine „gespielte" ist.

Hinter dem methodischen Problem steht also ein Problem des Gegenstands selbst. Gerade mit dem objektiv-hermeneutischen Vorgehen ließ sich zeigen, dass in diesem Datenmaterial nicht eine „lebendige", sondern eine durch und durch un-authentische Lebenspraxis vorgeführt wird. Mehr noch: Mit einer sequentiellen Analyse gleichsam durch die laufende Rekonstruktion des Un-Authentischen hindurch konnte die dargestellte Sinnstruktur der fiktiven Interaktion zwischen Tochter und Vater überhaupt erst herausgearbeitet werden. Aufbauend auf der Diagnose, dass die Brüchigkeit des Textes weder mit der Methode noch mit dem dargestellten Interaktionstyp (Eltern-Kind-Interaktion) zu tun hat, muss man zwei Dinge festhalten: Sie muss erstens mit dem Datentyp „Werbefilm" zusammenhängen, und dieser Zusammenhang ist zweitens keiner, der der Werbung inhärent ist. Man kann an dieser Stelle die Eingangsüberlegungen zu diesem Datentyp einbeziehen: Die Lebenspraxis, die in einem Werbefilm primär protokolliert ist, ist nicht die dargestellte Praxis, denn die ist ja fiktiv, sondern es ist die Praxis der Produktwerbung selbst, die das Datum in seiner vorliegenden Ausdrucksgestalt erst erzeugt hat. Entsprechend muss man die Brüchigkeit des Textes im Zusammenhang der Herstellung des Datums verorten.

7 Zweite Einbeziehung des Datentyps „Werbefilm" und Generalisierung

Was macht man nun mit diesem ungeheuerlichen Befund, dass das Deutungsmuster von Eltern-Kind-Beziehungen, das sich in diesem Werbefilm findet, ein inzestuöses ist? Worin kann der soziologische Ertrag der Analyse bestehen? Es ist sinnvoll, diese Frage in zwei Teilfragen aufzuteilen. Die erste Frage abstrahiert zunächst von der rekonstruierten Struktur und thematisiert den methodologischen Stellenwert von Werbefilmen allgemein. Wie immer auch die Struktur der Vater-Tochter-Beziehung ausgesehen hätte: Wie partikular ist dieser Fall? Es ist doch nur *ein* Werbefilm, und es ist nur ein *Werbefilm*, nicht das „wirkliche Leben". Das ist sicherlich richtig, aber Werbefilme haben als Datenmaterial einen anderen Stellenwert als zum Beispiel Interviews. Werbefilme sind gleichzeitig „natürliche" Protokolle sozialer Realität, und es sind „gemachte" Texte. „Natürlich" sind sie – wie eingangs ausgeführt – insofern, als sie nicht zum Zweck einer Datenerhebung von SozialwissenschaftlerInnen erzeugt worden sind, sondern sie sind ein Ausschnitt sozialer Praxis, den wir bereits vorfinden. Gerade das macht sie ja besonders interessant. „Gemacht" sind diese Texte insofern, als es sich bei ihnen nicht um bloße Aufzeichnungen einer prinzipiell unabhängig von der Aufzeichnung ablaufenden Interaktion handelt, sondern sie wurden im Hinblick auf einen bestimmten Praxiszusammenhang eigens hergestellt.

Die Frage ist dann, um was für einen Praxiszusammenhang es sich bei Werbetexten handelt. Wovon ist ein Werbefilm ein Fall? Wie lässt sich die Lebenspraxis beschreiben, die darin zum Ausdruck kommt? Darüber kann man nun viel nachdenken und schreiben; es gibt eine Fülle von Literatur und Theorien zu Werbung und Marketing, und es gibt natürlich auch soziologische Theorien darüber. In unserer methodologischen Perspektive können wir uns auf einige wenig „riskante" Überlegungen beschränken. Zunächst einmal sind Werbetexte im weiteren Sinne (schriftsprachliche Annoncen, Plakate, Filme usw.) Veröffentlichungen, die sich an einen allgemeinen Adressatenkreis wenden, um ihn über ein bestimmtes Produkt zu informieren und zum Kauf anzuregen. Welche expliziten „Strategien" im Einzelnen auch immer verfolgt werden, sie bewegen sich alle in diesem Rahmen. Im Fall der Oreo-Werbung haben wir es mit einem Produkt des alltäglichen Konsums zu tun, das sich an eine sehr breite Käuferschicht wendet. Dem entspricht auch, dass es unter anderem mit TV-Werbefilmen beworben wird.

Ein Werbefilm beschränkt sich des Weiteren typischerweise nicht auf reine Darstellungen der Eigenschaften des Produktes selbst, sondern platziert es im Kontext sozialer Aktivitäten im weitesten Sinn. Diese Aktivitäten werden inszeniert. Dabei wird immer an gesellschaftlich geltende Normalitätsvorstellungen angeknüpft, und seien es auch Vorstellungen von einer idealisierten Praxis (Luxus, Schönheit, Abenteuer usw.). Dies muss schon allein deshalb so sein, weil die AutorInnen dieser Texte selbst nicht außerhalb der Praxis stehen. Aber mehr noch: Produktwerbung zielt darauf, die Normalitätsvorstellungen des von ihr anvisierten potentiellen Kundenkreises auch möglichst genau zu treffen. Damit der Nexus von Produkt und Lebenspraxis für die Kunden „wirken" kann, muss die Lebenspraxis zumindest auf eine „unauffällige" Weise darstellt werden. Wenn ein Ausschnitt aus dem Familienleben inszeniert wird, handelt es sich mit anderen Worten immer um eine „Normalfamilie". Dies aber wohlgemerkt nicht im Sinne einer irgendwie gearteten Abbildung eines Familienlebens, sondern im Sinne der Annahme einer Entsprechung mit allgemein geltenden normativ-idealisierenden Vorstellungen von „Familie".

Was der Werbefilm im vorliegenden Fall also zur Darstellung bringt, ist eine „Alltagstheorie" über allgemein geltende normativ-idealisierende Vorstellungen von Familie. Alltäglich ist die Theorie in dem Sinne, dass die rekonstruierten Gehalte des Films im Prozess seiner Herstellung nur begrenzt begrifflich, geschweige denn methodisch gemäß wissenschaftlicher Standards kontrolliert sind. Die beteiligten Akteure waren sicherlich keine ExpertInnen der Familienforschung; sie haben keine Theorie filmisch umgesetzt, sondern sie haben eine Geschichte entsprechend ihren eigenen impliziten Normalitätsvorstellungen und mit Blick auf die „Akzeptanz" eines breiten Publikums dargestellt. Und wie bei jeder Alltagspraxis, geht auch in eine szenische Darstellung durch ein Werbefilmteam immer mehr ein, als intentional kontrolliert werden kann. Entsprechend müssen wir davon ausgehen, dass die „Alltagstheorie" ihrer Struktur nach wesentlich latent ist.

Andererseits ist die im Film dargestellte Alltagstheorie aber auch mehr als alltäglich in dem Sinne, dass – und das ist ein weiterer wichtiger Punkt bei der Bestimmung des methodologischen Status dieses Datenmaterials – der Film, einschließlich der in ihm enthaltenen latenten Deutungen, einen aufwändigen Redaktionsprozess durchlaufen hat. Man kann sicher sein, dass ein solcher Film nicht an einem Tag von einer Person ausgedacht, umgesetzt und an Fernsehsender verkauft wird. Vielmehr wird es sich um einen langwierigen Prozess der Konzeption, Redaktion und Prüfung handeln, an dem eine ganze Reihe von Personen und Personengruppen beteiligt ist. Auch die Rezeption des Films durch das Fernsehpublikum selbst lässt sich als eine Art empirischer Prüfung im Hinblick auf den Realitätsgehalt der enthaltenen normativ-idealisierenden Vorstellungen von Familie verstehen. Kurz gesagt: Werbefilme sind Texte, die sowohl von Produzenten- wie Rezipientenseite Momente von „Kollektivität" enthalten, die sie zu interessanten Datenmaterialien für die soziologische Forschung machen. Sie lassen sich als verdichtete und geprüfte Alltagstheorien über gesellschaftliche Normalitätsvorstellungen verstehen.

Nachdem die erste Frage geklärt ist, kann man nun die zweite aufwerfen: Wie lässt sich vor diesem Hintergrund die vorgefundene Struktur der inszenierten Vater-Tochter-Beziehung interpretieren? Zunächst einmal erscheint es unwahrscheinlich, dass die verkehrte Welt, die hier inszeniert wurde, bis hin zur inzestuösen Verführung, eine idealisierte Normalvorstellung ist, die von den Machern des Films ausdrücklich als für die anvisierte Kundschaft geltend unterstellt wurde. Die Firma, die „Oreo" produziert, wird mit dem Film sicherlich nicht auf Käuferschichten abzielen, die sich von entsprechenden inzestuösen Fiktionen angezogen fühlen. Gleichwohl bleibt erklärungsbedürftig, dass diese Struktur nicht auffiel, dass sie den unterstellbar aufwändigen Prozess der redaktionellen Überarbeitung von der Grundidee über Drehbuch, redaktionelle

Kontrolle bis hin zur Annahme durch den Auftraggeber und schließlich auch die Rezeption durch die FernsehzuschauerInnen „passieren" konnte.

Ich schlage folgende Hypothese zur Erklärung vor: Es sind die Stilisierung der Tochter zur Erwachsenen und die kehrseitige Regression des Vaters auf die Stufe eines gleichaltrigen Spielgefährten, die als ausreichend „normal" erscheinen konnten, um die inzestuöse „Pointe" des Films nicht erkennen zu lassen. Das sind die unterstellten und von den Machern geteilten Normalitätsvorstellungen, an die der Film anknüpft. Oder anders ausgedrückt: Im Prozess der Produktion des Filmes und vermutlich auch bei seiner Rezeption kam ein intuitives Angemessenheitsurteil, das die Darstellung des Verhaltens von Tochter und Vater als grundsätzlich inadäquat erscheinen ließ, nicht in Anschlag. Auch kleine Kinder können irgendwie als wissend und erwachsen erscheinen, und Väter können sich irgendwie auch wie Kinder verhalten. Diese Deutungen sind anscheinend „normal". Man kann sich im Sinne eines Gedankenexperiments die Frage stellen, ob dieser Werbespot in den 1950er Jahren denkbar gewesen wäre. Die Antwort: wohl nicht.

8 Von der exemplarischen zur systematischen Analyse

Die so generalisierte Hypothese lässt sich jetzt im Prinzip in zwei Richtungen weiterverfolgen. Zum einen könnte man im Bereich des Werbefilms bleiben und nach weiteren Beispielen suchen. Angesichts der Fülle an Darstellungen familialer Interaktion in Werbefilmen steht dafür reichlich Material zur Verfügung. Ein Ziel wäre dabei, mögliche unterschiedliche Typen von Deutungsmustern von Eltern-Kind-Beziehungen zu identifizieren, also auch solche, in denen etwa eine „traditionale" Asymmetrie in Anspruch genommen wird. Ein weiteres Ziel bestünde darin, dem Muster der Nivellierung der Asymmetrie selbst weiter nachzugehen und etwa zu untersuchen, mit welchen anderen Deutungselementen es in Verbindung steht. Die Marke „Kinderschokolade" beispielsweise verfolgte vor wenigen Jahren noch eine ganze Marketingstrategie, die darauf zielte, Eltern die Gedankenwelt ihrer Kinder näher zu bringen. Unterstellt war dabei, dass Eltern keinen Zugang zu einem adäquaten Verständnis der Kinder haben, also in dieser Hinsicht grundlegend beratungsbedürftig sind. Kehrseitig dazu erschienen in den Werbespots – im Übrigen mit ganz ähnlichen kulturindustriellen „Verwerfungen" wie im vorliegenden Fall – die Kinder wie kleine Erwachsene, die sich Gedanken über die wiederum ihnen vollkommen unverständliche Welt der „richtigen" Erwachsenen machten.

Zum anderen könnte man die reale Welt in den Blick nehmen und untersuchen, wie in Familien konkret mit der Generationendifferenz umgegangen wird. In einem aktuellen Forschungsprojekt mit dem Titel „Paradoxien der Gleichheit in Eltern-Kind-Beziehungen" (Teilprojekt des von der VW-Stiftung geförderten und am Institut für Sozialforschung in Frankfurt angesiedelten Projektverbunds „Verhandlungsformen normativer Paradoxien"; Projektmitarbeiterinnen sind Sarah Speck und Inken Sürig), in dem wir Familieninterviews durchführen, finden wir etwas der vorliegenden Nivellierung der Asymmetrie zwischen Vater und Tochter durchaus Ähnliches, nämlich ein fallübergreifendes Muster, das man als eine Orientierung an einer Begegnung „auf Augenhöhe" umschreiben könnte. So endet in einer Familie die erzieherische Intervention der Eltern grundsätzlich ab dem Zeitpunkt, an dem die Kinder erstmalig ihren Willen artikulieren können. In anderen Familien reicht zumindest der Verweis auf den artikulierten Willen (des schon älteren) Kindes grundsätzlich aus, um von elterlicher Einflussnahme abzusehen. In vielen Familien nimmt die Orientierung an der Individualität des Kindes die Form an, dass die Kinder diese Individualität gleichsam als „fertige Menschen" von Anfang an mitbringen. Und jugendliche Kinder sprechen auf eine Weise über ihre Eltern, in der diese wie Partner in einer Freundschaftsbeziehung erscheinen („Also, mein Vater und ich, wir hatten schon immer 'n spezielles Verhältnis, ähmm, ja wir ham früher auch viel gestritten, aber wir mochten uns trotzdem immer…", sagt etwa ein 15-jähriger Junge).

Das alles spricht dafür, dass es gegenwärtig tatsächlich ein Problem gibt, die Generationendifferenz in Familien zu denken. Wenn man davon ausgeht, dass Eltern-Kind-Beziehungen durch unaufhebbar widersprüchliche Anforderungen gekennzeichnet sind – Autonomie und Heteronomie, Symmetrie und Asymmetrie –, dann scheint es gegenwärtig schwirig zu sein, diese Widersprüchlichkeit angemessen zu repräsentieren. Es scheint eine Tendenz zu geben, Autonomie und Symmetrie zu vereinseitigen. Das sind nicht bloß Deutungsprobleme. Sie haben auch praktische Folgen, denn sie prägen das sozialisatorische Milieu mit.

Literatur

Adorno, T. W. (1963): Fernsehen als Ideologie. In: ders., Eingriffe. Neun kritische Modelle. Frankfurt am Main: Suhrkamp, S. 81–98.

Bergmann, J. R. (1985): Flüchtigkeit und methodische Fixierung sozialer Wirklichkeit. Aufzeichnungen als Daten der interpretativen Soziologie. In: Bonß, W./Hartmann, H. (Hrsg.) (1985): Entzauberte Wissenschaft. Soziale Welt, Sonderband 3. Göttingen: Schwartz, S. 299–320.

Bois-Reymond, M. du/Büchner, P./Krüger, H.-H./Ecarius, J./Fuhs, B. (1994): Kinderleben. Opladen: Leske+Budrich.

Dornes, M. (1993): Der kompetente Säugling. Die präverbale Entwicklung des Menschen. Frankfurt am Main: Fischer.

Dornes, M. (2012): Die Modernisierung der Seele. Kind – Familie – Gesellschaft. Frankfurt am Main: Fischer.

Garz, D./Raven, U. (2015): Theorie der Lebenspraxis. Einführung in das Werk Ulrich Oevermanns. Wiesbaden: Springer VS.

Horkheimer, M./Adorno, T. W. (1944/1984): Dialektik der Aufklärung. Frankfurt am Main: Fischer.

Jung, M. (2006). Zur Logik archäologischer Deutung: Interpretation, Modellbildung und Theorieentwicklung am Fallbeispiel des späthallstattzeitlichen „Fürstengrabes" von Eberdingen-Hochdorf, Kr. Ludwigsburg. Bonn: Habelt.

Kaufmann, F.-X. (1995): Zukunft der Familie im vereinten Deutschland. München: Beck.

Loer, T. (1994): Werkgestalt und Erfahrungskonstitution. Exemplarische Analyse von Paul Cézannes ‚Montagne Sainte-Victoire' (1904/06) unter Anwendung der Methode der objektiven Hermeneutik und Ausblicke auf eine soziologische Theorie der Ästhetik im Hinblick auf eine Theorie der Erfahrung. In: Garz, D./Kraimer, K. (Hrsg.) (1994): Die Welt als Text. Theorie, Kritik und Praxis der objektiven Hermeneutik. Frankfurt am Main: Suhrkamp, S. 341–381.

Loer, T. (1996): Halbbildung und Autonomie: über Struktureigenschaften der Rezeption bildender Kunst. Opladen: Westdeutscher Verlag

Maiwald, K.-O. (2005): Competence and Praxis. Sequential Analysis in German Sociology. In: Forum Qualitative Sozialforschung/Forum: Qualitative Social Research [Online Journal], Jg. 6, No. 3, Art. 31, http://www.qualitative-research.net/fqs-texte/3-05/05-3-31-e.htm (Abruf 27.5.2017).

Maiwald, K.-O. (2008): „Holt mich hier 'raus!" – Neue Entwicklungen in der kulturindustriellen Fernsehkommunikation. In: Sozialer Sinn. Zeitschrift für hermeneutische Sozialforschung 2/2008, S. 371–382.

Maiwald, K.-O. (2009): Paarbildung als Selbst-Institutionalisierung. Eine exemplarische Fallanalyse. In: Sozialer Sinn. Zeitschrift für hermeneutische Sozialforschung 2/2009, S. 283–315.

Maiwald, K.-O. (2010): Vom Schwinden der Väterlichkeit und ihrer bleibenden Bedeutung. Familiensoziologische Überlegungen. In: Thomä, D. (Hrsg.) (2010): Vaterlosigkeit. Geschichte und Gegenwart einer fixen Idee. Berlin: Suhrkamp, S. 251–268.

Maiwald, K.-O. (2012): Familie als Beziehungsstruktur. Zur gegenwärtigen Lage der Familiensoziologie. In: WestEnd – Neue Zeitschrift für Sozialforschung 9, H. 1/2, S. 112–125.

Maiwald, K.-O. (2013): Der mikroskopische Blick. Rekonstruktion in der Objektiven Hermeneutik. In: Sozialer Sinn. Zeitschrift für hermeneutische Sozialforschung 2/2013, S. 185–205.

Maiwald, K.-O. (2016): An ever-fixed mark? On the symbolic coping with the fragility of partner relationships by means of padlocking [34 paragraphs]. Forum Qualitative Sozialforschung/Forum: Qualitative Social Research, 17(2), Art. 4, http://nbn-resolving.de/urn:nbn:de:0114-fqs160246 (Abruf 27.5.2017).

Maiwald, K.-O. (2018): Stand by Me: Was können Fotografien über Paarbeziehungen aussagen? In: Funcke, D./Loer, T. (Hrsg.) (2017): Vom Fall zur Theorie. Auf den Pfad der rekonstruktiven Sozialforschung. Hagen: Studienbrief der FernUni Hagen, S. 179-210.

Maiwald, K.-O./Sürig, I. (2017): Mikrosoziologie. Eine Einführung. Wiesbaden: Springer VS.

Mead. G. H. (1934/1992): Mind, Self, and Society. Hrsg. von Ch. Morris. Chicago u. a.: University of Chicago Press.

Oevermann, U. (1981): Fallrekonstruktion und Strukturgeneralisierung. Frankfurt am Main: unv. Ms., http://publikationen.ub.uni-frankfurt.de/frontdoor/index/index/docId/4955 (Abruf 10.4.2017).

Oevermann, U. (1986): Zur Sache. Die Bedeutung von Adornos methodologischem Selbstverständnis für die Begründung einer materialen soziologischen Strukturanalyse. In: von Friedeburg, L./Habermas, J. (Hrsg.) (1986): Adorno-Konferenz 1983. Frankfurt am Main: Suhrkamp, S. 234–289.

Oevermann, U. (1991). Genetischer Strukturalismus und das sozialwissenschaftliche Problem der Erklärung der Entstehung des Neuen. In: Müller-Doohm, S. (Hrsg.) (1991): Jenseits der Utopie. Frankfurt am Main: Suhrkamp, S. 267–336.

Oevermann, U. (1993). Die objektive Hermeneutik als unverzichtbare methodologische Grundlage für die Analyse von Subjektivität. Zugleich eine Kritik der Tiefenhermeneutik. In: Jung, Th./Müller-Doohm, S. (Hrsg.) (1993): „Wirklichkeit" im Deutungsprozeß: Verstehen und Methoden in den Kultur- und Sozialwissenschaften. Frankfurt: Suhrkamp, S. 106–189.

Oevermann, U. (1997): Literarische Verdichtung als soziologische Erkenntnisquelle: Szenische Realisierung der Strukturlogik professionalisierten ärztlichen Handelns in Arthur Schnitzlers Professor Bernhardi. In: Wicke, M. (Hrsg.) (1997): Konfigurationen lebensweltlicher Strukturphänomene. Soziologische Varianten phänomenologisch-hermeneutischer Welterschließung. Opladen: Leske+Budrich, S. 276–335.

Oevermann, U. (2000): Die Methode der Fallrekonstruktion in der Grundlagenforschung sowie der klinischen und pädagogischen Praxis. In: Kraimer, K. (Hrsg.) (2000): Die Fallrekonstruktion. Sinnverstehen in der sozialwissenschaftlichen Forschung. Frankfurt a. M.: Suhrkamp, S. 58–156

Oevermann, U. (2002): Klinische Soziologie auf der Basis der Methodologie der objektiven Hermeneutik – Manifest der objektiv hermeneutischen Sozialforschung. Frankfurt am Main: unv. Ms.,
https://www.ihsk.de/publikationen/Ulrich_Oevermann-Manifest_der_objektiv_hermeneutischen_Sozialforschung.pdf (Abruf 10.4.2017).

Oevermann, U./Allert, T./Gripp, H./Konau, E./Krambeck, J./Schöder-Caesar, E./Schütze, Y. (1976): Beobachtungen zur Struktur der sozialisatorischen Interaktion. In: Auwärter, M./Kirsch, E./Schröter, K. (Hrsg.) (1976): Seminar: Kommunikation, Interaktion, Identität. Frankfurt am Main: Suhrkamp, S. 371–403.

Oevermann, U./Allert, T./Konau, E./Krambeck, J. (1979): Die Methodologie einer „objektiven Hermeneutik" und ihre allgemeine forschungslogische Bedeutung in den Sozialwissenschaften. In: Soeffner, H.-G. (Hrsg.) (1979): Interpretative Verfahren in den Sozial- und Textwissenschaften. Stuttgart: Metzler, S. 352–433.

Oevermann, U./Tykwer, J. (1991): Selbstinszenierung als reales Modell der Struktur von Fernsehkommunikation. Eine Analyse der „Tagesthemen" vom 2. Oktober 1990. In: Müller-Doohm, S./Neumann-Braun, K. (Hrsg.) (1991): Öffentlichkeit – Kultur – Massenkommunikation. Oldenburg: BIS Universität Oldenburg, S. 267–315.

Oevermann, U./Leber, M. (1994): Möglichkeiten der Therapieverlaufsanalyse in der objektiven Hermeneutik. Eine exemplarische Analyse der ersten Minuten einer Fokaltherapie aus der Ulmer Textbank („Der Student"). In: Garz, D./Kraimer, K. (Hrsg.) (1994): Die Welt als Text. Theorie, Kritik und Praxis der objektiven Hermeneutik. Frankfurt am Main: Suhrkamp, S. 383–427.

Ritter, B. (2011): Die Collage Zeichnung A 6 (1918) von Kurt Schwitters (1887-1948) als Darstellung einer wiedergewonnenen Perspektive. Ein Beitrag zum Thema „Werkanalyse als Wirklichkeitswissenschaft". In: Sozialer Sinn. Zeitschrift für hermeneutische Sozialforschung 1/2011, S. 81–114.

Schneewind, K. A./Ruppert, S. (1995): Familien gestern und heute: ein Generationenvergleich über 16 Jahre. München: Quintessenz.

Searle, J. R. (2012): Wie wir die soziale Welt machen. Die Struktur der menschlichen Zivilisation. Berlin: Suhrkamp.

Wernet, A. (2003). Die Auflösungsgemeinschaft „Familie" und die Grabsteininschrift: Eine exemplarische Fallrekonstruktion. Sozialer Sinn. Zeitschrift für hermeneutische Sozialforschung 3/2003, S. 481–510.

Wernet, A. (2009): Einführung in die Interpretationstechnik der Objektiven Hermeneutik. 3. Auflage. Wiesbaden: VS.

Wicke, M. (2003): Die Ambivalenz-Festung: eine musiksoziologische Interpretation zu kompositorischer Praxis und lebenspraktischer Ausdrucksgestalt Anton Bruckners. Frankfurt am Main: Dissertationsschrift Goethe-Universität Frankfurt am Main.

Zehentreiter, F. (2005): Das Verhältnis von Werk und Künstlerbiographie als kulturwissenschaftliches Grundlagenproblem: Zu einer transformierten Musiksoziologie und ihrer Verbreitung durch Theodor W. Adorno. In: Sozialer Sinn. Zeitschrift für hermeneutische Sozialforschung 2/2005, S. 275–290.

3.2
Dokumentarische Methode

Methodologische Grundlagen und Forschungspraxis am Beispiel der Analyse von Pressefotografien in Tageszeitungen

Heike Kanter

1 Die Dokumentarische Methode und ihre Forschungspraxis: Implizites Wissen explizieren

Das forschungspraktische Verfahren der *dokumentarischen Methode* zielt auf die Rekonstruktion der Handlungspraxis von Akteurinnen und möchte erforschen, wie diese in ihrem täglichen Tun von Gesellschaft geformt werden und diese formen. Damit richtet sie ihren Blick auf das implizite Wissen. Dieses ist eine spezifische Wissensform, die Praktiken hervorbringt und soziale Wirklichkeit herstellt. Die dokumentarische Methode geht davon aus, dass das implizite Wissen uns wesentlich orientiert. Als soziales Orientierungswissen strukturiert es nicht nur unser Agieren, sondern daraus resultiert eine besondere Form der Verständigung. Aufgrund eines gemeinsam geteilten, impliziten Wissens verstehen wir uns mit bestimmten Personen ‚auf Anhieb', ohne uns (einander) erklären zu müssen, und teilen einen gemeinsamen Erfahrungsraum. ‚Unmittelbares Verstehen' findet etwa in der Familie oder im Freundeskreis statt, aber auch unter Wissenschaftlerinnen, die in einer Theorietradition denken und/oder die gleiche Methode anwenden. Wie implizites Wissen analysiert und damit explizit gemacht werden kann, wie die Orientierungen von Personen in ihren (verschiedensten) Praktiken zum Ausdruck kommen und wie sich darin bzw. in geteilten Erfahrungsräumen Gesellschaft konstituiert, darauf liegt der Fokus der dokumentarischen Methode.

Die dokumentarische Methode wird seit den 1980er Jahren zur Forschung in ganz unterschiedlichen sozialwissenschaftlichen Gegenstandsbereichen eingesetzt. Sie kommt beispielsweise in der Forschung zu Kindheit, Jugend, Generation und Gender zum Einsatz sowie in der Familien- und Natalitätsforschung. Sie untersucht Migration bzw. Interkulturalität sowie Milieus und soziale Ungleichheit. Ein weiterer Bereich ist die qualitative Bildungsforschung etwa zu Schule, Inklusion oder Erwachsenenbildung sowie die Forschung im Rahmen der Sozialpädagogik und Sozialen Arbeit, oft mit Blick auf Organisation. Einsatz findet die dokumentarische Methode auch in der Evaluations- und Unternehmensforschung sowie in der Medien- und Rezeptionsforschung. Diese Auflistung von Themenfeldern soll Folgendes verdeutlichen. Der Fokus auf das handlungsleitende Wissen bzw. die sich in ihren Praktiken abzeichnenden, geteilten Orientierungen von Akteurinnen kann für Untersuchungen in diversen Gegenstandsbereichen und disziplinären Zugängen relevant sein. Das heißt, sobald sich eine Forscherin für den Zusammenhang von implizitem Wissen, unmittelbarem Verstehen und kollektiven Orientierungen interessiert, denkt bzw. agiert sie im methodologisch-methodischen Rahmen der Dokumentarischen Methode, genauer der *praxeologischen Wissenssoziologie*.

2 Methodologische Grundlagen der dokumentarischen Methode und ihre Verortung in der praxeologischen Wissenssoziologie

Die dokumentarische Methode wird seit den 1980er Jahren von Ralf Bohnsack und Kolleginnen als Verfahren der qualitativen Sozialforschung entwickelt. Grundlagentheoretisch bezieht sie sich insbesondere auf die Wissenssoziologie Karl Mannheims (1964, 1980), die Ethnomethodologie (Garfinkel 1967), die Ikonologie von Erwin Panofsky (2002) sowie Pierre Bourdieus Konzeption des Habitus (1987). In ihrem Rahmen zu forschen bedeutet, eine *praxeologische Analyseeinstellung* einzunehmen und damit auf das handlungsleitende Erfahrungswissen von Akteurinnen zu fokussieren. Die dokumentarische Methode geht mit Pierre Bourdieu (1987, S. 740) davon aus, „dass wir Menschen, laut Leibniz, in Dreiviertel unserer Handlungen Automaten sind". Wichtig ist somit die Prämisse, dass sich die soziale Konstruktion von Wirklichkeit größtenteils in Handlungspraktiken vollzieht, die auf impliziten Wissensbeständen basieren. Sie sind zentral für eine spezifische Form zwischenmenschlichen Verstehens, auf das ich später noch näher eingehe. Damit grenzt sich die dokumentarische Methode etwa von Berger/Luckmanns Verständnis einer Wissenssoziologie ab (Berger/Luckmann 2013), nach welcher menschliche Tätigkeiten einen „subjektiv gemeinten Sinn zum Ausdruck bringen" (Berger/Luckmann 2013, S. 20). Jene stehen in der Tradition der Sozialphänomenologie von Alfred Schütz (1993), der die Bedeutung der Zweckrationalität in Handlungsentwürfen für die intersubjektive Verständigung betont. Im Denken der dokumentarischen Methode bilden jene intentionalen Aspekte nur einen Teilbereich sozialen Agierens, vielmehr orientieren sich Akteurinnen in ihrem Handeln ständig an einem vagen, unexplizierten Kontextwissen, das sie in unterschiedlicher Weise mit anderen teilen und darin soziale Ordnung herstellen.

Die dokumentarische Methode steht damit in der Tradition der Ethnomethodologie. Ihren Begründer Harold Garfinkel (1967) interessiert die Bedeutung ‚a-rationaler' Handlungspraktiken, welche soziale Wirklichkeit prozesshaft hervorbringen. In Anschluss an Karl Mannheims Wissenssoziologie (1964, 1980) entwickelt Garfinkel die Methode der *‚dokumentarischen Interpretation'* (Mannheim 1964) weiter, die die generellen Muster des Handelns nachzeichnen möchte. Auf wissenssoziologischer Basis, dass jegliches Denken und Wissen sozial situiert ist, entwickelte Mannheim ein dreistufiges Verfahren, dass zur Analyse von kulturellen Phänomenen unterschiedlichster Art wie etwa Religion, Gebärden oder Fotografien eingesetzt werden kann. Mannheim unterscheidet drei Sinnebenen sozialen Sinns: a) den objektiven Sinn, b) den intendierten Ausdruckssinn und c) den Dokumentsinn. Die Ebenen erläutert er an folgendem Beispiel. Ein Freund gibt einer Person auf der Straße ein Almosen. Mit der Spende leistet er a) Hilfe, worin er b) seine Mildtätigkeit äußern möchte. Mannheims Fokus liegt aber nicht auf der Beschreibung der Tat bzw. der mit ihr verfolgten Absicht. Entscheidend für die Analyse ist, dass sich in dieser spezifischen Gabe des Freundes für Mannheim etwas *dokumentiert* c), das jenseits individueller Intention liegt. Das Agieren des Freundes zeichnet sich durch eine charakteristische Struktur des Heuchlerischen aus. Die Interpretation hat zum Ziel, dessen „gesamtgeistigen ‚Habitus'" (Mannheim 1964, S. 109, Herv. i. O.) herauszuarbeiten. Mannheims Dreischritt der Interpretation wird später vom Kunsthistoriker Erwin Panfosky (2002) für die Analyse von bildlichen Gegenständen übernommen, dessen Vorgehen in der Beispielanalyse erläutert wird. Panfosky geht dabei genauer als Mannheim auf die Praxis des Handelns selbst ein (Bohnsack 2017) bzw. erarbeitet die Bezüge des „*Habitus*" zur Epoche, von der Akteurinnen in ihrem Handeln geprägt werden. Von Panfosky übernimmt dann später Pierre Bourdieu (1987) den Begriff des Habitus, welchen er als eine grundlegende Dimension sozialer Wirklichkeit ansieht. Mit dem Habituskonzept soll der enge Zusammenhang von Individuum und sozialer Struktur erfasst werden. Bourdieus Blick auf die habitualisierten Praxisformen und deren prozesshaften Erzeugungsweisen, stellt neben der Ethnomethodologie, der Wissenssoziologie Mannheims und der Ikonologie einen weiteren Eckpfeiler der dokumentarischen Methode dar, so dass dieses methodologische Gerüst auch als *praxeologische Wissenssoziologie* gefasst wird.

Das Hauptaugenmerk der dokumentarischen Methode liegt also auf der Erforschung des Praxiswissens von Akteurinnen und seiner Bedeutung für die Konstitution von Gesellschaft. Eine der zentralen Prämissen lautet, dass Akteurinnen im Wesentlichen von einem in die Praxis eingelassenem Wissen geprägt worden sind, das sich in ihrem Agieren dokumentiert und darin zugleich soziale Strukturen zum Ausdruck bringt. Dieses *implizite Wissen* ist handlungsleitend. Es „[...] wird in der selbst erlebten Praxis, also in einer Praxis, in welche die Akteure jeweils selbst eingebunden sind, erworben, eben er-lebt" (Bohnsack

2003, S. 17). Es orientiert uns insbesondere in einer körperlich-praktischen Dimension und erreicht damit oftmals nicht die Ebene der ‚reflexiven Bewusstheit'. Da implizites Wissen auf ‚gemachten Erfahrungen' basiert, wird es von Mannheim (1964) als „atheoretisch" bezeichnet. Wenn nun Personen über das gleiche implizite Wissen verfügen, teilen sie einen „konjunktiven Erfahrungsraum" (Mannheim 1980, S. 221). D.h., die Akteurinnen verfügen über gemeinsame oder strukturidentische Erfahrungen, welche sie kollektiv geprägt haben. Sie führen etwa dazu, sich körperlich als ‚weiblich' zu gebärden, den gleichen lokalen Dialekt zu sprechen oder im selben Stil zu fotografieren. Auch Menschen einer Generation teilen ähnliche oder strukturgleiche Erlebnisse, beispielsweise die Nachwendegeneration in Ostdeutschland, und verstehen sich deshalb ‚auf Anhieb' bzw. dies ermöglicht ihnen eine „konjunktive Verständigung" (Bohnsack 2014, S. 47).

Mannheim differenziert die Verständigung im Modus des *Verstehens* von derjenigen des *Interpretierens* (1980). Menschen, die kein ‚konjunktives Wissen' mit ihren Gegenübern teilen, müssen sich gegenseitig interpretieren. Dabei greifen sie auf die sogenannten kommunikativ-generalisierten Wissensbestände zurück. Diese umfassen typisierbare Erwartungen, die man an das Handeln des Anderen hat, worauf das rationale Handlungsmodell von Schütz (1971) basiert (Bohnsack 2017). Das Wissen auf dieser Ebene ist explizierbar und wird deswegen mit Mannheim als „kommunikatives Wissen" gefasst. Es handelt sich dabei um den gesellschaftlichen *Common Sense,* also verallgemeinerbare Erwartungen, Rollen und Normen. Ein Beispiel für kommunikatives Wissen ist das Wissen um die Institution Familie. Mit ihr verbunden sind generalisierte Vorausnahmen in Bezug auf soziale Beziehungen, etwa die Rolle des Vaters als Ernährer der Familie, die auch in liberal-alternativen Familienkonstellationen noch Einfluss hat.

Wissensbestände auf dieser Ebene sind Common-Sense-Theorien *über* die Handlungspraxis und demnach nicht mit dieser selbst zu verwechseln. Sie werden auch als „Orientierungsschemata" (Bohnsack 2013, S. 182) bezeichnet. Wie Akteurinnen den Rollenerwartungen und Normen begegnen, resultiert letztlich aus ihrem Habitus, der von Bohnsack auch als „Orientierungsrahmen" (Bohnsack 2013, S. 182) begriffen wird. Jener umfasst die Gesamtheit der handlungsleitenden Orientierungen, die in der Handlungspraxis von Akteurinnen zur Geltung kommen. Das kommunikative Wissen ist also insofern für die dokumentarische Methode von Bedeutung, wie es durch das ‚handlungspraktische Nadelöhr' der Akteurinnen diffundiert. Für den modernen Vater ist zwar auch heute noch Rolle des Ernährers bedeutsam, doch er lebt sie nicht auf traditionelle Weise aus, sondern kümmert sich auch um die Kinderbetreuung.

In diesem Abschnitt wurden für die Wissensbestände implizit und explizit jeweils mehrere Begriffe verwendet. Die folgende Auflistung verdeutlicht (vgl. Tab. 1), dass damit je verschiedene Aspekte gemeint sind.

Tab. 1: Analytische Trennung von Wissens- und Verständigungsformen (eigene Darstellung)

Wissen	
implizit	explizit
konjunktiv	kommunikativ
atheoretisch	theoretisch
inkorporiert (habitualisiert)	reflexiv
handlungspraktisch	generalisiert
↓	↓
Modus der Verständigung	
unmittelbares Verstehen	wechselseitige Interpretation

3 Die dokumentarische Methode als qualitativ-rekonstruktive Forschungspraxis

Die Differenz der Wissensformen bzw. der Modi der Verständigung hat für die Forschungspraxis weitreichende Folgen. Eine gemeinsame Handlungspraxis wird von den meisten Forscherinnen und Beforschten nicht geteilt und die sprachlichen oder bildlichen Äußerungen der Beforschten müssen *interpretiert* werden. Die Auseinandersetzung um ein kontrolliertes Verstehen (Lindemann et al. in diesem Band) umfasst wie in allen qualitativen Verfahren auch in der dokumentarischen Methode die fortwährende Weiterentwicklung des interpretativen Handwerkszeugs. Sind etwa die Mittel zur Analyse von Gruppendiskussionen bereits sehr weit gediehen (Przyborski 2004), was sich mit dem Fokus der Methode auf die kollektiven Orientierungen von Akteurinnen bzw. ihrer Orientierungsrahmen begründen lässt, die mit dem Verfahren der Gruppendiskussion besonders gut erhoben werden können, sind für den noch recht neuen Bereich der Bildinterpretation die Wege zur Erforschung der bildlich-sozialen Praxis noch längst nicht ausgeschöpft.

3.1 Rekonstruktive Analyseeinstellung der dokumentarischen Methode

Forschen im Rahmen der dokumentarischen Methode bedeutet eine ‚*rekonstruktive Analyseeinstellung*' einzunehmen. In der Analyse soll der tieferliegende Sinn, der sich in der Handlungspraxis der Beforschten dokumentiert, nachgezeichnet werden; er wird *re*-konstruiert. Zu bedenken ist dabei, dass der herauszuarbeitende Sinn durch die forschende Person und ihren Fokus immer mitkonstruiert wird, was generell in der qualitativen Sozialforschung diskutiert wird. Dabei wird der Einfluss der Forschenden auf mehreren Ebenen reflektiert. So werden *Interpretationen möglichst in Gruppen* diskutiert (Allert et al. 2014). Hinzukommt die Arbeit mit empirischen Vergleichshorizonten. Erst im Kontrast mehrerer Fälle können deren Gemeinsamkeiten und Differenzen herausgeschält werden. Der Vergleich ist eine sozialwissenschaftliche Basisoperation (Matthes 1992) und wird deswegen auch als „Königsweg" (Nohl 2013, S. 15) zur Erforschung sozialer Wirklichkeit(en) bezeichnet. Zur Anwendung kommt die komparative Analyse daher in vielen methodischen Zugängen. Sie wurde als Erste von Glaser/Strauss in der Grounded Theory Methodologie (1969) ausgearbeitet. In der rekonstruktiv-praxeologischen Forschungsweise liegt der Schwerpunkt auf dem steten Vergleichen von Handlungspraktiken, resp. Habitus.

Ein weiterer Aspekt der rekonstruktiven Analyseeinstellung der dokumentarischen Methode ist, welche auch darin in der Tradition qualitativer Sozialforschung steht (Ploder in diesem Band), *am Anfang des Forschungsprozesses keine Hypothesen aufzustellen,* sondern sich von der Empirie leiten zu lassen. Ausgangspunkt einer Studie ist zunächst das Nachdenken darüber, welches Phänomen die Forscherin in den Blick nehmen möchte. Dabei ist es hilfreich, das Erkenntnisinteresse in einer Forschungsfrage konkret zu formulieren und ebenfalls eine erste Sichtung der Fachliteratur vorzunehmen (Przyborski/Wohlrab-Sahr 2014). Allerdings, und auch dies ist kennzeichnend für ein rekonstruktives Vorgehen, sollte dabei noch nicht der gesamte Forschungsstand skizziert werden. Denn es stellt sich häufig erst im Verlauf der empirischen Untersuchung heraus, was der eigentliche Gegenstand ist. An dieser Stelle werden wieder die Ähnlichkeiten zur Grounded Theory Methodologie (Glaser/Strauss 1969) deutlich, die auf ein sukzessives Erfassen des Gegenstandes abzielt. Mit der „theoretischen Sättigung" (Mey/Mruck 2011, S. 29) des Materials, also der Feststellung, dass eine weitere Interpretation des Materials keine neuen Erkenntnisse mehr bringen würde, geht einher, welche Theorien, Konzepte oder empirischen Studien für die vertiefende Einordnung der Ergebnisse bzw. eine weiterführende Theoriebildung zu diskutieren sind.

3.2 Das Verhältnis von meta-theoretischen und gegenstandsbezogenen Begriffen

Ein Forschungsgegenstand schält sich also erst durch die empirische Analyse heraus. Dennoch ist es sowohl zu Beginn einer Studie als auch in deren weiteren Verlauf hilfreich, sich zentrale Grundbegrifflichkeiten zu vergegenwärtigen, die das Forschungsfeld betreffen, um so etwa im Vergleich zu einem hypothesen-geleiteten Vorgehen, dem Forschungsgegenstand möglichst offen und zugleich mit „theoretischer Sensibilität" (Glaser/Strauss 1969, S. 46) gegenüberzutreten. Damit kann nicht nur das Phänomen überhaupt erfasst werden, sondern es werden beispielsweise auf einer abstrakteren Ebene verschiedene Gegenstandsbereiche vergleichbar. In Anschluss an Glaser/Strauss differenziert die dokumentarische Methode (Bohnsack 2010, S. 204 f.) zwischen „metatheoretischen" und „gegenstandsbezogenen" Begriffen. Während erstere soziologische Grundbegriffe wie etwa Habitus, Milieu oder Gruppe darstellen, sind die „gegenstandsbezogenen" Begriffe solche, die den Forschungsgegenstand selbst betreffen, wie etwa Smartphone-Fotopraktiken oder abbildende Bildproduzentin. Deren theoretische Konzeptionalisierung wird erst auf der Basis der empirischen Ergebnisse vorgenommen. Auch in der folgenden Darstellung der Studie zu Pressefotografien, welche das Vorgehen der dokumentarischen Methode der Bildinterpretation vorstellt (Kap. 4), wird deutlich, wie „metatheoretische" und „gegenstandsbezogene" Begrifflichkeiten zur Entwicklung des Forschungsvorhabens beigetragen haben.

4 Das methodische Vorgehen der Dokumentarischen Bildinterpretation am Beispiel einer Studie zu Pressefotografien in Tageszeitungen

Im Folgenden wird eine Studie zu Pressefotografien von Politikerinnen in überregionalen deutschen Tageszeitungen vorgestellt, die mit den Mitteln der dokumentarischen Bildinterpretation durchgeführt worden ist (Bohnsack 2009; Bohnsack/Michel/Przyborski 2015). Der genaue Gegenstand der Untersuchung hat sich erst im Verlauf der Studie herausgestellt. Sie ist ein Beispiel dafür, wie eine ‚bildliche Handlungspraxis' untersucht werden kann, denn handlungsleitende Orientierungen können sich auch in Form von Bildern ausdrücken. Doch zunächst zum Rahmen der Studie.

4.1 Erkenntnisinteresse, Fragestellung und Samplebildung

Bei der Analyse von Pressefotografien stellt sich das Problem, dass die Bilder bereits existieren, und das in rauer Menge. Wie können nun aus dieser Vielzahl die für die Forschung ‚passenden' ausgesucht werden? Bereits an dieser Frage verdeutlicht sich, dass eine Auswahl ‚adäquater' Bilder bereits mit (impliziten) Vorannahmen seitens des Forschenden verbunden ist. Zu Beginn meiner Untersuchung stand ein noch wenig präzises Erkenntnisinteresse, das um die „Macht der Bilder" kreiste und nach ihrem Anteil an der Konstruktion von Gesellschaft fragte, insbesondere in Hinblick auf Fotografien von Menschen. Gespeist wurde das Forschungsanliegen aus meiner sowohl soziologischen wie auch kunsthistorischen Vorbildung sowie meiner langjährigen Tätigkeit als Fotoredakteurin, in der ich insbesondere Bilder aus dem Bereich der Politik besonders gern auswählte. Ich erwähne dies hier, um deutlich zu machen, dass eine Reflexion der eigenen Forschungsperspektive und Handlungspraxis für die Entwicklung einer Fragestellung ebenso produktiv sein kann wie eine Kenntnis des Forschungsfelds.

Um nun aus diesem Erkenntnisinteresse eine Fragestellung zu entwickeln, ging ich so vor, dass ich aus einer großen Sammlung von Bildern, die ich im Laufe meiner fotoredaktionellen Tätigkeit angelegt hatte, und die vor allem Gesten zeigten, die Fotografie des Politikers Guido Westerwelle auswählte, die mir mit Blick auf die Macht der Bilder interessant erschien. In diesem Schritt leiten sich Bildsuche bzw. -auswahl und Erkenntnisinteresse wechselseitig an, man folgt einer „analytischen Intuition" (Bude 2011, S. 60), die einem sagt, dass hier eine beachtenswerte soziale Gegebenheit vorliegt. Die aufgefundene Pressefotografie stellt somit auf ikonische Weise den Ausgangspunkt (sozial-)wissenschaftlicher Erkenntnis dar (Bourdieu et al. 1991). Anschließend wurde das Bild – gewissermaßen als Vorerhebung – interpretiert (zu den Arbeitsschritten siehe Abschnitt 4.3). Das Ausgangsbild der Studie ist eine Oberkörper-Aufnahme des Westerwelles (Kanter 2012). Auffällig sind eine spezifische Gestik, Mimik und Ästhetik. Jene Elemente markieren, so das Ergebnis einer ersten Interpretation, das Bild aus der „taz. die tageszeitung" als Bild einer Person, die vor die Presse tritt, konkret am Tag der Bundestagswahl 2009. Auf dieser Erstinterpretation aufbauend, wird im Sinne des *Theoretical Samplings* (Glaser/Strauss 1967) die Fragestellung entwickelt. Das heißt, die ersten Ergebnisse der Analyse dienen als Hinweise darauf, welche Bilder als nächstes interpretiert werden und welchen Aspekten dabei vertiefender nachgegangen wird. Westerwelles Bild wurde mit der von der Nachrichtenagentur angebotenen Version verglichen, weiterhin mit den zahlreichen weiteren Aufnahmen seines Auftritts am Wahlabend sowie mit Fotografien von ihm, die im gleichen Erscheinungszeitraum in anderen, überregionalen Tageszeitungen publiziert worden sind. Im Vordergrund stand zunächst der Vergleich von Sujet und sozialer Situation. (Die Recherche fand vor allem in den Datenbanken großer Nachrichtenagenturen statt. Für die fallexternen Vergleiche wurden auch Metadatenbanken (Fotofinder, Mecom), deren Software es ermöglicht, in mehreren Agenturen zu suchen und weitere große Bildagenturen (Getty, Corbis) hinzugezogen.). Die Zeitungen setzen Westerwelle alle winkend ins Bild, zum Teil ist er von Personen umgeben und immer im Vordergrund. Zudem ist markant, dass die Bilder häufig zugeschnitten sind, was maßgeblich Einfluss auf die Darstellung der Körper im Bild hat. Mit der Entscheidung für bestimmte Vergleichshorizonte wird das Erkenntnisinteresse eingegrenzt und die Fragestellung verdichtet. In der Studie wurden auf Basis dieser ersten Gegenüberstellungen folgende Forschungsfragen entwickelt:

Auf welche Weise wird ein fotografierter Körper im und als Bild gestaltet? Was dokumentiert sich in einer gedruckten Pressefotografie über das gesellschaftliche Verhältnis der abgebildeten Politikerinnen vor der Kamera und der abbildenden Medienakteurinnen hinter der Kamera?

Nachdem die Fragestellung feststand, ging es im nächsten Schritt darum, das Sample festzulegen. Es musste entschieden werden, welche Fälle, also hier welche Tageszeitungen, in das Sample aufgenommen und welche Bilder für die Analyse hinzugezogen werden. Da sich die Forschungsfragen sowohl auf die gestalterische Relation von Körper und Bild sowie die soziale Relation von Politik und Medien richten, wurden zum weiteren Kontrast Pressefotografien hinzugezogen, die Westerwelle nicht allein im Vordergrund, sondern mit einer anderen Person zeigen, konkret mit Angela Merkel, ebenfalls unmittelbar nach der Bundestagswahl 2009. Im Zuge dieses zweiten Bildvergleichs wurden die Fälle festgelegt, da sich bereits zwei unterschiedliche Typen der Gestaltungspraxis andeuteten (vgl. zur Rolle der Typenbildung Kap. 5). Die drei Tageszeitungen *Süddeutsche Zeitung*, *Die Welt* und *Frankfurter Allgemeine Zeitung* publizieren tagesaktuelle Bilder mit erkennbarem Ort, während hingegen die beiden anderen Tageszeitungen *Bildzeitung* und *taz. die tageszeitung* auf ältere, ‚ortslose' Aufnahmen zurückgreifen. Ein dritter Vergleich zieht Bilder hinzu, die vier Wochen nach der Bundestagswahl 2013 entstanden sind und die ebenfalls die Parteivorsitzenden der (zukünftigen) Regierungskoalition zeigen, dieses Mal nicht in Interaktion mit den Kameras, sondern miteinander, wie das Beispiel später noch zeigen wird. Das Sample umfasst 15 Bilder, je drei Bilder in fünf Tageszeitungen.

Die Bildung eines Samples im Sinne der dokumentarischen Methode folgt somit nicht einem bestimmten, zu benennendem Schema, sondern entwickelt sich aus der Analyse des Materials heraus (vgl. Kap. 3) und der Forschungsgegenstand konturiert sich erst im Laufe der Studie (Przyborski/Wohlrab-Sahr 2014, Kap. 5). In der Beispielstudie wurde also erst durch den ersten Vergleich herausgearbeitet, dass die gestalterische Praxis der Tageszeitungen untersucht wird und nicht etwa die im Bild sichtbare Handlungspraxis, resp. der Habitus Westerwelles, was ausgehend von der ersten Fotografie möglich gewesen wäre. Mit dem Fokus der Dokumentarischen Bildinterpretation auf die Handlungspraxis geht dann auch ein bestimmtes spezifisches Verständnis von Bildern einher bzw. kann an ihnen untersucht werden. Im Folgenden wird der Schwerpunkt der Studie auf die Gestaltungspraxis der Medien als eines ihrer ersten Ergebnisse dargestellt.

4.2 Bilder als Dokumente einer Gestaltungspraxis

Das Bild wird in der deutschsprachigen, qualitativen Sozialforschung seit etwa zwei Jahrzehnten beforscht (u. a. Pilarczyk/Mietzner 2005; Bohnsack 2009; Breckner 2010; Raab 2012; Traue 2013; Müller 2016; Philipps 2016). Es soll hier nur kurz auf die methodologischen Besonderheiten der rekonstruktiven Bildanalyse eingegangen werden (dazu auch Przyborski/Wohlrab-Sahr 2014 sowie Kanter et al. 2015). Wichtig zu betonen ist, dass Sinn in Bildern als etwas gefasst wird, das simultan und ‚wie auf einen Schlag' erscheint. (Dies ist der große Unterschied zu Sinngenerierung in der Sequentialität der Sprache oder des Films). Bilder zeichnen sich häufig durch Mehrdeutigkeiten aus und so können in einem Bild unterschiedliche, sich ggf. auch widersprechende Bedeutungen zum Ausdruck kommen. Dieser (zuweilen) paradoxe Bildsinn soll in einer rekonstruktiven Bildanalyse herausgearbeitet werden.

Aus der rekonstruktiven Perspektive der dokumentarischen Methode werden Bilder als Dokumente betrachtet, die von Akteurinnen gestaltet worden sind. Deren Handlungspraxis äußert sich in der bildlichen Dimension und demnach liegen die impliziten Wissensbestände, kollektiven Orientierungen bzw. Orientierungsrahmen, die es herauszuarbeiten gilt, auf der visuellen Ebene. Die Kategorie des Habitus ist, wie bereits erläutert, zentral für die dokumentarische Methode, denn damit kann der Blick auf Praxisformen von Akteurinnen gerichtet werden. Der Habitus einer Person konstituiert sich durch die Einverleibung gesellschaftlicher Wahrnehmungs-, Bewertungs- und Handlungsschemata. Ein wesentlicher Aspekt des Habitus ist die Körperhaltung einer Person, die Bourdieu neben der Art ihrer Bewegung als „*Hexis*" (Bourdieu 1987) bezeichnet. Sie ist sozial geprägt. In Fotografien von Menschen sehen wir nun nicht nur deren Hexis. Durch die Bildanalyse lässt sich darüber hinaus nachzeichnen, wie die Hexis durch diejenigen, die das Bild herstellen, mitgestaltet wird. Das heißt an der Herstellung von Bildern sind mehrere Akteurinnen beteiligt. Bohnsack differenziert zwischen zwei Bildproduzentinnen (Bohnsack 2009, Kap. 3.2). Die *abgebildeten Bildproduzentinnen* sind die Personen, die auf dem Bild zu sehen sind. Die *abbildenden Bildproduzentinnen* sind diejenigen, die das Bild schießen, also die Fotografinnen, aber auch diejenigen, die das Bild weiterverarbeiten. Im Falle der Pressefotografien von Politikerinnen sind an der Gestaltung der Hexis somit einerseits die Politikerinnen selbst beteiligt, die auf eine bestimmte Weise (vor den Kameras) agieren. Andererseits wird die Körperhaltung der Politikerinnen im Bild auch von den Personen ‚hinter der Kamera', also den Fotografinnen, Presseagenturen und Medien mitgestaltet. Zunächst schießen die Fotografinnen ein Bild und halten damit eine spezifische Körperhaltung fest. Welche Bilder dann weiter vertrieben werden, wird entweder von ihnen selbst oder den Presseagenturen entschieden. Anschließend werden die Bilder in den Fotoredaktionen (und ggf. im Layout) der jeweiligen

Tageszeitungen ausgewählt und das Bild weitergehend verarbeitet, etwa indem es zugeschnitten wird. Eine im Bild sichtbare Hexis wird sowohl von den/der abgebildeten Person/en geformt als auch von den *abbildenden Bildproduzentinnen* komponiert. Ein publiziertes Pressebild eines Politikers wird demnach nicht nur als dessen Abbild verstanden, sondern als Resultat bzw. Dokument der Handlungs- bzw. Gestaltungspraxis der abbildenden Tageszeitung. Dies ist ein erstes Ergebnis der Untersuchung.

Mit dem Fokus auf die gestalterische Handlungspraxis wird deutlich, dass mit Hilfe dieser methodologischen Rahmung der Zugang zu Pressefotografien von Politikerinnen greifbarer wird. Im vorliegenden Fall kann so dem Verhältnis von Presse und Politik nachgegangen werden, das sich in der Bildproduktion äußert. Einerseits verhelfen die praxeologischen Grundbegriffe den Forschungsprozess anzuleiten, andererseits wird es dadurch möglich, über die Common-Sense-Konstruktionen des Forschungsfeldes hinauszugehen, die etwa davon ausgehen, dass hier Politik dargestellt wird. Ja, Pressebilder bilden Politikerinnen in ihrem Handeln ab, was der selbst gestellten Aufgabe des Bildjournalismus entspricht. Darüberhinausgehend kann die Untersuchung aber aufzeigen, wie mit den Bildern das Verhältnis von Medien und Politik konstruiert wird, denn in ihnen kommen die Blickwinkel der Tageszeitungen zur Geltung. Gemeint ist damit weniger deren politische Strategie, sondern vielmehr eine spezifische Art und Weise Bilder zu veröffentlichen. Dies ist ein weiteres zentrales Ergebnis der Studie. Die in ihrer politischen Haltung konträren Tageszeitungen *Bild* und *taz. die tageszeitung* verfügen über eine gemeinsame Gestaltungsweise bzw. teilen einen ähnlichen Umgang mit Pressefotografien, der sich von *SZ*, *Welt* und *FAZ* unterscheidet, was im Beispiel später deutlich wird.

4.3 Die Arbeitsschritte der Dokumentarischen Bildinterpretation: Einzelbildinterpretation und komparative Analyse

Im Folgenden werden zunächst die Analyseebenen der Einzelbildinterpretation dargestellt. Sie werden anschließend an einem Beispiel erläutert, das sukzessive mit anderen verglichen wird. Darüber soll deutlich werden, dass die Interpretation eines einzelnen Bildes insbesondere im Vergleich mit weiteren Bildern plausibel wird. Wie im Abschnitt zur Samplebildung bereits angesprochen, ist die komparative Analyse auf allen Ebenen des Forschungsprozesses relevant (Bohnsack 2010, S. 198 ff.).

In der dokumentarischen Bildinterpretation wird aufgrund der Schwerpunktsetzung der Methode auf die Erforschung der Gestaltungspraxis differenziert zwischen dem, was auf einem Bild zu sehen ist, und der Art, wie dieses gestaltet worden ist. Infolgedessen werden zwei Interpretationsebenen unterschieden. In der *formulierenden Interpretation* wird das im Bild Sichtbare beschrieben. Die *reflektierende Interpretation* rekonstruiert, wie das Bild komponiert ist (Bohnsack 2009, Kap. 3 und 4; Przyborski/Wohlrab-Sahr 2014, Kap. 5.6.8). Das analytische Vorgehen orientiert sich an den kunsthistorischen Methoden der *Ikonologie* von Erwin Panofsky (1987, 2002) und der *Ikonik* von Max Imdahl (1996). Panofskys Bildanalyse umfasst einen Dreischritt aus *vorikonographischer Beschreibung*, dessen was auf dem Bild zu sehen ist und *ikonographischer Analyse*, welche die Bedeutung von Motiven und des historischen Kontextes klärt. Im letzten Schritt der *ikonologischen Interpretation*, wird das Bild als Dokument seiner Zeit erfasst, also wie sich darin epochentypisches ausdrückt. Imdahl erweitert, in kritischer Auseinandersetzung, die Ikonologie Panfoskys um die Analyse der formalen Komposition des Bildes. Sie umfasst die *Planimetrie*, also durch welche Elemente das Bild als Fläche strukturiert wird, die *szenische Choreographie*, also die Anordnung von Personen und Gegenständen, und die Perspektivität. Neuerdings wird für die Fotografie noch die Kategorie der Schärfe-/Unschärferelation hinzugenommen, die untersucht, worauf un-/scharfe Stellen im Bild verweisen (Przyborski/Slunecko 2012).

Insbesondere für Einsteigerinnen in die Bildinterpretation lohnt es sich, die Ebenen nach und nach anzugehen. Allerdings betont bereits Panofsky den prozesshaften Charakter der Interpretation, in der sich der Bezug auf die einzelnen Sinnebenen „in praxi" (Panofsky 1987, S. 203) letztlich zu einem einheitlichen Gesamtgeschehnis verwebt. Das heißt, die Trennung in einzelne Sinnschichten ist als analytisches Mittel zu verstehen. Die Interpretation bezieht sich letztlich immer auf das Bild als ganze Sinneinheit. Im Folgenden werden nun die einzelnen Analyseebenen und Begrifflichkeiten erläutert. Dafür wird als erster Schritt auf der Ebene der *formulierenden Interpretation* das Bild beschrieben.

4.3.1 Vorikonographie und Ikonographie: Merkel und Gabriel in der SZ

In diesem ersten Schritt werden Gegenstände und Personen (in ihrer körperlichen Erscheinung ohne Interpretation der Gestik/Mimik) identifiziert. Ich empfehle ein *relationales Beschreiben,* das die Anordnung der Elemente zueinander aufgreift und darin bereits auf den Bildsinn verweist (Kanter 2016, S. 59 f.).

Auf dem Beispielbild (Abb. 1) erscheinen im Vordergrund die Oberkörper zweier Personen in Dreiviertel-Ansicht, die unterhalb des Brustbereichs abgeschnitten sind. Beide sind leicht von oben zu sehen, mit je nach vorn gebeugter Körperhaltung und zueinander gewendet. Die Person in der linken Bildhälfte ist mehr von vorne zu sehen. Sie trägt einen mittel- bis dunkelblauen, am obersten Knopf geschlossenen Blazer, der Falten wirft und in dessen Ausschnitt Elemente einer silbernen Kette sichtbar sind. Ihr Kopf ist oben leicht angeschnitten und die mittelblonden, geordneten, hell leuchtenden Haare reichen ihr bis

Abb. 1: SZ, Quelle: Michael Kappeler/DPA,
aus: Süddeutsche Zeitung, 23.10.2013, S. 1

zum Ohr. Im hellhäutigen Gesicht sind an Augen- und Mundpartie Fältchen bzw. Grübchen sichtbar. Ihr Blick fällt auf eine Person auf der rechten Bildhälfte. Nun sollte noch die rechte Person sowie der Hintergrund beschrieben werden, worauf aus Platzgründen verzichtet wird.

Im Weiteren gehört zur *formulierenden Interpretation* die Ikonographie. Sie klärt das Motiv und den Kontext des Bildes. Wer hat das Bild in welchem Rahmen produziert? Wer bekommt es zu sehen (Freunde, mediale Öffentlichkeit, etc.)? Welche Personen sind auf dem Bild zu sehen, welche geschlechtlichen, altersbezogen und anderen Merkmale zeigen diese? Erscheinen sie in institutionalisierten Rollen (als Lehrer/Schüler, als Familienmitglieder, etc.)? Hier geht es also um das kommunikative Wissen, das allgemein verfügbar ist bzw. recherchiert werden kann. Im hiesigen Bild spricht (nach der Bildinformation der Nachrichtenagentur DPA) Bundeskanzlerin Angela Merkel mit dem SPD-Bundesvorsitzenden Sigmar Gabriel im deutschen Bundestag am 22.10.2013. Das Bild wurde vom DPA-Fotografen Michael Kappeler aufgenommen und ist in der Süddeutschen Zeitung am 23.10.2013 als Titelbild erschienen.

4.3.2 Ikonik: Das spezifische Mit- und Gegeneinander von Merkel und Gabriel

Auf der Ebene der *reflektierenden Interpretation* wird zunächst die *formale Komposition* des Bildes, seine Ikonik, herausgearbeitet. Denn die Gestaltungsweise verweist auf den bildlichen Sinn, der in der Interpretation nachgezeichnet werden soll.

Dafür wird als erstes die *Planimetrie* rekonstruiert. Es geht darum, den strukturellen Zusammenhang der einzelnen Elemente in der zweidimensionalen Bildfläche zu rekonstruieren. Die Einzeichnung einer Planimetrie mittels Linien ist ein heuristisches Mittel um aufzuzeigen, in welcher Relation die Bildelemente zueinanderstehen. Es soll hier betont werden, dass planimetrische

Linien nicht dem Bildsinn selbst entsprechen, sondern auf diesen verweisen (siehe dazu auch Przyborski/Slunecko 2012). Die Linien stellen hilfreiche Visualisierungen dar, die auf *ikonisch-interpretative* Weise zentrale Strukturen der Bildgestaltung hervorheben. Prinzipiell können mehrere Linien die Gestaltung verdeutlichen und es können auch mehrere Planimetrien plausibel sein, was meist ein Hinweis darauf ist, dass sich nicht nur mehrere ‚Deutungen' im Bild überlagern, sondern diese gewissermaßen ‚gleichberechtigt' nebeneinanderstehen. Auch ist es möglich, dass sich gar keine Planimetrie finden lässt. Zum Aufspüren einer Planimetrie hilft es, das Bild auf den Kopf zu stellen (Przyborski/Wohlrab-Sahr 2014, S. 342) oder die Augen leicht zusammenzukneifen. So lässt sich erkennen, welche Elemente miteinander in der Fläche korrespondieren und für die Komposition entscheidend sind.

Abb. 2: SZ, Planimetrie (eigene Einzeichnung, im Folgenden mit e.E. abgekürzt)

Im Bild (Abb. 2) überlagern sich mehrere gegensätzliche Dynamiken, welche die Körper der Figuren zu- und gegeneinander ausrichten. Bedeutsam für die Komposition sind die Rücken- und Schulterpartien. Verlängert man die äußeren Rückenrundungen wird die Bezogenheit der Figuren aufeinander markant. Eine weitere Dynamik verdeutlicht sich, wenn man die Schulter- und Nackenpartie Gabriels mit einer Linie nachzieht, welche seine äußere Rückenrundung an seiner rechten Schulter schneidet und die bildgestalterische Bedeutung des Nackens betont. Zieht man dann eine vierte Linie ein, welche entlang der linken Schulternaht seines Jacketts verläuft und Merkels Rücken genau an der Schulter kreuzt, wird einmal mehr deutlich, dass die Schultern hier die figürliche Dynamik tragen. Außerdem entsteht durch die vier Linien eine Raute, die visuell darauf verweist, dass die hellen Gesichter in ihrer Mitte in einem bildlichen Zusammenhang stehen, indem sie sich von der dunklen Umgebung abheben. Da von Merkel deutlich mehr Gesicht zu sehen ist und sie zudem durch das Blau ihrer Kleidung und die Lichtsetzung hervorgehoben wird, kommt sie wesentlich stärker zur Geltung als Gabriel.

Die *szenische Choreographie* verdeutlicht das Arrangement zentraler Figuren im Bild, die meist Personen sind, aber auch markante Gegenstände sein können. Sie kann ebenfalls mit Einzeichnungen visualisiert werden. Im vorliegenden Bild stimmt die szenische Choreographie mit der Planimetrie überein, was nicht unüblich ist bei Fotografien, deren Komposition überwiegend von der Anordnung der Körper strukturiert wird.

Die *Perspektivität* eines Bildes, sein perspektivischer Aufbau, verweist auf die eingenommene Perspektive der abbildenden Bildproduzentinnen und mittelbar auf deren Orientierungen. Sofern es das Bild zulässt, das heißt, es müssen Gebäude- oder Raumkanten zu sehen sein, wird auf dieser Ebene der geometrische Raumaufbau nachvollzogen. Fehlt dies, wird zumindest die gewählte Aufnahmeweise (Frontal-, Frosch- oder Vogelperspektive) beschrieben. Die hiesige Fotografie ist von schräg oben fotografiert, wodurch die Abgebildeten auf besondere Weise zusammengerückt werden, worauf noch zurückzukommen ist.

Als ein erstes Zwischenfazit der Einzelbildinterpretation lässt sich folgende *gestalterische Orientierung* der SZ beschreiben. Es wird eine besondere Nähe von Merkel und Gabriel planimetrisch und szenisch fokussiert. Die *SZ* zeigt Merkel als bestimmende Akteurin der Interaktion. Sie behält den Überblick, aber ihre Vorrangstellung ist nicht eineindeutig, denn Gabriel wendet sich zu ihr hin (siehe Rückenrundung) und bleibt zugleich auf Abstand zu ihr (Schulter- und Nackenpartie). Durch die Komposition wird suggeriert, dass Gabriel einerseits von Merkel eingenommen ist und andererseits ihren Konterpart bildet. Markiert wird somit eine Situation des Arrangements.

4.3.3 Ikonologische-ikonische Gesamtinterpretation

Im weiteren Verlauf der Analyse wird das Bild dann mit den anderen Bildern aus dem Sample sowie samplextern verglichen. So sind Einzelbildinterpretation und komparative Analyse eng verknüpft.

4.3.4 Komparative Analyse: Die Unterschiede im Gegen- und Miteinander

Vergleichsdimension 1: Andere Zeitungen

Das gleiche Bild ist in einem anderen Zuschnitt von der Tageszeitung „Die Welt" ebenfalls als Titelbild publiziert worden.

Im Bildausschnitt der *Welt* (Abb. 5) ist Merkels Kopf unbeschnitten, ihr Unterarm ist etwas länger und ihre Hüfte nicht in der Bildecke, sondern etwas oberhalb davon angeschnitten. Zudem ist Gabriels Rücken stärker beschnitten, womit dessen markante Rücken- und Schulterpartie zurückgenommen wird. So hat im Bild der *Welt* Merkel noch mehr Präsenz als in der *SZ* (Abb. 3). Der Schnittpunkt der Linien in ihrem Kopf (Abb. 6) verweist darauf, dass Gabriels körperliche Ausrichtung in diesem Zuschnitt noch

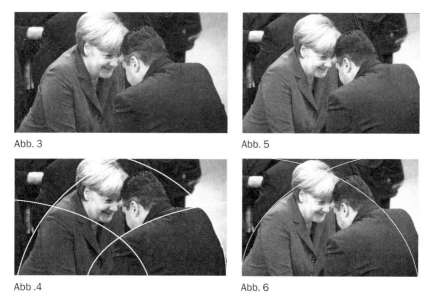

Abb. 3 (oben links)/4 (unten links) SZ und Abb. 5 (oben rechts)/6 (unten rechts): Die Welt, Quelle: Michael Kappeler/DPA, 23.10.2013, S. 1 (e.E.)

deutlicher auf sie bezogen ist. Der Schwerpunkt der körperlichen Dynamik liegt somit auf Merkels Seite. So gestaltet die *Welt* (Abb. 5) ein Arrangement, in dem Merkel offensiver erscheint, während Gabriels Haltung defensiver wirkt, da seine rechte Schulter nicht mehr so markant ist wie in der *SZ* (Abb. 3). Die Gestaltung der Bildkörper in der *SZ* zeigt beide so, dass sie aufeinander ausgerichtet sind und der Schwerpunkt der Dynamik zwischen ihnen liegt (vgl. die planimetrischen Schnittpunkte an den Schultern). Die beiden Figuren werden als eigenständige gezeigt, die sich aufeinander beziehen, werden also als autonom gestaltet. Dagegen sind die Bildkörper in der *Welt* je als unterschiedlich gestaltet (offensiv vs. defensiv) und als voneinander abhängig.

Die Fotografie findet sich am gleichen Tag in der *Bildzeitung* (Abb. 7). Dort ist sie rechts oben auf einer Doppelseite platziert, welche planimetrisch durch die über beide Seiten verlaufende Hauptüberschrift (im gleichen Farbton mit Merkels Blazer) strukturiert wird (durchgezogene Linie in Abb. 7). Da Text- und Bildbereich in der *Bildzeitung* nicht eindeutig voneinander getrennt sind, habe ich mich beim Erstellen des Ausschnitts an den eigentlichen Außenrändern des Vergleichsbilds orientiert.

Merkels mimischer Ausdruck ist auf Höhe der Überschrift liegend hervorgehoben. Durch die Modulation der Fotografie mit Text vor allem im Hintergrund und in Gabriels Körper wird dessen ‚Widerstreben' noch mehr zurückgenommen und Merkels Offensivität betont (vgl. auch die gestrichelten Linien, die die szenische Choreografie markieren). Noch präsenter sind hier ihr Blick

Abb. 7: *Bild*, Quelle: Michael Kappeler/DPA, 23.10.2013, S. 2/3, Planimetrie und szenische Choreographie (gestrichelt, e.E.)

sowie ihr rechter Arm. Jener ist in *SZ* und *Welt* an der Stelle beschnitten, wo sich dieser nach unten neigt, womit dort das Abstützen negiert und ihre Hinwendung zu Gabriel verstärkt wird. In der *Bildzeitung* wird Merkel als *eindeutig überlegen* gestaltet und Gabriel ihr untergeordnet. Die fotografierte Situation ist durch die Einbettung in die gesamte Text-Bild-Anordnung weniger wichtig. Die *Bildzeitung* gestaltet den ikonischen Kontext neu und das, was von der Fotografie übrigbleibt, wird darunter subsumiert.

Vergleichsdimension 2: Andere Fotografien derselben Situation und die Rolle des Kontextes

Im Vergleich mit anderen Fotografien derselben Situation wird deutlich, dass der räumliche Kontext in den Zeitungsbildern nicht näher bestimmt ist.

Als Beispiel dafür zeigt die Fotografie der Bundesbildstelle (Abb. 8) einen größeren Ausschnitt des deutschen Bundestags (sichtbar am Mobiliar, das man (er-)kennen muss), indem beide weiter auseinanderstehen und von anderen Politikerinnen umgeben sind. Dieser Vergleich verdeutlicht, dass der vorgefundene Moment während der konstituierenden Sitzung des Bundestages nach der Bundestagswahl 2013 nicht so intim ist, wie dies durch die Bilder in *SZ*, *Welt* und *Bildzeitung* suggeriert wird. Die Nähe und Merkels dominante Position wird durch Ausschnitt, Perspektive und redaktionellem Zuschnitt konstruiert. In den drei Bildern dokumentiert sich ein Gegen- und Miteinander der Parteivorsitzenden, das von den Tageszeitungen je unterschiedlich gewichtet wird.

Um dem nachzugehen, ist ein *sample-externer Vergleich* hilfreich (Kanter 2016). Was kommt nun in dieser gestalteten Nähe zum Ausdruck?

Abb. 8: Quelle: Bundesbildstelle, http://atlanticsentinel.com/
2013/10/german-coalition-expected-to-introduce-national-
minimum-wage/angela-merkel-sigmar-gabriel/ (Abruf 24.11.2015)

Vergleichsdimension 3: Andere Bilder, der sample-externe Vergleich

Durch die Kontrastierung mit Bildern aus anderen sozialen Zusammenhängen wird es möglich, die besondere Nähe von Merkel und Gabriel vertiefender herauszuarbeiten. Auch der sample-externe Vergleich fokussiert auf Spezifika in der bildlichen Dimension, etwa auf die Anordnung der Figuren, der Farb- oder Lichtgebung und bezieht diese auf die verschiedenen Bedeutungsebenen in der sozialen Dimension. Es werden meist mehrere Bildzusammenstellungen vorgenommen, die dem Zusammenhang von Gestaltung und Dimensionen der sozialen Beziehung nachgehen. Aus der Studie wird hier nur ein Beispiel gezeigt, die anderen Vergleiche zielen auf die Aspekte Allianz, Ehrerbietung und Intimität, die ebenfalls in den Bildern relevant sind. Für die folgende Zusammenstellung war die spezifische Relationierung der Köpfe (Stirn aneinander) relevant. Sie verweist gestalterisch auf körperliche Kräfteverhältnisse, welche in der gezeigten sozialen Beziehung von Merkel und Gabriel mit aufgerufen werden und die insbesondere durch die seitliche Aufnahme von oben entstehen (Abb. 8).

In allen Bildern findet eine Auseinandersetzung um Positionen auf körperlicher Ebene statt. Die Hände und Arme (bzw. was von ihnen zu sehen ist) spielen eine aktive Rolle und je eine Akteurin hat den Blick (leicht) auf das Gegenüber gesenkt. Der Ausschnitt einer antiken Vase (Bild oben links in Abb. 9) verweist zudem auf das historische Bildwissen, Ringer auf diese Weise darzustellen. Das ritualisierte Aufeinander-Losgehen trägt auch – mit einem ironischen Augenzwinkern betrachtet – animalische Züge (Abb. 9, Bilder unten).

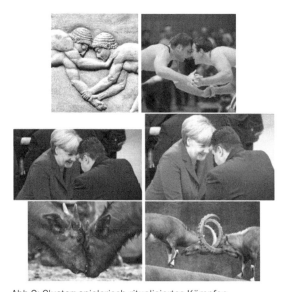

Abb.9: Cluster: spielerisch-ritualisiertes Kämpfen
Quellen: oben links: Relief mit Ringer/Berliner Festspiele, Martin-Gropius-Bau, http://kunstundfilm.de/2012/11/mythos-olympia/ (Abruf 25.3.2015),
oben rechts: Christoph Herwig/fotocommunity.de,
Mitte links: Michael Kappeler/DPA, aus: Süddeutsche Zeitung, 23.10.2013, S. 1,
Mitte rechts: Michael Kappeler/DPA, aus: Die Welt, 23.10.2013, S. 1,
unten links: Manoj Shah/The Image Bank/GettyImages,
unten rechts: https://ylvaverlagblog.wordpress.com/2013/01/09/konflikte/ (Abruf 25.3.2015)

Im spielerischen Kämpfen wird mit Körperkraft ausgehandelt, wer der Stärkere ist. Durch das Cluster wird deutlich, dass jenseits politischer Akteurinnen miteinander ringende Körper zu sehen sind.

Zusammenfassend lässt sich als Ergebnis der komparativen Analyse festhalten, dass die Ausgangsposition für die Koalitionsverhandlung (CDU hat mehr Stimmen als die SPD) aus der Sicht der Tageszeitungen je unterschiedlich gewichtet wird. Diesen Gestaltungsweisen liegen spezifische implizite Wissensbestände und daraus resultierenden Orientierungen zugrunde. Im nächsten Schritt der Analyse werden die Aspekte der Orientierungsrahmen der Tageszeitungen in der Typenbildung herausgearbeitet. Über die Generalisierung der Ergebnisse wird verdeutlicht, was in den Gestaltungspraktiken der Tageszeitungen je relevant ist. Darüber hinaus wird das sich in den Bildern äußernde Verhältnis von Medien und Politik nachgezeichnet.

5 Generalisierung der Ergebnisse in der praxeologischen Typenbildung

Ziel einer empirischen Studie ist nach der Analyse der einzelnen Fälle die Verallgemeinerung der Ergebnisse hin zu generalisierbaren Erkenntnissen. Die Generalisierung erfolgt über die Bildung von Typen und im Rahmen der dokumentarischen Methode zielen Typenbildungen auf die Rekonstruktion der Handlungspraxis von Akteurinnen. Sie „stellen den Versuch dar, die Strukturprinzipien dieser Praxis typologisch zu verdichten" (Bohnsack 2010, S. 49, Herv. i. O.). Es handelt sich somit bei *praxeologischen Typologien* um plausible Re-Konstruktionen handlungsleitender Orientierungen bzw. von Orientierungsrahmen, resp. Habitus. In der Typenbildung wird in einem ersten, abstrahierenden Schritt zunächst ein *tertium comparationis* identifiziert, also herausgestellt, was allen Fällen (trotz der fallspezifischen Besonderheiten) gemeinsam ist. Dabei ist es wichtig, dass ein Typ aus mindestens zwei Fällen besteht, damit nicht Merkmale eines Einzelfalls zu einem Typus überhöht werden. Zudem wird ein Typus erst im Kontrast mit einem anderen markant. Das Gemeinsame der Fälle stellt dann die „Basistypik" (Bohnsack 2001, S. 237) dar. Sie erfasst das Typische der Handlungspraxis bzw. der Orientierungsrahmen und stellt die *sinngenetische Typenbildung* dar. Weitere Abstraktionsstufen praxeologischer Typologien sind die *relationale Typenbildung*, die nach typischen Relationen von Orientierungen sucht (Nohl 2013) sowie die *soziogenetische Typenbildung* (Nentwig-Gesemann 2007), die die Entstehung eines Orientierungsrahmens zu erklären sucht. Die Typenbildung der Fallstudie zu Pressefotografien zielt darauf ab, die *gestalterischen Orientierungsrahmen* der Tageszeitungen herauszuarbeiten.

5.1 Fallbeispiel Pressefotografie: Die gestalterische Orientierung am *‚Abbildcharakter des Fotografischen'*

Als Basistypik lässt sich hier eine gemeinsame geteilte, gestalterische Orientierung am *‚Abbildcharakter des Fotografischen'* benennen. Sie äußert sich in fünf untersuchten Zeitungen auf unterschiedliche Weise. Einerseits sind sich *SZ*, *Welt* und *FAZ* ähnlich und andererseits *Bildzeitung* und *taz* (Kanter 2016, Kap. 6). Die hier gezeigten Bilder ähneln sich folgendermaßen: Die Tageszeitungen bringen in einer Nahaufnahme die Köpfe der Politikerinnen zusammen. Markant wird ein gestalterisches Ringen um Nähe zur beobachteten Situation. Der schnappschussartige Stil suggeriert, bei dem tête-à-tête der beiden Politikerinnen dabei gewesen zu sein. Dass Merkel zwar den Überblick hat und die Oberhand behält, Gabriel jedoch mit von der Partie ist, zeigt diese Beziehung als eine Allianz, die aufeinander angewiesen ist, was maßgeblich von der Bildgestaltung mitkonstruiert wird. Der ‚Koalitionsflirt', denn zu diesem Zeitpunkt waren die Koalitionsverhandlungen zur großen Koalition aus CDU und SPD in vollem Gange, entpuppt sich als ein spielerisch-ritualisiertes Kämpfen um Positionen. Dies resultiert aus der korporierten Praxis der Politikerinnen, wird aber insbesondere durch die Bildgestaltung der Tageszeitungen zur Geltung gebracht. Die planimetrischen Rekonstruktionen haben gezeigt, dass in der *SZ* der Bezug der Figuren aufeinander kompositorisch so dargestellt ist, dass diese als *prinzipiell* ebenbürtige Akteurinnen erscheinen. Dies wurde in allen drei untersuchten *SZ*-Bildern deutlich. Dagegen steht in der *Welt* die starke Abhängigkeit der Personen zueinander und ihre Differenz im Vordergrund. In der *SZ* dokumentiert sich eine gestalterische Orientierung an der Autonomie der Körper/Personen, in der *Welt* dagegen an deren begrenzter Flexibilität. Gemeinsam ist beiden Zeitungen jedoch (und ebenfalls der dritten, nicht dargestellten *FAZ*), dass die Positionen von Merkel und Gabriel als prinzipiell aushandelbar gezeigt werden. Dagegen sind die Positionen der Politikerinnen in der *Bildzeitung* durch das Layout festgelegt. Der Aspekt der Allianz wird zurückgenommen und Merkel beherrscht eindeutig(er) den Bildraum. Gabriel wird an den (Seiten-)Rand gedrängt, allerdings nicht gänzlich verdrängt, denn es braucht ihn, um die Vorrangstellung Merkels gestalterisch sichtbar machen zu können.

Jenseits der Differenzen der Gestaltungsweisen der Tageszeitungen dokumentiert sich jedoch bei allen ein gemeinsamer Orientierungsrahmen am A*bbildcharakter des Fotografischen*, der unterschiedlich stark gestaltungsleitend ist. In *SZ* und *Welt* erfolgt eine Veränderung einer Fotografie lediglich als Zuschnitt, also entlang des fotografierten Kontextes und es wird somit an der Fotografie als Abbild von Wirklichkeit festgehalten. Dagegen werden Fotografien in der *Bildzeitung* derart gestaltet, dass das Gezeigte *prinzipiell* glaubhaft ist, ohne, dass ein indexikaler Bezug vorliegen muss. Die Orientierung am Abbild ist nur sekundär, bedeutsamer ist vielmehr die Orientierung an einer stärker vor-ausgedeuteten Perspektive. Dies teilt sie mit der *taz.die tageszeitung*.

Das politische Geschehen kann – wie hier im Bundestag – immer nur aus einer Distanz heraus beobachtet werden. Die Aufnahmeweise zeigt an, an Ort und Stelle gewesen zu sein. Die soziale Beziehung von Merkel und Gabriel wird so dargestellt, als handelten sie in diesem Moment die Koalition aus. Dadurch wird auf eine bestimmte soziale Beziehung von Merkel und Gabriel verwiesen. Durch die Veröffentlichung wird unterstellt, jene existiere auf diese Weise. Dies wird durch die Gestaltungsleistungen Zuschnitt und Modulation noch gesteigert. Darüber hinaus dokumentiert sich in den Bildern ein Verhältnis von Presse und Politik, das zugleich Nähe und Distanz ausdrückt. Dies kann als ‚paradoxe Beobachterhaltung' beschrieben werden. Die Medien müssen nahe genug am Geschehen sein, um dieses (überhaupt) beobachten zu können und zu diesem gleichzeitig auf Abstand bleiben, um nicht Teil des Geschehens zu werden. Die komparative Analyse der Studie umfasst auch einen Vergleich mit privaten

Hochzeitsbildern. Die beauftragten Hochzeitsfotografinnen beobachten ähnlich den Pressefotografinnen das Geschehen aus der Distanz, während sich in den Aufnahmen geladener Gäste ein Verschmelzen mit dem Paar andeutet. Dass die Bildberichterstattung an der Konstruktion von Politik bzw. von sozialen Verhältnissen allgemein beteiligt ist, ist ein Ergebnis der Studie, das es nicht nur im wissenschaftlichen Rahmen zu diskutieren gilt.

5.2 Zu Aspekten einer Theorie ikonischer Macht

Die Studie abschließend werden, basierend auf den Ergebnissen der Typenbildung, bisherige Konzeptionen zur Macht der Bilder sowie Anschlussmöglichkeiten für weitere Forschungen diskutiert. Ein zentrales Ergebnis ist das Folgende: Die Konstruktion von Gesellschaft in Bildern äußert sich darin, dass soziale Verhältnisse auf ästhetische Weise gestaltet werden. Die Tageszeitungen verweisen in ihren Bildern auf eine bestimmte soziale Beziehung der Politikerinnen, von der lediglich angenommen werden kann, sie existiere auf diese Weise. Anders formuliert, es wird mit dem „Abbildversprechen" des Fotografischen (Fromm 2014, S. 24) gearbeitet. Relevant für die Gestaltung ist nicht, ob die Bilder tatsächlich wahr sind, sondern die Vorstellung, dass sie wahr sein könn(t)en. Während sich *SZ/Welt* (und auch die *FAZ*) stark an der Referentialität des Fotografischen orientieren, spielt die *Bildzeitung* mit genau dieser Glaubwürdigkeit des Abbildes (letzteres gilt ähnlich und zugleich anders für die *taz.die tageszeitung*). Diese Unterschiede lassen sich als Ausprägungen *ikonischer Macht* (Kanter 2016) fassen. Denn es ist letztlich umstritten, was als ‚glaubhaftes Bild' gelten kann bzw. soll.

Darüber hinaus dokumentiert sich in den publizierten Pressebildern von Politikerinnen ein öffentliches, von Nähe und Distanz geprägtes Verhältnis von Presse und Politik. Dass dieses öffentliche Verhältnis jedoch auf spezifische Weise gestaltet wird, bleibt im Einzelbild latent und wird erst im analytischen Vergleich deutlich. Die verdeckt bleibende Selektivität in der Gestaltung kann als weitere Form *ikonischer Macht* beschrieben werden. Indem die Tageszeitungen ein Bild in einem Zuschnitt und meist kein anderes zeigen, setzen sie mit jeder Veröffentlichung ihre Perspektive auf Welt durch und darin zugleich ihre *Weltauslegung* als öffentliche (Mannheim 1929). Die Orientierung an einer ‚objektiven' Bildberichterstattung, wie sie für den Bildjournalismus typisch ist, verbirgt, dass jedes Pressebild eine Konstruktion von Politik darstellt. Indem das Bild verspricht Abbild zu sein, wird die Kontingenz der Perspektiven verschleiert. Diese Regulierung von Kontingenz bezeichnet Niklas Luhmann als eine „Funktion von Macht" (Luhmann 1975, S. 12). Zusammenfassend lässt sich sagen, dass sich in den publizierten Pressebildern *ikonische Macht* auf unterschiedlichen Ebenen der Gestaltungspraxis äußert. Die bildwissenschaftlichen Theorien, die sich bis dato mit dem Phänomen der ‚Macht der Bilder' beschäftigt haben, beziehen die Macht nur auf das Bildliche selbst (u. a. Boehm 2007; Bredekamp 2010). Hingegen kommen m.E. in den Studien der visuellen Kultur (u. a. Schade/Wenk 2005; Holert 2008; Bartl et al. 2011) aufgrund der zurecht wichtigen Betonung der Kontexte der Bilder die ikonischen, also bildimmanenten Aspekte zu kurz. Sozialwissenschaftlich relevant ist es also darauf zu blicken, wie die Bildproduzentinnen das Bildliche gestalterisch formen und wie darin soziale Verhältnisse auf ikonische Weise zur Geltung kommen bzw. immer mitproduziert werden. Besonders interessant ist dann die Frage nach dem, was durch die Gestaltung gerade nicht hervorgehoben wird, was nicht unbedingt heißen muss, dass es nicht sichtbar ist. Letzteres diskutieren etwa diskursanalytische Ansätze, wenn sie danach fragen, was (un-)sagbar und (un-)sichtbar ist (Traue 2013). Bildmacht findet sich auch darin, wie etwas gestalterisch *marginalisiert* wird, etwa wenn Gabriel an den Rand der Aufmerksamkeit gedrängt wird. *Ikonische Macht* ist immer an die Bilder selbst gebunden *und* liegt den sozialen Praktiken der Bildproduktion zugrunde. Damit wird der Begriff anschlussfähig an bisherige Analysen zur visuellen Diskursanalyse, die insbesondere den weiteren Kontext der Macht der Bilder in Hinblick auf Fragen von Visualität diskutieren (u. a. Maasen/Mayerhauser/Renggli 2006; Traue 2013; Bischoff 2016; Mitterhofer 2016). In Zukunft könnte sich die dokumentarische Methode daher verstärkt der Relationierung der was- und wie-Ebene in der Bildinterpretation, also dem Verhältnis von implizitem, konjunktiven und expliziten, kommunikativen Wissen widmen. So würde deutlicher als bisher das Wechselverhältnis von Habitus zu institutionalisierten Rollenerwartungen und Normen in den Blick genommen, das sich gesellschaftlich auch auf visueller Ebene konstituiert.

6 Zur Erforschung gesellschaftlicher Praxis: Grenzen und Potentiale der dokumentarischen Bildinterpretation

Die Beispielstudie hat gezeigt, dass handlungsleitende *ikonische Orientierungen* an der Konstruktion von Gesellschaft beteiligt sind. Die Selektivität in der Gestaltung, also von dem, was sichtbar gemacht wird, bleibt damit verdeckt. Indem im Mittelpunkt der dokumentarischen Methode die Rekonstruktion der Handlungs-, resp. Gestaltungspraxis steht, werden mit ihr Fragen nach politischen (oder anderen) Absichten von Akteurinnen dahingehend erweitert zu zeigen, wie sich Weltauslegungen jenseits expliziter Intentionen durchsetzen. Es sind nicht nur die kommunikativen Strategien, die die Konstruktion von Politik mitbestimmen, sondern diese basieren, möglicherweise mehr als bisher vermutet, auf implizit-inkorporierten Wissensbeständen, welche jenseits bewusster Reflexion liegen. Auch wenn wir, reflexiv betrachtet, noch so sehr wissen, dass

Fotografien konstruiert sind, und das ist längst ein Allgemeinplatz in der wissenschaftlichen wie auch journalistischen Debatte, so wirken diese dennoch auf den ersten Blick wie ‚real' aufgrund ihrer Abbildfunktion von Wirklichkeit. Mit ihrem Fokus auf das handlungsleitende Erfahrungswissen können mit der dokumentarischen Bildinterpretation Routinen der Gestaltung herausgearbeitet werden. Darauf zu fokussieren, deckt natürlich nur einen kleinen Bereich wissenschaftlicher Bildanalyse ab, deren potentielle Bandbreite Gillian Rose eindrücklich in ihrer Einführung zur Erforschung visuellen Materials darstellt (2012).

Aus dem Blickwinkel der dokumentarischen Methode ist das Agieren von Akteurinnen in seiner routinisierten Regelhaftigkeit wesentlich, um strukturelle Zusammenhänge in einer Gesellschaft zu erforschen. Wenn etwa im Common Sense des Bildjournalismus ausgeblendet wird, *dass* auf der impliziten Ebene routinisierter Gestaltung Bildpolitik betrieben wird, was sich in den untersuchten Tageszeitungen je unterschiedlich zeigt, so ist dies ein Ergebnis, das nicht nur wissenschaftlich von Bedeutung ist. Jegliche Forschung ist in gesellschaftliche Verhältnisse eingebettet. Und so sollten zentrale Ergebnisse auch außerhalb des Wissenschaftsbetriebs eine Rolle spielen. Die Ergebnisse meiner Studie werden etwa auch Medienkonsumentinnen zur Verfügung gestellt, um ihnen ein Sehangebot zu unterbreiten das verdeutlicht, wie Medien immer schon das Bild vordeuten, welches sich Betrachter- und Leserinnen überhaupt von Politik machen können. Dies birgt natürlich auch die Gefahr, den Vorwürfen einer ‚Lügenpresse' Vorschub zu leisten, welche aufgrund einer verkürzten Lektüre der vorgestellten Studie bereits geäußert wurden. Umso notwendiger erscheint es, diese Ergebnisse zur ikonischen Macht nicht (nur) als Strategien der Medien zu begreifen, sondern mit denjenigen, die Nachrichten produzieren, über die Folgen ihrer täglichen Praxis zu diskutieren.

Es lohnt sich also mit der dokumentarischen Methode auf Bereiche von Gesellschaft zu schauen, die in der soziologischen Forschung bisher wenig als Alltagspraxis untersucht worden sind, denn auch professionelle Handlungsweisen sind tägliche Taten, die auf impliziten Wissensbeständen beruhen. Damit ist die Stärke dieses methodischen Ansatzes hervorgehoben und zugleich auch dessen Grenzen markiert. Was die dokumentarische Methode nicht in erster Linie untersucht sind etwa prägende Diskurse oder Normen. Mit Blick auf die Macht der Bilder wären das etwa Fragen nach den Strategien der Visualisierung in der politischen Kommunikation (Münkler 2009). Nicht nur den Routinen der Gestaltung stärker auf den Grund zu gehen, sondern den verschiedenen Facetten des Einsatzes von Bildern, ist gerade in Zeiten einer zunehmenden Bildproduktion, die längst nicht mehr zwischen privaten und öffentlichen Bildpraktiken (Schreiber 2017) trennt, unerlässlich.

Literatur

Allert, T./Dausien, B./Mey, G./Reichertz, J./Riemann, G. (2014): Forschungswerkstätten – Programme, Potenziale, Probleme, Perspektiven. Eine Diskussion. In: Mey, G./Mruck, K. (Hrsg.) (2014): Qualitative Forschung: Analysen und Diskussionen. Wiesbaden: Springer VS, S. 291–316.
Bartl, A./Hoenes, J./Mühr, P./Wienand, K. (Hrsg.) (2011): Sehen – Macht – Wissen. ReSaVoir. Bilder im Spannungsfeld von Kultur, Politik und Erinnerung. Bielefeld: Transcript.
Bischoff, C. (2016): Blickregime der Migration. Images und Imaginationen des Fremden in Schweizer Printmedien. Münster: Waxmann.
Berger, P. L./Luckmann, T. (2013): Die gesellschaftliche Konstruktion der Wirklichkeit. Frankfurt am Main: Fischer.
Boehm, G. (2007): Wie Bilder Sinn erzeugen: Die Macht des Zeigens. Berlin: Berlin University Press.
Bredekamp, H. (2010): Theorie des Bildakts. Berlin: Suhrkamp.
Bohnsack, R. (2001): Typenbildung, Generalisierung und komparative Analyse: Grundprinzipien der dokumentarischen Methode. In: Bohnsack, R./Nentwig-Gesemann, I./Nohl, A.-M. (Hrsg.) (2001): Die dokumentarische Methode und ihre Forschungspraxis: Grundlagen qualitativer Sozialforschung. Opladen: Leske u. Budrich, S. 225–253.
Bohnsack, R. (2003): Die dokumentarische Methode in der Bild- und Fotointerpretation. In: Ehrenspeck, Y./Schäffer, B. (Hrsg.) (2003): Film- und Fotoanalyse in den Erziehungswissenschaften. Ein Handbuch. Opladen: Barbara Budrich, S. 87–120.
Bohnsack, R. (2009): Qualitative Bild- und Videointerpretation. Die dokumentarische Methode. Opladen/Farmington Hills: Barbara Budrich/UTB.
Bohnsack, R. (2010): Rekonstruktive Sozialforschung. 8. durchgesehene Auflage. Opladen: Barbara Budrich.
Bohnsack, R. (2013): Dokumentarische Methode und die Logik der Praxis. In: Lenger, A./Schneickert, C./Schumacher, F. (Hrsg.) (2013): Pierre Bourdieus Konzeption des Habitus. Grundlagen, Zugänge, Forschungsperspektiven. Wiesbaden: VS, S. 175–200.
Bohnsack, R. (2014): Habitus, Norm und Identität. In: Helsper, W./Kramer, R.-T./Thiersch, S. (Hrsg.) (2014): Schülerhabitus. Wiesbaden: Springer VS, S. 33–55.
Bohnsack, R./Przyborski, A./Michel, B. (Hrsg.) (2015): Dokumentarische Bildinterpretation. Methodologie und Forschungspraxis. Opladen: Barbara Budrich.
Bohnsack, R. (2017): Praxeologische Wissenssoziologie. Opladen: Barbara Budrich.
Bourdieu, P. (1987): Die feinen Unterschiede. Kritik der gesellschaftlichen Urteilskraft. Frankfurt am Main: Suhrkamp.
Bourdieu, P., Chamboredon, J.-C./Passeron, J.-C. (Hrsg.) (1991): Soziologie als Beruf. Wissenschaftstheoretische Voraussetzungen soziologischer Erkenntnis. Berlin: De Gruyter.
Bourdieu, P. (1976): Entwurf einer Theorie der Praxis. Frankfurt am Main: Suhrkamp.
Bourdieu, P. (2001): Meditationen. Zur Kritik der scholastischen Vernunft. Frankfurt am Main: Suhrkamp.
Breckner, R. (2010): Sozialtheorie des Bildes. Zur interpretativen Analyse von Bildern und Fotografien. Bielefeld: transcript.
Bude, H. (2011). Fallrekonstruktion. In: Bohnsack, R./Marotzki, W./Meuser, M. (Hrsg.) (2011): Hauptbegriffe qualitativer Sozialforschung. Opladen: Barbara Budrich, S. 60-61.
Fromm, K. (2014): Das Bild als Zeuge. Inszenierungen des Dokumentarischen in der künstlerischen Fotografie seit 1980. Dissertation. Berlin: Humboldt-Universität zu Berlin.
Garfinkel, H. (1967): Studies in Ethnomethodology. Englewood Cliffs/New Jersey: Prentice Hall.
Glaser, B. G./Strauss, A. L. (1967): The Discovery of Grounded Theory: Strategies for Qualitative Research. Chicago: Aldine.
Holert, T. (2008): Regieren im Bildraum. Berlin: Bbooks.
Imdahl, M. (1996): Giotto. Arenafresken: Ikonographie – Ikonologie – Ikonik. München: Wilhelm.

Kanter, H. (2012): Die Macht in Bildern – Habitus, Bildakt & ikonische Macht. In: Lucht, P./ Schmidt, L.-M./Tuma, R. (Hrsg.) (2012): Visuelles Wissen und Bilder des Sozialen. Aktuelle Entwicklungen in der visuellen Soziologie. Wiesbaden: VS, S. 107–122.

Kanter, H./Carnap, A./Dreke, C./Gall-Prader, M./Philipps, A./Stützel, K./Stölting, E./Wopfner, G. (2015): Die ‚Rechte Mitte' im Bild – Eine rekonstruktive Bildanalyse zum NSU. In: Sozialer Sinn 16, H. 1, S. 3–25.

Kanter, H. (2016): Ikonische Macht. Zur sozialen Gestaltung von Pressebildern. Opladen: Barbara Budrich.

Luhmann, N. (1975): Macht. Stuttgart: Enke.

Maasen, S./Mayerhauser, T./Renggli, C. (Hrsg.) (2006): Bilddiskurse – Bilder als Diskurse. Weilerswist: Velbrück.

Mannheim, K. (1929): Die Bedeutung der Konkurrenz im Gebiete des Geistigen. In: Deutsche Gesellschaft für Soziologie (DGS) (Hrsg.) (1929): Verhandlungen des 6. Deutschen Soziologentages vom 17. bis 19. September 1928 in Zürich: Vorträge und Diskussionen in der Hauptversammlung und in den Sitzungen der Untergruppen. Tübingen: Mohr Siebeck, S. 35–83.

Mannheim, K. (1964): Wissenssoziologie. Auswahl aus dem Werk. Berlin/Neuwied: Luchterhand.

Mannheim, K. (1980): Strukturen des Denkens. Frankfurt am Main: Suhrkamp.

Matthes, J. (1992): The Operation Called „Vergleichen". In: Matthes, J. (Hrsg.) (1992): Zwischen den Kulturen? Die Sozialwissenschaften vor dem Problem des Kulturvergleichs. Soziale Welt, Sonderband 8. Göttingen: Schwartz, S. 75–99.

Mey, G./Mruck, K. (2011): Grounded Theory Reader. 2., aktualisierte und erweiterte Auflage. Wiesbaden: VS.

Mitterhofer, H. (2016): Das Repräsentations-Dispositiv. Narration, Gedächtnis und Pathos – zu den Bildern von 9/11. München: Fink.

Müller, M.-R. (2016): Bildcluster. Zur Hermeneutik einer veränderten sozialen Gebrauchsweise der Fotografie. In: Sozialer Sinn 17, H. 1, S. 95–141.

Münkler, Herbert (2009): Strategien der Visualisierung: Verbildlichung als Mittel politischer Kommunikation. Frankfurt am Main: Campus.

Nentwig-Gesemann, I. (2007): Die Typenbildung der dokumentarischen Methode. In: Bohnsack, R./Nentwig-Gesemann, I./Nohl, A.-M. (Hrsg.) (2007): Die dokumentarische Methode und ihre Forschungspraxis: Grundlagen qualitativer Sozialforschung. Wiesbaden: VS, S. 277–302.

Nohl, A.-M. (2013): Relationale Typenbildung und Mehrebenenvergleich. Neue Wege der dokumentarischen Methode. Wiesbaden: VS.

Panofsky, E. (1987): Zum Problem der Beschreibung und Inhaltsdeutung von Werken der bildenden Kunst. In: Kämmerling, E. (Hrsg.) (1987): Ikonographie und Ikonologie. Theorien, Entwicklung, Probleme. Köln: DuMont, S. 185–206.

Panofsky, E. (2002): Ikonographie und Ikonologie. Eine Einführung in die Kunst der Renaissance. In: Panofsky, E. (Hrsg.) (2002): Sinn und Deutung in der bildenden Kunst (Original 1955). Köln: DuMont.

Pilarczyk, U./Mietzner, U. (2005): Das reflektierte Bild. Die seriell-ikonografische Fotoanalyse in den Erziehungs- und Sozialwissenschaften. Bad Heilbrunn: Julius Klinkhardt.

Philipps, A. (2016): Das Problem des Bildsinns und der bildlichen Vielfalt in der Soziologie. Zur Bedeutung von materialen und medialen Gestaltungsmöglichkeiten für Verfahren rekonstruktiver Bildinterpretation. In: Soziale Welt 67, H. 1, S. 5–22.

Przyborski, A. (2004): Gesprächsanalyse und dokumentarische Methode. Qualitative Auswertung von Gesprächen, Gruppendiskussionen und anderen Diskursen. Wiesbaden: VS.

Przyborski, A./Slunecko, T. (2012): Linie und Erkennen: Die Linie als Instrument sozialwissenschaftlicher Bildinterpretation. In: Journal für Psychologie: Theorie – Forschung – Praxis 20, H. 3, S. Art. 3.

Przyborski, A. & Wohlrab-Sahr, M. (2014): Qualitative Sozialforschung. Ein Arbeitsbuch. 4., erweiterte Auflage. München: Oldenbourg.

Raab, J. (2012): Visuelle Wissenssoziologie der Fotografie Sozialwissenschaftliche Analysearbeit zwischen Einzelbild, Bildkontexten und Sozialmilieu. In: Österreichische Zeitschrift für Soziologie 37, H. 2, S. 121–14.

Rose, G. (2012): Visual Methodologies: an introduction to researching with visual materials. 3. Auflage. London/ThousandsOaks/NewDehli: Sage.
Schade, S./Wenk, S. (2005): Studien zur visuellen Kultur. Einführung in ein transdisziplinäres Forschungsfeld. Bielefeld: Transcript.
Schreiber, M. (2017): Digitale Bildpraktiken. Eine rekonstruktive Studie zu visueller vernetzter Kommunikation. Dissertation, Universität Wien.
Schütz, A. (1971): Gesammelte Aufsätze, Bd. 1: Das Problem der sozialen Wirklichkeit. Den Haag: Nijhoff.
Schütz, A. (1993): Der sinnhafte Aufbau der sozialen Welt. Eine Einleitung in die verstehende Soziologie. 6. Auflage. Frankfurt am Main: Suhrkamp.
Traue, B. (2013): Visuelle Diskursanalyse. Ein programmatischer Vorschlag zur Untersuchung von Sicht- und Sagbarkeiten im Medienwandel. In: Zeitschrift für Diskursforschung 2 (1), S. 117–136.

Bilder

Die Quellennachweise sind direkt unter den Bildern zu finden.

3.3
Qualitative Inhaltsanalyse

Am Beispiel einer Studie zu Klimabewusstsein und individuellem Verhalten

Udo Kuckartz

1 Einleitung: Zur Geschichte der Methode qualitative Inhaltsanalyse

Die Inhaltsanalyse besitzt im Spektrum sozialwissenschaftlicher Forschungsmethoden eine lange, bis in die Anfänge des letzten Jahrhunderts zurückreichende Geschichte. Wie auch bei anderen Methoden oder Theorien nicht unüblich, datieren einige Wissenschaftler die Anfänge der Inhaltsanalyse weit zurück, Krippendorff (2012, S. 5–7) in das 19. Jahrhundert und Merten sogar in das 7. Jahrhundert (2013, S. 36). Tatsächlich sind die Anfänge aber wohl eher zu Beginn des 20. Jahrhunderts zu verorten, als sich eine wissenschaftliche Methodik für die Durchführung sozialwissenschaftlicher empirischer Studien zu etablieren begann. Als Max Weber 1911 auf dem ersten Soziologiekongress einen Vorschlag zu einem Forschungsprojekt über die Entwicklung der Zeitungsinhalte machte, skizzierte er eine Methodik, die sich recht eindeutig als inhaltsanalytisch bezeichnen lässt:

> „Wir werden nun, deutlich gesprochen, ganz banausisch anzufangen haben damit, zu messen, mit der Schere und dem Zirkel, wie sich denn der Inhalt der Zeitungen in quantitativer Hinsicht verschoben hat im Laufe der letzten Generation, nicht am letzten im Inseratenteil, im Feuilleton, zwischen Feuilleton und Leitartikel, zwischen Leitartikel und Nachricht, zwischen dem, was überhaupt an Nachricht gebracht wird und was heute nicht mehr gebracht wird […]. Es sind erst die Anfänge solcher Untersuchungen vorhanden, die das zu konstatieren suchen – und von diesen Anfängen werden wir zu den qualitativen übergehen" (Weber 1911, S. 52)

Weber konzipiert hier eine Reihenfolge quantitative Studie → qualitative Studie (QUAN → QUAL), die genau entgegengesetzt derjenigen bei der klassischen qualitativen Vorstudie ist, bei der qualitativ begonnen wird und auf Grundlage der Ergebnisse ein Instrument (meist ein Fragebogen) entwickelt wird, mit welchem dann die „eigentliche" quantitative Studie durchgeführt wird. Aus Webers Vorschlag geht auch deutlich eine Unterscheidung von quantitativer und qualitativer Inhaltsanalyse hervor, gleichzeitig konzipiert er ein Forschungsdesign, das man heute als sequenzielles Mixed-Methods-Design bezeichnen würde (Creswell 2014). Schon in dieser Anfangszeit der Inhaltsanalyse sind drei zentrale Aspekte erkennbar, welche auch in ihrer weiteren Geschichte eine große Rolle spielen:

1. *Systematische Analyse von Inhalten (hier des Inhalts von Zeitungen)*: Die Orientierung der Methode richtet sich auf eine Analyse der Inhalte mit Hilfe von Kategorien. Häufig spielen dabei Themen eine wichtige Rolle, im Prinzip können aber alle Aspekte der Lebenswelt Gegenstand der Analyse sein.
2. *Forschungsfeld Kommunikation (hier Zeitungen)*: Das bevorzugte Anwendungsfeld der Methode war lange Zeit die Forschung über Kommunikation, genauer gesagt über „geronnene Kommunikation", das heißt, den Inhalt von Zeitungen, von Propagandamaterial, Rundfunk und Fernsehen.
3. *Hybrides Verfahren*: Die Analyse wird als ein Verfahren konzipiert, welches sowohl quantitative als auch qualitative Verfahrensschritte enthält bzw. enthalten kann.

Auf ihrem weiteren Weg, insbesondere im Rahmen der amerikanischen Propagandaforschung der 1940er Jahre hat die Inhaltsanalyse diese Aspekte weiter akzentuiert, allerdings fokussierte sie zunehmend auf als „manifest" bezeichnete Inhalte, welche mit quantitativ-statistischen Methoden analysiert werden konnten. Bezeichnendes Beispiel für diese Ausrichtung ist die Definition der „Content Analysis" durch Berelson (1952, S. 18):

> „Content analysis is a research technique for the objective, systematic, and quantitative description of the manifest content of communication."

Die Bezeichnung „qualitative content analysis", übersetzt als „qualitative Inhaltsanalyse", geht auf Siegfried Kracauer zurück, einen 1933 zu Beginn der Nazi-Zeit in die USA emigrierten deutschen Soziologen und Journalisten, der auch als Begründer einer Soziologie des Films gilt. Er verfasste u. a. die weithin bekannte empirische Studie „Die Angestellten" (Kracauer/Benjamin 1930/1974). Kracauer stand den ebenfalls emigrierten Wissenschaftlern der Frankfurter Schule nahe und hatte sich Ende der 1940er Jahre sehr intensiv mit der (vor allem quantitativen) Content Analysis befasst, die zu dieser Zeit eine herausragende Rolle unter den sozialwissenschaftlichen Forschungsmethoden in den USA spielte.

In seinem Aufsatz „The challenge of qualitative content analysis" (1952) plädiert Kracauer entgegen der Praxis der damaligen amerikanischen Content

Analysis dafür, Kommunikationsinhalte nicht nur mit dem Ziel der quantitativen Beschreibung, sondern auch qualitativ zu analysieren. Berelson, dem die *Objektivität* der Inhaltsanalyse als zentrales Ziel galt, hielt er entgegen, dass die Kommunikationsforschung auch den latenten Inhalt zum Gegenstand der Analyse machen müsse und sich nicht nur auf den manifesten Inhalt beschränken könne. In seiner Argumentation griff er auf eine Darstellung der Dualität von manifestem und latenten Inhalt zurück, die von Berelson stammt: Man stelle sich für Kommunikationsinhalte ein Kontinuum vor (Abb. 1), an einem Ende sei eine einfache Nachricht über ein Zugunglück und am anderen Ende ein verworren erscheinendes modernes Gedicht.

Abb. 1: Die Polarität von manifestem und latentem Inhalt

In Bezug auf die Nachricht „Zugunglück" werden, so Berelson, die Leser höchstwahrscheinlich keine Verständnisprobleme haben. Hier werde es höchstwahrscheinlich keine unterschiedlichen Meinungen über die Bedeutung der Nachricht geben. Man kann etwa analysieren, über welche Zugunglücke berichtet wird, wo sich diese ereignet haben und wie viele Personen zu Schaden gekommen sind. Ein Dissens darüber, ob es sich um ein Zugunglück handelt oder nicht, ist schwer vorstellbar.

Völlig anders sehe es mit der Interpretation moderner Lyrik aus. Hierbei sei es wenig wahrscheinlich, dass zwei Leser_innen zu einem identischen Verständnis der Bedeutung kommen werden; es fehle schlicht an Kontextinformationen für die Interpretation. Inhaltsanalyse, so Berelson (1952), könne reliabel nur für manifeste Inhalte praktiziert werden. Kracauer (1952) kritisierte diese Sichtweise, denn sie brächte die Kommunikationsforschung in eine missliche Situation. Er konzedierte zwar, dass es einen Punkt auf diesem Kontinuum gibt, jenseits dessen die Latenz der Inhalte zu groß für eine zuverlässige Analyse sei. Zwar habe es die Kommunikationsforschung nicht mit der Analyse und Interpretation von moderner Lyrik zu tun, doch könne sich die Kommunikationsforschung unmöglich auf die Analyse manifester Inhalte beschränken. In ihrer Forschung seien manifeste und latente Inhalte, d. h. Fragen der Bedeutung, miteinander verwoben und es seien vor allem die nicht-manifesten Inhalte, die auf komplexe Weise mit den Forschungsfragen und Forschungszielen verbunden seien.

Die qualitative Inhaltsanalyse, die Kracauer vorschwebte, ist eine von den

Limitierungen der Zwangsquantifizierung befreite Inhaltsanalyse, die sich bewusst ist, dass sich eine Objektivität bei der Analyse von Kommunikationsinhalten häufig nicht erreichen lässt. Es ist eine Inhaltsanalyse, die durchaus auch Bedeutungen erfassen will, interpretiert und sich weiter in Richtung latenter Inhalt vorwagt, allerdings keine Form von Analyse, die sich als Interpretations*kunst* versteht, sondern eine kodifizierte Methode. So lautet dann der letzte Satz des Kracauerschen Aufsatzes von 1952 bezeichnenderweise:

> „One final suggestion: a codification of the main techniques used in qualitative analysis would be desirable." (Kracauer 1952, S. 642)

In Kracauers Entwurf wird die qualitative Inhaltsanalyse also nicht als Gegenmodell zu einer quantitativ ausgerichteten Inhaltsanalyse konzipiert, sondern als eine notwendige Erweiterung einer sich zur damaligen Zeit immer stärker quantitativ verengenden Content Analysis amerikanischer Prägung.

Nur in den seltensten Fällen, so Kracauer, gehe es um die Auswertung von solchen nicht weiter interpretierbaren Ereignissen wie Zugunglücken. In solchen Fällen sei eine quantitativ-statistische Auswertung selbstverständlich möglich und sinnvoll. Aber auch jenseits der Interpretation von moderner Lyrik gehe es nicht ohne die *subjektive Interpretation* von Texten – quantitative Verfahren seien eben gerade nicht exakter, sondern weniger exakt als solche des deutenden Verstehens, etwa wenn im Rahmen einer Content Analysis eine Kommunikation auf einer nur wenige Stufen umfassenden Skala von „very favorable" bis „very unfavorable" eingestuft werden soll (Kracauer, 1952, S. 631), um sie dann anschließend mit statistischen Verfahren auszuwerten:

> „They render arbitrary, for example, the real gap between „very favorable" and „favorable"; and they place under one uniform cover (e.g. „favorable") a great variety of treatments whose differences are perhaps highly relevant to the purposes of the analysis." (Kracauer 1952, S. 632)

Kracauer argumentiert gegen eine zu weitgehende Kategorisierung der Daten, hier einer Einstufung auf einer bewertenden dreistufigen Skala, hinter der dann die Vielfalt der sozialen Welt verschwände. Nur scheinbar sei eine solche Methodik exakter, tatsächlich geht aber die vorhandene Vielfalt, das heißt aber auch die Genauigkeit, für die weiteren Analysen und hinsichtlich der Beantwortung der Forschungsfragen verloren.

In den Jahrzehnten nach Kracauers Plädoyer für eine qualitative Inhaltsanalyse entwickelte sich die amerikanische Content Analysis allerdings weiter in Richtung quantitativ-statistischer Analyse, während der Begriff „qualitative content analysis" in der englischsprachigen Methodendiskussion kaum aufgegriffen wurde und in Vergessenheit geriet (Schreier 2012, S. 14). Die Hinwendung zu einer rein quantitativen Methode passte hervorragend in den Kontext des in der Nachkriegszeit vorherrschenden Paradigmas des Behaviorismus, in dem Introspektion und Interpretation keine Rolle spielten. Verstärkt wurde diese Verengung der inhaltsanalytischen Methode durch die in den 1960er Jahre aufkommende Computertechnik. Mit der Software „General Inquirer" entwickelten Philip Stone et al. (1966) an der Harvard University den ersten Ansatz einer computergestützten Inhaltsanalyse, welche automatisiert auf der Basis von Worten arbeitete, wobei einzelne Worte als Indikatoren für Kategorien dienten. Damit war die Konzentration der Content Analysis auf den manifesten Inhalt sozusagen auf das Maximum ausgedehnt worden. Auch heute assoziiert man in den USA und englischsprachigen Ländern den Begriff „Content Analysis" mit einem solchen, ausschließlich auf Quantifizierung und statistische Analyse abzielenden Verfahren.

Auch wenn in den ersten drei Jahrzehnten nach dem Zweiten Weltkrieg in der empirischen Sozialforschung das quantitative Paradigma dominierte, wurde dennoch – allerdings in vergleichsweise geringerem Ausmaß – auch qualitativ geforscht, und es wurden in dieser Zeit beispielsweise verbale Daten mit qualitativen, z. B. hermeneutischen und sprachwissenschaftlichen Methoden, ausgewertet, aber für solche Vorgehensweisen wurde nicht die Bezeichnung „qualitative Inhaltsanalyse" benutzt. Revitalisiert wurde der Begriff „qualitative Inhaltsanalyse" Anfang der 1980er-Jahre in Deutschland, und zwar durch Philipp Mayring, der mit seiner Monographie „Qualitative Inhaltsanalyse. Grundlagen und Techniken" (Mayring 1983) in einem in Europa vorherrschenden Klima der Wiederentdeckung qualitativer Methoden auf Resonanz stieß. Seither hat die qualitative Inhaltsanalyse im deutschsprachigen Raum große Popularität gewonnen. Neben Mayrings Buch, das zahlreiche Auflagen erlebte (zuletzt Mayring 2015), sind weitere Lehrbücher (Kuckartz 2009, 2016; Schreier 2012) und Publikationen zur qualitativen Inhaltsanalyse erschienen (Mayring/Gläser-Zikuda 2008; Schreier 2014; Stamann/Janssen/Schreier 2016; Steigleder 2008).

International spielt die qualitative Inhaltsanalyse bislang keine bedeutende Rolle. Ein Hindernis hierfür stellt vor allem die nach wie vor in der englischsprachigen Scientific Community bestehende Assoziation von „Inhaltsanalyse" und „quantitativer" Analyse dar. Es finden sich im englischsprachigen Bereich allerdings Methoden, die der unten dargestellten inhaltlich strukturierenden Analyse recht ähnlich sind (z. B. Guest/MacQueen/Namey 2012; Saldana 2015). Im deutschsprachigen Raum wird die qualitative Inhaltsanalyse mittlerweile sehr häufig eingesetzt; sie ist vermutlich sogar die in der angewandten Forschung am häufigsten verwendete Methode. Es haben sich vielfältige Varianten und Techniken entwickelt, die an anderer Stelle beschrieben sind (Kuckartz 2016; Mayring 2015; Stamann et al. 2016). Die folgende Darstellung konzentriert sich auf die inhaltlich strukturierende qualitative Inhaltsanalyse (Kuckartz 2016, S. 97–122; Mayring 2015, S. 97–114).

2 Kernaspekte der Methode qualitative Inhaltsanalyse

In den meisten Fällen sind es Texte bzw. verbale Daten, die mit Hilfe der qualitativen Inhaltsanalyse analysiert werden, beispielsweise alle Arten von qualitativen Interviews, Fokusgruppen, Feldnotizen, Beobachtungsprotokolle, Dokumente, Twitter-Daten und anderes mehr. Im Prinzip kann die Methode aber auch für die Analyse anderer Datenarten wie beispielsweise Bilder und Videodaten eingesetzt werden, entsprechende Weiterentwicklungen und Präzisierungen würden sicherlich auf großes Interesse stoßen.

Was sind nun die Kernpunkte der Methode qualitative Inhaltsanalyse? Gleichgültig mit welcher Variante gearbeitet wird, im Zentrum steht die Arbeit mit Kategorien und die Entwicklung eines Kategoriensystems. Was Berelson schon 1952 für die quantitativ ausgerichtete Inhaltsanalyse formulierte, gilt auch noch heute, und zwar für die quantitative und die qualitative Inhaltsanalyse gleichermaßen:

> „Content analysis stands or falls by its categories (…) since the categories contain the substance of the investigation, a content analysis can be no better than its system of categories" (Berelson 1952, S. 147)

Die Kategorien sind also von entscheidender Bedeutung für die Forschung, nicht nur als Werkzeug der Analyse, sondern auch als Substanz der Forschung und Bausteine der Theorie. Das wirft die Frage auf: Was sind eigentlich Kategorien – oder spezifischer gefragt: Was ist unter Kategorien im Kontext der empirischen Sozialforschung zu verstehen? Die Beantwortung dieser Frage gestaltet sich keineswegs einfach und es lassen sich hierbei mindestens zwei Wege einschlagen. Der erste Weg lässt sich als *phänomenologisch* bezeichnen: Kuckartz (2016, S. 31–39) fokussiert den Gebrauch des Begriffs in der Praxis der empirischen Sozialforschung, d. h. richtete die Aufmerksamkeit auf das, was in der empirischen Sozialforschung als Kategorie bezeichnet wird. Ergebnis der Analyse ist ein sehr vielfältiges Spektrum, wobei sich verschiedene Arten von Kategorien in der sozialwissenschaftlichen Forschungsliteratur unterscheiden lassen (Kuckartz 2016, S. 34–35):

- Faktenkategorien bezeichnen tatsächliche oder vermeintliche objektive Gegebenheiten wie „Ausbildungsdauer" oder „Beruf".
- Thematische Kategorien bezeichnen bestimmte Themen, Argumente, Denkfiguren etc. wie „Inklusion", „Umweltgerechtigkeit" oder „Ukrainekonflikt".
- Evaluative Kategorien sind auf eine Bewertungsskala – meist ordinalen Typs – bezogen, z. B. die Kategorie „Helfersyndrom" mit den Ausprägungen „nicht ausgeprägt", „wenig ausgeprägt" und „ausgeprägt". Hier sind es die Forschenden, die nach vorgegebenen Kriterien eine Einstufung vornehmen.

- Analytische Kategorien sind Resultat intensiver Auseinandersetzung mit den Daten, das heißt, diese Kategorien entfernen sich von der Beschreibung der Daten, wie sie etwa mittels thematischer Kategorien geschieht.
- Theoretische Kategorien sind analytische Kategorien, die sich auf eine vorhandene Theorie, etwa die Theorie des überlegten Handelns, die Bindungstheorie, Foucaults Machtanalytik etc. beziehen.
- Natürliche Kategorien, auch In-vivo-Kategorien genannt, sind Begriffe, welche die Akteure im Feld verwenden.
- Formale Kategorien bezeichnen formale Merkmale einer Analyseeinheit, z. B. bei einem Interview die zeitliche Länge.

Ein zweiter Weg zur Beantwortung der Frage „Was ist eine Kategorie?" lässt sich als *begriffshistorisch* bezeichnen; dieser Weg führt weit zurück in die Geschichte der Philosophie. *Die begriffshistorische Betrachtung* des aus dem Altgriechischen stammenden Begriffs startet mit der griechischen Philosophie vor mehr als 2000 Jahren. Schon Platon und Aristoteles befassten sich mit Kategorien, Aristoteles sogar in einer Schrift gleichen Namens („Kategorien"). Die Beschäftigung mit Kategorien durchzieht die gesamte abendländische Philosophie von Platon über Kant bis hin zu Peirce und der analytischen Philosophie. Die Philosophen sind keineswegs einig über den Kategorienbegriff, doch eine Erörterung der Differenzen überstiege bei weitem den Umfang dieses Beitrags; stattdessen sei der umfangreiche Beitrag zum Begriff „Kategorie, Kategorienlehre" im Historischen Wörterbuch der Philosophie (1976) empfohlen. Kategorien sind Grundbegriffe des Erkennens; sie sind – allgemein gesprochen – das Gemeinsame, das Vieles betrifft: ein Begriff, eine Überschrift, ein Label, das unter bestimmten Aspekten Gleichartiges bezeichnet. Diese Rolle spielen sie auch in der Inhaltsanalyse, wie das folgende Zitat aus dem Lehrbuch der Inhaltsanalyse von Früh zeigt:

„Der pragmatische Sinn jeder Inhaltsanalyse besteht letztlich darin, unter einer bestimmten forschungsleitenden Perspektive Komplexität zu reduzieren. Textmengen werden hinsichtlich theoretisch interessierender Merkmale klassifizierend beschrieben. Bei dieser Reduktion von Komplexität geht notwendig Information verloren: Einmal durch die Ausblendung von Mitteilungsmerkmalen, die die untersuchten Texte zwar besitzen, im Zusammenhang mit der vorliegenden Forschungsfrage aber nicht interessieren; zum anderen tritt ein Informationsverlust durch die Klassifikation der analysierten Mitteilungsmerkmale ein. Nach angegebenen Kriterien werden je einige von ihnen als untereinander ähnlich betrachtet und einer bestimmten Merkmalsklasse bzw. einem Merkmalstypus zugeordnet, den man bei der Inhaltsanalyse ‚Kategorie' nennt. Die originären Bedeutungsdifferenzen der einheitlich in einer Kategorie zusammengefassten Mitteilungsmerkmale bleiben unberücksichtigt." (Früh 2004, S. 42)

Wie aber kommt die qualitative Inhaltsanalyse zu ihren Kategorien, den für die Theorie grundlegenden Bausteinen? Die Kategorien können sowohl am empirischen Material gebildet werden, was häufig als „induktive Kategorienbildung" bezeichnet wird, als auch vorab, d. h. vor der eigentlichen Analyse, definiert werden, z. B. aus der Forschungsfrage hergeleitet oder aus einer Hypothese oder Theorie abgeleitet werden. Hierfür wird oft die Bezeichnung „deduktive Kategorienbildung" verwendet. Die Verwendung der Begriffe „induktiv" und „deduktiv" ist in diesem Kontext allerdings nicht unproblematisch: Der Begriff „induktiv" bezeichnet in der Wissenschaftslogik den abstrahierenden Schluss aus empirisch Beobachtetem auf eine allgemeine Regel oder ein Gesetz; dies hat recht wenig mit der Kategorienbildung am Material zu tun. Ähnlich verhält es sich mit dem Begriff „deduktiv": Als deduktiver Schluss gilt in der Wissenschaftslogik eine Schlussfolgerung von Prämissen auf eine logisch zwingende Konsequenz; hiervon ist die Kategorienbildung aufgrund des Forschungsstands, einer Theorie oder einer Vorab-Hypothese doch sehr verschieden. Aus einem systematischen Literaturreview oder aus einer Forschungsfrage gehen Kategorien nicht zwingend hervor. Aufgrund seiner Griffigkeit wird das Wortpaar „induktiv-deduktiv" vermutlich aber noch lange im Sprachsatz der empirischen Sozialforschung bzw. der Kategorienbildung erhalten bleiben.

Weitere zentrale Begriffe im Rahmen der Inhaltsanalyse sind die Begriffe „Auswahleinheit", „Analyseeinheit", „Codiereinheit" und „Kontexteinheit" sowie die Begriffe „Codierer" bzw. „Codierende" und „Codierer-Übereinstimmung" (Kuckartz 2016; Schreier 2012).

Der allgemeine Ablauf einer qualitativen Inhaltsanalyse ist in Abbildung 2 (S. 514) dargestellt. In allen Varianten der Methode spielt die Forschungsfrage die zentrale Rolle: Sie gibt der zu Beginn notwendigen Textarbeit, d. h. der intensiven Lektüre und Auseinandersetzung mit den empirischen Daten, die Perspektive vor. Wie für qualitative Verfahren üblich (vgl. Flick in diesem Band) können die einzelnen Analysephasen auch zirkulär durchlaufen werden, das heißt Kategorienbildung und Codierung können in mehreren Zyklen geschehen, was insbesondere im Falle von Kategorienbildung am empirischen Material charakteristisch ist.

Als Charakteristika der Methode lassen sich die folgenden Punkte benennen: Die qualitative Inhaltsanalyse

- wird von einer Forschungsfrage, unter Umständen auch von Hypothesen oder einer Theorie geleitet,
- kann sowohl zur Beschreibung sozialer Phänomene als auch zur Theorieentwicklung und Hypothesenüberprüfung (Hopf 2016, S. 155–166) eingesetzt werden,
- ist eine Form der Inhaltsanalyse, in der auch die Erfassung von Bedeutungen,

jenseits des manifesten Inhalts, eine Rolle spielt; sie ist aber kein Verfahren, das primär auf der Kunst der Interpretation beruht und beispielsweise systematisch wahrscheinliche und unwahrscheinliche Lesarten erarbeitet,
- ist zentriert um die Auswertungskategorien, welche in ihrer Gesamtheit das Kategoriensystem bilden und jeweils genau definiert werden,
- ist systematisch und geht nach bestimmten Regeln vor,
- bearbeitet schrittweise das Material nach dem gleichen Ablaufschema,
- berücksichtigt das gesamte für die Forschungsfrage interessante Material,
- erhebt den Anspruch intersubjektiv vorzugehen und
- akzeptiert Standards und Gütekriterien.

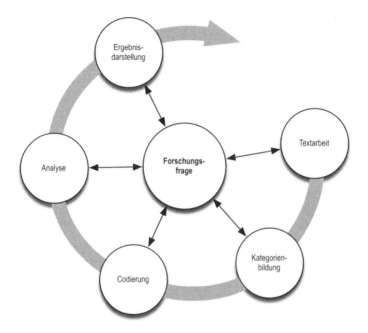

Abb. 2: Allgemeiner Ablauf qualitativer Inhaltsanalysen (Kuckartz 2016, S. 45)

3 Qualitative Inhaltsanalyse in der Praxis: Ein Beispiel aus der sozialwissenschaftlichen Umweltforschung

Die Vorgehensweise einer qualitativen Inhaltsanalyse wird im Folgenden anhand des Forschungsprojekts „Individuelle Wahrnehmung des Klimawandels – Die Diskrepanz zwischen Wissen und Handeln"[1] beschrieben. Das Projekt setzt

---

1 Das Projekt wurde mit Studierenden im Rahmen des Seminars „Umweltbildung und Umweltkommunikation" im WS 2008/2009 an der Philipps-Universität Marburg durchgeführt. Ergebnisse sind u. a. in Kuckartz 2010 publiziert.

an dem Problem an, dass in zahlreichen empirischen Studien der sozialwissenschaftlichen Umweltforschung immer wieder eine große Kluft zwischen Wissen und Handeln im Klimaschutz festgestellt wurde, diese Kluft aber nur unzureichend erklärt werden konnte. Die zentrale Forschungsfrage der Studie lautete daher: „Inwieweit sind fundamentale Einschätzungen in Form von Weltbildern, Bildern der anderen Gesellschaftsmitglieder und der eigenen Verortung in der ‚Weltgesellschaft' Ursachen für die Diskrepanz von Wissen und Handeln in Sachen Klimaschutz?". Im Kern sollte mittels einer qualitativen Studie grundsätzlicher an das Problem herangegangen werden, als dies mit den Surveystudien wie etwa der Repräsentativstudie „Umweltbewusstsein in Deutschland" geschieht (Kuckartz 2006): Es sollte erforscht werden, ob es möglicherweise die bei den Individuen vorhandenen Weltbilder und die eigene Verortung in der Welt sind – und nicht das Wissen über den Klimawandel – welche einen entscheidenden Einfluss auf das individuelle Handeln ausüben.

Im Rahmen der Studie wurden 30 Personen interviewt. Mittels Quotenauswahl (Diekmann 2007, S. 390–398) wurden zwei Altersgruppen, die „Netzwerkkinder" (15–25 Jahre) und die „Baby Boomer" (46–65 Jahre), ausgewählt. Die Daten wurden mit einer qualitativen, offenen Befragung (Leitfadeninterview) face-to-face erhoben. Dabei wurde folgender Leitfaden eingesetzt:

>> Für Interviewer: Weltbilder

Was sind aus Deiner/Ihrer Sicht die größten Probleme der Welt im 21. Jahrhundert?
Wie kann mit diesen Problemen umgegangen werden? Sind sie prinzipiell überhaupt beeinflussbar? Von wem?
Wenn Du/Sie an den Klimawandel und die notwendigen CO_2-Reduktionen denkst/denken: Kann eine Veränderung der Konsumgewohnheiten in den entwickelten Ländern hierzu einen positiven Beitrag leisten?

>> Für Interviewer: Bilder der Anderen

Oft wird von der Diskrepanz zwischen Einstellung und Verhalten geredet. Leute reden so und handeln aber anders. Was denken Du/Sie, was die Ursachen dafür sind?

>> Für Interviewer: Bilder von sich selbst

Wie bringst Du dich/bringen Sie sich selbst in Zusammenhang mit globaler Entwicklung?
Durch welche Verhaltensweise glaubst Du/glauben Sie, Einfluss nehmen zu können?
Und wie verhältst Du Dich/verhalten Sie sich tatsächlich?
Möchtest Du gerne mehr tun?
Spürst Du/spüren Sie Verantwortung, Dich/sich mit den Problemen des 21. Jahrhunderts auseinanderzusetzen?

>> Für Interviewer: Abschluss

Denkst Du/denken Sie, dass man den Umgang mit diesen Problemen erlernen kann? Wenn ja: Wie? Und wo?

Abb. 3: Leitfaden der Beispielstudie

Zusätzlich wurde zur Erhebung sozial-statistischer Merkmale sowie der allgemeinen Einschätzung des Klimawandels ein standardisierter Fragebogen eingesetzt, der von den Forschungsteilnehmenden nach dem qualitativen Interview ausgefüllt wurde. Dem Projekt lag also ein Mixed-Methods-Ansatz (Creswell 2015; Kuckartz 2014) zu Grunde, was aber für die folgende Darstellung der praktischen Vorgehensweise bei einer qualitativen Inhaltsanalyse keine Rolle spielt.

4 Die inhaltlich strukturierende Inhaltsanalyse: Ablauf in sieben Phasen

Bei der qualitativen Inhaltsanalyse handelt es sich nicht um eine einheitliche Methode, sondern um eine Familie von teilweise recht unterschiedlichen Verfahren (Stamann/Janssen/Schreier 2016); so unterscheidet Mayring acht verschiedene Techniken (Mayring 2015, S. 68) und Kuckartz differenziert zwischen drei Hauptformen: der inhaltlich-strukturierenden, der evaluativen und der typenbildenden qualitative Inhaltsanalyse (Kuckartz 2016, S.48-53). Die Daten unserer Studie wurden mit der inhaltlich-strukturierenden Inhaltsanalyse (Kuckartz 2016, S. 97–122; Mayring 2015, S. 97–114) ausgewertet, der vermutlich am weitesten verbreiteten Variante. Hierbei werden die hinsichtlich der Forschungsfrage bedeutsamen Inhalte strukturiert, indem mit Hilfe von Kategorien das gesamte für die Forschungsfrage relevante Material erschlossen und codiert wird. Die Codierung kann dabei in mehreren Schritten erfolgen; daran schließen sich qualitative und möglicherweise auch quantitative Analyseschritte an, die mit dem zuvor kategorisierten Material arbeiten. Anders als bei rein quantitativen Inhaltsanalysen werden die qualitativen Daten – das sind in diesem Fall die Interviewtexte – nicht durch das Codieren überflüssig, weil fortan nur noch statistische Analysen der Codes und der vorgenommenen Codierungen erfolgen, sondern die qualitativen Daten spielen auch während des gesamten Analyseprozesses noch eine wichtige Rolle, ggf. allerdings in reduzierter Form als kategorienbezogene Zusammenfassungen.

Bei der Datenauswertung wurden folgende Analysephasen durchlaufen:

1. Initiierende Textarbeit, einschließlich Markieren wichtiger Teststellen und Schreiben von Memos;
2. Entwickeln von Hauptkategorien;
3. Codieren des gesamten Materials mit den Hauptkategorien;
4. Zusammenstellen aller mit der gleichen Hauptkategorie codierten Textstellen;
5. Induktives Bestimmen von Subkategorien am Material;
6. Codieren des kompletten Materials mit dem ausdifferenzierten Kategoriensystem;

7. Einfache und komplexe Analysen, Visualisierungen und tabellarische Materialübersichten.

4.1 Phase 1: Initiierende Textarbeit

Die erste Phase beginnt mit der intensiven Lektüre der Interviews. In diesem Forschungsprojekt war die Datenmenge noch überschaubar, sodass alle Mitglieder des Forschungsteams auch alle Texte lesen konnten. Wenn die Menge des Material so groß ist, dass die Forschenden in der zur Verfügung stehenden Zeit nicht mehr alles lesen können, sollte die arbeitsteilige Bearbeitung so organisiert werden, dass immer mindestens zwei Forschende einen Text intensiv lesen. Im Beispielprojekt wurde Auffälliges bei der Lektüre gleich in Form von sogenannten Memos direkt am Text festgehalten. Memos sind ein analytisches Hilfsmittel, das ursprünglich im Rahmen des Analysestils der Grounded Theory entwickelt wurde und dort eine wichtige Rolle spielt. Hier werden Anmerkungen zum Text, erste Konzeptualisierungen, weiterführende Fragen und Auswertungsideen und -hypothesen festgehalten (Charmaz 2006, S. 73; Strauss/Corbin 1996, S.169–192). Solche Memos lassen sich auch hervorragend im Rahmen einer qualitativen Inhaltsanalyse verwenden. Die Aufforderung, Auffälliges festzuhalten, referiert augenscheinlich auf das Vorwissen und das Alltagswissen der Forschenden. Ein solches ist immer vorhanden, ein „Tabularasa-Denken" wäre reine Illusion (Kelle 2007), umso wichtiger ist es, dass das Vor- und Kontextwissen transparent gemacht wird und dadurch im Forschungsteam sichtbar und damit auch diskutierbar wird.

Am Ende der ersten Phase der initiierenden Textarbeit wurden stichwortartige Fallzusammenfassungen für jede interviewte Person geschrieben; hierzu wurden die Interviews gleichmäßig auf das Team verteilt. Wird die qualitative Inhaltsanalyse mit Hilfe von QDA-Software computergestützt durchgeführt, können weitere Optionen dieser Programme zur Exploration genutzt werden. QDA steht für Qualitative Data Analysis (Silver/Lewins 2014). Mit Hilfe solcher Programme, z. B. MAXQDA oder ATLAS.ti, kann gezielt nach bestimmten Worten oder Wortkombinationen gesucht werden. Textstellen, die als besonders relevant erscheinen, lassen sich farbig markieren, Worthäufigkeiten auswerten und in Form von Wortwolken darstellen.

4.2 Phase 2: Entwickeln von Hauptkategorien

Im Mittelpunkt der zweiten Analysephase steht die Kategorienbildung. Die Bedeutung des Begriffs „Kategorie" in der empirischen Sozialforschung ist äußerst vielfältig, unterscheiden lassen sich beispielsweise, wie oben dargestellt,

Fakten-Kategorien, thematische Kategorien, evaluative Kategorien, analytische Kategorien, theoretische Kategorien, natürliche Kategorien und formale Kategorien (Kuckartz 2016, S. 31–38). In diesem Projekt wurden zunächst thematische Hauptkategorien gebildet. Da es klar formulierte Forschungsfragen gab, wurden die Hauptkategorien direkt aus den im Interviewleitfaden angesprochenen Themen hergeleitet. Prinzipiell erlaubt es die qualitative Inhaltsanalyse allerdings auch, die Hauptkategorien in der ersten Phase des Codierens aus den empirischen Daten zu generieren. Dies geschieht in der Praxis auch sehr häufig, doch in diesem Projekt erschien es angesichts der klaren Forschungsfragen und des darauf abgestimmten Konzepts der Erhebung sinnvoller, an diese bereits vorhandene inhaltliche Strukturierung anzuknüpfen. Dabei spielte es auch eine Rolle, dass zur Frage der Diskrepanz zwischen Wissen und Handeln schon eine Reihe von Forschungsergebnissen vorlag. In relativ neuen Forschungsfeldern wird es meist nicht möglich sein, auf Vorhandenes aufzubauen, sodass die Kategorien am Material gebildet werden müssen.

Natürlich kann bei der intensiven Lektüre in der ersten Auswertungsphase der Wunsch entstehen, noch weitere Hauptkategorien zu bilden, d. h. auch bei Orientierung am Interviewleitfaden ist es statthaft, weitere Kategorien am Material zu bilden. Dies kann bspw. dann geschehen, wenn plötzlich neue Aspekte entdeckt werden, die ursprünglich bei der Bestimmung der Kategorien nicht im Blick waren. So fiel uns erst im Zuge der voranschreitenden Analyse auf, dass die Forschungsteilnehmenden dann, wenn ihr persönliches Verhalten im Klimaschutz thematisiert wurde, sehr häufig von der Ich-Form in den Plural der Wir-Formulierungen oder in die dritte Person (Man-Formulierungen) wechselten.

Die Zahl der Kategorien sollte überschaubar gehalten werden, das bedeutet, normalerweise sollten keinesfalls mehr als etwa 10-20 Hauptkategorien gebildet werden, denn die Hauptkategorien bilden ja die zentralen Aspekte der Analyse ab. Mit der Bildung von Subkategorien, d. h. der Unterscheidung von Aspekten und Dimensionen einer Hauptkategorie, sollte man sich zu diesem Zeitpunkt noch zurückhalten, denn in den weiteren Analysephasen wird das Material kategorienfokussiert durchgearbeitet; dies ist dann der richtige Zeitpunkt ggf. Subkategorien zu bilden. Basierend auf dem Leitfaden haben wir in dieser Phase folgende thematischen Hauptkategorien gebildet:

- Größte Weltprobleme
- Einflussnahme auf Weltprobleme
- Konsum und globaler Klimawandel
- Ursachen für die Diskrepanz zwischen Einstellung und Handeln
- Eigene Relation zu globaler Entwicklung
- Persönliches Verhalten
- Verantwortungsübernahme
- Erlernbarkeit des Umgangs mit globalen Problemen

4.3 Phase 3: Codieren des gesamten Materials mit den Hauptkategorien

In der anschließenden dritten Auswertungsphase wird das gesamte Material mit den Hauptkategorien codiert. Gesamt meint, dass keine willkürliche Selektion stattfindet, sondern alles, was im Material zu einer bestimmten Kategorie vorhanden ist, auch codiert wird. Früher war es in der qualitativen Forschung gängige Praxis, einschlägige Textabschnitte mit der Schere auszuschneiden und anschließend auf Karteikarten aufzukleben („Cut-and-Paste-Technik"). Heute geschieht die Codierung von Textsegmenten üblicherweise mit QDA-Software; eine qualitative Inhaltsanalyse mit Schere und Papier ist angesichts der technischen Möglichkeiten nicht mehr sinnvoll. Durch die systematische Codierung der qualitativen Daten und das Arbeiten mit dem analytischen Mittel „Kategorien" wird ein Ordnungssystem, d. h. eine inhaltliche Strukturierung, erzeugt. Eine Dekontextualisierung geht damit nicht einher, denn angesichts des durch QDA-Software unterstützten Analyseprozesses ist der Kontext eines kategorisierten Textsegments quasi nur einen Mausklick entfernt (Kuckartz 2010, S.108–120). Der Begriff „Codieren" hat in der qualitativen Inhaltsanalyse eine andere Bedeutung als in der quantitativen Analyse, wo unter Codieren der Übersetzungsvorgang einer qualitativen Information in eine Zahl verstanden wird. Dort arbeitet man mit einem sogenannten Codierplan, in dem für jede Variable festgehalten wird, welche Ausprägung welcher Zahl (bzw. welchem Label) entspricht, etwa folgendermaßen:

Variable = Geschlecht, Ausprägungen: 1=männlich, 2=weiblich, 9=keine Angabe

Diese Transformation aus dem empirischen ins numerische Relativ, *Codieren* genannt, ist etwas gänzlich anderes als das Codieren im Rahmen der inhaltlich strukturierenden qualitativen Inhaltsanalyse. Hier meint *„Codieren"* die Zuordnung einer Kategorie zu einem bestimmten Teil des Materials, im Fall von Interviews zu einem Textabschnitt. Es werden beispielsweise die Textabschnitte, in denen jemand das eigene Handeln in Sachen Umweltschutz beschreibt der Kategorie „Persönliches Verhalten" zugeordnet oder die Textpassagen, in denen Befragte äußern, was sie derzeit für die größten globalen Probleme halten, der Kategorie „Größte Weltprobleme".

Bevor mit dem Prozess des Codierens der Texte begonnen wird, sollte im Team festgelegt werden, wie der Umfang des jeweils zu codierenden Textsegments bestimmt wird. In der Regel wird man sich dafür entscheiden, *Sinneinheiten* zu codieren, d. h. komplette Aussagen, die auch außerhalb des Kontextes noch verständlich sind. Solche Sinneinheiten sind natürlich unterschiedlich lang, sie können nur einen Halbsatz, aber auch mehrere Absätze umfassen. Es gibt allerdings auch die Möglichkeit, vorab Codiereinheiten festzulegen; dies

> I: Mach mal so, bezogen jetzt rein auf die Initiative, da die ja noch relativ „jung" ist, haben Sie dafür auch so ne Vision, was da noch machbar ist?
> Fr. Wenger: Also was ich mir insgesamt wünsche, ist dass so die Menschen wieder untereinander in Kontakt kommen, auch durch solche Aktionen. Auch wenn man seine Straße aufräumt, denn ist es ja nicht nur, dass die Straße sauber ist, wobei manche immer zusammenzucken, aber ich finde das einfach wichtig, ich denke, das gehört zum Wohlfühlen und Menschen kommunizieren wieder untereinander und außerdem merken sie, sie haben was geschafft. Und sie können - es ist zwar eine winzig kleine Sache, aber sie können was verändern. Und es sind so viele Menschen, die sich zurückgezogen haben und sagen, ihr könnt mich mal und wir wollen uns nicht mehr beteiligen und vielleicht ist das irgendwo son kleiner Punkt, wo sie dann so anfangen, sich wieder ein bisschen gemeinschaftlich zu betätigen. Also das ist so meine Vision der – ja – Aufleben des Kommunegedankens.

> Fr. Wenger: Also was ich mir insgesamt wünsche, ist dass so die Menschen wieder untereinander in Kontakt kommen, auch durch solche Aktionen. Auch wenn man seine Straße aufräumt, denn ist es ja nicht nur, daß die Straße sauber ist, wobei manche immer zusammenzucken, aber ich finde das einfach wichtig, ich denke, das gehört zum Wohlfühlen und Menschen kommunizieren wieder untereinander und außerdem merken sie, sie haben was geschafft. Und sie können - es ist zwar eine winzig kleine Sache, aber sie können was verändern.

→ Kategorie Wunschprojektion

Abb. 4: Das Prinzip des Codierens von Textsegmenten

wird etwa von Schreier (2012, S. 126–145) für notwendig erachtet. Dagegen spricht aber, dass die Identifikation von Inhalten und die Zuordnung einer Kategorie des Kategoriensystems analytisch ein einziger Akt sind; trennt man diesen in zwei Schritte auf, bedeutet dies den doppelten Aufwand, denn das Datenmaterial muss nun zweimal durchlaufen werden.

Zu klären ist auch, wie beim Codieren mit *Wertigkeiten* umgegangen wird. Es ist ja denkbar, dass ein Forschungsteilnehmer sagt „Umweltprobleme werden aus meiner Sicht total überbewertet, die würde ich aktuell nicht zu den größten Weltproblemen zählen". In Abhängigkeit von der Fragestellung besteht die Möglichkeit, Wertigkeiten in Form von Subkategorien (hier: positiv/negativ) festzuhalten oder aber zunächst unter Absehen von der Wertigkeit nur thematisch zu codieren.

Eine weitere wichtige Frage ist, ob *Mehrfachcodierungen* und *Überlappungen von Kategorien* möglich sein sollen. Bei dem Datenmaterial in diesem Projekt war es denkbar, dass innerhalb einer Textpassage mehrere Kategorien angesprochen werden, beispielsweise kann jemand quasi in einem Atemzug über die größten Weltprobleme und das eigene Handeln sprechen. Da aber entschieden wurde, Sinneinheiten, das heißt, komplette Aussagen, zu codieren, können folglich einer Textstelle („Textsegment") auch mehrere Kategorien zugeordnet werden.

Nachdem wir auf diese Weise die Interviews codiert hatten, war bereits eine erste thematische Strukturierung der Interviewdaten erreicht. Ein Hinweis noch zur Gestaltung der Codierphase: Zur Sicherung der Qualität des Codierprozesses ist es – auch bei Masterarbeiten und Dissertationen – sinnvoll, *nicht alleine zu codieren*. Zumindest zu Beginn der Codierphase sollte mit zwei oder mehr Codierenden gearbeitet werden. Auf diese Weise lassen sich Schwachstellen im Kategoriensystem erkennen und die entsprechenden Kategoriendefinitionen können präzisiert werden. Arbeitet man im Team, wie es bei dem Projektbeispiel der Fall war, empfiehlt es sich, zufallsgesteuert Zweierteams zu bilden, die unabhängig voneinander dasselbe Interview bearbeiten. Wird mit QDA-Software gearbeitet, kann automatisch die Übereinstimmung und Nicht-Übereinstimmung überprüft werden und ggf. auch ein Koeffizient der Übereinstimmung berechnet werden. In unseren Forschungsprojekten hat sich eine Strategie des *konsensuellen Codierens* als optimal herausgestellt. Hierbei wird so vorgegangen, dass die beiden Codierenden zunächst unabhängig voneinander codieren, das heißt, die Codierungen des jeweils anderen nicht sehen können. Im Fall der Nicht-Übereinstimmung werden strittige Teststellen gemeinsam angeschaut, die Differenzen werden diskutiert und es wird ein Konsens angestrebt. Lässt sich keine Einigung zwischen den beiden Codierenden erzielen, wird das Problem des unterschiedlichen Verständnisses der Kategorien im Team diskutiert. Auf diese Weise können Differenzen bei der Auswertung und Codierung des Materials sichtbar gemacht werden und dies kann zu gehaltvollen Diskussionen in der Forschungsgruppe führen.

4.4 Phase 4: Kategorienbasierte Zusammenstellung des Materials

Die vierte Analysephase beginnt damit, dass alle mit einer Hauptkategorie codierten Textpassagen zusammengestellt werden, zum Beispiel alle Aussagen der 30 Forschungsteilnehmenden, die mit der Kategorie „Verantwortungsübernahme" codiert wurden. Es gilt nun, sich einen Überblick über das Spektrum der Aussagen zu diesem Thema zu verschaffen; deshalb ist auch in dieser Phase die sorgfältige Lektüre unumgänglich.

Diese vierte Phase der thematischen Zusammenstellung des Materials steht in engem Zusammenhang mit der folgenden Phase der *Bestimmung von Subkategorien*. Zunächst ist aber zu entscheiden, ob die Bildung von Subkategorien den Aufwand lohnt, setzt dies doch voraus, dass es in den Daten hinreichende

Variabilität gibt. Wenn mit gewissen Nuancen die Meinungen sehr ähnlich sind und es nur wenige Abweichungen gibt, erübrigt sich die Bildung von Subkategorien, desgleichen wenn die Äußerungen (fast) alle nur auf einer einzigen Dimension liegen.

Eine weitere wichtige Frage ist, ob im späteren Forschungsbericht eine Kategorie nur in Form einer detaillierten Beschreibung der vorfindbaren Aussagen und Dimensionen dieser Kategorie dargestellt werden soll, oder ob es von Interesse ist, auch *Zusammenhänge zu anderen Kategorien* zu analysieren. Beispielsweise könnte untersucht werden, ob die Aussagen zur Beeinflussbarkeit von globalen Problemen in Zusammenhang damit stehen, welche Probleme überhaupt als größte Weltprobleme identifiziert werden. Dies würde dafür sprechen, für die Kategorie „Größte Weltprobleme" Subkategorien zu bilden.

Ein weiterer Durchgang durch das Material, verbunden mit der Zuordnung von Subkategorien, ist relativ arbeitsaufwändig, deshalb ist immer sehr genau abzuwägen, wie das für die Datenanalyse verfügbare Quantum an Zeit verwendet wird. Sollen die Ergebnisse zu einem bestimmten Thema im Forschungsbericht nur beschrieben werden, ist es häufig nicht erforderlich, Subkategorien zu bilden und das Material in einem erneuten Durchlauf zu codieren. Unumgänglich ist dies natürlich dann, wenn auch quantitative Informationen ermittelt werden sollen, wie etwa der Prozentanteil derjenigen, die „Verteilung von Armut und Reichtum" als größtes Weltproblem bezeichnen. In solchen Fällen führt kein Weg an der Bildung von Subkategorien und dem erneuten Codieren vorbei.

4.5 Phase 5: Induktives Bestimmen von Subkategorien am Material

Das induktive Bestimmen von Subkategorien am Material geschieht in der Phase 5 der Analyse. Dies ist ein zentraler Schritt der inhaltlich strukturierenden Analyse, für den verschiedene Vorgehensweisen vorgeschlagen werden (Kuckartz 2016, S. 72–96; Mayring 2015, S. 85–90; Schreier 2012, S. 107–125). Je nach Komplexität der thematischen Kategorie, die man ausdifferenzieren möchte, gestaltet sich die Bestimmung von Subkategorien mehr oder weniger schwierig.

Gleich zu Beginn des Interviews wurde etwa im Fallbeispiel gefragt: „Was sind aus Deiner/Ihrer Sicht die größten Probleme der Welt im 21. Jahrhundert? Wie kann mit diesen Problemen umgegangen werden? Sind sie prinzipiell überhaupt beeinflussbar? Von wem?" Die Bildung von Subkategorien für die Kategorie „Größte Weltprobleme" gestaltete sich relativ einfach: In einer Teamsitzung wurde das Material, d. h. die Zusammenstellung der codierten Textpassagen zu diesem Thema, durchgearbeitet und anschließend alle Vorschläge für Subkategorien gesammelt und gruppiert. Nun galt es, die zunächst noch relativ lange Liste der Vorschläge sinnvoll zu verkürzen. Zu berücksichtigen ist dabei die Zielsetzung der Auswertung, also wie ausführlich dieses Thema im Forschungsbericht behandelt werden soll. Für die Bildung von Subkategorien gelten generell die Kriterien der Sparsamkeit und der Überschaubarkeit, das heißt, so einfach wie möglich und so differenziert wie nötig: Je größer die Zahl der Subkategorien ist, desto mehr Schnittstellen gibt es und desto präziser müssen die Definitionen sein; desto größer ist die Anfälligkeit gegenüber falschen Codierungen, desto aufwendiger die Codiererschulung und desto schwieriger ist es, zufriedenstellende Übereinstimmungen der Codierenden zu erzielen. Als „falsche Codierungen" werden hier solche bezeichnet, die nach dem übereinstimmenden Urteil der Codierenden nicht den Code-Definitionen entsprechen (siehe den Abschnitt zum „konsensuellen Codieren" in Kap. 4.3). Die *Codiererschulung*, auch als Codierertraining bezeichnet, macht die Codierenden mit den Kategorien vertraut und hat zum Ziel einen möglichst hohen Grad an Übereinstimmung der Codierenden zu erreichen.

Im Projekt wurden schließlich acht Subkategorien sowie eine Kategorie „Sonstige Probleme" gebildet (Kuckartz 2016, S. 107):

- Umwelt und Natur
- Konflikthaltige Auseinandersetzungen (Krieg, Terrorismus, religiöse Konflikte)
- Gesellschaftliche Probleme (Egoismus, moralischer Zerfall, demographischer Wandel etc.)
- Krankheit (Epidemien)
- Ressourcenknappheit (Wasser-, Energie-, Rohstoffknappheit)
- Armut (im globalen und nationalen Maßstab, Kinderarmut)
- Soziale Ungleichheit (Ungleichgewicht von arm und reich, Gerechtigkeit, Chancengleichheit)
- Sonstige Probleme

Erheblich schwieriger gestaltete sich die Bildung von Subkategorien für die thematische Kategorie „Ursachen für die Diskrepanz zwischen Einstellung und Handeln". Hier war im Interview gefragt worden, welche Erklärung die Forschungsteilnehmenden mit Blick auf „die Anderen", beispielsweise Bekannte und Freunde, für die immer wieder feststellbare Diskrepanz zwischen Einstellungen und Handeln hätten. Auf dem Berelsonschen Kontinuum „manifest – latent" ist diese Kategorienbildung ein Stück weiter in Richtung des Pols „latent" einzuordnen, das heißt, hier spielt Interpretation eine größere Rolle und es ist schwieriger, eine intersubjektive Übereinstimmung des Verständnisses zu erreichen. Auch hier wurde im Projekt nach der Methode der inhaltlich-strukturierenden qualitativen Inhaltsanalyse vorgegangen: Zunächst werden in einem ersten Codierzyklus alle die Textstellen, die Aussagen zu den von den

Forschungsteilnehmenden vermuteten Ursachen der Diskrepanz enthalten, mit der entsprechenden Kategorie codiert.

In einem zweiten Durchgang werden die thematisch einschlägigen Textstellen ganz ähnlich wie beim offenen Codieren der Grounded Theory (Strauss/Corbin 1996, S. 43–55) induktiv codiert. Alle von den Forschungsteilnehmenden formulierten Ursachen werden in Form von Codes festgehalten, teilweise handelt es sich nur um einzelne Worte („Gedankenlosigkeit", „Faulheit" etc.) mitunter aber auch um kurze Aussagesätze („Man redet sich das Handeln schön", „Der Verstand ist willig und das Fleisch ist schwach").

Wenn so viel Material bearbeitet wurde, dass die Codes allmählich unübersichtlich werden, empfiehlt es sich, eine erste Strukturierung vorzunehmen. Dabei werden zunächst alle Aussagen geordnet, sehr ähnliche Gründe zusammengefasst und es werden allgemeiner gefasste, abstraktere Kategorien gebildet. Eine solche schrittweise Kategorienbildung wird von QDA-Software sehr wirksam unterstützt: Die Verbindung zwischen Codes bzw. Kategorien und den Primärdaten bleibt stets bestehen, sodass der Kontext von Äußerungen hinzugezogen werden kann und Fehlinterpretationen vermieden werden. Abb. 5 zeigt das Resultat der induktiven Kategorienbildung, hier erzeugt mit der Funktion „Creative Coding" von MAXQDA, bei der die Codes auf einer graphischen Oberfläche geordnet und hierarchisch strukturiert werden können. Es wurden sieben Subkategorien für die Kategorie „Ursachen für die Diskrepanz zwischen Einstellung und Handeln" gebildet.

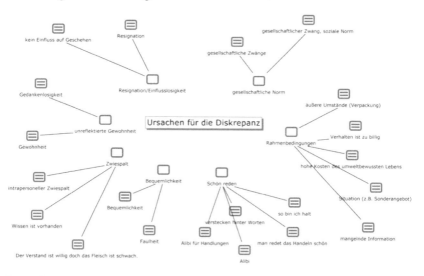

Abb. 5: Resultat induktiver Kategorienbildung zum Thema „Ursachen der Diskrepanz"

Dieses Beispiel verdeutlicht, dass die auf diese Weise vorgenommene inhaltliche Strukturierung des mit einer Hauptkategorie codierten Datenmaterials nicht nur eine Vorstufe für die weitere Datenanalyse ist, sondern auch selbst bereits ein wichtiges Analyseresultat darstellt. In diesem werden die impliziten Theorien der Forschungsteilnehmenden systematisiert und entsprechende Kategorien gebildet. Die so erzielten Ergebnisse sind auf dem Hintergrund der bisherigen Forschung über den Zusammenhang von Wissen und Handeln im Bereich des Klimaschutzes durchaus überraschend. Die weit verbreitete Annahme, dass durch Aufklärung, durch Einspeisen von mehr Wissen, sich das Handeln entsprechend ändern würde, erscheint aufgrund der geäußerten Erfahrungen und Diskrepanz-Erklärungen der Forschungsteilnehmenden wenig wahrscheinlich. Allenfalls dann, wenn die Ursache der Kluft „unreflektierte Gewohnheit" ist, bestände Hoffnung, durch mehr Wissen etwas bewirken zu können. Die anderen Ursachen sind nur schwer durch Bildung und Aufklärung zu bearbeiten bzw. zu verändern: Wenn es die Rahmenbedingungen sind, die ein bestimmtes Verhalten triggern, kann das Wissen kaum eine Rolle spielen. Umgekehrt zur landläufigen Annahme über den positiven Effekt von Wissen verhält es sich sogar, wenn das Wissen über den Klimawandel bei Personen vorhanden ist, es aber genutzt wird, um sich das eigene (negative) Verhalten schön zu reden, d. h. das Wissen und die positive Einstellung eher als Alibi genutzt werden. Eine Kluft im eigentlichen Sinne besteht in diesem Fall gar nicht, denn das Handeln spielt hier die erste Geige; es bleibt unhinterfragt und wird lediglich durch schöne Worte verkleidet. In eine ähnliche Richtung geht es, wenn gesellschaftliche Normen des „Darüber-Sprechens" als Ursache für die Kluft vermutet werden: Die große Mehrheit ist pro Umweltschutz und pro Klimaschutz eingestellt, dies weiß jeder und redet entsprechend, ohne dass dies aber Rückwirkungen auf das eigene Handeln hätte.

4.6 Phase 6: Codieren des kompletten Materials mit dem ausdifferenzierten Kategoriensystem

In Phase 6 der Analyse werden, sofern für eine oder mehrere Hauptkategorien Subkategorien gebildet wurden, die mit dieser Hauptkategorie codierten Textstellen mit den Subkategorien erneut codiert. Dies ist eine arbeitsreiche Phase, die einen erneuten Materialdurchlauf erfordert. Hier besteht auch ein wesentlicher Unterschied zur Grounded Theory, die primär die Entwicklung einer auf Empirie basierenden Theorie zum Ziel hat und deren Abbruchkriterium das Erreichen eines gewissen Sättigungsgrades der Theorie ist; in der qualitativen Inhaltsanalyse wird hingegen immer das gesamte für die Fragestellung relevante Material codiert. Sobald Subkategorien gebildet sind, lassen sich die Codierprozesse allerdings auch abkürzen, indem bei der Codierung von bislang nicht codierten Interviews den Textstellen direkt die Subkategorien zugewiesen und keine gesonderte Codierung mit den Hauptkategorien vorgenommen wird.

Nach dieser sechsten Phase der Analyse ist das Material in differenzierter Weise inhaltlich strukturiert und die Forschenden sind nun in der Lage, Zusammenhänge zu untersuchen und die Forschungsfrage(n) zu beantworten. Kategorienbildung und Codierung sind nicht nur Vorarbeit der Analyse, sondern sie sind bereits ein wichtiger Teil des Analyseprozesses; dies macht die oben dargestellte Auswertung der Aussagen zur Kluft zwischen Einstellungen und Handeln deutlich. Selbstverständlich sind auch weitere Materialdurchläufe mit dem Ziel der Verbesserung des Kategoriensystems erlaubt, doch mit Hinblick auf die noch folgenden Phasen der Analyse ist eine Kosten-Nutzen-Abwägung angeraten. Zeit ist normalerweise ein knappes Gut in Forschungsprojekten, das sorgsam auf die verschiedenen Phasen aufgeteilt werden sollte.

4.7 Phase 7: Einfache und komplexe Analysen, Visualisierungen, tabellarische Materialübersichten

Die qualitative Inhaltsanalyse erschöpft sich nicht in der Bildung der Kategorien, die anschließend mit statistischen Verfahren ausgewertet werden. In der Phase 7 können eine Vielzahl von einfachen und komplexen Analysen durchgeführt werden. Durch die Kategorienbildung und die mehrstufige Codierung in den vorangegangenen Phasen ist eine inhaltliche Strukturierung geschaffen, die sich in Form einer Profilmatrix (Fälle mal Kategorien) darstellen lässt. Wenn wie im beschriebenen Beispiel thematische Kategorien gebildet wurden, ergibt sich eine Themenmatrix nach dem Muster von Tabelle 1.

Tab. 1: Profilmatrix „Fälle mal Kategorien" mit kategorienorientierten und fallorientierten Analysemöglichkeiten

	Thema A	Thema B	Thema C	
Person 1	Textstellen von Person 1 zu Thema A	Textstellen von Person 1 zu Thema B	Textstellen von Person 1 zu Thema C	→ Fallzusammenfassung zu Person 1
Person 2	Textstellen von Person 2 zu Thema A	Textstellen von Person 2 zu Thema B	Textstellen von Person 2 zu Thema C	→ Fallzusammenfassung zu Person 2
Person 3	Textstellen von Person 3 zu Thema A	Textstellen von Person 3 zu Thema B	Textstellen von Person 3 zu Thema C	→ Fallzusammenfassung zu Person 3
	Kategorienbasierte Auswertung zu			
	"↓	"↓	"↓	
	Thema A	Thema B	Thema C	

Prinzipiell sind nun zwei Richtungen weiterer Analysen möglich:

Erstens kann der Blick quasi vertikal in die Spalten gerichtet werden und eine Auswertung der jeweiligen Kategorie (das sind im Fall des Beispielprojekts thematische Kategorien) und ihrer Subkategorien vorgenommen werden.

Zweitens lässt sich die analytische Perspektive gewissermaßen um 90 Grad drehen und der Blick in die Zeilen richten; dies bedeutet die Durchführung fallorientierter Analysen. Solche Fallanalysen berücksichtigen nur die mit den analytischen Kategorien codierten Teile des Materials. Es ist also eine Fallanalyse auf der Basis der aus der Perspektive der Forschungsfrage relevanten und kategorisierten Materialteile.

Selbstverständlich lassen sich auch Zusammenhangsanalysen durchführen: Bei der kategorienbasierten Analyse werden zwei (oder mehr) Kategorien auf Zusammenhänge untersucht; bei der fallorientierten Analyse werden die Ähnlichkeiten zwischen zwei (oder mehr) Fällen, also im beschriebenen Projekt Personen, untersucht. Solche fallbasierten Analysen können zur Bildung von Kontrastgruppen und Extremgruppen führen, aber auch die Grundlage für eine methodisch kontrollierte Typenbildung darstellen (Kelle und Kluge 2010; Kluge 1999; Kuckartz 2016, S. 143–161).

Die in der siebten Phase denkbaren Analysen können sowohl qualitativ als auch quantitativ orientiert sein. Für *kategorienbasierte Analysen* bedeutet eine qualitative Analyse, dass die in Tab. 1 dargestellte Profilmatrix mit Textstellen gefüllt ist und diese Textstellen qualitativ analysiert werden. Hierbei können fallbezogene Zusammenfassungen pro Kategorie sehr nützlich sein. Eine quantitative Analyse bedeutet, dass die Anzahl (oder der Umfang) der pro Fall vorhandenen Textstellen analysiert werden. So lassen sich beispielsweise entsprechende Kategoriehäufigkeiten berechnen und Personen finden, die zu einem bestimmten Thema besonders viel (oder besonders wenig) gesagt haben.

Mit aufsteigendem Komplexitätsgrad lassen sich unter anderem folgende Analyseformen realisieren:

1. Kategorienbasierte Auswertungen der Hauptkategorien
2. Analyse der Zusammenhänge zwischen den Subkategorien innerhalb einer Hauptkategorie
3. Analyse der Zusammenhänge zwischen zwei und mehr Hauptkategorien
4. Erstellen von qualitativen und quantitativen Kreuztabellen
5. Untersuchung der Konfigurationen von Kategorien
6. Visualisierung von Zusammenhängen, beispielsweise als Verlaufsdiagramm von Interviews oder Fokusgruppen, als Diagramm von Kategorienrelationen, als Netzwerkdarstellung oder Konzept-Maps

Eine besondere Rolle bei der qualitativen Analyse der strukturierten Inhalte kann die Erstellung von *fallbezogenen thematischen Zusammenfassungen* spielen.

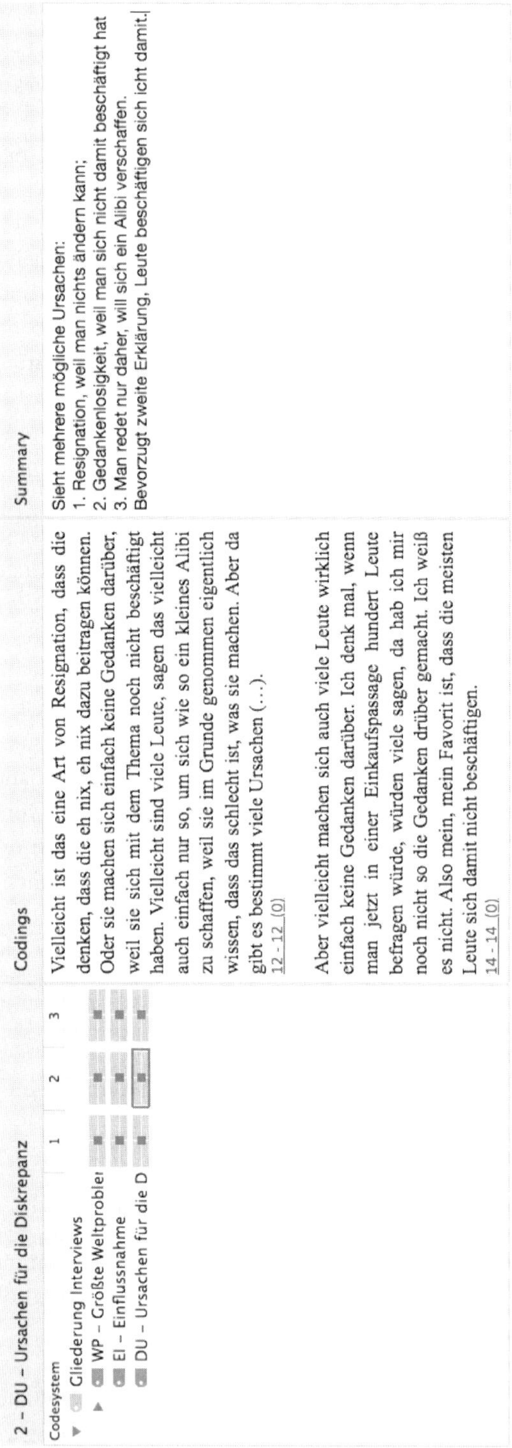

2 – DU – Ursachen für die Diskrepanz				Codings	Summary
Codesystem	1	2	3		
▶ ⬚ Gliederung Interviews				Vielleicht ist das eine Art von Resignation, dass die denken, dass die eh nix, eh nix dazu beitragen können. Oder sie machen sich einfach keine Gedanken darüber, weil sie sich mit dem Thema noch nicht beschäftigt haben. Vielleicht sind viele Leute, sagen das vielleicht auch einfach nur so, um sich wie so ein kleines Alibi zu schaffen, weil sie im Grunde genommen eigentlich wissen, dass das schlecht ist, was sie machen. Aber da gibt es bestimmt viele Ursachen (…). 12 – 12 (0)	Sieht mehrere mögliche Ursachen: 1. Resignation, weil man nichts ändern kann; 2. Gedankenlosigkeit, weil man sich nicht damit beschäftigt hat 3. Man redet nur daher, will sich ein Alibi verschaffen. Bevorzugt zweite Erklärung, Leute beschäftigen sich licht damit.
▲ ⬚ WP – Größte Weltproblem					
⬚ EI – Einflussnahme					
⬚ DU – Ursachen für die D		■			
				Aber vielleicht machen sich auch viele Leute wirklich einfach keine Gedanken darüber. Ich denk mal, wenn man jetzt in einer Einkaufspassage hundert Leute befragen würde, würden viele sagen, da hab ich mir noch nicht so die Gedanken drüber gemacht. Ich weiß es nicht. Also mein, mein Favorit ist, dass die meisten Leute sich damit nicht beschäftigen. 14 – 14 (0)	

Abb. 6: Schreiben von kategorienbasierten Fallzusammenfassungen

Summary-Tabellen

Fallübersicht: Weltprobleme und Ursachen der Diskrepanz

Tabelle Erlernbarkeit

	1: Dokument…	2: WP – Größte Weltproble…	3: EI – Einflussnahme	4: DU – Ursachen für die …	5: LER – Erlernbarkeit
1	Interviews\1	Ungleichheit zwischen Arm und Reich in der ersten, zweiten und dritten Welt.	Probleme sind kaum beeinflussbar, denn sie bestehen schon seit langer Zeit. Skeptisch gegenüber dem Klimawandel – aber es ist dennoch wegen der Umweltverschmutzung notwendig, die Ressourcen zu schonen.	- Leute verstecken sich hinter Worten. Sie wollen sich keine Blöße geben, reden sich ihre Handlungen schön - Sie wissen genau, dass ihr Handeln falsch ist, tun aber so, als wären sie sensibilisiert.	Durch die Eltern, die müssen das vorleben. Eingeschränkt: durch Medien, aber denen sollte man kritisch gegenüberstehen.
2	Interviews\2	Religionskonflikte und daraus resultierender Terrorismus und Kriege. Ferner Klassenspaltung durch die Wirtschaft. Klimawandel, Überbevölkerung und Armut in der Welt.	Gegen Religionskonflikte lässt sich wenig tun, Probleme bestehen schon seit 2000 Jahren. Kapitalismus beruht auf der Gier der Menschen, da lässt sich auch wenig ändern. Hinsichtlich Klimawandel und Überbevölkerung könnte man viel machen.	Sieht mehrere mögliche Ursachen: 1. Resignation, weil man nichts ändern kann; 2. Gedankenlosigkeit, weil man sich nicht damit beschäftigt hat 3. Man redet nur daher, will sich ein Alibi verschaffen. Bevorzugt zweite Erklärung, Leute beschäftigen sich nicht damit.	In der frühen Kindheit. Kinder müssen möglichst früh Naturbewusstsein entwickeln.Eltern haben Vorbildfunktion. Es ist schwierig, wenn Sie die Bemühungen von Kiga und Schule konterkarieren.
3	Interviews\3	Kriege im Nahen Osten und in Afrika. Dadurch verursachte Epidemien und Hungersnöte. Klimawandel.	Prinzipiell sind die Probleme beeinflussbar. Kriege aber weniger, hingegen Klimawandel schon durch Umsteigen auf erneuerbare Energien.	Angewohnheiten (dumme) spielen eine wichtige Rolle, Auch Bequemlichkei spielt eine Rolle und das Gefühl, mit den anderen in eine Richtung zu schwimmen, kein Außeneiter zu sein.	Eigentlich ja, aber Medien machen Panik und vermitteln kein Wissen, was man machen könnte. Es müsste schon im Kindergarten Sensibilität erzeugt werden.

Abb. 7 Fallübersicht zu den Kategorien „Größte Weltprobleme" und „Ursachen der Diskrepanz"

Hier wird der Text nicht einfach sequenziell paraphrasiert, sondern die Zusammenfassungen basieren auf den thematischen Codierungen der beiden Codierphasen. Das Datenmaterial in qualitativen Studien ist in der Regel sehr umfangreich und nicht leicht zu überblicken. Werden nun fallweise thematische Zusammenfassungen geschrieben, so lässt sich das Material erheblich verdichten, und zwar unter der Perspektive der Forschungsfrage(n). Auf diese Weise wird zwischen dem umfangreichen Primärmaterial und der kurzen Bezeichnung einer Kategorie eine weitere analytische Ebene eingefügt, die es ermöglicht, Fälle miteinander zu vergleichen und Fallübersichten zu erstellen. Abbildung 6 zeigt die Bildschirmabbildung der Funktion „Summary Grid" von MAXQDA. Zu erkennen ist ein dreigeteilter Bildschirm: Auf der linken Seite wird für drei Befragte (Nr. 1, 2 und 3) eine Matrix „Personen mal Kategorien" angezeigt, und zwar für die drei Kategorien „WP – Größte Weltprobleme", „EI – Einflussnahme" und „DU – Ursachen der Diskrepanz". Bearbeitet werden die Aussagen zur Ursache der Diskrepanz von Person 2. Im mittleren Fenster findet man alle Aussagen von Person 2 zu dieser Kategorie und im rechten Fenster das auf dieser Grundlage geschriebene Summary.

Thematische Fallzusammenfassungen müssen nicht für alle Kategorien geschrieben werden, sondern nur für solche, die sich im Verlauf des Auswertungsprozesses als zentral erwiesen haben. Basierend auf diesen Summaries lassen sich Fälle kontrastieren oder Fallübersichten wie in Abbildung 7 (S. 529) erstellen. Dort sind die Zusammenfassungen zu den Themen „Größte Weltprobleme", „Einflussnahme", „Ursachen der Diskrepanz" und „Erlernbarkeit" zusammengestellt. Bereits bei dieser Übersicht über wenige Fälle zeigt sich, dass die globalen Probleme nur in geringem Maße als beeinflussbar wahrgenommen werden. Auf diesem Hintergrund wird verständlich, dass das eigene Verhalten in Sachen Klimaschutz – quasi wider besseres Wissen – kein Bereich engagierter Veränderung ist. Viele sind eher resigniert, machen sich keine größeren Gedanken und reden sich das eigene Verhalten schön. In dieses Bild passt auch, dass man die Erlernbarkeit des Umgangs mit globalen Problemen in den Bereich früher oder frühester Kindheit verschoben hat und damit weit weg von sich selbst.

5 Schlussfolgerungen und Ausblick

Dieses Beispiel aus der Forschungspraxis zu Fragen des Klimabewusstseins zeigt die Grundzüge der Methode qualitative Inhaltsanalyse auf, genauer gesagt der inhaltlich strukturierenden Analyseform. Viele wichtige Aspekte der Methode sind in Lehrbüchern ausführlich dargestellt, beispielsweise wie Kategoriendefinitionen zu gestalten sind, wie Fallzusammenfassungen aussehen oder wie analytische Memos sinnvoll im Analyseverlauf eingesetzt werden können.

Qualitative Inhaltsanalysen gehen systematisch vor und bearbeiten das gesamte für die Beantwortung der Forschungsfragen relevante Material, das sie mit Hilfe von Kategorien strukturieren. Die Kategorien können sowohl direkt am Material als auch vorab auf der Grundlage des Forschungsstands oder von Hypothesen gebildet werden, in den meisten Fällen – wie auch in dem hier beschriebenen Forschungsprojekt – wird eine Mischform von diesen oft als deduktiv und induktiv bezeichneten Vorgehensweisen praktiziert. Eine qualitative Inhaltsanalyse, die nicht in der ein oder anderen Form anhand des empirischen Materials Kategorien oder Subkategorien bildet, ist schwerlich denkbar, wenngleich nicht prinzipiell ausgeschlossen.

Was die *Bildung* von Kategorien betrifft, kann keine Reliabilität (Diekmann 2007, S. 247–260) im Sinne von Übereinstimmung der Forschenden hinsichtlich der gebildeten Kategorien postuliert werden. Kategorien zu bilden erfordert Kreativität, nur so lassen sich neue Begriffe schöpfen und innovative Zugänge zu Forschungsproblemen finden. Wichtig ist zudem eine ausgeprägte theoretische Sensitivität, das heißt, die Forschenden kennen verschiedene sozialwissenschaftliche Theorien und sind bei der Analyse der Daten sensibel hinsichtlich emergierender Kategorien. Auch hierfür kann keine intersubjektive Übereinstimmung gefordert werden. Anders sieht es mit der *Anwendung* von Kategorien auf das Material aus. Diese sollte so genau definiert sein, dass sich Regeln der Zuordnung und Ankerbeispiele formulieren lassen, sodass eine Übereinstimmung der Codierenden gefordert und überprüft werden kann.

Die qualitative Inhaltsanalyse ist kein Verfahren extensiver Interpretation, sie ist sich aber bewusst, dass die Analyse von Kommunikationsinhalten sich nicht nur auf das Manifeste beschränken kann, sondern dass auch die Bedeutung von Aussagen einbezogen werden muss. Im Sinne der Polarität manifest – latent entfernt sie sich also ein beträchtliches Stück vom Pol des manifesten Inhalts. Die Grenze besteht dort, wo sich in der innerwissenschaftlichen Kommunikation eines Forscherteams keine Einigkeit mehr über Deutungen erzielen lässt und damit auch keine Codierungen mehr möglich sind, die dem Gütekriterium der Übereinstimmung der Codierenden entsprechen.

Als Kracauer, wie eingangs erwähnt, vor mehr als 60 Jahren den Begriff „Qualitative Content Analysis" einführte, schwebte ihm eine Inhaltsanalyse vor, bei der erstens nicht nur manifeste Inhalte Gegenstand einer Inhaltsanalyse sein können und zweitens nicht zwangsweise quantitativ-statistisch analysiert werden muss. Damit stellte er sich gegen den seinerzeitigen Mainstream einer behavioristisch orientierten Wissenschaft, der mathematisch-statistische Analysen als Nonplusultra von Wissenschaftlichkeit galten. Entgegen dieser Annahme wies Kracauer darauf hin, dass die Transformation verbaler Information in Skalenwerte und die anschließende statistische Berechnung die Analyse – anders als von den Protagonisten des quantitativen Paradigmas behauptet – nicht genauer, sondern ungenauer machen. Es ging ihm aber nicht nur um eine stärkere Berücksichtigung von Bedeutungen und latentem Inhalt bei der Inhaltsanalyse, sondern auch um eine Codifizierung des Analyseprozesses. Die heutige qualitative Inhaltsanalyse ist in dieser Hinsicht schon ein gutes Stück vorangekommen, so sind die zentralen Begriffe und die Phasen des Analyseprozesses mittlerweile schon sehr präzise beschrieben (z. B. Kuckartz 2016, S.100–110; Mayring 2015, S. 97–116; Schreier 2012, S.194–218).

Schließlich, das sei zumindest noch erwähnt, wenngleich in diesem Beitrag nicht dargestellt, kann die qualitative Inhaltsanalyse prinzipiell auch in Forschungsprojekten mit audio-visuellen Zugängen eingesetzt werden. Sie ist hervorragend für Auswertung von Audio- und Videomaterial geeignet, wobei die gleichen Grundsätze Anwendung finden wie bei der Analyse verbaler Daten, das heißt: Systematik, Orientierung an expliziten Regeln, zentrale Bedeutung der Kategorien, intersubjektive Übereinstimmung der Forschenden in Bezug auf die Anwendung der Kategorien, Verknüpfungsmöglichkeit von quantitativen und qualitativen Analyseschritten und nicht zuletzt auch die Kombination von Kategorienorientierung und Fallorientierung. Bislang sind solch inhaltsanalytische Ansätze zur Auswertung multimedialer Daten zwar noch nicht sehr häufig (z. B. Akremi 2017), aber insbesondere in der empirischen Bildungsforschung und der Unterrichtsforschung (Kaiser et al. 2015; Kramer et al. 2017) ist eine starke Zunahme zu konstatieren.

Die methodische Entwicklung der qualitativen Inhaltsanalyse ist keineswegs abgeschlossen, sondern nach wie vor im Gange. Sie wird sich insbesondere in folgenden Feldern abspielen:

- Systematische Weiterentwicklung der bislang eher vernachlässigten Fallorientierung
- Integration konkreter Analyseideen, die sich in der englischsprachigen Literatur zur Analyse qualitativer Daten finden lassen, z. B. die von Miles/Huberman/Saldana (2013) vorgetragenen Ideen zur Datenpräsentation
- Integration von Techniken der Visualisierung, insbesondere von Netzwerkdarstellungen (Baur 2014)
- Entwicklung von Standards und Gütekriterien, insbesondere hinsichtlich der Sicherung der Intersubjektivität von Codierprozessen

Schließlich wird die qualitative Inhaltsanalyse sich sehr wahrscheinlich auch in den relativ neuen Feldern der Analyse von Videodaten und Social-Media-Daten zunehmend verbreiten und für diese Datentypen spezielle Verfahren entwickeln.

Literatur

Akremi, L. (2017): Mixed-Methods-Sampling als Mittel zur Abgrenzung eines unscharfen und heterogenen Forschungsfeldes. In: Baur, N./Kelle, U./Kuckartz, U. (Hrsg.) (2017): Mixed Methods. Sonderheft der Kölner Zeitschrift für Soziologie und Sozialpsychologie. Wiesbaden: Springer VS.
Baur, N. (2014): Netzwerkdaten. In: Baur, N./Blasius, J. (Hrsg.) (2014): Handbuch Methoden der empirischen Sozialforschung. Wiesbaden: Springer VS, S. 941–958.
Berelson, B. (1952): Content analysis in communication research. Glencoe: Free Press.
Charmaz, K. (2006): Constructing grounded theory. Los Angeles: Sage.
Creswell, J. W. (2015): A concise introduction to mixed methods research. Los Angeles: Sage.
Diekmann, A. (2007): Empirische Sozialforschung: Grundlagen, Methoden, Anwendungen. 4. Auflage. Reinbek bei Hamburg: Rowohlt Taschenbuch Verlag.
Früh, W. (2011): Inhaltsanalyse. Konstanz: UVK Verlagsgemeinschaft.
Gibbs, G. (2007): Analyzing qualitative data. Los Angeles, CA: Sage.
Guest, G./MacQueen, K. M./Namey, E. E. (2012): Applied thematic analysis. Los Angeles: Sage.
Kaiser, G./Busse, A./Hoth, J./ König, J./Blömeke, S. (2015): About the complexities of video-based assessments: Theoretical and methodological approaches to overcoming shortcomings of research on teachers' competence. International Journal of Science and Mathematics Education 13(3), S. 369–387.
Kelle, U. (2007): Theoretisches Vorwissen und Kategorienbildung in der „Grounded Theory". In: Kuckartz, U./Grunenberg, H./Dresing, T. (Hrsg.) (2007): Qualitative Datenanalyse: computergestützt. 2. Auflage. Wiesbaden: VS, S. 21–49.
Kelle, U./Kluge, S. (2010): Vom Einzelfall zum Typus: Fallvergleich und Fallkontrastierung in der Qualitativen Sozialforschung. 2. Auflage. Wiesbaden: VS.
Kluge, S. (1999): Empirisch begründete Typenbildung. Opladen: Leske und Budrich.
Kracauer, S. (1952): The challenge of qualitative content analysis. Public Opinion Quarterly 16, S. 631–642.
Kracauer, S./Benjamin, W. (1930/1974): Die Angestellten. Aus dem neuesten Deutschland. Frankfurt am Main: Suhrkamp.
Kramer, C./König, J./Kaiser, G./Ligtvoet, R./Blömeke, S. (2017): Der Einsatz von Unterrichtsvideos in der universitären Ausbildung: Zur Wirksamkeit video- und transkriptgestützter Seminare zur Klassenführung auf pädagogisches Wissen und situationsspezifische Fähigkeiten angehender Lehrkräfte. In: Zeitschrift für Erziehungswissenschaft 20, Supplement 1, S. 137–164.
Krippendorff, K. (2012): Content analysis: An introduction to its methodology. (3., überarbeitete Auflage. Los Angeles: Sage.
Kuckartz, U. (2009): Einführung in die computergestützte Analyse qualitativer Daten. 3. Auflage. Wiesbaden: VS.
Kuckartz, U. (2010): Nicht hier, nicht jetzt, nicht ich – Über die symbolische Bearbeitung eines ernsten Problems. In: von Welzer, H./Soeffner, H.-G./Giesecke, D. (Hrsg.) (2010): Klima Kulturen. Soziale Wirklichkeiten im Klimawandel. Frankfurt am Main: Campus, S. 143–160.
Kuckartz, U. (2014): Mixed Methods: Methodologie, Forschungsdesigns und Analyseverfahren. Wiesbaden: Springer VS.
Kuckartz, U. (2016): Qualitative Inhaltsanalyse. Methoden, Praxis, Computerunterstützung. 3. Auflage. Weinheim: Beltz Juventa.
Mayring, P. (2015): Qualitative Inhaltsanalyse: Grundlagen und Techniken. 12. Auflage (zuerst 1983). Weinheim: Beltz.
Mayring, P./Gläser-Zikuda, M. (2008): Die Praxis der Qualitativen Inhaltsanalyse. 2. Auflage. Weinheim: Beltz.
Merten, K. (2013): Inhaltsanalyse: „Einführung In Theorie, Methode Und Praxis". 2. Auflage. Opladen: Springer VS.
Miles, M. B./Huberman, A. M./Saldana, J. (2013): Qualitative data analysis: A methods sourcebook. 3 Auflage. Los Angeles: Sage Publications.

Saldana, J. (2015): The coding manual for qualitative researchers. 3. Auflage. London, Thousand Oaks: Sage Publications.

Schreier, M. (2012): Qualitative content analysis in practice. Los Angeles: Sage.

Schreier, M. (2014): Varianten qualitativer Inhaltsanalyse: Ein Wegweiser im Dickicht der Begrifflichkeiten [59 Absätze]. In: Forum Qualitative Sozialforschung / Forum: Qualitative Social Research, 15(1), Art. 18.
http://nbn-resolving.de/urn:nbn:de:0114-fqs1401185 (Abruf 31.03.2018).

Silver, C./Lewins, A. (2014): Using software in qualitative research: A step-by-step guide (2nd Revised edition). Sage.

Stamann, C./Janssen, M./Schreier, M. (2016): Qualitative Inhaltsanalyse – Versuch einer Begriffsbestimmung und Systematisierung [24 Absätze]. In: Forum Qualitative Sozialforschung / Forum: Qualitative Social Research. http://nbn-resolving.de/urn:nbn:de:0114-fqs1603166 (Abruf 31.03.2018).

Steigleder, S. (2008): Die strukturierende qualitative Inhaltsanalyse im Praxistest: Eine konstruktiv kritische Studie zur Auswertungsmethodik von Philipp Mayring. Marburg: Tectum.

Stone, P. J./Dunphy, D./Smith, M./Ogilvie, D. M. (1966): The General Inquirer: A computer approach to content analysis. Cambridge (MA): MIT Press.

Strauss, A./Corbin, J. (1996): Grounded Theory: Grundlagen Qualitativer Sozialforschung. Weinheim: Beltz PVU.

Weber, M. (1911): Geschäftsbericht auf dem 1. Deutschen Soziologentag vom 19.-22.10.1910 in Frankfurt/Main. In: Deutsche Gesellschaft für Soziologie (Hrsg.) (1911): Verhandlungen des ersten Deutschen Soziologentages. Tübingen: Mohr (Paul Siebeck), S. 39–52.

3.4
Neue Synthesen von Handlungs- und Strukturanalyse

Rainer Diaz-Bone

1   Einleitung

Die qualitative Sozialforschung hat sich in den deutschsprachigen Sozialwissenschaften in den letzten Jahrzehnten mit einer Reihe von Ansätzen und Verfahren etablieren können. Das Ausmaß der Etablierung misst sich nicht nur an der (wenn auch langsam) wachsenden Anzahl an Professuren für Methoden der qualitativen Sozialforschung, der Gründung eigener Zeitschriften (das sind insbesondere *Forum Qualitative Sozialforschung*, *Sozialer Sinn*, sowie neuere Zeitschriften wie die *Zeitschrift für qualitative Sozialforschung* und die *Zeitschrift für Diskursforschung*) und Buchreihen (wie die Reihe „*Qualitative Sozialforschung*" sowie die Buchreihen zur Diskursforschung im Springer VS Verlag), der periodischen Veranstaltung von umfangreichen Methodentreffen (bedeutend sind das Berliner Methodentreffen, welches jährlich seit 2005 an je zwei Tagen stattfindet oder das Schweizer Methodenfestival, welches bislang 2011, 2013, 2014, 2015 und 2017 veranstaltet wurde), der wachsenden Anzahl an Monografien zu qualitativen Methoden und Methodologien, sondern insbesondere an der internen Dynamik dieses Teilfeldes der Sozialwissenschaften. Denn das Feld der qualitativen Sozialforschung ist mittlerweile so umfangreich – sowohl nach Repräsentantinnen und Repräsentanten als auch nach Ansätzen –, dass wechselseitige Vergleiche, Abgrenzungen und Synthesen eigene Dynamiken und Innovationen auslösen. Zudem führen neue Technologien und Medien, neue gesellschaftliche Phänomene und auch aufkommende sozialwissenschaftliche Bewegungen in anderen Wissenschaftsfeldern dazu, dass im Feld der qualitativen Sozialforschung Veränderungen und Innovationen von außen angestoßen werden, die sich in einigen Fällen als dauerhaft erweisen und sich nun ihrerseits im Feld etablieren.

Die seit den 1970er Jahren allmählich entstandene Situation in der deutschsprachigen qualitativen Sozialforschung ist dadurch charakterisiert, dass nach dem Wiedererstarken der traditionellen Ansätze der qualitativen Sozialforschung (wie interpretative Verfahren in der Tradition der Sozialphänomenologie oder der Hermeneutik) neue Entwicklungen dazu gekommen sind, die insbesondere Einflüsse aus den US-amerikanischen und französischen Sozialwissenschaften integriert haben, die aber die älteren deutschsprachigen Traditionen nicht verdrängt haben. Auch wenn sich die qualitative Sozialforschung damit weiter internationalisiert hat, findet man doch eine spezifische Situation der deutschsprachigen qualitativen Sozialforschung vor, da viele ihrer Ansätze nur geringe Beachtung außerhalb der deutschsprachigen Sozialwissenschaften gefunden haben – wie etwa die objektive Hermeneutik (Maiwald in diesem Band). (Wie stark sich das US-amerikanische Feld der qualitativen Sozialforschung sowohl hinsichtlich der Methoden und Methodologien als auch hinsichtlich der thematischen Agenda unterscheidet, veranschaulicht das Handbuch zur qualitativen Sozialforschung von Denzin und Lincoln 2011.)

Mit Bourdieu kann man argumentieren, dass die aktuelle Struktur eines Feldes die Möglichkeiten für seine Veränderungen sowie auch für die Art und Weise, wie externe Einflüsse sich in ihm auswirken, mitbestimmt (Bourdieu 1993, S. 191). Welche Entwicklungen im Feld der qualitativen Methoden möglich sind, hängt also nicht nur davon ab, was bereits etabliert ist und daher als distinktiver Bezug für das „Etablierte" dienen kann, sondern welche neuen Positionierungen das Feld mit seiner Struktur (als seine geronnene Geschichte) und seinen internen Kämpfen selbst ermöglicht und welche es blockiert. Dennoch ist ein Feld nie ganz autonom und damit ist seine Dynamik nicht allein durch seine interne Struktur determiniert (Bourdieu 1998a, S. 66). Zudem ist die Rede von der qualitativen Sozialforschung voraussetzungsvoll. Denn erst seit wenigen Jahrzehnten hat sich dieses in den USA als eigenes Forum mit relativer Autonomie herauskristallisiert und in den deutschsprachigen Sozialwissenschaften kann man erst seit der Jahrhundertwende solche Institutionalisierungsprozesse in einem umfangreicheren Ausmaß identifizieren, so dass nicht nur eine wechselseitige Wahrnehmung der Akteure im Feld erfolgt, sondern sich auch als legitim geltende Repräsentationen und Selbstreflexionen finden (insbesondere Handbücher, spezifische Zeitschriften und Konferenzen sowie die großen Methodentreffen ermöglichen beides für die qualitative Sozialforschung). Ob im Sinne der Feldtheorie von Bourdieu auch noch feldspezifische Kapitalarten erforderlich sind, um von einem „Feld der qualitativen Sozialforschung" sprechen zu können, kann man sicherlich kritisch anfragen. Tatsächlich werden einzelne Wissenschaftsdisziplinen oder auch Teildisziplinen als Felder aufgefasst und mit dieser konzeptionell fundierten Perspektive empirisch untersucht (siehe beispielsweise für die Wirtschaftswissenschaften Lebaron 2000). Eigenheiten, wie sie für Felder kennzeichnend sind, wie die Selbstbestimmung von Evaluierungskriterien, haben sich aber ausdifferenziert. Das zeigt sich insbesondere anhand der für viele Methodologien der qualitativen Sozialforschung entwickelten Gütekriterien, die eben nicht mehr Adaptionen von Gütekriterien der quantitativen Sozialforschung sind (siehe dazu die

Beiträge in Baur und Blasius 2018 sowie in Diaz-Bone und Weischer 2015). Zugleich zeigt sich eine Entwicklung, dass für eine wachsende Anzahl an Sozialforscherinnen und Sozialforschern die lange Zeit unüberbrückbare Kombination und Vermittlung quantitativer und qualitativer Methoden zunehmend gangbar wird, sei es in Form von Mixed-Methods-Ansätzen (Kelle 2008; Tashakkori/Teddlie 2010), sei es, dass sowohl quantitative als auch qualitative Methodenkenntnisse erworben und in verschiedenen Projekten zum Einsatz kommen.

In diesem Beitrag sollen einige neuere sozialwissenschaftliche Analyseformen vorgestellt und diskutiert werden, die sich im deutschsprachigen Feld der qualitativen Sozialforschung zu etablieren beginnen oder sich bereits etabliert haben. (Die Formulierung „deutschsprachiges Feld" soll zum Ausdruck bringen, dass die deutschsprachigen Sozialwissenschaften in der Schweiz und in Österreich einbezogen werden.) Dafür werden feldexterne und feldinterne Aspekte aufgezeigt, die diese Analyseformen mit ermöglicht haben bzw. kennzeichnen. Ein Rahmen für die hier eingeführten Analyseformen besteht in der Heranziehung der beiden sozialwissenschaftlichen Megaparadigmen Strukturalismus und Pragmatismus als Referenzen für die Beurteilung folgender Ansätze. Das Ausgangsargument dafür ist, dass eine sozialwissenschaftliche Theorie und eine sozialwissenschaftliche Methodologie sowohl die empirische Analyse von Praktiken und Prozessen einerseits als auch von Strukturen, Institutionen und semantischen sowie kognitiven Formen andererseits bewerkstelligen muss, wenn sie sich im Feld der qualitativen Sozialforschung positionieren können will. Mit dem Erstarken strukturalistischer und pragmatischer Theoriepositionen in den deutschsprachigen Sozialwissenschaften wird dieses Ausgangsargument ebenfalls stärker und diese sind (mit unterschiedlicher Gewichtung) einflussreich für die zu besprechenden „neuen" Synthesen von Handlungs- und Strukturanalyse. Das Ausgangsargument, dass Strukturalismus und Pragmatismus als die bedeutendsten Einflüsse in den Sozialwissenschaften gelten können, wird hier auch als Auswahlkriterium herangezogen (was erklärlich macht, warum nicht auch andere neuere Entwicklungen in diesem Beitrag besprochen werden).

Viele qualitative Methodologien zeichnet aus, dass sie in einem engen Zusammenhang mit fundierenden Theoriepositionen oder Konzeptnetzwerken stehen und nicht einfach nur Techniken oder Heuristiken sind. Adele Clarke (2012) hat dafür die Formulierung von den Theorie-Methoden-Paketen eingeführt.

„Weil Epistemologie und Ontologie wie Siamesische Zwillinge sind, müssen Methoden als ‚Theorie/Methoden-Bündel' [...] verstanden werden. [...] Dieses Konzept eines Theorie-Methoden-Pakets konzentriert sich auf die wesentlichen [...] Aspekte der Ontologie, Epistemologie und Praxis, da diese sich gegenseitig konstituieren. [...] Die Methode ist demnach also nicht Diener der Theorie: tatsächlich begründet die Methode die Theorie" (Clarke 2012, S. 37/48).

Diese Theorie-Methoden-Pakete streben danach, eine kohärente Passung zwischen den ontologischen Annahmen über die Beschaffenheit des Sozialen, die durch die Theorie bzw. das Konzeptnetzwerk behauptet werden, und den Eigenschaften und Verwendungsweisen der qualitativen Methoden einzurichten und in der praktischen Forschung zu respektieren (Diaz-Bone 2013a; für Theoretisierungen solcher Passungen siehe auch die Beiträge in Kalthoff et al. 2008). Eine Frage ist daher, ob und wie neuere Ansätze einen solchen „methodischen Holismus" (der nicht zu verwechseln ist mit einem methodologischen Holismus) als Passungsverhältnis zwischen Theorie und Methode in anderer Weise einrichten als dies etablierte qualitative Methodologien tun. Damit sind auch die theoretischen und konzeptionellen Grundlagen von neuen Handlungs- und Strukturanalysen einzubeziehen.

2 Zwischen Strukturalismus und Pragmatismus

Strukturalismus und Pragmatismus können als die beiden großen Wissenschaftsbewegungen des 20. Jahrhunderts aufgefasst werden, die die Sozial- und Kulturwissenschaften abgelöst haben von der Philosophie, die vorher die methodologischen und erkenntnistheoretischen Vorgaben für die angewandten Wissenschaften gemacht hat und sich dabei verstanden hat als Grundlagendisziplin für die anderen Wissenschaften. Seitdem haben sowohl Strukturalismus als auch Pragmatismus verschiedene Konjunkturen in den Sozial- und Kulturwissenschaften erfahren und hier nun als Grundlagenparadigmen fungiert. (Man könnte verschiedene Formen und Aktualisierungen von Pragmatismus und Strukturalismus begrifflich mit Präfixen wie „Neo" oder „Post" zu charakterisieren versuchen. Diese sind zumeist ad hoc eingeführt und gelegentlich auch schlicht irreführend; siehe Frank 1984 und Diaz-Bone 2013a).

Der Strukturalismus hat seit den 1910er Jahren die Sprachwissenschaften revolutioniert, indem er mit der Auffassung von Sprache und Sprachbedeutungen als Abbild einer vorgängigen Wirklichkeit gebrochen und stattdessen das Modell der Sprache als System relationaler Bedeutungsunterschiede eingeführt hat (de Saussure). Bedeutung wird seitdem nicht als „substantiell" in etwas Außersprachlichem begründet aufgefasst. Dieser neue Ansatz aus der Linguistik hat seitdem die interne Organisation von Wissens- und Handlungsordnungen in den Sozial- und Kulturwissenschaften rekonstruiert und dabei die vorreflexive und das Denken, Wahrnehmen und Handeln prägende Wirkmächtigkeit von sozialen Strukturen betont (Dosse 1996, 1997). Zugleich spielen aber in den verschiedenen Versionen des sozialwissenschaftlichen Strukturalismus Praxiskonzepte eine wesentliche Rolle, die durch die sozialen Strukturen geordnet werden und diese reproduzieren. Sowohl in der Sozialtheorie von Pierre Bourdieu (1982) als auch der Diskurstheorie von Michel Foucault (1971, 1973) – den beiden einflussreichsten Strukturalisten – werden Praxisformen als wesentlich auch für sozialen Wandel angesehen, auch wenn gerade in den deutschsprachigen Rezeptionen die Sozialtheorien Foucaults und mehr noch Bourdieus anfangs als Strukturalismen in dem Sinne gedeutet wurden, dass sie keinen Wandel, sondern lediglich die Stabilität von Strukturen modellierten. Tatsächlich haben viele der durch Bourdieu beeinflussten Soziologen wie Luc Boltanski, Bernard Lahire oder Laurent Thévenot in Frankreich kritische Absetzungen von einem strukturalistischen Determinismus vorgelegt und die Pluralität sowie situative Offenheit von Handlungslogiken herausgearbeitet (Lahire 2005, 2006; Thévenot 2006; Boltanski/Thévenot 2007).

Der Pragmatismus wurde als die erste genuin amerikanische Wissenschaftsbewegung aufgefasst, die sich von der kontinentaleuropäischen Tradition des philosophischen Idealismus (Kant, Hegel) abgesetzt hat, indem sie den britischen Empirismus zu integrieren versucht hat mit einer humanistischen Reinterpretation des Darwinismus. Der Koevolution mit der Koordination von Akteuren in (sozialen) Umwelten sowie den in der Interaktion sich bewährenden Handlungs- und Wissensformen galt früh das analytische Interesse der Pragmatisten. Die Annahme der grundsätzlichen Wandelbarkeit der natürlichen und sozialen Welt sowie die Ablehnung von philosophischen Dualismen (das sind insbesondere Dichotomien wie die Trennung von Körper und Geist, Objekt und Subjekt, Natur und Kultur, Theorie und Empirie u. a.) oder Fakten und Werte sind bis heute Grundpositionen des Pragmatismus (James 1994a, 1994b; Diaz-Bone/Schubert 1996; Dewey 1995, 1998, 2002; Putnam 2002; Rorty 2013). Aber der Pragmatismus hat von Beginn an die Theoretisierung sozialer Strukturen sowie ihre Stabilität vernachlässigt; Strukturkonzepte können gerade im klassischen Pragmatismus als untertheoretisiert gelten. Die soziologische Tradition der Chicago School und der symbolische Interaktionismus haben diese Perspektive in der Soziologie fortgesetzt und dabei die Notwendigkeit der permanenten Interpretationsbedürftigkeit von Handlungen, Prozessen und Sachverhalten herausgestellt (Lewis/Smith 1980; Bulmer 1984). Die pragmatische Soziologie des Symbolischen Interaktionismus von Herbert Blumer (2004, 2013) hat die Grounded Theory von Anselm Strauss und Barney Glaser in eine Methodologie umgesetzt (Strauss 2007; Strauss/Corbin 1996; Glaser/Strauss 2005; Bryant/Charmaz 2010; Mey/Mruck 2011; Charmaz 2014; Strübing 2014). Adele Clark ist noch einen Schritt weitergegangen und hat mit ihrer Methodologie der *Situationsanalyse* Elemente des Strukturalismus anhand der Vermittlung der Foucaultschen Diskursanalyse an die Grounded Theory zu integrieren versucht (Clarke 2012; Strübing in diesem Band). Auch die so genannten neuen französischen Sozialwissenschaften (Corcuff 2011) haben an den Pragmatismus angeschlossen und eine Reihe von Ansätzen hervorgebracht, die auch in den deutschsprachigen Soziologien einflussreich geworden sind. Das sind vor allem die *Actor-network-theory* und die *Soziologie der Konventionen*. Insbesondere die pragmatischen Beiträge zu den interpretativen und die Koordination ermöglichenden Handlungskompetenzen sowie zum Pluralismus koexistierender strukturierender Prinzipien – wie Qualitätskonventionen oder kognitive Formen – komplettieren die pragmatische Perspektive um strukturalistische Elemente und werden gegenwärtig für neue Handlungs- und Strukturanalysen fruchtbar gemacht (Boltanski/Thévenot 2007; Diaz-Bone/Thévenot 2010; Diaz-Bone 2011; Knoll 2015).

Neue Synthesen von Handlungs- und Strukturanalyse lassen sich besser verstehen, wenn man sie als im Zwischenbereich zwischen den Polen Pragmatismus und Strukturalismus angesiedelt begreift. Dazu zählen – im Vergleich zu etablierten Formen der Handlungs- und Strukturanalyse sowie zugehöriger Formen der qualitativen Methodologie – neuere Ansätze wie die *Actor-network-theory* (kurz ANT), die *Soziologie der Konventionen* oder die *Situationsanalyse*. Sie integrieren Aspekte sowohl von Performativität und Praxis als auch von Strukturalität – der Strukturierung (im Sinne einer Prägung als Prozess) und Strukturiertheit (im Sinne einer Geprägtheit als Resultat) von Situationen durch strukturierende Sachverhalte (wie Oppositionen, Muster, Schemata etc.). Methodologisch bedeutet dies beispielsweise in der Soziologie der Konventionen, dass Prozesse der Koordination in Situationen analysiert werden, um dann auch zu untersuchen, welche Konventionen und Forminvestitionen (kollektive Investitionen in kognitive Formen, auf die die Koordination sich stützt) in diese Praxis eingebracht werden, die diese Prozesse raum-zeitlich stabilisieren und ihre Reichweite ausdehnen. Dabei lässt sich dann zeigen, dass erst die Einbringung der Konventionen und Formen für die Praxis die Zuschreibung von Qualitäten und Wertigkeiten (von Akteuren, Objekten, Handlungen etc.) ermöglichen. Aus Sicht der Konventionentheorie liegen damit Prozesse vor, die danach streben, sich zu strukturieren. Es sind nicht alleine kompetente Akteure oder strukturierende Konventionen. Im Unterschied zur Ethnomethodologie sind es also nicht zuerst Akteure, die immer ein Herstellen von sinnhafter Ordnung als ein „Doing" von Interaktion, Situation und Organisation bewerkstelligen, sondern es ist das sich wechselseitige Stützen von Praktiken und Prozessen einerseits, Konventionen und Formen andererseits.

Strukturalismus und Pragmatismus – die beide nie als kristalline Doktrinen präsent waren – fungieren für neuere Synthesen als Theorieumgebungen, die in innovativer und dabei undogmatischer Weise einfließen. Diese Synthesen sind insbesondere durch die Zurückweisung von Reduktionismen (z. B. auf Akteursdispositionen) oder Determinismen (z. B. durch soziale Strukturen) gekennzeichnet, auch weil diese seit längerem Gegenstand soziologischer Kritik gewesen sind. Ein wesentlicher, feldexterner Einfluss für das Aufkommen dieser Synthesen lässt sich im Rückgang des Einflusses sozialwissenschaftlicher Groß- und Universaltheorien identifizieren. Damit wachsen die Spielräume für Ansätze, die einzelne Konzepte oder existierende Theorieansätze in undogmatischer Weise kombinieren. Im Kontext von Pragmatismus und Strukturalismus haben hier entwickelte Synthesen die Bedeutung der Objekte und der verschiedenen Materialitäten in ihren Analysen der Handlungskoordination und kollektiven Interpretationen wieder stärker gewichtet. Insbesondere im soziologischen Pragmatismus sind Objekte und nicht nur andere Personen als sinnhafter Bezug für das Handeln bedeutsam, etwa bei Herbert Blumer, der die Notwendigkeit der Interpretativität von Objektrelevanz für das Handeln als ein definitorisches Element des Symbolischen Interaktionismus aufgefasst hat.

> „Die erste Prämisse besagt, daß Menschen ‚Dingen' gegenüber auf der Grundlage der Bedeutungen handeln, die diese Dinge für sie besitzen. Unter ‚Dingen' wird hier alles gefaßt, was der Mensch in seiner Welt wahrzunehmen vermag – physische Gegenstände, wie Bäume oder Stühle; andere Menschen, wie eine Mutter oder einen Verkäufer; Kategorien von Menschen, wie Freunde oder Feinde; Institutionen, wie eine Schule oder eine Regierung; Leitideale, wie individuelle Unabhängigkeit oder Ehrlichkeit; Handlungen anderer Personen, wie ihre Befehle oder Wünsche; und solche Situationen, wie sie dem Individuum in seinem täglichen Leben begegnen. Die zweite Prämisse besagt, daß die Bedeutung solcher Dinge aus der sozialen Interaktion, die man mit seinen Mitmenschen eingeht, abgeleitet ist oder aus ihr entsteht. Die dritte Prämisse besagt, daß diese Bedeutungen in einem interpretativen Prozeß, den die Person in ihrer Auseinandersetzung mit den ihr begegnenden Dingen benutzt, gehandhabt und abgeändert werden." (Blumer 2004, S. 322).

Allerdings sind die Dinge hier noch interpretativer, also wahrgenommener sinnhafter Bezug und noch nicht Dispositive, deren materiale Eigenschaften selbst – auch vor einer Interpretation durch bzw. unabhängig von einer Bedeutung für Personen – eine strukturierende Wirkung für koordinierende Akteure haben können.

Die *Actor-network-theory* geht hier einen Schritt weiter und erkennt Objekten Handlungsvermögen zu – die Rede ist von Objekten als Aktanten sowie ihrer potentiellen Handlungsfähigkeit als „Agency" (ob und in welchem Ausmaß Personen, Objekte, Prozesse Agency erhalten, ist dann eine empirische Frage). Die miteinander interagierenden Personen, Objekte, Konzepte und Repräsentationen werden aus der Perspektive der ANT zu einem Akteur-Netzwerk mobilisiert (welche auch als Kollektive bezeichnet werden), in dem Eigenschaften, Wirkmächtigkeiten und Kompetenzen ebenso mobilisiert und zugeschrieben werden. Damit fundiert die ANT auch die Identifizierung von sozialwissenschaftlich relevanten Ontologien, die nicht-menschlichen Aktanten zuerkannt werden, und die selbst Interaktionsordnungen strukturieren können.

Ein Beispiel ist Latours Studie zum „Berliner Schlüssel" (Latour 1996). In Berlin gab es lange Doppelschlüssel, das sind Schlüssel, die zwei identische Bärte haben. Wenn eine Haustür nachts verschlossen war, konnte sie zwar von außen geöffnet werden, aber der Schlüssel konnte nach dem Öffnen nicht abgezogen werden. Stattdessen wurde er nach dem Öffnen der Tür durch diese durchgesteckt und man konnte den Schlüssel erst wieder abziehen, wenn man die Tür von innen erneut verschlossen hatte. Der Zweck war, dass am Abend die Haustür immer abgeschlossen war. Lieferanten, Postboten und andere hatten dagegen tagsüber freien Zugang, niemand hatte die Möglichkeit, tagsüber die Haustür abzuschließen, mit einer Ausnahme. Denn der Hauswart hatte einen Spezialschlüssel, um die Haustür am Morgen aufzuschließen und am Abend zuzuschließen, er war der einzige, der den Zustand der Tür von „verschlossen" zu „offen" wechseln konnte, ohne dass sein Schlüssel in der Tür stecken blieb. Die Auswirkung dieses „kleinen Dinges" war, dass die Bewohnerinnen und Bewohner, wenn sie nach dem Verschließen Besuch erwarteten, sich darauf einstellen mussten, dass sie dann ihre Wohnungen verlassen mussten, um zur Haustür hinunterzusteigen und diese auf- und (gleich wieder) zuzuschließen. Latour beschreibt, dass der Schlüssel im Grunde die Menschen so disziplinierte, da sie nicht selbst entscheiden konnten, ob die Tür nachtsüber oder tagsüber verschlossen oder offen sein sollte. Und Latour argumentiert, dass weder der Hauseigentümer noch der Hauswart die Macht besaßen, dieses Regime des Öffnens und Schließens effektiv durchzusetzen – etwa durch Hausordnungen, Überredungskunst oder dergleichen. Allein der Berliner Schlüssel war das machtvolle Dispositiv für die Kontrolle um den Zugang zum Haus. Der Schlüssel hatte also unmittelbar eine eigene Wirkung auf die Interaktionspraktiken mit anderen Menschen, aber eben auch auf die Interaktionspraktiken mit Türen und auch mit Schlüsseln. Das Beispiel des Berliner Schlüssels mag heute historisch erscheinen, aber dass es immer noch beispielhaft für die die Interaktionen prägende Rolle von Technik ist, ist angesichts von Technologien wie dem Internet, Smartphones und überhaupt zunehmend computerisierter und Computer-vermittelter Interaktionen evident.

Die ANT sieht die Handlungspraktiken und die in Akteur-Netzwerken emergierenden Ontologien nicht als Resultat vorgängiger Prinzipien. „Gesellschaft" und „Sozialstruktur" werden hier erst konstruiert und durch kompetente Praktiken „gemacht". Neue Phänomene entstehen aus diesem Netzwerk durch kollektive Praktiken der „Mediation" (Callon et al. 2009), „Übersetzung" (Latour 1995) und „Phänomenotechnik" (Latour/Woolgar 1986). (Die Vorläufer für das Konzept der „Übersetzung" sind Michel Serres 1992, 2008 und für das Konzept der „Phänomenotechnik" Gaston Bachelard 1980, 1988.) Die Nähe zur Ethnomethodologie von Garfinkel (1967) scheint in dieser Hinsicht groß zu sein, aber die Ethnomethodologie übersieht die Beiträge von nicht-menschlichen Aktanten und sie orientiert sich eher an Organisationsprozessen, während die ANT die Reichweite des Akteur-Netzwerks sowie dessen Mobilisierung fokussiert. Ein strukturalistisches Konzept für die Grammatikalität der Handlungsordnungen, wie man dies bei einem anderen Vertreter der Ethnomethodologie, Aaron Cicourel (1974), findet, fehlt allerdings bei Garfinkel. Die ANT hat maßgebliche Beiträge in der Techniksoziologie, den Social studies of science (Latour/Woolgar 1986; Belliger/Krieger 2006; Bauer/Heinemann/Lemke 2017) sowie – mit den Arbeiten von Michel Callon (1998) – auch in der Wirtschaftssoziologie vorgelegt. Durch die *Ethnomethodologie* und die ANT beeinflusst sind weitere, neuere Entwicklungen. Dazu zählen die *Workplace studies*, siehe dafür einführend Knoblauch und Heath 1999 sowie Heath und Luff 2000. Im Unterschied zur Ethnomethodologie werden hier – wie in der ANT – die Objekte, insbesondere als Technologien, als zentral für die Koordinationsformen betrachtet. Die *Social studies of finance* schließen mittelbar an die ANT an und beziehen ebenfalls die Objekte mit ein, siehe MacKenzie 2006.

Die *Soziologie der Konventionen* bezieht wie die Ethnomethodologie die Kritiken und Krisen in den Interaktionsordnungen mit ein. Im Unterschied zur Ethnomethodologie geht dieser Ansatz davon aus, dass es spezifische Logiken für die Koordination gibt. Diese können als kulturell etablierte Schemata aufgefasst werden und innerhalb dieses Ansatzes (durch verschiedene Vertreter) als Qualitätskonventionen, Rechtfertigungsordnungen oder Produktionswelten bezeichnet werden, was auf den ersten Blick irritieren kann, die dann aber als konvergierende Konzepte erkennbar werden, weil sie die Koordinationsleistung in Situationen erfassen. Die Soziologie der Konventionen ist in enger Koordination mit den Vertretern der ANT (Latour und Callon) entwickelt worden, zugleich sind ihre Vertreter zuerst Ökonomen (wie Callon), die dann diesen Ansatz auch geschichtswissenschaftlich und soziologisch ausgerichtet haben. Die Soziologie der Konvention ist in den deutschsprachigen Sozialwissenschaften bislang insbesondere in Bereichen wie der Wirtschaftssoziologie (Diaz-Bone 2018) und Organisationssoziologie (Knoll 2015) systematischer rezipiert worden. Die enge methodologische Verwandtschaft zur ANT wird dabei bislang noch wenig wahrgenommen und verhandelt. Wie die ANT so liegen auch hier Konzepte vor, wie dasjenige des menschlichen und nicht-menschlichen Intermediären, des Dispositivs und der Forminvestition, die die Reichweite von Koordinationsformen erhöhen. (Die Reichweite von Interaktionsketten ist bereits bei Herbert Blumer früh thematisiert worden, ohne allerdings die Instrumentierung der Interaktionen als wesentlich für die Etablierung weitreichender Interaktionsketten in den Blick zunehmen.) Die Soziologie der Konventionen argumentiert, dass Objekte und Informationen so mit Eigenschaften ausgestattet werden bzw. in eine Form gebracht werden, dass sie mit einer je spezifischen pluralen Konstellation an Konventionen kohärent sind. Diese situative Konstellation ist dann nicht lediglich die Umgebung für kompetente Akteure, sie ist die eigentliche Analyseebene. Die Soziologie der Konventionen ist (insbesondere als Economie des conventions, siehe die Beiträge in Favereau/ Lazega 2002; Eymard-Duvernay 2006a, 2006b; Diaz-Bone/Salais 2011) als ein pragmatischer Institutionalismus prominent geworden. Hier bricht sie mit wirtschaftswissenschaftlichen Institutionalismen, die Institutionen als „constraints" deuten, die als externe Bedingungen die ökonomische Koordination (nach Möglichkeit) effizient lenken (sollen). Die Soziologie der Konventionen sieht Institutionen dagegen als Dispositive, die die Akteure daraufhin interpretieren, ob und wie sie in je situativen Koordinationen „passend" und „gerecht" zu interpretieren und zu handhaben sind. Institutionen sind damit sinnhaft unvollständig und müssen erst interpretiert werden, wofür sich Akteure auf Konventionen stützen, die eine geteilte Interpretation ermöglichen sollen. Hier begibt sich die Soziologie der Konventionen methodologisch in die Situation, um die interpretierende Perspektive der Akteure als Innenansicht der Situation zu erfassen.

Eine erste beispielhafte Studie von Salais, Baverez und Reynaud (1999) ist die Analyse des Aufkommens der industriell organisierten Arbeit und der zeitgleichen Entstehung der Kategorie der Arbeitslosigkeit mitsamt ihren Institutionen. Für die arbeitenden Menschen bis zum Ende des 19. Jahrhunderts gab es die Erwartung schlichtweg nicht, dass man eine kontinuierliche abhängige Beschäftigung hatte, in der Form, wie man es heutzutage kennt. Die heutzutage selbstverständliche Denkweise, dass es „Arbeitslosigkeit" gibt, war für diese Menschen kaum denkbar (und wäre als wenig sinnvoll erachtet worden), denn man hatte immer etwas zu tun (was nicht bedeutete, dass die Menschen die Erfahrung von Mangel an Nahrung, Wohnung, Geld etc. nicht kannten). Dies war in Frankreich beispielsweise der Fall bei den Kleinbauern, die im Grunde als Selbstständige tätig waren, da sie einen Teil des Jahres ihren eigenen Hof bewirtschafteten, die andererseits aber einen Teil des Jahres als Saisonarbeitende für andere und gegen Bezahlung tätig waren. Hier gab es die Interpretation, dass man „arbeitslos" war, nicht, man kehrte einfach zu seinem Hof zurück, wenn keine Saisonarbeit mehr zu leisten war. Dagegen bezeichnet heutzutage die Kategorie der Arbeitslosigkeit, des „Arbeitsloseins", die Erwartung, dass man kontinuierlich in einem entlohnten Arbeitsverhältnis stehen sollte, und dass dies (aus welchen Gründen auch immer) nicht der Fall ist, sodass ein Missstand vorliegt, der (durch eigenes Zutun, durch Maßnahmen des Staates, etc.) hoffentlich bald beendet werde. Aber erst mit dem Entstehen moderner industrieller Produktion entstand die Nachfrage nach dauerhaft tätigen und abhängig Beschäftigten auf einem neuen Arbeitsmarkt für Industriearbeiterinnen und Industriearbeiter. Es zeigte sich aber bald, dass die Interpretation dessen, was Arbeitslosigkeit ist, wesentlich durch die neu entstehende Industriearbeiterschaft und ein aufkommendes System sozialstaatlicher Absicherung (Arbeitslosenversicherung) als Gegenbezug ermöglicht wurde, genau zu der Zeit, als unbefristete Arbeitsverträge für abhängige Beschäftigung in der Industrie aufkamen, und damit die Erwartung möglich wurde, dass ein Unternehmen dauerhaft Sorge zu tragen hatte für Beschäftigung und Lohnzahlung. Salais und Mitarbeitende zeigen, dass Interpretationsweisen (was ist in einer Situation erwartbar, richtig und angemessen?) als Konventionen sich parallel mit neuen institutionellen Formen der Arbeitsorganisation herausbildeten. Ohne diese Konventionen sind die jeweiligen historischen Institutionen der Arbeitsorganisation für die Akteure nicht angemessen interpretierbar. Wichtig ist dabei, auf die konventionentheoretische Form der Erklärung zu verweisen, denn weder bedingen die Konventionen die institutionellen Formen noch umgekehrt, es ist eine wechselseitige Ermöglichung beider, die in (historischen) Situationen eine gelingende Koordination sowie geteilte Interpretationen (wie der industriellen Arbeit oder der Definition und des Umgangs mit Arbeitslosigkeit) zustande bringt (Latsis 2006).

Eine zweite beispielhafte Studie ist die vergleichende Analyse der Qualitätskonventionen in der Camembertproduktion von Boisard und Letablier (1987; Diaz-Bone 2018). Die beiden zeigen, dass die Koordination in der Produktion, Distribution und Konsumption des Camemberts keineswegs durch (a) vermeintlich gegebene Eigenschaften dieses speziellen Käses aus der Normandie oder durch (b) die effizienteste Herstellungsweise strukturiert werden. Stattdessen findet sich eine Koexistenz verschiedener „Welten", in denen Camembert mit Bezug auf verschiedene Qualitätskonventionen hergestellt, vertrieben und gegessen wird. Boisard und Letablier haben die handwerkliche Welt und die industrielle Welt identifiziert, in der die Praktiken und Prozesse je auf eine Qualitätskonvention (die „domestic convention" und die „industrial convention") wesentlich bezogen sind. In der handwerklichen Welt zählt die personalisierte Kompetenz der bäuerlichen Käseherstellerin, die manuell und mit Augenmaß die Milch der normannischen Kühe in einer für den jeweiligen Bauernhof geschmacklich charakteristischen Weise herstellt. Die Milch wird als Naturprodukt angesehen, das jahreszeitlichen Schwankungen unterliegt und den Geschmack der Region für die Kunden erkennbar werden lassen soll, die den Camembert in Spezialitätengeschäften kaufen. Erst dieser bäuerlich-handwerkliche Herstellungsprozess verleiht diesem Camembert seine anerkannte und häufig prämierte Qualität. Dagegen wird der Camembert in der industriellen Welt mit Hilfe moderner Lebensmitteltechnologie in großen Käsefabriken hergestellt. Die Milch wird aus dem ganzen Land bezogen und pasteurisiert, um die Milchqualität zu kontrollieren, zudem auch, um sie geschmacklich zu vereinheitlichen. Kompetenz wird im Herstellungsprozess den Lebensmittelwissenschaften und der Betriebswirtschaft zuerkannt. Die Qualität des Camemberts liegt dann für den Vertrieb und den Konsum auch in seiner Haltbarkeit und der geschmacklichen Kontrolle und seiner Erwartbarkeit begründet. Vergleicht man die beiden Welten, so wird deutlich, dass in ihnen ganz unterschiedliche Ontologien von „Camembert" mobilisiert werden, die durch unterschiedliche Kompetenzen, Qualitätskonventionen, Technologien und Prozesse ermöglicht werden: der „camembert normand" einerseits, der „camembert normé" andererseits. Erneut ist die methodologische Perspektive diejenige, a priori-Ontologien zurückzuweisen und die Prozesse zu untersuchen, die letztlich die Wahrnehmung von „Qualität" und „Wertigkeit" der jeweiligen Camemberts ermöglichen.

Eine Entwicklung in diesem Ansatz ist die Aufnahme von Diskurskonzepten und Anwendung diskursanalytischer Methoden. (Und tatsächlich hat beispielsweise Pierre-Yves Gomez in der Economie des conventions die Foucaultsche Diskurstheorie bereits früh in seiner Theorie des Unternehmens eingebracht; siehe Gomez 1996). Die Bedeutung diskursiver Praktiken für die Ökonomie wird hier zunehmend theoretisiert und es zeigt sich, dass das Konzept der Konvention sich auch auf Diskursordnungen und Diskurspraktiken beziehen lässt und so die Erklärungsleistung für eine Analyse zum Beispiel von Arbeitsmärkten durch die Soziologie der Konventionen zu steigern ist (siehe die Beiträge in Eymard-Duvernay 2012).

Die *Situationsanalyse* ist von Adele Clarke als Weiterentwicklung aber zugleich auch als Korrektur der Grounded Theory entwickelt worden (Clarke 2012; Clarke et al. 2015). So beurteilt sie kritisch, was sie als die verbliebenen Wurzeln positivistisch-szientistisch an der Grounded Theory wahrnimmt, nämlich ein Verlassen auf „die eine Realität" und eine Erwartung, dass die Analyse in Richtung der einen Wirklichkeit konvergiere (Clarke 2012, S. 37/55). Bei Clarke werden Situationen methodisch und konzeptionell zu fassen versucht, indem sie die Anwendung von „Maps" in der Forschungsmethodologie ausweitet, die sie „Situationsmaps" nennt. Praktisch schließt sie an die sozialökologische Tradition der frühen Chicago School an, die ebenfalls die räumliche urbane Umgebung sowie die Differenzierung der Stadtteile nach Ethnien und städtischen Funktionen anhand von Maps visualisiert hat. Daher reaktualisiert Clarke im Grunde ein bereits in der frühen Chicago School angelegtes sozialökologisches Vorgehen, das Robert Park und Ernest Burgess in ihrer umfangreichen Darstellung der Chicagoer Soziologie programmatisch vorgestellt haben (Park/Burgess 1921). Weitere Entwicklungen der Chicago School, die nachfolgende Vertreter eingebracht haben, kommen dann hinzu, wie die Aufnahme des Konzeptes sozialer Welten von Tamotsu Shibutani und Howard Becker, die insbesondere mit der Studie „Art worlds" (Becker 1982) weit rezipiert wurden. Was aber als der eigentlich innovative Anteil der Arbeit von Adele Clarke ausgemacht werden kann, ist, dass sie eine Strategie für eine Art qualitativer Feldanalyse vorlegt, die nicht nur institutionelle Positionen einbezieht, sondern die zum einen auch versucht, hierin die zugehörigen Diskurspositionen zu analysieren und die zum anderen versucht, die nicht-menschlichen Aktanten mit zu erfassen und in solchen Maps zu positionieren. Der Bezug ist im ersten Fall die Diskurstheorie von Michel Foucault (1973) und im zweiten

Fall die ANT. In einem nächsten Schritt versucht sie die strukturierenden Prinzipien festzustellen, die die Elemente der Situationsmaps relational in Oppositionsbeziehung setzen, was diese ansonsten pragmatische Methodologie um Elemente einer strukturalistischen Vorgehensweise komplettiert. Auf diese Weise will Clarke auch der Vielfalt (Pluralität) der möglichen Positionen in Situationen methodisch gerecht werden und deren Realität nicht vorschnell auf eine einzige Realitätsdefinition vereinfachen. Es liegt hier keine feldtheoretische Sicht (im Sinne Bourdieus) auf Situationen vor, denn die Elemente und strukturierenden Oppositionen werden nicht durch soziologisch-formale Entscheidungen festgelegt. Vielmehr kommt es hier auch auf eine Innenansicht an, die bestimmt, was für die Situationsanalyse relevant ist.

> *„Die Bedingungen der Situation sind in der Situation enthalten.* So etwas wie ‚Kontext' gibt es nicht. Die bedingten Elemente der Situation müssen in der Analyse der Situation selbst spezifiziert werden, da *sie für diese konstitutiv* sind und sie nicht etwa nur umgeben, umrahmen oder etwas zur Situation beitragen. Sie *sind* die Situation. Unabhängig davon, ob man sie nun als lokal oder global, intern oder extern, zentral, peripher oder sonst etwas konstruiert, die grundsätzliche Frage lautet: ‚Wie treten diese Bedingungen innerhalb der untersuchten empirischen Situation auf, d. h.: wie schaffen sie es, als folgenreich empfunden zu werden?'" (Clarke 2012, S. 114; Herv. i. Orig.).

Wie in der Soziologie der Konventionen, so findet man auch bei Clarke eine pragmatische Position, die die Situation nicht von einem externen Standpunkt aus betrachtet, sondern die den pragmatisch-interpretativen Standpunkt der sich koordinierenden Akteure einzunehmen versucht. Ein solches Konzept der Situation ist letztlich ein klassisches soziologisches Konzept. Allerdings wurde zumeist nur eine reduzierte Auffassung der Situation verwendet, konkret wurden entweder nur die „Verstehensstrukturen" („Rahmen"), die leibliche Kopräsenz von menschlichen Akteuren, die Interaktionsordnungen – wie bei Goffman (1969, 1977) – oder (menschliche) Interaktionsprozesse (wie im symbolischen Interaktionismus) betrachtet. Die Ansätze der ANT, der Soziologie der Konventionen oder der Situationsanalyse knüpfen hier an, versuchen aber ein umfassenderes Konzept der Situation anzubringen, das nicht auf face-to-face-Konstellationen beschränkt ist, und das Objekte, kognitive Elemente und menschliche Akteure in komplexen Koordinationspraktiken analytisch „platziert". Insbesondere in Studien von Latour oder Vertretern der Soziologie der Konventionen werden Situationen mit großer (wie z. B. nationaler) Reichweite und einer Dauer von Jahrzehnten untersucht (Latour 1993; Salais et al. 1999; Didry 2002). Insgesamt sind mit diesen neueren Verwendungen des Konzepts der Situation auch andere „Ontologisierungen" verbunden. Hier sind insbesondere drei Konsequenzen für die Art und Weise aufzuzeigen, wie „ontologisiert" wird.

1. Die in den drei hier angeführten Synthesen eingebrachten Ontologien bringen keine a priori Vorrangstellung, was als „bewirkend" (ursächlich) und was als „bewirkt" (abhängig) anzusehen ist. Jede Forschung muss mit ontologisierenden Annahmen beginnen, aber in diesen Synthesen sind die Ontologien theoretisch offener gefasst und die empirische Analyse muss erst noch identifizieren, wie soziale Praktiken Ontologien „fixieren", also wie die „Realitäten" und ihre Verflechtungen dann praktisch in Situationen zu Tage treten. In diesem Sinn verwendet Latour die Formulierungen wie die der „variablen Ontologien" und der „ontologischen Varietäten" (Latour 1995, S. 115/118). Epistemologisch „fixiert" die empirische soziologische Analyse nun ihrerseits damit die Prozesse der Ontologisierung – sozusagen auf der Ebene zweiter Ordnung.
2. Wenn die Koordinationen und Praktiken sich erst in Situationen zu Koordinationsprozessen vernetzen, aus denen dann wiederum Ontologien (wie Handlungskapazitäten und neue Phänomene) generiert werden, dann sind diese Ansätze von anderen soziologischen Positionen zu unterscheiden, die mit Ebenen jenseits der Situation argumentieren und auf diesen Ebenen soziologisch relevante Ontologien ansiedeln. Denn solche Ansätze argumentieren dann mit Konzepten wie Emergenz (um die Existenz von Makroentitäten zu fassen) oder Aggregation (um Makrophänomene auf individuelle Praktiken auf einer Mikroebene zurückzuführen).
Für die hier herangezogenen neuen Synthesen von Handlungs- und Strukturanalyse sind aber Konzepte wie Emergenz und Aggregation marginal, denn die Rückweisung eines Ebenendenkens und das Konzept der Situation sind hier Grundlage für eine methodologische Position.
3. Hinzu kommt ein dritter Aspekt, derjenige der Fokussierung auf Prozesse und nicht allein auf kompetente Akteure (dies gilt insbesondere für ANT und die Konventionentheorie). Denn Ausgangspunkt für das sozialwissenschaftliche Interpretieren und Verstehen sind nicht (mit Rationalität, Präferenzen, Habitus) „komplett ausgestattete" Individuen – insbesondere hierin unterscheidet sich der methodologische Situationalismus von einem methodologischen Individualismus. Situationen werden wesentlich nicht statisch, sondern als prozesshaft gedacht und die „Handlungsmächtigkeit" (Agency) erwächst wesentlich aus diesen Prozessen in Situationen, so dass man von „Agency ohne Akteure" sprechen kann (Diaz-Bone 2017).

3   Situationalismus als aktuelle methodologische Position

ANT, Soziologie der Konventionen und die Situationsanalyse heranzuziehen, bedeutet Ansätze zu vergleichen, die von verschiedener Art sind. Denn ANT und Soziologie der Konventionen bezeichnen zunächst theoretische Perspektiven, die vom Typ eines Konzeptnetzwerks sind und mit denen spezifische methodologische Haltungen und Praktiken verbunden sind. Die Situationsanalyse versteht sich dagegen im engeren Sinne durchaus als Methodologie, die eine Theoriesynthese in praktischer Forschung integriert – nämlich Symbolischen Interaktionismus, Foucaultsche Diskurstheorie und ANT.

Die hier zu wählende Ebene des Vergleichs ist die der Methodologie. Dabei wird Methodologie nicht verstanden als Theorie der Methoden, wenn man darunter versteht, dass eine so eng verstandene „Methodologie" das wissenschaftliche Wissen um Erhebungs- und Auswertungsverfahren bezeichnet. Methodologie im weiter verstandenen Sinne bezeichnet die Ebene der praktischen Anlage und Durchführung eines Forschungsprozesses insgesamt, in dem dann Methoden in kohärenter Weise zugeschnitten und gehandhabt werden (siehe für die Fundierung eines solchen Verständnisses insbesondere Dewey 2002). Die praktische Methodologie beinhaltet aber nicht nur das Lehrbuchwissen, sondern auch die impliziten Kompetenzen, wie man in realen Forschungssituationen und in je spezifischen Forschungsprojekten vorgeht, Entscheidungen trifft und interpretiert. Überhaupt ist die praktische Kompetenz der Interpretation in actu wohl zugleich eine der wichtigsten Forschungstätigkeiten als auch eine der am wenigsten explizierbaren. Qualitative Forschung kann die Theoriegrundlage, die Untersuchungsanlage, die Methoden und die Resultate der Interpretation zwar beschreiben, aber die Interpretation selbst ist in aller Regel nur an Beispielen exemplifiziert und im Allgemeinen nicht dokumentiert, weil als Prozess nicht praktikabel dokumentierbar. (Ähnliches gilt für die Praxis des mit der Interpretation eng verwobenen Schreibens. Eine Praxis, die in der Soziologie weitgehend untertheoretisiert ist, anders als in der Ethnologie und Ethnographie, siehe die Beiträge in Berg und Fuchs 1993, oder der Geschichtswissenschaft, siehe White 1991). Wenn man die wissenschafts-„logischen" Positionen von Pragmatismus und Strukturalismus, wie sie durch Arbeiten von James (1994a, 2006) und Dewey (1998, 2002) sowie Bachelard (1978, 1980, 1988) und Bourdieu (1998b, Bourdieu et al. 1991) repräsentiert werden, zur Entfaltung kommen lassen will, dann muss man Forschungsprozesse als die implizite und explizite Praxis umfassende Vorgänge betrachten, die die Übersetzungsprozesse theoretischer Konzepte nicht begrenzen auf die Regeln der Verwendung von Instrumenten. Forschungsinstrumente werden hier bereits als Materialisierungen der Theorie aufgefasst. Methodologie überschreitet dann ihre Existenz als idealtypische Vorgabe in den Lehrbüchern und wird dann zur empirischen Methodenkultur, die das praktische Hin- und Her zwischen theoretischem Denken und operationalisierenden, interpretierenden und schreibenden Praktiken in einen kohärenten Prozess umsetzt, so dass letztlich das Kriterium eines methodischen Holismus realisiert werden kann – als gelungene Passung von Theorie, Methoden und methodischen Praktiken.

Man muss also die interpretativen Ansätze der qualitativen Sozialforschung hinsichtlich ihrer Methodenkulturen und deren Performanz vergleichen, nicht allein hinsichtlich ihrer Methoden oder Konzepte. Konkreter geht es dann um die Frage, wie eine kohärente Methodenkultur den Nexus zwischen (auch den ontologischen Annahmen der) Theorie bzw. Konzeptnetzwerk und den Forschungspraktiken herstellt und dabei auch selbst entwickelte Qualitätskriterien anzustreben versucht.

Die drei Ansätze ANT, Soziologie der Konventionen und Situationsanalyse lassen sich als Artikulationen eines methodologischen Situationalismus auffassen. Im Unterschied zu den beiden anderen – und bis heute weit verbreiteten – methodologischen Positionen des methodologischen Individualismus und methodologischen Holismus unterscheidet sich der methodologische Situationalismus insbesondere anhand von folgenden Aspekten von den anderen beiden.

1. Die Situation (im weit gefassten Sinn) ist der Ausgangspunkt für die Analyse. Die Ontologien und Sachverhalte, die hier in die Analyse einbezogen werden, sind die ko-präsenten Akteure, Objekte und Prozesse sowie die Intermediäre und kognitiven Formen, die die Koordinationen zwischen Situationen abstimmen und deren Reichweite ausdehnen. Im Unterschied zu den klassisch-soziologischen Situationskonzepten erhalten im methodologischen Situationalismus die in Situationen vernetzten Elemente und Akteure ihren ontologischen Status und ihre Agency wesentlich erst durch die Prozesse in der Situation (und bringen keine „Vorab-Ontologien" ein).
2. Insbesondere die Zurückweisung von Mehrebenenmodellen ist charakteristisch für Situationalismen. Denn diese gehen mit spezifischen Ontologien einher, die Individuen mit ihren Präferenzstrukturen als Ausgangspunkt der Analyse nehmen, um mittels Aggregation überindividuelle Sachverhalte und Prozesse zu erklären (wie im methodologischen Individualismus), oder die überindividuelle Entitäten als soziologisch relevante Ontologien einführen, um damit soziale Koordinationen, Strukturen und Dynamiken zu erklären (wie im methodologischen Holismus).
3. Mit der Ablehnung von Mehrebenenmodellen und den ebenen-bezogenen Ontologien bringen methodologische Situationalismen eine andere Strategie für Erklärungen ein. Diese differenziert erst ex post aus der Analyse von Situationen wirkmächtige Sachverhalte einerseits und bewirkte, generierte Phänomene andererseits. Stehen im methodologischen Individualismus Individuen (in durch sie interpretierten Situationen) als erklärende Sachverhalte bereits zu Beginn fest und gelten im methodologischen Holismus überindividuelle Realitäten als (auch das individuelle Verhalten) bewirkende Realitäten, so ist für Situationalismen erst empirisch zu klären, was denn in Situationen faktisch und aus Prozessen hervorgehend die Aktanten sind, denen Agency zugeschrieben werden kann, wobei diese Zuschreibung dann

wesentlich auf Prozesse und nicht auf Menschen erfolgt. Verschiedene Synthesen von Handlungs- und Strukturanalyse haben dabei je spezifische und pragmatisch komplexe Erklärungsformen zu entwickeln versucht.
4. Die empirische Zuschreibung von Agency stellt eine Art nicht-deterministischer „ex post Kausalität" dar, wobei zu den kausalen Mechanismen interpretative Prozesse in Situationen zählen. Die Handlungsseite in verschiedenen Situationalismen wird dabei nicht eng auf die Kompetenz von Individuen und individueller Kognition zugeschrieben. Das Konzept der „distributed cognition" von Edwin Hutchins ist hier für die Situationalismen einflussreich geworden (Hutchins 1995). Demnach sind Kognitionen als koordinierte und kalkulative Prozesse verteilt auf die Praktiken vieler Akteure, die mit Objekten (Instrumenten, Materialien) ausgestattet sind. Distribuierte Kognition erfolgt dann nicht in einem „individuellen Gehirn", sondern ist räumlich und zumeist auch zeitlich so verteilt, dass Kalkulation und Verstehen nicht in einem Individuum zustande kommen, sondern durch die Analyse den situierten Prozessen zugeschrieben werden – und so erst für die Analyse als solche intelligibel sind (was ja gerade nicht bedeutet, dass Individuen keine Interpretationen und Verstehensleistungen erbringen müssen). Das Verstehenskonzept und die Grundauffassung von Epistemologie können damit sowohl in der ANT als auch in der Soziologie der Konventionen als „anti-humanistisch" bezeichnet werden, was die Position einer anti-humanistischen Methodologie zum Ausdruck bringen soll, die in einer Zurücknahme bzw. Zurückweisung wenig realitätsnaher (weil „überausgestatteter" und nicht situierter) Akteursmodelle besteht. Kognition findet in situierten Prozessen und instrumentierten Umgebungen, nicht in einzelnen Gehirnen statt. Letztlich ist das eine Position, die in der ANT auf die Arbeiten von Michel Serres zurückgeführt werden kann. Und in das Verstehen sind bereits aus Sicht von Serres eben auch Objekte und materiale Repräsentationen einbezogen (siehe insbesondere Serres 1994 und 2008).
5. Wirft die ex post erfolgende Ermittlung von Agency ein anderes Licht auf Performativität (Handlung), so bedeutet die Bezugnahme auf das pragmatische Konzept des Pluralismus ein anderes Verständnis von Strukturalität (Struktur). Zentral ist, dass nicht einfach verschiedene Strukturformen und Tiefensemantiken (wie Konventionen) denkbar sind, sondern dass Pluralität die radikale situative Koexistenz verschiedener Strukturformen und Tiefensemantiken in einer Situation als Koordinationsformen bezeichnet. Die Arbeiten von Boltanski und Thévenot (2007), Latour (2014) und Clarke (2012) sind in dieser Hinsicht beispielhaft für die hier besprochenen Ansätze, da sie die Pluralität von interpretativen Praktiken und Koordinationslogiken als grundlegend für Situationen beschreiben.
6. Wenn man nach den eingesetzten Methoden und Techniken der Sozialforschung fragt, dann werden ethnographische Vorgehensweisen, zumeist qua-

litative Interviews und verschiedene qualitative Heuristiken eingesetzt. Das macht aber die Spezifik dieser Ansätze nicht aus. Worauf es ankommt, ist, dass solche Methoden und Techniken im Sinne einer kohärenten Methodenkultur, die bereits mit dem Konzept des methodischen Holismus eingeführt wurde, praktisch so zugeschnitten und gehandhabt werden, dass sie die jeweilige Theorieperspektive umsetzen und deren Annahmen respektieren. Für die Soziologie der Konventionen gilt, dass hier auch strukturentdeckende quantitative Verfahren wie die Korrespondenzanalyse zum Einsatz kommen, die eine solche qualitative Interpretation ihrer zweidimensionalen Grafiken erlaubt, die kohärent ist zu ihrem komplexen pragmatischen Situationalismus.
7. Es liegen je spezifische Kombinationen von pragmatischen und strukturalistischen Interpretationsformen vor. Auch wenn die Analysen die Innenansicht des situativen Sinns und der in Situationen vorliegenden Ontologien einzunehmen versuchen, so wird nicht aus Sicht einzelner Individuen die Interpretation von Handlungsprozessen durchgeführt. Die Analyse bezieht hier strukturalistische Elemente ein, die mit dem Konzept der Rechtfertigungsordnungen, für die Boltanski und Thévenot Axiome ihrer Grammatik postulieren, wohl am deutlichsten als strukturalistisch auffallen. Aber auch das Insistieren auf Relationalität, die Identifizierung strukturierender situativer Prinzipien sowie die Verwendung von Oppositionen machen deutlich, dass die Ansätze von Latour oder Clarke nicht einfach nur pragmatisch fundiert sind, sondern (weiterhin) strukturalistische methodologische Strategien fortsetzen.

4 Probleme und Perspektiven

Seit Jahren ist in den deutschsprachigen Sozialwissenschaften ein erstarkendes Interesse an der Tradition des amerikanischen Pragmatismus zu beobachten. Wenn auch die Arbeiten einiger Pragmatisten (wie Charles S. Peirce, George Herbert Mead oder Charles Morris) mehr oder weniger kontinuierlich in der Sozialtheorie präsent waren (Habermas 1981; Joas 1985, 1989), so ist die Breite des klassischen amerikanischen Pragmatismus erst nach und nach ein Relevanzhorizont geworden – nicht nur für die Theorieentwicklung, sondern auch für methodologische Probleme und Innovationen. Wenn Synthesen von Handlungs- und Strukturanalyse als „neu" bezeichnet werden, ist die Neuheit nur im Lichte des Kontextes und der etablierten Ansätze zu beurteilen und zu begründen. Denn ein für die deutschsprachigen Sozialwissenschaften tatsächlich neues Phänomen ist die Rezeption der französischen pragmatischen Sozialwissenschaften, die nun neu sowohl als Theoriesynthese als auch als empirische Forschungsprogramme wahrgenommen werden. In diesem Rezeptionszusammenhang werden die amerikanischen pragmatischen Soziologien (wie Chicago School und Symbolischer Interaktionismus) nun im Lichte des klassischen amerikanischen Pragmatismus breiter wahrgenommen (Keller 2012). Die Einflüsse dieser Pragmatiker sind immer noch indirekte Einflüsse, die sich über den Umweg der amerikanischen pragmatischen Soziologie auswirken. Diese erneute und dennoch indirekte Rezeption ist aber in der französischen Soziologie Jahrzehnte früher erfolgt als in der deutschsprachigen und sie ist in Frankreich mit innovativen institutionentheoretischen und handlungstheoretischen Denkweisen und Perspektiven erweitert worden. Dennoch stehen aber umfassendere methodologische Rezeptionen der Arbeiten von William James und John Dewey sowie ihrer Folgerungen für die Forschungslogik noch aus.

Wenn die ANT, die Soziologie der Konventionen und die Situationsanalyse als „neue" Synthesen von Handlungs- und Strukturanalyse aufgefasst werden können, dann deshalb, weil sie deutlicher als vorlaufende – möglicherweise mit einer ähnlich ansetzenden Theorie vorgehende – die Problematik der Entwicklung, Reflexivierung und Offenlegung der eigenen methodologischen Position sowie zugehöriger methodischer Praktiken virulent machen. (Siehe für ein solches Vorgehen Bohnsack 2014 sowie Bourdieu 1998b und Bourdieu et al. 1991.)

Dies erfolgt dabei in unterschiedlicher Weise. Die ANT ist ein Ansatz, der seine Leistungsfähigkeit in der ethnographischen Dekonstruktion ontologisierender Prozesse sowie in der Rekonstruktion ontologischer Mobilisierung hat. Die eigene Forschungspraxis wird hier nicht als sozialwissenschaftliche Methodologie, sondern als eine kritische Epistemologie praktiziert, die sich zugleich absetzt von der großen Tradition der französischen Epistemologie von Gaston Bachelard, die für die Arbeiten von Foucault und Bourdieu maßgeblich war. Diese hat den epistemologischen und methodisch einführenden Bruch mit dem Alltagsdenken und der Subjektperspektive an den Anfang der wissenschaftlichen Konstruktion des Gegenstandes eingefordert (Diaz-Bone 2009). Es findet sich kein zeitgenössischer Ansatz, der in dieser Weise einen umfassenden Zugang zur Kritik der empirischen Ontologien und der sozialwissenschaftlichen Methodologie anbietet (Law 2004) – das ist der Unterschied zu der nur ablehnenden Kritik an quantitativer Sozialforschung, wie man sie bei Cicourel (1974) findet – aber es fehlt der ANT selbst eine „positive" Methodologie, die systematisiert und so ausgewiesen werden kann, und die so als Ausgangsbasis für die Selbstreflexion der ANT fungieren könnte. Die ANT vollzieht mit der epistemologischen Position der „symmetrischen Anthropologie" (Latour 1995) sozusagen den „Bruch mit dem epistemologischen Bruch", wie ihn die Epistemologie Bachelards noch eingefordert hatte (und der bis heute für die Bourdieusche Soziologie weiterhin wichtig ist). Die ANT verliert damit aber das reflexive Moment, den Bruch als bewusste (instrumentengestützte) Generierung des Phänomens (das hatte Bachelard als „Phänomenotechnik" bezeichnet) einzusetzen und so die Übersetzung von Theorie in Messung (Interpretation) zu kontrollieren. Mary Tiles (2011) hat eine für die Epistemologie neuer Synthesen von Handlungs- und Strukturanalyse hilfreiche Argumentation zur (Re)Positionierung der Bachelardschen Epistemologie gegenüber der Latourschen Kritik vorgelegt. Mit Bezug auf Bourdieu argumentiert sie, dass die Symmetrie-Position von Latour, die keine Trennung von Natur und Gesellschaft akzeptabel finden will, das Problem aufweist, die eigene wissenschaftliche Position (und konstruierende Praxis) nicht als Realisierung einer wissenschaftlichen Theorieperspektive einbringen zu können, diesen Akt nicht reflektieren und daher auch nicht begründen zu können. Bourdieu setzt dagegen in der Tradition von Bachelard die wissenschaftliche (instrumentenvermittelte) Realisierung des Objektes als zentralen wissenschaftlichen Akt ein, der mit zwei Schritten zu realisieren ist. Hier ist nun (1) das Konzept des Bruchs mit dem Alltagswissen (epistemologischer Bruch) zentral, der eben absichtsvoll und reflektiert erfolgen muss, durch das Einbringen von wissenschaftlichen Instrumenten, die selbst eine Materialisierung der Theorie sind – so wie Mikroskope auf der Theorie der Optik basieren und als Materialisierungen dieser aufgefasst werden können – und so zur reflexiven wissenschaftlichen Konstruktion des Objekts beitragen (Bourdieu et al. 1991; Bourdieu 1982, 1998b). Begleitet wird dies (2) durch die Selbstpositionierung und Selbstreflexion der eigenen wissenschaftlichen Position und des eigenen wissenschaftlichen Unbewussten. Diese beiden Schritte erst ermöglichen, dass die Wissenschaft sich zu ihrem (selbst konstruierten) Objekt reflexiv ins Verhältnis setzen kann (Bourdieu 1998b). So entgeht sie auch dem Vorwurf von Latour, dass die Moderne und ihre Wissenschaft durch unbewusste Akte der „Bereinigung" entstehen, also der Trennung der wissenschaftlichen Objekte („Dinge und Natur") von den menschlichen Praktiken, die zugleich die Praktiken (mitsamt ihren inhärenten normativen Politiken) seien, die die wissenschaftlichen Objekte zurichten. Tatsächlich muss diese Bereinigung erfolgen und Tiles plädiert dafür, dass die Bereinigung und die institutionellen sowie die infrastrukturellen Voraussetzungen dafür dann Gegenstand des historischen Wissens einer Disziplin werden müssen, anstatt in ihr Unbewusstes einzutreten. Insgesamt geht es also nicht um einen als überlegen ausgezeichneten wissenschaftlichen Erkenntnisstandort, sondern um die Möglichkeit der reflexiven Kontrolle des selbst induzierten Verhältnisses von wissenschaftlichem Objekt und wissenschaftlichem Subjekt. Die Kontrastierung, die Tiles durchgeführt hat, ist auch aus einem anderen Aspekt hilfreich. Denn anders als in der Bourdieuschen Soziologie und der Foucaultschen Diskursanalyse, in der die epistemologische Reflexion sowie deren Darlegung Teil der wissenschaftlichen Praxis sind, sind Ansätze wie die ANT und – wenn auch in geringerem Maße – die Soziologie der Konventionen dadurch gekennzeichnet, dass die Prinzipien der Methodologie und der Epistemologie zunächst in der Anwendung implizit geblieben sind und erst nach und nach (sowie auch ex post) rekonstruiert werden (bzw. noch weiter rekonstruiert werden müssen). Denn auch die Soziologie der Konvention hat ein negatives Moment als Gründungsmoment, das in der Absetzung von der Bourdieuschen Sozialtheorie und auch ihrer methodologischen Position besteht. Zwar findet man hier erste Darlegungen der methodologischen Position sowie Reflexionen zur kohärenten praktischen Verwendung von empirischen Methoden im Rahmen des Ansatzes (Diaz-Bone 2018), jedoch wird weder in der ANT noch in der Soziologie der Konventionen die eigene Methodologie sowie Epistemologie bislang als Gegenstand verstanden, den es systematisch zu reflektieren, zu kritisieren und zu entwickeln gilt. Eben das ist der Unterschied zur Situationsanalyse, die sich selbst im Feld der qualitativen Methodologien positioniert und aus den methodologischen Kritiken (an der etablierten Tradition der Grounded Theory) eigene neue methodologische Strategien in die Grounded Theory zu integrieren versucht.

Als innovative Perspektive von zumindest zweien der Situationalismen (Soziologie der Konventionen und Situationsanalyse) können die Aufnahme diskurstheoretischer und diskursanalytischer Elemente und deren Vermittlung an pragmatische Forschungsstrategien gelten. Insbesondere die Foucaultsche Diskursanalyse ist hier bedeutsam. Bemerkenswert ist dabei, dass diese Situationalismen – bislang von der Forschungspraxis kommend – zwar Elemente aufnehmen, aber die Ebene der von Foucault beschriebenen Diskursordnungen mitsamt ihren diskursiven Regeln noch nicht durch ihr methodisches Vorgehen erfassen können (Diaz-Bone 2013a). In dieser Hinsicht ist die Verbindung von Pragmatismus und Strukturalismus nicht ganz realisiert. Hier liegt ein strukturalistisches Defizit vor. Dieses Defizit ist geradezu spiegelbildlich zu den Schwierigkeiten, die im Feld der qualitativen Sozialforschung diejenigen diskursanalytischen Ansätze zeigen, die sich ebenfalls auf die Diskurstheorie Michel Foucaults berufen (Keller 2011a). Diese können heute zwar als etabliert im Feld der qualitativen Sozialforschung gelten. Beispiele sind die wissenssoziologische Diskursanalyse (Keller 2011b; Keller et al. 2010, 2011; siehe auch Keller in diesem Band) oder die (in der deutschsprachigen Sozialwissenschaft so bezeichnete) Foucaultsche Diskursanalyse (Diaz-Bone 2010, 2015). Aber hier dominieren soziologische Theorievermittlungen, die die Foucaultsche Sozialtheorie und Diskurstheorie mit anderen soziologischen Theorien kombinieren, um von dieser Theorieintegration methodologische Prinzipien für ein diskursanalytisches Vorgehen zu entwickeln, *ohne* dass sie regelmäßig auch in eine solche methodische Praxis umgesetzt werden, die wirklich den Theoriegehalt (der durch die Diskurstheorie behaupteten Ontologien) auch in methodisch reflektierter und zur Theorie kohärenter Weise umsetzt und so erst eine veritable Diskursanalyse realisiert. Praktisch liegen immer wieder einfache Formen einer ad hoc-Hermeneutik oder Formen einer theoriebeladenen Kommentierung von Korpora vor. Was also fehlt ist eine größere Anzahl an empirischen Anwendungen, die erkennen lassen, dass die Übersetzung der Theorie nicht nur zu allgemeinen, methodologischen Überlegungen führt, sondern zu einem methodischen Holismus, der auch die operationalen und interpretativen Praktiken als Umsetzung der Theoriegrundlage beinhaltet.

Eine denkbare zukünftige Entwicklung im Feld könnte insgesamt sein, dass die Situationalismen in Beziehung gesetzt werden zu den vorhandenen Ansätzen der Diskursforschung, um wechselseitige Kritiken und Steigerungen zu erzielen. Ziel wären methodologische Synthesen, die die bedeutenden Anteile pragmatischer *und* (!) strukturalistischer Theorietradition(en) in Methodenkulturen jenseits von methodologischem Individualismus und methodologischem Holismus umsetzen und in empirischen Anwendungen erfolgreich einbringen.

Literatur

Bachelard, G. (1978): Die Bildung des wissenschaftlichen Geistes. Beitrag zu einer Psychoanalyse der objektiven Erkenntnis. Frankfurt am Main: Suhrkamp.
Bachelard, G. (1980): Die Philosophie des Nein. Versuch einer Philosophie des neuen wissenschaftlichen Geistes. Frankfurt am Main: Suhrkamp.
Bachelard, G. (1988): Der neue wissenschaftliche Geist. Frankfurt am Main: Suhrkamp.
Bauer, S./Heinemann, T./Lemke, T. (Hrsg.) (2017): Science and Technology Studies. Klassische Positionen und aktuelle Perspektiven. Berlin: Suhrkamp.
Baur, N./Blasius, J. (Hrsg.) (2018): Handbuch Methoden der empirischen Sozialforschung. 2. Auflage. Wiesbaden: Springer VS.
Becker, H. (1982): Art Worlds. Berkeley: University of California Press.
Belliger, A./Krieger, D. (Hrsg.) (2006): ANThology: Ein einführendes Handbuch zur Akteur-Netzwerk-Theorie. Bielefeld: Transcript.
Berg, E./Fuchs, M. (Hrsg.) (1993): Kultur, soziale Praxis, Text. Die Krise der ethnographischen Repräsentation. Frankfurt am Main: Suhrkamp.
Blumer, H. (2004): Der methodologische Standort des symbolischen Interaktionismus. In: Strübing, J./Schnettler, B. (Hrsg.) (2004): Methodologie interpretativer Sozialforschung. Klassische Grundlagentexte. Konstanz: UVK, S. 321–385.
Bohnsack, R. (2014): Rekonstruktive Sozialforschung. Eine Einführung in die qualitative Sozialforschung. 14. Auflage. Opladen: Barbara Budrich.
Boisard, P./Letablier, M. (1987): Le camembert: normand ou normé. Deux modèles de production dans l'industrie fromagère. In: Eymard-Duvernay, F. (Hrsg.) (1987): Entreprises et produits. Paris: Presses Universitaires de France, S. 1–29.
Boltanski, L./Thévenot, L. (2007): Über die Rechtfertigung. Hamburg: Hamburger Edition.
Bourdieu, P. (1982): Die feinen Unterschiede. Kritik der gesellschaftlichen Urteilskraft. Frankfurt am Main: Suhrkamp.
Bourdieu, P. (1993): Soziologische Fragen. Frankfurt am Main: Suhrkamp.
Bourdieu, P. (1998a): Praktische Vernunft. Zur Theorie des Handelns. Frankfurt am Main: Suhrkamp.
Bourdieu, P. (1998b): Vom Gebrauch der Wissenschaft. Für eine klinische Soziologie des wissenschaftlichen Feldes. Konstanz: Universitätsverlag Konstanz.
Bourdieu, P./Chamboredon, J.-C./Passeron, J.-C. (1991): Soziologie als Beruf. Wissenschaftstheoretische Voraussetzungen soziologischer Erkenntnis. Berlin: De Gruyter.
Bryant, A./Charmaz, K. (Hrsg.) (2010): The SAGE handbook of Grounded Theory. London: Sage.
Blumer, H. (2013): Symbolischer Interaktionismus. Berlin: Suhrkamp.
Bulmer, M. (1984): The Chicago school of Sociology. Institutionalization, diversity and rise of sociological research. Chicago: Chicago University Press.

Cicourel, A. (1974): Methode und Messung in der Soziologie. Frankfurt am Main: Suhrkamp.
Callon, M. (Hrsg.) (1998): The laws of the markets. London: Blackwell.
Callon, M./Lascoumes, P./Barthe, Y. (2009): Acting in an uncertain world. Cambridge: MIT Press.
Charmaz, K. (2014): Constructing Grounded Theory. 2. Auflage. London: Sage.
Clarke, A. (2012): Situationsanalyse. Grounded Theory nach dem Postmodern Turn. Wiesbaden: Springer VS.
Clarke, A./Friese, C./Washburn, R. (Hrsg.) (2015): Situational analysis in practice: Mapping research with grounded theory. Walnut Creek: Left Coast Press.
Corcuff, P. (2011): Les nouvelles sociologies. Entre le collectif et l'individuel. 3., überarbeitete Auflage. Paris: Armand Colin.
Denzin, N./Lincoln, Y. (Hrsg.) (2011): The SAGE handbook of qualitative research. 4. Auflage. Los Angeles: Sage.
Dewey, J. (1995): Erfahrung und Natur. Frankfurt am Main: Suhrkamp.
Dewey, J. (1998): Die Suche nach Gewissheit. Frankfurt am Main: Suhrkamp.
Dewey, J. (2002): Logik. Theorie der Forschung. Frankfurt am Main: Suhrkamp.
Diaz-Bone, R. (2018): Die „Economie des conventions" – Grundlagen und Entwicklungen der neuen französischen Wirtschaftssoziologie. 2. Auflage. Wiesbaden: Springer VS.
Diaz-Bone, R. (2017): Theoretische und methodologische Perspektiven auf Agency und relationale Soziologie im Spannungsfeld zwischen Strukturalismus und Pragmatismus. In: Löwenstein, H./Emirbayer, M. (Hrsg.) (2017): Netzwerke, Kultur und Agency. Problemlösungen in relationaler Methodologie und Sozialtheorie. Weinheim: Beltz-Juventa.
Diaz-Bone, R. (2015): Die Sozio-Epistemologie als methodologische Position Foucaultscher Diskursanalysen. In: Zeitschrift für Diskursforschung. 1. Beiheft „Diskurs – Interpretation – Hermeneutik", S. 43–61.
Diaz-Bone, R. (2013a): Situationsanalyse – Strauss meets Foucault? Review Essay zu: Clarke, A. (2012): Situationsanalyse. Grounded Theory nach dem Postmodern Turn. Wiesbaden: Springer VS. In: Forum Qualitative Sozialforschung/Forum Qualitative Social Research 14(1).
Diaz-Bone, R. (2013b): Sozio-Episteme und Sozio-Kognition. Epistemologische Zugänge zum Verhältnis von Diskurs und Wissen. In: Viehöver, W./Keller, R./Schneider, W. (Hrsg.) (2013): Diskurs – Sprache – Wissen. Interdisziplinäre Beiträge zum Verhältnis von Sprache und Wissen in der Diskursforschung. Wiesbaden: Springer VS, S. 79–96.
Diaz-Bone, R. (2010): Kulturwelt, Diskurs und Lebensstil. Eine diskurstheoretische Erweiterung der Bourdieuschen Distinktionstheorie. 2., erweiterte Auflage. Wiesbaden: VS.
Diaz-Bone, R. (2007): Die französische Epistemologie und ihre Revisionen. Zur Rekonstruktion des methodologischen Standortes der Foucaultschen Diskursanalyse. In: Forum Qualitative Sozialforschung/ Forum: Qualitative Social Research 8(2).
Diaz-Bone, R. (Hrsg.) (2011): Soziologie der Konventionen. Grundlagen einer pragmatischen Anthropologie. Frankfurt am Main: Campus.
Diaz-Bone, R./Salais, R. (Hrsg.) (2011): Conventions and institutions from a historical perspective (Special issue). Historical Social Research 36(4).
Diaz-Bone, R./Schubert, K. (1996): William James zur Einführung. Hamburg: Junius.
Diaz-Bone, R./Thévenot, L. (Hrsg.) (2010): Sociologie des conventions/Soziologie der Konventionen. Trivium No 5. Paris: Editions de la maison des sciences de l'homme.
Diaz-Bone, R./Weischer, C. (Hrsg.) (2015): Methoden-Lexikon für die Sozialwissenschaften. Wiesbaden: Springer VS.
Didry, C. (2002): Naissance de la convention collective. Débats juridiques et luttes sociales en France au début du XXe siècle. Paris: EHESS.
Dosse, F. (1996): Geschichte des Strukturalismus. Band 1: Das Feld des Zeichens, 1945–1966. Hamburg: Junius.
Dosse, F. (1997): Geschichte des Strukturalismus. Band 2: Die Zeichen der Zeit, 1967–1991. Hamburg: Junius.
Eymard-Duvernay, F. (Hrsg.) (2006a): L'économie des conventions. Méthodes et résultats. Band 1: Débats. Paris: La Découverte.

Eymard-Duvernay, F. (Hrsg.) (2006b): L'économie des conventions. Méthodes et résultats. Band 2: Développements. Paris: La Découverte.
Eymard-Duvernay, F. (Hrsg.) (2012): Epreuves d'évaluation et chômage. Toulouse: Octarès Editions.
Favereau, O./Lazega, E. (Hsrg.) (2002): Conventions and structures in economic organization: Markets, networks, and hierarchies. Cheltenham: Edward Elgar.
Foucault, M. (1971): Die Ordnung der Dinge. Frankfurt am Main: Suhrkamp.
Foucault, M. (1973): Archäologie des Wissens. Frankfurt am Main: Suhrkamp.
Frank, M. (1984): Was ist Neostrukturalismus. Frankfurt am Main: Suhrkamp.
Garfinkel. H. (1967): Studies in ethnomethodology. Cambridge: Prentice Hall.
Goffman, E. (1969): Wir alle spielen Theater. Die Selbstdarstellung im Alltag. München: Piper.
Goffman, E. (1977): Rahmen-Analyse: Ein Versuch über die Organisation von Alltagserfahrungen. Frankfurt am Main: Suhrkamp.
Gomez, P.-Y. (1996): Le Gouvernement de l'entreprise. Modèles économiques de l'entreprise et pratiques de gestion. Paris: InterEditions.
Habermas, J. (1981): Theorie des kommunikativen Handelns. 2 Bände. Frankfurt am Main: Suhrkamp.
Heat, C./Luff, P. (2000): Technology in action. Cambridge: Cambridge University Press.
Hutchins, E. (1995): Cognition in the wild. Cambridge: MIT Press.
James, W. (1994a): Der Pragmatismus. Ein neuer Name für eine alte Denkmethode. Hamburg: Meiner.
James, W. (1994b): Das pluralistische Universum. Wiesbaden: Wissenschaftliche Buchgesellschaft.
James, W. (2006): Pragmatismus und radikaler Empirismus. Frankfurt am Main: Suhrkamp.
Joas, H. (1989): Praktische Intersubjektivität. Die Entwicklung des Werks von George Herbert Mead. Frankfurt am Main: Suhrkamp.
Joas, H. (1985): Das Problem der Intersubjektivität: Neuere Beiträge zum Werk George Herbert Meads. Frankfurt am Main: Suhrkamp.
Kalthoff, H./Hirschauer, S./Lindemann, G. (Hrsg.) (2008): Theoretische Empirie. Zur Relevanz qualitativer Forschung. Frankfurt am Main: Suhrkamp.
Kelle, U. (2008): Die Integration qualitativer und quantitativer Methoden in der empirischen Sozialforschung: Theoretische Grundlagen und methodologische Konzepte. Wiesbaden: VS.
Keller, R. (2012): Das interpretative Paradigma. Eine Einführung. Wiesbaden: Springer VS.
Keller, R. (2011a): Diskursforschung. Eine Einführung für SozialwissenschaftlerInnen. 4. Auflage. Wiesbaden: Springer VS.
Keller, R. (2011b): Wissenssoziologische Diskursanalyse. Grundlegung eines Forschungsprogramms. 3. Auflage. Wiesbaden: Springer VS.
Keller, R./Hirseland, A./Schneider, W./Viehöver, W. (Hrsg.) (2011): Handbuch Sozialwissenschaftliche Diskursanalyse. Band 1: Theorien und Methoden. 3. Auflage. Wiesbaden: Springer VS.
Keller, R./Hirseland, A./Schneider, W./Viehöver, W. (Hrsg.) (2010): Handbuch Sozialwissenschaftliche Diskursanalyse: Band 2: Forschungspraxis. 4. Auflage. Wiesbaden: Springer VS.
Knoblauch, H./Heath, C. (1999): Technologie, Interaktion und Organisation: Die Workplace Studies. In: Schweizerische Zeitschrift für Soziologie 25(2), S. 163–181.
Knoll, L. (Hrsg.) (2015): Organisationen und Konventionen. Die Soziologie der Konventionen in der Organisationsforschung. Wiesbaden: Springer VS.
Kress, G. (2010): Multimodality. A social semiotic approach to contemporary communication. London: Routledge.
Lahire, B. (2006): La culture des individus. Dissonances culturelles et distinction de soi. Paris: La Découverte.
Lahire, B. (2005): L'homme pluriel. Les ressorts de l'action. Paris: Colin Armand.
Latour, B. (1993): The pasteurization of France. Cambridge: Harvard University Press.
Latour, B. (1995): Wir sind nie modern gewesen. Versuch einer symmetrischen Anthropologie. Berlin: Akademie Verlag.

Latour, B. (1996): Der Berliner Schlüssel. Erkundungen eines Liebhabers der Wissenschaften. Berlin: Akademie Verlag.
Latour, B. (2001): Das Parlament der Dinge. Für eine politische Ökologie. Frankfurt am Main: Suhrkamp.
Latour, B. (2007): Eine neue Soziologie für eine neue Gesellschaft. Frankfurt am Main: Suhrkamp.
Latour, B. (2014): Existenzweisen. Eine Anthropologie der Moderne. Berlin: Suhrkamp.
Latour, B./Woolgar, S. (1986): Laboratory life. The construction of scientific facts. 2. Auflage. Princeton: Princeton University Press.
Latsis, J. (2006): Convention and intersubjectivity: New developments in French economics. In: Journal for the Theory of Social Behaviour 36(3), S. 255–277.
Law, J. (2004): After method. Mess in social science research. London: Routledge.
Lebaron, F. (2000): La croyance économique. Les économistes entre science et politique. Paris: Le Seuil.
Lewis, J. D./Smith, R. (1980): American sociology and pragmatism. Chicago: Chicago University Press.
MacKenzie, D. (2006): An Engine, not a camera: How financial models shape markets. Cambridge: MIT Press.
Mey, G./Mruck, K. (Hrsg.) (2011): Grounded Theory Reader. 2. Auflage. Wiesbaden: Springer VS.
Park, R./Burgess, E. (1921): Introduction to the science of sociology. Chicago: Chicago University Press.
Putnam, H. (2002): The collapse of the fact/value dichotomy. Cambridge: Harvard University Press.
Rorty, R. (2013): Hoffnung statt Erkenntnis. Eine Einführung in die pragmatische Philosophie. 2. Auflage. Wien: Passagen Verlag.
Salais, R./Baverez, N./Reynaud, B. (1999): L'invention du chômage. Histoire et transformations d'une catégorie en France des années 1890 aux années 1980. 2. Auflage. Paris: Presses Universitaires de France.
Serres, M. (1992): Hermes III. Übersetzung. Berlin: Merve.
Serres, M. (1994): Gnomon. Die Anfänge der Geometrie in Griechenland. In: Serres, M. (Hrsg.) (1994): Elemente einer Geschichte der Wissenschaften. Frankfurt am Main: Suhrkamp, S. 109–175.
Serres, M. (2008): Aufklärungen. Gespräche mit Bruno Latour. Berlin: Merve.
Strauss, A. (2007): Grundlagen qualitativer Sozialforschung. 2. Auflage. München: Fink.
Strauss, A./Corbin, J. (1996): Grundlagen qualitativer Sozialforschung. Weinheim: Beltz/PVU.
Strauss, A./Glaser, B. (2005): Grounded Theory: Strategien qualitativer Forschung. Bern: Huber.
Strübing, J. (2014): Grounded Theory. 3. Auflage. Wiesbaden: Springer VS.
Tashakkori, A./Teddlie, C. (Hrsg.) (2010): The SAGE handbook of mixed methods in social and behavioral research. 2. Auflage. Thousand Oaks: Sage.
Thévenot, L. (2006): L'action au pluriel. Sociologie des régimes d'engagement. Paris: La Découverte.
Tiles, M. (2011): Is historical epistemology part of the "modernist settlement"? In: Erkenntnis 75(3), S. 525–543.
White, H. (1991): Metahistory. Die historische Einbildungskraft im 19. Jahrhundert in Europa. Frankfurt am Main: Fischer.

4 Rekonstruktionen von Handlungsprozessen und -produkten

4.1
Lebensweltliche Ethnographie

Michaela Pfadenhauer

1 Einleitung

Das Herzstück der Ethnographie ist die teilnehmende Beobachtung. Ethnographisches Forschen ist aber nicht darauf beschränkt. Im Gegenteil ist Ethnographie weder im Hinblick auf Datenerhebungs- noch auf Auswertungsverfahren puristisch, sondern durch Methodenpluralität gekennzeichnet. Die ‚grüne', weil zwischen Natürlichkeit und Künstlichkeit verlaufende Grenze verläuft weder innerhalb der so genannten nicht-standardisierten Sozialforschung noch zwischen nicht-standardisierter und standardisierter Sozialforschung. Die Ethnographie gleich welcher Provenienz steht vielmehr in *maximaler Entfernung zum Experiment* (vgl. in diesem Sinne auch Boellstorff et al. 2012, S. 47).

Ethnographinnen und Ethnographen eint also keine spezielle Methode. Sie teilen vielmehr ein bestimmtes Verständnis (sozial-)wissenschaftlicher Forschungspraxis, die nicht unter künstlichen (Labor-)Bedingungen, sondern draußen in der ‚Natur' unter mitunter widrigen Bedingungen statthat. Mit diesem *Naturalismus* der Ethnographie ist aber weder eine Vorstellung vom Sozialleben als Naturgeschehen noch eine Reduktion auf das nur äußerlich Beobachtbare verbunden. Vielmehr entwirft sich der Naturalismus der Ethnographie in dezidierter Abgrenzung vom Positivismus und korrespondiert mit einem konstruktivistischen Wirklichkeitsverständnis (Knoblauch 2003, S. 57 f.): Das heißt, die ‚natürlichen' Umgebungen und Lebensumstände, die Ethnographinnen und Ethnographen zur Feldforschung aufsuchen, sehen sie nicht als naturbelassenen (Ur-)Zustand, sondern als konstruiert, d. h. als menschgemacht und in diesem Sinne als künstlich bzw. kulturell an. Aber ihre Daten resultieren eben nicht aus laborhaften Zuständen und aus Gesprächskonstellationen, die zu wissenschaftlichen Zwecken hergestellt worden sind – es sei denn, das Labor selber und wissenschaftliches Räsonieren ist Gegenstand einer ethnographisch angelegten Untersuchung.

Es waren gerade die einem „empirischen Konstruktivismus" (Knorr Cetina 1989) verpflichteten Laborstudien, die zur ‚Zersetzung' des Naturalismus der Ethnographie der Chicago School beitrugen (Breidenstein et al. 2014, S. 25). Summarisch machen Hammersley und Atkinson (2007, S. 22 ff.) den sich aus einer Vielzahl neuerer Theorieströmungen speisenden Anti-Realismus und Relativismus als Gegenströmungen zum Naturalismus der Ethnographie aus, die in eine korrigierende *Reflexivität* münden. Die selbstreferentielle Einsicht, dass Forschende der sozialen Welt, die sie untersuchen, nicht entkommen können, und mit ihren Ergebnissen an deren Konstruktion beteiligt sind, ist Kern der ethnographischen Haltung. Dies setzt erkenntnistheoretisch allerdings ein Subjekt voraus, auf das sich empirische ebenso wie Theorie-Arbeit als reflektierende Instanz bezieht (Knoblauch 2014, S. 43).

Der Ethnographie geht es also um die Realität, d. h. die Rekonstruktion von Wirklichkeit. Gegenüber der Annahme einer vorgegebenen und als solchen erkennbaren Wirklichkeit, wie sie derzeit im „Neuen Realismus" (Gabriel 2014) wieder auflebt, weiß die ethnographische Perspektive aber um die *Konstruiertheit der Wirklichkeit und Sozialität von Wissen und Erkenntnis*. Zugleich ist Wirklichkeit sozialkonstruktivistisch betrachtet eine „objektive Tatsache", die „jenseits unseres Wollens und Wünschens" besteht. Dieser *Materialismus des Sozialkonstruktivismus* ist es, den ein solcher „Tatsachenrealismus" (Seel 2014) ignoriert.

Als gemeinsamer Nenner der Ethnographie lässt sich – ex negativo, d. h. vom Gegenteil her – die Überzeugung bestimmen, dass sich die (wie auch immer: kognitiv, situativ oder sozial *konstruierte*) Wirklichkeit nicht in einem artifiziellen Setting untersuchen lässt. Deshalb galt es für unsere ethnographische Untersuchung der ‚Social Robotics', die im Folgenden zur Veranschaulichung herangezogen wird, ein Feld zu suchen, in der ein solches technisches Artefakt tatsächlich ‚in natura' eingesetzt statt unter Laborbedingungen getestet wird.

2 Ethnographisches Grenzgängertum

Nicht nur in der ethnologischen Ethnographie, die lange Zeit durch ein Fremdheitsparadigma vorherrschend war, sondern auch in der soziologischen Ethnographie werden ethnographisch *Forschende* gern *als Fremde* beschrieben (Scheffer/Meyer 2011). Gerade die Fremde, wie sie Alfred Schütz konzipiert hat, wird häufig zur Fremd- und Selbst-Beschreibung der Ethnographin herangezogen (Gottowik 2005). Dieser Fremden ist ihre Lebenswelt, Boden von Vertrautheit und Orientierung, in die Krise geraten. Ihre mühsamen Versuche, sich wieder zurechtzufinden, bestehen Schütz (1942/2011, S. 82 f.) zufolge im Hinterfragen und Übertragen:

> „Jede Abweichung des neuen Schemas, das er sich anzueignen versucht, muss von ihm hinterfragt werden. Zuallererst muss er es verstehen und zu diesem Zweck, grob gesagt, in seine eigene Sprache übersetzen. In anderen Worten muss er ein Äquivalent der neu-

en Tatsache in seinem originären Schema finden, so denn ein solches Äquivalent überhaupt vorfindbar ist, und er muss dessen Ort in dem bisher von ihm angewandten Koordinatensystem finden ..."

Diese an die ethnographische Semantikanalyse (Maeder/Brosziewski 1997) erinnernde Technik können sich Ethnographinnen und Ethnographen zunutze machen: So wie man Schütz' Fremde(n) als „unfreiwillige(n) Soziologe(n)" betrachten kann (Breidenstein et al. 2013, S. 26), können sich auch Soziologinnen und Soziologen freiwillig in die Situation der „Fremden" begeben, die ja gerade im Schütz'schen Verständnis „indifferent gegen den Anlass der Fremdheit" sind (Göttlich et al. 2011, S. 23).

Aus dieser Logik von Fremdheit gilt es, *die der Soziologin vertraute eigene Kultur zu befremden* (Hirschauer/Amann 1997). In diesem Verständnis ist Ethnographie durch einen „konstanten Wechsel zwischen interner und externer Perspektive, zwischen Vertrautheit und Fremdheit, einer allmählichen wechselseitigen Durchdringung dieser Sichtweisen" (Breidenstein et al. 2013, S. 68) gekennzeichnet. Diesem Verständnis einer *praxeologischen Ethnographie* (Meyer in diesem Band) steht das der *„fokussierten Ethnographie"* (Knoblauch 2001; Tuma/Knoblauch in diesem Band) gegenüber, innerhalb dessen unter Bedingungen einer den soziologisch Forschenden prinzipiell vertrauten Kultur statt Fremdheit Andersheit betont wird. Und aus der Perspektive einer *lebensweltanalytischen Ethnographie* besteht das ethnographische Grenzgängertum darin, „erkenntnisoptimierend zwischen existentieller Nähe und analytischer Distanz zu changieren" (Hitzler/Gothe 2015, S. 12; vgl. für eine Verortung der lebensweltanalytischen Ethnographie im Konzert anderer Ethnographien: Eisewicht/Kirschner 2015.).

Auch Schütz' (1942/2011, S. 73) Fremde changiert nicht zwischen Vertrautsein und Fremdsein. Sie ist vielmehr mit Haut und Haaren fremd und erfährt damit, was der Verlust von Vertrautheit bedeutet:

„Der tiefere Grund für seine Objektivität aber liegt in der eigenen bitteren Erfahrung der Schranken seines ‚Denkens in den gewohnten Bahnen' – eine Erfahrung, die ihn lehrte, dass ein Mensch seinen Status, seine Leitlinien und sogar seine Geschichte verlieren kann und dass die normale Lebensweise stets viel weniger gesichert ist, als es scheint."

Mit dieser handlungstheoretisch-wissenssoziologischen Perspektive gelingt es Schütz, so Göttlich et al. (2011, S. 21 f.), den „sozialen Grund" für die Eigenheit der Stellung der Fremden zu bestimmen, der in Simmels Bestimmung des Fremden eine „Leerstelle" (Gottlich et al. 2011) bleibt: Die „Hellsichtigkeit" (Schütz 1942/2011, S. 73) ihres „Fremden" resultiert daraus, dass dieser eine ‚andere als die übliche' Sichtweise auf einen Gegenstand hat, d. h. die Grenzen des ‚thinking as usual' überschreitet.

Infolge der Veralltäglichung und Verallgemeinerung des Fremdsein unter Globalisierungs- und Pluralisierungsbedingungen, die kein Reisen mehr erfordern, um Fremdheit zu erfahren, hat ,die Fremde' auch in der Ethnologie zwischenzeitlich als erkenntniskonstitutive Figur abgedankt; an die Stelle des Fremdheitsparadigmas ist der *perspektivische ethnographische Blick* getreten, der keine Objektivität mehr beansprucht (Gottovik 2005). Ebenso betont Ronald Hitzler (2000, S. 14), der die lebensweltanalytische der ethnologischen Ethnographie verwandt sieht, den ethnographischen Blick als Blick „durch die Augen derer hindurch, die warum auch immer Gegenstand des Forschungsinteresses sind" – und damit nicht durch Objektivität, sondern Subjektivität gekennzeichnet.

Wesentlich ist also nicht der Objektivitätsanspruch, sondern der Umstand, dass Schütz' Fremde ein ,full participant' bzw. „participating citizen" (Barber 2004) ist. Dieser Rolle der Ethnographin im Feld steht am anderen Pol des Kontinuums der ,complete observer' gegenüber, zwischen denen Hammersley und Atkinson (2007, S. 177 ff.) die Teilnehmerin als Beobachterin und die Beobachterin als Teilnehmerin ansiedeln. Die Probleme, die sie hinsichtlich der Rolle des ,full participant' sehen, lassen für eine Verortung der Ethnographin ,in between' plädieren, woraus sie „*Managing Marginality*" als entscheidendes Kompetenzerfordernis der Ethnographin erwachsen sehen. Ihre Einwände gegen eine maximale Teilnahme, die sie nur als verdeckte Beobachtung denken können, resultieren daraus, dass sie ihr Augenmerk auf die Einbußen an Beobachtungsmöglichkeiten richten und damit die Potentiale von Teilnahme für die Gewinnung einer Binnensicht ausblenden.

Methodologischer Ausgangspunkt einer Zuspitzung der teilnehmenden Beobachtung zur „*beobachtenden Teilnahme*" (Honer 1993, S. 59) ist das von Luckmann so bezeichnete „kosmologische Problem", das in der von Husserl akzentuierten originären Unzugänglichkeit besteht. Die Erfahrungen anderer können weder durch die von Max Scheler postulierte Empathie noch über *Interviews und Narrationen* erschlossen werden, die in manchen so genannten „qualitativen" Verfahren als direkte Repräsentationen von Erfahrungen unterstellt werden. Damit sind diese in der interpretativen Sozialforschung enorm ausdifferenzierten Gesprächstechniken keineswegs obsolet. Diese bilden vielmehr die Basis für einen von drei Messpunkten einer *Triangulation*, die für eine epistemologische Reflexivität notwendig sind (Knoblauch 2015): Denn mit diesen Techniken lassen sich die je variablen, sozio-historischen Bedingungen und Entwicklungen beschreiben. Diese sind auf „physikalisch-anthropologische" Erkenntnisse zu beziehen, die mit den „kosmologischen" Methoden der Lebenswissenschaften gewonnen werden können. Den dritten Messpunkt aber bilden die *phänomenologischen Analysen der Lebenswelt* im Verstande eines „,subjektiven' Bezugspunkts dessen, was mehr oder weniger objektiv rekonstruiert wird" (Knoblauch 2015, S. 32). Voraussetzungen hierfür sind „lived experiences" im Verstande von Erlebensdaten, die durch Teilnahme gewonnen werden (Pfadenhauer/Grenz 2015).

3 Exemplarische Studie Roboter in der Demenzbetreuung

Im Rahmen einer ethnographischen Forschung zum Einsatz sogenannter ‚Social Robotics' in der Demenzbetreuung interessieren uns technische Dinge und deren Wirkung. Im Unterschied zur Wirksamkeit von Technik, die mit experimentellen Designs erforscht wird, gilt unser Interesse der Wirkung, die eine Technik wie der von uns untersuchte ‚Personal Assistent Robot' (PARO) im und durch das soziale bzw. kommunikative Handeln von Menschen in Pflegearrangements entfaltet. Hierfür haben wir viele Monate lang den Einsatz dieses Roboters durch sogenannte ‚zusätzliche Betreuungskräfte' in einem Altenpflegezentrum eines kirchlichen Trägers mittels teilnehmender Beobachtung und videographische Dokumentation erhoben. Unser Fokus lag deshalb nicht auf Pflege im engeren Sinn, sondern auf Betreuung und Begleitung, wozu man in Deutschland seit einigen Jahren eine Qualifizierung durchlaufen kann.

Unsere Ethnographie richtet sich auf das Performative der Verwendung sozialer Robotik. Diese Performanz verweist auf Kompetenz im Verstande einer subjektiven (Qualität) und sozialen Dimension (Angemessenheit) sozialen Handelns (Knoblauch 2010; Pfadenhauer 2010). Beide Dimensionen werden in der Form von Wissen als eine bestimmte Wirkung intendierende und richtige Handhabung des technischen Artefakts an andere weitergegeben, wobei die Technik im kommunikativen Handeln selber eine Wirkung entfaltet (Knoblauch 2013).

3.1 Theoretische Vorannahmen

Diese Wirkung ist es, die uns interessiert. Von ‚Wirkung' reden wir dabei dezidiert in Abgrenzung von der Wirksamkeit, die (nicht nur) im Feld der ‚Social Robotics' mittels experimenteller Versuchsanlagen getestet wird. Genauer interessieren wir uns für die *Wirkung*, die eine Technik im und durch das (soziale) Handeln von Menschen entfaltet. Theoretisch basiert dies auf der Konzeption des Wirkhandelns von Alfred Schütz. Er grenzt Wirken von Arbeiten ab: während Arbeiten ein Handeln ist, das intentional auf die Veränderung der Umwelt abzielt ist Wirken (im Unterschied zum Denken) zwar ein Handeln, das sichtbare Folgen hat, diese sind aber nicht unbedingt beabsichtigt. Dabei muss im Hinblick auf Wirk-Handeln beiderlei Zuschnitts der von Simmel betonte interaktive Aspekt der Wechselwirkung Berücksichtigung finden. Einer so verstandenen Wirkung von Handlungen und Dingen wird auch der Weiterentwicklung des Sozialkonstruktivismus zum „Kommunikativen Konstruktivismus" (Keller/Knoblauch/Reichertz 2012; Knoblauch 2017) Bedeutung beigemessen. Soziologisch ist hiermit die Verbindung des Sozialen und Technischen und sozialtheoretisch die von Materialität und Sozialität angesprochen, für die das wissenssoziologische Konzept der Objektivierung eine Brücke liefert (Pfadenhauer 2014; Pfadenhauer/Grenz 2017).

3.2 Methodische Anlage

Im Hinblick auf die Wirkung von Technik ist zum einen die im interpretativen Paradigma verortete Artefaktanalyse (Lueger/Froschauer in diesem Band) instruktiv. Denn hier steht die *materiale Gegenständlichkeit* im Zentrum der Betrachtung, auch wenn Ulrike Froschauer und Manfred Lueger (2007, S. 435) die „reine Materialität" der Artefakte als unerheblich erachten: „Was zählt ist der sinngebundene Verweis auf etwas anderes, das zwar im Artefakt enthalten ist, aber erst konstruktiv herausgehoben werden muss". Demnach bedient sich die „Auslegung von Artefakten des Umstandes, dass sie in ihrer Bedeutung und Einbindung in Handlungsweisen unlösbar mit sozialen Konstruktionen verwoben sind" (Froschauer/Lueger 2007, S. 435; vgl. auch: Froschauer/Lueger 2015). Ohne dass sie sich explizit mit technischen Artefakten befassen, hebt ihr Vorschlag einer kontextuellen Artefaktanalyse auch auf die *Wirkung* dreidimensionaler physischer Objekte ab (vgl. hierzu: Pfadenhauer/Dukat 2016a).

Nicht übersehen werden darf allerdings, dass bei dieser Methode ein anderes Verständnis von ‚Kontext' als z. B. in der Videographie (Rebstein/Schnettler und Tuma/Knoblauch in diesem Band) zugrunde liegt, die uns beim Erkenntnisgewinn zur Umgangsweise mit dem Artefakt angeleitet hat. Denn während in der Artefaktanalyse mit ‚Kontext' das gesellschaftliche Umfeld bzw. das Handlungsfeld konnotiert ist, hebt die in eine fokussierte Ethnographie eingelassene Videographie mit Kontext(wissen) auf all das soziologische und Hintergrund-Wissen ab, das ethnographisch bereits gewonnen werden konnte (Tuma et al. 2013). Dabei ist der Fokus auf die Demenzbetreuung nicht durch unsere Forschungsfrage bedingt, sondern ergibt sich aus dem gegenwärtigen Diffusionsgrad von ‚Social Robotics'. Leitend für die Auswahl des Handlungskontexts war der Einsatz dieser Robotertechnologie in der Praxis, d. h. außerhalb eines Forschungslabors oder ähnlich künstlichen Bedingungen, unter denen die meisten vorliegenden Studien zu ‚sozialen' Robotern durchgeführt werden, weil entweder noch kein praktisches Einsatzfeld verfügbar war oder diese kontrollierten Bedingungen für den Nachweis von Wirksamkeit als zwingend vorausgesetzt werden. Da das robotische Gerät punktuell bereits in der stationären Altenpflege eingesetzt wird, untersuchen wir dessen Verwendung in einem Altenpflegezentrum, in dem der Roboter in der Demenzbetreuung Anwendung findet.

Die ethnographische Forschung wird durch die Frage angeleitet, wie bestimmte Personen, nämlich in einem Seniorenpflegezentrum tätige Betreuungskräfte, ein vom Entwickler als ‚Personal Assistent Robot' (PARO) bezeichnetes Gerät in ihrer professionellen Praxis der Aktivierung von Heimbewohnerinnen und -bewohnern einsetzen (vgl. ausführlicher dazu Pfadenhauer/ Dukat 2014): Aktivierung mit diesem mit Sensoren ausgestatteten Roboter, der wie eine (Baby-)Robbe aussieht, eigengesteuert Kopf und Flossen bewegen und Töne von sich geben kann, bedeutet insbesondere, dass die eigens hierfür angestellten Betreuungskräfte das Gerät entweder in der Gruppenarbeit einsetzen oder durch das Haus gehen und bei einzelnen Senioren Halt machen, die auf das stofftierähnliche Gerät, das wie ein Baby-Robbe gestaltet ist, aufmerksam werden. Dann entspinnt sich häufig ein Gespräch zwischen Bewohnerin und Betreuerin, in der das Gerät nicht unbedingt eine Rolle spielen muss; oder aber die Senioren beschäftigen sich intensiv direkt mit dem Gerät, streicheln es oder reden darauf ein.

Im von uns untersuchten Seniorenpflegezentrum gibt es zwei Exemplare dieses Roboters, die bei Heimbewohnerinnen und -bewohnern zum Einsatz kommen, die (in unterschiedlichem Grad) von Demenz betroffen sind. Zwei der in der von uns untersuchten Pflegeeinrichtung tätigen ‚qualifizierten Betreuungskräfte' haben im Untersuchungszeitraum eine vom Vertreiber des Geräts in Deutschland empfohlene und durchgeführte Einführung in das Gerät erhalten. Eine der beiden Kräfte hat darüber hinaus ein vom Vertreiber initiiertes regionales Anwendertreffen besucht, das dem Erfahrungsaustausch dient. Die Einrichtung verfügt zudem über einen Zugang zu dessen ‚interaktiver' e-Lernplattform, die künftig die individuelle Vor-Ort-Einführung ersetzen soll. Da eine der beiden Betreuungskräfte zwischenzeitlich den Arbeitgeber gewechselt hat, hat sie ihre aus der Anwendung des Geräts gewonnenen Erfahrungen in einer ca. zweistündigen Übergabesitzung einer dritten Betreuerin vermittelt. In diesem Zuge werden beide Dimensionen von Kompetenz – die subjektive Qualität des Roboter-Einsatzes und dessen angemessene Verwendung – in der Form von Wissen als eine bestimmte Wirkung intendierende und richtige Handhabung des technischen Artefakts an andere weitergegeben.

In der von uns eingenommenen Perspektive auf sozio-technische Arrangements steht das technische Artefakt im Mittelpunkt der Betrachtung. Es wird aber nicht zu einer handelnden Entität stilisiert, sondern als in das sinnhafte (Bewusstseinstätigkeiten und körperliche Aktivitäten einschließende) Handeln dessen Verwenders integriert, d. h. als „object in action" (Knoblauch 2013, S. 309) betrachtet. Durch die Berücksichtigung des Objektivationsprozesses ist es zum einen an den gestaltend hervorbringenden Akteur rückgebunden: Die Objektivation stellt eine Verbindung zwischen Erzeuger und Nutzer her, die selbstredend hochgradig anonym, d. h. eine von Schütz so genannte „Ihr-Beziehung" ist. Zum anderen stellt die Objektivation im kommunikativen Handeln eine Relation zwischen Betreuerinnen und Betreuer sowie Bewohnerinnen und Bewohnern des Altenpflegezentrums her, in dem die Untersuchung durchgeführt wird.

In der Einrichtung kommen mannigfaltige Aktivierungsmaßnahmen zum Einsatz. Diese reichen von der Stimulierung mit Klangschalen und Snoezelen-Wagen über Veranstaltungen wie z. B. Erinnerungs-Frühstück, Gottesdienst, Theater, Aktivgruppen bis hin zum Spiel mit speziell trainierten Hunden. Darunter hat der Einsatz des Roboters zwischenzeitlich einen festen Platz. In unserem gut einjährigen Beobachtungszeitraum hat sich ein Rhythmus von durchschnittlich drei Roboter-Einsätzen im Monat abgezeichnet. Dabei handelt es sich in der Regel um Situationen so genannter ‚Gruppenaktivierung', was der rechtlichen Vorgabe entspricht, wonach

> „zur Prävention einer drohenden oder bereits eingetretenen sozialen Isolation Gruppenaktivitäten [...] das für die Betreuung und Aktivierung geeignete Instrument [sind]" (Betreuungs-RI § 2 Abs. 3).

Die teilnehmende, größtenteils videounterstützte Beobachtung dieser robotergestützen (Gruppen-)Aktivierung bildet die zentrale Datenerhebungsstrategie. Dabei folgt die Kamera den Betreuungskräften, ist also entgegen der für die Videointeraktionsanalyse empfohlenen Handhabung aus Gründen der Praktikabilität nicht festinstalliert. Der aus Videoaufnahmen, Fotos, Mitschnitten informeller Gespräche und Teambesprechungen sowie Beobachtungsprotokollen bestehende Datenfundus wurde um explorative Interviews mit Personen erweitert, die für die Aktivierung von Menschen mit Demenz und für den Vertrieb und die Verbreitung des Geräts zuständig waren. Dabei geht es nicht darum, personale Typen zu bilden, sondern um die (Ideal-)Typisierung situativer Handlungsweisen. Hierfür sind die mit der Kamera aufgezeichneten Aktivierungseinheiten fallweise auf jene Eigenschaften hin zu betrachten, die in Bezug auf den Roboter-Einsatz charakteristisch sind und seine Dynamik ausmachen (Lueger 2000, S. 57f). Die nachfolgend kontrastierten Handlungsablauftypen beruhen auf der Verdichtung dieser Fälle zu idealisierten, von Abweichungen weitgehend bereinigten Grundtypen, deren wesentliche Eigenschaften dergestalt modellhaft hervortreten.

3.3 Ergebnisse der Beobachtung

Ein signifikanter Ertrag unserer videogestützten Beobachtungen ist, dass der Einsatz der Technik selbst in der Gruppenkonstellation die Form einer Einzelaktivierung annimmt. Diese kann sich allerdings unterschiedlich gestalten, wobei sich idealtypisch zwei Varianten kontrastieren lassen, die sich hinsichtlich der Wirkung von Technik darin unterscheiden, dass im ersten Fall das Robotische des Artefakts, d. h. dessen Eigentätigkeit relevant ist, während im zweiten Fall das Robotische in Verbindung mit dem zoomorphen Design und dem damit einhergehenden Kuschelfaktor den Ausschlag gibt:

In der ersten Variante wird mit dem Einsatz des technischen Artefakts ein Gesprächsanlass bis hin zur ‚Gesprächspartnerin' geschaffen, worin sich eine „alterity relation" (Ihde 1990) andeutet. Wie bereits erwähnt, zeichnet sich das Gerät dadurch aus, dass es eigengesteuert Töne von sich geben kann, die als Robbenlaute identifiziert werden können, und den Kopf und die Flossen bewegen kann. Diese für einen Roboter symptomatische „Eigensteuerung" (Lindemann 2005, S. 131) liefert beiden Beteiligten beständig ein Thema zur möglichen Bezugnahme, wenn das Gespräch zu versiegen droht. Das relativ rasche Absterben eines Gesprächs ist nicht selten, weil Personen mit Demenz häufig verzögert reagieren oder sich ohnehin in einem anderen Zeithorizont bewegen. Weil es (systemtheoretisch gesprochen) sozusagen an der Anschluss-Kommunikation fehlt, kommt die Begegnung mit Bewohnerinnen und Bewohnern häufig rasch an ihr Ende, auch wenn dies von den Bewohnerinnen und Bewohnern gar nicht gewünscht ist. Genau dann, wenn diese Anschlusskommunikation ausbleibt, kann die Betreuerin nun auf die motorischen Bewegungen und die akustischen Signale reagieren und diese als z. B. Laute des Missfallens oder der Zuwendungsbedürftigkeit interpretieren. In den von uns beobachteten Fällen setzt die Betreuerin immer wieder einen Gesprächsstimulus (z. B. „Meinen Sie, dem gefällt's hier?"), sie fordert zum Streicheln des Fells auf, sie kommentiert PAROs Äußerungsformen oder lädt zu dessen Deutung ein.

In der zweiten Variante hält sie sich dagegen fast vollständig zurück. Hier erinnert uns die Haltung der Betreuerin an die einer Psychoanalytikerin, der durch die sich selbst auferlegte Zurückhaltung eine künstliche Gesprächsatmosphäre erzeugt, die beim Patienten einen Erzählzwang evoziert. Sie agiert hier weniger als Gesprächspartnerin denn als Beobachterin, deren Blick zwischen Bewohnerin und dem Artefakt hin und her wechselt. Dabei deutet sie in dieser für sie kommunikativ handlungsentlasteten Situation, wie die Bewohnerin die Funktionsäußerungen deutet bzw. ob die Bewohnerin einen Zusammenhang zwischen ihren Handlungen und der Selbsttätigkeit des Geräts herstellt. So wie für die Psychoanalyse eine Sitzordnung typisch ist, in der die Therapeutin neben oder hinter dem (Kopf der) Patientin platziert ist, ist die Positionierung der Betreuungskraft bemerkenswert: Für die Beobachterrolle begibt sie sich typischerweise in die Hocke schräg gegenüber der sitzenden Bewohnerin, und hat damit sowohl den Blick auf PARO als auch und vor allem in das Gesicht der Bewohnerin.

Wir beobachten also zwei Varianten des Technik-Einsatzes: In der einen Variante agiert die Betreuerin als Teilnehmerin (des Gesprächs mit der Bewohnerin), wofür keine besondere Anordnung auffällig ist. Der Einsatz des technischen Artefakts eröffnet hier einen optionalen Kommunikations-Zeitraum, den die Betreuerin performativ, nämlich (a) *körperlich*, d. h. durch ihre Körperhaltung und -positionierung, (b) *gestisch*, d. h. dadurch, dass sie das Gerät darbietet und selbst beim Ablegen auf dem Tisch vor oder (selten auch) auf dem Schoß der Bewohnerin selber berührt, (c) *mimisch*, d. h. durch Blickkontakt, und (d) mitunter auch *verbal*, d. h. durch die thematische Bezugnahme auf das Gerät relativ lange aufrechterhält.

In der anderen Variante agiert sie als Beobachterin (des Umgangs der Bewohnerin mit dem Roboter), wobei sie den Roboter performativ als „hermeneutic technics" (Ihde 1990) einsetzt. Technik verhilft dem Menschen hier, etwas über die Welt bzw. den anderen zu erfahren, indem diese Zeichen produziert, die es zu interpretieren gilt (Röhl 2013, S. 18). Der Technikeinsatz in diesem Sinne manifestiert sich nicht nur performativ, sondern auch darin, dass dessen Besonderheit aus Sicht einer Betreuungskraft darin besteht, dass sich damit die „Herzenstüren der Erinnerung" öffnen (lassen). Damit meint sie mehr als einen Zugang zu besonders wertvollen biographischen Erlebnissen, die durch die demenzielle Erkrankung verschüttet waren: unserer interpretativ gewonnenen Einsicht zufolge konnotiert sie damit das Durchscheinen der durch die Krankheit verdeckten Persönlichkeit, d. h. der früheren „persönlichen Identität" (Luckmann 1979) des Menschen, mit dem sie es zu tun hat.

Die videogestützte Beobachtung fördert also zutage, dass das technische Artefakt auf unterschiedliche Weisen eingesetzt wird, nämlich einerseits zur Aufrechterhaltung eines Kommunikationszeitraums und andererseits als Beobachtungsinstrument. Begleitende, häufig beiläufig geführte Gespräche ergeben, dass die diese Technik einsetzenden Betreuungskräfte damit eine spezielle Wirkung intendieren und diese auch zu erzielen meinen, die zum Beispiel darin bestehen kann, Bewohnerinnen und Bewohner, die sonst sehr zurückgenommen sind, zum Reden zu bringen und dabei ihre Themen zu setzen statt lediglich zu antworten.

3.4 Ergebnisse der Teilnahme

Bei einer Technik wie der der ‚Social Robotics', mit der ein besonderes Sozialitätsversprechen einhergeht, weckt die These einer besonderen Wirkung dieser Technik das Interesse der Ethnographin. In der Ergänzung der aus Beobachtungen gewonnenen Erkenntnisse durch aus Teilnahme gewonnenen Einsichten lässt sich möglicherweise ermessen, worin die besondere Wirkung dieser Technik besteht.

Die Teilnahme am sozialen Geschehen des Feldes, das Gegenstand des Erkenntnisinteresses ist, kennzeichnet insbesondere die *phänomenologisch basierte bzw. lebensweltanalytische Ethnographie* (Pfadenhauer/Grenz 2015). Dadurch zeichnet sich diese Ausprägung der Ethnographie nicht nur gegenüber anderen Verfahren der so genannten qualitativen Sozialforschung, sondern auch gegenüber anderen ethnographischen Ansätzen aus. Denn bei der Teilnahme am sozialen Geschehen geht es nicht vor allem darum, möglichst feine Beobachtungsdaten zu erheben. Es geht hier also nicht um das Dabeisein, um möglichst nahe am Geschehen zu sein und einen möglichst unverstellten, uneingeschränkten Blick auf die Praktiken der Feldakteure zu erhalten. Es geht vielmehr um ein Mittun und (selber) Erfahren, das Erlebensdaten generiert, die einen zusätzlichen Beitrag zur Rekonstruktion der Innensicht erlauben – ausgehend von der bereits erwähnten Grundeinsicht, dass die Erfahrungen anderer unzugänglich sind.

Der psychologischen Forschung zu ‚Social Robots' zufolge sind die motorische Autonomie, d. h. eine nicht vom Anwender initiierte Ausführung von Bewegungen im Raum, die automatische Sprachausgabe, die als Dialogfähigkeit gedeutet werden kann, und die an Mimik, Gestik und Phonetik erinnernde scheinbare Expression von Emotionalität die Gründe dafür, dass Kinder robotorisierte Sprachcomputer als „between the inanimate and animate" (Turkle 1984, S. 41) ansiedeln. Auch wenn selbst Kinder wissen, dass diese Maschinen nicht auf eine Art lebendig wie Menschen sind, wird doch unterstellt, dass diese Technologie Artefakte hervorbringt, die im Verstande von „evocative objects" (Turkle 2007) Sozialität, d. h. eine der Beziehung zu Menschen analoge Beziehung zu technischen Gerätschaften befördern. Als Begründung dafür, dass Menschen eine ‚soziale' Beziehung zu Robotern aufbauen, wird dabei u. a. der mittels Kameratechnik erzeugte Eindruck angeführt, dass der Roboter Augenkontakt hält, womit beim Menschen gleichsam „Darwinsche Knöpfe" (Turkle 2006) gedrückt würden. Auch Scholtz (2008) führt in seiner phänomenologisch angelegten Studie zum AIBO seine Erfahrung von Lebendigkeit auf unsere evolutionäre Prägung („the hardwiring of evolution" (Turkle 2011, S. 86) zurück und stuft dieses technische Artefakt als „Soziofakt" (Scholtz 2008, S. 292f) ein.

Die Eindrücke, die die Ethnographin als Teilnehmerin in ihrem privaten Umgang mit dem in Frage stehenden Gerät und einem als Spielzeug vertriebenen Unterhaltungsroboter gewonnen hat, weisen demgegenüber auf eine Gleichzeitigkeit von Affinität und Distanz hin. Ihren Eindrücken kann die Ethnographin aber nur dann mit den Anspruch auf Wahrheit z. B. gegen Turkles psychoanalytische und andere Deutungen ins Feld schicken, wenn sie sich ihrem Erleben phänomenologisch zuwendet. Für die Phänomenologie als Methode bedarf es einer bestimmten Art von Daten, die nicht durch Beobachtung gewonnen werden können, weil sich innere Vorgänge eben nicht von außen beobachten lassen. Dieses Erleben lässt sich aber auch nicht, jedenfalls nicht ohne Substanzverlust bzw. Anlagerungen mitteilen, ja nicht mal schriftlich fixieren, weshalb es sich nicht aus Gesprächsdaten oder Feldnotizen extrahieren lässt. Erleben kann man, die Forscherin, nur selber, indem sie das am eigenen Leib erfährt, was Gegenstand der Betrachtung ist. Diese Erlebensdaten gewinnen wir durch beobachtende Teilnahme, d. h. durch Mittun dessen, was Gegenstand der Betrachtung ist.

Allerdings können wir Alltagsmenschen fast nicht anders als in das, was wir erfahren (d. h. sowohl in das, was wir wahrnehmen, als auch in das, was wir uns vorstellen), Bedeutungen (d. h. Wertungen, Einschätzungen, Assoziationen, Konnotationen, Implikationen, Gewissheiten aller möglichen Art usw.) hineinzulegen; Bedeutungen, die eben nicht dem Korrelat des Erlebens selber ‚gegeben' sind, sondern die ihm ‚von außen' hinzugefügt werden. Wir sehen sozusagen ‚selbstverständlich' in die ‚Dinge' etwas hinein – entweder durch Übernahme von (wie auch immer) tradierten Wissensbeständen anderer (insbesondere natürlich von ‚allgemein verbreiteten Konsensannahmen' oder Glaubensgewissheiten – auch wissenschaftlicher Art; im letzten Fall werden sie dann ‚Theorien' genannt) oder durch irgendwelche idiosynkratischen ‚Projektionen' (v.a. affektueller Art). Folglich liegen die Schwierigkeiten von uns Alltagsmenschen nicht darin, dass wir nicht genug wüssten, sondern darin, dass wir zu viele Gewissheiten haben, dass wir zu viel zu wissen glauben (Hitzler 1991, S. 297).

Angesichts dessen besteht die Methode der Phänomenologie darin, dass die Ethnographin die sie interessierende Bewusstseinsgegebenheit von den ihr ‚zufällig' anhaftenden Eigenschaften ‚reinigt', worunter insbesondere alle ihre vorgefassten Meinungen fallen. Bei der phänomenologischen Methode geht es also darum, den Bewusstseinsgegenstand (ein Erleben, eine Sinneswahrnehmung oder Imagination, die als Erfahrung erinnert werden können) genau zu beschreiben – indem sie bei dessen besonderen Erscheinungsweisen beginnt und auf seine wesentlichen Elemente bzw. allgemeinen Strukturen hinarbeitet. Dabei nutzt sie als Material keine technische oder schriftliche Aufzeichnung. Die empirische Grundlage der Phänomenologie ist vielmehr die mentale Vergegenwärtigung des Erlebten (und seines Erlebens).

Das ‚Wesen(tliche)' des Erlebens erkennt sie also dadurch, dass sie das die phänomenologische Methode kennzeichnende *Verfahren der Epoché*, d. h. *Operationen des ‚Einklammerns'* anwendet: Dergestalt sieht sie schrittweise ab von (allen soziologischen und Alltags-)Theorien über die in Frage stehende Bewusstseinsgegebenheit, also z. B. von der individualisierungstheoretischen Begründung der Attraktivität von ‚Artificial Companions'; von allen Traditionen, d. h. von dem, was sie nur wissen (kann), weil andere es ihr (in einer Gebrauchsanweisung oder in anderen schriftlichen oder mündlichen Formen) mitgeteilt haben; von allen subjektiven Attribuierungen des Erlebten, d. h. von positiven oder negativen Bewertungen, Gefühlen und Befindlichkeiten, persönlichen Bedürfnissen und Nützlichkeitserwägungen, um eine ausschließlich dem Erleben und Erlebten selber zugewandte Haltung zu gewinnen.

Die interesselose ‚Hingabe' der Phänomenologin an den Gegenstand ihres Erkenntnisinteresses, die Hitzler (1991) als *„künstliche Dummheit"* elaboriert hat, ermöglicht die sozusagen ‚neutrale' Beschreibung des Alltagsbewusstseins. Denscombe (2003, S. 102) hat die erforderliche Grundhaltung mit der bereits erwähnten des Fremden verglichen:

> „A stranger is naive about how things work, and needs to figure them out from first principles before he or she can begin to operate as a competent member of society".

Im Unterschied zu hermeneutischen Verfahren, deren Anwendung die Interpretation in der Gruppe vorsieht, setzt die phänomenologische Methode den *Rückzug in eine konzentrierte Abgeschiedenheit* voraus:

> „I concentrate fully, and in an enduring way on what is appearing before me in and in my consciousness … everything becomes available for self referral and self-revelation" (Moustakas 2004, S. 87).

In diesem Zuge kommt die Ethnographin, die sich ihren durch Teilnahme gewonnenen Erlebensdaten phänomenologisch zuwendet, zu folgender Einsicht:

> „Die zoomorphe Gestalt des Geräts, seine (beschränkte) Auto-Mobilität und seine akustischen Signale evozieren bei mir die Typisierung als Tierähnliches. Ich registriere meine hohe Bereitschaft, die selbstgesteuerten Motor-Bewegungen als tapsige und unbeholfene Motorik anzusehen und die Geräuschemanationen als Klagelaute zu hören. Dabei unterstützt mich mein aus der Lektüre der Gebrauchsanweisung erworbenes Vorwissen, dass das Programm des Geräts vier Entwicklungsstadien vom Welpen zum ‚ausgewachsenen' Dino(saurier) vorsieht, womit u. a. ein sich ausweitender ‚Aktions'-Radius und nicht etwa körperliches Wachstum impliziert ist. Aus der sozialwissenschaftlichen Fachliteratur kenne ich überdies die These, dass die Ausstattung von ‚Artificial Companions' mit Entwicklungspotential als förderlich für die Beziehung von Menschen zu Technik erachtet wird. Meine Bereitschaft zur Interpretation des Geräts als Tier-Substitut speist sich nicht unerheblich aus der relativ frischen, äußerst positiv besetzten Erinnerung an eine kurze Zeitspanne mit einer Jungkatze in meinen Haushalt. Dieses biographische Element vermischt sich mit dem Hörensagen-Wissen, dass ‚man' mir die idiosynkratische Durchdringung durch Individualisierungstendenzen nachsagt, aus der aufgrund deren geringen Verpflichtungsgrads eine besondere Anfälligkeit für künstliche Begleiter erwächst."

Aus dieser Zusammensetzung dieser *schrittweise eingeklammerten Anlagerungen tritt ein erster Teil des Wesentlichen des Phänomens* der ‚Artificial Companions' (Pfadenhauer 2015b) – nämlich die Affinität – zu Tage. Diese wird permanent durch die Neigung zur Distanzierung gebrochen: Meine affine Haltung gerät gewissermaßen in Konflikt mit einer kritischen Haltung, aus der heraus mir daran gelegen ist, mich weder durch den Produkthersteller noch durch dessen Marketing oder Werbung, d. h. durch eine kommerziell motivierte oder allgemeine Meinungsmache vereinnahmen zu lassen. Dazu gesellen sich (a) die Neugierde, durchdringen zu wollen, was es mit dem Entwicklungspotential des Geräts bedeutet; (b) laienhafte Versuche der Erklärung des Programms z. B. als sequenziell aufgebaut, wodurch nicht alle Bestandteile von Anfang an, sondern jeweils nach einer bestimmten Laufzeit in Gang kommen könnten; und (c) die Suche nach wissenschaftlichen Erklärungen, z. B. was Lernfähigkeit von Robotern bedeuten könnte.

Angesichts dessen erscheint Scholtz' (2008, S. 296 ff.) ebenfalls phänomenologisch gewonnene These durchaus plausibel, dass der Reiz derartiger Unterhaltungsroboter im „Spiel mit der Uneindeutigkeit", d. h. im Sich-Einlassen auf den Anschein von lebendiger statt toter Materie, von Kontingenz statt Kausalität etc. besteht. Hinzu kommt aber eben deren ständige Durchbrechung durch Distanzierungsbewegungen. ‚Artificial Companions' (wie Avatare, Spielzeuge u. a.) erweisen sich dergestalt als Vehikel in eine Fantasiewelt, in die wir lediglich spielerisch, im So-tun-als-ob eintauchen. Mit dem Design einhergehende Unzulänglichkeiten erweisen sich diesbezüglich nicht als Störungen, sondern als jeweilige Anlässe, von der einen 'affinen' auf die 'andere' Seite zu wechseln (vgl. nochmals Pfadenhauer 2015b).

4 Ausblick

Im Rekurs auf Schütz kann man Menschen in ihrem Umgang mit avancierter Technologie, wie sie ‚soziale' Roboter derzeit darstellen, als temporär ‚Fremde' in der eigenen Kultur begreifen, deren bisherigen Orientierungsschemata zur Auslegung dieses neuen (Kultur-)Phänomens nicht greifen. Sie neigen dann dazu, diese technischen Artefakte zu magisieren, d. h. ihnen besondere Kräfte zuzuschreiben. Unterstützt wird dies durch die Anleihen der Robotik an sozialwissenschaftliche Konzepte wie ‚Lernfähigkeit', die von einem cleveren Produkt-Marketing aufgegriffen und alltagssprachlich gewendet werden.

Mystifizierungen des temporär fremden Alltagsmenschen in der eigenen Kultur sind dementsprechend das Gegenstück zur wissenschaftlichen Auslegungsarbeit der freiwillig fremden Ethnographin. In diesem Verstande trennt die phänomenologisch basierte Ethnographie stärker zwischen Alltagswelt und Wissenschaft als z. B. die interaktionistische Ethnografie (Dellwing/Prus 2012, S. 12). Knoblauch und Schnettler (2004, S. 25) bezeichnen dies als „Einführungsmetaphorik" und „Übertragungsphänomen", die selber zum Gegenstand einer wissenschaftlichen Deutung gemacht werden müssen.

An Stelle einer hermeneutischen Interpretation von derlei Äußerungen, die wir auch bei den von uns untersuchten Betreuungskräften finden, haben wir die Daten deren performativen Handelns, die wir durch videogestützte Beobachtung gewonnen haben, durch Erlebensdaten ergänzt. Da die Betreuungskräfte von einer spezifischen Wirkung der von ihnen eingesetzten Technik berichten, hat uns interessiert, wie diese Wirkung aussehen könnte. Dazu haben wir uns in einem ersten Schritt unserem eigenen Erleben dieser Art von Technik zugewandt und versucht, dieses auf seinen Wesenskern zu reduzieren.

Damit lassen sich keine Einsichten dazu gewinnen, wie Bewohnerinnen und Bewohner des Altenpflegeheims oder deren semi-professionelle Betreuerinnen und Betreuer die Technik erleben. Möglich wird vielmehr eine zusätzliche Perspektive auf das feldrelevante Phänomen der Wirkung dieser Art von Technik – nämlich die Perspektive eines diese Wirkung erlebenden Subjekts, das sich diesem Erleben phänomenologisch zuwendet.

Der nächste Schritt einer lebensweltanalytischen Ethnographie kann die *Übernahme einer Teilnehmerrolle* sein. Hierfür bestehen insofern gute Voraussetzungen, als dass sich die Forschenden bereits einmal mit dem Gerät ausgestattet im Kreis der Heimbewohnerinnen und -bewohner wiedergefunden haben, weil der Technikeinsatz aufgrund der Erkrankung einer Betreuungskraft nicht wie geplant durchgeführt werden konnte. Aus diesen kurzen Begebenheiten lässt sich allerdings unschwer ersehen, dass diese herausfordernde Situation nicht ohne weiteres eine Konzentration auf das eigene Erleben zulässt. Allerdings eröffnet sich über die Weiterbildung zur ‚zusätzlichen Betreuungskraft' eine semi-professionelle Teilnehmerrolle, in der sich eigenständig Aktivierungsmaßnahmen mit und ohne Technikeinsatz durchführen lassen.

Aber auch bei einer solchen Anstrengung, den untersuchten Personen so ähnlich wie möglich zu werden, kann die Ethnographin nicht in die Köpfe anderer hineinsehen. Auch dann ist „das Datum *phänomenologischer* Deskription und Analyse nichts anderes als ihr ihre Aufmerksamkeit auf sich ziehendes Erleben, (d. h. die Erfahrung) des Phänomenologen selber" (Hitzler 2012, S. 356). Aber ihre subjektive wäre dann im besten Falle die typische Perspektive einer qualifizierten Betreuungskraft von Menschen in ihrem jeweiligen demenziellen Prozess.

Der aus Beobachtung gewonnene Ertrag wird mittels Teilnahme dergestalt durch eine subjektive Perspektive erweitert, die keine Überlegenheit, sondern eine eigene Wertigkeit beansprucht. In dieser Teilnehmerrolle eröffnet sich überdies ein Fundus an Kontext und Hintergrundwissen, das für die Videointeraktionsanalyse (Tuma/Knoblauch in diesem Band) wertvoll ist. So schwer sich Beobachtung und Teilnahme in einer Rolle vereinen lassen, so sehr befruchten sie sich als unterschiedliche Herangehensweisen – nicht nur bei der Gewinnung von Daten, sondern für einen auf Materialität und deren Wirkung gerichteten Erkenntnisgewinn.

Literatur

Acham, K. (1978): Einleitung. In: Acham, K. (Hrsg.) (1978): Methodologische Probleme der Sozialwissenschaften. Darmstadt: Wissenschaftliche Buchgesellschaft, S. 1–5.
Agar, M. (1980): The Professional Stranger. An Informal Introduction to Ethnography. Bradford: Emerald Group Publishers.
Barber, M. (2004). The Participating Citizen. A Biography of Alfred Schütz. Albany: State University of New York Press.
Boellstorff, T./Nardi, B./Pearce, C./Taylor, T. L. (2012): Ethnography and virtual worlds. Princeton, Oxford: Princeton University Press.
Breidenstein, G./Hirschauer, S./Kalthoff, H./Nieswand, B. (2013): Ethnographie. Die Praxis der Feldforschung. Konstanz: UVK.
Christmann, G. (2007): Robert E. Park. Konstanz: UVK.
Dellwing, M./Prus, R. (2012): Einführung in die interaktionistische Ethnografie. Soziologie im Außendienst. Wiesbaden: Springer VS.
Denscombe, M. (2003): The Good Research Guide for Small-Scale Research Projects. Philadelphia: Open University Press.
Eberle, T. (2014): Phenomenology as a Research Method. In: Flick, U. (Hrsg.) (2014): The Sage Handbook of Qualitative Data Analysis. London: Sage, S. 184–202.
Eisewicht, P./Kirschner, H. (2015): Giving In on the Field: Localizing Life-World Analytic Ethnography in Mediatized Fields. In: Journal of Contemporary Ethnography, S. 1–17.
Freilich, M. (1970): Marginal natives: Anthropologists at Work. New York: Harper and Row.
Froschauer, U./Lueger, M. (2007): Film-, Bild- und Artefaktanalyse. In: Straub, J./Weidemann, A./Weidemann, D. (Hrsg.) (2007): Handbuch interkulturelle Kommunikation und Kompetenz. Stuttgart: Metzler, S. 428–439.
Froschauer, U./Lueger, M. (2017): Artefaktanalyse. In: Mey, G. (Hrsg.) (2017). Handbuch Qualitative Forschung in der Psychologie.
Gabriel, M. (Hrsg.) (2014): Der Neue Realismus. Berlin: Suhrkamp.
Göttlich, A./Sebald, G./Weyand, J. (2011): Einleitung. In: Göttlich, A./Sebald, G./Weyand, J. (Hrsg.) (2011): Relevanz und Handeln. 2. AWS Band VI.2. Konstanz: UVK, S. 7–52.
Gottowik, V. (2005): Der Ethnologe als Fremder. Zur Genealogie einer rhetorischen Figur. In: Zeitschrift für Ethnologie 130, S. 23–44.
Hammersley, M./Atkinson, P. (2007). Ethnography. Principles in Practice. New York u. a.: Routledge.
Hirschauer, S./Amann, K. (1997): Die Befremdung der eigenen Kultur. Zur ethnographischen Herausforderung soziologischer Empirie. Frankfurt am Main: Suhrkamp.
Hitzler, R. (1991): Dummheit als Methode. In: Garz, D./Kraimer, K. (Hrsg.) (1991): Qualitativ-empirische Sozialforschung. Opladen: Westdeutscher, S. 295–318.
Hitzler, Ronald (2000). Die Erkundung des Feldes und die Deutung der Daten. Annäherungen an die (lebensweltliche) Ethnographie. In: Lindner, W. (Hrsg.): *Ethnographische Methoden in der Jugendarbeit. Zugänge, Anregungen und Praxisbeispiele.* Opladen: Leske + Budrich, S. 17-31.
Hitzler, R. (2012): Am Ende der Welt? Zur Frage des Erlebens eines Menschen im Wachkoma. In: Schröer, N./Hinnenkamp, V./Kreher, S./Poferl, A. (Hrsg.) (2012): Lebenswelt und Ethnographie. Essen: Oldib, S. 355–366.
Hitzler, R./Gothe, M. (2015): Zur Einleitung: Methodologisch-methodische Aspekte ethnographischer Forschungsprojekte. In: Hitzler, R./Gothe, M. (Hrsg.) (2015): Ethnographische Erkundungen. Wiesbaden: VS, S. 9–16.
Honer, Anne (1993): Lebensweltliche Ethnographie. Wiesbaden: DUV.
Ihde, Don (1990): Technology and the Lifeworld: From Garden to Earth. Bloomingtion, Indianapolis: Indiana University Press.
Keller, R./Knoblauch, H./Reichertz, J. (Hrsg.) (2012): Kommunikativer Konstruktivismus. Wiesbaden. Springer VS.
Knoblauch, H. (2001): Fokussierte Ethnographie: Soziologie, Ethnologie und die neue Welle der Ethnographie. In: Sozialer Sinn 2, 1, S. 123–141.

Knoblauch, H. (2003): Qualitative Religionsforschung. Paderborn: Schöningh.
Knoblauch, H. (2010): Von der Kompetenz zur Performanz. Wissenssoziologische Aspekte von Kompetenz. In: Kurtz, T./Pfadenhauer, M. (Hrsg.) (2010): Soziologie der Kompetenz. Wiesbaden: VS, S. 237–255.
Knoblauch, H. (2013): Communicative Constructivism and Mediatization. In: Communication Theory 23 (3), S. 297–315.
Knoblauch, H. (2014): Das Subjekt des kommunikativen Handelns. In: Poferl, A./Schröer, N. (Hrsg.) (2014): Wer oder was handelt? Reihe „Wissen, Kommunikation und Gesellschaft". Schriften zur Wissenssoziologie. Wiesbaden: Springer VS, S. 37–49.
Knoblauch, H. (2015): Soziologie als reflexive Wissenschaft. Relativismus, Sozialkonstruktivismus und die Triangulation. In: Brosziewski, A./Maeder, C./Nentwich, J. (Hrsg.) (2015): Vom Sinn der Soziologie. Festschrift für Thomas Eberle. Wiesbaden: Springer VS, S. 25–36.
Knoblauch, H. (2017): Die kommunikative Konstruktion von Wirklichkeit. Wiesbaden: Springer VS
Knoblauch, H./Schnettler, B. (2004): „Postsozialität", Alterität und Alienität. In: Der maximal Fremde. Begegnungen mit dem Nichtmenschlichen und die Grenzen des Verstehens, ed. M. Schetsche, pp. 23–41. Würzburg, Germany: Egon.
Knoblauch, H./Schnettler, B. (2009): Konstruktivismus. In: Buber, R./Holzmüller, H. (Hrsg.) (2009): Qualitative Marktforschung. Wiesbaden: Gabler, S. 127–135.
Knorr Cetina, K. (1989): Spielarten des Konstruktivismus. In: Soziale Welt 40, H. 1/2, S. 86–96.
Kron, T. (2014): Soziale Hybridität – Simmel und die Differenzierungstheorie. In: Farzin, S./Laux, H. (Hrsg.) (2014): Gründungsszenen soziologischer Theorie. Wiesbaden: Springer VS, S. 109–121.
Lindemann G. (2005): Die Verkörperung des Sozialen. Theoriekonstruktion und empirische Forschungsperspektiven. In: Schroer, M. (Hrsg.) (2005): Soziologie des Körpers. Frankfurt am Main: Suhrkamp, S. 114–138.
Luckmann, T. (1979): Persönliche Identität, soziale Rolle und Rollendistanz. In: Marquard, O./Stierle, K. (Hrsg.) (1979): Identität. München: Fink, S. 109–120.
Lueger, M. (2000): Grundlagen qualitativer Feldforschung. Wien: WUV.
Lueger, M. (2010): Interpretative Sozialforschung: Die Methoden. Wien: Facultas WUV.
Maeder, C./Brosziewski, A. (1997): Ethnographische Semantik: Ein Weg zum Verstehen von Zugehörigkeit. In: Hitzler, R./Honer, A. (Hrsg.) (1997): Sozialwissenschaftliche Hermeneutik. Wiesbaden: VS, S. 335–362.
Moustakas, C. (1994): Phenomenological Research Methods. London: Sage.
Pfadenhauer, M. (2010): Kompetenz als Qualität sozialen Handelns. In: Kurtz, T./Pfadenhauer, M. (Hrsg.) (2010): Soziologie der Kompetenz. Wiesbaden: VS, S. 149–172.
Pfadenhauer, M. (2014): On the Sociality of Social Robots. A Sociology of Knowledge perspective. In: Science, Technology & Innovation Studies 10 (1), S. 137–163.
www.sti-studies.de/ojs/index.php/sti/article/view/140/0 (Abruf 17.09.2015).
Pfadenhauer, M. (2015b): The Contemporary Appeal of Artificial Companions. Social Robots as Vehicles to Cultural Worlds of Experience. In: The Information Society 31 (3), S. 284–293.
Pfadenhauer, M./Dukat, C. (2015): Robot Caregiver or Robot-Supported Caregiving? The Performative Deployment of the Social Robot PARO in Dementia Care. In: International Journal of Social Robotics.
link.springer.com/article/10.1007 %2Fs12369-015-0284-0 (Abruf 17.09.2015).
Pfadenhauer, M./Dukat, C. (2016a): Zur Wirkung von Technik. Ethnographisch gestützte Überlegungen am Beispiel der Social Robotics in der Demenzbetreuung. In: Burzan, N./Hitzler, R. (Hrsg.) (2016): Materiale Analysen. Wiesbaden: Springer VS, S. 33-52.
Pfadenhauer, M./Dukat, C. (2016b): Professionalisierung lebensweltlicher Krisen durch Technik? Zur Betreuung demenziell erkrankter Personen mittels sozial assistiver Robotik. In: Österreichische Zeitschrift für Soziologie 41, H. 1, S. 115-131.
Pfadenhauer, M./Grenz, T. (2017): Von Objekten zu Objektivierung. Zum Ort technischer Materialität im Kommunikativen Konstruktivismus. In: Soziale Welt 68(2-3), S. 225–242.
Pfadenhauer, M./Grenz, T. (2015): Uncovering the Essence. The Why and How of Supplementing Observation with Participation in Phenomenology-Based Ethnography. In: Journal for Contem-

porary Ethnography. Special Issue "Phenomenological Based Ethnography", S. 1–19 (auch online unter
jce.sagepub.com/content/early/2015/05/28/0891241615587382.full.pdf, 25.05.2017).
Röhl, T. (2013): Dinge des Wissens. Schulunterricht als sozio-materielle Praxis. Stuttgart: Lucius & Lucius.
Scheffer, T./Meyer, C. (2011): Tagungsbericht: Tagung: Soziologische vs. ethnologische Ethnographie – Zur Belastbarkeit und Perspektive einer Unterscheidung [46 Absätze]. Forum Qualitative Sozialforschung/ Forum: Qualitative Social Research, 11(2), Art. 25.
nbn-resolving.de/urn:nbn:de:0114-fqs1101256 (25.05.2017).
Scholtz, C. P. (2008): Alltag mit künstlichen Wesen. Theologische Implikationen eines Lebens mit subjektsimulierenden Maschinen am Beispiel des Unterhaltungsroboters Aibo. Göttingen: Vandenhoeck & Ruprecht.
Schütz, A. (2011): Der Fremde. In: Alfred Schütz Werkausgabe Band VI.2, S. 59–86.
Seel, M. (2014): Eine Nachhut möchte Vorhut sein. In: DIE ZEIT, Nr. 28, 3. Juli.
Tuma, R./Schnettler, B./Knoblauch, H. (2013): Videographie: Einführung in die interpretative Videoanalyse sozialer Situationen. Wiesbaden: Springer VS.
Turkle S. (1984): The second self. New York: Simon & Schuster.
Turkle, S. (2006): A Nascent Robotics Culture. New Complicities for Companionship. AAAI Technical Report Series, July.
Turkle, S. (Hrsg.) (2007): Evocative Objects. Things We Think With. Cambridge, MA.: MIT Press.
Turkle, S. (2011): Alone Together. Why We Expect More from Technology and Less from Each Other. New York: Basic Books.

4.2

Praxisethnografie

Von der Interaktionsorganisation zur Kultur

Christian Meyer

1 Einleitung[1]

Die Praxisethnografie ist – der Name legt es nahe – eine Methode zur *ethnografischen* Erforschung von *Praktiken*. Was aber sind Praktiken? In den letzten zwei Jahrzehnten erlebte der Praxisbegriff eine Renaissance – manche sprechen gar von einer „Praxis-Wende" (Schatzki et al. 2001) –, indem er vom Marxschen Erbe, das etwa bei Bourdieu (1976) noch wirksam war, befreit und z. B. auf den Pragmatismus (Dewey) oder Wittgenstein bezogen wurde. In der Soziologie war neben Bourdieu jedoch auch Garfinkels Ethnomethodologie (1967) ein früher Ansatz, der sich dem Thema der Praxis und Praktiken widmete. Anders als Bourdieu bezog sich Garfinkel dabei nicht auf Marx, sondern auf die Phänomenologie (Husserl, Gurwitsch, Schütz, Merleau-Ponty) sowie auf Wittgenstein und Kotarbinski (Meyer 2015). Für Garfinkel – und seinem Praxisbegriff wird hier gefolgt – sind Praktiken gleichbedeutend mit *Ethnomethoden*. Es sind implizite konstitutive Verfahren, mit denen Akteure die soziale Wirklichkeit, in der sie leben, als externe, objektive und mit Zwangskraft ausgestattete Realität hervorbringen. Zu derartigen Ethnomethoden zählen auch intuitive, rationale, plausibel und normal erscheinende Alltags-Interpretationen (Meyer 2017).

Praktiken sind aus ethnomethodologischer Perspektive von Handlungen zu unterscheiden, da sie diejenigen Verfahren bezeichnen, mit denen Handlungen überhaupt erst als solche konstituiert werden. Sie sind daher auch zunächst präreflexiv, gleichwohl aber bewusstseinsfähig. Um das Beispiel einer Begrüßung zu nehmen: Eine Begrüßung ist eine soziale Handlung, die willentlich vollzogen wird, eine gesellschaftlich bekannte Bezeichnung trägt und über die von Seiten der Akteure leicht gesprochen werden kann. Die Praktiken jedoch, die sie für andere Personen als Begrüßung – und mehr noch, als Begrüßung *spezifischer Art* (z. B. abweisend, förmlich, herzlich, freudig, etc.) – erkennbar

---

[1] Ich danke Clemens Eisenmann und Christian Meier zu Verl für wertvolle Hinweise zu früheren Versionen dieses Textes.

machen, bleiben zumeist intuitiv, unbenannt und implizit („seen, but unnoticed"; Garfinkel 1967, S. 36). Nur in Fällen der Störung, z. B. wenn ein Gruß ausbleibt, künstlich oder überkandidelt wirkt, werden bisweilen einige der ihn konstituierenden Praktiken reflektiert, diskursiviert und expliziert („war so komisch", „hat so getan, als würde er/sie mich nicht kennen", „war so übertrieben freundlich", etc.). Der ethnomethodologischen Praxisethnografie, wie sie hier vorgestellt wird, geht es um Praktiken in diesem Sinne.

Das zweite Element der hier vorgestellten Methode, die *Ethnografie*, bezeichnet das sozialwissenschaftliche Verfahren, sich dem Gegenstand – hier: Praktiken – darüber zu nähern, indem soziale Situationen, in denen er empirisch zugänglich wird, teilnehmend beobachtet werden.

Im Bereich von Praktiken umfasst teilnehmende Beobachtung zum einen die Teilnahme an geeigneten sozialen Situationen, in denen die Praktiken, denen das Forschungsinteresse gilt, ausgeübt werden. Dies erfolgt so lange, bis sie von den Forschenden selbst erlernt und angeeignet wurden und sie zu Mitgliedern der entsprechenden Kollektivität von Mitgliedern, die ihre Praktiken untereinander verstehen, geworden sind („becoming a member"). Diese Teilnahmeerfahrungen stellen Orientierungs- und Kontextwissen bereit, das für die Interpretation konkreter Datenstücke unabdingbar ist.

Zum anderen zählt zur Ethnografie die Beobachtung von Praktiken, die in unterschiedlichen Formen als ein solches Datenstück konserviert werden kann: etwa als Beobachtungsprotokoll, Feldnotiz, Forschungstagebuch oder Videoaufzeichnung. In diesen werden unterschiedliche Genres von der detaillierten Beschreibung von Beobachtetem oder Erlebtem, der autoethnografischen Selbst-Beobachtung bei der Aneignung von Praktiken bis hin zur Schilderung von Befindlichkeiten während der Forschung verwendet. Technische Hilfsmittel wie Audio- oder Videoaufzeichnungsgeräte konservieren darüber hinaus Beobachtungen in einer Form, die es Forschenden erlauben, sie immer wieder in der Originalversion zu Rate zu ziehen, unmerkliche und flüchtige Praktiken zu identifizieren oder Neues zu entdecken – und all dies in einer Detaillierung, die Auge und Gedächtnis nicht leisten können (Bergmann 1985). Zudem bieten technisch konservierte Beobachtungen eine Datenquelle neben und relativ unabhängig von der Perspektive des Ethnografen. Das Zusammenspiel von Teilnahme, durch die Kontextwissen geschaffen wird, und Beobachtung, wodurch Datenstücke generiert werden, bildet das Spezifikum der Praxisethnografie.

2 Entwicklung der Fragestellung: Die Fremdheit der Praktiken

Es erscheint evident, dass implizite und präreflexive Praktiken des sozialen Tuns, wie sie innerhalb einer Kollektivität geteilt werden, deren Mitglieder ihre Praktiken untereinander intuitiv verstehen, zwischen einzelnen Kulturen, Subkulturen, Milieus und sogar Individuen in abgestufter Fremdheit variieren können. Dies wirft mehrere inhaltliche und methodologische Fragen auf:

1. Mit welchen Praktiken wird das vielfältige soziale Leben in derjenigen fremden Kollektivität, der das ethnografische Interesse gilt, gestaltet?
2. Welche Form und Bedeutung besitzen prominente, aber auch unscheinbare und leicht zu übersehene kulturspezifische Praktiken innerhalb einer Kollektivität?
3. Welche Praktiken übersehen Forschende aufgrund ihrer eigenen kulturell erlernten Wahrnehmungs- und Selektionspraktiken und welche überschätzen sie systematisch?
4. Wie kann das adäquate Verstehen dieser Praktiken seitens der Forschenden methodologisch abgesichert werden, gerade wenn deren Beobachtungs- und Interpretationspraktiken selbst auf eigenen präreflexiven kulturellen Vorannahmen beruhen?
5. Wie weit geht die kulturelle Variabilität und gibt es möglicherweise kulturunabhängige, universale Grundformen und -bedeutungen sozialer Praktiken?

Um noch einmal das obige Beispiel des Grußes aufzugreifen: Welche Formen der sozialen Kontaktaufnahme und -ratifizierung können identifiziert werden? Wird ein Gruß in einer fremden Praxiskollektivität, der auf den Ethnografen z. B. förmlich wirkt, auch innerhalb der Gemeinschaft so aufgefasst? Bedeutet ein Gruß im Allgemeinen überhaupt das Gleiche wie in der Alltagskultur der Forschenden? Existiert nicht vielleicht eine andere, übersehene Praxis, welche die Bedeutung des Grußes einnimmt, während der dortige Gruß etwas ganz Anderes bedeutet? Kann man ihn dann noch als Gruß bezeichnen? Gibt es eine stabile kulturübergreifende Grundform des Grußes?

Fragen dieser Art widmet sich die Praxisethnografie. Dabei ist durchaus ein holistisches Interesse an der erforschten (Sub-/Spezial-)Kultur leitend, also der Versuch, diese in ihrer inneren Kohärenz und Einzelphänomene in ihrer weiteren Einbettung zu verstehen.

3 Theoretischer Kontext: Ethnomethodologische Konversationsanalyse

In dem hier vorgestellten Forschungsprojekt wurden diese Fragen nicht in Bezug auf den Gruß, sondern auf zwei Grundfragen der Konversationsanalyse gestellt, nämlich erstens, wie eine Teilnahmekonstellation erzeugt wird, die Partizipationsrollen (Sprecher, Adressat, Zuhörer, Mithörer, etc.) festlegt, und zweitens, wie die sequentielle Ordnung von Interaktionen gestaltet ist und ob die konversationsanalytische Grundannahme stimmt, dass in normalen Gesprächen immer nur eine Partei auf einmal spricht (Sacks/Schegloff/Jefferson 1974, S. 699).

Die konkret untersuchten Praktiken betreffen also zwei von mehreren von der Konversationsanalyse identifizierten Ethnomethoden, die den Akteuren dazu dienen, ihr soziales Leben implizit und präreflexiv während des Tuns praktisch zu gestalten: Die Konversationsanalyse hat es sich im Anschluss an die Ethnomethodologie zum Ziel gesetzt, interaktionale Ereignisse verschiedenster Art auf ihre kleinen, unscheinbaren und scheinbar banalen Praktiken hin zu untersuchen, mit denen die Handelnden mit- und füreinander die sinnhafte Ordnung und Rationalität ihrer sozialen Welt situationsspezifisch, kontextsensitiv und in ständiger wechselseitiger responsiver Abstimmung von Moment zu Moment produzieren. Es geht also um basale Formen von Sozialität, mit denen die „prinzipielle Unzugänglichkeit des Fremdbewusstseins" (Schütz 1971, S 55-76) praktisch gelöst und Intersubjektivität prozedural hergestellt wird. Die Konversationsanalyse geht zurück auf die Arbeiten von Harvey Sacks und seiner Kollegen sowie Schüler (Sacks/Schegloff/Jefferson 1974), die seit den 1960er Jahren Tonaufnahmen von ungestellten Gesprächen zur empirischen Grundlage ihrer Analysen machten und in engem Austausch mit Harold Garfinkels Ethnomethodologie standen.

Die von der Konversationsanalyse identifizierten Praktiken dienen spezifisch der geordneten, für die Akteure selbst wiedererkennbaren Sequenzierung von Interaktionen. Sie führen z. B. dazu, dass Überlappungen und Pausen während eines Gesprächs in der Regel auf ein Minimum beschränkt bleiben. Zu diesen Praktiken zählt die Verwendung so genannter *„Turn Constructional Units"*, mit denen Redebeiträge so aufgebaut werden, dass ihr Ende als die Stelle projizierbar wird, an der aus der Sicht der Hörer das Recht übernommen werden kann, sowie die so genannten *„Turn Allocation Mechanisms"*, mit denen während des Verlaufs des Tuns bestimmt wird, welcher der Interaktionspartner als nächstes das Rederecht erhält.

Die sequenziell organisierte Aufeinanderbezogenheit von Redezügen stellt die Mittel zur Verfügung, in der Interaktion konstant die Aufrechterhaltung von Intersubjektivität zu überprüfen, zu bestätigen oder zu revidieren, und damit ein gemeinsames Verständnis der Situation zu etablieren. Daher stellt

Sequenzialität das oberste Prinzip der Konversationsanalyse dar. Ohne Sequenzialität – so die konversationsanalytische Grundannahme – wäre weder soziale Ordnung noch soziales Handeln möglich, da die Handelnden selbst vor der ständigen Frage stehen, „what to do next?" (Garfinkel 1967, S. 12).

Die Konversationsanalyse ist also ein dezidiert empirisches Unternehmen, das das Ziel verfolgt, durch Detailanalysen von Interaktionspraktiken in den unterschiedlichsten Kontexten die „kontextunabhängige" – d. h. universale –, jedoch „kontextsensitive" – situativ angepasste – Gestalt dieser Praktiken herauszuarbeiten. Dabei wird davon ausgegangen, dass der Form alltäglicher Interaktion („ordinary conversation") die Rolle der wichtigsten Ressource auch für andere interaktionale Praktiken zukommt. Alltägliche Interaktionen zeichnen sich dadurch aus, dass sie einen grundlegend offenen, lokal gestalteten Charakter besitzen. Gesprächspartner sind nicht auf einen vorbestimmten Plan oder ein bestehendes Format für die Aufeinanderfolge ihrer Beiträge festgelegt. Sie wissen nicht im Voraus, was jeder einzelne der Gesprächspartner jeweils sagen wird, wie lange er sprechen wird oder wer als nächstes reden wird. Inhalt, Dauer und Reihenfolge der Beiträge werden vielmehr von den Teilnehmern selbst organisiert, während sich das Gespräch entfaltet.

Das *Sprecherwechselmodell* inklusive der Annahmen über die Erzeugung einer Teilnahmekonstellation sowie insbesondere das von der Konversationsanalyse gesetzte Prinzip, nach dem immer nur eine Partei auf einmal spricht und Überlappungen ebenso wie Pausen zwischen den Redebeiträgen minimiert werden, wurde in neuerer Zeit mit Universalitätsansprüchen belegt. Insbesondere Schegloff (2006, S. 71 u.ö.) hält dieses Prinzip für ein „candidate universal". Denn diese Form von Gesprächsorganisation stelle eine robuste Antwort der spezifisch menschlichen Lebensform für in jeder Gesellschaft in sehr ähnlicher Form auftretende Aufgaben und Probleme dar (Sidnell 2007, S. 241) und wird daher als vor-konventionelles, dem *homo sapiens* spezifisches Artenverhalten angesehen (Wilson 1991, S. 26; Hilbert 1990, S. 798), als „enabling institution" für Intersubjektivität (Schegloff 1987, S. 208). Die sequenzielle Gesprächsorganisation, inklusive der „nur einer redet auf einmal"- und „minimale Pause, minimale Überlappung"-Prinzipien, sei somit ein Ergebnis der Anpassung von „sehenden, sprachverwendenden Zweifüßern" (Sidnell 2001, S. 1265) an die raumzeitlichen Kontingenzen der Interaktion. Kurz, das Sequenzialitätsprinzip sei die, im anthropologischen Sinne, humanspezifische Lösung für das Problem des zwischenmenschlichen Verstehens und Koordinierens, der Intersubjektivität.

Das hier vorgestellte Forschungsprojekt stellte diese sehr „gewagten Behauptungen" (Moerman 1990/91, S. 175 f.) und massiven anthropologischen Grundannahmen der Konversationsanalyse auf die empirische Probe. Dabei stellte sich heraus, dass dies nur geleistet werden konnte, indem durch die genaue Analyse von Interaktionen auch Aussagen über allgemeine Züge der Kultur der erforschten Interaktionskultur in anderen Bereichen – die Sinne, Emotionen, Personenkonzepte – getroffen wurden.

4 Zur Datenerhebung: Die praxisethnografische Feldforschung

Aufgrund bestehender Kontakte und Sprachkenntnisse habe ich die dazu notwendige extensive Feldforschung bei den Wolof Senegals durchgeführt, wo ich zwischen 1992 und 1994 bereits ein Jahr verbracht hatte. Das Projekt – finanziert von der Volkswagenstiftung – war als interdisziplinäres Vorhaben zwischen den Fächern Soziologie, Ethnologie und Linguistik angelegt.

Für die Forschung wurden zwei Dörfer von 400 und 900 Einwohnern im nordwestlichen Senegal ausgewählt, die ideale Bedingungen für die Studie boten – sie waren weit genug von den lokalen Zentren entfernt, so dass die Einwohner nicht dorthin zur Arbeit pendelten und lange abwesend waren, aber groß genug, dass zahlreiche Interaktionssituationen im Alltag stattfanden, die beobachtet werden konnten. Zudem sprachen die Einwohner untereinander nur Wolof. Insbesondere trafen sich die älteren Männer täglich auf dem Dorfplatz oder am örtlichen Wasserturm, um sich zu unterhalten, Probleme zu diskutieren oder Entscheidungen zu treffen, während die Frauen sich in Vereinen zusammenfanden oder untereinander in den Gehöften besuchten, um zu zusammen zu arbeiten, Projekte zu besprechen, sich zu unterhalten und um die Kinder zu kümmern. Unser Forschungsteam hatte uneingeschränkten Zugang und war in all diesen Situationen willkommen, um Audio- und Video-Aufnahmen zu machen. Da die Dorfbewohner Bauern sind, wurden die meisten der Aufnahmen in der Trockenzeit gemacht, wenn sie viel Zeit haben, zusammen im Schatten zu sitzen und sich zu unterhalten.

Unser Forschungsteam bestand aus einer senegalesischen Linguistin (Anna M. Diagne), einem senegalesischen Ethnologen (Malick Faye) und mir. Als Team haben wir insgesamt 33 Monate in den Dörfern verbracht, von denen ich 12 Monate anwesend war. In diesen Monaten erstellten wir rund 400 Stunden Tonaufnahmen und 100 Stunden Videoaufnahmen in allen Arten von alltäglichen, religiösen und politischen Situationen. Zudem verfassten wir zahlreiche Beobachtungsprotokolle und führten eine große Anzahl von Interviews und Gruppendiskussionen durch, die ebenfalls aufgezeichnet wurden.

In der Praxis wurde dies meist in Arbeitsteilung durchgeführt: Während unser Forschungsassistent (Malick Faye) die meisten der technischen Aufnahmen machte, war ich mit Beobachtungen und der Durchführung von Interviews und Gruppendiskussionen befasst. Das war deswegen sinnvoll, weil meine Anwesenheit die aufgezeichneten sozialen Situationen sehr viel stärker beeinflusste. Wenn ich während aufgezeichneter Konversationen anwesend war, fingen die anderen Anwesenden umgehend an, sich mit mir aus Gründen der Höflichkeit zu unterhalten und Fragen zu stellen. Malick Faye hingegen, der als junger Wolof eingestuft wurde, erregte weit weniger Aufmerksamkeit, und sein Einfluss auf die Situationen war gering.

Für die *Audio-Aufzeichnungen* haben wir nie Gespräche über Themen initiiert, die wir interessant fanden, sondern einfach dasjenige aufgezeichnet, was sich ohnehin abspielte. Die Anwesenheit der Aufnahmegeräte zog nach den ersten paar Wochen keine Beachtung mehr auf sich (Gewöhnungseffekt). Dies ist angesichts fast täglicher Aufzeichnungen über zwei Jahre hinweg verständlich.

Die *Videokamera* wurde unregelmäßiger und nur mit der ausdrücklichen Zustimmung aller Anwesenden genutzt, wohingegen wir für die Tonaufnahmen eine pauschale Vereinbarung hatten. An wenigen Stellen hatte die Anwesenheit der Kamera eine Art katalytische Wirkung: einige Dorfbewohner amüsierten sich damit, andere vor der Kamera aus der Reserve zu locken oder gar spielerisch bloßzustellen. Diese Situationen sind soziologisch sehr aussagekräftig, nicht unähnlich zu Garfinkels berühmten Krisenexperimenten. Meistens hatte die Kamera jedoch keine erkennbare Wirkung auf die Situation.

Soziale Situationen in der geschilderten Art sind für die Praxisethnografie zentral: Da sie sich für die im Wissen und Können gesellschaftlicher Teilnehmer implizit zum Ausdruck kommenden praktischen Methoden interessiert, nimmt die Praxisethnografie eine epistemologische Haltung ein, die soziale Situationen als Untersuchungseinheiten der Wahl begreift. Ihr „methodologischer Situationalismus" (Knorr Cetina 1981, S. 15) besagt, dass nur in sozialen Situationen die verkörperten Wissensbestände (für Teilnehmer wie Wissenschaftler) beobachtbar werden, mit denen die in diesem Zusammenhang jeweils relevanten sozialen Phänomene als solche wiedererkennbar gestaltet werden. Praktiken lassen sich daher nicht im Interview abfragen, denn das Interview wäre ja wieder eine neue soziale Situation, in der wiederum spezifische praktische Methoden zur Anwendung kommen. Da in der sozialen Welt aber die Mitglieder selbst sich ihre Handlungen, Beobachtungen und Interpretationen wechselseitig beobacht- und verstehbar machen müssen, um soziale Ordnung aufrecht zu erhalten, ist die Welt somit bereits so vorgestaltet, dass auch Sozialforschende sie untersuchen können. Aus diesem Grund ist die Praxisethnografie skeptisch gegenüber der Annahme, soziale Praktiken könnten einfach verbal repräsentiert werden, denn zum einen werden sie zwar, wie oben gesagt, im Alltag *gesehen*, bleiben jedoch oft *unbemerkt*. Zum anderen bestehen sie häufig in verkörperten Praktiken, die aufgrund nicht vorhandener Diskurskonventionen nur schwer verbalisierbar sind (Hirschauer 2001).

Um den sequenziellen Charakter sozialen Tuns auch im methodischen Vorgehen zu berücksichtigen und die im Verlauf einer Interaktion aufeinander bezogenen Verfahren zu identifizieren, ist eine möglichst vorlagengetreue

Transkription von per Video oder Tonband aufgezeichneten Interaktionen unabdingbar. Sie bezieht auch Wiederholungen, Überlappungen, dialektale oder idiolektale Färbungen, prosodische Elemente wie Pausen und Lautstärke sowie neuerdings auch Blickrichtung, Körperhaltung und Gestik ein (Gülich/Mondada 2008). Die Darstellung des Transkripts im Analysetext, welche die Datenanalyse für die Lesenden nachvollziehbar macht, ist dabei jedoch notwendig selektiv und an die Forschungsfrage angepasst. Im hier vorgestellten Projekt wurden die Transkripte gemeinsam erstellt, manchmal auch unter Beteiligung von Schlüsselinformanten. Die *Transkription* ist eine Aufgabe, die von Muttersprachlern in enger Zusammenarbeit mit den Analysten gemacht werden muss, so dass beide sich wechselseitig mit Interpretationen bereichern können (Moerman 1996, S. 150). Insbesondere kann sich der *Blick von außen*, der die von Mitgliedern schnell übersehenen körperlich-praktischen Dimensionen leichter bemerkt, sehr gut mit der *Innensicht*, die die Praktiken als Grundlagen sozialen Handelns versteht, ergänzen.

Darüber hinaus besteht das Problem der *Übersetzung*. Die Analyse muss natürlich in der ursprünglichen Sprache ausgeführt werden. Aber um die mit Praktiken verbundenen sozialen Handlungen richtig zu verstehen, muss man sich auf ethnografisches Wissen und kollaborative Interpretation stützen.

Der Gefahr einer ethnozentrischen Interpretation (oder dem Unverständnis) sind wir entkommen, indem wir die Methode der „kollaborativen Ethnografie" verwendet haben (Marcus/Fischer 1986). Die enge Zusammenarbeit mit senegalesischen Wissenschaftlern (allen voran meinen Kollegen Anna M. Diagne und Malick Faye), Schlüsselinformanten aus den Dörfern sowie vielen anderen Dorfbewohnern ermöglichte die wechselseitige Ergänzung und plurale intersubjektive Kontrolle der Interpretationen im Rahmen gemeinsamer Diskussionen und Datensitzungen.

5 Dateninterpretation: Kommunikations-, wissens- und körpersoziologische Erkenntnisse zur Kultur der Wolof

Bei der genaueren Analyse der Daten stellte sich heraus, dass die sequenzielle Organisation der Interaktionen bei den Wolof sich durchaus von der Ordnung unterscheidet, welche die Konversationsanalyse in Forschungen in den USA, Deutschland und anderen europäischen Ländern identifiziert und zur Grundlage der oben erwähnten Universalitätsansprüche gemacht hat. Diese Unterschiede sind zum einen in der praktischen Verwendung und semantischen Konnotation der Sinne – besonders der Blick und Taktilität – begründet, denen der erste Teil dieser Sektion gilt, zum anderen in den normativen Grundlagen der sequenziellen Interaktionsorganisation, denen der zweite Teil gilt.

5.1 Die Sinne in der Wolof-Interaktion

Interaktionale Praktiken, die durch den Einsatz der Sinne (Blick, Vokalpartikel, Berührung) gestaltet werden, entgehen leicht der Aufmerksamkeit des Ethnografen. Dennoch erleben Ethnografen häufige Momente des Staunens, wenn sie bemerken, dass sich ihre Sinnespraktiken von denjenigen des Feldes unterscheiden. Ethnografen haben immer wieder beschrieben, dass sie ihre Sinne bisweilen anders verwenden als Einheimische, dass ihre jeweiligen Wahrnehmungen und Aufmerksamkeitsmuster unterschiedlich gestaltet sind und dass ihre Sinne vielleicht auch unterschiedlich gut und scharf ausgeprägt sind (vgl. etwa Boas 1901, S. 6), ohne dass sie genau die Systematik der fremden Sinnespraktiken beschreiben könnten. Eine Feldnotiz aus meiner eigenen Forschung im nordwestlichen Senegal illustriert dies:

> „Ouly und ich gehen durch Louga. Es ist etwa acht Uhr abends. Wieder einmal ist Stromausfall und es ist stockdunkel. Plötzlich sagt Ouly leise etwas, und ich verstehe zunächst nicht, was sie möchte. Dann erst realisiere ich, dass sie wohl auf den Gruß und die Bemerkung eines jungen Mannes auf der anderen Straßenseite reagiert hat, den ich überhaupt nicht registriert hatte. Die beiden unterhalten sich kurz, während wir weitergehen. Ich verstehe den jungen Mann immer noch kaum, obwohl ich an der Straße und Ouly an der Häuserzeile läuft, so dass ich dem jungen Mann also eigentlich näher bin. Mir ist aufgefallen, dass Ouly sich weder umgedreht, noch ihren Kopf in Richtung des Mannes gewandt hat, sondern einfach weiter nach vorne auf den Boden geschaut hat, als sie verbal auf den jungen Mann reagierte." (Feldnotiz vom 4. Mai 2004)

Während Ouly den Gruß des jungen Mannes sofort wahrnahm und als an sie gerichtet interpretierte, habe ich ihn nicht einmal akustisch gehört, vielleicht, weil ich ein visuelles Signal, das meine Aufmerksamkeit auf ihn gelenkt hätte, erwartet hätte.

Wenn es stimmt, dass das menschliche Sensorium Spielraum für kulturelle Einflüsse besitzt, dann stellt sich nicht nur die Frage, wie groß dieser Spielraum ist, inwieweit tatsächlich manche Sinne kulturell geschärft werden oder verkümmern können und bis zu welchem Grad die Menschen universell überhaupt die gleichen Sinneswahrnehmungen haben, sondern auch, welche Auswirkung dies auf das soziale Leben hat.

Da interaktionale und sensorische Praktiken *kulturell* gestaltet sind, habe ich in meiner Forschung den Weisen Aufmerksamkeit geschenkt,

> „in which they [die Wolof], as living persons, moving, standing, eating, sleeping, dancing, and going into trance, embody that abstraction which (after we have abstracted it) we technically call culture" (Bateson/Mead 1942, S. xii).

Im Folgenden möchte ich zeigen, wie die Analyse videographischer Aufzeichnungen einfacher Alltagsinteraktionen, die in eine umfassendere Praxsethnografie eingebettet sind, zur Grundlage der Untersuchung von Kultur genommen werden kann.

Die Verwendung der Sinne in Interaktionen im amerikanischen, europäischen und japanischen Raum wurden bereits anhand des Seh- und des Hörsinnes erforscht (z. B. Egbert 1996; Hayashi et al. 2002), während Studien zur Berührung – abgesehen von medizinischer Interaktion (Frankel 1983; Nishizaka 2007) – noch ausstehen. Hier wurde festgestellt, dass für die Koordination von Gesprächen in diesen Gegenden die Blickorganisation eine entscheidende Rolle spielt. Bei der Etablierung einer Teilnahmekonstellation werden sowohl Adressierung als auch das Anzeigen von Zuhören in der Regel durch Anblicken bzw. Blickrichtung signalisiert. Zum Beispiel wird das Ein- bzw. Ausschließen von Personen als am Gespräch Beteiligte visuell organisiert (Kendon 1990). Auch die Grenzen eines Gesprächs werden auf diese Weise markiert, so dass parallele Gespräche nicht als gesprächsinterne Überlappungen interpretiert werden.

Goodwin (1980) hat diesbezüglich zwei Praktiken identifiziert:

> Erstens: Wenn die Person, die spricht, den Blick der Person, die zuhört, während ihres Redebeitrags nicht erhält, dann kommt es zu einem Stocken im Redefluss und die Person, die spricht, verwendet ‚re-starts' oder Pausen, um die Aufmerksamkeit der Person, die zuhört, (zurück) zu gewinnen (Goodwin 1980: 275).

Wie Goodwin durch die Analyse von Videoaufzeichnungen festgestellt hat, blicken die Hörer in der Tat meist umgehend zum Sprecher, sobald diese Phänomene auftreten.

> Zweitens: Die Person, die spricht, schaut die Person, die zuhört, insgesamt seltener an, meist aber an festgelegten sequenziellen Punkten, nämlich am Anfang und am Ende ihres Redebeitrags. Wenn die Person, die zuhört, in den Momenten, in denen die Person, die spricht, sie anschaut, nicht auch diese anschaut, dann kommt es ebenfalls zu Stockungen im Redefluss, bis die Partizipationsrollen (sprechende, zuhörende Person) wieder hergestellt sind (Goodwin 1980, S. 286).

Blick spielt also eine große Rolle, um Gespräche, d. h. soziale Aktivitäten, in denen sich zwei Individuen lokal – während des Hier und Jetzt des Gesprächs selbst – koordinieren, so zu gestalten, dass eine gemeinsame und wiedererkennbare soziale Praxis, eine geordnete Konversation, entsteht.

Dieser Befund ist 2009 erstmals mit Erkenntnissen aus Zentralmexiko (Tenejapa-Tzeltal) und dem Louisiade-Archipel, Papua Neu-Guinea (Yélî Dnye) konfrontiert worden. Während die Blickorganisation bei den Yélî Dnye der für westliche Gesellschaften konstatierten Struktur sehr ähnlich ist (Sprecher- und Hörerschaft werden durch häufigen Blickkontakt signalisiert), differiert die Situation bei den Tzeltal, wo Gespräche vokal (meist durch teilweises Wiederholen des vom Sprecher oder der Sprecherin Gesagten durch die Hörerin oder den Hörer) koordiniert werden (Rossano et al. 2009, S. 201). Aufgrund dieser Erkenntnisse unterscheiden die Autoren zwischen „high-gaze cultures" (Rossano et al. 2009, S. 216), wo Gesprächspartner sich häufig anblicken (Italien, Yélî Dnye, USA, England, Deutschland etc.), und „low-gaze cultures" (Tzeltal), wo dies wenig geschieht (Rossano et al. 2009, S. 212).

Die oben zitierte Beobachtungsnotiz würde nahelegen, die Wolof zu den „low gaze cultures" zu zählen. Um dies genauer zu betrachten, werde ich im Folgenden einige Ausschnitte aus Videoaufzeichnungen von Alltagsgesprächen analysieren. Die Aufzeichnungen umfassen Gespräche auf dem Dorfplatz (*pénc*), wo viele der Clanältesten nach dem Gebet in der Moschee zusammenkommen, um sich zu unterhalten (vgl. Meyer 2007). Unter den Clanältesten besteht eine *peer*-Beziehung, d. h. abgesehen von Prestige aufgrund wirtschaftlichen Erfolgs bestehen keine Statusunterschiede unter den Gesprächspartnern. Es handelt sich – entsprechend der „ordinary conversations" der Konversationsanalyse – um Situationen, in denen keine vorgeschriebene Gesprächsorganisation (anders als in Institutionen, Ritualen oder Situationen mit großem Hierarchiegefälle) die Interaktion präformiert, sondern Sprechwechsel, Weitergabe des Rederechts sowie Länge des Redezugs jeweils lokal im Hier und Jetzt der Situation ausgehandelt werden müssen.

5.1.1 Die Rolle des Blicks für die Gesprächsorganisation in Wolof-Interaktionen

In vielen Wolof-Konversationen, die ich analysiert habe (Meyer 2008; 2011), reden mehrere Personen gleichzeitig und in Überlappung, da die Gesprächsteilnehmer häufig längere dialogische Rezipientensignale äußern, die von einfachen ermunternden „continuers" (Schegloff 1982) wie „hm-hm", „ja" oder „aha" bis hin zu längeren repetitiven und affirmativen Einheiten reichen, die Goodwin (1986) „hearer assessments" genannt hat („das stimmt", „da hast Du recht" etc.). Mehrpersonengespräche bei den Wolof sind stark über diese Praktiken – d. h. über den Hörsinn – organisiert. Die Zuhörer reagieren dabei bisweilen auf mehrere simultan laufende Gesprächsstränge zugleich (vgl. Meyer 2008), und dies erfordert einen Hörsinn, der in besonderem Maße dazu in der Lage ist, die verschiedenen Stimmen zu identifizieren, die an den einzelnen Gesprächen beteiligt sind; einen Hörsinn, der auf polyphone Situationen eingestellt und eingestimmt ist. Dies bedeutet auch, dass die Wolof, indem sie dazu fähig sind, diese Stimmen intuitiv zu identifizieren und zu unterscheiden, vermutlich einen besseren, genaueren Hörsinn besitzen als der Ethnograf aus der „high gaze culture" – eine Beobachtung, die auch Ochs (1988, S. 47) während ihrer Feldforschung auf Samoa gemacht hat. Während sie ständig und vollkommen unproblematisch mit zahlreichen Überlappungen und simultanen Konversationssträngen umgehen, verzichten die Gesprächsteilnehmer oft vollkommen auf Blickkontakt (auch wenn sie sich vermutlich wechselseitig in der peripheren Wahrnehmung registrieren).

Das folgende Transkript (Abb. 1) ist Teil eines längeren Gesprächs zwischen mehreren Clanältesten über die weitere Verwendung zweier Säcke, die ein Mischmasch von Reis, Bohnen und Hirse enthalten und vor ihnen liegen. Während Faati (FT) und Seex (SX) sie verkaufen möchten, sind Njaate (NT) und Gora (GR) dafür, sie den Armen zu spenden, da sie nichts mehr wert seien. Njaga (NJ) beteiligt sich nicht. Das Beispiel zeigt, dass die Interaktanten sich zwar zum Teil wechselseitig anblicken, jedoch nicht die Adressaten ihrer Äußerungen, sondern gleichzeitig redende Anwesende, die ihre Meinung teilen. Die linke Abbildung zeigt die Gesprächsteilnehmer jeweils schematisch von oben, wobei gestrichelte Pfeile die Adressierung, durchgezogene Pfeile den Blick anzeigen. Die Blickichtung wird noch einmal genauer in einer eigenen Transkriptzeile (Bl) repräsentiert. Der Lesbarkeit halber verzichte ich auf die Darstellung des Wolof-Originals. Eine Erläuterung des Transkriptionssystems befindet sich im Anhang.

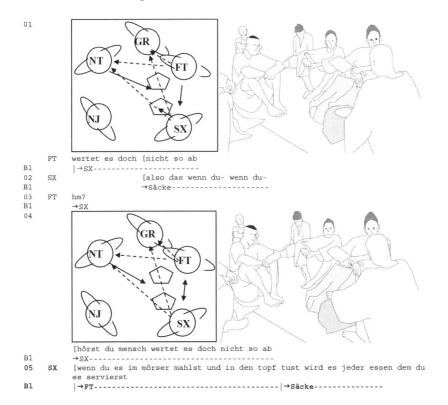

```
01
        FT    wertet es doch [nicht so ab
  Bl          |→SX---------------------
02      SX                   [also das wenn du- wenn du-
  Bl                          →Säcke--------------------
03      FT    hm?
  Bl          →SX
04
        [hörst du mensch wertet es doch nicht so ab
  Bl    →SX------------------------------------------
05      SX    [wenn du es im mörser mahlst und in den topf tust wird es jeder essen dem du
              es servierst
  Bl          |→FT-------------------------------------|→Säcke---------------
```

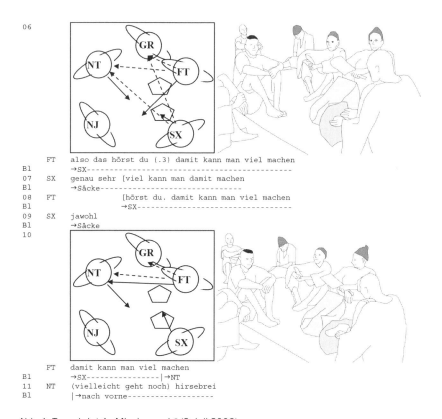

```
06          FT   also das hörst du (.3) damit kann man viel machen
    Bl          →SX----------------------------------------
07          SX   genau sehr [viel kann man damit machen
    Bl          →Säcke--------------------------
08          FT              [hörst du. damit kann man viel machen
    Bl                      →SX-------------------------------
09          SX   jawohl
    Bl          →Säcke
10

            FT   damit kann man viel machen
    Bl          →SX-------------|→NT
11          NT   (vielleicht geht noch) hirsebrei
    Bl          |→nach vorne------------------
```

Abb. 1: Transkript 1 „Mischmasch" (3. Juli 2006)

In dieser Sequenz kritisiert Faati (FT) verbal Njaate (NT) und Gora (GR), blickt aber zu Seex (SX), der seine Meinung teilt. So spricht er für einige Momente simultan mit Seex (der ebenfalls verbal Njaate und Gora adressiert), wobei sich beide anblicken (Z.04-05). Obwohl sie sich überlappen, sprechen die beiden weiter, bis ihre Äußerungen zu Ende sind, was für „high gaze cultures" hochgradig ungewöhnlich ist. Erst am Ende seiner Äußerung schwenkt Faati seinen Blick zu Njaate, den er inhaltlich adressiert hatte (Z.11). Anstelle des Blicks verwenden die Interaktanten vokale Praktiken – die Äußerung von Rückmeldepartikeln wie *mhm* – zur Gesprächskoordination (Z.03, 04, 06-09).

Dies ist nur eins von vielen Beispielen, in denen Blickkontakt vermieden wird, da Blick auch als aggressives „Anstarren" interpretiert wird. Stattdessen schauen sich die beiden Sprecher als Gleichgesinnte an, die der gleichen Meinung sind, während sie zugleich zu ihren Kontrahenten sprechen. Diese Praxis steht in direktem Konstrast zu dem bislang identifizierten konversationalen Modell und zeigt, dass bei den Wolof Blick keine formale, gesprächsorganisatorische, sondern eine sozial-affiliative Funktion einnimmt. Die Interaktionen bei den Wolof besitzen somit eine zu den bislang identifizierten Charakteristika verschiedene Gestalt. Dies gilt auch für taktile Praktiken, wie wir im nächsten Beispiel sehen werden.

5.1.2 Teilnahmekonstellation und Berührung

Neben auditiven werden in den Wolof-Interaktionen auch taktile Praktiken zur Koordination von Gesprächen eingesetzt. Zum Beispiel werden Berührungen dazu verwendet, die Aufmerksamkeit von Hörern zu sichern und Adressaten auszuwählen. Das folgende Transkript (Abb. 2) ist Teil eines längeren Gesprächs mehrerer Wolof-Männer mit einem Fulbe-Mann. Es betrifft die interethnischen Beziehungen zwischen den beiden ethnischen Gruppen, die in der Region zusammenleben, sich in der Wirtschaftsform ergänzen und Handel treiben: Die Wolof leben vom Anbau von Hirse, Bohnen und Erdnüssen, während die Fulbe vor allem Viehzucht betreiben. Maggat (MG) und Ba (BA) streiten sich um das Rederecht.

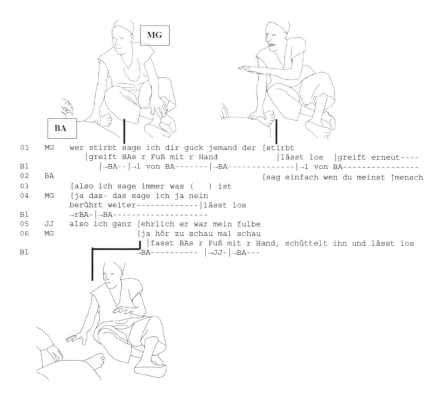

Abb. 2: Transkript 2 „Griff" (27. Mai 2005)

In den Zeilen 01, 04 und 06 versucht Maggat (MG), das Rederecht zu erhalten und Bas (BA) Aufmerksamkeit zu gewinnen, der im Gespräch mit Jajji ist, der rechts des Standbilds sitzt. Maggat berührt und schüttelt hierzu Bas rechten Fuß mit seiner rechten Hand, während er mit seiner linken Hand eine Art „Stopp"-Geste ausführt und in Überlappung mit ihm spricht (Bild 2). Es ist bei den Wolof nicht ungewöhnlich, seinen Gesprächspartner in dieser Weise kurz oder auch länger zu berühren.

Das nächste Beispiel aus einer zweiten, zeitgleich laufenden Konversation (Abb. 3) zeigt, dass Berührungen auch zur Vergabe des Rederechts verwendet werden. Guy (GY) und Jajji (JJ) sprechen ebenfalls über die interethnischen Beziehungen zwischen Fulbe und Wolof.

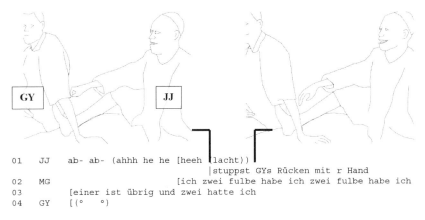

```
01   JJ    ab- ab- (ahhh he he [heeh ⌐lacht))⌐
                                 |stupst GYs Rücken mit r Hand
02   MG                          [ich zwei fulbe habe ich zwei fulbe habe ich
03            [einer ist übrig und zwei hatte ich
04   GY       [(°      °)
```

Abb. 3: Transkript 3 „Stupser" (27. Mai 2005)

In Zeile 01 stupst Jajji Guy kurz an, der danach (Z. 04) seine einzige Äußerung zur gesamten Konversation beisteuert. Die Sitzordnung hindert Jajji daran, Guy mit anderen Mitteln als Berührung zur Partizipation aufzufordern. Jajjis Lachen und Guys (unverständliche) Äußerung kommentieren Maggat, der links von ihnen sitzt. Man beachte auch den permanenten Körperkontakt zwischen beiden durch Jajjis rechten Fuß, der an Guys linker Hüfte liegt.

Bei den Wolof werden zur formalen Gesprächsorganisation weniger das Anblicken als vielmehr vokale und taktile Praktiken eingesetzt. Diese Präferenz erzeugt eine Interaktionsform, die sich in mehreren Hinsichten systematisch von derjenigen unterscheidet, die zur Grundlage der konversationsanalytischen Universalitätsansprüche genommen wurde. Denn während der Blick dazu fähig ist, Zuhören und Aufmerksamkeit kontinuierlich anzuzeigen (allenfalls unterbrochen durch Blinzeln), können vokale Praktiken dies immer nur punktuell erreichen. Dies führt dazu, dass in Wolof-Konversationen Teilnahmerollen (Adressat, Zuhörende, Mithörende, etc.) oft unklar werden. Einige Sprecher reden sogar, ohne dass ihnen jemand erkennbar (durch Anblicken, Antworten oder sonstige Reaktionen) zuhört, was wiederum dazu führt, dass Überlappungen und simultane Äußerungen vollkommen normal und unproblematisch sind, da immer die Möglichkeit besteht, dass irgendjemand gerade zuhört. Eine ähnliche Gesprächsökologie wurde in Grundzügen auch von australischen Aborigines und zentralafrikanischen Gemeinschaften berichtet (Gardner/ Mushin 2007; Kimura 2003).

Wir können also sehen, dass sich die Sinnespraktiken der Wolof von denjenigen westlicher Gesellschaften bereits auf der basalen, präreflexiven Ebene, der sich die Praxisethnografie widmet, unterscheiden. Wolof-Interaktionen haben eher eine vokal-auditive und rhythmische sowie haptische und taktile Gestalt als eine visuelle. Dies wird noch deutlicher, wenn wir als nächstes eine Sequenz untersuchen, in der eine illustrative Geste in interkorporaler Weise ausgeführt wird.

5.1.3 Eine interkorporale Geste

Die haptische Neigung der Wolof-Interaktionen kommt auch immer wieder bei der Ausführung von Gesten zum Ausdruck. Um die Aufmerksamkeit des Gegenübers auf die eigene Geste zu lenken, nutzen die Wolof nicht nur den Blick auf die eigene gestikulierende Hand (Streeck 1993), sondern auch die Körper ihrer Gesprächspartner als Objekte oder Medien. Sie wenden an dieser Stelle taktile, haptische und kinästhetische Mittel am Körper des Gesprächspartners an, um Bedeutung zu erzeugen. Im folgenden Transkript (Abb. 4) – einem weiteren Exzerpt der Diskussion über interethnische Beziehungen zwischen den Wolof und dem Fulbe – erzählt Maggat ein längeres figuratives Narrativ, um sein Argument zu verdeutlichen:

> „Ein Wolof-Sprichwort besagt, dass, wenn Du an einen Ort gehst, an dem Du zwei Bekannte hast – einen, der sein Kind nach Dir benannt hat, und einen, nach dem Du Dein Kind benannt hast –, dann geh nicht in das Haus dessen, nach dem Du Dein Kind benannt hast, sondern zu dem, der sein Kind nach Dir benannt hat, denn bei ihm kannst Du sicher sein, dass er Dich mag."

Während er das Narrativ erzählt, führt er eine illustrative Geste mit der Hand Jajjis aus, wobei er die einzelnen Finger – zusammen mit indexikalen Ausdrücken („Du", „der hier", „dieser", usw.) als Repräsentaten für die im Narrativ vorkommenden Personen verwendet.

Maggat verwendet diese Geste auch, um die Aufmerksamkeit Jajjis und Bas (die umkämpft war, siehe Transkript 2) zu gewinnen und zu halten. In Zeile 02 versucht Maggat, die Dyade zwischen Ba und Jajji aufzubrechen, die beide durch einen kontinuierlichen Händedruck von über 40 sek. etabliert hatten. Er sagt zunächst „hey" und ergreift Jajjis rechtes Bein mit seiner Linken. Jajji reagiert mit „hm?" (Z. 03), doch dann beginnt Ba erneut in einem konkurrierenden

```
01    BA    ich komme zurück
              Händedruck mit JJ
02    MG    hey
              |greift JJs r Bein mit l Hand
03    JJ    hm?
Bl    BA    |→MG
```

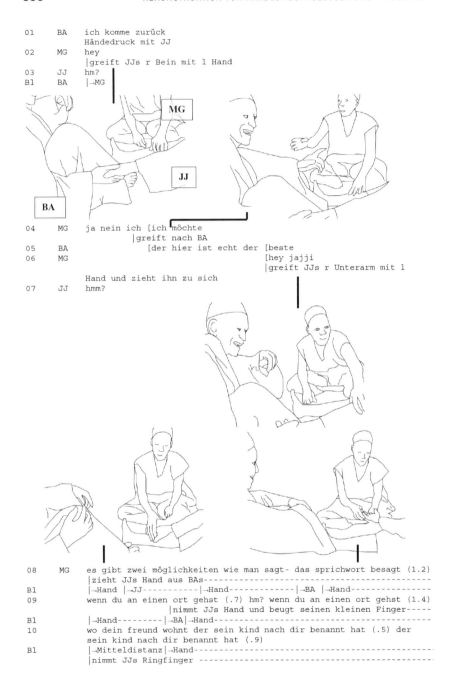

```
04    MG    ja nein ich [ich möchte
                        |greift nach BA
05    BA                [der hier ist echt der [beste
06    MG                                       [hey jajji
                                               |greift JJs r Unterarm mit l
              Hand und zieht ihn zu sich
07    JJ    hmm?
```

```
08    MG    es gibt zwei möglichkeiten wie man sagt- das sprichwort besagt (1.2)
              |zieht JJs Hand aus BAs----------------------------------------
Bl            |→Hand |→JJ-----------|→Hand-------------|→BA |→Hand----------
09          wenn du an einen ort gehst (.7) hm? wenn du an einen ort gehst (1.4)
                         |nimmt JJs Hand und beugt seinen kleinen Finger-----
Bl            |→Hand---------|→BA|→Hand---------------------------------------
10          wo dein freund wohnt der sein kind nach dir benannt hat (.5) der
              sein kind nach dir benannt hat (.9)
Bl            |→Mitteldistanz|→Hand----------------------------------------
              |nimmt JJs Ringfinger -----------------------------------------
```

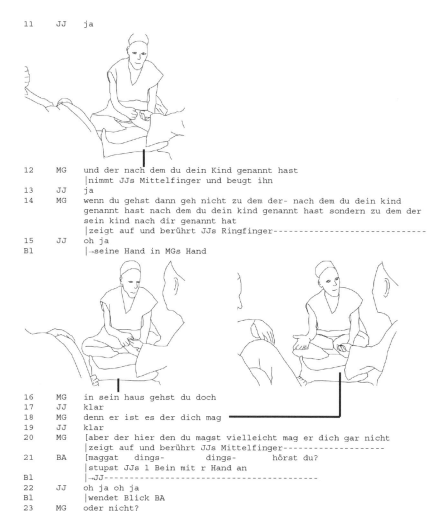

```
11    JJ    ja

12    MG    und der nach dem du dein Kind genannt hast
             |nimmt JJs Mittelfinger und beugt ihn
13    JJ    ja
14    MG    wenn du gehst dann geh nicht zu dem der- nach dem du dein kind
             genannt hast nach dem du dein kind genannt hast sondern zu dem der
             sein kind nach dir genannt hat
             |zeigt auf und berührt JJs Ringfinger--------------------------------
15    JJ    oh ja
Bl           |→seine Hand in MGs Hand




16    MG    in sein haus gehst du doch
17    JJ    klar
18    MG    denn er ist es der dich mag
19    JJ    klar
20    MG    [aber der hier den du magst vielleicht mag er dich gar nicht
             |zeigt auf und berührt JJs Mittelfinger--------------------
21    BA    [maggat  dings-      dings-          hörst du?
             |stupst JJs l Bein mit r Hand an
Bl           |→JJ-------------------------------------
22    JJ    oh ja oh ja
Bl           |wendet Blick BA
23    MG    oder nicht?
```

Abb. 4: Transkript 4 „Wolof-Sprichwort" (27. Mai 2005)

Redezug (Z. 05) zu sprechen. Maggat, immer noch in Überlappung mit Ba, ruft Jajjis Namen (Z. 06) und ergreift nun dessen Unterarm. Jajji reagiert mit einem erneuten „hmm?", und dieses Mal gelingt es Maggat, Jajjis Aufmerksamkeit ganz zu gewinnen, indem er dessen Unterarm aus dem Händedruck mit Ba heraus zu sich zieht und die oben genannte Erzählung mit der typischen Formel der Wolof startet, die ein kurzes Narrativ ankündigt („Ein Wolof-Sprichwort besagt, …"). Während er zu Beginn Jajjis Aufmerksamkeit noch genau visuell beobachtet, indem er ihm seinen Blick immer wieder kurz zuwendet (Z.08-09), blickt er danach bis zu seinem Fazit – auch angesichts vokaler Hörersignale von Jajji (Z.11, 13, 15 und 17) –, meist links an ihm vorbei oder in mittlere Distanz

(Z.18). Danach beginnt zwischen Ba und Maggat erneut ein Wettkampf um Jajjis Aufmerksamkeit (Z.21-23).

Maggat ist es also gelungen, Jajjis Aufmerksamkeit zu gewinnen, indem er mit dessen Hand eine illustrative Geste vollzieht. Nur wenige Studien haben überhaupt Formen des Gestischen beschrieben, die körperlichen Kontakt beinhalten. Eine von ihnen ist die Studie von Efron (1972), eines Schülers von Franz Boas, die in einer Beschreibung des gestischen Repertoires New Yorker Juden das Greifen des Handgelenks oder von Kleidung, Schütteln, Stupsen und Ziehen erwähnt (Efron 1972, S. 120 u. ö.). Charakteristisch ist auch das „buttonholing" (Efron 1972, S. 132, 135) bei dem die Knopflöcher alters mit den Fingern eingehakt werden. Wie Efron und Foley (1937, S. 157) feststellen, signalisieren diese Praktiken Zuneigung und erzeugen Vertrautheit und Nähe zum Gesprächspartner. Nur in seltenen Fällen einer "gestural 'promiscuity' in conversation" (Efron/Foley 1937, S. 157, Fußnote 1) vollzieht der Sprecher auch Gesten mit dem Arm seines bzw. ihres Gegenübers. Auch auf dem Dorfplatz der Wolof sind die Körper der Anwesenden in diesem Sinne als Objekte interaktionaler Praktiken „zuhanden" (Heidegger 1926, S. 69 ff.).

5.1.4 Sinnespraktiken und Körpertechniken bei den Wolof

Wie lässt sich diese kulturspezifische Situation der Konversationsorganisation, die stärker mittels auditiven Aufmerksamkeitssignalen und Berührung als Blick vollzogen wird, erklären?

Erstens spielen *kulturelle Konzepte* eine Rolle. Das Konzept des Gesichts im anatomischen Sinne heißt im Wolof *kanam*, was wörtlich „Genital" bedeutet. Eine intime Begegnung heißt *gise*, wörtlich: „gegenseitiges Anschauen". Demgegenüber heißt das soziale Gesicht in Goffmans (1967) Sinne von Reputation im Wolof *der*, was wörtlich „Haut" bedeutet. Das Gesicht scheint damit bei den Wolof ein sehr viel intimeres Körperteil zu sein als im deutsch- und englischsprachigen Raum, während die Haut zum Teil als öffentlicher Bereich des Körpers angesehen wird, der zum Zweck der formalen Interaktionsorganisation auch berührt werden darf. Anblicken gilt einerseits als intim, andererseits – und damit eng verbunden – als transgressiv.

Ein zweiter Grund könnte *ökologischer Art* sein. Viele Gespräche bei den Wolof finden abends und nachts statt, was in einer Gegend ohne Elektrizität bedeutet: im Dunkeln. Im Dunkeln aber kann (wechselseitiges) Anblicken nicht problemlos zur konversationalen Organisation genutzt werden, während vokalauditive und taktile Mittel davon unberührt bleiben.

Drittens ist die *sozialräumliche Situation* der Wolofdörfer von Bedeutung. Zum einen verhindert das Sitzarrangement auf Matten das Erblicken des Blicks anderer, da die Gesprächsteilnehmer oft mit dem Rücken zueinander sitzen, was wiederum Taktilität befördert. Außerdem scheint es plausibel, dass in einer

Gesellschaft, die mit wenig Privatsphäre zusammenlebt, Blickvermeidung auch eine Form von Privatheit im Gespräch garantiert. Die Vermeidung von Blick als bei den Wolof transgressiv konnotierter Praxis gewährleistet also einen gewissen Grad von normierter "civil inattention" (Goffman 1963, S. 87 f.). So treten Sprechende den Zuhörenden nicht zu nahe.

Viertens exisitieren auch *kulturelle Normen des Blicktabus*, etwa zwischen Schwiegerverwandten (was jedoch nicht auf die oben analysierten Situationen zutrifft).

Auch auf der hier thematisierten, basale Dimensionen der Sozialität betreffenden Ebene interaktionaler Kultur erweist sich der menschliche Körper also als hochgradig formbar und als ein Objekt von allerlei sozialisierten und erlernten Körper- und Kulturtechniken. Bereits Marcel Mauss verstand den Körper in diesem Sinne als den wichtigsten Ort der Kultur und thematisierte die Weisen, ihn zu „enkulturieren" (Mauss 1975, S. 202). Kulturen nutzen den Körper als „das erste und natürlichste technische Objekt und gleichzeitig technische Mittel des Menschen" (Mauss 1975, S. 206). Insofern ist jeder Akt, jede Praxis, wie unsozial oder gar antisozial sie scheinen mag, kulturell geprägt:

> „Die Stellung der Arme, der Hände während des Gehens, stellen eine soziale Eigenheit dar und sind nicht einfach ein Produkt irgendwelcher rein individueller, fast ausschließlich psychisch bedingter Handlungen und Mechanismen" (Mauss 1975, S. 202).

An dieser Stelle – und das gilt auch für den Bereich der kulturell geprägten Sinne – treffen Soziologen jedoch an methodologische Grenzen. So sagt Mauss z. B. über den kinästhetischen Sinn der Kabylen:

> „Nichts jagt mehr Schwindelgefühle ein, als einen Kabylen mit seinen Lederpantoffeln absteigen zu sehen. Wie kann er sich halten und seine Pantoffeln nicht verlieren? Ich habe versucht, es genau zu beobachten, es selbst zu tun, aber ich verstehe es nicht" (Mauss 1975, S. 215).

Nur durch eine umfassende holistische Praxisethnografie können beide sich diesen Themen nähern.

5.1.5 Emotion – Ausdruck und Kultur

Die angesprochene basale Dimension der Sozialität betreffende Ebene interaktionaler Kultur, insbesondere die im Körper sedimentierten „senso-motorischen Vollzüge" (vgl. Loenhoff 2012, S. 188), wie sie in den interaktionalen Praktiken der Wolof verkörpert sind, zeitigen auch Konsequenzen für andere Bereiche der Wolof-Kultur. Eine zweite Feldnotiz beschreibt ihre Bedeutung für den kulturellen Ausdruck von Emotionen:

> „Eine plötzliche Unruhe – lautes, hektisches Gerede – im Hauptplatz meines Gehöfts schreckt mich auf, und ich laufe hin um nachzusehen, was passiert ist. Mehrere Frauen und ein Mann stehen um einen Stuhl, auf dem eine junge Frau wie erstarrt sitzt. Sie blickt regungslos geradeaus, den Blick in mittlerer Distanz auf den Boden gerichtet. Die um sie Stehenden greifen nach ihren Armen und Händen und ziehen an ihr, mehrere Personen an jedem Arm. Andere schieben sie von hinten an den Schultern; die meisten reden gleichzeitig auf sie ein. Aber die junge Frau regt sich immer noch nicht. Ist sie krank? Oder gar ohnmächtig? Ich frage meinen Freund Adama. Sollen wir einen Krankenwagen rufen? Er erklärt mir, dass sie sich schämt, weil sie die Erwartungen ihrer Familie nicht erfüllt hat. Langsam beginnt sie sich zu regen; sie erwacht aus ihrer Starre, steht mit Hilfe der anderen auf und läuft mit ihnen zusammen, noch immer ohne etwas zu sagen, langsam und mit steifen Gliedern davon." (Feldnotiz vom 3. Mai 2006)

Dieses Erlebnis blieb mir zunächst rätselhaft. Ich habe das Verhalten der jungen Frau nicht als Ausdruck einer Emotion – Scham – verstanden, denn die junge Frau hat sich anders verhalten, als ich es vor meinem eigenen kulturellen Hintergrund erwartet hätte, nämlich ausdruckslos und passiv. Warum aber wird Scham bei den Wolof so anders ausgedrückt als bei uns? Und warum wird sie speziell in dieser passiven und ausdruckslosen Form ausgedrückt, d. h. gewissermaßen in Form eines Nicht-Ausdrucks? Gibt es systematische kulturelle Gründe, die dies erklären könnten?

Scham wird in der Emotionsforschung neben Neid, Stolz und Reue den so genannten „komplexen Emotionen" zugerechnet, die, im Gegensatz zu den von Ekman (1971) identifizierten „Basisemotionen" (Freude, Ärger, Überraschung, Angst, Ekel, Traurigkeit) ontogenetisch erst später entstehen und ein reflexives Selbst erfordern. Sie hängen in ihrer Entstehung stark vom sozialen und kulturellen Umfeld der Person ab, die sie empfindet (Zahavi 2012). Spezifisch basieren sie auf der sozialen Fähigkeit, die G. H. Mead (1934) „Rollenübernahme" genannt hat, d. h. auf der Fähigkeit, sich selbst aus der Perspektive des anderen zu sehen und dessen Wahrnehmung zu antizipieren. Komplexe Emotionen stellen verkörperte situierte Praktiken dar, mit denen dem Selbst und anderen Bewertungen der sozialen Situation kommuniziert werden. Scham wird gerne als die wichtigste der komplexen Emotionen angesehen, da sie durch die permanente Selbstevaluation Konformität erzeugt (Scheff 1988): wenn Ego sich ständig dem wertenden Blick (imaginierter oder konkreter) anderer ausgesetzt sieht, dann vermeidet es Verhalten, das negativ beurteilt werden könnte, und versucht vielmehr, sich in günstigem Licht darzustellen.

Diese Idee, dass Scham ihren Ursprung im Wunsch hat, sich nach einem normüberschreitenden Verhalten dem strafenden Blick der anderen zu entziehen, spiegelt sich auch in der Etymologie des Wortes wider: es geht auf indoeuropäisch *kam* „bedecken", „verhüllen" mit dem Reflexivpräfix s- zurück, bedeutet also „sich bedecken", „sich verhüllen". Dies gibt uns einen

Eindruck vom Ausdruck der Scham, der, zumindest in denjenigen Gesellschaften, in denen indoeuropäische Sprachwurzeln eine Rolle spielen, darin besteht, dass, in Darwins Worten (1872, S. 300), „Personen, welche über irgend ein moralisches Vergehen Scham fühlen, geneigt sind, ihr Gesicht abzuwenden, niederzubeugen oder zu verbergen". Darstellungen der Scham in der abendländischen Kulturgeschichte (z. B. Masaccios Fresko „Vertreibung aus dem Paradies" von 1427) bestätigen diese Semantik des Sich-Verbergens vor dem sozialen Blick.

Kulturvergleichende Untersuchungen haben hingegen gezeigt, dass Emotionen keine klar abgrenzbaren Einheiten darstellen, deren Bedeutung als Ganzes und direkt in eine andere Kultur übersetzt werden könnten (z. B. Wierzbicka 1986). Vielmehr überschneiden sich oft einzelne Emotionskonzepte der einen Kultur mit Aspekten mehrerer Konzepte in einer anderen. Die Emotion *liget* der Ilongot auf den Philippinen (Rosaldo 1984) kann z. B. als eine Mischung von Trauer und Wut verstanden werden. Scham kann in sehr unterschiedlichen Formen auftreten: als Reaktion auf den Verlust von Ehre rund ums Mittelmeer (Peristiany/Pitt-Rivers 1965), als Angst vor dem öffentlichen Urteil auf Bali (Keeler 1983) oder verbunden mit Wut in Papua New-Guinea (Schieffelin 1983). Auf Ifaluk wird Scham (*ma*) als angemessene Reaktion der Subalternen auf die „legitime Verärgerung" (*song*) Statusoberer im Falle von Normüberschreitungen angesehen (Lutz 1988).

Während also kulturelle Differenzen in der Semantik von Emotionskonzepten relativ gut erforscht sind, ist der *Ausdruck* komplexer Emotionen – insbesondere im Rahmen sozialer Interaktionen (vgl. Griffiths/Scarantino 2009) – noch nicht ausreichend dokumentiert.

Bei den Wolof können zwei Konzepte der Scham unterschieden werden:

Erstens *rus*, das auch als Schamhaftigkeit oder Schüchternheit übersetzt werden kann und ebenfalls eine Reaktion auf die „legitime Verärgerung" Statusoberer (Älterer) darstellt. *Rus* wird zum Ausdruck gebracht, indem z. B. der Mund mit der Hand bedeckt wird, wenn man versehentlich etwas Unbedachtes oder Falsches gesagt hat. Sein Ausdruck vertieft die soziale Nähe, da er die Hierarchie ratifiziert.

Das zweite Konzept ist *gácce*, das Beschämung und Schande bedeutet, und in Fällen zum Ausdruck gebracht wird, in denen eine gravierende und mutwillige Normüberschreitung stattgefunden hat (z. B. eine uneheliche Schwangerschaft) und die normverletzende Person an der weiteren Unterstützung der Gemeinschaft zweifeln muss. Nur *gácce* wird im beschriebenen Sinne durch Ausdruckslosigkeit und Passivität bekundet.

Die obige Analyse der basalen, senso-motorische Vollzüge betreffenden Formen von Sozialität bietet eine Erklärung für diese kulturspezifische Ausdrucksweise der Emotion Scham. Wie gezeigt wurde, verwenden die Wolof zur formalen Organisation ihrer Interaktionen – besonders zum Anzeigen von

Adressierung auf Sprecherseite und von Aufmerksamkeit auf Hörerseite – bevorzugt Audiosignale und Berührungen, während Blick zu sozialen Zwecken – dem Signalisieren von Intimität und Affiliation oder aber Konfrontation – genutzt wird. Da das Anblicken also nicht der wechselseitigen Beobachtung und Konstitution *egos* und *alters* als sozialer Personen in der Interaktion dient, stellt das Verdecken des eigenen Gesichts vor den Blicken anderer auch keinen aussagekräftigen Ausdruck von Scham dar. Die Gesellschaft tritt dem Wolof-Individuum damit nicht als kritisch beobachtende, visuell überwachende Instanz gegenüber, sondern als eine Instanz, die auditive Responsivität und taktile Involviertheit – also kommunikatives Engagement – in der Interaktion verlangt. Scham wird sichtbar, wenn dieser Erwartungsstandard gebrochen und das Individuum ausdruckslos und unkommunikativ wird, da Ausdruckslosigkeit zu einem „noticeable" (Schegloff 2007, S. 87 n. 17) wird, einer auffälligen Abwesenheit normaler Soziabilität.

In einem weiteren Sinne wird Scham sichtbar, da sie im Kontrast zur normal erwartbaren Vitalität und Selbstbehauptung (*fit*) steht, die als zentrale Werte der Wolof-Kultur das erwünschte autonome, willensstarke Individuum auszeichnen, das sich nicht von seinen Statusgleichen unterminieren läßt (Irvine 1995, S. 260). Im Falle eines Konflikts zwischen Statusdifferenten jedoch, in dem etwa ein Stausniederer sich zu viel Autonomie und Selbstbehauptung herausgenommen hat, stellt erst seine Scham als Antwort auf die legitime Verärgerung des Statusoberen die soziale Ordnung – in Form des Respekts und der Zurückhaltung (*kersa*) – wieder her. Überwiegt hingegen Scham und Schüchternheit bei der statusniederen Person, dann wird sie von den Statusoberen zu mehr Lebendigkeit und Selbstbewusstsein „ermuntert" (*ñaax*), wie es in der Feldnotiz der Fall war. *Fit* und *kersa* – individuelle Selbstbehauptung und der Respekt von Konventionen – müssen also in einer Balance gehalten werden.

Emotionen werden also keineswegs – wie nicht nur der Titel von Darwins richtungweisender Studie „Der Ausdruck der Gemütsbewegungen bei dem Menschen und den Tieren" (1872), sondern auch andere, eine „hydraulische" (Solomon 1976) Metapher von Emotionalität verwendende Ansätze (wie z. B. die Psychoanalyse) suggerieren – immer aktiv *ausgedrückt*, sondern – abhängig von der Kommunikationskultur der betreffenden Gruppe – durchaus auch durch die Abwesenheit von Ausdruck kommuniziert. Dies ist natürlich nur innerhalb einer Kommunikationskultur möglich, in der das aktive und kommunikativ aufgeschlossene Individuum den Standardfall darstellt.

5.2 Interaktionsordnung und kulturelle Personenkonzepte

Im Folgenden wenden wir uns der zweiten eingangs gestellten Frage zu, nämlich wie die sequenzielle Verteilung des Rederechts und die Bestimmung der Person, die als nächstes reden darf, bei den Wolof praktisch bewältigt wird. Die oben angesprochenen, von der Konversationsanalyse identifizierten *Turn Allocation Mechanisms* werden von Sacks, Schegloff und Jefferson (1974, S. 704) als Regelsatz formuliert. Die Rederechtverteilung tritt jedes Mal aufs Neue als praktisches Problem auf, wenn am Ende eines Redezugs (*turn*) ein „transition relevance place" (TRP) entsteht, also eine temporale Stelle, an der potenziell eine andere Person mit einem Redezug einsetzen kann. Dies ist typischerweise dann der Fall, wenn eine grammatische oder prosodische Einheit abgeschlossen ist. Der Regelsatz umfasst drei hierarchisch geordnete Regeln, die garantieren, dass sowohl Pausen als auch Überlappungen zwischen Redezügen minimiert werden, und die bei jeden TRP aufs Neue zur Anwendung kommen. Sie lauten:

1. Wenn die aktuell sprechende Person innerhalb eines laufenden Redezugs eine andere anwesende Person als nächsten Sprecher auswählt (z. B. durch eine eindeutig addressierte Frage), dann hat diese Person das Recht, aber auch die Pflicht, das Rederecht am nächsten TRP zu übernehmen, während die aktuell sprechende Person dazu verpflichtet ist, mit dem Reden aufzuhören.
2. Wenn die aktuell sprechende Person innerhalb eines laufenden Redezugs keine andere anwesende Person als nächsten Sprecher auswählt, dann kann jede anwesende Person das Rederecht am nächsten TRP ergreifen. Diejenige Person, die als erste zu sprechen beginnt, erhält das Recht und die aktuell sprechende Person ist dazu verpflichtet, mit dem Reden aufzuhören.
3. Wenn die aktuell sprechende Person innerhalb eines laufenden Redezugs keine andere anwesende Person als nächsten Sprecher auswählt und auch keine andere Person das Rederecht ergreift, dann kann (aber muss nicht) die aktuell sprechende Person am nächsten TRP weitersprechen.

Dieser normative Regelsatz wird *in situ*, d. h. während des Redezugs, implizit und verkörpert-präreflexiv angewendet. Dies bedeutet z. B., dass wenn eine Überlappung an einem TRP entsteht, da zwei Anwesende zugleich das Rederecht übernehmen möchten und zu sprechen beginnen, mindestens eine der beiden Personen ihren Redezug umgehend abbricht. Entsteht ein Wettkampf um das Rederecht, dann kommen Instrumente zur Überlappungsauflösung zur Anwendung (Schegloff 2000). Sprecherwechsel ist damit ein inkrementelles, von Moment zu Moment verfertigtes Phänomen (Schegloff 2007, S. 250).

Das folgende Beispiel (Abb. 5) zeigt eine andere Form der Redeordnung, die in den Gesprächen auf dem Dorfplatz der Wolof zur Anwendung kommt.

```
01   MG    du willst ewig leben
            |(zeigt auf BA mit r Zeigefinger)
Bl          →BA---------------|→1 von JJ---
02   JJ    mein freund
03   BA            |reicht JJ die Hand
04   MG    [erzähl mir was du willst du willst ewig leben
Bl          →links von JJ-------------------------------
05   JJ    [also du hast mir ein feld gegeben und gesagt ich soll kommen aber
            |nähert seine Hand BAs Hand------------|Händedruck mit BA---------
06   MG    also ich zwei [also ich hatte zwei fulbe für den einen habe ich
Bl          →JJ--|→BA--|→rechts von BA---------------------------------
07   JJ                  [aber du hast zu mir gesagt
                          Händedruck mit BA----------
08   MG    [zu gott gebetet dass er ihn ins paradies aufnimmt
Bl          →rechts von BA-----------------------------------
09   JJ    [gesagt komm [aber [aber ( )
            Händedruck mit BA------------
10   MG                  [der andere will nicht und ich will nicht
                          →rechts von BA-------------------------
11   BA                                      [aber ich komme doch wieder
12   JJ    ach so
```

Abb. 5: Transkript 5 „Weiterreden" (27. Mai 2005)

In den Zeilen 04 und 05 beginnen Jajji (JJ) und Maggat (MG) an einem TRP gleichzeitig zu sprechen. Allerdings bricht keiner der beiden ab, sondern beide beenden ihren Redezug, wobei sie durchgehend in Überlappung (Z.06-11) sprechen. Jajji (JJ), der durch einen Handschlag mit Ba (BA) eine Dyade etabliert hat, kann sich dessen Zuhörerschaft relativ sicher sein, während Maggats Addressat unklar bleibt. Sein Blick schweift dabei von Jajjis linker Seite bis zu Bas rechter Seite. Obwohl er also Jajjis Aufmerksamkeit nicht hat, spricht er seinen Zug lieber zu Ende als abzubrechen, wiederholt dann aber, als er Jajjis Aufmerksamkeit zurückgewonnen hat, das Gesagte. Es stellt sich die Frage, warum Maggat lieber weiterspricht, obwohl ihm der gewünschte Adressat nicht zuhört.

Die obige Analyse der basalen, senso-motorische Vollzüge betreffenden Formen von Sozialität bei den Wolof bietet auch hierfür eine Erklärung. Zunächst ist zu wiederholen, dass die älteren Männer, die sich auf dem zentralen Platz (pénc) der erforschten Dörfer treffen, in der Regel statusgleich (nawle) sind. Werte wie Vitalität (fit), Prestige (der), Würde (fulla) und Ehre (jom) spielen hier eine große Rolle und werden permanent verhandelt. Während bei Statusniederen schamhaftes Verhalten erwünscht ist, gilt dies nicht unter den Statusgleichen, die vielmehr bemüht sind, sich in gutem Licht zu präsentieren und „aufzuwerten" (dangay yéegal sa bopp), wie es einer meiner Gesprächspartner ausgedrückt hat. Dies entspricht Lys (1967, S. 47 f.) Feststellung, dass bei den Wolof Statusgleiche stets miteinander konkurrieren und versuchen, sich gegenseitig „auszustechen".

> „Die Wolof (…) versuchen immer, sicher zu stellen, dass sie wenigstens das gleiche tun wie ihre peers, wenn nicht mehr, aber *auf keinen Fall weniger*. (…) Für die Wolof wäre

(...) weniger zu tun als jemand, der „nicht mehr" ist als man selbst, gleichbedeutend mit der Erzeugung eines Ungleichgewichts, das die Machtbalance zwischen ihm und mir verändern würde. Es würde sogar das Verhältnis gegenseitigen Respekts zerstören, das zwischen „*peers*" bestehen soll, zugunsten einer Beziehung der Geringschätzung, Unehre und Überlegenheit-Unterlegenheit." (Lys 1967, S. 47 f., Meine Übers., Hervorh. im Orig.)

Eine Repuationsquelle, um die statusgleiche Wolof permanent konkurrieren, ist Standfestigkeit. Bereits Kinder werden ermuntert, sich in Auseinandersetzungen mit ihren *peers* als standhaft und unerschrocken zu erweisen, während Streit mit Statusdifferenten sanktioniert wird (Rabain 1979, S. 115 f.).

Die Interaktionspartner auf dem Dorfplatz – einem sozialen Raum statusgleicher Rivalen – sind somit in ständiger Sorge, sich zu behaupten und als zumindest gleichwertig zu allen anderen zu präsentieren. Zur dortigen praktisch-interaktionalen Moralökonomie zählt es, seine Redezüge nicht abzubrechen, sondern zu Ende zu sprechen, und Themen zu setzen, die von anderen angehört, aufgegriffen und weitergeführt werden (Meyer 2008). Die interaktionale Struktur ist somit nicht alleine eine Frage der prozeduralen Organisation von Intersubjektivität, sondern zugleich eine Ressource zur Gestaltung des sozialen Gesichts und Prestiges. Dass konversationale Involviertheit als Teil des sozialen Prestiges gilt, ist auch deshalb von Bedeutung, weil die anwesenden Haushaltsoberhäupter nicht als singuläre, sondern „erweiterte Indviduen", d. h. Repräsentanten ihrer Clans im Rahmen einer segmentären Gesellschaftsorganisation sprechen (vgl. Richards/Kuper 1971). Seinen Redezug zurückzuziehen oder gar ganz zu schweigen, würde als das Gegenteil von Vitalität und Selbstbehauptung, nämlich schamhaftes und schüchternes Verhalten Statusniederer interpretiert werden und die egalitäre Beziehung zwischen Haushalten und Clans beschädigen (vgl. Rabain 1979, S. 150).

All diese Aspekte der Sozialität und Kultur der Wolof werden in den impliziten, verkörperten und präreflexiven Praktiken erzeugt und reproduziert, welche die formale Interaktionsorganisation – Sprecherwechsel, Blick, Berührung und auditive Responsivität – kulturspezifisch gestalten. In ihrer Gesamtheit erschaffen diese Praktiken die Partikularität der Personalität und Emotionalität des Selbsts sowie der (mal mehr, mal weniger verstetigten) sozialen Beziehungen unter den Wolof. Kurz: in den basalen Praktiken der Interaktionsorganisation der Wolof findet sich der empirische Ort, an dem die fundamentalen Grundformen ihrer Kultur im Alltag immer wieder aufs Neue produziert, manifestiert und reproduziert werden.

In Bezug auf die oben gestellten spezifischen Fragen hat sich gezeigt, dass das konversationsanalytische Sprecherwechselmodell inklusive seiner Annahmen über die Erzeugung einer Teilnahmekonstellation sowie des Prinzips, nach dem immer nur eine Partei auf einmal spricht und Überlappungen ebenso wie Pausen zwischen den Redebeiträgen minimiert werden, nicht universal ist, sondern auf impliziten kulturspezifischen Annahmen der sensomotorischen Organisation von Interaktion sowie der sozialen Person beruht. Die kulturspezifischen Formen der prozeduralen Organisation von Intersubjektivität haben sich damit als variantenreicher erwiesen, als es die Konversationsanalyse für möglich hielt.

6 Reflexion der Forschung im weiteren disziplinären Kontext

Das Ergebnis der Studie ist ein Beispiel für die enge Verflochtenheit von Gesellschaft, Kultur, interaktionaler Praxis und menschlichem Körper. Es demonstriert, wie interaktionale Praktiken als empirischer Ansatzpunkt zur Erforschung von Kultur genutzt werden können. Die Praxisethnografie widmet sich insbesondere den verkörperten, impliziten und basalen Dimensionen von Sozialität und „vorreflexiven Gewißheiten". Sie bleibt jedoch nicht bei deren Beschreibung stehen, sondern versteht sie als empirischen „Ort", an dem verstetigte und transsituationale Inkarnationen der Abstrakta Kultur und Gesellschaft (in ihren Dimensionen von Intersubjektivität und sozialer Ordnung) immer wieder aufs Neue praktisch produziert und reproduziert und damit auch empirisch zugänglich werden. Dieser Anspruch auf eine über das Situative hinausgehenden Mikro-Makro-Verbindung ist möglich, weil aus der Perspektive der Praxisethnografie die sozialen Akteure selbst permanent Gesellschaft in ihren Alltagspraktiken herstellen, da sie sich wechselseitig Interpretationshilfen für ihre Aktivitäten geben und damit auch Kultur sichtbar und öffentlich machen (Sharrock 1995, S. 4). Die Praxisethnografie widmet sich also keineswegs nur der präreflexiven Ebene von Kultur, aber sie nimmt diese Ebene zum Ausgangspunkt der breiteren Erforschung von Kultur und Gesellschaft.

In der empirischen Praxis ist die Praxisethnografie einerseits ein typisch ethnografisch-exploratives Unternehmen, das vorab zu treffende theoretische Vorentscheidungen weitestgehend minimiert, da die „Perspektive der Einheimischen" kennen gelernt und den „Relevanzen der Akteure" gefolgt werden soll. In der vorliegenden Beispielanalyse umfassten sie etwa die Annahme, dass soziale Interaktionen und nicht Interviews Zugang zu den präreflexiven, impliziten Praktiken als Inkarnationen von Kultur und Gesellschaft bieten. Ansonsten war die Forschung explorativ, indem erst durch zufällige Beobachtungen und Analysen der Videoaufzeichnungen die hier vorgestellte Thematik in voller Breite erfasst wurde. Praxisethnografie hat also einen Entdeckungscharakter, bei dem unterschiedlich erworbene Wissensbestände miteinander verschränkt werden.

Andererseits charakterisiert die Praxisethnografie ein Skeptizismus, dass implizite und präreflexive Dimensionen mit den klassischen Forschungsstrategien und Dokumentationsformen der Ethnografie (Beschreibungen) alleine sinnvoll zugänglich sind. Erst eine Verschränkung von auf intensiven Teilnahmekompetenzen, Beobachtungen und Gesprächen beruhendem Orientierungswissen mit videographischen Daten, die die prozedurale Dimension sichtbar machen, erlaubt es, sie voll zu erfassen. Zwischen beiden Wissensformen – dem Teilnahmewissen als Orientierungswissen und den Audio- und Videoaufzeichnungen als Datenstücken – entsteht dabei ein hermeneutischer Zirkel, der die sequenzielle Analyse von einzelnen Datenstücken mit Teilnahmewissen verschränkt und so Aussagen über die kulturelle Eingebettetheit von Praktiken generiert. Dies betrifft auch den Forschungsprozess: Während ethnografische Erfahrungen Fragen aufwerfen, die analytische Aufmerksamkeit ausrichten und Dimensionen einbringen, die nicht auf dem Video sichtbar sind, sorgt die Aufzeichnung und Analyse von Videodaten dafür, dass auch Praktiken in großer Detailschärfe in den Blick kommen können, die der Beobachtung durch ihre Flüchtigkeit und Unmerklichkeit entgehen (Bergmann 1985). Videoaufzeichnungen sorgen ferner dafür, dass der Gefahr von Projektionen und Subjektivitäten in Tagebüchern durch die Hinzunahme einer „dritten", vom Praxisethnografen entkoppelten Perspektive entgangen wird und dass durch Transkription ein erkenntnisfördernder Verfremdungseffekt entsteht (Meyer/Schareika 2009). Auch Irritationseffekte von Theorie oder anderen ethnografischen Beschreibungen können an dieser Stelle wichtig werden.

Inhaltlich zeigt die vorgestellte Untersuchung einerseits, dass eine globale denkende und forschende Soziologie nötiger ist denn je: basale soziologische Konzepte müssen an anderen Gegenden und Kulturen der Weltgesellschaft als denjenigen, in denen sie entstanden sind, geprüft und erweitert werden (Meyer 2014). Zugleich muss andererseits darauf geachtet werden, dass auch Forschungen in der eigenen Gesellschaft mit der gleichen Sensibilität und Achtsamkeit vorgehen wie sie es in einer fremden Kultur tun würden, da die Fremdheit von deren Praktiken (etwa in Subkulturen oder spezifischen Milieus) leicht unterschätzt wird.

Darüber hinaus hat die vorgestellte Untersuchung eine Reihe anwendungsbezogener Implikationen:

Erstens zeigt sie, dass Forschungen zur interkulturellen Kommunikation auf einer sehr basalen Ebene anzusiedeln sind und bereits sensomotorische, sinnkonstituierende Praktiken einbeziehen müssen.

Zweitens hat sie Folgen für interkulturell operierende Methoden wie z. B. Interviewforschung. Wenn visuelle Praktiken für den Interviewer eine bedeutende Ressource der Interpretation des Gegenübers darstellen, die interviewte Person jedoch inkompatible Praktiken anwendet, dann kann dies hochgradige Auswirkungen auf entstehende Daten haben und zu Fehlinterpretationen führen. Eine verlässliche Forschung muss daher zunächst die sinnlich organisierten konversationalen Mechanismen kennen, um überhaupt adäquate Forschungsmethoden kulturspezifisch einsetzen zu können.

Ein drittes Thema sind kulturspezifische Technologien wie Mediensysteme, interaktive Roboter und virtuelle Agenten, denen technisch die basalen sensomotorischen Praktiken derjenigen Kulturen zugrunde liegen, in denen sie entwickelt wurden (z. B. Japan, USA, Deutschland). In Kulturen, die andere Praktiken anwenden, zeitigt die Nutzung dieser Technologien unvorhersehbare Folgen.

Literatur

Bateson, G./Mead, M. (1942): Balinese character: a photographic analysis. New York: New York Academy of Sciences.

Bergmann, J. (1985): Flüchtigkeit und methodische Fixierung sozialer Wirklichkeit: Aufzeichnungen als Daten der interpretativen Soziologie. In: Bonß, W./Hartmann, H. (Hrsg.) (1985): Entzauberte Wissenschaft: zur Relativität und Geltung soziologischer Forschung. Soziale Welt, Sonderheft 3, S. 299-320.

Boas, F. (1901): The Mind of Primitive Man. In: The Journal of American Folklore 14, H. 52, S. 1–11.

Bourdieu, P. (1976): Entwurf einer Theorie der Praxis auf der ethnologischen Grundlage der kabylischen Gesellschaft. Frankfurt am Main: Suhrkamp.

Darwin, C. (1872): Der Ausdruck der Gemütsbewegungen bei dem Menschen und den Tieren. Stuttgart: Koch.

Efron, D. (1972): Gesture, Race and Culture. The Hague: Mouton.

Efron, D./Foley Jr., J. P. (1937): Gestural Behavior and Social Setting. In: Zeitschrift für Sozialforschung 6, S. 152–161.

Egbert, M. (1997): Schisming: The Collaborative Transformation from a Single Conversation to Multiple Conversations. In: Research on Language and Social Interaction 30, S. 1–51.

Ekman, P. (1971): Universals and Cultural Differences in Facial Expressions of Emotion. In: Cole, J. K. (Hrsg.) (1971): Nebraska Symposium on Motivation. Lincoln: University of Nebraska Press, S. 207–282.

Frankel, R. M. (1983): The Laying on of Hands: Aspects of the Organization of Gaze, Touch and Talk in the Medical Encounter. In: Fisher, S./Todd, A. D. (Hrsg.) (1983): The Social Organization of Doctor-Patient Communication. Washington: Center for Applied Linguistics, S. 19–54.

Gardner, R./Mushin, I. (2007): Post-Start-Up Overlap and Disattentiveness in Talk in a Garrwa Community. In: Australian Review of Applied Linguistics 30, H. 3, S. 35.1–35.14.

Garfinkel, H. (1967): Studies in ethnomethodology. Englewood Cliffs: Prentice-Hall.

Goffman, E. (1963): Behavior in Public Places. Notes on the Social Organization of Gatherings. Glencoe: The Free Press.

Goffman, E. (1967): Interaction ritual. Essays on Face-to-Face Behavior. New York: Doubleday Anchor.

Goodwin, C. (1980): „Restarts, Pauses, and the Achievement of Mutual Gaze at Turn Beginning". In: Sociological Inquiry 50, H. 3–4, S. 272–302.

Goodwin, C. (1986): Between and Within: Alternative Treatments of Continuers and Assessments. In: Human Studies 9, S. 205–217.

Griffiths, P. E./Scarantino, A. (2009): Emotions in the Wild: The Situated Perspective on Emotion. In: Robbins, P./Aydede, M. (Hrsg.) (2009): The Cambridge Handbook of Situated Cognition. New York: Cambridge University Press, S. 437–453.

Gülich, E./Mondada, L. (2008): Konversationsanalyse: Eine Einführung am Beispiel des Französischen. Tübingen: Niemeyer.

Hayashi, M./Mori, J./Tagaki, T. (2002): Contingent Achievement of Co-Tellership in a Japanese Conversation: an Analysis of Talk, Gaze and Gesture. In: Ford, C. E./Fox, B. A./Thompson, S. A. (Hrsg.) (2002): The Language of Turn and Sequence. New York: Oxford University Press, S. 81–122.

Heidegger, M. (1926): Sein und Zeit. Tübingen: Max Niemeyer.

Hilbert, R. M. (1990): Ethnomethodology and the Micro-Macro Order. In: American Sociological Review 55, S. 794–808.
Hirschauer, S. (2001): Ethnografisches Schreiben und die Schweigsamkeit des Sozialen. Zu einer Methodologie der Beschreibung. In: Zeitschrift für Soziologie 30, H. 6, S. 429–451.
Irvine, J. T. (1995): A Sociolinguistic Approach to Emotion Concepts in a Senegalese Community. In: Russell, J. A./Fernández-Dols, J.-M./Manstead, A. S. R./Wellencamp, J. C. (Hrsg.) (1995): Everyday Conceptions of Emotion. Dordrecht: Kluwer, S. 251–265.
Keeler, W. (1983): Shame and Stage Fright in Java. In: Ethos 11, S. 152–165.
Kendon, A. (1990): Conducting Interaction: Patterns of Behavior in Focused Encounters. Cambridge: Cambridge University Press.
Kimura, D. (2003): Bakas' mode of co-presence. In: African Study Monographs Supplementary 28, S. 25–35.
Knorr Cetina, K. (1981): The micro-sociological challenge of macro-sociology: towards a reconstruction of social theory and methodology. In: Knorr Cetina, K./Cicourel, A. (Hrsg.) (1981): Advances in social theory and methodology. Towards an integration of micro- and macro-sociologies. Boston: Routledge & Kegan, S. 1–47.
Loenhoff, J. (2012): Der Körper als Generator vorreflexiver Gewissheit und Medium der Sinnkonstitution. Renn, J./Ernst, C./Isenböck, P. (Hrsg.) (2012): Konstruktion und Geltung. Wiesbaden: VS, S. 183–203.
Lutz, C. (1988): Unnatural Emotions. Everyday Sentiments on a Micronesian Atoll and Their Challenge to Western Theory. Chicago: University of Chicago Press.
Ly, B. (1967): L'honneur dans les sociétés ouolof et toucouleur du Sénégal. In: Présence Africaine 61, S. 32–67.
Marcus, G. E./Fischer, M. J. M. (1986): Anthropology as Cultural Critique: An Experimental Moment in the Human Sciences. Chicago: University of Chicago Press.
Mauss, M. (1935/1975): Die Techniken des Körpers. In: Mauss, M. (1975): Soziologie und Anthropologie. Bd. II. Frankfurt: Ullstein, S. 199–220.
Mead, G. H. (1934): Mind, self, and society: From the standpoint of a social behaviorist. Chicago: University of Chicago Press.
Meyer, C. (2007): Macht, Sprache, Öffentlichkeit. Metadiskursives Wissen als Hinweis auf die Konfiguration sozialer Räume bei den Wolof Nordwestsenegals. In: Sociologus 57, H. 2, S. 177–206.
Meyer, C. (2008): Predicaments of Polyphony. Sequence, Self, and Style in Wolof Conversations. In: Africana Studia 11, S. 43–79.
Meyer, C. (2011): Körper und Sinne bei den Wolof Nordwestsenegals. Eine mikroethnographische Perspektive. In: Paideuma. Zeitschrift für Kulturkunde 57, S. 97–120.
Meyer, C. (2014): „Metaphysik der Anwesenheit". Zur Universalitätsfähigkeit soziologischer Interaktionsbegriffe. In: Heintz, B./Tyrell, H. (Hrsg.) (2014): Interaktion-Organisation-Gesellschaft. Zeitschrift für Soziologie, Sonderheft, S. 321–435.
Meyer, C. (2015): *Neopraxiology*: Ethnographische und konversationsanalytische Praxisforschung mit ethnomethodologischer Perspektive. In: Schäfer, F./Daniel, A./Hillebrandt, F. (Hrsg.): Methoden einer Soziologie der Praxis. Bielefeld: Transcript. S. 91–119.
Meyer, C. (2017): Ethnomethodologie. In: Moebius, S./Nungesser, F./Scherke, K (Hrsg.) (2017): Handbuch Kultursoziologie. Wiesbaden: Springer VS.
Meyer, C./Schareika, N. (2009): Neoklassische Feldforschung: Die mikroskopische Untersuchung sozialer Ereignisse als ethnographische Methode. In: *Zeitschrift für Ethnologie* 134, H. 1, S. 79-129.
Moerman, M. (1990/1991): Exploring talk and interaction. In: Research on Language and Social Interaction 24, S. 173–187.
Moerman, M. (1996): The field of analyzing foreign language conversations. In: Journal of Pragmatics 26, H. 2, S. 147–158.
Nishizaka, A. (2007): Hand touching hand: Referential practice at a Japanese midwife house. In: Human Studies 30, H. 3, S. 199–217.
Ochs, E. (1988): Culture and Language Development. Language acquisition and language socialization in a Samoan village. Cambridge: Cambridge University Press.

Peristiany, J. G./Pitt-Rivers, Julian (Hrsg.) (1965): Honour and shame: the values of mediterranean society. London: Weidenfeld and Nicolson.
Rabain, J. (1994): L'enfant du lignage: du sevrage à la classe d'âge chez les Wolof du Sénégal. Paris: Payot.
Richards, A. I./Kuper, A. (1971): Councils in action. Cambridge: Cambridge University Press.
Rosaldo, M. Z. (1984): Toward an anthropology of self and feeling. In: Shweder, R. A./LeVine, R. A. (Hrsg.) (1984): Culture Theory: essays on mind, self, and emotion. Cambridge: Cambridge University Press, S. 137–157.
Rossano, F./Brown, P./Levinson, S. C. (2009): Gaze, questioning and culture. In: Sidnell, J. (Hrsg.) (2009): Conversation Analysis. Comparative Perspectives. Cambridge: Cambridge University Press, S. 187–249.
Sacks, H./Schegloff, E. A./Jefferson, G. (1974): A simplest sytematics for the organization of turn-taking in conversation. In: Language 50, H. 4, S. 696–735.
Schatzki, T. R./Knorr Cetina, K./Savigny, E. v. (Hrsg.) (2001): The Practice Turn in Contemporary Theory. London: Routledge.
Scheff T. J. (1988): Shame and Conformity: The Deference-Emotion System. In: American Sociological Review 53, H. 3, S. 395–406.
Schegloff, E. A. (1982): Discourse as an Interactional Achievement: Some Uses of 'Uh Huh' and Other Things that Come Between Sentences. In: Tannen, D. (Hrsg.) (1982): Georgetown University Roundtable on Language and Linguistics. Washington Georgetown University Press, S. 71–93.
Schegloff, E. A. (1987): Between Micro and Macro: Contexts and Other Connections. In: Alexander, J. C./Giesen, B./Munch, R./Smelser, N. J. (Hrsg.) (1987): The Micro-Macro Link. Berkeley: University of California Press, S. 207–234.
Schegloff, E. A. (2000): Overlapping talk and the organization of turn-taking for conversation. In: Language in Society 29, S. 1–63.
Schegloff, E. A. (2006): Interaction: The Infrastructure for Social Institutions, the Natural Ecological Niche for Language, and the Arena in which Culture is Enacted. In: Enfield, N. J./Levinson, S. C. (Hrsg.) (2000): Roots of Human Sociality. Culture, Cognition, and Interaction. Oxford, New York: Berg, S. 70–96.
Schegloff, E. A. (2007): A primer in conversation analysis/1: Sequence organization in interaction. Cambridge: Cambridge University Press.
Schieffelin, E. (1983): Anger and Shame in the Tropical Forest: On Affect as a Cultural System in Papua New Guinea. In: Ethos 11, H. 3, S. 181–191.
Schütz, A. (1971): Gesammelte Aufsätze I: Das Problem der sozialen Wirklichkeit. Den Haag: Martinus Nijhoff.
Sharrock, W. W. (1995): Ethnographic work. In: The Discourse Analysis Research Group Newsletter 11, H. 1, S. 3–8.
Sidnell, J. (2001): Conversational Turn-Taking in a Caribbean English Creole. In: Journal of Pragmatics 33, S. 1263–1290.
Sidnell, J. (2007): Comparative Studies in Conversation Analysis. In: Annual Review of Anthropology 36, S. 229–244.
Solomon, R. (1976): The Passions. New York: Anchor Doubleday.
Streeck, J. (1993): Gesture as communication I: Its coordination with gaze and speech. In: Communication Monographs 60, S. 275–299.
Wierzbicka, A. (1986): Human Emotions: Universal or Culture-Specific? In: American Anthropologist 88, H. 3, S. 584–594.
Wilson, T. P. (1991): Social Structure and the Sequential Organization of interaction. In: Boden, D./Zimmerman, D.H. (Hrsg.) (1991): Talk and Social Structure: Studies in Ethnomethodology and Conversation Analysis. Berkeley: University of California Press, S. 22–43.
Zahavi, D. (2012): Self, consciousness, and shame. In: Zahavi, D. (Hrsg.) (2012): The Oxford Handbook of Contemporary Phenomenology. Oxford: Oxford University Press, 2012, S. 304–323.

Anhang: Verwendete Transkriptionszeichen, Lemmata und Siglen

Über[lappung	
[Überlappung	
Bl	Blick
I	Wechsel der Blickrichtung oder der gestischen/ taktilen Praxis
→/ ⎯⎯⎯▶	Blick auf
- - - -▶	verbale Adressierung
---	Weiterführung der vorgenannten Praxis
(.3)	Pause von 0,3 sek. Länge
r/l	rechts/links
↑	Stimmhöhensprung nach oben
( )	unverständliche Passage in ungefährer Länge
(° °)	leise gesprochene Passage in ungefährer Länge

4.3

Fokussierte Ethnographie

Von der Analyse kommunikativer Situationen
zur Exploration sozialer Welten

Bernd Rebstein und Bernt Schnettler

1 Einleitung

Die *fokussierte Ethnographie* ist eine soziologische Form der Feldforschung in Gestalt konzentrierter teilnehmender Beobachtungen. Während dieser Feldaufenthalte werden situativ audiovisuelle Aufzeichnungen angefertigt, die anschließend in Datensitzungen extensiv sequenzanalytisch ausgewertet werden. Die fokussierte Ethnographie wird primär zur Erforschung natürlicher Situationen in diversen Feldern alltäglicher und beruflicher Interaktionen eingesetzt und unterscheidet sich hierin von ethnologischen Ethnographien, deren Fokus auf einer holistischen Beschreibung fremder Kulturen liegt.

Bekanntlich gilt die Ethnographie – zusammen mit den stärker von den Geisteswissenschaften beeinflussten Verfahren der Textinterpretation (siehe Herbrik und Maiwald, beide in diesem Band) – als ‚Mutter aller sozialwissenschaftlichen Forschungsmethoden'. Als Variante der Ethnographie (siehe Pfadenhauer und Meyer, beide in diesem Band) teilt die fokussierte Ethnographie die wesentlichen *Prinzipien jeder ethnographischen Forschung.* Diese richtet sich stets darauf, in direktem Kontakt mit dem Forschungsfeld, durch die Anwesenheit der Forschenden vor Ort Aufschluss über die sozialen Realitäten zu gewinnen, die sich dort im kommunikativen Zusammenhandeln entfalten.

Die fokussierte Ethnographie steht damit in einer langen Traditionslinie, die bis zu den stadtethnographischen Arbeiten der Chicago School, den Analysen sozialer Situationen Erving Goffmans und der ethnomethodologisch fundierten Konversationsanalyse im Anschluss an Harold Garfinkel und Harvey Sacks zurückverfolgt werden kann. Entwickelt wurde sie im Umfeld der auf Thomas Luckmann zurückgehenden Analyse kommunikativer Gattungen (Luckmann 1988; Günthner/Knoblauch 1994), deren Prinzipien sich in weiten Teilen in der fokussierten Ethnographie wiederfinden. Das äußert sich zum Beispiel darin, dass die exakte Beschreibung situativer empirischer Gegebenheiten immer auch dem Ziel dient, Beiträge zur Gesellschaftstheorie zu leisten. In diesem Sinne werden Deskription, Analyse und Theoriearbeit in der fokussierten Ethnographie eng miteinander verknüpft. Konzeptuell geprägt und ausgearbeitet wurde das Forschungsprogramm der fokussierten Ethnographie von Hubert Knoblauch (2001) und anschließend in zahlreichen Studien in diversen Feldern eingesetzt. Dabei wurde es immer wieder angepasst, erweitert und konzeptuell weiterentwickelt, beispielsweise bis zu den jüngeren Technographien, also der situativen Erforschung der Interaktion mit technischen Artefakten.

Gegenüber anderen Spielarten der Ethnographie zeichnet sich die fokussierte Ethnographie durch eine Reihe von *Besonderheiten* aus: Als Methode der Analyse sozialer Situationen und der in ihnen stattfindenden kommunikativen Interaktionen eignet sie sich besonders für die Untersuchung der Formen und Funktionen des kommunikativen Handelns innerhalb kultureller Kontexte unserer eigenen Gesellschaft. Anders als in ethnologischen Feldforschungsansätzen steht nicht die Exploration fremder Kulturen im Vordergrund, sondern die Entdeckung des Unterbaus hiesiger Lebenswelten. Die fokussierte Ethnographie bietet damit besondere Vorzüge bei der Erforschung lokal und zeitlich begrenzter Phänomene, wie sie für moderne teilzeitlich geprägte Alltagswelten (Luckmann 1978; Honer 1993; Honer 2011) der eigenen Gesellschaft charakteristisch sind.

Die Methode der fokussierten Ethnographie eignet sich vor allem dazu, *situativ stattfindende face-to-face Kommunikation* detailliert zu erfassen und zu analysieren, ihren Aufbau und Ablauf sowie ihre Logik und Wirkung zu studieren. Die Spezifizierung dieser Ethnographie als „fokussierte" lässt sich dabei in zweierlei Hinsicht begreifen:

Zum einen konzentrieren sich die Feldforschungen auf *Ausschnitte* und zielen nicht darauf, ganze Kulturen oder fremde Gesellschaften zu studieren. ‚Fokussierung' bedeutet in diesem Sinne eine bewusste Einschränkung des ethnographischen Blicks mit der Absicht, tiefer in die kleinen Details interaktiver und kommunikativer Vorgänge einzudringen.

Dies folgt zum anderen der handlungstheoretischen Prämisse, dass unsere gesamte Sozialwelt aus einer Vielzahl von interaktiven Vorgängen aufgebaut ist. Diese Vorgänge zeichnen sich durch ihre Flüchtigkeit aus. Sie bilden den notwendigen Unterbau jedes gesellschaftlichen Teilbereiches, gelangen aber wegen ihrer – freilich nur vermeintlichen – Trivialität selten in den Mittelpunkt soziologischer Aufmerksamkeit. In der fokussierten Ethnographie werden die Vorzüge von audiovisuellen Aufzeichnungen, welche die Sequenzialität der Vorgänge *als Vorgänge* im Datum festzuhalten in der Lage sind, voll ausgeschöpft. Die fokussierte Ethnographie richtet sich also auf *Abläufe, Vorgänge, dynamische Prozesse*, die mithilfe von konservierenden Aufzeichnungstechniken gewonnen werden – und nicht auf *statische* kulturelle Merkmale. Diese Art von Daten bewahrt den Ablaufcharakter sozialer Interaktionen und macht die Abläufe sozialer Interaktion und Kommunikation für eine sorgfältige spätere Analyse zugänglich:

"It enables us to trace step-by-step the process by which social reality is constructed and reconstructed. And that is not a minor matter" (Luckmann 2013, S. 46).

Im Folgenden wird das Konzept der fokussierten Ethnographie detailliert dargestellt. Dazu wird wiederholt Bezug genommen auf ein Veranstaltungsbeispiel, das Augsburger „Festival der Kulturen & Karneval der Welten", das wir im Rahmen unserer eigenen empirischen Forschung studiert haben. Diese Veranstaltung wird deshalb zunächst in seinen für unsere Forschungsarbeit wesentlichen Grundzügen skizziert. Die Verortung der Methode innerhalb des interpretativen Paradigmas empirischer Sozialforschung und ihre Bezüge zum Programm des Kommunikativen Konstruktivismus werden im darauffolgenden Abschnitt thematisiert. Zuletzt diskutieren wir die Grenzen und Anschlussmöglichkeiten fokussiert-ethnographischen Arbeitens.

2 Fallbeispiel: „Festival der Kulturen"

Das „Festival der Kulturen", das wir als Fallbeispiel fokussiert-ethnographischen Arbeitens heranziehen, entstammt dem Forschungsprojekt „Videoanalyse migrantischen Wissens" (Laufzeit 2009 – 2012), das im zehn Teilprojekte umfassenden „Bayrischen Forschungsverbund Migration und Wissen" (ForMig) eingebettet war. Während andere Teilprojekte Sonderpopulationen wie ausländische Akademiker, Fachkräfte internationaler Unternehmen oder Flüchtlinge in den Blick nahmen, zielte unser Projekt auf die breite („durchschnittliche") Großstadtbevölkerung. Uns interessierten dabei besonders die wiederkehrenden Formen kommunikativen Handelns, die mit Hilfe videographischer (Tuma/Schnettler/Knoblauch 2013; Tuma und Knoblauch in diesem Band) und gattungsanalytischer (Günthner/Knoblauch 1994) Analyseverfahren aufgedeckt werden sollten.

Besonders in den Mittelpunkt der Studie gerückt wurden die wiederkehrenden Formen „migrantischen Wissens", die bei öffentlichen sozialen Veranstaltungen über „Fremdes" zu erwarten waren. Als „migrantisches Wissen" bezeichnen wir Sonderwissensbestände, die aus unterschiedlichen soziokulturellen Erfahrungen und Fertigkeiten bestehen und im kommunikativen Situationshandeln sicht- und nachvollziehbar werden. Dabei verwandelt sich das Alltagswissen eines Ortes durch Mobilität und Migration in einem anderen soziokulturellen Kontext zu Sonderwissen, das für das lokale Publikum erst durch diverse Übersetzungsarbeiten verstehbar wird. Das Prädikat des kulturell „Andersartigen", „Fremden" oder „Exotischen" wurde dabei *nicht* von den Forschenden zugeschrieben. In unserem Sampling nahmen wir aber gerade solche öffentlichen Veranstaltungen auf, die in dieser Form angekündigt und beworben wurden.

Im Forschungsverlauf wurden insgesamt 26 öffentliche Veranstaltungen besucht und über 50 Stunden audiovisueller Aufzeichnungen zentrierter Veranstaltungskommunikationen angefertigt und anschließend videographisch analysiert. Häufig handelte es sich dabei um Aufnahmen des Bühnengeschehens, das bei fast allen Veranstaltungen das Attraktionszentrum bildete. Zusätzlich dazu wurden im Projektverlauf weitere veranstaltungsbezogene Sekundärdaten erhoben, darunter Selbstdarstellungen und Dokumente beteiligter Vereine, Institutionen und Einrichtungen sowie insgesamt 16 leitfadengestützte Experteninterviews.

Um einen Eindruck von der Breite des Forschungsfeldes zu generieren, wurden im Fortgang der Forschung einerseits Open-Air-Veranstaltungen wie Kultur- und Nachbarschaftsfeste, Märkte, interkulturelle Festivals oder Karnevalveranstaltungen an zentralen Orten des städtischen Lebens aufgezeichnet und analysiert. Vergleichend wurden andererseits vor allem kleinere Veranstaltungen wie regionaltypische Kochkurse, fremdsprachig geführte Stammtische, Percussion- oder Comicworkshops sowie initiierte Diskussionsveranstaltungen, Themenabende oder Theater- und Musikveranstaltungen ins Sampling aufgenommen.

Die Veranstaltungsselektion für die anschließende videographische Datenanalyse wurde räumlich auf die drei größten bayrischen Städte München, Nürnberg und Augsburg konzentriert. In diesen Städten ist die gelebte „Vielfalt der Kulturen" längst zur demographischen Realität geronnen. Amtlichen Daten zufolge waren im Mai 2015 von den 1,5 Mio. Einwohnern Münchens etwa 400.000 als „Ausländer" und etwa 220.065 als „Deutsche mit Migrationshintergrund" klassifiziert (Statistisches Amt München 2015), was zusammen einem Anteil von 41 % entspricht. In Nürnberg sind es im Jahr 2014 entsprechend etwa 218.000 von etwa 517.000 (etwa 116.000 Ausländer plus etwa 102.000 Deutsche mit Migrationshintergrund), was einen Anteil von 42 % Prozent ergibt (Amt für Stadtforschung und Statistik für Nürnberg und Fürth 2014). In Augsburg sind Ende 2014 etwa 54.000 „Ausländer" gemeldet. Insgesamt haben etwa 123.000 Personen zu diesem Zeitpunkt einen Migrationshintergrund, was bei einer Gesamtbevölkerung von etwa 284.000 Personen einem Anteil von 43 % Prozent entspricht (Stadt Augsburg 2015).

Aufgrund der hohen Frequenz öffentlicher Veranstaltungen war es nicht möglich, alle Veranstaltungen zu fremdkulturellen Themen zu besuchen und aufzuzeichnen. Noch vor Projektbeginn nahmen wir deshalb eine weitere Eingrenzung vor: Innerhalb der genannten Städte haben wir für die spätere Analyse bevorzugt Veranstaltungen ausgewählt, die einen erkennbaren thematischen Bezug zu Spanien und/oder Lateinamerika aufwiesen, denn für die Erforschung „fremdkultureller" Sonderwelten ist die Beherrschung der entsprechenden Fremdsprache sowie weiteres kulturbezogenes Sonderwissen unabdingbar, um derartige Daten überhaupt analysieren zu können, und wir sind dieser Sprachen mächtig. Im Fortgang der Feldforschung und Datenanalyse erwies sich diese a priori Eingrenzung als nützlich. Dennoch haben wir im weiteren Verlauf der Forschung, einem theoretischen Sampling (Strauss 1994) folgend, über diese Begrenzung hinaus weitere Veranstaltungen mit Bezug zu anderen „Kulturkreisen" einbezogen, sofern deren Beteiligung keine anderen Fremdsprachenkenntnisse voraussetzte.

Das Augsburger „Festival der Kulturen", das als ‚umsonst-und-draußen'-Event im Sommer 2010 Fremdes *open air* zur Aufführung bringt, ist eine der von uns studierten Veranstaltungen, die den spanisch-lateinamerikanischen Kulturrahmen deutlich übersteigt. Die vom städtischen Kulturamt in Zusammenarbeit mit Eine-Welt-Gruppen organisierte Veranstaltung wird in Verbindung mit dem „Karneval der Welten" alljährlich zentral in der Augsburger Innenstadt abgehalten. Emphatisch wird im Grußwort des Oberbürgermeisters und des Kulturreferenten präsentiert, was es beim Festival zu sehen und zu erleben gibt: Gemeinsam versprechen sie „musikalische Darbietungen, aber auch Lesungen, Tanz und Theateraufführungen […], [die] Augsburgs vielkulturelle Wirklichkeit zum Leuchten" bringen und die „europäische Friedensstadt sinnlich erfahrbar" machen werden (Quelle: Programmheft).

Der Augsburger Rathausplatz bildet das sozialräumliche Zentrum für diese Veranstaltung. An drei Tagen findet dort auf einer großen Festivalbühne eine Vielzahl folkloristischer Darbietungen statt, zu der unterschiedliche Augsburger Kulturvereine, Tanz- und Trommelakademien sowie Musikgruppen beitragen. Ebenso sind Darbietungen von auswärtigen Gruppen zu sehen. Gegenüber der großen Veranstaltungsbühne gleich vor dem Rathaus ist ein Markt aufgebaut, an dessen Ständen zahlreiche Organisationen und Initiativen über ihre jeweiligen Aktivitäten informieren. Außerdem warten viele der teilnehmenden Kulturvereine mit kulinarischen Spezialitäten aus aller Welt auf. Fremde Kultur ist überall zu hören, zu sehen, zu riechen und zu schmecken.

Abgesehen von einer Ausnahme sind alle Veranstaltungsorte in der Augsburger Innenstadt in unmittelbarer Nähe zum Rathausplatz angesiedelt. Neben dem Hauptspielort vor dem Rathaus finden sich während der dreitägigen Veranstaltung in der Stadt weitere Nebenschauplätze, an denen Theatervorstellungen, Lesungen, Tanzdarbietungen oder Musikaufführungen präsentiert werden. Außerdem sind Spielmöglichkeiten für Kinder sowie ein Bücherflohmarkt aufgebaut. Zum Abschluss wird von der „Werkstatt solidarische Welt" ein großer Karneval der Welten organisiert, dessen Zug vom Festivalgelände durch die Innenstadt führt, bevor er wiederum vor dem zentralen Rathaus endet.

Das Veranstaltungssetting mit seinen unterschiedlichen Attraktionen und Orten erweist sich also schon in der ersten Darstellung als überaus heterogen. Damit wirft sich die *Frage des Zugriffs mithilfe fokussierter Ethnographie* auf:

Was kann bei einer derartigen Veranstaltung überhaupt ethnographisch fokussiert werden? Welche Möglichkeiten und Chancen und welche Herausforde-

Abb. 1–3: (1) Markt, (2) Karneval und (3) Bühne beim Festival der Kulturen & Karneval der Welten 2010 in Augsburg (Quelle: eigene Aufnahmen)

rungen und Grenzen ergeben sich? Vor einer Auseinandersetzung mit diesen konkreten Fragen sind die konzeptuellen Eigenheiten dieser Forschungspraxis weiter zu vertiefen.

3 Die Praxis der fokussierten Ethnographie

Fokussierte Ethnographie bezeichnet einen Forschungsstil, der die Erhebung audiovisueller Situationsdaten vorbereitet, ermöglicht und deren anschließende Analyse unterstützt. Ziel ist die Erhebung eines „Hintergrundwissens hinsichtlich des Ausschnitts, der von den aufgezeichneten Daten abgedeckt wird" (Knoblauch 2001, S. 133). Charakteristisch tritt die Logik fokussiert ethnographischen Arbeitens im Vergleich mit anderen Formen der Ethnographie hervor (Abschnitt 3.1.). Anschließend werden die konkrete Feldarbeit (Abschnitt 3.2.) und die Spezifität der Videotechnik (Abschnitt 3.3.) vorgestellt sowie die Rolle des Feldforschenden diskutiert (Abschnitt 3.4.). Der Umgang mit unterschiedlichen Datensorten (Abschnitt 3.5.), die mehrfache Relevanz von Natürlichkeit (Abschnitt 3.6.) und der Umfang der Felderhebung (Abschnitt 3.7.) werden danach thematisiert. Zuletzt (in Abschnitt 3.8.) werden die Erkenntnisse der fokussierten Veranstaltungsethnographie in Augsburg vorgestellt.

3.1 Fokussiert ethnographisch arbeiten

Was sind spezifische Merkmale fokussierter Ethnographien? Hubert Knoblauch beantwortet diese Frage mit einer Gegenüberstellung zu „konventionellen Formen der Ethnographie" (Knoblauch 2001, S. 126, vgl. Tab. 1).

Tab. 16: Gegenüberstellung von konventioneller und fokussierter Ethnographie

Konventionelle Ethnographie	Fokussierte Ethnographie
Dauer der Feldphase	
langfristigere Feldaufenthalte	kurzfristigere Feldaufenthalte
Datengenerierung	
Schreiben von Feldnotizen und -tagebüchern	Aufzeichnen von Situationen (und ergänzende Feldnotizen)
Auswertung	
solitäre Erhebung und Auswertung	Datensitzung in Forschergruppen
Forschungsfrage	
„offen": wird im Feld generiert	fokussiert auf kommunikative Aktivitäten
Ziel der Feldforschung	
Sammeln und Verarbeiten von Erfahrungen, Erlangung des Insiderwissens	Analyse von Interaktionssituationen und Erfassung des Hintergrundwissens, um diese zu interpretieren

Quelle: Tuma/Schnettler/Knoblauch 2013, S. 64, basierend auf Knoblauch 2001

In der fokussierten Ethnographie treten das Erlangen einer Innenperspektive und die Rekonstruktion eines kulturell typischen subjektiven Wissensvorrats – beides schreibt Knoblauch der konventionellen Ethnographie zu – in den Hintergrund. Allerdings ist die Bezeichnung „konventionelle" Ethnographie im Grunde ein Typus ohne konkrete Entsprechung. Er dient hier illustrativ allein als Gegenfolie, um die Charakteristika der fokussierten Ethnographie herauszustellen. Hingegen zeigt sich eine ständig wachsende Bedeutung und zunehmende Ausdifferenzierung ethnographischer Forschungsansätze (lebensweltanalytische Ethnographie, Technographie, Videographie, Autoethnographie, Praxisethnographie, Netnographie usw.), insbesondere auch innerhalb der deutschen Forschungslandschaft. Das dokumentieren eindrücklich die Bände, die im Anschluss an die mittlerweile gut etablierten „Fuldaer Feldarbeitstage" veröffentlich werden (Schröer et al. 2012; Poferl/Reichertz 2015). International ist die Ausdifferenzierung der Ethnographie kaum mehr zu überschauen, und es hat sich eine Reihe von Spezialformen der Ethnographie für bestimmte Forschungszwecke ausgebildet.

Gegenüber konventionellen Ethnographien, die sich allein auf rekonstruktiv konservierende Daten wie Feldprotokolle, Beobachtungsnotizen oder Interviews stützen, bieten die audiovisuellen Aufzeichnungen der fokussierten Ethnographie den Vorteil, dass sie die Ablaufstrukturen der im Feld stattfindenden Vorgänge in ihrer zeitlichen und räumlichen Ordnung festhalten. Diese Daten können außerdem einer späteren genauen Inspektion unterzogen werden, die in der Regel in gemeinsamen Datensitzungen stattfindet. Sie profitiert von den Vorzügen einer handlungsentlasteten Interpretationssituation und der Möglichkeit, das Material wiederholt und in der Gruppe einer gemeinsamen Datenauswertung zu unterziehen. Als Dokumente der beobachteten Situation bieten die audiovisuellen Daten die Grundlage für extensive Datenanalysen und Interpretationen, die in Datensitzungen im Analyselabor durchgeführt werden.

Praktisch werden fokussierte Ethnographien deshalb vielfach als Teil einer Videographie durchgeführt (Tuma/Knoblauch in diesem Band). Grundsätzlich ist auch eine Triangulation mit weiteren qualitativen Erhebungsmethoden und Analyseverfahren möglich.

3.2 Qualität der Felderfahrung

Zweifellos ist die Erhebung natürlicher Handlungs- und Kommunikationsdaten für eine anschließende Analyse im Gruppenlabor ein tragendes Element jeder fokussierten Ethnographie. Deshalb würde es zu kurz greifen, sie allein mit dem erfolgreichen Bedienen einer Kamera und der Anfertigung von audiovisuellen Aufzeichnungen der sozialen Situationen, die analysiert werden sollen, gleichzusetzen. Vielmehr beginnt die Arbeit der Forschenden lange bevor die ersten Aufnahmen gemacht werden:

In einer ersten, *vorbereitenden Phase* bedeutet ‚fokussierte Ethnographie' immer, sich mit dem gewählten Forschungsfeld, dem zu untersuchenden Ausschnitt der sozialen Welt mit ihren An- und Herausforderungen, mit ihren Besonderheiten (architektonischer, institutioneller, etc. Art) und dem Sonderwissen ihrer Akteure vertraut zu machen (Tuma/Schnettler/Knoblauch 2013, S. 63 f.). Zwar ist das Erkenntnisinteresse fokussierter Ethnographien auf die eigene, dem Forschenden schon weitgehend vertraute Gesellschaft gerichtet und kann damit im weitesten Sinne als eine Art „Selbst-Beobachtung" (Knoblauch 2001, S. 124, 134) verstanden werden – das unterscheidet die fokussierte Ethnographie als soziologischem Forschungsansatz der Exploration der eigenen Gesellschaft von anderen ethnologischen Varianten: Bei Letzteren wird ein größeres Ausmaß an Fremdheit erwartet. Dennoch erscheinen zu Beginn einer fokussierten Ethnographie regelmäßig blinde Flecken, Überraschungen und Unbekanntes. Auch Forschende, die mit Hilfe der fokussierten Ethnographie Situationen ‚vor unserer Haustür' erforschen wollen, stoßen wiederholt an die Grenzen ihrer Kenntnisse und entdecken in der konzentrierten Beobachtung die faszinierenden Details des nur vermeintlich schon Bekannten.

Das erfordert, sich zu Beginn einen *allgemeinen Überblick* darüber zu verschaffen, was im anvisierten Feld vor sich geht. Im konkreten Fall unseres Projekts war es beispielsweise nötig, diverse Informationsquellen zu den anstehenden Kulturveranstaltungen in den wichtigsten bayrischen Städten durchzusehen, um eine Vorstellung von der Anzahl von Veranstaltungen mit fremdkulturellen Themen zu gewinnen, die für Feldbesuche in Frage kamen.

Zusätzlich wurden Gespräche mit Vertretern der kommunalen interkulturellen Arbeit und einer in der Integrationsarbeit tätigen NGO geführt. Diese explorativen Expertengespräche ermöglichten eine vorläufige Einschätzung darüber, welche der unzähligen Veranstaltungen für unsere nur mit begrenzten personalen und zeitlichen Ressourcen ausgestattete Forschung besonders relevant sein würden.

Im konkreten Fall des Festivals ging dem Besuch der Veranstaltung die Teilnahme an einem kommunalen Planungstreffen voraus, auf dem bereits veranstaltungsrelevante Fragen debattiert wurden und bei dem die Kontaktaufnahme mit Experten und Entscheidern der Veranstaltung relativ problemlos gelang.

Auch wenn in unserem Fall der Zugang zu den einzelnen Veranstaltungen und deren Videoaufzeichnung recht einfach war, stellt gerade dieser erste Schritt ins Feld viele Ethnographierende vor erhebliche Herausforderungen. Deshalb ist es wichtig, schon früh Kontakte zu möglichen Gatekeepern zu etablieren und sich über die Möglichkeiten und Limitierungen des *Feldzugangs* klar zu werden.

Ebenso ist es wichtig, für diese erste Forschungsphase *ausreichend Zeit einzuplanen*. Fokussierte ethnographische Arbeit beginnt und endet also nicht am Tag der Aufnahmen. Sie schließt meist auch Feldarbeit davor und im Anschluss an ein konkretes Event mit ein. Unterschiedliche Strategien des Feldzugangs beschreiben Tuma/Schnettler/Knoblauch (2013, S. 66 ff.), Knoblauch (2001, S. 134) oder Breidenstein et al. (2013).

3.3 Videotechnik

Erst nachdem diese Hürde überwunden und eine Vertrautheit mit dem Forschungsfeld erreicht ist, kann im zweiten Schritt der *Einsatz von Videotechnik* erfolgen.

Dabei ist es unmittelbar vor jeder Aufzeichnung notwendig, die spezifischen Möglichkeiten und *Grenzen räumlich-baulicher Gegebenheiten* in den Blick zu nehmen, um abzuschätzen, von wo aus und mit welchen Mitteln optimale Datenqualität erreicht werden kann: Wie sind die Beleuchtungs- und Tonverhältnisse? Sind zusätzliche Mikrofone erforderlich und aus welchem Winkel lassen sich die besten Aufnahmen machen, die eine vollständige Dokumentation der interessierenden Interaktionen ermöglichen? Ist der Einsatz einer zweiten Kamera erforderlich, um das Geschehen aufzuzeichnen? Welche Einschränkungen bestehen in technischer, ethischer oder rechtlicher Hinsicht?

Mit diesen Überlegungen soll gewährleistet werden, dass möglichst all das aufgezeichnet werden kann, was für die spätere Analyse relevant werden könnte. Mögliche Störungen, zum Beispiel durch schlechte Akustik, schwierige Lichtverhältnisse oder räumliche Beengtheit sollten auf diese Weise bereits vorab minimiert werden, um eine optimale Analyse der Videodaten zu erlauben.

Trotz aller Planung und Voraussicht können sich vor Ort *unvorhersehbare Probleme* ergeben, auf die die Forschenden schnell reagieren müssen. Nicht immer ist zum Beispiel die Besichtigung des Veranstaltungsortes unter Realbedingungen vorab möglich, wie dem Rathausplatz, mit den vielen Besuchern und den baulichen Gegebenheiten. Während der Aufzeichnung beim Festival der Kulturen stellte der zeitweise dichte Andrang der Festivalbesucher vor der Bühne ein solch konkretes Problem bei den Aufzeichnungen dar. Der Kamera war die Sicht verdeckt, so dass diese vom Stativ genommen und über den Kopf gehalten werden musste. Hätten wir dieses Problem vorhergesehen, hätten wir mit einem entsprechend höheren Stativ bequem Abhilfe schaffen können. Dieses Beispiel zeigt, dass ethnographisches Forschen mitunter ein *hohes Maß an Flexibilität* voraussetzt und insgesamt mehr persönlichen Einsatz fordert, als das bei vielen anderen Methoden empirischen Arbeitens der Fall ist.

3.4 Forscherrolle

Hinsichtlich der Rolle des Forschenden unterscheidet sich die fokussierte Ethnographie deutlich von anderen ethnographischen Ansätzen: Während in der ethnologischen Feldforschung viel Wert daraufgelegt wird, dass die Forschenden im Feld möglichst eine aktive *Teilnehmer*rolle einnehmen, nehmen fokussierte Ethnographen in den sie interessierenden Situationen häufiger eine distanziertere *Beobachter*position ein. Dieser Unterschied gründet darin, dass die fokussierte Ethnographie ihr Erkenntnisinteresse auf die Analyse sozialer Situationen richtet. Damit schränkt sie den Radius ihrer Beobachtung absichtsvoll ein, verglichen mit den in der Regel sehr viel breiter interessierten Feldforschungen, die beispielsweise auf die dichte Beschreibung gesamter Kulturen, kleinerer Subkulturen oder spezieller Sondermilieus zielen. Weil die analytisch interessierenden natürlichen Situationen nur einen Ausschnitt des alltäglichen Lebens ihrer Akteure umfassen, halten sich fokussierte Ethnographen nur relativ kurz – oder genauer nur zu bestimmten Anlässen – im Forschungsfeld auf (zu den wichtigsten Unterschieden zwischen soziologischer und ethnologischer Feldforschung vgl.: Scheffer/Meyer 2011).

Damit die audiovisuellen Aufnahmen anschließend versteh- und interpretierbar werden, muss sich der Ethnograph weitere Fragen zur *kontextuellen Einbettung* stellen. Beim Festival der Kulturen interessierte uns hinsichtlich der erhobenen Videodaten beispielsweise: Wer sind die Akteure auf der Bühne und in welchen Rollen handeln sie? An welches Publikum richtet sich die Veranstaltung? Wer ist von dieser Veranstaltung ausgeschlossen? Wie häufig ist diese oder jene Praxis?

Um auf diese Fragen Antworten zu erhalten, muss der Ethnograph weitere Daten erheben. Parallel zur audiovisuellen Aufzeichnung der Situation sollten die Forschenden eigene Beobachtungen in Form von *Feldnotizen* festhalten. Diese Beobachtungen haben den Zweck, die technischen Limitierungen der Aufnahmen zu kompensieren. Relevante Handlungsaspekte, die vom Kameraauge nicht erfasst wurden, finden so Eingang in die Analyse und können zur Rekonstruktion der Situation dienen. Auch andere technische Limitierungen können durch das aufmerksame Protokollieren der Forschenden kompensiert werden: Aufnotierte subjektive Eindrücke wie beispielsweise die besondere Enge direkt vor der Festivalbühne, die trockene Hitze des Festivaltages oder der allgegenwärtige Geruch von Gebratenem auf dem Festivalgelände können etwa für die spätere Datenanalyse wertvolle Kontextinformationen liefern, um das Geschehen besser nachvollziehbar zu machen.

Das Anfertigen von Videoaufzeichnungen und die protokollarisch festgehaltenen Beobachtungen sind jedoch längst nicht die einzigen Möglichkeiten, die dem Ethnographen für die Datenerhebung zur Verfügung stehen. Auch während die Videoaufzeichnungen angefertigt werden, kann der Forschende *weitere Beobachtungen* anstellen und mitunter zusätzliche *Gespräche mit anwesenden Feldakteuren* führen. Weitere Möglichkeiten zu eigenen Beobachtungen und Kontaktaufnahmen ergeben sich regelmäßig unmittelbar vor und im Anschluss an die fokussierte Situation. Zum Beispiel bleibt während des Festivals der Kulturen zwischen zwei Darbietungen Zeit, um über den Markt zu schlendern und so einen Gesamteindruck vom Festivalgelände zu gewinnen, der später in die Analyse mit einfließt. Die Einsicht, dass der Rathausplatz nicht nur für Festivalbesucher kontrolliert zugänglich war, sondern von jedermann jederzeit betreten und verlassen werden konnte, ist eine so einfache wie folgenreiche Erkenntnis zum besseren Verständnis der Bühnenkommunikation. Die maximale Offenheit des Veranstaltungssettings plausibilisiert beispielsweise die Entdeckung im Videomaterial, dass einige Botschaften von der Moderationshandelnden des Tages mehrfach wiederholt wurden. Dass Augsburg die „Friedensstadt" ist, dabei „bunt" und „vielfältig", was „heute gefeiert werden muss" ist der Kern dessen, was in Varianten während des Tages einem wechselnden Publikum immer wieder von der Bühne verkündet wurde. Auch die Dominanz eher kurzweiliger musikalischer und rhythmischer Darbietungen gegenüber an anderen Orten des Festivals stattfindenden Theaterdarbietungen passt in dieses Bild eines offen zugänglichen und von unterschiedlich motivierten und interessierten Publika besuchbaren Freiluftbühnenraums. An diesen Beispielen wird deutlich, welcher Erkenntnisgewinn im interpretativen Prozess durch die Arbeit des Ethnographen vor Ort erzielt werden kann.

3.5 Datensorten

Selbst wenn ausgewählten Situationen kommunikativen Handelns in der fokussierten Ethnographie besondere analytische Aufmerksamkeit zuteilwird, ist die Arbeit des Forschenden nicht auf Erkundungen allein an diesen Orten begrenzt. Schon vor Beginn oder nach Abschluss einer Handlungssituation muss für die Interpretation der Situation Bedeutsames in Erfahrung gebracht werden:

- Um Erkenntnisse über das Festival der Kulturen zu sammeln, wurden zum Beispiel Planungstreffen des Kulturamts der Stadt und die Nachbesprechung einer beim Festival aufgetretenen Gruppe besucht. *Beobachtungen und Erfahrungen* aus diesen Treffen im Umfeld des Festivals halfen dabei, aufgezeichnetes kommunikatives Handeln auf der Festivalbühne und an anderen Orten der Veranstaltung zu verstehen und mit den zuvor festgelegten Veranstaltungszielen in Bezug zu setzen.
- Um bestimmte Wissensbestände über die Veranstaltung und ihre Akteure aufzubauen, führte der Forschende *ethnographische Interviews*.
- Ein weiteres Mittel besteht darin, Feldakteure an der Interpretation audiovisueller Daten zu beteiligen. Solche *Elizitierungen durch Experten* generieren neue Sichtweisen auf die Daten und tragen dazu bei, bislang Implizites explizit und verstehbar zu machen (zu den Möglichkeiten der Elizitierung anhand von Bildern und Videodaten vgl. insbesondere: Banks 2001; Jenkins/Woodward/Winter 2008; Fankhauser 2016).

Trotz dieser und weiterer Möglichkeiten zur Triangulation der Videodaten mit anderen Datensorten bleiben die *audiovisuellen Sequenzdaten primäre Grund-*

lage in der rekursiv verfahrenden Analyse. Anders als Erzählungen und eigene subjektive Eindrücke liefern sie, in den Grenzen des technisch Machbaren, Abbilder dessen, was an einem Ort tatsächlich stattgefunden hat. Ihre Qualität ist demnach nicht „rekonstruktiv", sondern vielmehr „registrierend" (Bergmann 1985) und für jeden Betrachter grundsätzlich auf dieselbe Art und Weise zugänglich. Dennoch erscheinen auch sie nicht interpretativ neutral, wie Hirschauer und Amman (1997, S. 32) zu Recht feststellen. Im obigen Beispiel nehmen wir den Bühnenraum mit seinen Akteuren in den Blick. Diese Entscheidung verhindert, dass die parallel, zum Beispiel an Bierbänken und Verkaufsständen oder anderen Stellen des Marktes stattfindenden kommunikativen Handlungen ebenfalls aufgezeichnet werden können. Allerdings bietet Videotechnik bis heute fraglos die beste Möglichkeit der Datenregistrierung.

3.6 Natürlichkeit

Die fokussierte Ethnographie ist ein interpretatives Verfahren, das auf die Gewinnung „natürlicher" Daten in „natürlichen" Situationen bezogen ist (Knoblauch 2001; Knoblauch/Schnettler 2007). ‚Natürlichkeit' adressiert dabei zwei unterschiedliche Aspekte:

Bezug genommen wird zunächst auf die wissenschaftliche Fragestellung. Dem *Relevanzprinzip* folgend, soll in einer Untersuchung ein fokussiertes Problem nicht erst von ‚außen' an das Forschungsfeld herangetragen werden. Vielmehr wird es von den situativ beteiligten Akteuren selbst aufgebracht und bearbeitet. Beim Festival der Kulturen in Augsburg besteht etwa ein zentrales Problem in einer Wissensdifferenz zwischen Darbietenden und ihren Aufführungen einerseits und dem interessierten Publikum andererseits. Dabei agiert die Moderationshandelnde als Mittlerperson zwischen Darbietung und Publikum, gibt wiederholt Kontextinformationen (zu Kostümierungen, zur Symbolik des Dargebotenen, zu fremdsprachlichen Inhalten) und löst damit potentielles Nichtverstehen auf, das auch anderswo auf dem Festivalgelände virulent ist.

‚Natürlichkeit' ist darüber hinaus ein *methodisches Prinzip*, dass die Positionierung der Forschenden im Feld thematisiert. Diese sollen beim ‚Ins-Feldgehen' die dort ablaufenden aufgezeichneten Formen kommunikativen Handelns nicht aktiv beeinflussen. Natürliche Daten entstammen demzufolge sozialen Situationen, von denen angenommen werden kann, dass sie in gleicher Weise stattgefunden hätten, wären keine Forschenden anwesend gewesen (Knoblauch 2001, S. 134).

Dabei ist es die Pflicht aller fokussiert ethnographisch und videographisch arbeitenden Forschenden, die Natürlichkeit der aufgezeichneten Situation kritisch zu prüfen: *Wann*, *wo* und *in welcher Form* werden im Material Reaktanzen sichtbar? Inwieweit beeinträchtigen sie das Geschehen vor Ort? Und: Welche

Erkenntnisse können aus diesen, durch die Forschenden irritierten Interaktionen noch gewonnen werden? Das Problem der Reaktanz der Feldakteure auf Forschende und die Aufzeichnungstechnik muss also stets mitreflektiert werden und kann nicht immer in gleicher Weise gelöst werden. Zum Beispiel bestehen je nach Grad der Intimität oder Öffentlichkeit, sozialer Erwünschtheit oder Illegitimität der beobachteten Handlungsweisen große praktische Unterschiede hinsichtlich der potenziellen Reaktanz der Kamera im Feld. Der Einsatz von Kameratechnik ist allerdings heute in vielen Settings überaus alltäglich geworden. Dieser Umstand erleichtert die Arbeit der Forschenden in einer fokussierten Ethnographie. So waren in unserem Beispiel nicht alleine wir während des Festivals als Feldforscher mit Kamera und Stativ unterwegs. Vielmehr wurden auch von zahlreichen Besuchern selbst in großem Umfang Aufzeichnungen mit Camcordern, Mobiltelefonen oder Fotoapparaten gemacht.

3.7 Umfang der Felderhebung

Wie umfangreich fokussierte Ethnographien sind, zeigt sich neben der Feldarbeit in der Analyse. Die angefertigten audiovisuellen Aufzeichnungen müssen zeitnah unmittelbar nach dem Feldaufenthalt gesichtet und für die eingehendere Analyse aufbereitet werden. Videodaten erweisen sich dabei als besonders „datenintensiv" (Knoblauch 2001, S. 130). Schon bei Aufzeichnung von wenigen Stunden entstehen *große Datenmengen*, deren Aufbereitung und Analyse je nach Komplexität der aufgezeichneten Situation ein Vielfaches der Laufzeit zur Nachbereitung in Anspruch nehmen.

Um logistisch auch nach längerer Zeit und nach dem Besuch vieler unterschiedlicher Veranstaltungen einen detaillierten Überblick über das wachsende Korpus zu bewahren, wird das Material im ersten Analyseschritt durchgesehen und in einem *Logbuch* einer Art grober Vorkodierung unterzogen. Es ist von großer Bedeutung, dass dieser Schritt unmittelbar nach den Aufzeichnungen stattfindet. Diese noch suchende und prinzipiell immer vorläufige Einteilung der Daten in einzelne Handlungssequenzen garantiert die spätere Auffindbarkeit und den Zugriff auf forschungsrelevante Fragmente, die im eigentlichen Hauptschritt der Analyse einer ausführlichen Feinanalyse unterzogen werden.

Die *Auswahl dieser Fragmente* erfolgt jedoch nicht beliebig, sondern gründet sich zum einen in den sich langsam abzeichnenden Struktureigenheiten des Materials selbst. Zum anderen präzisiert sich die Auswahl entlang der sich schrittweise im Verlaufe der Forschung zuspitzenden Fragestellung. Zunächst steht der Forschende vor der Frage, welche Ausschnitte des aufgezeichneten kommunikativen Handelns für die eigene Fragestellung interessant und bedeutsam, welche dagegen zu vernachlässigen sind. Hier kommt die zweite Bedeutungsebene der Fokussierung dieser ethnographischen Forschungsmethode hinzu, die ihre Analyse auf die Rolle kommunikativer und interaktiver Vorgänge für die Konstitution bestimmter sozialer Situationen zuspitzt.

Mit dem Ziel, typische Formen fremdkultureller Kommunikation herauszuarbeiten richtete sich im Forschungsbeispiel unser Blick auf Handlungsabläufe, die bei thematisch und performativ ansonsten sehr unterschiedlichen Veranstaltungen in ähnlicher Weise wiederholt sichtbar wurden.

Nach einer ersten *systematischen Sichtung des Materials* konnten dabei die *besonderen Sequenzen* des Moderationshandelns bei der Verknüpfung und Verbindung der diversen Aktivitäten identifiziert werden. Dabei ermöglicht die Moderationshandelnde als Mittlerin der Bühnenkommunikation des Veranstaltungstages das Verstehen fremdkultureller Darbietungen im Publikum, was sie an diesem Tag zur unverzichtbaren zentralen Akteurin werden lässt. Deshalb wurde diesen Formen des Moderationshandelns in der Feinanalyse der Vorzug vor anderen Formen der Darbietung wie Tanz- und Theaterspiel oder Musikauftritten gegeben.

Im Rahmen der *Feinanalyse* ermöglicht es die dichte Qualität der Videodaten, dass durch verschiedene analytische Handlungen (zum Beispiel Zoomen oder Zeitlupe, Bild- und Tonoptimierung) kommunikatives Handeln in seiner Orchestrierung zum Beispiel von Mimik, Gestik und Prosodie so gut wie mit keiner anderen Methode erfasst und beschrieben werden können. Wie Tuma und Knoblauch (dieser Band) für die videographische Analyse zeigen, erfordern detaillierte Betrachtungen genaues und wiederholtes Hinsehen. Die Intensität der Daten zieht jedoch zugleich den Nachteil nach sich, dass sie zu überaus zeitintensiven Analysen verleiten kann.

Die *Auswertung* der gesammelten Daten erfolgt in mehreren Stufen; zunächst in Form einer ersten Kodierung und Katalogisierung in einem *Logbuch*. Diesem meist durch den Forschenden allein durchgeführten Schritt folgen wiederkehrende *Datenanalysesitzungen in Forschergruppen*, die sich gemeinsam den mikroskopisch sichtbaren kommunikativen Details einer Handlungssequenz zuwenden. Auch hier kommt den Ethnographen eine weitere wichtige Aufgabe zu: In den Gruppensitzungen, die meist gemischt aus unmittelbar und mittelbar am Forschungsprojekt beteiligten Kollegen bestehen, fungieren sie als Experten der betrachteten Situation. Sie waren selbst vor Ort und wissen deshalb am besten über den Gegenstand und das Setting Bescheid. Dennoch ist die Rolle der fokussierten Ethnographen in der Analysesitzung nicht unproblematisch, besteht doch immer die Gefahr, nicht die Daten, sondern vielmehr die subjektiven Eindrücke der Forschenden zu interpretieren. Letztlich können diese Eindrücke und Beobachtungen deshalb nur Anstöße für eine Analyse des audiovisuellen Datums liefern. Was behauptet oder vermutet wird, muss anhand der Situationsdaten nachvollziehbar und plausibel werden.

3.8 Erkenntnisgewinn

Die enge Kopplung von Videographie und fokussierter Ethnographie einerseits und die hier vollzogene künstliche Isolation eines Veranstaltungsbeispiels aus einem iterativ und kontrastiv angelegten Forschungsprozess andererseits macht es unmöglich zu sagen, welcher Erkenntnisgewinn der singulären fokussierten Ethnographie beim Festival der Kulturen zugerechnet werden kann. Dennoch gibt es natürlich einige Ergebnisse, die sich mithilfe des Fallbeispiels sehr gut plausibilisieren lassen und die auf der konkreten Feldarbeit in Augsburg und bei anderen Veranstaltungen beruhen.

Ein Ergebnis der ethnographischen Arbeit vor Ort liegt in der Spezifikation des räumlichen Settings, das den anwesenden Kulturschaffenden einzigartige Möglichkeiten bietet, die bei kleineren Veranstaltungen abseits des städtischen Zentrums so nicht bestehen. Der Veranstaltungsort „Rathausplatz" ist für jedermann frei zugänglich, gut erreichbar und das Festival, wegen seiner Größe, gut sichtbar. Aufgrund dieser Eigenschaften wird das Festivalgelände gleichzeitig von Veranstaltungsinteressierten, Touristen, Einkäufern, Behördengängern und Menschen frequentiert, die sich aus vielen weiteren Gründen zur selben Zeit durch die Innenstadt bewegen. Man kann deshalb annehmen, dass sich in Augsburg auch besonders viele *Nicht*informierte und thematisch ansonsten *Un*interessierte zufällig auf dem Festival einfinden. Diese relative Koinzidenz der Teilnahme und die generell niedrigen Zugangsbarrieren begünstigen eine hohe Mobilität während der Festivals. Während einige Interessierte hinzutreten um eine bestimmte Darbietung zu verfolgen, verlassen andere den Bühnenraum, wenden sich anderen Angeboten zu oder kehren dem Festivalgelände sogar ganz den Rücken.

Im direkten Vergleich von räumlich ‚begrenzten' Innenveranstaltungen, wie sie beispielsweise in den Nürnberger Kulturhäusern regelmäßig stattfinden, und weitgehend ‚entgrenzten' Open-Air-Veranstaltungen werden deutliche Unterschiede gerade in Bezug auf das dort beobachtbare kommunikative Handeln sichtbar: Typischerweise binden räumlich geschlossene Orte ihr Publikum für die vorgesehene Dauer einer Veranstaltung stärker an das Bühnengeschehen und den vorgeplanten Ablauf als die ‚umsonst-und-draußen'-Festivals. Bei Letzteren war zu beobachten, dass bestimmte Botschaften im zeitlichen Verlauf mehrfach an das Publikum gerichtet wurden. Die vergleichsweise hohe Frequenz des ‚Kommens und Gehens' unterschiedlicher Besucher stellt die Akteure des Augsburger Festivals nicht nur vor kommunikative Herausforderungen, sondern eröffnet ihnen auch besondere Möglichkeiten. Viel eher als in abgeschlossenen Settings haben Festivalakteure hier die Chance, zunächst unbeteiligte Passanten über ihre Darbietungen für die eigenen Gruppen zu interessieren und sie auf eigene Ziele und Möglichkeiten des Engagements aufmerksam zu machen. Umgekehrt ist es auf dem Festival, ebenfalls aufgrund der marginalen Zugangshürden, für interessierte Passanten besonders leicht, in Kontakt mit Verantwortlichen zu treten. Dagegen können Veranstaltungen, die im Raum eines Kulturhauses oder an sonstigen geschlossenen Veranstaltungsorten stattfinden, kaum mit zufälligen Besuchern rechnen. Teilnehmer sind hier vor allem thematisch und am gegenseitigen Austausch Interessierte, die Ort und Uhrzeit einer Veranstaltung (durch aktive Recherche, den Austausch mit anderen Milieumitgliedern) oft schon im Voraus kennen.

4 Theoretische Grundlagen

Die fokussierte Ethnographie ist fest im interpretativen Paradigma verortet und versteht sich als ausdrücklich *soziologischer* Feldforschungsansatz. Bei der Bezeichnung ‚fokussierte Ethnographie' handelt es sich um eine relativ junge Begriffsprägung, die als konzeptionelle Programmatik von Hubert Knoblauch ausformuliert wurde. Im maßgeblichen Aufsatz (Knoblauch 2001, engl. 2005) präsentiert der Autor diesen Forschungsstil als eine eigene Bewegung innerhalb der Ethnographie.

Die Prinzipien fokussiert ethnographischen Arbeitens wurden aber auch schon zuvor in diversen ethnographischen Forschungstraditionen angewandt. Eine maßgebliche Rolle kommt dabei den angelsächsischen Workplace-Studies (Luff/Hindmarsh/Heath 2000) zu, da sich diese besonders für die Formen des Zusammenspiels der Interaktion zwischen menschlichen Handelnden und technischen Artefakten interessieren (Knoblauch 2001, S. 127).

Studien, die sich an der fokussierten Ethnographie orientieren, werden heute in zahlreichen Feldern durchgeführt. So arbeitet Kühn (2013) in seinen Forschungen über Technomusikproduzenten mit der fokussierten Ethnographie. Alcock et al. (2011) forschen über intergenerationelle Praktiken in einer lokalen Gemeinde, Kilian et al. (2008) stellen Fragen der Familienforschung in den Fokus ihrer Arbeit. Auch in der Innovationsforschung (Noack 2015), der Raumforschung (Thierbach/Lorenz 2014), der Organisationsforschung (Nicolini 2009), der Schulforschung (Oester 2007) oder in der Analyse der Interaktion zwischen Trainern und Athleten (Singh 2016) berufen sich Forschende explizit auf Knoblauchs Ansatz. Bezüge finden sich ebenfalls in der Studie über Pflegekräfte von Wall (2015), die die bisherige Forschung einer kritischen Revision unterzieht. Dagegen operiert die qualitative Gesundheitsforschung (z. B. Cruz/Higginbotton 2013; Nightingale/Sinha/Swallow 2014; Tylor/Rush/Robinson 2015) zwar ebenfalls mit dem Label ‚fokussierte Ethnographie', nimmt auf die Arbeiten Knoblauchs inhaltlich aber kaum Bezug.

Wenngleich fokussierte Ethnographien bislang häufig in der Interaktions- und Kommunikationsforschung und in den Workplace-Studies eingesetzt wurden, kann in jüngerer Zeit eine schrittweise Ausdehnung in Richtung einer

Soziologie sozialer Welten beobachtet werden. In den vergangenen Jahren reicht das Spektrum von Studien zu PowerPoint-Präsentationen (Schnettler/Knoblauch 2007) über die Untersuchung migrantischer Milieus (Rebstein 2016) bis zum Studium verschiedener Felder professioneller Videoanalyse und den dort vorfindlichen Analysepraktiken (Tuma 2017). Dabei bleibt die fokussierte Ethnographie analytisch stets auf soziale Situationen mit relativ konkreten Handlungsproblemen konzentriert, wobei sie vor allem in der nahezu „mikroskopischen" Untersuchung einzelner Kommunikations- und Interaktionsformen ihre besonderen methodischen Vorzüge zeigt.

Theoretisch verortet sich die fokussierte Ethnographie nach Knoblauch im Programm eines sich gegenwärtig entwickelnden Kommunikativen Konstruktivismus (Keller/Knoblauch/Reichertz 2013, Knoblauch 2017). Diese Theorie knüpft an den Sozialkonstruktivismus (Berger/Luckmann 1966/2009) an und ergänzt diesen kommunikationstheoretisch, indem hermeneutische, gattungstheoretische und diskursanalytische Erweiterungen eingearbeitet werden. Wie schon die Theorie der gesellschaftlichen Konstruktion der Wirklichkeit, grenzt sich in grundlagentheoretischer Perspektive auch der Kommunikative Konstruktivismus vom positivistischen Wissenschaftsverständnis ab.

Anders als in der Ethnomethodologie wird in dieser Perspektive nicht angenommen, dass soziale Ordnung vollständig und ausschließlich von Moment zu Moment durch die Akteure situativ immer wieder neu geschaffen werden muss. Vielmehr stützen sich die miteinander Interagierenden auf in der Welt alltäglich vorgefundene Elemente, die sie im kommunikativen Handeln aufgreifen, einsetzen und dabei verändern können, wodurch sie an einer sich fortlaufend verändernden, aber nicht vollkommen geschichtslosen gesellschaftlichen Ordnung mitwirken.

Der Kommunikative Konstruktivismus knüpft also eine enge Verbindung zwischen der empirischen Kommunikationsforschung und der allgemeinen soziologischen Theorie, die besondere Gegenstandsbereiche wie die der Organisation, Religion oder Moral umfasst (Knoblauch 2013, S. 25 f.). Immer geht es um *Prozesse* des Aushandelns und Herstellens sozialer Wirklichkeit, die durch kommunikatives Handeln hervorgebracht werden (Keller/Knoblauch/Reichertz 2013, S. 11). Die Fokussierung auf kommunikatives Handeln wird damit zum Namenspatron für das kommunikativ-konstruktivistische Paradigma. In den Blick genommen wird die „empirisch beobachtbare Seite des Sozialen" (Keller/Knoblauch/Reichertz 2013, S. 11 f.). Diese kann durch die fokussierte Ethnographie besonders gut erfasst und einer Analyse unterzogen werden.

5 Anschlüsse, Potenziale und Grenzen

Die fokussierte Ethnographie hat nicht nur fruchtbare Anschlüsse gefunden. Sie ist ebenso auf scharfe Kritik gestoßen. So disqualifizieren Breidenstein und Hirschauer (2002, S. 128) sie als „‚selbstbewusste' Schilderung von Forschungspraxis" und werfen dem Ansatz „mangelnde methodologische Begründung" vor (siehe dazu auch die Replik von Knoblauch 2002). Es wäre jedoch ein Missverständnis, wenn ‚Fokussierung' nicht als Teil eines prinzipiell offen angelegten Forschungsprozesses aufgefasst würde, bei dem Phasen der Datenerhebung, Auswertung und Analyse einander ganz im Sinne eines iterativ-zyklischen Forschungsvorgehens (Strübing 2014, S. 49) abwechseln.

Einwände gegen die Methode betreffen jedoch nicht allein die *Organisation des Forschungsprozesses* – derartige Probleme sind vergleichsweise leicht zu meistern. Größere Herausforderungen stellt die Frage der Verknüpfung von mikroskopischen Detailanalysen sozialer Interaktionsvorgänge mit ‚großflächigen' Fragen, die sich auf den weiteren sozialen Kontext beziehen. Anders gefragt: *Wie geht die fokussierte Ethnographie mit Geschichte und Sozialstruktur um?* Zur Beantwortung dieser Frage sollen abschließend die Möglichkeiten und Grenzen der fokussierten Ethnographie diskutiert werden.

Große Potenziale dieses Forschungsstils liegen zweifellos in der Generierung natürlicher Handlungsdaten für diverseste Fragestellungen und Forschungsgegenstände der Interaktionsforschung. Mithilfe der fokussierten Ethnographie gelingt es sehr gut, die Vorgänge zur videographisch-analytischen Bestimmung *kommunikativer Muster, Formen oder Gattungen* sichtbar und verstehbar zu machen.

Wie eine *Verknüpfung der Analyse von situativen mit übersituativen Strukturen* in der Ethnographie gelingen kann, zeigt exemplarisch eine Studie von Klinenberg (2002). Seine Ethnographie über die Hitzewelle in Chicago ist als soziologische „Autopsie eines Desasters" angelegt. Klinenberg erforscht die Schicksale, Ursachen und Auswirkungen eines vordergründig klimatisch bedingten Dramas, dessen Opferzahl die durch Tornados, Überschwemmungen und andere Naturkatastrophen verursachten bei weitem übersteigt, dessen soziale Dynamiken aber weitgehend unbekannt sind. Klinenberg fokussiert dabei auf ein Ereignis, das sich im Kern auf wenige Tage im August 1995 erstreckt und exploriert davon ausgehende Hintergründe in einer Verbindung aus Urban Ethnography, Interviews und Archivstudium sowie Medienanalyse.

Soll sich die Analyseperspektive der fokussierten Ethnographie nicht auf die mikroskopischen Sphären unmittelbarer sozialer Interaktion begrenzen, wird die Frage des Einbezugs derjenigen Elemente der *Sozialstruktur*, welche die unmittelbare face-to-face Situation transzendieren, zur bedeutsamen methodischen Herausforderung. Mit anderen Worten wirft sich die Frage danach auf, wie es gelingen kann, von der Analyse sozialer Situationen zur Exploration sozialer Welten aufzusteigen und in welchem Verhältnis die empirische Untersuchung dieser verschiedenen Ordnungsebenen des Sozialen steht. Wie lassen sich mit den Mitteln ethnographischer Forschung Ausschnitte unser gegenwärtigen Gesellschaft studieren, ohne deren Einbettung in und Bezüge zu breiteren, situationstranszendenten sozialen Strukturen zu vernachlässigen, mit denen sie notwendig verbunden sind und auf die sie, in geringerem oder größerem Ausmaß, ebenfalls zurückwirken?

Für den ethnographisch Forschenden ist dies mit zusätzlichen Anstrengungen verbunden. ‚Fokussierte' Ethnographen müssen sich in ihrem Forschungsfeld auskennen und (zumindest nach einiger Zeit des Forschens) genau wissen, worauf es ankommt und wohin sie ihren Fokus richten sollen. In der späteren Analyse der Situationsdaten können sie auf diese eigenen Felderfahrungen zurückgreifen, um indexikalisches kommunikatives Handeln besser zu verstehen. Dennoch muss sich das, was der Ethnograph an Sonderwissen in die Analyse der Sequenzdaten hereinträgt, im Datenmaterial selbst zeigen lassen und es darf nicht allein auf seine Erinnerung, wie es in einer bestimmten Situation genau gewesen ist, vertraut werden.

Wie oben gezeigt wurde, sollten Videoaufzeichnungen nicht gleich zu Beginn einer fokussierten Ethnographie angefertigt werden, was besonders für das Gelingen von Forschungen in sozialen Welten abseits der gesellschaftlichen Mitte wichtig ist. Der Forschende benötigt Zeit, sich in angemessener Weise der jeweiligen sozialen Welt anzunähern und Vertrauen zu einzelnen Akteuren vor Ort aufzubauen, um in einem nächsten Schritt audiovisuelles Datenmaterial zu generieren. In den meisten Feldern gelingt das ohne größere Probleme. Dennoch sind dem Einsatz von Aufzeichnungstechnik Grenzen gesetzt. In besonders intimen Kontexten, bei manchen Institutionen oder in marginalen sozialen Welten bleiben Aufzeichnungen trotz eingehender Bemühungen oft verwehrt.

Für die Analyse der erhobenen Daten, zum Beispiel innerhalb einer videographischen Forschung, stellt der Ethnograph sein umfängliches Sonderwissen bereit. Im Umkehrschluss bedeutet das jedoch auch, dass die dann möglichen Rekonstruktionen auf diesen Rahmen eigener fokussierter Beobachtungen und Aufzeichnungen begrenzt bleiben. Dieser Fokus lässt sich jedoch jederzeit und je nach analytischem Interesse erweitern. Selbst wenn fokussierte Ethnographien regelmäßig Teil umfassender videographischer Analysen sind, können sie in Verfahren von über die Analyse spezifischer kommunikative Formen, Muster und Gattungen hinausgehenden Studien eingebunden werden.

Wie wir an anderer Stelle beschrieben haben (Rebstein im Erscheinen; 2016; Rebstein/Schnettler 2016; 2014; Schnettler/Rebstein/Pusoma 2013), lässt sich der Forschungsstil der fokussierten Ethnographie auch als Teil einer videographischen Gesellungsanalyse im wissenssoziologischen Paradigma einer „Soziologie sozialer Welten" (Zifonun 2016) nutzen. In einer solchen „Videographie sozialer Welten" (Rebstein im Erscheinen), wird der Analysefokus auf die *sozia-*

le Welt, das Milieu oder die Szene hinter der jeweiligen Darbietung gerichtet. Anders ausgedrückt wird der Fokus auf die Erkundung der Außenstruktur gerichtet, die sich über die situativ erfahrbare Darbietung hinaus aufspannt. In einer „geschwätzigen Gesellschaft" (Knoblauch 1996) erweisen sich die vielfältigen öffentlichen und halböffentlichen sozialen Veranstaltungen (Meetings, Beratungs-, Verkaufs- und Informationsveranstaltungen, Zeremonien, Märkte, Feste, Events etc.) als Orte, an denen die Akteure beteiligter sozialer Welten als Gruppe sichtbar werden. Sie eignen sich deshalb hervorragend dazu, etwas über typische Kommunikationsformen, Ziele und Relevanzen teilnehmender Gemeinschaften zu erfahren, ebenso wie sich hier oft Zugänge zu Akteuren und weiteren Orten ergeben, die für diese Teilzeit-Welten von konstitutiver Bedeutung sind. Mit der fokussierten Ethnographie kann in Erfahrung gebracht werden, wo extensivere Ethnographien und andere Erhebungsformen weitere analytische Erfolge versprechen. Der Forschende in einer fokussierten Ethnographie ist immer dort vor Ort, wo etwas passiert und sucht den Kontakt zu wichtigen Feldakteuren. An kommunikativem Handeln interessiert, folgt er denen, die etwas tun („where the action is", Goffman 1967). Dafür eignen sich zum Beispiel die *„Multi-sited Ethnography"* als *following*-Strategie (Marcus 1996) beziehungsweise mobile Methoden (Kusenbach 2008; Büscher/Urry/Witchger 2011). Durch die Verfügbarkeit immer neuer Aufzeichnungstechniken – wie leistungsstarke Camcorder, Videobrillen oder Mobiltelefone bzw. Tablets mit Kamera – wird Mobilität auch innerhalb fokussierter und anderer Ethnographien immer einfacher zu bewältigen.

Für eine veranstaltungszentrierte videographische Gesellungsanalyse sind öffentliche Events, Feste und Veranstaltungen die zentralen sozialen Orte, an denen bei der Beobachtung bestimmter Handlungen oder der eigenen Interaktion mit Akteuren und Experten eines Feldes der ‚rote Faden' zu den Gesellungsformen im Hintergrund aufgegriffen werden kann. An ihnen kann sich der Ethnograph entlangtastend Wesentliches über die jeweilige soziale Welt, ein Milieu oder eine Szene in Erfahrung bringen. Bereits die Ankündigungen von Veranstaltungen und die Orte, an denen diese annonciert werden (zum Beispiel Zeitschriften über das Heimwerken, Faninformationen eines Fußballclubs oder Kulturinformationen auf städtischen Homepages), geben erste Hinweise und sind Selektionsmöglichkeiten im jeweiligen Feld. Auf diese Weise lässt sich der Forschungsansatz der fokussierten Ethnographie von der Analyse kommunikativer Situationen zu einer Exploration sozialer Welten ausdehnen.

Literatur

Alcock, C. L./Camic, P. M./Barker, C./Haridi, C./Raven, R. (2011): Intergenerational practice in the community: A focused ethnographic evaluation. In: Journal of Community & Applied Social Psychology 21, 5, S. 419–432.
Amt für Stadtforschung und Statistik für Nürnberg und Fürth (2014): Datenblatt Migrationshintergrund Nürnberg, http://dokumente.nucrnbcrg.de/statistik/migrationshintergrund/nbg/2014/mgh_2014_00.pdf (Abruf am 28.08.2017)
Banks, M. (2001): Visual Methods in Social Research. London: Sage.
Berger, P. L./Luckmann, T. (1966/2009): Die gesellschaftliche Konstruktion der Wirklichkeit. Eine Theorie der Wissenssoziologie. Frankfurt am Main: Fischer.
Bergmann, J. R. (1985): Flüchtigkeit und methodische Fixierung sozialer Wirklichkeit: Aufzeichnungen als Daten der interpretativen Soziologie. In: Bonß, W./Hartmann, H. (Hrsg.): Entzauberte Wissenschaft: Zur Relativität und Geltung soziologischer Forschung. 3. Sonderband der Zeitschrift Soziale Welt. Göttingen: Schwarz, S. 299–320.
Breidenstein, G./Hirschauer, S. (2002): Endlich fokussiert? Weder ‚Ethno' noch ‚Graphie'. Anmerkungen zu Hubert Knoblauchs Beitrag „fokussierte Ethnographie". In: sozialersinn 2, 1, S. 123–141.
Breidenstein, G./Hirschauer, S./Kalthoff, H,/Nieswand, B. (2013): Ethnografie. Die Praxis der Feldforschung. Konstanz und München: UVK/UTB.
Büscher, M./Urry, J./Witchger, K. (Hrsg.) (2011): Mobile Methods. London: Routledge.
Cruz, E. V./Higginbottom, G. (2013): The use of focused ethnography in nursing research. In: Nurse Researcher 20, 4, S. 36–43.
Fankhauser, R. (2016): Sehen und gesehen werden – Zum Umgang von Lehrpersonen mit Kamera und Videografie in einer Lehrerinnen- und Lehrerweiterbildung. In: Forum Qualitative Sozialforschung / Forum: Qualitative Social Research 17, 3, Art. 9. nbn-resolving.de/urn:nbn:de:0114-fqs160392 (Abruf 30.7.2017)
Goffman, E. (1967): »Where the Action Is«, in: ders.: Interaction Ritual: Essays on Face-to-Face Behavior. (New York: Doubleday Anchor, S. 149–270.
Günthner, S./Knoblauch, H. (1994): „Forms are the food of faith". Gattungen als Muster kommunikativen Handelns. In: Kölner Zeitschrift für Soziologie und Sozialpsychologie 46, 4, S. 693–723.
Hirschauer, S./Amann, K. (Hrsg.) (1997): Die Befremdung der eigenen Kultur. Zur ethnographischen Herausforderung soziologischer Empirie. Frankfurt am Main: Suhrkamp.
Honer, A. (1993): Lebensweltliche Ethnographie: Ein explorativ-interpretativer Forschungsansatz am Beispiel von Heimwerker-Wissen. Wiesbaden: DUV.
Honer, A. (2011): Kleine Leiblichkeiten. Erkundungen in Lebenswelten. Wiesbaden: VS.
Jenkings, N. K./Woodward, R./Winter, T. (2008): The Emergent Production of Analysis in Photo Elicitation. Pictures of Military Identity. In: Forum Qualitative Social Research 9, 3, Art. 30. nbn-resolving.de/urn:nbn:de:0114-fqs0803309 (Abruf 30.7.2017)
Keller, R./Knoblauch, H./Reichertz, J. (Hrsg.) (2012): Kommunikativer Konstruktivismus. Theoretische und empirische Arbeiten zu einem neuen wissenssoziologischen Ansatz. Wiesbaden: VS.
Kilian, C./Salmoni, A./Ward-Griffin, C./Kloseck, M. (2008): Perceiving falls within a family context: A focused ethnographic approach. In: Canadian Journal on Aging / La Revue Canadienne du Vieillissement 27, 4, S. 331–345.
Klinenberg, E. (2002): Heat Wave. A social autopsy of desaster in Chicago. Chicago: University of Chicago Press.
Knoblauch, H. (1996): Einleitung: Kommunikative Lebenswelten und die Ethnographie einer „geschwätzigen Gesellschaft". In: Knoblauch, H. (Hrsg.) (1996): Kommunikative Lebenswelten. Zur Ethnographie einer geschwätzigen Gesellschaft. Konstanz: UVK, S. 7–27.
Knoblauch, H. (2001): Fokussierte Ethnographie. Sozialer Sinn 2, 1, S. 123–141.
Knoblauch, H. (2002): Fokussierte Ethnographie als Teil einer soziologischen Ethnographie. Zur Klärung einiger Missverständnisse. In: Sozialer Sinn 3, 1, S. 129–135.

Knoblauch, H. (2005): Focussed Ethnography. In: Forum Qualitative Sozialforschung / Forum: Qualitative Social Research 6, 3, Art. 44. nbn-resolving.de/urn:nbn:de:0114-fqs0503440 (Abruf 30.7.2017)

Knoblauch, H. (2013): Grundbegriffe und Aufgaben des kommunikativen Konstruktivismus. In: Keller, R./Knoblauch, H./Reichertz, J. (Hrsg) (2013): Kommunikativer Konstruktivismus. Theoretische und empirische Arbeiten zu einem neuen wissenssoziologischen Ansatz. Wiesbaden: VS, S. 25–48.

Knoblauch, H. (2017): Die kommunikative Konstruktion der Wirklichkeit. Wiesbaden: VS.

Knoblauch, H./Schnettler, B. (2007): Videographie. Erhebung und Analyse Qualitativer Videodaten. In: Buber, R./Holzmüller, H. H. (Hrsg.) (2007): Qualitative Marktforschung. Theorie, Methode, Analysen. Wiesbaden: VS, S. 583–599.

Kusenbach, M. (2008): Mitgehen als Methode. Der ›Go Along‹ in der phänomenologischen Forschungspraxis. In: Raab, Jürgen/Pfadenhauer, Michaela/Stegmaier, Peter/Dreher, Jochen/Schnettler, Bernt (Hrsg.): Phänomenologie und Soziologie. Theoretische Positionen, aktuelle Problemfelder und empirische Umsetzungen. Wiesbaden: VS, S. 349–358.

Kühn, J. M. (2013): Focused ethnography as research method: A case study of techno music producers in home-recording studios. In: Dancecult: Journal of Electronic Dance Music Culture. dj.dancecult.net/index.php/dancecult/article/view/356/361 (Abruf 30.7.2017)

Luckmann, B. (1978): The small life-worlds of modern man. In: Luckmann, T (Hrsg.) (1978): Phenomenology and sociology. Harmondsworth: Penguin, S. 275–290.

Luckmann, T. (1988): Kommunikative Gattungen im kommunikativen Haushalt einer Gesellschaft. In: Smolka-Kordt, G./Spangenberg, P. M./Tillmann-Bartylla, D. (Hrsg.) (1988): Der Ursprung der Literatur. München: Fink, S. 279–288.

Luckmann, T. (2013): The communicative construction of reality and sequential analysis. A personal reminiscence. In: Qualitative Sociology Review 9, 2, S. 40–46.

Luff, P./Hindmarsh, J./Heath, C. (Hrsg.) (2000): Workplace Studies. Recovering Work Practice and Informing System Design. Cambridge: Cambridge University Press.

Marcus, G. E. (1996): Ethnography in/of the World System: The Emergence of Multi-Sited Ethnography. In: Annual Review of Anthropology 24, S. 95–117.

Nicolini, D. (2009): Zooming in and out: Studying practices by switching theoretical lenses and trailing connections. In: Organization Studies 30, 12, S. 1391–1418.

Nightingale, R./Sinha, M. D./Swallow, V. (2014): Using focused ethnography in paediatric settings to explore professionals' and parents' attitudes towards expertise in managing chronic kidney disease stage 3–5. In: BMC Health Services Research 14, 1.

Noack, A. (2015): Hermeneutical Interpretations in Ethnographies of Innovations. From New Ideas to Social Innovations. In: Historical Social Research/Historische Sozialforschung 40, 3, S. 185–209.

Oester, K. (2007): Fokussierte Ethnografie: Möglichkeiten und Grenzen in der Schulforschung. In: ph-akzente 2, S. 12–16.

Poferl, A./Reichertz, J. (Hrsg.) (2015): Wege ins Feld. Methodologische Aspekte des Feldzugangs. Essen: Oldib.

Rebstein, B. (im Erscheinen): Videographie sozialer Welten und Milieus. In: Müller, S./Weiß, A. (Hrsg.): Soziale Milieus in heterogenen Gesellschaften. Methodologische Perspektiven, methodische Konzeptionen und empirische Einblicke. Wiesbaden: VS.

Rebstein, B. (2016): Das Fremdkulturelle Vermittlungsmilieu. Ein videographischer Beitrag zur Soziologie sozialer Welten. Dissertation. Universität Bayreuth.

Rebstein, B./Schnettler, B. (2014): Sozialstrukturanalyse „feiner Körnung" oder „subjektzentrierte" Lebensweltanalyse? Ungleichheitsbezogene und wissenssoziologische Ansätze der Milieuanalyse. In: Isenböck P./Nell, L./Renn J. (Hrsg) (2014): Die Form des Milieus. Zum Verhältnis von gesellschaftlicher Differenzierung und Formen der Vergemeinschaftung. 1. Sonderband der Zeitschrift für Theoretische Soziologie. Weinheim und Basel: Beltz Juventa, S. 46–69.

Rebstein, B./Schnettler, B. (2016): Existenzielles Engagement? Fokussierte Ethnographie für feldforschende Familienväter. In: Hitzler, R./Kreher, S./Poferl, A./Schröer, N. (Hrsg.) (2016):

Old School – New School? Zur Frage der Optimierung ethnographischer Datengenerierung. Essen: Oldib, S. 383–398.
Singh, A. (2016): Wissenskommunikation im Nachwuchstraining. Eine videographische Studie zur kommunikativen Konstruktion von Körperwissen im Trampolinturnen. Dissertation. Universität Bayreuth.
Scheffer, T./Meyer, C. (2011): Tagungsbericht: Tagung: Soziologische vs. ethnologische Ethnographie – Zur Belastbarkeit und Perspektive einer Unterscheidung. In: Forum Qualitative Sozialforschung / Forum: Qualitative Social Research 11, 2, Art. 25.
   nbn-resolving.de/urn:nbn:de:0114-fqs1101256 (Abruf: 30.7.2017)
Schnettler, B./Knoblauch, H. (Hrsg.) (2007): Powerpoint-Präsentationen. Neue Formen der gesellschaftlichen Kommunikation von Wissen, Konstanz: UVK.
Schnettler, B./Rebstein, B./Pusoma, M. (2013): Der Topos kultureller Vielfalt. Zur kommunikativen Konstruktion migrantischer „Zwischenwelten". In: Keller, R./Reichertz, J./Knoblauch, H. (Hrsg.): Kommunikativer Konstruktivismus. Theoretische und empirische Arbeiten zu einem neuen wissenssoziologischen Ansatz. Wiesbaden: VS, S. 337–362.
Schröer, N./Hinnenkamp, V./Kreher, S./Poferl, A. (Hrsg.) (2012): Lebenswelt und Ethnographie. Essen: Oldib.
Stadt Augsburg (2015) Strukturatlas,
   https://www.augsburg.de/fileadmin/user_upload/buergerservice_rathaus/rathaus/statisiken_und_geodaten/statistiken/strukturatlas/strukturatlas_der_stadt_augsburg_2015.pdf (Abruf 28.7.2017)
Statistisches Amt München (2015):
   https://www.muenchen.de/rathaus/Stadtinfos/Statistik/Bev-lkerung/Monatlicher-Bestand.html (Abruf 28.8.2017)
Strauss, A. (1994): Grundlagen qualitativer Sozialforschung. Datenanalyse und Theoriebildung. München: Fink.
Strübing, J. (2014): Grounded Theory. Zur sozialtheoretischen und epistemologischen Fundierung eines pragmatistischen Forschungsstils.Wiesbaden: VS.
Taylor, B. J./Rush, K. L./Robinson, C. A. (2015): Nurses' experiences of caring for the older adult in the emergency department: A focused ethnography. In: International Emergency Nursing 23, 2, S. 185–189.
Thierbach, C./Lorenz, A. (2014): Exploring the Orientation in Space. Mixing Focused Ethnography and Surveys in Social Experiment. In: Historical Social Research / Historische Sozialforschung 39, 2, S. 137–166.
Tuma, R. (2017): Videoprofis im Alltag. Die kommunikative Vielfalt der Videoanalyse. Wiesbaden: Springer VS.
Tuma, R./Knoblauch, H. (dieser Band): Videographie.
Tuma, R./Schnettler, B./Knoblauch, H. (2013): Videographie. Einführung in die interpretative Videoanalyse sozialer Situationen. Wiesbaden: VS.
Wall, S. (2015): Focused Ethnography: A Methodological Adaptation for Social Research in Emerging Contexts. Forum Qualitative Sozialforschung / Forum: Qualitative Social Research 16, 1, Art. 1. nbn-resolving.de/urn:nbn:de:0114-fqs150111 (Abruf 30.7.2017)
Zifonun, D. (2016): Versionen. Soziologie sozialer Welten. Weinheim und Basel: Beltz Juventa.

4.4 Videographie

René Tuma und Hubert Knoblauch

1 Einleitung

In diesem Beitrag werden zunächst die Besonderheiten von Videodaten für die Sozialforschung hervorgehoben und eine Unterscheidung in diverse Sorten von Videodaten vorgenommen. Mit den unterschiedlichen Datensorten gehen auch jeweils eigene Analyseverfahren einher. Nach einem kurzen Überblick über die im deutschsprachigen Raum etablierten Verfahren wird im Anschluss besonders auf die Videointeraktionsanalyse eingegangen und diese an einem Beispielfall dargestellt. Dabei spielt die Einbettung in ein umfassenderes ethnographisches Forschungsvorgehen eine besondere Rolle, denn erst die Verknüpfung mit der Feldforschung macht die Videoanalyse zur „Videographie".

2 Besonderheiten und Typen von Videodaten

Grundlage der Videographie sind audiovisuelle Aufzeichnungen. Mit Videotechnologie wird die Anfertigung von Aufnahmen sozialer Prozesse in einer Datenform möglich, die den Ablaufcharakter von interaktiven Vorgängen im Datum festhält und einer Analyse zugänglich macht. Außerdem sind Videoaufzeichnungen sehr viel detaillierter und enthalten eine größere Fülle an Details als man sie mit klassischen Feldnotizen oder ähnlichen rekonstruktiven Verfahren festhalten könnte. Mittels der Kameraaufzeichnung kommen außerdem die flüchtigen Feinheiten sozialer Situationen, wie Gestik, Mimik sowie Körperhaltung und -formationen, in ihrer zeitlichen Entfaltung und in ihrem multimodalen Zusammenspiel ins Blickfeld der Forschenden. Gleichzeitig werden auch die für die (gefilmten) Beteiligten bedeutsamen Accessoires, die Spezifik ihrer Bekleidung, ihre jeweilige Art zu sprechen sowie das Setting und die Raumanordnung in ihrem visuellen oder auditiven Eindruck für die Betrachter analytisch erfassbar. Die besonderen Möglichkeiten der Videokamera enthalten daher eine ‚eingebaute Epistemologie': Sie zeichnet das Hör- und Sichtbare auf, und macht es zum soziologisch untersuchbaren Forschungsgegenstand. Das Abspielgerät, also der Videoplayer, erweitert das Spektrum der Untersuchungsmöglichkeiten, indem er es Beobachtern gestattet, das Geschehen so häufig anzuschauen und anzuhören, wie es für die Erforschung aller Details erforderlich ist. Zudem erlaubt er sowohl rasches Spulen als auch Zeitlupen, was erst die analytische Aufdeckung der komplexen Orchestrierung verschiedener am Interaktionsgeschehen beteiligter kommunikativer Modalitäten ermöglicht. Sie können in ihrem jeweiligen Zusammenspiel (synchron) wie auch als Handlungszüge in ihrer zeitlichen Abfolge, also diachron bzw. sequenziell, betrachtet werden.

Die Vereinigung all dieser einst voneinander getrennten Funktionen (Kamera, Filmprojektor) in digitale Geräte und die breite Verfügbarkeit entsprechender Software vereinfachen den Umgang mit dem Material. Sie erweitern weiterhin den prinzipiellen Möglichkeitshorizont der Videoanalyse. So erlauben es neue digitale Technologien, Bilder und Bildabläufe zur Analyse leicht aus dem zeitlichen Zusammenhang zu lösen, in den sie als analoges „Videoband" (oder gar als Film) noch eingebettet waren.

Aufgrund dieses Umstands wird der Videographie ein großes forschungstechnologisches Potential für die qualitative empirische Sozialforschung prognostiziert (Collins 1994). Die Videokamera als Erhebungsinstrument, das im Sinne eines ‚Interaktionsmikroskops' (Büscher 2005; Heath 1986) oder auch einer ‚Zeitmaschine' (Zielinski 2010) eingesetzt wird, könnte genauso weitreichende Auswirkungen haben wie seinerzeit der Audiorekorder, der die qualitative Sozialforschung seit den 1960er- und 1970er-Jahren entscheidend beflügelt hat und die Gründung eigenständiger Forschungslinien, wie der Konversationsanalyse erst ermöglichte.

Videodaten treten den Forschenden in ganz unterschiedlicher Form entgegen, weswegen zunächst einige Abgrenzungen verschiedener Videodatensorten vorgenommen werden müssen. Erstens ist zwischen Videos zu unterscheiden, welche den Forschenden als Dokumente vorliegen, die von anderen hergestellt wurden gegenüber solchen, die von den Forschenden selbst angefertigt werden. Das Spektrum dieser ‚produzierten' Videoaufzeichnungen ist breit. Es reicht von privaten Aufzeichnungen eines Ereignisses wie etwa der Aufnahme einer Familienfeier oder der Aufzeichnung eines gewalttätigen Ereignisses auf einer Demonstration über sorgfältig geplante und im Netz veröffentlichte Aufnahmen (wie etwa von Amateuren oder semiprofessionellen ‚YouTubern' hergestellte Video-Tutorials) bis hin zu mit höchstem Aufwand produzierten Filmen. Demgegenüber stehen Aufnahmen, die von Forschenden selbst aufgenommen werden, etwa um bestimmte soziale Prozesse zu untersuchen. Weit verbreitet und wohlbekannt sind Aufnahmen von Laborexperimenten, wie sie sich häufig in der Psychologie finden. Hier werden Probanden in einer von Forschenden kontrollierten Umgebung bestimmten Reizen ausgesetzt oder mit Aufgaben konfrontiert und später werden anhand der Videoaufzeichnungen Reaktionen oder individuelle Leistungen systematisch miteinander verglichen. Die Standardisierung der Versuchsaufbauten dient einer systematischen Vergleichbarkeit und die Auswertung erfolgt meist anhand eines standardisierten Kodierprozesses, der über das Maß der ‚Intercoder/Interrater Reliability' kontrolliert wird; mit einer Maßzahl wird verglichen, ob unterschiedliche Kodierende zum selben Ergebnis kommen. Demgegenüber werden in der interpretativ forschenden Soziologie und verwandten Disziplinen Videodaten verwendet, die von Forschenden in ‚natürlichen' Situationen aufgenommen werden. Wie die Anführungszeichen betonen, bedeutet ‚natürlich' hierbei jedoch weder, dass es um in irgendeiner Weise naturalistisch essentialisierte Verhaltensabläufe ginge, noch, dass die Aufzeichnung vollends neutral sei. Bei allen Einschränkungen ist es Ziel derartiger Aufnahmen, solches kommunikative Handeln in sozialen Feldern zu erfassen, das auch ohne die Anwesenheit der Forschenden existieren würde. Es geht dabei also darum, die kommunikativen Handlungsweisen und Praktiken der Akteure *innerhalb ihres ‚natürlichen' Kontextes* einzufangen und dabei einen Einblick in den Alltag zu erlauben.

Hierbei können verschiedene Situationen in den analytischen Blick genommen werden: sei es die typische Interaktion auf einem Straßenmarkt (Clark/Pinch 1995; Lehn 2014), das Gespräch zwischen Therapeut und Klient (Scheflen 1973) oder die Koordination hochtechnisierter Settings wie U-Bahnen (Heath/Luff 2000). Videoaufzeichnungen sind dabei Daten, die aufgrund von technisch *registrierender* Konservierung (Bergmann 1985) gewonnen werden. Sie unterscheiden sich damit von den rekonstruktiven Daten, die in den Sozialwissenschaften erhoben werden. Unter letztere fallen mündliche Interviews oder schriftliche Fragebögen, die sich meistens auf etwas beziehen, das außerhalb der Situation liegt, in der die Erhebung stattfindet. Als rekonstruktiv werden sie auch deshalb bezeichnet, weil diese Daten keine exakten Aufnahmen der Vorgänge darstellen können, auf die sie sich beziehen, sondern *nachträgliche* und oft stark geraffte, immer aber sinnhafte *Deutungen* dieser Vorgänge. Im Unterschied dazu zielt die Videobeobachtung auf die Geschehnisse in der Situation selbst und kann deren Ablauf erforschbar machen. Dabei stellt die Video-Beobachtung allerdings keinen passiven Akt dar. Vielmehr bezeichnet sie eine aktive Handlungsform der Forschenden, in welcher die verwendete Video-Beobachtungstechnik eine wichtige Rolle spielt. Somit sind Videoaufzeichnungen keine naiven Abbildungen der Wirklichkeit. Schon in ihrer Herstellung sind sie *konstruiert*, weil sie *Transformationen* lebensweltlicher Situationen darstellen. Das gilt für alle anderen Daten auch und ist in dieser Hinsicht keine Eigenheit von Videodaten. Spezifisch ist aber die Art und Weise, in der soziale Situationen in Videodaten *transformiert* werden. So reduziert das Video den dreidimensionalen Raum auf eine zweidimensionale Bildschirmfläche, schränkt den natürlichen Sehwinkel ein und verkleinert das Sichtfeld auf einen viereckig begrenzten Ausschnitt. Auch der Zeithorizont beschränkt sich meist auf wenige Sekunden oder Minuten, seltener Stunden, während sich das Gesamtgeschehen im beobachteten Forschungsfeld mitunter über längere Zeiträume erstreckt und sich zeitlich nicht in der gesamten Spanne seines

Ablaufes aufzeichnen lässt. Diese innewohnende Perspektivität einer jeden Videoaufzeichnung muss daher bei der Erhebung grundlegend reflektiert und in die Analyse miteinbezogen werden.

3 Welche Auswertungsverfahren gibt es?

3.1 Begriffsbestimmung

Mit Bezug auf das Konzept der Datensorten aus dem vorherigen Abschnitt lassen sich zwei grundsätzlich unterschiedliche Ansätze identifizieren: Einerseits kann Video als (mediales) Produkt beschrieben werden (siehe Keppler und Peltzer in diesem Band) und andererseits als Forschungsmedium, mittels dessen zum Zwecke der feinen Analyse mehr oder weniger alltägliches Handeln aufgezeichnet wird. Dabei handelt es sich um voneinander stark abweichende Forschungsperspektiven, selbst wenn diese in weiten Teilen auf im Rahmen der interpretativen Forschung durchaus eng verwandte methodologische Grundlagen aufbauen. Die hier beschriebenen Verfahren fußen neben einem grundlegend interpretativen Vorgehen vor allem auf gemeinsamen *Datensitzungen* bzw. Interpretationsgruppen, die es erlauben mit unterschiedlichen Wissensbeständen und verschiedenen Perspektiven die jeweiligen Videos in kontrolliert nachvollziehbarer Weise zu interpretieren (dazu Reichertz 2013).

Im Sinn einer klaren Begriffsverwendung ist es hilfreich, die Verfahren, die weiter unten noch genauer erläutert werden, auseinanderzuhalten und die Bezeichnungen voneinander sorgfältig zu unterscheiden: Der allgemeine Begriff *Videoanalyse* bezeichnet grundlegend alle Verfahren, die sich mit der Auswertung von Videodaten beschäftigen. Diese sind zu unterscheiden in *standardisierte* (z. B. die statistische Auswertung von psychologischen Experimenten) und *interpretative Videoanalysen*. Unter Letzteren versteht man Vorgehensweisen, in welchen durch die genaue Analyse audiovisueller Daten sozialwissenschaftliche Erkenntnisse auf eine verstehende Weise gewonnen werden. Eine Form der interpretativen Videoanalyse stellt die aufgezeichneten Handlungsabläufe *vor* der Kamera in den Mittelpunkt ihres analytischen Interesses. Sofern es sich dabei um Interaktionen handelt, redet man von *Videointeraktionsanalysen*. Diese sind meist eingebettet in den umfassenderen Prozess der Videographie, in welchem fokussierte ethnographische Felderkundungen mit systematischen Videoaufzeichnungen kombiniert werden (zu den methodischen Prinzipien der fokussierten Ethnographie vgl. den Beitrag von Rebstein und Schnettler in diesem Band). Kontrastierend dazu gibt es Vorgehensweisen, bei denen Akteurs-produzierte Videos auf die für das jeweilige Genre spezifischen Inhalte, Darstellungsweisen, Kamerahandlungen, Schnitt und andere ästhetische Qualitäten des Videomaterials hin interpretiert werden. Weil sie sich überwiegend mit edierten und fremdproduzierten Videodaten beschäftigen, wäre diese Variante exakter als *Video-Produkt-* oder *Video-Medien-Analyse* zu bezeichnen, selbst wenn sie häufig ebenfalls unter dem allgemeinen Oberbegriff der Videoanalyse diskutiert werden (Reichertz/Englert 2010).

In den letzten Jahren hat sich eine Reihe von spezifischen Methoden etabliert, um Videodaten auszuwerten. Ein knapper Überblick über die momentan im deutschsprachigen Raum gängigen Verfahren der interpretativen Videoanalyse soll helfen, ihre Nützlichkeit für spezifische Forschungszwecke darzustellen. Momentan lassen sich grob vier Stränge der qualitativen Videoanalyse unterscheiden. Die ersten beiden Ansätze nehmen den Ursprung ihrer Entwicklung dabei vor allem bei der Analyse von Video-Produkten, wohingegen die Letzten beiden dezidiert auf die Analyse von Interaktionen bzw. kommunikativen Handlungen abzielen. Nichtsdestotrotz gibt es gerade in der Weiterentwicklung der Verfahren Überschneidungen und Ausweitungen über den Kern-Anwendungsbereich hinaus.

3.2 Hermeneutische Verfahren

Hermeneutische Interpretationsverfahren – nicht nur in der Videoanalyse – stellen den Prozess des Verstehens in den Mittelpunkt, der in einer allgemeinen Form ja jeder sinnhaften Interpretation zugrunde liegt. Sie greifen dabei auf basale, allgemeine menschliche Deutungsfähigkeiten zurück und nutzen sie methodisch kontrolliert und elaboriert. Die methodologischen Grundlagen der Hermeneutik in der Soziologie beziehen sich ausdrücklich auf die ‚verstehende' Tradition in der Nachfolge Max Webers und verbinden diese mit philologischen Mitteln der Auslegung von Texten, wie sie in den Geisteswissenschaften entwickelt worden sind. Es existieren verschiedene Varianten, wie die *Objektive Hermeneutik* (siehe Maiwald in diesem Band) und die *Wissenssoziologische Hermeneutik* (siehe Herbrik in diesem Band), wobei vor allem Letztere für Videodaten adaptiert wurde (Raab 2008; Reichertz 2007). Gemeinsam ist allen hermeneutischen Ansätzen die eingehende Ausdeutung einzelner Materialabschnitte mit dem Ziel einer erschöpfenden Entfaltung aller möglichen soziologisch denkbaren Lesarten. Die Erstellung dieser Interpretationen erfolgt in Interpretationsgruppen und folgt dem methodischen Prinzip hermeneutischer Sequenzanalyse, nach dem die Materialfragmente strikt in der Reihe der aufeinander folgenden Sinneinheiten (wie etwa Sequenzen einer bestimmten Dauer oder Einzelbilder) ausgedeutet werden. Dabei werden in einer Interpretationsgruppe zunächst alle erdenklichen Lesarten der in den Fokus genommenen einzelnen Bildausschnitte oder kurzen Videosequenzen ausformuliert. In einem zweiten systematischen Schritt werden diese Sinnpotenziale anhand nachfolgender Bild- bzw. Videosequenzen nach und nach reduziert und schließlich in einer Strukturhypothese kondensiert. Die etablierten Verfahren der Videohermeneutik erweisen sich als besonders leistungsfähig bei der Analyse produzierter Videomaterialien. Dabei berücksichtigt sie die im Material eingearbeiteten Dimensionen ästhetisierter Sinnformationen. Beispielhaft können die Analysen von Videoclips (Hochzeitsvideos, Amateurdokumentarfilmer und Hip-Hop Clips bei Raab 2008), TV-Reportagen (Reichertz/Englert 2010), YouTube Clips (Traue 2013) oder Filmen (Schmidtke/Schröder 2012) betrachtet werden. In jüngerer Zeit sind außerdem verschiedene Ansätze entwickelt worden, um die Hermeneutik für weitere Bereiche videographischer Forschung fruchtbar zu machen, sie also auch auf Interaktionszusammenhänge anzuwenden, etwa auf die Imagination im Rollenspiel (Herbrik 2011) oder Geschlechterordnung und Machtverhältnisse im Operationssaal (Kissmann 2014).

3.3 Videoanalysen nach der Dokumentarischen Methode

Ebenso wie die sozialwissenschaftliche Hermeneutik betont auch die Dokumentarische Methode (siehe Kanter in diesem Band) die grundsätzliche Interpretationsbedürftigkeit der Sozialwelt und hat ein dementsprechendes konzeptuelles Programm mit breit rezipierten Methoden etabliert. Das von Bohnsack (2009) entwickelte, an Karl Mannheim und Erwin Panofsky anknüpfende Verfahren der *dokumentarischen Bild- und Videointerpretation* wird vor allem im deutschsprachigen Raum intensiv praktiziert. Ziel des kunsthistorisch informierten Verfahrens ist die Rekonstruktion des in Kulturprodukten verborgenen Sinnes, der als *Dokumentsinn* bezeichnet wird. Die Grundannahme lautet, dass jeder Handlung oder Aussage und jedem Handlungsprodukt ein Dokumentsinn zugrunde liegt. Dieser im Material enthaltene Dokumentsinn geht über den immanenten Sinngehalt hinaus. Er wird von den (vor der Kamera) abgebildeten Handelnden und den (hinter der Kamera) abbildenden Bildproduzierenden reproduziert, ohne, dass er beiden überhaupt „bewusst" werden muss. Er ist in diesem Sinne „atheoretisch".

Die Rekonstruktion des dokumentarischen Sinns läuft in mehreren Schritten ab:

- Sie beginnt mit einer „*formulierenden Interpretation*", der
- eine „*reflektierende Interpretation*" (der *formalen Bildkomposition*) folgt und
- mündet schließlich in eine „*Typisierung und Generalisierung*".

Bei der Analyse von einzelnen Standbildern werden häufig Fotogramme zur genaueren Perspektivenrekonstruktion angefertigt, um etwa perspektivische Zentren, Fluchtpunkte oder Bildachsen und damit auch abgebildete „Bildproduzierende" und ihre Relationen zueinander zu identifizieren. Mittels der Vergleiche mit weiteren Ausschnitten aus den Filmen werden die den Produzenten des Videos (vor und hinter der Kamera) impliziten (atheoretischen) Wissensbestände rekonstruiert. Mit Blick auf die spezifischen Merkmale von Videos hebt Bohnsack bei der Analyse einer TV-Sendung die aus der Kinesik bekannte Unterscheidung von Kinemen, Gebärden und operativen Handlungen hervor. Eine weitergehende Interpretation auf der (von Panofsky übernommenen) ikonografischen Analyseebene wird in der Rekonstruktion von rollentypischen Handlungen identifiziert (Bohnsack 2009). Die dokumentarische Methode wurde bislang ebenfalls vor allem auf produzierte Videos angewendet, jedoch gibt es eine Reihe von Erweiterungen zur Analyse der von Forschenden selbst erhobenen Videodaten. Vor allem in der Schul- und Unterrichtsforschung ist sie weit verbreitet (Bohnsack/Fritzsche/Wagner-Willi 2014).

3.4 Ethnomethodologische Videointeraktionsanalyse

Forschende, die im Feld ‚natürliche' Daten erheben, sind im Gegensatz zu den vorangehenden Dokumentenanalysen vor allem daran interessiert, wie Handelnde „vor der Kamera" in bestimmten sozialen Situationen ihre Handlungen aufeinander abgestimmt koordinieren. Dabei ist zu beachten: Auch wenn in beiden Fällen von Sequenzialität die Rede ist, spricht man im einen Fall von der des Mediums Film oder Video bzw. der sequenziellen Auswertung der hergestellten Ausschnitte und im anderen Fall von einer zugrunde gelegten Sequenzialität der Handlungszüge der Akteure in den aufgezeichneten Interaktionen.

Der dritte und für diesen Überblick über die Videographie zentrale Strang der Entwicklung interpretativer Videoanalyseverfahren kann bis in die Verhaltensforschung zurückverfolgt werden, wo vor allem die Kontextanalyse wichtige Grundlagen legte (Birdwhistell 1970). In dieser Tradition wurden schon früh (körperliche) Bewegungen und Äußerungen als Kommunikation begriffen, sei es eine Zeigegeste, der jeweils eingehaltene Interaktionsabstand oder die sichtbare Veränderung der Blickrichtung. Diese Erweiterung konnte schließlich im Theorierahmen der *Ethnomethodologie* (Garfinkel 1967) ausformuliert werden, auf deren Fundament die zunächst noch auf verbalen Austausch konzentrierte *Konversationsanalyse* (Sacks 1992) entwickelt wurde. Dieses erfolgreiche Forschungsprogramm, das vor allem in der Linguistik stark rezipiert wird, wurde jedoch schon bald zur Videoanalyse erweitert und etablierte sich zum Beispiel in den Workplace Studies, die empirisch natürliche Situationen wie Arzt-Patienten Gespräche oder später hochtechnisierte Settings in den Blick nahmen. Zentral für diese Analysetradition ist das ethnomethodologische Verständnis der Sequenzanalyse (Bergmann 1981; ten Have 1999). Dabei geht man davon aus, dass die Vertrautheit, Geordnetheit und Faktizität unserer Alltagswelt Resultate einer Leistung der miteinander Interagierenden bzw. der dabei von diesen selbst verwendeten „Methoden" sind. In der ethnomethodologisch fundierten Videoanalyse geht es methodologisch um zwei Kernpunkte:

1. Um die Bestimmung der *Ressourcen, des Wissens und der praktischen Überlegungen*, die von den Interagierenden selbst bei der Hervorbringung ihrer in situ stattfindenden sozialen Handlungen und Aktivitäten verfolgt werden.
2. Um die Erforschung der *sequenziellen Geordnetheit der Interaktionen*, deren minutiöse Rekonstruktion dazu dient herauszufinden, wie sich die Handelnden aneinander orientieren und ihre Interaktionen miteinander koordinieren.

In der linguistischen Gesprächsforschung wird die ethnomethodologisch fundierte Sequenzanalyse in jüngerer Zeit zu multimodalen Verfahren erweitert. Der ursprünglich aus der Semiotik stammende Begriff der ‚Multimodalität' weist darauf hin, dass Kommunikation nicht auf Sprache reduziert werden kann und verschiedene Modalitäten umfasst, zu denen neben der verbalen etwa Blickrichtung, Gesten und Körperhaltung treten. Mittlerweile haben sich ganze Forschungsfelder um einzelne Modalitäten ausgebildet, wie etwa die Prosodieforschung oder die ‚Gesture Studies', die wichtige Beiträge zum Verständnis der jeweiligen Interaktionen liefern können, einem soziologischen Verständnis nach aber immer integriert und im Kontext betrachtet werden müssen (Heath/Hindmarsh/Luff 2009; Knoblauch 2004).

3.5 Videographie

Die *Videographie* ist ein methodischer Ansatz, der sich – wie der Name bereits indiziert – durch eine enge Einbettung in ethnographische Feldforschung auszeichnet. Die Videographie zielt auf die Untersuchung sozialer Situationen, von denen Videoaufnahmen angefertigt werden. Videographische Forschung fokussiert dabei die Aufzeichnung und Analyse sozialer Interaktionen in den „natürlichen" Kontexten ihres Auftretens. Video*graphien* basieren in der Regel auf Aufzeichnungen, die von den Forschenden selbst zum Zwecke wissenschaftlicher Analyse angefertigt werden. Sowohl in der Erhebung wie auch in der Art der Sequenzanalyse schließt die Videographie an die ethnomethodologische Videoanalyse an und folgt auch ihren methodologischen Prinzipien. Typischerweise baut die Videographie somit auf der Videointeraktionsanalyse auf, Verbindungen mit anderen oben genannten Auswertungsverfahren sind aber durchaus denkbar. Videographie betont dabei aber stets den ethnographischen Charakter der Erhebung, bei dem das forschende Subjekt eine wichtige Rolle spielt und dessen Wissen schließlich auch den Hintergrund der Analyse bereitstellt. Daher handelt es sich bei der Videographie auch nicht um eine rein „visuelle Analyse" im engeren Sinn. Während zur Analyse sequenzanalytische

Methoden eingesetzt werden, zielt die Videographie, zweitens, auf größere Formen, Muster und Gattungen der beobachteten Abläufe und ihre Verortung im ethnographischen Kontext. In diesem Sinne verfolgt die Videographie eine deutlichere soziologische Fragestellung, als dies in den rein konversationsanalytisch gerahmten Videoanalysen der Fall ist.

4 Fallbeispiel: Videographische Untersuchung der Analysetätigkeit in einem Marktforschungsunternehmen

Im Folgenden gehen wir am Beispiel der Untersuchung der Arbeitsprozesse in einem Marktforschungsunternehmen genauer auf das Verfahren der Videographie ein. Grundlegend interessiert hierbei, wie Marktforscherinnen und andere „Experten" selber in ihrem Arbeitsalltag Wissen produzieren. Der besondere Fokus der Arbeit lag dabei auf der Frage, wie die Marktforscherinnen ihrerseits mit Videotechnologien umgehen und wie sie die bei ihrer Arbeit entstehenden kommunikativen Probleme lösen. Es handelt sich damit gewissermaßen um eine reflexive Forschung, da mit Videotechnologie die Verwendung von Videotechnologie untersucht wird. Jedoch steht jener Aspekt in diesem Text nicht im Mittelpunkt. Er ist ausgeführt in Tuma 2017, wo weitere Felder ‚autochthoner' Videoanalyse wie in der Polizeiarbeit und im Sporttraining untersucht wurden.

Das beforschte Unternehmen (das hier anonymisiert ‚Eyetrack' genannt wird) hat sich auf die Verwendung von Eyetracking und anderen Verfahren zur Reaktionsmessung von Konsumenten spezialisiert. Das Unternehmen führt hauptsächlich Studien für größere Handelsunternehmen und Produzenten von Konsumprodukten durch. Häufig wird hierbei mit anderen Marktforschungsunternehmen kooperiert, die mit klassischen Verfahren der Marktforschung (Interviews, Umfragen etc.) arbeiten. Im Rahmen einer fokussierten Ethnographie nahm der Forschende, R. Tuma, die Rolle eines ‚Forschungspraktikanten' ein, der an den verschiedenen Tätigkeiten beteiligt war (vom ‚Kodieren', über die Gestaltung der jeweiligen Software-Werkzeuge (‚Coding Tools') bis hin zu Auswertung und Erstellung von Abschlusspräsentationen). Im Rahmen der Arbeit im Feld kamen aufgrund des theoretischen Interesses insbesondere zwei Situationstypen in den Blick, die sich für diese Forschung als besonders relevant erwiesen und die immer dann auftraten, wenn die Mitarbeitenden mit neuen Videodaten konfrontiert waren:

1. Absprachen und Konsultationen in Problemfällen und
2. Das Einarbeiten neuer Mitarbeiter in konkrete Projekte.

Im Rahmen der Teilnahme im Feld hatte der Feldforscher solchen Situationen bereits mehrfach beigewohnt. Nach einer gewissen Zeit hatte er außerdem Vertrauen im Feld gewonnen und konnte, ohne große Irritationen zu verursachen, eine Kamera mitlaufen lassen.

Eine solche Auswahl spezifischer Situationen kann als ethnographisches Sampling bezeichnet werden, denn aus der Vielfalt der im Feld stattfindenden Ereignisse müssen aufgrund der Forschungsfrage im Verbund mit den sich bietenden Gelegenheiten bestimmte Momente ausgewählt werden, die genauer analysiert werden sollen. Als Leitlinie kann hierfür die Frage gelten: *Gibt es Situationen, in welchen unsere Forschungsfrage für die Beteiligten im Feld selbst Relevanz erhält?* Denn die Relevanzsetzungen der Untersuchten stellen die bedeutende Grundlage für unsere Interpretation dar, weil sie selbst immer schon ein praktisches Verständnis und (routinisierte bzw. institutionalisierte) Lösungen für diese Probleme haben, die wir rekonstruieren und als Erkenntnisressource nutzen können. Da der Forschende insbesondere auf der Suche nach der Frage war, auf welchen Prinzipien die Analysen der Marktforschenden aufbauen, sind oben genannte Situationen besonders aussagekräftig. Schließlich werden genau jene Prinzipien in ihnen thematisiert, hinterfragt und erläutert – also explizit kommunikativ herausgestellt und als Problem behandelt – und verlassen so den Modus der Routine. Problemsituationen eignen sich meistens als guter Einstiegspunkt für die Analyse. Ein praktischer Vorteil besteht darin, dass sich gerade solche kommunikativen Situationen meist relativ gut aufzeichnen lassen, weil sie häufig eine institutionalisierte Form wie etwa das Meeting etabliert haben. Sie sind dadurch deutlich leichter zu beobachten als einzelne Personen, die alleine am Computer arbeiten. Den Fokus der Videokamera bildet somit die Kommunikation der situativ Beteiligten und der jeweilige Gegenstand, auf den sie sich beziehen – in diesem Fall der Bildschirm mit einer Eyetracking-Aufnahme sowie einer Reihe von Tabellen und Softwaretools (Hinweise zur Aufstellung der Kamera und zur Erhebung finden sich in Heath/Hindmarsh/Luff 2009, S. 37 ff.; Tuma/Knoblauch/Schnettler 2013, S. 63 ff.).

Nach dem Sampling der Situationen, das bereits im Feld stattfindet, wird bei der Durchsicht der Aufzeichnungen ein weiteres Sampling „im Material" durchgeführt. Im ersten Schritt ist es sinnvoll sich einen Überblick zu verschaffen und anhand der verschiedenen ablaufenden Tätigkeiten eine grobe Vorkodierung der erhobenen Daten in einem „Logbuch" (siehe Abb. 1) zu erstellen. Hierbei handelt es sich um eine einfache Liste mit Timecodes und den beobachteten Aktivitäten auf dem Video. Dies ist hilfreich, um einen Überblick über den Datenkorpus zu behalten und rasch Vergleichsfälle identifizieren zu können. Die Strukturierung des Logbuches leitet sich einerseits von den durch die Akteure selbst gegliederten kommunikativen Aktivitäten ab (so gibt es meist systematische, wenn auch nicht immer eindeutige Untereinheiten von institutionalisierten Ereignissen, die als erste Orientierung dienen können, zum Beispiel „Eröffnungen" oder „Begrüßungen", „Arbeitsphasen", usw., die aber auch von auftretenden konflikthaften Diskussionen oder Sonderereignissen durchbrochen werden können).

> 3:05-4:00 – die Beteiligten sammeln sich am Schreibtisch
> 4:00-5:00 – Diskussion darüber was zu tun ist
> 5:00-5:20 – Chef schaut kurz hinein
> 5:20-7:00 – Sichtung der neuen Daten
> Notiz: Schwierigkeiten, Interpretation unklar
> ...

Abb. 1: Beispiellogbuch (Quelle: Eigene Darstellung)

Die anlaufenden Analysen und die besonders wichtigen gemeinsamen Datensitzungen helfen dann, die entsprechenden Einheiten im Datenkorpus immer genauer zu bestimmen, sodass es sich lohnt, weitere Kodierungen durchzuführen. Es ist dabei erforderlich darauf zu achten, dass diese Kodierungen keine theoretisch vorgängig festgelegten Kategorien enthalten, sondern dass es sich hierbei um ein induktives Vorgehen handelt. Der interpretative Umgang mit den Daten verlangt, dass die relevanten Kategorien aus den beobachteten Interaktionen der Akteure, also aus dem Feld selbst, gewonnen werden. Später kann das Logbuch auch als eine Art Sample behandelt werden, in dem ähnliche, kontrastierende oder abweichende Fälle gesucht werden können. Das sich hieraus ergebende iterative Vorgehen ist in Abbildung 2 dargestellt.

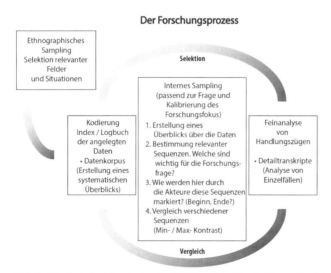

Abb. 2: Der Forschungsprozess der Videographie (Quelle: Tuma/Knoblauch/Schnettler 2013, S. 78)

Diese Suche, die dem Prinzip der Grounded Theory (Glaser/Strauss 1967) folgt, kann durch zusätzliche Ethnographie und weitere Aufzeichnungen ergänzt werden. Bei der Durchsicht des Materials und der Erstellung des Logbuches (aus groben Kodierungen) werden relevante Sequenzen aus dem Material für die Feinanalyse ausgewählt.

Je nach Fragestellung des Forschungsvorhabens beginnt man den Forschungsprozess mit unterschiedlich starker Fokussierung und Kenntnis über die zu untersuchenden Interaktionssequenzen. Häufig ist noch nicht klar, wo relevante Sequenzen genau beginnen und wann sie enden. In stark vorstrukturierten Kontexten bieten sich Aggregate an, die durch die Handelnden im Feld selbst festgelegt werden (Schegloff/Sacks 1973). Unter *Aggregaten* versteht man hier Untereinheiten des Interaktionsablaufes, die bestimmte kommunikative Strukturen aufweisen (Knoblauch 1995).

Im hier genannten Beispiel wurde diesem Prinzip folgend eine Situation ausgewählt, in welcher der Umgang mit den Videodaten zum Problem für die Beteiligten wurde. Die Frage, die sich mit dieser Sequenz beantworten lässt, ist, wie die Beteiligten diese kommunikativ bearbeiteten. Im Vergleich mit anderen Sequenzen zeigt sich, dass bestimmte Sequenzen und Handlungsabfolgen bzw. kommunikative Aggregate mit bestimmten Problemen zusammenfallen und systematische im Feld etablierte kommunikative Problemlösungsstrategien verdeutlichen.

4.1 Auswahl von Sequenzen für die Feinanalyse

Je nach Forschungsfrage fokussiert man dann auf die entsprechenden Sequenzen und unterzieht sie einer Feinanalyse. Hier beginnt die Videoanalyse im engeren Sinn. Bevor man allerdings mit der Feinanalyse beginnen kann, müssen erste Transkriptionen erstellt werden. In der Konversationsanalyse, von der die Videoanalyse abstammt, wird sehr viel Wert auf eine sorgfältige Transkription jeder Äußerung inkl. Prosodie usw. gelegt. Ein solcher Detailgrad ist bei der Videointeraktionsanalyse etwas schwieriger, weil sich die Vielfalt des Materials – gerade etwa Gestik und Mimik – nur mit viel Aufwand im Text abbilden lässt, und häufig auch unübersichtlich wird. Die Wichtigkeit eines Transkriptes ist allerdings nicht zu unterschätzen: Zum einen ist ein genaues Transkript eine wichtige Dokumentation der Forschungsarbeit, zum anderen ist es bei der Analyse selbst, auch als einfach herzustellendes Rohtranskript, eine große Hilfe. Hierbei reicht für den Anfang zumeist ein reines „Minimal-Transkript" der gesprochenen Äußerungen aus, z. B. nach GAT2 (Selting et al. 2009), das aber auf jeden Fall Pausen und Überlappungen abbilden sollte.

Im Zusammenhang damit steht eine wichtige Entscheidung im Forschungsprozess, zunächst anhand der Fragestellung zu bestimmen, mit welcher

Feinheit man auf das Material blicken möchte, um die entsprechenden Sequenzen im Material zu identifizieren und mittels der Kodierung der vorhandenen Aufnahmen auffindbar und vergleichbar zu machen. Die Videointeraktionsanalyse bestimmt die jeweiligen Sequenzen und sinnhaften Aktivitätsaggregate nicht durch abstrakte situationsexterne Kriterien (wie etwa durch die Setzung abstrakter Einheiten wie Einzelbild, eine Minute etc.), sondern sie wird aus den aufeinander bezogenen visuellen und vokalen Handlungszügen der Akteure abgeleitet. Diese zeigen sich gegenseitig an, was sie gerade tun, wann eine Aktivität beginnt und wann sie beendet wird. Diese selbst angezeigten Grenzen kann man als Beobachter nun zur Bestimmung der zu untersuchenden Einheiten heranziehen, die wir „Sequenzen" nennen. Die Einteilung in Sequenzen ist notwendig, um diese anschließend im verfügbaren Material auffinden und vergleichen zu können. So muss also beständig von der groben Kodierung des gesammelten Materials wieder zurück zur Feinanalyse gewechselt werden, um iterativ unsere Untersuchungseinheiten zu bestimmen. Um das genauer nachzuvollziehen, möchten wir im Folgenden eine Sequenz aus dem hier zitierten Beispiel vorstellen. Dabei steht zunächst die Analyse des Beispiels im Vordergrund, ohne das genaue Vorgehen der Analyse zu kommentieren. Die einzelnen Bestandteile der Analyse sollen dann im Schlussteil genauer erläutert werden.

4.2 Beispielanalyse „Kodierversuch"

Die folgenden empirischen Abschnitte stammen aus Tuma (2017, S. 245 ff.). Aus Platzgründen wird die Rahmung hier weggelassen und wir beginnen direkt mit der Situation:

Zwei Mitarbeitende des Analyseteams, Melanie und Jonathan, sind im Rahmen ihrer Tätigkeit mit der Auswertung eines sogenannten „Kühlschrankprojektes" betraut. In diesem Projekt geht es für die beiden um die Auswertung eines User Experience Experiments. Zuvor waren Testpersonen in Asien aufgefordert worden, verschiedene Aufgaben (Tasks) an neuen großen Kühlschränken zu erfüllen, so zum Beispiel „B3: Put in the left over chocolate and small bread". Dieses Experiment wurde in Asien durchgeführt und aufgezeichnet, und die Daten direkt auf den Server des Unternehmens übertragen. Die meisten Tasks/Aufgaben haben die beiden schon durchgesehen und sind nun bei der letzten und kompliziertesten Aufgabe, Task Z, angekommen: „Freely arrange all food items". Die Vorgaben des Projekts sehen vor, dass in der Projektdokumentation am Schluss angegeben werden soll, welche Sortierungen vorgenommen werden und wo die jeweiligen Lebensmittel (Items) am Ende dieser Aufgabe im Kühlschrank verbleiben. Da jedoch keine abschließende Erfassung vor Ort erfolgte (es wurde vergessen gesondert festzuhalten, wo sich welche Items im Kühlschrank am Ende befanden) stehen die beiden vor einem Problem: Wie kann die Position aus den einzelnen Bewegungen der

Objekte bestimmt werden? Aufgrund der Videos ist es aber schwierig, da die Objekte nicht immer einfach direkt an den Videobildern deutlich zu erkennen sind – wie die beiden „Eyetrack" Mitarbeiterinnen schnell erkennen. Also suchen sie nach einer einfachen Möglichkeit, diese Information aus den einzelnen „Interacts" zu erfassen. Es muss also jede einzelne Bewegung der Objekte im Video vermerkt werden, um in der Summe die Endpositionen zu rekonstruieren. Dazu muss jedes einzelne „Interact-Ereignis" sauber erfasst werden, was recht aufwändig erscheint.

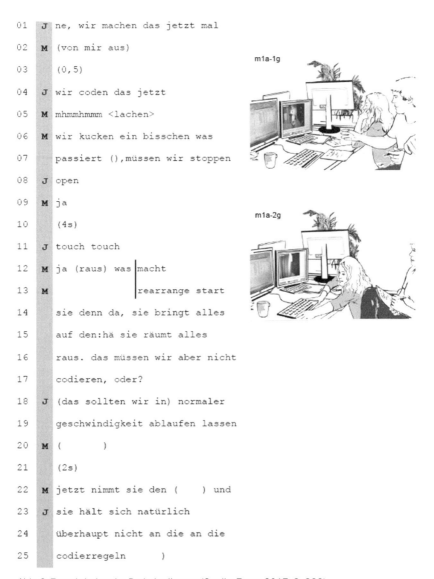

```
01  J  ne, wir machen das jetzt mal
02  M  (von mir aus)
03     (0,5)
04  J  wir coden das jetzt
05  M  mhmmhmmm <lachen>
06  M  wir kucken ein bisschen was
07     passiert (),müssen wir stoppen
08  J  open
09  M  ja
10     (4s)
11  J  touch touch
12  M  ja (raus) was |macht
13  M               |rearrange start
14     sie denn da, sie bringt alles
15     auf den:hä sie räumt alles
16     raus. das müssen wir aber nicht
17     codieren, oder?
18  J  (das sollten wir in) normaler
19     geschwindigkeit ablaufen lassen
20  M  (      )
21     (2s)
22  M  jetzt nimmt sie den (   ) und
23  J  sie hält sich natürlich
24     überhaupt nicht an die an die
25     codierregeln       )
```

Abb. 3: Transkription der Probekodierung (Quelle: Tuma 2017, S. 266)

Die beiden sind auf dieses Problem aufmerksam geworden und haben sich nun zusammengesetzt, um sich eine Lösung zu überlegen (siehe Abb. 3). Jonathan schlägt, nachdem Melanie die relevante Sequenz im Material gefunden hat, vor, das Kodieren einfach einmal gemeinsam zu probieren. Melanie hatte bereits vorab angedeutet, dass sie wegen der Aufgabe mit dem Leiter des Projektes, der Kundenkontakt hatte, sprechen möchte, um sicherzugehen, ob diese genaue Auswertung (vor dem Hintergrund einer zeitlich nahen Deadline) tatsächlich notwendig sei. Jonathan schlägt „zuversichtlich" vor, die Wartezeit zu nutzen und ein „Probecoding" durchzuführen. Dazu lehnt er sich nach vorne, ergreift die Maus, spielt das Video mit einem Klick auf den Startbutton (auf dem rechten Bildschirm; links sind Tabellen mit den Item-Kategorien eingeblendet) ab. Hiermit eröffnen die Beteiligten eine für das Feld typische Situation, in welcher sie Probleme des weiteren Vorgehens „am Material" besprechen. Dazu versuchen sie zunächst die Videos zu sichten und das Problem zu definieren oder direkt zu bearbeiten. Jonathan startet das Video, ergreift anschließend einen Schreibblock und einen Stift und lehnt sich in Beobachterhaltung zurück. Durch das Ergreifen des Schreibblocks und die Einnahme einer zurückgelehnten „Zuschauerhaltung", zeigt er den Wechsel in die neu gerahmte Form der Beobachtung an. Melanie lacht und murmelt ein nicht so zuversichtliches „von mir aus", ergreift aber sogleich bestätigend die Tastatur und verweist darauf, dass sie das Video auch ggf. „stoppen" und steuern kann (das geht mit der Leertaste). Zur Seite lassen sie ein wenig Platz, um auch dem Feldforscher (mit Kamera) einen Blick auf den Bildschirm zu gewähren und dem Feldforschenden so am Interaktionsfokus Bildschirm teilhaben zu lassen. Beide begeben sich in eine gemeinsame Betrachterposition vor dem Video und machen hiermit auch noch einmal mehr den gemeinsamen Wechsel in eine spezifische Beobachtungshaltung deutlich. Jonathan, der sich nach dem Starten des Videos zurückgelehnt hat und den Block auf dem Knie hält, beginnt das Video zu kommentieren. Dabei sieht er, wie die Testperson im Video auf den Kühlschrank zugeht. Sie streckt die Hände aus und Jonathan kommentiert kurz nach der sichtbaren Öffnung des Kühlschrankes mit dem Kode „open", der auch, den Konventionen entsprechend, aus dem Coding-Tool stammt, die gleich eintretende Aktion und notiert gleichzeitig etwas auf seinem Block. Melanie pausiert in dem Moment des Öffnens sehr kurz, nur um das Video direkt weiter abzuspielen, nachdem die Äußerung Jonathans („open") beendet ist. Jonathan setzt fort mit „touch, touch" und „rearrange start" – er spricht quasi nur in Kodes, als würde er die „Klicks" auf die Kodefelder eines Kodierenden bei der finalen Auswertung wiedergeben. Im Kontrast zu allgemeinen Kommentaren beim Betrachten oder zu offen interpretierender Beschreibung des Sichtbaren, wird hier eine bestimmte Zielgerichtetheit der Betrachtung, die man als „epistemische Haltung" bezeichnen könnte, hergestellt. Man würde nun erwarten – und darauf haben die beiden sich eingestellt – dass es nun so weiterginge, einfach die Aktionen in einer linearen Abfolge zu kategorisieren. Bereits nach den ersten Äußerungen gibt es jedoch eine Unklarheit, denn auf dem Video werden die Gegenstände von der Versuchsperson aus dem Blickfeld herausbewegt (die Eye-Tracking Brillenkamera fängt sie, aufgrund des Bildausschnitts, nicht ein) und werden anschließend teilweise wieder sichtbar, wenn sie von der Versuchsperson auf einen Tisch abgelegt werden. Melanie begleitet das mit ihren amüsiert irritierten Kommentaren („was macht sie denn da, sie bringt alles auf den:hä sie räumt alles raus.") und erfasst mit ihrem beschreibenden Kommentar die Handlungen der Versuchsperson, für die bislang einerseits offenbar keine geeigneten Beschreibungs-Kategorien bestehen und die weiterhin nicht oder nur schlecht sichtbar sind. Mit ihrem „das müssen wir aber nicht kodieren oder" bringt sie zum Ausdruck, wie aufwändig hier der genaue Nachvollzug wäre. Die Forderung Jonathans, die Videoaufzeichnung „in normaler Geschwindigkeit ablaufen zu lassen", deutet auch in ironischer Weise auf die Probleme bei der Erfassung der Abläufe hin, da das Video ja bereits in „Echtzeit" läuft, aber in seiner Kompliziertheit überfordert. Er erfährt keine Antwort durch Melanie. Jonathan lässt nun – nach einigen Sekunden des Betrachtens, in denen Melanie noch zu beschreiben versucht – den Block sinken und setzt zu dem weiteren ironisch zu lesenden Kommentar „sie hält sich natürlich überhaupt nicht an die an die Kodierregeln" an, der das Problem schon recht deutlich macht. Die Versuchsperson tut hier verschiedene Dinge, sie verschiebt, sie legt heraus, hält etwas in der Hand, berührt dies und jenes und das alles sehr rasch und auf dem Video nicht gut sichtbar. Das macht es den Beobachtenden schwer, hier eine eindeutige Abfolge und Logik der nacheinander folgenden klassifizierbaren Interacts hineinzubringen. Die durch das Video repräsentierte „Wirklichkeit" – so verdeutlicht es der Kommentar – ist eben nicht einfach durch das Kodiersystem genau abzubilden. Die beiden beobachten das Geschehen nun noch eine Weile, Melanie deutet weiter auf ihre Bedenken hin (bis zu einem besorgten „hm").

5 Klärung des Kontextwissens

Am Beginn jeder genaueren Videoanalyse steht interessanterweise nicht die Analyse selbst, sondern der Versuch des Verstehens. Für die Analyse gilt der Grundsatz: Zuerst muss alltägliches Verstehen erreicht werden. Um nachzuvollziehen, was genau geschieht, ist ethnographisches Wissen vonnöten. Erst auf der Grundlage eines solchen ‚typischen Verstehens' (Schütz 2004), das man als ‚Basishermeneutik' bezeichnen kann, wird eine vertiefte Interaktionsanalyse vorgenommen. Basis dieser Analyse sind die aus der Konversationsanalyse bekannten Prinzipien, die allerdings im Fall der Videoanalyse über verbale Interaktion hinaus auf die visuell beobachtbaren Formen des Verhaltens ausgedehnt werden.

Liegt nun nach einer begründeten Auswahl der Sequenz ein Videofragment vor, so gilt es zunächst zu explizieren, in welchem Kontext es aufgenommen wurde und was darauf zu sehen ist. Es geht hierbei nicht um voreilige Schlüsse und weiterführende Interpretationen, sondern um die Explikation dessen, was man durch seine Feldkenntnisse weiß. Zentraler Bestandteil der Analysetätigkeit sind die Datensitzungen, in welchen eine Gruppe von Forschenden, die einen unterschiedlichen Wissensstand in Bezug auf das jeweilige Datum haben, zusammenarbeiten. Da diejenigen, die in den Erhebungssituationen nicht dabei waren, den jeweiligen Kontext nicht kennen, stellen die Erläuterungen der Forschenden bzw. die Fragen der am Forschungsprozess bisher Unbeteiligten eine wichtige Ressource dar, um zu ermitteln, welche Kontexte, die auf dem Video nicht sichtbar sind, dennoch systematisch notwendig sind, um das Geschehen zu verstehen. In der oben dargestellten Beispielanalyse sind diese Aspekte bereits zu Beginn ausgeführt. Es handelt sich hier nämlich vor allem um das organisationale Setting, um die für die Akteure relevanten, unhinterfragten Arbeitsroutinen und Aufgabenstellungen des Arbeitsauftrages. Diese werden im Datum zwar sichtbar, da beide Mitarbeiterinnen sie in ihrem Handeln gewissermaßen repräsentieren, jedoch ist für ein genaues Verständnis das Kontextwissen notwendig. (Meist ist es hilfreich oder gar notwendig Experten aus dem Feld zu den Datensitzungen hinzuzuziehen, wenn es sich um Sonderwissensbestände handelt. Schubert (2006) entwickelt hierzu am Beispiel der Praxis im Operationssaal ein Elizitationsverfahren. Auch wenn sich viele Fragen aus dem Kontext klären lassen, so darf man sich jedoch nicht dazu verleiten lassen, das Geschehen auch lediglich daraus abzuleiten. Die primäre Analyse muss weiterhin auf der Darlegung der jeweiligen kommunikativen Prozesse basieren, die im Videomaterial festgehalten sind. Das Werkzeug zum Nachweis der Interpretation ist dann die Sequenzanalyse.

6   Prinzipien der sequenziellen Analyse

Wie bei der theoretischen Herleitung der Videointeraktionsanalyse (s.o.) beschrieben, nutzt man hier einige analytische Merkmale von Interaktionen, die besonders im Rahmen der Ethnomethodologie ausformuliert wurden. Dazu zählt zum einen die *Methodizität* von Interaktionen: Die Interpretation konzentriert sich nicht auf das *Was*, sondern auf das *Wie* von Handlungen. Dabei wird davon ausgegangen, dass die beobachtbaren Unterschiede von Handlungen Ergebnis unterschiedlicher ‚Methoden' des Handelns sind. Eine Problembesprechung oder ein Meeting ‚existiert' nicht einfach, sondern wird von den miteinander handelnden Beteiligten erst durch bestimmte Formen des Handelns in der Interaktion erzeugt. Die vornehmliche Aufgabe der Interpretation besteht deswegen darin, zu rekonstruieren, *wie* bestimmte Handlungen als solche vollzogen werden, wie sie bestimmte Situationen erzeugen und was ihre Spezifizität in ihrem jeweiligen Kontext ausmacht.

Im Beispiel wird das dadurch deutlich, dass die beteiligten Akteure sich gegenseitig anzeigen, dass sie eine sinnhafte Sequenz, in dem Fall das ‚Probecoding', beginnen. Dies besteht einerseits aus dem Abspielen des Videos, der Einnahme einer zurückgelehnten Körperhaltung und der gegenseitigen Bestätigung des Beginns dieser neuen Aktivität.

Für die gemeinsame Bearbeitung der Videodaten etwa ist jeder einzelne

Zug, selbst noch der kleinste Blick, bedeutungsvoll. Die nächste Aufgabe der Analyse besteht deswegen darin, *Geordnetheit* in den aufgezeichneten Vorgängen zu finden. Dazu ist eine Zusatzannahme hilfreich: Was immer an Verhalten beobachtbar ist, wird nicht als Ergebnis handlungsfremder Faktoren (Triebe, Habitus, Umwelteinflüsse), sondern als prinzipiell von den Handelnden bewusst geleistet angesehen. (So können die kleinen Versprecher alltäglichen Redens, vermeintliche grammatische Fehler oder auch Übersprunghandlungen als außerordentlich genau koordinierte Handlungszüge herausgestellt werden.)

Die Geordnetheit verdankt sich einem weiteren grundlegenden methodologischen Prinzip, das bereits angesprochen wurde: der *Reflexivität*. Reflexivität bedeutet in diesem Zusammenhang, dass man beim Handeln nicht nur handelt, sondern gleichzeitig immer auch andeutet oder darauf hinweist, wie das Handeln verstanden werden soll und eben dieses damit auch beobachtbar macht. Die Ethnomethodologie spricht hier von ‚accounts' von Handlungen. Man stellt nicht einfach eine Frage, sondern macht durch die Art, wie diese Äußerung produziert wird, klar, dass eine Frage gestellt wird und wie sie verstanden werden soll. Diese Reflexivität eröffnet einen methodischen Ansatz der Datenanalyse: Weil die Handlungskooperation auf dem Verständnis der beteiligten Handelnden beruht, können auch die Forschenden die Abläufe verstehen, sofern sie über die dafür erforderliche alltägliche oder kulturelle Handlungskompetenz verfügen. Ausgangspunkt der Interpretation ist folglich das Alltagswissen.

Ein zweites basales Verfahren der Interpretation von Äußerungen macht sich ebenfalls an einer Kompetenz der Handelnden fest: Es handelt sich um die *Validierung* der Deutung einer Äußerung. Hier wird ebenfalls davon ausgegangen, dass die Folgeäußerung oder Folgehandlung nicht nur eine Handlung ist, sondern auch eine Interpretation dessen darstellt, wie die vorgängige Handlung verstanden wurde. Der jeweils nächste „Zug" wird keineswegs als bloße Fortschreibung, sondern als Interpretation des ersten Zuges betrachtet: War die Aussage „das sollten wir in normaler Geschwindigkeit ablaufen lassen" tatsächlich eine Aufforderung oder stellt sie hier einen ironischen Verweis auf die Kompliziertheit des Geschehens dar? Hier entfaltet sich die Logik der Sequenzanalyse: Ob nämlich die Interpretation von Melanie ‚adäquat' ist, zeigt sich im darauffolgenden Zug von Jonathan: er kann sich verärgert zeigen, dass Melanie das Video nicht langsamer gestellt hat; Jonathan kann auch nach der Tastatur greifen, um es selber umzustellen, er kann „metakommunikativ" problematisieren, dass die Forderung nicht umgesetzt wurde und damit zu einer „Reparatur" ansetzen. Im Beispiel schweigt er aber einen Moment und setzt anschließend einen weiteren „ironischen Kommentar" zu den Daten nach, der in Zustimmung zu Melanies gemurmelten und abbrechenden Beschreibungsversuchen steht („jetzt nimmt sie den").

Während die verbalen Aspekte in der Regel sequenziell organisiert sind, fügt das Visuelle zusätzlich eine *synchrone* Zeichendimension hinzu (Heath 1997):

Gegenstand der Interaktionsanalyse mittels Videographie ist folglich neben dem sprachlichen und parasprachlichen Reden auch das nur visuell beobachtbare Verhalten sowie die gegenständlichen, visuell beobachtbaren Ressourcen des Handelns, sei es nun die Tastatur oder der Schreibblock. Das Visuelle aber ist sehr vielfältig und deutungsoffen, sodass jede Beschreibung prinzipiell unabgeschlossen bleibt. Für jede Sequenzanalyse stellt dieser Horizont synchroner Bildverweise ein eingestandenes Problem dar, weil er die Sequenzialität der Daten und der Vorgehensweise unterbricht: Welche Elemente aus dem Beobachtbaren sind für die Handlungen bedeutungsvoll? Welche Bedeutungen haben sie?

Während beim Verstehen von Interaktionszügen hermeneutisch auf das eigene (ethnographisch erweiterte) Wissen über Interaktionen zurückgegriffen wird, ergibt sich aus dem Videomaterial selbst ein immanentes Kriterium der Selektion von visuellen Aspekten der Situation. ‚Visuell' bezieht sich hierbei auf alle im Video sichtbaren Anzeichen körperlichen Verhaltens wie Gestik, Mimik, Körperbewegungen usw., aber auch auf räumliche Anordnungen, Dekorum, Embleme und anderes (für weitere Details über Sequenzialität und Simultaneität in der Videoanalyse siehe Knoblauch/Schnettler 2012). Visuelles Verhalten macht sich vor allem an Zügen visueller Interaktion fest, deren Betrachtung auf der gleichsam mikroskopischen Beobachtungsebene ansetzt: Jeder Blick, jede Handdrehung, jedes Kopfdrehen wird einbezogen. Es ist zu berücksichtigen, dass selbst ein einzelner Zug eine vielschichtige Abfolge von Handlungen beinhalten kann. Deswegen muss der einzelne Zug selbst als komplexer Handlungszusammenhang angesehen werden, in dem visuelle und vokale Teile eingehen. Hierbei muss keineswegs alles, was im Bild ist, mit in Betracht gezogen werden, sondern lediglich das, was beobachtbar in einem erkennbaren Zusammenhang mit einer vorangegangenen Handlung steht. Mit anderen Worten: Die Handelnden selbst machen deutlich, was für ihre Handlungen relevant ist, und wir nutzen dies als Interpretationsressource. Blicken also z. B. die Beteiligten auf einen Bildschirm, bevor sie einen Knopf drücken und stimmen dadurch ihre gemeinsame Tätigkeit miteinander ab? Mit Schegloff (1968) betrachtet wird dies das entscheidende *Relevanzkriterium*: Was sich in der sozialwissenschaftlichen Analyse als Phänomen herausstellt, muss für die im Alltag Handelnden selbst relevant sein, und sie zeigen es auch immer schon an. Forschungspraktisch umgesetzt bedeutet das nun auch, dass es etwa bei der Herstellung der Transkripte nicht darum geht „alle Modaliäten in Gänze" abzubilden (die hierbei oft verwendeten Partitur-Schreibweisen, die alles gleichzeitig erfassen wollen, erschlagen aufgrund ihrer nicht-Selektivität), sondern die jeweils relevante Sequenz von Turns zu isolieren und in geeigneter Form nachvollziehbar zu machen.

Im Verlaufe der Analyse entwickelt man schrittweise ein immer genaueres Verständnis von der im Video aufgezeichneten Interaktion. Es wird rekonstruiert, wie die Akteure eine bestimmte Ordnung in ihre Handlung bringen, wie sie sich aufeinander beziehen und abstimmen und gemeinsam (nicht notwendigerweise konfliktfrei) ein Ergebnis hervorbringen.

Interpretation und Analyse richten sich also im Wesentlichen auf das, was man hier den „intrinsischen Zusammenhang" nennt. Damit ist gemeint, dass nicht auf Wissen über die soziale Lage der Handelnden, ihre psychische Konstitution oder ihre außerhalb der Aufzeichnung geäußerten Motivationen Bezug genommen wird, sondern die aufgezeichneten Abläufe allein in ihrem systematischen Zusammenhang betrachtet werden. Dieser Zusammenhang zeigt sich einerseits im Kontext, den die Forschenden aus der Videographie kennen und beschreiben können, und zweitens in der sequenziellen Geordnetheit, die man zu entschlüsseln sucht.

Somit sind einzelne Redezüge und Bewegungen sowie ihre sequenzielle Verknüpfung die Grundeinheit der Analyse (so zum Beispiel der Klick auf den Kode am Bildschirm oder das Vorlehnen zum Monitor). Auf der Basis der Reflexivität kann allerdings davon ausgegangen werden, dass die Handelnden selbst die Markierungen für Grenzen des Handlungszuges anzeigen – und eben Anzeichen dafür bestehen, wann ein Zug von einem anderen Sprecher fortgesetzt werden kann. Zentral für diese Festlegung ist die Einbettung des Handlungsschrittes in eine interaktive Sequenz, das heißt das Nacheinander verschiedener Züge und ihre jeweilige Bezogenheit aufeinander.

Würde man die oben angeführte Sequenz weiterverfolgen, könnte man erkennen, wie die Akteure gemeinsam diese Sequenz auch zu einem (vorläufigen) Ende führen, indem sie dann doch den Vorgesetzten herbeirufen. Sie tragen damit zu dem jeweiligen umfassenderen Arbeitsprojekt bei, indem sie eine kleine kommunikative Gattung, hier ein Arbeitsgespräch, erzeugt haben.

Diese Zugänge zur Interpretation machen deutlich, dass es sich bei der sequenzanalytischen Videointeraktionsanalyse nicht lediglich um eine behavioristische Beschreibung äußerlichen Verhaltens handelt. Vielmehr geht es (a) um die Bestimmung der Ressourcen, des Wissens und der praktischen Überlegungen, die von den Handelnden selbst bei der Hervorbringung ihrer *in situ* stattfindenden sozialen Handlungen und Aktivitäten verfolgt werden; (b) um die Erforschung und Ausnutzung der sequenziellen Struktur, um herauszufinden, wie sich die Handelnden aneinander orientieren und sie mithilfe der Handlungen anderer koordinieren, und (c) um die Einbettung beobachtbarer Handlungsvollzüge in umfassendere Handlungszusammenhänge (Heath 1997).

7 Verallgemeinerungen und reflexive Methodologie

Videographische Forschung bettet die videointeraktionsanalytischen Fallstudien über die Berücksichtigung des Kontextes und über die Berücksichtigung der jeweiligen Wissensbestände der (forschenden) Subjekte in ein soziologisches Theoriegebäude ein. Um den reinen Situationsfokus zu überwinden und auch dauerhafte, immer wieder re-produzierte Kommunikations-Phänomene in den Blick zu bekommen, wurde schon früh das Konzept der Kommunikativen Gattungen entwickelt (Günthner/Knoblauch 1997; Luckmann 1986). Kommunikative Gattungen, Formen und Muster bilden die Kontexte, in deren Rahmen die analysierten Interaktionssequenzen stattfinden (Knoblauch 1995). Sie verweisen über die Situation hinaus auf die Handlungszusammenhänge, Institutionen und Strukturen, innerhalb derer die Interaktionen stattfinden. Sie tragen zu diesen auf eine Weise bei, die im Rahmen der Videographie ihrerseits Gegenstand der (Er-)Klärung ist. Diese Kontexte werden teilweise durch kodierte Videodaten, zum Großteil aber durch die ethnographischen Erhebungen abgedeckt. Sie bilden damit nicht nur methodologisch einen wichtigen Bereich des Samplings, also mit der Frage, in welchen Feldern Erhebungen stattfinden sollen, mit welchen Feldern Vergleiche hergestellt werden und wo Grenzen, Übergänge von und Wanderungen (von Menschen, Dingen, Bedeutungen) zwischen Feldern überhaupt liegen. Sie stellen auch eine direkte Verbindung zu soziologischen und allgemein sozial- und kulturwissenschaftlichen Fragestellungen dar, die die „mikrosoziologische Einzelfallanalyse" zumeist überwinden: So verweist die Untersuchung der Weisen, wie die Videoanalyse betrieben wird, nicht nur auf verschiedene Arbeitsformen und -bögen, sondern auch auf die unterschiedlichen Organisationsformen (wie etwa der Universität und des Betriebs), der Grenzen und Übergänge zwischen gesellschaftlichen Feldern und „Systemen" (also der Sozialwissenschaft, der Wirtschaft) und mit der Frage der ‚Versozialwissenschaftlichung' des Wissens auf die Tendenzen und Probleme der Professionalisierung und gar auf die Merkmale gegenwärtiger Wissensgesellschaften.

Die Möglichkeit der Verallgemeinerungen sind keineswegs nur an die Breite des Samplings und die Fülle des jeweils erhobenen Datenkorpus gebunden, sondern auch an die beobachtete Typik und Variationsbreite der analysierten Phänomene. Diese können sich, wie etwa bei der rasanten und fast globalen Dissemination der kommunikativen Gattung der Powerpointpräsentation, relativ uniform ausbreiten und recht einheitliche Gattungsmuster aufweisen (Knoblauch 2013); wie die Analyse der Videoanalyse in unterschiedlichen gesellschaftlichen Feldern zeigt, können sie, auf der Grundlage relativ basaler Gemeinsamkeit, auch deutlich variieren. Weil der videoanalytische Beitrag in der Identifikation bestimmter Sequenzen und Formen besteht, wie sie von den Handelnden beobachtet werden, bedarf die Videoanalyse (wie alle registrierende Verfahren) einer besonders reflexiven Methodologie (Knoblauch 2014). Die hier skizzierte methodologische Vorgehensweise ist deswegen nicht im Rahmen einer monologischen Reflexion gewonnen; vielmehr ist die Entwicklung der Methodologie selbst Gegenstand einer empirischen Selbstbeobachtung, die sowohl die Art der Konstruktion von Videodaten, die ethnographische Rekonstruktion des Wissens der Handelnden wie auch die wissenschaftliche Analyse der Videodaten angeht, wie sie hier skizziert wurde. Die Weiterführung der Videographie ist deswegen an eine systematisch weitergeführte Reflexion der Methodologie gebunden, die auch und gerade dann nötig ist, wenn (was wir erwarten) neue Technologien eingesetzt werden.

Dieser Text basiert auf dem gemeinsam mit Bernt Schnettler verfassten Einführungsband zur Videographie (2013) und baut auf den dafür relevanten gemeinsamen Vorarbeiten auf. Die Beispiele stammen aus einer Studie zur Vielfalt der Videoanalysen (Tuma 2017). Julia Rothenburg und Bernt Schnettler danken wir für die kritischen Korrekturen und inhaltlichen Hinweise zu diesem Text.

Literatur

Bergmann, J. (1981): Ethnomethodologische Konversationsanalyse. In: Schröder, P./Steger, H. (Hrsg.) (1981): Dialogforschung. Jahrbuch 1980 des Instituts für Deutsche Sprache. Düsseldorf: Schwann, S. 9–51.
Bergmann, J. (1985): Flüchtigkeit und methodische Fixierung sozialer Wirklichkeit. In: Bonß, W./Hartmann, H. (Hrsg.) (1985): Entzauberte Wissenschaft. Soziale Welt, Sonderband 3. Göttingen: Schwartz, S. 299–320.
Birdwhistell, R. L. (1970): Kinesics and Context: Essay in Body-Motion Research. Philadelphia: University of Pennsylvania Press.
Bohnsack, R. (2009): Qualitative Bild- und Videointerpretation. Die dokumentarische Methode. Stuttgart: UTB.
Bohnsack, R./Fritzsche, B./Wagner-Willi, M. (Hrsg.) (2014): Dokumentarische Video-und Filminterpretation: Methodologie und Forschungspraxis. Opladen: Budrich.
Büscher, M. (2005): Social life under the microscope? In: Sociological Research Online 10, 1. www.socresonline.org.uk/10/1/buscher.html (15.6.2017).
Clark, C./Pinch, T. (1995): The Hard Sell: The Art of Street-wise Selling. London: HarperCollins Publishers Ltd.
Collins, R. (1994): Why the Social Sciences Won't Become High-Consensus, Rapid-Discovery Science. In: Sociological Forum 9, 2, S. 155–177.
Garfinkel, H. (1967): Studies in Ethnomethodology. New Jersey: Wiley.
Glaser, B. G./Strauss, A. L. (1967): The Discovery of Grounded Theory: Strategies for Qualitative Research. Chicago: Aldine Pub. Co.
Günthner, S./Knoblauch, H. A. (1997): Gattungsanalyse. In: Hitzler, R./Honer, A. (Hrsg.) (1997): Sozialwissenschaftliche Hermeneutik. Wiesbaden: Springer VS, S. 281–307.
Heath, C. (1986): Body movement and speech in medical interaction. Cambridge: University Press.
Heath, C. (1997): Video and sociology: the material and interactional organization of social action in naturally occurring settings. In: Champs visuels 6, S. 37–46.
Heath, C./Hindmarsh, J./Luff, P. (2009): Video in Qualitative Research: Analysing social interaction in everyday life. London: Sage.
Heath, C./Luff, P. (2000): Technology in Action. Cambridge: Cambridge University Press.
Herbrik, R. (2011): Die kommunikative Konstruktion imaginärer Welten. Wiesbaden: VS.
Kissmann, U. T. (2014): Die Sozialität des Visuellen. Fundierung der hermeneutischen Videoanalyse und materiale Untersuchungen. Weilerswist: Velbrück.

Knoblauch, H. (1995): Kommunikationskultur. Die kommunikative Konstruktion kultureller Kontexte. Berlin u. a.: de Gruyter.
Knoblauch, H. (2004): Die Video-Interaktions-Analyse. In: Sozialer Sinn 5, 1, S. 123–138.
Knoblauch, H. (2013): Powerpoint, communication, and the knowledge society. New York: Cambridge University Press.
Knoblauch, H. (2014): Reflexive Methodologie. Sozialwissenschaftliche Hermeneutik und kommunikatives Handeln. In: Hitzler, R. (Hrsg.) (2014): Hermeneutik als Lebenspraxis. Weinheim und Basel: Beltz Juventa, S. 117–129.
Knoblauch, H./Schnettler, B. (2012): Videography: Analysing Video Data as a 'Focused' Ethnographic and Hermeneutical Exercise. In: Qualitative Research 12, 3, S. 334–356.
Lehn, D. vom (2014): Timing is money: managing the floor in sales interaction at street-market stalls. In: Journal of Marketing Management 30, 13-14, S. 1448–1466.
Luckmann, T. (1986): Grundformen der gesellschaftlichen Vermittlung des Wissens: Kommunikative Gattungen. In: Kölner Zeitschrift für Soziologie und Sozialpsychologie, Sonderheft 27, S. 191–211.
Raab, J. (2008): Visuelle Wissenssoziologie. Konzepte und Methoden. Konstanz: UVK.
Rammert, W./Schubert, C. (Hrsg.) (2006): Technographie. Zur Mikrosoziologie der Technik. Frankfurt am Main: Campus.
Reichertz, J. (2007): Hermeneutische Wissenssoziologie. In: Buber, R./Holzmüller, H. H. (Hrsg.) (2007): Wiesbaden: Springer, S. 111–125.
Reichertz, J. (2013): Gemeinsam Interpretieren. Die Gruppeninterpretation als kommunikativer Prozess. Wiesbaden: Springer VS.
Reichertz, J./Englert, C. (2010): Einführung in die qualitative Videoanalyse: Eine hermeneutisch-wissenssoziologische Fallanalyse. Wiesbaden: VS.
Sacks, H. (1992): Lectures on Conversation. Herausgegeben von Gail Jefferson und Emanuel A. Schegloff. Oxford: Blackwell.
Scheflen, A. E. (1973): Communicational structure. Analysis of a psychotherapy transaction. Bloomington: Indiana University Press.
Schegloff, E. A./Sacks, H. (1973): Opening up closings. Semiotica, 8(4), S. 289–327.
Schmidtke, O./Schröder, F. (2012): Familiales Scheitern: Eine familien- und kultursoziologische Analyse von Stanley Kubricks „The Shining". Frankfurt am Main und New York: Campus.
Schubert, C. (2006): Videographie im OP: Wie Videotechnik für technografische Studien im OP genutzt werden kann. In: Rammert, W./Schubert, C. (Hrsg.) (2006): Technografie. Zur Mikrosoziologie der Technik. Frankfurt und New York: Campus, S. 223–248.
Selting, M./Auer, P./Barth-Weingarten, D./Bergmann, J./Bergmann, P./Birkner, K./Couper-Kuhlen, E./Deppermann, A./Gilles, P./Günthner, S./Hartung, M./Kern, F./Mertzlufft, C./Meyer, C./Morek, M./ Oberzaucher, F./Peters, J./Quasthoff, U./Schütte, W./Stukenbrock, A./Uhmann, Susanne (2009): Gesprächsanalytisches Transkriptionssystem 2 (GAT 2). In: Gesprächsforschung – Online-Zeitschrift zur verbalen Interaktion 10, S. 353–402. www.gespraechsforschung-ozs.de/heft2009/px-gat2.pdf (Abruf 15.6.2017).
ten Have, P. (1999): Doing Conversation Analysis. A Practical Guide. London: Sage.
Traue, B. (2013): Bauformen audiovisueller Selbst-Diskurse. Zur Kuratierung und Zirkulation von Amateurbildern in Film, Fernsehen und Online-Video. In: Lucht, P./Schmidt, L.-M./Tuma, R. (Hrsg.) (2013): Visuelles Wissen und Bilder des Sozialen. Wiesbaden: Springer VS, S. 281–301.
Tuma, R. (2017): Videoprofis im Alltag – Die kommunikative Vielfalt der Videoanalyse. Wiesbaden: Springer VS.
Tuma, R./Knoblauch, H./Schnettler, B. (2013): Videographie. Einführung in die interpretative Videoanalyse sozialer Situationen. Wiesbaden: Springer VS.
Zielinski, S. (Hrsg.) (2010): Zur Geschichte des Videorecorders. Neuausgabe des medienwissenschaftlichen Klassikers, Bd. 10. Potsdam: Polzer.

4.5
Hermeneutische Wissenssoziologie (sozialwissenschaftliche Hermeneutik)
Es könnte auch immer anders sein

Regine Herbrik

1 Einleitung

Die hermeneutische Wissenssoziologie (ursprünglich: sozialwissenschaftliche Hermeneutik) ist keine Methode im engeren Sinne, sondern eine Methodologie, die von Hans-Georg Soeffner (1989) im Rahmen der Monographie „Auslegung des Alltags – Der Alltag der Auslegung. Zur wissenssoziologischen Konzeption einer sozialwissenschaftlichen Hermeneutik" vorgestellt wurde. Soeffner bewegt sich mit diesem Buch im schönsten performativen Widerspruch, denn er schreibt darin:

> „Über Methoden und Methodologien sollte man eigentlich nichts Theoretisches schreiben. Ihre Praktikabilität und theoretische Legitimation ergeben sich vielmehr daraus, daß man sie in ihrem praktischen Verwendungszusammenhang, in der praktischen Forschungsarbeit explizit beschreibt und am Material begründet." (Soeffner 1989, S. 61)

Dieser Widerspruch zieht sich durch alle zusammenfassenden oder lehrbuchartigen Darstellungen interpretativer Methoden und entsprechend auch der hermeneutischen Wissenssoziologie (wie z. B. Soeffner 1991; Schröer 1997; Kurt 2004; Kurt/Herbrik 2014). Die Betrachtung der Methodologie und der aus ihr resultierenden Verfahrensweisen abzukoppeln von der jeweils spezifischen Fragestellung, dem Untersuchungsgegenstand und dem Forschungsfeld einer Studie erschien damals und erscheint heute unsinnig.

In der Methodenberatung von Student_innen und Kolleg_innen zeigt sich entsprechend, dass eine fundierte Kenntnis der gesamten Projektanlage die wichtigste Voraussetzung für die gemeinsame Lösung methodischer Probleme darstellt. In der Lehre bedeutet dies, dass Lehrformate an die besonderen Spezifika der Methodenlehre angepasst werden müssen. Man kann Methoden nicht vorlesen, weshalb große Frontalformate wenig geeignet erscheinen. Wenn Methoden aus ihrer Einbindung in den Forschungsprozess gerissen und im schlimmsten Falle auch hinsichtlich ihrer erkenntnistheoretischen und methodologischen Hintergründe dekontextualisiert vermittelt werden, verkommen sie zu hohlen Ritualen, die zwar immer noch ordnungsgemäß ausgeführt werden, deren Sinn jedoch schon längst in Vergessenheit geraten ist. Student_innen und Promovent_innen beginnen dann, sie zu fürchten, weil sie sich, aufgrund ihrer Unkenntnis der sich in ihnen ausdrückenden Logik, sklavisch an die nun leeren Formen halten.

Ein souveräner Umgang mit Methoden, der die Forscher_innen ermächtigt, sie als hilfreiche Werkzeuge zu verstehen, die jeweils an das spezifische Projekt angepasst werden, setzt die Kenntnis der Kontexte, aus denen Methoden wissenschaftsgeschichtlich und -theoretisch stammen und der Kontexte, in denen sie Anwendung finden, voraus. Den Herausgeber_innen dieses Bandes ist daher hoch anzurechnen, ihre Autor_innen dazu aufgefordert zu haben, die jeweiligen Methoden bzw. Methodologien innerhalb ihrer tatsächlichen, forschungspraktischen Umgebung vorzustellen. Dieser Aufforderung soll auch in diesem Beitrag Folge geleistet werden. Die Einbettung in den wissenschaftsgeschichtlichen Entstehungskontext wird in diesem Beitrag jedoch kurzgehalten, da sie bereits in hervorragender Art und Weise an anderer Stelle (vgl. dazu insbesondere: Dilthey 1900/2004; Soeffner 2004, S. 114 ff.; Kurt 2004, Kapitel 5 und 6) erfolgt ist und dort nachgelesen werden kann.

1.1 Eine Methodologie für die ‚verkulturwissenschaftlichte' Soziologie

Ein kurzer Blick in die Geschichte der Hermeneutik erklärt, warum ausgerechnet die innerhalb dieses Bandes in den Mittelpunkt gerückten interpretativen Verfahren und insbesondere die *hermeneutische* Wissenssoziologie für die sozial- und kulturwissenschaftlichen Disziplinen in der heutigen Zeit von besonderer Relevanz sind. Gehen wir mit Moebius (2009, S. 9) davon aus, dass es im Zuge des „Cultural Turns" auch zu einer „Verkulturwissenschaftlichung' der Soziologie" gekommen ist, so stellt sich die Frage, welche methodologischen Implikationen sich daraus ergeben. Versteht man „Verkulturwissenschaftlichung" nicht als Problembeschreibung, sondern als eine interdisziplinäre Gesprächsbereitschaft, die dadurch entsteht, dass sich unterschiedliche Disziplinen auf Konzepte einlassen, die Diskurse über ihre Grenzen hinweg ermöglichen, dann gilt es zuallererst zu klären, wodurch sich eine kulturwissenschaftliche Perspektive auf Gesellschaft auszeichnet.

Hier soll argumentiert werden, dass das grundsätzlichste Merkmal des Kulturellen in der Erzeugung und Bewältigung von Mehrdeutigkeit oder Nichteindeutigkeit besteht (vgl. hierzu ausführlicher Herbrik 2013). Sobald es um Kultur geht, sind immer auch andere Bedeutungen möglich, das Signifikat ist nicht mit Sicherheit festzustellen, und daraus resultiert eine nicht endende Potentialität, Lesarten zu generieren. Dies könnte den kleinsten gemeinsamen Nenner einer kulturwissenschaftlichen Perspektive für die Soziologie bilden. Es könnte also immer auch anders sein.

Diese Perspektive gilt es nicht nur theoretisch durchzuhalten, sondern auch zu fragen, wie eine Methodologie beschaffen sein sollte, mithilfe derer wir im Rahmen einer solchen soziologisch-kulturwissenschaftlichen Perspektive forschen können. Um einer immer noch komplexer werdenden und sich zunehmend ausdifferenzierenden Wirklichkeit (vgl. dazu bspw. Alexander 2001 und Schwinn et al. 2011) deskriptiv und heuristisch gerecht zu werden, benötigen wir Verfahrensweisen, die einerseits methodisch kontrolliert operieren und handwerklich lehr- und lernbar sind, andererseits jedoch genau diejenigen interpretatorischen Freiräume eröffnen, die notwendig sind, um ganze Bedeutungsspektren in den Blick zu nehmen, anstatt sich mit lediglich *einer* Deutung zufrieden zu geben. Die hermeneutische Wissenssoziologie ist hierfür in zweifacher Weise prädestiniert.

1.2 Eine Methodologie zur Übersetzung und Vermittlung zwischen den Disziplinen

„Verkulturwissenschaftlichung" bedeutet, wie oben bereits angedeutet, eine Zunahme an Interdisziplinarität – zunächst vielleicht innerhalb der Grenzen der geistes- und sozialwissenschaftlichen und mithin auch kulturwissenschaftlichen Fächer. Benötigt wird entsprechend eine Methodologie, die sich auf die Übersetzung zwischen unterschiedlichen Wissensbereichen und erkenntnistheoretischen Hintergründen versteht. Die hermeneutische Wissenssoziologie steht in der großen Tradition der Hermeneutik, die sich über die Jahrtausende durch Disziplinen, wie Theologie, Philologie, Philosophie, Ästhetik, Geschichtswissenschaft und Rechtswissenschaften bewegt hat (Kurt 2004, Jung 2001, Vedder 2000), von ihnen inspiriert wurde und in ihnen ihre Spuren – teilweise auch Spuren der Abgrenzung gegen sie (Sontag 1966/2009) – hinterlassen hat. Sie steht jedoch gleichzeitig auch in der wissenssoziologischen Tradition, die sie dazu erzogen hat, Interpretation und Übersetzung nicht nur anzuleiten, sondern vor allem auch zu reflektieren (Schütz 1953/2004). Sie bringt entsprechend alle Voraussetzungen mit, derer es bedarf, wenn es um die interdisziplinäre Deutung, Verständigung und Reflexion von Verstehensinhalten und Verstehensprozessen gleichermaßen geht.

1.3 Eine Methodologie, die ihr spielendes Potential nutzt

Die oben angesprochene Dualität von Regelhaftigkeit und Freiheit, die benötigt wird, um es mit einer ständig komplexer werdenden Welt heuristisch aufzunehmen, ist gleichzeitig ein Charakteristikum des Spiels. Es bietet sich daher an zu untersuchen, was wir vom Spiel für die Beschreibung und Interpretation des Sozialen aus einer kulturwissenschaftlichen Perspektive lernen können. Problematisch erscheint dabei, dass das Spiel häufig per definitionem im Verdacht steht, „nicht ernst" und zweckfrei zu sein. Gleichzeitig werden dem Spiel, vor allem dem kindlichen Spiel, eine ganze Reihe identitätsbildender und erkenntnisstiftender Funktionen zugeschrieben (vgl. Runkel 2003).

Doch bereits seit mehreren Jahrzehnten, und gerade auch in den sich neu konstituierenden Kulturwissenschaften, sind Versuche zu beobachten, das Spiel aus seinem Dasein als ‚nur' Untersuchungsgegenstand der Wissenschaft herauszuholen und seine Bedeutung für den Erkenntnisprozess stark zu machen.

> „Denn die Vernunft braucht das Spiel. Zu spielen heißt, Verbindungen zu knüpfen zwischen Intellekt und Sinnlichkeit; zu spielen heißt, spekulative Brücken zu schlagen zwischen Geist und Materie" (Adamowsky 2005, S. 11).

Das Spiel ist außerdem mit der Wissenschaft gut kompatibel, da es reversibel, wiederholbar und variierbar zugleich ist und somit als Schlüsselkategorie wissenschaftlicher Methodik fungieren kann.

Hier soll jedoch ein grundsätzlicheres Argument für das Spiel als methodeninspirierende anthropologische Grundhaltung ins Feld geführt werden, das sich auf eine sehr basale Eigenschaft des Spieles gründet. Im Spiel wird schließlich eine erstaunliche Bewusstseinsleistung erbracht. Spielende sind in der Lage, den Rahmen „hier wird ‚nur' gespielt" bewusst zu halten und ihn gleichzeitig einzuklammern, um im Spiel aufzugehen, sich an ihm zu erfreuen und gute Spieler_innen zu sein (vgl. Baatz 1993). Wo gespielt wird, wird gewusst: Das ist ein Spiel. Gleichzeitig wird diese Prämisse „vergessen", um in das Spiel „eintauchen" und es genießen zu können. Das Spiel bringt seine Spieler_innen also dazu, mehrere Wirklichkeiten oder Lebenswelten ganz unspektakulär miteinander zu vermitteln.

Für Analysen und Interpretationen, die sich im Bereich der zeitdiagnostischen Beschreibung einer Gesellschaft bewegen, innerhalb derer behende im Laufe des Tages zwischen unterschiedlichen Sinngebieten und Wirklichkeiten, wie Arbeit, Spiel, Religion, Fiktion, gewechselt wird, können wir in methodologischer Hinsicht vom Spiel lernen, dass es nicht darum geht, Wirklichkeiten getrennt voneinander zu betrachten, sondern gerade ihre faszinierende und komplexe, gleichzeitige Koexistenz heuristisch auszuhalten und abzubilden.

Fassen wir also Gesellschaft als etwas, das nur durch die Auseinandersetzung mit immer auch anderen möglichen Sinn-Wirklichkeiten zugänglich ist, so zeigt sich, dass wir genau diese im Spiel eingeübte Fähigkeit brauchen, um ihr wissenschaftlich gerecht zu werden. Eine spielende Interpretationsweise wird von unauflösbarer Mehrdeutigkeit nicht behindert, sondern steuert im Gegenteil auf sie zu, findet sie auf und ist in der Lage, sich mit ihr auseinanderzusetzen.

Inwiefern die hermeneutische Wissenssoziologie genau auf diesen Grundsätzen aufbaut und sich daher als Methodologie zeitgenössischer Soziologie anbietet, soll im Folgenden gezeigt werden.

2 Die erkenntnistheoretische Basis der hermeneutischen Wissenssoziologie

Im Zentrum des methodologischen Grundgerüsts steht das Verstehen, also der Prozess, innerhalb dessen Erfahrungen mit Sinn versehen werden. Dabei wird vom alltäglichen Verstehen ausgegangen, zu dem Selbst- und Fremdverstehen gehören. Dem symbolischen Interaktionismus (vgl. u. a. Mead 1967, Blumer 1969) folgend, wird bereits das Selbstverstehen als auf Sozialität, namentlich auf der Übernahme der Perspektive, aus der uns andere deuten, gründender Vorgang verstanden. Menschen lernen demnach, sich selbst zu verstehen, indem sie lernen, wie andere sie verstehen.

Der Grund dafür, warum all dies Verstehen überhaupt notwendig ist, lässt sich in der generellen „Zeichenhaftigkeit" (Soeffner 1999, S. 1) menschlichen Verhaltens und Handelns finden, die auf die grundsätzliche Mehrdeutigkeit menschlichen Verhaltens zurückgeführt werden kann. Diese beruht Plessner (1975, S. XVIII) zufolge auf der Sonderstellung des Menschen, die sich aus seiner „exzentrischen Positionalität" und seiner „offenen Antriebsstruktur" ergibt. Soeffner geht vor dem Hintergrund dieser anthropologischen Konstanten davon aus, dass Akteur_innen sich gegenseitig mittels Anzeigehandlungen Hinweise darauf geben, wie das, was gerade geschieht, ihrer Ansicht nach zu interpretieren ist und dass sie über ein mehr oder weniger bewusstes Wissen über „Handlungs- und Situationstypen" (Soeffner 2004, S. 164) verfügen, das ihnen das gegenseitige Verstehen erleichtert.

Die hermeneutische Wissenssoziologie bezieht sich nun in zweifacher Weise auf die alltäglichen Verstehensprozesse: erstens, indem sie das alltägliche Verstehen zu einem ihrer Untersuchungsgegenstände macht, und zweitens, indem sie, aufbauend auf den alltäglichen Verstehensprozessen, durch den Einsatz von Methoden der Distanzierung und Entschleunigung des Verstehens eine eigenständige Methodenlehre errichtet. Dabei geht es ihr

> „stets um die rationale Rekonstruktion des Typischen, das ja nur im Besonderen zum Ausdruck kommt und sich nur im Einzelfall zeigt: Es geht um die idealtypische Rekonstruktion des typischen subjektiv gemeinten Sinns" (Schröer 1997, S. 113).

Die Bezeichnung „idealtypisch" bezieht sich dabei auf Webers Ausführungen zum „Idealtyp" (Weber 1904, 1922).

Im Sinne einer Verdeutlichung ex negativo sei an dieser Stelle auch betont, dass es nicht um ein Einfühlen in die Psyche einzelner Akteur_innen geht, nicht um die psychoanalytische Durchdringung derer Handlungsmotive oder psychischer Befindlichkeiten oder gar um die Beantwortung der Frage, „was uns die Autor_innen damit sagen wollen". Im Fokus steht vielmehr das interpretative Auffinden derjenigen subjektiv zugeschriebenen Bedeutungen, die typischerweise von Akteur_innen, die einem spezifischen sozialen Milieu angehören, in der jeweils spezifischen sozialen Konstellation, dem jeweils spezifischen sozialen Kontext, zu einem spezifischen historischen Zeitpunkt verwendet werden würden.

Die ersten Ergebnisse einer Untersuchung, die sich von den Prinzipien der hermeneutischen Wissenssoziologie leiten lässt, müssen dabei nicht zwingend in Form einer Aussage formuliert sein. Häufig ist es sinnvoll, sich zunächst mittels dieser Methodologie zu vergegenwärtigen, auf welche sozialen oder kulturellen Fragen das untersuchte Datenmaterial Antworten bietet. Mit einer derart geschärften Fragestellung ergeben sich oft neue, fruchtbare Perspektiven auf das Feld oder den Untersuchungsgegenstand.

Um dies zu erreichen, ist es notwendig, die Verstehensprozesse zu systematisieren, zu entschleunigen, sie von den Anforderungen des Pragma zu befreien und den Reflexionsgrad zu erhöhen. Das Verstehen mittels der hermeneutischen Wissenssoziologie unterscheidet sich insofern vom alltäglichen Verstehen in den in der folgenden Tabelle dargestellten Punkten deutlich.

Tab. 1 Kennzeichen alltäglichen und hermeneutischen Verstehens

	Alltägliches Verstehen	Hermeneutische Wissenssoziologie
Häufigkeit	häufig, fast ständig	zu bestimmten, ausgewählten Zeitpunkten
Zweck	Pragma: Orientierung im Alltag, Überleben	Abkopplung vom Pragma: Wissenschaftliches Interesse
Geschwindigkeit	möglichst schnell	langsam und mit Muße
Automatisierungsgrad	hoch	niedrig
Irritationsgrad	niedrig	hoch
Reflexionsgrad	niedrig	hoch

Die Abkopplung vom Pragma kann insbesondere für partizipativ und/oder transdisziplinär (Mittelstraß 2003) angelegte (Interventions-)Projekte, die beispielsweise mit Praxispartner_innen arbeiten, eine größere Herausforderung darstellen. Gerade deswegen erscheint es jedoch für solche Projekte besonders lohnend, sich eine produktive, perspektiverweiternde Auszeit von den Limitierungen zu gönnen, die der Implikationsgenerierungsdruck mit sich bringt.

Selbstredend lassen sich jedoch bereits im Alltag Übergänge zum wissenschaftlichen Verstehen ausmachen. So berichten Psychotherapeut_innen, wieviel Zeit und Energie ihre Klientel teilweise in die Ausdeutung von SMS (Kurzmitteilungen) und Facebook-Chats investiert (Paetzold 2012). Das ähnelt bereits einem hermeneutischen Vorgehen, das sich durch sein entschleunigtes Tempo und seine Reflexivität auszeichnet. Was jedoch noch fehlt, ist die Distanz zum Pragma sowie insbesondere die Methodizität.

Wie viele andere wissenschaftliche Methoden nutzt auch die hermeneutische Wissenssoziologie unter anderem das Instrument des Vergleichs. Inspiriert von der Phänomenologie Husserls (und den Operationen der Appräsentation, Reduktion und Variation) beschränkt sie sich jedoch nicht darauf, mehrere für wirklich gehaltene Dinge miteinander zu vergleichen, sondern vergleicht darüber hinaus für wirklich Gehaltenes mit den Entwürfen anderer Möglichkeiten. Ronald Kurt (2004, Kap. 5) hat bereits in unübertrefflich verständlicher Art und Weise beschrieben, wie sich die methodischen Bausteine der Husserlschen Phänomenologie in die hermeneutische Wissenssoziologie einbetten.

Die hermeneutische Wissenssoziologie fragt also vor dem Hintergrund der Prämisse ‚Es könnte auch immer anders sein': Wie könnte es sonst noch sein und was lernen wir über das gerade So-Sein durch den Vergleich mit anderen vorstellbaren Optionen? Daraus ergibt sich ein Oszillieren zwischen dem Wirklichkeits- und dem Möglichkeitssinn, das mehrere Wirklichkeiten gleichzeitig auszuhalten im Stande ist, ähnlich wie wir das vorher für das Grundparadox des Spiels beschrieben haben.

Erleichtert wird den Interpretierenden die Einübung in eine solche Haltung durch die Arbeit in einer Interpretationsgruppe, die sie daran hindert, ersten eigenen Interpretationen zu viel Gewicht beizumessen und dem Interpretationsprozess ein kommunikativ-agonales Element hinzufügt, das motivierend wirkt. Ausführlichere Informationen zu hermeneutischen Interpretationsgruppen finden sich in äußerst hilfreicher Form bei Reichertz (2013).

Schleiermacher (1838/1995) hatte seinerzeit, ganz im Sinne der damals vorherrschenden Genieästhetik, die Hermeneutik zur Kunst erklärt, als er sah, dass sich für manche interpretative Prozeduren keine Regel definieren ließ. Sie sollte kongenial das zu verstehen helfen, was in seiner Herstellung keiner starren Rhetorik mehr unterworfen war. Die heutige, hermeneutische Wissenssoziologie ist jedoch nicht ausschließlich Kunst, denn ihre Durchführung folgt durchaus Regeln, die angegeben, gelernt und eingeübt werden können. Sie ist jedoch genauso wenig ausschließlich Handwerk, das bei ordentlicher Anwendung aus jedem Datum fast automatisch eine ‚richtige' Interpretation presst. In ihr begegnen sich Kunst, Handwerk und Spiel, denn innerhalb der Regeln, die sie sich gibt, eröffnen sich Freiräume für Ungeregeltes und nicht Vorhersehbares. Durch ihren spielenden Charakter etabliert sie eine Distanz zum Pragma des Alltags, aber auch zum Pragma der Wissenschaft, die das interesselose Verstehen fördert, während ihre Aufforderung zum Möglichkeitsdenken Mehr- statt Eindeutigkeit herstellt. Insofern bewegt sich die hermeneutische Wissenssoziologie an den Schnittpunkten zwischen Kunst, Spiel und Handwerk (vgl. Abb. 1).

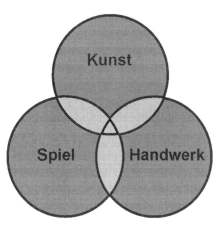

Abb. 1: Kunst, Spiel und Handwerk als Elemente der Hermeneutischen Wissenssoziologie

3 Anwendung einzelner Bausteine der hermeneutischen Wissenssoziologie in einem Kleinforschungsprojekt zum Thema ‚Nachhaltigkeit'

Einzelne konkrete Ansatzpunkte für eine von der hermeneutischen Wissenssoziologie angeleitete Vorgehensweise sollen im Folgenden anhand der Problemstellung eines Kleinforschungsprojekts erläutert werden, das zur Vorbereitung auf ein zu beantragendes interdisziplinäres (soziologisches und kunsthistorisches) Forschungsprojekt durchgeführt wurde. Dieses Projekt beschäftigte sich mit der kommunikativen Konstruktion normativer, sozialer Fiktionen in Kunst und Gesellschaft am Beispiel ‚Nachhaltigkeit'.

Für den Verlauf des Projekts sind zwei Einsatzpunkte der Methodologie der hermeneutischen Wissenssoziologie und ihrer methodischen Konkretisierungen anzuführen. Zunächst leitet die Methodologie, wie der Name schon sagt, ein Nachdenken über Untersuchungsgegenstände an, das mit einer interpretativen, also zusätzliche, weitere Sinnhorizonte eröffnenden, Perspektive auf die Wissensbestände, die Generierung von Wissen, die Tradierung und Institutionalisierung von Wissen, die Vermittlung von Wissen innerhalb einer Gesellschaft blickt. Bereits bei der Auswahl des Untersuchungsgegenstandes und der

Formung der Fragestellung spielt diese Perspektive eine wichtige Rolle. Denn gerade im Hinblick auf das hier in Frage stehende Thema ‚Nachhaltigkeit' besteht die Gefahr, sich als Forscher_in zu diesem Thema von seiner Normativität, seiner Terminologie und seinem mittlerweile weit verbreiteten Diskurs vereinnahmen zu lassen. Von der Wissenssoziologie lernen wir, dass es selbstredend nicht möglich ist, einen externen Beobachtungsstandpunkt einzunehmen. Wir entkommen der Problematik also nicht, selbst in einem Diskurs, einem Sinnbereich verortet zu sein, den wir untersuchen möchten.

Einen sinnvollen Ausweg aus diesem Dilemma bietet jedoch die Reflexivität der hermeneutischen Wissenssoziologie. Geleitet von den Schützschen Prämissen, die bei Berger und Luckmann ausgearbeitet wurden, kennzeichnet und reflektiert sie einerseits ihre eigenen Konstruktionen (2. Ordnung) als solche. Andererseits erbringt sie durch ihre spielenden, aus der Phänomenologie stammenden Elemente, wie oben beschrieben, die Leistung, Ambivalenzen miteinander zu vermitteln und Paradoxa auszuhalten.

Die Anlage des Kleinforschungsprojekts basiert auf der wissenssoziologischen Beobachtung, dass jedes nachhaltigkeitsbezogene Denken, Sprechen und Handeln zwangsläufig auf die Fähigkeit des Menschen zur Überschreitung der Sphäre des derzeitigen „Realen" angewiesen ist. Die Auseinandersetzung mit „Nachhaltigkeit" verlangt immer den Umgang mit Entwürfen, (Zukunfts-) Vorstellungen (Utopien, apokalyptischen Bildern), Idealen, Metaphern und Glaubenssätzen und verweist somit auf (soziale) Imaginationen, die zwar auf ein proteisches, fluides, prozesshaftes und doch relativ stabiles Imaginäres gründen, sich jedoch in der Lebenswelt des Alltags soweit zu Texten, Bildern, Plänen, Karten oder Symbolen manifestieren müssen, dass sie handlungsleitend und -tragend sein können. Wir übertragen an dieser Stelle ein literaturanthropologisches Konzept von Iser (1991), das wiederum auf einer sozialphilosophischen Grundlage beruht (Castoriadis 1984) in die wissenssoziologische Forschung.

Wir bezeichnen im Folgenden ‚Nachhaltigkeit' als soziale Fiktion, wobei „Fiktion" hier nicht pejorativ verwendet wird, sondern im Sinne Isers (1991, S. 18 ff.) Objektivationen beschreibt, innerhalb derer sich Reales und Imaginäres miteinander vermitteln, wobei sich Reales irrealisiert und Imaginäres realisiert. Obwohl dieser sozialen Fiktion ‚Nachhaltigkeit' innerhalb der vergangenen Jahre zunehmend öffentliche und wissenschaftliche Aufmerksamkeit gewidmet wurde, blieb bislang die Frage unbeantwortet, wie sie in unterschiedlichen gesellschaftlichen Sphären kommunikativ hergestellt und verhandelt wird. ‚Nachhaltigkeit' dient dabei als Beispiel, durch dessen Analyse weitreichendere Erkenntnisse über die Funktionsweise und Bedeutung großer, normativer, sozialer Fiktionen (andere Beispiele wären ‚Fortschritt' oder ‚Bildung') erarbeitet werden können.

Dieses Forschungsdesiderat aufgreifend, wird im Rahmen des Kleinforschungsprojekts eine Studie entworfen, mithilfe derer diese Lücke geschlossen werden kann. Dieser Entwurf ist geprägt von den Prämissen der Hermeneutik, insofern er sich jeweils nicht mit der Betrachtung existenter Objektivationen zufriedengibt, sondern diese jeweils mit dem Merksatz konfrontiert: Es könnte auch anders sein. Dabei werden sowohl künstlerische Arbeiten als auch die sicht- und hörbaren, also protokollierbaren und damit unserer Analyse zugänglichen, kommunikativen Handlungen aus anderen mit ‚Nachhaltigkeit' befassten gesellschaftlichen Bereichen als empirische Ansatzpunkte zur methodischen Rekonstruktion der sozialen Fiktion ‚Nachhaltigkeit' genutzt.

Die besondere Herausforderung liegt in der Zusammenarbeit zwischen kunsthistorischer und sozialwissenschaftlicher Perspektive, die mittels hermeneutischer Übersetzungen miteinander ins Gespräch gebracht werden sollten. Konkret wurde dies im Rahmen zweier Teilprojekte durchgeführt, die miteinander korrespondierten:

A *Sozial- und kulturwissenschaftlich* wurde bestehendes Datenmaterial aus einem Projektseminar und einer früheren Studie einer Sekundäranalyse unterzogen, um erste empirische Hinweise für die Ausrichtung der für die geplante Studie avisierten Forschungsdesigns zu erhalten.
B *Kunsthistorisch* wurde der aktuelle Stand der auf ‚Nachhaltigkeit' bezogenen Kunstproduktion erhoben, ausgewählte Kunstwerke hieraus einer ersten Analyse unterzogen und Kontakte zu Künstler_innen hergestellt, deren Werke im Hinblick auf die kommunikative Konstruktion sozialer Fiktionen (zunächst eben die Nachhaltigkeit) besonders aufschlussreich sind.

Betrachtet man aktuelle Forschungen im Bereich ‚Nachhaltigkeit', so zeigt sich, dass deutlich solche Arbeiten überwiegen, die *im* Bereich Nachhaltigkeit forschen, also versuchen, Antworten darauf zu geben, wie nachhaltig einzelne Bereiche der Gesellschaft bereits funktionieren, wie sie nachhaltiger gestaltet werden könnten (nachhaltige Entwicklung) und wie sich ‚Nachhaltigkeit' besser kommunizieren und lehren lässt (Bildung für eine nachhaltige Entwicklung). Für unsere Fragestellung sind jedoch insbesondere sozial- und kulturwissenschaftliche sowie kunsthistorische Studien relevant, die sich mit ‚Nachhaltigkeit' oder ihrer künstlerischen Umsetzung auf einer reflexiven Ebene beschäftigen; sie also selbst zum Untersuchungsgegenstand machen. Hierbei zeigt sich besonders deutlich die Relevanz, die auf beiden Ebenen dem Imaginären zukommt. So verweist Grober (2013) mehrfach auf die Bedeutung der Akte der Vorstellungskraft, die konstitutiv für die Etablierung des Nachhaltigkeitsdiskurses waren – wie z. B. Herders Imagination eines Blicks von außen auf die Erde als „Stern unter Sternen" (zit. nach Grober 2013, S. 135) und später auch die Fotografien der „Blue Marble" Erde. Stark gemacht wird die imaginäre, in diesem Fall transzendente, Dimension der Nachhaltigkeit auch in den Beiträgen von Szerszynski, Mettler-v. Meibom, Inhetveen und Christmann in Littig

(2004) und bei Gardner (2003). Dabei geht es um die Frage, ob und inwiefern Nachhaltigkeit als eine Art „Diesseitsreligion" (Honer/Kurt/Reichertz 1999), als spirituelles Sinnangebot, in einer mehr oder weniger säkularisierten Gesellschaft gesehen werden kann bzw. welche Schnittmengen des Konzeptes ‚Nachhaltigkeit' mit den Grundsätzen der Weltreligionen bestehen.

Auch hinsichtlich des Forschungsdesigns bestand das Kleinforschungsprojekt aus zwei Teilbereichen, die gleichzeitig durch- und in einem zweiten Schritt zusammengeführt wurden. Als methodologisches und verbindendes Grundgerüst diente die „Grounded Theory" (Glaser/Strauss 1967).

Der Teilbereich B des Kleinforschungsprojekts beschäftigte sich mit der kommunikativen Konstruktion von Nachhaltigkeit innerhalb künstlerischen Arbeitens. Mithilfe kunsthistorischer Zugänge wird deutlich, wie Kunst eine mögliche Realität im Hinblick auf das Konzept ‚Nachhaltigkeit' erschafft. Geleitet von wissenschaftlichen Diskursen, alltäglichen Problemstellungen, Zukunftsvisionen, utopischen und dystopischen Welten, gestalten Künstler_innen Arbeiten, in denen die Gesetzmäßigkeiten der Naturwissenschaft und des Sozialen auf die Probe gestellt werden. Hierdurch wird ein eigenartiges Bild vom Menschen und seiner Rolle hinsichtlich der Bewahrung der Natur und der Erde definiert. Das Imaginäre erhält körperliche, artifizielle Präsenz im Ausstellungsraum und wird dadurch zugänglich.

Der Teilbereich A des Kleinforschungsprojekts, auf den wir im Folgenden hauptsächlich näher eingehen wollen, beschäftigte sich mit der kommunikativen Konstruktion von Nachhaltigkeit im sozialen Alltag. Dabei werden bestehende Datensätze, die im Zuge einer interdisziplinären (Wirtschaftspsychologie und Soziologie) Kooperation und unter Mitwirkung der Studierenden eines Mastermoduls erhoben wurden, einer interpretatorischen Sekundäranalyse (Medjedović in diesem Band) unterzogen. Erhoben und primär-ausgewertet wurden die Daten von Sigrid Bekmeier-Feuerhahn und Paula Bögel, denen ich herzlich für die fruchtbare Kooperation danke. Deren Ergebnisse wurden bereits auf diversen Tagungen vorgestellt und sind zur Publikation vorgesehen in Bögel et al. (submitted). Bei den Daten handelt es sich um transkribierte und bereits inhaltsanalytisch (nach Mayring 2012 und Kuckartz in diesem Band) mithilfe der Software MAXQDA codierte und ausgewertete Interviews.

Die Respondent_innen wurden im ersten Teil des Interviews dazu animiert, sich in Form des „Lauten Denkens" (siehe z. B. Séguinot 1996) über einen ihnen vorliegenden Ausschnitt der Populär-Version des H&M-Nachhaltigkeitsberichts („Conscious Actions Highlights 2012") zu äußern. Im zweiten Teil des Interviews wurde darauf aufbauend ein fokussiertes Leitfadeninterview durchgeführt, das hauptsächlich auf die für den Bereich „Corporate Social Responsibility" (CSR) ausschlaggebenden Fragen nach den Relationen von Voreinstellungen (hinsichtlich eines Unternehmens) und Bewertungen (der CSR-Kommunikation desselben Unternehmens) ausgerichtet war. CSR ist zwar insgesamt ein sehr relevantes Thema für die kommunikative Konstruktion der sozialen Fiktion ‚Nachhaltigkeit'. Vor dem Hintergrund der Inhaltsanalyse wurde jedoch deutlich, dass insbesondere die Antworten auf eine spezifische Frage des Leitfadens tieferer Interpretation bedurften und sich als besonders ergiebig erwiesen. Die Frage wurde zwar nicht im Wortlaut, aber doch sinngemäß, in allen Interviews gestellt, sodass für die hermeneutische Betrachtung ausreichend Datenmaterial zur Verfügung stand: „Welche Rolle spielt Nachhaltigkeit in Ihrem/Deinem Leben?"

Die Kombination hermeneutischer mit inhaltsanalytischen Verfahren erwies sich hier, wie häufig, als sinnvoll. Wichtig ist dabei, dass Analyse und Interpretation sich gegenseitig ergänzen, den jeweils anderen Schritt vorbereiten, dessen Ergebnisse vertiefen oder generalisieren. Von dieser Ergänzung profitieren beide methodischen Ansätze. Besonders notwendig erscheint es jedoch, codierende Verfahren, wie beispielsweise die „strukturierende Inhaltsanalyse" (nach Mayring 2010, S. 92 ff.) durch einen kontextsensiblen hermeneutischen Ansatz zu vervollständigen. Die an sich, im Sinne der Datenorganisation, sinnvolle Codierung, Sortierung und damit Dekontextualisierung einzelner Bestandteile des Datenmaterials bringt als unerwünschte Nebenwirkung den Verlust der Sequenzialität der Daten mit sich. Diese kann jedoch in einem zweiten Schritt mithilfe sequenzanalytischer Techniken, die sich an den Grundsätzen der hermeneutischen Wissenssoziologie orientieren, zumindest in Teilen wieder eingeholt werden. Als hilfreich hat sich außerdem das Abfassen von Fallbeschreibungen erwiesen, die auch solche Beobachtungen am Datenmaterial auffangen, die sich nicht an einzelnen Codes oder Kategorien festmachen lassen.

Grundsätzlich lässt sich so ein erweiterter hermeneutischer Zirkel bilden: Anhand hermeneutischer Verfahren werden zu Beginn induktiv und abduktiv Kategorien und Codes aufgefunden, die, gegebenenfalls ergänzt um deduktiv aus der Theorie entwickelte Codes, inhaltsanalytisch zur Strukturierung und Sortierung größerer Datenmengen (auch mit Unterstützung von QDA-Software, wie bspw. MAXQDA oder Atlas.ti) genutzt werden. Im Verlauf der Inhaltsanalyse werden dann Abschnitte und Sequenzen im Material aufgefunden und gesammelt, die sich in Anlehnung an die „dichte Beschreibung" (Geertz 1999) als ‚dichte Stellen' mit einem besonders vielschichtigen Bedeutungsangebot besonders für eine Feininterpretation mittels hermeneutischer, sequenzanalytischer Verfahren eignen. Die Ergebnisse aus diesen Feininterpretationen werden im Anschluss wiederum in den laufenden Prozess der Inhaltsanalyse eingespielt und so fort.

In unserem Fall starteten Datenerhebung und -auswertung, wie oben beschrieben, weit vor dem Start unseres konkreten Projekts mit einem hauptsächlich deduktiv ausgerichteten Forschungsdesign des Projekts der Kooperationspartner_innen, das viele Aspekte des Interviewleitfadens und viele der

Auswertungskategorien aus der bestehenden Theorie zur CSR-Kommunikation (insbesondere auch zum Elaboration Likelihood Model, vgl. Petty/Brinol/ Priester 2009) generierte. Gerade jedoch diejenigen Abschnitte in den Transkripten der Leitfadeninterviews, die mittels sehr offener Fragen erhoben worden waren, erwiesen sich als besonders vielschichtig und deutungsbedürftig. Zusätzlich standen transkribierte Gruppendiskussionen zur Verfügung, die von Studierenden eines Projektseminars zur Untersuchung der Frage, wie Angehörige unterschiedlicher Generationen über Nachhaltigkeit sprechen, durchgeführt wurden.

Beide Datensorten wurden im Rahmen des Kleinforschungsprojekts einer sequenzanalytischen Feininterpretation unterzogen. Auf diese konkrete Anwendung der hermeneutischen Wissenssoziologie richten wir nun den Fokus.

4 Sequenzanalyse in der hermeneutischen Wissenssoziologie

Ziel der Sequenzanalyse, die eigentlich besser ‚sequentielle Interpretation' heißen sollte, ist es, mithilfe eines trichterförmigen Vorgehens, im Rahmen einer Interpretationsgruppe zunächst eine möglichst große Anzahl möglicher Interpretationen und Lesarten zu generieren, die dann sukzessive im Verlauf der Interpretation nachfolgender Sequenzen durch Ausschlussprozesse auf ein überschaubares Spektrum an Deutungen reduziert wird. Auf diese Art ist es möglich, auch dort zu neuen, explorativen Einsichten zu kommen, wo bereits landläufige oder wissenschaftlich etablierte Erklärungen bereitstehen.

Die im Rahmen der Methodologie der hermeneutischen Wissenssoziologie zur Anwendung kommende Sequenzanalyse geht hinsichtlich ihres strukturellen Aufbaus ursprünglich auf die Sequenzanalyse der „objekten Hermeneutik" Oevermanns (1979) zurück. Sie wurde jedoch in den vergangenen Jahrzehnten an die spezifischen Voraussetzungen der hermeneutischen Wissenssoziologie angepasst und in ihrer Anwendung über textförmige Daten hinaus auch auf andere Datensorten, wie etwa Bild- und Videodaten (Raab/Tänzler 2009; Müller 2012), übertragen. Außerdem soll hier gezeigt werden, dass auch die bislang wenig berücksichtigten Emotionen der Interpretierenden – für die Emotionen von Feldforscher_innen gibt es diese Überlegung bereits längst (vgl. Davies/ Spencer 2010) – als zusätzliche Faktoren in den Interpretationsprozess eingebracht werden können, ohne in eine Einfühlungshermeneutik zurückzufallen (vgl. Herbrik 2016).

Dabei muss sehr umsichtig vorgegangen werden, da es den meisten Interpretationsgruppen nicht möglich sein wird, getriggerte Traumata oder andere seelische Zusammenbrüche professionell aufzufangen. Unter Einhaltung einiger Sicherheitsvorkehrungen ist es dennoch möglich, Emotionen zu thematisieren. So können diese, sofern sie mit dem Datenmaterial in Verbindung gebracht werden, zu Wegweisern werden, die auf mögliche Lesarten zeigen.

Das Vorgehen der Sequenzanalyse in der Gruppe lässt sich anhand der folgenden Schritte zusammenfassen (vgl. Kurt/Herbrik 2014):

1. Festlegen der ersten Sequenz, Einklammern des Kontextes
2. Entwicklung von Lesarten und Variationen
3. Entwurf möglicher Anschlüsse
4. Hinzuziehen einer weiteren Sequenz und gegebenenfalls des Kontextes, Überprüfung der Lesarten, Entwicklung weiterer Lesarten und Variationen, Wiederholung dieses Schrittes bis sich eine Sättigung der Interpretationen einstellt
5. Zusammenfassendes Herausarbeiten der Spezifik des Falles und Generalisierung

Dies wollen wir anhand einer Sequenz aus einem der im Projekt untersuchten Interviews illustrieren. Interpretiert werden sollte der folgende Abschnitt:

> R: Ähm, für mich persönlich, also ich achte grundsätzlich schon darauf, wenn's jetzt zum Beispiel um=um Lebensmittel geht, dass es äh die äh Bioeier vom von freilaufenden Hühnern sind oder äh dass es eben regionale Produkte sind zum Beispiel von der von (unverst.) aus dem Bremer Land, weil ich da auch herkomme und ich weiß, ich kenn die Hofmolkerei und ich weiß dann, wo mein Joghurt herkommt und meine Milch und weiß dann, dass es äh auch es Wert ist, 50 Cent vielleicht mehr fürn Liter Milch zu bezahlen. Und, in=in der Hinsicht achte ich da schon drauf, aber es ist einfach leider so, dass es oft zu komplex is und zu schwierig, ähm, das wirklich nachzuvollziehen und ähm ja, also ich wünschte, ich könnte mehr drauf achten, ich wünschte, ich hätte auch die finanziellen Mittel dazu, weil als Student ist es vielleicht noch etwas schwierig im Moment, dass man wirklich äh auch guckt, wo kommt das, wo kommt das Fleisch her, ist es, also für mich geht das jetzt eher in die Lebensmittelrichtung. Also da ist mein=mein Bewusstsein dafür auf jeden Fall noch ausgeprägter als ähm bei Kleidung, wobei ich sagen muss, dass bei Kleidung genauso wichtig ist, auf jeden Fall. Das möchte ich damit nicht sagen, aber, ähm, man hat bei dem äh Schlachter, zum Beispiel vor Ort aus dem Dorf, wo man weiß, die Kuh ist von dem Nachbarn äh noch mehr den Überblick und deswegen achte ich da vielleicht auch mehr drauf, als eben bei H&M, wo ich es nicht überprüfen kann und wo diese Frustration dazu führt, dass man das dann vielleicht eher ignoriert als bei Lebensmitteln.

4.1 Festlegen der ersten Sequenz, Einklammern des Kontextes

Die erste zu betrachtende Sequenz, die erste Sinneinheit, wird festgelegt, das kann je nach Material ein Wort, eine Phrase, ein Halbsatz usw. sein. Zumeist ist es sinnvoll, am Beginn des Datenmaterials anzufangen. Werden aus dem Material einzelne dichte Stellen extrahiert, wie hier, so bietet sich der Anfang der ausgewählten Sequenz an. Das Wissen über den Kontext der gewählten Sequenz wird zunächst eingeklammert. Das bedeutet, so zu interpretieren, als wisse man nicht, aus welchem historischen, sozialen, kulturellen Kontext die Sequenz stammt.

> R: Ähm, für mich persönlich, also ich achte grundsätzlich schon darauf,

4.2 Entwicklung von Lesarten und Variationen

Für diese Sequenz wird eine möglichst spontane, möglichst umfassende Sammlung an Lesarten zusammengetragen. Lesarten sind Interpretationen der Sequenz im Hinblick auf den Handlungs- und Bedeutungszusammenhang, aus dem sie stammen könnte. Die zu beantwortenden Fragen lauten hierfür:

- Innerhalb welcher Handlungszusammenhänge ergibt die in Frage stehende Sequenz als Teil des Ganzen Sinn?
- Wer könnte das in welchem Kontext zu wem sagen?
- Was ging voraus?

Außerdem werden Variationen der Sequenz durchgespielt und dadurch die Spezifik der tatsächlichen Sequenz erkannt. In unserem Beispiel: Was verändert sich, wenn man den Vorspann „Ähm, für mich persönlich" weglässt, welche Funktion hat dieser Vorspann? Was verändert sich, wenn man „grundsätzlich" durch „immer" ersetzt? Welche Funktionen von „schon" werden deutlich dadurch, dass man die eigentliche Sequenz mit einer imaginären vergleicht, die ohne „schon" auskommt?

Folgende – aber natürlich auch viele weitere – Lesarten könnten von einer Interpretationsgruppe für die oben genannte erste Sequenz entwickelt werden:

- Lesart A: Eine Lehrerin schildert ihre Strategie zur Integration von Kindern mit Migrationsgeschichte.
- Lesart B: Ein Politiker beantwortet in einer Talkshow die Frage, ob er selbst in seinem Ministerium die Frauenquote einhalte.
- Lesart C: Eine Frau beantwortet in der Sprechstunde beim Arzt die Frage, wie sie sich ernähre.
- Lesart D: Eine Schülerin argumentiert vor der Klasse, dass es durchaus Jugendliche, wie sie, gibt, die ihre Kaufentscheidungen, z. B. im Hinblick auf Textilien von den Produktionsbedingungen abhängig machen.
- Lesart E: Ein Angehöriger einer Religionsgemeinschaft antwortet auf die Frage, wie er es hinsichtlich der Einhaltung religiöser Verhaltensregeln halte.

- Lesart F: Eine Werbefigur beantwortet eine Frage, die nicht explizit gestellt wird, jedoch durch die Antwort mit aufgerufen wird, z. B. nach den Auswahlkriterien für einen Optiker, bei dem eine Brille gekauft wird.

Bereits an dieser Stelle zeigt sich, dass hauptsächlich Lesarten generiert werden, innerhalb derer Sprecher_innen eine Frage beantworten und sich innerhalb dieser Antwort hinsichtlich der Erfüllung bzw. des Grades der Erfüllung einer Norm (Frauenquote/Gleichstellung, Gesundheitsbewusstsein/gesunde Ernährung, Sparsamkeit/Effizienz, Nachhaltigkeit/soziale Gerechtigkeit) rechtfertigen. Die Lesarten deuten alle auf einen offiziellen oder halboffiziellen sozialen Kontext hin. Die entworfenen Lesarten deuten nicht darauf hin, dass diese Sequenz im Kreis der engsten Familie so stattfinden würde. Zusätzlich wird anhand der Variationen festgehalten, dass hier jemand nur für sich spricht und dies auch betont und dass „grundsätzlich schon" auf einen Grundsatz hinweist, der, im nächsten Moment widerrufen werden könnte. Und damit sind wir bereits beim nächsten Schritt:

Entwurf möglicher Anschlüsse

Als nächstes fragt sich die Interpretationsgruppe: „Wir müssen uns überlegen, wie es weitergeht …" (Kurt/Herbrik 2015). Die möglichen Anschlüsse lassen sich zumeist direkt aus den einzelnen Lesarten ableiten, wie wir für unsere Beispielsequenz im Folgenden zeigen werden.

R: Ähm, für mich persönlich, also ich achte grundsätzlich schon darauf,

- Lesart A: Eine Lehrerin schildert ihre Strategie zur Integration von Kindern mit Migrationsgeschichte. Möglicher Anschluss A: „dass die Kinder mit Migrationsgeschichte die Betreuung erhalten, die sie benötigen."
- Lesart B: Ein Politiker beantwortet in einer Talkshow die Frage, ob er selbst in seinem Ministerium die Frauenquote einhalte. Möglicher Anschluss B: „mindestens genauso viele Frauen wie Männer zu beschäftigen."
- Lesart C: Eine Frau beantwortet in der Sprechstunde beim Arzt die Frage, wie sie sich ernähre. Möglicher Anschluss C: „dass ich ausreichend Obst und Gemüse zu mir nehme."
- Lesart D: Eine Schülerin argumentiert vor der Klasse, dass es durchaus Jugendliche, wie sie, gibt, die ihre Kaufentscheidungen, z. B. im Hinblick auf Textilien von den Produktionsbedingungen abhängig machen. Möglicher Anschluss D: „wo und unter welchen Bedingungen die Klamotten hergestellt werden, die ich kaufe."
- Lesart E: Eine Werbefigur beantwortet eine Frage, die nicht explizit gestellt wird, jedoch durch die Antwort mit aufgerufen wird, z. B. nach den Auswahlkriterien für einen Optiker, bei dem eine Brille gekauft wird. Möglicher Anschluss E: „dass das Preisleistungsverhältnis stimmt."
- Lesart F: Ein Angehöriger einer Religionsgemeinschaft antwortet auf die Frage, wie er es hinsichtlich der Einhaltung religiöser Verhaltensregeln hal-

te. Möglicher Anschluss F: „an hohen Feiertagen möglichst wenig Lärm zu machen."

4.3 Überprüfung der Lesarten, Entwicklung weiterer Lesarten und weiterer Variationen

Nun wird eine weitere Sequenz hinzugezogen, um zu überprüfen, welche der bislang entworfenen Lesarten aufrechterhalten und welche aussortiert werden müssen. Möglich ist auch, bereits an dieser Stelle den sogenannten äußeren Kontext, also Zusatzinformationen außerhalb der analysierten Sequenz, hinzuziehen. In vielen Fällen ist es jedoch auch sinnvoll, dies erst später zu tun und zunächst zu sehen, wie sich die textimmanente Reduktion der Lesarten entwickelt. Wir erweitern unsere Sequenz und zeigen im Folgenden, welche Lesarten gestrichen und welche beibehalten werden können.

> R: Ähm, für mich persönlich, also ich achte grundsätzlich schon darauf, wenn's jetzt zum Beispiel um=um Lebensmittel geht,

- ~~Lesart A: Eine Lehrerin schildert ihre Strategie zur Integration von Kindern mit Migrationsgeschichte ... „dass die Kinder mit Migrationsgeschichte die Betreuung erhalten, die sie benötigen."~~
- Lesart B: Ein Politiker beantwortet in einer Talkshow die Frage, ob er selbst in seinem Ministerium die Frauenquote einhalte ... „mindestens genauso viele Frauen wie Männer zu beschäftigen."
- Lesart C: Eine Frau beantwortet in der Sprechstunde beim Arzt die Frage, wie sie sich ernähre ... „dass ich ausreichend Obst und Gemüse zu mir nehme."
- Lesart D: Eine Schülerin argumentiert vor der Klasse, dass es durchaus Jugendliche, wie sie, gibt, die ihre Kaufentscheidungen, z. B. im Hinblick auf Textilien von den Produktionsbedingungen abhängig machen ... „wo und unter welchen Bedingungen die Klamotten hergestellt werden, die ich kaufe."
- Lesart E: Eine Werbefigur beantwortet eine Frage, die nicht explizit gestellt wird, jedoch durch die Antwort mitaufgerufen wird, z. B. nach den Auswahlkriterien für einen Optiker, bei dem eine Brille gekauft wird ... „dass das Preisleistungsverhältnis stimmt."
- Lesart F: Ein Angehöriger einer Religionsgemeinschaft antwortet auf die Frage, wie er es hinsichtlich der Einhaltung religiöser Verhaltensregeln halte ... „an hohen Feiertagen möglichst wenig Lärm zu machen." ... „mich koscher zu ernähren."
- Lesart G: Ein Imbissmitarbeiter beantwortet eine Frage des Abgesandten des Gesundheitsamts danach, wie häufig er sich die Hände wasche ... „dass meine Hände immer sauber sind."

Die nicht mehr passenden Lesarten werden zwar durchgestrichen, jedoch nicht gelöscht. Anhand der Variationen wird deutlich, dass hier Akteur_innen und Inhalte zwar variieren, dass das Muster der Rechtfertigung auf Nachfrage hinsichtlich eines normativen Sachverhalts jedoch erhalten bleibt:

> „wenn's jetzt zum Beispiel um=um die Betreuung/die Einstellung von Frauen/den Kauf von Kleidung/die Auswahl des Optikers geht".

Eine weitere Lesart ist ergänzt worden, die in der Interpretationsgruppe genannt wurde.

Die bis hierher gezeigten Schritte werden fortlaufend unter Hinzunahme weiterer Sequenzen wiederholt bis keine weiteren, neuen Lesarten mehr entwickelt werden können. Wichtig ist, dass die Sequenz dabei Stück für Stück verlängert wird. Es geht nicht darum, einzelne Sequenzen aus ihrem Kontext zu reißen und alles, was bis dahin erarbeitet worden ist, jeweils wieder zu vergessen. Der nächste Schritt in unserem Beispiel wäre entsprechend eine nochmalige Erweiterung der Sequenz und eine weitere Überprüfung der möglichen Lesarten.

> R: Ähm, für mich persönlich, also ich achte grundsätzlich schon darauf, wenn's jetzt zum Beispiel um=um Lebensmittel geht, dass es äh die äh Bioeier vom von freilaufenden Hühnern sind

- ~~Lesart A: Eine Lehrerin schildert ihre Strategie zur Integration von Kindern mit Migrationsgeschichte … „dass die Kinder mit Migrationsgeschichte die Betreuung erhalten, die sie benötigen."~~
- Lesart B: Ein Politiker beantwortet in einer Talkshow die Frage, ob er selbst in seinem Ministerium die Frauenquote einhalte … „mindestens genauso viele Frauen wie Männer zu beschäftigen."
- Lesart C: Eine Frau beantwortet in der Sprechstunde beim Arzt die Frage, wie sie sich ernähre … „dass ich ausreichend Obst und Gemüse zu mir nehme."
- Lesart D: Eine Schülerin argumentiert vor der Klasse, dass es durchaus Jugendliche, wie sie, gibt, die ihre Kaufentscheidungen, z. B. im Hinblick auf Textilien von den Produktionsbedingungen abhängig machen … „wo und unter welchen Bedingungen die Klamotten hergestellt werden, die ich kaufe."
- Lesart E: Eine Werbefigur beantwortet eine Frage, die nicht explizit gestellt wird, jedoch durch die Antwort mitaufgerufen wird, z. B. nach den Auswahlkriterien für einen Optiker, bei dem eine Brille gekauft wird … „dass das Preisleistungsverhältnis stimmt."
- Lesart F: Ein Angehöriger einer Religionsgemeinschaft antwortet auf die Frage, wie er es hinsichtlich der Einhaltung religiöser Verhaltensregeln halte … „an hohen Feiertagen möglichst wenig Lärm zu machen." … „mich koscher zu ernähren."

- Lesart G: Ein Imbissmitarbeiter beantwortet eine Frage des Abgesandten des Gesundheitsamts danach, wie häufig er sich die Hände wasche ... „dass meine Hände immer sauber sind."
- Lesart H: Ein Respondent beantwortet die Frage der Interviewerin danach, welche Rolle Nachhaltigkeit in seinem Alltag spielt ...

In die hier gezeigten Schritte lässt sich die emotionale Dimension, insbesondere hinsichtlich der Emotionen der Interpretierenden, unproblematisch integrieren. Dabei geht es auch darum, bestehende Emotionen mit möglichen anderen zu vergleichen. Durch die Gruppe können auch unausgesprochene Emotionen, die sich durch den Sprachduktus (z. B. „uneigentliches Sprechen", Zynismus) oder den Tonfall, die Mimik, Gestik offenbaren, aufgegriffen werden. Dabei geht es nicht darum, den Kolleg_innen ihre unangemessenen Emotionen vorzuwerfen, sondern darum, mögliche Lesarten auf ihre emotionale Ladung abzuklopfen und diese dadurch zugänglich zu machen.

Auch hierzu ein Beispiel aus der konkreten Projektarbeit: Eine Interpretationssitzung, die innerhalb eines Projektseminars stattfand, startete sehr zäh. Die Interpretierenden entwickelten widerwillig Lesarten und wirkten gereizt bis aggressiv. Dies behinderte den Interpretationsprozess solange bis genau diese Stimmung selbst thematisiert wurde. Einerseits wurde dadurch ein Fortschreiten in der Sequenzanalyse ermöglicht, andererseits eröffnete sich dadurch ein wichtiger Ansatzpunkt für die Interpretation. Die Aggressivität entpuppte sich als doppelbödig. Zunächst äußerten die Student_innen ihren Unwillen und ihre Ungeduld angesichts des in ihrem Studienplan „gefühlt" überrepräsentierten Themas „Nachhaltigkeit". Im Zuge der vertieften Auseinandersetzung mit den damit verbundenen Gefühlen kamen das eigene schlechte Gewissen, dadurch ausgelöster Ärger und Frustration zum Vorschein hinsichtlich der uneinholbaren normativen Ansprüche, die durch die soziale Fiktion „Nachhaltigkeit" aufgerufen werden. Der Legitimierungsdruck hinsichtlich des eigenen nachhaltigen (oder teilweise eben auch nicht-nachhaltigen) Verhaltens, der sich in dem Interviewabschnitt zeigt, erhielt dadurch ein emotionales Fundament aus dem emotionalen Fundus der Interpretationsgruppe. Dies bereitete den letzten Schritt der Sequenzanalyse vor.

4.4 Zusammenfassende Generalisierung: Herausarbeiten der spezifischen Typik des vorliegenden Materials als spezifische Antwort auf eine allgemeine soziale, kommunikative, kulturelle Fragestellung

Dieser Schritt lässt sich nicht linear aus den vorhergehenden ableiten, sondern erfordert eine Sortierung und Strukturierung der bislang erarbeiteten Lesarten,

Variationen sowie der mit ihrer Hilfe erarbeiteten Muster und Strukturen. Für unseren Beispieltext (siehe oben) wurden folgende Interpretationsansätze aus der Sequenzanalyse entwickelt. Das Sprechen über die Bedeutung von Nachhaltigkeit für den eigenen Alltag weist die folgenden Merkmale auf:

Der Begriff „Nachhaltigkeit" ruft starke, normative Aspekte auf, die nicht explizit benannt, jedoch implizit mitgeführt werden und auf die immer wieder rekurriert bzw. geantwortet wird. Die Geltung dieser Normen für den eigenen Alltag wird anerkannt. Die Einhaltung all dieser Normen wird jedoch problematisiert. Dies führt zu einem bestimmten Set an Gefühlen, wie Frustration oder Ärger. Die typischen Themenbereiche und Diskurse, innerhalb derer im öffentlichen Diskurs über Nachhaltigkeit im alltäglichen Kontext gesprochen wird, werden bedient (Lebensmittel, Kleidung etc.). Kommunikative Formen der Legitimierung des eigenen Handelns und Verhaltens angesichts normativer Ansprüche finden sich im rechtfertigenden Duktus, in den zahlreichen Abwägungen (zwischen Anspruch und Wirklichkeit, zwischen „mir" und „den anderen", zwischen dem einen und dem anderen nachhaltigkeitsrelevanten Thema usw.), im Wechsel vom „ich" zu „man", in den verwendeten Konjunktiven, Relativierungen, und Korrekturen.

Durch die sequenzanalytische Interpretation des Sprechens über Nachhaltigkeit kommen damit Deutungen in den Blick, die nur aufgrund der Aufrechterhaltung der Sequenzialität des Datenmaterials und des Vergleichs mit imaginierten Variationen sichtbar werden. Dadurch können letztlich erste, hilfreiche Ansätze für die Beschreibung des gesellschaftlichen Konstrukts „Nachhaltigkeit" gewonnen werden. Es erscheint dabei als stark normative, soziale Fiktion, auf deren Anforderungen Respondent_innen ähnlich reagieren wie auf diejenigen von Gesundheitsbewusstsein/Hygiene, religiöse Verhaltensregeln oder Menschenrechte. Dadurch lässt sich „Nachhaltigkeit" mit anderen sozialen, normativen Fiktionen relationieren und durch den Vergleich mit ihnen in seiner eigenen Spezifik deutlicher eingrenzen. Dabei wird sukzessiv deutlich, dass die soziale Fiktion „Nachhaltigkeit" nicht als eine unter anderen „Jenseitsreligionen" zu verstehen ist, sondern in ihrem Geltungsanspruch weit über einzelne gesellschaftliche Teilbereiche, wie die Ökologie(-Bewegung), hinausgeht. Sowohl für die mit uns interpretierenden Studierenden als auch für die befragten Respondent_innen, die sich aus ähnlichen sozialen Kontexten rekrutierten, war selbstverständlich, dass Nachhaltigkeit auf mittlerweile vier Säulen (ökologisch, ökonomisch, sozial und kulturell) steht. Ihre Ubiquität und ihr universaler moralischer Anspruch, dem innerhalb keines sozialen Kontexts zu entkommen ist, unterscheiden die „Nachhaltigkeit" deutlich von anderen normativen, sozialen Fiktionen, deren Einflussbereich beschränkt ist. Sie verleihen ihr einen Charakter, der durchaus an Religion erinnert, jedoch nicht an die aktuelle, aufgeklärte Version, die große Teile ihrer Deutungsmacht an die Wissenschaft abgegeben hat. Vielmehr lässt sie an deren voraufklärerische Version denken, die die Wissenschaft in ihren Dienst stellt, für alle Bereiche des Lebens sowohl Deutungen als auch Verhaltensregeln vorhält, deren Einhaltung inquisitorisch erforscht und gegebenenfalls durch den Ausschluss aus dem Diskurs oder grundsätzliche, soziale Ächtung sanktioniert.

Literatur

Adamowsky, N. (2005): Spiel und Wissenschaftskultur. Eine Anleitung. In: Adamowsky, N. (Hrsg.) (2005): „Die Vernunft ist mir noch nicht begegnet". Zum konstitutiven Verhältnis von Spiel und Erkenntnis. Bielefeld: transcript, S. 11–30.
Alexander, J. C. (2001): Soziale Differenzierung und kultureller Wandel. Essays zur neofunktionalistischen Gesellschaftstheorie. Frankfurt am Main, New York: Campus.
Baatz, U. (1993): Das Spiel ist Ernst, der Ernst ist Spiel. Ein Versuch über unendliche Spiele. In: Baatz, U./Müller-Funk, W. (Hrsg.) (1993): Vom Ernst des Spiels. Über Spiel und Spieltheorie. Berlin: Dietrich Reimer, S. 5–20.
Blumer, H. (1969): Symbolic Interactionism. Perspective and Method. Englewood Cliffs: Prentice-Hall.
Bögel, P./Bekmeier-Feuerhahn, S./Herbrik, R. (submitted): Effective Consumer Oriented CSR Communication for Sustainable Consumption. In: Journal of Consumer Policy.
Castoriadis, C. (1984): Gesellschaft als imaginäre Institution. Entwurf einer politischen Philosophie. Frankfurt am Main: Suhrkamp.
Davies, J./Spencer, D. (Hrsg.) (2010): Emotions in the Field. The Psychology and Anthropology of Fieldwork Experience. Stanford: Stanford University Press.
Dilthey, W. (1900/2004): Die Entstehung der Hermeneutik. In: Strübing, J./Schnettler, Bernt (Hrsg.) (2004): Methodologie interpretativer Sozialforschung. Klassische Grundlagentexte. Konstanz: UVK, S. 19–42.
Gardner, G. (2003): Die Einbeziehung der Religion in der Suche nach einer nachhaltigen Welt. In: Worldwatch Institute (Hrsg.) (2003): Zur Lage der Welt. Münster: Westfälisches Dampfboot, S. 291–327.
Geertz, C. (1999): Dichte Beschreibung. Beiträge zum Verstehen kultureller Systeme. Frankfurt am Main: Suhrkamp.
Glaser, B. G./Strauss, A. (1967): The Discovery of Grounded Theory: Strategies for Qualitative Research. Chicago: Aldine.
Grober, U. (2013): Die Entdeckung der Nachhaltigkeit. Kulturgeschichte eines Begriffs. München: Kunstmann.
Herbrik, R. (2013): Kultur und Gesellschaft. In: Merle, K. (Hrsg.) (2013): Kulturwelten. Zum Problem des Fremdverstehens in der Seelsorge. Münster: Lit, S. 55–73.
Herbrik, R. (2016): Emotionen im Feld spielend fruchtbar machen. In: Hitzler, R./Kreher, S./Poferl, A./Schröer, N. (Hrsg.) (2016): Old School – New School? Zur Frage der Optimierung ethnographischer Datengenerierung. 5. Fuldaer Feldarbeitstage.
Honer, A./Kurt, R./Reichertz, J. (Hrsg.) (1999): Diesseitsreligion. Konstanz: UVK.
Iser, W. (1991): Das Fiktive und das Imaginäre. Perspektiven literarischer Anthropologie. Frankfurt am Main: Suhrkamp.
Jung, M. (2001): Hermeneutik zur Einführung. Hamburg: Junius.
Kurt, R. (2004): Hermeneutik. Eine sozialwissenschaftliche Einführung. Konstanz: UVK.
Kurt, R./Herbrik, R. (2014): Sozialwissenschaftliche Hermeneutik. In: Baur, N./Blasius, J. (Hrsg.) (2014): Handbuch Methoden der empirischen Sozialforschung. Wiesbaden: Springer VS, S. 473–489.
Kurt, R./Herbrik, R. (2015): „Wir müssen uns überlegen, wie es weitergeht ...". In: Hitzler, R. (Hrsg.) (2015): Hermeneutik als Lebenspraxis. Ein Vorschlag von Hans-Georg Soeffner. Weinheim: Beltz Juventa, S. 192–206.
Littig, B. (Hrsg.) (2004): Religion und Nachhaltigkeit. Multidisziplinäre Zugänge und Sichtweisen. Münster: Lit.

Mayring, P. (2010): Qualitative Inhaltsanalyse. Grundlagen und Techniken. 11., aktualisierte und überarbeitete Auflage. Weinheim: Beltz.

Mayring, P. (2012): Qualitative Inhaltsanalyse. In: Flick, U./Kardoff, E. v./Steinke, I. (Hrsg.) (2012): Qualitative Forschung. Ein Handbuch. Reinbek: Rowohlt, S. 468–475.

Mead, G. H. (1967): Mind, self, and society. From the standpoint of a social behaviorist. Chicago: The University of Chicago Press.

Mittelstraß, J. (2003): Transdisziplinarität – wissenschaftliche Zukunft und institutionelle Wirklichkeit. Konstanz: UVK.

Moebius, S. (2009): Kultur. Bielefeld: transcript.

Müller, M. R. (2012): Figurative Hermeneutik. Zur methodologischen Konzeption einer Wissenssoziologie des Bildes. In: Sozialer Sinn 13, H. 1, S. 129–161.

Oevermann, U./Allert, T./Konau, E./Krambeck, J. (1979): Die Methodologie einer „objektiven Hermeneutik" und ihre allgemeine forschungslogische Bedeutung in den Sozialwissenschaften. In: Soeffner, H.-G. (Hrsg.) (1979): Interpretative Verfahren in den Sozial- und Textwissenschaften. Stuttgart: Metzlersche Verlagsbuchhandlung, S. 352–434.

Paetzold, W. (2012): Teflonherz und Liebesgier. Beziehungen in Zeiten der Ichsucht. München: Diederichs.

Petty, R. E./Brinol, P./Priester, J. R. (2009): Mass Media Attitude Change. Implications of the Elaboration Likelihood Model of Persuation. In: Bryant, J./Oliver, M. (Hrsg.) (2009): Media Effects. Advances in Theory and Research. 3. Auflage. New York: Routledge, S. 125–164.

Plessner, H. (1975): Die Stufen des Organischen und der Mensch. Einleitung in die philosophische Anthropologie. 3., unveränderte Auflage. Berlin: de Gruyter.

Raab, J./Tänzler, D. (2009): Video Hermeneutics. In: Knoblauch, H./Schnettler, B./Raab, J./Soeffner, H.-G. (Hrsg.) (2009): Video Analysis: Methodology and Methods. Qualitative Audiovisual Data Analysis in Sociology. Frankfurt am Main: Peter Lang, S. 85–97.

Reichertz, J. (2013): Gemeinsam interpretieren. Die Gruppeninterpretation als kommunikativer Prozess. Wiesbaden: Springer VS.

Runkel, G. (2003): Das Spiel in der Gesellschaft. Münster: Lit.

Schleiermacher, F. (1838/1995): Hermeneutik und Kritik. Mit einem Anhang sprachphilosophischer Texte Schleiermachers. Herausgegeben und eingeleitet von Manfred Frank. Frankfurt am Main: Suhrkamp.

Schröer, N. (1997): Wissenssoziologische Hermeneutik. In: Hitzler, R./Honer, A. (Hrsg.) (1997): Sozialwissenschaftliche Hermeneutik. Eine Einführung. Opladen: Leske + Budrich, S. 109–129.

Schwinn, T./Greve, J./Kroneberg, C. (Hrsg.) (2011): Soziale Differenzierung: Erkenntnisgewinne handlungs- und systemtheoretischer Zugänge. Wiesbaden: VS.

Schütz, A. (1953/2004): Common-Sense und wissenschaftliche Interpretation menschlichen Handelns. In: Strübing, J./Schnettler, B. (Hrsg.) (2004): Methodologie interpretativer Sozialforschung. Klassische Grundlagentexte. Konstanz: UVK, S. 157–197.

Séguinot, C. (1996): Some Thoughts about Think-Aloud Protocols. In: Target 8, H. 1, S. 75–95.

Soeffner, H.-G. (1989/2004): Auslegung des Alltags – Der Alltag der Auslegung. Zur wissenssoziologischen Konzeption einer sozialwissenschaftlichen Hermeneutik. Frankfurt am Main: Suhrkamp.

Soeffner, H.-G. (1991): Verstehende Soziologie und sozialwissenschaftliche Hermeneutik – Die Rekonstruktion der gesellschaftlichen Konstruktion der Wirklichkeit. In: Berliner Journal für Soziologie 1, H. 2, S. 263–269.

Soeffner, H.-G. (1999): Kommunikation. In: Reichertz, J./Schröer, N. (Hrsg.) (1999): auslegen 03. Essener Schriften zur Sozial- und Kommunikationsforschung. Essen: Universität-Gesamthochschule, S. 7–17.

Sontag, S. (1966/2009): Against Interpretation and Other Essays. London: Penguin.

Vedder, B. (2000): Was ist Hermeneutik? Ein Weg von der Textdeutung zur Interpretation der Wirklichkeit. Stuttgart: Kohlhammer.

Weber, M. (1904): Die Objektivität sozialwissenschaftlicher und sozialpolitischer Erkenntnis. Tübingen: Mohr.

Weber, M. (1922): Wirtschaft und Gesellschaft. Grundriß der verstehenden Soziologie. Tübingen: Mohr.

4.6

Situationsanalyse

Eine pragmatistische Erweiterung der Grounded Theory unter dem Eindruck der Postmoderne

Jörg Strübing

1 Einleitung

Bei der Situationsanalyse handelt es sich um eine spezifische Theorie- und Methodenperspektive, die die amerikanische Soziologin Adele Clarke unter der Bezeichnung ‚Situational Analysis' seit Beginn der 2000er Jahre als kritische Weiterentwicklung des Forschungsstils der ‚Grounded Theory' publiziert hat (Clarke 2005/2012; Clarke/Friese/Washburn 2015; vgl. auch Pérez/Cannella 2013; Mathar 2010). Clarke, die bei Anselm Strauss in San Francisco studiert und gearbeitet hatte und die später dessen Lehrstuhl übernahm, verarbeitet in ihrem Ansatz theoretische und methodische Impulse aus ihrer Arbeit in den ‚Science and Technology Studies' (STS) und in der Gender-Forschung. Dieser Beitrag diskutiert die wesentlichen theoretischen und methodischen Argumente des Ansatzes und führt anhand von Beispielen aus der Erforschung digitaler Selbstvermessung in die Praxis der Situationsanalyse ein. Die Situationsanalyse baut auf der Grounded Theory in der von Anselm Strauss entwickelten und praktizierten Version auf, die hier vorausgesetzt wird (vgl. Strauss 1987/1991, Strübing 2004/2014). Die Darstellung der Situationsanalyse orientiert sich daher vor allem daran, was gegenüber der Grounded Theory neu oder anders ist.

Dabei verfährt die Darstellung in drei Schritten: Der erste Abschnitt beleuchtet die methodologischen und sozialtheoretischen Argumente, die Clarke in Auseinandersetzung einerseits mit den bereits etablierten Varianten einer pragmatistischen Grounded Theory bei Strauss und andererseits mit einer objektivistischen Grounded Theory bei Barney Glaser (1978) für ihre spezifische Weiterentwicklung des Forschungsstils ins Feld führt. In einem zweiten Schritt wird die Situationsanalyse als Resultat dieser Auseinandersetzung dargestellt. Hier geht es zentral um den erweiterten Begriff der Situation, den Zusammenhang von Situation und Diskurs sowie um die Idee der Theorie-Methoden-Pakete. Der dritte Abschnitt schließlich stellt die praktischen situationsanalytischen Verfahrensschritte und hier insbondere die unterschiedlichen Varianten des Mapping vor. Dabei greife ich u. a. auf Erfahrungen aus zwei mit Studierenden der Universität Tübingen ab dem Sommersemester 2015 durchgeführten Lehrforschungen zurück, in denen es um Praktiken und Diskurse der digitalen Selbstvermessung geht (Staiger et al. 2015; Strübing et al. 2016).

2 Ausgangslage: Eine kritische Bestandsaufnahme der Grounded Theory unter Bedingungen postmoderner Gesellschaften

Der Ausgangspunkt der Argumentation von Clarke ist der Vorschlag, die in die Jahre gekommene traditionelle Grounded Theory einer Revision zu unterziehen und in überarbeiteter Form neu zu positionieren. Anders als Kathy Charmaz (2006) mit ihrem Entwurf einer konstruktivistischen Grounded Theory referiert Clarke in ihrem Buch „Situational Analysis. Grounded Theory after the Postmodern Turn" (2005; dt. 2012) weniger auf den Sozialkonstruktivismus als vielmehr auf Theorieperspektiven der Postmoderne – auf Positionen also, die in kritischer Abgrenzung zu Rationalitätspostulaten, linearen Kausalmodellen (vgl. Baur in diesem Band) sowie atomistischen und anthropozentrischen Konzepten sozialen Handelns beanspruchen, die tatsächliche Komplexität sozialer Prozesse und die Vielfalt der Perspektiven, in denen sie realisiert werden können, theoretisch und empirisch zu erfassen. Die Grundfigur des legitimatorischen Arguments lautet bei ihr: Weil allgemeine Ursache-Wirkungserklärungen in einer pluralen Welt, wie wir sie heute erleben, immer weniger tragfähig sind, brauchen wir eine Sozialforschung, die die tatsächliche Komplexität multiperspektivisch erlebter und gestalteter Sozialität erfassen kann.

In dieser Positionsbestimmung ist zugleich eine differenzierte Kritik an beiden bis dahin dominierenden klassischen Versionen von Grounded Theory enthalten. In ihrer Charakterisierung der traditionellen Grounded Theory spricht sie davon, dass trotz der auch dort sichtbaren Entwicklung hin zu konstruktivistischen Positionen „doch einige problematische positivistische Widerständigkeiten bestehen (bleiben)" (Clarke 2012, S. 23). Dabei wird schnell deutlich, dass sie die Probleme vor allem in Barney Glasers Ansatz einer stark induktivistischen Forschungslogik sieht, die insofern positivistisch ist, als sie gegenstandsbezogene Theorien ausschließlich aus empirischen Daten emergieren zu lassen beansprucht (Strübing 2011). Kritisch bezieht sie sich auch auf die von Glaser vertretene Fundierung des Forschungsstils in einer als „Basic Social Process" (BSP) bezeichneten Perspektive (Clarke 2012, S. 24; vgl. Kap. 4), die auf akteurszentriertes Handeln fokussiert und – als Kind ihrer Zeit – von postmodernen Subjektdekonstruktionen und praxeologischen Theorieperspektiven noch weit entfernt ist.

Adele Clarkes größere intellektuelle Nähe zu Anselm Strauss zeigt sich schon in der Einschätzung, dass dessen Variante von Grounded Theory aufgrund ihrer Einbettung in die pragmatistisch-interaktionistische Theorieperspektive im Grund „immer schon postmodern" (Clarke 2012, S. 47) gewesen sei. Für diese Einschätzung beruft sich Clarke (2012, S. 48) zuallererst auf den von Mead geprägten Begriff der Perspektive, der „sowohl Partialität als auch Situiertheit voraussetzt", die heute Kernelemente postmodernen Denkens sind. Hinzu komme, dass „der interaktionistische Konstruktivismus ein *materialistischer* Sozialkonstruktivismus ist" (Clarke 2012, S. 49; Herv. i. Orig.), demzufolge wir die Bedeutung der menschlichen wie der nichtmenschlichen Objekte immer zugleich innerhalb und mittels der materiellen Welt erfahren und bestimmen. Auch für ein anderes Merkmal einer postmodernen Sozialwissenschaft, die „dekonstruktive Analyse" sieht Clarke (2012, S. 50) wichtige Elemente in der traditionellen Grounded Theory bereits gegeben, insbesondere in den Verfahren des offenen Kodierens, die mit ihren verschiedenen Heuristiken einer vorschnellen Schließung und Monopolisierung analytischer Perspektiven entgegenwirken. Auch die konsequente Prozessorientierung der Grounded Theory, die ihren Ursprung in der pragmatistischen Auflösung von Dualismen in Prozesse der Erzeugung und Modifikation hat, zählt für Clarke zum postmodernen Potential der traditionellen Grounded Theory.

Kritisch hingegen sieht sie für die traditionelle Grounded Theory insgesamt einen Mangel an Reflexivität (Clarke 2012, S. 54), insbesondere was die Rolle der Forschenden im Feld und im analytischen Prozess betrifft – ein Punkt, den auch Charmaz (2000) kritisch thematisiert. Ebenso konstatiert Clarke (2012, S. 58) der traditionellen Grounded Theory eine Tendenz zu übertriebenen Vereinfachungen, die sich z. B. in einer Überbetonung von Kohärenz auf Kosten der im Material enthaltenen Heterogenität zeige, z. B. wenn versucht wird, analytisch einen singulären Hauptprozess als hegemonial herauszustellen und dabei multiple und in sich widersprüchlicher Prozesse aus dem Blick zu geraten drohen. Auch die gerade in den frühen Schriften zur Grounded Theory geforderte Suche nach negativen Fällen sei als dualistischer Reflex auf Parsons' Funktionalismus ebenso abzulehnen (Clarke 2012, S. 59), wie die bei Glaser drastisch postulierte objektivistische Grundhaltung mit ihrem Insistieren auf einer emergenztheoretischen Verabsolutierung empirischer Daten.

Diese Kritik ist selbstredend nicht ahistorisch zu verstehen: Die Grounded Theory ist an den Ausläufern der Moderne entstanden, die geprägt waren von Funktionalismus, Objektivismus und nahezu ungebrochener Wissenschaftsgläubigkeit. Glaser und Strauss haben dazu zwar mit der Grounded Theory einen Gegenentwurf etabliert, der sich aber zugleich an den Spielregeln eben jener so kritisierten hegemonialen Gesellschaftsverfassung und Wissenschaft orientieren musste, um hinreichend Legitimation für ihren Entwurf zu generieren. Es ging darum, mit anderen, angemesseneren Mitteln Ergebnisse zu erzielen, die dennoch in gleichem Sinne wie die Ergebnisse der damaligen Mainstreamforschung wissenschaftliche Objektivität als zentrales Leistungsmerkmal beanspruchten.

Gerade weil sich die Verhältnisse in Wissenschaft und Gesellschaft derart verändert haben, dass für das Resultat dieses Wandels mitunter der Begriff der Postmoderne gebraucht wird, unterzieht Clarke die Grounded Theory einer Generalrevision und entwickelt dabei nicht nur zusätzliche analytische Verfahren, sondern vor allem eine neue theoretische und methodologische Ausrichtung, die im folgenden Abschnitt näher betrachtet wird.

3 Elemente einer postmodernen Grounded Theory als Situationsanalyse

Um die Richtung nachvollziehen zu können, in die sich Clarke mit ihrer Weiterentwicklung der Grounded Theory bewegt, ist etwas biographischer Hintergrund erforderlich: Adele Clarke ist (wie ihre früh verstorbene, enge Kollegin Susan Leigh Star, wie Kathy Charmaz und andere) nicht nur Studentin und Mitarbeiterin bei Strauss gewesen, sondern sie gehört (ebenfalls wie ihre Kolleginnen) zu jener 1968er Generation amerikanischer Sozialwissenschaftlerinnen, die – vom ‚Civil Rights Movement', der Anti-Vietnam-Kriegs-Bewegung und dem aufkommendem Feminismus politisiert – mit ihrer Wissenschaft immer auch den Anspruch auf Gesellschaftsveränderung verbunden haben. Das fand seinen Niederschlag in Forschungsthemen und Theorieorientierungen. Während Strauss zeitlebens vor allem Prozesse in der Betreuung von Kranken und Sterbenden untersucht hat, wendet sich Clarke hochgradig politisierten Handlungsfeldern im Schnittfeld von Wissenschaft, Medien und Öffentlichkeit zu, insbesondere der Reproduktionsmedizin und der Geburtenkontrolle, also zentralen Themen auch des politischen Feminismus der 1970er und 1980er Jahre in den USA.

Ausgehend von ihrer pragmatistischen Grundorientierung fand Clarke gemeinsam mit Star (Clarke/Star 2003; Clarke 1998; Star 1989) Anschluss an die Debatten der neueren Science and Technology Studies (STS), in denen Themen wie Materialität (Bruno Latour, Andrew Pickering), die Dekonstruktion naturwissenschaftlichen Wissens (Woolgar, Knorr-Cetina) und die Rolle von Repräsentationen und Diskursen als Teil relationaler Wissensdistributionen (Callon, Law) zentral werden. Es ist diese Kombination von Science and Technology Studies und politischen Feminismus, von der aus Clarke ihre kritische Weiterentwicklung der Grounded Theory in Angriff nimmt.

Damit verbunden ist aber auch jener gesellschaftsdiagnostische Befund, dessen Leitmetapher die des ‚postmodern turn' ist. Auch wenn man den in immer kürzeren Zyklen ausgerufenen ‚turns' (‚postmodern', ‚postcolonial', ‚practice', ‚body', …) in ihrer Summe eine Tendenz zur feuilletonistischen Übertreibung nicht ganz absprechen kann, bleibt doch zu konstatieren, dass die Veränderungen nicht nur westlicher Gesellschaften seit den späten 1960er Jahren die Ausrufung einer neuen – eben postmodernen – Epoche ebenso rechtfertigen, wie die Forderung nach einem modifizierten gesellschaftsanalytischen Theorie- und Methodenrepertoire.

3.1 Theorie-Methoden-Pakete

Für Clarke ist der Ausgangspunkt ihrer Überlegungen die Neubestimmung des Verhältnisses von Theorie und Methode. Sie macht das Argument stark, dass Theorie und Methode ein ‚Paket' bilden, Grounded Theory und insbesondere die Situationsanalyse also mit bestimmten theoretischen Konstrukten eine besonders stabile Verbindung eingehen. Diese Vorstellung geht zurück auf Argumentationsfiguren aus dem Diskurs der neueren STS-Studien von Clarke selbst sowie von Susan Leigh Star und von Joan Fujimura, die in den späten 1980er Jahren die Bedeutung von *Theorie-Methoden-Paketen* für die Durchsetzung wissenschaftlicher Claims und Standards betont haben (Star/Griesemer 1989; Fujimura 1988). In der Situationsanalyse überträgt Clarke nun dieses Konzept aus der Wissenschaftsforschung auf den Theorie-Methoden-Bezug der qualitativen Sozialforschung.

Eine solche Konstruktion zugrunde zu legen, ist die Konsequenz nicht erst einer postmodernen sozialkonstruktivistischen Perspektive, sondern bereits der pragmatistischen Epistemologie aus dem frühen 20. Jahrhundert. Denn wenn die Realität nicht mehr als universell gegeben verstanden wird – wie in der positivistischen Tradition – dann ist damit auch jede instrumentalistische Vorstellung von Methoden als theorie- und gegenstandsneutrale ‚Werkzeuge' der Forschung hinfällig. Methoden und Theorien stehen nicht in einer Zweck-Mittel-Relation, sondern sind *aufeinander verwiesene Modi einer Forschungsperspektive*, die unhintergehbar in die Konstruktion der zu erforschenden Realität verstrickt ist. Empirische Forschung wird so zu „theoretischer Empirie", wie es Herbert Kalthoff (2008) formuliert hat (vgl. auch Strübing 2013, S. 31 ff.).

Zugleich findet sich in Clarkes Argumentation die Denkfigur der *Ko-Konstruktion* wieder, mit der der Pragmatismus es schon früh verstanden hat, unfruchtbare Dualismen auf erkenntnislogischer Ebene aufzulösen und die vermeintlich getrennten Entitäten in ihrer reziproken Prozesshaftigkeit sichtbar zu machen.

Im Sinne eines Theorie-Methoden-Paketes verknüpft Clarke die Situationsanalyse vor allem mit der pragmatistischen Interaktionstheorie von Strauss im Allgemeinen und der Theorie sozialer Welten und Arenen im Speziellen (Strauss 1993; Strübing 2007), versteht diese Verknüpfung jedoch nicht als zwingend oder exklusiv. Vielmehr orientieren sich Theorie-Methoden-Pakete an der zu beantwortenden Untersuchungsfrage und dem Gegenstand, auf den sie sich richten.

3.2 Von der Situiertheit zu einem erweiterten Begriff der Situation

Die – nicht nur – postmoderne Kritik an Objektivismus und Positivismus beruft sich – wie im Perspektiven-Begriff Meads (1927/1987) – auf die Vorstellung der *grundlegenden Situiertheit und Körpergebundenheit jeder Erfahrung*, auch der wissenschaftlichen, und stellt damit jeglichen Wissenschaftsuniversalismus in Frage. Die Situationsanalyse greift diese in der qualitativ-interpretativen Sozialforschung weitgehend anerkannte Position auf und radikalisiert sie.

In kritischer Abgrenzung vom Ursache-Wirkungs-Denken der traditionellen Sozialforschung (vgl. Baur in diesem Band), das sie auch bei Strauss am Werke sieht, postuliert Clarke die *Rekonstruktion der Komplexität von Situationen als Untersuchungsziel*. Weil die Postmoderne statt von klaren Kausalitätsbezügen vielmehr von „Partikularismus, Positionalitäten, Komplikationen, Substanzlosigkeit, Instabilitäten, Unregelmäßigkeiten, Widersprüchen, Heterogenitäten, Situiertheit und Fragmentierung – kurz: Komplexität" (Clarke 2012, S. 26) gekennzeichnet sei, gelte es genau diese empirisch aufzuklären.

Der empirische Zugriffspunkt kann aus dieser Perspektive kein anderer sein als die *Situation*. Anders aber als im konventionellen Verständnis von Situationen als eingebettet in oder umgeben von Kontext wird in der Situationsanalyse vorgeschlagen, die Dichotomie von Situation und Kontext zugunsten eines synchron und diachron entgrenzten Situationsverständnisses zu überwinden:

> „Die Bedingungen der Situation sind in der Situation enthalten. So etwas wie ‚Kontext' gibt es nicht. Die bedingenden bedingten Elemente der Situation müssen in der Analyse selbst spezifiziert werden, *da sie für diese konstitutiv sind* und sie nicht etwa nur umgeben, umrahmen oder etwas zur Situation beitragen. Sie *sind* die Situation" (Clarke 2012, S. 112; Herv. i. Orig.).

Man mag darüber streiten, ob mit der Abschaffung der Trennung von Situation und Kontext nicht auch wertvolles analytischen Unterscheidungsvermögen verloren geht, bzw. fragen, welche analytischen Kategorien an die Stelle dieses geläufigen Dualismus treten können. In jedem Fall ist das damit programmatisch markierte Argument im Rahmen einer pragmatistischen Epistemologie und Sozialtheorie sehr stimmig und bereits seit John Deweys „Theory of Inquiry" eingeführt:

> „What is designated by the word ‚situation' is *not* a single object or event or set of objects and events. For we never experience nor form judgements about objects and

events in isolation, but only in connection with a contextual whole. The latter is what is called ‚situation'" (Dewey 1938, S. 66).

Daraus lässt sich für die ‚Situation' in der Situationsanalyse entnehmen, dass diese in Relationen und Perspektiven analytisch zu konturieren ist, statt sie mittels ‚Kontext' einzuhegen. Situationen sind demnach keine festen, etwa raumzeitlich bestimmten Entitäten, sondern relationale Gefüge, die alles umfassen, was durch die stattfindenden Interaktionen relevant gemacht wird. Dewey schreibt dazu an anderer Stelle:

> „Operativ gesprochen, sind das Entfernte und Vergangene ‚im' Verhalten enthalten und machen es zu dem, was es ist" (Dewey 1995, S. 267).

Clarke kritisiert mit diesem Situationsbegriff auch das Kodierparadigma und die Bedingungsmatrix, zwei heuristische Schemata, die Strauss und Corbin im Rahmen des axialen Kodieren in der Grounded Theory entwickelt haben (Clarke 2012, S. 106 ff.). Denn dort wird die einzelne Interaktion oder gar ein Individuum in den Fokus gerückt und suggeriert, dass alles andere als strukturelle Rahmenbedingungen aufzufassen ist, die auf diese Situation einwirken bzw. auf die das untersuchte Handeln Einfluss nimmt.

Zur Verdeutlichung ihres Situationsbegriffs entwickelt Clarke eine *veränderte Version der Bedingungsmatrix*. In ihrer Matrix (siehe Abb. 1) zeigt sich nun deutlich die *Aufhebung der Trennung von Situation und Kontext*. Dabei bezieht sie (zumindest implizit) nicht nur die meisten der von Strauss und Corbin geographisch bzw. organisational als Ebenen hierarchisierten strukturellen Elemente ein, sondern integriert auch die in der Akteur-Netzwerk-Theorie von Latour und anderen zu Prominenz gelangten „nonhuman Actants", die diskursanalytisch bedeutsamen „Diskursiven Konstruktionen von Akteuren" oder den Aspekt der „bedeutende(n) Streitpunkte". Clarke (2012, S. 114) notiert dazu:

> „Die grundlegende Annahme ist, dass alles, was sich in der Situation befindet, so ziemlich alles andere, was sich in der Situation befindet, auf irgendeine (oder auch mehrere) Weise(n) konstituiert und beeinflusst"

Es ist diese *komplexe Verwobenheit von Prozessen und Entitäten*, die die Situationsanalyse in nicht-reduktionistische Weise aufzuklären beansprucht.

Analytisch stellt sich bei aller Öffnung des Situationsbegriffs eine *Abgrenzungsfrage*: Was gehört zu einer jeweiligen Situation (die wir untersuchen wollen) und was nicht? Denn es wäre analytisch wenig damit gewonnen, nur immer wieder den Allzusammenhang von allem mit allem zu konstatieren.

Abb. 1: Situations-Map nach Clarke 2012, S. 113

Im von Clarke vorgeschlagenen pragmatistischen Situationsbegriff ist das *Abgrenzungskriterium* das der *pragmatischen Relevanz*: Aus welcher Perspektive wird welches Element handelnd relevant und *damit* zu einem Bestandteil der Situation gemacht? Das impliziert neben denen der Teilnehmenden auch die durch die Forschenden selbst konstruierten Perspektiven, in denen häufig Zusammenhänge erst reflexiv zugänglich werden, die im Handlungsfeld zwar relevant sind, aber vorbewusst bleiben. Die in den weiter unten dargestellten ‚Maps' repräsentierten Entitäten stellen insofern immer materialbasierte begründete Auswahlentscheidungen der Forschenden dar.

3.3 Situationsanalyse ist auch Diskursanalyse

Zu den Elementen, die in Clarkes Situations-Matrix Eingang finden, gehören auch ‚*diskursive Konstruktionen von Akteuren*', sowie ‚*populäre und andere Diskurse*'. Damit rückt Clarke eine analytische Perspektive in den Mittelpunkt ihres Ansatzes, von der in der Grounded Theory explizit zuvor praktisch nicht die Rede war: die Foucaultsche Diskursanalyse. Interaktionismus und Foucault – das schien lange Zeit eine recht unpassende Liaison zu sein, vor allem mit Blick auf den frühen, strukturalistisch argumentierenden Foucault, denn dort erscheinen Diskurse als übermächtige Meta-Subjekte, denen gegenüber die Gestaltungskraft individuellen wie kollektiven Handelns zu verblassen scheint.

In seinen Schriften zur Grounded Theory, aber auch in seinem theoretischen Werk bewegt sich Strauss vor allem zwischen den Polen ‚Handlung' und ‚Struktur' und betont deren dialektisches Verhältnis: *Strukturen* determinieren das Handeln nicht, sondern stellen Handlungsvoraussetzungen und -rahmungen dar, auf die die Akteure sich aktiv, selektiv und je spezifisch beziehen. Die Kreativität menschlichen *Handelns* – ein Topos, den Strauss von Mead übernommen hat – findet im Umgang mit den die Situation rahmenden Strukturen Lösungen für aktuelle Handlungsprobleme. Die Verknüpfung von Situation zu Situation wird also durch die strukturierenden Leistungen kreativer Akteure hergestellt: Es sind die in unterschiedlicher Weise verdinglichten Resultate stattgehabten Handelns, die künftigem Handeln als Bedingungen vorausliegen. Diskurse tauchen hier nicht explizit auf, und die kommunikative Seite menschlichen Handelns tritt bei Strauss nicht als spezifische Aktivität hervor.

Dabei lässt sich kaum ernsthaft bestreiten, dass wir in postmodernen Gegenwartsgesellschaften in *erheblichem* Maße in Diskurse eingebunden sind. Mit Keller (2011, S. 235, vgl. auch Keller/Bosančić in diesem Band) lässt sich „*Diskurs*" verstehen als

> „einen Komplex von Aussageereignissen und darin eingelagerten Praktiken, die über einen rekonstruierbaren Strukturzusammenhang miteinander verbunden sind und spezifische Wissensordnungen der Realität prozessieren".

Schon die Wahrnehmungsschemata, mit denen wir uns unsere Umwelt als sinnhaft erschließen und ordnend unsere Handlungsfähigkeit sichern, sind diskursiv geprägt. Und zugleich reproduzieren wir diese Diskurse in unseren Praktiken, leisten gar – langfristig gesehen – einen Beitrag zu deren Modifikation. Der Interaktionismus hat sich diesem Zusammenhang gegenüber lange eher indifferent verhalten und dabei theoretisches Kapital verschenkt, das Mead (1934, S. 63) mit seiner Argumentationsfigur vom „universe of discourse" schon vor Dekaden bereitgestellt hatte. Gerade bei Strauss fällt auf, dass Fragen von *Macht und Ungleichheit* in seiner empirischen Forschung, aber auch in seinem theoretischen Werk eher eine untergeordnete Rolle spielen. Im Gegensatz dazu zielt Foucaults Diskursanalyse vorrangig auf die Analyse von Machtkonstellationen und nicht auf konkrete Situationsanalysen.

Brian Castellani (1999) hat sich als erster mit dem Potenzial diskurstheoretischer Positionen (insbesondere bei Foucault) für den Interaktionismus beschäftigt. Clarke knüpft an ihn an und macht mit ihrem reformulierten Situationsbegriff nicht nur einen theoretischen, sondern auch einen methodologischen Vorschlag zur Integration von Diskursen in die Forschungsperspektiven der Grounded Theory. Parallel dazu konnte man in den vergangenen Jahren bereits beobachten, dass die Diskursforschung sich darum bemüht, ihr methodisches Fundament auszudifferenzieren, und dass sie dabei teilweise just auf Elemente der Grounded Theory zurückgreift (Truschkat 2013; Keller 2011).

Clarke (2012, S. 94 ff.) betont die Parallelen zwischen Foucaults Konzept von ‚Diskursen' und ‚diskursiven Praktiken' und Strauss' Konzept von ‚sozialen Welten' und ‚Arenen'. Wo Foucault ‚diskursive Formationen' ausmacht, die temporäre Stabilisierungen diskursiver Praktiken hervorbringen, treibt Strauss die Frage um, wie und in welchen sozialen bzw. organisationalen Prozessen Identitäten erzeugt und stabilisiert werden. Für ihn geschieht dies in *sozialen Welten*, die sich um bestimmte Kernaktivitäten herum bilden und denen Akteure in unterschiedlichem Maße angehören, je nach Qualität und Intensität der Teilhabe an diesen Aktivitäten. Aus dieser Perspektive betrachtet stellen soziale Welten in Verbindung mit ‚*Arenen*', in denen Repräsentanten unterschiedlicher sozialer Welten in Aushandlungen über offene Fragen und Probleme stehen (Strauss 1978), eben solche Stabilisierungen diskursiver Praktiken dar.

Wenn man mit Clarke und Castellani über diese (nicht einmal sonderlich schmale) Brücke geht, dann zeigt sich, dass die *Anknüpfungspunkte zwischen Diskurstheorie und Interaktionismus* vielfältig sind und wichtige Elemente aktueller sozialtheoretischer Debatten betreffen:

- Deutlich ist zum einen die von beiden Perspektiven geteilte Annahme einer *zentralen Bedeutung der Prozesshaftigkeit aller sozialen Phänomene*.
- Zum anderen betonen sowohl die Strauss'sche Handlungstheorie, wie sie Clarke rezipiert, als auch die wissenssoziologische Diskursanalyse (Keller in diesem Band) mit ihren Begriffen von ‚Diskurs' und ‚diskursiven Praktiken' die *reziproke Durchdringung von ‚Mikro'- und ‚Makro'-Phänomenen* bis hin zu einer grundsätzlichen Infragestellung dieser analytischen Ebenentrennung (Clarke 2012, S. 114).
- Hinzu kommt bei Clarke die Nähe zu Konzepten der *De-Zentrierung des Subjekts* und der *Handlungsbeteiligung von Artefakten* (bzw. der Diskursrelevanz von ‚Dispositiven' bei Foucault), die in neueren praxistheoretischen Diskussionen relevant gemacht werden (z. B. Reckwitz 2008).

Indem sie die diskurstheoretische Perspektive für die Situationsanalyse reklamiert, unterstreicht Clarke ihren Anspruch auf eine stärker herrschaftssoziologisch sensibilisierte Sozialforschung, die immer auch fragt, wer bzw. welche Gruppen oder sozialen Welten in den untersuchten Situationen welche Positionen repräsentieren und welche Positionen keine Stimme haben.

3.4 Materialität als konstitutiver Teil der Situation

Ein drittes Element neben ‚Situation' und ‚Diskurs', das in der Situationsanalyse prominenter wird, ist ‚Materialität' bzw. die *Handlungsbeteiligung nichtmenschlicher Entitäten*. Was sozialtheoretisch vor allem im Kontext der Science and Technology Studies (STS) eines der spannendsten Themen der letzten zwanzig Jahre war, also die vor allem von Bruno Latour (1987), Michael Callon und John Law (1982) mit der ‚Actor-Network-Theory' (ANT) angestoßene Frage, ob nicht-menschlichen Objekten ‚Agency', also Handlungsfähigkeit, zugeschrieben werden muss, hat bislang methodologisch in der empirischen Sozialforschung noch kaum Ausdruck gefunden (für einen ersten Schritt in diese Richtung siehe: Scheffer 2013). Dies gilt auch für die traditionelle Grounded Theory von Glaser wie auch von Strauss.

Im theoretischen Werk von Strauss immerhin, auf das Clarke sich mit ihrem Theorie-Methoden-Paket bezieht, ist der Bezug auf Materialität als unhintergehbare Bedingung von Interaktion prominent platziert. So betont Strauss (1993) schon in der ersten der einleitenden 19 „Assumptions" seines Theoriewerks „Continual Permutations of Action" in apodiktischer Form die strikte Körpergebundenheit menschlicher Interaktion: „No action is possible without a body" (Strauss 1993, S. 23). Und schon 1978 spricht er bei der Einführung seiner Theorie sozialer Welten davon, dass in diesen auch „palpable matters", also Dinge, Technologien, physische Orte eine wichtige Rolle spielen (Strauss 1978, S. 121).

Agency indes hat Strauss nicht-menschlichen Entitäten noch nicht zubilligen mögen. Allerdings haben u. a. Clarke und Star seine Theorieperspektive in eigenen empirischen Studien später erweitert und dabei auch Elemente der ANT integriert (Clarke 1998; Clarke/Star 2003; Star 1989), meist allerdings ohne in diesem Punkt sehr explizit zu werden. Für die Situationsanalyse formuliert Clarke (2012, S. 105) nun ganz unzweideutig:

> „Diskurse und andere nichtmenschliche Objekte/Aktanten haben ein Eigenleben. Sie können geschlechts-, rassen- und klassenspezifisch sein (...); sie können Biographien oder Laufbahnen haben."

Wie in diesem Zitat deutlich wird, behandelt Clarke Diskurse als eine – freilich spezifische – Art von nichtmenschlichen Objekten, die in sozialen Situationen als Objekte auftreten wie Kaffeetassen oder Herzschrittmacher und sich zugleich – wie unser praktisches Beispiel noch zeigen wird – in unterschiedlichen Formen in Alltagsgegenständen oder Infrastrukturen materialisieren.

Ein erweiterter Begriff von Situation, die explizite Einbeziehung von Diskursen und Materialität sowie die Umstellung auf Theorie-Methoden-Pakete sind also die Elemente (Clarke sprich von „neuen Wurzeln"), aus denen Clarke einen legitimatorischen Rahmen und zugleich eine veränderte Zielbestimmung der Situationsanalyse gegenüber der Grounded Theory entwickelt. Der folgende Abschnitt geht genauer darauf ein, welche praktischen Konsequenzen die Situationsanalyse aus diesen Überlegungen zieht und welche neuen oder modifizierten Verfahren sie dazu vorschlägt.

4 Situationsanalyse praktisch: Mapping

Da die Situationsanalyse keine neue Methode ist, sondern die Weiterentwicklung eines bereits etablierten Forschungsstils im Angesicht veränderter Anforderungen, bedeutet das für die praktische Arbeit im Stil der Situationsanalyse, dass wesentliche Vorgehensweisen der Grounded Theory weiterhin das Grundgerüst der empirisch-analytischen Arbeit bilden. Die von Clarke eingeführten (und im Anschluss näher zu betrachtenden) Heuristiken des ‚Mapping' setzen – wenn auch unter dem Vorzeichen einer erneuerten methodologischen und sozialtheoretischen Fundierung – an den *grundlegenden Operationen einer Grounded Theory-basierten Forschungspraxis* an. Dies betrifft insbesondere das *offene Kodieren* mit seinen vielfältigen Heuristiken sowie das *theoretische Sampling*, also die Auswahl von Fällen und von Ereignissen im Material nach Maßgabe der schrittweise entwickelten gegenstandsbezogenen Theorie (Strübing 2006). Und wie die Grounded Theory, beschränken sich auch die Verfahrensvorschläge der Situationsanalyse allein auf die *Organisation und die analytisch-interpretative Aufbereitung des empirischen Materials*, Verfahren der Materialgewinnung werden – anders als etwa bei Charmaz – nicht behandelt.

Für die im Folgenden diskutierten neuen Heuristiken, die die Situationsanalyse vorschlägt, greife ich illustrierend auf Erfahrungen aus einen abgeschlossenen Lehrforschungsprojekt zurück, das wir von April 2013 bis September 2014 an der Universität Tübingen durchgeführt haben (Staiger et al. 2015). Es handelt sich also, wie sich leicht erahnen lässt, nicht um ein „Best-Practice"-Beispiel, dem einfach nachzueifern wäre, sondern um Erfahrungen aus Lehr- und Lernsituationen der Methodenausbildung, die um einen empirischen Forschungsgegenstand herum angeordnet sind. Daher wird das Projekt hier auch nur insoweit vorgestellt und behandelt, wie es das Verständnis der prinzipiellen Vorgehensweise der Situationsanalyse im Hinblick auf praktische Umsetzungsfragen zu vertiefen geeignet ist. Für diese empirische Studie wurden zehn Autoethnographien (Pfadenhauer; Meyer, beide in diesem Band) zur Selbstvermessung in Alltag und Freizeitsport unternommen sowie dreißig qualitative Interviews mit Selbstvermessenden geführt. Hinzu kamen diskursorientierte (Keller/Bosančić in diesem Band) Inhaltsanalysen (Kuckartz in diesem Band) medialer Berichterstattung und Werbung sowie Artefaktanalysen (Lueger/Froschauer in diesem Band) gängiger Geräte und Apps. Der Materialkorpus wurde fortlaufend und orientiert am Prinzip des theoretischen Samplings ergänzt. Dabei dienten die Autoethnographien vor allem zur Sensibilisierung für die Handlungsprobleme im untersuchten Feld und leiteten damit die thematische Ausgestaltung der Interviews an. Artefaktanalyen wiederum sollten in praxeologischer Perspektive den Beitrag technischer Dinge zu den untersuchten Vermessungspraktiken erhellen, während die Analyse der Medienprodukte auf relevante Diskurse zielte.

Inhaltlich ging es in der Untersuchung um Praktiken und Diskurse der digitalen Selbstvermessung, also um die zwischen Nutzerinnen, Sensoren, Datenbank-Providern und Smartphone-Apps oder Sportuhren verteilte digitale Erfassung und Quantifizierung eigener körperlicher und mentaler Prozesse vor allem im Bereich Freizeitsport und Fitness. Pulsuhren, Schrittzähler, GPS-basierte Lauf-Apps oder Tagebuch-Apps zur Protokollierung und Kategorisierung mentaler Befindlichkeiten verbreiten sich in den letzten Jahren rasant, gepuscht von Internet-Konzernen und Sportartikel-Herstellern, die das große Geld mit ‚Big Data' machen wollen, befördert aber auch von gesellschaftlichen Diskursen um Gesundheit, Leistung, Fitness und Selbstsorge. Diesen Zusammenhängen widmete sich das Projekt ausgehend von der Alltagsperspektive der Selbstvermessenden. Wie im Forschungsstil der Grounded Theory und Situationsanalyse üblich, nahm auch in diesem Projekt die Forschungsfrage ihren Ausgangspunkt bei einer grundsätzlichen Neugier gegenüber dem noch relativ neuen Phänomen der Selbstvermessung.

Das offene „What the hell is going on here?" (Geertz 1973, zitiert nach Amann/Hirschauer 1997) wurde unter dem Eindruck erster empirischer Annäherungen an das Feld im Zusammenspiel mit einer sukzessive geschärften Theorieperspektive konkreter und differenzierter. Eine pragmatistische Epistemologie und Elemente praxeologischer Sozialtheorien lenkten die Neugierde auf Fragen wie (Strübing/Kasper/Staiger 2016):

- Wer oder was ist in welcher Weise beteiligt, wenn selbstvermessen wird?
- Wie wissen die beteiligten Entitäten, wie messen ‚geht' und was es bedeutet?
- Was passiert mit den Ergebnissen des Messens und auf Basis welchen Wissens werden diese Ergebnisse bewertet?
- An welche anderen Praktiken schließen Praktiken der Selbstvermessung an?
- Verändert die digitale Selbstvermessung das Selbstverhältnis von Individuen zu ihren Körpern?

Ziel der Untersuchung war insofern nicht die Entdeckung einer isoliert heraus zu präparierenden Ursache-Wirkungs-Beziehung, sondern – ganz im Sinne der Situationsanalyse – die analytische Aufarbeitung jener Komplexität, die das Feld der Selbstvermessung konstituiert. Analytisch ging es also darum, zunächst die Elemente der Situation zu identifizieren. Dabei gilt es, eine objektivistische Perspektive zu vermeiden: Nicht ‚die' Situation der Selbstvermessung gilt es zu identifizieren, sondern zu rekonstruieren, welche Situation sich aus der Handlungsperspektive der Beteiligten ergibt (einschließlich der Perspektive der Forschenden).

Mit Blick auf die Situationsanalyse stellt sich daher die Frage, mit welchen Verfahren und Heuristiken diese Aufgabe unterstützt wird – und, methodologisch gewendet, wie diese Verfahren mit der sozialtheoretischen und epistemologischen Begründung der Situationsanalyse korrespondieren. Als Antwort darauf wartet die Situationsanalyse vor allem mit einem differenzierten Set von *Mapping-Strategien* auf. Dabei handelt es sich um kartographische Techniken und andere graphische Visualisierungsverfahren, mit denen

- die Elemente der Forschungssituation,
- soziale Welten und Arenen, Aushandlungen, Diskurse und Arenen oder
- die Verortung zentraler Diskurspositionen im situativen Handlungsfeld und deren Besetzung/Nicht-Besetzung

veranschaulicht werden können. Mit dem Mapping knüpft Clarke unübersehbar an den sozialökologisch-kartographischen Praktiken der Chicago School an, wo Ernest Burgess und Robert E. Park eine Technik entwickelt haben, um Ereignisse und Daten auf Zeitreihen von ‚Chicago Base Maps' abzutragen und so auf Basis qualitativer wie quantitativer Daten Prozesse und soziale Topographien sichtbar zu machen (z. B. Verlagerungen von ethnisch segregierten Wohngebieten, Dienstleistungszentren oder Industrien).

Clarke übernimmt jedoch nicht Verfahrensweisen aus der frühen Chicago School, sondern nutzt diese Idee als Inspiration für verschiedene visuelle Ordnungs- und Analyseprozesse, die sie unter dem Begriff des ‚Mapping' fasst. ‚Maps' haben dabei nicht (zumindest nicht primär) die Funktion der Ergebnisaufbereitung und -repräsentation (Clarke 2012, S. 121), sie stellen eher Heuristiken dar, erkenntnisstimulierende Verfahren, die jeweils in bestimmten Phasen der Untersuchung ihren Platz finden. Sie ergänzen die aus der pragmatistischen Grounded Theory geläufigen Kodierverfahren und sind insgesamt Bestandteil einer „abduktive(n) Forschungshaltung" (Strübing 2014, S. 116).

4.1 Situations-Maps

Mit der ersten der drei Typen von Maps, die Clarke vorschlägt, knüpft sie an ihren erweiterten Situationsbegriff an. In ‚*Situations-Maps*', die vor allem in frühen Phasen der Analyse ihren Platz finden, sollen alle Elemente zusammengetragen werden, die aus einer jeweiligen Perspektive Bestandteil der Situation sind. Anders als bei einem Brainstorming geht es beim Erstellen von Situations-Maps allerdings um konkrete Bezüge auf empirisches Material und auf eigene Erfahrungen im konkreten Forschungsprozess (Clarke 2012, S 121 f.) – d. h. die

Relevanz der jeweiligen Elemente soll aus dem vorliegenden Material bereits belegt sein –, und es werden auch nicht in freier Assoziation Begriffe geprägt oder benannte Elemente herausgegriffen, sondern es wird an vorgängige Prozesse offenen Kodierens im Sinne der Grounded Theory angeknüpft, mithin analytisch vorbearbeitetes Material herangezogen.

Entscheidend am Mapping sind dabei nicht das Ergebnis, die Map, sondern das ‚Mapping', also der Prozess dorthin und die analytische Arbeit mit der Map. So beginnt jede Situations-Map ihre Karriere in einer ungeordneten Form und geht erst durch sukzessives analytisches Ordnen über in eine „geordnete Arbeitsversion" (Clarke 2012, S. 127). Auf dem Weg dorthin dienen relationale Analysen auf Basis aktueller Versionen der jeweiligen Map dazu, die Zusammenhänge zwischen den Elementen zu untersuchen und so etwa die unterschiedlichen Perspektiven verschiedener Akteure/Aktanten herauszuarbeiten.

Die Entwicklung erster Situations-Maps beginnt damit, *diejenigen Elemente zusammenzutragen, die in der Situation relevant gemacht werden*. Die Frage ist also: Wie stellt sich einem bestimmten Partizipanten an Praktiken der Selbstvermessung die Situation dar? Nehmen wir den Fall einer jungen Hobby-Läuferin, die von ihrem technikbegeisterten Vater eine Pulsuhr geschenkt bekommt, die sie fortan bei ihren Läufen trägt. Bei der Benutzung dieser Uhr sendet diese – für sie überraschend – Warntöne für einen zu hohen ‚Wohlfühlpuls', obwohl sie sich ‚eigentlich' beim Laufen sehr gut fühlt. Als sie im Freundeskreise davon berichtet, schlagen ihr sorgenvolle Bemerkungen entgegen; es wird ihr bedeutet, dass ihre Pulswerte von 180 ungesund seien und ihr Wohlfühlpuls bei 130-140 liegen sollte. In ihrer Verunsicherung erwägt sie sogar – beschwerdefrei – einen Arztbesuch.

Abbildung 2 veranschaulicht, wie eine *ungeordnete Situations-Map* – Clarke spricht von „*messy maps*" – aussehen könnte. Dabei sind hier alle Elemente aufgeführt, die im offenen Kodieren zu diesem Fall relevant wurden, sowohl die explizit im Material genannten als auch die in analytischen Überlegungen beim generativen Befragen des Materials in den Blick geratenen. (Maps sind im Übrigen nicht zwingend fallbezogen, sondern orientieren sich am Stand der Materialanalyse und an der jeweils interessierenden Fragestellung.)

Mit dieser Map lassen sich nun vor allem zwei Operationen durchführen: Zum einen lassen sich die enthaltenen Elemente *nach unterschiedlichen Kriterien ordnen*, also z. B. kollektive bzw. individuelle menschliche Partizipanten, nichtmenschliche Partizipanten, räumliche Entitäten, wirtschaftliche Elemente, zeitliche Elemente, Interaktionen etc. (Abb. 3; vgl. auch Clarke 2012, S. 138 f.). Das ist besonders bei großen und sehr heterogen bestückten Maps ein hilfreicher Schritt.

Zum anderen dient ein zweiter Typ von Operationen der *Fokussierung auf einzelne Elemente und der Entwicklung von Relationen zu anderen Elementen*. So lassen sich in mehreren Versionen der Ausgangs-Map z. B. unterschiedliche

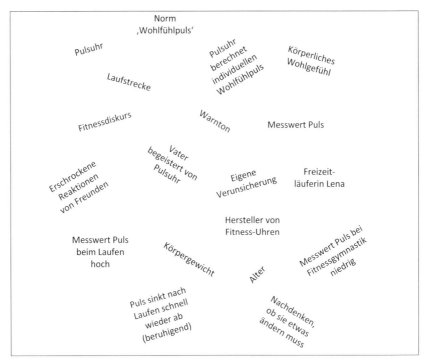

Abb. 2: Beispiel für eine „Messy Map" aus dem Lehrforschungsrojekt Selbstvermessung

Involvierte Geräte	Aktivitäten d. Geräte	Daten zu Körper u. Aktivität
Pulsuhr	Pulsuhr berechnet individuellen Wohlfühlpuls	Körpergewicht
Relevante Diskurse	Gibt Warnton bei Normüberschreitung	Messwert Puls
Fitnessdiskurs		Laufstrecke
		Alter
Relevante Diskurselemente	**Beobachtungen d. Läuferin**	
Norm ‚Wohlfühlpuls'	Körperliches Wohlgefühl	
	Messwert Puls bei Fitnessgymnastik niedrig	**Reaktionen**
Relevante Akteure		Erschrockene Reaktionen von Freunden
Freizeitläuferin Lena	Messwert Puls beim Laufen hoch	
Vater begeistert von Pulsuhr	Puls sinkt nach Laufen schnell wieder ab (beruhigend)	Eigene Verunsicherung
Hersteller von Fitness-Uhren		Nachdenken, ob sie etwas ändern muss

Abb. 3: Beispiel für eine geordnte Situations-Map aus dem Lehrforschungsrojekt Selbstvermessung

Akteursperspektiven sichtbar machen, einschließlich der Perspektive der Forschenden selbst. In der praktischen Forschungsarbeit hat es sich bewährt hier einfach mit Ausdrucken oder Kopien der ursprünglichen Map zu arbeiten und darin jeweils zunächst mit dem Bleistift Relationen einzuzeichnen und zu beschriften („Was für eine Art von Beziehung haben wir hier?'). Im Vergleich der perspektivierten Relationen lässt sich unter anderem herausarbeiten, welche Elemente gemeinsam geteilt werden und welche lediglich in bestimmten Perspektiven eine Bedeutung haben (Akteure, die ausgeblendet werden, diskursive Konstruktionen, die nur von wenigen Beteiligten geteilt werden, etc.).

Alle diese Arbeitsschritte des *Sortierens und Relationierens* sind nicht Selbstzweck, sondern sollen analytische Anstöße bieten, die dann in Form von Memos zunächst provisorisch verschriftlicht und später bei hinreichender analytischer Relevanz weiter ausgearbeitet werden.

4.2 Maps sozialer Welten

Mit dem zweiten Typ von Maps greift Clarke die Idee eines Theorie-Methoden-Paketes von Grounded Theory als Forschungsstil und Theorie Sozialer Welten von Strauss als theoretische Sensibilisierung auf forschungspraktischer Ebene wieder auf und verknüpft dies nahtlos mit dem Programm der Diskursanalyse (zur Theorie soziale Welten vgl. Strauss 1978; Clarke 1991; Strübing 2007). Die analytische Hauptaufgabe dieser Art von Map ist es herauszuarbeiten, welche sozialen Welten, Organisationen und Diskurse von besonderer Bedeutung für den untersuchten Zusammenhang sind (Clarke 2012, S. 150). Dies ist auch deshalb der Ausgangspunkt der Analyse, weil eine pragmatistisch-interaktionistische Sozialtheorie ihren Ausgangspunkt nicht bei einzelnen individuellen Handlungsakten nimmt, sondern dort, so Clarke (2012, S. 148),

> „wo Individuen wieder und wieder zu sozialen Wesen werden – durch Akte der Verpflichtung (,commitment') gegenüber Sozialen Welten sowie ihre Teilnahme an Aktivitäten dieser Welten, indem sie Diskurse produzieren und zugleich durch Diskurse konstituiert werden."

Gerade bei einer *analytischen Fokussierung auf soziale Welten und deren Aushandlungen untereinander* sind die *divergierenden Perspektiven unterschiedlicher kollektiver Akteure* schon für die Wahrnehmung und Definition der verschiedenen sozialen Welten, erst recht aber für die Bewertung ihrer jeweiligen Aktivitäten von großer Bedeutung:

1. Freizeitsportler praktizieren Selbstvermessung vor allem zur Selbstmotivation durch Dokumentation ihrer Trainingsfortschritte.

2. Sie lassen sich unterscheiden von Menschen, die man als experimentelle Ernährungsoptimierer bezeichnen kann und die selbst produzierte Daten über Ernährungsverhalten, Gewicht, Kohlehydrat-Verbrauch oder Konzentrationsfähigkeit in systematischen Selbst-Experimenten zum Zweck der Selbstoptimierung nutzen.
3. Außer diesen sozialen Subwelten der Selbstvermessenden sind aber auch ganz andere soziale Welten und Organisationen auf unterschiedliche Weise in die Vermessungspraktiken und die in ihnen prozessierenden Diskurse involviert, z. B. Krankenversicherungen, die gerne die Daten nutzen und Versicherten maßgeschneiderte Tarife anbieten würden, Sportartikelhersteller, die Sportuhren, Fitnessarmbänder und andere Sensoren entwickeln und vertreiben sowie ebenfalls interessiert an den Vermessungsdaten sind – etwa für maßgeschneiderte Werbung, deren Rezeption dann wiederum an den Konstruktionen der Selbstvermessenden über ihre Praktiken beteiligt ist.

Maps sozialer Welten und Arenen sind insbesondere für die Analyse von in Arenen stattfindenden *Aushandlungen zwischen Repräsentantinnen unterschiedlicher sozialer Welten* von Bedeutung. Gerade hier liegt ein Ansatzpunkt für diskursanalytische Perspektiven, denn in Aushandlungen innerhalb und zwischen sozialen Welten wird vielfältig auf Diskurse referiert, etwa indem sie zur Legitimation eigener Positionen und Praktiken in Anschlag gebracht werden, die Legitimation der Diskursbeiträge anderer sozialer Welten diskreditiert wird oder indem Diskurse mit den in den jeweiligen Arenen produzierten diskursiven Formationen erzeugt, reproduziert und modifiziert werden.

Analytisch besonders aufschlussreich sind – darauf weist Clarke (2012, S. 151) hin – *Tätigkeiten des Grenzziehens* zwischen verschiedenen sozialen Welten, das *Herstellen von Legitimation* sowie die *Etablierung von legitimen Repräsentanten sozialer Welten*. In unserem Fall sind es vor allem drei vielfältig aufeinander bezogene Diskurse, auf die die Repräsentanten der beteiligten sozialen Welten sich in unterschiedlicher Weise beziehen und in denen sie sich positionieren:

1. der Fitness-und Gesundheitsdiskurs, der seinen Niederschlag in vielfältigen medialen Repräsentationen, gesundheitspolitischen Statements, Werbeslogans, aber eben auch den Legitimationsrhetoriken der befragten und beobachteten Selbstvermessenden findet, ist eng verwoben mit dem …
2. … Diskurs um Selbstoptimierung, der sich nicht nur in der ausufernden Ratgeberliteratur, sondern auch in der Werbung für Selbstvermessungssensoren und -Apps, der politischen Rhetorik vor allem wirtschaftsliberaler Provenienz und eben in den Praktiken der Selbstvermessungs-Community manifestiert.
3. Im Vergleich zu der Offensichtlichkeit, mit der diese beiden Diskurse im

Feld der Selbstvermessung präsent sind, fristet der Diskurs um Datensicherheit und Datenschutz eher ein Nischendasein. Er schlägt sich zum Beispiel in jenen Einverständnis-Klicks nieder, die man tätigen muss, um eine bestimmte App auf einem Smartphone zu installieren, und in den rechtsförmigen Texten, die diejenigen zu lesen bekommen, die sich wirklich die Mühe machen, die als Information beigegebenen „Allgemeinen Geschäftsbedingungen" und Datennutzung-Disclaimer der Hersteller zu lesen. Die von uns untersuchten Selbstvermessenden referieren auf diesen Diskurs vor allem dann, wenn es um das Erscheinen ihrer Messdaten durch Hochladen auf spezialisierte Online-Plattformen oder andere Social-Media-Formate wie Facebook oder Google geht.

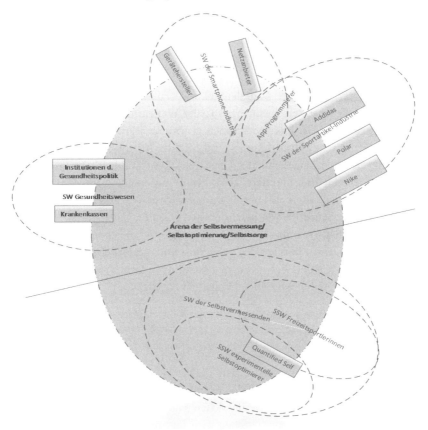

Abb. 4: Soziale Welten/Arenen-Map Selbstvermessung
(SW=Soziale Welt; SSW= Soziale Subwelt)

Diese Zusammenhänge lassen sich in Maps sozialer Welten und Arenen gut veranschaulichen und so einer vertieften Analyse zugänglich machen. Ein Beispiel dafür zeigt Abbildung 4. Die Darstellung ist dabei nicht als Ergebnis des Projektes zu verstehen, sondern stellt einen analytischen Zwischenschritt aus dem Prozess der Materialanalyse dar. Die Darstellungsweise folgt im Prinzip einem Standardformat, das Clarke bereits früh in einer Darstellung der Theorie sozialer Welten von Strauss entwickelt hat (Clarke 1991):

- Dabei werden *Organisationen* als Rechtecke,
- *soziale Welten und Arenen* dagegen kreisförmig oder oval dargestellt.
- Abhängig von der analytischen Perspektive werden Organisationen von *Repräsentanten unterschiedlicher sozialer Welten* bevölkert. So finden sich etwa bei Krankenkassen Angehörige von Versicherungsberufen ebenso wie Mediziner, und in der organisierten Quantified-Self-Bewegung (die nicht Gegenstand der Untersuchung war) mischen sich Freizeit Sportlerinnen mit experimentellen Selbstoptimierern, aber auch Repräsentanten von Herstellerfirmen für Fitness-Apps und Geräte.

Wie aus der exemplarischen Map deutlich wird, stehen die Selbstvermessenden einer ganzen Reihe unterschiedlicher sozialer Welten mit vielfältigen und teils weit ausgreifenden Organisationsformen gegenüber, vermittelt durch mediale Formate, technische Infrastrukturen und Märkte. Als interessant erweist sich dies unter anderem angesichts des Umstandes, dass bei den befragten Selbstvermessenden eine eher undifferenziert-dichotomisierende Adressierung dieser anderen sozialen Welten als ein ‚die da oben' dominiert – ganz ähnlich dem von Popitz und Bahrdt (1961) beschriebenen „Gesellschaftsbild des Arbeiters" im Nachkriegsdeutschland.

Auch von diesen Maps werden wiederum unterschiedliche Versionen entwickelt, deren Variation sich aus dem Erkenntnisfortschritt des Projektes und der sich daran weiter entwickelnden Fragestellung ergibt.

4.3 Positions-Maps

Die dritte Art des Mapping adressiert die im Feld von verschiedenen Seiten eingenommenen, unterstützten oder getragenen Positionen in Bezug auf die wichtigsten der dort diskursiv verhandelten Themen. In Ergänzung zum Mapping von sozialen Welten und Arenen wird hier nun genauer untersucht, wie die unterschiedlichen Positionen sich zueinander verhalten, und insbesondere, welche Positionen denkbar oder gar erwartbar sind, im Material aber nicht auftauchen („Orte diskursiven Schweigens"; Clarke 2012, S. 165).

Die *Verortung von Positionen* erfolgt in Positions-Maps innerhalb eines zweidimensionalen Raums, der in Form eines *Koordinatensystems* durch die Relationierung von zwei Dimensionen eines diskursiv behandelten Themas/

Gegenstandes entsteht. Wenn wir z. B. in der Arena der Selbstvermessung die Positionen im Diskurs um Datenschutz und Datensicherheit betrachten, dann lässt sich (wie in Abb. 5) zwischen den beiden Dimensionen

- ,(subjektive Bedeutung von) Datensicherheit' mit Merkmalsausprägungen zwischen ,sicher bzw. nicht wichtig' und ,unsicher bzw. wichtig' einerseits sowie
- ,Schutzwürdigkeit von Daten' mit den Merkmalsausprägungen ,besonders schützenswert' und ,nicht schützenswert' andererseits

ein Koordinatensystem mit einem Set denkmöglicher, also nicht unbedingt empirisch gegebener Positionen entwickeln.

	besonders schützenswert	Datensicherheit ist nicht sehr wichtig, aber Daten sollten grundsätzlich geschützt werden.	Daten/Datenteilen ist unsicher und die personenbezogenen Daten müssen besonders geschützt werden.
Schutzwürdigkeit von Daten		Daten kann man sowieso nicht schützen.	
	nicht schützenswert	Nicht geäußerte Position: Eigene Daten sind nicht besonders schützenswert, außerdem sind sie auch beim Datenteilen sicher.	Daten/Datenteilen ist unsicher, aber die körperbezogenen Daten sind nicht relevant und daher nicht besonders schützenswert.
		sicher bzw. nicht wichtig	unsicher bzw. wichtig
		Datensicherheit	

Abb. 5: Beispiel einer Positions-Map

Durch die *Anordnung der im Material aufgefundenen Positionen* auf der zwischen beiden Dimensionen aufgespannten Fläche zeigt sich dann, ob bestimmte Positionen zwar rhetorisch oder im praktischen Handeln unterschiedlich aufgeführt werden, in der Sache aber konvergieren, und auch, ob und welche Positionen ‚fehlen': In unserem Beispiel zeigte sich etwa, dass die befragten Selbstvermessenden sich zwar sehr unterschiedlich zu diesen zwei Dimensionen positionierten, dass jedoch niemand den Standpunkt einnahm, dass die eigenen

Daten nicht schutzwürdig und überdies auch im Falle des Teilens der Daten über das Internet sicher wären. Allerdings sind hier die Positionierungen der Herstellerfirmen und der Social-Media-Plattformen nicht enthalten, die möglicherweise gerade dieser Position recht gut repräsentieren könnten.

Dabei läuft im Hintergrund noch eine dritte Dimension mit, nämlich die der Typisierung der produzierten und unter Umständen weitergegebenen Daten nach dem subjektiv empfundenen Grad ihrer Sensibilität. Typischerweise wurden dabei personenbezogene Daten wie Adressdaten, E-Mail-Korrespondenzen oder Kontostandsinformationen von Daten unterschieden, die als körperbezogen klassifiziert wurden und weitgehend das Spektrum der bei der Selbstvermessung von Körpersensoren produzierten Daten umfassen. Wenn hier also Auskünfte über unseren eigenen Körper als wenig schützenswert aufgefasst werden, dann ist das mit Blick auf das abendländische Konzept von Intimität durchaus ein interessanter Befund. Auch dreidimensionale Koordinatensysteme sind als Positions-Maps denkbar, wenngleich graphisch schwerer umzusetzen. Ein Beispiel, in dem die dritte Dimension für Intensität der jeweiligen Positionierung genutzt wird, entwickeln Pérez und Cannella (2015).

Clarke betont unter Bezug auf die postmoderne Rahmung ihres Ansatzes, dass es nicht darum geht, Positionen mit einzelnen Personen, sozialen Welten oder Institutionen zu identifizieren:

> „Positionen auf Positions-Maps sind Positionen in Diskursen. Individuen und Gruppen aller Art können vielfältige und widersprüchliche Positionen zu ein und demselben Thema einnehmen – und tun dies häufig auch. Positions-Maps stellen die Heterogenität der Positionen dar" (Clarke 2012, S. 165 f.).

Das *Nicht-Auftreten bestimmter möglicher Positionen* ist in zweierlei Hinsicht analytisch spannend:

- Zum einen können wir hier *Hinweise für weitere Schritte im theoretischen Sampling* gewinnen (wo könnte eine ‚fehlende' Position zu finden sein?).
- Zum anderen könnten sich daraus aber auch *Hinweise auf spezifische Machtkonstellationen* in bestimmten Diskursfeldern ergeben, die einzelne Positionen gar nicht zur Aufführung gelangen lassen, sie also unsichtbar halten.

Es ist auch hier wiederum nahliegend, im Rahmen einer Untersuchung mehrere solcher Positions-Maps zu erstellen, weil die Zweidimensionalität der Darstellung die Zahl der zu berücksichtigenden Dimensionen je Map radikal beschränkt, aber auch, weil der Erkenntnisfortschritt im Projekt immer wieder neue Dimensionen in den Mittelpunkt des Interesses rücken wird.

Die von Clarke vorgeschlagenen *Mapping-Verfahren* sind nicht als Abfolge zu verstehen, sondern als *parallel und in Verbindung miteinander anwendbare Verfahren*, um über das vorliegende Material und die bisherige analytische Struktur nachzudenken. Insbesondere Maps sozialer Welten und Arenen sowie Positions-Maps stehen häufig in einem engen Wechselverhältnis: Während der erste Typ von Maps die Konstellation der miteinander in Aushandlungen stehenden Entitäten sichtbar macht, geben entsprechende Positions-Maps Auskunft über den modus operandi dieser Aushandlungen.

5 Fazit

Zusammenfassend lässt sich feststellen, dass die *Stärken des Ansatzes der Situationsanalyse* auf drei Ebenen zu verorten sind:

4. Auf der *sozialtheoretischen Ebene* macht Clarke die der Grounded Theory und ihrer pragmatistischen Forschungslogik inhärenten, aber nur selten explizierten Verbindungslinien zu postmodernen und poststrukturalistischen Positionen deutlich und im Sinne eines verbreiterten Zugriffs auf empirische Phänomene nutzbar. Damit rückt zugleich eine auf die Machtförmigkeit sozialer Prozesse zielende Analyseperspektive in den Mittelpunkt des Interesses und betont den Status der Soziologie als einer kritischen Wissenschaft.
5. *Methodologisch* substantiiert Clarke nicht nur das Argument einer wechselseitigen Verwiesenheit von theoretischer Positionierung und methodischer Praxis am Beispiel der Grounded Theory und dekonstruiert damit das trügerische Ideal eines instrumentalistischen Begriffs von Methoden als neutralen Werkzeugen. Sie verhilft damit zugleich auch der oft verkannten Theorie sozialer Welten von Strauss zu neuer Aktualität als analytisches Werkzeug einer kontextsensitiven und für die Diskursivität des Sozialen anschlussfähigen Situationsanalyse.
6. Methodenpraktisch schließlich stellt die Technik des *Mappings* eine nützliche Heuristik dar, die im Forschungsalltag zwar häufig bereits genutzt wird, in dieser Detailliertheit jedoch selten expliziert worden ist. Während allerdings zwischen dem sozialtheoretischen Argument und der Idee der Theorie-Methoden-Pakete ein schlüssiger Zusammenhang besteht, kann man einen solchen Zusammenhang mit den Techniken des Mapping nicht behaupten. Sie stellen zweifellos ein weiteres sinnvolles Mittel für jede Art qualitativer Analyse dar, aber nicht zwingend für die Etablierung einer postmodernen Theorieperspektive im Kontext der Grounded Theory.

In diesem Zusammenhang fällt zugleich auf, dass bei aller Betonung der Prozessdimensionen des Sozialen, Clarke bei ihren Maps *keinen Vorschlag zur*

Integration diachroner Perspektiven hat. Eine „*Prozess-Map*" sucht man vergeblich. Für viele sozialwissenschaftliche Fragestellungen würde es sich jedoch anbieten, ausgehend z. B. von dem von Strauss entwickelten und in Deutschland vor allem von Fritz Schütze in der Biographieforschung (Rosenthal/Worm in diesem Band) aufgegriffenen Konzept der „Verlaufskurve", Mappings der Verlaufsformen sozialer Praktiken zu entwickeln (Riemann/Schütze 1991; Strauss 1970). Ein besonderes Augenmerk müsste hier – neben der Visualisierung beteiligter Entitäten und ihrer Beiträge – auf die *zeitlichen Modi von Modifikationen und Iterationen* gelegt werden, weil in ihrem Zusammenspiel sowohl das Ordnungen stabilisierende als auch das innovative Moment von Sozialität enthalten ist. Das wäre nicht nur ganz im Sinne von Anselm Strauss, der mit dem Konzept der ‚Negotiated Order' den Gedanken von sozialer Ordnung als fortwährendem Interaktionsprozess begründet hat, sondern schließt auch an Everett C. Hughes (1955, S. 6) an, der einst in Würdigung seines Lehrers Robert E. Park notierte:

„… not change, but the dynamics of remaining the same, is the miracle which social science must explain."

Literatur

Amann, K./Hirschauer, S. (1997): Die Befremdung der eigenen Kultur. Ein Programm. In: Hirschauer, S./Amann, K. (Hrsg.) (1997): Die Befremdung der eigenen Kultur. Zur ethnographischen Herausforderung soziologischer Empirie. Frankfurt am Main: Suhrkamp, S. 7–52.
Callon, M./Law, J. (1982): On Interests and their Transformation: Enrollment and Counter-Enrollment. In: Social Studies of Science 12, S. 615–625.
Castellani, Brian (1999): Michel Foucault and Symbolic Interactionism. The making of a new Theory of Interaction, in: Studies in Symbolic Interaction, 22, S. 247-272,
Charmaz, K. (2000): Grounded Theory: Objectivist and Constructivist Methods. In: Denzin, N. K./Lincoln, Y. S. (Hrsg.): Handbook of Qualitative Research. 2. Auflage. Thousand Oaks, CA: Sage, S. 509–535.
Charmaz, K. (2006): Constructing Grounded Theory: A Practical Guide through Qualitative Analysis. London: Sage.
Clarke, A. E. (1991): Social Worlds/Arenas Theory as Organizational Theory. In: Maines, D. R. (Hrsg.) (1991): Social Organization and Social Process. Essays in Honor of Anselm Strauss. New York: Aldine de Gruyter, S. 119-158.
Clarke, A. E. (1998): Disciplining Reproduction: Modernity, American Life Sciences, and »the Problems of Sex«. Berkeley: University of California Press.
Clarke, A. E. (2005/2012): Situationsanalyse: Grounded Theory nach dem Postmodern Turn, Wiesbaden: Springer VS.
Clarke, A. E./Star, S. L. (2003): Symbolic Interactionist Studies of Science, Technology, and Medicine. In: Reynolds, L. T./Herman, N. J. (Hrsg.) (2003): Symbolic Interactionism. Walnut Creek, CA: AltaMira Press, S. 539–574.
Clarke, Adele E.; Friese, Carrie; Washburn, Rachel (Hrsg.) (2015): Situational Analysis in Practice, Walnut Creek, CA: Left Coast Press.
Dewey, J. (1938): Logic, the Theory of Inquiry. New York: Holt, Rinehart and Winston.
Dewey, J. (1995): Erfahrung und Natur. Frankfurt am Main: Suhrkamp (amerik. Orig. 1925).

Fujimura, Joan H. (1988): The Molecular Biological Bandwagon in Cancer Research: Where Social Worlds meet. In: Social Problems, 35, H. 3, 261-283
Glaser, B. G. (1978): Theoretical Sensitivity: Advances in the Methodology of Grounded Theory. Mill Valley, CA: Sociology Press.
Hughes, E. C. (1955): Introduction. In: Park, R. E./Hughes, E. C. (Hrsg.) (1955): The Collected Papers of Robert Ezra Park. Selected Papers, Bd. 3: Society: collective behavior; news and opinion; sociology and modern society. Glencoe, Ill.: Free Press, S. 3–58.
Kalthoff, Herbert (2008): Einleitung: Zur Dialektik von qualitativer Forschung und soziologischer Theoriebildung, in: Kalthoff, H./Hirschauer, S./Lindemann, G. (Hrsg.): Theoretische Empirie, Frankfurt a. M.: Suhrkamp, S. 8–32
Keller, Reiner (2011): Wissenssoziologische Diskursanalyse. Grundlegung eines Forschungsprogramms, Wiesbaden. Wiesbaden: Springer VS
Latour, B. (1987): Science in action: How to follow scientists and engineers through society. Cambridge (MA): Harvard UP.
Mathar, T. (2010): Body-identity Trajectories of preventive Selves. In: Mathar, T./Jansen, Y. J. F. M. (Hrsg.) (2010): Health Promotion and Prevention Programmes in Practice: How Patients' Health Practices are Rationalised, Reconceptualised and Reorganised. Bielefeld: Transcript, S. 171–196.
Mead, George Herbert (1934): Mind, Self & Society from the Standpoint of a Social Behaviorist, Chicago, Ill.: University of Chicago Press.
Mead, G. H. (1987): Die objektive Realität der Perspektiven. In: Joas, H. (Hrsg.): George Herbert Mead: Gesammelte Aufsätze, Bd. 2. Frankfurt am Main: Suhrkamp, S. 211–224 (amerik. Original 1927).
Pérez, M. S./Cannella, G. S. (2013): Situational Analysis as an Avenue for Critical Qualitative Research: Mapping Post-Katrina New Orleans. In: Qualitative Inquiry. An interdisciplinary journal of philosophy 19, H. 7, S. 505–517.
Pérez, M. S./Cannella, G. S. (2015): Using Situational Analysis für Critical Quatave Research Purposes. In: Clarke, A. E./Friese, C./Washburn, R. (Hrsg.) (2015): Situational Analysis in Practice. Walnut Creek, CA: Left Coast Press, S. 216–233.
Popitz, H./Bahrdt, H. (1961): Das Gesellschaftsbild des Arbeiters: soziologische Untersuchungen in der Hüttenindustrie. Tübingen: Mohr.
Reckwitz, Andreas, 2008: Praktiken und Diskurse. Eine sozialtheoretische und methodologische Relation, in: Kalthoff, H.; Hirschauer, S.; Lindemann, G. (Hg.): Theoretische Empirie, Frankfurt a. M.: Suhrkamp, S. 188-209.
Riemann, G./Schütze, F. (1991): »Trajectory« as a basic theoretical concept for analyzing suffering and disorderly social processes. In: Maines, D. R. (Hrsg.) (1991): Social organizations and sozial processes. Essays in honour of Anselm Strauss. New York: Aldine de Gruyter, S. 333–357.
Scheffer, T. (2013): Die trans-sequentielle Analyse – und ihre formativen Objekte. In: Hörster, R./Köngeter, S./Müller, B. (Hrsg.): Grenzobjekte. Soziale Welten und Übergänge. Wiesbaden: Springer VS, S. 87–114.
Staiger, L./Kasper, B./Urbanczyk, M./Flischikowski, C./Ehlert, P./Gerloch, T./Hammerl, A./Klaiber, M./Klose, M./Schleifer, T./Wurst, M. (2015): Das vermessene Selbst: Praktiken und Diskurse digitaler Selbstvermessung. Lehrforschungsprojekt 2013/14. Tübingen: Universitätsbibliothek Tübingen.
Star, S. L. (1989): Regions of the mind: brain research and the quest for scientific certainty. Stanford: Stanford University Press.
Star, Susan Leigh; Griesemer, James R. (1989): Institutional Ecology, ›Translations‹ and Boundary Objects: Amateurs and Professionals in Berkeley's Museum of Vertebrate Zoology, 1907-1939. In: Social Studies of Science, 19. Jg., S. 387–420.
Strauss, A. L. (1978): A Social World Perspective, in: Studies in Symbolic Interaction 1, S. 119–128.
Strauss, A. L. (1991): Grundlagen qualitativer Sozialforschung. München: Fink Verlag (amerik. Orig. 1987).

Strauss, A. L. (1993): Continual Permutations of Action. New York: W. de Gruyter.
Strauss, A. L. (Hrsg.) (1970): Where medicine fails. Chicago: Aldine.
Strübing, J. (2006): Theoretisches Sampling. In: Bohnsack, R./Marotzki, W./Meuser, M. (Hrsg.) (2006): Hauptbegriffe qualitativer Sozialforschung. 2. Auflage. Opladen: Barbara Budrich, S. 154–156.
Strübing, J. (2007): Anselm Strauss. Konstanz: UVK.
Strübing, J. (2011): Zwei Varianten von Grounded Theory? Zu den methodologischen und methodischen Differenzen zwischen Barney Glaser und Anselm Strauss. In: Mruck, K./Mey, G. (Hrsg.) (2011): Grounded Theory Reader. Wiesbaden: VS, S. 261–277.
Strübing, J. (2014): Grounded Theory. Zur sozialtheoretischen und epistemologischen Fundierung eines pragmatistischen Forschungsstils. 3 Aufl., Wiesbaden: Springer VS.
Strübing, J., Kasper, B. und Staiger, L. (2016): Das Selbst der Selbstvermessung. Fiktion oder Kalkül? Eine pragmatistische Betrachtung. in Duttweiler, S./Gugutzer, R./Passoth, J.-H./Strübing, J., (Hrsg.): Leben nach Zahlen. Self-Tracking als Optimierungsprojekt? Bielefeld: Transcript. S. 271–291.
Truschkat, I. (2013): Zwischen interpretativer Analytik und Grounded TheoryM – Zur Methodologie einer wissenssoziologischen Diskursanalyse, in: Keller, R./Truschkat, I. (Hg.): Methodologie und Praxis der Wissenssoziologischen Diskursanalyse, S. 69–87. Wiesbaden: Springer VS.

5 Analyse der Medialität und Materialität von Gesellschaften

5.1
Visuelle Diskursanalyse

Boris Traue und Mathias Blanc

1 Einleitung: Soziologie durch das Bild, Soziologie des Bildes, Soziologie mit dem Bild[1]

Bilder, visuelle Kommunikation und Ordnungen der Sichtbarkeit sind in den methodischen Einzugsbereich der Soziologie eingerückt (vgl. zum Überblick Pauwels 2010). Damit wird zur Kenntnis genommen, dass Bilder ähnlich wie die Sprache eine tragende Rolle in der Konstitution von Gesellschaftlichkeit (Denzin 1995), von Kommunikation (Knoblauch 2017), von Evidenzerzeugung (Daston/Galison 2010), in der Konstruktion von Geschlecht und Sexualität (Engel 2009), der Hierarchisierung sozialer Beziehungen (Heinich 2008), der Präsentation von Politik (Kanter 2016), der Legitimation gesellschaftlicher Ordnungen (Bruhn 2003; Bredekamp 2006; Holert 2008; Alexander/Bartmanski/Giesen 2011; Traue/Schünzel 2014), in einer Vielzahl von Berufen (Tuma 2017) sowie in der Herausbildung von (Seh-)Gemeinschaften (Raab 2008) spielen. Sozialität ist in drei Dimensionen stark visuell geprägt: praktisch durch ein alltäglich gewordenes Handeln mit Bildern, technisch durch Infrastrukturen der Produktion, Speicherung, Manipulation und Verbreitung von Bildern sowie makrostrukturell, insofern Handlungen durch Bilder legitimiert werden und dadurch Ordnungen emergieren und stabilisiert werden. Diese Ebenen werden meist getrennt voneinander untersucht – sie sind aber miteinander verschränkt. Um ihre Wechselwirkung zu beschreiben, ist es nötig, unterschiedliche Begriffs- und Analysetraditionen miteinander zu verbinden.

---

[1] Wir danken Heike Kanter und Darija Kryschen für wertvolle Hinweise zu einer früheren Fassung dieses Beitrags. Enorm hilfreich waren für uns außerdem stimulierende und kritische Anmerkungen zur hier vorgeschlagenen Methode von Carolina Cambre, Michael Corsten, Antke Engel, Christoph Engemann, Reiner Keller, Hubert Knoblauch, Irene Leser, Lisa Pfahl, René Tuma, Bernt Schnettler, Paula Villa und ganz besonders Anja Schünzel. Dank geht außerdem an die TeilnehmerInnen der Interpretationssitzungen des ‚Videolabors für qualitative sozialwissenschaftliche Interaktions- und Performanzanalysen' am Fachgebiet Allgemeine Soziologie der TU Berlin. Die zugrunde liegenden Forschungsarbeiten wurden von der Deutschen Forschungsgemeinschaft (DFG) sowie vom Centre national de la recherche scientifique (CNRS) unterstützt.

Es gibt in der sozialwissenschaftlichen Forschung unterschiedliche Umgangsweisen mit Bildlichkeit und Bildern: Zwei davon seit längerer Zeit etabliert, und eine dritte, die jüngeren Datums ist und für die wir im Folgenden einen Verfahrensvorschlag machen möchten. In der französischen Soziologie wird zwischen zwei Paradigmen visueller Soziologie unterschieden. Diese Unterscheidung möchten wir für die deutschsprachige Methodendiskussion fruchtbar machen: die Untersuchung des Sozialen *durch das Bild* („sociologie par l'image"; Naville, 1966; Terrenoire, 1985; Harper, 2000; Hamus-Vallée, 2013; van der Gucht, 2012, Blanc 2013) einerseits, die Soziologie *des* Bildes („sociologie de l'image", Goldmann, 1974; Péquignot, 2008) andererseits. Im Rahmen dieser präpositionellen Variationen lässt sich der hier dargestellte Ansatz als Soziologie ‚*mit dem Bild*' bezeichnen.

1.1 Soziologie ‚durch das Bild'

In der Soziologie ‚durch das Bild' wird die Bildlichkeit durch Aufzeichnungspraktiken der Forschenden hergestellt. Sie ist Ergebnis einer audiovisuellen Registrierung von kommunikativen Praktiken, bringt zur Ansicht, was in der Sozialwelt vor sich geht und erlaubt die sequenzielle Analyse von Handeln. Dieses Verständnis von Visualität wird vor allem im Ansatz der Videointeraktionsanalyse bzw. Videografie entfaltet (vgl. Tuma/Knoblauch, Kap. 4.4 in diesem Band). In einem ethnografischen Verständnis schlägt sich die Fremdheit der beobachteten Welt in der Fremdheit von Bildern nieder und erlaubt so ihre Erschließung. Die im Forschungsprozess hergestellten Bilder werden als methodische Mittel gebraucht, die das Soziale durch optische Instrumente und Registraturen offenbaren. Die Untersuchung sozialer Praktiken mit diesem Zugang erlaubt die Annäherung an den Forschungsgegenstand auf einer prädiskursiven Ebene, als Gegebenheit von visuellen Daten. Diese Daten machen kommunikatives Handeln sichtbar und damit beschreibbar, das sich sonst der wissenschaftlichen Betrachtung und Analyse entziehen würde. Dieses soziologische Bild wird damit zu einem Medium, das Zugang zu sonst undurchsichtig bleibenden Sozialwelten ermöglicht. Die Einsichten in kommunikative bzw. interaktive Sequenzen, die auf diese Weise gewonnen werden können, verdanken sich also einer Verfeinerung der ethnografischen Methode.

1.2 Soziologie ‚des Bildes'

Der zweite Zugang, die Soziologie ‚des Bildes' – sociologie de l'image –, nähert sich Bildern als Objektivierungen sozialer, insbesondere visueller Praktiken in sozialen Feldern und verschreibt sich der Untersuchung der Beziehungen zwischen dem Sozialen und seiner visuellen Repräsentation. In dieser Perspektive gilt das Visuelle im Wesentlichen als Symptom einer darunter oder dahinter liegenden Sozialität. Sie erlaubt genau genommen noch einmal zwei zu unterscheidende Weisen, das Bild zu denken: als Produkt oder als Dokument des Sozialen. Im Kontext der Forschung zu ‚visueller Kultur', die insbesondere in den Cultural Studies vorangetrieben wurde, wird „Visualität" (Mirzoeff 2011) als Produkt und gleichzeitig als Instrument konflikthafter Prozesse begriffen; deutlich wird dabei etwa, dass soziale Kämpfe mit dem Bild ausgefochten werden und gesellschaftliche Dominanz mit Hilfe von Bildern hergestellt wird. Das zweite Verständnis speist sich im deutschsprachigen Zusammenhang u. a. aus der von Erwin Panofsky begründeten bildwissenschaftlichen Tradition, oft in Verbindung mit der von Karl Mannheim entworfenen und von Ralf Bohnsack weiterentwickelten „dokumentarischen" Methode (Bohnsack 2008, auch Kanter, Kap. 3.2 in diesem Band). Das Bild wird hier als Dokument, d.h. als Indikator einer sich im Bild dokumentierenden Praxis genommen, die durch eine Interpretation des Bildes verstanden werden kann.

Im ersten Paradigma (Soziologie ‚durch das Bild') sollen Bilder also verkörperte soziale Praktiken – in actu – sichtbar machen, während im zweiten Bilder – ex-post – als Ergebnisse bereits vergangener Aktivitäten begriffen werden. Aber fordert die Verbreitung alltäglicher bildgebender Praktiken und die gesteigerte Bedeutung von Visualisierungen in allen Wissensbereichen neben diesen zwei produktiven Möglichkeiten nicht eine dritte Perspektive, die sowohl Handeln als auch umstrittene mediale Infrastrukturen der Kommunikation und des Wissens berücksichtigt?

1.3 Soziologie ‚mit dem Bild'

Wir schlagen eine alternative dritte Herangehensweise vor: eine Soziologie ‚mit dem Bild' (sociologie ‚avec l'image'). Die Präposition „mit" hat hier eine doppelte Bedeutung: Sie erlaubt es uns, danach zu fragen, wie mit Bildern (als Mittel) gehandelt wird, und zu erkennen, wie das Bild sich als Mit-Wirkendes ins Handeln einmischt, ohne es als Mit-Handelndes zu essentialisieren. Das Bild erlangt diesen doppelten Status eines Handlungsmittels und eines Umstandes von Handlungen, insofern es in Beziehung zu einem institutionalisierten Wissen, einer Diskursivität mit verteilten Positionen (von Sprechern und Zuhörern, Bildproduzenten und Publikum) und zu seinem Einsatz im Zuge von Handlungen gesehen wird – als *visuelles Mittel der Organisation des Handelns*. Wir werden an einem empirischen Beispiel zeigen, dass die Berücksichtigung der institutionellen, technischen und politischen Bedingungen der (visuellen) Kommunikation in der Analyse die ‚Objektivität' der Interpretation nicht bedroht, sondern eine methodisch kontrollierte Interpretation zulässt.

Mit unserer Vorgehensweise rücken wir die sozialwissenschaftliche Bildanalyse in eine ‚integrative' wissenssoziologische Perspektive ein, indem wir von einer konstitutiven Verwiesenheit von Wissen, Handeln und Technizität in einer ‚kommunikativen Konstruktion' von Wirklichkeit ausgehen (Knoblauch 2005, 2017; Keller/Knoblauch/Reichertz 2012, Traue 2014a). Soziologie ‚mit dem Bild' heißt hier also erstens, mit dem Bild in einen Dialog und einen Streit einzutreten (vgl. Engel 2009), so wie Akteure mit Bildern konfrontiert sind und mit ihnen ‚etwas' tun (möchten), wobei sie zugleich in spezifischen Mikrophysiken der Macht (Foucault 1975) und ästhetischen Dispositionen (Mirzoeff 2011; Schnettler/ Knoblauch 2007; Blanc 2012; Traue 2013; Cambre 2016) Eigenwirkungen entfalten. Zweitens heisst es, die spezifischen Wirkungsweisen des Bildes zu berücksichtigen: die Fähigkeit des Bildes, etwas bzw. auf etwas zu zeigen und dadurch zu berühren. Mit dem Bild zu forschen setzt drittens voraus, dass Wirklichkeit sich in Handlungen des Zeigens verdichtet. Das Bild ist eine Objektivierung, die sich im Handeln entfaltet und gleichzeitig mit anderen Wissens- und Handlungsformen verknüpft ist, in einem Gefüge multipler Ordnungen, in denen bestehende Großformationen gesellschaftlicher Ordnung – wie jene der Wissenschaft, der Ökonomie, der Religion, des Militärs – reproduziert, transformiert oder entgrenzt werden (können). Die produktive Wirkung der Bilder ist also keine Eigenschaft des individuellen kulturellen Artefakts, sondern entsteht aus Prozessen des Handelns mit Bildern, also ihrer Anfertigung, Speicherung, Verbreitung, Präsentation und Interpretation. Diese Interpretationen lagern sich dem ursprünglichen Bild als visuelle, textuelle und kontextuelle Sinnschichten an. Streng bildimmanente Interpretationstechniken greifen deshalb zu kurz.

Je mehr Menschen mit Bildern handeln, und je mehr die Bilder miteinander und mit anderen Wissensformen kulturell verschränkt und medial verschaltet sind, desto plausibler wird die hier vorgeschlagene handlungs- und diskurstheoretische Perspektivierung. Sie ist besonders gut geeignet, kommunikative und technische Prozesse der Entstehung von Sichtbarkeiten und Sagbarkeiten zu beschreiben, mit deren Analyse wir Bilder nicht mehr nur als Dokument oder Repräsentation einer außerbildlichen Wirklichkeit zu fassen zu suchen. Wir gehen also davon aus, dass nicht das ‚reine' Bild (das Objekt der Kunstgeschichte) Gegenstand der Analyse sein soll, sondern das Bild im Umfeld seiner Sinnbezüge. Der Standpunkt des wissenschaftlichen Interpreten ist dabei keinesfalls exklusiv: Jede Weiterverbreitung des Bildes, jeder Bildkommentar lagert dem Bild weitere Bedeutungsschichten an, die ebenso zur Produktion des Sinnes beitragen wie der originäre Vorgang seiner ‚Herstellung'.

2 Grundzüge und Probleme der visuellen Diskursanalyse

Die Diskursanalyse galt bislang als Forschungsperspektive, die primär auf sprachliche Phänomene abzielt. In den letzten Jahren wurde von verschiedenen Seiten vorgeschlagen, die Diskursanalyse auf die Visualität bzw. auf visuelle Artefakte als ‚Datentyp' auszuweiten (Zielinski 1994; Maasen/Holert/Renggli 2016; Holert 2008; Engel 2009; Renggli 2007; Meier 2008; Traue 2013; Blanc 2013; Cambre 2016). Der visuellen Sinnlichkeit und den visuellen Zeichen wird damit besondere Wirksamkeit zugeschrieben, die sich im Verbund mit anderen Sinnlichkeiten und Zeichentypen entfaltet. In ihrem stärker bildhermeneutisch akzentuierten Zugang spricht Heike Kanter auch von „ikonischer Macht" (Kanter 2014, 2016). Wir schlagen vor, dass die *Sichtbarkeit* analog zur *Sagbarkeit* die Wahrnehmung und Bezeichnung der Wirklichkeit strukturiert: Regime der Sichtbarkeit sind Ergebnisse von visuellen Kommunikationen und wirken – einmal etabliert – dabei mit, auf welche Weise Phänomene in Erscheinung treten können. Sie tragen zur Konstitution der „Phänomenstruktur" (Keller 2011, S. 99 ff.) eines Diskurses bei. Bei dieser Bestimmung eröffnen sich zwei Problemfelder.

2.1 Problemfelder

Erstens: Wie ist der Status des Visuellen gegenüber der Sprache begrifflich und methodisch zu fassen? Für die Beschreibung von Bildern und anderen sichtbaren Phänomenen sind ja andere Beschreibungssprachen entwickelt worden – etwa in der Kunstgeschichte – als für die Sprache, die etwa durch die Linguistik, Sprachphilosophie und Soziologie beschrieben wird. Reiner Keller konstatiert in diesem Zusammenhang: „Im Zentrum des Vorgehens [der wissenssoziologischen Diskursanalyse] stehen überwiegend textförmige Daten, d. h. ‚natürliche' Aussageereignisse bzw. deren Protokolle" (Keller 2005, S. 268). Welche Beschreibungssprachen sind also nötig und hilfreich? Eine erste Antwort lautet, dass wir uns methodologisch auf den alltäglichen sozialen Sinn der Bilder beziehen und damit auch keinen systematischen Bezug auf kunst- oder bildwissenschaftliches Vokabular benötigen. Anleihen sind natürlich immer möglich und oft hilfreich, zudem Elemente visuellen Spezialwissens auch Eingang in den Alltag gefunden haben.

Ein zweites Problemfeld ergibt sich aus der Frage nach dem Verhältnis von Ordnungen und Handeln im Bereich des Visuellen bzw. der Bilder. Eine auf visuelle Phänomene ausgeweitete wissenssoziologische Diskursanalyse verspricht, die kommunikativen Züge der Wissensproduktion so zugänglich zu machen, dass ihr ‚diskursiver' (d. h. ‚ordnender') sowie ihr ‚kommunikativer' Aspekt gleichermaßen berücksichtigt werden kann. Es ist vielfach bemerkt worden, dass im foucaultschen Diskurskonzept sowohl soziale (Foucault 1996) und symbolische *Ordnungen* (Foucault 1969) als auch *Handlungen* berücksichtigt werden, die in ein Spannungsverhältnis gebracht werden (Keller 2005, S. 128). Unter dem diskursiven *Ordnungs*konzept verstehen wir hier – im Anschluss an Reiner Kellers Lektüre von Foucaults Diskurskonzept – „emergente Strukturierungsmuster von sprachlichen Äußerungen und Handlungsweisen als soziale Erzeugnisse, die nicht auf die Intentionalität erzeugender Subjekte zurückgeführt werden können" (Keller 2005, S. 128). Diese ‚Regime des Sagbaren', also Diskurs*ordnungen*, sind erstens positional („Verknappung der Sprechenden", Foucault 1996), zweitens sprachlich: Sie geben vor, was gesellschaftsweit oder in einem bestimmten Feld oder Milieu als Bereich akzeptabler Aussagen gilt, und wer sie vornehmen kann bzw. darf. In Differenz zur foucaultschen Diskursanalyse stärkt die wissenssoziologische Diskursanalyse die Rolle von Akteuren in der Aneignung und Interpretation von Diskursen: „Die Subjekte des Alltags sind in ihrer Lebenspraxis keine Marionetten diskursiv geformter Denk- und Handlungsanleitungen. Sie agieren vielmehr als mehr oder weniger kreativ-interpretierende ‚Sinnbastler' [Bezug auf Hitzler/Honer 1994, Anmerkung d. A.] im gesellschaftlichen Kontext unterschiedlichster diskursiver Felder und Auseinandersetzungen" (Keller 2005, S. 267).

Diese zweite Frage nach dem kommunikativen Handeln als Reproduktions- und Transformationsbedingung von Diskursen verweist auf die erste Frage nach dem sozialen Sinn der Bilder. Deshalb gehen wir zunächst auf die erste Frage ein: Wie ist das Visuelle im Rahmen einer Soziologie ‚mit dem Bild' zu verstehen, die im Rahmen einer diskursanalytischen Perspektivierung verfolgt werden soll?

2.2 Bilder und Diskursanalyse

Michel Foucault selbst hat sich mit dem Verhältnis zwischen Sprache und Bild befasst, bleibt aber im Wesentlichen auf der Ebene von programmatischen Erklärungen:

> „Nicht alles, was die Menschen tun, ist letztlich ein entschlüsselbares Rauschen. Diskurs und Figur haben jeweils ihre eigene Seinsweise, aber sie unterhalten komplexe, verschachtelte Beziehungen. Ihr wechselseitiges Funktionieren gilt es zu beschreiben" (Foucault 2001, S. 796).

Foucault hält hier, wie auch sonst, Diskurs und Figur auseinander. Bei der Verbindung von Sprache und Bild bietet Foucault also nur wenig Hilfestellung, wie auch Sabine Maasen, Thorsten Mayerhauser und Cornelia Renggli konstatieren.

Sie weisen darauf hin, dass Foucault in den Bilderwelten der Kunst einen Gegenpart zu den sprachlichen Diskursen sah:

> „Dennoch besetzen gerade seine Bilderbesprechungen eine wichtige werksgeschichtliche Position, die sich mit seinen späten Ausführungen zur antiken technè der Sorge um sich, der kunstvollen Lebensführung verbinden. Kunst, insbesondere Malerei, erscheint ihm deshalb allzu oft als nahezu idealistischer, nicht-strategischer Ort der Freiheit, der die Rückbesinnung auf sich selbst ermögliche" (Maasen/Mayerhauser/Renggli 2006, S. 12).

Die Differenz zwischen Sprache und Bild ist bei Foucault weniger an der Materialität, sondern an der Sozialform der Aussage bzw. ihrer ‚Strategie' orientiert. Er steht damit in der Nähe zu philosophischen Formulierungen der Bild-Sprache-Differenz. So unterscheidet Susanne K. Langer zwischen einer diskursiven Symbolisierung, die stabilen Bedeutungen aufweise, und präsentativen Symbolisierungen, die nur eine relative Bedeutung zu anderen Elementen haben: Ein Ton hat nur eine Bedeutung zu einem anderen Ton, eine Fläche im Verhältnis zu einer anderen (Langer 1941). Cornelia Renggli bestätigt die Aufrechterhaltung dieser Differenz: „Foucault hat stets die Eigenständigkeit der Bilder gegenüber den Worten betont, d. h. das Visuelle nicht als Nicht-Sprache, sondern als eigenständige Form des Denkens betrachtet" (Renggli 2007, Abs. 5).

Da aber auch Sprache in jeder Wiederholung ihre Bedeutung verändert (Derrida 1974) und auch Bilder als „Embleme" (Soeffner 1992) in ihrer Bedeutung fixiert werden können, ist die Unterscheidung Bild/Sprache soziologisch gesehen nicht triftig. Warum sollten Bilder – grundlagentheoretisch – nicht selbst auch diskursförmig organisiert sein, insbesondere wenn sie – empirisch – in gegenwärtigen digitalen Medienverhältnissen so eng mit den Texten verschränkt sind?

Wir werden deshalb ein alternatives – und von Foucaults Haltung abweichendes – Verständnis des Verhältnisses von Bild und Sprache entwickeln: Eigenheiten der Bilder sollen verallgemeinert und auf den sprachlichen Diskurs übertragen werden, um dann zu argumentieren, dass Bild-Text-Verhältnisse selbst Resultat kommunikativer und diskursiver Konstruktionen sind.

2.3 Bild-Sprache-Differenz als Resultat von Konstruktionsprozessen

Eine Antwort auf die Frage nach der Differenz zwischen Bildern und Sprache besteht also darin, diese Differenz zu kassieren: Bild und Sprache, Präsentation und Repräsentation ‚oszillieren', regen sich gegenseitig an und gehen dadurch ineinander über: „Der Text benennt den Sinn des Bildes, das wiederum den Sinn des Textes benennt" (Nancy 2006, S. 128). Aus einer kommunikationstheoretischen und wissenssoziologischen Perspektive unterscheiden sich Bilder und Zeichen nicht grundlegend. Sie sind beide ‚Objektivierungen' (Berger/ Luckmann 1969), die in einem triadischen Kommunikationsmodell (Knoblauch 2017; Lindemann 2014) sozialen Sinn konstituieren und stabilisieren. Indem der antwortende Kommunikationspartner in einer kommunikativen Sequenz anzeigt, ein Bild, eine Geste oder eine sprachliche Äußerung verstanden zu haben, und daran eine kommunikative Handlung anschließt, hat Kommunikation – rückläufig durch die Selektion des Verstehens bestimmt – stattgefunden. Der Bestand an Objektivationen, die aus dem kommunikativen Prozess hervorgehen und in Zirkulation bleiben, bildet den Diskurs, der nun Texte, Bilder, Töne etc. ‚enthalten' kann und diese als thematische Klammer zusammenhält.

In medientheoretisch informierten Debatten wird – unsere Antwort unterstützend – vorgeschlagen, den Begriff des „Konzepts" als Ausdruck für „bestimmte Seh- und Ordnungsgewohnheiten" zu verwenden, „in welchen Bild und Begriff zusammenfallen" (Bruhn 2003, S. 145). Dem Bildwissenschaftler Mathias Bruhn zufolge kann damit „eine der heikelsten Trennungen der Bilddiskussion umgangen werden, nämlich diejenige, die aus der Trennung von ‚Bild' und ‚Text' folgt" (ebd.). Dies bedeutet, dass das Verhältnis von Bild und Text durch Distributionsformen und Praktiken bestimmt ist; in dieser Sichtweise kommt der Transformation der Medienverhältnisse eine besondere Bedeutung zu: „Auch hat die Entwicklung der Reproduktionsmedien für Allianzen von ‚Bild' und ‚Text' gesorgt, die nicht immer auf einer inneren Verwandtschaft visueller und logischer Argumentationen beruhten, die aber beiden Argumentationsformen ihren Platz zuwiesen" (ebd.). Die Differenz zwischen Diskurs und Bild, Aussage und Gestalt kann also als ein Effekt technischer, institutioneller und kommunikativer Konstruktionen begriffen werden, die in Medienverhältnissen jeweils neu durch kommunikatives Handeln hergestellt werden.

2.4 Bildliche Momente im Diskurs: Punktum und Kontaktmedien

Andererseits kann diese Antwort nicht ganz zufriedenstellen, denn die kunstgeschichtliche und bildwissenschaftliche Literatur gibt durchaus Hinweise auf Besonderheiten der Bilder. Wir bleiben bei der These, dass kommunikatives Handeln variable Verbindungen von Bild und Text (sowie auch Ton, Textur usw.) hervorbringt, schlagen aber vor, den Diskurs- sowie den Kommunikationsbegriff durch Eigenschaften des Bildlichen anzureichern. Dabei sollen zwei Aspekte einbezogen werden: die Affizierung durch visuelle Phänomene sowie das Zeigen als visuelle Handlungsform.

Bilder werden oft zum Anlass von Aufmerksamkeit und Interpretation durch ein überraschendes, verstörendes oder berührendes, kurz: affizierendes

Moment, das Roland Barthes „Punktum" nennt (Barthes 1980) – etwas, das ein Subjekt ‚trifft' (lat. punctum = Stich). Im Unterschied zum „Studium" des Bildes (Barthes 1980), das auf dessen historische und kulturelle Bezüge verweist, provoziert das Punktum emotional geladene Interpretationen und schafft so einen phantasmatischen Raum, in dem die Affektivität des Bildes ihren Auftritt hat. Das Punktum betrifft ein Detail oder einen Aspekt des Bildes, der es interessant, faszinierend macht, mich – oder andere – ‚berührt'. Am Punktum macht sich für Subjekte im Alltag die Deutungsbedürftigkeit des Bildes fest. Insofern das Punktum Verstehensprozesse motiviert, ist es Voraussetzung für Anschlusskommunikationen, die das visuelle Phänomen aus der bloßen ‚Rezeption' in die Kommunikation überführen und es damit diskursgängig machen. Während Barthes das Punktum als Eigenschaft der Fotografie bestimmt, ist es – so unsere These – nicht an dieses Medium gebunden. Es kann ein Moment unterschiedlicher, auch textueller oder sonischer Signal- und Symboltypen sein, wenn es Verstehensprozesse initiiert und Anschlusskommunikationen motiviert. Auch ein Text kann ein affizierendes Punktum enthalten, obwohl das Punktum am Gegenstand des Bildes ‚entdeckt' wurde. Traue (2017) nennt solche materiellen Kommunikationsmittel, die Subjekte füreinander berührbar machen, „Kontaktmedien"; sie „stellen die Berührbarkeit von anwesenden und nicht anwesenden Subjekten füreinander her" und „erlauben es Subjekten, auf sich selbst und ihre lebensweltlichen Umstände hinzuweisen – oder eben für Andere und ihre Anliegen unempfindlich zu bleiben oder sich sogar aktiv zu immunisieren" (ebd., S. 254f). Kontaktmedien bilden als Teil des ‚Kommunikationsregimes' (Traue 2014a) eines audiovisuellen Diskurses eine Ressource der Affizierung und Affizierbarkeit.

Auf der Seite des kommunikativen *Handeln*s finden Formationen der Sichtbarkeit ihre Entsprechung in Aktivitäten des ‚Zeigens' (Mondzain 2010; Tomasello 2008; Dayan 2009; Bredekamp 2011; Knoblauch 2017). Das Zeigen ist für das Bild-Handeln spezifisch, aber nicht auf dieses begrenzt; in seiner einfachsten Form findet es in Gesten des Zeigens statt, in den mediatisierten Formen mit Hilfe von *Techniken* des Zeigens, die eine Anwesenheit des Zeigenden nicht erfordern: Schilder, Bilder, Bewegtbilder etc. Gemäß der Soziologie ‚mit dem Bild' zeigen Akteure etwas mit Gesten und Bildern, während gleichzeitig die Bilder selbst auch etwas anzeigen, bzw. Zeigehandlungen auf Dauer stellen (z. B. ein Verkehrsschild, eine Fotografie, eine Architektur, ein Film). Sprach-Handeln operiert dagegen primär mit Verweisen, eine spezielle Art des Hinweisens, die sich auf die differenzbasierte Eigenstruktur der Sprache bezieht (De Saussure 1916/1967). Die Deixis der Sprache ist also auch ein ‚Zeigen', das aber auf lexikalische und semantisch sprachliche Strukturen zurückgreift, während das Bild-Handeln raumzeitlich und optisch zeigt, mit variabler Präzision und Breite. Das Zeigen aktualisiert oder konstituiert dabei eine triadische Beziehung zwischen Zeigendem, dem Phänomen, auf das gezeigt wird, und demjenigen, dem gezeigt wird oder der sich als solcher angesprochen fühlt. Jedes Bild, insofern es auf kommunikative Anschlusshandlungen angelegt ist, ist ein Beziehungs-Bild (Blanc 2012), das mit dem Abgebildeten zugleich die Beziehung zwischen Abbildenden und Abgebildeten bzw. Abgebildetem mitteilt.

Wir haben schon darauf hingewiesen, dass die berührende Wirkung eines visuellen Phänomens wie auch das ‚zeigende' kommunikative Handeln eng mit technischen Medien verbunden ist. Diese Technizität bzw. Medialität erfordert methodologisch die Berücksichtigung der materiellen Dimensionen von kommunikativem Handeln und den dadurch konstituierten Diskursen. Im Zuge der digitalen Mediatisierung entsteht eine „neue Form des audiovisuellen Diskurses", der „an der Schnittstelle von Mensch und Medienmaschinen angelangt [ist], an der die Subjekte selbst apparativ tätig werden, um das Resultat der Illusionierung mitzugestalten oder zumindest zu modifizieren" (Zielinski 1994, S. 268). Der soziale Sinn des Bildes, der durch selektive Zeigehandlungen provoziert und durch Verstehensleistungen realisiert wird, wird also durch die Steuerungsleistungen medialer Apparaturen mitkonstituiert. Die wissenssoziologische Diskursanalyse „macht Vorschläge, wie Wissenszirkulationen als tatsächliche soziale Prozesse rekonstruiert und in ihren Formen sowie Effekten erklärt werden können" (Keller 2005, S. 96); die wissenssoziologische visuelle Diskursanalyse bezieht dabei die Mediatisierung der Kommunikation explizit ein (Hepp 2010, Knoblauch 2017, Traue 2014a), durch die neuartige Verbindungen von Sprache, Bild und Ton entstehen, und durch die Subjekte auch über Distanzen hinweg voneinander berührt werden können (Traue 2017), ihr Handeln wechselseitig legitimieren und dadurch diskursive Regime stützen oder destabilisieren.

3 Grundhaltungen und methodische Vorgehensweise der visuellen Diskursanalyse

Kehren wir noch einmal zu unserer früheren Unterscheidung zurück: Wenn wir das Bild also als ein zur Welt geöffnetes Fenster in Betracht ziehen (par l'image) oder als eine Spur des Sozialen (de l'image), laufen wir Gefahr, zu vergessen, dass der Rahmen, durch den und mit dem wir sehen, beweglich, gewählt und konstruiert ist. Sich dieses Fenster nur wie eine transparente Scheibe vorzustellen, hinter der sich ein soziales Universum befindet, hieße die Spezifik des Handelns mit Bildern zu vernachlässigen.

Der zentrale Schritt der hier vorgestellten Methode kann folgendermaßen vergegenwärtigt werden: *Es kommt darauf an, die relationierten, personalen, technischen und institutionellen Instanzen zu rekonstruieren, die einen Bild-Sinn auffassen* (auffassen hier im Sinn von wahrnehmen, technisch aufzeichnen und interpretieren). Dabei können wir uns auf ein alltägliches Bild-Wissen verlassen, das auf Kenntnissen des Angesprochenwerdens durch Akte des Hinweisens und Zeigens beruht. Kunsthistorisches Wissen ist dabei relevant, insofern es (durch Werbung, Graffiti, Fotografie, Film, Kunstausstellungen) bereits in die alltäglichen Sehgewohnheiten diffundiert ist (Kanter 2014). Die systematische Anwendung kunsthistorischer *Methoden* ist für unseren Zugang allerdings nicht nötig. Worauf hingewiesen, was gezeigt wird, hängt – beim visuellen Zeigen ebenso wie bei den Verweisen der Sprache – davon ab, unter welchen Umständen (Indexikalität) etwas gezeigt bzw. etwas sichtbar gemacht – oder eben verborgen wird.

3.1 Das visuelle Feld eines Diskurses

Anders gesagt: Das durch ein Bild umrissene visuelle Feld (,champ visuel') ruft eine Appräsentation seines Außerhalbs (,hors-champ') auf – also dessen, was zum Zeitpunkt der Aufnahme außerhalb des Blickfeldes passiert und als Produktions-, Distributions- und Rezeptionsbedingung das Bild umgibt. Dazu gehören auch die Orte, an denen das Bild sichtbar und deutbar wird, und wo der Visualität – weitere – sprachliche Deutungen hinzugefügt werden. Während ein ortsfestes Bild (wie etwa Michelangelos berühmte Fresken in der Sixtinischen Kapelle) seinen Sinn ganz wesentlich durch das religiöse Umfeld verliehen bekommt, kann die Bedeutung eines Bildes durch die bereits von Walter Benjamin (1935/1963) festgestellte Beweglichkeit von Artefakten ganz wesentlich angereichert oder verschoben werden – die Drucke des Freskos „Die Erschaffung Adams" auf Postkarten und Postern zeigen diesen Umstand an.

Sicher ist es methodisch nicht immer möglich, zu überprüfen, wie der – bereits vergangene – Kontext der Produktion eines Bildes beschaffen war, aber wir können die vom Bild gelieferten Spuren untersuchen. Sie geben über die Selektionen und Zwänge Auskunft, mit denen die Produzenten der Bilder umgegangen sind. Außerdem lassen sich die technischen Infrastrukturen, institutionellen Ordnungen und Handlungen untersuchen, die zur Herstellung des Bildes beitragen oder das visuelle Handeln ermöglicht haben – „Immer handeln und kommunizieren also (mindestens) zwei Parteien: die vor der Kamera und die hinter der Kamera (diejenigen, die aufnehmen, die das Aufgenommene bearbeiten und damit abschließend entscheiden, was sehenswert und was unwichtig ist)" (Reichertz/Englert 2010, S. 15).

Dieser Zugang erlaubt es, eine bestimmte Fragehaltung einzunehmen: Wer zeigt? In welchem Moment? In welcher raumzeitlichen und sozialen Position? Mit welchen technischen und sozialen Zwängen? Mit welchen realisierten und potentiellen Effekten? Diese Fragen erlauben es, Hypothesen zu formulieren, mit denen die Materialität des Bildes Berücksichtigung findet: seiner Komposition, seiner Kontraste, der verwendeten Optik und der Bewegungen der Körper im repräsentierten Raum, seinen zeigenden Qualitäten. Es kommt also darauf an, die bildlichen Elemente in Beziehung zu setzen zu den materialisierten und verkörperten Akten des Zeigens, die sie performativ sichtbar machen; es handelt sich nicht um eine Reduktion auf den Akt des Zeigens, sondern um die Rekonstruktion einer Relation.

Wir schenken also der Beschreibung des Bildes Aufmerksamkeit, während wir zugleich die Instanz des Zeigens zu benennen suchen, die uns diese Bedeutung unterbreitet (Blanc 2017). Es handelt sich um komplementäre Bewegungen, die nicht getrennt werden sollten: „Die Hermeneutik des Bildes hat ihren Ursprung, wo die Bilderfahrung des Auges in das Medium der Sprache übergeht" (Boehm 1978, S. 444). Die im Bild enthaltenen Formen und Bewegungsmuster erlauben es, zu fragen, welche visuellen Ressourcen dem Betrachter in der betreffenden Situation abverlangt werden. Die Aufmerksamkeit für diese Spuren gestattet die Formulierung neuer Hypothesen bezüglich der visuellen Topoi, die genutzt wurden, um jeweils situativ bestimmte Aussagen zu formulieren.

3.2 Serialität der Bilder im Diskurs

Eine weitere Dimension der Analyse bezieht sich auf die Umstände, die sich im analysierten Bild explizit oder implizit anzeigen: weitere Bilder und die Konstruktion von Gegenständen, auf die die Bilder verweisen. Diese Aufmerksamkeit, die der immanenten Dynamik des Bildes entgegengebracht wird, ist das Kernstück der Arbeiten des Kulturwissenschaftlers Aby Warburg (Warburg 2010), auf die wir uns hier beziehen. Konkret erfordert dies eine Suche nach ähnlichen Bildern, sogenannten Vor- und Nachbildern. Es geht dabei darum, die Serialität der visuellen Artefakte zur Kenntnis zu nehmen und nach den visuellen (sowie textuellen und anderweitigen) Korpora zu suchen, aus denen sich das visuelle (und sprachliche) Material speist. Diese Serialität wird in einigen Ansätzen qualitativer Bildanalyse bereits systematisch berücksichtigt, etwa in der Analyse großflächiger visueller Diskurse (Traue/Schünzel 2014) und in der Analyse von Bild-Clustern (Kanter 2016; Müller 2016).

Eine dritte Dimension betrifft die Reproduktion und Transformation von Sag- und Sichtbarkeiten. Die diskursiven Einsätze visueller kultureller Praktiken lassen sich nicht immer in ein antagonistisches Geschehen einordnen, können aber zu einer – sich manchmal langfristig anzeigenden, manchmal plötzlich eintretenden – Veränderung von Macht- und Kräfteverhältnissen führen. Sagbarkeiten und Sichtbarkeiten stützen und destabilisieren sich in der Reproduktion gesellschaftlicher Wirklichkeit. Sie ermöglichen wechselseitig ihre Entfaltung, rekombinieren sich, gruppieren sich um hegemoniale Sinnfiguren und bilden so

Ordnungen bzw. „Aufteilungen des Sinnlichen" (Rancière 2006), sind aber gleichzeitig dafür offen, in alternative Verbindungen einzutreten.

Nun könnte der Forschende der hermeneutischen Maxime folgen, die Fotografie müsse unvoreingenommen und unter möglichst konsequenter ‚Ausklammerung des Kontextwissens' interpretiert werden. Nur so könne sichergestellt werden, dass der Sinn des Bildes nicht bereits bestehenden Deutungen subsumiert werde. Dieser Rat erscheint allerdings problematisch, denn dies hieße, einen Bildsinn – durch eine methodische Operation – zu isolieren, um ihn dann nachträglich wieder mit dem sozialen Sinn zu verbinden, als ob das Bild für sich existieren könne und rein visuelle Wirkungen enthalte, die abgetrennt sind von der kulturellen und gesellschaftlichen Einbettung der Fotografie. Stattdessen sollte die Sichtbarkeit und Sagbarkeit rekonstruiert werden, die ein visuelles Phänomen im Verbund mit den ihm angelagerten Texten, anderen Sichtbarkeiten und womöglich noch weiteren Sinnträgern herstellt. Die Bilder und die ihnen angelagerten Texte sollten also als Objektivation (vgl. Knoblauch 2017, S. 155 ff.) behandelt werden, der gewisse Wirkungen zugetraut werden. Eine Soziologie ‚des Bildes' dagegen würde ein Bild lediglich als Repräsentation – nicht als aktive Präsentation – der Wirklichkeit begreifen, die es nur noch durch einen generalisierten Interpreten zu entschlüsseln gilt. So viel mit der letzteren Strategie auch gewonnen werden kann, eine entscheidende Frage kann damit nicht adressiert werden: Wie entfaltet das Bild Wirkmächtigkeit(en), wie sind diese beschaffen, und welche sozialen Beziehungen werden dadurch nahegelegt? Wir können nun also die oben vorgeschlagenen Fragen stellen: Wer zeigt? Für wen? In welchen sozialen Beziehungen, welchem historischen Moment? Mit welchen technischen und sozialen Zwängen? Mit welchen realisierten und potentiellen Effekten?

3.3 Schritte der Analyse

Die Entwicklung einer Fragestellung, die mit Hilfe einer Diskursanalyse bzw. einer visuellen Diskursanalyse verfolgt werden kann, folgt der etablierten interpretativen Logik der Sozialwissenschaften (vgl. Knoblauch et al., Einleitung dieses Bandes) – wobei der Fokus auf den sozialen und symbolischen Ordnungen liegt, die aus dem kommunikativen Handeln hervorgehen.

Diskursanalysen arbeiten mit einem sogenannten Korpus an Material, also einer größeren Menge an Texten, Bildern oder sonstigen sinnhaften Objektivationen. Die Sampling-Strategie von Diskursanalysen kann als eine Spielart des theoretischen Samplings angesehen werden (vgl. Traue/Pfahl/Schürmann 2014). Der Korpus wird im Rahmen einer explorativen Voruntersuchung des Forschungsfeldes erstellt: durch Studium des Forschungsstandes, Sichtung von verfügbaren Dokumenten, Erkundung der medialen Verbreitungswege von

Artefakten und Sprechakten und, wenn möglich, durch die Gewinnung eigener Erfahrungen mit dem Forschungsgegenstand durch Beobachtungen im Feld.

Ein Kern des Korpus wird zu Beginn der Untersuchung festgelegt; der Korpus wird aber Regelfall im Verlauf der Forschung erweitert oder eingeschränkt, wenn deutlich wird, dass ein Diskurs noch andere Herkünfte hat oder noch in anderen Handlungsfeldern verankert ist als zu Beginn der Forschung angenommen. Diese Einschränkungen oder Erweiterungen erfolgen nicht beliebig: im Rahmen einer Diskursanalyse muss nachgewiesen werden, dass eine oder mehrere diskursive Formationen, d. h. Verdichtungen von Begriffen, Strategien, Phänomenstrukturen und Medialitäten (Traue 2013) vorliegen (vgl. zum Sampling in der Diskursanalyse auch Traue/Pfahl/Schürmann 2014).

Bei der Analyse gehen wir in *vier Schritten* vor (orientiert an Traue 2013). Dabei halten wir uns an die in der interpretativen Sozialforschung etablierten Praxis, den *Forschungsprozess spiralförmig zu organisieren* (Strübing 2004).

Der erste Schritt besteht in der *Schilderung* eines ersten ausgewählten visuellen Objekts (oder einer Gruppe von Objekten) mit seinen angelagerten sprachlichen Formen (z. B. Bildunterschriften, Begleittext): einer alltagssprachlichen Beschreibung, was zu sehen ist. Wie verweist dieses Sichtbare weiterhin auf nicht Sichtbares, was also im Bild nicht oder nicht direkt zu sehen ist? Als InterpretInnen sollten wir das visuelle (Sicht-)Feld – das uns zur Betrachtung gezeigt wird – in Beziehung zu dem Außerhalb dieses Feldes bringen – also zu dem, was nicht für zeigenswert gehalten wird oder aus technischen Gründen unsichtbar bleibt. Werden uns Hinweise darauf gegeben, wie dieses Außerhalb, d. h. der umfassendere soziale Sinn des Bildes, zu fassen sein könnte? Dies können etwa eine Reihe weiterer Bilder sein, eine Spiegelung im Bild, ein Spiegel in der Szene oder ein angelagerter Text. Oder wird alles getan, damit nur das ‚existiert', was im visuellen Feld gezeigt wird? Die Schilderung sollte in einer Interpretationsgruppe durchgeführt werden, damit eine möglichst große Spannbreite von Beschreibungen eingeholt wird.

In einem zweiten Schritt – der Ausweitung der Untersuchung durch *fokussierte Analytiken* – werden die in der *Schilderung* explorierten Sinnbezüge durch eine Ausweitung des Korpus in ihrer Geschichtlichkeit, ihrem Ineinandergreifen und ihren Wirkungen erschlossen. Die diskursanalytische Interpretation fügt dem Sinn nichts hinzu und versucht auch nicht, einen verborgenen Sinn zu entschlüsseln. Sie verfährt streng nach der Maßgabe, die *Oberfläche* des Sinns zu beschreiben, indem sie sein Wirken aufschlüsselt. Das heißt, dass dieser Sinn zwar offen kommuniziert ist, aber innerhalb der alltäglichen Lebenswelt in der Regel nicht explizit wird, weil er *zu* selbstverständlich ist. Die wissenschaftlichen InterpretInnen vollziehen nach, wie andere Subjekte den Sinn des Diskurses verstehen, wie dieser Sinn durch die Materialität und die normativen Bezüge des Diskurses wirkt und wie sie diesen Sinn durch ihr eigenes Handeln interpretieren.

Die diskursanalytische Interpretation ist mit Webers methodologischer Formel kompatibel, die Soziologie sei eine Wissenschaft, die „soziales Handeln deutend verstehen und dadurch in seinem Ablauf und seinen Wirkungen ursächlich erklären will" (Weber 1921/1980, S. 1). Sie nimmt dabei eine Haltung ein, die als „interpretative Analytik" beschrieben wird: „The more one interprets the more one finds not the fixed meaning of a text, but only other interpretations" (Dreyfus/Rabinow 1983, S. 107). Da die sozialwissenschaftliche Interpretation keine Texte, sondern Handlungen interpretiert, geht es darum, den konventionellen Rahmen der möglichen Handlungen in Bezug auf gesellschaftlich bedingte Handlungsprobleme zu rekonstruieren. Da unterschiedliche Elemente dieses Rahmens gesondert betrachtet bzw. fokussiert werden müssen, sprechen wir von ‚fokussierten Analytiken'.

Ziel dieser Herstellung des Korpus (durch Ausweitung eines kleineren initialen Korpus zu einem umfassenderen Gesamtkorpus) ist also die Erschließung der Sinnquellen, deren Synthese in einem Bild oder einer Aussage eine Wirkung auf Subjekte hervorzubringen vermag, die Subjekte provoziert, diesen Sinn zu interpretieren, und sie dazu anregt, ihn zu übernehmen, abzuweisen oder zu verändern.

Drittens: Zu diesen Wirkungen tragen auch „morphologische" (Durkheim 1895), d. h. mediale, materielle und infrastrukturelle Dispositive der Produktion, Speicherung und Verbreitung des Sinns bei, die seine *Grammatisierung* bedingen (vgl. Traue 2013, S. 127), d. h. ihn in objektivierte, diskrete Formen, in ‚Sinnpakete' überführen. In solchen Dispositiven werden visuell-diskursive Formen hervorgebracht, die sich für vergleichende Analysen anbieten.

Durch die schrittweise Ausweitung des Korpus, die Berücksichtigung der kommunikativen Techniken und die Einbeziehung des Handelns der durch den Diskurs angesprochenen, d. h. subjektivierten Akteure (vgl. auch Schürmann/ Pfahl/Traue, Kapitel 6.2 in diesem Band) wird auch vermieden, dass ausschließlich die Relevanzen der Forschenden zum Leitfaden der Bildinterpretation erhoben werden – ein bekanntlich schwer beherrschbares methodisches Problem vieler hermeneutischer Ansätze. Die ersten drei Schritte (Schilderung, fokussierte Analytiken, Berücksichtigung medialer Dispositive) werden spiralförmig so oft wiederholt und aufeinander bezogen, bis sich Antworten auf die Fragen abzeichnen, wie was wozu und mit welchen Wirkungen gezeigt wird.

Schließlich können und sollen diese Ergebnisse in einem vierten Schritt generalisiert werden. Ziel dieser Generalisierung ist – allgemein gesprochen – die Rekonstruktion des Wandels der Ordnungen von Sagbarkeiten und Sichtbarkeiten. Diese Ordnungen – nehmen wir sozialtheoretisch an – werden durch kommunikatives Handeln reproduziert und transformiert. Die Varianz innerhalb des Falls (des Diskurses) weist auf eine stattfindende Transformation oder zukünftig mögliche Transformationen sozialer und kultureller Ordnungen hin.

4 Exemplarische Darstellung einer visuellen Diskursanalyse

Im Folgenden soll ein Forschungsprozess nachgezeichnet werden, um zu zeigen, wie im oben umrissenen methodischen Rahmen die Fragestellung entsteht, das Material angeordnet wird, die Auswertung verläuft und schließlich Befunde generiert werden.

Der Anlass der hier dargestellten Analyse ist etwas ungewöhnlich: Einer der Autoren befasst sich im Rahmen eines mehrjährigen Forschungsprojekts („Audiovisuelle Kulturen der Selbstthematisierung", Beantragung und Leitung: Boris Traue, DFG, 2011–2014) mit visuellen Wissens- und Kommunikationsformen. Er wurde für einen Sammelband (Kauppert/Leser 2014) angefragt, in dem Spielarten kultur- und sozialwissenschaftlicher Bildinterpretation demonstriert werden sollen, indem sich Autorinnen und Autoren aus den Sozial- und Kulturwissenschaften mit der gleichen Fotografie beschäftigen. Die Analyse wird im genannten Sammelband veröffentlicht. Der vorliegende Handbuchbeitrag wird von den beiden Autoren– nicht zuletzt in einem Dialog zwischen frankophonen und deutschsprachigen Zugängen – geschrieben, um die Methode visueller Diskursanalyse in ihren Begründungen, konkreten Vorgehensweisen und ihren noch offenen Problemen darzustellen.

Ungewöhnlich ist die Forschungssituation, insofern ein empirisches Datum vorgegeben ist – eine Fotografie, die unter dem Namen „The Situation Room" bekannt geworden ist. Für unseren Zugang einer visuellen Diskursanalyse ist klar, dass wir uns nicht auf die *eine* Fotografie beschränken können. Dies widerspräche den Annahmen des wissenssoziologisch-diskursanalytischen Zugangs, dass die Aussage eines Diskurses sich aus unterschiedlichen Äußerungen zusammensetzt. Die Fotografie wird also um weitere Bilder und sprachliche Kommunikationen erweitert, um einen Korpus zusammenzustellen. Wir orientieren uns provisorisch an folgender Fragestellung: Welche Form der Selbstdarstellung eines kollektiven Akteurs (die US-Amerikanische ‚administration') lässt sich anhand der Fotografie – als Teil eines noch zu beschreibenden visuellen Diskurses – erkennen?

4.1 Schilderung

Der Einstieg in die Analyse geht vom Bildmaterial und den Umständen seiner Sichtbarkeit aus: Was ist das Allgemeine, was das Besondere des Bildes? Wer zeigt damit wem was (der Soziologie ‚mit dem Bild' folgend), und welcher Rahmen zeigt sich dadurch über mögliche Akteursstrategien hinaus an?

Die Situation-Room-Fotografie wurde auf der Fotografie-Plattform ‚Flickr' veröffentlicht, ist also in aller Regel auf einem Bildschirm im Rahmen eines Internet-Browsers dargestellt. Sie ist umgeben von angelagerten Texten und

Abbildung 1: The Situation Room

technischen Möglichkeit der Bewertung, Hervorhebung und Weiterverbreitung, also leicht nutzbaren Gelegenheiten, das Bild auf persönlichen Webseiten, in sozialen Medien usw. weiterzuverbreiten und zu interpetieren. Diese mediale Rahmung gibt erste Hinweise auf das ‚Außerhalb des Bildes' (vgl. Abschnitt 3.1), seinen medialen Verbreitungsapparat, dem wir uns später zuwenden.

Doch was ist zu sehen? Die Bildinterpretation setzt mit einer *Schilderung* ein – einer explorativen Versprachlichung der Bildwirkungen durch die Forschenden. Dabei wird eine Vertrautheit mit dem kulturellen und medialen Kontext vorausgesetzt; ist sie nicht gegeben, muss sie zunächst hergestellt werden. Die Fotografie wurde zunächst in einer Interpretationsgruppe besprochen.

Eine Ansammlung von Menschen befindet sich eng gedrängt um einen Tisch, teils sitzend, teils dahinter stehend. Zwei sind den Teilnehmerinnen und Teilnehmern der Interpretationsgruppe bekannt: Barack Obama und Hillary Clinton. Letztere hält sich die Hand vor den Mund. Alle blicken in dieselbe Richtung. Bemerkenswert, so eine Interpretin, seien der Blick der Abgebildeten Personen ins Off der Fotografie sowie die aufgeklappten Laptopbildschirme, die auf etwas Abwesendes verweisen und einen Hinweis darauf geben, dass die abgebildeten Personen möglicherweise auf einen größeren Bildschirm schauen. Die Bildschirme und die Blicke der abgebildeten Personen, so ein erster Konsens in der Interpretationsgruppe, verweisen auf etwas nicht Sichtbares, auf ein unsichtbares ‚Bild im Bild', ein entzogenes Ereignis, dessen Bedeutung wir nur aus der Reaktion der Zuschauenden erschließen können und eventuell auch sollen.

Eine andere Interpretin konstatiert einen wohlkomponierten Bildaufbau, der dazu geeignet ist, ein Panorama der Gesichtsausdrücke zu inszenieren. Clintons Hand formt eine Geste, die Erschrecken suggeriert – vor dem Ereignis, das die abgebildete Menschengruppe betrachtet, oder gar vor einer eigenen Tat, die aus der Ferne betrachtet wird? Eine später zu Rate gezogene Siebenjährige sieht „… Leute, die arbeiten […]. Der eine hat eine Uniform an, der wohnt da vielleicht. Die anderen sind nur zu Besuch, bei einem Arbeitstreffen […]. Die schauen da hin, weil da irgendwas los ist. Alle schauen auf dasselbe. Die eine überlegt so: ‚Oh Gott was ist denn das jetzt.'"

Die als Arbeitsgruppe gelesene Menschenansammlung wirkt – so eine weitere Interpretation – in ihrer szenischen Konstellation eigentümlich einladend, wie eine Runde, in der man am Tisch Platz nehmen könnte oder die zumindest noch einen Stehplatz anbietet. Die Versunkenheit vieler Beteiligter in ihre Anspannung, sehr deutlich sichtbar bei Obama und bei Clinton, erweckt den Eindruck, dass in dieser Runde eine Sorge vorherrscht. Was könnte der Gegenstand dieser Sorge sein?

Die Fotografie tritt in empirischer Hinsicht nicht als isoliertes Bild auf; es ist vielmehr mit angelagerten Texten, grafischen Elementen und Hinweisen auf digitale Metadaten (z. B. Zahl der Aufrufe etc.) verbunden. Das Kontextwissen über die Fotografie sollte also nicht ausgeklammert werden, weil es bereits Teil des Datums ist. Wir wissen also schon, dass es sich um eine *Lagebesprechung* handelt, eine Situation administrativen oder militärischen Handelns: Der Titel „The Situation Room" – ohne den die Fotografie praktisch nicht vorkommt, außer die Forschenden selbst entfernen ihn – gibt dies bekannt. Es handelt sich – dies ergibt eine Recherche – um die Bezeichnung eines Raumes im Weißen Haus, in dem Lagebesprechungen abgehalten werden. Die Fotografie zeigt einen Nebenraum des eigentlichen Situation Room. Mit der Fotografie wird also ein Blick in eine Steuerungszentrale administrativer Staatsgewalt inszeniert, der in der Geschichte der politischen Ikonografie eine lange Vorgeschichte hat. Die Fotografie sollte also mit anderen Lagebesprechungen verglichen werden, denn erst vor dem Hintergrund des Bildgedächtnisses der Lagebesprechung, d. h. durch einen Vergleich mit älteren oder anderen Lagebesprechungen kann der Bilddiskurs rekonstruiert werden. Auch der Aspekt der Arbeitssituation war bei der Schilderung prominent und verdient Aufmerksamkeit. Weiterhin: Zeigt Hillary Clintons Geste eine Sorge um ein menschliches Leben, das Scheitern einer militärischen Aktion oder gar einen Moment der Scham im Angesicht einer ethisch problematischen Handlung an? Was hat es zu bedeuten, dass sie als einzige weibliche Person im inneren Kreis der Sitzenden diese Geste zeigt? Die Schilderung gibt also mögliche Richtungen für die Erweiterung des Korpus und für *fokussierte Analytiken* vor. Bevor diese interpretativen Vertiefungen vorgenommen werden, sollte das mediale Dispositiv, in dem das Bild situiert ist, näher betrachtet werden.

4.2 Das Bild im medialen Dispositiv

Am 2. Mai 2011 veröffentlicht die Regierung der Vereinigten Staaten auf der Foto-Sharing-Plattform ‚*Flickr*' neun Fotografien, die vom offiziellen Fotografen des Weißen Hauses Pete Souza aufgenommen wurden. Es handelt sich dabei um eine Auswahl von Bildern, die den 1. Mai 2011 im Weißen Haus dokumentieren. Unter diesen Fotografien wurde in der Folgezeit die uns schon bekannte herausgehoben. Sie wird bereits am 6. Mai in einem Wikipedia-Eintrag beschrieben (https://en.wikipedia.org/wiki/Situation_Room). Wie eine Recherche der leicht zugänglichen Wikipedia-Versionsgeschichte ergibt, heißt es in der ersten Wikipedia-Version des Artikels zur Fotografie vom 6. Mai: „There is currently no official name for the photograph, but it is labeled as P050111PS-0210 on the official White House page on Flickr where it has become the website's most viewed image" [http://en.wikipedia.org/wiki/Situation_ Room; Abruf: 20.06.2017]. Sie wird am selben Tag auf den Namen „Situation Room" getauft. CNN nennt sie in der Folge ein „Photo for the Ages" [http:// edition.cnn.com/2011/US/05/05/iconic.photo/; Abruf: 2.5.2018], aber erst, nachdem die Wikipedia-Amateure sie bereits zur ikonischen Fotografie erhoben hatte. Teile des Publikums bemühen sich bald nach Veröffentlichung der Fotografie um die Einordnung des Geschehens: Umfassende Resonanz findet die Regierungsfotografie bei Nutzerinnen und Nutzern von ‚Social Media'. Für die staatlichen Institutionen und die etablierten Massenmedien bieten die Interpretationspraktiken der Sozialen Medien einen Resonanzraum, den sie als Indikator für die öffentliche Meinung und zur Aktivierung der Bürger nutzen können. Professionelle KommentatorInnen deuten die Fotografie mehrheitlich als Ausdruck einer neuen Zusammensetzung der Obama-Regierung und einer Neuverhandlung von Geschlechterverhältnissen und Herrschaft.

Fassen wir zusammen: Das Bild wird erst Gegenstand der wissenschaftlichen Aufmerksamkeit, weil es schon ‚bekannt' ist, sogar einen Namen trägt. Es handelt sich bei der Fotografie also um einen Sinnpartikel – bzw. technisch gesehen: um einen Datensatz – eines im Weißen Haus produzierten Bilderstroms, der durch Amateure einer Online-Enzyklopädie zur öffentlichen Betrachtung herausgehoben wird. Das Bild kommt also erst durch Deutungs- und Auswahlhandlungen, die durch und in einem medialen Apparat prozessiert werden, als öffentliches Ereignis zur Geltung. Das digitale Protokoll des Internet (Galloway 2004; Röhle 2010) trägt also ganz unmittelbar zur Sinnkonstitution bei. Die Art und Weise des Bekanntwerdens muss demnach ebenso Gegenstand der Analyse werden wie das Bild selbst, da diese Bekanntheit bereits Teil des sozialen Sinns des Bildes ist, den wir rekonstruieren wollen. Für die sozialwissenschaftliche Interpretation soll – wie bereits ausgeführt – relevant sein, *wie das Bild als Mitteilung oder als Hinweis aufgefasst wird*. Diese Konzentration auf den kommunikativen Sinn des Bildes, der zur diskursiven Konstruktion von

Sichtbarkeiten (in diesem Fall von Regierungshandeln und Geschlechterkonstruktionen, siehe 4.3.3.) beiträgt, entspricht den Maximen der oben skizzierten Soziologie ‚mit dem Bild'.

4.3 Fokussierte Analytiken

So hilfreich das Internet als Archiv und bedeutungsverleihende Instanz auch ist – die Forschenden bleiben auf ihre Wahrnehmung, das kollektive Bildgedächtnis sowie die eigene historische Erfahrung (und die anderer) zurückgeworfen, um herauszufinden, wonach gesucht werden muss, um den Korpus der Analyse zu erstellen. Durch das Verständnis der Infrastruktur, die die Komposition des Bildraums ermöglicht, ist noch nicht klarer geworden, was den besonderen Reiz der Fotografie ausmacht, wenn auch deutlicher wurde, wie und von wem diese Bilder verbreitet wurden, wer die Adressaten sind und was Adressaten mit diesen Bildern getan haben (etwa weiterverbreitet, kommentiert, verändert usw.).

Bis hierhin ist deutlich geworden: Die Fotografie wird als offizielle Darstellung der Arbeit des Weißen Hauses lanciert, stellt dessen Haltung oder Praxis in Bezug auf die nach den Attacken des 11. September 2001 begonnene militärische Strategie des „War on Terror" dar und findet schließlich über die Deutung durch die Amateure (z. B. von Wikipedia) ihren Weg in die allgemeine Öffentlichkeit, bis schließlich deutschsprachige Kultur- und Sozialwissenschaftler auf die ‚ikonische' Fotografie aufmerksam werden.

Für welche Deutungen sich die Fotografie auch immer anbieten mag – sie soll der US-amerikanischen und womöglich der globalen Öffentlichkeit die Arbeitssituation im Weißen Haus und die interne Haltung zum „War on Terror" zeigen. Bei der Bildinterpretation konzentrieren sich die Autoren denn auch auf diese Aspekte. Jedes dieser *Zwischenbilder* aus dem von Warburg beschriebenen visuellen Erinnerungsraum (s. o.) steuert eigene Momente zur Bildwirkung bei. Diese Momente sollen nun in „fokussierten Analytiken" (vgl. auch Traue 2013) getrennt voneinander untersucht und schließlich in ihrem Zusammenwirken diskutiert werden.

4.3.1 Fokussierte Analytik 1: Lagebesprechungen

Die visuelle und verbale Bestimmung der Fotografie als Lagebesprechung ist der erste visuelle Diskursraum, in dem die Fotografie situiert werden soll.

Um einen ersten Zugang zur Lagebesprechungsfotografie zu finden, werden Fotografien von Lagebesprechungen mit Hilfe einer Suchmaschine gesammelt. Ein Anruf im Archiv eines militärhistorischen Instituts ergibt außerdem Folgendes: Den Forschern wird mitgeteilt, dass die Lagebesprechungsfotografie keinen strikten Regeln folge. „Wenn dargestellt wird, dass ein Offizier aus dem

Panzer gestiegen ist, um sich zu besprechen, handelt es sich um das Bild einer Lagebesprechung", so die Auskunft der Archivarin. Die visuelle Darstellung von Lagebesprechungen ist wenig kodifiziert, hat allerdings – wie sich herausstellt – eine lange Geschichte, die insbesondere in der enzyklopädischen Tradition ihren Ausgang nimmt. So stellte der Berliner Hofkupferstecher Johann David Schleuen im 18. Jahrhundert eine Reihe von Stichen her, die antike Lagebesprechungen darstellen. Sie enthalten bereits viele Elemente, die auch in der aktuellen Lagebesprechungsfotografie von Bedeutung sind: die Versammlung von zivilem und militärischem Personal unterschiedlicher Hierarchiestufen in lockerer Formation, außerdem die zentrale Stellung optischer Fernmedien (vgl. Kittler 2002), d.h. von Landkarten, später Feldstecher und Gerätschaften zur Darstellung und Simulation von Feind- und Eigenlage. Die Lagebesprechungsdarstellung ist kein exklusives Instrument von Herrschenden – auch Rebellen halten Lagebesprechungen ab und werden dabei dargestellt, so etwa die Tiroler Milizen durch Franz Defregger („Lagebesprechung der Tiroler Freiheitskämpfer") um 1890. Vergleichend werden ältere US-amerikanische Lagebesprechungsfotografien herangezogen.

Bei fast allen gesichteten US-amerikanischen Lagebesprechungen wird der Präsident als oberster Befehlshaber visuell freigestellt, wobei die Fernmedien der stabsmäßig organisierten Kriegshandlungen – Landkarte, Planspiel, Bildschirm etc. und deren Bedienpersonal deutlich zu sehen sind. Die Situation-Room-Fotografie weicht von diesem Darstellungsprinzip ab: Der Präsident sitzt im Hintergrund, seine Schultern sind eingezogen. Er wirkt nachdenklich, während der anwesende General die Ereignisse live zu steuern scheint – jedenfalls blickt er als Einziger auf sein Notebook und bedient auch mit der Hand das Gerät. Die Bedeutung der politischen Exekutive wird also nicht etwa betont, vielmehr wird eine sonst für solche Darstellungen typische Souveränitätsdarstellung vermieden. Zugleich scheint die Verantwortung durch die gleichzeitige Aufmerksamkeit aller Beteiligten verteilt zu werden, und es zeigen sich unterschiedliche gestische und mimische Ausdrücke, wodurch eine Art Pluralismus der Einschätzungen angedeutet wird. Clinton präsentiert mit ihrer *Pathosformel* – so der von Aby Warburg (2010) eingeführte Begriff – der vorgehaltenen Hand eine emotionale Tiefe, die den Zuschauer zur Überlegung anregt, ob sie vielleicht als Außenministerin vor ihrer eigenen Härte oder der ihrer Regierung zurückschreckt – schließlich zeigt die Fotografie, wie das Washingtoner Regierungspersonal die Tötung Bin Ladens aus der Ferne beobachtet. Der Fotograf Pete Souza gibt später zur Auskunft, dass das Foto in dem Augenblick entstand, in dem einer der zwei Einsatzhubschrauber (aus geringer Höhe) abstürzt, wodurch die militärische Aktion gefährdet wird. Clinton dürfte also zuvorderst wegen dieser Störung im Ablauf irritiert gewesen sein – was aber nicht allgemein bekannt ist und deshalb für die Interpretation der Fotografie ohne Bedeutung bleibt.

Abbildung 2: President Reagan in a briefing with National Security Council Staff on the Libya Bombing (Fotografie vom 15.4.1986, Quelle: http://commons.wikimedia.org, Abruf: 3.4.2013)

4.3.2 Fokussierte Analytik 2: Öffentliche Arbeitssituationen

Die vorliegende Lagebesprechungsdarstellung besitzt aufgrund ihres semi-improvisierten Grundzugs eine naturalistische Qualität: Es handelt sich zweifellos um die Darstellung einer – wenn auch außergewöhnlichen – Arbeitssituation, die in Fotografien der ‚white-collar'-Arbeitswelten ihre Vorbilder hat, einem wichtigen Sujet der Außendarstellung von Unternehmen und öffentlichen Institutionen. Im Gegensatz zu Fotografien aus der ‚white-collar'-Arbeitswelt fällt in der Fotografie aus dem Situation Room jedoch auf, dass keines der Mitglieder des „National Security Teams" zufrieden abgebildet ist. Doch trotz dieser ästhetischen Regulierung des Affektausdrucks eröffnet die Offenheit der Situation einen Raum für die Interpretation der Absichten und Motive der am militärischen Regierungshandeln Beteiligten.

Die szenische Gestaltung der Fotografie stellt dabei eine bemerkenswerte Figuration der Blicke her: Der Zuschauer ist eingeladen, das Geschehen selbst zu beurteilen. Ein stärker historisierender Vergleich zeigt, dass hier eine visuelle Formel der Inklusion des Zuschauers aufgerufen wird: Als Vergleichsobjekt wählen die Forschenden – wiederum nach Recherchen – das bekannte Staalmeesters-Gemälde von Rembrandt.

Die Aufmerksamkeit der Protagonisten im Staalmeesters-Gemälde, wie auch derer im Situation Room, richtet sich auf ein Ereignis, das links neben den Betrachtenden situiert ist. Die BetrachterInnen werden in die Situation einbezogen, wenn nicht sogar dazu eingeladen, am Tisch Platz zu nehmen oder sich im Hintergrund dazuzugesellen. Durch die lockere Anordnung wirkt die

Abbildung 3: Rembrandt: De Staalmeesters (Die Vorsteher der Tuchmacherkunst), 1662, Öl auf Leinwand (Quelle: SK-C-6, Gemäldesammlung Rijksmuseum, Amsterdam)

Gruppe nicht geschlossen, sondern erlaubt prinzipiell die visuelle Integration weiterer Personen. Auch mit der Situation Room-Fotografie wird das Publikum – analog zu den kommunikativen Strategien der niederländischen Malerei – eingeladen, die Welt aus den Augen der US-Regierung zu sehen und sich mit ihrer Sicht der Dinge zu identifizieren. Die Geste von Hillary Clinton erscheint in dem Zusammenhang der Arbeitsweltfotografie als ein Ausdruck gesteigerter Arbeitsbelastung. Während also Lagebesprechungen per se dem militärischen und obersten zivilen Personal vorbehalten sind und damit exklusive Veranstaltungen darstellen, sind arbeitsweltliche Besprechungen zugänglicher. Das Repertoire der „Management"-Sparte der Bildagenturen darf angesichts unzähliger Werbe- und Pressedarstellungen, die sich dieses Materials bedienen, ebenfalls als bekannt vorausgesetzt werden.

Allein durch den Umstand, dass solche Fotografien von Unternehmen zur Rekrutierung hergestellt bzw. genutzt werden, zeichnet sich das Genre durch einen einladenden Appellcharakter aus: Hier könntest auch du sitzen! Es lässt sich hier also festhalten: Durch die Reinszenierung der Lagebesprechungsfotografie als Arbeitsbesprechung wird ein Eindruck von Arbeitsamkeit, Verantwortlichkeit, internem Pluralismus und möglicher Partizipation des Betrachters erwirkt. Durch eine entsprechende kompositorische Anordnung (,lockere Formation') verfehlt diese Visualität auch dann nicht ihre Wirkung, wenn das Publikum mit den angespielten Genres nicht vertraut ist. Der Ersteindruck des ,Einladenden' konnte durch die vergleichende Situierung der Fotografie in den Diskursräumen der Lagebesprechungs- und Arbeitsfotografie in seiner Wirkungsweise also aufgeklärt werden. Es ist deutlich geworden, wie die Selbstthematisierung der US-Regierung einen bildlichen Topos der Partizipation liefert.

Abbildung 4: ‚white-collar'-Arbeitswelt

4.3.3 Fokussierte Analytik 3: Geschlecht, Gewalt und Schuld

In der Schilderung der Fotografie wurde bereits deutlich, dass die Geste Hillary Clintons bedeutsam ist. Auch in Interpretationen der Fotografie in der Amerikanischen Tagespresse wird sie kommentiert. Ihre Uneindeutigkeit provoziert Deutungen. Wir stützen uns bei unserer eigenen Analyse auf die Verhandlung dieser Sinns auf dem Feld der US-Amerikanischen Öffentlichkeit, in der sich die Geschlechterthematik, die sich in Clintons Geste dokumentiert, ausführlich niederschlägt. Dieses Vorgehen entspricht der Soziologie ‚mit dem Bild', die nach kommunikativen (Anschluss-)handlungen sucht, in denen das Phänomen kommunikativ konstruiert wird.

Bereits 2012 werden verschiedene Dokumentationen gesendet: Am wichtigsten sind „The Last Days of Osama bin Laden" (Regie: Carsten Oblaender), „Seal Team Six: The Raid On Osama Bin Laden" (Regie: John Stockwell) sowie der international distribuierte Film „Zero Dark Thirty" (Regie: Kathryn Bigelow). „Zero Dark Thirty" gilt mit 132 Millionen Dollar Einnahmen als einer der erfolgreichsten Filme des Jahres 2012 und sollte im Oktober 2012, kurz vor den Präsidentschaftswahlen, anlaufen. Der Filmstart wurde schließlich auf den 19. Dezember 2012 verschoben – anders als beim „cheesy TV film" „Seal Team Six" (J. Hoberman: Zero Dark Thirty: the US election vehicle that came off the rails, Guardian vom 18.01.2013), der vom Obama-Unterstützer Harvey Weinstein produziert und zwei Tage vor den Präsidentschaftswahlen im Fernsehen ausgestrahlt wurde.

Mit dem Interesse für Hillary Clintons Geste korrespondiert ein auffälliger Umstand: In allen genannten Filmen gibt es eine weibliche Hauptrolle, die gegen das Misstrauen, die Faulheit und die Risikoaversion ihrer männlichen

Vorgesetzten und Kollegen das Projekt der Verfolgung von Osama bin Laden vorantreibt. Es handelt sich sämtlich um leidenschaftliche, oft als obsessiv dargestellte Frauen, die auf die Ergreifung Bin Ladens geradezu fixiert sind. Zum Bild tritt in den Filmen die Stimme:

In einer Szene in „Seal Team Six" spricht Vivian Hollands, eine CIA-Mitarbeiterin und Hauptfigur des Films am Telefon mit dem Leiter ihrer Behörde:

> Panetta: "Who is that speaking?"
> Vivian Hollands: "Vivian Hollands, Mr. Panetta, Senior Counterintelligence Thread Analyst –
> Panetta: "Well, Miss Hollands, the President of the United States is gonna be staking his Presidency on this call. No one'll ever know your name if this turns out badly." (Legt auf.)
> (Seal Team Six: 1:04:48ff.)

Die CIA-Agentin gilt bei ihren Kollegen als fanatisch, ist aber die einzige Person, die in ihrer Arbeit die Feinde der Nation unablässig verfolgt. Die Leitung des Einsatzes gegen Bin Laden wird durch *Einblendung der Situation-Room-Fotoserie* an den passenden Stellen im Film dargestellt (vgl. 1:10:58).

Auch in Bigelows Arbeit ist ein *gendering* der geheimdienstlichen Arbeit unübersehbar. Protagonistin des Films ist Maya, eine Analytikerin der CIA, deren Karrierewillen sich angesichts des Todes einer Kollegin in eine leidenschaftliche Entschlossenheit wandelt, Bin Laden dingfest zu machen, u. a. durch die Folter von Verdächtigen. Die *photography* des Films inszeniert – mit einem Spiel von Glasscheiben, an die sie stößt oder die sie von Machtzentren trennen – die Selbstgefährdung Mayas durch ihre berufliche Leidenschaftlichkeit. Maya ist eine Figur, die selbst jeden Maßstab für eigenes Risiko und die Rechtfertigung der Mittel aus den Augen verliert. Ihr Fanatismus äußert sich in einer obsessiven kriminalistischen Detailversessenheit und in Regelübertretungen während der (geheimdienstlichen) Berufsausübung.

In der zwischen 2011 und 2018 ausgestrahlten Serie ‚Homeland', die international in fünf Staffeln verbreitet wird, findet sich eine ausgeschmückte Wiederholung dieser Figur. Mathison (gespielt von Claire Danes), ebenfalls eine ehrgeizige CIA-Agentin, ist einem heimgekehrten Kriegsveteran auf den Fersen, der zugleich Schläfer einer saudischen Terrorzelle ist und so zum ‚domestic terrorist' wird. Die Hauptfigur Carrie leidet an einer bipolaren Störung: In ihren manischen Phasen kommt sie dem Schläfer und anderen Terroristen auf die Schliche, verliebt sich aber gleichzeitig in ihn und setzt sich gegenüber ihrem trägen Chef durch (Still: SE1E04, 10:00). In depressiven Phasen erschrickt sie über ihre eigene Brutalität (Still: SE01E01, 44:50).

Die in der Fotografie aus dem Situation Room dargestellte Geste des Erschreckens wird hier diegetisch (d. h. im Bild/Film-Narrativ) als Kippfigur organisiert und als Melodram inszeniert. Beruflicher Ehrgeiz und der Wunsch nach Schutz der Nation schlagen bei Maya und Mathison in eine exzessive per-

Still: SE1E04, 10:00   Still: SE01E01, 44:50

Abbildung 5: Stills aus der Serie ‚Homeland'

sekutorische Leidenschaft um. Die damit verbundene berufliche und staatliche Grenzüberschreitung und Gewaltausübung führt zu einem Erschrecken über die manische Qualität der eigenen Berufsausübung seitens ihrer auf diese Weise als vernünftig inszenierten (männlichen) Kollegen. Die Situation Room-Fotografie entpuppt sich hier als Beitrag zu einer „technology of gender" (De Lauretis 1987), d. h. als Darstellung von Geschlechtscharakteren.

Die partizipative Sinnproduktion der Fernseh- und Filmindustrie, deren Produkte sich an die Fotografie anlagern und damit ihren offenen Sinn ausfüllen, befasst sich also in der Hauptsache mit der Arbeitssituation der ‚Military and Intelligence Community' und mit den darin relevant werdenden Geschlechterverhältnissen sowie ihrem emotionalen Ausdruck.

Die Terroristenverfolgung ist in den einschlägigen Filmen und Serien als ‚workplace drama' dargestellt. Dieser Umstand lässt die Filme und Serien aber nicht scheitern, bietet er doch umfangreiche Möglichkeiten einer Identifikation des Publikums mit den Hintergrundproblemen gouvernementaler Praxis. Die Bild- und Programmindustrie beteiligt sich damit an einer Konkretisierung des Sinns der Fotografie vom 2. Mai 2011, mit anderen Worten: an der Nachlieferung von Bildern.

4.3.4 Fokussierte Analytik 4: Interventionen durch Amateure und Künstler

Dieser Topos der unangemessenen Leidenschaft, verbunden mit Schuldgefühlen, spiegelt sich in der partizipativen Interpretation der Fotografie in den Sozialen Medien:

Die Amateure im Netz nutzen nicht nur Chancen zur Akklamation, sondern auch zur Persiflage. Aus der offiziellen Situation Room-Fotografie entstehen kurz nach deren Veröffentlichung zahlreiche sogenannte ‚photoshop memes'. Das Archiv knowyourmeme.com führt etwa 75 Versionen der Fotografie. Deren Interpretationen lagern sich – algorithmisch und kuratorisch vermittelt – an die ursprünglich publizierte Fotografie an und werden so zum Teil des Bildarchivs.

Abbildung 6: Auswahl an »Situation Room photoshop memes«
(Quelle: http://knowyourmeme.com/ memes/the-situation-roo, Abruf: 11.8.2017)

Eine Variante dieser Interpretationen besteht aus einem sogenannten ‚Facebombing'. Obamas Gesicht ist dupliziert und auf alle Köpfe montiert. Üblicherweise wird das facebombing genutzt, um eine entgleiste Miene, die zufällig in einem Bild zu finden ist, zum Hauptinhalt des Bildes zu machen. Obamas entgeistert-konzentrierter Gesichtsausdruck, der unter den gefassteren Gesichtern besonders hervortritt und einen Konterpart zu Clintons Erschreckensgeste bildet, wird so als strategisch eingesetztes und eben nicht akzidentielles Moment des Bildes markiert. Eine andere Version wandelt diese Technik zu einem „Gesten-bombing" ab. Die Montage der Handgeste von Hillary Clinton an die männlichen Körper zeigt, dass sie möglicherweise vor allem bei Clinton als Fassungslosigkeit interpretiert wird, nicht aber bei den Männern der Runde. Hier wirkt sie eher, ganz ähnlich wie bei der Reagan-Lagebesprechung, als Ausdruck nachdenklichen, gefassten Betrachtens. In weiteren Varianten wird die nüchterne, gespannte Verantwortlichkeit suggerierende Atmosphäre durch den Einsatz sogenannter ‚Trollfaces' konterkariert. Trollfaces gehören zu den bekanntesten Memes im Netz. Sie werden u. a. eingesetzt, um anzuzeigen, dass ein anderer Nutzer ein aggressives, belästigendes Verhalten an den Tag legt. Jene besorgten und scheinbar an sich selbst zweifelnden Subjekte der originären Situation-Room-Fotografie werden über die Umarbeitung als Karikatur auf ihre Hintergedanken befragt. Im genannten Online-Archiv der Memes und Mashups (http://knowyourmeme.com) findet sich darüber hinaus auch die Bearbeitung „Maestros de la composition" des argentinischen Künstlers Tam Muro. Sie spielt

Abbildung 7: Las Meninas (Quelle: http://knowyourmeme.com/memes/the-situation-room Abruf: 11.8.2017])

direkt auf das Verhältnis von Bildproduzenten und Publikum an, indem sie die Fotografie in das Sujet des Velázquez-Gemäldes „Las Meninas" (1656) einsetzt.

Dieses Gemälde ist für seine subtile Thematisierung des Verhältnisses von Betrachtenden und Kunstwerk bekannt. Die hier explizierte Parallele zur Situation-Room-Fotografie besteht in der Entzogenheit der Leinwand auf der Leinwand bzw. des Screens auf dem Screen, die den Objektstatus des Gemäldes in Frage stellt und ein dialogisches Verhältnis zwischen Künstler und Zuschauer herstellt. Muro holt in Form des im Hintergrund stehenden Malers den Fotografen und dessen Absichten ins Bild – und durchkreuzt damit den quasi-dokumentarischen Realismus der Situation-Room-Fotografie. In diesen Rekontextualisierungen (Hall 1973) des Bildes wird die mit der Fotografie inszenierte symbolische Politik, dargestellt als ‚snapshot' mit einem ausgeprägten naturalistischen Realitätseffekt (vgl. Barthes 1980), in Frage gestellt. Insgesamt zeigen sich in den Memes und Mashups Taktiken ironischer Brechung und eine experimentelle Explikation visueller Wirkungen, die ihre Möglichkeitsbedingung zugleich darin haben, dass propagandistische Bilder in den Netzmedien weiträumig verbreitet werden.

Mit dieser letzten Einordnung der Fotografie und der sich an sie anlagernden Bilder und Deutungen – durch digitale Formen dessen, was Oskar Negt und Alexander Kluge als „proletarische Öffentlichkeiten" bezeichnet hatten (Negt/Kluge 1972) – wird deutlich, dass sich die einzelnen visuellen und sprachlichen Äußerungen zu einem Diskurs verdichten, in dessen Rahmen sich die Selbstthematisierung eines kollektiven Akteurs in einem bestimmten historischen Zeitraum vollzieht. Damit kommt die Interpretation an ihr vorläufiges Ende – obwohl dieser Diskurs mit dem Amtsantritt von Donald Trump in eine neue Phase eintritt.

5 Generalisierungen

Schließlich kann von der Analyse zur generalisierenden Thesen-, Begriffs- und schließlich Theoriebildung übergegangen werden, dem letzten Schritt, der allerdings über den engeren Zuständigkeitsbereich der Methode hinausweist. Die generalisierende Thesenbildung baut auf den Befunden der Analyse auf. Der Problemhorizont der Analyse muss hinreichend offen sein, um sich von den Daten irritieren lassen zu können und die Gefahr subsumtionslogischer Interpretationen zu begrenzen. Dieser Schritt, der von der Analyse zur generalisierenden Synthese übergeht, wird hier nicht mehr ausführlich beschrieben, weil es sich dabei jeweils um eine sehr themenbezogene Aufgabe handelt. Stattdessen werden knapp die Alternativen dargestellt, die hier für diesen letzten Schritt zur Disposition standen. Die Zusammenstellung des Korpus, die Einnahme unterschiedlicher interpretativer Haltungen und die Beschreibung von Anschlusskommunikationen bringen eine ganze Reihe von Generalisierungsmöglichkeiten ins Spiel: Der Wandel der Selbstthematisierung von Regierungen könnte in den Mittelpunkt einer traditionellen Theorie politischer Ikonografie gestellt werden. Der Wandel des Selbstbildes der Vereinigten Staaten könnte anhand der Fotografie und ihrer Geschichte diskutiert werden. Die in der Fotografie und ihrem Diskurs stattfindende Geschlechterkonstruktion könnte weiter befragt werden. In dem Band, in dem eine frühere Version der visuellen Diskursanalyse veröffentlicht wurde (Leser/Kauppert 2014), wird ein ganzes Spektrum solcher Verallgemeinerungen vorgeschlagen: die „archaische Rachelogik eines Hegemons" (U. Oevermann), die „Unwägbarkeit ikonischer Macht" (R. Breckner), eine „Konstellationsanalyse visuellen Handelns" (J. Raab), die visuelle Traditionsgeschichte des Leviathan (H. Bredekamp), eine an Aby Warburg orientierte Einordnung in Vor- und Nachbilder (M. Diers), „Medienmechanismen amerikanischer Bildpolitik nach 1945" (K. Müller-Helle), die Neuverhandlung „weißer affektiver Weiblichkeit" der „betroffenen Feldherrin" (S. Neuenfeld) und das Bild als ideologische legitimatorische Geste (G. Schweppenhäuser). Diese Variationen sind nicht zuletzt der disziplinären Herkunft der Autorinnen und Autoren aus der Soziologie einerseits, den Kulturwissenschaften andererseits geschuldet, aber eben auch ihren jeweils eigenen Fragestellungen und den unterschiedlichen Zuschnitten des Themas, die ihre Interpretation der Fotografie angeleitet haben. Wir selbst haben die Situation-Room-Fotografie als Beispiel für „partizipative Propaganda" in gegenwärtigen medialen Resonanzräumen (Traue 2014a) verstanden. Der Fokus liegt dabei auf Remediatisierungsprozessen, in denen BürgerInnen auf bisher unerhörte Weise zu KomplizInnen und/oder KritikerInnen offizieller Bild- und Diskurspolitiken werden, indem sie die Sichtbarkeit des Regierens bestätigen oder Gegenvisualitäten bereitstellen, mit denen die dominierenden Visualitäten gekontert werden (vgl. Mirzoeff 2011). Dies zeigt einen Wandel der symbolischen Repräsentation von Politik (Edelman 1964/2005, Mitchell 2011) an. Am hier rekonstruierten visuellen Diskurs der Regierungs-Selbstdarstellung lässt sich zeigen, wie die Selbstthematisierung des Regierens weltweit zunehmend auf partizipative Techniken umgestellt wird. Eine Beteiligung der BürgerInnen an der Interpretation des „Images" von Regierenden wird im medialen Dispositiv der ‚social media' angeregt. Außerdem gilt die Situation-Room-Fotografie einer breiten Öffentlichkeit als Emblem der Obama-Administration, die im Kontrast zu den Zerrbildern des neuen Regierungsstils Donald Trumps mittlerweile einer Romantisierung unterliegt.

Unser Vorschlag für eine visuelle Diskursanalyse knüpft – wie in der Einleitung und der methodologischen Diskussion dargestellt – an Vorarbeiten vieler Kolleginnen und Kollegen an, von denen wir enorm profitieren. Wir verstehen sie als offenes Projekt und möchten zur weiteren Ausarbeitung dieser Forschungsperspektive in verschiedene Richtung anregen. Die vorgestellte Vorgehensweise bietet einen Zugang zur Rekonstruktion diskursiver Ordnungen der Sicht- und Sagbarkeit, ohne die interpretativen Leistungen der beteiligten Akteure und die Performativität des Handelns mit Bildern aus dem Blick zu verlieren.

Literatur

Alexander, J. C./Bartmanski, D./Giesen, B. (2011): Iconic Power: Materiality and Meaning in Social Life. New York: Palgrave.

Barthes, R. (1980): La chambre claire. Note sur la photographie, Paris: Seuil.

Benjamin, W. (1935/1963): Das Kunstwerk im Zeitalter seiner technischen Reproduzierbarkeit. Frankfurt am Main: Suhrkamp.

Blanc, M. (2012): Den filmischen Rahmen vergessen lassen oder aufdecken. In: Lucht, P./Schmidt, L./Tuma, R. (Hrsg.): Visuelles Wissen und Bilder des Sozialen. Wiesbaden: Springer VS, S. 323–338.

Blanc, M. (2013): Le savoir sociologique par l'image. Étude sur les conditions d'acceptabilité d'une épistémologie visuelle. In: Revue de l'Institut de sociologie, 2010–2011, S. 29–36.

Blanc, M. (2017): L'Iconique de Max Imdahl et sa fécondité pour le décloisonnement des savoirs/Max Imdahls Ikonik und ihr positiver Einfluss auf die Entgrenzung des Wissens. In: Regards croisés, Revue franco-allemande d'histoire de l'art et esthétique, No. 7, S. 55–80.

Boehm, G. (1978): Zu einer Hermeneutik des Bildes. In: Gadamer, H.-G./Boehm, G. (Hrsg.): Seminar: Die Hermeneutik und die Wissenschaften. Frankfurt am Main: Suhrkamp, S. 444-471.
Bredekamp, H. (2006): Der Leviathan. Das Urbild des modernen Staats und seine Gegenbilder. Berlin: Akademie.
Bredekamp, H. (2011): Theorie des Bildakts. Frankfurter Adorno-Vorlesung 2007. Frankfurt am Main: Suhrkamp.
Bruhn, M. (2003): Bildwirtschaft. Verwaltung und Verwertung der Sichtbarkeit. Weimar: VDG.
Cambre, M.-C. (2016). The Semiotics of Che Guevara: Affective gateways. In: Bouissac, P. (Hrsg.), Advances in Semiotics. London: Bloomsbury, S. 67-94.
Daston, L. J./Galison, P. (2010): Objectivity. New York: Zone Books.
Dayan, D. (2009): Sharing and Showing: Television as Monstration. In: The Annals of the American Academy of Political and Social Science 625, S. 19-31.
De Lauretis, T. (1987): Technologies of Gender: Essays on Theory, Film, and Fiction. Bloomington: Indiana University Press.
Denzin, N. (1995). The Cinematic Society. The Voyeur's Gaze. London: Sage.
Derrida, J. (1974): Grammatologie. Frankfurt am Main: Suhrkamp.
Dreyfus, H. L./Rabinow, P. (1983): Michel Foucault. Beyond Structuralism and Hermeneutics. Chicago: University of Chicago Press.
Durkheim, É. (1895): Les formes élémentaires de la vie religieuse. Paris: Presses Universitaires de France.
Edelman, M. (1964/2005): Politik als Ritual. Die symbolische Funktion staatlicher Institutionen und politischen Handelns. Frankfurt am Main: Campus.
Engel, A. (2009): Bilder von Sexualität und Ökonomie: Queere kulturelle Politiken im Neoliberalismus. Bielefeld: transcript.
Foucault, M. (1969). L'Archéologie du savoir. Paris, Gallimard.
Foucault, M. (1975): Surveiller et punir. Paris: Seuil.
Foucault, M. (1996): Die Ordnung des Diskurses. Frankfurt am Main: Fischer.
Foucault, M. (2001): Worte und Bilder. In: Defert, D./Ewald, F./Lagrange, J. (Hrsg.): Michel Foucault. Schriften in vier Bänden. Bd. 1, 1954-1969, S. 794-797. Frankfurt am Main: Suhrkamp.
Galloway, A. R. (2004): Protocol. Cambridge: MIT Press.
Hall, S. (1973): Encoding and Decoding in the Television Discourse. In: Hartmann, M./Hepp, A. (Hrsg.) (2010): Die Mediatisierung der Alltagswelt. Wiesbaden: VS, S. 124-139.
Hamus-Vallee, R. (Ed.) (2013). Sociologie de l'image, sociologie par l'image. In: CinémAction 147, S. 38-54.
Harper, D. (2000). The image in sociology: histories and issues. In: Journal des Anthropologues, S. 143-160.
Heinich, N. (2012): De la Visibilité. Excellence et singularité en régime médiatique. Paris: Gallimard.
Hitzler, R.; Honer, A. (1994): Bastelexistenz: über subjektive Konsequenzen der Individualisierung. In: Beck, U./Beck-Gernsheim, E. (Hrsg.): Riskante Freiheiten: Individualisierung in modernen Gesellschaften. Frankfurt am Main: Suhrkamp, S. 307-315.
Holert, T. (2008): Regieren im Bildraum, Berlin: b_books.
Kanter, H. (2014): Vom Zauber ikonischer Macht – Die Gestaltung von Körpern und ihren Bildern in Pressefotografien. In: Bohnsack, R./Michel, B./Przyborski, A. (Hrsg.): Dokumentarische Bildinterpretation. Methodologie und Forschungspraxis. Opladen: Budrich, S. 145-167
Kanter, H. (2016): Ikonische Macht. Zur sozialen Gestaltung von Pressebildern. Berlin: Budrich.
Kauppert, M./Leser, I. (Hrsg.) (2014): Hillarys Hand. Zur politischen Ikonographie der Gegenwart. Bielefeld: transcript.
Keller, R. (2005): Wissenssoziologische Diskursanalyse. Grundlegung eines Forschungsprogramms. Wiesbaden: VS.
Keller, R. (2011): Diskursforschung. Wiesbaden: VS.
Keller, R./Knoblauch, H./Reichertz, J. (2012): Kommunikativer Konstruktivismus: Theoretische und empirische Arbeiten zu einem neuen wissenssoziologischen Ansatz, Wiesbaden: Springer VS.

Kittler, F. (2002): Optische Medien, Berlin: Merve.
Knoblauch, H. (2005): Wissenssoziologie. Konstanz: UVK.
Knoblauch, H. (2017): Die kommunikative Konstruktion der Wirklichkeit. Wiesbaden: VS.
Langer, S. K. (1941): Philosophy in a New Key. Harvard: Harvard University Press.
Maasen, S./Mayerhauser, Th./Renggli, C. (2006): Bilder als Diskurse. Bilddiskurse. Weilerswist: Velbrück.
Meier, S. (2008). (Bild-)Diskurs im Netz. Konzept und Methode für eine semiotische Diskursanalyse im World Wide Web. Köln: von Halem.
Mirzoeff, N. (2011): The Right to Look. A Counterhistory of Visuality. Durham: Duke University Press Books.
Mitchell, J. W. T. (2011): Cloning Terror: The War of Images, 9/11 to the Present. Chicago: University Of Chicago Press.
Mondzain, M.-J. (2004): Image, Icon, Economy: The Byzantine Origins of the Contemporary Imaginary. Stanford: Stanford University Press.
Müller, M. R. (2016): Bildcluster. Zur Hermeneutik einer veränderten sozialen Gebrauchsweise der Fotografie. In: Sozialer Sinn. Zeitschrift für hermeneutische Sozialforschung 17, S. 95–142.
Naville, P. (1966): Instrumentation audiovisuelle et recherche en sociologie, Revue française de sociologie 7, S. 159–168.
Nancy, J.-L. (2006): Am Grund der Bilder. Berlin: diaphanes.
Negt, O./Kluge, A. (1972): Öffentlichkeit und Erfahrung. Zur Organisationsanalyse von bürgerlicher und proletarischer Öffentlichkeit. Frankfurt am Main: Suhrkamp.
Pauwels, L. (2010): Visual Sociology Reframed: An Analytical Synthesis and Discussion of Visual Methods in Social and Cultural Research, Sociological Methods & Research 38, S. 545–581.
Pequignot, B. (2008). Recherches sociologiques sur les images. Paris: L'Harmattan.
Raab, J. (2008): Visuelle Wissenssoziologie, Konstanz: UVK.
Rancière, J. (2006): Die Aufteilung des Sinnlichen. Die Politik der Kunst und ihre Paradoxien. Berlin: b_books.
Reichert, R. (2013): Die Macht der Vielen. Über den neuen Kult der digitalen Vernetzung. Bielefeld: transcript.
Reichertz, J./Englert, E. (2010): Einführung in die qualitative Videoanalyse: Eine hermeneutisch-wissenssoziologische Fallanalyse. Wiesbaden: VS.
Renggli, C. (2007): Selbstverständlichkeiten zum Ereignis machen: Eine Analyse von Sag- und Sichtbarkeitsverhältnissen nach Foucault. Forum Qualitative Sozialforschung/Forum: Qualitative Social Research, 8, 2, Art. 23.
Röhle, T. (2010): Der Google-Komplex: Über Macht im Zeitalter des Internets. Bielefeld: transcript.
Saussure, F. de (1916/1967): Grundfragen der allgemeinen Sprachwissenschaft. Berlin: De Gruyter.
Soeffner, H.-G. (1992): Die Ordnung der Rituale. Frankfurt am Main: Suhrkamp.
Strübing, J. (2004) Grounded Theory. Zur sozialtheoretischen und epistemologischen Fundierung des Verfahrens der empirisch begründeten Theoriebildung. Wiesbaden: VS.
Terrenoire, J.-P. (1985): Images et sciences sociales : l'objet et l'outil. In: Revue française de sociologie 26, S. 509–527.
Tomasello, M. (2008): Origins of Human Communication. Cambridge und London: MIT Press 2008.
Traue, B. (2017): Relationale Sozialtheorie und die Materialität des Sozialen. ‚Kontaktmedien' als Vermittlungsinstanz zwischen Infrastruktur und Lebenswelt. Soziale Welt 68, S. 243–260.
Traue, B. (2013): Visuelle Diskursanalyse. Ein programmatischer Vorschlag zur Untersuchung von Sicht- und Sagbarkeiten im Medienwandel. In: Zeitschrift für Diskursforschung 1, S. 117–136.
Traue, B. (2014a): Communication Regimes and Creativity. In: Jacobs, M./Knoblauch, H./ Tuma, R. (Hrsg.): Culture, Communication, and Creativity. Frankfurt am Main: Peter Lang, S. 227–246.
Traue, B. (2014b): Resonanzbild und ikonische Politik. Eine visuelle Diskursanalyse partizipativer Propaganda. In: Michael Kauppert & Irene Leser (Hrsg.): Hillarys Hand. Zur politischen Ikonographie der Gegenwart. Bielefeld: transcript, S. 131–156.
Traue, B./Pfahl, L./Schürmann, L. (2014): Diskursanalyse. In: Baur, N./Blasius, J. (Hrsg.): Methoden der empirischen Sozialforschung. Wiesbaden: VS, S. 493–509.

Traue, B./Schünzel, A. (2014): Visueller Aktivismus und affektive Öffentlichkeiten: Die Inszenierung von Körperwissen in „Pro-Ana"- und „Fat acceptance"-Blogs. In: Österreichische Zeitschrift für Soziologie 39, Supplement, S. 121–142.
Tuma, R. (2017): Videoprofis im Alltag. Die kommunikative Vielfalt der Videoanalyse. Wiesbaden: VS.
Van der Gucht, D. (Hrsg.) (2012): La sociologie par l'image. Revue de l'Institut de Sociologie, 2010–2011.
Warburg, A. (2010): Werke in einem Band. Frankfurt am Main: Suhrkamp.
Zielinski, S. (1994): Audiovisionen. Frankfurt am Main: Campus.

5.2
Film- und Fernsehanalyse

Angela Keppler und Anja Peltzer

1 Einleitung: Sinn und Zweck der Film- und Fernsehanalyse

Allgegenwärtig und in vielfacher Hinsicht eingebettet in unseren Alltag tragen die Produkte aus Film und Fernsehen ständig zur Gestaltung der gesellschaftlichen Wirklichkeit bei. Sie entwerfen Einstellungen zu tatsächlichen und möglichen Lebenslagen, in denen diese immer auch in existenzieller, moralischer und politischer Hinsicht bewertet werden. Es ist diese Stellung von Film und Fernsehen in der Gegenwart mediatisierter Gesellschaften, die sie zu einem ergiebigen Gegenstand soziologischer Forschung macht. Hier kann untersucht werden, wie soziale Realität durch entsprechende Medien konstruiert und konturiert wird. Hier kann verfolgt werden, wie Produkte aus Film und Fernsehen zur Bildung und Umbildung gesellschaftlicher Relevanzen beitragen. Hier kann es sich beispielsweise lohnen, der Darbietung von Gewalt in Fernsehnachrichten nachzugehen, der Inszenierung von Glaubwürdigkeit in Werbespots, der Moral in Reality-TV-Shows oder der Inszenierung von politischer Kommunikation in Spielfilmen.

Dabei kommt es entscheidend darauf an, der spezifischen Form der betreffenden Produkte durch ein angemessenes methodisches Vorgehen Rechnung zu tragen. Dieses sollte jederzeit berücksichtigen, dass sich der kommunikative Gehalt filmischer Beiträge stets aus ihrer audiovisuellen Gestalt ergibt, also aus dem Zusammenspiel der klanglichen und bildlichen Komponenten. Dies gilt keineswegs nur für ‚künstlerische' Produkte, es trifft auf alle Produktionen von Film und Fernsehen zu. Sie alle müssen als komplexe Artefakte ernst genommen werden, die – je auf ihre Art – besonderen Stilen der Dramaturgie und Inszenierung unterliegen. Für eine soziologische Film- und Fernsehanalyse ist deshalb ein sogenanntes ‚qualitatives' Verfahren unerlässlich, das die Signifikanz medialer Produkte auf dem Weg einer detaillierten interpretativen Auslegung erforscht. Eine solche qualitative Methode der soziologischen Film- und Fernsehanalyse, die mediale Produkte in ihrer historischen und kulturellen Situierung untersucht, wird in diesem Beitrag vorgestellt. Er zeigt auf, wie empirisch untersucht werden kann, was filmische Produkte in ihrer audiovisuellen Präsentationsweise über die Verfassung der sozialen Wirklichkeit zeigen. Auf diese Weise führt er vor, was eine Interpretation von Produkten aus Film und Fernsehen für die Erforschung gegenwärtiger Gesellschaften zu leisten vermag. Zu diesem Zweck ist der Beitrag in drei Abschnitte gegliedert: Wir beginnen mit einer knappen Darstellung der theoretischen Grundlagen, auf denen das hier vorgestellte Verfahren basiert. Denn nur, wenn man den theoretischen Hintergrund der Methode kennt, versteht man auch, warum die Methode so verfährt, wie sie verfährt. Und nur, wenn man mit dem theoretischen Hintergrund vertraut ist, kann man eigenständig argumentieren, warum eine Produktanalyse für die Soziologie ebenso relevant wie produktiv ist (Abschnitt 2). Anschließend erläutern wir den konkreten Forschungsprozess der Film- und Fernsehanalyse an einem Fallbeispiel, der Late-Night-Show *Neo Magazin Royale* (D seit 2013, ZDF/ZDFneo) (Abschnitt 3). Den Artikel schließt das Fazit ab (Abschnitt 4), welches das zentrale Anliegen der Film- und Fernsehanalyse resümiert.

2 Theoretische Grundlagen der Film- und Fernsehanalyse

Die Relevanz einer Film- und Fernsehanalyse gründet auf dem Verständnis von Medien als integralem Bestandteil sozialer Wirklichkeit. So wie Sprache ein Leitmedium der menschlichen Welterschließung ist, so haben auch technische Kommunikationsmedien wie Film und Fernsehen Teil an der Erschließung gesellschaftlicher Wirklichkeit. Die Medien der technisch vermittelten Kommunikation entfalten – wie auch die weit älteren Kommunikationsmedien – ihre Wirksamkeit innerhalb einer historischen, sozialen und kulturellen Welt. Diese besteht aus kollektiven Ordnungen und Orientierungen, die auch dort einen Rahmen für das individuelle Handeln bilden, wo einzelne von ihnen brüchig oder fragwürdig werden. Innerhalb dieser im Zuge menschlicher Praktiken hervorgebrachten Welt kann man von verschiedenen Wirklichkeiten sprechen, je nach den Handlungs- und Erfahrungsbereichen, um deren Eigenart es jeweils geht. Diese Wirklichkeiten stehen nicht einfach nebeneinander, sondern sind durch die Wege miteinander verbunden, auf denen sie innerhalb der alltagsweltlichen Praxis oder weit über sie hinaus zugänglich sind. Basis aller Exkurse in entferntere und exklusivere Wirklichkeiten ist und bleibt jedoch die durch vielfache Routinen und Rezepte immer schon gegliederte Welt des alltäglichen Lebens. In Anknüpfung an Alfred Schütz betonen Peter Berger und Thomas Luckmann, dass „die Alltagswelt nicht nur als wirklicher Hintergrund subjektiv sinnhafter Lebensführung von jedermann hingenommen wird, sondern daß sie jedermanns Gedanken und Taten ihr Vorhandensein und ihren Bestand verdankt" (Berger/Luckmann 1969, S. 21). Dabei ist das ‚jedermann' entscheidend; nur weil ein vielfach intersubjektiv geteiltes Wissen über typische Situationen inklusive ihrer vielfach geteilten Bewertung zur Verfügung steht, hat eine von Vielen gemeinsam bewohnte Lebenswelt Bestand. In einem Großteil ihrer Bezüge gilt diese als eine nicht zu bezweifelnde Realität.

> „Die Wirklichkeit der Alltagswelt wird als Wirklichkeit hingenommen. Über ihre einfache Präsenz hinaus bedarf sie keiner zusätzlichen Verifizierung. Sie ist einfach da – als selbstverständliche, zwingende Faktizität. Ich weiß, daß sie wirklich ist. […] Nicht alle Wirklichkeitsaspekte sind jedoch gleich unproblematisch. Die Alltagswelt ist in Ausschnitte eingeteilt, deren einige ich routinemäßig begreife, andere stellen mir Probleme dieser oder jener Art" (Berger/Luckmann 1969, S. 26).

Die Vertrautheit mit einer Alltagswelt, die als „Wirklichkeit par excellence" (Berger/Luckmann 1969, S. 24) erlebt wird, ist jedoch stets mit einem Wissen um das Vorhandensein von Zonen verbunden, die ‚außerhalb meiner Reichweite' existieren oder von solchen, zu denen kein unmittelbarer, sondern lediglich ein mittelbarer Zugang besteht, wie ihn gerade die sogenannten Neuen (Kommunikations-)Medien vielfach zur Verfügung stellen.

Dieses Zur-Verfügung-Stehen von Techniken und Effekten der technisch vermittelten Kommunikation gehört selbst zur alltäglichen Wirklichkeit des gegenwärtigen Lebens. Der Gebrauch dieser Medien gehört zu den selbstverständlichen Vollzügen des Alltags wie der Gebrauch vieler anderer Geräte und die Kommunikation mit leibhaftig anwesenden Anderen. *Zusammen* bilden diese Praktiken den lebensweltlichen Alltag aus, in dem an den über ‚die Medien' bezogenen Deutungen zunächst und zumeist ebenso wenig gezweifelt wird wie an den Kompetenzen und den Mitteilungen von Verwandten und Arbeitskolleginnen und Arbeitskollegen.[1] Im alltäglichen Handeln wird fortlaufend überprüft und großteils bestätigt, was in (oft zugleich) faktischer wie normativer Bedeutung ‚Sache ist'. Unsere primäre Wirklichkeit wird bestimmt durch einen „gesellschaftlichen Wissensvorrat" (Berger/Luckmann 1969, S. 43–48), den wir mit unseren Mitmenschen teilen, und der zu einem großen Teil aus routinemäßigen Verfahren besteht, die unser Handeln im Alltag erleichtern. Dieser Wissensvorrat besteht zum Teil aus „Rezepten zur Lösung von Routineproblemen", er liefert die „Typisierungen, die für die Hauptroutinen der Alltagswelt nötig sind – […] Typisierungen für alle Sorten von Ereignissen und Erfahrungen: gesellschaftlichen und persönlichen." (Berger/Luckmann 1969, S. 44 f.) Die auf diese Weise gewonnenen Sicherheiten können jedoch jederzeit in Zweifel gezogen werden – auch wenn es hierzu weiterer Gewissheiten bedarf, die nicht zur selben Zeit in Zweifel stehen können. „Die Gültigkeit meines Wissens in der und über die Alltagswelt garantiere ich selbst, und garantieren ande-

---

[1] Hinweis zum geschlechterbezogenen Sprachgebrauch: Aus Gründen der besseren Lesbarkeit werden nicht durchgehend beide Geschlechterformen verwendet. Bei Verwendung nur einer Geschlechtsform ist selbstverständlich die andere Geschlechtsform mit gemeint.

re sich und mir nur bis auf weiteres, das heißt bis zu dem Augenblick, in dem ein Problem auftaucht, welches nicht im ‚gültigen' Sinne gelöst werden kann." (Berger/Luckmann 1969, S. 45) Dann interpretieren die Handelnden die jeweilige Situation bzw. das jeweilige Ereignis neu und gewinnen so im Rückgriff auf vorhandenes Wissen eine revidierte Einschätzung ihrer Wirklichkeit.

Diese alltägliche Wirklichkeit hängt entscheidend von ihrer Kommunizierbarkeit ab. Die Wiedergabe und Weitergabe, die Ausformung und Umformung von Wissen und Orientierung sind gesellschaftsbildende Prozesse der Kommunikation, an denen die technisch vermittelte Kommunikation einen stetig wachsenden Anteil hat. Weil das so ist, kann man mit gutem Grund sagen, dass die heutigen gesellschaftlichen Verhältnisse *mediale* Lebensverhältnisse sind. Dies bedeutet, dass es keine Bereiche des sozialen Lebens mehr gibt, die in ihrer Wirklichkeit nicht durch Prozesse der medialen Kommunikation geprägt wären. Daraus folgt jedoch keineswegs, dass die soziale Wirklichkeit *nichts weiter* als eine Konstruktion oder ein Effekt ‚der Medien' wäre. Denn sie haben einen weitreichenden Einfluss nur, weil sie ein *Teil* einer sozialen und kulturellen Praxis sind, in der mittelbare und unmittelbare Kommunikation einander *wechselseitig* bedingen (Keppler 2006, Kap. 1, S. 19–50).

Vor diesem Hintergrund sind die Produkte aus Film und Fernsehen als Instanzen der Produktion und Distribution gesellschaftlich geteilter Orientierungen zu verstehen. Sie leisten einen – sei es eher stabilisierenden, sei es eher transformierenden – Beitrag zur Bearbeitung des gesellschaftlichen Sinnvorrats. Die entsprechenden medialen Produkte sind sowohl Generatoren als auch Transformatoren sozialer Wirklichkeit. Denn das, was Film und Fernsehen in ihren vielen Formen und Formaten zur Anschauung bringen, enthält einen fortlaufenden Kommentar zu gesellschaftlichen Ordnungen der Werte und des Wissens. Mit der Untersuchung dieser Formationen vermag eine soziologische Film- und Fernsehanalyse Aufschlüsse über den Orientierungshaushalt der Gesellschaft zu geben. Die Analyse dieser medial konfigurierten Ordnungen des Wissens und der Werte ist das zentrale Anliegen einer soziologischen Film- und Fernsehanalyse, wie sie in diesem Beitrag vorgestellt wird.

Die von den medialen Produkten angebotenen Einstellungen sind immer das Ergebnis einer mehr oder weniger aufwendigen, stets aber komplexen Gestaltung. Sobald etwas medial kommuniziert wird, wird es gleichzeitig auch auf eine bestimmte Art und Weise kommuniziert – es gibt keine inszenierungsfreie Zone in den Medien. Durch die Art und Weise aber wie ein Spielfilm oder ein Nachrichtenbeitrag mittels seiner visuellen und auditiven Elemente kommuniziert wird, wird dem Zuschauer immer auch eine bestimmte Sichtweise auf die fraglichen Situationen angeboten. Diese Sichtweisen stellen weder eine Zugabe, noch ein bloßes Beiwerk zu ihrem tatsächlichen oder vermeintlichen Informationsgehalt dar. In ihnen liegt vielmehr der nicht immer auf den ersten Blick erkennbare entscheidende kommunikative Sinn der filmischen Produkte, der in ihre jeweilige Darbietungsweise eingearbeitet ist. Was in Film und Fernsehen zu sehen und zu hören ist, verhält sich daher niemals neutral den Themen und Geschehnissen gegenüber, die jeweils behandelt werden. Es sind diese Formen der Präsentation, die eine qualitative Film- und Fernsehanalyse untersucht. Dabei kann das, *was* jeweils gezeigt wird, nie getrennt von dem untersucht werden, *wie* es gezeigt wird. Indem sie beide Aspekte gleichermaßen berücksichtigt, legt die Film- und Fernsehanalyse die in den medialen Produkten angelegten potenziellen Rezeptionsmöglichkeiten offen, welche allerdings nicht mit der tatsächlich stattfindenden faktischen Rezeption gleichgesetzt werden dürfen. Denn das mediale Produkt, wie immer es gestaltet sei, stellt eine Objektivation manifester und latenter Sinnmöglichkeiten dar, die in ihrer Wahrnehmung erfasst oder nicht erfasst, gesucht oder gemieden, geschätzt oder verworfen werden können.

Kontrolliert und intersubjektiv nachvollziehbar aufzuzeigen, wie diese Sinnmöglichkeiten in den Klangbildverläufen angelegt sind und dabei der Komplexität ihrer Gestaltung gerecht zu werden, ist das methodische Ziel einer soziologischen Film- und Fernsehanalyse, soweit sie der kommunikativen Verfassung der Produkte des Films und des Fernsehens gewidmet ist. Wie die Erforschung der Medien*produktion* untersuchen kann, welche Spielräume des Verstehens den jeweiligen Nutzern gewährt werden *sollen*, und wie die Erforschung des Medien*gebrauchs* erkunden kann, wie die Rezipienten diese Spielräume *nutzen*, so kann die Erforschung der medialen Produkte ermitteln, wo und wie diese Spielräume in den jeweiligen Produkten *angelegt* sind. Durch eine produktorientierte Film- und Fernsehanalyse erfährt man also weder, was sich Regisseure oder Produzenten gedacht haben, noch wie ein Film, ein Nachrichtenbeitrag oder eine Serie auf diese oder eine andere Weise beim Publikum aufgenommen wird. Was man erfährt, ist vielmehr, wie die entsprechenden Produkte verfasst sind, und damit, welches *Verständnis* der jeweils verhandelten Motive, Themen und Vorkommnisse von ihnen nahegelegt wird.

Diesen in den audiovisuellen Produkten des Films und des Fernsehens enthaltenen Verständnissen ist eine qualitative empirische Analyse ihrer Verfassung gewidmet. Ihr geht es um ein explikatives Verstehen dieser Verständnisse, also des kommunikativen Potenzials, das der Art ihrer Inszenierung eingegeben ist. Die soziologische Film- und Fernsehanalyse ist ein hermeneutisches, dem interpretativen Paradigma der Soziologie verpflichtetes, qualitatives Verfahren der empirischen Sozialforschung. Ihr Ziel ist ein intersubjektiv nachvollziehbares Verständnis der Sichtweisen, die durch die Machart der betreffenden Produkte angeboten werden. Eine solche qualitative Methode ist jedoch kein Algorithmus, der nur noch auf verschiedene ‚Fälle' angewendet werden muss. Qualitative Methoden haben ihren Sinn in einer kontrollierten und kontrollierbaren Lenkung der interpretativen Aufmerksamkeit auf den jeweiligen Gegenstand oder Gegenstandsbereich – und zwar für jeden Untersuchungsgegenstand aufs Neue. Sie legen Schritte fest, die bei der Interpretation vollzogen, und heben Dimensionen des Gegenstands hervor, die in ihrem Verlauf beachtet werden müssen. Sie können den Prozess des Interpretierens – das Entwerfen und Verwerfen, Bestätigen und Differenzieren von Deutungshypothesen – selbst nicht ersetzen; aber sie können sichern, dass es sich hierbei um ein am Gegenstand belegbares Interpretieren handelt. Eine solche Methode legt kein schematisches Vorgehen fest, sondern bietet einen Standard an, durch den bestimmt wird, welche Kriterien eine angemessene Deutung von filmischen Produkten zu erfüllen hat. Um diesen Standard zu erreichen, empfiehlt es sich die Arbeitsschritte des Forschungsprozesses zu erfüllen, die wir nun am Fallbeispiel der Fernsehsendung *Neo Magazin Royale* durchspielen werden.

3 Der Forschungsprozess der soziologischen Film- und Fernsehanalyse

Der Forschungsprozess einer soziologischen Film- und Fernsehanalyse stellt sich als ein sequenzielles Geschehen dar, d. h. als eine Abfolge von aufeinander bezogenen prozeduralen Schritten, die eine ebenso offene wie auch kontrollierte Vorgehensweise am Material sicherstellt. Der gesamte Prozess lässt sich in drei Phasen einteilen. Ziel der ersten Phase ist es, das Forschungsdesign des Projekts zu entwerfen. Die zweite Phase umfasst die detaillierte Arbeit am filmischen Material. Hier werden die medialen Produkte protokolliert, analysiert und interpretiert. In der dritten Phase geht es um das Verfassen des Abschlussberichts einer Film- und Fernsehanalyse. Wichtig dabei ist, dass die Arbeitsschritte in Phase eins und zwei in jeder Film- und Fernsehanalyse zwar zunächst nacheinander bearbeitet werden, die Analyse insgesamt aber immer zirkulär verläuft. Der Prozess beschränkt sich also nicht auf ein einmaliges lineares Abarbeiten der einzelnen Schritte, sondern der Wissenszuwachs, der sich im Laufe eines Projekts seitens der Forschenden einstellt, muss in jeder Phase berücksichtigt und reflektiert werden. Das betrifft die Phase der Konzeption ebenso wie die der Analyse. Der Wissenszuwachs ist daher ein konstitutiver Bestandteil des gesamten Prozesses. Diesem muss Rechnung getragen werden, indem zum Ende eines jeden Arbeitsschritts eine Phase der Reflexion erfolgen und damit je nachdem auch eine Korrektur bisheriger Annahmen oder Vorgehensweisen vorgenommen werden muss. Der Forschungsprozess muss flexibel genug sein, diese Veränderungen berücksichtigen zu können, um schließlich bestmögliche Ergebnisse zu erzielen. Nur ein zyklisch angelegter Forschungsprozess „ermöglicht die permanente Hinterfragung des verfügbaren Wissens sowie die kritische Abstimmung und Modifikation der aus dem jeweiligen Wissensstand abgeleiteten Anforderungen an Fragestellungen und Analyseverfahren (Erhebung und Interpretation), die zu einem besseren Verständnis des Untersuchungsbereichs beitragen" (Froschauer/Lueger 2009, S. 72). Ein solches Vorgehen entspricht dem Prinzip des sogenannten ‚hermeneutischen Zirkels'. Wir werden nun Phase 1 und 2 ausschnitthaft an einem Fallbeispiel darstellen. Es trägt den Arbeitstitel ‚Neue Medien – Neues Fernsehen? Televisuelle Funktionen Neuer Medien am Beispiel des *Neo Magazin Royales*.

3.1 Phase 1: Erstellung des Forschungsdesigns und Samples

Das *Forschungsdesign* ist die Visitenkarte einer Film- und Fernsehanalyse, dessen Erstellung zu Beginn einer jeden Studie steht. Es dient nicht nur der Systematisierung und Planung der eigenen Forschung, sondern gibt am Ende einer Film- und Fernsehanalyse auch Aufschluss über die Aussagekraft der gewonnenen Untersuchungsergebnisse. Man erläutert unter anderem die Wahl der Methode, die Zusammenstellung des Untersuchungskorpus, das Ziel der Forschung und legt dar, worin die Relevanz des Projekts besteht. Das Forschungsdesign zu unserem Fallbeispiel muss also Antworten liefern auf Fragen wie: Was ist die Relevanz einer Film- und Fernsehanalyse des *Neo Magazin Royale*? Was bildet den Fokus der Analyse? Wie wird das Korpus zusammengestellt? Und: Wie wird bei der Analyse verfahren werden? Beginnen wir bei dem, was das Forschungsinteresse geweckt hat und als Forschungsfokus formuliert, die Analyse leiten wird. Ausgangspunkt des Projekts bildete zunächst eine Beobachtung aus unserem Medienalltag heraus, die den aktuellen Wandel des Fernsehens im digitalen Zeitalter fokussiert:

Das Fernsehen war einst architektonischer Mittelpunkt eines jeden Wohnzimmers. Und heute? Selbst das TV-Urgestein Frank Elstner twittert zum Aus von *Wetten, dass..?*: „Dem Nachwuchs gehört die Zukunft im Netz!" (https://twitter.com/frank_ elstner/status/452559544812847105). Das ‚gute alte' Fernsehen steht unter Zugzwang, wenn es ‚zeitgemäß' bleiben und die junge Zielgruppe nicht an die Daueroption Neue Medien verlieren möchte. FUNK beispielsweise der Jugendkanal des Öffentlich-Rechtlichen Rundfunks findet nur noch in den Sozialen Medien statt. Auch die aktuellen Zahlen der ARD/-ZDF Langzeitstudie bezüglich der Mediennutzung im Intermediavergleich sprechen hier eine eindeutige Sprache: Während die Bevölkerung ab 14 Jahren in Deutschland am Tag im Schnitt immer noch deutlich länger fernsieht (208 Minuten) als im Internet surft (144 Minuten), so hat sich dieses Verhältnis bei der jungen Zielgruppe, der 14–29-Jährigen, schon verkehrt. Diese Bevölkerungsgruppe nutzt bereits täglich im Schnitt 187 Minuten lang das Internet und wendet sich damit deutliche 80 Minuten länger den Angeboten des Worldwidewebs zu als dem klassischen Fernsehen. Letzteres wird in dieser Zielgruppe im Schnitt nur noch 107 Minuten lang täglich genutzt (Engel/Breunig 2015, S. 312). Auch wenn es falsch wäre zu sagen, dass sich das Fernsehen aktuell einem Wandel ausgesetzt sieht, denn das Fernsehen war schon immer ein Medium des Wandels, so ist es dennoch richtig zu bemerken, dass durch die Prozesse der Digitalisierung grundsätzliche Charakteristika des Fernsehens wie z. B. Linearität und Flow (vgl. Williams 2001) hinfällig zu werden scheinen. Was also ist zeitgemäßes Fernsehen? Und welche Werteordnungen bietet das Fernsehen im Umgang mit den Neuen Medien an? Ändern sich die Wirklichkeitsbezüge des Fernsehens durch die Verwendung der Neuen Medien?

Diesen Fragen wird am Beispiel der Late-Night-Show *Neo Magazin Royale* nachgegangen. Einem Format, welches sich geradezu selbst die Frage nach einem ‚zeitgemäßen Fernsehen' zu stellen scheint. Zum einen, indem die Show von Jan Böhmermann die sozialbildende Wirkkraft des Fernsehens immer wieder mit unterschiedlichen Aktionen geradezu selbst herauszufordern scheint, z. B. als das Redaktionsteam zwei Schauspieler bei der Fernsehsendung *Schwiegertochter gesucht* (D seit 2007, RTL) erfolgreich eingeschleust hat (Staffel 05/ Episode 11; 12.05.2016), als Böhmermann das Gedicht über den türkischen Präsidenten Recep Tayyip Erdoğan mit dem Titel ‚Schmähkritik' in der Sendung verlesen hat (Staffel 05/ Episode 09; 31.03.216) oder als das Redaktionsteam mit ihrem vermeintlichen Bekennervideo über den gestreckten Mittelfinger des griechischen Finanzministers Yanis Varoufakis für Aufregung sorgte (Staffel 04/ Episode 07; 19.03.2015). Und zum anderen indem in der Show die Neuen Medien auf unterschiedliche Art und Weise selbst zum Einsatz kommen. So wird die Sendung immer zuerst online in der Mediathek angeboten, bevor sie dann donnerstags um 22.15 Uhr auf ZDFneo und seit Februar 2015 auch Freitagnacht im Hauptprogramm des ZDFs ausgestrahlt wird. Für seine Experimentierfreude im Umgang mit den Neuen Medien wurde das *Neo Magazin Royale* bereits 2014 schon mit dem Grimme-Preis ausgezeichnet. 2017 erhielt die Sendung unter anderem den Goldene Kamera Digital Award in der Kategorie #ViralerClip für das Video *BE DEUTSCH* (Staffel 05/ Episode 14; 02.06.2016) und auch die Hashtags der Sendung schaffen es immer wieder in die Trending Topics Deutschland (https://trendingdeutschland.com). Diese auffällige Präsenz der Neuen Medien im Rahmen des *Neo Magazin Royales* in Verbindung mit den gehäuften Totsagungen des linearen Fernsehens in den Medien führt uns zunächst zu folgender Forschungsfrage: Wie werden die Neuen Medien durch ihre Verwendung im *Neo Magazin Royale* integriert?

Kennzeichnend für Forschungsfragen einer soziologischen Film- und Fernsehanalyse ist, dass sie in aller Regel danach fragen, welchen Beitrag filmische Produkte auf ihre je spezifische Weise zur gesellschaftlichen Konstruktion von Wirklichkeit leisten. Es handelt sich dabei stets um offen formulierte Fragen, die sich ganz auf das audiovisuelle Produkt konzentrieren. Die Forschungsfrage bildet den Kompass für das Forschungsprojekt. An ihr orientieren sich alle weiteren Arbeitsschritte: die Erstellung des Forschungsstands, das Untersuchungskorpus, die Analyse selbst und die Diskussion der Ergebnisse. Dennoch muss die erste Fassung der Fragestellung immer als eine vorläufige gelten, die im Lauf der Forschung nachjustiert werden kann, sofern das Material dies erfordert. Diese grundsätzliche Bereitschaft den gewählten Forschungsfokus jederzeit zu hinterfragen und wenn nötig auch zu revidieren, ist dem zentralen Charakteristikum qualitativer Forschung geschuldet, nämlich, dass es sich hierbei um eine „entdeckende Wissenschaft" (Flick/Kardorff/Steinke 2000, S. 24) handelt. Es geht um nichts Geringeres als darum, Neues in den Daten zu entdecken; etwas, das man vorher so zumindest noch nicht wusste. Darum können entsprechende Forschungsfragen im Prinzip auf nichts – bzw. nicht viel – zurückgreifen und müssen sich dem Untersuchungsgegenstand gegenüber offen zeigen. Im weiteren Verlauf der Film- und Fernsehanalyse verändert sich dieses Wissen in aller Regel, womit im besten Fall eine Konkretisierung, manchmal aber auch eine Revidierung, des Forschungsfokus einhergeht. Die ständig notwendige Reflexion und eine daraus eventuell folgende Anpassung der Forschungsfrage im Fortgang der Analyse ist ein ebenso konstruktiver wie notwendiger Bestandteil des methodischen Vorgehens. In diesem Sinn spricht Maxwell (1996, S. 49) davon, dass Forschungsfragen der Anfang und auch das Ergebnis eines Forschungsdesigns sind.

Auch wenn die (vorläufige) Forschungsfrage in der Regel am Ende der Relevanzbegründung steht, ist sie gleichzeitig auch Voraussetzung, um die *Relevanz* des Projekts begründen zu können. In der Relevanzbegründung einer soziologischen Film- und Fernsehanalyse laufen zwei Argumentationsstränge zusammen, die letztlich ihren Telos in der Forschungsfrage finden. Zum einen gilt es, die Begründung für das je spezifische Forschungsinteresse – hier: warum interessiert der Einsatz der Neuen Medien im *Neo Magazin Royale* – explizit darzulegen. Dies haben wir in den vorangehenden Absätzen für das vorliegende Fallbeispiel bereits ausformuliert. Zum anderen aber gilt es auch zu begründen, warum dafür eine Film- und Fernsehanalyse zielführend ist, und damit auch, welches Verständnis medialer Produkte der Studie zugrunde liegt. Kurz: Es ist der theoretische Hintergrund zu klären, auf welchem eine mediensoziologisch perspektivierte Film- und Fernsehanalyse immer aufbaut (vgl. hier Kap. 2 *Theoretische Grundlagen der Film- und Fernsehanalyse*). Für unsere Fallstudie kann eine solche Begründung beispielsweise lauten:

Das Fernsehen ist eine unter vielen gesellschaftlichen Instanzen der Sinnvermittlung. Es präsentiert und generiert mit seinen Darbietungen unaufhörlich Verständnisse, die unsere Kultur und Gesellschaft entscheidend modifizieren. Als Teil der sozialen Wirklichkeit hat es einerseits Anteil an deren Konstitution, andererseits bezeugt es diese auf besondere Weise. Ein Leitmedium wie das Fernsehen ist damit sowohl Bestandteil als auch Motor des sozialen Wandels. In diesem Zusammenhang lässt sich die Frage nach der Rolle der Neuen Medien in unserem Alltag auch an das Fernsehen richten: Welche Rolle spielen die Neuen Medien für das und im Fernsehen? Dieser Frage wird mit der

Produktanalyse des *Neo Magazin Royale* nachgegangen. Denn nur, wenn man die genauen Verfahren untersucht, mit denen das Fernsehen kommuniziert, was immer es kommuniziert, kann man seiner Rolle innerhalb der Gesellschaft theoretisch gerecht werden (Keppler 2015). Es sind diese Formen der Präsentation, welche die Film- und Fernsehanalyse eingehend untersucht. Sie verfolgt das Ziel, an konkreten Beispielen, hier dem *Neo Magazin Royale*, aufzuzeigen, wie z. B. durch die Entwicklung des Internets sich nicht nur ein Medienwandel, sondern auch ein Gesellschaftswandel vollzieht.

Sind Fokus und Relevanz geklärt, gilt es, das *Sample/das Korpus* der Studie zu bestimmen, dieses enthält das filmische Material, welches Gegenstand der empirischen Analyse sein wird. Wir werden zunächst das generelle Vorgehen zur Bestimmung eines solchen Samples erläutern, um es dann an unserem Fallbeispiel konkret durchzuspielen. Das *Sampling*, der Auswahlprozess der Untersuchungseinheiten für eine Film- und Fernsehanalyse, verläuft je nach Umfang in mindestens zwei Schritten. Im ersten Schritt wird das Sample bestimmt, welches die Basis der Analyse darstellt: der Film, die Filme, die Serie(n), die Clips eines bestimmten YouTube-Kanals etc. Zu diesem Zeitpunkt der Analyse hat man es folglich mit einem Datenvolumen zu tun, welches eine angemessene Detailanalyse des gesamten Samples schlicht aus forschungsökonomischen Gründen unmöglich macht. Um also den Anforderungen audiovisuellen Materials analytisch gerecht zu werden, gilt es sich, in einem zweiten Schritt, weiter auf das Material einzulassen, um die für den gewählten Fokus signifikanten Schlüsselszenen zu ermitteln und anhand dieser exemplarisch zu argumentieren. Diese Schlüsselszenen bilden schließlich den Untersuchungsgegenstand der Detailanalyse. Charakteristisch für diese Szenen ist, dass in ihnen zentrales Wissen über den gewählten Forschungsfokus des Projekts verhandelt wird. Die Szenenauswahl für die Detailanalyse hängt folglich grundlegend mit dem Forschungsfokus des jeweiligen Projekts zusammen. Wenn der Forschungsfokus auf die Gewaltdarstellungen in einem Film wie beispielsweise *Sin City* (USA 2005, R: Robert Rodriguez und Frank Miller) ausgerichtet ist, dann interessieren die Szenen, in denen zentrales Wissen über den Umgang mit Gewalt verhandelt wird. Wenn der Fokus sich auf die Integration Neuer Medien in einem Fernsehformat wie dem *Neo Magazin Royale* richtet, dann interessieren primär die Szenen, in denen die Neuen Medien Verwendung finden. Die detaillierte Analyse solcher Schlüsselszenen für das jeweilige Forschungsinteresse bildet den Mittelpunkt der Film- und Fernsehanalyse. Wie sich diese Schlüsselszenen intersubjektiv nachvollziehbar bestimmen lassen, darum geht es uns im Folgenden.

Für die *Bestimmung der Schlüsselszenen* im Rahmen einer qualitativen Film- und Fernsehanalyse empfiehlt sich ein kontrolliertes Hin- und Hergehen zwischen dem Material und dem gewählten Forschungsfokus. Es ist der Verlauf der Analyse und des auf diese Weise hinzugewonnenen Wissens, was darüber entscheidet, welche Szenen als Nächstes detailliert untersucht werden. Stärke und Gütekriterium der Film- und Fernsehanalyse ist, dass sie sich offen ihren Untersuchungsgegenständen nähert und diesen dadurch gerechter werden kann, als es standardisierte Verfahren vermögen. Diese Offenheit gibt ihr die Möglichkeit, auf Aspekte zu reagieren, die so vorab vielleicht noch nicht bedacht wurden, sich im Verlauf der Analyse aber als relevant für das Forschungsinteresse erweisen. Es kommt wesentlich darauf an, solche Wendungen produktiv in den weiteren Prozess einbauen zu können. Flexibilität und Offenheit in der Vorgehensweise qualitativer Forschung bedeuten allerdings nicht, dass die Untersuchung richtungslos oder unkontrolliert ablaufen würde. Qualitative Forschung hat vielmehr bei jeder Studie erneut den scheinbaren Widerspruch zwischen Offenheit für das Neue und der Berücksichtigung des eigenen Forschungsinteresses zu lösen. Dies geschieht in den je spezifischen Entscheidungen, die im Laufe eines Forschungsprozesses – transparent und intersubjektiv nachvollziehbar – gefällt werden müssen. Dazu zählt beispielsweise auch, dass das finale Sample nicht vollständig vorab bestimmt wird, sondern im Fortgang der Analyse durch das Verfahren des Theoretical Samplings (vgl. dazu auch Glaser/Strauss 1979, S. 92) komplettiert wird. Das Theoretical Sampling ist der Königsweg innerhalb qualitativer Studien (Flick 2005, S. 262), um auch umfassendere Samples untersuchen zu können. Es bietet die Möglichkeit, das empirische Material in seiner Komplexität zu bewahren und es nicht durch vorab aufgestellte Kriterien reduzieren zu müssen. Dennoch ist es freilich notwendig, sich für die Detailanalyse auf Schlüsselszenen zu konzentrieren und deren exemplarische Bedeutung herauszuarbeiten.

Zu Beginn einer Film- und Fernsehanalyse kann man sich jedoch noch nicht auf aus dem Gegenstand entwickelte Ergebnisse beziehen. So gilt es, die ersten Szenen für die Detailanalyse streng forschungsfragenorientiert nach einem ersten Gang durch das Material zu bestimmen. Zu diesem Zweck nähert man sich dem Untersuchungsgegenstand durch das Erstellen von Sequenzprotokollen. Das *Sequenzprotokoll* ist eine knappe, rein auf den Inhalt bezogene schriftliche Fixierung des filmischen Ablaufs und verschafft einen ersten Überblick über das zu analysierende Material. Hier werden die Klangbildverläufe der audiovisuellen Produkte in eine schriftliche Form überführt, wodurch das Produkt in gewisser Weise, wenn auch freilich hochgradig reduziert, in Papierform verfügbar wird. Das Sequenzprotokoll umfasst immer den vollständigen Film, die vollständige Episode, den vollständigen Spot etc. (vollständig heißt inklusive Vor- und Abspann). Notiert werden allerdings nicht die Details der filmischen Gestaltung, sondern die szenischen Inhalte, sodass die Sequenzprotokolle eine der Logik des Films folgende Gliederung des Geschehens abbilden (vgl. dazu ausführlicher Peltzer/Keppler 2015, S. 40). Je nach Gesamtvolumen eines Samples (z. B. mehrere Staffeln einer Sendung oder mehrere Filme eines Genres) muss allerdings bereits die vollständige Erfassung des filmischen Materials durch Sequenzprotokolle aus forschungsökonomischer Perspektive als unangemessen zurückgestellt werden. Der erste Überblick muss sich dann mittels eines Zwischenschritts verschafft werden. Wie sich ein solcher Zwischenschritt gestalten kann, zeigen wir anschließend anhand unseres Fallbeispiels. Liegen die ersten Sequenzprotokolle vor, gilt es, die erste Szene für die Detailanalyse zu bestimmen. Hier sind Szenen zu wählen, in welchen es zu einer signifikanten thematischen Verdichtung des fokussierten Themas kommt, z. B. in Form von inszenatorischen Auffälligkeiten wie Brüchen, Wiederholungen etc. oder in Form von filmischen Bewertungen des anvisierten Themas. Nach der detaillierten Analyse der ersten Szene, erfolgt dann die Reflexion bzw. Neubestimmung weiterer Schlüsselszenen und das Theoretical Sampling kann seinen gewohnten Gang gehen.

Die Auswahl der nächsten Schlüsselszenen kann auf zwei unterschiedliche Weisen erfolgen. Zum einen nach dem Prinzip der maximalen Kontrastierung, d. h. es werden möglichst gegensätzliche Szenen untersucht, um das Thema in seiner Breite erfassen zu können. Und zum anderen nach dem Prinzip der minimalen Kontrastierung, bei dem die Ergebnisse durch weitere ähnliche Szenen gesättigt werden. In beiden Fällen bedeutet Sampling das Anstellen von Vergleichen, was im Fall einer Film- und Fernsehanalyse auf die Ausarbeitung von Interpretationen ausgerichtet ist, sprich: Die Ergebnisse aus der Interpretation von Szene eins werden mit den Ergebnissen aus der Interpretation von Szene zwei verglichen. Der Vergleich der Szenen dient dazu, die Richtigkeit der zunächst gewonnenen Ergebnisse zu prüfen. Bestätigt sich das gewonnene Verständnis aus der ersten Schlüsselszene durch die Analyse der zweiten Schlüsselszene, trägt dies zur Sättigung der Interpretation bei. Nur durch die komparative Analyse lässt sich zeigen, dass sich herausgearbeitete Aspekte wiederholen; nur so können sich überhaupt erst Muster herausstellen und Interpretationen validiert werden. Dieses komparative Vorgehen bezieht sich sowohl auf den Vergleich mit anderen ausgewählten Szenen, als auch auf die Verortung der Ergebnisse aus der Detailanalyse im Großrhythmus des jeweiligen Produkts. Nur so kann sichergestellt werden, dass die Ergebnisse der Detailanalyse auch von exemplarischem Charakter für das gesamte Produkt sind.

Der Weg zur Schlüsselszene variiert folglich mit jedem Forschungsgegenstand. Dies ist zum einen der Individualität der medialen Produkte geschuldet und zum anderen aber auch schlicht dem sich stark unterscheidenden Gesamtvolumen der jeweiligen Forschungsgegenstände. Unser Fallbeispiel, das *Neo Magazin Royale*, umfasst zum Zeitpunkt dieser Veröffentlichung insgesamt ca. 4500 Minuten televisueller Spielzeit. Der eben skizzierte Weg über ein das gesamte Sample erfassende Sequenzprotokoll muss, wir haben es bereits angekündigt, bei einem solchen Umfang allein schon aus Gründen der Machbarkeit ausscheiden. Wie aber nähert man sich solch einem Datenvolumen an? Um dies zu klären, werden wir nun das Sampling an unserem Fallbeispiel Schritt für Schritt darlegen.

Ausgangsbasis für das Sampling bilden alle sechs Staffeln der Sendung *Neo Magazin Royale* und damit 113 Episoden von einer mindestens dreißigminütigen bis fünfundvierzigminütigen Spielzeit. Alle Episoden stehen auf der Website der Sendung (http://www.neo-magazin-royale.de) oder auch zu großen Teilen im gleichnamigen YouTube-Kanal zur Verfügung. Auch in diesem Fall muss der erste Schritt sein, sich einen Überblick über das gesamte Material zu verschaffen. Letzterer lässt sich über einen Zwischenschritt gewinnen, indem beispielsweise eine Stichprobe gezogen wird. In unserem Fall wurden nach diesem Verfahren drei Episoden pro Staffel (insgesamt 18 Episoden) gesichtet und protokolliert. Diese Stichprobe stellt nicht das Sample für die Detailanalyse dar, sondern dient lediglich einer ersten systematischen Annäherung an das Material, um potenzielle Schlüsselszenen überhaupt benennen zu können. Durch den Vergleich dieser Episoden zeigte sich: Die Neuen Medien treten im *Neo Magazin Royale* vielseitig in Erscheinung. Zum einen darüber wie sich die Sendung selbst in den Neuen Medien präsentiert (Twitter, Website, Snapchat, YouTube, Facebook, Instagram), zum anderen darüber wie die Neuen Medien selbst in der Sendung Verwendung finden (z. B. durch die Ausstrahlungspolitik oder durch das *Hashtag der Woche*) und schließlich auch darüber wie Inhalte aus den Neuen Medien zum thematischen Gegenstand der Sendung selbst werden. Letzteres ist Gegenstand mehrerer Sendungsrubriken wie z. B. in *Das digitale Quartett, Drehscheibe Internet, Viral oder Egal, heute-* oder auch der Rubrik *PRISM is a Dancer*. Letztere scheint eine erste Schlüsselszene für das Forschungsprojekt darzustellen, dies lässt sich wie folgt begründen:

Die Rubrik *PRISM is a Dancer* ist seit der ersten Ausstrahlung fester Bestandteil der Sendung und kommt bis heute immer wieder zum Einsatz. Hier werden Inhalte, die vom Studiopublikum zu einem beliebigen Zeitpunkt im Internet veröffentlicht wurden (Tweets, Websites, YouTube-Clips, Facebook-Einträge, Auktionen etc.), zum thematischen Gegenstand der Sendung gemacht. Entscheidend dabei ist, dass die Zuschauer im Studio der Sendung weder etwas darüber wissen, was möglicherweise über sie herausgefunden wurde, noch was in der Rubrik tatsächlich zum Einsatz kommen wird. Während der Aufzeichnung werden die Zuschauer dann mit den Fundstücken der Redaktion konfrontiert. Bei dieser Rubrik geht es somit nicht nur um die Neuen Medien, sondern insbesondere auch um den Umgang der Zuschauer mit eben diesen sowie einer besonderen Rolle, die das Fernsehen dabei einnimmt. Diese signifikante Konstellation aus Produktion und Rezeption rückt die Rubrik *PRISM is a Dancer* in den Forschungsfokus unserer Fallstudie über die Verwendung von Neuen Medien im Fernsehen. Durch die Fokussierung der Rubrik *PRISM is a Dancer* kann das Theoretical Sampling beginnen. Grundlage für das Sampling bildet dann nicht mehr die Stichprobe, sondern alle im Fernsehen ausgestrahlten Episoden des *Neo Magazin Royales*. Insgesamt gibt es 23 Ausgaben der Rubrik, ein Umfang, der es ermöglicht, dass alle Ausgaben beim Sampling berücksichtigt werden können. Den Anfang bildet die erste Ausgabe der Rubrik aus der ersten Sendung des *Neo Magazin Royale* (D, ZDF/ZDFneo, Staffel 01/ Episode 01, 31.10.2013).

Eine ebenso konstante aber ganz anders gelagerte Integration der Neuen Medien stellt das *Hashtag der Woche* dar. Anders als bei der Rubrik *PRISM is a Dancer* werden hier nicht Inhalte aus den Neuen Medien in die Fernsehsendung integriert, sondern über das *Hashtag der Woche* entsteht eine crossmediale Architektur, die die Sendung selbst mit den Neuen Medien verzahnt und so das klassische Fernsehformat der Late-Night-Show um ein weiteres Kommunikationsangebot an die Zuschauer ergänzt. Insgesamt gibt es 116 *Hashtags der Woche* und damit mehr Hashtags als Episoden (113), da in wenigen Ausgaben tatsächlich das Hashtag während der Ausstrahlung gewechselt wurde (Staffel 01/ Episode 08, 19.12.2013; Staffel 04/ Episode 01, 05.02.2015; Staffel 04/ Episode 05, 05.03.2015). Den ersten Fall für das Theoretical Sampling bildet das erste Hashtag aus der ersten Sendung. Auch hier stellt sich der gesamte Umfang so dar, dass keine weitere Selektion vorab getroffen werden muss.

Um das Material forschungsökonomisch sinnvoll handhabbar zu machen, wurden zunächst diese beiden Einsatzformen von Neuen Medien in den Fokus der Detailanalyse gerückt. Entscheidend ist, dass man solche Materialzuschnitte stets begründet. Hier in diesem Fall begründet sich unsere Auswahl auf folgenden Aspekten: Beide Rubriken stehen für völlig unterschiedlich gelagerte Verwendungsformen von Neuen Medien, beide sind von der ersten Ausgabe an Bestandteil der Sendung und beide stellen eine ebenso konkrete wie unterschiedliche Form der Zuschauereinbindung dar.

3.2 Phase 2: Interpretation filmischer Produkte

Die detaillierte Interpretation ausgewählter Schlüsselszenen steht im Mittelpunkt der zweiten Phase des Forschungsprozesses einer soziologischen Film- und Fernsehanalyse. Ziel der Interpretation ist die unverkürzte Analyse des kommunikativen Gehalts filmischer Produkte, d. h., die gesamte audiovisuelle Verfassung filmischer Produkte wird zum Gegenstand der Deutung erhoben. Es gilt, die je spezifische Szene oder Sequenz in ihrer Besonderheit detailliert zu erfassen, die Konstitutionsregeln ihrer Präsentationsform aufzudecken und die damit verbundenen Bedeutungsangebote zu verstehen. ‚Die unverkürzte Analyse des kommunikativen Gehalts filmischer Produkte' beruht in dieser Phase der Film- und Fernsehanalyse in erster Linie auf einem kontrollierten und intersubjektiv nachvollziehbaren Zusammenspiel aus der Beschreibung und Interpretation filmischer Präsentationsformen, die das Verstehen der im Produkt angelegten Möglichkeiten des Verstehens zum Ziel hat. Aufgabe der Beschreibung ist die exakte und explizite Erfassung des filmischen Untersuchungsgegenstands. Aufgabe der Interpretation ist, das Gezeigte in seiner Verfassung zu erklären und in einen sinnhaften Zusammenhang zu stellen. Diese beiden Arbeitsschritte – Beschreiben und Interpretieren – sind unweigerlich miteinander verbunden. Ohne einen genauen Blick auf das filmische Detail ist keine Interpretation, die das Gezeigte in einen sinnhaften Zusammenhang stellt, möglich.

Die Interpretation muss also bei der Betrachtung der elementaren Operationen der sichtbaren und hörbaren Prozesse des filmischen Verlaufs ansetzen. Es gilt, die basalen Strukturen filmischer Produkte adäquat zu beschreiben, um diese dann kontrolliert und dem Material angemessen interpretieren zu können. Die visuellen Dimensionen des filmischen Produkts umfassen unter anderem die Kameraoperationen (Einstellungsgröße, Perspektive und Bewegung), die Lichtregie, die Farbgestaltung, die Figuren- oder Personenführung (Stellung, Blickrichtungen, Gesten etc.), die Mise en Scène sowie die Einstellungsverbindungen und Montageformen. Bezüglich der auditiven Dimensionen gilt es folgende Aspekte zu berücksichtigen: Geräusche, Stimmen und andere Einsatzformen von Sprache, Musik, die Verortung des Tons on- oder off-screen. Und beim Zusammenspiel von Bild und Ton (audiovisuelle Dimensionen) gilt es das Augenmerk erneut auf die Einstellungsverbindungen und die Montage zu richten, auf die Wort-Bild-Kombinationen sowie auf die Ton-Bild-Relationen, ob synchron oder asynchron, ob eher kommentierend oder sogar kontrastierend (vgl. zu den verschiedenen filmischen Verfahren im Einzelnen u. a. auch Borstnar/Pabst/Wulff 2002; Hickethier 2007). Das heißt natürlich nicht, dass bei einer Interpretation alle erdenklichen filmischen Verfahren, die im Produkt Verwendung gefunden haben, erwähnt und eigens behandelt werden müssen. Es genügt, wenn die Interpretation diese Aspekte insoweit berücksichtigt, als sie in den betreffenden Sendungen oder Filmen signifikant auftreten und sich folglich bei der Deutung des kommunikativen Angebots der Produkte als relevant erweisen.

Um einen angemessenen Umgang mit dem filmischen Material bei der Interpretation zu gewährleisten, empfiehlt es sich, folgende Abfolge von Arbeitsschritten einzuhalten:

1. Herstellung des Filmtranskripts
2. Analyse der visuellen Dimensionen
3. Analyse der auditiven Dimensionen
4. Zusammenführen der Dimensionen und Interpretation
5. Komparative Analysen mit weiteren Schlüsselszenen (inner- und/oder interfilmisch)
6. Zusammenführung der einzelnen Interpretationen

Alle sechs Schritte der Interpretation sind auf eine intersubjektiv nachvollziehbare Auslegung der audiovisuellen Einheit medialer Produkte gerichtet. Sie dienen dazu, die individuelle Gestaltung und den spezifischen Gehalt der jeweiligen Produkte zu erfassen. Ähnlich wie bei der Methode der sozialwissenschaftlichen Hermeneutik (Herbrik in diesem Band) geht es darum, dass „einerseits der Fall in seiner Besonderheit und die Bedingungen seiner Individuierung sichtbar werden. Andererseits sollen diese Typik und Vergleichbarkeit aus der Analyse der Formen und Strukturen der Typenbildung und -veränderung entwickelt und ‚erklärt' werden" (Soeffner 1989, S. 61). Wenn die in diesem Kapitel zusammengestellten Schritte der Analyse des kommunikativen Potenzials von Produkten aus Film und Fernsehen tatsächlich beachtet werden, führt dies zu einem kontrollierbaren Verständnis der Sichtweisen, die durch die Machart der betreffenden Produkte angeboten werden. Wie sich diese sechs Schritte konkret darstellen, darum geht es uns im Folgenden. Entsprechend stellen die Ausführungen nicht die Ergebnisse einer Analyse dar, sondern sie dokumentieren den Gang der Analyse am Material selbst. Für die Darstellung einer Detailanalyse nutzen wir den ersten Fall, den das Sampling in unserem Fallbeispiel bereits ergeben hat: Die erste Ausgabe der Rubrik *PRISM is a Dancer* aus der ersten Episode des *Neo Magazin Royale*. Auch für die Detailanalyse fungiert die Forschungsfrage stets als Kompass und dient der fokussierten Annäherung an das Material. Im vorliegenden Fall also die Frage nach Integration und Verwendung der Neuen Medien in der Fernsehsendung *Neo Magazin Royale* – genau: in der Rubrik *PRISM is a Dancer*. Zur besseren Nachvollziehbarkeit des weiteren Vorgehens, geben wir hier kurz wieder, was sich in dieser Ausgabe ereignet:

Die Rubrik ist prominent in der Mitte der Sendungslaufzeit platziert [00:13:43–00:19:20]. Nachdem Jan Böhmermann, der Moderator der Sendung, das Verfahren erläutert und die erste Ausgabe anmoderiert, wird das Intro der Rubrik eingespielt: Eine Replik auf den Eurodance Hit ‚Rhythm is a Dancer' von SNAP aus dem Jahr 1992. Der Geist des Eurodance weht hier nicht nur durch die Musik, sondern auch durch Böhmermanns cremefarbenes Discoblüschen, wenn er hingebungsvoll den Eurodance tanzt vor schwarzem Hintergrund, in welchen eine Lichter- und Lasershow immer wieder große, sich drehende Prismen zeichnet. Der Titelsong unterscheidet sich vom Original lediglich aufgrund der Ersetzung des Wortes ‚Rhythm' durch ‚Prism', was an zwei Stellen auch durch die Einblendung von ‚Prism' in unübersehbar großen, weiß leuchtenden Lettern hervorgehoben wird. Das Intro endet mit einem Paukenschlag und der Einblendung des Rubriktitels, während im Hintergrund wieder das Studio erscheint, in dem der Moderator nun das Publikum mit den Fundstücken der Redaktion konfrontieren wird. In dieser Ausgabe sind es drei Studiogäste: Nina Kristin Svenja wird auf ein Foto von sich mit Gundula Gause und Claus Kleber angesprochen, das sie auf ihrem Facebook-Profil veröffentlicht hat. Pascal Haube wird unter anderem über seine Interessen ‚Freunde und Hakke Partys' ausgefragt, die er auf seinem gamer-fm-Profil angegeben hat. Schließlich kommt noch die Online-Auktion bei kalaydo.de von Zuschauerin Julia zur Sprache, bei der sie ein Bleiglasbild zum Verkauf angeboten hat. Selbiges holt der Moderator nun unter seinem Pult hervor. Das *Neo Magazin*-Team hat das gute Stück für 50€ selbst bei kalaydo erstanden. Immer wenn sich die Kamera dem Studiopublikum zuwendet, so erscheint das Bild rotgefiltert und ist durch eine computeranimierte Grafik gerahmt, die verschiedene Informationen rund um das Publikum preiszugeben scheint (siehe Abb. 02). Die Rubrik endet mit einem Outro, einer wesentlich knapperen Variante des Intros.

1. Schritt: Transkription

Die Erfassung der filmischen Gestaltung ist der erste Schritt zur Rekonstruktion des kommunikativen Potenzials eines Produkts. Die Detailanalyse beginnt daher mit der Herstellung eines Filmtranskripts der ausgewählten Szene (vgl. ausführlich zur Transkription von audiovisuellen Daten: Peltzer/Keppler 2015, S. 101–107). Ein Filmtranskript trägt maßgeblich zur differenzierten Explikation des Gehalts filmischer Bilder bei, setzt es doch voraus, dass man sich dem Untersuchungsgegenstand, zumindest in seinen Schlüsselszenen, Einstellung für Einstellung nähert. Die Verschriftlichung des sprachlichen und nichtsprachlichen Materials ist selbst als Teil der Analyse zu betrachten und nicht nur als ein Akt der Übertragung. Der Vorgang der Transkription hebt die Flüchtigkeit des Materials auf und stellt eine strukturierende Annäherung an den Gegenstand der Analyse dar, nicht zuletzt, weil er eine erhebliche Schärfung und Differenzierung der Wahrnehmung zur Folge hat und so Wichtiges zur differenzierten Explikation des Gehalts filmischer Bilder beiträgt. Es ist gerade das Transkribieren von Einstellung für Einstellung, das den Blick schult und Neues neben dem Offensichtlichen entdecken lässt. Auf diese Weise gewährt die Transkription grundlegende Einsichten in Strukturen, Eigengesetzlichkeiten und weitere signifikante Elemente des filmischen Materials. Hier wird festgehalten wie sich der filmische Raum gestaltet, wie die Figuren agieren, blicken, sprechen, weinen, welche Musik das Geschehen begleitet etc. Wichtig ist, dass bei der Transkription der visuellen und auditiven Dimensionen nichts interpretiert, sondern lediglich die denotative Ebene des Gezeigten genau und mit Blick für das Detail beschrieben wird. Bei aller Genauigkeit gilt aber auch bei der Transkription von filmischem Material: Das Filmtranskript muss die Balance wahren zwischen Materialadäquatheit und Lesbarkeit. Die zentrale Entscheidungshilfe ist auch hier der je spezifische Forschungsfokus. Nur gemessen an ihm kann entschieden werden, was im Filmtranskript erfasst werden muss und was nicht mehr. Ist die Farbe von Böhmermanns Krawatte oder der Haarschnitt des Studiogasts relevant? In Bezug auf die hier vorliegende Forschungsfrage nicht. Geht es allerdings um die Analyse von politischen Akteuren in Talkshows, kann es wiederum durchaus relevant sein, den Haarschnitt und die Krawattenfarbe der betroffenen Personen zu transkribieren.

Neben der Schulung des forschenden Blicks erfüllt die Verfügbarkeit von

Filmtranskripten allerdings noch einen weiteren Zweck. Denn mit den Transkripten können die gewonnenen Ergebnisse Schritt für Schritt belegt werden, wodurch die Transparenz wissenschaftlicher Interpretationen erhöht wird. Dies ist nicht lediglich im Sinne eines Belegs interpretativer Thesen zu verstehen, sondern dient zugleich der Vergegenwärtigung des Analyseprozesses, der am Gegenstand zu diesen Ergebnissen führt. Dennoch bereiten Filmtranskripte nur die eigentliche Interpretation von filmischen Produkten vor. Denn während der erste Schritt der Detailanalyse deskriptiv ausgerichtet ist – hier wird genau erfasst und beschrieben, was zu sehen und zu hören ist –, ist es Aufgabe der Interpretation, die Zusammenhänge zwischen den einzelnen Elementen des filmischen Materials herzustellen, zu verstehen und zu erklären.

In der empirischen Praxis hat es sich als hilfreich erwiesen, die visuelle und auditive Ebene zunächst getrennt voneinander zu betrachten und sie erst anschließend einer synthetisierenden Betrachtung zuzuführen, die ihren Blick vor allem auf die je besonderen Verknüpfungen von Bild und Ton lenkt. Dieses artifizielle Verfahren schafft die Basis dafür, das tatsächliche Zusammenspiel von Bild und Ton in einzelnen filmischen Produkten möglichst genau zu erfassen. Dabei empfiehlt es sich – sowohl bei der Anfertigung der Transkripte als auch bei der Interpretation des filmbildlichen Ganzen –, bei der Analyse der bildlichen Prozesse zu beginnen, um anschließend zur akustischen Dimension überzugehen. Würde man umgekehrt vorgehen und sich erst der akustischen Ebene widmen, wäre die Gefahr groß, den kommunikativen Gehalt von Sendungen beispielsweise mit demjenigen der Worte gleichzusetzen, die in ihnen geäußert werden. Eine vorausgehende Vergegenwärtigung und Dokumentation der Bildprozesse hingegen schafft zunächst ein Bewusstsein der Vielschichtigkeit des dort Sichtbaren, das mit dem ebenfalls gesondert analysierbaren akustischen Ablauf eine Verbindung eingeht. Diese Verbindung aus den auditiven und piktoralen Prozessen ist und bleibt das, was den kommunikativen Charakter einzelner filmischer Produkte letztlich ausmacht.

In der empirischen Praxis hat es sich zudem als hilfreich erwiesen, (1.) den zu transkribierenden Ausschnitt als eigenständige Datei vorliegen zu haben. Dies erleichtert das mit dem Transkribieren einhergehende häufige Vor- und Zurückgehen enorm. Des Weiteren empfiehlt es sich (2.), bei der Transkription der visuellen Ebene den zu transkribierenden Ausschnitt ohne Ton ablaufen zu lassen, um sich ganz auf das Visuelle fokussieren zu können. (3.) Es kann bei der Transkription der visuellen Ebene sehr hilfreich sein, den Ausschnitt in einer verminderten Abspielgeschwindigkeit zu betrachten. Gerade wenn man sich bei manchen Aspekten nicht sicher zu sein scheint. Und schließlich empfiehlt es sich (4.), das Filmtranskript erst zum Schluss der Film- und Fernsehanalyse final zu formatieren. Dann nämlich, wenn man sicher weiß, welche Informationen das Transkript enthalten muss, damit intersubjektiv nachvollziehbar argumentiert werden kann.

Um möglichst viele und präzise Informationen über den Bildaufbau einer Einstellung auf wenig Platz vermitteln zu können, wird bei der Transkription von filmischen Produkten viel mit Abkürzungen gearbeitet. Eine genaue Aufstellung der bei der Erstellung der Filmtranskripte verwendeten Abkürzungen und Zeichen bildet das Transkriptionssystem ab. Es befindet sich im Anhang dieses Artikels und sollte jeder Film- und Fernsehanalyse beiliegen, die sich eines solchen Systems bedient hat. Ein Beispiel für einen Transkriptausschnitt haben wir im Rahmen der Ausführungen zum vierten Schritt der Detailanalyse integriert.

2. Schritt: Analyse der visuellen Dimensionen

Bei der genauen Beschreibung der visuellen Dimensionen sind neben der Transkription auch Anmerkungen zu den Kameraoperationen (Wie wird mit den Einstellungsgrößen verfahren? Wie gestalten sich die Kamerabewegungen und Kameraperspektiven?), zur Lichtführung sowie zur Personenführung festzuhalten. Auch Beobachtungen zu den Einstellungsverbindungen sollten hier bereits notiert werden (beispielsweise: Continuity Cutting? Jump Cuts? Spezielle Montageformen? Soundbridges?). Während also die Transkription die Inhalte möglichst neutral zu erfassen versucht, werden hier formale und inhaltliche Auffälligkeiten in Form von Memos notiert.

Für die eben eingeführte Ausgabe der Rubrik *PRISM is a Dancer* lassen sich unter anderem folgende Beobachtungen auf der visuellen Ebene festhalten: die Lichteinsätze im Intro, die in dieser Art insbesondere in Großraumdiskotheken oder auch Multiplexkinos zum Einsatz kommen; die Anlehnung des Rubriklogos an das Logo des PRISM-Programms; die im Vergleich zur restlichen Sendung deutlich dunklere Studioausleuchtung; der Rotfilter und die ‚Scan'-Animationen in der Einstellung, wenn das Studiopublikum gezeigt wird, so dass das Überwachungsthema beim Blick auf das Publikum auch ästhetisch umgesetzt wird; die Integration konkreter Inhalte aus dem Internet durch Screenshots in die Sendung; die versteckte Kameraposition hinter dem Publikum, als die Zuschauerin Julia ihr Bleiglasbild überreicht bekommt.

3. Schritt: Analyse der auditiven Dimensionen

Das gleiche Vorgehen gilt für die auditiven Dimensionen. Auch hier wird in Form von Memos notiert, was über die Transkription hinausgeht. Was fällt bezüglich der stimmlichen und sprachlichen Elemente der Szene auf? Gibt es Musik, andere Geräusche? Wenn ja, wo ist die Tonquelle verortet? Aber auch Anmerkungen zu den außerfilmischen Konnotationen sollten hier bereits notiert werden. Für das vorliegende Material lassen sich mindestens folgende Beobachtungen festhalten: der Titelsong der Rubrik als Replik auf den Eurodance-Hit ‚Rhythm is a Dancer'; digitale Klänge als Soundbett der Rubrik; Nina, Pascal und Julia sind während der Interviews fast gleich laut zu hören wie der Moderator; die Rezeptionssignale des restlichen Publikums sind ebenfalls sehr deutlich zu hören.

4. Schritt: Zusammenführung der Dimensionen und Interpretation

Aufgabe der Interpretation ist es nun, die Zusammenhänge zwischen den Dimensionen zu erfassen und einzuordnen. Zu diesem Zweck muss die Analyse, über die Arbeit an den Transkripten hinaus, immer wieder zur Anschauung des Gegenstands zurückgehen. So verläuft der Weg der Interpretation zwar stets unmittelbar am filmischen Material, verlässt jedoch dann das Terrain des Deskriptiven, um das kommunikative Potenzial der filmischen Produkte zu rekonstruieren. Die Rekonstruktion muss über die Deskription des Untersuchungsgegenstands hinausgehen, zielt sie doch darauf ab, die Strukturen und Zusammenhänge, die sich durch die Art und Weise des Gezeigten herstellen, aufzuzeigen und in ihrer je spezifischen Bedeutsamkeit auszulegen. Durch die Zusammenführung der Dimensionen lassen sich bei dieser Schlüsselszene folgende Interpretationsperspektiven entwickeln:

Intro und Outro verleihen der Rubrik einen klaren Rahmen, der diese als eigenständiges Erzählsegment der Sendung markiert und mit einem unmissverständlichen Anfang und Ende ausstattet. Die Ausgestaltung des Intros enthält bereits einige Hinweise darauf, was thematischer Gegenstand dieser Rubrik ist und wie dieser zu verstehen ist. Nicht nur der Titel der Rubrik greift das US-amerikanische PRISM-Programm auf, auch die Prismen, die die Licht- und Lasershow hinter dem tanzenden Böhmermann entstehen lassen sowie das Logo der Rubrik zitieren das vieldiskutierte Programm, das seit 2005 mit der Überwachung und Auswertung elektronischer Medien und elektronisch gespeicherter Daten befasst ist. PRISM ist Bestandteil des von der NSA geleiteten, groß angelegten Überwachungsprogramms ‚Stellar Wind', das letztlich dazu dient Personen, die digital kommunizieren, überwachen zu können und zwar völlig unabhängig von ihrem tatsächlichen Standort. 2013 wurde das Programm einer breiten Öffentlichkeit bekannt, als der ehemalige NSA-Mitarbeiter Edward Snowden, die Daten dem britischen Guardian und der Washington Post zuspielte. Bei *PRISM is a Dancer* geht es nun nicht um die digitale Kommunikation beliebiger Personen, sondern ganz konkret um die digitalen Fußspuren des Studiopublikums, die von ‚Whistleblower' Böhmermann sogleich im Fernsehen preisgegeben werden. Der spielerische Tenor des Intros zielt in zwei Richtungen: zum einen will die Rubrik als Spiel verstanden werden, die das Studiopublikum zum mitmachen auffordert und zum anderen aber sagt der Gestus des Intros auch wie spielend leicht es ist, an Informationen über die Zuschauer zu kommen.

Nach dem Intro zeigt die Kamera wieder das Studio des *Neo Magazin Royales* in einer halbnahen Einstellung. Jetzt allerdings in einer deutlich kühleren Ausleuchtung gegenüber der restlichen Sendezeit. Zu sehen ist Böhmermann, der hinter seinem Pult sitzt und auf den die Kamera langsam ein kurzes Stück zufährt, dann aber noch in der gleichen Einstellungsgröße zum Stehen kommt. In der Studiokulisse direkt hinter dem Moderator erscheint anstelle des Logos der Sendung ein großes, sich drehendes, dreidimensionales Prisma. Auch auf der auditiven Ebene wird das Thema ‚Daten' in Form von digitalen Klängen präsent gehalten. Es wird also ernst: Das *Neo Magazin Royale* hat sich von Kopf bis Fuß auf die Daten seiner Zuschauer eingestimmt und Böhmermann ist bereit diese nun zu veröffentlichen. Er formt mit seinen Händen einen scheinbaren Feldstecher vor seinen Augen, um sein Publikum vermeintlich ‚unter die Lupe zu nehmen' (Abb. 1). Vom Moderator in der Halbnahen wird dann auf das Studiopublikum umgeschnitten, welches dem Fernsehzuschauer allerdings nur durch eben diesen Feldstecher – so die Schnittlogik und die schwarze Rahmung des Fernsehbildes – gezeigt wird. Das Blickfeld des Fernsehzuschauers ist das Blickfeld des Datenspions. Die Kameraeinstellung auf das Publikum ist zudem mit einem starken Rotfilter versehen und während die Kamera weiter über das Publikum schwenkt, laufen in allen vier Bildecken vermeintliche Datenverarbeitungsprozesse ab: Der ‚Wackness Factor' wird gemessen, die ‚Message History' wird erfasst, die Aufnahme der Daten wird mit zwei Pegeln unter ‚Recording' abgebildet, im unteren Bildrand wird die ‚Distance' erfasst und in der linken oberen Bildecke läuft die ‚Face Detection', die scheinbar Fotos analysiert (Abb. 2). Diese rein fiktiven Datenverarbeitungsprozesse werden im weiteren Verlauf der Staffeln immer wieder verändert z. B. in ‚Matching Voice Pattern', ‚Random Calculation' und ‚Browsing Messages' (Staffel 03/ Episode 06, 27.11.2014) oder in ‚Gesichtserkennung läuft', ‚Scanne Publikum' und ‚Scanne Privatnachrichten' (Staffel 05/ Episode 07, 17.03.2016).

Abb. 1–3: Stills aus Neo Magazin Royale (Quelle: Neo Magazin Royale, D, ZDF/ZDFneo, Staffel 01/Episode 01, 31.10.2013

Die Verknüpfung der Perspektive des Fernsehzuschauers mit der des Moderators über die eben skizzierte Schnittfolge auf der einen Seite sowie die Hervorhebung des Studiopublikums durch die Datenschau auf der anderen Seite stellt ein klassisches Regiekonzept des Fernsehens auf den Kopf und führt darüber zu nicht weniger als einer Neujustierung der Rolle des Fernsehzuschauers im digitalen Zeitalter. Und zwar geht es hier um die Positionierung des sogenannten ‚internen Zuschauers', der eine zentrale Rolle für die „Gesamtheit der inneren Dynamik des Fernsehens" (Altmann 2001, S. 402) spielt. Der interne Zuschauer kann in unterschiedlichen Varianten auftreten als Kommentator, als Lachkonserve oder eben auch als Studiopublikum. Letzteres ist die wohl bekannteste und üblichste Variante des internen Zuschauers. Eine seiner Hauptfunktionen ist den womöglich abgelenkten Fernsehzuschauer mit Hinweisen darauf zu versorgen, „dass ein anderer denkt, dass ein bedeutsames Phänomen auf dem Bildschirm erscheint" (Altman 2001, S. 402), um ihn somit zurück vor den Bildschirm zu holen. „Unabhängig davon, ob der Ton nun direkt aufgenommenen Studioapplaus oder nur eine hinzugefügte Lachkonserve übermittelt, ist er immer auf die Art und Weise angelegt, die uns überzeugen soll, dass der Applaus oder das Gelächter von einem Ort herrührt, der uns näher ist als das Spektakel selbst" (Altmann 2001, S. 403). Während der interne Zuschauer also, zumindest so wie ihn der Fernsehtheoretiker Rick Altmann konzeptualisiert, einen Komplizen der Fernsehproduzenten darstellt, der den womöglich auch mal abwesenden Zuschauer wieder vor den Bildschirm locken soll, ist es in der Rubrik *PRISM is a Dancer* der interne Zuschauer selbst, der aus dem Off ins Rampenlicht der Show geholt wird. Mehr noch der interne Zuschauer verweist hier nicht mehr auf ein Spektakel, sondern wird selbst zum Spektakel. Für die Zuschauer vor den Bildschirmen hat diese Neuordnung des fernsehtypischen Dreiecks aus Moderator (Darbietung), Fernseh- und Studiopublikum zwei Effekte: Zum einen wird der Fernsehzuschauer auf scheinbare Augenhöhe mit Böhmermann gesetzt, dem das Saalpublikum ‚ausgeliefert' ist. Und zum anderen zeigt sich, dass beim Gebrauch der Neuen Medien eine Unterscheidung zwischen internen und externen Zuschauern obsolet geworden ist, denn jeder ist Bestandteil der Agenda und kann nun zum Gegenstand der Darbietung werden. In dieser Ausgabe sind es beispielsweise Nina, Pascal und Julia.

Die Zuschauerin Nina wird über ein Foto von sich mit Claus Kleber und Gundula Gause befragt und Pascal über seine Angaben bei gamer-fm.de. Zu diesem Zweck werden in das Schuss-Gegenschuss-Verfahren, mit welchem die Gespräche zwischen den Enttarnten und Böhmermann dargestellt werden, Screenshots der entsprechenden Internetfunde montiert (Abb. 3). Dabei wird zunächst der Fundort bekanntgegeben (Einstellung 02) und mit dem entsprechenden Screenshot belegt (Einstellung 03).

Transkript 1: *Neo Magazin Royale* (D, ZDF/ZDFneo, Staffel 01/Episode 01, 31.10.2013), Ausschnitt ‚Nina'

Nr. Zeit	Bild	Ton	
01 `2	N, BM: Jan Böhmermann (JB) in Anzug & Krawatte, formt Hände zu Feldstecher vor seinen Augen; HG: braun-rote Leuchtfläche, in der sich leuchtendes Prisma langsam dreht BR-: Cornerlogo ZDF_neo ((über alle Einstellungen))	Mu: JB:	((HG: reduzierte digitale Klänge über alle Einstellungen)) hey nina (.) na wie geht's
02 `1	HT (Rotfilter): Publikum, darunter Nina (N) in BM mit Saalmikrofon; deutlich begrenzter Bildausschnitt durch schwarze Umrandung in Form der Objektive eines Feldstechers, BR- cGf: roter Schriftzug „FACE DETECTION", darunter Fotoscanner, rechts daneben drei rote Pegelanzeigen; BR- cGf: roter Schriftzug „RECORDING", darunter zwei rote Pegelanzeigen, darunter roter Schriftzug „DISTANCE" rechts daneben rote Skala; BR- cGf: roter Schriftzug „WACKNESS FACTOR", darunter rotes Quadrat mit 3D-animiertem Prisma; BR- cGf: roter Schriftzug „MESSAGE HISTORY", darunter Screenshot eines Nachrichten-Threads	N: JB: N:	gu::t ((husten im Publikum)) bist bei facebook ne? (.) ja:::?
03 `1	CB, cGf: Screenshot des Facebook-Headers von „Nina Kristin Svenja" BR-: schwarz	N: JB:	a::? was hAm wir da gesehn in deinen privAten fotos
04 `1	N, BM: JB guckt leicht nach links, Stirn leicht in Falten, Augen weit auf; HG: grün-graue Leuchtfläche, in der sich leuchtendes Prisma langsam dreht	JB:	das kann ja wohl nich Angehn mit wem triffst DU dich denn privat, (--)
05 `2	wie E02	JB: N:	kuck ma? (-) ich weiß nich
06 `4	CB, cGf: Screenshot N's Facebook-Fotoalbum, 2/3 der Einstellung zeigt Foto (HN) mit Gundula Gause links, Nina in der Mitte, die mit linkem Arm auf Tresen lehnt & Claus Kleber rechts stehend, der mit rechtem Arm auf Tresen lehnt & mit linker Hand ein Glas festhält, in dem sich Gebäckstangen befinden; alle drei lächeln in die Kamera; HG: li abstraktes sehr großes Wandgemälde in rot und schwarz, re hell erleuchteter Flur; BR: Kommentierungsleiste des Fotoalbums, Texte und	N: JB: N: JB:	was ihr wisst, (.) kUck [dir das an.] [a::h ((lacht))] [((Publikum lacht))] nIna in der mitte (.) in der WeGe von gundula gause un klaus

Nr. Zeit	Bild	Ton	
	Fotos unleserlich und teilweise unkenntlich gemacht BR-: schwarz		
07 `2	N, BM: JB guckt nach rechts oben; HG: grau-grüne, lilafarbene Leuchtfläche, in der sich leuchtendes Prisma langsam dreht	JB: N: JB:	[kleba (-)] [((Publikum lacht))] ja das sin meine houmies die wohn
08 `2	wie E02	JB: N: JB:	zusamm glaub ich in ner we ge ne, =ja ham sich n tolles bild gekauft, da
09 `4	wie E06	JB:	im hintergrund sieht man n tolles n tolles super bil=riesengroß (.) in ner wohnküche
10 `3	N, BM: JB guckt auf sein Pult; HG: grau-grüne, lilafarbene Leuchtfläche, in der sich leuchtendes Prisma langsam dreht	JB:	was mich ä:h was mich ä:h gewundert hat (.) was ich mich frage wo hat gundula gause
11 `2	wie E06	JB:	ihre linke hand auf dem foto [((Publikum lacht))]
12 `3	wie E02	N: JB:	[tja:] (.) [((lacht))] [U:nd (.)] vielleicht sind wir ja mit dism=diesem foto
13 `6	N, BM: JB hebt die rechte Hand schaut leicht nach rechts & legt Stirn in Falten; HG: grau, braun und ockerfarbene Leuchtfläche, in der sich leuchtendes Prisma langsam dreht	JB:	ner ganz großen sache auf der spur (.) Kann es sein das klaus kleba schlEIch-werbung macht Nach diesem gAnzen schlEIchwerbungskandal im zet de ef fü grisslni=
14 `3	wie E06	JB:	schau ma (-) das sieht doch=das is doch kein zUfall das es da so positionlert wird. wie kam

Im Fall von Nina ist es ihr Facebook-Profil, in welchem sich auch besagtes Foto (Einstellung 06) mit den beiden Moderatoren des *Heute Journals* befindet, das dann zum zentralen Gegenstand des Gesprächs und der Szene wird. Der Screenshot wird mehrfach bildschirmfüllend eingeblendet (Einstellung 06, 09, 11, 14) und ist tatsächlich länger (insgesamt ca. 13 Sekunden) zu sehen als die beiden Gesprächsteilnehmer selbst. Mittels dieser Montagetechnik werden die Inhalte aus den Neuen Medien in die Repräsentationslogik der Sendung integriert. Bei der dritten Kandidatin, der Zuschauerin Julia, geht die Überführung der Inhalte aus den Neuen Medien in die Fernsehsendung noch einen Schritt weiter. Auch hier wird die Kandidatin zunächst mit dem Fundstück der Redaktion in Form eines Screenshots konfrontiert. Gezeigt wird eine Verkaufsaktion bei kalaydo.de, bei der Julia ein Bleiglasfenster feilbietet. Zuschauerin Julia zeigt im Übrigen keinerlei Interesse daran, an dem Spiel teilzunehmen, geschweige denn auf Böhmermanns Fragen zu antworten. Auch auf seine Frage, ob das Bleiglasfenster noch zu haben sei, schweigt sie beharrlich. Doch Böhmermann lässt sich nicht beirren, greift unter sein Pult und bringt besagtes Bleiglasfenster zum Vorschein, um es Julia zurück zu schenken. Diese letzte Variante, digitale Botschaften der Zuschauer nicht nur per Screenshot einzublenden, sondern sie selbst in irgendeiner Form in der Sendung ‚live' auftreten zu lassen, wird in den weiteren Ausgaben der Rubrik zunehmend ausgebaut: so bekam die Band eines Zuschauers eine zweite Chance in Form eines spontanen Live-Auftritts, natürlich erst nachdem das YouTube-Video in der Sendung ausführlich gezeigt wurde, in welchem der Sänger während eines Auftritts immer wieder an dem selbstgeschriebenen Text scheiterte, (Staffel 05/ Episode 12; 19.05.2016). Ein anderes Mal wurde die Zuschauerin Vanessa Schäfer mit den Antworten konfrontiert, die sie über sich selbst auf der Website www.ask.fm veröffentlicht hat. Und zwar in Form einer typischen TV-Quizsendung mit dem Titel ‚Find Yourself and be that'. Der Titel ist ebenfalls ein Fundstück aus dem Online-Content der Zuschauerin (Staffel 05/ Episode 07; 17.03.2016). Und im Sommer 2017 wurde schließlich eine PRISM-Spezial-Ausgabe gesendet. Das *Neo Magazin Royal* erschien im Gewand einer Spielshow à la *Wetten Dass..?* und 45 Minuten lang wurde das Studiopublikum reihenweise vorgeführt. Das Hashtag dieser Ausgabe lautete übrigens #LassDichÜberwachen (Staffel 06/ Episode 18; 8.06.2017). Im Vergleich dieser Fälle wird ein Muster deutlich: Die omnipräsenten aber virtuellen Neuen Medien werden hier, im wahrsten Sinne des Wortes, in die Tat umgesetzt. Die digitalen Handlungen der Zuschauer werden in soziale Interaktionen übersetzt, allerdings in der televisuellen Logik der Gattung Late-Night-Show. Die re-inszenierten Handlungen der Zuschauer versorgen so das ‚gute alte' Fernsehen mit reichlich Szenenmaterial. Die Übersetzung der Inszenierungen der Zuschauer in den Neuen Medien in die Inszenierungsformen des Fernsehens hat mehrere Effekte: Zum einen lädt das *Neo Magazin Royale* die Kandidatinnen und Kandidaten mit der Konfrontation zum Face-Work ein und schafft darüber nicht nur medienreflexive Momente, sondern es schafft zum anderen auch die für die Fernsehgattung Late-Night-Show ebenso charakteristischen wie wichtigen Live-Momente, in denen Spontanität und Inszenierung gleichermaßen wirken. Der Clou an dieser medialen Charade ist, dass in dem Moment der Aufführung des Online-Contents sich gerade das Fernsehen als der Ort geriert, an dem Ereignis und Darstellung zusammenfallen und gerade nicht die Neuen Medien, die eigentlich für die Möglichkeiten der Echtzeit-Kommunikation stehen. Das ‚alte Medium' Fernsehen profitiert hier also nicht nur von den Neuen Medien, sondern kann sich dank der Neuen Medien zudem als das eigentlich ‚sozialere' und ‚unmittelbarere' Medium profilieren. Dieser letzte Punkt der Interpretation lässt sich allerdings nicht allein aus der Detailanalyse einer Schlüsselszene gewinnen, sondern nur durch den Vergleich mit weiteren Ausgaben der Rubrik, dem fünften und nächsten Schritt in der Interpretation filmischen Materials.

5. Schritt: Komparative Analysen mit weiteren Schlüsselszenen (inner/- und/oder interfilmisch)

Im vorliegenden Fall wurden alle Ausgaben der Rubrik *PRISM is Dancer* gesichtet, um Veränderungen, Wiederholungen, Brüche oder andere Auffälligkeiten feststellen zu können. Eine solche komparativ angelegte Verortung ist ein zentraler Schritt am Ende einer jeden Detailanalyse. Nur so lässt sich (1.) die Stimmigkeit der gemachten Interpretation für das gesamte Produkt prüfen und (2.) die Interpretation zu einer für das gesamte Produkt Gültigen erklären. Erst der Vergleich schließt die Detailanalyse einer Schlüsselszene ab. Es gibt zwei Möglichkeiten, den Vergleich in das Forschungsdesign einer soziologischen Film- und Fernsehanalyse zu integrieren: (1.) innerhalb desselben Produkts beziehungsweise verschiedener Episoden (wie hier im Fall von *PRISM is a Dancer*) oder (2.) zwischen verschiedenen Produkten. Beide Varianten schließen sich nicht gegenseitig aus. Welche Formen des Vergleichs sich letztlich anbieten, hängt vom jeweiligen Forschungsinteresse ab. Häufig ist der Forschungsfokus allerdings so ausgerichtet, dass ein interfilmischer Vergleich eine unumgängliche Voraussetzung dafür darstellt, überhaupt gesättigte Ergebnisse zu erhalten. Um dies zu verdeutlichen, greifen wir auf die Analyse des *Hashtags der Woche* zurück, der eine direkte Integration der Neuen Medien in das Sendungsformat darstellt. Hier zeigt sich nämlich während der Analyse, dass das Verstehen der potenziellen Lesart des Hashtags, den Weg über das interfilmische Sampeln gehen muss. Darum wurde hier das Sampling ergänzt um Hashtags aus anderen Unterhaltungsshows wie beispielsweise *Circus HalliGalli* (D 2013–2017, ProSieben) und *The Voice of Germany* (D seit 2011, ProSieben/SAT1). Hierbei handelt es sich um Fernsehsendungen, die ebenfalls für einen vermehrten Einsatz Neuer Medien stehen und die exemplarisch für eine etablierte Form der Verwendung von Neuen Medien gelesen werden können.

Das *Hashtag der Woche* ist Bestandteil einer jeden Sendung des *Neo Magazin Royale*. Im Rahmen der Eröffnung der Show stellt der Moderator Jan Böhmermann jedes Mal das *Hashtag der Woche* vor, dieser wird gleichzeitig am linken Bildrand eingeblendet, zumeist hervorgehoben durch eine verkürzte Bauchbinde (siehe Abb. 4). Auch im weiteren Verlauf der Sendung wird das Hashtag immer wieder eingeblendet. Jede Einblendung des Hashtags wird durch den Moderator kommentiert, der auch immer wieder zum Twittern unter besagtem Hashtag einlädt. Der Effekt der Integration des Hashtags in die Eröffnung der Show ist, dass alle drei Zuschauergruppen begrüßt werden: das Studiopublikum, die Zuschauer vor dem Fernseher sowie schließlich diejenigen, die sich die Sendung online anschauen und in den Neuen Medien aktiv sind. Der kommunikative Gestus der Begrüßung erhält dadurch einen integrativen Charakter, welcher der crossmedialen Architektur der Sendung entspricht, in der die Neuen Medien und das klassische Fernsehen in keinem Widerspruch zueinander stehen.

So integrativ das *Hashtag der Woche* vom kommunikativen Gestus her auch angelegt sein mag, so darf in diesem Zusammenhang nicht die spezifische Betitelung außer Acht gelassen werden. Auffällig sind die fast durchweg vom Sendungstitel völlig unabhängig gewählten Titel der Hashtags (Ausnahmen dieser Regel bilden die ersten vier Episoden der zweiten Staffel (06.02.2014; 13.02. 2014; 20.02.2014; 27.03.2014), in welchen tatsächlich das Hashtag #neomagazin verwendet wurde). Hinzu kommt, dass sich das *Hashtag der Woche* jede Woche ändert (bis auf die eben genannten Ausnahmen sowie die Episoden 22 & 23 aus Staffel 05 (13.10.2016; 20.10.2016), wo beide den #wettendass tragen). In wenigen Fällen ändert sich das Hashtag sogar noch während der Sendung (z. B. Staffel 01/ Episode 08, 19.12.2013; Staffel 04/ Episode 01, 05.02.2015; Staffel 04/ Episode 05, 05.03.2015). Durch das interfilmische Sampeln, also im Vergleich mit den Hashtags anderer Fernsehsendungen zeigt sich: Dies ist insofern auffällig, da sich die Hashtags von Fernsehsendungen üblicherweise gerade dadurch auszeichnen, dass sie in einem offensichtlichen und selbsterklärenden Bezug zur jeweiligen Sendung stehen (in der Regel durch die Übernahme des Sendungstitels) und sich im Dienst der Zuschauerbindung auch nicht von Woche zu Woche ändern. Bei der TV-Show *Circus HalliGalli* beispielsweise wird #halligalli immer mal wieder in der oberen linken Bildecke eingeblendet (Abb. 6), worauf ein Zwitschern auf der auditiven Ebene aufmerksam macht. Ähnlich verhält es sich auch bei der Castingshow *The Voice of Germany*, bei der regelmäßig zu den Auftritten der Kandidaten die entsprechenden Hashtags eingeblendet werden. In unserem Beispiel (Abb. 5) ist es das Hashtag der Finalistin der vierten Staffel Lina Arndt, das sich ganz konventionell aus dem Kürzel der Sendung und dem Vornamen der Kandidatin zusammensetzt: #TVOGLina. Das *Neo Magazin Royale* bricht nun mit dieser Konvention. Woche für Woche gibt Jan Böhmermann mit der Eröffnung der Show das *Hashtag der Woche* bekannt (früher erfährt man es nur, wenn man über die sozialen Medien mit der Sendung vernetzt ist), sei es #knuddelbaer (Staffel 01/ Episode 01; 31.10.2013), #ZDFiscool (Staffel 04/ Episode 01; 05.02.2015), #varoufake (Staffel 04/ Episode 07; 19.03.2015), #kohlofduty (Staffel 04/ Episode 09; 02.04.2015) etc.

Abb. 4–6: Stills aus Neo Magazin Royale, The Voice of Germany und Circus HalliGalli (Quelle: *Neo Magazin Royale*, D, ZDF/ZDFneo, Staffel 04/Episode 13, 28.05.2015 (Abb. 4); *The Voice of Germany*, D, ProSieben/Sat 1, Staffel 04/Episode 14, 12.12.2014 (Abb. 5); *Circus HalliGalli*, D, ProSieben, Staffel 05/Episode 13, 01.06.2015 (Abb. 6))

Anders als bei den herkömmlichen Hashtags von Fernsehsendungen kann im Fall des *Neo Magazin Royale* die Verbindung zur Sendung nur derjenige herstellen, der diese aktuell schaut oder mit ihr über die sozialen Medien vernetzt ist. Und so nimmt der integrative Gestus der Begrüßung eine signifikante Wendung. Denn hier wird durch das ‚getarnte Hashtag' ein ebenso integratives wie exklusives Kommunikationsangebot gemacht, das ein ‚Insiderwissen' aufbaut und diejenigen ausschließt, die weder mit der Sendung vernetzt sind, noch zuschauen. Diese vermeintlich gezielte Einschränkung des Adressatenkreises stellt einen ironischen Seitenhieb in zwei Richtungen dar. Zum einen spielt das ‚getarnte Hashtag' auf die eigene Platzierung als Nischenformat an, das nur von einer kleinen eingeschworenen Gemeinde jenseits einer Quotenrealität wahrgenommen wird. Zum anderen ironisiert das ‚getarnte Hashtag' die Verwendung von Hashtags zu Fernsehsendungen als vermeintlich uneingeschränktes Sprachrohr in die digitale Welt, als rettendes Bindeglied zwischen den Digital Natives und dem klassischen Fernsehen. Entscheidend für die Erreichbarkeit, so das Statement dieser Inszenierung des Sendungs-Hashtags als Flüsterpost eines crossmedialen Fernsehens, ist nicht das Medium, sondern der Inhalt.

Sowohl der Gang der Argumentation bei der Detailanalyse am Beispiel von *PRISM is a Dancer* als auch der Gang der Argumentation am Beispiel des *Hashtags der Woche* verdeutlicht, dass der Prozess des Interpretierens – das Entwerfen und Verwerfen, Bestätigen und Differenzieren von Deutungshypothesen – sich immer am filmischen Detail orientieren muss. Die komparative Analyse, die sich an die Detailanalyse anschließt, ist der Weg, um die gewonnenen Deutungshypothesen absichern zu können. „Jede Interpretation", so Umberto Eco, „die ein bestimmter Textteil nahelegt, kann akzeptiert werden, wenn sie Bestätigung findet, bzw. muss zurückgewiesen werden, falls sie durch einen anderen Teil des Textes widerlegt wird. Auf diese Weise kontrolliert die interne Textkohärenz die ansonsten unkontrollierbaren Antriebe des Lesers" (Eco 2005, S. 74). Die ‚unkontrollierbaren Antriebe des Lesers', wie sie Eco nennt, führen uns zu einem weiteren Aspekt, den es bei jeder Interpretation zu bedenken gilt: das Vorwissen des Interpretierenden. Wissenschaftliches Verstehen ist dadurch gekennzeichnet, dass die Interpretationsleistungen nicht lediglich unter Rückgriff auf den Alltagsverstand, sondern unter Rückgriff auf eigens und ausführlich aktiviertes Wissen, nicht zuletzt auf professionelles Sonderwissen geschehen. Wichtig im Prozess des Interpretierens ist, dass dieses Vorwissen nicht an das filmische Material herangetragen wird, sondern dass es nur dann Verwendung findet, wenn das Material selbst Hinweise gibt, die durch die Verwendung theoretischer Konzepte (oder anderer Fachliteratur) weiter ausgebaut werden können (die Inszenierung des Studiopublikums in der Rubrik *PRISM is a Dancer* beispielsweise gibt selbst den Hinweis auf das Thema ‚interner Zuschauer'). Auch wenn das Vorwissen des Interpretierenden in dieser Hinsicht als ein Bestandteil des Interpretationsprozesses zu verstehen ist, heißt das jedoch nicht, dass „ein Kunstwerk alles das enthalte, was – wer auch immer – dort hineinlegen könne" (Eco 1998, S. 6). Texte, im Fall der Film- und Fernsehanalyse sind es die filmischen Klangbildverläufe, gilt es also, primär aufgrund der kommunikativen Angebote zu verstehen, die diese aus sich heraus an uns, die Rezipienten, richten.

Freilich enthalten die Produkte zumeist mehr Bedeutungsdimensionen als sich in einem einzigen interpretativen Zugang erfassen lassen. Daher kann es auch bei der soziologischen Film- und Fernsehanalyse nicht das Ziel sein, eine umfassende, ausschöpfende Interpretation eines Produkts vorzulegen. Ziel ist es vielmehr, die Verfasstheit der filmischen Sinnangebote aus der Perspektive eines klar umrissenen Forschungsinteresses offenzulegen. Es reicht hier wie überall für ein klares Verständnis einer Sache aus, hinreichend viele der für die betreffende Sache konstitutiven Relationen zu verfolgen. Was ‚hinreichend' für die Analyse ihrer Verfasstheit ist, kann sich – nach dem Grundsatz der theoretischen Sättigung – erst im Zuge der Analyse dieser Verfassung ergeben. Auf diese Weise werden exemplarische Einsichten in das kommunikative Potenzial filmischer Produkte gewonnen, die je auf ihre Weise an der Verfassung unserer historisch-sozialen Wirklichkeit teilhaben, indem sie Möglichkeiten des Verstehens bereitstellen und variieren, die in der Aneignung durch die Zuschauer ihrerseits aufgenommen und variiert werden können.

6. Schritt: Zusammenführung der einzelnen Interpretationen

Um eine Film- und Fernsehanalyse abschließen zu können, gilt es, die vorgelegte Interpretation der betreffenden Produkte im Blick auf die Leitfrage und die theoretischen Eingangsüberlegungen zu resümieren. Ausgangspunkt für die hier beispielhaft vorgestellte Fernsehanalyse war die Frage danach, wie die Neuen Medien durch ihre Verwendung im *Neo Magazin Royale* integriert werden und was dies für das vermeintlich ‚alte' Medium Fernsehen bedeutet. Setzt man die Schlussfolgerungen aus der Detailanalyse der Rubrik *PRISM is a Dancer* und dem *Hashtag der Woche* in Beziehung zueinander, so zeigt sich zunächst einmal, dass die Neuen Medien nicht das Aus für das Fernsehen bedeuten, sondern dass sie sowohl auf technischer als auch auf inhaltlicher Ebene eine konzeptionelle Erweiterung für das Fernsehen darstellen. Insbesondere die Kommunikationssituation von medialem Produkt und Zuschauer erfährt durch den Einsatz der Neuen Medien im *Neo Magazin Royale* eine signifikante Verschiebung. Diese weist allerdings gerade nicht in Richtung des populären und optimistischen Konzepts des ‚Produsers' (vgl. Jenkins 2006 oder auch Harries 2002, der dasselbe Phänomen mit ‚Viewser' benannte), welches den Zuschauer nur zu gern auf Augenhöhe mit den Fernsehproduzenten sehen möchte, sondern in Richtung eines aufgeklärten und reflexiven Umgangs mit den Medien und zwar sowohl seitens der Rezipienten als auch der Produzenten. Denn das

Neo Magazin Royale macht nicht nur seine eigenen Zuschauer zur Zielscheibe des Spotts, sondern betreibt zugleich ein ironisches Spiel sowohl mit den hergebrachten Formen einer Magazinsendung als auch mit deren meist bierernster Art der Behandlung politischer Themen. Damit hält ein veränderter Stil der politischen Aufklärung Einzug, bei der eine offensive Selbstbezüglichkeit der medialen Präsentation an die Stelle einer argumentativen Auseinandersetzung mit den jeweiligen Themen tritt. Und so kommen schließlich durch die Art und Weise *wie* die Neuen Medien im *Neo Magazin Royale* zum Einsatz kommen, mindestens zwei Dinge über unseren Alltag zur Anschauung: (1.) Mit der Selbstverständlichkeit mit der die Neuen (und alten) Medien in unserem Alltag Verwendung finden, sollte auch die Reflektion des Umgangs damit selbstverständlich werden. (2.) Das Fernsehen mag sich zwar in den Modi seiner Ausstrahlung und der Nutzung verändern. Doch seine Funktion als Seismograph gesellschaftlicher Prozesse bleibt ihm unbenommen.

4 Fazit

Die hier vorgestellte Methode der Film- und Fernsehanalyse bietet durch ihre sukzessive Vorgehensweise einen Standard an, der sicherstellt, dass die Deutung medialer Produkte ihrer tatsächlichen medialen Verfassung gerecht wird. Wer die Methode beachtet hat, so der Leitgedanke, hat dem Gegenstand auf eine überprüfbare Weise angemessene Beachtung geschenkt. Eine Interpretation von Film- und Fernsehprodukten, die dem hier formulierten Standard folgt, erhebt Anspruch auf Objektivität in zwei Richtungen: (1.) im Hinblick auf die Überprüfbarkeit der gewonnenen Ergebnisse, d. h. auf die Offenlegung der Auslegungsverfahren und des in sie eingehenden Vorwissens und (2.) im Hinblick auf die Herausarbeitung der Perspektiven auf soziale und mediale Wirklichkeiten, wie sie in den Präsentationsformen filmischer Produkte eröffnet werden. Auf diesem Weg lässt sich untersuchen, wie Produkte und Formate des Films und des Fernsehens den „kommunikativen Haushalt" (Luckmann 1986, S. 206) gegenwärtiger Gesellschaften zugleich dokumentieren und modifizieren, indem sie je auf ihre Weise Verständnisse von Aspekten der Lebenswirklichkeit entwerfen und öffentlich artikulieren. Die wissenschaftliche Explikation dieser in der Inszenierungsweise der betreffenden Produkte enthaltenen Verständnisse lässt erkennen, auf welche Weise mediale Produkte bestimmte Haltungen für die individuelle und gemeinschaftliche Praxis relevanten Themen und Entwicklungen präfigurieren und damit Teil des orientierenden Wissens der Mitglieder jeweiliger Gesellschaften werden können.

Literatur

Altmann, R. (2001): Fernsehton. In: Adelmann, R./Hesse, J. O./Keilbach, J./Stauff, M./Thiele, M. (Hrsg.) (2001): Grundlagentexte zur Fernsehwissenschaft. Konstanz: UVK, S. 388–412.
Berger, P. L./Luckmann, T. (1969): Die gesellschaftliche Konstruktion der Wirklichkeit. Eine Theorie der Wissenssoziologie. Frankfurt am Main: Fischer.
Borstnar, N./Pabst, E./Wulff, H. J. (2002): Einführung in die Film- und Fernsehwissenschaft. Stuttgart: UTB/UVK.
Eco, U. (2005): Streit der Interpretationen. Hamburg: Europäische Verlagsanstalt.
Eco, U. (1998): Lector in fabula: Die Mitarbeit der Interpretation in erzählenden Texten. München: dtv.
Engel, U./Breunig, C. (2015): Massenkommunikation 2015: Mediennutzung im Intermediavergleich. Ergebnisse der ARD/ZDF-Langzeitstudie. In: Medien Perspektiven 8, S. 310–322.
Flick, U. (2005): Methodologie qualitativer Forschung. In: Flick, U./Kardorff, E. v./Steinke, I. (Hrsg.) (2005): Qualitative Forschung. Ein Handbuch. Reinbek bei Hamburg: Rowohlt, S. 251–265.
Flick, U./Kardorff, E. v./Steinke, I. (2005): Was ist Qualitative Forschung? Einleitung und Überblick. In: Flick, U./Kardorff, E. v./Steinke, I. (Hrsg.) (2005): Qualitative Forschung. Ein Handbuch. Reinbek bei Hamburg: Rowohlt, S. 13–29.
Froschauer, U./Lueger, M. (2009): Interpretative Sozialforschung: Der Prozess. Wien: UTB.
Glaser, B. G./Strauss, A. L. (1979): Die Entdeckung gegenstandsbezogener Theorie. Eine Grundstrategie qualitativer Sozialforschung. In: Hopf, C./Weingarten, E. (Hrsg.) (1979): Qualitative Sozialforschung. Stuttgart: Klett-Cotta, S. 91–111.
Hickethier, K. (2007): Film- und Fernsehanalyse. Stuttgart: Metzler.
Jenkins, H. (2006): Convergence Culture: Where Old and New Media Collide. New York: University Press.
Keppler, A. (2015): Das Fernsehen als Sinnproduzent: Soziologische Fallstudien. München: De Gruyter Oldenbourg.
Keppler, A. (2006): Mediale Gegenwart: Eine Theorie des Fernsehens am Beispiel der Darstellung von Gewalt. Frankfurt am Main: Suhrkamp.
Luckmann, T. (1986): Grundformen der gesellschaftlichen Vermittlung des Wissens: Kommunikative Gattungen. In: Neidhardt, F./Lepsius, M. R./Weiß, J. (Hrsg.) (1986): Kultur und Gesellschaft. Sonderheft 27 der „Kölner Zeitschrift für Soziologie und Sozialpsychologie". Opladen: Westdeutscher Verlag, S. 191–211.
Maxwell, J. A. (1996): Qualitative Research Design: An Interactive Approach. Thousand Oaks: Sage.
Peltzer, A./Keppler A. (2015): Die soziologische Film- und Fernsehanalyse. Eine Einführung. München: De Gruyter Oldenbourg.
Soeffner, H.-G. (1989): Auslegung des Alltags – Der Alltag der Auslegung. Zur wissenssoziologischen Konzeption einer sozialwissenschaftlichen Hermeneutik. Frankfurt am Main: Suhrkamp.
Williams, R. (2001): Programmstruktur als Sequenz oder *flow*. In: Adelmann, R./Hesse, J. O./Keilbach, J./Stauff, M./Thiele, M. (Hrsg.) (2001): Grundlagentexte zur Fernsehwissenschaft. Konstanz: UVK, S. 33–43.

Film- und Fernsehsendungen

Circus HalliGalli (D 2013–2017, ProSieben).
Neo Magazin Royale (D seit 2013, ZDF/ZDFneo).
Schwiegertochter gesucht (D seit 2007, RTL).
Sin City (USA 2005, R: Robert Rodriguez und Frank Miller).
The Voice of Germany (D seit 2011, ProSieben/SAT1).

Internetseiten

www.grimme-institut.de (Abruf 23.07.2017)
www.neo-magazin-royale.de/zdi/ (Abruf 23.07.2017)
https://trendingdeutschland.com (Abruf 23.07.2017)
https://twitter.com/frank_elstner/status/452559544812847105 (Abruf 23.07.2017)

Transkriptionssystem (siehe Peltzer/Keppler 2015, S. 179–183)

1. Visuelle Dimensionen

Kameraoperationen: Einstellungsgrößen
D Detailaufnahme: Eng begrenzter Bildausschnitt, Großaufnahme von Gegenständen.
G Großaufnahme: Konzentration auf den Kopf/ das Gesicht bis zum Hals.
N Nahaufnahme: Brustbild; Darstellung von Personen vom Kopf bis Mitte des Oberkörpers; neben den mimischen werden auch gestische Elemente sichtbar. Oft für die Darstellung von Diskussionen und Gesprächen verwendet.
HN Halbnahe Einstellung: Darstellung Kopf bis zur Taille; Aussagen über die unmittelbare Umgebung der abgebildeten Personen werden möglich. Oft zur Darstellung von Personen im Dialog.
A Amerikanische Einstellung: Personen vom Kopf bis zu den Knien.
HT Halbtotale Einstellung: Menschen von Kopf bis Fuß, oft zur Darstellung von Personengruppen verwendet.
T Totale: ganze Person mit Umgebung; gibt einen Überblick über den Handlungsraum.
W Weite Einstellung: Übersicht über eine Szenerie oder Landschaft, in der der Mensch verschwindend klein wirkt; auch Panoramaaufnahme genannt.

Aufnahme ohne Personen: Als Bezugsgröße können analog auch Gebäude oder Gegenstände verwendet werden, die als solche wie Personen behandelt werden.

Kameraoperationen: Kamerabewegungen
Z   Zoom
F   Fahrt
S   Schwenk
Hk   Handkamera
Fhk, Shk Fahrt oder Schwenk mit Handkamera
TS   Tiefenschärfe
Schr   Schrägstellung der Kamera (gekippte Kamera)
B   Bewegte Kamera, ungebundene und unregelmäßige Bewegung der Kamera.
cGf   Grafik: computererzeugte Grafik, bei der sich keine Bezugspunkte für die Festlegung von Kamerabewegungen bzw. Einstellungen finden lassen.

Kameraoperationen: Kameraperspektive (in ( ) hinter Einstellungsgröße)
AS   Aufsicht: Vogelperspektive
US   Untersicht: Froschperspektive
l   leicht
s   stark

Kameraoperationen: Richtung der Kamerabewegung und Bewegungen allgemein
v   nach vorn   o   nach oben
h   nach hinten   u   nach unten
li   nach links   re nach rechts

Schnitt
Ü   Überblendung: einige Einzelbilder von Ende Einstellung A überlappen Einzelbilder von Anfang Einstellung B.
AUFBL   Aufblende: langsames Einblenden einer Einstellung.
ABBL   Abblende: Abdunklung der Einstellung.
CB   Computerblenden, z. B. Trickblenden (Wipes).
DB/MB   Doppel-/Mehrfachbelichtung: zwei/mehrere Einstellungen überlagern sich.
SC   Split-screen: zwei/mehrere Einstellungen erscheinen neben und/oder untereinander auf dem Bildschirm.
MC   Match Cut: Montierte Einstellungen teilen eine grafische Übereinstimmung.
JC   Jump Cut: Montierte Einstellungen mit Bildsprung.

Elemente der Bildkomposition
INSERT   Inhalt des Inserts; Besonderheiten (Groß-/Fettschrift etc.)

Lokalisierung von Personen oder Gegenständen im Raum
VG   Vordergrund
MG   Mittelgrund
HG   Hintergrund
BR   Bildrand (o, u, li, re)
BM   Bildmitte
BH   Bildhälfte (o, u, li, re)

2. Akustische Dimensionen

Abkürzungen der akustischen Elemente
Mu   Musik: Grob-Charakterisierung in (())
G   Geräusche: Grob-Charakterisierung in (())
Sw, m   Stimmliche/sprachliche Elemente; SprecherIn, weiblich oder männlich.
OTw, m   Originalton Sprecher, weiblich oder männlich, in Interviews, Befragungen.
Name/Kürzel   bei bekannten Sprechern
on   Geräuschquelle/ Sprecher im Bild sichtbar.
off   Geräuschquelle/ Sprecher nicht im Bild sichtbar.

Transkription des gesprochenen Textes

(.)	Mikropause
(-), (--), (---)	Kurze, mittlere und längere geschätzte Pausen von ca. 0.25 - 0.75 Sek. Dauer;
(2)	Geschätzte Pause in Sekunden (Angabe mit einer Stelle hinter dem Punkt); ab Pausendauer von ca. 1 Sek.
( )	Unverständliche Textpassage
[	Beginn einer Überlappung, bzw. gleichzeitiges Sprechen von zwei Parteien
]	Ende einer Überlappung
ojao	Leise gesprochen
JA	Laut gesprochen
ja	Betont gesprochen
ja:::	Dehnung; Anzahl der Doppelpunkte entspricht in etwa der Länge der Dehnung
?	Stark steigende Intonation
,	Schwach steigende Intonation
;	Schwach fallende Intonation
.	Stark fallende Intonation
=	Schneller Anschluss zwischen zwei Sprechern bzw. schnell gesprochen
hm, ja, ne	Einsilbige Rezeptionssignale
hm=hm	Zweisilbige Signale
waru-	Abbruch eines Wortes oder einer Äußerung
°hh hh	Hörbares Atmen
`h `hh	Hörbares Einatmen, je nach Dauer
h` hh`	Hörbares Ausatmen, je nach Dauer
a(h)ber	Aspirationslaut innerhalb eines Wortes; Lachpartikel
haha hehe	Silbisches Lachen
((lacht))	Umschreibung von para-linguistische Information (Lachen, Husten, etc.)
(und)	Vermuteter Wortlaut
((...))	Auslassung innerhalb einer Äußerung
. . .	Auslassung eines Gesprächssegments im Transkript

Erweiterungsmöglichkeiten im Hinblick auf eine detaillierte Berücksichtigung paralinguistischer Phänomene:

<((stakato)) >	Paralinguistische Ereignisse während des Sprechens, Anfang und Ende sind mit spitzen Klammern markiert.
<<ff>>	Sehr laut
<<all>>	Schnell
<<len>>	Langsam
<<cresc>>	Lauter werdend
<<dim>>	Leiser werdend
<<acc>>	Schneller werdend
<<rall>>	Langsamer werdend

5.3
Artefaktanalyse

Manfred Lueger und Ulrike Froschauer

1 Einleitung

In der Literatur findet sich eine Fülle von Methoden qualitativer Sozialforschung, die sich mit unterschiedlichen Materialien auseinandersetzen. Dabei spielen Gegenstände, die von Menschen erzeugt, gehandhabt und verändert werden, also Artefakte im hier verstandenen Sinn, eine durchaus prominente Rolle. So finden sich Forschungsarbeiten zu Architektur oder Technik und in der Geschichte oder Archäologie bilden Alltagsgegenstände immer wieder wesentliche Materialien zur Untersuchung früherer Kulturen. Dennoch finden sich vergleichsweise wenig fundierte systematische Ansätze zu deren Analyse. Die methodische Vernachlässigung von Artefakten ist aus zwei Gründen höchst überraschend: zum einen, weil im Rahmen der visuellen Analyse von einem „iconic turn" (Boehm 1995) und einem „visualistic turn" (Sachs-Hombach 2006), in den Sozialwissenschaften von einem „practice turn" (Schatzki et al. 2001) und in den Kulturwissenschaften sogar von einem „material turn" (D'Adderio 2011; Bennett/Joyce 2010) die Rede ist – womit Artefakten eine ganz zentrale Bedeutung zugesprochen wird; zum anderen, weil solche Gegenstände in alle Poren des Alltags einsickern und moderne Menschen und ihre Lebenswelt ohne Artefakte gar nicht mehr vorstellbar sind. Man braucht sich nur alle Artefakte wegzudenken und dann zu überlegen, was bleibt: eine Gesellschaft ohne Kleidung, ohne Häuser, ohne Werkzeug, ohne Maschinen, ohne Verkehrswege und Verkehrsmittel, ohne Kunstwerke, ohne Medikamente. Unsere Welt, unser Alltag, unsere Kooperationen und unser Zusammenleben wären vollkommen anders. Dinge werden aber nicht nur von Menschen geschaffen und mit Bedeutung versehen, sondern haben etwas mit der Ausformung ihrer Handlungsweisen, mit ihrer Wahrnehmung der Welt, aber auch mit ihrer Gestaltung von Beziehungen zu tun. Auf diese Weise machen nicht nur Menschen etwas mit Artefakten, sondern auch die Artefakte „machen" etwas mit den Menschen. Artefakte leisten damit einen wesentlichen Beitrag zur Konstitution der sozialen Welt.

Diese Omnipräsenz und die fundamentale Bedeutung für das Verständnis von Gesellschaft macht die Analyse der Materialität unserer Gesellschaft zu einem überaus lohnenden Feld für Sozialwissenschaften. Zwar beschäftigen sich verschiedene Disziplinen mit Artefakten, aber meist aus einer sehr spezifischen Perspektive und weitgehend folgenlos für die Methodendiskussion. So liegt die Befassung mit Artefakten in der Archäologie nahe (zum Beispiel Hurcombe 2007; Renfrew/Bahn 2012), aber diese bedient sich bevorzugt naturwissenschaftlicher Methoden. Etwas stärker betont die Variante der Ethnoarchäologie (Porr 2008) die Interpretation des Verhältnisses materieller Güter und der kulturellen, sozialen und kognitiven Lebenswirklichkeit der Menschen. Sie bildet damit eine Brücke zu Ethnologie und Kulturanthropologie, die Kultgegenstände, alltägliche Gebrauchsartikel oder Werkzeuge zum Analysegegenstand haben (Kreide-Damani 1992; Lipp 1995; Norman 2015; Pink 2006; Ruby 2000), aber dennoch vorrangig auf Methoden der Feldforschung und ihre Dokumentation fokussiert sind. Die Architektur wiederum stellt Planung, Funktionalität und Ästhetik der Raumgestaltung in das Zentrum, wobei die Architektur- und Raumsoziologie etwas weiter geht und Raumformationen, Raumnutzungen sowie die Konstitution und Wahrnehmung gestalteter Räume thematisiert (Häußermann/Siebel 2012; Löw 2013; Rau 2013; Steets 2015; in Bezug auf Grünräume siehe Kaspar 2012; zur Humangeographie siehe Knox/Marston 2008). Die Techniksoziologie rückt die Befassung mit Artefakten als Bezugspunkt gesellschaftlicher Entwicklungen und speziell im Zusammenhang mit der interaktiven Verkopplung verteilter Aktivitäten von Maschinen und Handlungen in das Zentrum. Neben eher theoretischen Betrachtungen der Technikentwicklung (siehe Häußling 2014; Rammert 2007) finden sich hier auch phänomenologische Sichtweisen (Dobres 2000) und ethnographische Perspektiven (z. B. Rammert/Schubert 2006). Spezialisierte Literatur befasst sich darüber hinaus mit Gebrauchsgegenständen (z. B. Schubert 2014; Ortlepp/Ribbat 2009).

Allerdings stellt sich die Situation in Hinblick auf die Analyse zweidimensionaler Artefakte deutlich anders dar. So räumt die Methodenliteratur dem Umgang mit Film und Fotografie aus der Perspektive verschiedener Disziplinen breiten Raum ein: Ikonografie und Ikonologie rücken handwerklich hergestellte Bilder in das Zentrum der Betrachtung (Imdahl 1995; Kaemmerling 1987; Panofsky 1978). Collier und Collier (1992) oder Hockings (1995) befassen sich mit visueller Anthropologie. Für die Pädagogik haben Ehrenspeck und Schäffer (2003) ein Buch zur Film- und Fotoanalyse herausgegeben, mehrere kommunikationswissenschaftliche Werke konzentrieren sich auf visuelle Medien (Keppler 2006, 2015; Müller 2003) und Kuchenbuch (2005) beschäftigt sich mit Filmanalyse. In der Soziologie gehören inzwischen die Arbeiten von Goffman (1979) und Bourdieu et al. (1983) zu den weithin bekannten Werken, die sich mit Bildern befasst haben, die in jüngerer Zeit nachhaltig erweitert wurden (zum Beispiel Eberle 2017; Knoblauch et al. 2006; Knowles/Sweetman 2004; Neumann-Braun/Mikos 2006; Raab 2008). Dazu finden sich auch einige durchaus elaborierte Verfahren hermeneutischer Bildanalyse (vergleiche Breckner 2010; Englisch 1991;

Heinze-Prause/Heinze 1996; Müller-Doohm 1993). Aufgrund dieser guten methodischen Abdeckung klammern die folgenden Ausführungen zweidimensionale Artefakte aus und konzentrieren sich auf dreidimensionale Artefakte.

Insgesamt sind also Verfahren für die systematische Analyse dreidimensionaler Artefakte bislang eher rudimentär ausgearbeitet, obwohl sie für die Sozialwissenschaft in vielen Forschungsfeldern wesentlich zum Erkenntnisgewinn beitragen könnten. Als Gebäude und befestigte Wege sind sie mit der Gestaltung des öffentlichen und privaten Lebens eng verbunden, Maschinen bilden einen wesentlichen Faktor für das Verständnis sowohl des modernen Haushalts als auch des Arbeitslebens, Telefone und Smartphones spielen in der Analyse des Alltagshandelns und der Gestaltung sozialer Beziehungen eine wichtige Rolle, die Stilisierung des Körpers und die damit verbundene soziale Verortung in der Gesellschaft ist ohne Berücksichtigung von Kleidung oder Mittel der Körperpflege nur bedingt nachvollziehbar und selbst die Untersuchung der Organisierung von Flüchtlingsströmen bliebe ohne Einbezug moderner Transport- und Kommunikationstechnologien bruchstückhaft. Im Zuge der Erforschung sozialer Phänomene können Artefaktanalysen aus mehreren Gründen einen wichtigen Beitrag leisten: Sie geben Hinweise auf selbsterzeugte Bedingungen sozialen Handelns, vergegenständlichen kognitive Leistungen und physisches Handeln und repräsentieren dabei individuelle und kollektive Strukturierungen. Insofern eignen sie sich hervorragend für die Analyse gesellschaftlicher Prozesse und Strukturen, wobei die physische Präsenz meist die für eine Analyse erforderliche wiederholte Zuwendung gewährleistet.

Vor diesem Hintergrund konzentriert sich der vorliegende Beitrag auf zwei Bereiche: Zum einen auf methodologische Grundlagen sowie die methodische Umsetzung einer Artefaktanalyse und zum anderen auf die Konkretisierung einer solchen Analyse anhand eines Beispiels aus der Organisationssoziologie. Den Abschluss bildet eine Reflexion zur Methode der Artefaktanalyse.

2 Methodologischer Kontext einer interpretativen Artefaktanalyse

Im ersten Zugang für ein Interpretationsverfahren ist zu klären, wofür der Artefaktbegriff in diesem Zusammenhang steht. So werden nicht alle Objekte als Artefakte bezeichnet: Im Unterschied zum Objektbegriff, der alle Bezugnahmen materieller und immaterieller Art (also auch Ideen, Träume) umfasst, grenzen sich Artefakte durch ihre physische Materialität, also ihre Gegenständlichkeit ab. Von diesen Gegenständen werden wiederum nur jene einbezogen, die durch menschliche Aktivitäten geformt werden. Dadurch materialisieren Artefakte (im Gegensatz zu natürlichen Gegenständen) von Anbeginn an menschliche Aktivitäten, sind daher meist mit Sinngebungen verbunden (etwa bei der Planung der Herstellung oder später im Zuge ihrer Nutzung) und in der Regel in soziale Praktiken integriert (Schmidt 2012), die wiederum auf die Bedeutung des Kontextes verweisen, in dem diese sinnvoll integriert sind (Lueger/Froschauer 2018). All das macht sie für Sozialwissenschaften zu einer wertvollen Erkenntnisquelle.

Während nichtintentional hergestellte Artefakte (wie Spuren als unbeabsichtigte Folge von Verhaltensweisen) ihren Sinn erst in der retrospektiven Betrachtung preisgeben (als Rekonstruktion des Gehens im Schnee oder in der Kriminalistik als Tatspuren), entfalten intentional hergestellte Gegenstände ihre Bedeutung bereits prospektiv in der Vorstellung, was sie einmal sein werden (z. B. wenn man eine Skulptur schnitzt oder eine falsche Spur legt). Darüber hinaus deutet ihre mehr oder weniger kompetente Herstellung auf entsprechende Eigenschaften bei der Produktion, sei es eine bestimmte Gangart bei Fußspuren und der Charakteristika jener Materialien, die diese Spuren aufnehmen und für eine bestimmte Zeit erhalten, sei es eine spezifische Vorstellung über die Gestalt und Funktion eines Keramikgeschirrs und das Wissen über Eigenschaften der Ausgangsmaterialien und der Herstellungsprozesse. Zudem bedürfen viele Artefakte der Kooperation für ihre Produktion (etwa Bestandteile und Zusammenbau eines technischen Geräts). Im Gebrauch verändern sich diese Sinnzusammenhänge, wenn sie etwa nicht im ursprünglich gedachten Sinn verwendet werden; und sie entfalten ein Eigenleben, indem sie der Abnutzung unterliegen oder funktionsuntüchtig werden. Zugleich verändern sie die Menschen, die sich etwa an den Gebrauch von Navigationsgeräten gewöhnen, daher keine Karte mitführen und sich nicht nach dem Weg erkundigen müssen.

Im Alltag sind Gegenstände nicht bloß in ihrer „objektiven" Beschaffenheit relevant, sondern Menschen verarbeiten diese aktiv im Wahrnehmungs- und Erkenntnisprozess und lernen in der Auseinandersetzung mit ihnen (Piaget 1976). Artefakte bilden daher einen Anlass, ihnen Bedeutungen zuzuschreiben (worum es sich bei einem Gegenstand handelt und welche Eigenschaften ihm zukommen) und um sie in einen Sinnzusammenhang im Zuge der Gestaltung des lebensweltlichen Alltags zu integrieren (etwa dass ein batteriebetriebenes Radio nur dann funktioniert, wenn man eine geladene Batterie einsetzt und eine entsprechende Infrastruktur zu deren Herstellung und Erwerb verfügbar ist). Dieser mit der praktischen Auseinandersetzung sowie in der kommunikativen Vermittlung angeeignete sinnhafte Aufbau der gegenständlichen Welt muss sich im Alltag bewähren und wird in der täglichen Handhabung weiterentwickelt (Blumer 1969; Piaget 1976; Weick 1995). Im Rahmen einer sozialwissenschaftlichen Analyse machen daher Artefakte nicht aus sich heraus Sinn, sondern bedürfen der Interpretation, die sie in einem Sinnzusammenhang verortet und ihren Kontext erschließt. Dabei stellen sich Schlüsselfragen, die sich darauf beziehen, warum es den Gegenstand überhaupt gibt (zum Beispiel eine Münze zur Regulierung von Tauschbeziehungen), wie er hergestellt wird (zum Beispiel Metallerzeugung, Prägen), was man dafür braucht (zum Beispiel

Bergbau, Prägestock), welches Wissen dafür nötig ist (zum Beispiel Metallurgie) und wie er gehandhabt wird (zum Beispiel tauschen, stehlen, im Museum ausstellen). Auch unscheinbare Artefakte, wie eine Geldbörse, können daher Einblicke in komplexe Denk- und Handlungsweisen von Personen und Kollektiven gewähren und gesellschaftliche Phänomene buchstäblich greifbar machen. Ohne Geldwirtschaft wäre sie nicht nötig, die Herstellung erfordert das Zusammenspiel vieler Einzelaktivitäten (z. B. Abziehen, Gerben und Färben der Haut eines Tieres; Bergbau oder Maschinenbau zur Herstellung von Nadeln und Nähmaschinen; Handel und Transportwege; Kenntnisse von Metallurgie, Chemie oder Maschinenbau), die Inhalte wiederum machen vielfältige organisationale Verflechtungen erkennbar (Kredit- und Kundenkarten, Rechnungen) und lassen Rückschlüsse auf die Person und die Gesellschaft zu, in der sie leben.

Nach Schütz (1981) sind Artefakte Erzeugnisse in der Außenwelt, anhand derer man nach jenem Handeln fragen kann, das sie hervorgebracht hat. So gesehen sind sie aus einer interpretativen Perspektive aus mehreren Gründen höchst aufschlussreich: Sie geben Hinweise auf Aktivitäten, die sie in Existenz gebracht haben (egal ob intentional oder unabsichtlich) und auf soziale Konstellationen, in denen sie Bedeutung erhalten oder benützt werden (zum Beispiel Kleidung, die auf kulturelle Gebräuche, soziale Zugehörigkeit oder situative Anlässe hinweist). Sie signalisieren darüber hinaus Handlungserwartungen (wie Verkehrsschilder) oder Handlungsverbote (etwa Zäune), verdeutlichen, was sie ermöglichen oder verhindern (zum Beispiel Aussichtswarte für einen besseren Überblick, Gefängniszelle zur Freiheitsbegrenzung), setzen für ihren Gebrauch Wissen voraus (etwa die Bedienung eines Fahrscheinautomaten) und öffnen mitunter den Zugang zu Lernen (zum Beispiel Bücher, Computer).

Soziales Leben beruht also zu einem wesentlichen Teil auf der Auseinandersetzung mit Artefakten. Folglich bieten Artefaktanalysen eine Möglichkeit, soziale Ordnungen und Prozesse in ihrem gesellschaftlichen Kontext zu rekonstruieren und im Idealfall zu verstehen, warum ein Artefakt überhaupt vorhanden ist, wie es produziert wurde, wie es verwendet, verändert oder zerstört wird, welche Bedeutung ihm in einem spezifischen Kontext zukommt, welche Wirkungen es in einem sozialen Kontext erzeugt und wie es insofern in einen gesellschaftlichen Handlungszusammenhang integriert ist (Froschauer 2009; Lueger 2010). Aus interpretativer Sicht versteht man Artefakte als von Menschen geschaffene materielle Zeichen, die als Objektivation gesellschaftlicher Prozesse, Verhältnisse und Beziehungen fungieren. Ihre Integration in Handlungszusammenhänge verweist darüber hinaus auf mögliche Folgeaktivitäten, sodass sie nicht nur Produkte vergangener Aktivitäten sind, sondern Hinweise auf die Regelung von Handlungsweisen und somit auf gegenwärtige und künftige Handlungsoptionen geben, welche die soziale Welt modifizieren. Da aber diese Kontextualisierung sich nicht allein aus der manifesten äußeren Erscheinung ergibt, ist eine Interpretation in Hinblick auf latente Sinnstrukturen nötig, die wiederum einer hermeneutischen Rekonstruktion des Artefaktkontextes bedarf. Damit ist Artefaktanalyse immer zugleich gesellschaftstheoretisch verankert: Ohne Berücksichtigung von Artefakten bleibt das Verständnis gesellschaftlicher Wirklichkeit unvollständig, während umgekehrt ohne Gesellschaft sich das Verständnis von Artefakten als lückenhaft erweist.

3 Das Verfahren zur Interpretation von Artefakten

3.1 Auswahl von Artefakten

Die Vielfalt verfügbarer Artefakte (zum Beispiel Gebrauchsspuren, Maschinen, Gebäude) macht es nötig, geeignete Artefakte für eine Analyse auszuwählen (zu Auswahlstrategien bei Einzelfallanalysen siehe Hering/Schmidt 2014). Generell orientiert sich diese Auswahl an der konkreten Forschungsfrage, wobei zu unterscheiden ist zwischen Artefakten, denen eine ganz offenkundige Bedeutung im Forschungsfeld zugemessen wird (wie in der unten angeführten exemplarischen Analyse) und jenen Artefakten, deren Bedeutung sich unterschwellig entfaltet, denen aber nur bedingt Aufmerksamkeit geschenkt wird (wie etwa Spuren aufgrund von Handlungsweisen). Dabei lassen sich verschiedene Auswahlstrategien unterscheiden: während man im ersten Fall die Auswahl an den untersuchten Bereich delegieren kann (etwa entscheidet ein/e AkteurIn, was sie/er für besonders wichtig hält), wird im zweiten Fall auf der Grundlage der Forschungsrelevanz eines Artefakts im Untersuchungsfeld entschieden (wenn ein Artefakt als wesentlich für das Phänomenverständnis erachtet wird; z. B. ein Regalsystem für die Archivierung). Es geht daher um die Identifikation jener Artefakte, die in die Handlungsweisen der AkteurInnen integriert sind, indem sie deren Handlungsweisen beeinflussen und die für das Selbstverständnis der AkteurInnen eine entscheidende Rolle spielen. In vielen Fällen ist es wichtig, auch ähnliche Artefakte in die Analyse einzubeziehen oder unterschiedliche Artefakte, die etwa als funktionale Äquivalente gelten können, um mögliche zeitliche Entwicklungen oder Differenzierungen eines sozialen Feldes erfassen zu können. Das entspricht der Vorgangsweise des theoretischen Samplings entsprechend der Bestimmung der Gültigkeit der Interpretation anhand ähnlicher Artefakte und die Klärung der Aussagenreichweite anhand möglichst unterschiedlicher Artefakte (Glaser/Strauss 1967).

3.2 Grundsätze der Analyse

Die Interpretation von Artefakten wirft ein grundsätzliches hermeneutisches Problem auf: Ihre Gestaltung durch den Menschen vergegenständlicht eine

Zeichenhaftigkeit, die der Interpretation bedarf. Um also den Sinn von Artefakten zu erschließen, muss man die von ihnen offerierten Sinnpotentiale rekonstruieren, die sich jedoch entsprechend der Auffassungsperspektiven unterscheiden. Dafür sind mehrere Sinnschichten zu berücksichtigen: Das ist zum einen der intersubjektiv gültige Sinn, der sich beispielsweise in den Vergrößerungseigenschaften eines Mikroskops offenbart, die unabhängig von der sonstigen Verwendung existieren und aus der Anordnung der Linsen resultieren (dieser Sinn ist besonders wichtig für die Konstrukteure). Dazu kommt der subjektive Sinn, der mit einem Artefakt verbunden ist, wenn etwa eine Labormitarbeiterin dieses Mikroskop für ein untaugliches, weil veraltetes Forschungsinstrument hält (diese Sinnschicht ist für NutzerInnen essentiell). Drittens spielt der okkasionelle Sinn eine wichtige Rolle, wenn das Mikroskop im Museum einen technologischen Entwicklungsschritt veranschaulicht oder zur Durchführung einer Materialanalyse benötigt wird (dieser Sinn ist situationsspezifisch verankert). Entscheidend ist darüber hinaus, wie die auf verschiedene Weise mit dem Artefakt konfrontierten Menschen (etwa während der Herstellung, Verwendung oder Entsorgung), diese mit Bedeutung versehen. Artefaktanalyse versucht also, nicht bloß den Gegenstand zu verstehen, sondern zu rekonstruieren, wie andere diese Artefakte verstehen (als Konstruktionen zweiter Ordnung). In der Folge rückt die Frage in das Zentrum, wie auf dieser Grundlage der Analyse Artefakte in das soziale Leben intervenieren.

Um das herauszufinden, entwickelt man im Zuge der hermeneutischen Interpretation Deutungsvarianten und Kontexte, in denen diese alternativen Auslegungen plausibel erscheinen. Jedoch bedürfen diese Interpretationen einer rigorosen und kritischen Prüfung (hermeneutischer Zweifel), um nicht die eigenen Vorurteile in die Artefaktinterpretation zu übertragen. Deshalb ist es sinnvoll, als qualitätssichernde Maßnahme die Interpretation in einem (heterogen zusammengesetzten) Team durchzuführen, um eigene blinde Flecken zu überwinden und möglichst viel unterschiedliches Wissen einzubringen, dieses aber immer einem Argumentationszwang auszusetzen, um nicht voreilige Schlüsse zu akzeptieren. Insofern muss die Interpretation einerseits von den eigenen kulturellen Fraglosigkeiten abstrahieren (Überwinden der Vorurteile oder des unreflektierten Vorwissens) und andererseits das fremde Milieu rekonstruieren, in dem Artefakte ihre Bedeutung und Wirkung entfalten.

Damit dies gelingt, hat das Interpretationsverfahren Sorge zu tragen, dass der Raum für Deutungsmöglichkeiten geöffnet (durch Entlastung der Teaminterpretation von jeglichem Zeitdruck), aber permanent einer kritischen Reflexion unterzogen wird. Dafür ist wichtig, die Deutungen gedankenexperimentell in verschiedene denkbare und plausible Kontexte zu integrieren und diese in Hinblick auf ihre Wahrscheinlichkeit und Möglichkeitsbedingungen zu untersuchen (etwa nach Situationen, Art der Involviertheit und Interessen von Akteuren). Darüber hinaus ist es in manchen Fällen sinnvoll, die Artefaktanalyse mit anderen Methoden zu ergänzen, indem man sich von Akteuren deren Sicht der Artefakte erläutern lässt oder die Handhabung von Artefakten beobachtet.

Für die Analyse selbst ist es wichtig, die verschiedenen Dimensionen der Integration von Artefakten in einen sozialen Kontext zu berücksichtigen (Froschauer 2009). Das sind:

1. die Logik des Anlasses, die erst nachvollziehbar macht, weshalb ein Artefakt in einem bestimmten Lebens- oder Handlungszusammenhang auftaucht und darin eine bestimmte Bedeutung erhält (z. B. ist eine Uhr nur in einem Kontext denkbar, in dem zeitliche Koordinationen oder Zeitbezüge wichtig sind);
2. die Logik der Produktion, welche angibt, wie und in welchen Handlungszusammenhängen solche Artefakte hergestellt werden und welche Bedeutung das für deren Gestaltung hat (z. B. die handwerkliche Herstellung einer mechanischen Uhr mit entsprechenden Kompetenzanforderungen sowie die Kooperation in der Herstellung von Einzelteilen);
3. die Logik des Gebrauchs, welche Aufschlüsse über den Umgang mit diesen Artefakten erlaubt (z. B. die Verwendung einer Uhr als Messinstrument, als Ausstellungsgegenstand oder als Erbstück);
4. die Logik der Sinngenerierung, wobei die spezifische Perspektive der Bedeutungszuschreibung durch verschiedene Akteure, der retrospektive Erfahrungsbezug mit solchen Artefakten und die situative Einbettung in einen plausibilisierenden Sinnhorizont wesentliche Faktoren für die Einordnung in einen als sinnvoll erlebten Kontext bilden (z. B. die Uhr als Statussymbol oder als Zeichen der Orientierung an gesellschaftlich vorgegebenen Zeitstrukturen);
5. die Logik der sozialen und gesellschaftlichen Praxis, welche auf die Wirkungen in einem sozialen Kontext und die Aneignung im Rahmen einer gesellschaftlichen Praxis Bezug nimmt (z. B. die Verbindung der Generationen über die Uhr als Erbstück, die Koordination von Aktivitäten).

Damit aber diese verschiedenen Dimensionen für die Analyse zugänglich werden, ist es wichtig, sie vom Alltagsverständnis der InterpretInnen ein Stück weit zu distanzieren, um entsprechende Freiräume der Auslegung zu schaffen. Erst auf dieser Grundlage kann man eine Rekonstruktion möglicher Kontexte zur Einbettung in das Gefüge sozialer Zusammenhänge vornehmen und in der Folge die Wahrscheinlichkeit der Geltung verschiedener Alternativen in Hinblick auf deren soziale Verankerung prüfen.

3.3 Verfahrensschritte im Zuge der Analyse

Artefaktanalysen lassen sich ausgehend von den hermeneutischen Grundprinzipien nicht als Regelwerk konzipieren; sie beruhen vielmehr darauf, die Aufmerksamkeit so zu lenken, dass sie wichtige Aspekte des Verständnisses von Artefakten beleuchten. Die Verfahrensschritte sind dafür ein Hilfsmittel, das verhindert, dass sich alltagsweltliche Abkürzungen im Artefaktverständnis durchsetzen, aber zugleich eine intensive Auseinandersetzung mit verschiedenen Seiten eines Artefakts fördert. Insofern sollte die Analyse immer den Besonderheiten der jeweiligen Forschungsfrage und der konkret analysierten Artefakte angepasst werden. Die Darstellung in verschiedenen Ebenen der Analyse folgt den bereits an anderen Orten vorgestellten Überlegungen (Lueger/ Froschauer 2018; Froschauer 2009; Lueger 2000, 2010). Sie umfasst die in Abbildung 1 dargestellten Ebenen der Artefaktanalyse.

Kontext der Artefaktanalyse	Forschungsinteresse Integration in den Forschungsprozess	
Deskriptive Analyse des Artefakts	Materialität Innere Struktur Existenzbedingungen	
Alltagskontextuelle Sinneinbettung	Soziale Bedeutungen Kontextanalyse	Kernbereich der Interpretation
Distanziert-strukturelle Analyse	Produktion Wirkungen und Funktionen Artefaktumgang Szenische und soziale Integration	
Komparative Analysen	Vergleichbare Artefakte Verknüpfung mit anderen Analysen	

Abb. 1: Ebenen der Artefaktanalyse

3.3.1 Ebene 1: Kontext der Artefaktanalyse

In diesem Schritt stehen die Auswahl der Artefakte und deren Bedeutung für den Forschungsverlauf im Zentrum des Interesses. Dabei ist in Hinblick auf das Forschungsinteresse zu klären, wofür eine Artefaktanalyse überhaupt erforderlich ist und inwiefern das Artefakt (auch in Kombination mit anderen Methoden) Aufschlüsse über den Untersuchungsgegenstand geben kann.

3.3.2 Ebene 2: Deskriptive Analyse des Artefakts

Diese Ebene schafft eine Grundlage für die Analyse der Sinnstruktur des Artefakts, indem man die einzelnen Elemente des Artefakts einer genaueren Betrachtung unterzieht. Insbesondere drei Teilperspektiven, die bereits über eine reine Deskription hinausgreifen, bieten sich dafür an:

1. die *Materialität*, welche die Eigenschaften des Materials und damit den ersten sensorischen Eindruck und die Beschaffenheit thematisiert und wichtige Hinweise auf die weiteren Analyseebenen (wie Produktion, Verwendungsmöglichkeiten, Bedeutungen) liefern kann;
2. die *interne Differenziertheit* (etwa die Bestandteile eines Gegenstandes, Haupt- und Nebenelemente, Vorder- oder Hintergrund), die erste Annahmen über die Bedeutung verschiedener Komponenten für den Gesamtzusammenhang des Artefakts ermöglicht;
3. die Frage, warum und in welchem Kontext ein Artefakt überhaupt verfügbar ist (*erste Kontextualisierung*).

3.3.3 Ebene 3: Alltagskontextuelle Sinneinbettung

Auf dieser Ebene bezieht man die Analyse auf den alltagskontextuellen Zusammenhang und thematisiert anhand typischer verfügbarer Wissensvorräte zu diesem Artefakt kulturelle Zusammenhänge sowie soziale Bedeutungszuweisungen. Dafür bieten sich zwei Analyserichtungen an:

1. die sozialen Bedeutungen und Sinnzuschreibungen in *einem spezifischen Auffindungskontext* (Ergänzung der Existenzbedingungen um die Einbettung in einen komplexeren Sinnzusammenhang);
2. die Erschließung des *weiteren sozialen Kontextes*, welcher die Bedeutung und die Integration in einen Sinnzusammenhang wesentlich beeinflussen kann.

3.3.4 Ebene 4: Distanziert-strukturelle Analyse

Mit dieser Analyseebene setzt sich die Interpretation von der unmittelbaren Erscheinungsform des Artefakts ab und widmet sich der Frage, in welcher Wechselwirkung das Artefakt mit seinem Kontext steht. Hier lassen sich zumindest vier verschiedene Interpretationsperspektiven einnehmen:

1. Die Produktion eines Artefakts thematisiert den *Herstellungszusammenhang*. Vor allem zeitliche (wie Zeitpunkt, Dauer, Produktionszyklen), sachliche (wie erforderliche Ressourcen, Technik) und soziale Bedingungen (wie involvierte Handlungen und AkteurInnen) rücken hier in das Blickfeld.

2. Bei der Berücksichtigung der Wirkungen und Funktionen, die mit dem Artefakt und dessen Gebrauch auftreten, stellen sich Fragen nach den *Funktionszusammenhängen* und deren Bedeutung sowie den damit verbundenen Verhaltensweisen (wie etwa von ProduzentInnen, VerwenderInnen, AdressatInnen oder Handel und Märkte).
3. Die *Handhabung eines Artefakts* rückt seine Integration in die jeweilige Lebenswelt in das Zentrum. Hier stellen sich Fragen, wer potentielle VerwenderInnen der Artefakte sein könnten, welche Gründe für deren Handhabung bestehen könnten, wie sie in einen komplexeren Gebrauchszusammenhang eingebunden sein könnten (wie in Berufe oder in spezifische Bereiche des Privatlebens), wie sich die Artefakte (und die AkteurInnen) in diesem Gebrauchskontext verändern, wie sie modifiziert oder zerstört werden und welche Zeitstruktur während des Gebrauchs bestimmend ist.
4. Letztlich untersucht man auch, wie sich Menschen diese Artefakte aneignen und dabei ihr Verhältnis zu diesen (und möglicherweise im Zuge dessen zu anderen Menschen) definieren. In diesem letzten Schritt wird der *Gesamtzusammenhang sozialer Aktivitäten* im Wechselspiel mit dem Artefakt in einer Art integrativer Analyse zusammengeführt. So gesehen stellen sich Fragen, warum dieses Artefakt in genau dieser Weise und einer bestimmten Materialität in einem spezifischen Kontext auftaucht, wodurch es hervorgebracht wird, welche Bedeutungen diesem zugeschrieben werden, wie es in soziale Beziehungen eingreift, auf welche Weise es zur Strukturierung der sozialen Welt und damit auch von Lebensweisen beiträgt. Dabei geht es nicht bloß darum, wie die Menschen mit den von ihnen erzeugten Dingen umgehen, sondern wie der Umgang mit diesen Dingen die Menschen verändert, wie also Artefakte in das Gefüge von Wahrnehmungen, Handlungen und sozialen Beziehungen eingreifen.

3.3.5 Ebene 5: Komparative Analysen

Als Ergänzung und zur Präzisierung bieten sich als Abschluss zwei Erweiterungen der Analyse an:

1. eine *Kontrastierung der analysierten Artefakte mit anderen Artefakten*, weil auf der Basis von Unterschieden und Ähnlichkeiten ihre Charakteristika besonders deutlich hervortreten;
2. darüber hinaus ist es sinnvoll, *andere Materialien und Analysen* (Gespräche, Beobachtungen) zur Differenzierung und Bewertung der Erkenntnisse aus der Artefaktanalyse heranzuziehen.

4 Exemplarische Analyse im Kontext einer Organisationsanalyse

Ohne Artefakte sind Organisationen kaum mehr vorstellbar, weshalb sie für Organisationsanalysen besonders interessant erscheinen. Organisationen sind in der Regel in Gebäuden untergebracht, Maschinen gehören zu vielen Produktionsprozessen, moderne Bürokratien sind ohne Computer oder Ablagesysteme kaum vorstellbar. Artefakte gestalten Räume, strukturieren Zugänge, ordnen Arbeitsprozesse und sind als Waren, die von Produktionsunternehmen hergestellt, von Transportunternehmen verteilt und von Handelsunternehmen vertrieben werden, allgegenwärtig. Im Zuge der Erforschung von Organisationsphänomenen können Artefaktanalysen aus mehreren Gründen einen wichtigen Beitrag leisten:

- Sofern es sich um in der Organisation geschaffene oder verwendete Artefakte handelt, sind sie unbeeinflusst durch die Forschung und verkörpern die physische und kognitive Praxis des organisationalen Lebens.
- Aufgrund ihrer physischen Präsenz und vergleichsweise hohen Dauerhaftigkeit (im Gegensatz zu flüchtigen Handlungen oder Sprache) sind sie meist gut erfassbar (oder – außer im Fall komplexer technischer Artefakte – zumindest gut dokumentierbar) und ermöglichen eine wiederholte Zuwendung.
- Sie werden im organisationalen Kontext gehandhabt (das heißt, erzeugt, genutzt, verändert oder zerstört) und geben damit Hinweise auf spezifische Handlungspraktiken, in die sie eingebettet sind.
- Als Ausdrucksgestalten des historisch-konkreten Organisationsmilieus sind sie in der Regel mit spezifischen Bedeutungen verbunden und in Sinnhorizonte integriert, weshalb sie Hinweise auf die organisationalen (aber auch gesellschaftliche) Ordnungsvorstellungen liefern. Insofern eignen sie sich hervorragend zur Rekonstruktion organisationaler Prozesse und machen latente Sinnstrukturen und Handlungsverknüpfungen analytisch zugänglich.

Das nachstehend vorgestellte Artefakt (Unternehmensleitlinien und Kalender in Form einer Broschüre) wurde im Rahmen einer Längsschnittstudie zur Entwicklungsdynamik eines Großunternehmens interpretiert. Auch wenn das Artefakt Textteile enthielt, wurden diese für die vorliegende exemplarische Analyse herausgenommen (mit Ausnahme der Textbruchstücke am Titelblatt), weil es sinnvoll ist, Sprachmaterial mit dafür geeigneteren Interpretationsverfahren zu analysieren. Der ausführliche Einbezug der Textteile und der ebenfalls weitgehend herausgenommene Bezug zu Strukturelementen der Darstellung im Inneren der Broschüre würde zudem den Rahmen der Darstellung an diesem Ort sprengen, weshalb die Analyse der in der Broschüre angeführten

Leitlinien sowie die Konzeption des Kalenders und die genaue Seitenaufteilung (diese spielen nur als knappe Bezugnahmen eine Rolle) unberücksichtigt bleiben. Die Ausführungen beziehen sich vorrangig auf die Dinghaftigkeit des Artefakts, was dessen Gesamterscheinung betrifft, sowie auf die konkrete Ausgestaltung des Titelblatts. Es handelt sich also um die Analyse eines Teiles des Artefakts, die im Zuge einer erweiterten Analyse des Inhalts der Broschüre einer Präzisierung und Prüfung unterzogen werden kann.

Die folgende Darstellung veranschaulicht in Kurzform die einzelnen Ebenen bzw. Schritte des Interpretationsverfahrens, wobei für die bessere Nachvollziehbarkeit jeweils die Fragen angeführt werden, die für die Analyse in der jeweiligen Dimension im vorliegenden Fall als besonders wichtig erachtet wurden.

4.1 Ebene 1: Kontext der Artefaktanalyse

4.1.1 Forschungsinteresse

Im Zentrum des Projekts, in dessen Verlauf die hier vorgestellte Artefaktanalyse durchgeführt wurde, stand die Analyse jener Prozesse, die mit der Liberalisierung der Energiewirtschaft in einem Unternehmen einhergingen. Im vorliegenden Fall wurde ein Traditionsunternehmen in öffentlicher Hand in dieser Umbruchsphase untersucht. In der ersten Phase war das Projekt als Begleitstudie zu einem Projekt konzipiert, das sich mit der Entwicklung des Unternehmens befasste, die sowohl von internen Projektteams als auch von einer externen Beratungsfirma mit einem systemischen Beratungsansatz begleitet wurde. Später wurde diese Analyse um die Untersuchung von längerfristigen Entwicklungen erweitert.

4.1.2 Integration in den Forschungsprozess (und Auswahl des Materials)

In der ersten Projektphase wurde im Vorfeld des Beratungsprojekts eine Organisationsanalyse durchgeführt, die zwei Jahre später nach dem Abschluss des Beratungsprojekts im Sinne einer Evaluierung wiederholt wurde. Nach weiteren sechs Jahren wurde die Analyse im Zuge einer Längsschnittstudie erweitert. In allen drei Analysen wurden neben anderen Verfahren (vorrangig Mehrpersonengespräche, zusätzlich Beobachtung) im Sinne einer Forschungsvariation (Froschauer/Lueger 2009) auch Artefaktanalysen einbezogen, wobei Artefakte im Zusammenhang mit Veränderungen des Corporate Designs, Führungsrichtlinien oder auch Unternehmensberichte aufgrund der Nähe zu Veränderungsprozessen bevorzugt wurden.

Die Analyse des in diesem Beitrag vorgestellten Artefakts bezieht sich auf eine in der ersten Projektphase im Zuge des Beratungsprozesses hergestellte Broschüre über Unternehmensleitlinien in Kalenderform. Auswahlkriterien für die Analyse waren:

- der enge Bezug zu Veränderungen,
- die breite Rekrutierung von Mitwirkenden zur Herstellung dieses Artefakts,
- die hohen für die Artefaktproduktion aufgewendeten Ressourcen sowie
- die mit der Verteilung an alle MitarbeiterInnen verbundene starke intendierte Präsenz im Unternehmen.

4.2 Ebene 2: Deskriptive Analyse des Artefakts

4.2.1 Materialität

Bei dem Artefakt handelt es sich um eine Broschüre im Format Din A5 mit 21 Blättern, deren Umschlag aus Karton und die Blätter im Inneren aus besonders starkem Papier bestehen. Zusammengehalten werden sie von einer Spiralbindung aus Metall. Karton ist schwerer und widerstandsfähiger als Papier, vermittelt Haltbarkeit, aber zugleich Sperrigkeit. Die Spiralbindung aus Metall ermöglicht zwar ein bequemes Umblättern, erweckt aber den Eindruck von zusammengefassten Einzelblättern.

4.2.2 Innere Struktur

Generell umfasst das Deckblatt, das im Zentrum der hier vorgestellten Analyse steht, Bild-, Symbol- und Textelemente: Den in blauem Farbton gehaltenen Hintergrund bildet eine unscharf abgebildete Stahlkonstruktion. Dieser Hintergrund wird durch drei Elemente strukturiert:

1. durch ein rechts im Mittelfeld der Seite eingefügtes rechteckiges Bild, das wie ein Fenster wirkt und eine ebenfalls unscharfe technische Konstruktion (grau auf abgetöntem weißem Hintergrund) zeigt. Im Vordergrund dieses „Fensters" erscheint links unten ein großes rotes abstraktes Symbol sowie rechts daneben in schwarzen Großbuchstaben der Name des Unternehmens. Der Name des Unternehmens erscheint verschwommen, sodass er vor dem unscharfen Bildhintergrund schlecht lesbar ist. Ein Teil der Form des roten Symbols wiederholt sich im unteren Teil des blauen Hintergrundbildes.
2. Im oberen Teil befindet sich eine horizontale schwarze Linie und auf der Linie ein eher klein und rechtsbündig gehaltener Hinweis „Unternehmensleitlinien", unter dem sich schräg versetzt eine Versionsangabe befindet

("Version" mit einer typischen Versionsangabe: einstellige Zahl – Punkt – zweistellige Zahl; beides in weißer Schrift).
3. Im unteren Viertel des Deckblatts ist ebenfalls eine schwarze horizontale Linie, allerdings nur über die rechte Hälfte reichend, auf der in weiß „Kalender" mit einer Jahresangabe zu lesen ist. (Wie oben erwähnt, bleibt der innere Teil hier ausgeklammert, weil er für diese exemplarische Analyse zu weit führen würde.)

4.2.3 Existenzbedingungen

Dem beschriebenen Artefakt kommt offenkundig eine Doppelfunktion zu:

1. Die Gestaltung des Artefakts sowie das Textelement im unteren Teil des Artefakts verweisen auf eine Kalenderfunktion, wobei die Maße und die geringe Flexibilität auf einen Tischkalender deuten.
2. Der Texthinweis im oberen Teil des Artefakts lässt vermuten, dass sich die Inhalte auf bestimmte Richtlinien im Unternehmen beziehen (Funktion als Broschüre).

Fasst man zusammen, was an diesem Deckblatt als möglicherweise bedeutsam in Hinblick auf die Interpretation des Artefakts heraussticht, so sind das folgende Aspekte:

- das sperrige Format der Broschüre;
- die Abbildung eines technischen Kontextes auf den beiden Bildern, der einen technischen Bezugsrahmen herstellt;
- die weitgehende Diffusität sowohl in den Bildern als auch bei Betrachtung des angeführten Namens, was insbesondere in Hinblick auf den Namen auffällig ist;
- die genannte Doppelfunktion des Artefakts, die sich aus den Hinweisen auf den Kalender sowie auf die Unternehmensleitlinien erschließen lässt;
- der Hinweis auf eine spezifische zeitliche Geltung, auf die das angeführte Jahr zum Kalender sowie die Versionsbezeichnung deutet;
- das auffällige rote Symbol im kleinen Bild, das sich auch in der technischen Konstruktion des blauen Hintergrunds abzeichnet.

4.3 Ebene 3: Alltagskontextuelle Sinneinbettung

4.3.1 Soziale Bedeutungen

Für den Einstieg in diese Analyse ist es sinnvoll, sich zuerst den im Zuge der Deskription herausgearbeiteten Auffälligkeiten etwas näher zu widmen. Zuerst fällt die Sperrigkeit des Artefakts auf, das die Verwendung als Kalender auf einen Tischkalender einschränkt (zumindest als Taschenkalender nicht brauchbar); allerdings ist dafür das Hochformat hinderlich. Dann ist die technische Komponente zu nennen, die sich in den beiden Bildern manifestiert, jedoch aufgrund der Unschärfe der Bilder als vager Hintergrund wirkt. Bedeutsam ist die dadurch geschaffene Diffusität, die sich auch im Namen (hier allerdings eher als Bewegungsunschärfe) fortsetzt, wobei zusätzlich der unscharfe und bewegte Hintergrund die Lesbarkeit reduziert. Während die Unschärfe bei den Bildern diese als Hintergrund charakterisiert und dadurch zu einem kontextualisierenden Element macht (als Verweis auf einen möglichen Unternehmensgegenstand oder eine spezifische Unternehmensumwelt), ist dies bei der schlechten Lesbarkeit des Namens anders. In diesem Fall deutet die Bewegungsunschärfe nicht nur auf Unklarheit oder einen unsicheren Kontext, sondern weckt Assoziationen zu Bewegung. Einen Namen mit seiner Identitätsfunktion auf dem Deckblatt einer Broschüre schlecht lesbar zu machen, regt zum Nachdenken an: Sofern nicht Inkompetenz in der Gestaltung angenommen wird, scheint es, als wäre die Identität des Unternehmens brüchig bzw. im Kontext der Unschärfe als in Veränderung befindlich, was mit der generellen Diffusität der Darstellungen gut korrespondiert.

Die Doppelfunktion als Kalender und Broschüre für Unternehmensleitlinien ist interessant, weil diese Kombination zwei unterschiedliche Eigenheiten aufzeigt: Die Kalenderfunktion bezieht sich auf einen spezifischen Geltungszeitraum, die Unternehmensleitlinien verweisen auf eine langfristige Orientierung. Allerdings lässt die in unmittelbarer Nähe des Textelements „Unternehmensleitlinien" auftauchende Versionsbezeichnung vermuten, dass sich die vorgelegten Unternehmensleitlinien gegen frühere oder mögliche nachfolgende Leitlinien abgrenzen, was deren Geltung unabhängig vom Kalenderzeitraum einschränkt. Diese Ungewissheit wird verstärkt durch die Mehrzahl des Wortes „Leitlinien", die nicht für eine verbindliche Ordnung stehen, sondern für Mehrdimensionalität.

4.3.2 Kontextanalyse

Hier kann man sich die Frage stellen, in welchem Kontext ein solches Artefakt überhaupt Sinn ergibt. Bezieht man dies auf die Doppelfunktion, so kann sich die Kommunikation von Unternehmensleitlinien sowohl nach innen als auch nach außen richten, um Grundsätze, Verhaltensmaximen oder Zielsetzungen als Hinweise auf das Unternehmensprofil und die eigene Positionierung zu vermitteln. Das ordnet dem Kalender eine Vermittlungsfunktion zu, indem seine Verwendung dazu führt, die Leitlinien permanent im Sichtfeld zu haben. Das ist vor allem unter drei Bedingungen sinnvoll:

1. Wenn die Unternehmensleitlinien den AdressatInnen wenig vertraut sind, dann ist es sinnvoll, sie immer wieder damit zu konfrontieren, ohne dass dies als aktive Aufdringlichkeit wirkt.
2. Geht man davon aus, dass MitarbeiterInnen eine Broschüre zu Leitlinien nicht lesen würden, benötigt man einen zusätzlichen Verwendungsanreiz, nämlich den Kalender.
3. Für Außenstehende vermitteln die Leitlinien einen Eindruck vom Unternehmen – allerdings muss der Kalender eine hohe Attraktivität aufweisen, um ihn mit dieser Zusatzbotschaft zu akzeptieren. Hier ist zu berücksichtigen, dass die Kalenderfunktion massiv eingeschränkt ist (Sperrigkeit der Broschüre, ein eigenwilliger Kalenderzeitraum von Mai bis Ende des Jahres – das deutet die Versionsnummer an und bestätigt ein kurzer Blick in den Kalender).

Die Art der Gestaltung des Artefakts lässt auf einen hohen Produktionsaufwand schließen (grafische Gestaltung; liebevolle Illustrationen zu den einzelnen Leitlinien im Inneren des Artefakts), der auf eine hohe symbolische Bedeutung der Leitlinien hinweist. Die eingeschränkten Gebrauchsmöglichkeiten und das angezeigte Ablaufdatum stehen dazu in scharfem Widerspruch.

Fasst man diese Überlegungen zusammen, so übernimmt die Broschüre die Funktion, zentrale Orientierungen des Unternehmens ins Bewusstsein der AdressatInnen zu heben. Dafür erweist sich der Kalender als Trägermaterial als hilfreich, weil dieser die Leitlinien in einen alltäglichen Gebrauchsgegenstand integriert. Aber das funktioniert nur, wenn der Kalender ausreichend attraktiv ist, um ihn auch tatsächlich zu verwenden, was aber nicht der Fall ist. Daher wird er wahrscheinlich außerhalb des Unternehmens nicht und im Unternehmen nur eingeschränkt verwendet und trägt wenig zur Identitätsbildung durch die Präsenz der Leitlinien bei. Die in der Versionsbezeichnung ausgedrückte Prozesshaftigkeit, die angedeutete begrenzte Geltung der Leitlinien und deren Mehrzahl korrespondieren mit dem verschwommenen Gesamtbild. Das legt die Vermutung nahe, dass im Hintergrund Verunsicherung oder eine Umorientierung lauert, in deren Zusammenhang Leitlinien kommuniziert werden, gleichzeitig aber die Unternehmensentwicklung schlecht abschätzbar ist (daher eine Versionsangabe).

4.4 Ebene 4: Distanziert-strukturelle Analyse

4.4.1 Produktion

Das Artefakt bietet auf der Rückseite Hinweise auf die Herstellung der Broschüre. Hergestellt wurde es demnach aus einem Subteam (11 Mitglieder aus verschiedenen Unternehmensbereichen plus externer Beratung) eines größeren Projekts. Das legt mehrere Annahmen nahe:

- Unabhängig davon, wie viele Personen tatsächlich an der Artefaktherstellung beteiligt waren, demonstriert die Nennung einer derart großen Gruppe (zumindest symbolisch) einen beachtlichen Aufwand für dessen Erstellung.
- Das verweist auf eine dem Artefakt hohe zugemessene Bedeutung.
- Die Kooperation zwischen verschiedenen Unternehmensbereichen deutet auf eine unternehmensübergreifende Relevanz.
- Mit dieser Konstruktion zielt man vermutlich auf die Akzeptanz der Leitlinien im Unternehmen.
- Der betriebene Aufwand ist besonders in einem differenzierten oder konfliktären Umfeld nachvollziehbar, in dem die Ausrichtung des Unternehmens uneinheitlich wahrgenommen wird.

All das lässt vermuten, dass dieses Artefakt selbst Teil des Konstruktionsprozesses einer gemeinsamen Unternehmensidentität im Sinne einer unternehmensübergreifenden und allgemein akzeptierten Orientierung ist (darauf deutet die Diffusität). Unter diesen Bedingungen werden auch die eigenwilligen Ambivalenzen im Artefakt etwas verständlicher: Die zeitliche Befristung lockert die Verbindlichkeit der Leitlinien, was darauf hinweist, dass deren Akzeptanz selbst den ProduzentInnen fragwürdig erscheint. Wenn sich das Team nicht auf die Akzeptanz verlassen kann, dann macht es Sinn, dass das Artefakt nicht lange in Gebrauch ist. Diese Interpretation weist den Weg in eine ganz andere Sinnstruktur als bisher: Nicht die Verbreitung einer gemeinsamen Orientierung bildet den Kern, sondern der Versuch einer Harmonisierung der Unternehmensidentität sowie der Selbstschutz des Produktionsteams vor dem Risiko einer möglichen Ablehnung der Leitlinien. Dieser Schutz erfolgt auf dreifache Weise:

1. über die Einbindung von VertreterInnen aus verschiedenen Unternehmensbereichen (breite Legitimationsbasis durch Repräsentation verschiedener Positionen im Unternehmen);
2. durch die Erstellung mehrerer Leitlinien, um eine größere Vielfalt an Perspektiven erfassen zu können und
3. mittels Begrenzung ihrer Verwendung, falls die Anerkennung ausbleibt (Vermeidung einer Dauerpräsenz).

4.4.2 Wirkungen und Funktionen

Die ‚Sabotierung' des vordergründigen Zwecks des Artefakts macht nun eine spezifische latente Funktion deutlich: Das Artefakt fungiert als Versuchsballon, um neue Unternehmensleitlinien einer breiten unternehmensinternen Öffentlichkeit vorzustellen, jedoch gleichzeitig dafür zu sorgen, dass die Präsenz des Artefakts gering bleibt. Die kluge Konstruktion der Leitlinienbroschüre als Kalender demonstriert die Leistung des Herstellerteams (sie müssen im Sinne ihres Auftrags eine Broschüre mit breiter Wirkung vorlegen). Der betriebene Aufwand belegt das Bemühen um eine gemeinsame Sichtweise und um eine Berücksichtigung der Vielfalt von möglichen Standpunkten im Unternehmen (Harmonisierung und Konfliktvermeidung). Der Teamcharakter der Erstellung des Artefakts deutet auf den Anspruch auf allgemeine Akzeptanz, der aber durch das Team selbst nicht garantiert werden kann (daher das gleichzeitige Bemühen und Sabotieren der langfristigen Präsenz). Diese Teamkonstruktion drückt das Engagement der Unternehmensleitung um eine gemeinsam verbindliche Orientierung aus, was die Anerkennung der Leitlinien zu einem Prüfstein der Selbstorganisierung auf MitarbeiterInnenebene macht (nicht zu einer Frage hierarchischer Durchsetzung). Der hohe Aufwand, der die Bedeutung der Leitlinien auch für die Unternehmensleitung unterstreicht, erhöht zudem den Erfolgsdruck für das Team, in einem möglicherweise konfliktären Entwicklungsprozess zu vermitteln. Mit der Delegation einer wichtigen und zugleich sensiblen Aufgabe an ein Team fungiert das Artefakt als Mittel auf der Suche nach einer gemeinsamen Orientierung, für die man eine breite Legitimation benötigt, die aber derzeit ungewiss ist. Genau genommen differenziert das Artefakt zwischen drei Gruppen im Unternehmen: eine, der die Definitionskompetenz bezüglich der Leitlinien zukommt (Produktionsteam); eine, welche diese möglichst akzeptieren sollte (AdressatInnengruppe); und eine Gruppe mit formaler Entscheidungskompetenz (Unternehmensführung), welche diese aber an das Produktionsteam delegiert und sich dadurch vom Produkt und möglicher Kritik distanziert. In der Konstellation zwischen dem Herstellungsteam (Definition der Leitlinien, aber zurückhaltende Verbreitung), der AdressatInnengruppe (potentielle Akzeptanz) und der Unternehmensführung (Entscheidungskompetenz, die sie an das Herstellungsteam delegiert) können alle ihr Bestes tun und sich dennoch vor den Folgen eines Misserfolgs (Ablehnung) schützen: das Herstellungsteam durch die erfolgreiche Erstellung des Artefakts, die MitarbeiterInnen durch ihre Nichtpartizipation (weil sie nicht eingebunden sind), die Unternehmensführung durch ihr Engagement für eine breite Anerkennung.

4.4.3 Artefaktumgang

All das lässt vermuten, dass die MitarbeiterInnen im Unternehmen das Artefakt zwar in die Hand nehmen, darin blättern, dabei die Unternehmensrichtlinien zumindest überfliegen und anschließend nicht weiter verwenden (mangelnde Brauchbarkeit). Die Anerkennung der Leitlinien ließe sich dann anhand der aufflammenden Diskussionen feststellen, die bei einem möglichen Widerspruch vermutlich intensiver geführt würde als im Fall einer Akzeptanz. Also wird die manifeste Funktion mit der Verbreitung und der Wahrnehmung der Leitlinien erfüllt (demonstrative Aufgabenerfüllung), die latente Funktion hingegen mit der Art der flüchtigen Rezeption. Die eigenwillige Einschränkung der Praxistauglichkeit des Artefakts hat somit den Vorteil, dass im Fall einer beobachtbaren Akzeptanz unter der Belegschaft die Richtlinien danach in dauerhafter Form verbreitet werden können, hingegen im Fall einer Ablehnung diese der Aufmerksamkeit entzogen werden.

4.4.4 Szenische und soziale Integration

Der hohe Aufwand, die Betonung der vordergründigen Funktionalität (Kombination von Kalender und Leitlinien) und deren gleichzeitiges Unterlaufen (Unbrauchbarkeit des Kalenders) erfüllt latente Funktionen, wie etwa die Verbreitung und vorsichtige Prüfung der Akzeptanz neuer Unternehmensleitlinien (ohne bei Ablehnung ihre Dauerpräsenz zu riskieren) oder die Legitimation der Arbeit des Produktionsteams. Das ist nur dann plausibel, wenn im Unternehmen Konflikte präsent sind und die Einheit gefährdet ist. Gleichzeitig verweist eine Neudefinition der Leitlinien auf einen grundlegenden Wandel, der noch keineswegs abgeschlossen ist (worauf die Versionsangabe deutet). Somit bildet das Artefakt nur einen Zwischenschritt auf dem Weg in eine Neuorientierung des Unternehmens. Eine Verschriftlichung von Unternehmensleitlinien auf diese Weise verdeutlicht die Dringlichkeit, kollektiv verbindliche Orientierungen und eine gemeinsame Identität zu entwickeln.

4.5 Ebene 5: Komparative Analysen

4.5.1 Vergleichbare Artefakte

Zwei weitere Artefakte (ebenfalls Unternehmensleitlinie/n) wurden einbezogen, weil sie gleichsam eine 11 Jahre frühere und eine 4 Jahre spätere Version bilden. Sie werden im vorliegenden Zusammenhang nur kursorisch erläutert, um die im oben analysierten Artefakt vorgefundenen Erkenntnisse besser im Kontrast zu sehen und in einen historischen Entwicklungsprozess zu stellen.

- *Vergleichsartefakt 1:* 11 Jahre vor dem oben analysierten Artefakt wurde die Vorgängerversion der Führungsleitlinien unter dem Titel „Leitlinie" veröffentlicht. Im Gegensatz zum vorliegenden Artefakt zeichnet sich diese Version durch eine hohe Klarheit aus: Weißer Hintergrund, das Logo ist oben rechts platziert und benennt neben dem Firmennamen explizit die vier Unternehmensbereiche (zusätzlich symbolisch repräsentiert durch jeweils ein rotes Feld, die eine Wellenlinie verbindet). Die Broschüre ist als Heft gebunden (keine Spiralbindung von Einzelblättern), was die Integration als Einheit hervorhebt. Darüber hinaus ist die Leitlinie (Einzahl) auf eine einheitliche Richtlinie getrimmt. So gesehen verspricht der Titel keine Sammlung verschiedener Leitlinien, sondern eine Einheit der Leitlinie. Dabei wird ein Streben nach Vereinheitlichung durch zwei rote Linien symbolisiert, wovon eine im oberen Drittel horizontal über die Seite verläuft (unmittelbar darunter ist linksbündig der Titel „Leitlinie" in großen Blockbuchstaben angeführt) und die zweite sich vom linken unteren Rand in einer Kurve zu einer Parallele zur oberen waagrechten Linie annähert ohne diese zu berühren. Während sich die „Leitlinie" auf diese Weise zwischen den sich annähernden Linien befindet, wird in der Fläche unter der zweiten kurvenartigen Linie die Bezugnahme mit dem Hinweis „für Zusammenarbeit und Führung" präzisiert, was wiederum auf die Hierarchisierung im Unternehmen verweist: Zusammenarbeit in der Belegschaft und Führung durch übergeordnete Ebenen. Insgesamt signalisiert das Artefakt Eindeutigkeit, Langfristigkeit und eine klare Ordnung. Auch lässt es keinen Zweifel an der Geltung der Richtlinien erkennen, auch wenn die Konvergenz (ausgedrückt in den sich annähernden Linien) nicht vollständig erreicht wird.
- *Vergleichsartefakt 2:* Die Nachfolgeversion wurde 4 Jahre später unter dem als Text angeführten Titel „Vision | Strategie | Leitbild | Führungsleitlinien" in Umlauf gebracht und unterscheidet sich ebenfalls völlig von der exemplarisch analysierten Version, wobei die Ähnlichkeiten zur Vorgängerversion stärker hervortreten. Auch diese Nachfolgeversion zeichnet sich durch eine sehr klare Struktur aus, wobei in dieser Version das ursprüngliche Unternehmenslogo zwar noch vorhanden ist, aber ohne Nennung der Unternehmensbereiche und nur mehr mit abgekürztem Unternehmensnamen als Unternehmenslogo. Symbolisch ist Bewegung durch ein wellenartig verzerrtes rot-weißes Karomuster angedeutet, das die oberen zwei Drittel der Gesamtfläche einnimmt (unmittelbar darunter ist im unteren weißen Drittel der Titel angeführt, der sich über die gesamte Breite erstreckt; in der rechten unteren Ecke befindet sich das Unternehmenslogo). Auf beiden Seiten ist diese Bewegung mit senkrechten gepunkteten Linien begrenzt, die sich vom oberen bis zum unteren Rand erstrecken und damit auch den Titel und das Logo (abgekürzter Unternehmensname) einschließen. Das lässt eine potentielle Durchlässigkeit des inneren Bereichs der Organisation zur Umwelt er-

kennen, hält diese aber weitgehend im Zaum. Diese Struktur signalisiert gleichzeitig Einheitlichkeit (gemeinsame Grundstruktur) und interne Verschiedenheit (wellenartig verzerrte Felder), was sich auch in der Benennung der im Titel genannten Inhalte der Broschüre fortsetzt: Am Beginn steht eine einheitliche „Vision", ergänzt durch eine „Strategie" und ein „Leitbild". Hingegen bleiben die „Führungsleitlinien" in der Mehrzahl. Insgesamt signalisiert dies eine generelle Ausrichtung der Organisation, die allerdings intern bereichsspezifisch umgesetzt wird. Wie in der vorherigen Version taucht auch hier eine Spiralbindung auf, die eine etwas losere Verbindung der Blätter andeutet, allerdings sind sowohl der Kartoneinband als auch die einzelnen Blätter deutlich dünner und flexibler.

Insgesamt zeigt der Wandel des Grundtypus des Artefakts offenbar tiefgreifende Veränderungen des Unternehmens an, die während des Erscheinens des analysierten zweiten Artefakts seinen Höhepunkt erreichten. Zugleich wird sichtbar, dass das Unternehmen aus einer sehr stabilen Position durch eine höchst verunsichernde Periode in eine neue Form von Stabilität überging: Die Einheitlichkeit hat sich deutlich reduziert, das neue Unternehmen zeichnet sich durch eine stärkere Vielfalt trotz klarer Grenzziehungen aus. Symbolisch deutet sich der Übergang von einer starren Ordnung über eine Phase von Ungewissheit in eine neue dynamische Ordnung an. Insofern ist auch nur in der Zwischenphase der Kalender als Transportmedium nötig, der nicht nur den Zeitraum der Verwendbarkeit drastisch einengt, sondern auch den Ablauf der Gültigkeit signalisiert. Paradoxerweise ist dieses mittlere Artefakt in der Zeit des Wandels von der Materialität her am stabilsten aufgebaut (starrer Karton mit dicken Blättern), was den Eindruck hinterlässt, als würde man während des Umbruchs diese Sicherheit verzweifelt suchen.

Die Stärke der Artefaktanalyse liegt darin, auch latente Probleme der Einführung von Leitlinien in einer Umbruchphase, die Logik der Schutzmechanismen der Arbeitsgruppe, die Legitimationsstrategien des Managements, sowie eine spezifische Form der Regulierung der Unternehmensentwicklung in einer massiven Umbruchphase sichtbar zu machen. Man erkennt dabei nicht nur die potentielle Unbrauchbarkeit des Artefakts, sondern zugleich die damit verbundene Nützlichkeit, auch wenn dies die AkteurInnen nicht so sehen würden. Solche Aufschlüsse können andere Verfahren (etwa Interviews oder Beobachtungen) nur bedingt leisten.

4.5.2 Verknüpfung mit anderen Analysen

Um die Aussagekraft einer Analyse beurteilen zu können, ist es im Rahmen einer Analyse sinnvoll, diese mit zusätzlichen Informationen zu verknüpfen. Im vorliegenden Fall ist das zum einen die erweiterte Analyse der inneren Blätter der Broschüre. Zum anderen empfiehlt sich eine Kombination mit zusätzlichen Methoden, wie beispielsweise Gespräche über die Artefaktverwendung sowie Beobachtungen in Büros bezüglich des Auftauchens und die Verwendung des Artefakts. Weiters bietet sich an, die Erkenntnisse mit Analysen aus anderen Quellen zur Unternehmensentwicklung zu kontrastieren (Studie über den Gesamtzeitraum von 8 Jahren; Literatur zur Liberalisierung). Entscheidend für eine solche Kontextualisierung sind zumindest die Eckpunkte der Unternehmensentwicklung in ihrem spezifischen Umfeld (zum Fall siehe Froschauer 2006; Froschauer/Lueger 2012):

1. Die Liberalisierung des Energiemarktes veränderte dramatisch die Rahmenbedingungen des Unternehmens durch Schaffung von Wettbewerb und durchbrach die bislang geltende Marktordnung in Deutschland. Das untersuchte Artefakt fällt genau in den Zeitraum der massiven Veränderungen, während die Vergleichsartefakte in die Zeit vor der Liberalisierung bzw. in die Zeit einer bereits fortgeschrittenen Stabilisierung der neuen Ordnung fallen.
2. Diese Umbruchsituation war durch mehrere massive Veränderungen gekennzeichnet, wie die Veränderung der Unternehmensstruktur (Aufspaltung in eine Mehrzahl eigenständiger Unternehmen in einer Konzernstruktur), eine strategische Neuorientierung des Konzerns und Veränderungen der Managementstruktur.
3. Begleitet waren diese Veränderungen durch einen deutlichen Personalabbau, eine massive Verunsicherung der MitarbeiterInnen, durch mehrfache Veränderungen der Handlungsorientierungen im Zuge von zwei Transformationsprozessen und auch die teilweise in der Belegschaft vorhandenen Widerstände gegen die Veränderungen.
4. Die Gespräche sowie die Beobachtungen machten deutlich, dass das Artefakt im Unternehmensalltag keine Rolle spielte, wenngleich das Artefakt an alle verteilt wurde.

Insgesamt zeigt sich, dass die Artefaktanalyse sich sehr gut in das Gesamtbild der Studie einfügt, darüber hinaus aber zusätzliche Erkenntnisse über die internen Folgen dieses organisationalen Wandels sowie über das Zusammenspiel im Umgang mit den damit verbundenen Herausforderungen seitens der verschiedenen Beteiligtengruppen liefert.

5 Fazit

Wie im Abschnitt zum methodologischen Kontext einer interpretativen Artefaktanalyse erläutert, sind Artefakte Produkte von Handlungen und damit von

Interpretationen, die unterschiedliche Logiken (z. B. des Anlasses oder der Produktion) in sich tragen. Dabei bieten Artefaktanalysen viele Ansatzpunkte für die Forschung, was mit ihrer multidimensionalen Verankerung zu tun hat: Wir verbessern mit Artefakten unsere Wahrnehmung (z. B. Messinstrumente), denken mit ihnen (z. B. Abakus), verschaffen uns Wissen (z. B. Bücher), strukturieren unser Handeln (z. B. Tastatur), vermitteln zwischen Personen oder anderen Artefakten (z. B. Telefone), orientieren uns an Normierungen (Urmeter), gestalten Beziehungen (z. B. Verkehrszeichen), repräsentieren (z. B. Flaggen) und verwandeln unser Umfeld (z. B. Landschaft). Entsprechend vielgestaltig sind die Einsatzgebiete: Vielfach ist Macht und Herrschaft an Artefakte, wie Gebäude, Automaten oder Überwachungsgeräte gekoppelt, das Arbeitsleben ist weitgehend an Werkzeuge oder Maschinen gebunden, die Medizin setzt Prothesen und komplexe Diagnosegeräte ein, Lehrräume repräsentieren Formen gebauter Didaktik und Medien vermitteln nicht nur Informationen, sondern sind ein wesentliches Element politischer Kommunikation. Ohne Berücksichtigung des Beitrags von Waren, Produktionsmittel, Transsportsystemen wären die moderne Wirtschaft, Phänomene der Globalisierung, aber auch die Beeinträchtigung von Ökosystemen nicht nachvollziehbar.

Dabei sind Artefakte den Menschen nicht bloß äußerlich, sondern indem sie die Artefakte erzeugen, gestalten sie ihr eigenes Umfeld, dem sie dann selbst ausgeliefert sind. Insofern ermöglichen, strukturieren und begrenzen Artefakte Handlungen, die wiederum Artefakte erzeugen, modifizieren oder zerstören. Sie bilden damit ein selbst geschaffenes Umfeld, das sowohl private als auch öffentliche Räume durchzieht und dem man nicht entkommen kann, weil alle am Umgang mit ihnen, wenngleich in unterschiedlicher Form beteiligt sind. Insofern greifen sie tief in Sozialisationsprozesse ein und sind auch wesentliche Faktoren der Identitätsbildung, die über Kleidung, Einrichtungsgegenstände oder dem Umgang mit Artefakten gelebt werden kann.

Über diesen Einfluss auf die Entwicklung der Persönlichkeit hinaus erfährt man vieles über gesellschaftliche Verhältnisse. So kann man Herrschaft untersuchen, indem man die Artefakte ihrer Ausübung analysiert, wie das Foucault (1977) im Zuge der Erläuterung des Benthamschen Panoptikons vorführt, deren Elemente sich in modernen Personalüberwachungssystemen wiederfinden; und man kann viel über soziale Beziehungen in der höfischen Kultur lernen, wenn man sich den Gebäuden oder der Kleidung widmet (wie etwa Elias 1983). Dass Sie den Beitrag, dem Sie sich gerade zuwenden, auch in dieser Form (als Buch oder am Bildschirm) lesen können, bedarf einer Gesellschaft, die über eine entsprechende Infrastruktur (wie Computer, Papier, Bilddarstellung, Stromversorgung) verfügt und eine entsprechende Lesekultur entwickelt hat. Ohne Lesekompetenz und potentielle LeserInnen gäbe es dafür keine Existenzgrundlage und ohne Hilfe durch andere Artefakte hätte er so weder geschrieben noch verbreitet und rezipiert werden können.

Die Stärke von Artefaktanalysen liegt also in der Interpretation von Gegenständen, die nicht für sich stehen, sondern in Hinblick auf ihre Aussagekraft über soziale Lebenswelten und Praktiken untersucht werden. Als Handlungsprodukte sind sie Ausdruck jener Strukturierungsprozesse, welche das soziale Leben nicht nur mit Sinn versehen, sondern auch in geregelte Bahnen lenken. Somit sind sie Vergegenständlichungen sinngebender Tätigkeiten, die als sinngenerierende Mitteilungen fungieren und als soziales Gedächtnis Entscheidungen in materialisierter Form enthalten und auf diese Weise transportieren. Wenngleich manche Aspekte sich dabei dem Bewusstsein entziehen, lassen sie sich als latente Sinnstrukturen in der Analyse aufschließen. Indem sie in die Herstellung, Erhaltung oder auch Veränderung sozialer Ordnung eingebunden sind, verweisen sie auf Phänomene im Prozess der Vergesellschaftung und machen diese leichter verständlich. Mit Hilfe einer deutenden Analyse ist es also möglich, die Komplexität sozialer Bedeutungen, Handlungen und Beziehungen anhand von Artefakten zu analysieren, weshalb ein systematischer Zugang zur Interpretation viel Potential bietet, die Gesellschaft als Ganzes und die Phänomene in ihr besser zu verstehen.

Wenngleich Artefaktanalysen aufgrund ihrer Bedeutung für den Alltag ein beachtliches Potential für sozialwissenschaftliche Analysen aufweisen, erweist sich die Sicherung der Zuverlässigkeit einer solchen Interpretation als besonders sensibel. Insofern sind eine sorgfältige kritische Prüfung der Deutungsalternativen sowie eine konsequente Umsetzung komparativer Analysen unabdingbar für die Qualitätssicherung. Darüber hinaus bietet die Kombination mit anderen Analyseverfahren eine Möglichkeit, die Analyse auszubauen, die gewonnenen Erkenntnisse kritisch zu reflektieren, zu präzisieren und dadurch die Aussagekraft zu stärken und zu erweitern.

Literatur

Bennett, T./Joyce, P. (Hrsg.) (2010): Culture, economy and the social. Milton Park, New York: Routledge.

Blumer, H. (1969): Symbolic interactionism. Perspective and method. Englewood Cliffs, NJ: Prentice-Hall.

Boehm, G. (1995): Die Wiederkehr der Bilder. In: Boehm, G. (Hrsg.) (1995): Was ist ein Bild? München: Fink, S. 11–38.

Bourdieu, P./Boltanski, L./Castel, R./Chamboredon, J.-C./Lagneau, G./Schnapper, D. (1983): Eine illegitime Kunst. Die sozialen Gebrauchsweisen der Photographie. Frankfurt am Main: Suhrkamp.

Breckner, R. (2010): Sozialtheorie des Bildes. Zur interpretativen Analyse von Bildern und Fotografien. Bielefeld: Transcript.

Collier, J./Collier, M. (1992): Visual anthropology. Photography as a research method. 4. Auflage. Albuquerque: Univ. of New Mexico Press.

D'Adderio, L. (2011): Artifacts at the centre of routines: Performing the material turn in routines theory. Journal of Institutional Economics 7, H. 2, 197–230.

Dobres, M.-A. (2000): Technology and agency. Outlining a Practice Framework for Archaeology. Oxford: Blackwell.
Eberle, T. S. (Hrsg.) (2017): Fotografie und Gesellschaft. Phänomenologische und wissenssoziologische Perspektiven. Bielefeld: transcript Verlag.
Ehrenspeck, Y./Schäffer, B. (Hrsg.) (2003): Film- und Fotoanalyse in der Erziehungswissenschaft ein Handbuch. Opladen: Leske und Budrich.
Elias, N. (1977): Über den Prozeß der Zivilisation. Soziogenetische und psychogenetische Untersuchungen. Erster Band: Wandlungen des Verhaltens in den weltlichen Oberschichten des Abendlandes. 4. Auflage. Frankfurt am Main: Suhrkamp.
Englisch, F. (1991): Bildanalyse in strukturalhermeneutischer Einstellung. Methodische Überlegungen und Analysebeispiel. In: Garz, D./K. Kraimer (Hrsg.) (1991): Qualitativ-empirische Sozialforschung. Konzepte, Methoden, Analysen. Opladen: Westdeutscher Verlag, S. 133–176.
Foucault, M. (1977): Überwachen und Strafen. Die Geburt des Gefängnisses. 2. Auflage. Frankfurt am Main: Suhrkamp.
Froschauer, U. (2006): Veränderungsdynamik in Organisationen. In: Tänzler, D./H. Knoblauch/ H.-G. Soeffner (Hrsg.) (2006): Zur Kritik der Wissensgesellschaft. Konstanz: UVK, S. 189–215.
Froschauer, U. (2009): Artefaktanalyse. In: Kühl, S./P. Strodtholz/A. Taffertshofer (Hrsg.) (2009): Handbuch Methoden der Organisationsforschung. Quantitative und qualitative Methoden. Wiesbaden: VS, S. 326–247.
Froschauer, U./Lueger, M. (2009): Interpretative Sozialforschung: Der Prozess. Stuttgart: UTB.
Froschauer, U./Lueger, M. (2012): Transformationsprozesse in Unternehmen. Zur Ambiguität von Unsicherheitsbewältigung. In: Froschauer, U. (Hrsg.) (2012): Organisationen in Bewegung. Beiträge zur interpretativen Organisationsanalyse. Wien: facultas wuv, S. 323–336.
Glaser, B. G./Strauss, A. L. (2010): Grounded Theory. Strategien qualitativer Forschung. 3. Auflage. Bern: Huber.
Goffman, E. (1979): Gender advertisements. New York: Harper & Row.
Häußermann, H./Siebel, W. (2012): Soziologie des Wohnens. Eine Einführung in Wandel und Ausdifferenzierung des Wohnens. 3. Auflage. Weinheim u. a.: Juventa.
Häußling, R. (2014): Techniksoziologie. Baden-Baden: Nomos.
Heinze-Prause, R./Heinze, T. (1996): Kulturwissenschaftliche Hermeneutik. Fallrekonstruktionen der Kunst-, Medien- und Massenkultur. Opladen: Westdeutscher Verlag.
Hering, L./Schmidt, R. J. (2015): Einzelfallanalyse. In: Baur, N./Blasius, J. (Hrsg.) (2014): Handbuch Methoden der empirischen Sozialforschung. Wiesbaden: Springer, S. 529–542.
Hockings, P. (Hrsg.) (1995): Principles of visual anthropology. 2. Auflage. Berlin u. a.: de Gruyter.
Hurcombe, L. M. (2007): Archaeological artefacts as material culture. London: Routledge.
Imdahl, M. (1995): Ikonik. Bilder und ihre Anschauung. In: Boehm, G. (Hrsg.) (1995): Was ist ein Bild? München: Fink, S. 300–324.
Kaemmerling, E. (Hrsg.) (1987): Bildende Kunst als Zeichensystem. Ikonographie und Ikonologie. 4. Auflage. Köln: DuMont.
Kaspar, H. (2012): Erlebnis Stadtpark. Nutzung und Wahrnehmung urbaner Grünräume. Wiesbaden: VS.
Keppler, A. (2006): Mediale Gegenwart. Eine Theorie des Fernsehens am Beispiel der Darstellung von Gewalt. Frankfurt am Main: Suhrkamp.
Keppler, A. (2015): Das Fernsehen als Sinnproduzent. Soziologische Fallstudien. Berlin: De Gruyter.
Knoblauch, H./Schnettler, B./Raab, J./Soeffner, H.-G. (Hrsg.) (2006): Video analysis: Methodology and methods. Qualitative audiovisual data analysis in sociology. 3. Auflage. Frankfurt am Main: Lang.
Knowles, C./Sweetman, P. (Hrsg.) (2004): Picturing the social landscape: Visual methods and the sociological imagination. London: Routledge.
Knox, P. L./Marston, S. A. (2008): Humangeographie. 4. Auflage. Heidelberg: Spektrum Akad. Verl. Springer.
Kreide-Damani, I. (1992): KunstEthnologie. Köln: DuMont.
Kuchenbuch, T. (2005): Filmanalyse. Theorien, Methoden, Kritik. 2. Auflage. Wien: Böhlau.

Lipp, C. (Hrsg.) (1995): Medien popularer Kultur. Erzählung, Bild und Objekt in der volkskundlichen Forschung. Frankfurt am Main u. a.: Campus.
Löw, M. (2013): Raumsoziologie. Frankfurt am Main: Suhrkamp.
Lueger, M. (2000): Grundlagen qualitativer Feldforschung. Methodologie – Organisierung – Materialanalyse. Wien: WUV.
Lueger, M. (2010): Interpretative Sozialforschung: Die Methoden. Wien: Facultas WUV.
Lueger, M./Froschauer U. (2018): Artefaktanalyse. Grundlagen und Verfahren. Wiesbaden: Springer VS.
Müller-Doohm, S. (1993): Visuelles Verstehen. Konzepte kultursoziologischer Bildhermeneutik. In: Jung, T. J./S. Müller-Doohm (Hrsg.) (1993): „Wirklichkeit" im Deutungsprozeß. Verstehen und Methoden in den Kultur- und Sozialwissenschaften. Frankfurt am Main: Suhrkamp, S. 438–457.
Müller, M. G. (2003): Grundlagen der visuellen Kommunikation. Theorieansätze und Analysemethoden. Konstanz: UVK.
Neumann-Braun, K./Mikos, L. (Hrsg.) (2006): Videoclips und Musikfernsehen. Eine problemorientierte Kommentierung der aktuellen Forschungsliteratur. Berlin: Vistas.
Norman, D. A. (2015): The Design of Everyday Things. Psychologie und Design der alltäglichen Dinge. 2. Auflage. München: Vahlen.
Ortlepp, A./Ribbat, C. (2010): Mit den Dingen leben. Zur Geschichte der Alltagsgegenstände. Stuttgart: Franz Steiner.
Panofsky, E. (1978): Sinn und Deutung in der bildenden Kunst. Köln: DuMont.
Piaget, J. (1976): Die Äquilibration der kognitiven Strukturen. Stuttgart: Klett.
Pink, S. (2006): The future of visual anthropology: Engaging the senses. London. New York: Routledge.
Porr, M. (2008): Grenzwissenschaft: Ethnoarchäologie und die Ursprünge der modernen Kognition. Ethnographisch-Archäologische Zeitschrift 49, S. 1–12.
Raab, J. (2008): Visuelle Wissenssoziologie. Theoretische Konzeption und materiale Analysen. Konstanz: UVK.
Rammert, W. (2007): Technik – Handeln – Wissen. Zu einer pragmatistischen Technik- und Sozialtheorie. Wiesbaden: VS.
Rammert, W./Schubert, C. (Hrsg.) (2006): Technografie. Zur Mikrosoziologie der Technik. Frankfurt am Main, New York: Campus.
Rau, S. (2013): Räume Konzepte, Wahrnehmungen, Nutzungen. Frankfurt am Main: Campus.
Renfrew, C./Bahn, P. G. (2012): Archaeology theories, methods and practice. 6. Auflage. London: Thames & Hudson.
Ruby, J. (2000): Picturing culture. Explorations of film & anthropology. Chicago: University of Chicago Press.
Sachs-Hombach, K. (2006): Das Bild als kommunikatives Medium. Elemente einer allgemeinen Bildwissenschaft. Köln: Halem.
Schatzki, T. R./Knorr-Cetina, K. D./Savigny, E. V. (Hrsg.) (2001): The practice turn in contemporary theory. London: Routledge.
Schmidt, R. (2012): Soziologie der Praktiken. Konzeptionelle Studien und empirische Analysen. Berlin: Suhrkamp.
Schroeder, J. E. (2002): Visual consumption. London, New York: Routledge.
Schubert, C. (2014): Gebrauchsgegenstände und technische Artefakte. In: Baur, N./Blasius, J. (Hrsg.) (2014): Methoden der empirischen Sozialforschung. Wiesbaden: Springer VS, S. 899–906.
Schütz, A. (1981): Der sinnhafte Aufbau der sozialen Welt. Eine Einleitung in die verstehende Soziologie. 2. Auflage. Frankfurt am Main: Suhrkamp.
Steets, S. (2015): Der sinnhafte Aufbau der gebauten Welt. Eine Architektursoziologie. Berlin: Suhrkamp.
Warren, S. (2009): Visual Methods in Organizational Research. In: Buchanan, D. A. (Hrsg.) (2009): The SAGE handbook of organizational research methods. Los Angeles u. a.: Sage, S. 566–582.
Weick, K. E. (1995): Der Prozess des Organisierens. Frankfurt am Main: Suhrkamp.

5.4
Big Data

Ramón Reichert

1 Einleitung

Die technologische Entwicklung der digitalen Informations- und Kommunikationsmedien hat informatische Strukturen hervorgebracht, die menschliche Aktivitäten in Echtzeit als Datenspuren sicht- und sagbar machen. Die Konvergenz von mobilen Medien, Sensornetzwerken, Online-Plattformen und GPS-gestützten Feedbacktechnologien hat dazu geführt, dass sich mit Hilfe von intelligenten Messverfahren, automatischen Identifikationsverfahren, Tracking-Devices, Sharing-Tools und Payback-Karten ein gesellschaftlicher Trend der unermüdlichen Datenproduktion herausgebildet hat, der Konsum-, Kommunikations- und Mobilitätsdaten sammelt und auswertet. Das Datensammeln gilt heute Vielen als ein Gebot der Gegenwart. Google, Microsoft, Apple, Facebook – so gut wie jedes Unternehmen, das Software anbietet, erhofft sich von der Verarbeitung immer größerer und differenzierterer Datenmengen eine verbesserte Einsicht in die soziale Welt. So betrachtet, ist das Social Web zur wichtigsten Datenquelle zur Herstellung von Regierungs- und Kontrollwissen geworden. „Analysts and consultants argue that advanced statistical techniques will allow the detection of on-going communicative events (natural disasters, political uprisings) and the reliable prediction of future ones (electoral choices, consumption)" (Burgess/Puschmann 2013, S. 4).

Für sozialwissenschaftliche Erwartungshaltungen steht Big Data für die Entwicklung von mathematisch-statistischen Modellen, um die Dynamik sozialer Wirklichkeiten prognostizieren zu können. Alex Pentland, der Leiter des MIT Media Lab, der vom Forbes Magazine als einer der einflussreichsten Data Scientists der Welt genannt wurde, schreibt über die neuen Möglichkeiten der digitalen Soziologie: „By creating social systems that are based on using big data to map detail patterns of idea flow, we can predict how social dynamics will influence financial and government decision making, and potentially achieve great improvements in our economic and legal systems" (Pentland 2014, S. 215). Auch Diekmann (2007) moniert, dass Big Data von kundigen Sozialwissenschaftlern interpretiert werden müsse, denen es obliegen müsse, sich mit statistischen Verfahren dieser Daten anzunehmen. Das Sammeln, Speichern und Verarbeiten großer Datenmengen ist daher auch in eine Geschichte der datenbasierten Episteme selbst verstrickt. An der Schnittstelle von konzernorientierten Geschäftsmodellen und gouvernementalem Handeln experimentieren Biotechnologie, Gesundheitsprognostik, Arbeits- und Finanzwissenschaften, Risiko- und Trendforschung in ihren Social Media- und Webanalysen mit Vorhersagemodellen von Trends, Meinungsbildern, Stimmungen oder kollektivem Verhalten und operieren mit wissenschaftlichem Wissen, dessen historische Tragweite oft ungenügend eingeschätzt wird. Denn während ‚Big Data' als Buzzword für den digitalen Wandel von Wissen, Gesellschaft, Macht und Ökonomie eine immer größere Rolle spielt, wurden gleichermaßen kritische Reflexionen, historische Filiationen, sozialwissenschaftliche Forschungsstandards und ein feststehendes methodologisches Vokabular von der Big-Data-Debatte weitgehend ignoriert (Rieder/Röhle 2012, S. 67–84).

Die aus dem ingenieur- und informationswissenschaftlichen Data Mining hervorgehende Big Data-Forschung vertritt die Ansicht, dass die digitalen Kommunikations-, Sensor- und Mobilitätsdaten eine unmittelbare Einsicht in die ‚soziale Welt' oder die ‚menschliche Psyche' gestatten würden. In diesem Zusammenhang wird in Aussicht gestellt, dass durch die automatische Aufzeichnung von digitalen Beobachtungsdaten die untersuchten Individuen oder Gruppen objektiv, neutral und unverstellt untersucht werden können. Hierbei wird ins Treffen geführt, dass durch herkömmliche Befragungsprozesse die Antworten der Interviewten beeinflusst werden können. Diese elektronisch produzierten Prozessdaten hat man innerhalb der sozialwissenschaftlichen Forschungstradition bereits seit langem als transaktionale Daten problematisiert, die sich durch ihre „Nicht-Reaktivität" und „Nicht-Obtrusivität" auszeichnen würden: „Nicht-reaktive Methoden der Datenerhebung sind in erster Linie durch den Umstand gekennzeichnet, dass den untersuchten Personen die Untersuchung nicht unmittelbar bewusst ist" (Skopek 2012, S. 122). Als Datenquelle zur Rekonstruktion von Verhalten werden beispielsweise Protokolldateien untersucht, die von Internetdiensten zur Verfügung gestellt werden.

Aus dem Umstand, dass das Verhalten der untersuchten Population nicht durch die Prozeduren der Datenerhebung beeinflusst ist, hat man in der Geschichte der Datenerhebung immer wieder auf das Erkenntnisideal einer natürlichen und objektiven Gegebenheit der Daten verwiesen, die sich mit der tatsächlichen Lebenswelt decken soll. Diese Realismus-Debatte findet sich im interdisziplinären Spektrum empirischer Erhebungsverfahren, in dem zwar seit mehreren Generationen Wissenschaftsgeschichte und -methodologie kritisch reflektiert wird, wobei diese Reflexionen aber in den Diskursen der Big-Data kaum Beachtung finden (vgl. kritisch Gitelman/Jackson 2013).

Eine fundierte Methodenreflexion der Big-Data-Forschung berücksichtigt daher die geschichtliche Entwicklung der datenbasierten Wissenschaften und verweist auf eine lange sozialwissenschaftliche Forschungstradition, die eine

Vielzahl von Erhebungs-, Auswertungs-, Darstellungs- und Interpretationsverfahren hervorgebracht hat (Wolf/Best 2010). Eine vergleichende Analyse der Datenverarbeitung unter Berücksichtigung der materiellen Kultur von Datenpraktiken vom 19. bis zum 21. Jahrhundert vermag zusätzlich aufzuzeigen, dass bereits im 19. Jahrhundert die mechanischen Datenpraktiken das Erkenntnisinteresse der Forscher maßgeblich beeinflussten – lange bevor es computerbasierte Methoden der Datenerhebung gab. Die Soziologie als quantitative Wissenschaft ist u. a. aus der Kritik an den Erhebungsmethoden der administrativen Verwaltung im Bereich der amtlichen Statistik im 19. Jahrhundert entstanden. In diesem Sinne haben sich sowohl die historische Sozialforschung als auch die quantitative Sozialforschung intensiv mit dem Problem der Erhebung großer Datenmengen befasst. Weiterführende Untersuchungen erarbeiten die sozialen und politischen Bedingungen und Auswirkungen des Übergangs von der mechanischen Datenauszählung der ersten Volkszählungen um 1890 über die elektronischen Datenverarbeitungen der 1950er Jahre bis zum digitalen Social Monitoring der unmittelbaren Gegenwart. Im Vorfeld haben sich zahlreiche andere Disziplinen und nichtphilologische Bereiche, wie die Literatur-, Bibliotheks- und Archivwissenschaften herausgebildet, die eine längere Wissensgeschichte im Feld der philologischen Case Studies und der praktischen Informationswissenschaft aufweisen und sich seit dem Aufkommen der Lochkartenmethode mit quantitativen und informatikwissenschaftlichen Verfahren für wissensverwaltende Einrichtungen befasst haben.

Die historisch vergleichende Medien- und Kulturanalyse der digitalen Datenverarbeitung unter Berücksichtigung der materiellen Kultur von Datenpraktiken vom 19. bis zum 21. Jahrhundert hat aufgezeigt (Gitelman/Pingree 2004), dass bereits im 19. Jahrhundert die mechanischen Datenpraktiken das taxonomische Erkenntnisinteresse der Forscher maßgeblich beeinflussten – lange bevor es computerbasierte Methoden der Datenerhebung gab. In seiner Medienarchäologie der Datenverarbeitung unterscheidet Kevin Driscoll drei historische Perioden:

„The first period begins in the late 19th century with the development of mass-scale information processing projects and the electro-mechanical punched card systems that made them possible. Although these early machines were gradually replaced by programmable computers in the 1950s and 1960s, the organizational logic embedded in such systems persisted more or less unchanged until the 1970s. The second period is marked by the rise of database populism and the increasing availability of microcomputers in the late-1970s. Implementations of the relational data model enabled the production of more accessible interfaces for non-specialists and large institutional databases were increasingly accompanied by small personal databases built by individuals and stored on microcomputers. In the third period, however, small personal databases receded from the desktop with the increasing sophistication of spreadsheet software and the diffusion of internet access. In the early 21th century, the demanding task of tracking millions of users through highly-centralized communication systems such as Facebook brought about new approaches to database design that departed significantly from the previous four decades" (Driscoll 2012, S. 6 f.).

Die von Driscoll herausgearbeitete Periodisierung der digitalen Datenpraktiken bildet einen vielversprechenden Ansatz, um die Geschichte der digitalen Informationsverarbeitung als eine Entwicklung ihrer Medienumbrüche – im Sinne eines „progressiven kulturellen Wandels" (Rusch 2007, S. 83) – aufzeigen zu können.

Weiterführende Untersuchungen haben die sozialen und politischen Bedingungen und Auswirkungen des Übergangs von der mechanischen Datenauszählung der ersten Volkszählungen um 1890 über die elektronischen Datenverarbeitungen der 1950er Jahre bis zum digitalen Social Monitoring der unmittelbaren Gegenwart untersucht (Bollier 2010, S. 3). 1937 veröffentlichte der britische Mathematiker und Logiker Alan Mathison Turing seine Arbeit „On Computable Numbers with an Application to the Entscheidungsproblem", in der er ein mathematisches Maschinenmodell entwickelte, das bis heute für die Theoriegeschichte der modernen Informations- und Computertechnologie von größter Bedeutung ist (Turing 1937, S. 230–265). Mit dem von Turing entwickelten Universal-Modell der Turingmaschine gilt er heute als einer der einflussreichsten Theoretiker der frühen Computerentwicklung. Im Jahr 1946 entwickelte der Mathematiker John von Neumann die bis heute gültigen Funktionseinheiten des Computers: Steuerwerk, Rechenwerk, Speicher, Eingabewerk und Ausgabewerk. Weil der Computer als erweiterte Rechenmaschine alle Informationen in einen binären Code übersetzt und als Signale elektrisch überträgt, ist er als umfassendes Hypermedium in der Lage, nicht nur sprachliche Texte, sondern auch visuelle und auditive Texte in einem multimedialen Konvergenzraum zu speichern, zu bearbeiten und zu verteilen (Cioffi-Revilla 2010, S. 259–271). Friedrich Kittler verortet demnach das maßgeblich Neue des Computers in seiner Eigenschaft, alle bisherigen Medien in sich zu vereinen – ein Charakteristikum, das in der rezenten Theorie der digitalen Medien mit den Begriffen der „Medienkonvergenz" und des „Hypermediums" umschrieben wird:

„Wenn Filme und Musiken, Anrufe und Texte über Glasfaserkabel ins Haus kommen, fallen die getrennten Medien Fernsehen, Radio, Telefon und Briefpost zusammen, standardisiert nach Übertragungsfrequenz und Bitformat. [...] In der allgemeinen Digitalisierung von Nachrichten und Kanälen verschwinden die Unterschiede zwischen einzelnen Medien. Nur noch als Oberflächeneffekt, wie er unter dem schönen Namen Interface beim Konsumenten ankommt, gibt es Ton und Bild, Stimme und Text" (Kittler 1986, S. 7).

In seinem 1993 veröffentlichten Aufsatz „Es gibt keine Software" stellte er seine provokante These vor, dass Software bloß eine Imagination sei, die den Blick auf das tatsächlich bedeutende – die Hardware – verdecke (Kittler 1993). Stattdessen forderte er mit seiner an Michel Foucault (1969/1981) angelehnten *Medienarchäologie* (Kittler 1985) die materiellen Bedingungen der Kulturinformatik stärker in den Blick zu nehmen: „Archäologien der Gegenwart müssen auch Datenspeicherung, -übertragung und -berechnung in technischen Medien zur Kenntnis nehmen" (Kittler 1985, S. 501). Seine medienarchäologischen Analysen haben die Theorien der digitalen Medien maßgeblich beeinflusst und konzentrieren sich auf die Untersuchung der „Netzwerke von Technik und Institutionen, die einer gegebenen Kultur die Adressierung, Speicherung und Verarbeitung von Daten erlauben" (ebd.).

Die quantitative Methodenforschung im Bereich der empirischen Sozialwissenschaften hat sich seit dem Aufkommen computergestützter Datenverarbeitung seit den 1950er Jahren intensiv mit der systematischen Erhebung von Daten, den statistischen Verfahren und deren Weiterentwicklung (Survey Methodology, prozessproduzierte Daten) beschäftigt. Auch in den Geschichtswissenschaften hat sich die quantitative Methodenforschung im Tätigkeitsfeld der Quellenkritik fest verankert, um mögliche Präsumtionen, Präsuppositionen und Vorurteile möglichst ausschließen zu können.

Vor dem Hintergrund der Omnipräsenz und Verfügbarkeit von digitalen Daten wird hier versucht, zur grundsätzlichen Klärung des Datenbegriffs beizutragen. In diversen Beiträgen der Science & Technology Studies wird die kritische Revision digitaler Theorie- und Methodenbildung mit der rezenten Theoriebildung in den Informationswissenschaften und den Digital Humanities verknüpft. In einer ersten Sondierung werden die begrifflichen Auseinandersetzungen thematisiert, die um den heuristischen Stellenwert von Daten geführt werden, um sich in weiterer Folge mit den technisch-infrastrukturellen Rahmenbedingungen der Erhebung von großen (multivariaten) Datensätzen zu beschäftigen. Im Vorfeld der interpretativen Datenforschung setzt sich eine methodenreflexive Ausrichtung der Data Studies mit den theoretischen Vorentscheidungen der datenbasierten Wissenschaften und ihren Auswirkungen auf die Gestaltung des digitalen Forschungsprozesses auseinander, beschäftigt sich konkret und exemplarisch mit den möglichen wissenschaftlichen, praktischen, ethischen und politischen Problematiken von Best-Practice und Use-Cases-Anwendungen und eröffnet schließlich datenkritische Perspektivierungen auf das Forschungsfeld der digitalen Methoden.

2 Was sind Daten?

Die einschlägige Methodenliteratur der sozial-, kultur- und kommunikationswissenschaftlichen Forschungstradition stellt eine umfassende und grundlegende Reflexion des Datenbegriffs zur Verfügung (Diekmann 2007; Kromrey 2009; Reichertz 2016, S. 65–80). In Anlehnung an das lateinische Wort „datum" („das, was gegeben ist") wurden Daten in der Geschichte wissenschaftlicher Wissensproduktion oft als „Tatsachen" oder „brute facts" verstanden wie Lisa Gitelman und Virginia Jackson in der Einführung zu ihrem Sammelband „,Raw Data' is an Oxymoron" festhalten:

> „At first glance data are apparently before the fact: they are the starting point for what we know, who we are, and how we communicate. This shared sense of starting with data often leads to an unnoticed assumption that data are transparent, that information is self-evident, the fundamental stuff of truth itself" (Gitelman/Jackson 2013, S. 2).

Die Einsicht, dass nicht nur sozial- und kulturwissenschaftliche Daten, sondern auch naturwissenschaftliche Daten nicht durch objektive Erkenntnis, sondern durch kommunikative Vermittlungen und konventionelle Übereinkünfte entstehen, sorgte in den Science & Technology Studies bereits Mitte der 1980er Jahre für kontroversiell geführte Auseinandersetzungen (Bonß/Hartmann 1985). In ihrem 1984 erschienenen Hauptwerk „Die Fabrikation von Erkenntnis" hat Karin Knorr-Cetina während ihrer zahlreichen ethnografischen Beobachtungen der Laborarbeit zur Erforschung pflanzlicher Proteine herausgearbeitet, dass die Betrachtung und Behandlung von etwas als *Datum* stets kontextgebunden stattfindet (Knorr-Cetina 1984, S. 159). In diesem Sinne kommt sie zur Schlussfolgerung, dass Naturphänomene nicht erst beobachtet und danach deskriptiv erfasst, sondern aktiv erzeugt und in sozialen Interaktionen in wissenschaftliche Tatsachen umgestaltet werden.

Die Interpretation von Daten als „Gegebenes" firmiert auch innerhalb der *computerbasierten* Methoden der Datenerhebung als ein geläufiges Deutungsmuster wissenschaftlicher Praxis. Das vielbeachtete Buch von Kenneth Cukier und Mayer-Schönberger zu Big Data reduziert Daten auf ihre genuine Eigenschaft, einen instrumentellen Weltbezug herzustellen:

> „Ein Phänomen zu datafizieren bedeutet, es in ein Format zu bringen, sodass es zahlenmäßig erfasst und analysiert werden kann. [...] Big Data ist eine Fortsetzung des ewig menschlichen Drangs, unsere Welt zu messen, aufzuzeichnen und zu analysieren" (Cukier/Mayer-Schönberger 2013, S. 101).

Diese Machbarkeitsbehauptung, dass Daten als harte Fakten mit Rechenpower und großen Datensätzen erschlossen werden könnten, trifft allerdings auf Widerspruch in der professionellen Sozialforschung, die sich seit vielen Jahrzehnten mit dem konstruktiven Charakter von Daten auseinandersetzt, siehe z. B. die Diskussion um den Total Survey Error (Weisberg 2009). Diese Methodendiskussion könnte als eine wertvolle Ressource der Datenkritik geltend gemacht werden, die bisher sowohl in den Digital Humanities als auch in den Medienwissenschaften mehr oder weniger ignoriert wird. Auf ähnliche Weise argumentiert das Buch „Digital Sociology" (2017) von Noortje Marres, die sich von der positivistischen Makroanalyse der Sozialitäts- und Vergesellschaftungsprozesse innerhalb der *Computational Social Science* kritisch abgrenzt und dabei moniert, dass „Digital sociology is ultimately a form of awareness, nothing more, nothing less" (Marres 2017, S. 44).

Neben ihren methodologischen Unterschieden in der Ausdifferenzierung der computerbasierten Forschung teilen Luciano Floridi (2014), David Lazer et al. (2009, S. 721–723), Lev Manovich (2009, S. 198–212) und Richard Rogers (2013) die fundamentale Annahme, dass man durch das Datensammeln hin zu immer differenzierteren Datenbeständen ein erhöhtes Wissen über soziales Verhalten oder kulturelle Prozesse erlangen kann (Hagner/Hirschi 2013, S. 7–11). So gesehen wird im Datum ein ‚Faktum' gesehen, also etwas, das auf einen feststehenden Teil unserer sozialen Wirklichkeit verweisen kann. Zur Beschreibung dieser Wirklichkeit wird eine zweiwertige Logik herangezogen, welche die Wirklichkeit (1) als *gegeben* und dementsprechend als (2) *repräsentierbar* setzt. Diese Grundannahme bildet die Voraussetzung dafür, dass Daten als die bestmögliche Annäherung an eine als ‚feststehend' gesetzte Wirklichkeit angesehen werden können und etabliert für die Vertreter der Computational Social Science das Postulat einer unumschränkten und unmittelbaren Datenerhebung, die Rückschlüsse auf das Verhalten von Individuen ermöglichen soll:

„The Internet offers an entirely different channel for understanding what people are saying, and how they are connecting. Virtual world by their nature capture a complete record of individual behaviour" (Lazer et al. 2009, S. 722).

Diese gedankliche Engführung schafft einen simplifizierenden Blick auf soziales Verhalten, das mittels maschinenlesbarer und automatischer Aufzeichnungs- und Speicherverfahren als grundsätzlich intelligibel und systematisch darstellbar erscheint. Mit der Machbarkeitsbehauptung, dass Daten als ‚irreduzible Tatsachen' auf ein primordial Gegebenes bezogen werden können, wird aber der gesamte Prozess der Bezugnahme auf Daten – von ihrer Herstellung bis zu ihrer Interpretation – ausgeblendet. Die bloße Setzung einer Korrespondenz zwischen Daten und Empirie greift zu kurz, wenn berücksichtigt wird, dass *erstens* empirische Daten selbst nicht theoriefrei beschreibbar sein können und in diesem Sinne selbst Konstruktionen darstellen: „Daten sind – aus konstruktivistischer Sicht – nicht schlicht Gegebenheiten, sondern werden im Akt des

Aufzeichnens erst generiert" (Ernst 2002, S. 159). Für zahlreiche Vertreter der *Computational Social Science* gilt diese Annahme als akzeptiert, folglich kann es für diese nur mehr darum gehen, Probleme der ‚richtigen' Datengewinnung und der ‚optimalen' Vermessung zu verhandeln. Die QUAN-Forschung hat diese Idee mit dem Total Survey Error aber schon längst aufgegeben. Es wird argumentiert, dass dieses Rauschen bei der Datenerhebung nie Null werden kann, d. h. implizit heißt das, dass es eine fehlerfreie Messung der Wirklichkeit nicht geben kann. Damit kann es auch keine harten Fakten geben.

In diesem Sinne bilden Daten kein Fenster zur Welt der sozialen Tatsachen, sondern können als Projektionen aufgefasst werden, mit denen nicht auf eine *reale*, sondern auf eine *mögliche* Welt Bezug genommen wird. Dieses Kriterium des technischen Handelns hat der Philosoph Ernst Cassirer ausführlich herausgearbeitet: „Die Technik fragt nicht in erster Linie nach dem, was *ist*, sondern nach dem, was sein *kann*" (Cassirer 1985, S. 81). In diesem Sinne bilden Daten nicht einfach die Welt so ab, wie sie ist, sondern können nach Cassirer als Verfahren der Ermöglichung verstanden werden. Wenn Daten Möglichkeitsräume des Wirklichen schaffen können, dann bilden sie Schichten der Wirklichkeit, die historisch freigelegt werden können. In dieser Sichtweise können wir, so Cassirer, „das Wirkliche selbst unter dem Bilde des Möglichen erblicken" (ebd.). *Zweitens* entstehen Daten fortwährend in der alltäglichen Praxis und stammen von Handelnden, die nicht nur handeln, sondern in ihrer Praxis auch fortwährend anzeigen, was sie tun (Garfinkel 1967; Knorr-Cetina 1984). In diesem Sinne gehen Daten aus sozialen Interaktionen hervor, mit denen Handelnde ihre Handlungen für sich selbst und andere Handelnde wahrnehmbar machen. Daten sind folglich weder gegeben noch vorhanden, sondern werden immer auch durch reflexive Weise in den Handlungen selbst erzeugt (Stein 1969, S. 3–25). *Drittens* können Daten als Resultat technisch-medialer Dispositive und Infrastrukturen angesehen werden. Daten können in Prozessen der stetigen, interaktiven und lokalen Herstellung stabilisiert und legitimiert werden, erscheinen aber auch gleichermaßen als veränderliche Variablen in interpretativen Praktiken der Anwendung von Kategorien, Typisierungen, Wissensbeständen und medialen Vermittlungen (Mika 2009, S. 138–149; Thorvaldsen 2009, S. 168–190; Rass 2009, S. 172–196; Salheiser 2009, S. 197–210).

Abgesichert werden Daten durch eine Vielzahl institutioneller Arrangements, intersubjektiver Validierungen in Interaktionsprozessen, Mediendispositiven und Wissenssystemen. Neben der technischen Abhängigkeit spielt das Problem der Theoriebeladenheit der Beobachtung bei der Auswertung von Daten eine besondere Rolle. In diesem Sinne kann in der Großdatenforschung der Weg von den Rohdaten zu den interpretationsfähigen Daten fast beliebig komplex werden. Mit Anwendungsprogrammen wie Gephi, Hadoop und Atlas Force können Störeinflüsse und Hintergründe korrigiert werden; schlechte oder uninteressante Daten können entfernt, Daten kalibriert und transformiert werden. All dies setzt ein detailliertes Wissen in Bezug auf das experimentelle Setup, über die genutzten Methoden, Instrumente und die experimentellen Umstände voraus. Ballsun-Stanton urgiert, dass zahlreiche Theoretiker der Big Data die Transformation von Rohdaten in Metadaten oft als wissenschaftlichen *Anreicherungsprozess* nach dem Baukastenprinzip ansehen (Ballsun-Stanton 2010, S. 120). So ergibt sich ein vielschichtiger Datenbegriff, der hierarchisch-pyramidal und chronologisch gefasst wird: auf der untersten Ebene werden eine endliche Menge an Buchstaben, Ziffern und Sonderzeichen angesiedelt, die keinen Eigenwert aufweisen und erst durch ihre Kodierung in ein Datum sinnvoll werden können. Auf dieser Ebene wird das Bild von Daten als Grundbaustein des Wissens verfestigt: Daten werden als direkter Bezug zur *Realität* angesiedelt und dementsprechend als beobachterunabhängig aufgefasst. Sie gelten daher als *objektivstes* Element im Wissensprozess der Informationsverarbeitung. Im weiteren Verlauf werden die einzelnen Daten im interpretatorisch-wissenschaftlichen Veredelungsprozess durch Syntaxregeln zu Metadaten in einen gewissen Kontext gesetzt und mit zusätzlichen Informationen verknüpft. Es können unterschiedliche Funktionsweisen und Verfahren von Metadaten unterschieden werden: *Identifizierende Metadaten* sind nötig, um relevante Ressourcen zu finden und zu organisieren, *administrative Metadaten* liefern Informationen, die der Verwaltung von Ressourcen dienlich sind, *inhaltliche Metadaten* geben Auskunft über mögliche Nutzer einer Ressource, *netzspezifische Metadaten* beschreiben die Beziehungen zwischen Ressourcen und *Meta-Metadaten* informieren über die Nutzungsprofile, die Modelle, die Syntax und die Formate, die den Metadaten zugrunde liegen. Wenn Daten in einen Bedeutungskontext versetzt werden, wechseln sie das Register und werden im Diskurs der Informatiker „*Informationen*" genannt. Informationen signalisieren den Handelnden, dass sie auf ihrer Basis Entscheidungen treffen können. Das Datenwissen organisiert die einzelnen Informationen und vernetzt diese in komplexen Argumentations- und Begründungsverfahren. Das macht den Ansatz der Informatik aus und das ist genau der Grund, warum sich Sozialwissenschaftler gegen eine automatisierte Datenanalyse aussprechen. Eine strikte Trennung von Daten, Information und Wissen ist daher problematisch, wenn in Betracht gezogen wird, dass in der Forschung mit großen Datenmengen eine Reihe von bisher ungelösten Problemen der Datenerhebung auftauchen (Stichprobenproblem, Reliabilität der Daten, Black Boxing), die dazu führen, dass der Übergang von Daten zu Informationen vom jeweils interpretierenden System abhängt (vgl. Rieder/Röhle 2012, S. 67–84; Ramsey/Rockwell 2012, S. 75–84).

Um den Stellenwert von Daten im wissenschaftlichen Versuch zu klären, haben James Bogen und James Woodward die Unterscheidung zwischen „Daten" und „Phänomenen" eingeführt. (Bogen/Woodward 1988, S. 303–352) Das Ergebnis ihrer Analyse ist, dass wissenschaftliche Theorien keine verlässlichen Aussagen über Daten machen können, insofern Daten in ihrer Erzeugung Beeinflussungen ausgesetzt sind, die mit dem von der Theorie analysierten Phänomen nicht deckungsgleich sind. Sie vertreten daher die These, dass Daten nur unzureichend systematische Erklärungen in den Wissenschaften stützen können (vgl. Münch 1972, S. 317–332; Kalthoff/Hirschauer/Lindemann 2008). Wenn in dieser Hinsicht Daten immer auch als Produkte medialer Dispositive, technischer Infrastrukturen oder subjektiver Reflexivität angesehen werden können, dann inhäriert den Daten immer auch eine Alterität des Erhebens, Beobachtens, Interpretierens und Modellierens. Tatsächlich können bei der Datenerhebung nur in seltenen Fällen alle Faktoren der ‚Störung' oder des ‚Rauschens' eliminiert werden. Daher muss man davon ausgehen, dass Daten von Figuren des Dritten beeinflusst oder gar verursacht werden, die den Aufbau von Theorien der Korrespondenz (Wirklichkeitsbezug) und Kohärenz (Zusammenhang) nachhaltig erschweren. In dieser Hinsicht liegt es nahe, Daten nicht länger als unveränderliche Fakten zu bestimmen, sondern Daten, Information und Wissen gleichermaßen als Hergestelltes und damit als Produkt eines Prozesses anzusehen. Die Daten erscheinen dann nicht mehr als Basis und Ausgangspunkt der Informationsverarbeitung, sondern sind dem Informationsprozess inhäriert. Daten wechseln damit ihre Charaktereigenschaft und können nun kontextbezogene und konnotative Eigenschaften aufweisen.

3 Perspektiven der Datenkritik

Mit Big Data hat sich eine positivistische Einschätzung rechnergestützter Datenanalyse etabliert, die unter anderem von einflussreichen Vertretern der Computational Science (Conte et al. 2012, S. 325–346) mitgetragen wird. Innerhalb der langjährigen Diskurstradition der Informationswissenschaften wurde hingegen die klassische Unterscheidung in Daten, Information und Wissen bereits früh in Frage gestellt und methodenkritisch diskutiert (vgl. Aamodt/Nygård 1995). In diesem Zusammenhang wurde die Problematik im Umgang mit interpretationsfreien Daten angesprochen und eingewandt, dass in allen Erhebungs-, Verarbeitungs- und Auswertungsschritten Konstruktionsprozesse involviert sind – in Form von Algorithmen und Metadaten (Baecker 2013; Burkhardt 2015). Darüber hinaus sind eine Vielzahl von neuen Einflüssen und Entscheidungen bei der Informatisierung und Digitalisierung von Daten beteiligt und haben in informations- und ingenieurwissenschaftlichen Diskursen die Frage aufgeworfen, wie diese Elemente, die ein Computer verarbeiten kann, beschrieben werden können. Digitale Maschinen wie etwa der Computer verarbeiten Informationen, die durch diskrete Zahlen codiert sind. Eine Information, die nummerisch codiert ist, kann folglich maschinell, d. h. automatisch bearbeitet werden. Aufgrund der 1. nummerischen Codierung von Daten, der 2. maschinellen Berechenbarkeit von nummerischen Werten und der 3. algorithmischen Weiterverarbeitung unterscheidet sich die Digitalität der maschinellen Datenverarbeitung von älteren analogen Medien (vgl. Schröter 2004, S. 385–411).

Inwiefern verändert die Digitalität der Datensätze die Perspektive auf Daten, Informationen und Wissen, wenn Fragen etwa nach den Ähnlichkeiten oder den Mustern von Datensätzen in den Vordergrund rücken? Diese Vorstellung von Daten als binären Nachrichten, die zur Kommunikation dienen, eröffnet für Jakob Voß die epistemische Perspektive, den Datenbegriff ohne Rekurs auf den Informationsbegriff denken zu können:

> „Während bei Daten als Fakten und Daten als Beobachtungen die Frage im Vordergrund steht, welche Informationen in den Daten ‚enthalten' sind, ist bei Daten als digitalen Dokumenten deutlich, dass je nach Rezeptionskontext ganz unterschiedliche Inhalte im Vordergrund stehen können" (Voß 2013, S. 42).

In diesem Sinne kann die Korrespondenzannahme anders verstanden werden, insofern die Datensätze nicht mehr auf ein Bestimmbares verweisen; einzelne Dateneinheiten haben dann keine Entsprechung in einer angenommenen Wirklichkeit und können nicht mehr als protokollierende Einheiten, die in einem Korrespondenzverhältnis zu Wirklichkeit stehen, d. h. als irreduzible Voraussetzung für die weitere Informationsverarbeitung gesetzt werden. Wenn der gleiche Datensatz in verschiedenen Kontexten in unterschiedlichen Repräsentationsformen auftreten kann und ungleichartige Informationen ‚enthalten' kann, dann steht die Vorstellung von Daten als Bits im Vordergrund und löst die Vorstellung vom Bezug der Daten zur Realität ab (eine kritische Perspektivierung des Schlagworts ‚Big Data' entwirft Floridi 2012, S. 435–37). Mit der umgangssprachlichen Verwendung der Phrase ‚Big Data' hat sich der Wirklichkeitsverlust der Daten weiter verschärft.

Die *Critical Code Studies* und die *Software Studies* stehen heute für ein heterogenes Diskursfeld innerhalb der Theorien der digitalen Medien, das sich mit den Algorithmen, Graphen und Protokollen digitaler Umgebungen auseinandersetzt (Fuller 2008; Wardrip-Fruin 2011). In diesem Theoriestrang überlagern sich medienarchäologische und datenkritische Problemstellungen, die sich mit den sozialen Steuerungsprozessen und machtpolitischen Aspekten beschäftigen, die der Erzeugung von datengenerierter Forschung und materiellen Datenkulturen inhärent sind. (Gillespie 2010, S. 347–364). Sie gestehen der Vernetzungstechnologie selbst eine strukturbildende Macht zu und interpretieren die digitalen Informations- und Kommunikationstechnologien als eine rechner- und softwarebasierte Ermöglichungsmacht sozialer und kultureller Praktiken, die weite Bereiche der Alltagskommunikation dominieren.

Eine Vielzahl von Forschungsrichtungen dient den *Software Studies* als theoretischer und methodischer Impulsgeber, da ihre Forschungsgegenstände in den unterschiedlichsten Anwendungsfeldern integriert sind. So fragen Industriedesigner, Anthropologen, Humanbiologen, Architekten, Soziolinguisten, Informatiker und Vertreter der Science & Technology Studies in gemeinsamen Projekten nach dem Stellenwert von kollektiven Schrift-, Sprach-, Bild- und Gedächtnissystemen, die von rechnerbasierten Kodes, Standards, Protokollen, Programmen, Datenverarbeitungen und Datenbanken produziert, prozessiert und statistisch analysiert werden. Heute hat sich das *Forschungsfeld* der Software Studies ausdifferenziert und *es werden die unterschiedlichsten Verflechtungen von Software, Kultur und Gesellschaft wissenschaftlich untersucht.*

Die von Alexander Galloway projektierte Medien- und Machttheorie der „protokolllogischen" Kontrolltechniken verfolgt den Anspruch, einen spezifischen Machttypus der verteilten Kontrollgesellschaft zu beschreiben (Galloway 2004). Die Protokolle interpretiert er als Medien einer liberalen Regierungstechnologie, die hochgradige Spielräume an unregulierter Kommunikation und flexibilisierter Distribution von Inhalten für einen taktischen Mediengebrauch bereithält. Protokolle operieren unterhalb der sichtbaren Anwendungsschichten im Verborgenen und werden daher nicht als mediale Beschränkung von Informationsflüssen wahrgenommen, sondern als herrschafts- und machtneutrales Tool. In der Tradition medienmaterialistischer Ansätze und vor dem Theoriehintergrund der Science Studies fragt er nach dem Stellenwert von informatischen Konzepten und Benutzerschnittstellen bei der Herausbildung sozialer Formationen und interpretiert die algorithmischen Standards, Normen und Protokolle also in erster Linie als vermittelnde Instanz zwischen den kulturellen Praktiken und den technischen Infrastrukturen. Vor diesem Hintergrund untersucht er nicht nur die technischen Möglichkeiten der politischen Kontrolle durch Algorithmen und Protokolle, sondern thematisiert die politischen Handlungsmöglichkeiten von netzwerkbasierten Bewegungen.

Die Redefiguren ‚Kontrollverlust durch Datenwachstum', ‚Automatisierung von Entscheidungsprozessen' oder ‚Intransparenz der Datenspeicherung' – um deren analytische Aufklärung sich die Software Studies und Critical Code Studies bemühen – können als Hinweise dafür verstanden werden, dass das Bedürfnis, Datenströme sicht- und sagbar zu machen, virulent geworden ist. In diesem Zusammenhang untersuchen die folgenden beiden Kapitel exemplarisch wissenschaftliche Praktiken, die Übergänge zwischen Daten als Bits und Daten als Bilder gestalterisch entwickeln.

4 Big Data als „Boundary Object"

Die Arbeit mit dem Konzept der Boundary Objects verschiebt die Perspektive von epistemologischen Fragen der Datenqualität auf den Konstruktionsprozess zwischen unterschiedlichen Akteuren und bietet zusätzliche Verbindungsmöglichkeiten mit dem methodologischen Repertoire der quantitativen Forschung.

Die konsequente Problematisierung von empirischen Daten als unzweifelhaft feststehenden Größen bedeutet aber nicht im Umkehrschluss, Daten als willkürliche Konstrukte, die von jedem Akteur auf beliebige Weise interpretiert werden können, zu betrachten. Spätestens mit der Überführung von ‚Rohdaten' in ‚strukturierte' Daten oder ‚definierte', ‚maschinell lesbare' Metadaten oszillieren Daten zwischen Konventionen und Regelwerken, mit denen Wissenschaftler versuchen, Daten in erweiterten Bedeutungskontexten zu kategorisieren, administrieren und vernetzen, wenn Daten aus forschenden Netzwerkbeziehungen hervorgehen und zwischen heterogenen Gruppen zirkulieren und vielfältige Anschlussflächen ausbilden. So gesehen entstehen Daten aus multilateralen Aushandlungsprozessen, Kontroversen und Grenzziehungen. In diesem Sinne können sie als „Schwellenobjekte", oder als „boundary objects" im Sinne von Susan L. Star und James R. Griesemer verstanden werden (Star/Griesemer 1989, S. 387–420). Der Begriff „boundary object" bezeichnet die Modalität, wie ein Handlungsbezug zwischen heterogenen technischen und sozialen Praktiken, Gruppen und Interessen möglich wird:

> „Boundary objects are one way that the tension between divergent viewpoints may be managed. [...] The tension is itself collective, historical, and partially institutionalized" (Bowker/Star 1999, S. 292).

Bei Grenzobjekten handelt es sich um Objekte, die in lokalen Anwendungen konkret und zweckgerichtet verwendet werden, aber zugleich in einer umfassenderen Zirkulation zur Verfügung stehen, ohne dabei ihre Identität zu verlieren. Unter diesen Vorzeichen kann man den gesamten Wissensprozess in den Blick nehmen und der weiterführenden Frage nachgehen, wie Daten, Information und Wissen als Grenz- oder Schwellenobjekte konstruiert werden, um Abgrenzungen, Übergänge und Beziehungen zwischen unterschiedlichen Wissensfeldern in Szene zu setzen. Wenn Daten als Grenzobjekte geltend gemacht werden, dann heißt das zunächst, dass Daten nicht mehr als Gegenstände aufgefasst werden können, die dem Subjekt gegenüberstehen und von diesem als losgelöst betrachtet werden können. Wenn davon ausgegangen werden kann, dass Daten im Wissensprozess praktisch erzeugt werden und ihnen eine performative Komponente inhäriert, dann verweisen Daten immer auch auf ein Handeln und werden von Handelnden hervorgebracht, die nicht nur handeln, sondern in ihrer Praxis auch fortwährend anzeigen, was sie tun. In performativer Hinsicht werden mit Daten immer auch Handlungen vollzogen und *Tat*sachen geschaffen, die gelingen oder fehlschlagen können. Sie gehen aus sozialen Interaktionen hervor, mit denen Handelnde ihre Handlungen für sich selbst und andere Handelnde wahrnehmbar machen und sind dementsprechend weder ‚gegeben' noch einfach ‚vorhanden', sondern werden immer auch durch reflexive Weise in den Handlungen selbst erzeugt (Garfinkel 1967, S. VII).

Grenzobjekte gehen aber nicht alleine aus dem menschlichen Handeln hervor, sondern können auch von nicht-menschlichen Akteuren vermittelt, organisiert und verwaltet werden. So gesehen können auch technische Gadgets bei der digitalen Selbstvermessung (z. B. Fitness-Tracker), Software-Architekturen (z. B. Hashtags) oder technische Schnittstellen (z. B. API's) Grenzobjekte bilden. Der Stellenwert nicht-menschlicher Akteure bei der Erhebung großer Datenmengen kann entlang folgender Use Cases veranschaulicht werden: Der Begriff der Verdatung bezeichnet mediale Verfahren und Praktiken, die für die Speicherung und Verarbeitung personenbezogener Wissensbestände eingesetzt werden. In diesem Zusammenhang bedienen sich Fitness-Apps einer Vielzahl von Techniken und Medien. Sie entwickeln Handlungsanweisungen und Orientierungswissen, die das Monitoring und Mapping körperlicher Aktivitäten mit Körperdisziplinierungen und Selbstpraktiken verknüpfen und erstrecken sich von statistischen Auswertungen mittels Kurven, Korrelationen, Prozentwerten, Balkendiagrammen und Tabellen, vom Coaching bis zu Fitness-Testverfahren und detaillierten Plänen zur Gewichtsreduktion. Die Verdatung von Körper- und Verhaltensfunktionen zielt auf die Herstellung eines Individuums „that becomes a knowable, calculable and administrable object" (Shove/Pantzar/Watson 2012, S. 17). Dabei durchlaufen die Kulturtechniken des Messens unterschiedliche Verfahren, um Individuen und ihre Körper in Zahlen oder Einheiten zu verwandeln: „Quantification relies on data collection, followed by visualization of this data and cross-referencing, in order to discover correlations, and provide feedback to modify behaviour" (Whitson 2013, S. 167).

Um die Anschlusskommunikation sozial geteilter Bilder zu optimieren, zielt das Hashtagging (das ist die Verschlagwortung des audiovisuellen Materials) auf eine publikumswirksame Kontextualisierung des Bildmaterials. Mit den Hashtags wird die öffentliche Kommunikation und Wahrnehmung in Echtzeit kodiert und in Speichermedien archiviert. Das Hashtagging erlaubt nicht nur die Kodierung von audiovisuellem Material, sondern ermöglicht mittels der Trending Topics die quantitative Vermessung von Trendentwicklungen digitaler Kommunikationsgemeinschaften. Ursprünglich wurden Schlagworte nach dem #-Symbol in der Twitter-Nutzung eingeführt, um die Kontextsuche von einzelnen Tweets zu verbessern. Auf Instagram ist es möglich, die Fotos und Videos mit Hashtags zu versehen, um Suchvorgänge zu erleichtern und Zugehörigkeiten zu Bilderkategorien ihren Communities herzustellen. Das Hashtagging verweist auf eine vielschichtige Praxis der Markierung von Bildinhalten. Mit ihrer taktischen Verwendung von Schlagworten versuchen Nutzerinnen und Nutzer ihr Imagedesign zu optimieren, „especially using the most popular hashtags on Instagram, can lead to a flood of new likes and followers" (Titlow 2012, o. S.). Arrivierte Hashtags verfügen über einen sozialen Aufmerksamkeitswert und bieten eine gute Möglichkeit, das öffentliche Interesse an die hochgeladenen Bilder zu knüpfen. Mit den Hashtags wird also versucht, die öffentliche Rezeption auf eine bestimmte Weise zu lenken und sich bestimmte Gruppen näher zu erschließen. Die freie Verschlagwortung von Inhalten im Internet mittels Hashtagging stellt eines der eindringlichsten Verfahren der anonymen Kollaboration dar, die Merholz als „metadata for the masses" (Merholz 2004, o. S.) und Surowiecki (2004) als „the wisdom of crowds" bezeichnet. Mit dieser Merkmalsbestimmung bezeichnet er auch eine Multiplizierung einer kollektiven Mediennutzung von digitalen Speichern und Netzwerken, welche die Archive und Sammlungen des Wissens in dynamische Aggregatzustände verwandelt, die sich mit jeder neuen Benutzung verändern und anders anordnen.

Schnittstellen stellen für die Big Data-Forschung ein zentrales Instrument der datengetriebenen Wissensproduktion dar. Ohne Schnittstelle, oder „application programming interface", kurz: API, gäbe es heute keine Twitter-Forschung. Die von Twitter zur Verfügung gestellte Anwendungsprogrammierung schafft eine technisch-mediale Infrastruktur der Datenerhebung und setzt softwarebasierte Filter für eine selektive Wissensgenerierung ein, die für die gewöhnliche Forschung nicht einholbar ist. Als Filterschnittstellen agieren die API's netzwerkartig, sie ermöglichen Netzwerke und wirken vernetzend. Die API's sind als plastische Grenzobjekte im Werden begriffen, da sie von ihren Benutzern weiterentwickelt werden können. Sie gestehen den Nutzern also eine bestimmte Eigendynamik zu. Andererseits sind sie als Grenzobjekte auch robust und stellen stabilisierte Entitäten dar, da ihre Filterarchitektur fixiert ist und von ihren Anwendern selbst nicht mehr verändert werden kann. Schließlich muss auch noch die bindende Rolle der API als Grenzobjekt betont werden: sie knüpfen ein soziales Band zwischen Forschergruppen, die sich auf die API's als wissensverstärkende Plattform und als Netzwerk beziehen.

Das oben erwähnte von Star, Griesemer und Bowker entwickelte Analysewerkzeug der *boundary objects* kann hier herangezogen werden, um den Evidenzcharakter und Seinsbezug der Daten aufzubrechen und an ihrer Stelle Daten als *Produkte* von Kommunikationsprozessen zu begreifen. Dieser Perspektivenwechsel soll exemplarisch an spezifischen Formaten der Datenvisualisierung aufgezeigt werden. Es wird davon ausgegangen, dass die *visuellen Repräsentationen* von Daten nicht nur als zusätzliches Hilfsmittel der informationsästhetischen Aufbereitung zu Verfügung stehen, sondern mit dem gesamten Wissensprozess – von der Datenerhebung bis zur Datenmodellierung – eng verflochten sind. Wenn die Annahme einer hypostasierten Gegebenheit der Daten hinfällig ist, dann fungieren Datenbilder nicht mehr lediglich als Instrumente zur Darstellung eines bereits gegebenen Sachverhalts, sondern können in ihrer Rolle als (mediale) Ermöglichung von Daten befragt werden. In diesem Zusammenhang können alle möglichen Übersetzungen und Vermischungen von Animationen, interaktiven Mashups oder Echtzeit-Datenvisualisierungen in Betracht gezogen werden, die von heterogenen Gruppen akzeptiert und sozial geteilt werden. So können zum Beispiel die mittels Weltkarten dargestellten Datenströme als bereits ausverhandelte Durchgangspunkte, als „trading zones" (Galison 2004, S. 42) in einem verhaltensmoderierenden Orientierungsraum der Informationsästhetik beschrieben werden: unterschiedliche Nutzergruppen können diese Grafiken für ihre Zwecke nutzen, indem sie ein kollektives Bildgedächtnis miteinander teilen, ohne dass sie sich untereinander verständigen müssen. (vgl. Star 2004, S. 58–76)

Die nachfolgenden Fallstudien thematisieren die Problematik digitaler Samplingverfahren im konkreten Forschungsprozess und problematisieren die theoretischen Vorannahmen im Prozess der Datengewinnung und -modellierung.

4.1 Heat Mapping

Das sogenannte Heat Mapping stellt eine der zentralen Visualisierungsstrategien der Big-Data-Forschung dar. Hier geht es um die Interpretation von verdichteten Daten, die von Nutzern selbst hervorgebracht werden. Die nachfolgende Diskussion eines Use Case der Big Data-Forschung beschäftigt sich weniger mit der methodischen Reliabilität der erhobenen Daten, sondern vielmehr mit dem interpretativen Mehrgewinn von Daten, die als soziale Tatsachen respektive als ein Fenster zur sozialen Welt angesehen werden. Das Abbilden des Zahlenraums in den Repräsentationsraum der Bilder ist abhängig von den visuellen Möglichkeiten der Daten, Informationen darzustellen, von den Arbeitsmitteln, welche die Grenzen der praktischen Umsetzung vorgeben und den Problemstellungen, die spezifische Umsetzungen für die Interpretationsziele der Anwender verlangen. Sie erweisen sich zirkulierend als Grenzobjekte, indem sie von Akteuren ausgehandelt werden und als Bildmedien, indem sie selbst wieder als fundierende Bedingung für Vernetzungen und Kooperationen wirksam werden, insofern ihre fortwährende Stabilisierung gelingt. Die bildmediale Repräsentation der Big Data ist keine neutrale und interesselose Übermittlung einer Botschaft, sondern definiert den, der versucht, sich die Daten sinnbildend zu erschließen.

Ein konkreter Datensatz erfasst beispielsweise „Geotagged Hateful Tweets in the United States" (users.humboldt.edu/mstephens/hate/hate_map.html, Abruf 10.05.2018) und wurde von Monica Stephens und ihrem Team Amelia Egle, Matthew Eiben und Miles Ross an der Humboldt Universität zu Berlin bearbeitet und visualisiert. Der Datensatz besteht aus über 150.000 Tweets, die in Kooperation mit der University of Kentucky im Zeitraum vom Juni 2012 bis April 2013 gesammelt wurden. In Berlin wurde der Datensatz mit Hilfe der kontextorientierten Sentiment-Analyse mit der Absicht ausgewertet, Rassismus in der Alltagskommunikation nachzuweisen. Die Ergebnisse der Datenauswertung wurden schließlich in einer umfassenden Kartenansicht, mittels der „Google Maps API" dargestellt. Dieser Datensatz soll das allgemeine Phänomen veranschaulichen, dass Rassismus in alltäglichen, medialen, kulturellen und politischen Kontexten konstruiert wird und einer empirischen Überprüfung bedarf. Eine zweite Messung mit geringfügigen Änderungen, beispielsweise mit einem anderen Set an Schlüsselwörtern in einem veränderten Zeitraum, oder einer anderen Software würde zwar von der ersten Erhebung abweichende Daten produzieren, aber dennoch dieselbe Evidenz für das Phänomen geben. Die im Projekt „Geotagged Hateful Tweets in the United States" vertretene, rassismuskritische Hypothese erklärt deshalb nicht die Entstehung und Struktur von spezifischen Datenbildern, sondern fokussiert ein allgemeines Phänomen der Rassismusforschung, beispielsweise die kulturell konstruierten Differenzzuschreibungen zur Herstellung von ‚Rasse', Ethnizität und Geschlecht.

Die der Datenerhebung vorausgehende Erstellung der Keywords verdeutlicht, dass sich die theoriegeladene Analyse bereits auf der Ebene der Daten abspielt. So gilt bereits das Sample von ausgewählten Keywords als Evidenz für das Phänomen des Rassismus in der US-amerikanischen Gegenwartsgesellschaft. Insofern haben die Forscher bereits auf ein bestimmtes Vorwissen rekurriert, um ein stabiles Phänomen aus dem Datenstrom extrahieren zu können (Steinle 2002, S. 408–432). Dennoch spielte die Problematik, dass die Daten bereits theoriegeleitet und selektiv erhoben worden sind, in der Datenvisualisierung keine Rolle. Die interaktive Grafik übernimmt also die Aufgabe eines sozial verträglichen *boundary object*, um das Alltagsphänomen des Rassismus in unterschiedlichen sozialen Rezeptionskontexten zu stabilisieren, Verbindungen zwischen diesen Kontexten zu schaffen und diese Verbindungen aufrecht zu erhalten. Sie kann auch in einem erweiterten Kontext als ein Grenzobjekt angesehen werden, weil sie zwischen dem Abstrakten und dem Konkreten, zwischen dem Allgemeinen und dem Besonderen vermittelt, um verschiedene Sichtweisen anschlussfähig zu machen. Um dem Anspruch der von Star und Griesemer entwickelten Konzeption des *boundary object* gerecht zu werden, muss die Twitter-Map ‚plastisch' genug sein, um breit gestreute Rezeptionserwartungen adressieren zu können, doch ‚robust' genug, um eine gemeinsame Identität zwischen konfligierenden Sichtweisen herzustellen. Hier stellt sich konkret die Frage, was in Bezugnahme auf die hier untersuchten Twitter-Maps unter ‚plastisch' und ‚robust' verstanden werden kann. Sie verhalten sich ‚plastisch', indem sie dem Bedürfnis, sich rasch und einfach einen Einblick über eine Datensammlung (bedienerfreundliche Website, interaktive Bildgestaltung) zu verschaffen, entgegenkommen; sie verhalten sich ‚robust', indem sie mittels vereinfachter und bekannter Visualisierungsstrategien (Kartenansicht, Farbschema) auf ein gemeinsam geteiltes Bildgedächtnis verweisen.

Als Grenzobjekt kann das Twitter-Mapping aber auch dazu dienen, mittels standardisierter Bildformen den Blick auf die Datensammlung bilddidaktisch zu disziplinieren. Denn die Möglichkeit, die Grafiken als interaktive Google-Mashup (Ein Mashup – von englisch to mash für vermischen – bezeichnet die Erstellung neuer Medieninhalte durch die Rekombination bereits bestehender Inhalte (interaktive Karte mit Navigationselementen, neue Inhalte) zu nutzen und mit Hilfe der explorativen Zoom-In-Technologie einzelne Tweets bis in die Wohngegenden der Sender zu verfolgen, verstärkt den sozialen Realismus der Daten. Dieser Realismus wird visuell unterstützt durch Satelliten-Ansichten und Straßenkarten. Sie suggerieren die Möglichkeit, die Datenströme in Echtzeit geolokalisieren zu können. Die technische Möglichkeit, selbständig im Datenraum zu navigieren, um einzelne Tweets individuell ausfindig zu machen, transformiert das wissenschaftliche Bild in ein Instrument der polizeilichen Fahndung. Wenn Nutzer in diesen Datenraum eintreten, dann werden sie nicht in erster Linie mit dem theoretischen Wissen vertraut gemacht, sondern erlernen praktische Fähigkeiten und technisches Know-how, um einzelne Tweets geolokalisierend verorten zu können.

Die „Geography of Hate" ist von den technischen Instrumenten, deren Leistungen, Grenzen und Hintergrundtheorien abhängig und die Auswertung der Datenbilder ist an wissenschaftliches Vorwissen gebunden. Deshalb stellt sich die Frage, inwiefern Daten und ihre Visualisierung eine hinreichende Grundlage für die Rechtfertigung rassismuskritischer Thesen bilden können, wenn sie sich popularisierender Formate wie der *Heat Map* bedienen, um Rassismus mittels der Technologie der Wärmebildkamera zu visualisieren. Mit der *Heat Map* wird ein verhaltensmoderierender Wahrnehmungsraum hergestellt, der das Phänomen des Alltagsrassismus auf eine Art Wetterkarte überträgt. Rassistische Äußerungen werden in unterschiedlichen Farbtönen dargestellt, die im Farbspektrum von Rot und Blau streuen. Mit dem Bildtypus der Wetterkarte wird die Datensammlung mit Naturmetaphern (Großwetterlage etc.) angereichert: mit dieser Bildstrategie geht es in erster Linie darum, zu überzeugen, den Blick zu disziplinieren, Wiedererkennungswerte zu etablieren und die Stabilität des Grenzobjekts für einen polizeilichen Fahndungsblick zu inszenieren. Hier kann die politische Problematik von datenvisualisierenden Grenzobjekten diskutiert werden: Sie ermöglichen den Wechsel von Big Data zu Small Data und stellen in Aussicht, die Verfügbarkeit von großen Datenmengen zur geolokalisierenden Fahndung individueller Tweets zu nutzen.

Die *Heat Maps* zählen mittlerweile zum Bilderkanon der Datenvisualisierungen und verleihen Datensätzen eine anschauliche und sozial verträgliche Funktion. Sie bieten vielfältige Anschlüsse an symbolische Schemata und ermöglichen die Darstellung komplexer Inhalte und Zusammenhänge mittels vielseitiger, vereinfachter und plastischer Bildelemente und -funktionen. Verhaltensmoderierende und rhetorische Funktionen lassen sich bei vielen anderen Datenvisualisierungen nachweisen, wenn man etwa die Bildtraditionen der

Verräumlichung und der Geolokalisierung von Daten in Betracht zieht. *Infografiken* wie die *Heat Map* vermitteln Datenwissen zwischen verschiedenen sozialen Gruppen und sind maßgeblich an der Transformation des Datenwissens in spezifische, konkrete Grenzobjekte beteiligt. Sie können daher als Aushandlungszonen individueller und kollektiver Deutungen sowie als Bild-Dispositive des Wissens in ihrer historischen Genese untersucht werden.

4.2 Trending Topics

Am 9. Oktober 2012 löste die 15-minütige Rede der australischen Premierministerin Julia Gillard, in der sie die Frauenfeindlichkeit des Oppositionsführers Tony Abbott zum Thema machte, weltweite virale Kommunikationsabläufe in sozialen Netzwerken aus. Die australischen Kommunikationswissenschaftler Axel Bruns und Theresa Sauter nennen ihre Analyse der Verbreitung dieser auf Video aufgezeichneten Rede im Twitter-Netzwerk „Anatomie eines Verbreitungsmechanismus" („Dissemination of Links to the ABC's video of Julia Gillard's ‚Misogyny' Speech on Twitter", www.youtube.com/watch?v=4V81s5s AiqM&list=PLaUZk_25lML-Va3u8O8dU4_g9_-wdSMbO, veröffentlicht am 18.10.2013, Abruf 10.5.2018).

Ein besonderes Interesse gilt den Ketten von Retweets, die das Video über das Netz von Twitterteilnehmern verbreiteten. In ihrer Studie zeigen sie auf, dass Twitternutzer, die über eine vergleichsweise große Anzahl von Followern verfügen, eine besondere Rolle in den Kommunikationsabläufen spielen und nennen diese „opinion leader" des globalen sozialen Mediennetzes (www.univie.ac.at/digitalmethods/programm/anatomie-eines-trending-topics/, Abruf 10.5. 2018), – ein Akteursbegriff, mit dem sie auf die Kommunikationssoziologie der 1950er Jahre verweisen (Katz 1957, S. 61–78; Katz/Lazarsfeld 1957).

Welcher Medienbegriff liegt dieser Studie zugrunde und welchen Stellenwert hat er bei der Modellierung von sozialer Kommunikation und politischem Aktivismus? In einem Ausdehnungs- und Orientierungsraum wird die Distribution von Kommunikation schematisiert und abstrahiert. Zu sehen ist nicht der einzelne kommunikative Akt, sondern ausschließlich die Verbreitungsmechanik, eine anatomische Reduktion von Zentren, Knotenpunkten und Linien, die den Raum der Kommunikation nicht vergrößern, sondern sich dynamisch im Zentrum gruppieren. Im Zentrum der visuellen Analyse stehen nicht einzelne Kommunikate als Ort der Aushandlung, sondern Übertragungen, die räumliche Distanzen überwinden und sprunghafte Kumulationen, wenn Poweruser die Medienarena betreten und Follower adressieren.

Mit diesem Übertragungsmodell für die Ausweitung von Mitteilungen im Raum soll die Herausbildung von gemeinschaftsstiftenden Rezeptionspraktiken aufgezeigt werden. Die Datenvisualisierung zeigt hier in ihrer Eigenschaft als wissenschaftliches Grenzobjekt, dass den medial geteilten Inhalten eine soziale Kohäsionskraft zukomme, weil dadurch Gemeinsamkeiten sichtbar würden, die wiederum als Aufmerksamkeitsträger für die geteilten Inhalte fungieren. Diese Stärke der visuell dargestellten Vermittlung und der Vernetzung kann jedoch auch als eine Schwäche gelesen werden, wenn sich der Eindruck aufdrängt, als entstünden die Verbreitungsmechanismen der Retweetketten völlig unabhängig von irgendeinem semantischen Gehalt und sozial geteiltem Wissen. Selbst wenn man durch Aggregation riesiger Datenmengen bestimmten emergenten Mustern auf die Spur kommen mag: Der (möglicherweise geteilte) Sinn, den die Akteure mit ihren Praktiken verbinden, bleibt hier ausgeblendet. Im Versuch, Heterogenität als mechanistisches Grenzobjekt in Szene zu setzen, um die Dynamik globaler digitaler Kommunikation als sozialisierend und stabilisierend zu erweisen, werden selektive Vereinfachungen eingeführt, die das Hybride, Unreine und Heterogene entdifferenzieren und die gesammelten Daten als ‚rein', ‚objektiv' und ‚überschaubar' erweisen und sie auf diese Weise zurichtet, reinigt und purifiziert.

Um den Eindruck eines mechanistischen Informationstransportes und eines einseitigen Technik- und Mediendeterminismus zu vermeiden, werden vom australischen Forscherteam die Transmissionen der Kommunikation mit bestimmten sozialen Distinktionen (Beruf, Milieu etc.) kontextualisiert. Diese Vorgehensweise soll verdeutlichen, dass die außerhalb des Twitter-Netzwerkes erworbenen sozialen Distinktionen sowohl die Distribution von Medieninhalten als auch die gemeinschaftsstiftenden Rezeptionspraktiken steuern, stabilisieren oder verstärken können. Diese Signifizierung betrifft nur die Einflussreichen, denen ein „opinion leadership" zugesprochen wird: mit diesem Zug wird Meinungsbildung doch wieder top-down angeordnet.

Schauen wir uns schließlich die zeitliche Taktung des Kommunikationsablaufs an. Sie ist das Resultat der von Twitter vorgegebenen Nutzungsregeln der Datenströme, unterliegt der temporalen Binnenstruktur der unternehmenszentrierten Plattform und ist nicht mit verbindlichen Erhebungsmethoden im Forschungsdesign zu verwechseln. Die Datenvisualisierung von Bruns und Sauter zeigt, dass digitale Daten innerhalb der neuen Zeitumgangsformen nicht länger in einem Behälter der Dinge, in der sie verfließen, untergebracht sind, sondern mittels eines bewegtbildlichen Reproduktionsmediums durch Montage, Zeitraffer, Stillstand, Rück- und Vorlauf manipuliert werden können. Hier wird die Zeit der Daten selbst zum Medium von Wahrnehmung und wird zur ästhetischen Vermittlung in popularisierenden Kontexten eingesetzt. In diesem Sinne haben wir es mit einer Dateninszenierung zu tun, die unter anderem versucht, mit Hilfe von kinematischen Technologien einen ästhetischen Schauwert zu etablieren. Die Datenvisualisierung kommuniziert dabei eine Vielzahl kultureller und wissenschaftsgeschichtlicher Kodierungen des Sozialen, die nicht genuiner Bestandteil des Forschungsdesigns sind. Sie zeigt ein Meinungsbild, das von wenigen einflussreichen Twitter-Usern in einem als „transparent" und „lesbar" entworfenen sozialen Raum geprägt wird, dem identifizierbare Subjekte als *opinion leader* eingeschrieben sind. Diese dominieren auch in der ästhetischen Remediatisierung des Datenstromes das zentrale Blickfeld der Mise en Scène und werden auch in der Forschungsinterpretation mit Hilfe einer innerdiegetischen Blickführung priorisiert, um die zentrale Stellung von meinungsbildenden Beeinflussern vom kommunikativen Grundrauschen zu unterscheiden.

Fasst man in Anknüpfung an die hier geleistete Untersuchung des Twitter Mapping den Status von Grenzobjekten weiter (Galison 1997, S. 47), dann können diese nicht nur auf Objekte und konkrete, materielle Dinge reduziert werden, sondern beschreiben alle möglichen Verfahren, Techniken und Praktiken, die im Alltag zwischen verschiedenen sozialen Gruppen Bezüge herstellen, gemeinsam geteilte Sinnsysteme ermöglichen und die Apparate und Technologien genauso einschließen wie Institutionen, symbolische Formen, konkrete Darstellungsformen oder Interpretationen.

5 Fazit und Ausblick

Als Digitale Methoden versteht Richard Rogers in seinem gleichnamigen Buch Ansätze, die nicht schon bestehende Methoden für die Internetforschung adaptieren, sondern die ‚genuinen' Technologien und Verfahren digitaler Medien aufgreifen (Rogers 2013, S. 63). In seiner Überblicksdarstellung der „web-native techniques" (ebd.) setzt er sich mit Forschungsansätzen auseinander, die sich große Mengen digitaler Kommunikationsdaten zunutze machen, um diese mit computergestützten Verfahren zu modellieren.

Sowohl der Ansatz der „Computational Social Science" als auch die Überlegungen der „Digital Methods" stehen für die fundamentale Annahme, dass man von den Daten ausgehend, die Social-Media-Plattformen erzeugen, neue Einsichten in menschliches Verhalten bzw. soziale Sachverhalte jenseits dieser Plattformen bzw. ihrer Software erlangen kann. Zahlreiche Repräsentanten der computerbasierten Sozial- und Kulturwissenschaften vertreten die Annahme, dass man Online-Daten als soziale *Gegebenheiten* interpretieren könne. Damit fixieren sie die Praktiken der Internet-Nutzung mit Hilfe eines positivistischen Datenbegriffs, der die Nutzerpraktiken als Ausdruck einer spezifizierbaren sozialen Handlung versteht. Der Positivismus der „Computational Social Science" von Social-Media-Plattformen vernachlässigt allerdings die sinnstiftende und handlungsanweisende Rolle der Medien bei der Hervorbringung sozialer Rollen und stereotyper Handlungsformen im Umgang mit dem Medium. In dieser Hinsicht kann der soziale Behaviorismus der Online-Forschung hinsichtlich seiner Objektivitätspostulate in Frage gestellt werden.

Die Vision einer solchen nativ-digitalen Forschungsmethodik, ob in Gestalt einer „computational social science" (Lazer 2009, S. 721–723) oder von „cultural analytics" (Manovich 2009, S. 199–212) ist jedoch noch unvollständig beschrieben und verlangt nach einer epistemischen Befragung der digitalen Methoden in der Internetforschung in Bezug auf folgende Aspekte:

1. Digitale Methoden als *geltungstheoretisches Projekt*. Dieses steht für ein bestimmtes Verfahren, das soziale Geltung von Handlungsorientierungen beansprucht. Die Wirtschaftsinformatik, die Computerlinguistik und die empirische Kommunikationssoziologie bilden nicht nur ein Geflecht wissenschaftlicher Felder und Disziplinen, sondern entwickeln in ihren strategischen Verbundprojekten bestimmte Erwartungsansprüche, die soziale Welt erklärend zu erschließen und sind insofern intrinsisch verbunden mit epistemischen und politischen Fragen. Vor diesem Hintergrund setzt sich eine das Selbstverständnis der digitalen Methoden befragende Epistemologie mit der sozialen Wirkmächtigkeit der digitalen Datenwissenschaften auseinander.
2. Digitale Methoden als *konstitutionstheoretisches Konstrukt*. Der Gegenstandsbezug der Big Data-Forschung ist heterogen und wird durch unterschiedliche Methoden hergestellt. Mit ihren Technologien der Schnittstellen, den Verfahren des Datentrackings, des Keyword-Trackings, der automatischen Netzwerkanalyse, der Sentiment- und Argumentanalysen oder dem maschinenbasierten Lernen ergeben sich daher kritische Perspektivierungen der Datenkonstrukte. Vor diesem Hintergrund versuchen die Critical Code Studies, die medialen Techniken von informatischen Machtverhältnissen sichtbar zu machen und untersuchen die technisch-infrastrukturellen Regulative von Layermodellen, Netzwerkprotokollen, Zugangspunkten und Algorithmen.
3. Digitale Methoden können letztlich auch als eine *gründungstheoretische Fiktion* aufgefasst werden. Die einschlägige Forschungsliteratur hat sich – wie ich bereits gezeigt habe – eingehend mit der Reliabilität und der Validität der wissenschaftlichen Datenerhebung beschäftigt und ist zum Ergebnis gekommen, dass die Datenschnittstellen des Social Net (Twitter, Facebook, YouTube) mehr oder weniger als dispositive Anordnungen fungieren. Denn als Filterschnittstellen erzeugen die API's (application programming interfaces) ökonomisch motivierte Exklusionseffekte für die Netzforschung, die von ihr aus eigener Kraft nicht kontrolliert werden können.

Lazer et. al. (2009) fordern von künftigen *computer scientists* einen verantwortungsvollen Umgang mit zugänglichen Daten und sehen in einem fahrlässigen Umgang große Gefahren für die Zukunft der Disziplin selbst: „A single dramatic incident involving a breach of privacy could produce a set of statutes, rules, and prohibitions that could strangle the nascent field of computational social science in its crib. What is necessary, now, is to produce a self-regulatory regime of procedures, technologies, and rules that reduce this risk but preserve most of the research potential" (Lazer et. al. 2009, S. 722). Wenn es um die Erforschung sozialer Zusammenhänge mit Hilfe von Computer Science und Big Data geht, dann rückt der verantwortungsvolle Umgang mit Daten und die Beachtung datenschutzrechtlicher Vorgaben auch in die Theoriebildung und Methodologie ein. Insofern haben sich vor dem Hintergrund des digitalen Wandels von Wissen, Macht und Ökonomie die Erwartungen an die Theorien der digitalen Methoden des 21. Jahrhunderts maßgeblich verändert. In den Debatten werden zunehmend Forderungen laut, die darauf bestehen, die historisch, sozial und ethisch einflussreichen Aspekte der digitalen Datenpraktiken systematisch aufzuarbeiten – verknüpft mit dem Ziel, diese künftig in den digitalen Wissenschaftskulturen der Datenerzeugung und -analyse nachhaltig zu verankern.

Literatur

Aamodt, A./Nygård, M. (1995): Different roles and mutual dependencies of data, information, and knowledge – an AI perspective on their integration. In: Data and Knowledge Engineering 16, S. 191–222.
Baecker, D. (2013): Metadaten. Eine Annäherung an Big Data. In: Geiselberger, H./Moorstedt, T. (Hrsg.) (2013): Big Data: Das neue Versprechen der Allwissenheit. Berlin: Suhrkamp, S. 156–186.
Ballsun-Stanton, B. (2010): Asking about Data: Experimental Philosophy of Information Technology. In: 5th International Conference on Computer Sciences and Convergence Information Technology 1, S. 119–124.
Bogen, J./Woodward, J. (1988): Saving the Phenomena. In: The Philosophical Review 97, S. 303–352.
Bollier, D. (2010): The Promise and Peril of Big Data. Report. Washington, DC: The Aspen Institute. www.emc.com/collateral/analyst-reports/10334-ar-promise-peril-of-big-data.pdf (Abruf 15.5.2018).
Bonß, W./Hartmann, H. (Hrsg.) (1985): Entzauberte Wissenschaft. Zur Relativität und Geltung soziologischer Forschung. Soziale Welt, Sonderband 3. Göttingen: Schwartz.
Bowker, G. C./Star, S. L. (1999): Sorting Things Out. Classification and its Consequences. Cambridge: MIT Press.
Burkhardt, M. (2015). Digitale Datenbanken: Eine Medientheorie im Zeitalter von Big Data. Bielefeld: transcript.
Burgess, J./Puschmann, C. (2013): The Politics of Twitter Data www.papers.ssrn.com/sol3/papers.cfm?abstract_id=2206225 (Abruf 10.5.2018).
Cassirer, E. (1985): Form und Technik. In: Orth, E. W./Krois, J. M. (Hrsg.) (1985): Symbol, Technik, Sprache. Aufsätze aus den Jahren 1927–1933. Hamburg: Meiner, S. 81–102.
Cioffi-Revilla, C. (2010): Computational social science. In: Wires. Computational Statistics 2, S. 259–271.
Conte, R./Gilbert, N./Bonelli, G./Cioffi-Revilla, C./Deffuant, G./Kertesz, J./Loreto, V./ Moat, S./ Nadal, J.-P./Sanchez, A./Nowak, A./Flache, A./San Miguel, M./Helbing, D. (2012): Manifesto of computational social science. In: European Physical Journal: Special Topics 214/1, S. 325–346.

Cukier, K./Mayer-Schönberger, V. (2013): Big Data. Die Revolution, die unser Leben verändern wird. München: Redline.
Diekmann, A. (2007): Empirische Sozialforschung. Reinbeck: Rowohlt.
Driscoll, K. (2012): From Punched Cards to „Big Data": A Social History of Database Populism. In: communication +1, 1, Article 4.
Ernst, W. (2002): Datum und Information: Begriffsverwirrungen. In: Wolfenbütteler Notizen zur Buchgeschichte 27, S. 159–181.
Floridi, Luciano (2012): Big Data and Their Epistemological challenge. In: Philosophy of Information 25, S, 435–437.
Foucault, M. (1969/1981): Archäologie des Wissens. Frankfurt am Main: Suhrkamp.
Fuller, M. (2008): Software Studies: A Lexicon. Cambridge, Mass.: MIT Press.
Galison, P. (1997): Image and Logic: A Material Culture of Microphysics, Chicago: Chicago University Press.
Galison, P. (2004): Heterogene Wissenschaft: Subkulturen und Trading Zones in der modernen Physik. In: Strübing, J./Schulz-Schaeffer, I./Meister, M/Gläser, J. (Hrsg.) (2004): Kooperation im Niemandsland. Neue Perspektiven auf Zusammenarbeit in Wissenschaft und Technik. Wiesbaden: Springer, S. 27–57.
Galloway, A. (2004): Protocol. How Control Exists after Decentralization. Cambridge Mass: MIT Press.
Garfinkel, H. (1967): Studies in Ethnomethodology. Cambridge: Polity Press.
Gillespie, T. (2012): The Relevance of Algorithms. In: Gillespie, T./Boczkowski, P./Foot, K. (Hrsg.) (2012): Media Technologies. Cambridge, Mass.: MIT Press, S. 167–194.
Gitelman, L./Jackson, V. (2013): „Raw data" is an oxymoron. Cambridge: MIT Press.
Gitelman, L./Pingree, G. B. (2004): New Media, 1740–1915. Cambridge, Mass.: MIT Press.
Hagner, M./Hirschi, C. (2013): Editorial Digital Humanities. In: Zürcher Jahrbuch für Wissensgeschichte 9, S. 7–11.
Kalthoff, H./ Hirschauer, S./ Lindemann, G. (Hrsg.) (2008): Theoretische Empirie. Zur Relevanz qualitativer Forschung. Frankfurt am Main: Suhrkamp.
Katz, E. (1957): The Two-Step Flow of Communication: An Up-to-Date Report on an Hypothesis. In: Public Opinion Quarterly 21, S. 61–78.
Katz, E./Lazarsfeld, P. (1957): Personal Influence: The Part Played by People in the Flow of Mass Communications. New York: Free Press.
Kittler, F. (1985): Aufschreibesysteme 1800-1900. München: Fink.
Kittler, F. (1986): Grammophon Film Typewriter. Berlin: Brinkmann.
Kittler, F. (1993): Es gibt keine Software. In: Kittler, F. (1993): Technische Schriften. Leipzig: Reclam, S. 225–242.
Knorr-Cetina, K. (1984): Die Fabrikation von Erkenntnis. Zur Anthropologie der Wissenschaft. Frankfurt/Main: Suhrkamp.
Kromrey, H. (2009): Empirische Sozialforschung. Stuttgart: UTB.
Lazer, D./Pentland, A./Adamic, L./Aral, S./Barabási, A. L./Brewer, D./Christakis, N./Contractor, N./Fowler, J./Gutmann, M./Jebara, T./King, G./Macy, M./Roy, D./Van Alstyne, V. (2009): Computational Social Science. In: Science 323/5915, S. 721–723.
Manovich, L. (2009): How to Follow Global Digital Cultures: Cultural Analytics for Beginners. In: Becker, K./Stalder, F. (Hrsg.) (2009): Deep Search: The Politics of Search Beyond Google, Innsbruck: Studien Verlag, S. 198–212.
Merholz, P. (2018): Metadata for the Masses. www.adaptivepath.com/publications/essays/archives/000361.php (Abruf 1.5.2018).
Mika, T. (2009): The Effects of Social and Institutional Change on Data Production. In: HSR 34, S. 115–137.
Münch, R. (1972): Zur Kritik der empirischen Forschungspraxis. In: Zeitschrift für Soziologie 1, S. 317–332.
Pentland, A. (2014): Social Physics: How Good Ideas Spread – The Lessons from a New Science. London: Penguin Press.
Ramsey, S./Rockwell, G. (2012): Developing Things: Notes toward an Epistemology of Building in

the Digital Humanities. In: Gold, M. K. (Hrsg.) (2012): Debates in the Digital Humanities. Minneapolis: Minnesota Press, S. 75–84.

Rass, C. (2009): Sampling Military Personnel Records: Data Quality and Theoretical Uses of Organizational Process-generated Data. In: HSR 34, S. 172–196.

Reichertz, J. (2016): Qualitative und interpretative Sozialforschung. Wiesbaden: VS.

Rieder, B./Röhle, T. (2012): Digital Methods: Five Challenges. In: Berry, D. M. (Hrsg.) (2012): Understanding Digital Humanities. London: Verso, S. 67–84.

Rogers, R. (2013): Digital Methods. Cambridge/Massachusetts: MIT Press.

Rusch, G. (2007): Mediendynamik: Explorationen zur Theorie des Medienwandels. In: Navigationen: Zeitschrift für Medien- und Kulturwissenschaften 7, S. 13–93.

Salheiser, A. (2009): Handling Ideological Bias and Shifting Validity of Longitudinal Data. In: HSR 34, S. 197–210.

Shove, E./Pantzar, M./Watson, M. (2012). The dynamics of social practice. Everyday life and how it changes. London: Sage Publications.

Schröter, J. (2004): Intermedialität, Medienspezifik und die universelle Maschine. In: Krämer, S. (Hrsg.): Performativität und Medialität. München: Fink, S. 385–411.

Skopek, Jan (2012): Partnerwahl im Internet. Eine quantitative Analyse von Strukturen und Prozessen der Online-Partnersuche. Wiesbaden: VS.

Star, S. L./Griesemer, J. R. (1989): ‚Translations' and Boundary Objects: Amateurs and Professionals in Berkeley's Museum of Vertebrate Zoology, 1907-39. In: Social Studies of Science 19, S. 387–420.

Star, S. L. (2004): Kooperation ohne Konsens in der Forschung: Die Dynamik der Schließung in offenen Systemen. In: Strübing, J./Schulz-Schaeffer, I./Meister, M/Gläser, J. (Hrsg.) (2004): Kooperation im Niemandsland. Neue Perspektiven auf Zusammenarbeit in Wissenschaft und Technik. Wiesbaden: Springer, S. 58–76.

Stein, R. (1969): Comparative Cross-National Research: The Context of Current Efforts. In: Merritt, R. L./Stein, R. (Hrsg.) (1969): Comparing Nations. New Haven, London: Yale University Press, S. 3–25.

Steinle, F. (2002): Experiments in History and Philosophy of Science. In: Perspectives on Science 10, S. 408–432.

Surowiecki, J. (2004): The Wisdom of Crowds. New York: Doubleday.

Thorvaldsen, G. (2009): Changes in Data Collection Procedures for Process-Generated Data and Methodological Implications. In: HSR 34, S. 168–190.

Titlow, J. P. (2012): How to Get More Followers on Instagram. In: Titlow, J. P. (2012): ReadWrite (weblog), Eintrag 19. Juli. www.readwrite.com/2012/07/19/how-to-get-more-instagram-followers (Abruf 1.5.2018).

Turing, A. M. (1937): On Computable Numbers, with an Application to the Entscheidungsproblem. In: Proceedings of the London Mathematical Society 2, 42, S. 230–265.

Voß, J. (2013): Was sind eigentlich Daten? In: LIBREAS. Library Ideas 23. libreas.eu/ausgabe23/02voss/ (Abruf 1.06.2018).

Wardrip-Fruin, N. (2011): Expressive Processing. Cambridge, Mass.: MIT Press.

Weisberg, H. F. (2009): The Total Survey Error Approach: A Guide to the New Science of Survey Research. Chicago: Chicago University Press.

Whitson, J. (2013). Gaming the quantified self. Surveillance and Society 11, S. 163–176.

Wolf, C./Best, H. (2010): Handbuch der sozialwissenschaftlichen Datenanalyse. Wiesbaden: VS.

6 Methoden zur Erfassung langfristigen sozialen Wandels

6.1
Biographieforschung und Narrationsanalyse

Gabriele Rosenthal und Arne Worm

1 Einleitung

In diesem Beitrag werden wir die grundlagentheoretischen und methodologischen Annahmen einer sozialkonstruktivistisch und figurationssoziologisch fundierten Biographieforschung diskutieren und an unserer Forschung zur sozialen Konstruktion von Grenzräumen[1] zwischen Marokko und den spanischen Exklaven Melilla und Ceuta ihre methodische bzw. forschungspraktische Umsetzung verdeutlichen. Im Zentrum unserer ethnographisch ausgerichteten Forschung stehen Fallrekonstruktionen, die primär auf lebensgeschichtlichen und biographisch-narrativen Interviews basieren. Das methodische Vorgehen dieses Verfahrens stellen wir am Beispiel der Lebensgeschichte und des Migrationsverlaufs eines kurdischen Syrers vor. Neben einer komprimierten Vorstellung dieser Methoden der Erhebung und Auswertung werden wir verdeutlichen, weshalb wir – auch in sehr unterschiedlichen Projektzusammenhängen – für sorgfältige historische Recherchen zu den geographisch spezifischen politischen Kontexten sowie für die Einbettung der zu untersuchenden Phänomene – wie zum Beispiel der Verlauf einer Migration oder die Konstruktionen kollektiver Zugehörigkeiten – in den gesamten lebensgeschichtlichen Verlauf in seiner Verflechtung mit den gesamtgesellschaftlichen Prozessen plädieren. Des Weiteren werden wir am Beispiel unserer Forschung die Vorteile eines Designs vorstellen, das sich in mehrfacher Hinsicht konsequent – nicht nur in der Interviewführung und der Auswertung des erhobenen Materials – am Prinzip der Offenheit orientiert. Dazu gehört eine kontextsensible Flexibilität im gesamten Forschungsverlauf in Bezug auf Feldzugänge, Methodenkombinationen, Planungen der Stichprobe und Modifikationen der Erhebungssettings auf der Grundlage der Reflexion der eigenen Positionierung im Feld.

---

1 In diesem von der Autorin geleiteten vergleichenden DFG-Forschungsprojekt forschen neben den AutorInnen, Eva Bahl und Ahmed Albaba zur Grenzregion um die spanischen Exklaven Ceuta und Melilla, während die Grenze zwischen Israel und dem ägyptischen Sinai von Efrat Ben-Ze'ev und Nir Gazit erforscht wird.

2 Grundannahmen einer sozialkonstruktivistisch und figurationssoziologisch fundierten Biographieforschung

Zunächst sei in komprimierter Form die Konzeption einer soziologischen Biographieforschung skizziert, die sich vorwiegend auf die sozialkonstruktivistische Wissenssoziologie und die Figurationssoziologie stützt. Wir verfolgen damit die methodologische Umsetzung einer Verknüpfung der einzelne familien- und lebensgeschichtliche Verläufe fokussierenden Biographieforschung mit einer stärker langfristige und kollektive Wandlungsprozesse betrachtenden Figurationssoziologie (Bogner/Rosenthal 2017a; Bogner/Rosenthal 2017b; Radenbach/Rosenthal 2012; Rosenthal 2012; Rosenthal 2010a). In beiden Theorietraditionen wird gesellschaftliche Wirklichkeit als eine durch die Wechselwirkungen zwischen Individuen beständig bzw. immer wieder neu hervorgebrachte und sich damit wandelnde Wirklichkeit verstanden. Dies beruht auf einer prozesshaften (und streng relationalen) Auffassung von Gesellschaften und sozialer Wirklichkeit, die nicht ohne Individuen gedacht werden können. Bei der Rekonstruktion der Genese von biographischen Verläufen in ihren unaufhebbaren Verflechtungen mit kollektivgeschichtlichen Verläufen wird die Bedeutung einzelner Phasen oder Bereiche des Lebens im Gesamtzusammenhang der Lebensgeschichte interpretiert. Zum einen gehen wir davon aus, dass es zum Verstehen und Erklären von sozialen Phänomenen – nehmen wir das Verlassen des Herkunftslandes – notwendig ist, den Verlauf zu rekonstruieren, der dieses Phänomen hervorbringt. Zum anderen können wir vor der abgeschlossenen Analyse nicht wissen, welche Bereiche des Lebens, welche Prozesse und lebensgeschichtlichen Konstellationen zu dieser Aktivität geführt haben und welche nicht.

Diese in der soziologischen Biographieforschung meist zumindest ansatzweise geteilten Grundannahmen (Rosenthal 1995; Rosenthal 2005/2015, Kap. 6) führen dazu, dass die meisten VertreterInnen der Biographieforschung die gesamte Lebensgeschichte sowohl in ihrer Genese als auch in ihrer Konstruktion aus der Gegenwart in den Blick nehmen und bei der Erhebung und Auswertung erzählter Lebensgeschichten zunächst keine Einschränkung auf Teilaspekte oder einzelne Phasen der Biographie vornehmen. Die thematisch fokussierte Analyse einzelner Lebensbereiche oder einzelner Lebensphasen – wie der Migrationsroute, der Berufswahl oder der Prozesse der politischen oder religiösen Sozialisation – erfolgt erst dann, wenn die Struktur oder Gestalt der gesamten Lebensgeschichte und der gesamten biographischen Selbst- oder Wir-Präsentation erfasst worden ist. Wir sprechen von Selbst- und Wir-Präsentationen, da in manchen geographischen Regionen bzw. gesellschaftlichen Kontexten – wie zum Beispiel im Westjordanland – die Präsentation der Wir-Gruppe, zu der man sich zugehörig fühlt bzw. zu der man gehört, viel stärker im Vordergrund steht als die Erzählung der eigenen Lebensgeschichte (Rosenthal 2015). Dabei geht es vor allem darum, keine einfachen, „subjektivierenden" Warum-Fragen im Sinne „Wieso hat eine Person so und nicht anders gehandelt?" zu beantworten. Diese Art des Fragens wird eher vermieden. Mit einer prozessualen und wenn es möglich ist auch mit einer transgenerationalen Perspektive gilt es – wie auch von Elias (1983b, S. 40 – Anm.1; Elias 1983a, S. 38-54) gefordert und diskutiert wurde – vielmehr darum, zu fragen: „Wie war der lange oder längerfristige kollektiv- und lebensgeschichtliche Verlauf, der zu einer bestimmten lebensgeschichtlichen Konstellation, zu einem bestimmten Erleben, zu einer bestimmten Handlung oder Aktivität führte?"

Mit einem biographietheoretischen Zugang ist der Anspruch verbunden, kollektivgeschichtliche Verläufe, gesellschaftliche Kontexte und ihre Wandlungen auf der einen Seite und die Perspektiven und Erfahrungsgeschichten der Akteure auf der anderen Seite – häufig in der Dichotomie von Makro- und Mikroebene einander gegenübergestellt – konsequent in ihrer wechselseitigen Konstituierung und auch in ihrer in konkreten Ereignisverkettungen sichtbaren Interdependenz zu analysieren. Im sozialen Konstrukt der Biographie fallen beide „Seiten" – die historischen Prozessstrukturen einer Gesellschaft und ihre Hervorbringung durch die Gesellschaftsmitglieder – zusammen, wie es von Wolfram Fischer und Martin Kohli in ihrem programmatischen Aufsatz von 1987 diskutiert wurde. Die einzelne Biographie wird als ein historischer Fall betrachtet, dessen Fallgeschichte nur im dialektischen Verhältnis, das heißt, der gegenseitigen Konstitution von Gesellschaft und Individuum (Berger/Luckmann 1969) zu verstehen ist. Damit zielen biographische Fallrekonstruktionen auf die Analyse der Hervorbringungslogik von historisch-konkreten Fällen. In der soziologischen Biographieforschung geht es also weder darum, einfach nur subjektive Perspektiven und Erlebnisse zu erfassen, noch darum gesellschaftliche Strukturen als von den Subjekten losgelöste Wirklichkeit zu betrachten, sondern dem dialektischen Verhältnis von Gesellschaft und Individuum gerecht zu werden (Apitzsch 2014, S. 197ff.; Bogner/Rosenthal 2017a; Rosenthal 1995, Rosenthal 2005; Schütze 1983).

Welchen Vorteil hat es, biographische Fallrekonstruktionen sowie deren kontrastiven Vergleich mit einer figurationssoziologischen Perspektive zu verbinden? Eine solche Perspektive fordert uns dazu heraus, die Erfahrungen, Konstruktionen, Handlungsmöglichkeiten und die jeweils gefällten Entscheidungen bzw. auch die jenseits der Intentionen der Akteure liegenden Verhaltensabläufe konsequent in ihren Verflechtungen mit anderen Menschen und Gruppierungen und den sich wandelnden Machtbalancen zwischen ihnen zu analysieren. Dabei geht es auch darum, die langfristigen Folgen der Figurationsgeschichte zwischen verschiedenen Gruppierungen in ihrer Wechselwirkung mit den gegenwärtigen Figurationen eines Akteurs zu betrachten. Mit anderen Worten, es ist eine prozesshaft-historische Perspektive gefordert, die über den Zeithorizont der Lebensgeschichte hinausgeht. Der Mensch wird in bereits existierende Verflechtungen hineingeboren, in seiner Entwicklung von diesen Figurationen bestimmt, die er wiederum selbst mitbildet (Elias 1987/2001, S. 55).

Ganz wesentlich ist für Norbert Elias, dass fluktuierende (und oft asymmetrische) Machtbalancen ein integrales Element von allen Beziehungen zwischen Menschen darstellen:

> „Im Zentrum der wechselnden Figurationen oder, anders ausgedrückt, des Figurationsprozesses, steht ein fluktuierendes Spannungsgleichgewicht, das Hin und Her einer Machtbalance, die sich bald mehr der einen, bald mehr der anderen Seite zuneigt" (Elias 1986, S. 143).

Wir sind also gefordert, in unserer empirischen Arbeit, und damit bei der Rekonstruktion von Lebensverläufen, die Bedeutung von Machtdifferenzen und deren Wandlungsprozesse innerhalb gesellschaftlicher Strukturen konsequent einzubeziehen. Es geht darum, Menschen in ihren Interdependenzen und Verflechtungen zu betrachten und eben nicht von einer dualistischen Konzeption auszugehen, die Individuen und Gesellschaft als getrennte und trennbare Entitäten begreift. Elias verfolgte mit dem Begriff der Figuration das Ziel,

> „ein einfaches begriffliches Werkzeug zu schaffen, mit dessen Hilfe man den gesellschaftlichen Zwang, so zu sprechen und zu denken, als ob ‚Individuen' und ‚Gesellschaft' zwei verschiedene und überdies auch noch antagonistische Figuren seien, zu lockern" (Elias 1986: 141; Elias 1939/1997: 396-400).

Die Analyse von biographischen Verläufen – ob nun von Migrationsverläufen, beruflichen oder politischen Karrieren oder von Krankheitsverläufen – erfolgt also nicht reduziert auf einen isoliert betrachteten Lebensverlauf, sondern sie geht den Fragen nach: In welchen Beziehungsgeflechten standen und stehen die BiographInnen, in welchen institutionellen, organisationalen und informellen Verflechtungen sowie historischen Konstellationen, und welche Diskurse spielen dabei eine Rolle?

3 Forschungsprozess, Feldzugänge und theoretisches Sampling

3.1 Feldzugänge und theoretisches Sampling in der konkreten Forschungspraxis

Was bedeuten diese theoretischen und methodologischen Annahmen für den konkreten Forschungsprozess und das Forschungsdesign? Wie gehen wir mit den daraus resultierenden methodischen Ansprüchen, sich weitestgehend an den Relevanzen und Perspektiven der befragten Akteure zu orientieren, diese in ihren Verflechtungen mit Mitgliedern anderer Gruppierungen und den jeweiligen Interaktionsgeschichten zu betrachten sowie eine historisch-prozesssoziologische Perspektive auf die Phänomene „im Feld" einzunehmen, forschungspraktisch um? Nimmt man diese Anforderungen ernst und orientiert sich auch entsprechend eines konsequent umgesetzten Prinzips der Offenheit (Hoffmann-Riem 1980) an den jeweiligen Erfordernissen des Forschungsthemas und der zu untersuchenden Lebenswelt, kann es zwar keine konkreten Rezepte und allgemeingültigen Handlungsanweisungen für das Vorgehen in einem interpretativ ausgerichteten Forschungsprozess geben. Dennoch sind bestimmte Bedingungen für das Forschungsdesign zu erfüllen, die es ermöglichen, dass die komplexe Strukturiertheit des untersuchten Phänomens im Forschungsprozess sichtbar gemacht werden kann und eben nicht unter bereits bestehende alltagsweltliche oder wissenschaftliche Konzepte subsumiert wird. Dazu gehört zunächst die Bereitschaft, das eigene Forschungsthema oder die verfolgte Forschungsfrage als offenes Forschungsinteresse zu betrachten, das sich im Forschungsprozess stark modifizieren kann und das sich bei einer guten Forschung, die sich auf die zu untersuchende Lebenswelt einlässt, auch meist verändert. Weiterhin gehört dazu die Offenheit, die methodischen Zugänge an die jeweiligen Erfahrungen und Entdeckungen im Feld anzupassen. Um vor allem auch gegen die Gefahr anzuarbeiten, die gegenwärtig hegemonialen (wissenschaftlichen und alltagsweltlichen) Diskurse zu reproduzieren, sollte sich die Frage, welche Personen und welche sozialen Phänomene Bestandteil des zu erforschenden Themas bzw. „des Feldes" sind, im Forschungsprozess selbst entwickeln können und fortlaufend kritisch reflektiert werden. Um hier nicht einfach nur gut klingende Forderungen an die empirische Forschung zu formulieren, wollen wir deren konkrete Umsetzung anhand unserer gegenwärtigen Forschung zur „Sozialen Konstruktion von Grenzräumen" beschreiben. Zunächst einige Bemerkungen zu unseren Forschungsinteressen in diesem Projekt.

Wir erforschen die soziale Konstruktion von Grenzgebieten und Grenzaktivitäten im Kontext ihrer lang- und kurzfristigen Wandlungsprozesse in zwei strukturell sehr verschiedenen geopolitischen Kontexten: Zum einen in den Grenzregionen zwischen Marokko und den beiden spanischen Exklaven Ceuta und Melilla und zum anderen zwischen Israel und Ägypten. Zu Projektbeginn war vorgesehen, auch die Seegrenze zwischen Nordafrika und den kanarischen Inseln einzubeziehen. Doch bereits nach der ersten mehrwöchigen Feldarbeit in Melilla wurde deutlich, dass es angesichts der Diversität der nationalen und ethnischen Gruppierungen von MigrantInnen und ihrer Migrationsverläufe, des intensiven täglichen „Grenzverkehrs" in der Gegenwart und der komplexen historischen Verwicklungen zwischen Marokko und den Exklaven sowie der historischen und gegenwärtigen Unterschiede zwischen den Exklaven, sinnvoll ist, sich auf die Grenze zu Spanien in Nordafrika zu konzentrieren. Allgemein gesprochen: Die zunächst überlegte Forschungsplanung, die unter anderem eine Antragstellung oder ein Exposé erfordert, kann sich trotz sorgfältiger Vorüberlegungen und Literaturrecherchen, bei der Feldarbeit als überfrachtet oder auch als unterkomplex erweisen.

Im Fokus unserer Untersuchung stehen die lebens- und kollektivgeschichtlichen Erfahrungen von Mitgliedern verschiedener an den Grenzaktivitäten mitwirkender Gruppierungen (zum Beispiel Migrierende aus sehr unterschiedlichen Weltregionen, Polizeieinheiten, die Lokalbevölkerung in den Grenzgebieten, humanitäre Organisationen), die Prozesse der Genese ihrer Perspektiven, die Figurationen zwischen diesen Gruppierungen mit ihren ungleichen Machtchancen und die konkreten Interaktionen zwischen ihnen. In Anschluss an das von West/Zimmermann diskutierte Konzept des „doing gender" (1987), das die ethnomethodologischen Arbeiten von Harold Garfinkel aufgreift, und dem von Fenstermaker/West (2001) vorgeschlagenen Ansatz des „doing difference" zur Untersuchung der interaktiven Hervorbringung sozialer Ungleichheiten, sprechen wir von „doing borders" (Hess/Tsianos 2010). Dieses Interesse bedeutet entsprechend methodisch, dass wir Verfahren benötigen, mit denen wir zum einen die praktischen Vollzugswirklichkeiten – das „doing border" – erfassen können, das heißt, wie in den Aktivitäten und Interaktionen zwischen Mitgliedern verschiedener Gruppierungen Grenzen hervorgebracht und relevant werden. Zum anderen wollen wir die historische Genese der Handlungs- und Deutungsmuster der einzelnen Akteursgruppierungen rekonstruieren.

Daher arbeiten wir sowohl mit ethnographischer, auf teilnehmende Beobachtungen und ethnographischen Interviews gestützter Feldforschung als auch mit biographischen, auf lebens- und familiengeschichtlichen Interviews aufbauenden Verfahren. Für beide Zugänge gilt, dass wir nicht vor Beginn des Forschungsprozesses genauer definieren, welche Personen(-gruppierungen) wir befragen und welche Alltagssituationen wir beobachten möchten, sondern uns im Forschungsprozess auf die Komplexität des „Feldes" und die sich erst schrittweise ergebenden Möglichkeiten des Feldzugangs, aber auch auf die damit verbundenen Schwierigkeiten einlassen. Im Sinne des von Glaser und Strauss (1967) diskutierten theoretischen Samplings ist die strikte Phasentrennung von Erhebung und Auswertung aufgehoben und die jeweils weiteren Forschungsschritte werden von den Felderfahrungen und ersten Auswertungen der erhobenen Daten abhängig gemacht. Grundlage hierfür ist die Hypothesenbildung anhand von Memos zu den Beobachtungen und Interviews (Rosenthal 2005/2015, Kap. 3.2.2.; Rosenthal 2005/2015, Kap. 4.4.), die kontinuierlich im Forschungsprozess geschrieben werden. Ihr Aufbau ist bereits an der Logik eines sequentiell-rekonstruktiven Auswertungsverfahrens orientiert (siehe unten).

Unser erster Feldaufenthalt im April/Mai 2014 fiel in eine Phase, in der sich die internationale mediale Aufmerksamkeit wieder stärker dem – auf den ersten Blick unüberwindbar erscheinenden – Grenzzaun zwischen der spanischen Exklave Melilla und Marokko zugewandt hatte, die in den Wochen zuvor mehrfach von Hunderten von Migranten überwunden worden war. Die Berichterstattung war dabei dominiert von Naturmetaphern über „Flüchtlingsströme" nach Europa und Bildern von jungen, Schwarzen „afrikanischen" Männern, die in größeren Gruppen versuchen, den Grenzzaun zu erklettern. Vor Ort wurde uns dann sehr schnell klar, wie wenig diese entsubjektivierende Berichterstattung den unterschiedlichen Erfahrungsgeschichten, Verläufen und Herkunftskontexten der Migrierenden, die nach Ceuta und Melilla kommen, gerecht wird. Die beobachtete Diversität der Migrierendengruppierungen beschränkt sich dabei keineswegs auf die Feststellung, dass deren Mitglieder aus sehr unterschiedlichen Nationalstaaten kommen (aus west- und zum Teil auch nord- und ostafrikanischen Ländern sowie während unseres Aufenthalts zunehmend aus dem Kriegsgebiet Syrien), sondern verweist auf die komplexe Geschichte und Gegenwart regionaler Herkunftskontexte als soziale Rahmungen divergierender Migrationsverläufe. Dass diese Komplexität lokaler und regionaler Gruppenfigurationen entlang von ethno-linguistischen, religiösen und ökonomischen Differenzierungen und Differenzkategorien nicht nur die familien- und lebensgeschichtlichen Verläufe beeinflussen, die zur Migrationsentscheidung führen, sondern im Migrationsprozess relevant bleiben, zeigte sich in Melilla und Ceuta ganz konkret anhand der Gruppenbildungsprozesse entlang von sprachlichen und ethnischen – und oft nicht nationalen – Grenzen.

Diese Komplexität ist in unserer Forschung nicht zu übersehen und wir sind damit in gewisser Weise auch im Vorteil, da wir dazu aufgefordert sind, dies zu reflektieren und in unsere Planung miteinzubeziehen. Dennoch müssen auch wir immer wieder gegen die so häufig bei empirischen Untersuchungen zu beobachtende Tendenz – gerade auch im Kontext von Migrationsstudien – arbeiten, ein homogenisierendes Bild über die zu untersuchende Gruppierung aufrechtzuerhalten oder gar zu entwickeln. Diese Homogenisierung und die damit einhergehende Annahme, die Zugehörigkeit zu einer Gruppierung und einer damit verbundenen Gruppenbildung von vornherein vorauszusetzen – wie es prominent von Brubaker (2007) und Wimmer (2002) diskutiert wurde – führt darüber hinaus auch zu einer Ignoranz gegenüber den unterschiedlichen Fraktionen und vor allem auch den Machtungleichheiten zwischen ihnen. So ist es in unserem Feld wichtig, zum Beispiel genau darauf zu achten, zu welchen unterschiedlichen Gruppierungen die MigrantInnen aus Syrien oder auch aus den konkreten afrikanischen Ländern gehören, die bereits vor der Migration in ausgesprochen spannungsgeladenen Figurationen zueinander standen. Und wir sind nicht nur bei der Auswertung unserer Interviews, sondern bereits während der Feldarbeit zu soziologisch-historischer Kontextrecherche aufgefordert, um sensibel mit diesen Spannungen oder Differenzen umgehen zu können.

3.2 Interviewführung und Einzelfallrekonstruktion am konkreten Fallbeispiel

Inwiefern wir den einzelnen Fall, sprich die einzelne Biographie oder auch die einzelne Familie, in ihren spezifischen sich *wandelnden* historischen und gesellschaftlichen Kontexten betrachten und welche Bedeutung dies im Prozess der Erhebung und Auswertung hat, möchten wir an einem von der Autorin und Ahmed Albaba geführten biographischen Interview mit einem „illegal" nach Melilla migrierten Schwarzen Mauretanier (geboren ca. 1990) verdeutlichen.[2] Zunächst realisierten die InterviewerInnen, dass seine Perspektive auf nationale und andere Grenzziehungen und sein Erleben des Zusammenseins mit arabisch sprechenden Flüchtlingen im Flüchtlingslager sich sehr von MigrantInnen aus anderen westafrikanischen Ländern, mit denen wir sprachen, unterschieden. Ohne auf die fallspezifischen Besonderheiten in dieser Biographie einzugehen, kann mit dem Einbezug des historischen Hintergrunds und der Lebenswelt dieses Mannes in Mauretanien diese Besonderheit verhältnismäßig leicht als ein allgemeines Phänomen für seine Gruppierung erkannt werden. Mohammed, wie wir ihn nennen, hatte bis zur marokkanisch-spanischen Grenze nationale Grenzen – insbesondere zwischen Mauretanien, Mali und den Maghrebstaaten – mehr oder weniger als sehr durchlässig erlebt, die Grenze nach Spanien dagegen als lebensgefährliche Grenze, die ihm den Weg nach Europa versperrte. In den zwei mit Mohammed geführten Gesprächen erfuhren wir von seiner transnationalen Familiengeschichte, vom durchgängigen Pendeln der Familie in das Nachbarland Mali, von den zeitweisen Arbeitsmigrationen seines Vaters nach Frankreich und der Migration seines älteren Bruders nach Saudi-Arabien. Für Mohammed gehörte der problemlose „zollfreie" Kleinhandel zwischen Mali und Mauretanien zu seiner unhinterfragten Alltagswirklichkeit. Dieses familiengeschichtliche transnationale Netzwerkkapital, die Konzeption von durchlässigen Grenzen, und Mohammeds ethnische (aber keineswegs nationale) Zugehörigkeitskonstruktion sind keine individuellen Besonderheiten dieser Familie, sondern sie sind deutlich bedingt durch die Kollektivgeschichte seiner Gruppierung der Soninke, zu der unter anderem die Überlieferung vom mächtigen afrikanischen Reich Ghana (im ersten Jahrtausend n. Chr.) und die Kolonialgeschichte dieser Region gehört. Die Gebiete Mauretanien und Mali gehörten bis 1958 zu Französisch-Westafrika, der Föderation der französischen Kolonien in Westafrika. 1958 wurden die französischen Kolonien zu autonomen Republiken innerhalb der *Communauté Française* – mit Ausnahme Guineas, das sich für die Unabhängigkeit entschied. Mauretanien erhielt seine Unabhängigkeit im November 1960. Doch damit unterscheidet sich dieser

---

2 Die zwei Interviews mit diesem Mann wurden im Herbst 2014 in Melilla in Arabisch geführt und im Gespräch von unserem palästinensischen Kollegen A. Albaba ins Deutsche übersetzt.

historische Hintergrund, auch das transnationale Kapital der Familie, strukturell nicht von dem vieler anderer westafrikanischer MigrantInnen. Der wesentliche Unterschied der Lebenswelt von Schwarzen Afrikanern in Mauretanien zu anderen Schwarzen Westafrikanern besteht darin, dass in Mauretanien die Gruppierung der „Weißen Mauren" (Bidhan) die herrschende etablierte und auch größte Gruppierung und die Amtssprache Arabisch ist. Mohammeds arabische Sprachkenntnisse sind ein wesentliches Moment bei ihm, weshalb er im Lager stärker im Kontakt mit den arabisch sprechenden Syrern und überhaupt mit arabisch sprechenden Menschen ist, als andere (häufig französisch sprechende) westafrikanische Migranten.

Wenn es möglich ist, führen wir in der Regel mindestens zwei Gespräche. Damit können wir auch zwischen dem ersten und zweiten Interview beginnen, für das Verstehen der Lebensgeschichte unseres Interviewten hilfreiches historisches Hintergrundwissen zu erwerben und ganz generell aus der Distanz reflektieren, welche Themen noch angesprochen werden müssen, welche Informationen uns fehlen. Darüber hinaus erhalten wir im zweiten Gespräch auch oft Hinweise darüber, wie das erste vom Gesprächspartner oder der Gesprächspartnerin erlebt wurde, ob er oder sie weiter darüber nachgedacht hat und vielleicht von sich aus noch einige Dinge nachtragen oder auch korrigieren möchte. Was die ethnische Zugehörigkeit für Mohammed bedeutet, erfuhren wir erst im zweiten Interview auf explizite Nachfragen und nachdem die Interviewerin zu erkennen gab, dass sie über die in Mauretanien noch herrschende Sklaverei informiert ist. Dieses Beispiel zeigt auch, wie wichtig historische Kenntnisse über das Herkunftsland im Gesprächsverlauf sein können. Kontextrecherchen sind ein wichtiger Teil der „Feldarbeit", wobei es aufgrund von begrenzten Ressourcen immer wieder eine pragmatische Entscheidung ist, zu welchen Themen und Fragen wann und wie viel recherchiert werden muss und kann. Mohammed sprach daraufhin über seine ethnische Zugehörigkeit zu den Soninke, die in verschiedenen Staaten Westafrikas leben (die größte Gruppierung lebt in Mali) und vor allem erzählt er über seine als Schwarzer Mann durch die „Weißen Mauren" erlebten Diskriminierungen, die damit zusammenhängenden Behinderungen in seiner beruflichen Karriere und die Ausbeutung durch unbezahlte Arbeit. Erst dadurch, dass die Weiße Interviewerin ihn auf die Sklaverei in seinem Land ansprach, verdeutlichte er, dass dies ein starkes Motiv für seine Migration war. Bei der Rekonstruktion seiner Lebensgeschichte werden die Erfahrungen von Rassismus deutlich, die sein Leben durchziehen und ein wesentliches Moment für seine Migration, sein Erleben von Grenzziehungen im Herkunftsland, auf der Migrationsroute und im Flüchtlingslager im Zusammenleben mit arabischen und kurdischen – aus seiner Sicht – Weißen, aber seine Sprache sprechenden NordafrikanerInnen und SyrerInnen sind. Diese Erfahrungen unterscheiden sich von den Erfahrungen von WestafrikanerInnen aus anderen Ländern – wie zum Beispiel aus Kamerun –, die zunehmend auf der Migrationsroute, vor allem in Marokko, Erfahrungen mit Rassismus machen und wie sie uns erklärten, oft auf dieser Route erstmals erlebten, dass sie in Bezug auf ihre Hautfarbe diskriminiert werden. Es sei angemerkt, dass rassistische Diskriminierung auch die Grundlage dafür ist, dass Schwarze Menschen wesentlich riskantere illegalisierte Wege nach Melilla nehmen müssen (zum Beispiel über den Grenzzaun) als zum Beispiel SyrerInnen oder AlgerierInnen, die in der Regel mit gekauften marokkanischen Pässen im täglichen „Grenzverkehr" nach Melilla kommen.

Bei der Rekonstruktion der Lebensgeschichte von Mohammed sind wir damit gefordert, den in seinem Leben und auch in seinem gegenwärtigen Alltag in Melilla wirksamen Erfahrungen in unterschiedlichen Figurationen mit unterschiedlichen Gruppen und Gruppierungen und den sich wandelnden Machtbalancen gezielter nachzugehen. Mohammed, der über eine fast abgeschlossene Ausbildung zum Imam in Mauretanien verfügt und aus einer angesehenen Familie von Imamen stammt, gehört zu den wenigen im Flüchtlingslager, die die Rolle des Vorbeters in der Moschee übernehmen können. Diese mit hohem Prestige verbundene Rolle, ist ihm in der Moschee in Melilla außerhalb des Lagers, wie er uns erklärte, als Schwarzer Mann nicht gestattet. Im Lager verschafft ihm diese Position hingegen bei den arabischen und kurdischen MusliminInnen Kontakte, Anerkennung und Respekt. Er erzählt uns auch, dass „wenn ein Syrer mit einem Afrikaner reden möchte, dann rufen sie mich zum übersetzen". Und so überrascht es nicht, dass wir ihn in den verschiedenen Begegnungen an den Kommunikationsorten vor dem Lager meist mit syrischen Bekannten antrafen und er auch mit unserem muslimischen Mitarbeiter A. Albaba sehr schnell in einen freundschaftlichen Kontakt kam. Die gezielte und demonstrative Ausübung und Betonung seiner Religion muss vor dem Hintergrund dieser Figuration gesehen werden: Sie vergrößert seine Machtchancen in seiner gegenwärtigen Lebenssituation in Melilla. *Eine* methodische Konsequenz der Stichprobenentwicklung aus einer figurationssoziologischen Perspektive war für uns im Feld a) die Interaktionen zwischen Mohammed und anderen Menschen von anderen Gruppierungen gezielter zu beobachten und b) auch andere an den Interaktionen Teilnehmende zu interviewen.

Das Interview mit Mohammed verweist darauf, dass Sprachkompetenzen und über Sprache hergestellte Zugehörigkeiten in unserem Feld – aber ganz generell bei der Erforschung von sozialen Räumen, in denen mehrere Sprachen gesprochen werden – ganz konkreter Teil eines Forschungsthemas sein können. So müssen wir uns fragen, inwiefern die Interaktionsdynamiken zwischen den Angehörigen unterschiedlicher Gruppierungen durch deren jeweilige Sprachkompetenzen bestimmt sind und welche Grenzziehungen daraus erfolgen? In Melilla und Ceuta ist hier nicht nur an die sehr unterschiedliche Sprachen sprechenden illegalisierten MigrantInnen zu denken, sondern auch an die in der Grenzregion lebenden (und zum Teil täglich über die Grenze kommenden)

MarokkanerInnen, die eher Tamazight-Regionaldialekte als Arabisch und manchmal auch Spanisch sprechen, oder die spanischen GrenzbeamtInnen (die den arabischen Dialekt von SyrerInnen meist nicht von denen anderer NordafrikanerInnen unterscheiden können). Für die praktische Feldforschung bedeutet dies aber zudem – das zeigt auch das Interview mit Mohammed –, dass die Sprachkompetenzen der ForscherInnen Zugänge eröffnen (aber auch verschließen) können. Beim ersten Feldaufenthalt von den AutorInnen und Eva Bahl konnten wir Gespräche auf Spanisch, Englisch, Deutsch und Französisch führen. Damit fehlte uns die Sprachkompetenz des Arabischen. Aufgrund der unerwartet hohen Anzahl von Flüchtlingen aus Syrien, baten wir beim zweiten Aufenthalt September/Oktober 2014 unseren palästinensischen Kollegen A. Albaba, der neben Arabisch auch fließend Deutsch und Englisch spricht, mit uns ins Feld zu kommen.

Unsere Sprachkenntnisse, Zugehörigkeiten und unsere Vertrautheit mit bestimmten Lebenswelten (der Autor in muslimisch-arabischen, die Autorin in subsaharischen und Eva Bahl in spanischsprachigen Kontexten) hatten auch erheblichen Einfluss auf den Verlauf der Forschung bzw. die sich uns eröffnenden Räume für Interviews und teilnehmende Beobachtungen. Während unsere fließend Spanisch sprechende Kollegin Eva Bahl immer wieder zu den Treffen eines lokalen christlich-spanischen Historikervereins eingeladen wurde und hier etliche ethnographische Interviews führen konnte (für biographische erhielt sie in diesem Kontext bisher keine Zusagen), erhielten wir verhältnismäßig leicht Zugang zu den illegalisierten MigrantInnen und immer wieder auch Zusagen zu biographischen Interviews und Gruppendiskussionen. In den Spanisch sprechenden und am Ort etablierten Gruppierungen erlebten wir sehr ausgeprägt, wie sehr wir von diesen Akteuren regelrecht prozessiert wurden, sie uns vorzugeben versuchten, mit wem wir sprechen, wohin wir gehen sollten und hörten auch immer wieder kleine Vorträge darüber, was die Grenzregionen von Ceuta und Melilla ausmacht. Dies führte *zunächs*t dazu, dass wir die Angehörigen weniger etablierter Gruppierungen, wie die in den Exklaven arbeitenden und aus der Grenzregion stammenden MarokkanerInnen oder auch die muslimischen StadtbewohnerInnen, und – dies müssen wir kritisch anmerken – überhaupt Frauen zunächst weniger in den Blick nahmen. Wir versuchten, diese Lücke während des zweiten Aufenthalts zu schließen und müssen dem in der weiteren Forschung noch gezielter nachgehen, zumal die gezielte Suche nach den Stimmen der AußenseiterInnen ein wesentliches Kriterium in unserer Stichprobenentwicklung ist (Bogner/Rosenthal 2012; Rosenthal 2015). Die Frage, mit wem wir Forschenden leicht in Kontakt kommen und wessen Perspektive dadurch in unseren Fokus rückt, ergibt sich aus dem Zusammenwirken der Machtverhältnisse der Gruppierungen (bzw. Figurationen) in unserem Untersuchungsfeld, der mächtigen und stimmgewaltigen AkteurInnen, der aktuellen (medialen) Diskurse über das von uns in diesem Kontext verfolgte

Thema und der uns von uns selber oder von Anderen zugeschriebenen Zugehörigkeiten.

Beim ersten Aufenthalt ließen wir uns noch recht stark von den sich ergebenden Möglichkeiten „treiben", nahmen die sich uns – nicht selten in den Straßencafés oder der Tapas-Bar – ergebenden Einladungen an oder „befolgten" die „Anweisungen" der Etablierten, mit wem wir noch zu sprechen hätten. Beim zweiten Aufenthalt verfolgten wir schon stärker eigene Relevanzen, suchten nach den Stimmen der Außenseiter und werden in der nun bevorstehenden dritten Phase vor allem versuchen, noch jene Stimmen zu hören, die uns bisher fehlen. Wir verstehen die bisher erlebten Zugangsprobleme – wie die Nichteinwilligung zu biographischen Interviews oder auch der nach intensivem Kontakt und nach zwei biographischen Interviews erfolgte unerwartete Kontaktabbruch mit Mitgliedern der Guardia Civil – nicht einfach nur als ein Problem bei der Datenerhebung. Wir betrachten dies vielmehr als interpretationsfähige und von uns zu interpretierende Daten, die uns etwas über das uns interessierende Feld aussagen. Wie auch andere Untersuchungen verdeutlichen, – zum Beispiel die Probleme bei dem Versuch, mehrere Mitglieder in denselben Familien von „Russlanddeutschen" interviewen zu können (Rosenthal 2011, S. 32ff.) – können gut protokollierte und analysierte Memos über nicht zustande gekommene Gespräche und Kontaktabbrüche dazu verhelfen, die Regeln darüber zu rekonstruieren, wer zum Sprechen ermächtigt ist und wird, wer aus dem Diskurs ausgeschlossen wird und welche Version über die Lebenswirklichkeit der erforschten Personen vermittelt werden soll und welche nicht. Zur Verbindung zwischen wissenssoziologischer Diskursanalyse in Anlehnung an Rainer Keller (2006) und sozialkonstruktivistischer Biographieforschung liegen mittlerweile nicht nur etliche methodologische Überlegungen (Bogner/Rosenthal 2017a), sondern vor allem auch empirische Studien (Alber 2016; Bogner/Rosenthal 2017b; Pfahl/Schürmann/Traue in diesem Band; Pohn-Weidinger 2014; Wundrak 2010) vor.

4   Zur narrativen Gesprächsführung

Der eingangs formulierte Anspruch, soziale Phänomene in ihrer soziohistorischen Genese, ihrem Verlauf und ihren Wandlungen aus den Perspektiven der Akteure in ihren Verflechtungen mit anderen Akteuren und Gruppierungen zu untersuchen, geht darüber hinaus, Deutungen oder Einstellungen der befragten Personen in der Gegenwart offenzulegen. Vielmehr soll zudem versucht werden – soweit dies möglich ist –, einen Einblick in die Genese dieser Deutungen und in die sequenzielle Gestalt der erlebten Lebensgeschichte zu erhalten sowie die Rekonstruktion von Handlungsabläufen in der Vergangenheit und des damaligen Erlebens zu ermöglichen. Aus dem Anspruch, sowohl die Gegenwartsperspektive der Akteure als auch deren Perspektiven in der Vergangenheit zu rekonstruieren, folgen bestimmte Erfordernisse an die Erhebungs- und Auswertungsmethoden. Bevor wir zu dem von der Autorin vorgestellten Auswertungsverfahren biographischer Fallrekonstruktionen kommen, das im Sinne einer methodischen Umsetzung dieses Anspruches entwickelt wurde, stellen wir kurz das biographisch-narrative Interview vor, das diesen Erfordernissen in besonderem Maße gerecht wird.

Zur Methode des narrativen Interviews in Anlehnung an das von Fritz Schütze (1977) im Zusammenhang mit einer Gemeindestudie vorgestellte Verfahren und zur ebenfalls von Schütze (1983) vorgestellten Anwendung auf biographische Interviews liegen seit Jahren viele Publikationen und etliche mehr oder weniger geglückte Umsetzungen in den unterschiedlichsten Forschungsbereichen vor. Mit dieser Methode ist zum einen verbunden, dass die Interviewten zunächst zu einer von ihnen selbstgestalteten, längeren Erzählung selbsterlebter Erfahrungen aufgefordert werden, die InterviewerInnen aufmerksam zuhören und auf der Grundlage ihrer in dieser Phase des Interviews, der sogenannten Eingangspräsentation, gemachten Notizen zunächst „erzählinterne" Fragen stellen, bevor sie im dritten Teil des Interviews Fragen zu ihnen relevant erscheinenden und bisher nicht angesprochenen Themen formulieren (Rosenthal 1995; Rosenthal 2005/2015, Kap. 5.4; Schütze 1977). Bei genauerem Hinsehen lässt sich in vielen Studien relativ leicht feststellen, dass im so genannten Nachfrageteil keine erzählgenerierende Gesprächsführung praktiziert wurde und nicht allzu selten ist auch bereits die Eingangsfrage so formuliert, dass damit eher zu argumentativen Ausführungen als zu einer Erzählung aufgefordert wird. Daher möchten wir betonen, dass wir in allen Interviews, auch in den ethnographischen und sehr konsequent in den biographischen Interviews, immer wieder zu Erzählungen auffordern. Wir wollen eben nicht nur die Reproduktion von den in den einzelnen Communities herrschenden Diskursen aufrufen, sondern vielmehr – soweit es möglich ist – von den spezifischen Perspektiven unserer Befragten und vor allem von ihren konkreten Erfahrungen hören. Es ist der Vorteil von Stegreiferzählungen, dass sich damit die Chancen für die Rekonstruktion der Erfahrungsgeschichte erhöhen (Schütze 1984). Bei einem Prozess des Erzählens von Geschichte zu Geschichte kann sich der oder die Erzählende auf einen Erinnerungsfluss einlassen und damit ist es möglich, dass er oder sie über Erlebnisse erzählt, die – meist für ihn oder sie unbemerkt – nicht dem zunächst verfolgten Präsentationsinteresse und nicht den Regeln der herrschenden Diskurse entsprechen (Rosenthal 2010b). Damit wird eine stärkere Nähe zur damals erlebten – nicht einer vermeintlich „objektiv" wirklichen (also unabhängig vom Erleben existenten) – Vergangenheit ermöglicht als bei kontrollierteren Formen der biographischen Selbst- und Wir-Präsentation. Es sei darauf verwiesen, dass wir – ebenso wie andere KollegInnen aus der Narrationsforschung – nicht von einer Strukturähnlichkeit („Homologie") von Erzählung – Erinnerung – Erlebtem ausgehen. Vielmehr geht es in der Auswertung gerade darum, die Differenz zwischen der Vergangenheits- und der die Erinnerung und die Erzählung mitkonstituierenden Gegenwartsperspektive zu entschlüsseln (Rosenthal 2005). Dies bedeutet, es wird versucht, der Differenz zwischen dem Erleben von Situationen in der Vergangenheit – dem Erlebnis und nicht dem Ereignis –, und der Erinnerung dieser Situationen in der Gegenwart bzw. in der Interaktion mit den InterviewerInnen gerecht zu werden. Die gegenwärtige Lebenssituation und die gegenwärtig geltenden Regeln herrschender Diskurse bedingen eine Gegenwartsperspektive, die sich prinzipiell von den Perspektiven in der Vergangenheit unterscheidet und die den Erinnerungsprozess mitkonstituiert.

Ebenso wenig bedeutet diese Interviewführung, wie manchmal behauptet wird, dass wir nur an Erzählungen interessiert sind. Andere Textsorten (Kallmeyer/ Schütze 1977), wie argumentative oder beschreibende Sequenzen, werden gleichwertig in die Analyse einbezogen. Wir gehen allerdings davon aus, dass Erzählprozesse ohne eine dazu einladende und diese eben nicht verhindernde Gesprächsführung (etwa: wenn zu argumentativen Begründungen mit „W-Fragen" aufgefordert wird) nicht so einfach evoziert werden können. So lädt eine Frage wie zum Beispiel „Können Sie mir mehr über Ihre Zeit bei der Armee erzählen?" weit mehr zu einer Erzählung ein als die Frage „Wie haben Sie die Zeit bei der Armee erlebt?" oder gar die Frage: „Wieso (oder: Warum) haben Sie sich freiwillig zum Wehrdienst gemeldet?".

5 Familien- und lebensgeschichtliche Fallrekonstruktionen am Beispiel einer Auswertung

Auch wenn unsere theoretischen Verallgemeinerungen hauptsächlich auf familien- und lebensgeschichtlichen Fallrekonstruktionen beruhen, sei darauf hingewiesen, dass sich unsere Auswertung nicht auf dieses Verfahren beschränkt und auch nicht damit beginnt, sondern mit vorläufigen (wir sprechen auch von globalanalytischen) Auswertungen der Memos zu den geführten Interviews und Beobachtungen (Rosenthal 2005/2015, Kap. 3.2.2) sowie mit der Recherche von Kontextliteratur. Diese ersten Analysen leiten die weitere Erhebung, die Wahl der Erhebungsmethoden und auch die Entscheidung darüber, welche Interviews transkribiert und weiter ausgewertet werden. Die Analyse aller Daten orientiert sich an den Grundprinzipien interpretativer Forschung: den Prinzipien der Rekonstruktion, der Sequenzialität und eines abduktiven Verfahrens (Rosenthal 2005/2015, Kap. 2.5). Mit *rekonstruktiv* ist gemeint, dass wir einen „Text" (zum Beispiel eine biographische Selbstpräsentation, ein Interaktionsprotokoll oder ein Archivdokument) nicht, wie etwa bei der Inhaltsanalyse (Kuckartz in diesem Band), anhand vorab definierter Kategorien klassifizieren, sondern die Sinngehalte einzelner Passagen im Gesamtzusammenhang des Textes und in Bezug zu ihrem Entstehungskontext interpretieren. Unter *sequenziell* wird ein Vorgehen verstanden, das bei der Interpretation der Abfolge der gesprochenen oder geschriebenen Texteinheiten folgt und so „Zug um Zug" – in kleinen Analyseeinheiten – die schrittweise Gestaltung und den Gesamtzusammenhang einer Textproduktion rekonstruiert. An beiden Prinzipien orientiert sich wiederum das *abduktive Schlussverfahren*, bei dem ausgehend von den empirischen Daten eine extensive Hypothesengenerierung, Deduktion auf Folgehypothesen und Hypothesenprüfung am vorliegenden Text erfolgt.

Den Gewinn einer Konzentration auf biographisch-narrative Interviews (neben dem Einsatz von Gruppengesprächen und thematisch fokussierten Interviews) konnten wir in unterschiedlichen Forschungsfeldern – wie zum Beispiel in Israel und Palästina – sehr schnell bemerken, da die hier geführten Gespräche deutlich durch die gegenwärtigen Lebenssituationen und aktuelle Diskurse dominiert waren. In Melilla und Ceuta betrifft dies sowohl die institutionell eingeübte Außendarstellung der Guardia Civil über ihre Arbeit an der Grenze, als auch die Bilder der Lokalbevölkerung über „ihre" Städte und die Perspektiven der Migrierenden durch die vielfach extremtraumatischen Erfahrungen auf der Migrationsroute und die dabei (oftmals) lebensnotwendigerweise umgeschriebenen Zugehörigkeitskonstruktionen. Es wurde deutlich, dass wir zum Verstehen und zum Erklären der Perspektiven der unterschiedlichen Akteursgruppierungen in dieser Grenzregion Einsicht in deren Lebensgeschichte, das heißt, auch in die Familiengeschichten und Geschichten der Herkunftsregionen benötigen – wie es bereits am Fall von Mohammed deutlich wurde.

Die folgende, kondensierte Darstellung der Auswertung des Interviews mit Maruf, einem etwa 20 jährigen, syrischen Kurden aus der Region Kobanê, soll unser konkretes Vorgehen aufzeigen und verdeutlichen, wie enorm die Differenz zwischen einer kontrollierten, den Regeln der herrschenden Diskurse entsprechenden Selbst- oder Wir-Darstellung und der erlebten Geschichte in ihren vielfältigen sozialen Verflechtungen sein kann. Oder anders formuliert: Wie stark wir mit oberflächlich geführten Interviews und Auswertungen, die den historischen Hintergrund und die erlebte Geschichte (bewusst) nicht rekonstruieren, in der Gefahr sind, nur das zu erfahren, was leicht auch aus anderen Quellen – wie Medienberichten – zu erfahren wäre.

Mit dieser Fallstudie eines aus Syrien nach Europa migrierten kurdischen jungen Mannes wird vielleicht auch der Gewinn von durchaus sehr aufwendigen, historisch informierten *Fallstudien* für das Erklären und Verstehen sozialer Phänomene deutlich. Dieser Gewinn liegt gerade nicht darin, dass wir etwas über die Häufigkeit des Falles aussagen können, also nicht angeben können, wie häufig ein bestimmter Fall in der sozialen Wirklichkeit vorkommt. Die am interpretativen Paradigma (Wilson 1973) orientierte BiographieforscherIn strebt keine numerischen Verallgemeinerungen, sondern, basierend auf einzelnen Fallrekonstruktionen, theoretische Verallgemeinerungen an. Gefordert wird die Verallgemeinerung am Einzelfall und auf der Grundlage von kontrastiven Vergleichen mehrerer Fälle.

So können wir am Fall von Maruf zum Beispiel den Typus eines Migrationsverlaufs verdeutlichen, bei dem eine kollektiv und familial bedingte Position als Außenseiter im Herkunftskontext – im Sinne von Norbert Elias (Elias/Scotson 1990) – sich im Migrationsverlauf verstärkt und weiter fortsetzt. Der Fall „Maruf" repräsentiert dabei einen Verlaufstypus, der zudem ein als höchst belastend erlebtes Pendeln in der Selbstdarstellung (bzw. Identitätsmanagement) zwischen der Verheimlichung der eigenen ethno-nationalen Zugehörigkeit und ihrer überlebenswichtigen Bedeutung als Ressource in informellen Netzwerken bedingt. Dabei wird vor allem auch deutlich, welche gesellschaftlichen Kontexte dieses Pendeln zum Überleben einfordern.

5.1 Zum Kontaktverlauf mit Maruf

Wir haben Maruf bei unserem zweiten Feldaufenthalt im Oktober 2015 im Rahmen einer Gruppendiskussion vor dem Aufnahmelager in Melilla kennengelernt, an der hauptsächlich Kurden aus der syrischen Region Kobanê und einige arabische Syrer aus anderen Regionen teilgenommen haben. Zu dieser Zeit fanden mehrfach Angriffe von Mitgliedern des dschihadistischen „Islamischen Staates" auf Städte und Dörfer in der Kobanê-Region statt, die auch in der internationalen Medienberichterstattung sehr präsent waren. Die Sorgen um die in der Region noch lebenden Familienmitglieder und überhaupt die syrische Herkunftsregion waren das Hauptthema in allen Begegnungen mit syrischen Migrierenden in Melilla. Die kurdischen SyrerInnen beklagten vor allem die ausbleibende Unterstützung europäischer Staaten für die kurdischen Gebiete. Zudem stand die Kritik an den Bedingungen im Lager in Melilla, der mangelnden Hilfe und der Intransparenz ihrer aktuellen Situation im Vordergrund. Bei der Auswertung dieser und weiterer Gruppengespräche sowie ethnographischer Interviews wurde über diese Themen hinaus klar, dass dabei ein homogenisierendes Bild einer Wir-Gruppe von SyrerInnen mit einer geteilten, aus der aktuellen Bürgerkriegslage resultierenden Leidens- und Fluchtgeschichte erzeugt wird, das die unterschiedlichen „individuellen" Verläufe und vor allem die unterschiedlichen Zugehörigkeiten zu größeren sozialen Kollektiven überlagert. Es lässt sich leicht erklären, welche Funktion dieses Wir-Bild für die syrischen Geflüchteten in ihrer Gegenwart und auch in der Interaktion mit uns als ForscherInnen hat: Neben der akuten Bedrohung von Familienmitgliedern in der Herkunftsregion gilt es auch, sich in der heteronom bestimmten Lebenssituation in Melilla mit anderen Geflüchteten zu solidarisieren. Außerdem möchte man die InterviewerInnen um Unterstützung bitten. Selbstkritisch mussten wir uns nach den ersten Gesprächen eingestehen, wie wenig wir das präsentierte homogenisierende Bild einer Art Kollektiv in Frage gestellt und wie sehr wir die enormen Spannungen in dieser Gruppierung übersehen hatten.

Maruf war bei dem Gruppengespräch und auch in anderen Gesprächen mit Syrern anwesend, doch er sprach nur wenig und gehörte offensichtlich nicht zu den „Wortführern". Die sich andeutende Position als Außenseiter war für uns unter anderem ein Kriterium dafür, ihn um ein Interview zu bitten. Wir erhofften uns, von ihm vielleicht noch eine andere Präsentation der Wir-Gruppe der Syrer zu erhalten. Diese Einschätzung bestätigte sich auf sehr deutliche und für uns auch schmerzhafte Weise, wie wir im Folgenden ausführen werden.

Maruf erklärte sich ohne Zögern zu einem Interview bereit. Mit Hilfe von A. Albaba als Übersetzer führten wir in Melilla zwei insgesamt ca. fünf Stunden dauernde biographisch-narrative Interviews auf Arabisch mit ihm. Einige Monate später konnten der Autor und A. Albaba ein Nachinterview mit Maruf in einer Unterkunft von Geflüchteten in Süddeutschland führen, wohin Maruf mittlerweile auf seiner Route gelangt war. Zu Beginn des ersten Interviews präsentierte Maruf seine Lebensgeschichte in Verbindung mit dem oben skizzierten homogenisierenden Wir-Bild. Dies wurde jedoch durch eine offene, konsequent auf erzählgenerierende Nachfragen setzende Interviewführung zunehmend brüchig. So begann er nach und nach, über ihn belastende Erlebnisse und Ängste zu sprechen, die nicht zu diesem Bild passten. Je mehr er darüber erzählen konnte, umso deutlicher wurde, welche erleichternde Wirkung dies für ihn hatte. Damit wird für uns auch deutlich, dass Maruf wenig soziale Kontexte hat, in denen er offen und angstfrei sprechen kann. Dieses Problem war für Maruf bereits in der Vergangenheit – wie auch für andere Angehörige von diskriminierten und verfolgten Außenseitern in Syrien – sehr relevant und verstärkte sich durch fehlende Vertrauensbeziehungen in der Unterbringung mit Fremden in einer Flüchtlingsunterkunft sowie einen unsicheren Zukunftshorizont als Asylsuchender in Deutschland.

Marufs Migrationsverlauf, der ihn ab dem Sommer 2011 von Syrien über Algerien, wo er drei Jahre bei seiner Schwester lebte, über Marokko nach Spanien (Melilla) bis nach Deutschland führte, ist auf sehr komplexe und konflikthafte Weise mit familien- und kollektivgeschichtlichen Prozessen und mit erheblichen Folgen für seine gegenwärtigen Zugehörigkeitskonstruktionen, Verhaltens- und Handlungsmuster verschränkt. Im Interview in Deutschland ist der Leidensdruck von Maruf an den internen Konflikten und Machtdifferenzen innerhalb der syrischen „Community" im Zusammenhang mit der Frage oder Zuschreibung, mit welchem Bürgerkriegslager man sympathisiert(e), so stark, dass er nun weit offener als zuvor darüber spricht. In Deutschland findet er sich im Unterschied zu Melilla als ein Kurde gegenüber anderen, „arabischen" SyrerInnen wieder – das heißt, wie in seiner Kindheit und Jugend in einer Außenseiterposition – und er versucht in manchen Situationen, seine kurdische Zugehörigkeit zu verheimlichen. Dieses Stigmamanagement mit einem Pendeln zwischen Verheimlichung und Offenlegung der kurdischen Zugehörigkeit markiert – so zeigt unsere Fallrekonstruktion – ein in seiner Familien- und Lebensgeschichte andauerndes Spannungsfeld und wohl auch ein wiederkehrendes Handlungsmuster.

5.2 Biographische Fallrekonstruktionen

Das Auswertungsverfahren, das von der Autorin (Rosenthal 1995; Rosenthal 2005/2015 Kap. 6) vorgestellt wurde, basiert auf der Verknüpfung der Textanalyse (in Anlehnung an Schütze 1983) mit der strukturalen Hermeneutik (Oevermann et al. 1979) und der thematischen Feldanalyse (Fischer 1982, angeregt durch Gurwitsch 1974). Es ist vor allem dem Anliegen geschuldet, in analytisch getrennten Auswertungsschritten sowohl die Gegenwartsperspektive des Handelnden als auch dessen Perspektiven in der Vergangenheit vor dem Hintergrund der gesamtgesellschaftlichen und historischen Kontexte zu rekonstruieren. Entscheidend bei dieser Auswertungsmethode ist es, zwischen erzählter und erlebter Lebensgeschichte zu differenzieren und den beständigen Wandel von Bedeutungen im Lebensverlauf zu berücksichtigen. Um dies zu ermöglichen, ist es erforderlich, zunächst in getrennten Analyseschritten den beiden verflochtenen, aber dennoch verschiedenen Phänomenen der erzählten und der erlebten Lebensgeschichte nachzugehen. Einerseits wird versucht, die Chronologie der biographischen Erfahrungen im Lebensverlauf und deren Bedeutungen für den Biographen zu rekonstruieren. Andererseits wird die zeitliche Struktur der Lebenserzählung analysiert, d. h. der Frage nachgegangen, in welcher Reihenfolge, in welcher Ausführlichkeit und in welcher Textsorte die BiographInnen ihre Erfahrungen im Kontext der Textproduktion (in einem Interview oder auch in einem anderen Rahmen, wie zum Beispiel einem Familiengespräch oder einer niedergeschriebenen Biographie) präsentieren. Damit wird versucht, der Differenz und dem Zusammenwirken von vergangenem Erfahrungsverlauf und den gegenwärtigen Konstruktionen gezielt Rechnung zu tragen. Ziel der Rekonstruktion ist sowohl die biographische Bedeutung des in der Vergangenheit Erlebten als auch die Bedeutung der Selbstpräsentation in der Gegenwart. Wird bei der Rekonstruktion der Fallgeschichte nach der biographischen Bedeutung einer Erfahrung zur damaligen Zeit gefragt, so stellt sich bei der Rekonstruktion der Lebenserzählung die Frage nach der Funktion der jetztzeitigen Darstellung des Erlebens für die interviewte Person in ihrem gegenwärtigen sozialen Kontext. Wir gehen davon aus, dass man damit methodisch kontrolliert den Wechselwirkungen zwischen Vergangenem, Gegenwärtigem und Zukünftigem gerecht werden kann (Rosenthal 1995).

Im Fall Maruf bedeutet die Trennung der beiden Ebenen, dass unsere Auswertung sich zum Beispiel nicht nur darauf konzentriert zu rekonstruieren, welche Regeln seine Selbst- und Wir-Darstellung in der Gegenwart des Interviews, die sich sehr auf die Zugehörigkeit zu einer Wir-Gruppe von syrischen Bürgerkriegsflüchtlingen konzentriert, hervorbringen. Ebenso gilt es die Genese dieser Perspektive sowie die damit nicht kompatiblen Anteile seiner Geschichte zu rekonstruieren. Mit welchen Auswertungsschritten wir diesem Anspruch gerecht zu werden versuchen, werden wir im Folgenden kurz umreißen und uns auf den Erkenntnisgewinn dieser Methode konzentrieren, der sich durch eine analytische Trennung der Rekonstruktion der erzählten und der erlebten Lebensgeschichte ergibt.

Die aufeinander folgenden Schritte sind:

1. Analyse der biographischen Daten (Ereignisdaten) – auf der Ebene erlebtes Leben
2. Text- und thematische Feldanalyse – auf der Ebene des erzählten bzw. präsentierten Lebens
3. Rekonstruktion der Fallgeschichte – auf der Ebene des erlebten Lebens
4. Feinanalyse einzelner Textstellen – auf beiden Ebenen
5. Kontrastierung der erzählten mit der erlebten Lebensgeschichte
6. Typenbildung

5.2.1 Analyse der biographischen Daten (Ereignisdaten) – auf der Ebene erlebtes Leben

Der erste Analyseschritt zielt (wie auch der dritte) auf die Rekonstruktion der *erlebten Lebensgeschichte*. Die sequenzielle Analyse der biographischen Daten, die in Anlehnung an die Objektive Hermeneutik erfolgt (Oevermann/Allert/Konau 1980; Maiwald in diesem Band), dient als Vorbereitung des dritten Auswertungsschrittes, bei dem die Aussagen der Interviewten zu diesen Daten in die Analyse einbezogen werden. Dabei geht es um die Analyse der fallspezifischen zeitlichen Abfolge biographischer Erlebnisse und ihrer Bedeutung für den Biographen/die Biographin im Fallverlauf. In diesem *ersten Schritt* der Auswertung analysieren wir zunächst unabhängig von der Selbstdarstellung der BiographInnen sequenziell die aus *allen* zur Verfügung stehenden Quellen erfassten familien- und lebensgeschichtlichen Daten, versuchen unser Vorwissen aus dem Interview „einzuklammern" und uns von den gegenwärtig wirksamen Konstruktionen analytisch zu lösen (siehe auch Radenbach/Rosenthal 2012). Die einzelnen biographischen Erfahrungen gilt es dabei in die kollektivgeschichtlichen Verläufe und wechselnden sozialen Kontexte einzubetten.

So haben wir uns im Falle Marufs zunächst unter anderem sowohl mit der Kollektivgeschichte der KurdInnen im syrischen Kontext als auch mit der spezifischen Stellung seiner Familie in dieser Region auseinandergesetzt. Um jedoch nicht vor der Auswertung zu unterstellen, dass die kurdische Zugehörigkeit eine (hohe) Relevanz für seinen Lebensweg hat, gilt es auch, die mögliche Bedeutung anderer kollektiver Zugehörigkeiten (zum Beispiel der religiösen oder politischen) und anderer Figurationen und Konstellationen (zum Beispiel der Figurationen in der Familie sowie deren sozio-ökonomischen Bedingungen) ebenso gründlich in den Blick zu nehmen und entsprechendes Kontextwissen zu erwerben.

Maruf wird 1993 in eine sunnitische, kurdische Familie geboren, die in einem Dorf in dem mehrheitlich von KurdInnen bewohnten syrisch-türkischen Grenzgebiet um die Stadt Kobanê (arabisch: Ain al-Arab) lebt. Unter anderem leben in diesem Distrikt auch arabische, turkmenische und armenische SyrerInnen. Die an der Peripherie Syriens gelegene Region ist infrastrukturell gegenüber den urbanen Zentren benachteiligt (die nächstliegende Großstadt ist Aleppo; ca. 150 km entfernt). Historisch ist die Region Kobanê eng mit den kurdischen Regionen in der Türkei verbunden, wobei die Grenze zu dieser Zeit offiziell geschlossen ist.

Marufs Geburt fällt in eine Phase zunehmender Bekundung einer kollektiven Zugehörigkeit als KurdInnen im öffentlichen Raum Syriens (Tejel 2009, S. 106 f.), dem zum Teil mit starker staatlicher Repression begegnet wird. Einige Mitglieder von Marufs Familie sind – wie sich indirekt aus dem Interviewtext andeutet – in kurdischen Parteien aktiv, die zu dieser Zeit offiziell verboten, aber zum Teil geduldet sind. Das gilt ähnlich für das Sprechen der kurdischen Sprache. Einige Familienmitglieder besitzen keine syrische Staatsbürgerschaft. Zahlreichen KurdInnen wurde in den 1960er Jahren die Staatsbürgerschaft aberkannt.

Marufs Vater (geboren ca. 1950) ist bei Marufs Geburt etwa 43 Jahre alt und besitzt einen kleinen Gemischtwarenladen im Dorf. Marufs Mutter (geboren ca. 1960) ist bei seiner Geburt ca. 33 Jahre alt. Die Eltern haben keinen formalen Schulabschluss. Insgesamt hat Maruf 13 oder 14 ältere Geschwister, der älteste Bruder ist 1993 bereits ca. 20 Jahre alt und studiert arabische Literatur. Die ältesten Geschwister sind auf Sekundarschulen, die zum Abitur führen.

Anhand dieser Konstellation bei Marufs Geburt lässt sich unter anderem die Hypothese formulieren, dass Bildungsaufstiege und damit die Verbesserung der sozio-ökonomischen Position damals ein wichtiges Thema in Marufs Familie waren und wir davon ausgehen können, dass ein erfolgreicher Bildungsverlauf auch von Maruf erwartet wurde. Nach unseren Recherchen ist davon auszugehen, dass zu jener Zeit Bildungskarrieren und überhaupt sozialer „Aufstieg" in Syrien auch für jene KurdInnen möglich (und nicht selten) waren, die keine offene Distanzierung zum syrischen „Baath-Regime" und zur offiziellen panarabischen Staatsideologie zeigten. Im Fall Marufs können wir fragen, was die mit einem angestrebten Bildungsaufstieg verbundene (eher implizite) Handlungsanforderung der Nichtbetonung einer kurdischen Zugehörigkeit für ihn in seiner Kindheit und Jugend bedeutete – besonders vor dem Hintergrund einer zunehmend öffentlichen Artikulation kurdischer Zugehörigkeit, der lokal verankerten Parteizugehörigkeiten mancher Familienmitglieder und der staatlichen Repression dieser Aktivitäten. Die unterschiedlichen parteipolitischen Orientierungen von Familienmitgliedern lassen vermuten, dass mit der Frage einer Betonung oder Dethematisierung der kurdischen Wir-Gruppenzugehörigkeit ein Konflikt in der Familie verbunden war und dass es für Maruf vermutlich schwer war, gegenüber den wesentlich älteren Geschwistern eine geachtete Position für sich selber im Familiensystem zu etablieren.

Auch wenn wir unsere Hypothesen zu diesem Datum und die weitere Analyse hier nicht erschöpfend diskutieren können, deutet sich bereits an, inwiefern Marufs biographischer Verlauf (und damit seine spätere Migration) mit familien- und kollektivgeschichtlichen Prozessen verflochten ist. Es ist gedankenexperimentell leicht nachzuvollziehen, dass vor dem skizzierten Hintergrund eine spätere Zuwendung von Maruf zu einer religiösen Gruppierung und der Besuch einer Koranschule im Unterschied bspw. zu einem Engagement in einer kurdisch-nationalistischen Partei sehr unterschiedlich zu interpretieren wären. Ersteres würden wir als Abwendung von den politischen Bestandteilen der Familien- und Kollektivgeschichte interpretieren, während Letzteres dafür spräche, dass Maruf sich an dem von manchen Familienmitgliedern und zunehmend wohl auch von Gleichaltrigen erwarteten politischen Bekenntnis zur kurdischen Zugehörigkeit orientiert, das allerdings wiederum in Konflikt mit dem ebenfalls bestehenden Auftrag zum Bildungsaufstieg geraten könnte.

Bereits anhand einiger weiterer auf das Jahr 1993 folgender biographischer Daten wird deutlich, dass Maruf seine kurdische Zugehörigkeit vermutlich zunehmend als bedrohlich erlebte: Er musste in der Kindheit und frühen Jugend miterleben, wie verschiedene Familienmitglieder vom syrischen Geheimdienst verhaftet und massiv gefoltert wurden (der Vater kommt psychisch und körperlich schwer verletzt aus der Haft zurück und einem Bruder werden, nach Aussage Marufs wegen des Verfassens kurdischer Texte, die Hände abgeschlagen). Marufs Adoleszenz fällt auch in eine Phase, in der es zunehmend zu Auseinandersetzungen zwischen kurdischen und arabischen SyrerInnen kommt (zum Beispiel die Qamishli-Unruhen 2004) und sich erstmals eine kurdisch-nationalistische Jugendbewegung mit offeneren Forderungen und Kritik gegenüber dem „Regime" im Vergleich zu den „etablierten" kurdischen Parteien zu formieren beginnt (Schmidinger 2014, S. 99). In diesem Kontext verlassen einige von Marufs Geschwistern Kobanê in Richtung Aleppo und Damaskus; eine verheiratete Schwester zieht nach Algerien.

Ohne die Auslegung der biographischen Daten zu seinem Leben in Syrien, die wir nur durch wiederholte Ermutigungen, über die Zeit in Syrien zu erzählen, von ihm erhalten haben, würden wir sein Verlassen seiner Familie und die Migration zu seiner Schwester nach Algerien im Sommer 2001, noch bevor er die Schule mit dem Abitur abschließen konnte, vermutlich als nur durch den zu dieser Zeit beginnenden Bürgerkrieg bedingt verstehen. Beziehen wir an dieser Stelle unsere spätere Auswertung des Interviewtextes bereits mit ein: Maruf deutet an, dass er von dem in Kobanê verbliebenen älteren Bruder geschlagen wurde und er sich in der Familie in einer Außenseitersituation befand. Die spätere Analyse des Interviewtextes verdeutlicht, dass seine Migrationsentscheidung in der Adoleszenz als Versuch der Wiedergewinnung von „individueller" Handlungsmacht in einer kollektivgeschichtlich (als Kurde) *und* familial (als jüngster Sohn) zunehmend prekären Situation zu lesen ist. Gleichzeitig erfolgt hier jedoch auch zumindest ein vorläufiger Bruch sowohl mit der familialen Aufstiegsorientierung als auch mit den lokalen politischen Aktivitäten von einigen Angehörigen.

5.2.2 Text- und thematische Feldanalyse – auf der Ebene des erzählten bzw. präsentierten Lebens

Im später zu erfolgenden Auswertungsschritt der Rekonstruktion der Fallgeschichte gilt es zu rekonstruieren, wie Maruf selbst diesen Verlauf in der Vergangenheit erlebt hat. Zuvor entschlüsseln wir im Analyseschritt der Text- und thematischen Feldanalyse die Struktur bzw. die Gestalt der Selbstpräsentation und die Gegenwartsperspektive des Biographen oder der Biographin. Diese *erzählte bzw. im Interview präsentierte Lebensgeschichte* verstehen wir als einen interaktiven Konstruktionsprozess in der Gegenwart. Dieser konstituiert sich aus der biographischen Gesamtsicht und sprachlichen Darstellung der eigenen Lebensgeschichte in Abhängigkeit von der gegenwärtigen Lebenssituation, aus den in der Gegenwart, aber auch den in der Vergangenheit herrschenden und die Perspektiven des Biographen oder der Biographin bestimmenden Diskursen im Zusammenspiel mit der Interaktion im Interview. Bei diesem Schritt konzentrieren wir uns auf die Analyse der Gegenwartsperspektive der Befragten und rekonstruieren die handlungsgenerierenden Regeln, die die Auswahl sowie die thematische und temporale Verknüpfung der präsentierten Themen und Erlebnisse in der Gegenwart des Interviews bestimmen. Diese Analyse ermöglicht einen quellenkritischen Blick, der vermeidet, die durch die Gegenwart neu konstituierte Perspektive auf die Vergangenheit naiv als Abbildung des Erlebens in der Vergangenheit oder als einfache Kopie einer zuvor entwickelten Erinnerung zu verstehen. Daher führen wir diese Analyse vor der Rekonstruktion der Fallgeschichte durch.

Zur Vorbereitung der Analyse wird das transkribierte Interview (oder andere biographische Texte) gemäß der zeitlichen Abfolge in der Form eines stichwortartigen Überblicks in Analyseeinheiten gegliedert. Kriterien für die *Sequenzierung*, d. h. für die Definition, wann eine Sequenz beginnt und wann sie endet, sind: Redewechsel, Änderungen der Textsorte und inhaltliche Modifikationen

(Rosenthal 1995; Hinrichsen/Rosenthal/Worm 2013). Dies sieht für die ersten Sequenzen im ersten Interview mit Maruf folgendermaßen aus (siehe Tab. 1).

Tab. 1: Sequenzierung

Nr.	Seite: Zeilen	Spr.	Textsorte	Inhalt
1	1: 1-5	I.	Erzähllaufforderung	Erzählung der Familien- und Lebensgeschichte
2	1: 5-13	M.	Bericht	„gutes Leben" in Kobanê: unbeschwerte Kindheit, Vater, Schulbildung; „Probleme" begannen: Migration nach Algerien, um Schulbildung fortzusetzen
3	1: 13-24	M.	Argumentation	schwieriges Leben in Algerien bzw. in arabischen Ländern („in arabischen Ländern gibt es keine Menschlichkeit"), man habe ihm gesagt, es sei am besten, nach Spanien/Melilla zu gehen; wurde geschlagen an der algerisch-marokkanischen Grenze
4	1: 24-46	M.	Argumentation	Keine Unterstützung in Melilla, aktuelle Situation in der Region Kobanê; Bedrohung für die Familie; eigene Migration zur Unterstützung der Familie
(…)	(…)	(…)	(…)	(…)

Bei der Hypothesenbildung fragen wir uns, welche Funktion es für die Gesamtgestalt seiner Wir- und Selbstpräsentation hat, dass bestimmte Themen in einem bestimmten Umfang und in einer bestimmten Textsorte aufeinander folgen und welche Themen alternativ hätten präsentiert werden können. Es lässt sich hier unter anderem die Lesart formulieren, dass Marufs ausgesprochen positive Darstellung der Kindheit und des Familienlebens in Form eines knappen Berichts und die Legitimation seiner Migration nach Algerien vor dem Hintergrund der in der Gegenwart des Interviews stattfindenden Kämpfe um die Region erfolgt, in der die noch dort lebende Familie sehr extrem um ihr Leben fürchten muss. Für Maruf ist es ein zentrales Thema, wie er seiner Familie aus der Ferne helfen kann. Diese Situation wird es ihm vermutlich auch schwierig machen, sich auf Erinnerungen zu seiner Lebenszeit in Kobanê einzulassen. Die „Probleme", in die seine Migrationsentscheidung eingebettet war, vertieft Maruf zu Beginn dieses Interviews nicht, obwohl er auf die Diskriminierungserfahrungen seiner kurdischen Familie, die Inhaftierung und Folter seines Vaters und die selbst miterlebte Folter des Bruders hätte eingehen können. Wie Maruf im Nachfrageteil des Interviews erzählte, war er bei der Verhaftung des Bruders im Haus der Familie anwesend und erlebte, wie dieser massiv körperlich misshandelt wurde, indem der Bruder unter anderem mit den Händen an ein fahrendes Auto gefesselt und daneben hergezogen wurde.

Auch das Thema „Migration und Grenzübergang nach Algerien" baut Maruf in der Folgesequenz nicht aus, im Gegensatz zu dem Grenzübergang von Algerien nach Marokko und Spanien. Eine mögliche Lesart ist, dass er diese Grenzübertritte als ausgesprochen belastend erlebte und diese Erfahrungen auch seine Gegenwart bestimmten. Insgesamt zeigen die ersten Sequenzen, wie sehr sie von seiner Gegenwart bestimmt sind. Zu dieser gehören die strukturelle Fremdbestimmung und Unsicherheit in der Lagersituation und eine eher schwache Position innerhalb der syrischen „Community" in Melilla. Die weitere Analyse seiner Selbstpräsentation verdeutlicht, wie sehr sein Sprechen über sich und seine Familie als KurdInnen davon bestimmt ist, dass er diese Zugehörigkeit gegenwärtig wieder als belastend wenn nicht gar lebensbedrohlich erlebt. Maruf hat Angst vor IS-Sympathisanten und leidet an Albträumen und Ängsten, von diesen ermordet zu werden. Er sprach vor allem in dem in Deutschland mit ihm geführten dritten Interview über seine Ängste in der Gegenwart und über die in der Vergangenheit erlebten Diskriminierungen als Kurde. Vor dem Hintergrund dessen, dass sein Vater von IS-Kämpfern hingerichtet wurde – als Maruf schon in Deutschland war –, ist diese Angst auch sehr realitätsgerecht. Maruf vermutet auch IS-Sympathisanten unter den Syrern, mit denen er es im Migrationsverlauf (auch zwangsläufig) immer wieder zu tun hatte (zum Beispiel bei der Zwangsunterbringung in den Flüchtlingslagern in Melilla und Deutschland), auf die er aber – auch aus sprachlichen Gründen – immer wieder angewiesen war.

5.2.3 Rekonstruktion der Fallgeschichte – auf der Ebene des erlebten Lebens und Feinanalyse einzelner Textstellen

Im dritten Schritt der Auswertung, der Rekonstruktion der erlebten Lebensgeschichte, wird in Verbindung mit den bei der Analyse der biographischen Daten formulierten Hypothesen wieder nach der *biographischen Bedeutung eines Erlebnisses zum Zeitpunkt des Erlebens* gefragt. Mit anderen Worten, die Hypothesen zu den einzelnen biographischen Daten werden in diesem Schritt mit den dazu vorliegenden Aussagen der BiographInnen kontrastiert. Dabei beziehen wir auch Feinanalysen (Oevermann et al. 1979) von einzelnen Textstellen mit ein. Diese Textstellen werden einer detaillierten sequenziellen Analyse unterzogen. Ziel ist dabei, insbesondere die latenten Sinnstrukturen des Textes zu entschlüsseln. Ein wesentliches Kriterium für die Auswahl von Textstellen sind parasprachliche Auffälligkeiten – wie lange Pausen, Versprecher und Abbrüche – sowie generell der Eindruck, dass die Textstelle mehr Sinn enthält als beim ersten Lesen ersichtlich ist. Dieser Schritt der Analyse dient auch der Überprüfung und Erweiterung von den, aus den bisherigen Auswertungsschritten gewonnenen Hypothesen.

Unter anderem gingen wir bei Maruf der Frage nach, wie belastend und bedrohlich die in Syrien miterlebte Verfolgung, Inhaftierung und Folter von

Angehörigen für ihn gewesen war. Dazu lagen mehrere detaillierte Erzählungen aus dem Nachfrageteil des zweiten Interviews vor, bei dem Maruf auch deutlich sein im Verlauf der Interaktion gewonnenes Vertrauen zum Ausdruck brachte. Ebenfalls erzählt er von seiner Zeit in Algerien, in der er vom Mann seiner Schwester körperlich misshandelt wurde, die Lage in Algerien sich auch aufgrund der zunehmenden Anzahl syrischer Flüchtlinge verschlechterte und er sich deshalb auf den Weg nach Marokko machte. Die gemäß unserer im ersten Analyseschritt aufgestellten Hypothesen versuchte (Wieder-)Erlangung von individueller Handlungsmacht durch die Migration – so können wir nun feststellen – misslang zunächst. Marufs weiterer Migrationsverlauf, dazu gehören die „Entscheidung" Algerien zu verlassen, das Erleben von Gewalt bei den Grenzübertritten nach Marokko und nach Melilla sowie seine (gegenwärtige) Positionierung gegenüber den anderen SyrerInnen, werden erst innerhalb dieser familien- als auch kollektivgeschichtlich mitkonstituierten Dynamik erklärbar.

5.2.4 Kontrastierung der erzählten mit der erlebten Lebensgeschichte

Am Ende einer Fallrekonstruktion steht die Kontrastierung der Fallgeschichte (erlebtes Leben) mit der erzählten Lebensgeschichte, bei der die Differenz zwischen Vergangenheits- und Gegenwartsperspektive nochmals gezielt in den Blick genommen wird. Zum Abschluss der Analyse geht es also darum, die Differenzen zwischen diesen beiden Ebenen, d. h. zwischen Vergangenheits- und Gegenwartsperspektive, und dem damit verbundenen Unterschied in der Temporalität und den thematischen Relevanzen von erzählter und erlebter Lebensgeschichte, erklären zu können. Mit anderen Worten, die Kontrastierung verhilft dazu, die Regeln der Differenz von Erzähltem und Erlebtem aufzufinden. Dabei gilt es auch danach zu fragen, welche biographischen Erfahrungen zu einer bestimmten Präsentation in der Gegenwart geführt haben.

Im Fall von Maruf haben wir auf die wesentliche Differenz zwischen einem fast schon nostalgischen Blick auf eine unbeschwerte Kindheit in Syrien und dem Erleben von Diskriminierung und Verfolgung als kurdische Familie in Syrien sowie von innerfamilialer Gewalt bereits hingewiesen. Die Dethematisierung dieser Differenz lässt sich in diesem Fall vor allem mit der in der Gegenwart so bedrohlichen Situation seiner in Syrien verbliebenen Angehörigen und der eigenen unsicheren Gegenwart (im Flüchtlingslager in Melilla und später in Deutschland) erklären.

5.2.5 Typenbildung

Auf Basis von Fallrekonstruktionen und dem kontrastiven Vergleich verschiedener Fälle lassen sich dann in Bezug auf die von uns verfolgte Forschungsfrage

Verlaufstypen zum biographischen Verlauf – zum Beispiel der Migration oder des Erlebens von kollektiven Zugehörigkeiten – konstruieren, die die Regeln der Genese angeben und diese auch erklären können. Ebenso ist eine Typenbildung zur Selbstpräsentation bestimmter Lebensbereiche – wie der Migration oder von kollektiven Zugehörigkeiten – möglich, die deren Erzeugungsregeln verdeutlichen (Rosenthal 2005/2015, Kap. 2.5.5). Bestimmend für die Typik eines Falls sind somit die Regeln, die ihn erzeugen und die die Mannigfaltigkeit seiner Teile organisieren. Die Wirksamkeit dieser Regeln ist ganz unabhängig davon, wie häufig wir ähnliche *Regelsysteme in der sozialen Wirklichkeit finden*.

Vergleichen wir verhältnismäßig vereinfacht und verkürzt den Migrationsverlauf von Maruf mit dem von Mohammed aus Mauretanien, dann wird in beiden Fällen die Bedeutsamkeit der Zugehörigkeit zu einer diskriminierten Außenseitergruppierung in ihren Herkunftsländern für diesen Verlauf deutlich. Während der Fall Maruf den Typus eines Migrationsverlaufs repräsentiert, bei dem sich für das Individuum die figurationale Position des bedrohten Außenseiters im Laufe der Migration nicht oder nur wenig verbessert, repräsentiert Mohammed einen Migrationsverlauf, der zur Erlangung von mehr individueller Handlungsmacht führt. Beide Fälle stehen nun auch für biographische Selbstpräsentationen, bei denen zunächst die Außenseiterpositionierung im Herkunftskontext beim Interview mit deutschen ForscherInnen kaum benannt wird. Die Gründe hierfür sind jedoch sehr verschieden.

Doch beenden wir hier aus Platzgründen die Diskussion unserer laufenden Forschung. Es sei jedoch betont, dass es vor dem Hintergrund dieser sorgfältigen Fallrekonstruktionen Sinn ergibt, die Typenbildung – im Sinne von Realtypen – noch relativ nah an den konkreten Fällen vorzunehmen, das heißt, in den Worten von Norbert Elias (1939/1997, S. 468) Typen zu bilden, die noch eine „tatsächliche vorhandene Verwandtschaft" zu den empirischen Fällen aufweisen. Für die Typenbildung spielt dabei die Häufigkeit des Auftretens keine Rolle. Die Rekonstruktion von Regeln am konkreten einzelnen Fall bedarf zur Bestätigung keiner weiteren Fälle. Wir schließen auch nicht von diesem einen Fall auf alle Fälle oder von vielen Fällen auf alle Fälle, „sondern von einem konkreten Fall auf alle gleichartigen Fälle" (Lewin 1927/1967, S. 15). Haben wir die konstituierenden Regeln rekonstruiert, die zum Beispiel einen Migrationsverlauf in seiner konkreten Gestalt hervorgebracht haben, folgern wir daraus, dass bei einem Fall mit einem ähnlichen Regelsystem ein weiterer Repräsentant dieses Typus eines Migrationsverlaufs gegeben sei. Der weitere Vergleich des einen Falles mit ganz anderen Fällen – und damit auch mit Repräsentanten von anderen Typen – ermöglicht des Weiteren, unterschiedliche Antworten auf das uns interessierende Phänomen zu rekonstruieren und die Wirksamkeit bestimmter Typen in unterschiedlichen Diskursbereichen – wie der Wissenschaft oder den Medien – aufzuzeigen, in denen bestimmte Muster von Verläufen oder auch Selbstdarstellungen eher keine Stimme haben und andere dafür den

Diskurs dominieren. Damit ist erneut die Frage verbunden, welche AkteurInnen bzw. Gruppierungen in der Position sind bzw. die Macht haben vorzugeben, wer und wie über bestimmte Themen sprechen darf oder soll, und welche Gruppierungen dabei keine Stimme haben.

6 Fazit: Anwendungsbereiche und Grenzen

Unser Beitrag verdeutlicht – so hoffen wir – inwiefern sich biographische Forschung für die Analyse des gelebten Lebens bzw. spezifischer Lebensbereiche oder -phasen von bestimmten gesellschaftlichen Gruppen oder Gruppierungen in ihren Verflechtungen mit anderen Gruppierungen in bestimmten historischen Zeiträumen bzw. im historischen Verlauf eignet. Die Untersuchung von Migrationsphänomenen stellt in dieser Forschungstradition einen wichtigen Schwerpunkt dar. Unseres Erachtens ist es auch kein Zufall, dass die erste soziologische Forschung, die sich biographischer Methoden bediente, die Situation von MigrantInnen in den USA im Blick hatte. William I. Thomas und Florian Znaniecki (1918-1922/1958) erforschten nicht nur die Situation für die polnischen EinwanderInnen in der rasant wachsenden Industriestadt Chicago, sondern untersuchten auch deren Lebensbedingungen in den bäuerlichen Ortsgemeinden Polens vor ihrer Migration und deren weitere transnationale Verflechtungen mit ihrem Herkunftsland.

Insbesondere bei der Untersuchung von Migrantengruppierungen besteht die Chance, dass auch jene SoziologInnen, die zunächst einen verengten Blick auf die Gegenwart haben, die Vorteile einer Prozessanalyse „entdecken", bei der die Lebensgeschichte in ihrer Einbettung in die Kollektivgeschichte(n) vor der Migration in den Blick genommen wird.

Das methodische Postulat einer konsequenten Einbettung der einzelnen Biographie in ihren geschichtlichen Kontext wurde insbesondere in jenen biographischen Forschungen konsequent umgesetzt, die sich mit den Verbindungen zur Kollektiv- sowie Familiengeschichte und intergenerationalen Tradierungsprozessen beschäftigt haben. In der soziologischen Biographieforschung im deutschsprachigen und osteuropäischen Raum (insbesondere in Polen) wurde dieser Anspruch vor allem im Kontext von Studien zum Nationalsozialismus, zum Zweiten Weltkrieg und Holocaust oder zu den transgenerationalen Folgen dieser Vergangenheit eingelöst.

In anderen Bereichen der Biographieforschung geht es stärker um die Rekonstruktion bestimmter sozialer Settings aus der Perspektive der Handelnden in spezifischen historischen Phasen und soziokulturellen Kontexten (zum Beispiel eine Milieustudie über einen „sozialen Brennpunkt" in einer Großstadt). Ein weiteres Ziel ist die Analyse biographischer Selbst- und Fremdthematisierungen in sozialen Interaktionen (zum Beispiel die biographische Thematisierung von KlientInnen auf Ämtern). Für die gegenwärtige soziologische Biographieforschung sind weitere wichtige Anliegen die Analyse der biographischen Konstruktionen und der biographischen Selbstpräsentation in der Gegenwart (zum Beispiel: Was sind die Regeln biographischer Selbstthematisierungen von Überlebenden kollektiver Gewalt aus Kriegsgebieten, ehemaligen PsychiatriepatientInnen oder von Asylsuchenden?) und damit verbunden die Rekonstruktion der Genese und Transformationen dieser Konstruktionen, wobei auch der Frage nachgegangen wird, inwiefern biographische Thematisierungen in der Vergangenheit innerhalb bestimmter Figurationen (wie zum Beispiel im Kontext eines Asylverfahrens oder eines Gesprächs in der Psychiatrie) einen nachhaltigen Einfluss auf die Konstruktionen in anderen Situationen und sozialen Kontexten haben.

Die Grenzen eines biographischen Forschungsansatzes liegen vor allem in der meist fehlenden numerischen Verallgemeinerbarkeit der untersuchten Phänomene, die jedoch – wie wir bereits ausgeführt haben – nicht angestrebt wird. Mit einer theoretischen Verallgemeinerung ist es doch durchaus möglich, die Wirksamkeit bestimmter Phänomene – unabhängig davon, wie häufig sie auftreten – aufzuspüren. Ein weiterer Nachteil – so könnte man einwenden – liegt in dem erheblichen Aufwand sowohl bei der Erhebung als auch bei der Auswertung, der sich, wie wir finden, jedoch insbesondere in bisher wenig oder nicht besonders gut erforschten Bereichen durchaus lohnt.

Literatur

Alber, I. (2016): Zivilgesellschaftliches Engagement in Polen. Ein biographietheoretischer und diskursanalytischer Zugang. Wiesbaden: Springer VS.

Apitzsch, U. (2014): Transmission und Wandel in mehrgenerationalen Migrationsfamilien. In: Weiss, H./Schnell, P./Gülay, A. (Hrsg.) (2014): Zwischen den Generationen. Transmissionsprozesse in Familien mit Migrationshintergrund. Wiesbaden: Springer VS, S. 195–216.

Berger, P. L./Luckmann T. (1969): Die gesellschaftliche Konstruktion der Wirklichkeit. Eine Theorie der Wissenssoziologie. Frankfurt am Main: Fischer.

Bogner, A./Rosenthal, G. (2012): Die „unerzählten" Geschichten von Außenseitern und deren Relevanz für die Analyse von (Post-)Konfliktfigurationen. Interviews mit Opfern kollektiver Gewalt in Norduganda (West Nile). In: Sociologus 62, H. 2, S. 115–141.

Bogner, A./Rosenthal, G. (2017a): Biographien – Diskurse – Figurationen. Methodologische Überlegungen aus einer sozialkonstruktivistischen und figurationssoziologischen Perspektive. In: Spies, T./Tuider, E. (Hrsg.) (2017): Biographie und Diskurs. Methodisches Vorgehen und Methodologische Verbindungen von Biographie- und Diskursforschung. Wiesbaden: Springer VS, S. 42–67.

Bogner, A./Rosenthal, G. (2017b): Biographische Selbstpräsentationen in Norduganda (West Nile) und Palästina (Westjordanland). Etablierte Diskurse und die Biographien von AußenseiterInnen. In: Spies, T./Tuider, E. (Hrsg.) (2017): Biographie und Diskurs. Methodisches Vorgehen und Methodologische Verbindungen von Biographie- und Diskursforschung. Wiesbaden: Springer VS. 213–228.

Brubaker, R. (2007): Ethnizität ohne Gruppen. Hamburg: Hamburger Edition.

Elias, N. (1939/1997): Über den Prozess der Zivilisation. Soziogenetische und psychogenetische Untersuchungen. Zweiter Band. Neuausgabe. Frankfurt am Main: Suhrkamp.
Elias, N. (1983a): Engagement und Distanzierung: Arbeiten zur Wissenssoziologie I. In: Schröter, M. (Hrsg.) (2003): Gesammelte Schriften. Band 8. Frankfurt am Main: Suhrkamp.
Elias, N. (1983b): Über den Rückzug der Soziologen auf die Gegenwart. In: Kölner Zeitschrift für Soziologie und Sozialpsychologie 35, H. 1, S. 29–40.
Elias, N. (1986): Was ist Soziologie? Weinheim und München: Juventa.
Elias, N. (1987/2001): Die Gesellschaft der Individuen. In: Schröter, M. (Hrsg.) (2001): Gesammelte Schriften. Band 10. Frankfurt am Main: Suhrkamp.
Elias, N./Scotson, J. L. (1990): Etablierte und Außenseiter. Frankfurt am Main: Suhrkamp.
Fenstermaker, S./West, C. (2001): „Doing difference" revisited. Probleme, Aussichten und der Dialog in der Geschlechterforschung. In: Heintz, B. (Hrsg.) (2001): Geschlechtersoziologie. Kölner Zeitschrift für Soziologie und Sozialpsychologie, Sonderheft 41. Wiesbaden: Westdeutscher Verlag, S. 236–249.
Fischer, W. (1982): Time and Chronic Illness. A Study on the Social Constitution of Temporality. Berkeley: Eigenverlag (zugleich: Habilitationsschrift. Universität Bielefeld, Fakultät für Soziologie).
Fischer, W./Kohli, M. (1987): Biographieforschung. In: Voges, W. (Hrsg.) (1987): Methoden der Biographie- und Lebenslaufforschung. Opladen: Leske & Budrich, S. 25–50.
Glaser, B. G./Strauss, A. L. (1967): The Discovery of Grounded Theory. Chicago: Aldine.
Gurwitsch, A. (1974): Das Bewusstseinsfeld. Berlin u. a.: De Gruyter.
Hess, S./Tsianos, V. (2010): Ethnographische Grenzregimeanalyse. In: Kasparek, B./Hess, S. (Hrsg.) (2010): Grenzregime: Diskurse, Praktiken, Institutionen in Europa. Berlin: Assoziation A., S. 243–264.
Hinrichsen, H./Rosenthal, G./Worm, A. (2013): Biographische Fallrekonstruktionen. Zur Rekonstruktion der Verflechtung „individueller" Erfahrung, biographischer Verläufe, Selbstpräsentationen und „kollektiver" Diskurse. PalästinenserInnen als RepräsentantInnen ihrer Wir-Bilder. In: Sozialer Sinn. Zeitschrift für hermeneutische Sozialforschung 14, H. 2, S. 157–183.
Hoffmann-Riem, C. (1980): Die Sozialforschung einer interpretativen Soziologie. In: Kölner Zeitschrift für Soziologie und Sozialpsychologie 32, H. 2, S. 339–371.
Kallmeyer, W./Schütze, F. (1977): Zur Konstitution von Kommunikationsschemata der Sachverhaltsdarstellung. In: Wegner, D. (Hrsg.) (1977): Gesprächsanalyse. Hamburg: Buske, S. 159–274.
Keller, R. (2006): Wissenssoziologische Diskursanalyse. In: Keller, R./Hirseland, A./Schneider, W./Viehöfer, W. (Hrsg.) (2006): Handbuch Sozialwissenschaftliche Diskursanalyse. Band 1: Theorien und Methoden. Wiesbaden: VS, S. 115–146.
Lewin, K. (1927/1967): Gesetz und Experiment in der Psychologie. Darmstadt: Wissenschaftliche Buchgesellschaft.
Oevermann, U./Allert, T./Konau, E. (1980): Zur Logik der Interpretation von Interviewtexten. In: Heinze, T./Klusemann, H. W./Soeffner, H.-G. (Hrsg.) (1980): Interpretationen einer Bildungsgeschichte. Bensheim: PÄD extra, S. 15–69.
Oevermann, U./Allert, T./Konau E./Krambeck, J. (1979): Die Methodologie einer objektiven Hermeneutik und ihre allgemeine forschungslogische Bedeutung in den Sozialwissenschaften. In: Soeffner, H.-G. (Hrsg.) (1979): Interpretative Verfahren in den Sozial- und Textwissenschaften. Stuttgart: Metzler, S. 352–434.
Pohn-Weidinger, M. (2014): Heroisierte Opfer: Bearbeitungs- und Handlungsstrukturen von „Trümmerfrauen" in Wien. Wiesbaden: Springer VS.
Radenbach, N./Rosenthal, G. (2012): Das Vergangene ist auch Gegenwart, das Gesellschaftliche ist auch individuell. Zur Notwendigkeit der Analyse biographischer und historischer „Rahmendaten". In: Sozialer Sinn. Zeitschrift für hermeneutische Sozialforschung 13, H. 1, S. 3–37.
Rosenthal, G. (1995): Erlebte und erzählte Lebensgeschichte. Gestalt und Struktur biographischer Selbstbeschreibungen. Frankfurt am Main: Campus.

Rosenthal, G. (2005): Biographie und Kollektivgeschichte. Zu den Reinterpretationen der Vergangenheit bei Familien von „Deutschen" aus der Sowjetunion. In: Sozialer Sinn. Zeitschrift für hermeneutische Sozialforschung 2, H. 6, S. 311–329.
Rosenthal, G. (2010a): Zur Interdependenz von kollektivem Gedächtnis und Erinnerungspraxis. Kultursoziologie aus biographietheoretischer Perspektive. In: Wohlrab-Sahr, M. (Hrsg.) (2010): Kultursoziologie – Paradigmen, Methoden, Fragestellungen. Wiesbaden: VS, S. 151–175.
Rosenthal, G. (2010b): Die erlebte und erzählte Lebensgeschichte. Zur Wechselwirkung zwischen Erleben, Erinnern und Erzählen. In: Griese, B. (Hrsg.) (2010): Subjekt – Identität – Person?: Reflexionen zur Biographieforschung. Wiesbaden: VS, S. 197–218.
Rosenthal, G. (2012): A Plea for a More Interpretative, More Empirical and More Historical Sociology. In: Kalekin-Fishman, D./Denis, A. (Hrsg.) (2012): The Shape of Sociology for the Twenty-First Century. London u. a.: Sage, S. 202–217.
Rosenthal, G. (2005/2015): Interpretative Sozialforschung. Eine Einführung. 5., aktualisierte und ergänzte Auflage. Weinheim und München: Juventa.
Rosenthal, G. (Hrsg.) (2015): Etablierte und Außenseiter. Selbst- und Fremdbilder in den palästinensischen Communities im Westjordanland und in Israel.Frankfurt am Main: Campus.
Rosenthal, G. (unter Mitarbeit von Viola Stephan) (2011): Gegenwärtige Probleme der Zugehörigkeit und ihre historische Bedingtheit. In: Rosenthal, G./Stephan, V./Radenbach, N. (2011): Brüchige Zugehörigkeiten. Wie sich Familien von „Russlanddeutschen" ihre Geschichte erzählen. Frankfurt am Main: Campus, S. 11–36.
Schmidinger, T. (2014): Krieg und Revolution in Syrisch-Kurdistan. Analysen und Stimmen aus Rojava. Wien: Mandelbaum.
Schütze, F. (1977): Die Technik des narrativen Interviews in Interaktionsfeldstudien. Arbeitsberichte und Forschungsmaterialien Nr. 1 der Universität Bielefeld. Fakultät für Soziologie.
Schütze, F. (1983): Biographieforschung und narratives Interview. In: Neue Praxis 13, H. 3, S. 283–293.
Schütze, F. (1984): Kognitive Figuren des autobiographischen Stegreiferzählens. In: Kohli, M./Robert, G. (Hrsg.) (1984): Biographie und soziale Wirklichkeit: Neue Beiträge und Forschungsperspektiven. Stuttgart: Metzler, S. 78–117.
Tejel, J. (2009): Syria's Kurds. History, Politics and Society. London u. a.: Routledge.
Thomas, William I./Znaniecki, Florian (1918-1922/1958): The Polish peasant in Europe and America. New York: Dover.
West, C./Zimmerman, D. H. (1987): Doing Gender. In: Gender and Society 1, H. 2, S. 125–151.
Wilson, T. P. (1973): Theorien der Interaktion und Modelle soziologischer Erklärung. In: Arbeitsgruppe Bielefelder Soziologen (Hrsg.) (1973): Alltagswissen, Interaktion und gesellschaftliche Wirklichkeit. Band 1: Symbolischer Interaktionismus und Ethnomethodologie. Reinbek: Rowohlt, S. 54–79.
Wimmer, A. (2002): Multikulturalität oder Ethnisierung? In: Zeitschrift für Soziologie 31, H. 1, S. 4–26.
Wundrak, R. (2010): Die chinesische Community in Bukarest. Eine rekonstruktive, diskursanalytische Fallstudie über Immigration und Transnationalismus. Wiesbaden: VS.

6.2
Subjektivierungsanalyse

Lena Schürmann, Lisa Pfahl und Boris Traue

1   Einleitung

Die Subjektivierungsanalyse verfolgt das Anliegen, die Transformation sozialer, kultureller und technologischer Ordnungen durch subjektgestützte, situierte Handlungen und Techniken zu beschreiben und zu erklären. Handelnde werden individuell und kollektiv *subjektiviert,* d. h. sie fädeln sich in normative und institutionelle Ordnungen ein, begreifen sich in Relation zu den bereitgehaltenen Kategorien und Subjektpositionen (Foucault 1981, 1991) und entwickeln Formen von Handlungsfähigkeit, die den Anforderungen solcher Ordnungen genügen oder es erlauben, sich ihnen zu widersetzen und auf sie zurückzuwirken.

Die Subjektivierungsforschung nimmt die *Dynamik von Subjektivierung und Objektivierung* in den Blick: Subjektivierungsprozesse bringen eigene Objektivationen hervor, also Artefakte und Zeichen (z. B. Erzählungen, Gesten, Bilder), die in einem spannungsreichen Verhältnis zu gesellschaftlichen Erwartungen und Vorgaben stehen.

Dieses Verhältnis wird in Subjektivierungsanalysen untersucht. Damit schließen wir an sozialwissenschaftliche Debatten zu Ungleichheit und Ungleichzeitigkeit an, denen zufolge unterschiedliche raumzeitliche und symbolische Ordnungen nebeneinander bestehen und miteinander konkurrieren. Sogenannte makrostrukturelle Ordnungen besitzen eine eigene Zeitlichkeit und Logik, die different ist von der Handelnder (Habermas 1984; Rosa 2005; Corsten 2004). Für handelnde Subjekte kann es zu früh, rechtzeitig oder zu spät sein, sie können sich einfügen, anstoßen oder sich wehren. Ordnungen und Sozialstrukturen sind dagegen geduldig, können aber in Bewegung geraten, zerbrechen oder zerfließen (Bauman 2003; Marx 1932/2017). Die hier vorgeschlagene Perspektive ist darauf ausgerichtet, Routinen und Krisen erkennbar werden zu lassen, ohne ‚verfestigte' Ordnungen der Gesellschaft und die ‚Eigensinnigkeit' von Individuen immer schon vorauszusetzen. Es geht darum, *Differenzen innerhalb* und *zwischen Ordnungen und Subjekten* empirisch zu beschreiben, dabei Naturalisierungen zu vermeiden und intersektionale Forschungsperspektiven umzusetzen.

Subjektivierungsanalysen adressieren das *Mikro-Makro-Problem*, verstehen diese Ebenen aber nicht als ontologisch separiert, etwa als Handlung, Institution und Struktur. Vielmehr wird versucht, sie in empirischen Analysen erst zu bestimmen. Subjektivierungsanalysen sind also Forschungen, die im Modus einer empirisch begründeten Theoriebildung vorgehen (Kalthoff/Hirschauer/ Lindemann 2008). Die Bestimmung des *Verhältnisses von Subjekten zu Ordnungen* richtet sich danach,

a) inwiefern Ordnungen dauerhaft und durchgreifend wirksam sind,
b) welche Ordnungen kurzfristig, transitorisch und transformierend wirken und
c) welche Ordnungen, ohne selbst gerichtete Wirkungen zu erzielen, die Verhältnisse der Wirkungen stabil halten (z. B. Medien, Architekturen, Infrastrukturen, Ökonomien).

Außerdem ist zu bestimmen,

a) ob und wie Subjekte sich zu den Ordnungen und Strukturen verhalten und
b) verändernd auf Ordnungen einwirken bzw. welche neuen Ordnungen das individuelle und kollektive Handeln der Subjekte hervorbringt.

Die Subjektivierungsforschung ist damit anschlussfähig an wissenssoziologische, konflikttheoretische, machtanalytische, interaktionstheoretische und biographieanalytische Theorieannahmen, die eine Beschreibung von Ungleichheiten, Differenzen und Kategorisierungen erlauben, um das Verhältnis von Subjekten zu Ordnungen zu bestimmen; sie zielt auf eine Gesellschafts- bzw. Institutionenanalyse.

In methodischer Hinsicht müssen in Subjektivierungsanalysen *mindestens zwei unterschiedliche Datensorten* erhoben und interpretiert werden, die einen jeweils unabhängigen Zugang zur Subjektperspektive sowie zu sozialen und kulturellen Ordnungen erlauben. Nur auf diese Weise kann das Verhältnis zwischen Subjektivierung und Ordnungsbildung empirisch erschlossen werden. Versuche, Subjektperspektiven *und* Ordnungen aus einer einzigen Datensorte zu rekonstruieren (vgl. z. B. Amling/Geimer 2016) – verfehlen diesen Anspruch, insofern eine methodische Kontrolle des Verhältnisses von Deutungen und Ordnungen auf diese Weise nicht möglich ist. So kann etwa weder aus Subjektivierungsprogrammatiken auf reale Subjektivierungsprozesse zurückgeschlossen werden, noch können Ordnungen und Strukturen aus individuellen Deutungen einfach abgeleitet werden. Solche Analysen mögen ertragreich sein – gleichwohl handelt es sich nicht um Subjektivierungsanalysen im hier beschriebenen Sinn. Welche Arten von Daten jeweils erhoben und in Analysen aufeinander bezogen werden (biographische Interviews, Diskurse, visuelle Daten, Beobachtungen, Institutionendaten, statistische Daten, etc.) muss jeweils am Forschungsgegenstand entschieden werden. Entwickelt wurde die Subjektivierungsanalyse anhand einer Verbindung von Diskursanalysen mit Biographieanalysen (Pfahl/Traue 2012; Pfahl/Schürmann/Traue 2014; Bosančić/Pfahl/Traue 2018)) und anhand einer Verbindung von Diskursanalysen mit Analysen visueller Praktiken (Traue/Schünzel 2014) sie ist aber nicht auf diese beschränkt. Die Forderung nach einer *doppelten Empirie* ist für die Subjektivierungsforschung charakteristisch. Typischerweise werden dabei längere Verläufe mit aktuellen oder (trans-)lokalen Deutungen in ein Verhältnis gesetzt.

2 Grundannahmen der Subjektivierungsanalyse

Die wissenssoziologische Grundannahme, dass Individuen vermittels institutioneller, vermachteter Wissensbestände Orientierung in ihrer Lebensführung gewinnen (Schütz/Luckmann 1979; Foucault 1988; Schütz 2003), steht auch im Zentrum der Subjektivierungsforschung. Untersucht werden Prozesse der Transformation von Ordnungen sowie individueller und kollektiver Orientierungen und Deutungen.

Das Konzept der ‚*Subjektivierung*' beschreibt, wie institutionelle Erwartungsrahmen Subjekte konstituieren: Individuen müssen sich, um handlungsfähig zu werden bzw. zu bleiben, an den Umständen und Vorgaben der Sozialwelt ausrichten (Hahn 1987). Dies verlangt – und erlaubt –, dass Individuen ein Verhältnis zu sich selbst gewinnen.

Subjekte handeln dabei (mit Hilfe von ‚*Objektivierungen*') immer auf etwas bezogen, sie schaffen und begegnen ihren eigenen Handlungsprodukten (‚*Objektivationen*') und denen anderer. Objektivationen (Knoblauch 2017: 161ff.) manifestieren sich in Ordnungen, Programmatiken, Institutionen und treten auf diese Weise Subjekten entgegen. Von Expert_innen bereitgestellte Wissensordnungen spielen in der Subjektivierungsforschung eine besondere Rolle: „Prozesse der Enttraditionalisierung und der Dauerbeobachtung durch Expertensysteme (beziehen) sich heute auf alle gesellschaftlichen Praxisbereiche" (Keller 2005, S. 252). Es sind aber nicht nur Expert_innen und Laien, sondern Ko- und Gegenexpert_innen, die gegenwärtige Selbst- und Weltverhältnisse ausmachen (Hitzler/Hohner/Maeder 1994). In der Entwicklung ihrer Selbst- und Weltverhältnisse gewinnen Einzelne und Kollektive Handlungsfähigkeit und können gesellschaftliche Ordnungen transformieren.

Subjektivierungsanalysen sind Teil des interpretativen Paradigma (Keller 2012; Denzin 1997). Ihrem Reflexivitätsanspruch entsprechend berücksichtigen sie, dass Forschende weder einfach Verhältnisse noch Handlungen beobachten, sondern die Verschränkung von Struktur und Handlung, Macht- und Selbsttechniken in den Blick nehmen.

Subjektivierungsanalysen sind damit der von Bourdieu (1987) entwickelten *Feldtheorie* ähnlich, insofern zwischen sozialen Ordnungen und den praktischen Verhaltensweisen von Menschen unterschieden wird. Anders als Bourdieu, der dem Forschungsprozess eine Typisierung von Praxisformen voranstellt, werden in der Subjektivierungsforschung Handlungsweisen möglichst sorgfältig beschrieben.

Gewisse methodische Ähnlichkeiten bestehen zu Clarkes (2005) *Situationsanalyse* (Strübing in diesem Band), die in „Landkarten" die Beziehungen zwischen Ordnungen und einzelnen Handelnden untersucht und dabei die unterschiedlichen raumzeitlichen Dimensionen von Diskursen, Akteuren und Praktiken auflöst.

Mit der *Dispositivanalyse* (Bührmann/Schneider 2008) liegt ein methodischer Ansatz vor, der richtungsweisend ist für Ansätze der Subjektivierungsforschung, insofern in der Dispositivanalyse die Materialität von Wissensordnungen untersucht wird, also danach gefragt wird, mit Hilfe welcher Dinge, Technologien und Symbolsysteme Handelnde sich in Diskursen wiederfinden (Foucault 1978). Allerdings bietet die Dispositivanalyse keinen Vorschlag zur Untersuchung der Frage, *wie* die Handelnden die Wirklichkeit interpretieren und verändern, oder *wie* das Wissen der Handelnden in die Analyse von Diskursen zu integrieren ist, und sie äußert sich nicht ausführlich zur Frage der Selbstimplikation der Forschenden in Bezug auf ihre Ergebnisse.

Subjektivierungsanalytische Untersuchungen verbinden eine strukturtheoretische Perspektive mit einem handlungstheoretischen Zugang und problematisieren die Position der Forschenden bei der Interpretation der Daten. Solche Bestrebungen liegen u. a. auch bei Schäfer und Völter (2005), Bosančić (2012), Spies (2009) und Tuider (2007) vor. Damit wird einerseits eine starke Verbindung zur *wissenssoziologischen Diskursanalyse* (Keller 2005 und in diesem Band) sowie zum Kommunikativen Konstruktivismus (Knoblauch 2017) hergestellt und andererseits an *Verfahren der Dekonstruktion kultureller Ordnungen* angeschlossen, indem nach alternativen Deutungshorizonten in der Sozialwelt gesucht wird (Reckwitz 2006).

3 Entwicklung und Durchführung einer subjektivierungsanalytischen Fragestellung

In der Studie „Schmutz als Beruf" untersucht Schürmann (2013) das Phänomen prekärer Erwerbsarbeit in der Reinigungsbranche. Der subjektivierungsanalytische Zugang wurde hier eingesetzt, um bestehende Lücken in der Forschungsdiskussion über den Umbau des Erwerbs- und Wohlfahrtssystems, die unter dem Stichwort der ‚Prekarisierung von Arbeit' geführt wird, zu schließen. Letztere fokussiert entweder auf sozial-rechtliche und materielle Bedingungen der

Erwerbstätigkeit und beschreibt anhand statistischer Daten Verteilungsmuster von Beschäftigungsverhältnissen, die von ‚Normalarbeit' abweichen, oder sie geht den Auswirkungen sich verschlechternder Beschäftigungsbedingungen als Dynamiken biographischer Verunsicherung nach. Damit wird jedoch die Problematik statusniedriger Erwerbstätigkeit, wie sie die Beschäftigung im anwachsenden Niedriglohnsektor charakterisiert, nur unzureichend erfasst. Anstatt dem Begründungsmuster des herrschenden ökonomischen Diskurses zu folgen, welcher niedrige Löhne auf die geringere Produktivität von niedrig qualifizierten Arbeitskräften zurückführt, sollten hier aus einer machtanalytisch-wissenssoziologischen Perspektive die gesellschaftlichen Prozesse der Wertsetzung von Arbeit selbst problematisiert und hinsichtlich ihrer Bedeutung für den beruflichen Selbstbezug und die Handlungsfähigkeit niedrig entlohnter Beschäftigter untersucht werden.

Mit dem Reinigungsgewerbe wurde ein Untersuchungsgegenstand an der Schnittstelle zwischen Produktions- und Reproduktionssphäre ausgewählt. Es handelt sich um ein frauendominiertes Dienstleistungsgewerbe, dessen Berufsstatus höchst fragil ist und das seinem Personal weder einen materiell noch einen symbolisch gesicherten sozialen Status vermittelt. Einerseits ist die Gebäudereinigung Teil des Jedermanns-Arbeitsmarkts, was mit niedrigen Eintrittsbedingungen, instabilen Beschäftigungsverhältnissen und einem hohen Anteil niedrigqualifizierter Arbeitskräfte einhergeht. Andererseits handelt es sich um einen Handwerksberuf, in dem es möglich ist, eine dreijährige Berufsausbildung zu absolvieren und anschließend ein Meisterzertifikat in der Gebäudereinigung zu erwerben (Schürmann 2013). Dieses Nebeneinander unterschiedlicher Niveaus der Reinigungsarbeit schlägt sich in einer brancheninternen Arbeitsteilung nieder, die den üblichen Mustern geschlechtshierarchischer Arbeitsteilung folgt: Während das Gros der weiblichen wie männlichen Beschäftigten in der sogenannten ‚Unterhaltsreinigung' Fußböden und Toiletten säubert, gilt die ‚Glasreinigung' als fachlich anspruchsvollerer Tätigkeitsbereich und ist beinahe exklusiv männlich besetzt.

Da der Anteil der fachlich qualifizierten Personen in beiden Teilbereichen in etwa gleich hoch ist (Gather et al. 2005), ist davon auszugehen, dass branchen- und betriebsinterne Schließungen wirksam sind, die den Zugang von Frauen zur besser bezahlten Glasreinigung verhindern. Um nachvollziehen zu können, wie es in einem frauendominierten Beruf zum strukturellen Ausschluss der Mehrheit der Beschäftigten von den besser bezahlten Jobs kommt, wurde diese Problematik zunächst in einer Reihe von Expert_innen- und Beschäftigteninterviews (mit Gewerkschaftsvertreter_innen, Mitgliedern von Betriebsräten, Vertretungen der Innung) thematisiert (Gather et al. 2005). Diese Gespräche ließen bei der Forschenden den Eindruck entstehen, alle Beteiligten handelten auf Basis einer gemeinsam geteilten Weltsicht, in der die Verteilung ‚Männer/Glas' und ‚Frauen/Böden' als unhinterfragte Normalität fungiert. In einer Branche, die sich durch eine regelrechte Missachtung von tariflichen Bestimmungen und eine hohe Instabilität in den Arbeits- wie Kundenbeziehungen auszeichnet (hohe Fluktuation, kurze Vertragslaufzeiten), verwunderte es, dass es gerade hinsichtlich der geschlechtlichen Platzierung des Personals eine derart auffällige Stabilität gibt und sich sämtliche Akteure (betriebs- wie beschäftigtenseitig) an der Aufrechterhaltung dieser Praxis beteiligen.

4 „Schmutz als Beruf": Forschungsmethodische Überlegungen und Entscheidungen

Neben der Irritation über die Regelmäßigkeit in der geschlechtlichen Platzierung von Reinigungskräften stellten die Erfahrungen, die die Forschende selbst als Erwerbstätige der Reinigungsbranche im Rahmen einer mehrwöchigen Ethnographie (vgl. auch Pfadenhauer; Meyer beide in diesem Band) gemacht hatte, ein weiteres Element zur Entwicklung der Forschungsstrategie dar. Konfrontiert mit den Zumutungen der anonym-organisierten Reinigungsarbeit, wurde sie zurückgelassen mit einem diffusen Eindruck, trotz der Bewältigung eines hohen Pensums körperlich belastender Arbeit darin gehemmt zu sein, Arbeitsstolz zu entwickeln. Die objektiven Umstände ihrer Tätigkeit (untertarifliche Entlohnung, Nachtarbeit, täglich wechselnder Kolleg_innenkreis, Einzelarbeit, Kontrolle durch Vorgesetzte, Nichtbeachtung oder respektlose Behandlung durch Gebäudenutzer_innen, Nähe zu Dreck und Gestank) erzeugten subjektive Gefühle des Statusverlusts und der Scham. Angesichts der Schwierigkeit, derartigen (Arbeits-)Erfahrungen einen angemessenen sprachlichen Ausdruck zu verleihen, wuchs ein Unbehagen gegenüber jenen Forschungsmethoden, die sich allein auf die Interviewmethodik stützen. Die Forscherin entwickelte das Anliegen, den biographisch-narrativen Zugang zum Forschungsfeld (vgl. auch Rosenthal/Worm in diesem Band) um eine Analyse der Wissensordnungen, Legitimationen und Zuschreibungen der Reinigungsbranche zu erweitern, die ihr helfen würden, ihre ethnographisch gewonnenen Erfahrungen zu verstehen.

Daran knüpfte sich die Entscheidung, das Berufsfeld nicht nur anhand struktureller Daten, qualitativer Interviews und einer teilnehmenden Beobachtung durch eigene Erwerbstätigkeit zu untersuchen, sondern in historisierender Perspektive die Entwicklung der Gebäudereinigung zu rekonstruieren. Die Analyse der Reinigungsdiskurse folgte der Absicht, die gegenwärtigen Strukturen der beruflichen Arbeitsteilung mitsamt der durch sie transportierten Zuschreibungen an die Wertigkeiten von Tätigkeiten und Arbeitskräften als prinzipiell historisch kontingentes Produkt vorangegangener und bestehender sozialer Kämpfe und diskursiver Wissensproduktionen aufzufassen. Damit eröffnet das diskursanalytische Vorgehen die Möglichkeit, nachzuvollziehen, wie und unter welchen Bedingungen sich gerade jene spezifischen Wirklichkeitsdeutungen durchsetzen konnten und wer von diesem Wissen profitiert.

Folgende Fragestellung wurde verfolgt: Welche (historischen) Interessenlagen und Kräfteverhältnisse schlagen sich im gegenwärtigen Status und der Ausstattung eines Berufs mit niedrigem Verdienst – und eingechränkten (individuellen) Entwicklungschancen, Arbeitsrechten etc. – nieder und strukturieren (erweitern oder begrenzen) die Möglichkeiten des beruflichen Selbstbezugs der Erwerbstätigen? Im Kern ging es um eine machtanalytisch und wissenssoziologisch ausgerichtete Erweiterung sozialisations- und rollentheoretischer Überlegungen zur Subjektkonstitution. Angeknüpft wird damit an die Studien von Hoff, Lappe und Lempert (1982), welche berufliche Sozialisationsmilieus daraufhin befragen, welche Möglichkeiten der Autonomieentwicklung diese bereithalten.

Um die Subjektivierungsprozesse von Reinigungsarbeitern untersuchen zu können, wurden in der Studie zwei *Analyseebenen und Datensorten* miteinander verbunden:

1. Das *gesellschaftliche Wissen* über eine Erwerbstätigkeit – in diesem Fall die Reinigungsarbeit – wurde durch die Untersuchung der Entwicklung des Berufs in den letzten 100 Jahren erfasst. Damit wird die gegenwärtige Arbeitsteilung historisch kontextualisiert. Es wird sichtbar, unter welchen Bedingungen sich die Reinigungstätigkeit zu einer niedrig entlohnten Beschäftigung entwickelt hat bzw. diesen Status nicht verlassen konnte. Die *Diskursanalyse* bietet einen Zugang zu den wechselnden Legitimationen und Zuschreibungen, die an die Tätigkeit und die Erwerbstätigen im historischen Verlauf gemacht wurden. Welches Bild der (Reinigungs-)Arbeiter wird im Diskurs gezeichnet? Wie hat sich dieses Bild verändert?
2. Mit der Analyse der *berufsbiographischen Selbstthematisierungen* von (männlichen) Reinigungsarbeitern wurde nachvollzogen, wie Erwerbstätige ihr berufliches Praxisfeld *deuten* und welche *Selbstverhältnisse* sie im Kontext niedrig entlohnter Dienstleistungsarbeit bilden. Wie gehen sie mit dem Umstand um, gängigen an Erwerbstätigkeit geknüpften Normalitätserwartungen trotz Erwerbsausübung nicht entsprechen zu können? Mit welchen Aspekten ihrer Erwerbstätigkeit identifizieren sie sich dennoch?

Zur Untersuchung, welche subjektivierenden Wirkungen der Diskurs der Reinigungsbranche auf die Selbstverhältnisse und Lebensvollzüge der Reinigungsarbeiter hat, wurden verschiedene *Ebenen der Vermittlung von Diskurs und Selbstthematisierung* in Betracht gezogen, in Anbetracht der Annahme, dass Diskurse in der Regel keine einheitlichen Selbstverhältnisse ihrer Adressaten generieren:

1. *Diskurse* schaffen Beziehungsgefüge und können über die Bereitstellung hegemonialer Gegenstandskonstruktionen Situationsdeutungen und Selbstverhältnisse anregen, d. h. sie organisieren die Wahrnehmung sowie die Welt- und Selbstbezüge von Subjekten in spezifischer Weise. Hierüber wirken sie als Bewährungs- oder Zumutungskontext für individuelle Selbstwahrnehmungen und –positionierungen; sie stellen aber auch Legitimationsressourcen für das Handeln der Akteure bereit.
2. Um zu ermitteln, wie *Subjekte* sich die diskursiven Zuschreibungen und Gegenstandskonstruktionen aneignen, sie modifizieren oder zurückweisen, werden die Interviews als „diskursexterne Praktiken" (Keller 2005, S. 252) betrachtet und analytisch von diskursiven Praktiken unterschieden.

Diese Unterscheidung richtet sich gegen die Vorstellung eines determinierenden Zugriffs der Diskurse auf die Lebenspraxis und soll es ermöglichen, die Eigensinnigkeit der Akteure im Umgang mit den „diskursiven Zumutungen" (Keller 2005) systematisch in den Blick zu nehmen.

Da in diesem Band sowohl auf die Diskursforschung (Keller/Bosančić in diesem Band), als auch die Biographieforschung (Rosenthal/Worm in diesem Band) ausführlich eingegangen wird, legen wir den Fokus auf die Darstellung *konkreter Schritte zur Verknüpfung beider Analyseebenen bzw. der beiden hier verwendeten Datensorten.*

4.1 Korpusbildung und Auswertung der Reinigungsdiskurse

Grundlegend interessiert sich die Diskursanalyse (Keller/Bosančić in diesem Band) „für die Formationsmechanismen von Diskursen, die Beziehung zwischen Diskursen und Praktiken sowie strategisch-taktische Diskurs-Performanz sozialer Akteure" (Keller 2005, S. 182). Ziel der Auswertung ist daher

> „nicht nur die Deskription der empirischen Vielfalt von subjektiven, typisierbaren Wissensvorräten, sondern auch die Analyse der kollektiven und institutionellen Prozesse, in denen spezifisches Wissen zur gesellschaftlichen Wirklichkeit wird" (Keller 2005, S. 185).

Die Diskursanalyse ist ein interpretatives Verfahren, jedoch geht es in ihr anders als bei hermeneutischen Verfahren nicht um die Entschlüsselung latenter, impliziter oder tiefenstruktureller Sinnschichten. Die interpretative Leistung – und ein Großteil der Untersuchungsarbeit – wird auf die vergleichende Anordnung des Materials und die Zuordnung seiner Elemente zu Aussageformationen verwendet, die sich empirisch bewähren müssen (Traue/Pfahl/Schürmann 2014; Bosančić/Pfahl/Traue 2018).

Als Archiv zur Historisierung der Gebäudereinigung und deren brancheninternen Arbeitsteilung wurde die „Fachzeitschrift der Reinigungsbranche" ausgewählt. Diese fungierte – unter wechselnden Titeln und Herausgebern – über einen langen Zeitraum als Publikationsorgan des Unternehmerverbandes, dem heutigen Bundesinnungsverband des Gebäudereiniger-Handwerks bzw. seiner Vorläuferorganisationen, die seit über 100 Jahren die berufsständische Interessenvertretung wahrnehmen (zur Geschichte des Unternehmerverbandes und seiner Zeitschrift vgl. Seumer 1998, S. 12f). Die *Konzentration auf die Arbeitgeberseite als Wissensproduzenten* erfolgte, da diese das Professionalisierungsprojekt der Handwerksanerkennung vorantrieb. Die Wissensproduktion dieses kollektiven Akteurs ist strategisch auf die Markterschließung ausgerichtet und bietet einen Zugang zu den wechselnden Legitimationen und Zuschreibungen, die mit der Reinigungsarbeit und die Angehörigen der Reinigungsbranche verknüpft werden. So kann nachvollzogen werden, wie arbeitsteilige Muster und Entlohnungsstrukturen begründet werden und welche Bilder für die Reinigungsarbeiter_innen im Diskurs gezeichnet werden.

Genau dieses Forschungsinteresse war leitend für die *Auswahl der analysierten Schriften*. Neben Texten, die Beschreibungen über Branchenangehörige und den Arbeitsgegenstand beinhalten – z. B. in Form von Klassifikationen, Kategorien, Bildern oder Metaphern –, und somit Auskunft geben über deren Relationierungen und Anordnungen, wurden Dokumente ausgewählt, die Aufschluss über die Verbandsstrategien, die tarifliche Entwicklung sowie die betrieblichen Praktiken bieten. Ferner wurde bei der Zusammenstellung der Texte (und Bilder) darauf geachtet, unterschiedliche Diskurselemente einzubeziehen und die Anlässe der Diskursproduktion zu variieren. Hier erwies sich die Fachzeitschrift als ein angemessener Zugang, da sie neben Berichten über Versammlungen des Verbandes, Anschreiben an Behörden und Texten zur Lage des Reinigungsgewerbes auch Veröffentlichungen von Tarifverträgen, Materialien zur Betriebsorganisation, Leserbriefe sowie Werbe-und Kleinanzeigen umfasste.

Das der Analyse zugrundeliegende Textarchiv umfasst ca. fünf Aktenordner mit Kopien aus insgesamt 80 Jahrgängen der von 1901 bis 1913 im zweiwöchigen und ab 1914 im monatlichen Turnus erscheinenden Zeitschrift. Da der Zeitschriftenbestand bislang noch nicht digital verfügbar ist, wurde die Analyse auf die für die Autorin erreichbaren Zeitschriftenjahrgänge in Bibliotheken beschränkt, eine Sichtung von Privatarchiven, wie von Seumer (1998) vorgenommen, fand nicht statt. Aufgrund bestehender Lücken im Zeitschriftenbestand, die u. a. die Zeit des Nationalsozialismus betreffen, ergaben sich Einschränkungen hinsichtlich der genealogischen Rekonstruktion.

Ziel war es zunächst, einen möglichst umfangreichen Textkorpus zu erstellen, der die Rekonstruktion von Kontinuitäten und Brüchen in der Wissensordnung des Reinigungsgewerbes ermöglicht und zudem Informationen über die praktische Organisation der Erwerbstätigkeit enthält. Diese Entscheidung war dem Umstand geschuldet, dass die Schriftlichkeit für den Untersuchungsgegenstand selbst keine herausragende Rolle spielt und weder auf umfangreiche Forschungsarbeiten zum Gegenstand noch auf elaborierte Texte und Abhandlungen zurückgegriffen werden konnte, anders als beispielsweise bei juristischen Diskursen. Für andere Fragestellungen mag es zielführender sein, sich auf die Auswahl einiger weniger Zeiträume zu beschränken, um gezielt Wissensproduktionen in Umbruchsituationen zu erschließen (vgl. z. B. Pfahl 2011; Correll 2010; Traue 2010) oder in der Zusammenstellung gezielt darauf zu achten, unterschiedliche Diskursproduzenten einzubeziehen, um Wissensproduktionen in konfliktstrukturierten Diskursarenen zu untersuchen (vgl. z. B. Freitag 2005).

Der *Auswahl der Dokumente* lag ein mehrstufiges Verfahren zugrunde:

1. In den Bibliotheken erfolgte eine *erste Sichtung des Textmaterials*, wobei sämtliche Dokumente, die aufgrund ihres Bezugs zur Fragestellung interessant erschienen, kopiert wurden.
2. Eine *systematische Durchsicht und Sortierung des Materials* erfolgte unter Zuhilfenahme einer chronologisch gegliederten Übersicht, in die zentrale Themen, Kategorien und Gegenstände des Diskurses eingetragen wurden, um Themen- und Begriffskonjunkturen zu erfassen und das Auftauchen spezifischer Vorstellungen des Reinigens im historisch-institutionellen Kontext situieren zu können.
3. Dieser dem offenen Codieren verwandte Arbeitsschritt bereitete die *Auswahl der Texte für die Feinanalyse* vor und ermöglichte es, erste Muster im Diskurs zu erkennen. Nachvollziehen lässt sich dieses Vorgehen anhand der Kategorie „Bild des Arbeiters": Dieser Kategorie wurden sämtliche Dokumente zugeordnet, die Aussagen über die mit Reinigungsarbeiten befassten Personen enthielten, auch Bilder und Werbeanzeigen. Bei diesem Zuordnungsprozess wurde die Forschende auf die eher zufällig kopierten Kurzmeldungen aufmerksam, welche das Bild einer kriminellen Arbeiterschaft zeichneten.

In der weiteren *Feinanalyse* konnte daraufhin die *Subjektposition* des (männlichen) ‚kriminellen Arbeiters' systematisch rekonstruiert werden, sowie die Anlässe ihres Auftauchens. Bei der Feinanalyse (vgl. auch Herbrik in diesem Band) handelt es sich um eine Lektüre einzelner Dokumente, welche auf die Rekonstruktion einzelner Deutungsfiguren und Argumentationsmuster abzielt.

Ferner galt es, die jeweilige *Positionierung eines Gegenstands* oder einer Deutungsfigur innerhalb der diskursiven Formation zu bestimmen. Dabei ging es um Fragen der Häufigkeit des Auftauchens eines Gegenstands oder bestimmter Begriffe, ihre Platzierung in einem Gesamtgefüge von Aussagen und diskursexternen Praktiken. So bündelt die Subjektposition des ‚kriminellen Arbeiters' in den Anfangsjahren des Reinigungsgewerbes die Kommunikation über die Probleme der betrieblichen Arbeitsorganisation und des zwischenbetrieblichen Wettbewerbs. Darüber hinaus legitimiert sie die niedrige Entlohnung der Arbeitskräfte.

Für die *Rekonstruktion der Diskursformation* spielten die in der Forschungsliteratur, in statistischen Jahrbüchern oder in der Fachzeitschrift selbst veröffentlichten Strukturdaten zur Reinigungsbranche (Beschäftigtenanzahl, Anzahl der Betriebe, Umsatzhöhen, Geschlechterverhältnis, Einkommenshöhen) sowie Dokumente zur betrieblichen Praxis eine wichtige Rolle. Durch sie konnten gezielt *Leerstellen des Diskurses* ermittelt werden – das im Diskurs Verdrängte oder Ungesagte konnte aufgespürt werden (beispielsweise die Frauenbeschäftigung in privaten Reinigungsbetrieben vor 1950).

Um schließlich eine *Rekontextualisierung des untersuchten Spezialdiskurses in die allgemeine Sozialstruktur* vorzunehmen, war es nötig, eine *Außenperspektive auf den Diskurs* einzunehmen. Der Einbezug einer Interpretationsgruppe erweist sich für diesen Schritt als sehr nützlich, ebenso die Lektüre anderer Forschungsarbeiten zum Thema. Im vorliegenden Fall waren es die kulturwissenschaftlichen Arbeiten zum Schmutz (Douglas 1985, Kristeva 1982), vor deren Hintergrund die allgemeine Funktion der Subjektposition des kriminellen Arbeiters verständlicher wird.

4.2 Fallrekonstruktives Vorgehen: Interviewerhebung, Sampling und Fallauswahl

Um Arbeitserfahrungen und die Lebensperspektive von Beschäftigten in der Reinigungsbranche zu erheben, wurden berufsbiographische Interviews (vgl. auch Rosenthal/Worm in diesem Band) durchgeführt. Die Entscheidung, nur männliche Erwerbstätige als Interviewpartner auszuwählen, folgte einer zu Beginn der Untersuchung bestehenden Festlegung auf die erwartete Gender-Problematik „Männer im Frauenberuf Gebäudereinigung", die im Laufe des Forschungsprozesses jedoch der allgemeineren Problematik statusniedriger Erwerbstätigkeit wich.

Die *Kontakte zu den Interviewpartnern* kamen teilweise durch die Vermittlung von Betriebsräten, teilweise durch Inserate in Kleinanzeigen zustande. In diesen wurde eine Aufwandsentschädigung für das Interview angeboten. Diese entsprach dem zeitlichen Aufwand von zwei Arbeitsstunden, orientiert am Tariflohn. In den telefonischen Vorgesprächen und zu Beginn des Interviews wurden die Zielsetzung, Fragestellung und Methodik des Forschungsvorhabens sowie das Forschungsinteresse erläutert, wie es den ethischen Grundsätzen für empirische Forschung in der Deutschen Gesellschaft für Soziologie entspricht, wobei ein Fokus auf die vermutete Tarifunterschreitung gelegt wurde. Insgesamt wurde in den Vorgesprächen zum Interview eine engagierte und parteiliche Positionierung der Forschenden kommuniziert, die Wertschätzung und Respekt vermittelte und zur Teilnahme an der Untersuchung motivieren sollte. Damit folgt dieses Vorgehen der Idee, dass jede Interviewforschung dialogisch ist und nicht lediglich Informationen abruft (Kaufman 1989) und hat damit eine Nähe zur partizipatorischen Forschung (Unger 2014). Den (der Fragestellung folgend durchweg männlichen) Interviewpartnern wurde die *Anonymisierung* zugesichert.

Den Interviews lag ein *Gesprächsleitfaden* zugrunde, in dessen Zentrum Fragen nach dem Erwerbsverlauf und den Erfahrungen in den vergangenen wie gegenwärtigen Beschäftigungsverhältnissen standen. Auch das Verhältnis der (prekären) Erwerbsarbeit zur Lebensgestaltung insgesamt sowie die zukunftsbezogenen Pläne, Ängste und Wünsche wurden thematisiert.

Die *Interaktionsdynamik des Interviews* (vgl. auch Kelle in diesem Band) kreiste darum, der Erwerbstätigkeit des Interviewpartners eine Normalität zuzusprechen, die ihr faktisch nicht zukommt. Damit wurden Schilderungen der Gefühle von Erniedrigung (entgegen der Forschungsabsicht) tendenziell (wenn auch nicht durchgängig) zurückgehalten. Alle Interviews wurden aufgenommen.

Im Anschluss an die Interviews wurden die ‚objektiven' Daten, also die standardisierten Beurteilungskriterien gelingenden Lebens wie Einkommenshöhe, Haushaltseinkommen, Details des Erwerbsverlaufs wie Zeiten der Erwerbslosigkeit oder andere Zeiten außerhalb des Erwerbssystems mit einem *standardisierten Fragebogen* erhoben.

In der *Nach-Interviewsituation* wurde die Erzählung meist fortgesetzt und forderte umfangreiche Protokollnotizen. In der Nach-Interviewphase verteilte die Forschende zudem Tarifinformationen und bot Beratung in Hinblick auf Unterstützungsmöglichkeiten an.

Alle Interviews wurden transkribiert. Die *Transkriptionen* wurden teilweise selbst vorgenommen, was es ermöglicht, das Interviewgeschehen noch einmal nachzuvollziehen und die Notizen zu vervollständigen.

Mit der *Auswertung der Interviews* wurde begonnen, bevor die Interview- und Transkriptionsphase abgeschlossen war, um bestimmte Interviewstrategien noch korrigieren zu können. Das Sample umfasst 20 berufsbiographische Interviews mit männlichen Erwerbstätigen. Für alle Interviews wurden Fallvignetten angelegt, in denen die Erwerbsverläufe zusammengefasst wurden, sowie Besonderheiten der Erwerbssituation.

In einem mehrstufigen Auswahlprozess, für den die vorliegenden Transkripte wiederholt gelesen wurden, wurden schließlich *drei Referenzfälle* ausgewählt, die im Zentrum der einzelfallbezogenen Auswertung standen. Diese Entscheidung wurde anhand der Kriterien vorangegangener Berufsstatus, Zugehörigkeit zu einer Geburtskohorte (um eine Vergleichbarkeit der konjunkturell bedingten Erwerbslosigkeit zu gewähren) und Umfang der Arbeitszeit gerechtfertigt. Alle drei als Referenzfälle ausgewählten Erwerbstätigen wurden in den 1960er Jahren in westdeutschen Großstädten geboren und sind kinderlos. Alle drei sind in Vollzeit in Betrieben kleiner bis mittlerer Größe (50-100 Beschäftigte) beschäftigt. Unterschiede hinsichtlich des Bildungsniveaus wurden gezielt ausgewählt, um qualifikationsbezogene Dynamiken der Prekarisierung untersuchen zu können.

Die Auswertung der Interviews erfolgte in Interpretationsgruppen. Mittels eines sequenzanalytischen, sinnrekonstruktiven Interpretationsverfahrens (Corsten 2004) wurden neben der spezifischen Interaktionsdynamik des jeweiligen Interviewsettings das den Aussagen implizite (Regel-)Wissen herausgearbeitet. Besonderes Augenmerk wurde auf die Rekonstruktion der darin enthaltenden Bewertungsschemata und Deutungsmuster, auf welche sich die biographischen Akteure in ihrem Handeln beziehen, gelegt.

5 Ergebnisse für die einzelnen Datensorten und Analyseebenen

5.1 Der Reinigungsdiskurs: Von Sauberkeit, Kriminalität und Technik

Die Diskursanalyse (Keller/Bosančić in diesem Band) ergab, dass die Reinigungsbranche einen komplexen Wissens- und Begriffsapparat entwickelt hat, um die Bedeutung des Schmutzes und des Reinigens auf eine neue Weise zu bestimmen. Zur Integration des Reinigens in ökonomische Wertschöpfungsketten sollte die Reinigungstätigkeit von den kulturell-symbolischen Bezügen des Schmutzes, der das Unreine, den Tod und das die soziale Ordnung Gefährdende repräsentiert und die moderne Vorstellung eines autonomen Subjekts grundlegend in Frage stellt (Douglas 1985; Kristeva 1982; Klinger 2013), gelöst werden.

Die Reinigungsbranche fasst ihren gesellschaftlichen Beitrag als Herstellung von Sauberkeit und Sichtbarkeit. Damit entlastet sie die sich herausbildende moderne Gesellschaft von den Zumutungen des Schmutzes und ermöglicht – über die Bereitstellung sauberer Orte – die Herausbildung von modernen Arbeits- und Konsumsubjekten. Nachfolgende Versuche einer marktgängigen Bestimmung von Reinigungsarbeiten beschreiben diese als einen Beitrag zur Volksgesundheit (1912), sowie als eine technische (1920) und „werterhaltende" Tätigkeit (1950). Der Versuch, das Reinigen als eine sachliche Tätigkeit zu fassen, stützt sich auf eine Abspaltung der Reinigungsarbeit von ihrem Arbeitsgegenstand, dem Schmutz, und dessen Nähe zum Körper. Stattdessen wird der Schmutz fortan sachlich als „Materie am falschen Ort" bestimmt (Schürmann 2013, S. 297).

Für die Beschäftigten hält der Diskurs verschiedene geschlechtsbezogene Subjektpositionen bereit. Im Folgenden wird auf den ‚kriminellen Arbeiter' eingegangen – eine Subjektposition für männliche Beschäftigte, anhand der insbesondere in den Anfangsjahren des Gewerbes Probleme der betrieblichen Arbeitsorganisation und des zwischenbetrieblichen Wettbewerbs verhandelt werden. In zahlreichen Diskussionsbeiträgen und Artikeln der Fachzeitschrift, die Titel tragen wie z. B. „Diebische Putzer" (Das Reinigungsgewerbe 1914, S. 56), „Der Putzer und die Trunksucht" (Das Reinigungsgewerbe 1917, S. 56), „Gestohlene Leiter" (Das Reinigungsgewebe 1917, S. 75), „Urkundenfälschung" (Das Reinigungsgewerbe 1918, S. 16) sowie in Kurz- und Suchmeldungen, wird das Bild einer kriminellen und unmoralischen Arbeiterschaft gezeichnet. Sie wird als außerhalb des gesellschaftlichen Wertespektrums agierend dargestellt: Sie ruiniere mit ihrem Verhalten das gesellschaftliche Ansehen der Reinigungsbranche (Schürmann 2013, S. 113 ff.).

Diese diskreditierenden Beschreibungen der Beschäftigten rechtfertigen repressive betriebliche Praktiken sowie eine niedrige Entlohnung. Eingebettet in die bereits oben beschriebene Strategie der Neutralisierung und Versachlichung der Reinigungsarbeit zum Zwecke ihrer Etablierung als marktgängige Dienstleistung ist ein Konstruktionsprinzip erkennbar: Nicht mehr die Reinigungstätigkeit ist wenig ehrbar, sondern das ausführende Personal. Im Verlauf des Diskurses wird die Kategorie des ‚kriminellen Arbeiters' unterschiedlich gefüllt:

Im Zuge der einsetzenden Privatisierung öffentlicher Reinigungsdienste ab den 1960er Jahren, die zu einem starken Umsatz- und Beschäftigungswachstum des Reinigungshandwerks führte, werden den Beschäftigten in der Innenreinigung, vorrangig geringfügig beschäftigten Frauen, jene kriminellen Handlungen zugeschrieben, die das öffentliche Ansehen der Reinigungsbranche beschädigen, wie Steuerhinterziehung, Betrug der Sozialversicherung etc.

Seit den 1980er Jahren ist eine Ethnisierung der Kategorie zu beobachten. Nun werden vor allem der Missbrauch von Arbeits- und Aufenthaltsgenehmigungen als das Ansehen der Branche schädigenden Vergehen moniert. Die Funktion der Subjektposition des ‚kriminellen Arbeiters' bleibt stabil. Sie legitimiert die Wertminderung der Arbeit und die Reduzierung des Lohnes für Reinigungsarbeiten, indem sie einen Fremdheitseffekt erzeugt und die Respektabilität der Personengruppe, ihre Gleichheit und soziale Zugehörigkeit in Frage stellt.

5.2 Berufsbiographien der Vereinzelung, Moralisierung und Konkurrenz

Die Untersuchung der biographischen Selbstthematisierungen (Rosenthal/ Worm in diesem Band) männlicher Beschäftigter in der Reinigungsbranche zeigte auf, dass die Erwerbstätigkeit dieser Beschäftigten in einer ambivalenten Situation festsetzt: Trotz Vollzeiterwerbstätigkeit leben sie am Rande des Existenzminimums, sie sind belastenden Arbeitsbedingungen und einem hohen

Zeit- und Leistungsdruck ausgesetzt. Neben die niedrige Arbeitsplatzsicherheit tritt die Abwesenheit betrieblicher Laufbahnen und Aufstiegsmöglichkeiten. Aufgrund der strukturellen Unsicherheiten des Tätigkeitsfeldes und der Erfahrungen betrieblicher Willkür sind die Befragten in der langfristigen Lebensplanung blockiert; in ihrem Handeln orientieren sie sich an der nahen Zukunft.

Konfrontiert mit dem über das biographische Interview vermittelten Anspruch, die eigene Lebensführung in Übereinstimmung mit den Gelingenskriterien der Berufsbiographie, d. h. im Muster der Erfolgskarriere in der biographischen Thematisierung zur Aufführung zu bringen (Hahn 1987), vermessen die Reinigungsarbeiter im Interview ihre Handlungsspielräume innerhalb der Erwerbsbiographie und ihrer derzeitigen Beschäftigungssituation. In den berufsbiographischen Selbstbeschreibungen, die sich durchgängig durch eine ausgeprägte Gegenwartsorientierung auszeichnen, zielen die Reinigungsarbeiter auf einen imaginären Einschluss in das „respektable Volksmilieu" (Vester/Oertzen/Gelling 2001) ab, ohne dass dieser tatsächlich vorliegt. Sie schildern ihr Leben in Orientierung an den Kriterien der Normalbiographie, d. h. als einen erwerbszentrierten Lebenslauf, der trotz Diskontinuitäten aufgrund von Phasen der Arbeitslosigkeit über die Inklusion in den Arbeitsmarkt strukturiert ist. Zur Rückeroberung der eigenen Handlungsfähigkeit bilden die Befragten in Anpassung an die Normen der modernen Arbeitsgesellschaft eine Perspektive auf die eigene Lebensführung aus, in der die Teilnahme am Arbeitsmarkt als die einzig legitime Form der Teilhabe an Gesellschaft angesehen wird.

Im Ringen darum, sich unter den Bedingungen niedrig entlohnter und statusniedriger Arbeit als anerkannt und selbstbestimmt wahrzunehmen, entwickeln die Befragten berufsbiographische Strategien der Aufwertung ihrer Tätigkeit und der Selbstbehauptung ihrer Person. Dabei kommt es fallübergreifend zu einer Deutung der Reinigungsarbeit, welche diese als adäquate Erwerbstätigkeit für Männer erscheinen lässt und ihnen eine Distanzierung von der Berufsrolle der ‚Putzfrau' ermöglicht. Hierzu wird von den Befragten eine Passfähigkeit zwischen der Erwerbstätigkeit in der Reinigungsbranche und ihrer eigenen Geschlechtszugehörigkeit hergestellt, mit Hilfe der Zuschreibungen Körperkraft, Technikbeherrschung und der Produktionsorientierung des Handwerks, welche zu den üblichen Konstruktionsprinzipien männlicher Berufsarbeit gehören (Cockburn 1988).

So deutet der Metallfacharbeiter Herr Engländer, der nach einer Betriebsinsolvenz eine Erwerbstätigkeit als Reinigungskraft aufgenommen hat, um die Arbeitslosigkeit zu vermeiden, und nun in dieser Erwerbsposition schon seit sechs Jahren verweilt, seine Arbeit in der Reinigungsbranche als eine Arbeit, die zu seiner Berufsqualifikation passend ist:

„Also ich muss dazu sagen, dass ich nicht den ganzen Tag mit einem Besen rumrenne. Äh, die haben auch Reinigungsmaschinen, also so für größere Fußböden und so weiter oder Kehrmaschinen. Und ja, von daher, weil ich dann auch die entsprechende Ausbildung dann auch hatte, Metallberuf, war das natürlich kein Problem für mich" (ENG 141–149).

Im Interview stellt er eine erwerbsbiographische Kontinuität zwischen den von ihm ausgeübten Erwerbstätigkeiten her. Dieser Kontinuitätskonstruktion liegt eine symbolische Statuserhöhung der Reinigungsarbeit zugrunde, welche maßgeblich darauf fußt, dass dem Reinigen ein technischer Charakter zugesprochen wird. Die so praktizierte Statusarbeit ist zugleich auf eine Normalisierung der Erwerbssituation ausgerichtet, in der sich Herr Engländer befindet: Überdeckt wird hierdurch nicht nur die geschlechtsbezogene Nichtpassung seines Arbeitsverhältnisses (als Mann in einem Frauenberuf tätig zu sein); auch die reale Abstiegsgefährdung, in der sich der Interviewpartner trotz Teilnahme am Arbeitsmarkt aufgrund des schleichenden Qualifikationsverlustes befindet, wird verschleiert.

Als zweite übergreifende Strategie der Selbstbehauptung ist die aktive Vereinzelung anzusehen. Alle befragten Reinigungsarbeiter vermeiden den Kontakt und Erfahrungsaustausch mit Kollegen sowie mit Kolleginnen. Im Interview vergleichen sie sich mit ihren Kolleginnen und erzielen über deren Abwertung Distinktionsgewinne, die ihnen selbst ein Bewusstsein der eigenen statushöheren Positionierung im Tätigkeitsfeld verschaffen. Angesichts des niedrigen gesellschaftlichen Prestiges der Reinigungsarbeit und der Dominanz prekärer Beschäftigung strukturell und symbolisch ausgeschlossen von den institutionalisierten Anerkennungsbeziehungen der Erwerbssphäre, erweisen sich derartige Rückbezüge zwar als funktional für die Personen, der Identifikation mit der Abwertung ihrer Erwerbstätigkeit kurzfristig zu entgehen. Doch insofern diese Rückbezüge eine Vereinzelung im Tätigkeitsfeld anleiten, verhindern sie langfristig die zur kollektiven Auseinandersetzung notwendige Solidarisierung der Beschäftigten untereinander.

5.3 Die Subjektivierungswirkung verdächtigender Diskurse und prekärer Erwerbsbedingungen

Derartige in den Biographieanalysen angetroffene Normalisierungsbemühungen verweisen darauf, dass die historischen Zuschreibungen an den potentiell kriminellen Charakter der Reinigungsarbeiter_innen nach wie vor wirkmächtig sind und im gegenwärtigen Wissen über Reinigungskräfte weiter fortbestehen. Die Erwerbstätigkeit im Niedriglohnsektor gilt als Auffangbecken für all jene, die es in der Leistungsgesellschaft aufgrund mangelnder Leistungsbereitschaft oder -befähigung nicht ‚geschafft haben'.

Derartigen Stigmatisierungen ausgesetzt und im konkreten Arbeitsalltag mit allgegenwärtigen Verdächtigungen und betrieblicher Willkür (Tarifbruch, inkorrekte Lohnabrechnung) konfrontiert, versuchen die Beschäftigten der Reinigungsbranche mit einer gesteigerten Leistungsbereitschaft der (Selbst-)Befragung zu entkommen. Während es Einzelnen gelingt, die negativen Zuschreibungen des Diskurses teilweise abzuwehren und sich selbst als integer wahrzunehmen, wirken die Zuschreibungen auf der Ebene der kollegialen Beziehungen weiter, es herrscht gegenseitiges Misstrauen vor. Angesichts ihrer Arbeitsmarktpositionierung und des auf sie gerichteten Verdachts sind die Beschäftigten zudem verunsichert in Bezug auf die Ansprüche, die sie an ihre Erwerbsarbeit stellen können. Mit Strategien der emotionalen Selbstdisziplinierung unterdrücken sie die Wut und Enttäuschung über die geringe Anerkennung und Wertschätzung in der Arbeitswelt. Konflikte über die (Un-)Angemessenheit von Leistungsvorgaben und Entlohnung werden tendenziell vermieden. Verstrickt in einen permanenten „Integritätsbeweis", wie diese Selbsttechnik in der Studie bezeichnet wurde, werden von dieser Beschäftigtengruppe keine alternativen Erwerbsgelegenheiten aufgesucht, es wird keine langfristige Zukunftsperspektive entwickelt. Dadurch verlängert sich der Verbleib im Tätigkeitsfeld. Sie akzeptieren schließlich die ihnen zugewiesene statusniedrige Positionierung (Schürmann 2013, S. 281).

Die Subjekte der Reinigung zeigen damit den sozialen Wandel von Ordnungen des Schmutzes auf, hier aber nicht an makrostrukturellen Beschreibungen, sondern anhand von Subjektpositionen (Foucault 1981, 1991), die Beteiligte einnehmen (können) und der Entfaltung von Handlungsfähigkeit in beruflichen und kulturellen Strukturmustern. Die Frage, welche Formen der Sinngebung und Selbstpositionierung Erwerbstätige in einem Beschäftigungssegment vornehmen, welches ihnen keine (materiell, sozial, rechtlich) stabile Integration nach erwerbsgesellschaftlichen Standards erlaubt, wurde in dieser Untersuchung ergänzt um die Frage nach den Wissensordnungen und Strukturen, mittels derer Beschäftigte ein Wissen um sich und den Wert ihrer Erwerbstätigkeit erlangen. Ziel war es, herauszuarbeiten, welches gesellschaftliche Wissen dem Ausschluss von Erwerbstätigen von gesellschaftlichen Ansprüchen an beruflicher Anerkennung Legitimität verschafft und wie es dazu kommt, dass die Betroffenen ein Einsehen mit dem ihnen zugewiesenen Status erlangen.

6 Zum Verhältnis von Subjekten und Ordnungen: Verbindung von Datensorten und Analyseebenen

Grundsätzlich gilt, dass im Rahmen von Subjektivierungsanalysen zunächst ähnliche Entscheidungen getroffen werden müssen, wie sie in anders gelagerten qualitativen und quantitativen Forschungen auch notwendig sind. Dies betrifft zunächst die Frage nach einer geeigneten Auswahl von Daten, die eine Erforschung des Gegenstands ermöglicht. Die Forschungsposition ist einerseits eine der Parteilichkeit, weil der Kontakt zum Feld besonders wichtig ist. Die Beschäftigung mit diskursiven Daten und der Fokus auf die soziale Transformation von Subjektpositionen schafft wiederum Distanzierung zum Gegenstand und Generalisierungspotential. Subjektivierungsanalysen umfassen, wie dargestellt, grundlegend zwei Ebenen *und* ihre Vermittlung:

4. Neben der ersten Ebene der *Ordnung und Strukturen* und
5. der zweiten Ebene der *subjektiven Sinngebung und Handlungen*
6. befasst sie sich drittens auch mit den *vermittelnden Techniken, Materialitäten und Infrastrukturen* (Traue 2013b; Star 1999; Man 1984).

Um die Ergebnisse der Diskursanalyse und der Biographieanalyse in einer Subjektivierungsanalyse zusammenzuführen, werden verschiedene *Strategien des Vergleichs* angewendet und die *Vermittlungsweisen*, d. h. das Verhältnis der Subjekte zur Ordnung beschrieben.

6.1 Wirkungen von Ordnungen auf die Subjekte

Zur Untersuchung der subjektivierungsanalytischen Fragestellung, welche Wirkungen die diskursiven Zuschreibungen an die Erwerbstätigen und die Semantik des Diskurses auf die (berufliche) Selbstwahrnehmung der Beschäftigten haben, erfolgte eine Auswertung der Interviewtranskripte auf Grundlage eines in der Diskursanalyse erstellten Kategorienschemas. Beispielhaft sei hier in Tabelle 1 ein Auszug der Gesamtanalyse aufgeführt, die bei diesem Arbeitsschritt entwickelt wurde.

Tab 1: Diskursive Zuschreibung und biographische Erfahrung

Diskurs Subjektpositionen	Interview Dinkelmann	Interview Engländer	Interview Schruttke
Kriminelle Arbeiter	Erfahrung mit technischer Überwachung; Arbeitsgericht	„Weiß ich nicht, was die alle vorher gemacht haben."	„Probe ob man ehrlich ist."
Spitzenkönner	„musst du heute Allround sein" ; „vor allen Dingen gefährlich"	„logisches Verständnis"	
Putzfrau	„total verkeimte Wohnungen"; „krauch da keinem zwischen den Beinen rum."	„Es gibt auch Frauen die Büros saubermachen."	„Stressjob"; „blitzeblank"; „Kolonne"

Die Tabelle versammelt die drei zentralen Subjektpositionen männlicher Reinigungsarbeiter sowie Schlüsselzitate der (männlichen) Beschäftigten zum beruflichen Selbstverständnis und zur Berufserfahrung. Die Subjektposition des ‚kriminellen Arbeiters' wird – und dies macht der Fallvergleich deutlich – in allen drei Selbstthematisierungen aufgerufen (Schürmann 2013, S. 261 ff.).

6.2 Deutung der diskursiven und materiellen Gegenstandskonstruktionen durch die Subjekte

In einem zweiten Schritt wird ermittelt, welche Funktion die Bezugnahme auf Begriffe, Argumentationen und Subjektpositionen für die Interviewinteraktion sowie für die biographische Sinngebung (Schütz 2003) hat (z. B. Aufwertung, Distinktion, Abwehr von Verdacht). Dieser Schritt zielt darauf, zu ermessen, *wie* die Beschäftigten in der Deutung ihrer Erfahrung diskursive und materielle Gegenstandskonstruktionen (,Reinigen als technische Arbeit', ‚Fensterreinigung als Facharbeit', ‚Bodenreinigung als Frauenarbeit') aufgreifen, wie sie mit den an sie adressierten Anrufungen umgehen und welche Folgen dies für die berufliche Identifikation hat. Zur besseren Nachvollziehbarkeit dieses Verknüpfungsschritts auch hier ein Beispiel in Tabelle 2.

Tab. 2: Berufliche Identifikation und zugehörige Selbstpositionierung

Diskurs Subjektposition	Fall Dinkelmann	Fall Engländer	Fall Schruttke
Kriminelle Arbeiter	Erfahrung als solcher angerufen zu werden	Verdächtigung der Kolleg_innen; Abwehr, dass er hier richtig ist	Erfahrung, als solcher angerufen zu werden
Spitzenkönner	Bewusstsein der Beruflichkeit; Identifikation mit fachlichen Können; Identifikation mit Subjektposition	Identifikation mit fachlichem Können als Metallarbeiter	
Putzfrau	Erfahrung der Innenreinigung; Aufwertung dieser Tätigkeit mittels Hygienediskurs; Distanzierung von der Putzfrau	Tätig in Innenreinigung mit Maschine; Technik zur Distinktion und Distanzierung von der Putzfrau	Erfahrung der Innenreinigung als „Stressjob", der körperliche Belastungen bereithält (Modifikation des Diskurses); Distanzierung von Frauen

Die Tabelle fasst zentrale Analyseergebnisse zu den Selbstpositionierungen zusammen und verdeutlicht, dass es fallspezifische Unterschiede im Aufgreifen der Adressierungen gibt, denen je unterschiedliche Berufserfahrungen zugrunde liegen, wie sich im Fallvergleich zeigt (Schürmann 2013, S. 278 ff.).

6.3 Verschränkung von diskursiven und materiellen Strukturen mit fallübergreifenden Sinngebungspraktiken

In einem weiteren, dritten Schritt wurde die Verschränkung von diskursiven und materiellen Strukturen mit fallübergreifenden Sinngebungspraktiken der Beteiligten unternommen. Dies geschieht unter Rückbezug auf das Konzept der Selbsttechniken (Foucault 1988; Hahn 1987). In Angelehnung an Foucault lassen sich Selbsttechniken bestimmen als in Diskursen bereitgestellte Situationsbestimmungen und Wissenstechniken, welche als Techniken der Lebensführung das Handeln von Subjekten und die Kommunikation ihrer Selbstwahrnehmung organisieren, aber – so zeigen empirische Subjektivierungsanalysen – nicht determinieren (Pfahl 2011; Traue 2010).

Tab. 3: Diskurse, Vermittlung und biographische Selbsttechnik des Integritätsbeweises

	Diskurs	strukturelle Vermittlung	(Berufs-)Biographie
Semantik/ Deutung	Krimineller Arbeiter	Gelegenheitsarbeiter	Berufliche Identifikation Stressjob; Spitzenkönner
Praktiken/ Handeln	Entwertung; Marginalisierung	Prekarität; Abhängigkeit	Unsicherheit; Normalisierungsstreben
Techniken/ Selbsttechniken	Misstrauen; Kontrolle	Integritätsbeweis	(gegenseitiges) Misstrauen; fehlende Kollektivierung; Leistungsbereitschaft

Tabelle 3 zeigt die Zusammenführung der Ergebnisse der Diskurs- und der Biographieanalyse und beschreibt, wie die Ebenen verbunden sind. Dieses Vorgehen wurde entwickelt von Pfahl (2011) und in weiteren Ausarbeitungen adaptiert (u. a. Pfahl/Schürmann/Traue 2014; Pfahl/Traue 2012; Schürmann 2013).

Zur Rekonstruktion der Selbsttechniken, hier exemplarisch illustriert an der bereits erwähnten Selbsttechnik des „Integritätsbeweises" (eine Praxis, die darum kreist, eine Selbstwahrnehmung als integre und respektable Person aufrechtzuerhalten), ist es hilfreich, sowohl die Diskurse im engeren Sinne (als Semantik), deren Infrastrukturen, hier differenziert nach institutionellen Praktiken und Techniken, als auch die biographischen und (lebens-)praktisch formulierten ‚Antworten' auf eben diese Zumutungen (biographisches Handeln und Selbsttechnik) auf deren Eigenschaften hin zu untersuchen. Die Tabelle fokussiert auf den Zusammenhang der diskursiven Adressierung als potentiell kriminelles Subjekt, der institutionellen Verankerung dieser Zuschreibung in Praxen der Entwertung (Niedriglöhne, soziale Marginalisierung) und Techniken des Misstrauens sowie die über die prekäre Erwerbstätigkeit vermittelte strukturelle Unsicherheit, um zu einer Erklärung zu kommen, wieso es dennoch auf Seiten der Erwerbstätigen zu einer hohen Leistungsbereitschaft kommt. Das biographische Bemühen um Normalisierung verwirklicht sich in der Selbsttechnik des Integritätsbeweises und verschafft dem Diskurs Wirksamkeit, indem es die Handlungen der Subjekte in eine bestimmte Richtung orientiert, in diesem Fall zum gegenseitigen Misstrauen, und somit zur Aufrechterhaltung dieser spezifischen Ordnung anhält. Die interpretatorische Rekonstruktion der Selbsttechniken kreise darum, mit Hilfe von Kontext- und Sinnvariationen Lesarten zu bilden, um die Struktureigenschaften bzw. strukturellen Passungen zwischen den subjektiv-kollektiven Handlungsformen und diskursiven Zuschreibungen bzw. Deutungsangeboten fallübergreifend zu rekonstruieren. Wie auch bei Deutungsmustern handelt es sich bei Selbsttechniken um kollektive Phänomene, es geht in der Analyse um eine Generalisierung von im Einzelfall auftretenden Sinn- und Handlungsmustern.

Um die Subjektivierungswirkungen einer Ordnung zu rekonstruieren, sind auch verschiedene andere Forschungsstrategien vorstellbar. So untersucht z. B. Bosančić (2014) sogenannte „identitäre Positionierungen". Wir halten es für grundlegend, dass bei diesem Vorgehen das Verhältnis von Wissen und Sozialstruktur analysiert wird. Kategorien wirken nicht nur als symbolische Zuschreibungen, zu denen sich die individuellen Akteure beliebig ins Verhältnis setzen können, sondern derartige Kategorien sind verknüpft mit Zugängen zu Geld, Privilegien, guten/schlechten Jobs, Sicherheit/Risiken, d. h. sie haben eine materielle Basis. Geht es darum, die Machtwirkungen eines Diskurses zu untersuchen, ist eine Funktionalität zwischen seinen Elementen zu rekonstruieren (zum Konzept der ‚Funktion' in der Wissenssoziologie vgl.: Mannheim 1922/1982). Das Konzept der Selbsttechnik erlaubt es, die Machtwirkungen eines Diskurses auf der Ebene der Selbstführung von Subjekten zu rekonstruieren. Der Diskurs ist wirkmächtig, wenn die Selbsttechnik wiederholt in verschiedenen Feldern der Lebensführung zur Anwendung kommt.

6.4 Güte und Generalisierbarkeit der Ergebnisse

Als Gütekriterium einer Subjektivierungsanalyse kann gelten: Die Rekonstruktion ist valide, wenn die Verbindung von Sinnvorgabe und Sinngebung in einer systematischen Verknüpfung der aus der doppelten Empirie gewonnenen Daten und Interpretationen nachgewiesen wurde. In diesem Prozess ist eine zirkuläre Vorgehensweise anzuraten, die zwischen der Rekonstruktion von Sinnvorgaben und Sinngebungen abwechselt. Denkbar ist, einzelne Textstellen erneut einzelfallbezogen auszuwerten oder in generalisierender Absicht typisierbare Handlungsmuster zu beschreiben.

Zur Untersuchung der Ebene der Ordnungen und Strukturen werden forschungs- und prozessgenerierte Daten verwendet. Durch die Auswahl der Texte, Dokumente, Zeitungsartikel Bilder, Filme und Artefakte etc. werden der Gegenstand, der inhaltliche Zuschnitt und die Reichweite einer Subjektivierungsanalyse festgelegt. Auf die Erstellung des Korpus (einer Diskursanalyse) muss auch deshalb besondere Aufmerksamkeit verwendet werden, weil Forschende im Forschungsprozess immer an der Konstituierung dessen beteiligt sind, was als Diskurs beschrieben wird. Die Möglichkeiten der Rekonstruktion von subjektiver Sinngebung und Handlungspraxis ist wiederum an die Beobachtung von Handlungen gebunden und wird in Auseinandersetzung mit den Relevanzgebungen in Bezug auf die zu untersuchenden Ordnungen vorgenommen. Die Adressaten von Diskursen müssen zunächst aufgesucht werden und die kommunikativen Bezugnahmen sowie ihre Funktion rekonstruiert werden.

Die Sampling-Strategie der Subjektivierungsanalyse kann als eine Spielart des theoretischen Samplings (Strauss/Corbin 1996) angesehen werden. Eine explorative Untersuchung des Forschungsfeldes durch Literaturstudium, Gespräche mit Betroffenen, Sichtung von Dokumenten und wenn möglich Gewinnung eigener Erfahrungen durch teilnehmende Beobachtungen leitet die Zusammenstellung des Korpus und des Samplings an. Der Korpus wird dabei in Grundzügen zu Beginn der Untersuchung festgelegt, kann aber im Verlauf der Forschung erweitert oder eingeschränkt werden. Diese Einschränkungen oder Erweiterungen erfolgen nicht beliebig (Traue/Pfahl/Schürmann 2014): Jede Diskursanalyse muss nachweisen, dass eine oder mehrere diskursive Formationen, d. h. Verdichtungen von Begriffen, Strategien, Gegenständen und ggf. Medialitäten (Traue 2013a; 2013b) vorliegen.

7 Zur empirischen Analyse von Subjektivierungsprozessen: Zusammenfassung und Ausblick

Subjekte sind keine Marionetten medial oder persönlich kommunizierter Erwartungslagen. Das Alltagswissen der Subjekte (Schütz 2003) hält oppositionelle Praktiken und Selbsttechniken (Foucault 1988) bereit, mit denen sie sich eigensinnig und reflexiv gegenüber diesen Erwartungen positionieren können und dabei kreative und widerständige Lösungen für ihre Handlungsprobleme finden (Caygill 2013). Enttraditionalisierung und die Differenzierung sozialer Milieus steigern die Vielfalt solcher Taktiken und Strategien. Diese Vielfalt kann auf verschiedene Weise zum Tragen kommen:

1. Als interindividuelle Differenz zwischen unterschiedlichem Handeln, das zugleich auch *gruppen- und milieuspezifische Unterschiede* anzeigt, also etwa

Klassen-, Schicht- und Bildungsdifferenzen sowie interkulturelle Unterschiede.
2. Weiterhin *intraindividuell*, also als Spannung, Ambivalenz, als verstörende (d. h. auch kreative) Ungereimtheit im Selbstverhältnis einer einzelnen Person bis hin zu Formen „bizarren Bewusstseins" (Barfuss 2002), die Artikulationen behindern oder Spaltungen innerhalb von Subjekten (Berlant 2006) hervorbringen.
3. Sie treten drittens ‚*chronographisch*', d. h. zwischen unterschiedlichen Zeitpunkten auf. Dabei schlägt sich der Einfluss von Diskursen nieder, aber auch das Sich-Zurechtfinden in neuen Lebensphasen und die Verarbeitung von Erlebnissen. Dieser Umstand wird insbesondere in Längsschnittuntersuchungen methodisch genutzt.

Solche *Verschränkungen von Diskurseffekten und (biographisch-historischen) Zeiteffekten* können im Rahmen von Subjektivierungsanalysen (Pfahl/Traue 2012; Pfahl/Schürmann/Traue 2014; Bosančić/Pfahl/Traue 2018) untersucht werden. Dabei ist es ratsam, methodische Strategien so anzulegen, dass sowohl die Seite der *Regelmäßigkeit* (als Diskurs, Institution, Infrastruktur oder ähnlich gefasst) als auch die Seite der *Variation* (als diskursives Ereignis, Handlung, Performativität oder ähnlich gefasst) flexibel gehandhabt werden kann.

Ordnungen müssen als multiple Ordnungen (Lindemann 2014), Handlungen als vielstimmige Aktivitäten begriffen werden. Subjektivierungsanalysen helfen zu verstehen, dass jegliche soziale, sachliche, symbolische, technische oder raumzeitliche Ordnung sich in Handelnden auch verkörpern (Plessner 2003) und kommuniziert werden muss (Knoblauch 2012), um Wirksamkeit zu entfalten. Jegliche Ordnung und das Ordnen-Können (Lindemann 2014) sind aufeinander bezogen und unauflöslich ineinander verschränkt. *Wie* sich Regelmäßigkeiten manifestieren, ob in den sozialen, sachlichen, symbolischen Ordnungen oder in verkörperten Subjekten, ist damit nicht theoretisch vorentschieden, sondern Gegenstand der Untersuchung. Es geht darum, sowohl Regelmäßigkeiten als auch Variationen derselben zu lokalisieren und zu beschreiben.

Der Begriff der ‚*Subjektivierung*', wie wir ihn verstehen, beschreibt dabei immer *Normen des Subjektseins* einerseits und den *Prozess der Subjektwerdung* andererseits. Die dominanten Subjektivierungsanforderungen und Entitäten, die als Subjekte angerufen werden, sind dabei historisch variabel und treffen auf ungleich verteilte Subjektdarstellungskompetenzen sowie Deutungs- und Handlungsressourcen. Die Subjektivierungsforschung nimmt sich die unterschiedlichen Aneignungsweisen lebender, verkörperter und sich verhaltender Akteure zum Gegenstand, die mit Erwartungen konfrontiert werden, die sich aus symbolischen und materiellen Ordnungen speisen, und in ihnen (Selbst-)Deutungsangebote vorfinden (Traue/Schünzel 2014). Dabei wird die Frage gestellt, welche Ressourcen wie und von wem mobilisiert werden können, um widerständig, kreativ oder affirmativ auf solche Erwartungen zu reagieren und inwiefern biographische, sozialstrukturelle oder situative Kontexte subjektive Aneignungsweisen und Auseinandersetzungen ermöglichen oder einschränken. Umgekehrt kann gefragt werden, welche gesellschaftlichen Formationen durch spezifische Subjektivierungsweisen gestützt und geschwächt werden.

In der Subjektivierungsforschung werden dementsprechend Einzelmethoden (Biographieforschung, Diskursanalyse, visuelle Analyse etc.) zusammengeführt, um Beschränkungen der subjektorientierten Soziologien einerseits und strukturorientierten Soziologien andererseits zu umgehen. Es handelt sich also nicht um eine *Step-by-Step-Methode*, für die wir ein vorgeblich wirksames technisches Rezept angeben möchten – sondern um eine methodische Haltung, die an der Entstehung und dem Zerfall von Ordnungen sowie der Rolle von Handlungen und Praktiken in diesen Transformationen interessiert ist. In einer gesellschaftlichen Epoche, die einen Verlust demokratischer und solidarischer Handlungsfähigkeit zu verzeichnen hat, kann sie die Suche nach individuellen und kollektiven Spielräumen anleiten und Gründe für deren Verengung aufzeigen. Die Subjektivierungsforschung ist in diesem Sinn eine kritische Forschungsrichtung, die gerade deshalb – um eine intersubjektive Geltung ihrer Befunde abzusichern – die Einhaltung methodischer Standards erfordert.

Die *Standards der Subjektivierungsanalyse* bestehen darin, methodologische Grundannahmen und ihre Implikationen für die Sampling-Strategie, die Korpusbildung, die Auswertung und Interpretation des Materials nicht zu unterlaufen. Diese sind:

a) *Ordnungs- und Strukturmuster* können nicht auf Einzelmechanismen oder -formen reduziert werden. Sie sind immer intersektionale Gebilde mit differenzierten Veränderungspotentialen und Beharrlichkeiten.
b) *Subjekte* sollten als relationale Entitäten aufgefasst werden, die weder per se handlungsmächtig oder -ohnmächtig sind; deren Agency vielmehr auf die Verhältnisse zurückverwiesen ist, mit denen sie konfrontiert sind.
c) Subjektivierungsanalysen erfordern gemäß ihrer Forschungslogik eine *doppelte Empirie*, also die Verbindung von zwei (oder mehr) Datensorten und Analyseebenen, da – wie eingangs erwähnt, nur auf diese Weise die Verschränkung zwischen Subjektivierung und Ordnungsbildung methodisch erschlossen werden kann. Versuche, Subjektperspektiven *und* Ordnungen aus einer Datensorte zu rekonstruieren, verfehlen diesen Anspruch, insofern eine methodische Kontrolle des Verhältnisses von Deutungen von Ordnungen und den Ordnungen selbst auf diese Weise nicht möglich ist – bzw. spekulativ oder subsumptionslogisch bleibt. Die Beschränkung auf eine einzige Datensorte ist verlockend, weil der Aufwand niedriger zu sein scheint.

Der Aufwand für eine doppelte Empirie ist zwar nicht doppelt so hoch, weil die

Fokussierung der Fragestellung teilweise vergebliche Detaillierungsarbeit erspart, aber auch die nötigen umfassenderen methodischen Kompetenzen müssen ja gerade bei Qualifikationsarbeiten oder neuen Forschungsprojekten erst noch angeeignet werden. Für Untersuchungen im Bereich der Subjektivierungsforschung haben sich deshalb kollaborative Forschungspraktiken bewährt: Der Austausch zwischen Forschenden mit unterschiedlichen methodischen Kompetenzen erleichtert die Durchführung subjektivierungsanalytischer Studien. Besondere Sorge ist dafür zu tragen, dass die nötigen personellen und finanziellen Mittel für Zusammenarbeit auch über lokale Arbeitsgruppen hinweg vorhanden sind. Bei den Publikationsstrategien liegen hier auch kooperative Formen nahe, die für den kollegialen (Mehr-)Aufwand Sorge tragen.

Als offenes Projekt machen Subjektivierungsanalysen Anleihen bei unterschiedlichen etablierten Methodologien. In der vorgestellten Studie wird mit einer Verbindung von Biographieanalyse (Rosenthal/Worm in diesem Band) und Diskursanalyse (Keller/Bosančić in diesem Band) gearbeitet. Diese Kombination ist aber nur eine von vielen Möglichkeiten, die in Zukunft ausgelotet werden können. Die Pluralisierung von Kommunikationsformen durch die Mediatisierung von Gegenwartsgesellschaften legt etwa eine Ausweitung des Blicks auf unterschiedliche Praxis- und Ausdrucksformen nahe, die über die verbale Selbstthematisierung im Interview oder im beobachteten Alltag hinausgehen. Hier wurden bereits erste Schritte vor allem im Bereich der visuellen Soziologie unternommen (Traue/Schünzel 2014). Die Globalisierung von Ordnungsformen erfordert eine Ausweitung von Struktur- und Ordnungsbegriffen, etwa durch die Berücksichtigung von Infrastrukturen und transnationalen Regierungsweisen, postkolonialen Konstellationen und intersektionalen Strukturen. Ein weiteres Desiderat ist die Ausweitung auf Analysen kollektiver Praktiken, Handlungsfähigkeiten und Subjektivierungen.

Literatur

Amling, S./Geimer, A. (2016): Techniken des Selbst in der Politik – Ansatzpunkte einer dokumentarischen Subjektivierungsanalyse [48 Absätze]. Forum Qualitative Sozialforschung / Forum: Qualitative Social Research, 17(3), Art. 18,
http://nbn-resolving.de/urn:nbn:de:0114-fqs1603181. (Abruf 30.04.2017).
Barfuss, T. (2002): Konformität und bizarres Bewusstsein. Zur Verallgemeinerung und Veraltung von Lebensweisen in der Kultur des 20. Jahrhunderts. Hamburg: Argument Verlag.
Bauman, Z. (2003): Flüchtige Moderne. Frankfurt am Main: Suhrkamp.
Berlant, L. (2006): Cruel Optimism. In: differences. A Journal of Feminist Cultural Studies 17, H. 3, S. 20–36.
Bührmann, A./Schneider, W. (2008): Vom Diskurs zum Dispositiv: Eine Einführung in die Dispositivanalyse. Bielefeld: transcript.
Bourdieu, P. (1987): Die feinen Unterschiede: Kritik der gesellschaftlichen Urteilskraft. Frankfurt am Main: Suhrkamp.

Bosančić, S. (2012): Subjektivierungsweisen als diskursive und kommunikative Identitätskonstruktionen. In: Keller, R./Knoblauch, H./Reichertz, J. (Hrsg.) (2012): Kommunikativer Konstruktivismus. Theoretische und empirische Arbeiten zu einem neuen wissenssoziologischen Ansatz. Wiesbaden: VS, S. 183–204.

Bosančić, S. (2014): Arbeiter ohne Eigenschaften. Über die Subjektivierungsweisen angelernter Arbeiter. Wiesbaden: VS.

Bosančić, S./Pfahl, L./Traue, B. (2018): Empirische Subjektivierungsanalyse: Entwicklung des Forschungsfelds und methodische Maximen der Subjektivierungsforschung. In: Bosančić, S./Keller, R. (Hrsg.) Perspektiven wissenssoziologischer Diskursforschung II. Wiesbaden: VS, im Druck.

Caygill, H. (2013): On Resistance. A Philosophy of Defiance. London: Bloomsbury.

Clarke, A. (2005): Situational Analysis – Grounded Theory After the Postmodern Turn. Thousand Oaks California: Sage.

Cockburn, C. (1988): Die Herrschaftsmaschine. Geschlechterverhältnisse und technisches Knowhow. Berlin, Hamburg: Argument Verlag.

Correll, L. (2010): Anrufungen zur Mutterschaft. Eine wissenssoziologische Untersuchung zu Kinderlosigkeit. Münster: Westfälisches Dampfboot.

Corsten, M. (2004): Quantitative und qualitative Methoden: Methodenpluralismus in den Kulturwissenschaften? In: Jaeger, F./Liebsch, B./Rüsen, J./Straub, J. (Hg.): Handbuch der Kulturwissenschaften. Bd. II: Paradigmen und Disziplinen. Stuttgart: J. B. Metzler Verlag, S. 175-192.

Denzin, N. K. (1997): Interpretative Ethnography. Thousand Oaks, CA: Sage.

Douglas, M. (1985): Reinheit und Gefährdung. Eine Studie zu Vorstellungen von Verunreinigung und Tabu. Berlin: Dietrich Reimer Verlag.

Foucault, M. (1978): Dispositive der Macht. Über Sexualität, Wissen und Wahrheit. Berlin: Merve Verlag.

Foucault, M. (1981): Archäologie des Wissens. Frankfurt am Main: Suhrkamp.

Foucault, M. (1988): Technologies of the Self. In: Hutton, H. P./Gutman, H./ Martin, L. H. (Hrsg.) (1988): A Seminar with Michel Foucault. Amherst: University of Massachusetts, S. 6–49.

Foucault, M. (1991): Die Ordnung des Diskurses. Frankfurt am Main: Fischer.

Freitag, W. K. (2005): Contergan. Eine genealogische Studie des Zusammenhangs wissenschaftlicher Diskurse und biographischer Erfahrungen. Münster: Waxmann.

Gather, C./Gerhard, U./Schroth, H./Schürmann, L. (2005): Vergeben und Vergessen. Gebäudereinigung im Spannungsfeld zwischen kommunalen Diensten und Privatisierung. Hamburg: VSA.

Habermas, J. (1984): Theorie des kommunikativen Handelns, 2 Bd. Frankfurt am Main: Suhrkamp.

Hahn, A. (1987): Identität und Selbstthematisierung. In: Hahn, A./Kapp, V. (Hrsg.) (1987): Identität und Selbstthematisierung. Selbstthematisierung und Selbstzeugnis. Bekenntnis und Geständnis. Frankfurt am Main: Suhrkamp, S. 9–24.

Hitzler, R./Hohner, A./Maeder, C. (Hrsg.) (1994): Expertenwissen. Opladen: Westdeutscher Verlag.

Hoff, E.-H./Lappe, L./Lempert, W. (1982): Sozialisationstheoretische Überlegungen zur Analyse von Arbeit, Betrieb und Beruf. In: Soziale Welt 33, H. 3/4, S. 508–531

Kaufman, G. (1989): The Psychology of Shame. New York: Springer.

Keller, R. (2012): Das interpretative Paradigma. Eine Einführung. Wiesbaden: VS.

Keller, R. (2005): Wissenssoziologische Diskursanalyse. Wiesbaden: VS.

Keller, R. (2012): Das interpretative Paradigma. Eine Einführung. Wiesbaden: VS.

Knoblauch, H. (2012): Grundbegriffe und Aufgaben des kommunikativen Konstruktivismus. In: Keller, R./Knoblauch, H./Reichertz, J. (Hrsg.) (2012): Kommunikativer Konstruktivismus. Theoretische und empirische Arbeiten zu einem neuen wissenssoziologischen Ansatz. Wiesbaden: VS, S. 25–48.

Knoblauch, H. (2017): Die Kommunikative Konstruktion der Wirklichkeit. Wiesbaden: Springer.

Kristeva, J. (1982): Powers of Horror. An Essay on Abjection. New York: Columbia University Press.

Kalthoff, H./Hirschauer, S./Lindemann, G. (2008): Theoretische Empirie – Zur Relevanz qualitativer Forschung. Frankfurt am Main: Suhrkamp.

Klinger, C. (2013): Care. Fürsorgliche Praxis und Lebenssorge. Im Gespräch mit Ute Gerhard. In: Senghaas-Knobloch, E./Gather, C. (Hrsg.): Care. Feministische Studien 2/2013, S.40–52.

Lindemann, G. (2014): Weltzugänge. Die mehrdimensionale Ordnung des Sozialen. Weilerswist: Velbrück Wissenschaft.

Mann, M. (1984): The Autonomist Power of the State. In: Archives Européen de Sociologie 25, S. 185–213.

Mannheim, K. (1922/1982): Ideologische und soziologische Interpretationen der geistigen Gebilde. In: V. Meja und N. Stehr (Hrsg.) (1982): Der Streit um die Wissenssoziologie. Frankfurt am Main: Suhrkamp, S. 213–232.

Marx, K. (1932/2017): Die deutsche Ideologie. In: Rjazanow, D./Adoratskij, W. (Hrsg.) (1932): Marx-Engels-Gesamtausgabe (MEGA), Band I/5, Berlin: Dietz.

Pfahl, L. (2011): Techniken der Behinderung. Der deutsche Lernbehinderungsdiskurs, die Sonderschule und ihre Auswirkungen auf Bildungsbiografien. Bielefeld: Transcript Verlag.

Pfahl, L./Traue, Boris (2012): Die Erfahrung des Diskurses. Zur Methode der Subjektivierungsanalyse in der Untersuchung von Bildungsprozessen. In: Keller, R./Truschkat, I. (Hrsg.) (2012): Methodologie und Praxis wissenssoziologischer Diskursanalysen. Wiesbaden: VS, S. 425–450.

Pfahl, L./Schürmann, L./Traue, B. (2014): Das Fleisch der Diskurse. Zur Verbindung von Biographie- und Diskursforschung in der wissenssoziologischen Subjektivierungsanalyse am Beispiel der Behindertenpädagogik. In: Fegter, S./Kessl, F./Langer, A./Ott, M./Rothe, D./Wrana, D. (Hrsg.) (2014): Erziehungswissenschaftliche Diskursforschung. Empirische Analysen zu Bildungs- und Erziehungsverhältnissen. Wiesbaden: VS, S. 89–106.

Plessner, H. (2003): Anthropologie der Sinne. Frankfurt am Main: Suhrkamp.

Reckwitz, A. (2006): Die Transformation der Kulturtheorien. Zur Entwicklung eines Theorieprogramms. Weilerswist: Velbrück Wissenschaftsverlag.

Rosa, H. (2005): Beschleunigung. Die Veränderung der Zeitstrukturen in der Moderne. Frankfurt am Main: Suhrkamp.

Schäfer, T./Völter, B. (2005): Michel Foucault und die Biographieforschung. In: Völter, B./Dausien, B./Lutz, H./Rosenthal, G. (Hrsg.) (2005): Biographieforschung im Diskurs. Wiesbaden: VS, S. 161–189.

Schürmann, L. (2013): Schmutz als Beruf. Prekarisierung, Klasse und Geschlecht in der Reinigungsbranche. Münster: Westfälisches Dampfboot.

Schütz, A. (2003): Über die Mannigfaltigen Wirklichkeiten. In: Theorie der Lebenswelt 1. Konstanz: UVK, S: 180–240.

Schütz, A./Luckmann, T. (1979): Die Strukturen der Lebenswelt. Frankfurt am Main: Suhrkamp.

Seumer, M. (1998): Vom Reinigungsgewerbe zum Gebäudereinigerhandwerk. Stuttgart: Franz Steiner Verlag.

Spies, T. (2009): Diskurs, Subjekt und Handlungsmacht. Zur Verknüpfung von Diskurs- und Biografieforschung mithilfe des Konzepts der Artikulation. In: Forum Qualitative Sozialforschung/ Forum Qualitative Social Research 10 (2), Art. 36. nbn-resolving.de/urn:nbn:de:0114-fqs0902369 (Abruf: 17.05.2017).

Star, S. L. (1999): The Ethnography of Infrastructure. American Behavioral Scientist 43, H.7, S. 377–391.

Strauss, A. L./Corbin J. (1996): Grounded Theory: Grundlagen qualitativer Sozialforschung. Weinheim: Beltz/PVU, S. 148–165.

Tuider, E. (2007): Diskursanalyse und Biographieforschung. Zum Wie und Warum von Subjektpositionierungen. In: Forum Qualitative Sozialforschung/Forum: Qualitative Social Research 8 (2), Art. 6. nbn-resolving.de/urn:nbn:de:0114-fqs070268. (Abruf: 17.5.2017).

Traue, B. (2010): Das Subjekt der Beratung. Zur Soziologie einer Psycho-Technik. Bielefeld: transcript Verlag.

Traue, B. (2013a): Visuelle Diskursanalyse. Ein programmatischer Vorschlag zur Analyse von Sicht- und Sagbarkeiten im Medienwandel. In: Zeitschrift für Diskursforschung 2, H. 1, S. 117–136.

Traue, B. (2013b): Kommunikationsregime: die Entstehung von Wissen und Medialität in kommunikativen Praktiken. In: Keller, R./Knoblauch, H./Reichertz, J. (Hrsg.) (2012): Kommunikativer

Konstruktivismus. Theoretische und empirische Arbeiten zu einem neuen wissenssoziologischen Ansatz. Wiesbaden: Springer VS, S. 257–274.

Traue, B./Pfahl, L./Schürmann, L. (2014): Diskursanalyse. In: Baur, N./Blasius, J. (Hrsg.) (2014): Handbuch Methoden der empirischen Sozialforschung. Wiesbaden: Springer VS, S. 493–509.

Traue, B./Schünzel, A. (2014): Visueller Aktivismus und affektive Öffentlichkeiten: Die Inszenierung von Körperwissen in 'Pro-Ana' und 'Fat acceptance'-Blogs. In: Österreichische Zeitschrift für Soziologie, 39, 1, Supplement, S. 121-142.

Unger, H. v. (2014): Partizipative Forschung. Einführung in die Forschungspraxis. Wiesbaden: Springer VS.

Vester, M./Oertzen, P. v./Geiling, H. (2001): Soziale Milieus im gesellschaftlichen Strukturwandel. Frankfurt am Main: Suhrkamp.

6.3
Wissenssoziologische Diskursanalyse
Die Analyse sozialen Wandels am Beispiel öffentlicher Debatten über Abfall in Deutschland und Frankreich

Reiner Keller und Saša Bosančić

1 Einführung

Den Auftakt und Paukenschlag der klassischen deutschen Soziologie liefert eine Diskursstudie, die Fragen des sozialen Wandels zum Gegenstand hat. Es handelt sich um Max Webers Analyse der protestantischen Ethik als einer spezifischen Diskursformation mit historisch weitreichenden Effekten, die sich aus ihrem Zusammenspiel mit dem kapitalistischen Wirtschaftshandeln ergeben. Gesellschaftlicher beziehungsweise sozialer Wandel und sein Verhältnis zu Diskursen ist so in gewissem Sinne ein Grundthema der Soziologie seit Anbeginn. Gesellschaftlicher Wandel ist für Individuen und Organisationen nicht nur ein „Handlungsproblem" (Hitzler 1999; Poferl 2004), sondern ebenso sehr und vielleicht sogar primär ein Deutungsproblem. Ob Ereignisse und Diskurse Wandel hervortreiben, wann eine Veränderung gesellschaftlich als Wandel (oder als Kontinuität) verstanden und beschrieben wird, das alles kann im Medium der Diskurse untersucht werden. Ob eine Nuklearreaktorkatastrophe als Bestätigung bisheriger Kernenergiepolitik (wie in Großbritannien) oder als Einstieg in den Ausstieg (Bundesrepublik Deutschland) gedeutet wird, hängt wesentlich von den bestehenden diskursiv strukturierten Wissens/Macht-Verhältnissen in gesellschaftlichen Kontexten ab. Ob strukturelle und praktisch erfahrene Diskriminierungen zur politischen Mobilisierung und Diskursivierung, schließlich bspw. zur Veränderung institutioneller Dispositive (der Ehe, der Adoption, der Entlohnung, der Integration bzw. aufgehobenen Segregation) führen, ist Folge diskursiver Kämpfe. Wo Ereignisse – auch strukturell durch Modernisierungen erzeugte Ereignisse – ein Handlungsproblem darstellen, sind Diskurse und diskursive Konflikte die Medien, die daraus die Grade des wahrgenommenen Wandels oder der weiterbestehenden Kontinuität destillieren bzw. symbolisch vergegenwärtigen. Schließlich verändern auch Diskurse selbst ihre Gestalt, wenn etwa neue, mitunter selbstermächtigte SprecherInnengruppen diskursive Arenen betreten und bestehende Deutungsverhältnisse in Frage stellen. Das kann dann seinerseits Effekte auf Ereignisse und Prozesse haben, die außerhalb des eigentlich Diskursiven liegen. Viele Seiten des gesellschaftlichen Wandels lassen sich so in unterschiedlicher Weise als soziokulturelle Transformationsprozesse begreifen, die durch Diskurse angeleitet, vermittelt, behindert werden und zugleich deren Gestalt selbst verändern. Deswegen kann in doppeltem Sinne von einer Beziehung zwischen sozialem Wandel und Diskursen gesprochen werden: Es sind einerseits die Diskurse selbst, deren Strukturierungsweisen Veränderungen erfahren; es sind andererseits Diskurse, welche die gesellschaftliche Erfahrung oder Repräsentation von Wandel erst ermöglichen, indem sie „Geschichten über Gesellschaften erzählen" (Becker 2007) und daraus Handlungsoptionen, Weisen der Weltintervention, also Machteffekte generieren (vgl. exemplarisch Keller 2000, 2003, 2010a, 2010b; Keller 2011b, Kap. 5). Die dahinter stehende Idee zum Zusammenhang von Wandel und Diskursen sowie zur Wissenssoziologischen Diskursanalyse (WDA) als einem spezifisch geeigneten Zugang zur Analyse dieses Zusammenhangs ist von der pragmatistischen Philosophie und Soziologie des frühen 20. Jahrhunderts inspiriert. Dort werden Anstöße zum Wandel in mehr oder weniger komplexen, unvorhergesehenen, neu- oder andersartigen Phänomenkonstellationen gesehen, auf die soziale Kollektive und individuelle AkteurInnen in ihren Bemühungen der Weltordnung und Weltkontrolle stoßen, und die sie zu experimentierenden Weltbezügen anstiften. Ganz ähnlich und wohl unter pragmatistischem Einfluss argumentierte Michel Foucault in seinen diskurs- und dispositivanalytischen Studien. Sein Blick auf gesellschaftlichen Wandel – als Transformation von Diskurs- und Dispositivordnungen – fokussiert das Nichtintendierte, den Summen- oder Emergenzeffekt zahlreicher verstreuter Ereignisse und Problematisierungen von Handlungspraxis als Katalysator der Veränderungen. Das heißt „die abstrakte, allgemeine und monotone Form des ‚Wandels', in der man so gerne das Aufeinanderfolgen denkt, durch die Analyse unterschiedlicher Transformationstypen zu ersetzen" (Foucault 1969/2001, S. 864). Oder in anderen Worten: „Das Auffinden einer Diskontinuität ist nichts anderes als das Konstatieren eines zu lösenden Problems" (Foucault 1978/1980/2005, S. 29). „Kausale Demultiplikation", das heißt die Rekonstruktion des Zusammenspiels vielfältigster Ursachen statt einer singulären Kausalitätsbeziehung ist für Foucault das den historischen Wahrheitsspielen und der Allgegenwart der Kämpfe angemessene Vorgehen. Sie „besteht darin, das Ereignis den vielfältigen Prozessen entsprechend zu analysieren, die es konstituieren" (Foucault 1978/1980/2005, S. 29 f.).

Die weitergehende, diskursanalytisch zu bearbeitende Frage kann dann lauten: Wie werden Ereignisse zu Auslösern oder Katalysatoren von Diskursen, und wie verändern sich dadurch gesellschaftliche Ereignisinterpretationen? Diese Frage kann nicht beantwortet werden, ohne der Kreativität und den Diskurspolitiken sozialer Akteure Rechnung zu tragen. Die entsprechende Denkfigur lässt sich in Anlehnung an den amerikanischen Kulturanthropologen Marshall Sahlins vorstellen. Sahlins fragte in seinem Buch über die „Inseln der Geschichte" danach, wie ganze Gesellschaften ungewöhnliche Ereignisse und kollektive Erfahrungen in ihre bestehenden symbolischen Ordnungen (Diskurse) einpassen beziehungsweise unter welchen Bedingungen sich daraus Transformationen dieser Ordnungen selbst entwickeln. Sein Beispiel war der „Tod des Captain Cook" (Sahlins 1986) auf der Insel Hawaii, den er in folgender Geschichte erzählt: Cook landete mit seiner Mannschaft auf Hawaii 1779 zu einem Zeitpunkt, der zufällig mit dem Beginn von Ritualhandlungen zusammenfiel, die sich auf den Mythos eines in unbestimmter Zukunft ankommenden Gottes bezogen. Die Cooksche Ankunft geriet damit unversehens zum Gottesbeweis, und mit dem Ende der Ritualzeremonien verließ er, wie es der Mythos vorhersagte, wieder die Insel. Insoweit handelte es sich um eine zufällige Konstellation der „Passung": Die InsulanerInnen begrüßten die Ankömmlinge als fleischgewordene Götter, durch die die Prophezeiung bewahrheitet wurde, und bezogen sie in ihr Fest mit ein. Cooks Ankunft war keine Störung der symbolischen Ordnung. Er und seine Mannen verließen dann die Insel, waren jedoch aufgrund schlechter Wetterverhältnisse und Mastbruch zur Umkehr und erneuten Landung gezwungen. Doch das Fest war beendet – die wiederkehrenden Weißen konnten nicht mehr im Rahmen der bestehenden symbolischen Struktur integriert werden. Die InsulanerInnen hatten also ein Deutungsproblem. Cook und seine Mannen bezahlten diesmal mit ihrem Leben dafür. Die symbolische Ordnung bestand weiter. Doch immer neue ankommende weiße Menschen, ausgestattet mit überlegenen Machtressourcen, erschütterten sie letztlich nachhaltig; Handelsbeziehungen entstanden, der Gabentausch wurde durch Warentausch ersetzt, koloniale Vernichtung und Unterdrückung taten ihr grausames Werk – ein exemplarisches Beispiel für exogen verursachten Wandel, der zugleich mit einer Vernichtung oder Marginalisierung und Ersetzung bestehender symbolischer Ordnungen einherging.

Sahlins zufolge entstehen Neuerungen symbolischer Ordnungen aus der Diskrepanz zwischen Ereignissen und gesellschaftlich verfügbaren Interpretationsschemata oder symbolischen Ordnungen (Diskursstrukturierungen). Auch wenn er dies nicht direkt anspricht, so handelt es sich doch um einen pragmatistischen Gedanken, den er in seine Hinweise auf die Bedeutung und Funktionsweise symbolischer Ordnungen einbaut: Störungen in Routinebeziehungen zur Welt – und Ereignisse sind solche Störungen – generieren Deutungs- oder Wissensarbeit. Soziale Akteure reagieren mit Kreativität:

> „Da die zufälligen Handlungsbedingungen [...] nicht unbedingt der Bedeutung entsprechen müssen, die eine bestimmte Gruppe ihnen zuschreibt, nehmen die Menschen eine kreative Überprüfung ihrer überkommenen Schemata vor, und insofern wird die Kultur historisch durch das Handeln verändert. Man kann sogar von einer ‚strukturellen Trans-

formation' sprechen, die durch die Veränderung gewisser Bedeutungen die Beziehungen der kulturellen Kategorien zueinander verändert, mithin eine ‚Systemveränderung' bewirkt." (Sahlins 1992b, S. 7)

Die klassischen Foucaultschen Analysen hatten gegenüber zeitgenössischer Sozialwissenschaft den Vorteil, aus der langen historischen Distanz heraus vergleichsweise einfach diagnostischen Zugriff auf Prozesse sozialen Wandels haben zu können. Dies ist deutlich schwieriger, wenn kürzere Zeiträume in den Blick genommen werden, und zudem die Analyse aus dem Zeithorizont der Gegenwart erfolgt, sich allenfalls auf kürzliche Vergangenheiten und nahe Zukünfte richten kann. Dennoch kann gerade hier eine Perspektive der sozialwissenschaftlichen Diskursforschung ansetzen, die sich nicht mit totalisierenden Diskursbegriffen und -theorien einerseits, einem Fokus auf *sprachlichen* Wandel andererseits, begnügt. Vielmehr geht es darum, einen empirisch-explorativen Zugang zu kultivieren, der im Sinne des weiter oben angesprochenen Verhältnisses von Ereignissen und Diskursivierungen neugierig dafür bleibt, wie sich in konkreten Ereignis- und Diskursivierungsketten der Zusammenhang von Wandel und Diskursen sowie diskursiven Konflikten darstellt.

Im vorliegenden Beitrag wird die Wissenssoziologische Diskursanalyse – kurz: WDA – (Keller 2011b) als eine solche Möglichkeit vorgestellt. Die WDA (vgl. dazu Keller 2007, 2011a, 2011b, 2013) ist ein im Interpretativen Paradigma der Soziologie (Keller 2012a) fundiertes Forschungsprogramm, das als eigenständige diskursorientierte Vorgehensweise einer hermeneutischen Wissenssoziologie (Herbrik in diesem Band) im Anschluss an Alfred Schütz (1932/1960) und Berger/Luckmann (1969/1999) konzipiert ist und die Diskursperspektive Michel Foucaults (Foucault 1988; vgl. insgesamt zu Foucault auch Keller 2008) integriert. Sie richtet den Fokus damit auf als Diskurse begriffene Forschungsgegenstände und analysiert die *diskursive Konstruktion der Wirklichkeit* mit dem Fokus auf die Genese, Zirkulation, Legitimationen und die Machteffekte von Diskursen sowie auf die Transformation von gesellschaftlichen Wissensverhältnissen in unterschiedlichen zeit-räumlichen Kontexten. Sie setzt dabei an gesellschaftlichen Ereignissen und Problematisierungsprozessen an und analysiert die sich daran heftenden Deutungskämpfe, deren Ressourcen, Verlaufsformen und Effekte. Im Unterschied zu Verwendungen des Diskursbegriffs in linguistischen bzw. konversationsanalytischen Studien des Sprachgebrauchs in Situationen, die häufig als „discourse analysis" bezeichnet werden, oder zu demjenigen in der Diskursethik von Jürgen Habermas, die auf Klärung von Möglichkeiten rationaler argumentationsbasierter Verständigungsprozesse in Konflikten zielt, zielt die WDA auf die Untersuchung gesellschaftlicher Wissensverhältnisse und Wissenspolitiken. Dies geschieht entlang der Fragen, wie, unter welchen dispositiven Voraussetzungen und mit welchen dispositiven Effekten sozial situierte AkteurInnen im Sprach- und Symbolgebrauch die soziokulturelle Bedeutung und Faktizität physikalischer und sozialer Realitäten und damit eine je spezifische Justierung von Stabilität und Wandel konstituieren. Um die diskursive Konstruktion von kollektiven symbolischen Ordnungen als permanenten Prozess zu verstehen, können u. a. Aussagen, AkteurInnen, Praktiken, Materialitäten, technische Artefakte, mediale Umwelten und institutionelle Felder empirisch untersucht werden, die solche Ordnungen erzeugen, stabilisieren oder transformieren. WDA-basierte Studien verfolgen ganz unterschiedliche Fragestellungen. Eine spezifische Ausrichtung auf Untersuchungen des Wandels von und durch Diskurse stellt nur einen Anwendungsbereich dar. Gesellschaftlicher Wandel ist aus der Perspektive der WDA ein soziokultureller Transformationsprozess, der mit Veränderungen der Sozialstruktur, Wirtschaft, Wissenschaft und Technik, aber auch von Identitäten, Lebensstilen und Öffentlichkeiten einhergeht und in dem globale und nationalstaatliche Ordnungen, aber auch etwa gesellschaftliche Naturverhältnisse und Herrschaftsbeziehungen diskursiv in Bewegung geraten. Zwischen Diskursen und sozialem Wandel besteht ein komplexes Wechselverhältnis. Ereignisse unterschiedlichster Art (Katastrophen, Demütigungen u. a. mehr) und auf unterschiedlichsten Aggregatebenen (lokal, regional, national, international, transnational, global) werden zum Anlass oder Katalysator von diskursiven Interpretationskämpfen und Problematisierungsprozessen, die Wandel hervortreiben können, oder ihrerseits Ausdruck von Wandel sind – freilich schließt das auch die Untersuchung von Kontinuität oder Stabilität mit ein. Ein mögliches Vorgehen der WDA bei der Untersuchung des Zusammenhangs von diskursivierten Ereignissen und gesellschaftlichen Wandlungsprozessen wird weiter unten anhand der Studie „Müll – die gesellschaftliche Konstruktion des Wertvollen" (Keller 2009) erläutert. Zuvor werden die zentralen methodologischen *Grundlagen* der WDA eingeführt und die daraus abgeleiteten *Analysekonzepte* vorgestellt, um anschließend die *Forschungs-* sowie *Auswertungsstrategien* der WDA darzulegen.

2 Methodologische Grundlagen

Die WDA stellt ein umfangreiches und zugleich präzises Begriffsinstrumentarium für sozialwissenschaftliche Diskursforschungen bereit. Sie zielt damit darauf, ein breites Spektrum von Forschungsinteressen und Fragestellungen auf Macht/Wissen-Regime im Sinne Foucaults, deren Reproduktion und Transformation zu verfolgen und dabei unterschiedliche methodische Zugänge und Daten der interpretativen Sozialforschung zu nutzen (Keller 2011b; spezifischer zur methodischen Umsetzung: Keller 2011a). Das schließt diverse Softwareprogramme zur Organisation des Forschungsprozesses mit ein; ebenso sind explorierende Bezüge zu quantifizierenden Diskurserkundungen möglich. Dabei geht es nicht um ein Rezeptwissen, das jeweils unabhängig vom Forschungsgegenstand stets auf die gleiche Weise angewendet werden kann und soll. Vielmehr ist die WDA als Forschungsprogramm und Forschungsmethodologie konzipiert, die eine minimalistische Konstitutionstheorie ihres Gegenstands mit einer begrifflichen Heuristik und Methodologie des Forschungsprozesses sowie Anschlüssen an konkrete Methoden der Datenerhebung und -analyse verknüpfen. Dieses Programm erlaubt und erfordert Anpassungen an die jeweils verfolgten konkreten Erkenntnisinteressen und Forschungsgegenstände. Die WDA konzipiert ihren Gegenstand „Diskurse" im Rückgriff auf Argumente aus drei Theoriesträngen: Michel Foucaults Diskurs-, Dispositiv- und Macht/Wissen-Konzepte, US-amerikanischer Pragmatismus und Symbolischer Interaktionismus sowie Alfred Schütz', Peter L. Bergers und Thomas Luckmanns Theorie der Wissenssoziologie.

(1) Zunächst schließt die WDA an Foucaults programmatische Forderung an, „Diskurse (...) als Praktiken zu behandeln, die systematisch die Gegenstände bilden, von denen sie sprechen" (Foucault 1988, S. 74). Foucault beschreibt damit in der *Archäologie des Wissens* seine historisch-empirischen Arbeiten als das ‚Ausgraben' von historischen Aussagepraktiken und das Offenlegen der Regelmäßigkeiten sowie der institutionellen Stabilisierungen dieser Aussagepraktiken. Er untersucht, auf welche Weise in welchen historischen Epochen bestimmte Wahrheitsordnungen entstehen und durch welche Prozeduren und Mechanismen diese Wahrheitsproduktionen wie geregelt werden. Im Rahmen seiner stärker *genealogischen* Arbeiten richtet er dieses Interesse auf Konstellationen der historisch situierten Problematisierung gesellschaftlicher Handlungsfelder (Keller 2008): Welche Wahrheiten und welches Wissen wird über konformes und abweichendes Verhalten erzeugt, wie wird die Unterscheidung von Wahnsinn und Vernunft getroffen, und welche Umgangsweisen etablieren sich für die diskursiv konstituierten Phänomene der Kriminalität, der sexuellen Perversion oder der psychischen Krankheit und wie wandeln sich diese in unterschiedlichen historischen Zeiträumen? Foucault (1976/1983) beschreibt sein zentrales Interesse in diesen Untersuchungen als die Frage nach den Macht/Wissen-Regimen, den Wahrheitsspielen und der daraus hervorgehenden empirischen Erzeugung des ‚modernen abendländischen Subjekts'. Foucault (1978, S. 119 f.) führt dabei das Konzept des Dispositivs ein, das er als „Netz" versteht, das Gesagtes und Ungesagtes sowie Praktiken, Artefakte, institutionelle Zusammenhänge und darin situierte Akteure verbindet, die an der Bearbeitung eines „Notstandes" beteiligt sind. Schließlich rekonstruiert Foucault verschiedene Verknappungsmechanismen, die die Aussagenproduktion in Diskursen kontrollieren und organisieren. Zum Beispiel werden die legitimen Möglichkeiten zum Sprechen durch ‚Qualifikationsrituale' und die Vergabe von akademischen Graden verknappt; das Prinzip der wechselseitigen Kommentierung nach disziplinären Wahr/Falsch-Codierungen in wissenschaftlichen Feldern schließt bestimmte Aussagemöglichkeiten aus, etc. Richtete er seinen Blick in der *Ar-*

chäologie noch verstärkt auf die der Bedeutungserzeugung zugrundeliegenden Regeln und deren strukturierte Zusammenhänge, ohne Fragen nach den Mechanismen oder Anlässen des Wandels zu adressieren (Foucault 1966/1974), erweitert er in der genealogischen Perspektive den Blick auf die gesellschaftlichen Kämpfe und Auseinandersetzungen um die gültigen Wirklichkeitsbestimmungen. Damit wird eine ereignisbezogene Perspektive auf Prozesse des Wandels möglich, die auf die Annahme erklärender Gesetzmäßigkeiten (etwa im Sinne des Marxismus) verzichtet und es vorzieht, historische Konstellationen und Prozesse der Transformation empirisch in ihrer jeweiligen Besonderheit zu erfassen. In seiner Materialsammlung zu einem Mordfall im Frankreich des frühen 19. Jahrhunderts weist er auf die verschiedenen Expertendiskurse hin, die in der Deutung des Ereignisses aufeinandertreffen und um die Deutungshoheit ringen:

> „(…) der Diskurs des Friedensrichters, der des Staatsanwalts, des Schwurgerichtspräsidenten, des Justizministers; der des Landarztes und der Esquirols; der der Dorfbewohner mit ihrem Bürgermeister und ihrem Pfarrer; schließlich der des Mörders selbst. Sie alle sprechen – zumindest scheinbar – von derselben Sache […]. Aber durch eine Zusammenstellung werden diese heterogenen Diskurse weder zu einem Werk noch zu einem Text; sie stellen einen sonderbaren Kampf dar, eine Auseinandersetzung, einen Kräftevergleich, ein Gefecht um Worte und mittels Worte; und von einem Gefecht zu reden genügt noch nicht: es werden gleichzeitig mehrere sich überlagernde Schlachten geschlagen." (Foucault 1977, S. 9 f.)

Im Verlaufe der hier angesprochenen Gerichtsverhandlung wird sich ein spezifischer, vergleichsweise neuer und mit hohem symbolischem Kapital ausgestatteter psychiatrisch-psychologischer Diskurs durchsetzen. Ein vergleichbares Aufeinandertreffen konkurrierender Diskurse und Deutungsanstrengungen lässt sich anlässlich größerer Ereignisse beobachten, die umfangreichere Kollektive betreffen. Dabei handelt es sich nicht nur um das Hereinbrechen eines relativ Unvorhergesehenen, das gedeutet werden muss. Vielmehr können Diskurse selbst als Prozesse verstanden werden, die etwas (ein Geschehen, eine Situation, einen Strukturzusammenhang) zum Ereignis machen. Die ‚Me-too'-Debatte oder der Klimawandel liefern dazu eindrucksvolle Beispiele.

(2) Dieses Verständnis von Diskursen als ‚Konkurrenten' in konflikthaften Auseinandersetzungen um die legitime Definition von Phänomenen ist dem Interpretativen Paradigma der Soziologie sehr nahe. So verweist das klassische soziologische Thomas-Theorem auf die Notwendigkeit einer „Definition der Situation" (Thomas/Thomas 1928; vgl. dazu Keller 2012a) durch die beteiligten Handelnden, die solchen Definitionen zugrundeliegenden, mitunter asymmetrisch verteilten Ressourcen und Konfliktpotentiale. Die daran anschließende Theorie des Symbolischen Interaktionismus geht davon aus, dass Menschen

aufgrund von Situationsdefinitionen handeln. Solche Definitionen werden nicht beliebig und idiosynkratrisch hervorgebracht, sondern sind in symbolischen Ordnungen situiert, die wiederum in interaktiven Prozessen in menschlichen Gemeinschaften erzeugt sowie in Sozialisationsprozessen sanktionsbewährt vermittelt werden. Bereits in einigen frühen Studien der Chicagoer Soziologietradition wird dabei der Fokus auf die öffentlichen Arenen gelegt, in denen Bedeutungen konflikthaft ausgehandelt werden. So arbeitete bspw. Herbert Blumer (1958) in einem Aufsatz über Rassenvorurteile heraus, dass diese nicht so sehr von den jeweiligen tatsächlichen interaktiven Begegnungen im Alltag und den „first-hand-contacts" (Blumer 1958, S. 6) der jeweiligen Gruppen geprägt sind, sondern vielmehr durch die Geschichten, Mythen und Nachrichten, die in der „public arena" (Blumer 1958, S. 6) über die jeweiligen Gruppen zirkulieren. In der Weiterentwicklung dieser klassischen Überlegungen werden in der symbolisch-interaktionistischen Tradition ‚public discourses' empirisch untersucht und die darin statthabenden ‚symbolischen Kreuzzüge' und konkurrierenden Deutungskämpfe bei der Durchsetzung der eigenen Wirklichkeitsbestimmung analysiert (z. B. Gusfield 1981). Auch Karriereverläufe sozialer Probleme kommen in den Blick, oder die Deutungsstrategien, welche soziale Bewegungen bei der Verfolgung ihrer Anliegen nutzen (vgl. insgesamt dazu Keller 2011b, S. 71 ff.; Keller 2012a, S. 62 ff.).

Die kommunikative und interaktive Erzeugung, Stabilisierung und Transformation von symbolischen Ordnungen in menschlichen Gemeinschaften konzeptualisieren die US-amerikanischen Pragmatisten, an die die Symbolischen Interaktionisten anschließen, bereits früh mit dem Begriff des *Diskursuniversums*: „A universe of discourse is simply a system of common or social meanings" (Mead 1934/1973, S. 89 f.). Dabei handelt es sich um ein gemeinsam (geteiltes) soziales Bedeutungssystem, das durch ein Kollektiv im Zusammenhandeln erzeugt wird und den (hinreichend) gemeinsamen Bedeutungshorizont und die Wirklichkeit der Welt für dieses Kollektiv konstituiert.

(3) Auch Alfred Schütz (1973) rezipiert bereits in den 1940er Jahren den Begriff des Diskursuniversums, um ähnlich wie später Foucault auf die disziplinierenden Effekte diskursiver Strukturierungen hinzuweisen. Während Mead stärker die interaktive Bedeutungserzeugung und die Entwicklung der menschlichen Fähigkeiten zur kompetenten Symbolnutzung in Sozialisationsprozessen in den Mittelpunkt seiner Überlegungen rückte, befasst sich Schütz (1932/1960) in Bezug auf phänomenologische Theorietraditionen mit der Frage der Sinnkonstitution im Einzelbewusstsein, die immer an vorhandene kollektive Wissensvorräte gekoppelt ist. Ohne Bezug auf Schütz, aber mit Referenz auf Max Weber sprach Charles W. Mills etwa zeitgleich von den gesellschaftlich zur Verfügung gestellten Motivvokabularien, welche von Akteuren in Situationen aufgegriffen werden. Berger und Luckmann (1969/1999) greifen in den 1960ern in ihren Überlegungen zur „gesellschaftlichen Konstruktion der Wirklichkeit"

auf den Ansatz von Schütz zurück und verbinden ihn mit klassischen wissenssoziologischen und philosophisch-anthropologischen Fragen sowie den Sozialisations- und Identitätstheorien der pragmatischen Soziologie. Sie gehen davon aus, dass die jeweilige Wirklichkeit der Welt eines Kollektivs als Ergebnis von interaktiven Prozessen der Situationsdeutung und deren institutioneller Stabilisierung betrachtet werden kann. Daran anknüpfend kann für die Grundpositionen der WDA festgehalten werden:

> „Menschen weisen demnach materiellen wie immateriellen Dingen Bedeutung zu, entwickeln konventionalisierte Deutungs- und Handlungsmuster und konstruieren dadurch gemeinsam die Realität ihrer bzw. ‚der' Welt. Die Bedeutungen sind nicht Resultat individueller Idiosynkrasien, sondern sozial objektiviert, d. h. in Interaktionen mit anderen entstanden, verfestigt, weitergegeben und modifiziert. Die Bedeutungszuweisung ist kein Automatismus, sondern ein aktiver und auch kreativer Handlungsprozess (…)." (Keller 2011b, S. 72)

Prozesse gesellschaftlicher Wirklichkeitskonstruktion finden nicht nur im alltäglichen Leben zwischen körperlich ko-präsenten AkteurInnen statt, sondern eben auch und sehr folgenreich zwischen kollektiven AkteurInnen, die in symbolischen Kämpfen in öffentlichen Arenen um die Durchsetzung ihrer Weltdeutungen ringen, woraus wiederrum institutionelle Ordnungen (Organisationen, Praktiken, Identitäten, Materialitäten, Klassifikationen etc.) hervorgehen bzw. bestehende verändert oder stabilisiert werden. Die in die jeweiligen Deutungskämpfe und Wahrheitsspiele involvierten AkteurInnen sind keine allmächtigen ‚DiskursvirtuosInnen', die kraft ihres Willens und vermittels individueller Anstrengung aus sich heraus Wahrheitsordnungen hervorbringen. Vielmehr schließt die WDA an das Akteurskonzept des Interpretativen Paradigmas (Keller 2012a) an und versteht AkteurInnen als sozial situiert Handelnde, die durch bestehende Strukturierungen von diskursiven Ordnungen (mit)konstituiert werden. Sie sind dennoch keine determinierten „cultures dopes" (Harold Garfinkel 1967), sondern relativ frei in ihren Bezugnahmen auf und Hervorbringungen von diskursiven Wahrheitsordnungen, entsprechend der grundlegenden Interpretationsbedürftigkeit von Situationen im menschlichen Weltverhältnis. Im Hinblick auf die fokussierte Forschungsperspektive der WDA kann somit festgehalten werden:

> „Die Welt gewinnt ihren je spezifischen Wirklichkeitscharakter für uns durch die Aussagen, die Menschen – in Auseinandersetzung *mit ihr* – *über sie* treffen, wiederholen und auf Dauer stellen. Solche Aussagen stiften nicht nur die symbolischen Ordnungen und Bedeutungsstrukturen unserer Wirklichkeit, sondern sie haben auch reale Konsequenzen: Gesetze, Statistiken, Klassifikationen, Techniken, Artefakte oder Praktiken können bspw. als Diskurseffekte analysiert werden. […] Der Begriff der Konstitution ist also hier

in einem starken Sinne gemeint und bezeichnet *Effekte* der *diskursiven Konstruktion des Wissens*" (Keller 2011b, S. 232; Hervorhebung im Original)

Was für ihren Gegenstandsbereich gilt, gilt auch für die WDA wie für jede Diskursforschung selbst: Es handelt sich dabei um perspektivisch situierte Diskurse über Diskurse, die entlang der Deutungskorridore, welche von empirischen Beobachtungen und Daten ermöglicht werden, ihre Rekonstruktionsarbeit vornehmen. Um Rekonstruktion handelt es sich, weil die Referenz in der Analyse empirischer Prozesse besteht, die über den Diskursbegriff erschließbar sind, eben indem sie als Diskurse begriffen werden können (oder nicht, auch ein Scheitern ist möglich). Die Gegenstände bzw. ihre empirische Vergegenwärtigung in Dokumenten, die zu Daten werden, wirken an diesem Prozess mit – nicht alles lässt sich über sie begründet aussagen. Zugleich ist Diskursanalyse damit unweigerlich ein Interpretationsprozess, der über seinen Vollzug als interpretative Analytik Auskunft geben kann. Von Analytik spricht die WDA, weil sie Dokumente zerlegt, nach Maßgabe analytisch gewonnener Einsichten re-kombiniert, und nicht per se von der Einheit zwischen Dokument und Fall ausgeht. Um Interpretation handelt es sich, weil jede Rekonstruktion von Eigenschaften (wie Regeln oder Mustern) eines Dokumentes ein Interpretationsakt im Sinne der sozialwissenschaftlichen Hermeneutik ist.

3 Die Analysekonzepte der WDA

Zur empirischen Untersuchung der diskursiven Konstruktion der Wirklichkeit leitet die WDA aus ihren theoretischen Annahmen mehrere Analysekonzepte ab, die hier auszugsweise vorgestellt werden. Der „menschliche Faktor" (Keller 2012b), d. h. die Rolle von sozialen AkteurInnen in Diskursprozessen wird in der WDA wie folgt differenziert. Sie unterscheidet zwischen:

- *sozialen AkteurInnen*, die anlässlich spezifischer Ereignisse und unter Rückgriff auf spezifische Regeln und Ressourcen sowie vor dem Hintergrund der eigenen diskursunabhängigen sozialen Situierung *potentielle* SprecherInnen oder AdressatInnen von Diskursen sein können;
- *SprecherInnen* innerhalb von Diskursen, d. h. AkteurInnen, die in *Sprechpositionen* an der Aussagenproduktion in Diskursen beteiligt sind. Diese Positionen sind je spezifisch diskursiv-intentionell strukturierte und mit Rollensets verknüpfte Orte der legitimen Aussagenproduktion. Eine empirische Strategie ist hierbei, danach zu fragen, wie die Sprechpositionen strukturiert sind und wer die jeweiligen SprecherInnen sind, die an einer Diskursproduktion teilnehmen. Zugleich geht dies mit der Frage einher, wer ausgeschlossen wird oder über welche AkteurInnen und Akteursgruppen aus-

schließlich gesprochen wird, ohne dass diese selbst zu Wort kommen: Gibt es also bspw. „silent voices", potentiell zu erwartende Sprechende? Was bedingt deren Nicht-Teilnahme?

- *Subjektpositionen* als die im Diskurs konstituierten implizierten Subjekte (in deren Namen etwas formuliert, getan wird), Modellsubjekte idealer oder abzulehnender Handelnder, und Identitätsschablonen oder Positionierungsvorgaben für AkteurInnen, auf die ein Diskurs Bezug nimmt (bspw. als ‚ProblemverursacherIn', ‚Abweichende', ‚RetterIn', Rollenmodelle etc.). Subjektpositionen konstituieren Normalitätsvorstellungen für die unterschiedlichen Ebenen des menschlichen Seins, häufig gerade dadurch, dass Positiv- und Negativmodelle prozessiert werden (wie bspw. bei der Subjektposition des unternehmerischen Selbst auf der einen, dem ‚faulen' Arbeitslosen auf der anderen Seite).
- die *tatsächlichen Subjektvierungsweisen*, also der Art und Weise, wie die durch Subjektpositionen adressierten, tatsächlich lebenden, verkörperten und handelnden Menschen auf diese reagieren. Die von der WDA (vgl. dazu Keller 2012b; Keller/Bosančić 2017) hier vorgenommene Unterscheidung zwischen Subjektmodellen und tatsächlichen Aneignungsweisen, den Möglichkeiten des subversiven Unterlaufens, der Fehlinterpretation oder der Adaption in Teilen wird vor allem in der an die WDA anschließenden Subjektivierungsforschung (Pfahl/Schürmann/Traue in diesem Handbuch) in den Blick genommen. Relevant werden die tatsächlichen Subjektivierungsweisen für die WDA vor allem dann, wenn es darum geht, inwiefern aus den durch Subjektpositionen adressierten AkteurInnen reale SprecherInnen werden, wie dies neue Deutungen für Ereignisse und Prozesse generiert, und – in ganz anderer Weise – wie in Folge diskursiver Anrufungen alltagsweltliche Selbstverhältnisse, Handlungsformen und Deutungen für Situationen modifiziert werden.

Analog lassen sich unterschiedliche Arten von Praktiken in ihrer Relation zu Diskursen in den Blick nehmen. *Diskursive Praktiken* im engeren Sinne sind diejenigen geregelten Handlungsvollzüge, welche ein diskursives Ereignis, die Produktion eines Diskursbeitrages unmittelbar erlauben: eine spezifische Form des Sprechens, des Schreibens, der Nutzung von Symbolen, Visualisierungen usw. *Nicht-diskursive Praktiken* sind Handlungsvollzüge, welche diese Produktion flankieren bzw. ermöglichen (also etwa der Druck und die Verbreitung sowie der Verkauf eines Buches). Sie können spezifischer oder unspezifischer für eine bestimmte Diskursproduktion entfaltet sein. *Modellpraktiken* wiederum liefern vergleichbar der vorhin erwähnten Modellsubjekte Typen für erwünschte oder unerwünschte Handlungsvollzüge, die in Diskursen thematisiert werden: etwa eine spezifische Form der Mülltrennung entlang einer besonderen Klassifikation von Stoffen – oder deren Missachtung.

Weiterhin unterscheidet die WDA zwischen *Spezialdiskursen* und *öffentlichen Diskursen*, die in unterschiedlichen, binnen- oder allgemeinöffentlichen Arenen prozessieren und mit unterschiedlichen Zugangsmechanismen verbunden sind. Spezialdiskurse verfügen in der Regel über vergleichsweise stark institutionalisierte Kriterien für die Einnahme von Sprechpositionen (etwa die Akkumulation von akademischen Graden und wissenschaftlicher Reputation; eine spezifische, an Laufbahnen geknüpfte Position in der Institutionenstruktur der Kirche) usw. In öffentlichen Diskursen mit allgemeiner Publikumsorientierung in medialen Arenen verknüpfen, verbinden, widerstreiten sich dagegen die unterschiedlichsten Akteurskonstellationen mit ganz unterschiedlichen Qualifikationen ihrer Diskursperformanz (ExpertInnen und Betroffene, JournalistInnen und BloggerInnen, UnternehmerInnen und GewerkschafterInnen, PolitikerInnen und AktivistInnen, WutbürgerInnen, Rockstars und ehrenamtlich Engagierte etc.). Im Gegensatz zu den Spezialdiskursen sind die Zugangsregeln hierbei eher diffus. Daher gilt es empirisch zu klären, welche sozialen AkteurInnen wie als SprecherInnen in Erscheinung treten können. Gefragt werden kann hierbei nach:

- dem symbolischem Kapital und dem damit verbundenen Standing von AkteurInnen;
- der Selektionslogik der jeweiligen medialen Umwelten, der Publikumsstruktur, den etablierten kulturellen Frames, dem Professionalisierungsgrad der Öffentlichkeitsarbeit,
- den Strategien und Ressourcen der Dramatisierung, Mobilisierung, Moralisierung, Skandalisierung und schließlich auch nach den
- argumentativen, rhetorischen und praktischen Diskursstrategien.

Neben diesen Analysekonzepten wird mit dem Begriff des *Dispositivs* deutlich gemacht, dass es nicht nur um die Analyse von Textdokumenten geht. Vielmehr können die unterschiedlichen heterogenen Ensembles von Elementen empirisch in den Blick genommen werden, die an der Diskursproduktion und der diskursiven Intervention in Handlungsfelder beteiligt sind. Dispositive werden dabei konzipiert als die „materielle und ideelle Infrastruktur, d. h. die Maßnahmenbündel, Regelwerke, Artefakte, durch die ein Diskurs (re-)produziert wird und Effekte erzeugt" (Keller 2011b, S. 230). Dispositive vermitteln demnach als ‚Instanzen' der Diskurse zwischen Diskursen und Praxisfeldern sowie Praktiken. Neben dem institutionellen Unterbau, dem Gesamt der materiellen, handlungspraktischen, personellen, kognitiven und normativen Infrastruktur der Produktion eines Diskurses sind dies auch die Infrastrukturen der Umsetzung der durch ein Dispositiv angebotenen ‚Problemlösung' in einem spezifischen Praxisfeld.

Die WDA nutzt, wie jede Diskursforschung, tatsächliche diskursive Ereignisse, also Diskursdokumente unterschiedlichster Art für ihre Forschung. Dabei folgt sie der von Foucault vorgeschlagenen Unterscheidung zwischen *Äußerung* und *Aussage*. Der Begriff der Äußerung bezeichnet das für sich je singuläre empirische Ereignis und Diskursdokument. Der Begriff der Aussage bezieht sich auf die Diskursregeln und -muster, d. h. auf das, was auf der Ebene der inhaltlich-symbolischen Strukturierung als typisierbar und typisch für eine diskursive Strukturierung gelten kann. Zur Untersuchung von Diskursen auf dieser *inhaltlich-symbolischen Ebene* der Regel- bzw. Musterrekonstruktion bietet die WDA mehrere wissenssoziologische Konzepte an (vgl. dazu die weiteren Ausführungen in Keller 2011a, b; Keller 2014; Keller/Truschkat 2014):

- *Deutungsmuster* sind soziohistorisch und hier vor allem diskursiv erzeugte, gesellschaftlich typisierte Interpretationsschemata für weltliche Phänomene, die Situationsdeutungen mit Handlungsformen, Affektbesetzungen und normativen Bewertungen verknüpfen. Sie legen den AkteurInnen nahe, um was es sich bei bestimmten Phänomenen handelt und was daraus folgt.
- *Klassifikationen* sind „mehr oder weniger ausgearbeitet, formalisierte und institutionell stabilisierte Formen sozialer Typisierungsprozesse" (Keller 2013, S. 47), die Wirklichkeiten dadurch konstituieren, in dem sie Kategorien schaffen, denen bestimmte Gegenstände, Situationen oder Personengruppen untergeordnet werden können, also bspw. die Kategorien im Asyl- und Migrationsrecht, mit denen unterschiedliche Aufenthaltsmöglichkeiten geschaffen werden oder die Kundenkategorien der Arbeitsagenturen, mit deren Hilfe zwischen vermeintlich marktfernen und marktnahen ‚Arbeitssuchenden' unterschieden wird, die dann wiederrum unterschiedliche ‚Maßnahmenpakte' zugewiesen bekommen.
- Als *Phänomenstruktur* kann die typisierte Gesamtgestalt einer diskursiven Phänomenkonstitution zu einem spezifischen Zeitpunkt X in einem diskursiven Konfliktverlauf bezeichnet werden. Der Begriff verweist damit darauf, wie ein spezifischer Diskurs ein Phänomen zu einem bestimmten Zeitpunkt konstituiert, nicht darauf, wie ein Phänomen ‚wirklich' ist. Zu verschiedenen Zeitpunkten kann ein Diskurs sehr unterschiedliche Phänomenstrukturen hervorbringen – deren Veränderung und Stabilität selbst ist Gegenstand einer Analyse des Zusammenhangs von Wandel und Diskursen. Vergleichbar kann zu einem gegebenen Zeitpunkt X ein Phänomen durch konkurrierende Diskurse sehr unterschiedlich konstituiert sein – ganz im Sinne der weiter oben erwähnten Konflikte um die angemessene Deutung von Situationen. Bezüglich der Phänomenstruktur unterscheidet die WDA zwischen deren *Dimensionen* (was wird thematisiert: Problemhaftigkeit, Ursachen, Zuständigkeiten, Handlungsbedarfe, Werte und Normen, Legitimationsgrundlagen, Wissensformen wie wissenschaftliches, religiöses oder politisch-ideologisches Wissen, Modellsubjekte und Modellpraktiken, Selbstpositionierungen, Othering bzw. Fremdpositionierungen usw.) einerseits, und

der je *spezifischen diskursiven Füllung dieser Dimensionen* andererseits (durch Deutungsmuster, Klassifikationen, Argumente, Narrative). Dabei ist es Aufgabe der empirischen Analyse, die jeweils relevanten Dimensionen der Phänomengestalt herauszuarbeiten – es wird nicht davon ausgegangen, dass immer und in jedem Fall die gleichen Dimensionalisierungen vorliegen.

- Als *Argumentative* können im Anschluss an Schünemann (2014) diskursspezifisch typisierbare Argumentcluster bezeichnet werden, welche wenn-dann Verknüpfungen vornehmen und insbesondere in politischen Deutungskonflikten eine zentrale Rolle spielen.
- *Narrative Strukturen* sind diejenigen strukturierenden Momente in Diskursen, durch die Deutungsmuster, Klassifikationen und Phänomenstrukturen in spezifischer Weise durch die *story line* („roter Faden') zueinander in Beziehung gesetzt werden. Gefragt wird hierbei zum Beispiel danach, welche Geschichten erzählt werden (von Siegen und Niederlagen, Prüfungen oder Herausforderungen, Aufstieg und Fall, Bedrohung, Verlust und Chance, Fortschritt und Niedergang usw.) und welche narrativen Rollen (z. B. HeldInnen, HelferInnen und Bösewichte) sich rekonstruieren lassen.

Die vorangehend erwähnten Konzepte erlauben die Rekonstruktion der Deutungsregeln, die einen Diskurs kennzeichnen, im Sinne typischer Musterkombinationen, die seine besondere Aussagengestalt auf einer spezifischen Aggregatebene in einer spezifischen Phase der Diskursproduktion ausmachen (ganz so, wie sich Soziologie von Psychologie unterscheidet, oder innerhalb der Soziologie eine systemtheoretische Argumentation von einer Rational Choice-Argumentation). Grundlage der Rekonstruktionsarbeit sind hier unterschiedliche Daten, d. h. natürlich oder künstlich fixierte mündliche, schriftliche oder visuelle Aussageereignisse (Dokumente, Reden, Reports, Talkshows, Filme, Expertisen, Flugblätter, Medienberichte, Bücher usw.). Diese Daten können zugleich zu Informationszwecken genutzt werden, um bspw. Aufschluss über diskursbeteiligte oder -adressierte AkteurInnen, Artefakte u. a. mehr zu gewinnen. Zur Analyse der weiter oben angesprochenen Dispositivstrukturen eignen sich zudem Formen einer fokussierten Diskursethnographie, welche Situationen der Diskursproduktion (bspw. eine Dokumenterstellung, eine Anhörung im Bundestag) oder der diskursiven Weltintervention (etwa die Entwicklung und den konkreten Einsatz eines Klassifikationsbogens zur Mülltrennung) in den Blick nehmen (vgl. Keller 2011b). Anschlüsse an Konzepte der Social Studies of Science erlauben zudem, die diskursive Prozessierung von Wissensverhältnissen und Wissenspolitiken in ihren Mechanismen und Wirkungen spezifischer zu beschreiben (vgl. etwa die Ausführung zu einer materialen Semiotik bei Law 2006).

4 Der Forschungsprozess

Das Forschungsprogramm der WDA stellt keine eigenständige Methode dar, dennoch lassen sich aus den skizzierten theoretisch-methodologischen Grundlagen und den Analysekonzepten konkrete methodische Vorgehensweisen ableiten. Diese sind nicht als in einer vorgegebenen Reihenfolge immer abzuarbeitendes Set an methodischen Schritten zu verstehen, das sich auf alle Gegenstände und Forschungsfragen in der gleichen Weise anwenden ließe. Diskursforschung ist vielmehr stets Interpretationsarbeit, und zwar nicht erst bei der Datenauswertung nach der Zusammenstellung des Samples. Sie beginnt schon bei der Entwicklung der Fragestellung, bei der entschieden werden muss, welche Diskurse oder welche konflikthaften Deutungskämpfe im Hinblick auf welche Fragen und Dimensionen in den Blick genommen werden (wobei sich die anfänglichen Fragestellungen im Fortgang des Untersuchungsprozesses verschieben können). Zunächst müssen dann Ereignisse bzw. Einstiegspunkte identifiziert werden, die eine erste Annäherung an den Forschungsgegenstand erlauben. Dazu sind theoretische und empirische Vorkenntnisse notwendig. Einstiegspunkte werden in der Regel so gewählt, dass es sich um Momente oder Phasen einer besonderen diskursiven Aktivität, einer erhöhten Textproduktion in einem diskursiven Konflikt oder einer neu einsetzenden Problematisierung von Handlungsfeldern, Selbstverständnissen und dergleichen mehr handelt. Sofern sich die Fragen der Untersuchung auf langfristigen sozialen Wandel richten, bietet es sich an, längere Zeitspannen zwischen verschiedenen Einstiegspunkten zu wählen. Soll bspw. untersucht werden, wie und warum sich Formen sexueller Selbstbestimmung längerfristig verändern, liegt es nahe, nicht mehrere Einstiege in den vergangenen Monaten zu wählen, sondern bspw. im Abstand von Jahrzehnten, und sich dann sukzessive den Zwischenräumen und Zeitpunkten anzunähern, an denen katalysierende Ereignisse und Prozesse der Transformation(sarbeit) ausgemacht werden können (sofern solche vorhanden sind). Dazu können etwa parlamentarische Debatten und Gesetzgebungen, aufmerksamkeitsträchtige Medienberichte, Wissenserzeugungen oder skandalisierte Aussagenproduktionen selbst gehören – ganz in Analogie zur Situation des weiter oben erwähnten Gerichtsfalles „Rivière". Mit anderen Worten: es geht um Ereignisse, die – auf welcher Aggregatebene oberhalb privater Interaktionen auch immer – in besonderem Maße Deutungsproduktionen aktivieren. Wenn sich darauf bezogen Zusammenhänge geregelter Aussageproduktion erfassen lassen, können diese als Diskursprozesse analysiert werden. Diskursverschiebungen bzw. diskursiver Wandel können auch in einer reichlich nichtereignishaften Weise vonstattengehen. Dafür sorgen nicht zuletzt Imperative, die in das Prozessieren von Diskursen und Organisationen eingebaut sind, bspw. der wissenschaftliche Imperativ, neue Erkenntnisse zu produzieren und Wissen weiterzuentwickeln. Technologisch-ökonomische Felder folgen marktbezogen vergleichbaren Innovationsimperativen, die häufig mit der Diskursivierung und Konstitution von Bedürfnis- oder Notwendigkeitsfeldern einhergehen. Organisationen schließlich sind mitunter ebenfalls darauf programmiert, Gegenstandsbereiche zu entwickeln (etwa in Gestalt von Reformpolitiken oder Optimierungsprogrammen). Gewiss gibt es auch diskursive Felder (etwa die Religionen), die nur widerstrebend auf gesellschaftlichen Wandel reagieren und insgesamt diskurs*konservierend* ausgelegt sind.

Damit die anfängliche Suchhypothese in Bezug auf die Bedeutung diskursiver Prozesse tatsächlich forschungsleitend sein kann und zugleich nicht den Gegenstandsbereich präformiert, ist es notwendig, *theoretische Sensibilität* zu entwickeln. Neben den ‚klassischen' Bezugnahmen auf und Nutzung von theoretischen Konzepten und den entsprechenden Forschungsstand zu einem Gegenstandsbereich schlägt die WDA vor, zu einem möglichst frühen Zeitpunkt erste Erkundungen des Feldes vorzunehmen. Das kann erfolgen, indem empirische Materialen erkundet, explorative Gespräche mit ExpertInnen, Betroffenen und anderen möglicherweise relevanten AkteurInnen geführt, entsprechende Konferenzen, Demonstrationen, Behörden, institutionelle Felder aufgesucht oder auch populärwissenschaftliche Literatur, Romane, Filme, Serien, Blogs und medial-technische Artefakte genutzt werden.

Ausgehend von einem begründeten Einstiegspunkt (etwa einem besonders stark wahrgenommenen Ereignis oder Text) lässt sich die weitere Datensammlung als eine Form des kriteriengeleiteten *Samplings* verstehen. Dabei können unterschiedliche Kriterien herangezogen werden – solche, die aus Erkundungen und Vorkenntnissen über den Untersuchungsgegenstand gewonnen sind (bspw. das Vorwissen um relevante beteiligte Kollektivakteure), solche, die sich aus spezifischen Punkten in einem Diskursprozess ergeben (wie Entstehung, lange zeitliche Zwischendistanzen), aber auch solche, die sich aus Datenanalysen sukzessive ergeben und in Entscheidungen über die weitere Zusammenstellung des Datensamples münden, die sich bspw. an den Kriterien maximaler und minimaler Kontrastierung (möglichst different erscheinende bzw. möglichst ähnlich erscheinende Dokumente) orientieren können, um das Feld eines Diskursprozesses oder eines diskursiven Deutungskonfliktes aufzuspannen und zu durchschreiten. Die notwendigen Suchbewegungen des Samplings können dabei ganz unterschiedliche Marker der Kontrastierung nutzen, etwa

- die *Themen*orientierung und die Suche entlang von Schlüsselbegriffen oder
- die *Akteur*sorientierung als die Identifikation von SprecherInnen und AdressatInnen, die zum Beispiel in einer Akteurslandkarte zusammengefasst werden können (vgl. dazu die Vorschläge zu Mapping-Strategien bei Keller 2009 und Clarke 2012)
- schließlich ist eine Suche auch entlang bestimmter *Ereignisse* möglich, die in den Diskursen als bedeutsam markiert werden.

Die Datensorten beschränken sich dabei nicht nur auf nicht-reaktive, d. h. ‚natürliche' textförmige Daten wie Printmedien, Internetblogs, Ratgeberliteratur, Flugblätter, Fach- und Sachbücher etc. Vielmehr können auch audiovisuelle Daten (z. B. Bilder, Wahlplakate, Filme, Talk-Shows, etc.), Interviews mit SprecherInnen (diverse ExpertInnen, AktivistInnen etc.) oder mit diskursiv adressierten Akteuren (etwa als Betroffene oder ‚ProblemverursacherInnen', z. B. Arbeitslose, Drogensüchtige, prekär Beschäftigte) einbezogen werden. Auch diskursethnographische Zugänge zu dispositiven Arrangements wie Organisationen, Technologien, Praktiken etc. werden zunehmend genutzt (vgl. dazu u. a. die Beiträge der Ausgabe 3/2017 der Zeitschrift für Diskursforschung).

5 Der Auswertungsprozess

Die Rekonstruktion der diskursiven Konstruktion der Wirklichkeit ist ebenfalls Interpretationsarbeit. Sie lässt sich als Analyse komplexer Konstellationen verstehen, die an dem Datenkorpus ansetzt und sich in Auseinandersetzung mit dem Sample und unter Einbezug der Analysekonzepte der WDA entwickelt. Daten werden dabei einerseits als Quelle von Informationen über Diskursprozesse genutzt: Beteiligte SprecherInnen, soziale AkteurInnen mit potentiellem Sprechstatus, Erweiterungen und Schließungen von Kreisen der Sprechenden; Charakteristika beteiligter Wissensformen und Mediengattungen; zentrale Ereignisse in Diskursprozessen und Deutungskonflikten u. a. mehr. Andererseits dienen sie als Grundlage für die Feinanalysen der Mechanismen diskursiver Wirklichkeitskonstitution entlang der oben beschriebenen Konzepte zur Analyse von Aussagen. Ein Diskurs ist dabei nicht in einem Dokument oder in einem Interview vollständig repräsentiert; Dokumente können vielmehr ihrerseits selbst als Versammlungen von Diskursfragmenten unterschiedlichster Art konstituiert sein. Deswegen gilt es aus dieser Forschungsperspektive einer *Interpretativen Analytik* (Keller 2013, S. 43 ff.) die zugleich heterogene und partielle Repräsentation diskursspezifischer Elemente in den unterschiedlichsten empirischen Materialen und Kontexten zu rekonstruieren und auf diskursive Strukturierungen zuzurechnen. Als heuristische Hilfsmittel bei der Auswertung und der Auslotung der Zusammenhänge zwischen unterschiedlichsten Dokumenten dienen die weiter oben bereits eingeführten Analysekonzepte (Sprechpositionen, Subjektpositionen, Deutungsmuster, Klassifikationen, Phänomenstrukturen, narrative Strukturen), die unterschiedliche Strukturierungsmöglichkeiten des Materials erschließen und diverse Fragestrategien nahe legen. Dabei muss betont werden, dass eine WDA nicht erst dann ‚vollständig' ist, wenn alle Konzepte angewandt wurden, vielmehr handelt es sich bei diesen um heuristische Hilfsmittel, die einerseits je nach Forschungsinteressen und -fragen eingesetzt werden können. Andererseits sind manche Konzepte aufgrund der

Beschaffenheit des empirischen Materials eher geeignet als andere und manche Gegenstände und Phänomene können es ebenfalls erforderlich machen, die bestehenden Konzepte zu modifizieren oder auch neue zu entwickeln.

Generell können zudem folgende Leitfragen im Rahmen der Rekonstruktionsprozesse gestellt werden: Was ist das Thema, dass in einem Dokument an zentraler Stelle behandelt wird? Welche Unterthemen gelten als relevant und welche Verknüpfungen zu anderen Themen werden hergestellt? Was sind Kernbestandteile von Aussagen? Gibt es exemplarische Beispiele? Tauchen bestimmte Deutungsmuster, Klassifikationen, Begrifflichkeiten, Argumente oder Visualisierungen wiederholt auf? Welche diskursiven Strukturierungen konkurrieren bezüglich der Definition einer kollektiven Situation? Welche Veränderungen, aber auch Stabilitäten lassen sich hier in welchen Zeitabständen festhalten? Welche Ereignisse und Prozesse liegen ggf. solchen Veränderungen zu Grunde? Wie wandeln sich Phänomenstrukturen von Diskursen? Welche Verschiebungen von Legitimationsweisen und Wissensformen sind beobachtbar? Welche Relationen von Veränderungen und Kontinuität lassen sich ausmachen? Gibt es Erweiterungen oder Verknappungen beteiligter Sprechpositionen, und worauf lassen sich diese zurückführen? Wie entwickeln sich dispositive Grundlagen und Folgen der Diskurse, und wie wirken diese Veränderungen ggf. auf Diskurse zurück?

Die Interpretation des Materials kann mit wechselndem Fokus erfolgen. So ist es einerseits notwendig, das umfangreiche Material zur Informationsgewinnung über Diskursprozesse zu erschließen: Wer spricht? Wie positionieren sich Sprechende zueinander? Wie verändern sich diese Positionierungen im Verlaufe diskursiver Prozesse? Welche Ereignisse liegen vor? Welche Relevanzsetzungen nehmen Diskursprozesse diesbezüglich vor? Andererseits sind feinanalytische Interpretationen erforderlich, die sich an sequenzanalytischen Vorgehensweisen (siehe z. B. Herbrik, Rebstein/Schnettler oder Tuma/Knoblauch, alle in diesem Band) orientieren. Im Unterschied zu verschiedenen anderen Ansätzen qualitativ-interpretativer Forschung wird dabei nicht notwendig die Einheit eines gegebenen Dokumentes als Fall unterstellt, der mit einer ausgreifenden Fallstrukturhypothese zu erfassen wäre. Vielmehr setzen Sequenzanalysen hier an Sinnabschnitten an und ein, die in ersten Lesedurchgängen als vielversprechend für die verfolgte Fragestellung identifiziert wurden. Gerade am Beginn von Untersuchungen empfiehlt es sich dabei, Dokumente umfassend zu analysieren, um nicht vorschnell auf eigene Voreingenommenheiten hereinzufallen. Schon bei der Analyse längerer Broschüren, Dokumentarfilme oder Sachverständigengutachten und Redeprotokolle muss jedoch notwendig auf bestimmte Sinnabschnitte rekurriert und deren Auswahl begründet werden (etwa Einleitungen, Inhaltsverzeichnisse, Schlussfolgerungen, ausgewählte Kapitel oder Sequenzen). Sequenzanalyse meint hier also die kürzere oder längere Sinnabschnitte erschließende Analyse von Sinnmustern, die im Sinne der

„künstlichen Dummheit" (Hitzler 1986) dazu anleitet, einzelne Abschnitte eines Dokumentes als relevant zu identifizieren und im Rückgriff auf die oben vorgestellten Analysekonzepte sowie nach Maßgabe der je konkreten Fragestellungen einer Untersuchung sorgsam auszudeuten, aussagekonstituierende Muster möglichst präzise zu rekonstruieren sowie kategorial zu benennen. Solche zunächst vorläufigen, später dann sich zunehmend präzisierenden kategorialen Benennungen beziehen sich bspw. auf die Dimensionen der Phänomenstruktur (welcher Aspekt einer Gesamtgestalt wird hier behandelt) wie auf die musterförmigen Ausführungen (etwa: welches Deutungsmuster für Mutter-Kind-Beziehungen ist hier konstitutiv). Hierbei erweisen sich gerade permanent vergleichende Analysen zwischen unterschiedlichen Dokumenten als hilfreich (vgl. zur Methodik Keller 2011a; Keller 2013; Keller/Truschkat 2014; Strauss 1998).

Eine wirkungsvolle Unterstützung bietet die Anfertigung von Kommentaren und anderen Protokollnotizen zum Forschungsprozess, in denen Gründe für Benennungen und andere Reflexionsschritte festgehalten werden. Auch Mappings (bspw. von Diskursarenen und beteiligten Arenen zu einem Zeitpunkt X sowie im Zeitverlauf), die Prozesse des Brainstorming über einen Untersuchungsgegenstand, aber auch Zwischenstände und abschließende Ergebnisse vorstellen, unterstützen die Analyse und ihre Präsentation (vgl. etwa die Schaubilder in Keller 2009 sowie die Hinweise in Keller 2013 und Clarke/Friese/Washburn 2017). Ein Ende des Forschungsprozesses zeichnet sich in Prozessen *theoretischer Sättigung* ab, wenn sich durch das Hinzuziehen neuer Daten keine weiteren Erkenntnisse mehr ergeben, bzw. die verfolgte Forschungsfrage im Rahmen der verfügbaren Ressourcen als erschlossen und beantwortbar erscheint.

Abschließend ist in den meisten Fällen einer WDA-basierten Diskursforschung sicherlich eine Rekapitulation und Reflexion der Ergebnisse im Hinblick auf die Ausgangsfragen und ihre theoretischen Kontexte notwendig. Hilfreich ist hierfür die Reflexion darauf, wofür die durchgeführte Untersuchung einen „Fall" darstellt: Was ist der allgemeine Prozess oder Gehalt, der sich in einer konkreten Untersuchung des Zusammenhangs von Diskursen und sozialem Wandel darstellt? Wie lässt er sich theoretisch-diagnostisch begreifen? Wofür steht er? Beispielgebend dafür können erneut Foucaults historische Analysen sein: Erst am Ende seiner Untersuchungen entwirft er großdiagnostische Konzepte wie Bio-Macht oder Disziplinargesellschaft, die auf den Begriff bringen, was für ihn den Kern eines untersuchten historischen Wandels ausmacht. In ähnlichem Sinne bedarf Diskursforschung der theoretisch-diagnostischen Phantasie, wenn sie mehr liefern will, als die genaue analytische Rekonstruktion eines beobachteten Phänomens.

6 Analysebeispiel

Exemplarisch sollen die vorgestellten Überlegungen nachfolgend an der Studie „Müll – die gesellschaftliche Konstruktion des Wertvollen" (Keller 2009; vgl. dazu auch die Zusammenfassungen in Keller 2000; Keller 2010b) illustriert werden. Sie entstand in den 1990er Jahren im Kontext von ländervergleichenden Forschungen zu öffentlichen und institutionellen Debatten über ‚Umweltprobleme' und untersuchte die diskursiven Konflikte und Prozesse zu Fragen der Hausmüllproblematik in Deutschland und Frankreich über einen Zeitraum von ca. 25 Jahren hinweg. An ihrem Ausgangspunkt standen mehrere Fragen, die sich zum Teil aus empirischen Beobachtungen, zum Teil aus sozialwissenschaftlichen Forschungen und Theoriekonzepten herleiteten. Empirische Ausgangspunkte waren die sehr unterschiedliche Dynamik und Resonanz von Umweltbewegungen und Umweltthemen in der französischen und westdeutschen Öffentlichkeit sowie die Thematik der Hausmüllentsorgung, die infolge des Wohlstandswachstums der 1960er Jahre in Verbindung mit erhöhten Konsumniveaus und neuen Vertriebspraktiken (Supermärkte, Einweg) in beiden Ländern ab Mitte der 1960er Jahre zunehmend einer politischen Lösung bedurfte. In der sozialwissenschaftlichen Forschung war die Differenz der umweltpolitischen Mobilisierungen in beiden Ländern mit differenten kulturellen Rationalitäten oder Mentalitäten erklärt worden. Etwa zeitgleich hatte Ulrich Becks Theorie reflexiver Modernisierung ausgehend von seiner Diagnose der Risikogesellschaft eine neue Phase von Modernisierungsprozessen als Kern der Debatten ausgemacht. Wenn diese Diagnose tatsächlich stichhaltig sein sollte, wie wäre dann die sehr unterschiedliche Dynamik von Risikokonflikten in Deutschland und Frankreich zu erklären?

In der Vorbereitung und Durchführung dieser Studie wurde zunächst unterschiedliche Literatur zur Geschichte der Abfallentsorgungsinfrastrukturen sowie zum aktuellen Stand dieser Strukturen in Westdeutschland und Frankreich in den 1960er Jahren aufgearbeitet. Hinzu kam die Zusammenfassung von Studien zur massenmedialen Präsenz von Umweltthemen und zur Funktionslogik von Printmedien, sowie zur kulturellen Spezifizität und Bedeutung von Schmutz, Abfall und „matter out of place" (Douglas 1966/2002, S. 36).

Aus der informierenden Lektüre von Sachbuchbeiträgen, parlamentarischen Drucksachen und Medienberichten ließen sich für beide Länder eine Abfolge je unterschiedlicher politischer Ereignisse der Abfallregulierung ausmachen (die Vorbereitung, Diskussion und Verabschiedungen von Gesetzen und Verordnungen zur Hausmüllproblematik; die Einrichtung von Sachverständigengremien; politische Reaktionen auf Proteste und Skandale) und zeitlich festlegen. Diese bildeten die Einstiegspunkte für das eigentliche Datensampling. Hierzu wurde mit Hilfe einer Schlüsselwortsuche auf die Archive verschiedener Pressedienste zurückgegriffen und in Teilen auch selbst Archivarbeit in Ministerien und politischen Organisationen geleistet. Da die Studie im prädigitalen Zeitalter stattfand, wurde sukzessive und händisch ein Textkorpus aus der Medienberichterstattung in Form von Kopien erstellt, das für das deutsche Korpus ca. 700 Texte, für das französische Korpus ca. 620 Texte umfasste, die sich auf etwa vierwöchige Zeiträume im Vorfeld und im Nachgang der erwähnten Gesetzgebungen bezogen und dabei leitende sowie qualitätsorientierte Printmedien des Meinungsspektrums umfassten; die entsprechende Auswahl konnte über medien- und kommunikationswissenschaftliche Standardwerke zur deutschsprachigen Medienlandschaft begründet werden. Zusätzlich wurden in Deutschland und Frankreich eine größere Zahl von leitfadengestützten Interviews mit ExpertInnen unterschiedlicher Organisationen (Wirtschaftsverbände, Wissenschaftler, Ministerien, NGOs) zu Fragen der Abfallpolitik durchgeführt, wissenschaftliche Gutachten und politische Entscheidungsvorlagen, aber auch Flugblätter oder Informationsbroschüren von Entsorgungsfirmen und Umweltschutzorganisationen zusammengetragen sowie einige Fachkongresse und öffentliche Vorträge zur Hausmüllentsorgung besucht.

Das Printmedienkorpus lieferte die empirische Grundlage der Feinanalyse. Im Rahmen eines intensiven und wiederholten Lesens wurden zunächst Dokumente aussortiert, die zwar das Schlüsselwort Abfall oder Hausmüll enthielten, ansonsten aber keinen Bezug zur interessierenden Thematik hatten (etwa typische Sommerlochtexte zu den Müllkindern auf Kairos Kippen usw.). Dann wurden Kurzmeldungen aussortiert. Schließlich wurden für die jeweiligen Regulierungsprozesse längere Textbeiträge aus Medien des Meinungsspektrums ausgewählt, die vor und nach der Regulierung ausführlich dazu berichteten. Insgesamt etwa 80, z. T. großformatige und mehrseitige Artikel im Stile von ZEIT-Dossiers oder SPIEGEL-Titelgeschichten bildeten den Datenkern der Feinanalyse, deren Ergebnisse dann am gesamten Datenkorpus geprüft wurden.

Im Prozess der Feinanalyse wurden insbesondere jeweils mehrere Deutungsmuster rekonstruiert, welche die Diskussionen um den Hausmüll organisierten (etwa das Deutungsmuster „riskante Technologien" in einem deutschen Teildiskurs, dem ein Gegenmuster „kontrollierte Technologie" gegenüberstand). Dabei waren jeweils mehrere Deutungsmuster miteinander verknüpft, etwa dasjenige des „Primats der gesellschaftlichen Entscheidung über ökonomische Prozesse" mit demjenigen des „Risikos". Für die deutsche Auseinandersetzung wurden zwei miteinander wettstreitende Diskurse und deren Protagonisten (Parteien, PolitikerInnen, Verwaltungsbehörden, Unternehmen, NGOs, wissenschaftliche ExpertInnen, usw.) identifiziert, aus deren Konfliktdynamik heraus die vergleichsweise strenger entwickelten technischen Standards der deutschen Hausmüllentsorgung resultierten. Im Vergleich von Pressemitteilungen und autorisierten Zitaten in Printmedien zeigten sich keine wesentlichen

Unterschiede der Aussage. Insofern wurden die Medienberichte als Primärquellen für die öffentlichen Diskurse behandelt. Unter anderem konnte gezeigt werden, wann neue Deutungsmuster in Erscheinung traten, welche Rolle wissenschaftliche und sonstige Expertisen spielten, welche Formen der Selbst- und Fremdpositionierung genutzt und wie konkurrierende Situationsdefinitionen jeweils legitimiert bzw. gegenseitig in Frage gestellt wurden. Für den französischen Fall wurde ein dominanter Abfalldiskurs rekonstruiert, welcher gleichsam ritualhaft den Sieg der französischen Zivilisation über die Abfälle verkündete. Für beide Diskurslandschaften wurden zudem diskursbezogen die jeweiligen Phänomenstrukturen zum Zeitpunkt Mitte der 1990er Jahre rekonstruiert, wobei die entsprechenden Rekonstruktionen und Abbildungen im Rückblick zweifellos zu statisch gehalten wurden (vgl. Abb. 1, S. 908).

Im Sinne eines Mapping (z. B. Strübing in diesem Band) der jeweiligen Diskursarenen wurden den rekonstruierten Diskursprozessen ihre jeweiligen Protagonisten, d. h. die auftretenden SprecherInnen zugeordnet (vgl. Abb. 2, S. 909).

Im Verlauf der analysierten Diskursprozesse konnte zudem das Auftauchen neuer Wissensformate und deren Funktion im Diskursprozess beobachtet werden, etwa das von Organisationen der Umweltschutzbewegung erzeugte ‚Gegenwissen' zu Fragen des Abfallrecyclings; die Mitte der 1980er Jahre statthabende Einführung des Deutungsmusters des technologischen Risikos aus dem Kontext der Kernenergiediskussion, das sich ebenso in Gutachten von Sachverständigen nachzeichnen ließ wie in der öffentlichen Debatte. Für den französischen Fall konnten zudem potentiell einschlägige AkteurInnen (Greenpeace) identifiziert werden, die aus dem öffentlichen Raum legitimer SprecherInnen ausgeschlossen waren (vgl. Abb. 3, S. 910).

Neben der Rekonstruktion der verschiedenen Diskursbausteine wurde schließlich ein themenbezogenes Modell der Funktionsweise dieser Diskurse im öffentlichen Raum der jeweiligen Länder entwickelt (vgl. Abb. 4, S. 911 und 5, S. 912).

Alle hier vorgestellten Abbildungen können sowohl für analytische Zwecke wie auch für Darstellungszwecke eingesetzt werden. Ein Mapping zu verschiedenen Zeitpunkten oder anlässlich unterschiedlicher Ereignisse im Diskursverlauf unterstützt die Identifizierung und Analyse der Prozesshaftigkeit diskursiver Auseinandersetzungen, das Erscheinen neuer oder Verschwinden von Akteuren, Deutungsmustern, Wissensformen usw. Gerade Fragen des Wandels werden damit für die Rekonstruktion leichter handhabbar.

Interpretationsrepertoire	strukturkonservativer Abfalldiskurs: story line technisch-ökologische Modernisierung
Ursachen des Abfallproblems (kausal)	• Abfall als Problem der Diskrepanz zwischen Mengenaufkommen und Entsorgungsinfrastruktur (Beseitigungsproblem); • Wohlstandswachstum, ökonomischer und technischer Fortschritt, Konsumbedürfnisse der Verbraucher (Güternachfrage) → Anstieg des Abfallaufkommens • politische Versäumnisse und unbegründete Widerstände der Anwohner -> Defizite (fehlende Kapazitäten) der Entsorgungsinfrastruktur)
Verantwortung (Zuständigkeit)	• Politik (muß Entsorgungsinfrastruktur gegenüber der Bevölkerung durchsetzen) • Gesellschaft (muß Anlagen akzeptieren oder ihre Konsumwünsche reduzieren) • Wirtschaft (muß technisches know how anbieten und eigenverantwortlich handeln)
Handlungsbedarf und Problemlösung	• Niedriges Problemlevel; schnelle, wirksame, verantwortbare, soziotech-nische 'end of pipe'-Lösung innerhalb der liberalen Marktwirtschaft durch Modernisierung möglich. Maßnahmen: • Aufbau und technische Optimierung der Entsorgungsinfrastruktur (Erfassungs-, Beseitigungs- und Verwertungstechnologien, insbes. Müllverbrennung/thermische Verwertung und Deponierung inerter Abfälle) • Schaffung von Akzeptanz für Anlagen durch Wissensvermittlung (Aufklärung der Bevölkerung) • relative Reduzierung der Abfallentstehung durch Weiterverwertung von Abfällen, relative Reduzierung des Bedarfs an Deponieflächen durch Verbrennung
Selbstpositionierung	• Vertreter der vernünftigen, sachlich angemessenen und moralisch verantwortbaren Integration von Ökonomie und Ökologie
Fremdpositionierung	• Der Gegendiskurs ist ideologisch, fundamentalistisch, unverantwortlich, unvernünftig in ökonomischer, ökologischer und sozialer Hinsicht: • Egoismus (St.-Florians-Prinzip) und Irrationalismus der Umweltschützer verhindern den Ausbau der Entsorgungsinfrastruktur im Inland und sind schuld an Abfallexportskandalen • Politik ist zu zögerlich in der Durchsetzung des Infrastrukturaufbaus und setzt der Wirtschaft zu viele Restriktionen
Dingkultur und Wohlstandsmodell	• Die Dingkultur gilt als unbeeinflußbar bzw. nicht in der Verantwortung der Wirtschaft. Sie ist Produkt der Bedürfnisse (nachfrageinduziert). Das Wohlstandsmodell ist materiell begründet und bemißt sich an den Möglichkeiten des Massenkonsums und der Breite der Produktpalette: • Gleichsetzung von ständiger Ersetzung und Erneuerung mit Fortschritt, Verbesserung und 'gutem Leben' • Eigenverantwortung und Autonomie der Wirtschaft in der Produktkonzeption • Systemische Prozesse der Rationalisierung der Produktion mit geringen Gestaltungsspielräumen
Wertbezug	• Verantwortung für Erfüllung der Konsumentenbedürfnisse (Wohlstandssicherung) • Freiheit der Märkte und der Wirtschaftsakteure • Natur als relativ begrenzte, aber nicht gefährdete Ressource, deren Nutzung weiter optimiert werden kann • Identität von derzeitiger Gesellschafts- bzw. Wohlstandsform und 'gutem Leben'

Abb. 1: Die Phänomenstruktur des strukturkonservativen Abfalldiskusses in Deutschland Mitte der 1990er Jahre (Quelle: Keller 1998/2009, S. 209)

Erläuterung: Die Dimensionen der linken Spalte beruhen auf der Rekonstruktion aus dem Datenmaterial entlang der für die Arbeit relevanten Fragestellungen. Sie sind nicht als Raster zu verstehen, das immer genau so zu erfassen ist. Für je eigene Zwecke und Fragestellungen müssen die relevanten Dimensionen je spezifisch rekonstruiert werden. In der rechten Spalte werden Kernargumente und -deutungen aufgeführt, welche auf die Dimensionen bezogen sind. Sie können zu den rekonstruierten Deutungsmustern verdichtet werden (was aber damals in der tabellarischen Darstellung unterblieb). Phänomenstrukturen sind Schnappschüsse, also von relativer Stabilität. Die Rekonstruktion von Phänomenstrukturen zu unterschiedlichen Zeitpunkten erlaubt, Prozesse in den Blick zu nehmen und nach Faktoren des Wandels zu fragen.

Akteure	Strukturkonservativer Abfalldiskurs: technisch-ökologische Modernisierung	Kulturkritischer Abfalldiskurs: politisch-ökologische Restrukturierung
	Deutungsmuster: * Autonomie der Wirtschaft * (Quasi-)Naturalisierung * Kontinuität von Modernität/Fortschritt/Entwicklung * Technisch-administrative Kontrolle * unerschöpfliche Natur * Verantwortungsethik/Gesinnungsethik	Deutungsmuster: * knappe Natur * Vergesellschaftung * Politisierung des Wirtschaftens * Wechsel des Entwicklungsmodells * Risiko * Verantwortungsethik/Profitinteressen
	Diskurs-Koalitionen	**Diskurs-Koalitionen**
Politik/ Administration (Bsp.)	*Bundesregierung (Wirtschaftsministerium) (Umwelt ministerium) * Länderregierungen (Baden-Württemberg, Nordrhein-Westfalen) * Parteien: * FDP * CDU/CSU * SPD * Gebietskörperschaften	* Länderregierungen (Niedersachsen, Hessen) * Parteien: * SPD * Die Grünen * PDS * Gebietskörperschaften
Wirtschaft/ Umweltverbände (Bsp.)	* Wirtschaftsverbände (BDI, DIHT, VCI) * einzelne Großunternehmen * Entsorgungs- und Verwertungswirtschaft (Initiative Sichere Abfallbehandlung, BDE, DSD) * Gewerk schaften (ÖTV)	* Umweltverbände (BUND, Greenpeace, Robin Wood, Das bessere Müllkonzept)
Experten (Bsp.)	* Sachverständige aus Behörden und Wissenschaft * Umwelt bundesamt * Sachverständigen rat für Umweltfragen	* Sachverständige aus Behörden und Wissenschaft * Büro für Technikfolgenabschätzung des Deutschen Bundestages * Umweltinstitute (Öko-Institut, IföR)
Medien (Bsp.)	* FAZ, * Die Welt, * Handelsblatt * Rheinischer Merkur * Wirtschaftswoche * SZ	* SZ, * Der Spiegel, * Die Zeit, DAS * FR, * taz, Natur, * Global, Müllmagazin

⟵ Profilierungsrichtungen ⟶

Abb. 2: Das öffentliche Diskursfeld legitimer Äußerungen und Aussagenträger in der Bundesrepublik Deutschland (Quelle: Keller 1998/2009, S. 272)

Erläuterung: Die Abbildung nennt und verortet die wichtigsten Protagonisten des Streits um den Müll in der Bundesrepublik Deutschland Anfang der 1990er Jahre. Die relative Positionierung im Verhältnis zur Mittellinie gibt an, wie ‚deutlich' die Positionierung der jeweiligen Akteure zu den Diskursen erfolgt. Akteure, die in der Nähe der Mittellinie verortet sind, nutzten Elemente aus beiden Diskurslinien. Der Grad der Profiliertheit der jeweiligen Positionen wird zu den Rändern hin größer. Akteure, die auf beiden Seiten auftreten, positionierten sich je nach Anlass, Teilorganisation, Situation sowie Zeitpunkt unterschiedlich.

Akteure	Administrativer Abfalldiskurs: soziotechnische Modernisierung
	Deutungsmuster: * Nationales Interesse * (Quasi-)Naturalisierung * Zivilisatorisch-technische Modernität/Fortschritt/Entwicklung * Gestaltbare Natur * Pragmatische Vernunft/mangelnder Staatsbürgersinn
	Diskurs-Koalitionen
Politik/Administration (Bsp.)	* Staatsregierung und staatliche Administration * (Umweltministerium) * (Wirtschaftsministerium) * Parlament * Gebietskörperschaften (AMF; Éco-Maires)
Wirtschaft (Bsp.)	* CNPF, EpE, einzelne Unternehmen (BSN, St. Gobain) * Entsorger und Verwerter (SITA, Générale des Eaux, Tiru, Éco-Emballages, Adelphe)

Experten (Bsp.)	* Sachverständige aus Behörden und Wissenschaft
	                                                  * (ADEME)
	                                                  * (BIPE)

Medien (Bsp.)	* Le Figaro, Quotidien de Paris, Le Point, L'Express, * Nouvel Observateur, Le Monde, Libération * Décision Environnement, L'Environnement Magazine
Profilierung:	eher bremsend ←——→ eher antreibend

→ nicht repräsentiert, obwohl beteiligt an der Diskurs-Koalition: FNE, Les Amis de la Terre, MNLE
↑ ausgeschlossen: **kulturkritischer Abfalldiskurs** (GERM, Greenpeace, Les Verts, einzelne Experten)

Abb. 3: Das öffentliche Diskursfeld legitimer Äußerungen und Aussagenträger in Frankreich
(Quelle: Keller 1998/2009, S. 276)

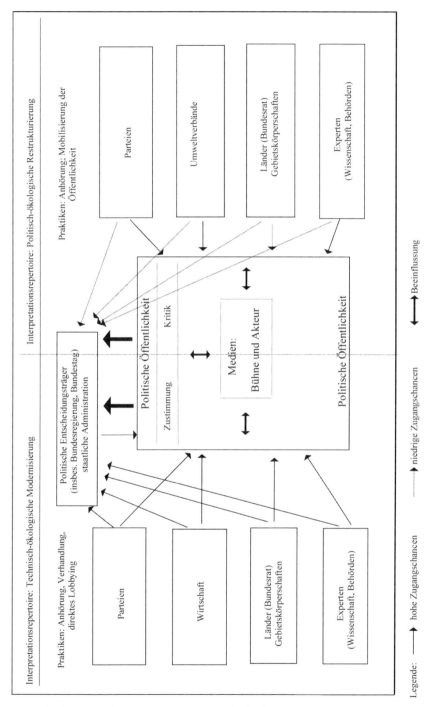

Abb. 4: Der öffentliche Raum der Abfalldiskussion in der Bundesrepublik Deutschland: Die Medien als Arena des Widerstreits (Quelle: Keller 1998/2009, S. 265)

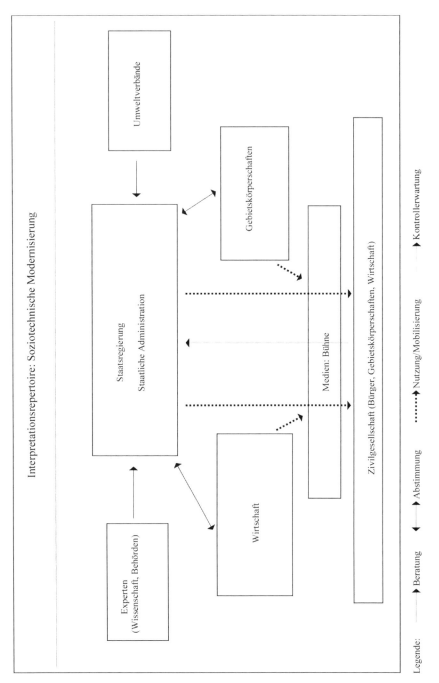

Abb. 5: Der öffentliche Raum der Abfalldiskussion in Frankreich: Die Medien als Arena der Präsentation (Quelle: Keller 1998/2009, S. 267)

In der abschließenden Interpretation der Ergebnisse wurde der deutsche Fall als Beispiel eines Prozesses reflexiver Modernisierung identifiziert; für Frankreich konnte dagegen insbesondere aufgrund der fehlenden Risikokategorie von einem ungebrochenen Prozess linearer Modernisierung ausgegangen werden. Das, was zunächst als differente kulturelle Rationalitäten oder Mentalitäten erschien, zeigte sich unter der Perspektive der Diskursanalyse als andauernde Performanz institutionell-diskursiver Strukturierungen, die im einen Fall vergleichsweise konfliktfrei und ritualhaft konservierend, im anderen Fall konfliktreich und dynamisch-verändernd voranschritt. Im Effekt ergab sich für den deutschen Fall im Schatten einer wiederholt angekündigten Müllkatastrophe eine weiterreichende Regulierung der Entsorgung von Hausmüll und eine höhere Sensibilisierung für Fragen der Ressourcenwiedergewinnung aus Gründen des Umweltschutzes und der Risikominderung, während in Frankreich staatliche Interessen der Absenkung von Rohstoffimporten als Kernproblem zum Einsatz kamen, aber zu vergleichsweise niedrigeren Standards führten. Gleichwohl gelang es in keinem der beiden Länder, abfallgenerierende Grunddynamiken des kapitalistischen Wirtschaftens außer Kraft zu setzen. Obwohl hier wie da Mitte der 1990er Jahre verkündet wurde, die Abfallproblematik sei nunmehr durch strukturell entscheidende Weichenstellungen endgültig gelöst, belegt die bis heute anhaltende öffentliche Debatte das Gegenteil. Das bedeutet keineswegs, dass die analysierten diskursiven Problemstrukturierungen unwirksam gewesen sind – ganz im Gegenteil belegen die Plastikmüllexporte nach China wie auch jeder alltägliche Mülltrennungsvorgang ihr Hindurchgreifen bis in die Alltagspraktiken. Effekte sind also sicherlich zahlreich, wenn auch nicht im Sinne des frohgemut verkündeten „Sieges über die Abfälle" (vgl. Keller 2009; Keller 2000).

7 Zusammenfassung und Ausblick

Die Wissenssoziologische Diskursanalyse schlägt eine genuin sozialwissenschaftliche Perspektive der Diskursforschung vor, die sich über die Soziologie hinaus zur Untersuchung von Wissensverhältnissen und Wissenspolitiken (nicht nur) in Bezug auf Fragen des sozialen Wandels nutzen lässt. Das bestätigt ihr breiter Einsatz in ganz unterschiedlichen Disziplinen bis hin zu den Area Studies, der Sinologie und Japanologie. Sie ergänzt dabei, abhängig von ihrer konkreten Nutzung, eine im engeren Sinne textorientierte Forschung durch die bspw. diskursethnographische Untersuchung von Dispositiven. Und sie erlaubt einen unterschiedlichen Zoom auf die interessierenden Phänomene, der sich auf Details oder auf ‚big pictures' richten kann. Als Theorie-Methodologie-Methoden-Paket ist sie nicht für beliebige andere Zwecke adaptierbar, sondern für den sicherlich sehr weit und unterschiedlich fassbaren Forschungsgegenstand ‚Diskurse' konzipiert. Dafür bietet sie zudem kein Rezeptwissen, sondern erfordert passfähige Übersetzungen und ggf. weitere Anpassungen an die je verfolgten Fragestellungen. Im Unterschied zu anderen Methodologien und Methoden der interpretativen Forschung geht sie nicht von der Einheit von Datum (bspw. ein Interview) und Fall aus. Dokumente sind häufig Versammlungen von Diskursen und bedürfen einer analytisch reflektierten Zerlegung und Re-Kombination. Zu ihren Grundherausforderungen gehören, wie bei vielen Ansätzen einer durch Foucault inspirierten Diskursforschung, die Fragen der Bearbeitung großer Datenmengen bzw. der reflektierten Auswahl von Daten, also des Umgangs mit großen Textkorpora. Dazu befinden sich einige Versuche der Nutzung quantifizierender Tools in Erprobung. Erst ansatzweise bearbeitet sind auch Fragen der Analyse von Visualisierungen in Diskursen, und der dispositivorientierten Untersuchung von Materialitäten und deren Effekten in einem Diskurs-Dispositiv-Zusammenhang. Ein gewisses Defizit der Diskursforschung insgesamt im vergangenen Jahrzehnt sehen wir darin, dass sie sich nach wie vor sehr auf Textanalysen und leicht zugängliche, digital schnell verfügbare Daten konzentriert. Zugleich gehen wir davon aus, dass die Möglichkeiten einer wissenssoziologischen Diskursforschung noch lange nicht ausgeschöpft sind.

Literatur

Becker, H. S. (2007): Telling about Society. Chicago: The University of Chicago Press.
Berger, P. L./Luckmann, T. (1969/1999): Die gesellschaftliche Konstruktion der Wirklichkeit. Eine Theorie der Wissenssoziologie. Frankfurt am Main: Fischer.
Blumer, H. (1958): Race Prejudice as a Sense of Group Position. In: The Pacific Sociological Review 1, H. 1, S. 3–7.
Clarke, A. E. (2012): Situationsanalyse. Grounded Theory nach dem Postmodern Turn. Wiesbaden: Springer VS.
Clarke, A. E./Friese, C./Washburn, R. S. (Hrsg.) (2017): Situational Analysis: Grounded Theory After the Interpretative Turn. 2. Auflage. Thousand Oaks, CA: Sage.
Douglas, M. (1966/2002): Purity and Danger: An Analysis of Concepts of Pollution and Taboo. London: Routledge.
Foucault, M. (1966/1974): Die Ordnung der Dinge. Eine Archäologie der Humanwissenschaften. Frankfurt am Main: Suhrkamp.
Foucault, M. (1977): Der Fall Rivière. Materialien zum Verhältnis von Psychiatrie und Strafjustiz. Frankfurt am Main: Suhrkamp.
Foucault, M. (1978): Dispositive der Macht. Über Sexualität, Wissen und Wahrheit. Berlin: Merve.
Foucault, M. (1976/1983): Der Wille zum Wissen – Sexualität und Wahrheit, Bd 1. Frankfurt am Main: Suhrkamp.
Foucault, M. (1988): Archäologie des Wissens. Frankfurt am Main: Suhrkamp.
Foucault, M. (1969/2001): Antwort auf eine Frage. In: Foucault, M. (2001): Dits et Écrits. Schriften Bd. 1. Frankfurt am Main: Suhrkamp, S. 859–886.
Foucault, M. (1978/1980/2005): Diskussion vom 20. Mai 1978, in: Foucault, M. (2005): Dits et Écrits. Schriften Bd. 4. Frankfurt am Main: Suhrkamp, S. 25–44.
Garfinkel, H. (1967): Studies in Ethnomethodology. Englewood Cliffs, New Jersey: Prentice-Hall Inc.

Gusfield, J. (1981): The Culture of Public Problems. Chicago: The University of Chicago Press.
Hitzler, R. (1986): Die Attitüde der künstlichen Dummheit. In: Sozialwissenschaftliche Informationen (SOWI) 15(2), S.230–254.
Hitzler, R. (1999): Modernisierung als Handlungsproblem. In: Rapp, F. (Hrsg.) (1999): Global Village. Eine Umwelt und viele Lebensstile. Bochum: Projekt, S. 83–105.
Keller, R. (2000): Der Müll in der Öffentlichkeit. Reflexive Modernisierung als kulturelle Transformation. Ein deutsch-französischer Vergleich. In: Soziale Welt 51, H. 3, S. 245–266.
Keller, R. (2003): Distanziertes Mitleiden. Katastrophische Ereignisse, Massenmedien und kulturelle Transformation. In: Berliner Journal für Soziologie 13, S. 395–414.
Keller, R. (2007): Diskurse und Dispositive analysieren. In: Forum Qualitative Sozialforschung 8(2), Art. 19 [46 Absätze]. nbn-resolving.de/urn:nbn:de:0114-fqs0702198 (Abruf 15.1.2018).
Keller, R. (2008): Michel Foucault. Konstanz: UVK.
Keller, R. (2009): Müll. Die gesellschaftliche Konstruktion des Wertvollen. 2. Auflage. Wiesbaden: Springer VS.
Keller, R. (2010a): Wandel von Diskursen – Wandel durch Diskurse. In: Landwehr, A. (Hrsg.) (2010): Diskursiver Wandel. Wiesbaden: Springer VS, S. 69–87.
Keller, R. (2010b): Der Müll der Gesellschaft. Eine wissenssoziologische Diskursanalyse. In: Keller, R./Hirseland, A./Schneider, W./Viehöver, W. (Hrsg.) (2010): Handbuch Sozialwissenschaftliche Diskursanalyse Bd. 2. 4. Auflage. Wiesbaden: Springer VS, S. 197–232.
Keller, R. (2011a): Diskursforschung. Eine Einführung für SozialwissenschaftlerInnen. 4. Auflage. Wiesbaden: Springer VS.
Keller, R. (2011b): Wissenssoziologische Diskursanalyse. 3. Auflage. Wiesbaden: Springer VS.
Keller, R. (2012a): Das Interpretative Paradigma. Eine Einführung. Wiesbaden: Springer VS.
Keller, R. (2012b): Der menschliche Faktor. Über Akteur(inn)en, Sprecher(inn)en, Subjektpositionen, Subjektivierungsweisen in der Wissenssoziologischen Diskursanalyse. In: Keller, R./Schneider, W./Viehöver, W. (Hrsg.) (2012): Diskurs – Macht – Subjekt. Theorie und Empirie von Subjektivierung in der Diskursforschung. Wiesbaden: Springer VS, S. 69–107.
Keller, R. (2013): Zur Praxis der Wissenssoziologischen Diskursanalyse. In: Keller, R./Truschkat, I. (Hrsg.) (2013): Methodologie und Praxis der Wissenssoziologischen Diskursanalyse. Bd. 1: Interdisziplinäre Perspektiven. Wiesbaden: Springer VS, S. 28–68.
Keller, R. (2014): Wissenssoziologische Diskursforschung und Deutungsmusteranalyse. In: Behnke, C./Lengersdorf, D./Scholz, S. (Hrsg.) (2014): Wissen – Methode – Geschlecht: Erfassen des fraglos Gegebenen. Wiesbaden: Springer VS, S.143–160.
Keller, R./Bosančić, S. (2017): Conchita Wurst oder: Warum ich (manchmal) ein(e) Andere(r) ist. Macht, Subjekt, Handlungsfähigkeit – Über Erleben, Erfahren und (Auto-)Biographisieren aus Sicht der Wissenssoziologischen Diskursanalyse. In: Spies, T./Tuider, E. (Hrsg.) (2017): Biographie und Diskurs. Methodisches Vorgehen und Methodologische Verbindungen. Wiesbaden: Springer VS, S. 23–42.
Keller, R./Truschkat, I. (2014): Angelus Novus: Über alte und neue Wirklichkeiten der deutschen Universitäten. Sequenzanalyse und Deutungsmusterrekonstruktion in der Wissenssoziologischen Diskursanalyse. In: Angermüller, J./Nonhoff, M./Herschinger, E./Macgilchrist, F./Reisigl, M./Wedl, J./Wrana, D./Ziem, A. (Hrsg.) (2014): Diskursforschung. Ein interdisziplinäres Handbuch. Bd. 2. Bielefeld: transcript, S. 294–328.
Law, J. (2009): Actor Network Theory and Material Semiotics. In: Turner, B. S. (Hrsg.) (2009): The New Blackwell Companion to Social Theory. London: Wiley-Blackwell, S. 141–158.
Mead, G. H. (1934/1973): Geist, Identität und Gesellschaft. Frankfurt am Main: Suhrkamp.
Poferl, A. (2004): Die Kosmopolitik des Alltags. Zur ökologischen Frage als Handlungsproblem. Berlin: edition sigma.
Sahlins, M. (1986): Der Tod des Kapitän Cook. Geschichte als Metapher und Mythos als Wirklichkeit in der Frühgeschichte des Königreiches Hawaii. Berlin: Klaus Wagenbach.
Sahlins, M. (1992a): Die erneute Wiederkehr des Ereignisses: Zu den Anfängen des Großen Fidschikrieges zwischen den Königreichen Bau und Rewa 1843-1855. In: Habermas/Minkmar (1992): Das Schwein des Häuptlings. Sechs Aufsätze zur Historischen Anthropologie. Berlin: Klaus Wagenbach, S. 84–129.

Sahlins, M. (1992b): Inseln der Geschichte. Hamburg: Junius.
Schünemann, W. (2014). Subversive Souveräne. Vergleichende Diskursanalyse der gescheiterten Referenden im europäischen Verfassungsprozess. Wiesbaden: Springer VS.
Schütz, A. (1932/1960): Der sinnhafte Aufbau der sozialen Welt. Eine Einleitung in die verstehende Soziologie. Frankfurt am Main: Suhrkamp.
Schütz, A. (1945/1973): On multiple realities. In: Schütz, Alfred (1973): Collected Papers I: The Problem of Social Reality. Ed. by Maurice Natanson. Den Haag: Martinus Nijhoff, S. 207–259.
Strauss, A. (1998): Grundlagen qualitativer Sozialforschung. München: W. Fink.
Thomas, W. I./Thomas, D. (1928): The Child in America. New York: Alfred A. Knopf.

6.4
Fallstudie

Ein Beispiel für eine historisch angeleitete Analyse städtischer Wirtschaftspfade

Linda Hering

1 Fall und Fälle – über den Gegenstand und das Vorgehen bei Fallstudien

Bei Fallstudien (auch „Fallgeschichten", „Case Studies") geht es darum, Fälle in ihrer Tiefe, der inneren Struktur, wie auch im Verhältnis zur Umwelt umfassend zu verstehen, wobei die Grenzen meist fließend verlaufen (Yin 2014, S. 16). Im Gegensatz zum Experiment bzw. dem quasi-experimentellen Design sind die den Fall umgebenden Rahmenbedingungen demnach nicht als Störvariablen auszuschließen, sondern unterstützen den Erkenntnisgewinn.

Das Konzept der Fallstudien weist darüber hinaus zwei *Besonderheiten* auf (Düwell/Pethes 2014, S. 13):

- Mit Fallstudien ist ein spezifisches methodisches Vorgehen verbunden, das zumeist – aber nicht ausschließlich – induktiv oder mit Hilfe qualitativer Methoden arbeitet. So verallgemeinert die Forscherin z. B. aufgrund der Erkenntnisse über einen Einzelfall bzw. wenige Fälle auf eine größere Gesamtheit.
- Fallstudien zeichnen sich durch eine besondere Darstellungsform aus, bei der die Ebene der Erkenntnis verwoben ist mit jener der Repräsentation: Beschreibung und Interpretation sollen die vielfältigen Facetten des Falls hervorheben und gehen daher Hand in Hand.

Fallstudien sind in den Humanwissenschaften weit verbreitet. Sie finden sich in unterschiedlichster Gestalt in der Ethnologie, Gerichtsmedizin, Pädagogik, Politikwissenschaft, Psychologie, den Wirtschaftswissenschaften und der Soziologie. Im Fokus der Fallstudie steht der interessierende Fall bzw. stehen die zu vergleichenden Fälle (Fallvergleich, Cross-Case Study).

Ein *Fall* kann vom Forschenden je nach spezifischem Interesse ganz unterschiedlich gefasst werden und reicht von einzelnen Personen über Personengruppen (z. B. in Projekten, Netzwerken), Institutionen (wie Festen, Behörden) oder

Organisationen (z. B. Parteien, Unternehmen) bis hin zu Ländern oder Kulturen, sozialen Prozessen, Episoden aber auch einzelnen Situationen bzw. besonderen Ereignissen (wie der Erste Weltkrieg oder der Fall der innerdeutschen Mauer 1989). Elias und Scotson (1990/2013) untersuchten etwa von 1958 bis 1960 eine kleine Vorortgemeinde in den britischen Midlands. Sie konnten zeigen, dass ein neu entstandener Ortsteil aufgrund einer spezifischen Etablierten-Außenseiter-Dynamik nicht mit einem bereits lange bestehenden zusammenwächst.

Die *Eingrenzung des Untersuchungsfalls* erweist sich im Forschungsprozess meist als schwierig (Düwell/Pethes 2014, S. 13), und die *Begründung der Auswahl des Datenmaterials* ist teilweise außerordentlich komplex und in seiner Gänze oft schwer zu beschreiben (Reichertz/Soeffner 1994, S. 311). Da in soziologischen Studien i. d. R. mehrere Personen beforscht werden, zeichnen sich die Fälle dadurch aus, dass sie die Aggregationsebene von Meso- und Makro-Phänomenen beleuchten und – insbesondere in historisch interessierten Arbeiten – eine längere Zeitspanne untersuchen. Letztere werden mitunter separat als historische Methoden eingestuft (siehe z. B. Yin 2014) ähneln jedoch in ihrem Forschungsinteresse, ihrem Vorgehen sowie der Ergebnispräsentation Fallstudien, die gegenwärtige Phänomene untersuchen, so sehr, dass sie hier explizit miteinbezogen werden. Anders als bei vielen anderen interpretativen Verfahren ist es daher nötig, eine Langfristperspektive – d. h. eine *Prozessorientierung* – einzunehmen und damit verbunden vielfältig auf prozessproduzierte Daten wie beispielsweise historische Abhandlungen, Verwaltungsakten, Melderegister, gerichtsmedizinische Berichte oder auch literarische Quellen zurückzugreifen. Vor allem frühe soziologische Theoretiker u. a. Max Weber nutzten die historische Perspektive für ihre Fallstudien, wobei sie daran interessiert waren, nicht allein eine Beschreibung der Verlaufsform des Forschungsgegenstands zu erbringen, sondern Ursachen und Folgen zu identifizieren. Die Verschränkung verschiedener Handlungsebenen spielte daher eine wesentliche Rolle (Baur 2005, S. 297). Hier wird deutlich, warum prozessproduzierte Daten für ihre Arbeit so große Bedeutung hatten. Eigene Ethnographien oder Interviews sind meist unmöglich, da die zu untersuchenden Individuen nicht mehr erreichbar (z. B. tot) sind. Charles Tilly (1985) arbeitet beispielsweise unter Heranziehung unzähliger solcher Daten heraus, wie europäische Staaten durch die Ausübung von Gewalt während des Kriegs sowie der Nachkriegszeit entstanden sind und aufrechterhalten wurden.

Aber nicht nur allein für historisch interessierte Arbeiten formiert der Einzelfall eine *Komplexität*, die in seiner geschichtlichen Entwicklung, d. h. der sich prozesshaft wandelnden sozialen Einbettung heraus fundiert ist. Eine Fülle an Details und verfügbarer Chronologie führt zur fallspezifischen Beschreibung, wobei die Rekonstruktion der Fallgeschichte als Ziel der Methode gilt und Forscherinnen dabei gern auf die selbstreferenzielle Terminologie – also Begrifflichkeiten, die aus dem Untersuchungsfeld selbst entstammen – im Analysematerial rekurrieren (Kalberg 2001, S. 19).

Methodologische Schwerpunkte bilden bei Fallstudien daher die Fallauswahl (siehe Abschnitt 3) sowie die abschließende Generalisierung des Falls vom Material. Fallvergleiche werden oft angestellt, jedoch gilt es genauso, jeden Untersuchungsfall für sich genommen in seiner Einzigartigkeit und seinen vielzähligen kausalen Beziehungen zu ergründen, weshalb zumeist nur eine kleine Fallzahl gewählt wird.

Im Folgenden wird anhand eines Beispiels, das eine historisch angelegte Fallstudie vorstellt, erläutert, wie die Konzeption einer Fallstudie konkret aussehen kann, welche Vorteile dieses Vorgehen bietet aber auch welche Probleme dabei auftreten können.

2 Das Verhältnis von institutioneller Einbettung, theoretischen Vorannahmen und forschungspraktischer Offenheit

Bei der als Fallvergleich konzipierten Arbeit soll es um die Darstellung des zeitlichen Entwicklungsverlaufs städtischer Wirtschaftsräume gehen. Angelehnt an die Konzeptualisierung von Baur (2005) wird argumentiert, dass es sich bei historischen Fallstudien i.d.R. um Verlaufsmusteranalysen handelt, also die Beschreibung und Erläuterung von prozesshaft verstandenen Entwicklungsverläufen unterschiedlichster Art. Die Forschungsinteressen sind je nach Fallstudie (der Fallabgrenzung, Forschungsfrage etc.) ganz unterschiedlich ausgestaltet, beinhalten allerdings die Bestimmung folgender Bezugsdimensionen (Baur 2005, S. 173 ff.):

- Analyseziel (deskriptiv oder kausalanalytisch),
- zeitliche Extension (Querschnitt oder Längsschnitt), unterteilt in Verlaufsform (Brüche, geordnete Transformationen oder Zyklen bzw. Interaktion mehrerer Verlaufsformen) und Zeitschicht (Dauer, Timing/Exaktheit, Tempo, Rhythmik, bzw. Interaktion verschiedener Zeitschichten),
- Handlungsbereiche,
- Handlungsebene (Individual- oder Aggregatebene),
- Raum (Behälterraum oder Raumkonstitution).

Die im Folgenden dargestellte exemplarische Fallstudie über den Entwicklungsverlauf städtischer Wirtschaftsräume zielt darauf ab, durch die Beschreibung der Art und Weise wie in Städten gewirtschaftet wird, einerseits die einzelnen Städte als einen spezifischen Sinnzusammenhang näher zu beschreiben. Andererseits soll aus einem anschließenden Fallvergleich von vier Städten analytisch abstrahiert werden, wie Städte allgemein mit historischen Ereignissen wie wirtschaftlichen Krisen umgehen. Letzteres würde weiterhin eine Typenbildung ermöglichen.

2.1 Institutionelle Einbettung in Forschungskontexte

Die historisch-vergleichende Fallstudie war in zweifacher Hinsicht institutionell eingebettet. Erstens war sie *ein* Element eines Mixed-Methods-Designs im Projekt „Lokale Konventionen des Friseurwesens: Eigenlogik in städtischen Wirtschaftspraktiken", in dem der Friseurmarkt in vier explizit für den Fallvergleich ausgewählten Untersuchungsstädten untersucht wurde. Neben der historisch-vergleichenden Fallstudie wurden zwei nacheinander geschaltete Ethnographie-Phasen (Baur et al. 2014) sowie ein Survey (Baur/Meier 2017) durchgeführt. Dieses Design war darauf ausgerichtet, eine holistische Perspektive auf den eigentlichen Forschungsgegenstand, nämlich den städtischen Friseurmarkt, einzunehmen. Für die Fallstudien war daher zunächst angedacht, prozessproduzierte Archivdaten zur Rekonstruktion der lokalen Fallgeschichten über das Friseurwesen in den Städten heranzuziehen. Bei ersten Besuchen im Archiv der Deutschen Zentralbibliothek für Wirtschaftswissenschaften in Hamburg stellte sich allerdings heraus, dass das Vorhaben aufgrund des Nicht-Vorhandenseins auswertbarer Daten zur Entwicklung des lokalen Friseurmarktes nicht umsetzbar war, weshalb eine Anpassung der Forschungsfrage vorgenommen wurde. Die gesamtstädtische Wirtschaftsentwicklung sollte nun im Zeitverlauf untersucht werden.

Zweitens war das Teilprojekt in einen größeren Forschungsverbund eingebunden, mit dem das Konzept der „Eigenlogik der Städte" empirisch überprüft werden sollte. Vier Teilprojekte arbeiteten seit Mai 2011 drei Jahre lang sowohl fokussiert innerhalb ihres jeweils spezifizierten Untersuchungsfelds – Kriminalliteratur, Stadtmarketing, Problemdiskurse und Wirtschaft –, als auch gemeinsam über vier systematisch aus zwei europäischen Ländern ausgewählten Untersuchungsstädten: Birmingham, Dortmund, Frankfurt und Glasgow (für eine Zusammenschau der Ergebnisse siehe Frank et al. 2014).

2.2 Theoretische Vorannahmen

Angeleitet vom übergeordneten Forschungsinteresse des Projektverbunds wurde für die Erstellung der historisch-vergleichenden Fallstudie zunächst versucht, zwei theoretische Konzepte miteinander in Verbindung zu bringen:

Aus stadtsoziologischer Perspektive diente die durch Löw und Berking (2005) prominent gemachte Vorstellung, Städte als eigenständige Vergesellschaftungsformen anzuerkennen, die neben Nachbarschaften, Quartieren oder dem Nationalstaat als eigenständiger Sinnzusammenhang zu verstehen sind und ebenso erlebt werden. Mit Hilfe des Konzepts der „Eigenlogik der Städte" versuchen Forscherinnen, lokalspezifische Strukturen einer Stadt zu identifizieren, die das Handeln von Individuen und Gruppen vorstrukturieren (Frank 2012; Löw 2008, S. 67). Löw möchte die Stadt als Ganzes verstanden wissen, in der

„eine routinisierte und habitualisierte Praxis (verstanden als strukturierte und strukturierende Handlungen) [existiert], die ortsspezifisch im Rückgriff auf historische Ereignisse, materielle Substanz, technologische Produkte, kulturelle Praktiken sowie ökonomische oder politische Figurationen (und deren Zusammenspiel) abläuft". (Löw 2008, S. 77)

Das Konzept dient somit sowohl bei der Datenauswahl als auch bei der Interpretation der erhobenen Daten als Suchheuristik, insofern von einer lokalräumlichen Verankerung individueller und kollektiver Praktiken und Wissensbestände wie örtlichen Verflechtungen auf Stadtebene ausgegangen wird. Da die Suche nach den konstitutiven Bedingungen, die zur Produktion und zum Wandel der stadtspezifischen Wirtschaftsstrukturen beitragen insbesondere forschungspraktisch Probleme bereitete (siehe 4.2), sollten die spezifischen Mechanismen ausfindig gemacht werden, die für die Reproduktion der wirtschaftlichen Strukturen und ihre Stabilisierung im Zeitverlauf sorgen (Rodenstein 2008, S. 262). Der gemeinsam (re-)konstruierte bzw. (re-)produzierte Lebens- und Wirtschaftsraum – als Figuration (Elias 2003) verstanden – verkörpert dabei jenen Zusammenhang, der Chancen wie auch Grenzen der Individuen in ihrer Alltäglichkeit des mehr und weniger gemeinschaftlichen Daseins darstellt.

Komplementär wurde für die Umsetzung der Verlaufsmusteranalyse auf *Pfadtheorien* zurückgegriffen, da diese sowohl in den Wirtschafts- als auch Sozialwissenschaften bereits vielfach für historische Fallstudien angewandt wurden. Die Grundidee dieses sehr breit aufgestellten wie rezipierten Forschungsstrangs beruht allgemein auf der Vorannahme, dass soziales Handeln durch zeitlich vorgelagerte Handlungen vorstrukturiert ist, wodurch spezifische Handlungstendenzen wahrscheinlicher werden als andere (Baur 2007; Beyer 2005, 2006). Das Kontinuum an Positionen reicht von Vertretern der deterministischen Pfadabhängigkeiten, die fest von der Übermacht historischer Zufälligkeiten überzeugt sind (Arthur 1988) bis zu jenen, die eher von einer Pfadkreation – also der bewussten Abweichung – sprechen (Windeler 2003). Einen Mittelweg schlägt das Modell der „Pfadkonstitution" (Meyer/Schubert 2005) vor, dessen Terminologie als Analysewerkzeug in der ersten Arbeitsphase für die Erstellung und Beschreibung der Verlaufsmuster verwendet wurde.

2.3   Forschungspraktische Offenheit

Widmen wir uns nun dem Spannungsverhältnis von institutionell-methodologischer Einbettung, theoretischen Vorannahmen und forschungspraktischer Offenheit bei interpretativen Verfahren. Die Einführungsliteratur zur interpretativen Forschungspraxis weist beharrlich darauf hin, dass die Annäherung an den Fall so offen und unvoreingenommen wie möglich vorgenommen werden soll (siehe bspw. Kleemann/Krähnke/Matuschek 2013). Es wird empfohlen, dass die Forscherin dem Fall weitestgehend ohne konkrete Thesen begegnet, keine inhaltlichen Vorannahmen in die Fragestellung oder erklärende Hypothesen zum Untersuchungsgegenstand integriert. Sicherlich ist dies ein wünschenswerter Ansatz, der sich aber in der Praxis leider nicht immer starr befolgen lässt. Gewisse Vorannahmen – die getroffen werden *müssen* – lassen sich beispielsweise nicht gänzlich umgehen. Bereits bei der Projektidee bzw. -beantragung müssen Forscher ihre Fallauswahl begründen, theoretisch einordnen, abzuarbeitende Fragestellungen und ggf. Hypothesen formulieren, und das Forschungsdesign darlegen. Ohne diese Schritte wird sich kaum ein Forschungsvorhaben sinnvoll durchführen lassen. Es kommt allerdings nicht selten vor, dass sich – wie im hier dargestellten Beispiel – Fall wie Interesse im Forschungsprozess wandeln (Walton 1992) und eine sinnvolle Entsprechung sich im angepassten Design wiederfindet (Baur/Lamnek 2005; Hering/Schmidt 2018). Wichtig ist es also, sich bei einem interpretativen Vorgehen dieser mitgebrachten und inhärent mitschwingenden Vorannahmen und Kenntnisse bewusst zu sein und reflektiert damit umzugehen. Ein gutes Beispiel sind vorab erhobene Hintergrundinformationen, die i.d.R. vor dem eigentlichen Start der Analyse über den Fall gesammelt werden und später wieder Verwendung finden können, also dem eigentlichen Datenerhebungsprozess vorgelagert sind (Stake 1995, S. 49). Diese Daten und Erkenntnisse prägen den Blick der Forscher ohne Frage mit. Letztendlich ist auch die Datenauswertung von dieser Problematik nicht ausgenommen – diese kann wie z. B. beim Verfahren der Objektiven Hermeneutik (Maiwald in diesem Band) üblich in einer Interpretationsgruppe vollzogen werden. Somit werden verschiedenartige bzw. konträre Lesarten gegeneinander abgewogen (Kleemann/Krähnke/Matuschek 2013, S. 124).

2.4 Zum Spannungsverhältnis zwischen Forschungskontext und Theorie

Welche Konsequenzen können nun aus der institutionell-methodologischen Einbettung und den theoretischen Vorannahmen gezogen werden? Sicherlich lässt sich argumentieren, dass sich im Verbund getroffene Entscheidungen z. B. hinsichtlich der projektübergreifenden Festsetzung der Untersuchungsfälle oder auch der ebenso für alle zu verfolgenden Fokussierung auf das Erkenntnisinteresse die „Eigenlogik der Städte" zu erforschen, ungünstig bzw. einschränkend auf eigene Forschungsinteressen auswirken. So ist es beispielsweise nicht einfach möglich einen Untersuchungsfall auszutauschen, weil ein anderer aus wirtschaftshistorischer Perspektive interessanter wäre, bzw. ist die Auseinandersetzung mit den theoretischen Vorannahmen dieses alternativen stadtsoziologischen Konzepts von Stadt verpflichtend. Allerdings verstecken sich gerade in diesen Aspekten auch Vorzüge, da sich über das Projekt übergreifend verschiedenartige Daten und Methoden kombinieren lassen, wodurch mehr Vergleichsmöglichkeiten entstehen. Generell steht viel umfassenderes Material über alle Fälle zur Verfügung, auf das die Forscher nach Bedarf zugreifen und, wenn nötig, mit den jeweiligen Daten- und Methodenexperten besprechen können. Der Verbund war zudem so konzipiert, dass ein regelmäßiger Austausch zwischen den Projektmitarbeiterinnen angeregt und umgesetzt wurde. So ermöglichten sich die Projekte teilweise gegenseitig die Feldzugänge und vor allem bei der Interpretation der Daten sowie der Anwendung und Weiterentwicklung der Theorie arbeiteten alle eng zusammen.

Nur wenn sich die Forscherin dem Spannungsverhältnis von institutionell-methodologischer Einbettung, theoretischen Vorannahmen und der eingeforderten Offenheit dem Forschungsgegenstand gegenüber bewusst ist, kann sie potenziell beschränkende Effekte erkennen und diesen sinnvoll und ggf. sogar gewinnbringend entgegenwirken. So wird es möglich die eigene Fallstudie voranzutreiben und sich reflektiert mit anderen Forschungsansätzen auseinanderzusetzen.

3 Fallauswahl und Fallvergleich

Bei Fallstudien machen sich die Forscherinnen speziell vorab sehr viele Gedanken über die konkrete Fallauswahl, die zentral vom Erkenntnisinteresse geleitet wird. Dabei lassen sich grob drei Auswahlstrategien unterscheiden (Hering/Jungmann 2018):

- der *per se interessante Fall,* der entweder gänzlich neuartig und unbeschrieben ist oder einem besonderen normativen Interesse folgt, indem z. B. etablierte Werte hinterfragt werden.
- Fälle, die in *Bezug auf bestehende Theorien* aufschlussreich erscheinen, da sie entweder als kritischer Fall Hypothesen testen, neuartige Hypothesen über den Gegenstandsbereich nahelegen oder aber in Bezug auf einen spezifischen Diskurs neue Perspektiven eröffnen.
- Fälle können in Hinblick auf ein *spezifisches Forschungsdesign bzw. andere, konkrete Fälle* reizvolle Ergebnisse suggerieren. So können maximal ähnliche oder aber maximal verschiedenartige Fälle herangezogen werden oder der Fall ist in Hinblick auf eine oder mehrere, eingrenzbare Dimensionen verschiedenartig, gleicht in anderen jedoch dem Normalfall in der Population. Zu letzterem zählen die Extremfälle.

Die Aufzählungen belegen, wie hoch die Relevanz der Fallauswahl bei dieser Methode gelagert ist und dass Fallvergleiche üblicherweise von den Durchführenden sehr gut durchdacht werden und dadurch systematisch angeleitet sind – dies zählt unbestritten zu den Stärken von Fallstudien.

Allgemein kommt der internen Koordination zwischen den Untersuchungsfällen bei fallvergleichenden Studien eine wesentliche Rolle zu. Zentraler Analyseschritt ist daher der intensive Vergleich, indem z. B. begriffliche Gegenüberstellungen („contrasting concepts") vorgenommen werden (Kalberg 2001, S. 19). Um allerdings einen Typus im Fallvergleich zu konstruieren, sollten Ähnlichkeitsstrukturen aufgespürt (Kelle/Kluge 2010), oder aber der Einfluss dieser Aspekte durch kontrollierte Varianz untersucht werden (Hering/Jungmann 2018).

Wie oben bereits angemerkt, erfolgte die Auswahl der Untersuchungsstädte im hier beschriebenen Beispiel bereits während der Projektbeantragung auf Grundlage systematisch angelegter Parameter projektübergreifend für den gesamten Verbund, wodurch die Untersuchungsfälle für den Fallvergleich bereits gesetzt waren (ausführlich siehe Baur/Hering 2016).

Die Besonderheit dieser spezifischen Fallauswahl liegt im mehrfachen Fallvergleich auf drei Dimensionen.

3.1 Vergleichsdimensionen

Tabelle 1 gibt einen Überblick der herangezogenen Vergleichsdimensionen. Das bedeutet, dass die Fälle nicht nur hinsichtlich der allgemeinen Fragestellung, nämlich der Darstellung der Verlaufsmuster analysiert und verglichen werden können. Es ist zudem möglich, unter Heranziehung spezifischer Merkmale der Stadtpaare – wie etwa die nationale Einbettung – eine spezifische Vergleichsanalyse im Sinne eines „Typenvergleichs" zu unternehmen.

Tab. 1: Darstellung des dreifachen Fallvergleichs

Erster Vergleichsmodus (Fallvergleich)						
Individuelle Verlaufsmuster	Jede Stadt mit jeder anderen					
	Bi-Fr	Bi-Gl	Bi-Do	Fr-Do	Do-Gl	Fr-Gl
Zweiter Vergleichsmodus (minimaler Kontrast)						
Ähnliche historische Wirtschaftsstrukturen	Birmingham-Frankfurt			Dortmund – Glasgow		
Gleicher institutioneller Rahmen	Birmingham-Glasgow			Frankfurt-Dortmund		
Dritter Vergleichsmodus (maximaler Kontrast)						
Unterschiedliche traditionelle Wirtschaftsausrichtung	Birmingham-Glasgow			Frankfurt-Dortmund		
Verschiedener institutioneller Rahmen	Birmingham-Frankfurt			Dortmund – Glasgow		

3.2 Vergleich individueller Verlaufsmuster

Grundlegend sind die Fälle danach ausgewählt worden, dass ein Vergleich jeder Stadt mit jeder anderen im Sample möglich ist. Dies beruht darauf, dass diese sich zunächst in ihrer Größe, Einwohnerdichte und demographischen Heterogenität ähneln, weiterhin zu vergleichbaren Zeiten formative Phasen (Berking/Schwenk 2011) durchlebten und schließlich aktuell mit ähnlichen Problemlagen konfrontiert sind:

Alle vier Städte avancierten während des Mittelalters zu wichtigen regionalen und teilweise überregionalen Handelszentren und prosperierten im Verlauf des 19. Jahrhunderts als boomende Industriestandorte. Zu dieser Zeit wuchsen die Städte allesamt auf eine Größe von mehr als 100.000 Einwohnern an, was mitunter durch den hohen Zuzug von Einwanderern aus benachbarten Regionen und dem Ausland zu erklären ist. Die Einwohnerzahlen sind ferner heute noch vergleichbar. So gehören die Städte nicht nur zu den größten Städten der beiden Länder, sondern sind es jeweils auch in ihrer Region. Als hochgradig verdichtete und heterogene Interaktions- und Kommunikationsräume bilden sie für Menschen verschiedenster Nationen und Religionen einen gemeinsamen Lebensraum und sind durch einen lebendigen kulturellen Alltag geprägt. Weiterhin stellen sie zu Land, Luft und Wasser (Glasgow und Frankfurt haben Flusshäfen, während Birmingham und Dortmund Kanalhäfen beherbergen) bedeutungsvolle Verkehrsknotenpunkte dar und fungieren somit als führende nationale wie regionale Handels- und Wirtschaftszentren.

Durch das Konstanthalten dieser Strukturmerkmale fallen die Besonderheiten in der Einzelbetrachtung ins Auge, da man vergleichbare Städte gegenüberstellt und eben nicht die Kleinstadt mit der Metropole vergleicht. Jede Fallstudie steht somit einmal für sich und kann dann zu den drei anderen kontrastiert werden. Die Vergleichsarbeit wird allerdings noch einmal pointiert, indem zwei Auswahlstrategien systematisch miteinander verbunden wurden.

3.3 Minimale Kontraste

Einerseits wurden die Städte jeweils so ausgesucht, dass je zwei aufgrund spezifischer minimaler Kontraste (*Ähnlichkeitsprinzip, most similar cases-Design*) als Vergleichspaar dienen, sie sind z. B. hinsichtlich der institutionellen Einbettung in die Nation verwandt (Deutschland: Dortmund-Frankfurt; Großbritannien: Birmingham-Glasgow). Diese maximale Ähnlichkeit innerhalb des Vergleichspaars ermöglicht es bei der Analyse u. a. Besonderheiten hinsichtlich des Umgangs mit nationalen Gegebenheiten oder Veränderungen einzufangen, die man sonst über nationale Grenzen hinweg nicht vergleichen könnte.

3.4 Maximale Kontraste

Andererseits wurde zusätzlich die maximale Kontrastierung (*Kontrastprinzip, most different cases-Design*) genutzt, um wiederum eine andere Städtepaarkonstellation, diesmal hinsichtlich ihrer unterschiedlichen traditionellen Wirtschaftsausrichtung (Diversität der Wirtschaftsstrukturen vs. zentrale (Schwer-) Industrie: Birmingham/Frankfurt vs. Glasgow/ Dortmund) als Vergleichspaar heranzuziehen. Hierdurch wird es möglich Ähnlichkeiten und Unterschiede ausfindig zu machen, die sich eben aufgrund der besonderen Andersartigkeit – im direkten Vergleich zur Ähnlichkeit – ergeben. Inwiefern gehen traditionell schwerindustriell geprägte Städte anders mit einer Wirtschaftskrise um als wirtschaftlich eher diversitär aufgestellte? Welche besonderen Schwierigkeiten oder aber auch Chancen ergeben sich?

4 Datenkorpus und Datenerhebung

Für eine historische Fallstudie werden oft Daten benötigt, die Aufschluss über weit zurückliegende Ereignisse geben können. Da wir als Forscherinnen im Hier und Jetzt nicht in der Lage sind, selbst (Beobachtungs-)Daten zu erheben, die in der Vergangenheit liegen, kann eine historische Dokumentenanalyse bzw. soziologisch-historische Inhaltsanalyse als Alternative dienen (Ernst 2014, S. 835). Doch welche Daten eigenen sich für derartige Vorhaben und wo findet man sie?

4.1 Prozessproduzierte Daten I: wissenschaftliche Fachliteratur

Die *erste Phase der Datensammlung* begann mit wissenschaftlicher Fachliteratur. Historische Erzählungen, Wirtschaftsberichte, Statistiken, Zeitdiagnosen usw. dienten der Erstellung einer historischen Fallgeschichte der Städte und dazu, wichtige Kontextinformationen über die Gegebenheiten in den Städten während der jeweils betrachteten Phase zu erlangen. Die Datensammlung erfolgte über Bibliotheksausleihen, mittels Recherchen in Fachdatenbanken und dem Internet (z. B. die stadteigenen Webseiten wie vom Historischen Verein Dortmund e.V.). Weiterhin konnten bereits erstellte Bibliographien zu den Stadtgeschichten (zu finden z. B. für Birmingham in Berghoff 1991) herangezogen werden, da zunächst eine plausible Fallgeschichte dargelegt werden sollte (Hammersley et al. 2000).

4.2 Prozessproduzierte Daten II: Literarische Quellen und Ego-Dokumente

Über das Erfahren und Erleben der Individuen in den verschiedenen sozialen Feldern oder die vergangenen Sozialbeziehungen gibt es mittels der vorrangig wissenschaftlich fokussierten Materialien aus Phase eins allerdings wenig zu lernen. Literarische Werke können hier in dreifacher Hinsicht nutzbar gemacht werden, denn sie sind mitunter in der Lage soziale Phänomene zu illustrieren, können als Quellen für besondere Forschungsfragen dienlich sein oder liefern selbst bereits Analysen (Kuzmics/Mozetic 2003, S. 26 ff.). Selbstverständlich taugen nicht alle literarischen Werke für soziologische Zwecke – ist jedoch der Wirklichkeitsbezug bzw. dokumentarische Charakter verhältnismäßig hoch, dienen sie mitunter als ein sehr nützliches Erkenntnismedium (ebd., 285 f.).

Für die hier angestrebte Verwendung als *literarische Quellen* bieten sie sich an, da sie als zentrale Orientierungs-, Kommunikations- und Unterhaltungsmedien unter der Prämisse in die Gesellschaft eingebettet sind, dass sich in ihren Aussagen

> „auch Machtverhältnisse zwischen sozialen Gruppen mit ihren besonderen Regeln, Normen und Werten ausdrücken. *Dabei geht es über* die symbolische Ebene *hinaus um die Funktion, um den* spezifischen sozialen Eigensinn von Vorstellungen im Prozess gesellschaftlicher Entwicklungsschübe" (Ernst 2014, S. 830, Hervorhebung im Original).

So präsentiert sich über die historischen Erzählungen die lebensweltliche Wirklichkeit mit ihren gesellschaftlichen Norm- und Wertvorstellungen sowie Tabus, die am Untersuchungsort vorherrschen.

Darüber hinaus bieten sogenannte *Ego-Dokumente* bzw. *persönliche Dokumente* wie Arbeiterliteratur und insbesondere „populäre" Briefe, Tagebücher, Memoiren und autobiographische Texte anschauliche Einblicke in Situationen der alltäglichen Lebensführung und Beziehungsgeflechte der Verfasser und geben somit Auskunft über Vergesellschaftungsprozesse mit biographischen Einschreibungen. Damit geben sie subjektive Deutungsweisen und Bewältigungsformen preis, da ihre Verfasser ihr eigenes Erleben und/oder Beobachten unmittelbar in reflektierter Form niederschreiben. Jeder, ob nun dem Bildungsbürgertum oder der bildungsfernen Schicht (mit nicht-professioneller Autorenschaft) zuzuordnen, präsentiert als *Experte des Alltags* sein mehr oder weniger vorreflexives, unbewusstes und zeitgenössisches Wissen, das für die Forscherin auswertbar wird (Ernst 2014, S. 831 ff.).

Für Ernst (2014, S. 836) bietet es sich gerade für die Sozialwissenschaften an,

> „Verdrängtes, Latentes und Neuartiges in literarischen und Ego-Dokumenten zu erschließen und in den Kontext des historischen und gesellschaftlichen Wandlungsprozesses zu setzen"

und dadurch die Perspektiven- und Erkenntniserweiterung zu erreichen.

Die *zweite große Phase der Datensammlung* fand für die Fallstudie über Birmingham aus diesem Grund nun vorwiegend im hauseigenen Archiv der *Library of Birmingham* statt, da die verschiedenen Datenträger zum größten Teil nur dort vor Ort anschaubar sind bzw. andernorts erst gar nicht hätten gefunden oder beschafft werden können.

Vorweg muss festgehalten werden, dass sich die Suche nach geeignetem Datenmaterial für die Mikro-Analyse deutlich schwieriger darstellte als jene für die Makro-Analyse. Verschiedene Gründe lassen sich hier anführen.

So ist es ein ganz natürlicher Prozess, dass nicht alle jemals entstandenen Quellen der Öffentlichkeit zugänglich gemacht oder gar aufbewahrt werden können. Dies drückt sich dadurch aus, dass die stadteigenen Archive auswählen müssen, was für Daten sie auf welche Art und Weise archivieren und was eben nicht (Baur 2009). Weiterhin muss man die Archive und ihre spezifischen Ablagesysteme (Register usw.) erstmal kennen lernen, wobei der Austausch mit dem zuständigen Personal überaus hilfreich ist. Letztere können weiterhin dabei helfen, Synonyme für die von der Forscherin verwendeten Suchworte zu finden, da sie unter Umständen mit zu abstrakten oder ungeeigneten Begrifflichkeiten die Schlagwortsuche beginnt und deshalb gegebenenfalls nicht die gewünschten Datenmaterialien findet – für eine ausführliche Einführung in die Recherchearbeit im Archiv (und auch im Internet) empfiehlt sich das Werk „Digital Paper" von Andrew Abbott (2014).

Darüber hinaus stellte die Sprache im hier vorgestellten Beispiel eine Herausforderung dar. Denke man nur an die teilweise schwer lesbare altdeutsche Schreibweise, dann wird schnell klar, dass sich dieses Problem in einer der Muttersprache fremden Forschungssprache potenziert. Weiterhin kann es sein, dass die gewünschten Quellen – dies ist insbesondere bei Ego-Dokumenten der Fall – sich zunächst unter Verschluss befinden und man erst beantragen muss, diese für seine Forschungsarbeit nutzen zu können, wodurch es zu Zeitverzögerungen kommen kann.

Ego-Dokumente (Notiz- und Tagebücher etc.) erwiesen sich für das hier vorgestellte Auswertungsziel als nur teilweise brauchbar, da dort oft lediglich nur Termine und Namen aufgelistet oder aber bloß von besonderen Ereignissen und nicht den alltäglichen Vorkommnissen berichtet wurde. Daher konzentrierte sich die Suche bald auf literarische Quellen, denen teilweise eine vergleichbare Wertigkeit hinsichtlich der Überlieferung von Fakten zugesprochen wird wie anderen prozessproduzierten Daten (offizielle Statistiken oder Zeitungsartikel), da sie gleichermaßen sozial konstruiert sind (Walton 2009, S. 368).

Da eine Vollerhebung für die hier vorgestellte Fallstudie weder praktikabel noch sinnvoll erschien, wurde versucht nach dem Prinzip der Kontrastierung und theoretischen Sättigung (Strauss/Corbin 1996) zu arbeiten, das bereits bei der ersten Phase der Datenauswahl Berücksichtigung fand und mittels eines stufenweisen Auswertungsprozesses, der eine individuelle Nacherhebung von Daten zulässt, gewährleistet wurde. Verschiedene Kriterien leiteten den Auswahlprozess an:

- Zeitperiode: Die Zeitspannen, für die Datenmaterial gesucht wird, legen sich auf Grundlage der im ersten Auswertungsschritt getroffenen Einteilung (in formative Perioden) fest.
- Stadtbezug: Das Datenmaterial soll einen expliziten Bezug zur Untersuchungsstadt aufweisen, in dem sich die literarische Handlung entweder explizit dort abspielt oder aber die Autorin der Ego-Dokumente nachweislich in der Stadt gelebt und/oder gearbeitet hat.
- Verschiedene Trägerschichten: Um eine umfassende Perspektive abzubilden, sollen möglichst Vertreter verschiedener sozialer Schichten (z. B. Arbeiterinnen und Unternehmerinnen) zu Wort kommen; dies begründet sich u. a. daraus, dass die Autorinnen Situationen vor dem Hintergrund ihres eigenen sozialen Umfelds bzw. ihren Sozialisationserfahrungen interpretieren und dementsprechend handeln. Somit fungieren sie als Sprachrohr für ihre soziale Schicht und berichten über deren Erleben.
- Popularität und Relevanz der Autorinnen: Diese soll insbesondere im städtischen Kontext gegeben sein, da z. B. Auszeichnungen, die Verleihung eines Preises oder Leserrezensionen darauf Hinweise liefern, als wie gehaltvoll die Darstellungen durch die Rezipientinnen – mit eventuell sogar ähnlichen Erfahrungen – eingeschätzt werden. Dadurch gelingt im besten Fall die Einschätzung über den dokumentarischen Charakter des Werks.
- Hoher Wirklichkeitsbezug: Da das Datenmaterial explizit als Alternative zu ethnographischen Beobachtungen und Interviews herangezogen wird, sollte es möglichst realitätsnah bzw. dokumentarisch sein, um für eine Analyse nutzbar zu sein.

Die zweite Datenerhebungsphase gestaltete sich insgesamt schwieriger und weitaus kostenintensiver (Personal und Zeit) als die erste, was insbesondere auf die Fokussierung auf die Subjektebene und die aufgelisteten Auswahlkriterien zurückzuführen ist. So erfolgte etwa eine Einbettung in den historischen und kulturellen Hintergrund einer jeden Quelle (Ernst 2009, S. 260). Um auf mögliche Probleme einzugehen, sei beispielsweise darauf hingewiesen, dass es fast unmöglich ist, für verschiedene Zeitperioden vergleichbares Datenmaterial zu finden, da wie oben bereits erwähnt, nicht alle Daten aufgehoben und archiviert werden. Weiterhin darf nicht vergessen werden, dass die Lese- und Schreibkundigkeit erst zum Ende des 18. Jahrhunderts im Zuge der forcierten Alphabetisierung sowie der Erfindung des Buchdrucks dem Großteil der Bevölkerung ermöglicht wurde (Houston 2012). Zudem ändern sich im Laufe der Zeit Schreib- und Lesegewohnheiten – die Arbeiterdichtung entsteht erst im Fahrwasser der Arbeiterbewegungen (Durzak 2006, S. 620), was wiederum den Datenpool schmälert je weiter man in der Zeit zurückgeht.

Ganz anderer Natur sind allerdings die Probleme, die mit dem Forschungsgegenstand an sich verbunden sind. So verändern sich Städte tagtäglich mehr oder weniger stark durch Abriss sowie Neu- oder Umbau. Potenziert wird das Ganze dann mittels Ein- oder Ausgemeindungs-Prozessen (Krumme o. J.). Das bedeutet, dass es teilweise Sinn machen kann, Quellen miteinzubeziehen, die Gegebenheiten außerhalb der Stadtgrenzen beleuchten.

Vor der eigentlichen Textanalyse muss schließlich festgelegt werden, welche minimalen und maximalen Teile der zu analysierenden Dokumente bearbeitet werden sollen. Anhaltspunkte liefern beispielsweise das Vorwort, die Einleitung oder die Kapitelüberschriften (Ernst 2009, S. 258). Weiterhin ist es immer sinnvoll Schlüsselpassagen in den Werken sowie insbesondere die Passagen, in denen explizit die alltägliche Praxis des Wirtschaftens in Birmingham (respektive den anderen Fallstudienstädten) dargelegt wird, gezielt zu suchen. Zu einer sauber durchgeführten historischen Quellenarbeit gehört selbstverständlich auch die Quellenkritik (ausführlich dazu siehe Beck/Henning 2012, S. 138 ff.), die z. B. Aussagekraft, Echtheit oder den Wahrheitsgehalt der Selbsterzeugnisse einschätzt, so ist bei Autobiographien oft schwierig nachzuprüfen, inwieweit eine (un)bewusste Verfälschung vorliegt, da die Autobiographin über ihre eigenen Gedanken und Gefühle (ihr inneres Selbst) reflektiert, was nur schwerlich mit anderen Materialien abgleichbar ist. Selbsterzeugnisse sind aufgrund ihres gesteigerten Subjektivismus daher immer kritisch zu hinterfragen (ebd., S. 141). Weiterhin ist die Kenntnis über die verschiedenen Arten von Quellentypen, so z. B. Gesetzestexte, die als normative Quellen eingeordnet werden, hilfreich. Je nach Umfang der zu analysierenden Daten kann es dann sinnvoll sein eine inhaltsanalytische Auswertung mittels einer qualitativen Datenanalyse-Software vorzunehmen (Kuckartz 2007; Mayring 2010).

5 Rekursivität von Datenerhebung und -auswertung bei der Erforschung städtischer Wirtschaftspfade

Da es beim Verfahren der interpretativen Sozialforschung darum geht, das deutende Verstehen von Sinnstrukturen zu erbringen (Schütz 1974), handelt es sich um einen vielschichtigen Prozess der Erkenntnisgewinnung (Kleemann/Krähnke/Matuschek 2013, S. 17). Das Erkennen und Nachvollziehen überindividueller, sozial verankerter bzw. im Sinne Martina Löws (2008, S. 110) formuliert, lokal routinisierter und habitualisierter Sinnstrukturen, die dem Handeln und Denken der Akteure eine Vorstrukturierung geben und als ein Ensemble zusammenhängender Wissensbestände und Ausdrucksformen als Eigenlogik von Städten beschreibbar werden, kann aus diesem Grund nur als schrittweise Annäherung angesehen werden. Es wurden daher drei Arbeitsschritte hintereinandergeschaltet:

I. Zunächst fand eine explorative Vorstudie (5.1) statt,
II. dann folgte die fallübergreifende Makroanalyse (5.2),
III. und als dritter Teil schloss sich die Mikro-Analyse (5.4) an.

Je nach Analysefokus und -ebene wurde hierbei mehr oder weniger intensiv auf die von Yin (2014, S. 142 ff.) vorgeschlagenen analytischen Techniken – Musterabgleich, Erklärungsbildung, Zeitreihenanalyse, Aufstellen von Logikmodellen, Fallvergleich-Synthese – zurückgegriffen.

5.1 Explorative Vorstudie: Entwicklungsverläufe der einzelnen Städte

Die Umsetzung der historischen Fallstudien begann im Anwendungsbeispiel mit der Erstellung einer umfassenden Verlaufsmusteranalyse für jede Stadt, indem die Entstehungs- und Entwicklungsgeschichte des jeweiligen Ortes unter besonderem Fokus auf die wirtschaftlichen Strukturen dargelegt wurde (Fallgeschichte). Wie in Abschnitt 4.1 beschrieben, wurde für diesen ersten Analyseschritt wissenschaftliche Fachliteratur über die historische Entwicklung der Städte herangezogen, um eine auf die ökonomischen Verhältnisse zugespitzte Erzählung zu generieren. Ziel war es, bei diesem Schritt vorrangig Ereignis- bzw. Verlaufssequenzen zu analysieren – also eine chronologische Nachzeichnung zu erstellen –, und daraus erste Hypothesen für Erklärungsmodelle zu erdenken.

In Kürze können die Entwicklungsverläufe aller Untersuchungsstädte unter Heranziehung der Städtepaare der minimalen Kontraste (bis ca. 1970) wie folgt beschrieben werden:

- *Dortmund* erlebte als eines der treusten Mitglieder der Hanse ab ca. dem 14. Jahrhundert ein erstes wirtschaftliches und damit verbundenes städtisches Wachstum, das bis zu den Gründerjahren Ende des 19. Jahrhunderts stagnierte. Der dann einsetzende Wachstumsschub ließ die Ruhrpottstadt durch positive Kopplungseffekte der Eisen- und Stahlindustrie ein weiteres Mal prosperieren und sie wurde bald als „Bierstadt Nummer Eins" weltberühmt, da auch das traditionelle Braugewerbe von diesen Entwicklungen profitierten konnte (Luntowski 1982, 1994; Unverferth 1996).

- *Glasgow* betrieb schon frühzeitig regionalen Handel, was die Stadt als religiöses Zentrum insbesondere dem ansässigen Bischof verdankte. Zu Beginn des 18. Jahrhundert nutzten die ansässigen Händler, bald als „Tobacco Lords" bekannt, die Standortvorteile des nahe an der Nordwestküstenstadt gelegenen Hafens, um mit den britischen Kolonien lukrativ Handel zu treiben. Während der industriellen Revolution im 19. Jahrhundert avanciert der Schiffsbau immer mehr zum Aushängeschild der Stadt, nachdem eine Zeitlang (infolge des hohen Baumwollimports) die Textilindustrie den Schwerpunkt der städtischen Wirtschaft bildete. Getragen von dieser Wachstumsbranche, werden letztlich die Stahl- und Kohleindustrie prägend für Glasgow. Dampfende Schornsteine umzingeln den Fluss Clyde (Boulton-Jones 2009; Gibson 1777).

Schwerindustrielle Wirtschaftsstrukturen charakterisieren das erste Städtepaar seit der Industrialisierung und machen heute zwar nur noch einen, mehr oder minder kleinen Teil des alltäglichen Lebens aus, das städtische Gesamtbild prägen sie allerdings weiterhin.

Größere Diversität ist hingegen für Birminghams wie auch Frankfurts Wirtschaft (zweites Städtepaar) typisch:

- *Birmingham* machte sich im Mittelalter als weitläufig bekanntes Handelszentrum für die vielfältigsten aus Metall hergestellten Waren z. B. Knöpfe, Schnallen und Waffen, einen Namen. Die Produktion von qualitativ hochwertigen Gütern galt als das Markenzeichen der Stadt, die trotz der im Vergleich zu anderen Städten verkehrsgeografisch eher ungünstige Lage – die durch den Ausbau der Infrastruktur im 18./19. Jahrhundert verbessert wurde – prosperierte. Das damit verbundene zeitgleich frühe Einsetzen der industriellen Revolution stärkte zunächst die für Birmingham so charakteristische Vielfalt an Produkten und vorwiegend kleinen und mittelgroßen Produktionsstätten, welche vor allem durch ihren hohen Spezialisierungs- und Vernetzungsgrad überzeugte. Im Zuge der steigenden ausländischen Konkurrenz hielten allerdings ab Mitte des 19. Jahrhunderts die Standardisierungsmaßnahmen der Massenproduktion Einzug, was zur Transformation der wirtschaftlichen Strukturen der Stadt führte. Neue Branchen siedelten sich an der Peripherie an, und der Dienstleistungssektor wuchs, Alteingesessene wurden zu Komponentenzulieferern oder verschwanden. Daneben waren viele kleine Sektoren (z. B. Schmuck-, Uhren- und Instrumentenbau) prägend für die städtische Ökonomie, die weiterhin von Diversität und Spezialisierung durchzogen war (Timmins 1866). Den Beschäftigungsschwerpunkt machten um 1910 mit 31 % noch immer der Metall- und Maschinenbausektor aus (Berghoff 1991, S. 46, Timmins 1866).
- In *Frankfurt* handelte man seit jeher mit einer Vielzahl an Gütern aller Art,

wodurch die kontinuierliche Laufbahn als aufstrebendes Handelszentrum fundiert wurde. Auf den florierenden Messen fanden sich Bücher, Lebensmittel, Rohstoffe etc. aber auch ab Anfang des 17. Jahrhunderts nichterzeugte Produkte der Finanzwirtschaft (wie Staatsanleihen und Schuldscheine), später dann Aktien an der Börse. Während der industriellen Revolution galt es als zentraler Standort des Banken- und Börsenwesens. Zudem siedelten sich zahlreiche Unternehmen der Chemieindustrie an, die sich allerdings in der Peripherie Frankfurts befanden, was teilweise auf eine allgemeine Industriefeindlichkeit der Stadt zurückgeführt wird. Nichtsdestotrotz wuchs der Chemiekonzern Hoechst zu einem der weltgrößten Pharmaziehersteller heran. Der Flugverkehr komplettiert schließlich die ökonomische Gesamtgestalt der traditionell gewachsenen Dienstleistungsstadt (Quarck/Wendel 1982).

Anschließend an die chronologische Nachzeichnung der jeweiligen Fallgeschichte wurde jeder dieser Verläufe mit Hilfe der zuvor festgelegten theoretischen Konzepte (Modell der „Pfadkonstitution" und „Eigenlogik der Städte", siehe 2.2) analysiert. Im Detail bedeutet dies, dass als erstes Pfade der Entwicklung von einzelnen Wirtschaftsbranchen herausgearbeitet und zueinander in Beziehung gesetzt wurden (Musterabgleich). Zu den Ergebnissen zählen beispielsweise Erkenntnisse wie: dass die wirtschaftliche Entwicklung der Städte sich von mehreren Ursprüngen (Wirtschaftszweigen) aus auf teilweise ungleichen Pfaden vollzog und diese sich mehr oder minder (in)direkt wechselseitig bestärkten (pfadabhängiger Lock-in), teilweise aber auch schwächten (Pfadabbruch bzw. -wechsel).

Als weiteren Analyseschritt wurden mittels eines für jede Stadt separat durchgeführten interpretativen Vorgehens die Verlaufsmuster in formative Perioden eingeteilt, die in einer tabellarischen Übersicht mit einander verglichen und für die Datenauswahl in der zweiten Datenerhebungsphase genutzt werden konnten. Mit dieser Gegenüberstellung konnte eine erste Theoretisierung der möglichen Verlaufsmuster erreicht werden (ausführlich zu Frankfurt und Dortmund siehe Hering 2012).

Als ein *Zwischenergebnis* der ersten Analysen von *Birmingham* zeigte sich beispielsweise, dass dort die wirtschaftlichen Strukturen von jeher durch eine besondere Vielfalt an eher kleinen, dafür aber besonders spezialisierten Branchen charakterisiert war. Die Metallverarbeitung und damit verbundene Herstellung von immer wieder neuen Produkten wie Schnallen, Knöpfen, Schusswaffen, Schachteln, Füllfederhaltern usw. differenzierte sich unter den hochqualifizierten Handwerksleuten aus und macht die Stadt weltweit bekannt – unzählige Pfade entwickelten sich nebeneinander, ohne in Konkurrenz zueinander zu stehen. Der (Fern-)Handel brachte sowohl den Händlern als auch der Stadt selbst Wohlstand ein, wobei persönliche Bekanntschaften zwischen den Händlern und den Handwerksleuten in ihren vorwiegend kleinen bis mittelgroßen Betrieben üblich waren. Organisierte Interessenvertretungen der Arbeitnehmerinnen waren in Birmingham kaum anzutreffen. Erst in der Nachkriegszeit des 20. Jahrhunderts transformierten sich diese kleinteiligen Strukturen so grundlegend, dass nunmehr die Automobil- und Elektroindustrie zu den dominantesten Sektoren und damit auch führenden Beschäftigungsbranchen aufstiegen, von denen die traditionellen entweder abhängig oder in Nischen verdrängt wurden bzw. ganz verschwanden. Die wiederkehrenden Bemühungen wirtschaftlich erneut Vielfalt zu forcieren, wurden u. a. von äußeren nationalen Restriktionen unterbunden. Somit wird verständlich, dass der Strukturwandel in den 1980er Jahren, von dem beide vorherrschenden Großbranchen betroffen waren (Pfadabbruch), Birmingham hart traf und Massenarbeitslosigkeit sowie innerstädtische Unruhen auslöste. Seit den 1990er Jahren versucht die Stadt sich nun schrittweise vor allem im Einzelhandel und Tourismus zu etablieren und die ehemals vorhandene Diversität wieder aufleben zu lassen.

Der Fall Birmingham zeigte eindrücklich, welchen (negativen) Einfluss äußere Begebenheiten auf die wirtschaftlichen Strukturen einer Stadt haben können und wie durch auferlegte Beschränkungen eine profitable funktionierende und individuell gestaltete lokale Wirtschaftsfiguration transformiert und dadurch hinsichtlich des Widerstands gegen Krisen geschwächt wird.

Aufbauend auf diesen Ergebnissen wurde mit Hilfe des Konzepts der „Eigenlogik der Städte" ein weiterer Abstraktionsschritt unternommen: Leitmotive wurden formuliert, die auf Stadtebene die Handlungstendenzen, als Routinen bzw. Konventionen hinsichtlich der Einordnung der wirtschaftlichen Ereignisse über die Zeit hinweg benennen und im Sinne einer repräsentativen Umschreibung dienen (für die Darstellung zu Frankfurt und Dortmund siehe Hering 2012). Anschließend an diese Einzelstudien wurde ein systematischer Fallvergleich durchgeführt.

5.2 Fallübergreifende Makro-Analyse

An die explorativen Vorstudien (Abschnitt 5.1) schließt sich ein gleichwohl komplexer Fallvergleich über die Verlaufsmusteranalysen aller vier Städte hinweg an. Somit beginnt auf Basis der Ergebnisse die eigentliche Analyse: die Rekonstruktion der sozial typischen Muster bzw. Regelmäßigkeiten, die gleichsam hinter den konkreten Absichten der Einzelnen liegen. Der Vergleich der Datenmaterialien aller Fälle deutete bereits darauf hin, dass sich eine je spezifische wirtschaftszweigübergreifende latent immanente Prozesskraft im zeitlichen Verlauf nachzeichnen lässt, die sich – so die These – ihrerseits ausdrückt in lokal variierenden Praktiken, Wissensbeständen und Verflechtungszusammenhängen, wodurch eine Theoretisierung durch das Konzept der „Eigenlogik der Städte" sich in besonderer Weise anbot. Die sich daraus ableitenden Forschungsfragen lauten dementsprechend:

1. Wie formiert sich das wirtschaftliche Verflechtungsgefüge im Prozessverlauf?
   - Makro-Analyse: Welche wiederkehrenden Muster oder Regelmäßigkeiten lassen sich im Entwicklungsverlauf der Städte erkennen (Machtkonstellationen, Wissensbestände und Verflechtungen)?
   - Mikro-Analyse: Wie gestaltet sich die alltägliche Praxis des wirtschaftlichen Handelns (Praktiken) in den Städten – im Vergleich verschiedener Zeitpunkte?
2. Wie lassen sich Makro- und Mikro-Prozesse miteinander in Verbindung setzen?
3. Inwiefern können die diagnostizierten Merkmale auf andere Fälle übertragen werden?

Für diese fallübergreifende Makro-Analyse dienen die im vorherigen Schritt erstellten Fallgeschichten, die daraus abgeleiteten Vergleichstabellen der Verläufe sowie eine teilweise Re-Lektüre der prozessproduzierten (wissenschaftlichen) Fachliteratur. Bei der Gegenüberstellung der Fälle ist es dann wiederum hilfreich, Leitfragen für die Auswertung zu formulieren, die sich beispielsweise an den Bezugsdimensionen von historischen Fallstudien orientieren können (vgl. Abschnitt 2). Diese werden dann anhand des Materials zunächst für jede der Städte einzeln beantwortet und anschließend in einer Synopse vergleichend dargestellt. Für die hier vorgestellten historischen Fallstudien stellten sich folgende Fragen: Für welche Perioden können Wachstums- oder Repressionsphasen diagnostiziert werden und was sind die konkreten Auslöser dafür? Wo ähnen bzw. unterscheiden sich die Entwicklungsverläufe z. B. hinsichtlich der Dauer oder dem Tempo? Welche Branchen entwickeln sich wie und wer sind die relevanten Handlungsträger in Zeiten des Aufschwungs, der Stabilität oder des Zerfalls? Welche räumliche Extension bringen diese Entwicklungen mit sich (gesamte Stadt oder einzelne Quartiere)?

Um das prinzipielle Vorgehen und die Art der produzierten Ergebnisse exemplarisch zu erläutern, folgt nun erstens ein Vergleich der oben bereits vorgestellten Verlaufsmuster (5.1), um als zweites ein Auswertungsbeispiel hinsichtlich des Umgangs der sich an diese Verläufe anschließenden Wirtschaftskrise der 1970er Jahre vorzunehmen.

5.2.1 Vergleich der Verlaufsmuster bis zur Wirtschaftskrise des 20. Jahrhunderts

Es besteht weithin Einigkeit darüber, dass gesellschaftliche Modernisierung und wirtschaftliches Wachstum in einem engen Zusammenhang stehen und Letzterer sich allgemein entweder in neuen Produktionsmethoden oder einer Anpassung der organisationalen Strukturen äußert bzw. beides wechselseitig wirkt. Folgt man allgemeinen (wirtschafts-)wissenschaftlichen Einteilungen ökonomischer Entwicklungszyklen im globalen Norden, können gegenwärtig grob fünf Wachstumsperioden unterschieden werden (Funder 2005, S. 28 ff.):

4. Die *frühe Mechanisierung* von ca. 1770 bis 1840, die durch die Wasser- und Dampfkraft weitere Industrieinnovationen z. B. in der Baumwoll- und Textilbranche mit anstieß.
5. Dann folgte mit dem *Einzug der Eisenbahn* von ca. 1840 bis 1880/90 eine umfassende räumliche Neustrukturierung, wodurch der Zugang zu neuen Märkten erleichtert sowie die Entstehung von Großfabriken mittels der Finanzierung durch Kapital- und Aktiengesellschaften ermöglicht wird.
6. Während der dritten Phase des *Elektro- und Schwermaschinenbaus* ab 1890 sorgen Diesel- und Elektromotoren nicht nur in der Chemieindustrie für einen Wachstumsschub. Zeitgleich etablieren sich neue Modelle der Arbeitsorganisation und Betriebsführung (z. B. Taylorismus).
7. Hier schließt sich nun die Phase der *Massenproduktion* von 1930/40 bis Ende der 1970er Jahre an, die maßgeblich durch den Fordismus und dessen Auffassung von strikter Arbeitsteilung, hohem Standardisierungsgrad sowie Fließbandarbeit geprägt ist, und die Konsumgüterproduktion in allen Bereichen expandieren lässt.
8. In der fünften Phase, deren Anfänge in den 1970er Jahren liegen und *Informations- und Kommunikationstechnologien* den Zeitgeist bestimmen, befinden wir uns augenblicklich. Allgegenwärtig sind eine weitreichende Flexibilisierung der Arbeit, Individualisierungen von Massenprodukten wie auch projekt- und netzwerkartige Organisationsformen.

Wie fügen sich vor dem Hintergrund dieser allgemeinen Kontrastfolie die Verlaufsmuster der Fallgeschichten der vier untersuchten Städte in diese Einteilung ein?

Ein Vergleich der Verlaufsmuster lässt bereits an dieser Stelle deutlich werden, wie individuell sich die Untersuchungsstädte entwickelten. Zunächst der Vergleich zum schwerindustriell geprägten Städtepaar:

- *Glasgows* wirtschaftlicher Wachstum beginnt bereits in der ersten Phase – getragen durch Finanzmittel der Tobacco Lords – mit dem Einsatz der

Dampfkraft, der die städtische Baumwollindustrie zur schottischen Produktionshochburg aufstreben lässt. Jedoch avanciert aufgrund der Baumwollknappheit im Zuge der US-amerikanischen Bürgerkriege 1861/62 der Schiffbau zur neuen Leitindustrie. Von etwas kürzerer Dauer war der Erfolg der Eisenbahnindustrie, die sich ebenfalls hier im Norden ansiedelte, bald aber der ausländischen Konkurrenz das Ruder überlassen musste.

- *Dortmunds* profitabler Handel mit selbstgebrautem Bier nimmt vor Beginn der ersten Phase ab, da man weltweit anderen Trinkgewohnheiten frönt (Kaffee, Tee und Kakao). Allerdings lässt die Einführung der bayrischen Braumethode die Bierbrauerei in der zweiten Wachstumsphase (ca. 1845) wieder aufblühen. Zeitgleich können nun erste Ansiedlungen von Kohlefabriken verzeichnet werden, denen bald weitere schwerindustriell geprägte Fabriken der Eisenverarbeitung folgen.

Zum zweitem Städtepaar, das sich über die durch Diversität geprägten wirtschaftlichen Strukturen bildet, lässt sich folgendes zusammenfassen:

- In *Birmingham* zeichnet sich zum Ende der ersten Phase eine schleichende Transformation der Wirtschaftsstrukturen ab, die maßgeblich durch den Ausbau der Infrastrukturen in der zweiten Wachstumsphase, die den Fernhandel um ein vielfaches einfacher und schneller machen, an Umfang zulegt. Im Zuge der Einführung von Standardisierungsmaßnahmen in neuentstehenden Großfabriken der Elektro- und Automobilherstellung zu Beginn der dritten Phase trägt sich diese Entwicklung weiter.
- *Frankfurts* Finanzwesen profitiert während der zweiten Wachstumsperiode insbesondere durch die Vergabe von Finanzmitteln ins In- wie Ausland. Der Messesektor wiederum durch Weltausstellungen usw. zu Themen wie Elektrotechnik, Industrie oder Automobile. Die dritte Phase beschert der Stadt nunmehr einen eigenen industriell geprägten Sektor, die Chemieindustrie.

Ein Vergleich der Städte auf nationaler Ebene zeigt für die beiden deutschen Städte, und Dortmund insbesondere, dass die dritte Wachstumsphase einen außergewöhnlichen wirtschaftlichen Aufschwung und den massiven Ausbau der vorher eher nur peripher vorhandenen industriellen Strukturen mit sich brachte. In *Dortmund* können sich mit dem Dreiklang aus Bier-, Stahl- und Kohleindustrie gleich mehrere Branchen etablieren, in Frankfurt erstmals langfristig ein industrieller Sektor ansiedeln. In beiden britischen Städten werden währenddessen insbesondere bereits bestehende Branchen ausgebaut und durch neue, passfähige erweitert. *Birmingham* als auch *Glasgow* etablieren sich auf je ganz eigene Weise als wichtige Industriestandorte in der Region als auch national und teilweise sogar International. Dessen ungeachtet verschläft *Glas-

gow zum Beginn des 20. Jahrhunderts den aus Deutschland kommenden Trend der Umstellung auf Dieselmotoren, wodurch sich der wirtschaftliche Abschwung der Stadt nun langsam anbahnt.

5.2.2 Auswirkungen der Wirtschaftskrise der 1970er Jahre in den Untersuchungsstädten

Die Krise der 1970er Jahre und der damit verbundene Strukturwandel trafen alle vier Städte gleichermaßen, dennoch vollzieht sich die Fallgeschichte in jeder der Städte ganz individuell. Insbesondere der Beginn der Krise, ihre zeitliche Extension sowie der Grad der vorrangig negativen Auswirkungen wie Arbeitslosigkeit oder ungenutzte Brachflächen legten sich in den Städten ganz verschieden dar:

- In *Glasgow* begann schon sehr früh, direkt nach dem Zweiten Weltkrieg, eine lange, sich dahinschleichende Phase des wirtschaftlichen Abschwungs und der De-Industrialisierung. Aufgrund der steigenden Konkurrenz aus dem Ausland sowie dem Ausbleiben von Investitionen erreichte dieser den Tiefpunkt allerdings im Vergleich mit den anderen Städten erst recht spät nämlich im Jahr 1995.
- In *Dortmund* setzte man sich Ende der 1960er Jahre langsam mit dem beginnenden Strukturwandel auseinander. Es erfolgten zunächst Entlassungen im Bergbau. Die Stahlkrise 1975 trug schließlich dazu bei, dass sich bis Mitte der 1980er Jahre Dortmund von einer durch Vollbeschäftigung zu einer durch Massenarbeitslosigkeit geprägten Stadt transformiert.
- *Frankfurt* wurde von allen Vergleichsstädten am wenigsten hart getroffen, da es sich weiterhin auf den Finanz- und Messesektor stützen konnte, verlor jedoch im Verlauf der 1970/80ern insbesondere im Chemiesektor viele Arbeitsplätze.
- In *Birmingham* avanciert in der Nachkriegszeit infolge von Restriktionen seitens der britischen Zentralverwaltung die Automobilindustrie zum ökonomischen Schwerpunkt der städtischen Wirtschaft, wodurch sich die zuvor stadttypische ökonomische Diversität nunmehr fast vollständig auflöste. Im Zuge der Rezession der 1980er Jahre brach diese dann zusammen.

Zunächst kann festgehalten werden, dass ungeachtet aller Ungleichzeitigkeiten des zeitlichen Verlaufs und der Schwere der Folgen, die Krise für alle Städte dieselben Auswirkungen hatte: die *industriellen Strukturen* der Städte zerfielen, wodurch sich hohe Arbeitslosenzahlen in den jeweiligen Sektoren verzeichneten und es zur Schrumpfung und einem anhaltenden Verfall städtischer (Arbeiter-)Quartiere kam. Folglich standen in allen Städten die letzten drei Dekaden im Zeichen umfassender Bemühungen, neue Beschäftigungssektoren, insbesondere im Dienstleistungsbereich, zu erschließen bzw. zu stärken. Dadurch sollte die Arbeitslosigkeit und Armut bekämpft, die ökonomische Regeneration sowie eine Verbesserung der städtischen Lebensqualität und des Stadtimages mit umfangreichen Stadtsanierungsprogrammen als auch neuen, architektonischen Wahrzeichen vorangetrieben werden.

Unter Berücksichtigung der durch die Fallauswahl bedingten großen Strukturähnlichkeiten der Städte lassen sich – den Ergebnissen der bisherigen Forschung zu räumlichen Differenzen der Wirtschaft folgend – keine oder kaum Unterschiede hinsichtlich des wirtschaftlichen Erfolgs der Städte erwarten (siehe ausführlich Baur/Hering 2016). Gleiches gilt hinsichtlich ihrer Fähigkeit, mit der Umbruchssituation umzugehen. Die Gegenüberstellung der Fallgeschichten macht allerdings deutlich, dass dies empirisch nicht der Fall ist.

5.2.3 Stadtspezifischer Umgang mit dem Strukturwandel

Die städtischen Wirtschaftsstrukturen, hier im Fallstudiendesign als je eigene Figuration gefasst, unterscheiden sich hinsichtlich einer Vielzahl von Dimensionen, ob es nun konkret die Verflechtungen der verschiedenen Akteure anbelangt oder aber die Diversität der Branchenstrukturen; auch der institutionelle Rahmen (verschiedene Nationen) zeigt sich je ganz spezifisch. Was allerdings mittels der Perspektive der „Eigenlogik der Städte" hervorsticht, und sowohl mit den anderen Teilprojektergebnissen und denen des Projektverbunds im Einklang zu stehen scheint, ist, dass sich zudem die Routinen und Konventionen wie auch die Praktiken des wirtschaftlichen Handelns teilweise von Stadt zu Stadt grundlegend anders gestalten – selbst, wenn eine Branche vergleichend herangezogen wird (ausführlich zum Friseurwesen siehe Baur et al. 2014) – und somit zu anderen Krisenbewältigungsstrategien führen (*Individueller Vergleich*).

- *Frankfurt* kann sich als einzige Stadt hinsichtlich ihrer Wirtschaftsstruktur gewissermaßen treu bleiben und die Arbeitsplatzverluste im Chemiesektor durch den Dienstleistungsbereich recht problemlos auffangen. Insbesondere dem Flughafen(ausbau) werden branchenübergreifend positive Rückkopplungseffekte zugeschrieben (Baum et al. 2005). Allgemein wirkt der Strukturwandel im Chemie- und Pharmaziesektor eher motivierend als bedrohlich und führt zu Internationalisierungsbestrebungen, die noch heute die lokale Branchenstruktur dominiert (Lindner et al. 2014, S. 50).

Allerdings sieht es bei den drei anderen Vergleichsstädten ganz anders aus – sie sahen sich gezwungen, sich wirtschaftlich neu zu orientieren:

- Schwer traf es *Dortmund*. Dort markieren die Gründung einer eigenen Universität (1968) und die expliziten Vorstöße (vor allem Mitte der 1980er

Jahre), den ehemaligen schwerindustriell geprägten Wirtschaftsstandort zu einem Technologie- und Wissenschaftszentrum zu transformieren, einen einschneidenden Wendepunkt. Im Bewusstsein für die städtischen Wirtschaftstraditionen werden brachliegende Industriebauten zu Büro- und Geschäftszentren umgebaut. Wie auch in den anderen Städten dominiert heute der Dienstleistungssektor mit über 80 % Dortmunds Wirtschaftsstruktur, und die Stadt präsentiert sich über das stadteigene Marketing als Zentrum für Zukunftsbranchen, namentlich der Informations- und Mikro-/Nanotechnologien sowie der Logistik, zunehmend auch Biomedizin und Robotik (Stadt Dortmund, 2015). Bier braut man nach wie vor, und das städtische Biermuseum lädt zum geschichtsträchtigen Rundgang ein.

- Auch *Glasgow* orientierte sich neu und sattelte in den letzten Dekaden auf den Dienstleistungssektor um, wobei Finanz- und Unternehmensdienstleistungen, Einzelhandel und Tourismus, aber auch die Kreativ- und Kulturindustrie sowie die Forschung zu Schiffbau- und Marinetechnologie, Energie und Biowissenschaften forciert werden. Letztere knüpfen bewusst an die traditionsreiche Vergangenheit Glasgows als akademischem Zentrum an. Ferner erfährt die durch die „Glasgow School of Arts" geprägte städtische Architektur eine Renaissance und frischt das Image der Stadt auf.
- Für *Birmingham* gilt ähnliches: Die Stadt ist seit einiger Zeit bestrebt, ihre frühere ökonomische Diversität wieder aufleben zu lassen und baut dabei auf den Unternehmens-, Fach- und Finanzdienstleistungssektor. Weiterhin stellt man sich als Standort für fortgeschrittene Fertigungstechniken, Gesundheits- und Transporttechnologien sowie kohlestoffarme Technologie dar und wirbt mit Angeboten für Tourismus, Einzelhandel und Freizeit. Jedoch sorgt sich die multikulturell am buntesten gestrickte Metropole insbesondere um die jungen Menschen, von denen eine hohe Anzahl wenig bis gar nicht qualifiziert ist.

5.3 Was lehrt uns der Fallvergleich?

Die Analysen, die sich mit der Betrachtung der Makroebene der Stadt beschäftigen, brachten einige Erkenntnisse, die später für die Mikro-Analyse genutzt wurden. So können sowohl für jede einzelne Untersuchungsstadt der Verlauf der ökonomischen Entwicklung dargelegt und erste Erklärungsversuche dahingehend abgeleitet werden, dass eine vorläufige Heuristik in Form von Leitmotiven der wirtschaftlichen Entwicklung der untersuchten Städte benannt werden kann. Diese fassen die gefundenen eigenlogischen Aspekte in Form von abstrahierten Motiven – ähnlich vorzustellen wie Glaubenssätze bzw. Formulierungen zu situationsübergreifenden Handlungstendenzen – zusammen (detailliert zu Dortmund und Frankfurt, siehe Hering 2012). Anderseits stellt die fallübergreifende Makro-Analyse deutlich die Verschiedenartigkeit der Verläufe heraus. Stadtspezifische Besonderheiten hinsichtlich des Umgangs mit Ereignissen wie wirtschaftlichen Krisen aber auch der Umsetzung technologischer oder organisationaler Neuerungen zeigen sich, die sich u. a. in ihrer jeweiligen zeitlichen Ausdehnung wie ihren positiven wie negativen Auswirkungen unterscheiden.

Als Ergebnis der fallvergleichenden Makro-Analyse lässt sich festhalten, dass sich die Bewältigungsstrategien über die Fälle hinweg sehr verschieden darstellen. *Frankfurt* sticht dabei in unserem Sample besonders hervor, da es sich nicht nur aus wirtschaftshistorischer Sicht, sondern auch nach aktuellen Vergleichsdaten am erfolgreichsten entwickelt hat und mit der Bewältigung des Strukturwandels, im Vergleich zu den anderen Städten, nur wenige Probleme hatte. *Birmingham* und *Dortmund* haben dagegen bis heute deutlich stärker mit den Spätfolgen der Krisenjahre zu kämpfen. Der Stadt *Glasgow* wird mittlerweile attestiert, den Strukturwandel bereits erfolgreich überstanden zu haben (vgl. u. a. EuroStat und Urban Audit Statistiken der Europäischen Kommission).

5.3.1 Fallkontext und Fallabgrenzung

Bei den hier vorgestellten Darstellungen zum Fallvergleich ist zu beachten, dass die Ergebnisse immer vor dem Hintergrund der oben vorgestellten Vergleichsdimensionen (Tab. 1, Abschnitt 3), die für die Fallauswahl relevant waren, betrachtet werden sollten. Die institutionellen Rahmenbedingungen unterscheiden sich – wie auch die traditionelle Wirtschaftsausrichtung der Städte. Beides hat wiederum Auswirkungen auf Möglichkeiten und Grenzen, auf Krisensituationen zu reagieren – den Veränderungen der Umwelt des Falles sollte daher immer auch Aufmerksamkeit geschenkt werden. Jeder Fall bringt seinen spezifischen Kontext mit, vor dem die Individuen handeln und ihr Handeln interpretieren („context counts", Flyvberg 2001, S. 38 f.).

Hier bietet es sich nun an auf eine weitere Besonderheit aufmerksam zu machen, die bei Fallstudien immer wieder auftreten kann. Es ist nämlich durchaus ratsam und teilweise sogar notwendig immer wieder über die vordefinierte Abgrenzung des Falls zu reflektieren. Ein zu starres Festhalten an anfangs aufgestellten Festlegungen hat möglicherweise zur Folge, dass im Forschungsverlauf wichtige Aspekte von der Analyse ausgeschlossen werden (Vaughan 1992). Dies kann beispielsweise dazu führen, dass relevante Ereignisse unvollständig oder nicht im nötigen Maße in die Analyse mit einfließen, was im hier vorgestellten Beispiel u. a. hinsichtlich der Ansiedlung der Chemieindustrie in der Peripherie Frankfurts geschah. Diese wurde zunächst nicht mitbetrachtet, jedoch zeigte sich im Vergleich mit den anderen Fällen, dass dadurch eine große Lücke in der Darstellung der Fallgeschichte klaffte, die insbesondere bei der Analyse des Strukturwandels deutlich wurde. Aus diesem Grund mussten zusätzliches Datenmaterial nachrecherchiert sowie die Vorstudien überarbeitet werden. Bei Birmingham stellte sich ein ähnliches Problem, da das zunächst im Zentrum der Stadt gelegene aufstrebende Schokoladenunternehmen Cadbury – noch heute zählt das Unternehmen als Tochter der Mondelez International zu den größten Süßwarenherstellern der Branche – 1879 vor die Stadttore zog, um sich zu vergrößern. Die Angestellten pendelten zur Arbeit oder zogen in die werkseigenen Behausungen. Wenige Jahre später wurde der Vorort (Bournville) dann in Birmingham eingemeindet (Cadbury.co.uk, o. S.). Es macht also durchaus Sinn, Veränderungen über die Stadtgrenzen hinweg mit zu verfolgen. Wie dieses Beispiel zeigt, ist es zweckdienlich auch während des Forschungsprozesses immer wieder über die Fallabgrenzung nachzudenken und insbesondere bei historisch sich wandelnden Phänomenen, wie Städte dies darstellen, flexibel mit der Falldefinition umzugehen. Der Fallvergleich stellte sich als überaus hilfreich dar, um Erkenntnislücken aufzudecken und gefundene Ergebnisse zu untermauern (Carden 2009, S. 331).

5.3.2 Problem der Verschränkungen von Makro- und Mikroperspektive: Theorieerweiterung

Andere Erkenntnislücken konnten allerdings mithilfe des bisher angewandten Vorgehens nicht geschlossen werden. Dies führt zu offenen Folgefragen, insbesondere zur Einsicht, dass die Darstellung der Entwicklung zwar auf der Makroebene der Stadt im Sinne der Beschreibung des Wandels der wirtschaftlichen (Groß)Strukturen erbracht ist, die Betrachtung der Mikroebene, also der Akteursperspektive, aber bisher vernachlässigt wurde. Hinsichtlich der Eingliederung der Ergebnisse der historischen Fallstudien in den größeren methodologisch-institutionellen Kontext, sowohl innerhalb des Projekts als auch im Projektverbund, ist dies allerdings wünschenswert. Zudem sind historisch vergleichende Fallstudien, die den Alltag der Individuen – Mikroebene – in den Blick nehmen und dies zudem mit größeren Strukturen auf der Makroebene verschränken vergleichsweise selten, wodurch es auch aus einem methodologischen Standpunkt heraus sehr interessant erscheint.

Die Verlaufsmusteranalysen für die beiden britischen Städte wurden zwar noch nach der bisher angewandten Forschungsstrategie – erst explorative Vorstudien und anschließend fallvergleichende Makro-Analyse – erstellt, um eine Vergleichbarkeit der Ergebnisse in den ersten beiden Analyseschritten sicherzustellen. Jedoch fokussierte sich das weitere Vorgehen nun darauf, speziell die Mikro-Analyse einzuarbeiten. Diese Fokusverschiebung machte es nötig, den theoretischen Rahmen anzupassen. Als Hauptgründe hierfür sind zu nennen, dass die Begrifflichkeiten und Konzepte des verwendeten Pfadmodells einerseits für das nun verwendete, vorrangig literaturbasierte Material schwierig handhabbar sind und andererseits hinsichtlich des Verknüpfungsanspruchs von Makro- und Mikro-Analyse besser elaborierte Theorieansätze zur Verfügung stehen. Bei der theoretischen Einbettung wurde nun auf Basis von Norbert Elias' (1997) Figurations- und Prozesstheorie weitergearbeitet, da diese sowohl für Makro- wie Mikroanalysen geeignet ist und ferner die Verschränkung der beiden Perspektiven vorsieht. Mittels der Konzeptionierung des sich prozesshaft entwickelnden Wirtschaftsgefüges, welches als je stadtspezifische Figuration in einen körperlich-materiellen Raum eingebettet ist und in dem die Verflechtungszusammenhänge der lokal mehr oder weniger voneinander abhängigen Individuen in den Blick genommen werden, ermöglicht es, eine umfassende und tiefergehende Perspektive auf den Entwicklungsprozess vorzunehmen. Wandlung, die sich nach Elias aus der endogenen Dynamik heraus erklärt, kann folglich nur empirisch erfasst werden, wenn man im zeitlichen Verlauf die Verschiebungen innerhalb der Figuration untersucht.

> „Die Art ihres Zusammenlebens in großen und kleinen Gruppen ist in gewisser Hinsicht einzigartig. Es wird immer durch Wissensübertragung von einer Generation zur anderen mitbestimmt, also durch den Einritt des Einzelnen in die spezifische Symbolwelt einer schon vorhandenen F[iguration] von Menschen" (Elias 2003, S. 88).

Folglich werden auch mehr oder weniger stabile Muster und Strukturen sichtbar. Darüber hinaus kann Norbert Elias selbst als einer der „literaturfreundlichsten" Klassiker der Soziologie bezeichnet werden und ist in seinem methodischen Vorgehen durchaus der interpretativen Tradition zuzuordnen. Wenngleich er abweichend von einer „phänomenologisch-verstehenden, individualistischen Handlungstheorie" (Kuzmics/Mozetic 2003, S. 297) sein theoretisches Modell bewusst auf die Ebene der zwischen den Menschen und Gruppen bestehenden Interdependenzen als auch deren nicht-intendierten Effekte legt (ebd., S. 298). Da sich das Figurationskonzept sehr gewinnbringend mit der Forschungsperspektive der „Eigenlogik der Städte" kombinieren lässt, wird nun also nach stadtspezifischen Mustern in Wissensbeständen, Glaubenssätzen und Praktiken gesucht.

5.4 Mikro-Analyse am Beispiel von Birmingham

Die von den Subjekten aufgrund ihrer alltäglichen Erfahrungen ausgebildeten Sinnstrukturen, die sich prägend im Handeln zeigen und sich in verbalen und non-verbalen kommunikativen Handlungen manifestieren (Berger/Luckmann 2004; Schütz 1974), sind insbesondere im zeitlichen Verlauf schwer zu erforschen. Aufgrund eigener Standortgebundenheit – räumlich wie zeitlich – können Forschende diese kontextspezifischen Sinnstrukturen nicht unmittelbar erfassen. Methodisch begründet überführen sie die alltagsweltlichen „Konstruktionen ersten Grades" – der durch die Subjekte konstruierte Sinn im Handeln – in „Konstruktionen zweiten Grades" – sie rekonstruieren diese Konstruktionen (Berger/Luckmann 2004, S. 113; Schütz 1971, S. 68). Historisch arbeitende Forscherinnen versuchen somit ein tiefes Verständnis ihres Falls zu erhalten und wissen um die Schwierigkeit, Unstimmigkeiten des Materials wie auch Beweggründe der untersuchten Personen aufzudecken, was die Notwendigkeit der Archivarbeit begründet (Amenta 2009, S. 352). Diese ist nicht minder zeitintensiv, sondern macht besondere Fähigkeiten erforderlich wie den Umgang mit alten Dokumenten, in dem Soziologinnen nicht standardmäßig ausgebildet werden (ebd.).

5.4.1 Die Fokussierung auf einen Fall und der Einbezug von Vorannahmen

Um unsere Hypothese – der latent immanent wirkenden Prozesskraft (als Ausdruck der Eigenlogik der Stadt) des sich lokal figurierenden Wirtschaftsraums – empirisch zu überprüfen und der Tatsache Rechnung zu tragen, dass das angepasste Forschungsinteresse eine Erweiterung der nun nötigen Datenmaterialien und -mengen mit sich bringt, ist aus forschungspraktischen Gründen eine stärkere Fokussierung notwendig. Daher wird ein Einzelfall als Beispiel im Vergleichssample für diese Feinanalyse ausgewählt. Da sich Birmingham von allen Untersuchungsstädten in seinen Ergebnissen, über *alle* Projekte des Verbundprojekts hinweg, als unbestimmtester Fall darstellte, wurde dieser für die Feinanalyse ausgewählt. Ziel dieser Mikro-Analyse ist es, das bereits durch die Makro-Analyse erdachte, heuristisches Konstrukt über die im Zeitverlauf stabilisierenden Elemente der Eigenlogik der Stadt – ihre Struktureigentümlichkeiten – um eine weitere Analyseebene zu erweitern.

Die Mikro-Analyse bezweckt explizit lokal spezifische Praktiken des Wirtschaftens im Datenmaterial (literarische Quellen und Ego-Dokumente) aufzufinden. Angeleitet wird die Suche, zum einen durch die Erkenntnisse der Makro-Analyse und zum anderen durch weitere im Teilprojekt bereits vorliegende Ergebnisse, wenngleich selbstverständlich auch immer Raum für andersartige und gegebenenfalls abweichende Interpretationen zugelassen wird. Für die hier gemachten Darstellungen sollen folglich die Hypothesen dienen, die aus den vorhergenannten Arbeitsschritten generiert wurden.

Aus der Makro-Analyse von Birmingham ließen sich z. B. folgende Hypothesen ableiten (siehe Abschnitt 5.2):

a) Die hohe Wertschätzung von wirtschaftlicher Diversität ist mit einem hohen Grad an Spezialisierung verbunden.
b) Die wirtschaftlichen Beziehungen gestalten sich netzwerkförmig und beruhen auf freundschaftlicher Basis.

Weitere entstammen den Ergebnissen aus ethnographischen Beobachtungen und Interviews in Friseursalons in Birmingham von 2012 bis 2014 (ausführlich dazu siehe Baur et al. 2014):

a) Das individuelle Können der einzelnen Person wird für die Gewinnmaximierung eingesetzt, wodurch die Individualität des Einzelnen der Marktdifferenzierung dient.
b) Wirtschaftlicher Erfolg kann geplant werden.
c) Die Nähe der Mitarbeiter zueinander und ihr hohes Arbeitstempo stehen in Beziehung zueinander.

Einerseits wird auf Grundlage dieser Hypothesen nach Belegen für den körperlich-materiellen Ausdruck der Eigenlogik der Städte im wirtschaftlichen Handeln in historischen Materialen (prozessproduzierte Daten) gesucht. Andererseits wird das Datenmaterial zusätzlich nach Mustern und anderen Besonderheiten durchsucht, das wiederum zu neuen Hypothesen über die Fälle führen kann. Im abschließenden Schritt wird bestenfalls gezeigt, wie diese alltäglichen Praktiken zusammen mit gruppenspezifischen Deutungsmustern und Wissensbeständen (Makro-Analyse) in einer Stadt den gemeinsamen Erfahrungsraum konstituieren (Verschränkung von Makro- und Mikroebene).

Wie bereits ausgeführt bedeutet dies, nach der Erstellung der historischen Verlaufsmuster aller Vergleichsstädte eine fortwährende Re-Lektüre des Datenmaterials durchzuführen sowie die explizite Erweiterung durch andere Datenträger umzusetzen, vor allem die ausgewählten literarischen Werke und Ego-Dokumente aus der gewünschten Zeitperiode zu sichten und vorzugsweise in Datensitzungen mit weiteren Forscherinnen zu analysieren und erste (Gegen-)Hypothesen zu diskutieren (Hering/Jungmann 2018). Diese Perspektivenerweiterung der Fallstudien nimmt nun neben Aussagen über stadtspezifische Handlungsträgerschaften und (ausgefochtene) Machtkonstellationen ferner lokal-räumliche Praktiken, die – so die These – zu einer Stabilisierung der Verflechtungsketten innerhalb der Wirtschaftsräume beitragen, in den Blick. Dies soll sowohl eine bessere Verknüpfbarkeit mit dem im Teilprojekt ebenfalls erhobenen Datenmaterial zulassen und daraus wiederum ein präziseres Verständnis der eigenlogischen Ausdrucksformen ermöglichen. Somit wird eine ganzheitliche Perspektive über die Einzelfälle zugelassen, indem sowohl lokalspezifische Praktiken als auch die sich daraus (re)produzierenden Verflechtungen abgebildet werden.

5.4.2 Beispiel für eine Datenquelle für die Mikro-Analyse Birminghams

Das Vorgehen bei der Mikroanalyse soll kurz an einem konkreten Datenbeispiel erläutert werden, welches bei einem Archivaufenthalt im April 2016 in der

Library of Birmingham gefunden wurde. Es handelt sich um einen Auszug aus einem Kapitel eines Romans, der erstmals 1985 unter dem Titel „Where There's Life" – hier in der Fassung von 2006 aus der Sammelbiographie „The Girl from Hockley: Growing Up in Working-Class Birmingham" – erschien. Die Autorin, Kathleen Dayus, wurde durch ihre autobiographischen Werke zu einer beliebten und prämierten Persönlichkeit Birminghams. Sie lebte von 1903 bis 2003 in der Stadt und verfasste mehrere Werke, die sehr illustrativ Abschnitte ihres Lebens widerspiegeln.

Das Kapitel „My first Job" (Dayus 2006, S. 233–248) handelt davon, dass sich die damals fast 14-jährige Kathleen nach Verlassen der Schule ihren ersten Job suchen muss. Zeitlich befinden wir uns im Dezember 1916 und der Erste Weltkrieg ist noch in vollem Gange, wodurch in Birmingham überall junge Arbeitskräfte gesucht werden. Im folgenden Absatz resümiert die Autorin über die Erlebnisse jener Zeit, in der sie nach mehreren Fehlschlägen das erste Mal einer festen Anstellung nachging:

> „Eventually I settled for a job learning to enamel brooches and badges and motor plates at Fray's in Tenby Street North. It was an interesting job although all I was doing was learning how to 'lay on': that is, apply the powdered glass on the metal prior to firing in the kiln. I wanted to learn all the other aspects of the process from grinding the enamel to firing, filing and polishing, but I found out that I would have to spend three years laying on before I was likely to move on to anything else, and at that rate I would be middle-aged before I was expert in all the processes of enamelling. However, I was not to be deterred so easily and I decided that if I couldn't learn everything at one firm then I would move on and learn more somewhere else. That, in fact, is what I did. I changed jobs, making sure that when I moved I was taken on to be trained in a process that was unfamiliar to me, and in that way I picked up the entire trade bit by bit. In no time at all I knew it inside out […]" (Dayus 2006, S. 248).

In diesem kurzen Ausschnitt finden sich mehrere Hinweise darauf, wie sich aus Perspektive der Autorin (Mikroperspektive) wirtschaftliches Handeln zur damaligen Zeit in Birmingham darstellte. Allerdings soll hier weniger eine eigene Analyse des Ausschnittes gezeigt als vielmehr gleich auf die Synthese der Erkenntnisse dieses Abschnittes und der vorher bereits abgeleiteten Hypothesen eingegangen werden:

In den ersten zwei Sätzen wird eindeutig ein Bezug zur Spezialisierung aufgezeigt, da Kathleen beschreibt, dass sie in der Firma „Fray's" lediglich einen Bearbeitungsschritt erlernen würde (Hypothese a). Weiter lassen sich Belege dafür finden, dass Hypothese c (Hervorheben der Individualität der Person) und d (Erfolg lässt sich planen) zutreffen. Die Autorin erläutert ausführlich ihre Überlegungen (mit damals erst 14 Jahren) dazu wie sie in den nächsten Jahren vorgehen müsste, um den gesamten Arbeitsprozess der Emaillierung zu erlernen – nämlich in so vielen verschiedenen Firmen wie möglich in die Lehre zu gehen und ihr noch unbekannte Arbeitsschritte kennen zu lernen. Dadurch würde sie, ihrer Einschätzung nach, im Nullkommanichts zu einer Expertin der gesamten Branche werden. Sie scheint auch keine Zweifel daran zu haben, dass dies so umzusetzen sein wird, glaubt an und vertraut auf ihr eigenes Können. Weiterhin könnte ihre Abwägung, dass ihr die Ausbildung in einer Firma zu lange dauern würde, ein Hinweis darauf sein, dass sie ein hohes (Arbeits-/Lern-)Tempo auch in der Ausbildung zu schätzen weiß (teilweise Hypothese e). Allgemein reflektiert sie bereits hier schon viel über ihre Zukunftschancen. Ein Bezug auf Hypothese b (netzwerkartige Beziehungen) findet sich in diesem Abschnitt nur ansatzweise, wenn z. B. erläutert wird, dass einzelne Arbeitsschritte langwierig und in unterschiedlichen Firmen erlernt werden müssen.

Dieses Datenbeispiel ermöglicht es, dem Wissen der Autorin und ihren Beobachtungen Bedeutung für die Interpretation der Situation zuzuschreiben (Kuzmics/Mozetic 2003, S. 300) und gibt uns einen besonderen Einblick in unseren Fall. Der methodologische Mehrgewinn zeigt sich also gerade darin, dass gegenüber den Ausführungen, die in der Sekundärliteratur, welche für die Makro-Analyse herangezogen wurde, zu finden sind, spezifischen alltäglichen Routinevorgängen Aufmerksamkeit geschenkt wird. Der Forscherin wird nun ermöglicht – der Grundannahme des interpretativen Paradigmas folgend – zu analysieren, wie Situationen von den Beteiligten interpretiert werden und wie diese auf Grundlage ihrer individuellen Deutung hin ihr Handeln umsetzen (Keller 2012, S. 11). Erst durch diesen Analyseschritt kann die Verschränkung von Makro- und Mikro-Perspektive fundiert werden, wenngleich hier aufgrund des Fokus der Ausführungen (Darstellung des methodischen Vorgehens) nicht detailliert auf weitere Ergebnisse eingegangen werden kann.

6 Fazit und Ausblick

Der Aufsatz diskutiert speziell Fragen hinsichtlich der Fallauswahl und des flexibel zu handhabenden Designs von Fallstudien. Besonders deutlich wurde, dass forschungspraktische Offenheit abverlangt, sich der eigenen theoretischen Vorannahmen und den institutionellen Kontexten bewusst zu sein. Weiterhin wurde aufgezeigt, welche Kriterien für eine systematische Fallauswahl angelegt werden können. Besonderes Augenmerk wurde schließlich der Darlegung der Datenerhebung und -auswahl gewidmet, indem das Vorgehen anhand eines Praxisbeispiels detailliert vorgestellt und mit ersten Analyseexemplaren bestückt, präsentiert wurde.

Die Ausführungen zeigen wie ein historisch fokussiertes Fallstudiendesign es ermöglicht, sowohl Erkenntnisse über jeden einzelnen Fall zu erlangen als auch fallvergleichende Analysen durchzuführen. Somit ist es einerseits möglich,

Aussagen darüber zu treffen, inwiefern bestimmte Aspekte einer „Eigenlogik der Städte" im Zeitverlauf nachweisbar sind und andererseits die gewonnenen Erkenntnisse mit jenen aus dem Teilprojekt als auch dem Projektverbund abzugleichen (Triangulation). Das methodische Vorgehen liefert ferner empirische Belege dafür, dass das heuristische Konstrukt (einer latent immanenten Prozesskraft) hinsichtlich der wirtschaftlichen Entwicklung einer Stadt und somit die Prozesshaftigkeit der „Eigenlogik der Städte" sowohl auf der Makro- wie auf der Mikroebene belegbar ist und die Verschränkung der Erkenntnisse zulässt. Sicherlich sind die Ergebnisse aufgrund der geringen Fallzahl zunächst nur beschränkt verallgemeinerbar, allerdings liefern sie Hinweise darauf, wie eine erste Theoretisierung vorgenommen werden könnte.

Das interpretativ flexible Herangehen unterstützt das Forschungsinteresse, das mit den hier vorgestellten Fallstudien verfolgt wurde – zudem liegt es ganz allgemein auf der Linie des historisch-vergleichenden Interpretationsansatzes. Das Vorgehen ist gerade daher so gewinnbringend, da es zulässt, das Forschungsdesign immer wieder anzupassen – dem sich wandelnden Forschungsinteresse folgend oder durch die Umformulierung der forschungsleitenden Fragen, die sich im Kontext des Auswertungsprozesses selbst erst herausbilden oder aber aus der Anpassung vorhergehender Überlegungen entstehen. Somit wird die schrittweise Annäherung an ein umfassendes Fallverständnis gestattet, die sich insbesondere hinsichtlich des Umgangs mit der Fülle an historischen Datenmaterialien als äußerst hilfreich darstellt. Erst der Zwischenschritt der Explikation der vorläufigen Ergebnisse aus den beiden ersten Analyseschritten (explorative Vorstudien und fallvergleichende Makro-Analyse) sowie die Hypothesenbildung erlaubt eine Spezifizierung des Vorhabens (Walton 1992, S. 129) und somit die Entscheidung mit nur einem der Fälle in der Mikro-Analyse weiterzuarbeiten. Im Zuge nachfolgender Forschungsarbeiten wäre es außerdem möglich, die Resultate auf die drei weiteren Fälle anzuwenden, um das verallgemeinernde Potenzial des Konstrukts zu überprüfen, gegebenenfalls anzupassen und durch empirisch fundierte Vergleiche zu erweitern. Weiterhin wäre auf diese Weise eine fundierte und die verschiedenen Aggregationsebenen umfassende Typisierung der Städte hinsichtlich ihres wirtschaftlichen Handelns und insbesondere ihres Umgangs mit wirtschaftlichen Krisen denkbar.

Allerdings belegen die Darstellungen auch die Schwierigkeiten, die sich mit dem hier vorgestellten Vorgehen ergaben. So konnten nicht wie angestrebt für alle Perioden verwendbare Daten für die Mikro-Analyse gefunden werden. Weiterhin stellten insbesondere die Umsetzung der Mikro-Analyse sowie die Verschränkung der Aggregationsebenen lediglich einen ersten Versuch dar. Bisher finden sich nur wenige Beispiele dafür, wie Mikro-Analysen in historisch-vergleichenden Fallstudien konkret umgesetzt werden und wie diese dann in weiteren Schritten mit Ergebnissen einer Makro-Analyse verbunden werden können.

Wie Eingangs bereits erwähnt, haben Fallstudien bereits eine lange Diskussionstradition über Aspekte wie die Fallauswahl, den Fallvergleich und die Verallgemeinerung ihrer Ergebnisse. Nichtsdestotrotz ist die Diskussion darüber, wie Daten konkret ausgewählt, wie und mit welchen Methoden sie analysiert werden, wenig systematisiert. Bedauerlich ist dies vor allem hinsichtlich der Herausforderungen, die sich ergeben, wenn historische Analysen auf der Mikroebene in den Forschungsprozess mit einfließen sollen – hier ist eine zukünftige Intensivierung der Methodendiskussion äußerst wünschenswert.

Literatur

Abbott, A. (2014): Digital Paper. A Manual for Research and Writing with Library and Internet Materials. Chicago: University of Chicago Press.

Amenta, E. (2009): Making the Most of an Historical Case Study: Configuration, Sequence, Casing, and the US Old-Age Pension Movement. In: Byrne, David: The SAGE Handbook of Case-Based Methods. Los Angeles et al: Sage Publication Ltd, S. 351–366.

Arthur, W. B. (1988): Urban Systems and Historical Path-Dependence. http://files.campus.edublogs.org/hsblogs.stanford.edu/dist/1/35/files/2011/02/12.pdf (Abruf 16.3.2012).

Durzak, M. (2006): Nach der Studentenbewegung: Neue literarische Konzepte und Erzählentwürfe in den siebziger Jahren. In: Barner, W. (Hrsg.) (2006): Geschichte der deutschen Literatur von 1945 bis zur Gegenwart. Nördlingen: Verlag C. H. Beck München, S. 601–658.

Baur, N. (2005): Verlaufsmusteranalysen. Methodologische Konsequenzen der Zeitlichkeit sozialen Handelns. Wiesbaden: VS.

Baur, N. (2009): Measurement and Selection Bias in Longitudinal Data. A Framework for Re-Opening the Discussion on Data Quality and Generalizability of Social Bookkeeping Data. In: Special Issue of Historical Social Research 34, H. 3, S. 9–50.

Baur, N./Hering, L. (2016): Konventionen und Wirtschaftskrisen. Zur Wahlverwandtschaft zwischen lokalen Wirtschaftspraktiken und wirtschaftlichen Entwicklungspfaden. In: Lessenich, S. (Hrsg.) (2016): Routinen der Krise – Krise der Routinen. Verhandlungen des 37. Kongresses der Deutschen Gesellschaft für Soziologie in Trier 2014. http://publikationen.soziologie.de/index.php/kongressband/article/view/25 (Abruf 02.03.2017).

Baur, N./Lamnek, S. (2005): Einzelfallanalyse. In: Mikos, L./Wegener, C. (Hrsg.) (2005): Qualitative Medienforschung. Ein Handbuch. Konstanz: UVK Verlagsgesellschaft, S. 241–253.

Baur, N./Löw, M./Hering, L./Raschke, A. L./Stoll, F. (2014): Die Rationalität lokaler Wirtschaftspraktiken im Friseurwesen. In: Bögenhold, D. (Hrsg.) (2014): Soziologie des Wirtschaftlichen. Wiesbaden: Springer Fachmedien, S. 299–327.

Beck, F./Henning, E. (2012): Die archivalischen Quellen. Mit einer Einführung in die Historischen Hilfswissenschaften. 5. Auflage. Köln, Weimar und Wien: Böhlau Verlag.

Berger, P. L./Luckmann, T. (1969/2004): Die gesellschaftliche Konstruktion der Wirklichkeit. Frankfurt am Main: Fischer Taschenbuch Verlag.

Berghoff, H. (1991): Englische Unternehmer 1870-1914. Göttingen: Vandenhoeck & Ruprecht.

Berking, H./Löw, M. (2008): Die Eigenlogik der Städte. Neue Wege für die Stadtforschung. Frankfurt/New York: Campus.

Berking, H./Löw, M. (Hrsg.) (2005): Die Wirklichkeit der Städte. Soziale Welt. (Bd. 16). Baden-Baden: Nomos.

Berking, H./Schwenk, J. (2011): Hafenstädte. Bremerhaven und Rostock im Wandel. Frankfurt/New York: Campus.

Beyer, J. (2005): Pfadabhängigkeit ist nicht gleich Pfadabhängigkeit! Wider den impliziten Konservatismus eines gängigen Konzepts. Zeitschrift für Soziologie 34, H. 1, S. 5–21.

Beyer, J. (2006): Pfadabhängigkeit. Über institutionelle Kontinuität, anfällige Stabilität und fundamentalen Wandel. Schriften aus dem Max-Planck-Institut für Gesellschaftsforschung (Bd. 56). Frankfurt am Main: Campus.

Boulton-Jones, M. (2009): Glasgow Works. An Account of the Economy of the City. Gamlingay: Dolman Scott.

Cadbury.co.uK (o. J.): The Story. 1879 Bournville 'The Factory in a Garden' is Born. www.cadbury.co.uk/the-story (Abruf 27.01.2015).

Carden, F. (2009): Using Comparative Data: A System Approach to a Multiple Case Study. In: Byrne, David (Hrsg.) (2009): The SAGE Handbook of Case-Based Methods. Los Angeles et al.: Sage Publication Ltd, S. 331–344.

Dayus, Kathleen (2006): The Girl from Hockley: Growing Up in Working-Class Birmingham. London: Virago.

Düwell, S./Pethes, N. (2014): Fall, Fallgeschichte, Fallstudie. Theorie und Geschichte einer Wissensform. Frankfurt am Main: Campus.

Elias, N. (1997): Über den Prozess der Zivilisation (Band 1). Nördlingen: Suhrkamp.

Elias, N. (2003): Figuration. In: Schäfers, B. (Hrsg.) (2003): Grundbegriffe der Soziologie. Stuttgart: Leske+Budrich, S. 88–91.

Elias, N./Scotson, J. L. (1990/2013): Etablierte und Außenseiter. Frankfurt am Main: Suhrkamp.

Ernst, S. (2009): Using Qualitative Content Analysis of Popular Literature for Uncovering Long-Term Social Processes: The Case of Gender Relations in Germany. In: Historical Social Research 34, H. 1, S. 252–269.

Ernst, S. (2014): Literarische Quellen und persönliche Dokumente. In: Baur, N./Blasius, J. (Hrsg.) (2014): Handbuch Methoden der empirischen Sozialforschung. Wiesbaden: Springer, S. 829–840.

Flyvberg, B. (2001): Making Social Science Matter. Why Social Inquiry Fails and How it Can Succeed Again. Cambridge: Cambridge University Press.

Frank, S. (2012): Eigenlogik der Städte. In: Eckhardt, F. (Hrsg.) (2012): Handbuch Stadtsoziologie. Wiesbaden: VS, S. 289–310.

Frank, S./Gehring, P./Griem, J./Haus, M. (2014): Städte unterscheiden lernen. Zur Analyse interurbaner Kontraste: Birmingham, Dortmund, Frankfurt, Glasgow. Frankfurt am Main/New York: Campus.

Funder, M. (2005): Arbeit und Wirtschaft in literarischen Texten. In: Zoll, R. (Hrsg.) (2005): Gesellschaft in literarischen Texten 2. Opladen: VS, S. 15–36.

Gibson, J. (1777): The History of Glasgow: from the Earliest Accounts to the Present Time; With an Account of the Rise, Progress, and Present State of the Different Branches of Commerce and Manufactures now Carried on in the City of Glasgow. Glasgow: Chapman, Stewart und Meikle.

Hammersley, M./Foster, P./Gomm, R. (2000): Case study and theory. In: Gromm, R./Hammersley, M./Foster, P. (Hrsg.) (2000): Case Study Method, Key Issues. London: Sage, S. 234–258.

Hering, L. (2012): Stadt und Wirtschaft. Analyse der Eigenlogik der Stadt anhand der wirtschaftlichen Entwicklung. Dortmund und Frankfurt im Fallvergleich. Diplomarbeit. Berlin: Technische Universität Berlin, Institut für Soziologie.

Hering, L. /Jungmann, R. (2018): Einzelfallanalyse In: Baur, N./Blasius, J. (Hrsg.) (2018): Handbuch Methoden der empirischen Sozialforschung. Wiesbaden: Springer

Historischer Verein Dortmund e.V. (2011): Geschichte Dortmunds. www.historischer-verein-dortmund.de/geschichte-dortmunds (Abruf 20.09.2011).

Houston, R. A. (2012): Alphabetisierung. In: Leibnitz Institut für Europäische Geschichte (Hrsg.) (2012): Europäische Geschichte Online. http://ieg-ego.eu/de/threads/hintergruende/alphabetisierung/robert-a-houston-alphabetisierung (Abruf 05.04.2017).

Kalberg, S. (2001): Einführung in die historisch-vergleichende Soziologie Max Webers. Wiesbaden: Westdeutscher Verlag.

Keller, R. (2012): Das interpretative Paradigma: Eine Einführung. Wiesbaden: Springer VS.

Kelle, U./Kluge, S. (2010): Vom Einzelfall zum Typus. Wiesbaden: VS.
Kleemann, F./Krähnke, U./Matuschek, I. (2013): Interpretative Sozialforschung. Eine Einführung in die Praxis des Interpretierens. 2. Auflage. Wiesbaden: VS Springer.
Krumme, J. H. (o. J.): Eingemeindung. In: Springer Gabler Verlag (Hrsg.): Gabler Wirtschaftslexikon. http://wirtschaftslexikon.gabler.de/Archiv/7731/eingemeindung-v8.html
(Abruf 05.04.2017).
Kuzmics, H./Mozetic, G. (2003): Literatur als Soziologie: Zum Verhältnis von literarischer und gesellschaftlicher Wirklichkeit. Konstanz: UVK.
Kuckartz, U. (2007): Einführung in die computergestützte Analyse qualitativer Daten. Wiesbaden: VS.
Lindner, P./Ouma, S./Klöppinger, M./Boeckler, M. (2014): Industriestudie Frankfurt am Main 2013. Frankfurt am Main: PL Academic Research.
Löw, M. (2008): Soziologie der Städte. Frankfurt am Main: Suhrkamp.
Luntowski, G. (1982): Dortmund und die Hanse. In: Luntowski, G./Reimann, N. (Hrsg.) (1982): Dortmund. 1100 Jahr Stadtgeschichte. Dortmund: Verlag Fr. Wilh. Ruhfus, S. 129–150.
Luntowski, G. (1994): Das Jahrhundert der Industrialisierung (1803 bis 1914). In: Stadtarchiv Dortmund (Hrsg.) (1994): Geschichte der Stadt Dortmund. Dortmund: Harenberg Verlag, S. 218–352.
Mayring, P. (2010): Qualitative Inhaltsanalyse: Grundlagen und Techniken. Weinhelm/Basel: Beltz.
Meyer, U./Schubert, C. (2005): Die Konstitution technologischer Pfade. Überlegungen jenseits der Dichotomie von Pfadabhängigkeit und Pfadkreation. TUTS Working Papers 6. Berlin: Technische Universität, Institut für Soziologie.
Quarck, M./Wendel, H. (1982): Zwei Beiträge zur Frankfurter Stadtgeschichte. Frankfurt am Main: VTK-Verlag.
Reichertz, J./Soeffner, G. (1994): Von Texten und Überzeugungen. In: Schröer, N. (Hrsg.) (1994): Interpretative Sozialforschung. Opladen: Westdeutscher Verlag.
Rodenstein, M. (2008). Die Eigenart der Städte – Frankfurt und Hamburg im Vergleich. In: Berking, H./Löw, M. (Hrsg.) (2008): Die Eigenlogik der Städte. Neue Wege für die Stadtforschung. Frankfurt am Main/New York: Campus, S. 261–311.
Schütz, Alfred (1971): Gesammelte Aufsätze I: Das Problem der sozialen Wirklichkeit. Den Haag: Nijhoff.
Schütz, Alfred (1974): Der sinnhafte Aufbau der sozialen Welt. Eine Einleitung in die verstehende Soziologie. Frankfurt am Main: Suhrkamp.
Stake, R. E. (1995): The Art of Case Study Research. Thousand Oaks: Sage.
Strauss A./Corbin J (1996): Grounded Theory. Grundlagen Qualitativer Sozialforschung. Weinheim: Beltz.
Tilly, C. (1985): War Making and State Making as Organized Crime, In: Evans, P./Rueschemeyer, D./Skocpol, T. (Hrsg.) (1985): Bringing the State Back In. Cambridge: Cambridge University Press, S. 169–191.
Timmins, S. (1866): The Industrial History of Birmingham. In: Timmins, S. (Hrsg.) (1866): Resources, Products and Industrial History of Birmingham and the Midland Hardware District. London: Robert Harwicke, S. 207–224.
Unverferth, G. (1996): Zwischen Boom und Krise – Der Dortmunder Bergbau in der Gründerzeit. Heimat Dortmund, H. 3, S. 13–16.
Walton, J. (1992): Making the Theoretical Case. In: Ragin, C./Becker, H. (Hrsg.) (1992): What is a Case. New York: Cambridge, S. 112–137.
Walton, J. (2009): Poetry and History: The Case for Literary Evidence. In: Byrne, D. (Hrsg.) (2009): The SAGE Handbook of Case-Based Methods. Los Angeles et al.: Sage, S. 367–382.
Windeler, A. (2003): Kreation technologischer Pfade: ein strukturationstheoretischer Analyseansatz. In: Schreyögg, G./Sydow, J. (Hrsg.) (2003): Managementforschung 13: Strategische Prozesse und Pfade. Wiesbaden: Gabler Westdeutscher Verlag, S. 295–328.
Yin, R. K. (2014): Case Study Research Design and Methods. 5. Auflage. Thousand Oaks, CA: Sage.

Die Autorinnen und Autoren

Leila Akremi ist wissenschaftliche Referentin im Geschäftsbereich Forschung und Entwicklung des Forschungsnetzwerk Alterssicherung (FNA) bei der Deutschen Rentenversicherung Bund.
Forschungsschwerpunkte: qualitative und quantitative Methoden; Methodenkombination und Mixed Methods; Risiko- und Zukunftssoziologie; Wissenschaftssoziologie und Hochschulforschung.
Publikationen: Stichprobenziehung in der qualitativen Sozialforschung. In: Baur, N./Blasius, J. (Hrsg.): Handbuch Methoden der empirischen Sozialforschung, 2. Auflage. Wiesbaden: VS Verlag (2018); Mixed-Methods-Sampling als Mittel zur Abgrenzung eines unscharfen und heterogenen Forschungsfeldes. In: Baur, N./Kelle, U./Kuckartz, U. (Hrsg.): Mixed Methods. Kölner Zeitschrift für Soziologie und Sozialpsychologie. Sonderheft 57 der Kölner Zeitschrift für Soziologie und Sozialpsychologie. Wiesbaden: VS Verlag (2017); Kommunikative Konstruktion von Zukunftsängsten. Imaginationen zukünftiger Identitäten im dystopischen Spielfilm. Wiesbaden: VS Verlag (2016).
Webseite: www.fna-rv.de
Email: leila.akremi@drv-bund.de

Eva Barlösius ist Gründerin des Leibniz Center for Science and Society (LCSS) und Professorin für Makrosoziologie und Sozialstrukturanalyse an der Leibniz Universität Hannover.
Forschungsschwerpunkte: Wissenschaftsforschung; Soziologie des Essens; Soziologie ländlicher Räume.
Publikationen: Soziologie des Essens. Eine sozial- und kulturwissenschaftliche Einführung in die Ernährungsforschung. 3. Auflage. Weinheim: Juventa (2016); Wie deuten Wissenschaftlerinnen im Maschinenbau ihren Erfolg? In: Forum: Qualitative Sozialforschung 18, H. 1, Art. 1, (zusammen mit Grit Fisser, 2016); Felt stigma and obesity: Introducing the generalized other. In: Social Sciences & Medicine 130, S. 9–15 (zusammen mit Axel Philipps, 2015).
Webseite: https://www.ish.uni-hannover.de/barloesius0.html
Email: e.barloesius@ish.uni-hannover.de

Jonas Barth ist wissenschaftlicher Mitarbeiter in der Arbeitsgruppe Sozialwissenschaftliche Theorie am Institut für Sozialwissenschaften an der Universität Oldenburg. Er promoviert über die soziale Ordnung in der stationären Pflege.
Forschungsschwerpunkte: Qualitative Sozialforschung (insbesondere Ethnographie); Soziologische Theorie (Sozial- und Gesellschaftstheorie); Soziologie der Gewalt.
Webseite: https://www.uni-oldenburg.de/sozialwissenschaften/ast/personen/jonas-barth/
Email: jonas.barth@uni-oldenburg.de

Nina Baur ist Professorin für Methoden der empirischen Sozialforschung an der Technischen Universität Berlin und Vorsitzende des „Research Committee on Logic and Methodology in Sociology" (RC33) der International Sociology Association (ISA).
Forschungsschwerpunkte: Methoden der empirischen Sozialforschung (insbesondere prozessorientierte Methodologie; Methoden der Raumforschung und Mixed Methods); Soziologie der Prozesse, Innovationen und Risiken; Raumsoziologie; Marktsoziologie.
Publikationen: Handbuch Methoden der empirischen Sozialforschung. Wiesbaden: Springer VS. 2. Auflage (zusammen mit Jörg Blasius, 2019); Mixed Methods. Sonderheft 57 der Kölner Zeitschrift für Soziologie und Sozialpsychologie. Wiesbaden: Springer VS (zusammen mit Udo Kelle und Udo Kuckartz, 2017); Towards a Process-Oriented Methodology. Modern Social Science Research Methods and Nobert Elias' Figurational Sociology. In: The Sociological Review 59, S. 117–139 (zusammen mit Stefanie Ernst, 2011).
Webseite: www.mes.tu-berlin.de/Baur
Email: nina.baur@tu-berlin.de

Mathias Blanc ist Forscher am CNRS (Centre National de la Recherche Scientifique) in Lille, wo er das Forschungsprojekt VISUALL der Nationalen Forschungsagentur (Agence Nationale de la Recherche - ANR) leitet.
Forschungsschwerpunkte: visuelle Soziologie; visuelle Methoden der Sozialforschung; Wissens- und Kultursoziologie; Medien-und Filmsoziologie; Museumsforschung.
Publikationen: Special Issue „Visibilities and visual discourses. Rethinking the social with the image". Sonderheft Qualitative Inquiry (zusammen mit Boris Traue und Carolina Cambre, im Erscheinen); L'Iconique de Max Imdahl et sa fécondité pour le décloisonnement des savoirs / Max Imdahls Ikonik und ihr positiver Einfluss auf die Entgrenzung des Wissens, in: Regards croisés, Revue franco-allemande d'histoire de l'art et esthétique 7, S. 55–80 (2017); Le savoir sociologique par l'image. Étude sur les conditions d'acceptabilité d'une épistémologie visuelle. In: Revue de l'Institut de sociologie de l'Université Libre de Bruxelles, 2010-2011, S. 29–36 (2013).
Webseite: https://visuall.hypotheses.org/
Email: mathias.blanc@univ-lille3.fr

Saša Bosančić ist Akademischer Rat an der Universität Augsburg.
Forschungsschwerpunkte: Interpretatives Paradigma; Diskurs- und Subjektivierungsforschung; Arbeits- und Ungleichheitssoziologie; qualitative Methoden.
Publikationen: Diskursive Konstruktion und schöpferische Zerstörung. Weinheim: Beltz Juventa (zusammen mit Stefan Böschen und Cornelius Schubert, 2018); Perspektiven wissenssoziologischer Diskursforschung. Wiesbaden: Springer VS (zusammen mit Reiner Keller, 2016); Arbeiter ohne Eigenschaften. Über die Subjektivierungsweisen angelernter Arbeiter. Wiesbaden: Springer VS. (2014).
Webseite: www.uni-augsburg.de/bosancic
Email: sasa.bosancic@phil.uni-augsburg.de

Rainer Diaz-Bone ist Professor für Soziologie mit dem Schwerpunkt qualitative und quantitative Methoden an der Universität Luzern.
Forschungsschwerpunkte: Methodologie und Epistemologie; Pragmatismus und Strukturalismus; Wirtschaftssoziologie; Diskursanalyse; Statistik – insbesondere kategoriale Datenanalyse.
Publikationen: Statistik für Soziologen, 3. Aufl. Konstanz: UVK (2018); Methoden-Lexikon für die Sozialwissenschaften, Wiesbaden: Springer VS (zusammen mit Christoph Weischer, 2015); Die „Economie des conventions". Grundlagen und Entwicklungen der neuen französischen Wirtschaftssoziologie, 2. Aufl. Wiesbaden: Springer VS (2018).
Webseite: https://www.unilu.ch/rainer-diazbone/
Email: rainer.diazbone@unilu.ch

Uwe Flick ist Professor für Qualitative Sozial- und Bildungsforschung an der Freien Universität Berlin.
Forschungsschwerpunkte: Qualitative Methoden; Arbeitsmarktintegration; Flucht; Migration; Ethik und Versorgung; Soziale Repräsentationen.
Publikationen:
An Introduction to Qualitative Research, 6th. Edition London: Sage (2019); The SAGE Handbook of Qualitative Data Analysis. London: Sage (2014); The SAGE Handbook of Qualitative Data Collection. London: Sage (2018).
Webseite: www.ewi-psy.fu-berlin.de/qsb
Email: uwe.flick@fu-berlin.de

Ulrike Froschauer ist a. o. Univ. Prof. am Institut für Soziologie der Universität Wien.
Forschungsschwerpunkte: Methodologie und Methoden der Interpretativen Sozialforschung (insbesondere Methodenentwicklung); Erforschung von organisationalen Prozessen; Wissenssoziologie.
Publikationen: Artefaktanalyse. Grundlagen und Verfahren. Wiesbaden: Springer VS (zusammen mit Manfred Lueger, 2018); Organisationen in Bewegung. Beiträge zur interpretativen Organisati-

onsanalyse. Wien: facultas (2012); Interpretative Sozialforschung: Der Prozess Wien: UTB (zusammen mit Manfred Lueger, 2009)
Webseite: www.soz.univie.ac.at/personen/mitarbeiterinnen-am-institut-fuer-soziologie/froschauer-ass-prof-dr-ulrike/ulrike-froschauer-forschung-uni-wien/
Email: ulrike.froschauer@univie.ac.at

Regine Herbrik ist Soziologin und Kulturwissenschaftlerin, Leiterin der Volkshochschule Ludwigslust-Parchim und Lehrbeauftragte der Leuphana Universität Lüneburg.
Forschungsschwerpunkte: Wissens-, Religions- und Emotionssoziologie sowie das Imaginäre.
Publikationen: Emotionen im Feld spielend fruchtbar machen. In Hitzler, R/Kreher, S./Poferl, A./Schröer, N. (Hrsg.): *Old School - New School? Zur Frage der Optimierung ethnographischer Datengenerierung.* Essen: Oldib, S. 309–322 (2016); Metaphorik des unbeschreiblichen Gefühls in christlichen Kontexten heute. In: Junge, M. (Hrsg.): Methoden der Metaphernforschung und -analyse. Wiesbaden: VS Verlag, S. 155–179 (2014); Die kommunikative Konstruktion imaginärer Welten. Wiesbaden: VS Verlag (2011).
Webseite: http://www.leuphana.de/universitaet/personen/regine-herbrik.html
Email: herbrik@leuphana.de, regine.herbrik@kreis-lup.de

Linda Hering ist wissenschaftliche Mitarbeiterin im Sonderforschungsbereich „Re-Figuration von Räumen" (Sfb 1265).
Forschungsschwerpunkte: Methodologie der Sozialwissenschaften; Historische Sozialforschung; Raum- und Wirtschaftssoziologie (insbesondere Räume des Konsums).
Publikationen: Fallstudie. In: Baur, N./Blasius, J. (Hrsg.): Handbuch Methoden der empirischen Sozialforschung. Wiesbaden: VS Verlag, 2. Auflage (zusammen mit Robert Jungmann, 2018); Die Kombination von ethnografischer Beobachtung und standardisierter Befragung. Mixed-Methods-Designs jenseits der Kombination von qualitativen Interviews mit quantitativen Surveys. In: Kölner Zeitschrift für Soziologie und Sozialpsychologie 69, Supplement 2 (zusammen mit Nina Baur, 2017); Spatial Methods. Special Issue der Zeitschrift "Historical Social Research" (HSR) (zusammen mit Cornelia Thierbach, Anna Laura Raschke und Nina Baur, 2014).
Webseite: http://www.mes.tu-berlin.de/
Email: linda.hering@tu-berlin.de

Heike Kanter ist wissenschaftliche Mitarbeiterin an der Hochschule Magdeburg-Stendal und dort verantwortlich für die Vernetzung qualitativ Forschender/Lehrender sowie die Weiterentwicklung innovativer Lehrformate.
Forschungsschwerpunkte: Visuelle Methodologie und Methoden der Bildinterpretation im Sinne einer rekonstruktiven Sozialforschung; Wissenssoziologie; Migrationssoziologie.
Publikationen: Ikonische Macht. Zur sozialen Gestaltung von Pressebildern. Opladen/Berlin/Toronto: Barbara Budrich; The Wasted Youth. Bilder von Jugend/lichkeit im 21. Jahrhundert. In: Zeitschrift für Pädagogik, 64, 3 (zusammen mit Ulrike Pilarczyk, 2018); Die ‚rechte Mitte' im Bild – Eine rekonstruktive Bildanalyse zum NSU. In: Sozialer Sinn. Zeitschrift für hermeneutische Sozialforschung, 16, S. 3–26 (zusammen mit der AG Körperbilder, 2015).
Webseite: www.hs-magdeburg.de/hochschule/fachbereiche/angewandte-humanwissenschaften/mitarbeiter/dr-heike-kanter.html
Email: heike.kanter@hs-magdeburg.de

Udo Kelle ist Professor für Methoden der empirischen Sozialforschung und Statistik an der Helmut-Schmidt-Universität der Bundeswehr in Hamburg.
Forschungsschwerpunkte: Methoden; Methodologie und wissenschaftstheoretische Grundlagen empirischer Sozialforschung; Methodenforschung; Handlungstheorie; Lebenslaufforschung; Religionssoziologie.
Publikationen: Die Integration qualitativer und quantitativer Methoden in der empirischen Sozialforschung: Theoretische Grundlagen und methodologische Konzepte. Wiesbaden: VS Verlag (2008); Vom Einzelfall zum Typus. Fallvergleich und Fallkontrastierung in der qualitativen Sozial-

forschung (2. Auflage). Wiesbaden: VS (zusammen mit Susann Kluge, 2010); The Development of Categories. Different Approaches in Grounded Theory. In: Bryant, A./Charmaz, K.: The Sage Handbook of Grounded Theory. Los Angeles: Sage. S. 191–213 (2010).
Webseite: https://www.hsu-hh.de/methoden/
Email: kelle@hsu-hh.de

Reiner Keller ist Professor für Allgemeine Soziologie an der Universität Augsburg, geschäftsführender Direktor des dortigen Jakob-Fugger-Zentrums für Transnationale Studien und Mitherausgeber der Zeitschrift für Diskursforschung.
Forschungsschwerpunkte: Wissenssoziologische Diskursforschung; Wissens- und Kultursoziologie; Soziologische Theorien; Französische Soziologie; Umwelt- und Risikosoziologie.
Publikationen: The Sociology of Knowledge Approach to Discourse. Investigating the Politics of Knowledge and Meaning-making. London: Routledge (Hrsg. mit A. Hornidge u. W. Schünemann 2018); Soziologische Wissenskulturen zwischen individualisierter Inspiration und prozeduraler Legitimation. In: Historical Social Research 42, S. 301–357 (mit A. Poferl, 2017); Neuer Materialismus und Neuer Spiritualismus? Diskursforschung und die Herausforderung der Materialitäten. In: Österreichische Zeitschrift für Volkskunde Neue Serie Band LXXXI, S. 5–32 (2017).
Webseite: http://www.uni-augsburg.de/keller
Email: reiner.keller@phil.uni-augsburg.de

Angela Keppler ist Professorin für Medien- und Kommunikationswissenschaft an der Universität Mannheim. Mitglied des Exzellenzclusters 'Normative Orders' der Goethe-Universität, Frankfurt am Main.
Forschungsschwerpunkte: Medien-, Kommunikations- und Kultursoziologie; Fernsehtheorie und Fernsehanalyse; Filmtheorie und Filmanalyse; Wissenssoziologie; Konversationsanalyse.
Publikationen: Das Fernsehen als Sinnproduzent: Soziologische Fallstudien. Berlin, München, Boston: De Gruyter Oldenbourg (2015); Medien, Lebenswelt und Alltagshandeln. In: Hoffmann, D/Winter, R. (Hrsg.): Mediensoziologie. Handbuch für Wissenschaft und Studium. Baden-Baden: Nomos, S. 71–85 (2018); Kommunikative Gattungen. In: Mikos, L./Wegener, C. (Hrsg.): Qualitative Medienforschung. Ein Handbuch. Konstanz: UVK/UTB, S. 77–86 (2017).
Webseite: http://mkw.uni-mannheim.de/prof_dr_angela_keppler/prof_dr_angela_keppler/
Email: keppler@uni-mannheim.de

Hubert Knoblauch ist Professor für Allgemeine Soziologie an der Technischen Universität Berlin. Er ist stellvertretender Sprecher des Sonderforschungsbereichs „Re-Figuration von Räumen" (Sfb 1265) und Mitglied des Vorstands des Sonderforschungsbereichs „Affective Societies: Dynamiken des Zusammenlebens in bewegten Welten" (Sfb 1171).
Forschungsschwerpunkte: Wissens- und Kommunikationssoziologie; Religionssoziologie und Qualitative Methoden.
Publikationen: Die kommunikative Konstruktion der Wirklichkeit. Wiesbaden: Springer VS (2017); Videography. New York: Lang (zusammen mit Bernt Schnettler und Rene Tuma, 2014); Qualitative Methods in Europe: The Variety of Social Research. Sonderheft des Forums Qualitative Sozialforschung/Forum Qualitative Social Research 6, 3 (zusammen mit Uwe Flick und Christoph Maeder (Hrsg.), 2005).
Webseite: www.as.tu berlin.de/v_menue/mitarbeiterinnen/prof_hubert_knoblauch
Email: hubert.knoblauch@tu-berlin.de

Friederike Knoke ist wissenschaftliche Mitarbeiterin am Leibniz Center for Science and Society (LCSS) sowie am Institut für Rechtsinformatik der Leibniz Universität Hannover. Sie ist Volljuristin und hat seit mehreren Jahren in internationalen Forschungsprojekten zu den gesellschaftlichen Herausforderungen neuer technologischer Entwicklungen geforscht.
Forschungsschwerpunkte: Datenschutzrecht; Immaterialgüterrecht.
Publikationen: The Collection of Electronic Evidence in Germany: A Spotlight on Recent Legal Developments and Court Rulings. In: Corrales, M./Fenwick, M./Forgó, N. (Hrsg.): New Technology, Big Data

and the Law. Singapore: Springer, S. 251–280 (mit Nikolaus Forgó, Christian Hawellek und Jonathan Stoklas, 2017); EuGH-Urteil zur Personenbezogenheit dynamischer IP-Adressen: Quo vadis, deutsches Datenschutzrecht? In: Zeitschrift für Datenschutz 2/2017, ZD Fokus, S. XI–XIV (mit S. Jensen, 2017); KG: Nach mir die Eltern? – Zugang zu Daten in sozialen Netzwerken nach dem Tod einer 15-jährigen Nutzerin. In: Zeitschrift für Datenschutz 9/2017, ZD Fokus, S. V–VII (2017).
Webseite: https://www.lcss.uni-hannover.de/mitarbeiter4.html
Email: friederike.knoke@lcss.uni-hannover.de

Udo Kuckartz ist Professor Emeritus für empirische Erziehungswissenschaft und Methoden der Sozialforschung an der Philipps-Universität Marburg und leitet die Marburger Arbeitsgruppe für Methoden und Evaluation (MAGMA).
Forschungsschwerpunkte: Computergestützte qualitative Forschungsmethoden; Mixed Methods; Methoden der Evaluation; Sozialwissenschaftliche Umweltforschung (Schwerpunkte: Umweltbewusstsein und Umweltverhalten, Klimabewusstsein, Umweltkommunikation).
Publikationen: Qualitative Inhaltsanalyse. Methoden, Praxis, Computerunterstützung. 3. Auflage. Weinheim: Beltz Juventa (2016); Mixed Methods: Methodologie, Forschungsdesigns und Analyseverfahren. Wiesbaden: Springer VS (2014); Einführung in die computergestützte Analyse qualitativer Daten, 3. Auflage. Wiesbaden: VS Verlag (2010).
Webseite: https://www.uni-marburg.de/fb21/erzwiss/personal/prof/kuckartz
Email: kuckartz@uni-marburg.de

Kai-Olaf Maiwald ist Professor für Mikrosoziologie und qualitative Methoden an der Universität Osnabrück.
Forschungsschwerpunkte: Qualitative Methoden (insbesondere Objektive Hermeneutik; Methodologie hermeneutischer und sequenzanalytischer Verfahren; Analyse unterschiedlicher Datentypen); Theorie der Mikrosoziologie; Paar-und Familiensoziologie, Geschlechterforschung; Professionssoziologie.
Publikationen: Mikrosoziologie. Eine Einführung. Wiesbaden: Springer VS (zusammen mit Inken Sürig, 2018); An ever-fixed mark? On the symbolic coping with the fragility of partner relationships by means of padlocking. In: Forum Qualitative Sozialforschung / Forum: Qualitative Social Research 17, 2, Art. 4 (2016); Der mikroskopische Blick. Rekonstruktion in der Objektiven Hermeneutik. In: Sozialer Sinn. Zeitschrift für hermeneutische Sozialforschung 14, S. 185–205 (2013).
Webseite: www.sozialwissenschaften.uni-osnabrueck.de/mitarbeiter_detailseiten/maiwald_kai_olaf.html
Email: kai-olaf.maiwald@uni-osnabrueck.de

Irena Medjedović ist Professorin für Soziale Arbeit an der Hochschule für Angewandte Wissenschaften Hamburg (HAW Hamburg).
Forschungsschwerpunkte: Methodenforschung mit dem Fokus auf Qualitativer Sozialforschung; Sozialgerontologie/Soziale Altenarbeit; Konzepte gruppenorientierten und sozialräumlichen Arbeitens; Partizipative Bildungsprozesse.
Publikationen: Qualitative Sekundäranalyse. Zum Potenzial einer neuen Forschungsstrategie in der empirischen Sozialforschung. Wiesbaden: Springer VS (2014); Wiederverwendung qualitativer Daten. Archivierung und Sekundärnutzung qualitativer Interviewtranskripte. Wiesbaden: VS Verlag (zusammen mit Andreas Witzel, 2010); Sekundäranalyse, in: Günter Mey und Katja Mruck (Hg.): Handbuch qualitative Forschung in der Psychologie, Wiesbaden: VS Verlag (2010).
Webseite: https://www.haw-hamburg.de/department-soziale-arbeit.html
Email: irena.medjedovic@haw-hamburg.de.

Christian Meyer ist Professor für Allgemeine Soziologie und Kultursoziologie am Fachbereich Geschichte und Soziologie der Universität Konstanz.
Forschungsschwerpunkte: Interaktionssoziologie; Kultursoziologie (auch vergleichende); Praxis-, Wissens- und Kommunikationssoziologie; die Grundlagen menschlicher Sozialität und qualitative Methoden der empirischen Sozialforschung.

Publikationen: Intercorporeality: Emerging Socialities in Interaction. New York: Oxford University Press (zusammen mit Jürgen Streeck und Scott Jordan (Hrsg.), 2017); Metaphysik der Anwesenheit. Zur Universalitätsfähigkeit soziologischer Interaktionsbegriffe. In: Heintz, B./Tyrell, H. (Hrsg.): Interaktion-Organisation-Gesellschaft revisited. Anwendungen, Erweiterungen, Alternativen, Zeitschrift für Soziologie, Sonderheft, S. 321–345 (2014); Sozialität in Slow Motion: Theoretische und empirische Perspektiven (Festschrift für Jörg Bergmann). Wiesbaden: Springer VS. (zusammen mit Ruth Ayaß (Hrsg.), 2012).
Webseite: www.soziologie.uni-konstanz.de/meyer/team/prof-dr-christian-meyer/
Email: christian.meyer@uni-konstanz.de

Gesa Lindemann ist Professorin für Sozialwissenschaftliche Theorie an der Carl von Ossietzky-Universität, Oldenburg.
Forschungsschwerpunkte: Sozial- und Gesellschaftstheorie; Soziologie der Menschenrechte; Methodologie der Sozialwissenschaften; Anthropologie; Wissenschafts- und Technikforschung.
Publikationen: Das Soziale von seinen Grenzen her denken. Weilerswist (2009); Weltzugänge. Die mehrdimensionale Ordnung des Sozialen. Weilerswist (2014); Going beyond the laboratory. Social robotics in everyday-life. Schwerpunktheft der Zeitschrift „Artificial Intelligence & Society" (zusammen mit Hironori Matsuzaki und Ilona Straub, 2016).
Webseite: www.uni-oldenburg.de/sozialwissenschaften/ast/personen/gesa-lindemann
Email: gesa.lindemann@uni-oldenburg.de

Manfred Lueger ist a.o. Univ.-Prof. an der Wirtschaftsuniversität Wien am Institut für Soziologie und empirische Sozialforschung sowie am Forschungsinstitut für Familienunternehmen und leitet das Kompetenzzentrum für empirische Forschungsmethoden.
Forschungsschwerpunkte: Methodologie und Methoden interpretativer Sozialforschung; Organisationssoziologie; Wissenssoziologie.
Publikationen: Artefaktanalyse. Grundlagen und Verfahren. Wiesbaden: Springer VS (zusammen mit Ulrike Froschauer, 2018); Strukturwandel der Soziologie? Baden-Baden: Nomos (zusammen mit Gerda Bohmann und Karl-Michael Brunner (Hrsg.), 2016); Interpretative Sozialforschung: Die Methoden. Wien: UTB (2010).
Webseite: https://www.wu.ac.at/sozio/
Email: manfred.lueger@wu.ac.at

Anja Peltzer ist Akademische Rätin am Institut für Medien- und Kommunikationswissenschaft der Universität Mannheim.
Forschungsschwerpunkte: Methoden der qualitativen Sozialforschung; Mediensoziologie; Kultursoziologie; filmische Krisen- und Kriegsnarrative; Digitalisierung des Fernsehens und Popkulturforschung.
Publikationen: Das Genre Kriegsfilm. In: Geimer, A./ Heinze, C. & Winter, R. (Hrsg.): Handbuch der Filmsoziologie. Wiesbaden: Springer VS-Verlag (2018/i.E.); Die soziologische Film- und Fernsehanalyse. Berlin, München, Boston: De Gruyter Oldenbourg (zusammen mit Angela Keppler, 2015); No Guns, No Rules – Just Pure Capitalism! Hollywood's Representations of Wall Street. In: Gripsrud, J. & Mudock, G. (Hrsg.): Money Talks: Media Representations of Capital. Chicago: Intellect, S. 151–168 (2015).
Webseite: www.mkw.uni-mannheim.de/peltzer
Email: peltzer@uni-mannheim.de

Michaela Pfadenhauer ist Professorin für Soziologie an der Fakultät für Sozialwissenschaften der Universität Wien.
Forschungsschwerpunkte: phänomenologisch orientierte Wissenssoziologie; der Paradigmenwechsel zu und innerhalb sozialkonstruktivistischer Ansätze; die Soziologiegeschichte des frühen 20. Jahrhunderts sowie der jüngere Medien- und Kulturwandel mit einem Fokus auf interaktive künstliche Systeme.
Publikationen: Social constructivism as a paradigm? The legacy of the social construction of reali-

ty. New York, NY: Routledge Taylor & Francis Group (zusammen mit Hubert Knoblauch (Hrsg.), 2018); De-Mediatisierung. Diskontinuitäten, Non-Linearitäten und Ambivalenzen im Mediatisierungsprozess. Springer VS (zusammen mit Tilo Grenz (Hrsg.), 2017); Grenzziehungen, Grenzverläufe, GrenzgängerInnen. Zum kulturanalytischen Potenzial der Ethnografie. Forum Qualitative Sozialforschung/Forum: Qualitative Social Research, 18, 1, Art. 12 (2017)
Webseite: http://www.soz.univie.ac.at/michaela-pfadenhauer
Email: michaela.pfadenhauer@univie.ac.at

Lisa Pfahl ist Professorin für Disability Studies an der Universität Innsbruck.
Forschungsschwerpunkte: Wissen, Bildung und Ungleichheit; Disability Studies; Gender Studies; interpretative Sozialforschung und Subjektivierungsforschung.
Publikationen: Die Erfahrung des Diskurses. Zur Methode der Subjektivierungsanalyse in der Untersuchung von Bildungsprozessen. In: Keller, R./Truschkat, I. (Hrsg.): Methodologie und Praxis wissenssoziologischer Diskursanalysen. Wiesbaden: VS, S. 425–450 (mit Boris Traue, 2012); Bildung, Behinderung und Agency. Eine wissenssoziologisch-diskursanalytische Perspektive zur Untersuchung der Folgen schulischer Segregation und Inklusion. In: Becker, R./Solga, H. (Hrsg.): Soziologische Bildungsforschung. Sonderheft der Kölner Zeitschrift für Soziologie und Sozialpsychologie (KZfSS) 52/12, S. 415–436 (2012).
Webseite: https://www.uibk.ac.at/iezw/mitarbeiterinnen/univ.-professorinnen/pfahl/index/
Email: lisa.pfahl@uibk.ac.at

Andrea Ploder ist wissenschaftliche Mitarbeiterin im DFG-Sonderforschungsbereich 1187 Medien der Kooperation sowie im Arbeitsbereich Science and Technology Studies am Medienwissenschaftlichen Seminar der Universität Siegen. Zurzeit ist sie Gastforscherin an der UC Berkeley.
Forschungsschwerpunkte: Qualitative Methoden; Geschichte der Soziologie; Soziologische Theorie; STS.
Publikationen: Handbuch Geschichte der deutschsprachigen Soziologie (3 Bände). Wiesbaden: VS (zusammen mit Stephan Moebius, 2016-2018); European Contributions to Strong Reflexivity. Sonderheft Qualitative Inquiry. Thousand Oaks: Sage (zusammen mit Angela Kuehner und Phil C. Langer, 2016); Autoethnographie und Volkskunde? Zur Relevanz wissenschaftlicher Selbsterzählungen für die volkskundlich-kulturanthropologische Forschungspraxis. In: Österreichische Zeitschrift für Volkskunde 116, 3/4 (zusammen mit Johanna Stadlbauer, 2013).
Webseite: www.mediacoop.uni-siegen.de/de/personen/ploder-andrea-dr/
Email: ploderandrea@gmail.com

Michaela Pook-Kolb studierte Sozialwissenschaften und ist wissenschaftliche Mitarbeiterin am Leibniz Center for Science and Society (LCSS) der Leibniz Universität Hannover.
Forschungsschwerpunkte: Implizites Wissen in Kommunikationsprozessen; ethnographische Methoden; Wissenschaftssoziologie.
Webseite: https://www.wisges.uni-hannover.de/13846.html
Email: michaela.pook-kolb@lcss.uni-hannover.de

Bernd Rebstein war bis 2018 wissenschaftlicher Mitarbeiter am Lehrstuhl für Kultur- und Religionssoziologie an der Universität Bayreuth.
Forschungsschwerpunkte: Migrations- und Integrationssoziologie; Soziologie sozialer Ungleichheit; Wissenssoziologie; Wissenssoziologie; Methoden qualitativer Sozialforschung.
Publikationen: Videographie sozialer Welten und Milieus. In: Müller, S./Weiß, A. (Hg.): Soziale Milieus in heterogenen Gesellschaften. Methodologische Perspektiven, methodische Konzeptionen und empirische Einblicke. Wiesbaden: VS (2018); Videography in Migration Research. A Practical Example for the Use of an Innovative Approach. In: Qualitative Sociology Review 8, S. 130–151 (2012); Existenzielles Engagement? Fokussierte Ethnographie für feldforschende Familienväter. In: Hitzler, R./Kreher, S./Poferl, A./Schröer, N. (Hrsg.): Old School – New School? Zur Frage der Optimierung ethnographischer Datengenerierung. Essen: Oldib, S. 383–396 (zusammen mit Bernt Schnettler, 2016).

Webseite: www.soz.uni-bayreuth.de
Email: bernd.rebstein@uni-bayreuth.de

Ramón Reichert ist Medienwissenschaftler und European Project Researcher an der University of Lancaster. Er ist Studienleiter des Masterstudienganges "Data Studies" an der Donau-Uni Krems. Er lehrt u. a. an der School of Humanities and Social Sciences der Universität St. Gallen und an der Academy of Art and Design am Institute of Experimental Design and Media Cultures in Basel. Seit 2014 ist er als leitender Co-Herausgeber der internationalen Fachzeitschrift „Digital Culture & Society" tätig.
Forschungsschwerpunkte: Theorie und Geschichte digitaler Medien; Data Studies; Digital Humanities; Digital Literacy; Social Media Studies.
Publikationen: Big Data. Analysen zum digitalen Wandel von Wissen, Macht und Ökonomie (2014); Big Data. Digital Media Culture in Transition. In: Himmelsbach, S./Mareis, C. (Hrsg.): Poetics and Politics of Data. The Ambivalence of Life in a Data-Driven Society, Basel, S. 147-166 (2015); Digital Governmentality. Citizen Power, Digital Culture and City Development. In: Ziemer, G. (Hrsg.): Perspectives in Metropolitan Research. Berlin: Jovis, S. 83–97 (2017)
Webseite: http://www.lancaster.ac.uk/educational-research/news-and-events/news/2017/vili-project-team/
Email: ramon.reichert@univie.ac.at

Jo Reichertz war Professor für Kommunikationswissenschaft an der Universität Duisburg-Essen. Seit April 2015 ist er Senior Fellow am Kulturwissenschaftlichen Institut Essen (KWI) und Mitglied des Vorstandes. Im KWI leitet er den Projektbereich „Kulturen der Kommunikation".
Forschungsschwerpunkte: Kommunikationsmacht; Interpretative Sozialforschung: Kultur- und Religionssoziologie; Medienanalyse und -nutzung; Kommunikation an Grenzen.
Publikationen: Qualitative und interpretative Sozialforschung. Eine Einladung. Wiesbaden: Springer (2016); Gemeinsam Interpretieren oder: Die Gruppeninterpretation als kommunikativer Prozess. Wiesbaden: Springer (2013); Kommunikationsmacht. Was ist Kommunikation und was vermag sie? Wiesbaden: Springer (2010).
Webseite: http://www.kwi-nrw.de/home/profil-jreichertz.html
Email: Jo.Reichertz@uni-due.de.

Gabriele Rosenthal ist Professorin für Qualitative Methoden an der Georg-August-Universität Göttingen.
Forschungsschwerpunkte: Interpretative Sozialforschung; Migration; sozio-politische Konflikte; kollektive Gewalt.
Publikationen: Biographies in the Global South. Life Stories Embedded in Figurations and Discourses. Frankfurt a. M.: Campus (zusammen mit Artur Bogner (Hrsg.), 2017); Interpretative Sozialforschung. Weinheim und München: Juventa (2011); Erlebte und erzählte Lebensgeschichte. Frankfurt a. M.: Campus (1995).
Webseite: https://www.uni-goettingen.de/de/prof.+dr.+gabriele+rosenthal/28238.html
Email: g.rosenthal@gmx.de.

Lena Schürmann ist am Harriet Taylor Mill Institut für Ökonomie und Geschlechterforschung an der Hochschule für Wirtschaft und Recht Berlin tätig. Sie unterrichtet u. a. im Bereich Qualitative Methoden.
Forschungsschwerpunkte: Arbeits- und Geschlechtersoziologie; Qualitative Methoden
Publikationen: Schmutz als Beruf. Prekarisierung, Klasse und Geschlecht in der Reinigungsbranche. Münster: Westfälisches Dampfboot (2013); Das Fleisch der Diskurse. Zur Verbindung von Biographie- und Diskursforschung in der wissenssoziologischen Subjektivierungsanalyse am Beispiel der Behindertenpädagogik. In: Fegter, S./Kessl, F./Langer, A./Ott, M./Rothe, D./Wrana, D. (Hrsg.): Erziehungswissenschaftliche Diskursforschung. Empirische Analysen zu Bildungs- und Erziehungsverhältnissen. Wiesbaden: VS, S. 89–106 (mit Lisa Pfahl und Boris Traue, 2014).
Webseite: www.harriet-taylor-mill.de
Email: Lena.schuermann@hwr-berlin.de

Jörg Strübing ist Professor für Soziologie an der Eberhard Karls Universität Tübingen.
Forschungsschwerpunkte: Methodologien und Methoden qualitativer Sozialforschung; Pragmatistische Sozialtheorie; Wissenschafts- und Technikforschung.
Publikationen: Grounded Theory. Zur sozialtheoretischen und epistemologischen Fundierung eines pragmatistischen Forschungsstils. Wiesbaden: Springer VS (3., erweiterte Auflage 2014); Qualitative Sozialforschung. Eine komprimierte Einführung. München: Oldenbourg (2. Aufl. 2018); Research as Pragmatic Problem-Solving. The Pragmatist Roots of Empirically-grounded Theorizing. In: Bryant, A./Charmaz, K. (Hrsg.): The Sage Handbook of Grounded Theory. London: Sage, S. 581–601 (2007); Gütekriterien qualitativer Sozialforschung. Ein Denkanstoß. ZfS 2018 47 (2):83–100 (mit S. Hirschauer, R. Ayaß, U. Krähnke u. T. Scheffer).
Webseite: http://www.soziologie.uni-tuebingen.de/struebing
Email: joerg.struebing@uni-tuebingen.de

Bernt Schnettler ist Professor für Soziologie an der Universität Bayreuth.
Forschungsschwerpunkte: Wissens-, Kultur- und Religionssoziologie; interpretative Methoden; Videographie; visuelle Soziologie.
Publikationen: Sinngrenzen und ihre Überwindung. In: Brosziewski, A./Maeder, C. & Nentwich, J. (Hrsg.): Vom Sinn der Soziologie, Wiesbaden: Springer VS, S. 51–62 (2015); Videographie: Einführung in die interpretative Video-Analyse sozialer Situationen. Wiesbaden, VS Springer (zusammen mit René Tuma und Hubert Knoblauch, 2013); Notes on the History and Development of Visual Research Methods. In: InterDisciplines. Journal of History and Sociology 4, S. 41–75 (2013).
Webseite: www.soz.uni-bayreuth.de
Email: schnettler@uni-bayreuth.de

Boris Traue ist Soziologe und vertritt die Professur für Allgemeine Soziologie und Theorie moderner Gesellschaften an der Technischen Universität Berlin.
Forschungsschwerpunkte: Wissenssoziologie; Qualitative Methoden (insbesondere visuelle Methoden, Diskursanalyse, Subjektivierungsforschung); Subjekt, Körper und Psychosocial Studies; Kollektive und kollektives Handeln; Professions- und Amateursoziologie.
Publikationen: Visuelle Diskursanalyse. Ein programmatischer Vorschlag zur Untersuchung von Sicht- und Sagbarkeiten im Medienwandel. In: Zeitschrift für Diskursforschung 2, 1, S. 117–136 (2013); Diskursanalyse. In: Baur, N./Blasius, J. (Hrsg.): Handbuch Methoden der empirischen Sozialforschung. Wiesbaden: Springer VS, S. 493–509 (zusammen mit Lisa Pfahl und Lena Schürmann, 2014); Youtube und andere netzmediale visuelle Daten. In: Nina Baur & Jörg Blasius (Hrsg): Methoden der empirischen Sozialforschung. Wiesbaden: VS. 2. Auflage (zusammen mit Anja Schünzel, 2018).
Webseite: www.as.tu-berlin.de/v_menue/mitarbeiterinnen/dr_boris_traue/
Email: boris.traue@posteo.de

Susanne Tübel (geb. Lemke) ist wissenschaftliche Mitarbeiterin der Fachgruppe Forschungsmethoden in den Bildungs- und Erziehungswissenschaften an der Carl von Ossietzky Universität Oldenburg und promoviert dort in der Arbeitsgruppe Sozialwissenschaftliche Theorie (Institut für Sozialwissenschaften) zum Thema Beschneidung im Judentum.
Forschungsschwerpunkte: Qualitative Forschung; Familienforschung; Religionssoziologie.
Publikationen: Erwachsenentaufe. Soziologische Analyse einer unwahrscheinlichen Option. In: sinnprovinz. kultursoziologische working papers 4 (2012).
Webseite: www.uni-oldenburg.de/paedagogik/forschungsmethoden/susanne-tuebel-geb-lemke-ma/
Email: susanne.tuebel@uni-oldenburg.de

René Tuma ist wissenschaftlicher Mitarbeiter am Institut für Soziologie der TU Berlin.
Forschungsschwerpunkte: Wissenssoziologie; Soziologische Theorie; Interpretative Methoden und Interaktionsanalysen; Techniksoziologie.
Publikationen: Videographie. Wiesbaden: Springer VS (zusammen mit Bernt Schnettler und Hubert Knoblauch, 2013); Visuelles Wissen und Bilder des Sozialen. Aktuelle Entwicklungen in der Sozio-

logie des Visuellen, Wiesbaden: Springer (zusammen mit Petra Lucht und Lisa Marian Schmidt, 2012); Videography: An Interpretative Approach to Video-Recorded Micro-Social Interaction. In: Eric Margolis und Luc Pauwels (Hrsg.): The SAGE Handbook of Visual Research Methods. Los Angelos: Sage (zusammen mit Hubert Knoblauch, 2011).
Webseite: http://www.as.tu-berlin.de/.
Email: rene.tuma@tu-berlin.de.

Hella von Unger ist Professorin für Soziologie mit dem Schwerpunkt qualitative Methoden der empirischen Sozialforschung an der Ludwig-Maximilians-Universität München.
Forschungsschwerpunkte: Gesundheit und Krankheit; Ethnizität und Migration; qualitative und partizipative Methoden; Forschungsethik.
Publikationen: Reflexivity beyond Regulations. Teaching Research Ethics and Qualitative Methods in Germany. In: Qualitative Inquiry 22, S. 87–98 (2016); Partizipative Forschung. Einführung in die Forschungspraxis. Wiesbaden: Springer VS Verlag (2014); Forschungsethik in der qualitativen Forschung: Reflexivität, Perspektiven, Positionen. Wiesbaden: Springer VS Verlag (zusammen mit Petra Narimani und Rosaline M'Bayo (Hrsg.), 2014).
Webseite: www.qualitative-sozialforschung.soziologie.uni-muenchen.de/personen/professorin/unger/index.html
Email: unger@soziologie.uni-muenchen.de

Arne Worm, M. A., ist Soziologe und seit November 2012 wissenschaftlicher Mitarbeiter am Methodenzentrum Sozialwissenschaften der Universität Göttingen (Abteilung Qualitative Sozialforschung). Er arbeitet seit Oktober 2014 im DFG-geförderten Forschungsprojekt "Die soziale Konstruktion von Grenzgebieten. Ein Vergleich von zwei geopolitischen Fällen".
Forschungsschwerpunkte: Interpretative Sozialforschung; Biographieforschung; Prozesssoziologie; Flucht-, Migrations- und Ethnizitätsforschung.
Publikationen: Verläufe der Fluchtmigration von Syrer*innen in die Europäische Union über Ceuta und Melilla. In: Österreichische Zeitschrift für Geschichtswissenschaften 28, 2 (2017); Illegalisierte Migrationsverläufe aus biografietheoretischer und figurationssoziologischer Perspektive: die Landgrenze zwischen Spanien und Marokko. In: Forum Qualitative Sozialforschung 17, 3, (zusammen mit Gabriele Rosenthal und Eva Bahl, 2016); Biographische Fallrekonstruktionen. Zur Rekonstruktion der Verflechtung ‚individueller' Erfahrung, biographischer Verläufe, Selbstpräsentationen und ‚kollektiver' Diskurse. PalästinenserInnen als RepräsentantInnen ihrer Wir-Bilder. In: Sozialer Sinn. Zeitschrift für hermeneutische Sozialforschung 14, S. 157–184 (zusammen mit Hendrik Hinrichsen und Gabriele Rosenthal, 2013).
Webseite: https://www.uni-goettingen.de/de/134019.html
Email: aworm@uni-goettingen.de

Markus Ziegler ist langjähriger Mitarbeiter in der Forschungsabteilung eines Marktforschungsinstituts und Dozent am Fachgebiet für Methoden der empirischen Sozialforschung der Technischen Universität Berlin.
Forschungsschwerpunkte: Computational Social Science; Data Science.
Publikationen: Induktive Statistik und soziologische Theorie. Eine Analyse des theoretischen Potenzials der Bayes-Statistik. Weinheim: Beltz Juventa (2017); Skalenkonstruktion nach Mokken für mehrdimensionale Variablenstrukturen. Ein Anwendungsbeispiel mit SPSS, in: Bamberger Beiträge zur empirischen Sozialforschung 14 (zusammen mit Leila Akremi, 2007).
Webseite: www.mes.tu-berlin.de/v_menue/mitarbeiter/post_docs/dr_markus_ziegler
Email: ziegler@campus.tu-berlin.de.

Udo Kuckartz
**Qualitative Inhaltsanalyse. Methoden
Praxis, Computerunterstützung**
4. Auflage 2018, 240 Seiten, Broschur
ISBN: 978-3-7799-3682-4
Auch als E-BOOK erhältlich

Dieses Lehrbuch bietet eine methodisch fundierte, verständliche und anwendungsbezogene Anleitung zur inhaltsanalytischen Auswertung dieser und anderer qualitativer Daten. Dabei werden drei Basismethoden qualitativer Inhaltsanalyse im Detail vorgestellt: die inhaltlich strukturierende, die evaluative und die typenbildende qualitative Inhaltsanalyse. Ein Begleiter im Forschungsalltag verschiedenster Disziplinen – Sozial-, Erziehungs-, Pflegewissenschaften, Psychologie, Soziale Arbeit u.v.m.

Dirk vom Lehn
Ethnomethodologische Interaktionsanalyse
Videodaten analysieren und
die Organisation von Handlungen
darstellen
2018, 136 Seiten, Broschur
ISBN: 978-3-7799-3814-9
Auch als E-BOOK erhältlich

Die ethnomethodologische Interaktionsanalyse basiert auf Harold Garfinkels Ethnomethodologie und Harvey Sacks' Konversationsanalyse. Ihr Ziel ist die Rekonstruktion und detaillierte Beschreibung der praktischen Organisation von Handlungen. Zu diesem Zweck inspiziert sie Interaktionssequenzen, von denen Videoaufzeichnungen erstellt wurden. Das Buch geht auf die theoretischen und methodologischen Spezifika der ethnomethodologischen Interaktionsanalyse ein und führt die Analyse an einem konkreten Beispiel vor. Dabei wird die Transkription von Ton- und Videodaten sowie die Präsentation von Daten in Veröffentlichungen ebenso dargestellt wie mögliche Implikationen für soziologische Forschung und Praxis.

www.beltz.de
Beltz Juventa · Werderstraße 10 · 69469 Weinheim

Franz Erhard | Kornelia Sammet (Hrsg.)
Sequenzanalyse praktisch
2018, 479 Seiten, Broschur
ISBN: 978-3-7799-3695-4
Auch als E-BOOK erhältlich

Die Sequenzanalyse ist ein zentrales methodisches Prinzip der datenverankerten Theoriegenerierung in der qualitativen Sozialforschung im deutschsprachigen Raum. Das Lehrbuch führt in die methodologische Grundlegung und die Verfahrensweisen der sequenzanalytischen Interpretation ein und erläutert Strategien der Generalisierung und der Ergebnispräsentation. Exemplarische Fallanalysen zu unterschiedlichsten Themen illustrieren, wie Sequenzanalysen praktisch durchgeführt und zu theoretisch gehaltvollen Aussagen verdichtet werden können.

Manfred Prisching
Zeitdiagnose
Methoden, Modelle, Motive
2018, 232 Seiten, Broschur
ISBN: 978-3-7799-3809-5
Auch als E-BOOK erhältlich

Zeitdiagnosen zeichnen große Bilder gesellschaftlicher Strukturen und Prozesse. Sie beruhen auf theoretischen Entwürfen und empirischen Detailstudien, versuchen aber zumeist eine große Synthese, eine Antwort auf die Frage vieler Menschen: Wie kann man die Gegenwartsgesellschaft, ihre Mechanismen und ihren Wandel, verstehen? Wie spielen Einflussfaktoren zusammen? Wohin könnte die Reise gehen? Zeitdiagnosen sind nicht bloß öffentliche Wissenschaft, vielmehr ist die Soziologie ohne Zeitdiagnose kaum vorstellbar. Man kann also methodisch fragen: Wie lassen sich zeitdiagnostische Modelle beschreiben, verorten, typisieren und bewerten?

www.beltz.de
Beltz Juventa · Werderstraße 10 · 69469 Weinheim

Nicole Hoffmann
Dokumentenanalyse in der Bildungs- und Sozialforschung
Überblick und Einführung
2018, 224 Seiten, Broschur
ISBN: 978-3-7799-3800-2
Auch als E-BOOK erhältlich

Informationsbroschüren, Werbeanzeigen, Familienfotos, Spielfilme, Aktennotizen, Homepages – unser Alltag ist voll von Medien, die von unterschiedlichen Lebenswelten zeugen. Als Dokumente ermöglichen sie zugleich interessante wissenschaftliche Zugänge. Der vorliegende Band bietet einen Überblick zu den facettenreichen Einsatzoptionen der Dokumentenanalyse in der Bildungs- und Sozialforschung sowie Reflexionen und Anregungen zur Planung dokumentenanalytischer Designs. Er soll (angehende) Forschende ermutigen, den Blick auf die Potenziale dieser Methodik jenseits von Fragebogen, Interview und Co. zu richten.

www.beltz.de
Beltz Juventa · Werderstraße 10 · 69469 Weinheim